최신개정판

(사)한국유통관리사협회 추천 교재

The Korea Distribution Managers Association

명품

명품이론

명품강의

명품모의

가장 많은 합격생들이 추천하는

적중도 1위의 책

+10점

2020 유통관리사 2급

이춘길 저

- 5지선다형, 문항변경 반영
- 최신출제경향 · 실전 난이도
- 10점 가점자 필독서

유통관리사 1·2·3급 전문양성교육
사단법인 한국유통관리사협회
www.kdma.kr | 02-353-6696

좋은책 만들기 생각 100년!
명품출판사
www.luxurybook.co.kr

Preface

21세기는 분명 경쟁의 시대다. 특히 급속한 산업의 발달로 인하여 보이지 않는 정보화 시대에서 앞서 가는 자 만이 21세기의 새로운 강자로 떠오르게 될 것이다. 현재 국가적인 차원에서 우리나라를 동북아 물류 중심지인 허브(Hub)로서의 역할을 하기 위하여 신공항과 신항만 등을 계속 확충해 가고 있다. 어찌 보면 정보 그 자체도 어떤 시기, 어떤 방법으로 사용하는 것을 먼저 알아야 정보로서 가치가 있듯이 정보를 창출하고 전달하는 역할을 수행하는 사람들은 분명 그 시대의 중심에 서 있게 마련이다. 유럽을 정복한 칭기즈칸에게 빠르게 기동성을 갖출 수 있는 말이 없었다면 어찌 세계를 정복했겠는가. 13세기의 칭기즈칸은 21세기의 유통관리사(流通管理士)라고 할 수 있다.

유통관리사(流通管理士)라는 자격증은 분명 자격증 그 자체 이상의 가치를 지니고 있으며 단순한 자격증이 아니다. 현 시대는 자격증의 시대이지만 자격증도 나름대로의 가치를 가지고 있는 것이다. 유통관리사는 역사적으로 30여년이 넘은 기간에 결쳐 실시를 해왔고, 국내 20000여개의 민간 · 국가자격증 중에서도 30위권에 드는 국가자격증(國家資格證)이다. 매년 4(5)월, 7월, 11월에 3회 실시하는 유통관리사는 아직은 수요에 비해 공급이 부족한 상황이므로 지금 자격을 취득하는 것이 최적의 상황이 아닌가 생각이 든다.

현재 유통업체는 1984년부터 신규 회사형 연쇄화(連鎖化)사업자는 5명이상, 가맹점형 사업자는 3명 이상의 유통관리사를 확보해야 한다고 규정하여 권장하고 있다. 또한 '지식경제부장관, 지방자치단체의 장은 유통관리사를 고용한 유통사업자 및 유통사업자단체에 대하여는 그렇지 않은 단체 등에 우선하여 자금 등을 지원 할 수 있다'는 법규의 내용을 보더라도 유통관리사의 전망은 아주 밝다고 할 수 있다.

유통관리사시험은 1982년 판매사로 시작하여 2004년 유통관리사로 자격증명칭이 변경이 되었으며, 2012년부터는 기존의 4지선다에서 5지선다형으로 새로이 출제가 되었고, 2013년 부터는 90문항으로 줄었지만 지문이 길어짐에 따라서 수험생들이 나름대로는 수험전략을 확실히 세워서 나가야 합격하는데 문제가 없을 것이다.

따라서 본 저자는 이미 유통관리사를 출제교수를 역임한 경험을 바탕으로 수험생들에게 앞으로 출제될 새로운 이론까지 충분히 교재에 반영을 했으며, 지금까지 출제된 모든 기출문제를 완벽히 분석하여 빠짐없이 반영을 했으므로 유통관리사를 공부하는 수험생들에게 분명히 커다란 도움이 되리라 생각한다.

2019년 협회연구실에서 한국유통관리사협회 대표교수 이춘길 씀

본서의 특징

01

유통관리사를 출제한 저자의 경험과 그동안 온라인과 오프라인을 통하여 오랜기간 수없이 많은 수험생들에게 강의한 내용 및 상담실에서 상담한 경험을 바탕으로 현재 유통관리사를 합격하기에 어떤 책이 가장 적합하고, 타당한지를 수험생입장에서 저술한 교재이기에 수험생이 보기에 부담 없고, 편한 이론을 전개하였다.

02

유통관리사 시험은 시중의 전문서적을 바탕으로 출제교수들이 문제화를 하기에 본서는 시중의 100여권이 넘는 전 기본교재 뿐만이 아니라 미국의 마케팅이론 책과 일본의 판매전문가자격증 책을 바탕으로 출제가능 부분만을 이론화하고 문제화 하였기에 적중도나 적합도 측면에서 다른 교재와는 비교할 수 없는 문제집이 될 것이다.

03

유통관리사를 공부하는 상당수의 수험생들이 아직도 독학으로 공부를 한다고 생각을 하여 가급적이면 전문수험용어를 듣기에 편하고, 보기에 쉬운 수험용어로 배열을 하여 공부를 하는데 부담감을 없애는데 많은 노력을 하였으며, 영어단어의 내용도 가급적 시험을 벗어난 이론은 배제를 하여 자신감을 향상시키고자 노력을 하였다. 또한 적중도 높은 문제를 배열하여 수험생들의 수험기간을 단축할 수 있을 것이다.

유통관리사 (Distribution Manager)란?

(1) 유통관리사란?

유통업체의 전문화, 대형화와 국내 유통시장 개방으로 판매 · 유통전문가의 양성이 필수적으로 인식하게 되었다. 소비자와 생산자간의 커뮤니케이션, 소비자 동향 파악 등 판매 현장에서 활약할 전문가의 능력을 평가하는 국가자격 시험에 합격한 자를 '유통관리사'라 한다.

(2) 유통관리사의 전망

현재 한국 기업들의 유통환경은 거센 변화의 바람이 일고 있으며, 유통업체의 전문화와 대형화, 기업형슈퍼마켓(SSM)과 골목길소상공인들 간의 갈등, 온라인 업체와 오프라인업체간의 고객쟁탈전, 할인점 업태의 포화상태와 백화점업태의 쇠락, 지나치게 많은 창업을 하는 청년들과 퇴직의 베이비부머들 등 많은 유통업의 환경과 기업환경의 급격한 변화가 이루어지고 있다. 따라서 최소한의 유통지식을 갖추지 못하면 어디에서도 생존이 힘들다는 것을 보여주는 것이 유통환경이고 유통환경상의 변화는 그 파급범위와 영향이 심대할 것으로 보인다.

유통환경의 변화는 유통기능을 직접 수행하는 유통기구들은 물론 이들을 통하여 자사의 상품을 소비자 및 구매자들에게 전달하는 제조업체와 이들로부터 상품과 서비스를 제공받는 소비자들 모두에게 영향을 미친다. 따라서 유통 물류회사의 종합적인 관리책임자인 '유통관리사'는 대기업, 외국계 기업, 백화점, 대형 할인마트, 관공서 등을 비롯해 각 유통업체와 도매시장에서 책임자로 근무할 수 있어 취업 전망이 밝을 뿐 아니라 대부분 간부직원으로 근무할 수 있어 폭발적인 인기를 얻고 있다. 정부가 종업원의 일정비율 이상을 고용하도록 의무화하고 있을 뿐 아니라, 관련 업체에서도 유통관리사 확보에 열을 올리고 있어 취업전망은 양호하다.

(3) 주요 업무

소비자와 생산자 간의 커뮤니케이션과 소비자의 동향을 파악한다.

유통관리사 1급	유통업체의 경영자, 지점장급으로 경영 담당, 컨설턴트로 경영자문 역할
유통관리사 2급	유통업체의 매장 주임이나 감독자, 실장, 과장급으로 일선관리업무 담당
유통관리사 3급	고객을 직접 상대하는 일반판매원으로 고객응대업무 담당, 관리자보조업무

(4) 진출 분야

① 정부기관과 각 지방자치단체
② KBS, MBC 등 공중파방송과 홈쇼핑업체
③ 월마트와 같은 글로벌 유통업체와 물류업체
④ 전국의 대형 백화점과 대형할인점
⑤ 유명제조업체의 유통부서와 물류부서
⑥ 컨설팅업체와 같은 서비스제공업체
⑦ 전국의 수많은 물류센터 · 농 · 수 · 축협의 유통 관련 부서
⑧ 각 택배회사 및 물류 운송회사
⑨ 공항 · 부두 등의 물류 선적 및 하역 부서
⑩ 고속버스 터미널의 물류 부서
⑪ 각 대기업의 물류 관련 부서
⑫ 각 공장의 물류 관련 부서
⑬ 의류 · 보석 · 운동용품 · 서적 · 가전제품 · 가구 · 컴퓨터 · 한약재 · 포목 · 자동차 ·

신발 · 목재 · 완구 · 철강제품 · 사무용품 · 화훼단지 · 농축산물 · 의약품 등의
도매시장에서 유통관리분야 및 물류관리 분야의 책임자로 근무

(5) 시험 실시

① 주관 : 산업통상자원부
② 시행 : 대한상공회의소
③ 교육 : (사단법인)한국유통관리사협회(02-353-6696)

(6) 응시 자격

① 유통관리사 1급
㉠ 유통분야에서 7년 이상의 실무경력이 있는 자
㉡ 유통관리사 2급 자격을 취득한 후 5년 이상의 실무경력이 있는 자
㉢ 중소기업진흥 및 제품구매촉진에 관한 법률 제31조 제1항의 규정에 의한 경영지도사 자격을 취득한 자로서 실무경력이 3년 이상인 자

② 2급, 3급 : 제한 없음

(7) 시험 과목

등 급	시험방법	시험과목	문항수	출제형태	시험시간
1급	필기시험 (5지선다형)	유통경영 물류경영 상권분석 유통마케팅 유통정보	20 20 20 20 20	객관식 (100문항)	100분
2급	필기시험 (5지선다형)	유통 · 물류일반 상권분석 유통마케팅 유통정보	25 20 25 20	객관식 (90문항)	100분
3급	필기시험 (5지선다형)	유통 상식 판매 및 고객관리	20 25	객관식 (45문항)	45분

▣ 협회커뮤니티주소 : 네이버/다음 카페의 「유통관리사를 찾는 사람들」를 참고하시면 됩니다.

(8) 합격결정 기준

매과목 100점 만점에 과목당 40점 이상, 평균 60점 이상(절대평가)

(9) 검정수수료

27,000원(부가세포함, 인터넷접수시 수수료제외)

핵심요약이론

제1과목 유통·물류 일반

제2과목 상권분석

제3과목 유통 마케팅

제4과목 유통 정보

제1과목 유통 · 물류 일반관리

1. 유통산업

(1) 유통산업은 재화나 서비스가 생산자로부터 소비자 또는 최종 사용자에게 이전되어 가는 과정에서 나타나는 산업 활동으로 정의할 수 있으며 좁은 의미로의 유통산업이란 상적유통을 영업으로 삼는 기업집단을 의미한다.

(2) 유통은 산업혁명 이후 경제발전과 함께 제조업 중심의 사회에서 점차적으로 서비스 중심의 사회로 자리를 잡기 시작하였다. 서비스업의 경제가 진전되면서부터 기존의 고품질 제품생산에 의존하던 것에서 이제는 고품질 서비스를 제공하는 것으로 초점이 이동되고 있다.

(3) 유통을 단순히 백화점이나 할인점과 같은 업태적인 측면에서 분석을 하는 것은 잘못된 해석이다. 최근의 유통은 산업전반에 걸친 융합을으로 이해를 해야하며, 정보유통 같은 것이 점점 중시되고 있다.

2. 해외유통산업의 환경변화

(1) 유통산업의 글로벌(Global) 가속화가 가속되고, 유통산업이 제조업 파워를 누르고 산업의 새 리더로 등장하며, 한국, 중국, 일본을 중심으로 한 아시아 유통시대가 도래하고 있다.

(2) 다국적 유통기업이 범세계적으로 글로벌 소싱의 확대와 업태 간, 기업 간 M&A를 활발하게 전개하고, IT 산업발달로 인한 유통물류시스템이 고도화되고 있다. 또한 온라인 및 카테고리킬러 성장에 비해 할인점이나 백화점성장은 둔화 추세를 보이고 있다.

(3) 중국 유통시장은 다국적 유통기업의 각축장이고, 월마트(wal-mart)는 미국 및 세계 1위 유통기업의 위치에 변함이 없으며, 유럽의 까르푸는 자국의 프로모데스를 인수 합병하여 월마트의 프랑스 진출을 견제하고 있다.

(4) 글로벌라이제이션(Globalization), 즉 세계화란 무역 · 자본자유화의 추진으로 재화서비스 · 자본 · 노동 및 아이디어 등의 국제적 이동 증가로 인한 각국 경제의 통합화 현상을 지칭한다.

(5) 국제유통은 지역 소비자의 기호에 맞게 제품을 생산 · 공급하는 '다국적(multi- national) 기업' 시대는 가고, 생산 · 분배마케팅 등에서 '규모의 경제(economics of scale)'를 실현한 글로벌 기업들이 활약하는 세상이 올 것이라고 예측했으며, 이후 '세계화'는 경제 · 정치 · 사회 등에서 가장 널리 사용되는 용어가 됐다.

3. 유통산업의 사회적 · 경제적 기능

(1) 유통산업의 사회 경제적 역할에 대한 긍정적인 역할로는 '교환과정의 효율성 제고', '분류기능의 효율적 수행', '거래 반복화의 용이성' 등을 중요한 역할로 인식하고 있다.
(2) 유통은 여러 가지의 사회적 기능을 수행하고 있는데, 매매기능, 보관기능, 운송기능, 금융기능, 보험기능, 정보통신 등의 기능을 수행함으로써 사회적 역할을 충실히 수행하고 있다.
(3) 과거의 유통업은 일방적으로 제조업체의 제품을 전달만 하는 기능적 역할이 전부였으나, 오늘날의 유통업은 질 좋은 제품을 소비자에게 안정적으로 값싸게 공급함으로써 풍요로운 국민생활에 공헌함을 기본사명으로 하고 있다.
(4) 생산자와 소비자가 직접 거래할 경우에 발생하는 제반 비용을 감소시켜 주고, 양자의 중간에서 각각의 정보를 상대방에게 제공함으로써 소비자니즈에 맞는 제품을 생산할 수 있다는 생산자와 소비자간 매개 역할을 한다.
(5) 유통부문이 신규시장을 활발히 개척하면서 제조업체에 대한 유통업의 거래교섭력이 증가하고 있다. 이는 제조업체간 경쟁을 촉발시키고 따라서 제조업 전체의 경쟁력이 제고될 수 있어 전체적인 산업발전의 촉매 역할을 한다.

4. 유통경로의 필요성

(1) 생산과 소비의 불일치

① 사회적 분업이 발달하면 생산과 소비 사이에 다양한 차이가 발생한다. 세계의 음식을 먹고 싶다고 해서 세계를 여행하며 그것을 모으는 것은 엄청난 일이다. 그래서 보수를 지불하고 세계의 음식 재료를 모으거나, 운반하거나, 상품을 조합하는 일을 업자가 전문적으로 담당한다.
② 유통이란 이렇게 생산과 소비의 차이를 극복하고, 조달하고, 해소하는 활동이라 할 수 있다. 주된 생산과 소비의 차이는 다음과 같은 세 가지가 있다.

(2) 불일치의 원인

① 인적 불일치
㉠ 상품의 생산자와 소비자가 다른 것이 '인적 불일치'이다. 우리가 살고 있는 현대사회에서는 물고기를 먹고 싶을 때, 물고기를 잡으러 강과 바다로 갈 필요가 없다.
㉡ 어부에게 물고기를 구입하여 소비자에게 판매하는 활동을 담당하는 사람이 있기 때문이다. 이러한 인적 차이를 해소하는 활동이 '매매(賣買)'이다.
② 장소적 불일치
㉠ 상품의 생산지와 소비지가 다른 것은 '장소적 불일치'이다. 서울 사람이 영덕의 대게나 부산의 복어를 바로 먹을 수 있는 것은 생산지에서 소비지까지 대게나 복어를 운반하는 사람이 있기 때문이다.
㉡ 장소적 차이를 해소하는 활동이 '수송'과 '배송'이다. 단일 상품을 운반하는 것을 '수송'이라 하고, 상품 조합을 포함하여 상품을 유통경로의 끝까지 운반하는 것을 '배송'이라고 한다.
③ 시간적 불일치
㉠ 상품의 생산시점과 소비시점이 다른 것이 '시간적 불일치'이다. 가을에 수확한 쌀을 일년내내 먹거나, 공장에서 만든 라면을 먹고 싶을 때 먹는 것이 가능한 것은 생산시간에서 소비시간에 이르기까지 쌀과 라면을 저장하는 활동을 하는 사람이 있기 때문이다.
㉡ 이렇게 시간적 차이를 해소하는 활동을 '보관'이라 하고 이러한 업태를 영위하는 업을 '창고업'이라고 한다.

5. 유통경로의 중간상 필요원칙

(1) 총 거래수 최소의 원칙

① 생산자로부터 소비자에게 전달되는 유통경로 상에 중간상이 개입함으로써 거래수가 결과적으로 단순화·통합화되어 실질적인 거래수와 거래비용이 감소하게 된다.
② 중간상이 개입하지 않을 경우에는 제조업자와 소비자가 직접 거래를 할 수밖에는 없으므로 총 거래수가 증가를 하나 중간상의 개입으로 거래의 총량이 감소하게 된다. 만일 특정 제조업체가 도매상을 거쳐 소매상에게 유통하는 구조이고, 도매상이 3개, 소매상이 10개일 경우, 총 거래의 수는 (1+10)×3=33이 된다.

(2) 분업의 원칙

① 유통업에서도 제조업에서와 같이 유통경로상 수행되는 수급조절, 수·배송, 보관, 위험부담 및 정보수집 등을 생산자와 유통기관이 상호 분업(分業)의 원리로써 참여한다면 보다 사회적 경제성과 능률성을 제고시킬 수 있다는 원칙이다.
② 제조업자는 생산과 유통을 전문화함으로써 보다 경제적이고 효율적인 유통기능의 수행이 가능하다는 것이다.

(3) 변동비 우위의 원칙

① 제조업체에서는 고정비(Fxed Cost)와 변동비(Variable Cost)를 구분할 때 고정비가 차지하는 비중이 변동비보다 크기 때문에 생산량이 증가할수록 단위당 생산비용이 감소하는 규모의 경제에는 유리하다.
② 유통분야에서는 제조업과는 다르게 변동비의 비중이 상대적으로 커서 제조분야와 유통분야를 통합하여 판매하여도 큰 이익을 기대하기 어려우므로, 무조건 제조분야와 유통분야를 통합하여 대규모화하기보다는 제조업자와 유통기관이 적당히 역할을 분담한다면 비용면에서 훨씬 유리하다는 원칙이다.

(4) 집중준비(불확실성 풀)의 원칙

① 도매상(중간상)이 재고를 대량으로 보관함으로써 소매상은 적정량만 재고를 보관하여, 사회전체적으로 보관되는 제품의 총량을 감소시킬 수 있다는 것이 집중준비의 원리이다.
② 소매상은 소량의 적정량만을 보관함으로써 원활한 유통기능을 수행할 수 있다는 원칙이다.

6. 유통경로상 중간상의 수 결정

(1) 전속적(배타적) 유통(Exclusive Distribution)

① 어느 특정지역에 자기상품을 판매하기위해 생산자가 자기상품을 판매할 수 있는 권한이나 중개할 수 있는 권한을 각 판매 지역별로 하나 혹은 극소수의 중간상에게 자사제품의 유통에 대한 독점권을 부여하는 것이다.
② 이러한 제품을 취급하는 점포까지 기꺼이 쇼핑을 하고자 하는 특성을 가진 제품으로 이러한 제품의 종류에는 대부분 고가품인 고급 자동차·귀금속·의류 등에 적용이 가능하다.

(2) 집약(중)적 또는 개방적 유통(Intensive Distribution)

① 집약적 유통은 가능한 많은 소매상들로 하여금 자사제품을 취급하도록 함으로써 포괄되는 시장의 범위를 최대화하려는 전략이다.
② 집약적 유통은 대량판매를 발생시키지만, 브랜드 광고와 많은 영업사원을 유지해야 하며 중간상들은 한 상품군의 전체 매출액에만 관심이 있으므로 소비자들이 상품군 내에서 어떤 상표를 구매하는지에 대해서는 별로 상관하지 않는다.

(3 선택적 유통(Selective Distribution)

① 집약적 유통과 전속적 유통의 중간에 해당되는 전략으로 중간상들 중에서 자격을 갖춘 하나 이상의 소소의 중간상들에게 판매를 허용하는 전략이다.
② 전속적 유통경로에 비하여 제품에 대한 노출이 확대되며, 개방적 유통경로에 비하여는 소매상의 수가 적기 때문에 유통비용이 절감된다. 이러한 유통경로를 선택하는 제품에는 의류·가구 및 가전제품 등이 있다.

7. 유통경로 길이의 선택조건

(1) 짧은 유통경로를 선택하는 경우

① 부패성이 있으며, 표준화가 되지 않은 제품 및 기술적으로 복잡한 전문품과 구매단위가 크고, 구매빈도수는 낮으며, 비 규칙적인 제품 등이 짧은 유통경로를 선택하는 제품의 특징을 지니고 있다.
② 생산자의 수는 적으며, 공급자의 시장진입과 탈퇴에는 제한이 있고, 지역적으로 집중적인 생산이 되며, 유통비용 측면에 있어서는 장기적으로 불안정하다.

(2) 긴 유통경로를 선택하는 경우

① 부패성이 없으며, 표준화가 되어 있는 제품 및 기술적으로 단순한 편의품과 구매단위는 작고, 구매빈도수는 높으며, 규칙적인 제품 등이 긴 유통경로를 선택하는 제품의 특징을 가지고 있다.
② 생산자의 수는 많으며, 공급자의 시장진입과 탈퇴에 제한이 없고, 지역적인 분산생산이 되며, 유통비용 측면에서 장기적으로 안정적이다.
③ 고객들의 유통서비스 요구가 세련되고 복잡할수록 유통경로가 길어진다.

8. 유통경로 이론

(1) 연기-투기(postponement-speculation) 이론

① 경로구성원들 중 누가 재고보유에 따른 위험을 감수하느냐에 의해 경로구조가 결정된다고 보는 이론이다.
② 유통경로에서 연기가 투기를 지배한다면 제조업자가 직접 소비자에게 상품을 전달할 것이므로 유통경로는 짧아진다.
③ 유통경로에서 투기가 연기를 지배한다면 유통경로에는 많은 중간상들이 이득을 노리고 진입을 할 것이므로 유통경로는 길어진다.

(2) 기능위양(functional spinoff) 이론

① 각 유통기관은 비용 우위론을 갖는 마케팅 기능들을 수행하고, 기타 마케팅 기능들은 이를 보다 저렴하게 수행할 수 있는 경로 구성원에게 위양한다는 이론이다.

② 업무를 수행하는 데 소요되는 마케팅비용 또는 유통비용을 가장 적게 필요로 하는 유통경로기관이 해당 업무를 수행하는 방향으로 유통경로의 구조가 결정된다고 설명하는 유통경로구조 이론이다.

(3) 제조업체의 유통경로 지배방법

① 광고를 통해 강력한 브랜드이미지를 구축한다.

② 제조업체의 방침에 따르지 않는 유통업체에게 제품 판매를 중단하기도 한다.

③ 중간상들에게 정기적으로 시장정보를 제공하여 중간상의 경쟁력 향상을 지원한다.

9. 유통경로 커버리지 정책

(1) 경로관리에서 핵심적인 관점 가운데 하나는 얼마나 많은 수의 점포를 특정지역에 설립해야 하고, 경로 흐름에서 어떤 유형의 경로 구성원이 필요한지를 결정하여 이를 통해 실재고객과 잠재고객의 욕구를 실현하는 것이다.

(2) 경로 내에 중간상 또는 점포의 수가 증가한다고 하여, 반드시 시장점유율이나 매출액의 증가가 비례적으로 증가한다고 볼 수 없다.

(3) 경로 집약도(intensive)에 대한 결정은 각각의 개별경로의 형태에 있어서 얼마나 많은 수의 경로 구성원을 활용할 것인가를 결정하는 것이다.

(4) 경로상 영역불일치에 의한 갈등이 발생하게 되는 원인은 각 중간상이 거래하는 고객이 중복되기 때문이다.

(5) 경로구조는 특히 경로의 노출 정도와 관련이 있다. 집약적 유통(intensive distribution)과 같은 다수의 도매상을 활용하는 경로의 길이가 긴(long) 경로구조는 폭넓은 분산된 시장을 획득할 수 있는 데 비해, 경로구조가 짧은(short) 직접 경로의 유통은 시장을 유지시키는 데 적합하다.

10. 수직적 마케팅 시스템(VMS)

(1) 국내 유통시장의 개방 및 기술적가능성의 확대 등과 더불어 다양한 유통경로간의 경쟁은 더욱 촉진되고 있으며, 유통경로는 정체되지 않고 다이내믹하게 변화하고 있다. 이러한 최근의 유통경로 발전에서 중요하게 등장하는 용어의 하나는 수직적 마케팅 시스템(VMS : Vertical Marketing System)이다.

(2) 수직적 마케팅 시스템은 마케팅경로 상에서 지도자격인 중앙(본부)에서 계획된 프로그램에 의해 경로구성원이 전문적으로 관리되고, 집중적으로 계획된 유통망을 주도적으로 형성하며, 상이한 단계에서 활동하는 경로구성원들을 전문적으로 관리, 통제하는 네트워크 형태의 경로조직이다.

(3) 수직적 마케팅 시스템(vertical marketing system)유형은 기업형 VMS(corporate VMS), 관리형 VMS(administered VMS), 계약형 VMS(contractualVMS) 등으로 나누어지고, 계약형VMS의 대표적인 형태로 도매상후원의 자발적인 연쇄점형태와 소매상협동조합, 프랜차이즈시스템을 들 수 있다.

(4) 최적의 경제성을 달성하고 최대한 시장에 영향을 주기 위해, 중앙에서 통제하여 전문적으로 관리하고 수평적으로 조성되며 수직적으로 정리된 설비들로 구성된 경로 시스템을 수직적 마케팅 시스템 경쟁이라고 정의할 수 있다.

11. 관리형 VMS(administered VMS)

(1) 관리형 VMS(administered VMS)는 소유나 자본참여가 아니라 규모나 시장에 대한 영향력이며 비공식적으로 작용하는 것이 특징이다.

(2) 경로구성원들 중에서 가장 규모가 크거나 시장영향력이 큰 구성원(경로 지도자, channel captain)이 다른 구성원들에게 비공식적으로 영향을 미쳐 생산이나 유통활동을 조정하는 형태이다.

(3) 수직적 마케팅 시스템의 한 형태로서 본부의 통제력을 기준으로 보면 통제 정도가 낮은 시스템으로 경로구성원들 간의 상호이익을 바탕으로 맺어진 협력시스템이라고 볼 수 있다.

(4) 명시적인 계약에 의하여 형성된 협력관계라기보다는 묵시적인 협력관계로서 경로구성원들 간의 상호이익을 바탕으로 맺어진 협력시스템이라고 볼 수 있다.

12. 유통경로의 갈등의 원인과 해소

(1) 유통경로에서 구성원들 간의 갈등원인으로, 목표의 불일치, 현실인식의 불일치, 영역의 불일치, 커뮤니케이션의 단절 등을 들 수 있다. 이 중 제품 획득가능성과 관련한 문제, 중간상간의 경쟁수준과 관련한 문제, 교육훈련비용 부담에 대한 문제, 신제품 출시시기에 대한 문제 등은 목표의 불일치 때문에 갈등이 발생한다.

(2) 유통경로 과정 중 동일한 단계에서 발생하는 갈등을 수평적 갈등이라 말하며, 이러한 갈등은 자신들이 추구하는 목적이 서로 상이하기 때문에 발생하게 된다. 유통경로 과정 중 도매상과 소매상 사이 또는 중간상과 소매상의 서로 다른 단계 구성원들과 구성원들 사이에 발생하는 갈등을 수직적 갈등이라 말하며, 이러한 갈등은 자신들이 추구하는 목적이 서로 상이하기 때문에 발생하게 된다.

(3) 유통경로상 경로갈등은 한 경로구성원이 다른 경로구성원의 목표달성 노력을 저해하는 경로구성원의 목표들 간의 양립불가능성 행위를 한다고 생각할 때 발생되며, 예로서 소비자가격을 책정하려고 할 때 대규모 제조업체는 신속한 시장침투를 위해 저가격을 원하나 소형 소매업자들의 경우 수익성 증대를 위해 고가격을 원하는 경우이다.

13. 소매업태의 변천과정을 설명하는 주요이론

(1) 소매업 수레바퀴 가설(The Wheel of Retailing Hypothesis) 혹은 차륜가설

(2) 소매업 아코디언 이론(Retail Accordion Theory)

(3) 변증법 이론(Dialectic Theory)

(4) 적응행동 이론(Adaptive Theory)

(5) **소매 수명주기 이론(Retail Life Cycle Theory)**

(6) **닐센(O. Nielsen) 이론 또는 진공지대 이론(Vacuum Zone Theory)**

(7) **빅미들(big middle)이론**

14. 소매업 아코디언 이론(Retail Accordion Theory)

(1) 소매업체들이 다양한 제품을 취급하는 종합점포유형에서 몇몇 종류의 전문제품에 집중하는 전문 업체유형으로 변했다가 다시 다양한 제품을 취급하는 종합점포로 전환하는 형식으로 발달한다는 이론으로 미국의 홀랜더(S. C. Hollander) 교수에 의해 처음으로 주장되었다.

(2) 상품구색 측면에서 수축과 확장을 반복하면서 업태의 발달과정이 전개되고 있다고 설명하는 소매업 발달이론으로 상품구색이 넓은 소매상(종합점)에서 상품구색이 좁은 소매상(전문점)으로, 다시 되풀이하는 것으로 아코디언처럼 제품구색이 늘었다 줄었다 하는 과정을 되풀이하는 이론이다.

15. 소매업 수레바퀴 가설(The Wheel of Retailing Hypothesis)

(1) 소매상이 시장에 진입을 하기위해서는 시장진입 초기에 저가격, 저마진, 저서비스의 가격소구 방식으로 소매시장에 진입하고, 소매가격의 혁신은 오로지 저비용구조에 바탕을 둔 저가격을 기반으로 새로운 시장에 침투한다고 맥나이어(McNair) 교수는 주장하였다.

(2) 일단 목표시장(소매업계)에서 받아들여지면 이 새로운 소매기관은 고급화 과정에 접어든다. 차별화를 위해 세련된 설비와 서비스를 더해 가고, 고가격, 고비용, 높은 서비스의 소매점으로 전환된다.

(3) 소매업 수레바퀴 가설(The Wheel of Retailing Hypothesis) 혹은 차륜가설은 시장진입에 성공한 신업태의 고급화는 또 다시 새로운 소매업태의 혁신적인 등장을 불러일으킨다.

(4) 소매업태의 진화를 설명하는 소매차륜(wheel of retailing)가설에서 신업태가 성장단계에 진입하였을 때의 업태 특성(마케팅정책 지향성)을 가장 잘 표현한 것은 '고(高)서비스-고(高)코스트-고(高)가격'의 순서이다.

16. 백화점(Department Store)

(1) 유통시장 전면 개방에 대한 대응책으로 기존 백화점들은 유통망의 경쟁력 강화와 경쟁 우위를 확보하기 위해 지방도시의 기존 중소업체를 인수하거나 수도권 및 시도시지역으로 신규점포를 출점하고 있다.

(2) 백화점(Department Store)은 규모면에서 대형화를 추구하므로 사람들의 접근성을 최대한 높여야 하고 지하철, 철도역, 터미널 등 대중교통이 집결하는 곳이 좋은 입지이며 승용차의 접근성이나 주차의 편의성 또한 매우 중요한 입지조건이다.

(3) 백화점은 선매품(選賣品)을 중심으로 편의품에서 전문품에 이르기까지 다양한 상품 구색을 갖추고 대면(對面) 판매, 현금 및 신용(크레디트카드)에 의한 정찰(正札) 판매, 그리고 풍부한 인적·물적 서비스를 제공함으로써 판매 활동을 전개하는 상품 계열별·부문적으로 조직화된 대형 소매상이다.

(4) 중심상업지역에 위치한 도심(입지)형 백화점의 경우 신업태의 출현과 교통체증, 주차공간의 부족 등에 의해 고객들이 구매를 기피하는 경향이 높아지고 있으며 이러한 문제를 해결하기 위해 많은 백화점들이 도시 외곽으로 입지를 옮기거나 지방에 지점을 개설하는 다점포 경영(multi store operation) 전략을 시도하고 있다.

17. 전문점(Specialty Store)

(1) 전문점의 경쟁적 우위는 제품의 전문적 구색과 서비스 제공에 있다. 어떤 형태든지 간에 전문점이 가지는 특징은 특정제품 계열에 대하여 매우 깊이 있는 제품구색(Assortment)을 갖추고 있다는 것이다.

(2) 최근에는 기존의 의류, 가전, 전기, 컴퓨터의 전문점 이외에 양말전문점, 스포츠의류 전문점, 액세서리 전문점 등이 급속히 확산되고 있는 추세이다.

(3) 소비자들의 욕구가 세분화·다양화됨에 따라 소비자들이 특정 제품 계열에서 과거보다 더 깊이 있는 제품구색을 갖추고 있다.

(4) 특정제품만을 취급하는 전문점뿐만 아니라 혼수백화점과 같이 특정 소비자 계층만을 목표로 한 전문점도 등장하기 시작하고 상품에 대한 일관성과 전문성을 갖추고, 고객의 연령·소득·용도 등을 중심으로 구색을 갖춘다.

(5) 풍부한 상품지식의 전달, 호감을 줄 수 있는 매너, 매력 있는 점포 구성과 진열, 특색 있는 판매기법, 그리고 매력적인 광고를 통해 전문적인 서비스를 고객에게 제공한다.

18. 할인점(DS;Discount Store)

(1) 할인점의 특성은 저렴한 가격, 유명브랜드 판매, 셀프서비스, 건물임대료가 저렴한 지역에 위치, 평범한 내부시설과 강력한 매일저가정책(EDLP)을 추구함에 있다. 생활용품 할인점은 중서민생활 밀집주거지역에 위치하는 것이 접근성이 유리하다.

(2) 할인점은 대량으로 판매하기 위하여 저가의 가격정책을 취하고 있기 때문에 낮은 마진율을 가져오지만, 대량판매로 구매력이 신장되고 제품의 회전율이 향상됨으로써 재고비용의 감소를 가져오게 된다.

(3) 할인점은 점차적으로 자체 브랜드상품(PL: Private Label, PB: Private Brand)의 비중을 높이고 있다. 영국의 막스앤스펜서는 100%, TESCO Home Plus는 50%, 월마트는 40%의 비율이고, 우리나라의 E-MART도 2020년까지 최대 50%까지 높인다는 계획이다.

19. 유통업체의 자기상표[PB(L): Private Brand (Label)]

(1) PB(Pirvate Brand) 상품을 보면 전체 판매상품 혹은 매장 진열 상품 중에서 PB상품의 구성비가 많을수록 점포이미지에 부정적인 영향을 미칠 수 있다. 상대적으로 낮은 인지도뿐만 아니라 품질적으로 NB(national brand)에 비해 떨어진다.

(2) 상품의 브랜드이미지(가치)지향 고객그룹보다 상품의 기능적인 품질 대비 가격측면에서 합리적인 상품을 선호하는 고객그룹의 확보가 용이하고 고객애호도(충성도)를 높여 단골고객 확보에 유리하다.

(3) PB상품은 NB에 비해 상품에 대한 인지도, 품질에 대한 인지도 등은 떨어지나 상대적으로 소비자가 지불하는 가격 면에서 저렴하다. NB(National Brand)상품과 PB(Private Brand)상품의 취급비율 측면에서 보면 백화점이 할인점에 비해 PB상품비율이 상대적으로 높다.

20. 제조업체의 자기상표[NB(L):National Brand (Label)]

(1) NB(national brand)제품은 제품생산자 · 제조업자브랜드로 제조업자가 자신의 제품이며 소비자들은 일반적으로 NB를 더욱 선호하는 반면, 유통업자들은 PB를 더욱 선호하는 경향이 있다.
(2) NB(national brand)제품, PB(private brand)제품, no name제품은 상호 경쟁관계이면서 또한 보완하는 관계이기도 하다.
(3) NB제품의 경우 고객의 높은 인지도를 활용하기 때문에 유통업체에 의한 특별한 광고활동 없이도 일정한 매출이 보장되는 장점이 있다.

21. 노브랜드 제품(No Name Product) 혹은 무상표 전략

(1) 소비자에게 가격이 저렴한 소박한 제품으로 느끼게 하고 싶을 경우에 적용한다.
(2) 가격 탄력성이 높은 소비자에게 보다 효과적으로 접근할 수 있기 때문에 적용을 한다.
(3) 더욱 경제적으로 만들 수 있는 초과생산능력을 보유하고 있을 경우에 적용을 한다.

22. 아울렛점(Outlet Store)

(1) 아울렛점은 상설 할인매장(Factory Outlet)이라고도 하며 메이커와 백화점의 비인기 상품, 재고품, 기획상품, 하자(瑕疵)상품 및 이월(移越)상품 등을 주로 취급한다.
(2) 아울렛점의 특징은 수십 개 또는 수백 개의 동점점포가 출점하여 쇼핑센터를 이루는 업태로서 재고상품이 집하되는 물류센터 주변에 위치하는 것이 대부분이다. 또한 기존의 유통구조와의 반발을 피하기 위해 주로 도심 외곽에 입지하게 된다.
(3) 우리나라에도 2007년 6월에 문을 연 여주의 신세계와 미국의 첼시가 합작으로 설립한 신세계첼시가 최초의 전통적인 아울렛점이라고 할 수가 있지rh, 2013년 경기도 이천의 롯데의 아울렛은 아시아 최대의 매장수를 보유하고 있다.

23. 무점포 소매상

(1) 무점포 소매상의 개념

① 무점포 소매상은 비교적 최근에 도입되고 있는 소매업태이지만 교통난 · 맞벌이 등으로 쇼핑시간의 여유가 없는 소비자들에게 시간을 절약해 주는 효용을 제공해 주고 있다.
② 소매업자 입장에서는 무점포이므로 점포비용이 절감되며, 입지조건에 관계없이 목표고객에게 접근이 가능하고, 고객의 잠재수요를 자극할 수 있는 이점을 가진다는 점에서 앞으로 계속된 성장이 예상된다.

(2) 무점포 소매상의 종류

① 무점포 소매상의 종류를 크게 보면 직접마케팅(Direct Mar-keting), 직접판매(DirectSelling), 자동판매기(Automatic Vending) 등으로 분류하고 있다.
② 직접마케팅은 다시 통신(우편)판매(Direct Mail), 카탈로그판매(CatalogMarketing), 텔레마케팅(Telemarketing), 홈쇼핑(TelevisionMarketing), 전자마케팅(Electronic Mar-keting) 등으로 나누어진다.

24. 도매상

(1) 도매상의 개념적 분류

① 도매업을 지칭하는 가장 넓은 의미로는 소매업 외의 모든 매매업을 말하며, 여기에는 수집상업, 중계상업, 분산상업 및 무역상업 등 모두 포함한다.
② 도매상은 도매업을 수행하는 상인을 지칭하며 상품유통을 원활하게 함으로써 경기변동에서 조정역할을 수행한다.
③ 도매상이 기여하는 경제적 효과는 장소적 효용(운송), 시간적 효용(보관), 그리고 소유상 효율을 가지고 있다. 도매상의 입지는 소매상에 비해 크게 중요하지 않다.
④ 도매센터(wholesale market centers)는 공급업체가 상설 판매사무소를 운영하는 형태이다.

(2) 완전기능(서비스형) 도매상(Full Service Wholesaler)

① 일반상품 도매상
② 한정상품 도매상
③ 전문품 도매상

(3) 한정기능(서비스형) 도매상(Limited-service Wholesaler)

① 현금무배달 도매상
② 직송 도매상
③ 트럭 도매상
④ 진열장 도매상
⑤ 우편주문 도매상
⑥ 프랜차이즈 도매상

(4) 중간도매상인(merchant intermediaries)과 중간대리인(agent intermediaries)

① 중간도매상인(merchant intermediaries)과 중간대리인(agent intermediaries)을 구분하게 해주는 가장 중요한 기준은 소유권 이전의 유무이다.
② 중간도매상인은 자신의 소유로 거래를 하지만, 중간대리인은 자신의 소유가 아닌 양 당사자들의 소유로 하되 거래만을 중개해주는 기능을 수행한다.

25. 유통경영의 비전과 목표

(1) 유통경영의 내부적 환경요소 분석

① 유통경영의 내부적인 요소는 기업경영을 수행하는 과정에서 발생하는 기업자체의 역량에 크게 영향을 받는다.
② 내부적인 요소로는 회사의 정책이나 방침, 기업의 특이한 조직문화, 기업 내 종업원, 회사 내 노동조합 등 회사 내에서 발생하고 찾을 수 있는 요소들이라 생각하면 된다.

③ 내부적인 환경분석의 목적은 기업이 보유한 내부자원과 능력을 평가하여 자사의 강점과 약점을 파악하여 강점을 활용하거나 새로운 자원이나 능력의 개발과 축적을 통해 강점을 강화함으로써 경쟁우위를 지속하려는 것이다.

④ 기업의 뛰어난 원자재 조달능력은 광범위한 정보, 대규모 구매를 가능케 하는 규모, 거래당사자로서의 명성 등과 같은 자원의 결합에 의해 생성되며, 일반적으로 기업의 경영자원 분석에 많이 사용되는 틀은 Porter의 가치사슬(Value Chain)이다.

(2) 유통경영의 외부적 환경요소 분석

① 유통경영의 외부적인 환경요소는 거시환경과 과업(산업)환경으로 기업이 영업을 수행하는 과정에서 기업내부를 제외한 모든 환경 및 시스템을 의미한다.

② 기업의 거시환경(Macro Environment)은 기업과 직접적인 교환관계를 갖지는 않으나, 산업의 수요, 기업의 수익 등에 중요한 영향을 주므로 경영자는 거시환경의 분석을 통해 사업의 기회와 위협을 세밀히 분석해야 한다.

③ 거시 경제적 환경(macroeconomic environment)으로 경제성장, 이자율 등 금리구조, 자국 화폐의 가치, 즉 환율변화, 인플레이션율의 변화 등이 있고, 기술 환경(technological environment)으로는 기술의 변화 속도, 신기술의 탄생 등이 있다.

④ 사회적 환경(social environment)은 사회적 가치관, 신념, 인식, 규범 등의 변화이고, 인구 통계적 환경(demographic environment)은 인구구성 혹은 구조의 변화이다.

⑤ 정치적, 법적 환경(political and legal environment)은 정치권력 및 법적/제도적 규제 장치의 변화이며, 글로벌 환경(global environment)은 다른 국가의 경제발전 이행 및 속도를 들 수 있다.

26. 풀과 푸시전략(Pull & Push strategy)

(1) 풀 마케팅 전략(pull marketing strategy)

① 최종 구매자들의 브랜드 애호도가 높은 경우나 관여도가 높은 상품의 경우에 사용하는 것이 더욱 적합하다.

② 소비자가 제품의 브랜드 명성을 보고 판매매장으로 찾아오도록 소비자 등을 미는 것을 풀 마케팅(pull marketing)이라고 한다.

③ 전속적 유통(exclusive distribution)은 중간상의 푸시(push)보다는 소비자의 풀(pull)에 의해서 팔리는 상품(예컨대 고가의 상품)에 적합하다.

④ 풀 전략을 사용하는 제조업체는 제품에 대한 광고나 그 밖의 프로모션 지출을 통해 (최종)소비자가 그 브랜드를 알고 찾아와 구매할 수 있도록 만드는 것이다.

⑤ 협상(가격)의 주도권은 풀 전략의 경우 제조업체에게 있으며 풀 마케팅의 대표적인 성공사례의 하나로 인텔은 고객들이·인텔브랜드의 칩 '인텔 인사이드,가 들어간 컴퓨터를 선호하도록 만든 예를 들 수 있다.

⑥ 유통업체의 경제성 측면 즉 마진율은 풀 채널전략의 경우가 푸시 채널전략의 경우보다 상대적으로 낮다. 풀 전략(pull strategy)의 경우 막대한 광고와 매스마케팅을 위한 고정비용이 유발됨으로 대형브랜드에 더욱 적합하다.

(2) 푸시 마케팅 전략(push marketing strategy)

① 제조업자가 유통업자들을 대상으로 하는 촉진정책으로 충동구매가 잦은 상품의 경우에 사용하며, 브랜드에 대한 선택이 점포안에서 주로 이루어지는 경우에 더욱 적합하다.

② 제조업체의 현장 마케팅지원에 대한 요구수준은 풀 마케팅 전략(pull marketing strategy)채널보다 푸시마케팅 전략(push marketing strategy)채널이 상대적으로 더욱 높다. 푸시전략은 지속적으로 판매되는 상품을 판매하는 유통업체에 더욱 유리하다.

③ 유통업체의 마진율은 푸시 채널전략의 경우가 풀 채널전략의 경우보다 상대적으로 높고, 커뮤니케이션의 용이성 측면에서 보면 풀 채널전략은 니치(틈새)마켓보다 오히려 매스마켓에 더욱 적합한 전략이다.

④ 잘 알려지지 않은 브랜드의 제품을 손님이 많이 드나드는 유통매장을 통해 고객 앞으로 밀어내는 것을 푸시마케팅(push marketing)이라고 한다. 제조업체의 경제성측면에서 보면 풀 채널 전략은 소규모브랜드보다 대형브랜드에 더욱 적합하다.

⑤ 제조업체가 자사신규제품에 대한 시장을 창출하는 것을 소매유통업체에게 주로 의존하는 것은 푸시(push)전략에 가깝다. 푸시 전략을 쓸 경우 비용이 대체로 변동비 성격을 갖는다. 즉 마케팅비용이 판매물량과 거래하는 소매매장의 수와 비례한다.

⑥ 특화된 (전문)소매업체가 이미 소규모의 특수고객집단을 목표로 하고 있는 경우 푸시전략(push strategy)이 더욱 유리하지만, 푸시 마케팅을 하는 제조업체는 유통가격을 결정하는 데 있어 풀 브랜드만큼의 주도권을 가질 수 없다.

27. 마이클포터(Michael Porter)의 5가지 경쟁유발요인

(1) 산업 내 기업의 경쟁강도: 산업이 완만하게 성장하거나 성장을 멈출 경우 경쟁이 치열해 지는데 이는 다른 기업의 시장을 잠식하여야만 성장가능하기 때문이다.

(2) 대체상품의 위협: 특정산업에서 활동하는 기업은 넓은 의미에서 대체품을 생산하는 산업과도 경쟁을 벌이고 있는 셈인데 기존고객이 대체산업의 제품을 사용할 수 있기 때문이다.

(3) 신규진출기업의 위협: 특정산업에 신규 진출하는 기업은 상당한 자원과 능력을 확보하여 기존기업의 수익성을 떨어뜨리는 경우가 많다.

(4) 공급자의 교섭력: 공급자의 교섭력이 강한 산업은 높은 수익을 영위할 수 없다. 원료 또는 부품의 가격인상으로 인하여 발생하는 비용을 판매가격에 제대로 반영할 수 없을 경우 수익성이 떨어지게 된다.

(5) 구매자의 교섭력: 구매자들은 가격인하, 품질향상 및 서비스 증대를 요구하기 위해 경쟁기업들을 서로 대립시켜 산업의 수익성을 약화시킬 수 있다

28. 프랜차이즈(Franchise)

(1) 프랜차이저(franchisor)가 프랜차이지(franchisee)에게 프랜차이저의 상호, 상표, 노하우 및 기타기업의 운영방식을 사용하여 제품이나 서비스를 판매할 수 있도록 허가하는 것을 프랜차이즈 시스템이라 말한다.

(2) 프랜차이즈 시스템은 본부가 프랜차이즈 계약에 의해 시장을 철저히 통제하며 자본을 달리하는 독립된 사업자 간 계약에 의해서 기능을 분담하고 상호협력 함으로써 직영점과 같은 효과를 얻는 데 있다.
(3) 프랜차이지는 프랜차이저의 상호 등을 사용하는 권한을 갖기 위해 가입금, 보증금, 로열티 등을 지불하고, 프랜차이저의 경영지도와 지원으로 양자 간의 계속적인 관계 유지가 목적이다.
(4) 프랜차이즈시스템의 유형을 나누어 보면 제조업자–소매상프랜차이즈, 제조업자–도매상프랜차이즈, 도매상–소매상프랜차이즈 및 서비스회사–소매상프랜차이즈로 크게 나눌 수 있다.
(5) 프랜차이즈시스템은 본부의 투자위험을 줄일 수 있을 뿐만 아니라 자본투자를 한 가맹점들이 직접 점포를 소유하거나 운영하기 때문에 적극적으로 영업활동을 하도록 하는 특징이 있다.
(6) 프랜차이즈 시스템운영에 있어서 프랜차이즈 본부는 프랜차이즈 가맹점뿐만 아니라 직영점을 운영할 수 있으며, 각자의 수를 적절히 조절하거나 각각의 경영성과를 비교하여 경로구조의 조정을 시도하는 것이 법적으로 허용된다.
(7) 프랜차이즈 본부의 입장에서 본 장점은 자본조달의 용이성, 구매 및 판매에 있어서 신속한 규모의 경제 달성, 지역적 특수성 고려가능성, 과도한 관리업무의 배제, 낮은 노사문제 발생빈도 등을 들 수 있다.
(8) 프랜차이즈 시스템은 자본이 풍부하지 않은 프랜차이즈본부가 자본에 대한 직접 투자 없이 가맹점을 통하여 사업을 확장할 수 있는 시스템이며, 완전히 통합된 수직적인 체인에 비해 가맹점으로 분산된 대안을 제공해 줌으로써 경제적 집중을 감소시킨다.

29. 조직(organization)에 대한 일반론

(1) 조직의 사전적 의미는 기업 · 학교 · 노동조합 등 2명 이상의 사람들이 공통 목표를 달성하기 위해 통일적인 의지 아래 협동해나가는 행위의 체계라는 의미가 강하다. 조직은 개인 없이는 존재하지 않으며, 단순한 개인의 총화(總和) 이상으로 개인의 퍼스낼리티에 주목하는 것만으로는 해명할 수 없는 고유의 현상이나 특징을 나타낸다.
(2) 현대사회는 조직사회라고 할 수 있다. 우리는 조직에서 태어나 조직에 의해 교육되고 인생의 대부분은 조직을 위하여 일하는 데 보내게 된다. 여가의 대부분을 조직에서 소비하고 생활하며 보낸다.

30. 일반적 조직(organization)원칙

(1) 전문화의 원칙

① 전문화의 원칙(principle of specialization)은 현대기업이 규모의 증가에 따라 경영활동도 복잡하게 되었고, 모든 활동을 책임중심점에서 효율적으로 실행하기위해서는 적절한 부문 화 및 직무할당이 있어야 한다. 그리고 직무할당 시에는 전문화의 원칙이 적용되어야 한다.
② 전문화의 원칙이란 조직구성원이 가능하다면 단일의 업무만을 수행함으로써 자기의 전문적인 지식과 숙련 및 기술을 조직성과에 기여하려는 것이다. 하지만 한가지의 반복적인 일에만 국한되다보니, 창의력이나 자아실현 욕구가 저지될 수 있고, 개인의 부분적인 능력만 요구함으로써 자신이 가진 잠재력을 개발할 기회를 잃을 수도 있다.

(2) 명령일원화의 원칙

① 명령일원화의 원칙(principle of unity of command)은 부하는 한사람의 직속상사로 부터만 명령을 받아야 한다는 원칙이다.
② 명령계통이 일원화되지 못하고 명령과 지시가 복선화 된다면 조직은 책임의 일관성을 가질 수 없게 되어 조직의 능률이 저하될 수 있다.

31. 조직문화(Organization Culture)

(1) 조직문화(Organization Culture)는 조직 내 구성원들이 공유하고 있는 가치, 신념, 그리고 기본적 가정들의 총합으로, 구성원들의 사고방식과 행동방식에 중요한 영향을 미치는 요소이다. 기업 특유의 문화는 기업의 성장에 적극적인 활력소로 작용하기도 하지만, 반대로 기업발전에 저해요소로 작용하기도 한다.
(2) 조직문화는 구성원들이 어떤 독특한 조직 환경에서 부딪치게 되는 문제점들을 해결해 온 방식이 일정하게 누적되어 그들의 행위 작용을 정당화시킬 수 있을 뿐만 아니라 앞으로 발생되는 행위에 대해 서로 이해할 수 있는 근거를 마련해 주는 등 다양한 역할을 수행한다.

32. 조직 구조의 형태

(1) 현실의 기업 조직

① 현실적으로 대부분의 기업 조직은 라인과 스태프 조직형을 기초로 하고 있어 그 분업의 형태는 매우 복잡하다.
② 현대적 조직구조는 '위원회조직', '프로젝트조직', '메트릭스조직', '네트워크조직', '사업부제 조직' 등이 있다.

(2) 라인 조직

① 라인조직은 각 조직구성원이 한 사람의 직속상관의 지휘/명령에 따라 활동하고 동시에 그 상위자에 대해서만 책임을 지는 형태이다.
② 라인은 스태프 각 부문에 대폭적인 권한을 주어 각각 적절한 결정을 독자적으로 할 수 있도록 되어 있다.

(3) 네트워크 조직

① 외부 기관과 신뢰의 기반 위에서 상호 전략적 제휴를 체결하고, 외부 기관과 상호 협력적 아웃소싱(outsourcing) 등을 체결한다.
② 네트워크 조직은 현재의 조직 기능을 경쟁력 있는 핵심역량(Core Competence) 중심으로 합리화한다. 수직적인 위계적 조직이 아니고 수평형의 유기적 조직이다.

(4) 제품별 영업조직(product sales force structure)

① 특히 다양한 제품계열을 가지고 있는 기업의 경우에 적합하다.
② 그 제품에 맞게 조직을 조직화 하였기에 상대적으로 높은 영업비용이 소요된다.
③ 특정 제품(군)에 대한 집중영업으로 인해 제품에 대한 지식과 전문성이 강화된다.
④ 제품 조직은 제품을 시장특성에 따라 대응함으로써 소비자의 만족을 증대시킬 수 있다.

⑤ 소비재 기업보다는 산업재를 취급하는 기업일수록 이런 형태의 조직이 더욱 유리하다.

(5) 백화점 체인조직

① 소매체인관리는 단일점포관리에 비해 보다 복잡하다.
② 대체로 상품, 기획, 마케팅, 재무, VMD, 인적자원관리자는 회사의 본부에서 근무한다.
③ 대부분의 소매체인은 기획유통부분의 부사장이 포함된 상품기획그룹에서 상품부문에 대한 권한과 책임을 가진다.

(6) 기능별 조직

① 기능별 조직은 유사한 기술, 전문성, 자원사용 등을 기준으로 종업원들의 직무를 집단화하고, 관련성이 있거나 유사한 기능을 가진 조직을 몇 개의 부서로 구분하여 전문가들을 한 부서에 편재시키는 것을 말한다.
② 기능별 조직이란 조직이 그 목적 달성을 위해 수행하여야만 하는 기본적인 활동이나 기능을 의미하며, 기업의 경우에는 생산과 판매 등의 기능을 하는 활동이다. 기능별 조직은 환경이 비교적 안정적일 때 조직 관리의 효율성을 높일 수 있으며, 각 기능별로 규모의 경제를 얻을 수 있다.

(6) 사업부제(별) 조직

① 사업별 조직은 제품, 고객, 지역, 프로젝트 등을 기준으로 종업원들의 직무를 집단화하여 조직을 몇 개의 부서로 구분하는 것을 말한다.
② 사업부제 조직은 독립적인 사업부로 부문화된 후 각 사업부 내부에 기능식 부문화가 이루어지는 형태를 말한다.

(5) 매트릭스(matrix) 조직

① 매트릭스 조직은 기능별 및 부서별 명령체계를 이중적으로 사용하여 조직을 몇 개의 부서로 구분하는 것을 말한다.
② 매트릭스 구조는 계층적인 기능식 구조에 수평적인 사업부제 조직을 결합한 부문화의 형태이다.
③ 매트릭스 조직의 구성원은 종적으로 기능별 조직의 자기부서와 횡적으로 프로젝트에 동시에 소속되어 근무하는 형태이다.

(6) 그레이프바인(grape vine)

① 조직의 커뮤니케이션은 공식적인 커뮤니케이션체계 뿐만 아니라 자생적으로 형성된 비공식적 커뮤니케이션 체계도 존재하며, 이러한 비공식적 커뮤니케이션체계를 포도넝쿨을 닮았다하여 '그레이프바인(grapevine)'이라 칭한다.
② 이는 조직 내 커뮤니케이션 네트워크의 하나로서 대부분 관리자들에 의해 통제되지 않으며, 대개 소속 구성원들의 이익을 위하여 활용되는 네트워크이다.
③ 조직적 측면에서 비공식적 커뮤니케이션 체계를 흐르는 정보는 소문의 형태이고 왜곡될 소지가 있다 하여 소홀하게 다루었으나, 역기능을 줄이고 장점을 이용하는 방안모색이 바람직하다고 할 수 있다.

33. 직무 기술서와 직무 명세서

(1) 직무 기술서(Job description)

① 직무의 성격, 내용, 이행 방법 등과 직무의 능률적인 수행을 위하여 직무에서 기대되는 결과 등을 간략하게 정리해 놓은 문서라고 할 수 있다.
② 과업중심적인 직무분석에 의해 얻어지고 과업요건에 초점을 맞추고 있다.
③ 조직시민행동(organizational citizenship behavior)은 직무기술서에 공식적으로 부과되어 있지는 않지만 조직의 효과에 기여하는 활동이다.

(2) 직무 명세서(Job specification)

① 직무 명세서는 직무를 만족스럽게 수행하는 데 필요한 종업원의 행동, 기능, 능력, 지식 ,자격증 등을 일정한 형식에 맞게 기술한 문서를 말한다.
② 직무 명세서란 직무분석의 결과를 정리 할 때 인적특성을 중심으로 기록되는 문서로 인적요건에 초점을 맞추고 있다.

(3) 직무 순환(job rotation)

① 조직 구성원에게 돌아가면서 여러 가지 직무를 수행하게 하는 것을 말하며 조직 구성원의 작업 활동을 다양화함으로써 지루함이나 싫증을 감소시켜준다는 데 있다.
② 직무 순환이 가능하려면 작업자가 수행하는 직무끼리 상호 교환이 가능해야 하고 작업 흐름에 있어서 커다란 작업 중단 없이 직무 간의 원활한 교대가 전제되어야 한다.

34. 인사 고과상의 오류

(1) 현혹효과(halo effect)

① 현혹효과는 한 분야에 있어서의 어떤 사람에 대한 호의적인 또는 비호의적인 인상을 말하는데, 이는 다른 분야에 있어서의 그 사람에 대한 평가에 영향을 주는 경향을 말하며 후광효과(後光效果)라고도 한다.
② 현혹효과에서는 자기가 좋아하는 사람이나 성실해 보여서 좋은 인상을 준 사람은 실제의 업무 성과와는 관계없이 능력 있는 사람으로 판단해 버리는 잘못된 판단을 할 수가 있다.

(2) 상동적 태도(Stereotyping)

① 상동적 태도는 현혹 효과와 유사한 점이 많이 있다. 현혹 효과가 한 가지 특성에 근거한 것이라면, 상동적 태도는 한 가지 범주에 따라 판단하는 오류이다.
② 상동적 태도는 그들이 속한 집단의 특성에 근거하여 다른 사람을 판단하는 경향을 많다. 예를 들어 미국인은 개인주의이고 물질적이며, 한국인은 매우 부지런하며, 흑인은 운동에 소질이 있으며, 이탈리아인은 정열적이라는 것 등이 있다.
③ 남자들은 '밖의 일은 잘하지만 가정적인 일에는 등한이 한다'는 내용은 남자들의 집단을 평가하는 것이므로 상동적 태도이다.

35. 재무관리(financial management)

(1) 재무관리의 의의

① 재무관리(financial management)는 기업의 자금 조달 및 자금운영에 관하여 계획하고 관리하는 다양한 활동을 말한다.
② 자본조달은 운용을 전제로 하며, 조달된 자본이 설비·원재료·기계·노동력 등에 가치를 화체(化體)하면서 변형되어 생산에 공헌한다고 본다면, 경영활동을 자본이라는 관점에서 통일적으로 이해하며 그 합리성을 검토하는 일이 필요하다.

(2) 화폐의 시간가치

① 화폐의 시간가치(time value of money)의 정의는 화폐는 동일한 금액이라도 시점에 따라 그 가치가 다르다는 것을 말한다. 즉, 오늘의 1원과 1년 후의 1원의 가치가 다르다.
② 일반적으로 투자자들은 동일한 금액이라도 미래의 현금보다는 지금의 현금을 선호하는 경향이 강하다. 미래의 현금흐름을 현재의 화폐가치로 할인한 가치를 현재가치라 한다.

(3) 레버리지

① 레버리지 비율(leverage ratio)은 일반적으로 레버리지는 기업의 부채의존도를 의미하며, 유동성비율과 함께 단기 채권자의 재무위험을 측정하는데 사용된다. 즉 레버리지 비율은 타인자본의 의존도와 이자의 지급능력을 판단하는 비율이다.
② 레버리지 효과(leverage effect)는 부동산투자에 있어서 Leverage효과는 타인으로부터 빌린 자본을 지렛대 삼아 자기자본이익률을 높이는 것을 말하며 지렛대효과라고도 한다. 이런 레버리지 효과가 있기 위해서는 차입하는 비용이 자본비용보다 싸야 한다.

(4) 포트폴리오 이론

① 투자자들이 위험-수익의 상충관계를 고려하여 어떻게 만족을 극대화할 수 있는지를 체계적으로 보여주었다.
② 수익률의 변동성이 자산 위험의 좋은 척도가 될 수 있음을 보여주었고, 개별 주식이 아닌 포트폴리오에 투자함으로써 위험을 줄일 수 있다는 위험분산효과를 증명할 수 있다.

(5) 옵션

① 옵션이란 미리 정해진 가격으로 정해진 기간동안에 특정 자산을 사거나 팔 수 있는 권리가 부여된 증권을 말한다.
② 옵션은 이미 존재하는 자산의 가격에 따라 가치가 변하는 조건부 청구권으로 옵션도 기초자산을 살 수 있는 권리와 팔수 있는 권리로 구분할 수 있다.
② 옵션에서 기초자산을 거래할 수 있도록 미리 정해진 기간을 옵션의 만기라 한다.

(6) 선물

① 선물 또는 선물거래는 거래 내용과 조건을 표준화하여 시장성을 높인 선도거래라고 할 수 있다. 다시 말하면, 표준화된 상품과 표준화된 거래조건을 가지고 조직화된 시장에서 거래가 이루어지는 선도거래를 선물거래, 단순히 줄여서 선물(futures)라고 한다.
② 선도거래는 두 거래당사자가 미래의 특정 시점에 특정 자산을 미리 정한 가격으로 거래하기로 현재시점에서 약정하는 계약을 말한다.

36. 매입 조건

(1) 직매입

① 일반적으로 점포가 상품을 매입하는 가장 근원적인 방법으로서, 다른 방법에 비하여 위험은 증가하지만 적절한 매입시 상품의 독창성, 수익성을 확보하기 위한 최선의 방법이다.
② 백화점들의 일반적인 경영방식과 달리 우리나라의 대형마트들은 직매입을 주로 하고 있다. 대형마트들이 직매입할 수 있는 이유는 다점포경영에 의한 구매력이 뒷받침되기 때문이다.
③ 직매입은 판매도 직접 하고, 재고관리도 직접 하는 것을 말한다. 직매입은 가격인하를 위한 원동력이 될 수 있다.

(2) 위탁 매입

① 신상품의 시험 판매, 계절상품, 고가품, 행사품 등에 적합한 매입 방법으로서, 위험이 높거나 신제품, 가격이 비싼 제품인 경우에 주로 많이 이용하며, 소매업자에게 제공한 제품의 소유권이 공급업자에게 있다.
② 소매업자는 일정 기간 동안 제품을 진열하여 최종 소비자에게 제품을 판매한 후 사전에 결정된 일정비율의 커미션을 받고 남은 제품은 공급업자에게 반품하게 된다. 주로 수요 예측이 어렵고 위험이 높은 제품인 경우에 사용한다.

(3) 약정구매

① 소매업자가 납품받은 상품에 대한 소유권을 보유하되 일정 기간 동안에 팔리지 않은 상품은 다시 납품업자에게 반품하거나 혹은 다 팔린 후에 대금을 지급하는 권리를 보유하는 조건으로 구매하는 방식이다.
② 약정구매(memo random buying)에서 소매업자는 상품이 팔리지 않아 발생할 수 있는 위험을 최소화하거나 없앨 수 있어 영업의 안정성을 높일 수 있다.

37. 물류(物流)의 정의

(1) 물적 유통은 원초지점부터 소비지점까지 원자재, 중간재, 완성재, 그리고 각종 관련 정보를 소비자의 욕구를 충족시키기 위하여 이동시키는 것과 관련된 흐름과 저장을 효율적이면서 효과적으로 계획, 수행, 통제하는 과정이다.
(2) 물적 유통은 유형적이거나 무형적인 모든 재화에 대하여 공급자나 생산자로부터 최종소비자 및 수요자에 이르는 흐름을 관리하는 것을 의미한다.
(3) 물적 유통은 구체적으로는 수송, 포장, 보관, 하역 및 통신의 여러 가지 활동을 포함하며, 상거래에 있어서는 유형적인 물자를 운송하므로 재화의 공간적·시간적인 한계를 극복하게 해준다.

38. 순 물류와 역 물류

(1) 순 물류(Forward Logistics)

① 동종제품의 포장형태가 균일하고, 가격이 동일하다.
② 물류계획의 수립 및 실행이 용이하고, 재고 관리가 편리하고 정확하다.
③ 제품수명주기 관리가 가능하다.
④ 속도의 중요성을 인지한다.
⑤ 비용의 투명성이 높다.

(2) 역 물류(Reverse Logistics)

① 동종제품의 포장형태가 상이하고, 가격이 상이하다.
② 물류계획의 수립 및 실행의 어려움이 있고, 재고 관리가 어렵고 부정확하다.
③ 제품수명주기에 어려움이 있다.
④ 상품처리의 중요성을 인지한다.
⑤ 비용의 투명성이 낮다.

39. 재고자산

(1) 재고의 의의

① 재고(inventory)란 회계기간 중에 매입한 재고자산의 취득가격 합계가 그 기간의 상품매입액이며, 재고자산 가운데 회계기간 중에 판매된 부분이 매출원가를 구성한다. 회계기간의 말일(기말 혹은 결산일)에 남아 있는 재고자산이 기말상품재고액이다.
② 재고는 기업이 미래에 사용할 목적으로 생산을 용이하게 하거나 또는 고객으로부터의 수요를 만족시키기 위하여 유지하는 원자재, 재공품, 완제품, 부품 등 재고를 최적상태로 관리하는 것을 의미한다.
③ 많은 양의 재고는 재무보고서에, 특히 유동비율에 영향을 준다. 참고로 유동비율은 유동자산을 유동부채로 나눈 값이며, 기업의 단기적인 지불능력을 나타낸다. 재고수준이 높으면 유동자산이 많아지고, 따라서 유동비율도 높아진다.
④ 유동비율이 높다는 것은 기업이 유동자산을 효율적으로 이용하고 있지 못하다는 사실을 나타낸다. 따라서 올바른 재고관리를 통하여 비용과 자금 운영의 압박을 줄여서, 보다 생산적인 자산을 획득하는 데 재원을 이용하는 것이 중요하다.

(2) 재고자산의 포함 여부

① **운송중인상품**: 선적지 인도기준인 경우 매입회사의 재고자산에 포함하고, 목적지 인도기준인 경우에는 판매회사의 재고자산에 포함한다.
② **적송품**: 수탁자가 위탁품을 판매하기 이전까지는 위탁자의 재고자산에 포함한다.
③ **시송품**: 고객이 구매의사를 표시하기 전까지는 판매회사의 재고자산에 포함한다.
④ **담보제공상품**: 저당권행사에 따른 소유권이전일 전까지는 담보제공회사의 재고자산에 포함한다.
⑤ **반품가능상품**: 반품율을 합리적으로 추정할 수 없는 경우에는 구매자가 상품의 인수를 수락하거나 반품기간 종료 전까지는 판매회사의 재고자산에 포함한다.
⑥ **할부판매상품**: 상품인도시점까지 판매회사의 재고자산에 포함한다.

(3) 재고자산의 원가결정

① **매입시 취득원가**: 매입가액과 매입과정에서 정상적으로 발생하는 매입부대비용을 취득원가로 한다.
② **매입부대비용**: 매입운임이나 운송보관비 및 매입 수수료 등을 말한다. 단지 매입에누리, 매입환출, 매입할인은 취득원가에서 차감처리한다.
③ **일괄구입**: 총 매입원가를 각 재고자산의 공정가치 비율에 따라 배분을 한다. 하지만 매입완료 후 발생하는 보관비용이나 각종 관련이자비용은 기간비용으로 처리한다.
④ **제조시 취득원가**: 직접재료비와 직접노무비, 제조관련 변동 및 고정제조 간접비의 체계적 배부액을 취득원가로 한다. 여기서 고정제조 간접비의 체계적배부액이란 정상조업도에 기초한 배부액을 말한다. 단지 실제조업도가 정상조업도와 유사한 경우 실제조업도를 사용 가능하다.
⑤ **취득관련 금융비용**: 재고자산의 취득과정이 1년 이상 소요될 경우 자본화나 비용으로 처리할 수 있다.

(4) 재고관리의 목적

① 원재료의 적정량 유지를 통해 기업의 계속적인 생산을 보장하여 안정적인 생산활동과 고용의 안정에 기여한다.
② 상품재고의 적정량 유지로 품절방지 및 매출기회 상실에 대비하고, 고객의 수요(Needs)에 즉각적인 대처로 고객서비스를 향상시킨다.
③ 원재료 및 완제품 재고의 적정량 보유로 재고비용(구매비용, 발주비용, 보관비용, 품절손실비용, 진부화비용)에 대한 원가를 절감한다.
④ 재고투자비용의 감소와 과잉재고방지로 운전자금의 원활화에 의한 경영합리화를 기할 수 있다.

(5) 물류에서의 재고관리기능

① **수급적합 기능**: 품절로 인한 판매기회 상실을 방지하는 기능으로 재고 본래의 기능, 결품으로 인한 판매기회 상실을 방지하는 기능
② **생산의 계획 · 평준화 기능**: 재고를 통해 수요의 변동을 완충하는 기능. 주문이 불규칙적이고 비정기적인 경우, 재고를 통해 계획적인 생산과 조업도의 평준화 유지 기능
③ **경제적 발주 기능**: 발주정책 수립시 재고관련비용(재고유지비, 발주비/준비비, 품절비)을 최소화하는 경제적 발주량(EOQ) 또는 로트(Lot)량을 구하여 이것을 발주정책에 반영하여 추가비용을 방지 · 최소화하는 기능
④ **수송합리화 기능**: 재고의 공간적 배치와 관련된 기능, 즉 어떠한 재고를 어떠한 보관장소에 보관하는 것이 수송비 절감 요인인가를 결정하는 기능
⑤ **유통가공 기능**: 오늘날 다양한 소비자 요구에 대응하기 위해 제조과정(공장)에서 충족시키는 것이 아니고 유통과정에서 일부의 조립과 검사, 가공, 포장하는 기능

(6) 기업 내 재고의 역할

① 규모의 경제: 원자재 조달, 운송, 제품생산 과정에서 경제규모의 이익을 추구할 수 있으며, 원자재 조달의 경우 적정량을 구매하여 단위당 운송비나 원가를 낮추게 된다.

② 수요공급의 조절: 계절적으로 수요가 변동되거나 공급이 집중되는 상품의 경우 연중 안정적인 노동력의 유지와 생산체제의 구축이 필요하며 재고의 관리가 전제되어야 한다.

③ 불확실성에 대한 대비: 재고관리는 장래의 수요예측, 가격폭등 등 예측 곤란한 불확실성에 대한 대비가 되고, 완제품의 재고는 대고객 서비스의 향상을 위한 대비가 되어 급격한 수요의 증가가 있을 경우 적절히 공급해 주게 된다.

④ 생산물의 특화: 특정 생산물을 특화하여 규모의 경제를 달성하게 되는 경우 이러한 제품은 혼재가 가능하도록 배송창고에 운송되고 다시 유통 창고로 운송된다.

⑤ 종합물류경로로의 완충(緩衝)역할: 종합물류경로과정에서 각 과정별로 재고가 발생되며 이러한 재고의 효율적인 관리 및 처리가 전체의 효율을 향상시키는 중요한 요소가 된다.

(7) 재고관리상 보관방법

① 프리 로케이션(free location): 보관품목과 보관장소를 대응하지 않고 보관품목을 그 특성에 따라 보관하는 방법이다. 보통관리 방법은 컴퓨터로 처리하기 때문에 자동창고 같은 곳에 많이 이용한다.

② 쇼트 프리 로케이션(short free location) : 일정범위를 한정하여 품목군의 보관구역을 지정해 놓고 그 범위 내에서 자유롭게 보관하는 방식이다. 이 방식은 일반적인 보관방식으로서 프리 로케이션의 변형이라고 보면 된다.

③ 고정 로케이션(fixed location): 고정재고번호 부착방식으로서 재고번호에 따라 품목을 대응하여 보관하는 방식이다. 이 방식은 전자가 컴퓨터를 이용하는 방식인데 비하여 수작업방식에 많이 이용하는 방식으로서 작업자가 재고수불수량을 기록하게 된다.

(8) 재고의 기능에 따른 분류

① 안전재고(safety stock): 예측하기 곤란한 불확실성에 대한 위험을 방지하기 위해 수요량이나 수요시기가 불확실한 경우에 대비하는 재고를 말한다.

② 예상재고(anticipation stock): 계절적인 수요나 가격의 급등, 파업 등에 대비하여 변동의 폭을 줄이기 위하여 유지되는 재고를 말한다.

③ 순환재고(cycle stock or lot size inventory): 주문량 전체가 필요하지는 않지만 주문비용이나 할인 혜택을 받기 위하여 많은 양을 한 번에 주문하여 생기는 재고를 말한다.

④ 파이프라인 재고(pipeline inventory): 유통시스템에서 운반중인 제품이나 공장에서 가공하기 위하여 이동 중에 있는 재공품 성격의 재고를 말한다.

40. 재고비용

(1) 주문비용(발주비용; Ordering or procurement cost): 필요한 자재나 부품을 외부에서 구입할 때 구매 및 조달에 수반되어 발생되는 비용으로 주문발송비, 통신료, 물품수송비, 통관료, 하역비, 검사비, 입고비, 관계자의 임금 등이다.

(2) 준비비용(Set-up or Production cost): 재고품을 외부로부터 구매하지 않고 회사 자체 내에서 생산할 때 발생하는 제비용으로 제조 작업에 맞도록 준비요원의 노무비, 필요한 자재나 공구의 교체, 원료의 준비 등에 소요되는 비용으로 주문비용과 대등하다.

(3) 재고유지비용(Inventory holding cost or carrying cost): 재고품을 실제로 유지 · 보관하는데 소요되는 비용으로 이자비용, 보관비, 진부화에 의한 재고감손비, 재고품의 보험료 등이다.

(4) 재고부족비용(Shortage cost, stockout cost): 품절, 즉 재고가 부족하여 고객의 수요를 만족시키지 못할 때 발생하는 비용(일종의 기회비용)으로서 이것은 판매기회의 손실도 크지만 고객에 대한 신용의 상실은 기업입장에서 가장 큰 손실인 것이다.

(5) 총재고비용(Total inventory cost): 총재고비용=「주문비용(준비비용)+재고유지비용+재고부족비용」으로 구성된다.

41. 재고분석 기법

(1) 재고피라미드 분석

① 보유재고의 구성을 움직임이 일어나지 않은 기간별로 구분하여 도표화하는 것으로서 간편하고 일목요연하게 나타낼 수 있는 점에서 유용한 기법이다.

② 잉여재고자산에 대한 정책을 수립하는 데 유용하게 이용되며, 재고가 건전할 때는 안정적인 피라미드 모양을 나타내지만, 재고의 운용이 극도로 불건전할수록 역삼각형을 나타낸다.

(2) Two-Bin 시스템

① Two-Bin 시스템은 가장 오래된 재고관리기법 중의 하나이다. 이 시스템은 가격이 저렴하고 사용빈도가 높으며, 조달기간이 짧은 자재에 대해 주로 적용하는 간편한 방식이다. 따라서 이 시스템은 ABC분석의 C급 품목에 대하여 효과적인 관리방법의 하나로 인식되고 있으며, Double Bin System 또는 포장법이라고도 불리우고 있다.

② Two-Bin 시스템에서는 두 개의 BIN을 이용하여 재고를 관리하게 되는데, BIN-1의 재고를 사용하다가 발주점에 도달하면 필요한 양만큼 발주를 하고, BIN-1의 재고를 전부 사용한 후 BIN-2의 재고를 사용한다.

③ 나사와 같은 부품의 재고관리에 많이 사용하는 재고관리기법으로 두 개의 상자에 부품을 보관하여 필요시 하나의 상자에서 계속 부품을 꺼내어 사용하다가 처음의 상자가 바닥이 날 때까지 사용하여 바닥이 나면 발주를 시켜 바닥난 상자를 채우는 것이다.

(3) 정량주문시스템(fixed-order quantity system)

① 재고가 일정수준(발주점)에 이르면 주문하는 시스템으로 발주점법이라고도 부른다. 이 시스템은 주문량이 중심이 되므로 Q시스템이라고 부르며, 또한 계속적인 실사를 통하여 재고수준을 체크하므로 연속실사방식(continuous review system)이라고 부른다.

② 정량주문시스템의 예를 보면, 대형슈퍼나 백화점의 계산대는 재고통제시스템과 연결되어 있다. 판매되는 품목의 코드번호가 입력되면 컴퓨터는 자동적으로 재고수준을 계산하여 준다. 관리자는 그 제품의 재고수준이 재주문점에 도달하였는지 여부를 알 수 있다. 이것은 POS(point of sale)시스템의 한부분이다.

(4) 정기주문시스템(fixed-order period system)

① 일정시점이 되면 정기적으로 적당한 양을 주문하는 방식이다. 이 방식은 주문시기 중심이므로 P시스템이라고도 하며, 정기적으로 재고수준을 조사하므로 정기실사방식(periodic review system)이라고도 부른다.
② 정기주문의 경우에 안전재고수준은 정량주문의 경우보다 더 높다. 정량주문시스템은 계속적인 실사를 행하므로 조달기간의 수요변동에 대비하면 된다.
③ 두 시스템 중에서 어느 것을 선택할 것인가는 제품의 가격, 재고의 기록유지, 재고의 보충시기 등에 따라 결정된다. 정량주문시스템은 고가의 A품목을 통제하는데 이용하며, 정확한 재고기록이 필요한 품목에 적합하다. 한편 B 품목은 계속적인 재고기록유지가 필요하지 않으며 정기주문 시스템의 대상이다.

(5) 기준 재고시스템

① 기업에서 가장 일반적으로 이용되는 재고관리시스템은 기준 재고시스템이다. 이것은 s-S재고시스템 또는 mini-max재고시스템 등으로 불리우기도 하는데, 이 시스템은 정량재고시스템과 정기재고시스템의 혼합방식으로 두 시스템의 장점을 유지하도록 고안된 것이다.
② 이 시스템에서는 두 개의 재고수준(S, s)을 설정하게 되는데, S를 최대 재고량, s를 재발주점의 재고량이라 한다. 재고의 조사는 정기적으로 하게 되는데, 재고조사 결과 현재의 보유재고가 s보다 낮은 경우에 한해서만 주문을 하게 된다.

(6) MRP(Material Requirement Planning;자재소요 계획)

① MRP(자재소요계획)는 수요를 입력요소로 하여 발주시점과 발주량을 결정하는 기법으로, 앞서 언급한 ROP시스템은 완제품과 관련되는 개별품목에 대한 독립수요를 전제로 하고 있으나, TV · VTR와 같은 전자제품이나 자동차와 같은 수많은 부품들의 결합체로 이루워진 조립품의 경우에 독립수요에 따라 종속적으로 수요가 발생하는 부품들의 재고관리에 유용한 시스템으로, 독립수요뿐만 아니라 종속수요도 관리할 수 있도록 고안된 시스템이다.
② MRP는 경제적 주문량과 주문점 산정을 기초로 하는 전통적인 재고통제기법의 약점을 보완하기 위해 개발된 것으로 재고자산이 독립수요(Independent Demand)의 성격을 지닌 점을 많이 이용하고 있으며 자재소요계획(MRP)을 활용함으로써 작업장에 안전하고 정확하게 작업을 부과할 수 있다.

(7) MRPII(Manufacturing Resource Planning;제조자원 계획)

① 자재소요계획은 두 가지 면을 강조한다. 우선, 자재소요계획은 주생산계획에서 필요로 하는 자재소요량에 초점을 맞추며, 롯트규모와 안전재고에 대하여 알려준다. MRP는 노동력이나 시설에 대하여는 정보를 제공하지 못한다.
② MRP와 생산능력을 서로 조화시키기 위하여 능력소요계획을 세우지만, 이것은 사실 MRP 외부의 프로그램이다. 그래서 능력소요계획으로 생산능력을 재수립하는 경우에는 주생산계획도 다시 수립되어야 하는 경우도 있다.

(8) JIT시스템(Just In Time;즉시납기체제)

① JIT(just-in-time) 생산의 기본 개념은 적시에 적량으로 생산해 내는 것이다. JIT생산은 부품이 필요한 시기와 장소에서 사용되도록 계획하는 자재소요계획과 비슷한 의미를 주는 것 같지만, JIT에서는 필요한 시기에만 부품이 생산되도록 한다.
② JIT생산의 목적은 계획된 생산량을 예정대로 착오없이 성취하는 것이다. 단 한개라도 과잉생산한다는 것은 하나가 부족한 경우와 마찬가지로 나쁘다고 생각한다. 최소한의 필요량을 넘는다는 것은 낭비로 간주하는 것이다.
③ 일본 토요다 공장에서 개발된 이 JIT생산시스템은 토요다 생산시스템이라고도 부른다. 이 시스템에서는 낭비를 줄임으로써 비용을 절감할 뿐만이 아니라, 근면성, 고도의 능력, 좋은 작업환경 등을 통하여 작업자의 능력을 최대한으로 이용한다.
④ 이 생산시스템은 서로 연결되어 있는 작업장을 하나의 거대한 네트워크의 생산공정으로 간주하여, 각 작업자는 그가 맡은 부품을 완성하여 후공정의 작업자가 준비되었을 때에 직접 넘겨줄 수 있도록 완전 작업배치를 모색한다.

(9) MRP와 JIT

① MRP는 종속수요의 품목을 주문 처리하기 위한 정보시스템으로서, 공장 현장에서의 개별적인 주문, 소요자재, 후방 스케줄링과 무한능력계획에 사용하기 위하여 미국에서 개발되었다.
② JIT는 일본에서 개발되었으며, 목표는 모든 사업 운영에서 낭비의 발생을 제거하는 것이다. 재고는 낭비로 간주되기 때문에, 이 시스템은 재고 감소 이상의 의미를 가지는 도구이다.
③ MRP와 JIT를 각각 효과적으로 운영하는 경우에도 제조기업은 커다란 이익을 얻는다. 그러나 두 시스템은 상호배타적이 아니며 통합적인 사용이 가능하다.
④ JIT의 원칙은 전사적 품질경영(TQM;Total Quality Management)과 예방유지시스템을 잘 설치한 후에 기본 MRP에 부가될 수 있다. TQM은 JIT 없이 존재할 수 있지만, TQM 없이 JIT는 존재할 수 없다. JIT 또는 MRP가 효과적으로 작동하기 위해서는 좋은 부품이 매회 만들어져야 하며, 필요할 때에는 생산시설이 언제나 이용될 수 있어야 한다.

42. EOQ(Economic Order Quantity) 모형

(1) 경제적 주문량 모형(EOQ)의 기본가정

① 주문비용과 단가는 주문량 Q에 관계없이 일정하고, 매번 주문시 주문량이 동일하다
② 미납주문은 허용되지 않고, 주문 기간 중에 수요량, 주문원가, 유지원가, 조달 기간(lead time)이 확실하게 알려져 있고 일정하다.

③ 재고 단위당 구입원가는 1회당 주문량에 영향을 받지 않으며, 재고 부족원가는 없다.

④ EOQ 계산시 연간 수요량, 1회 주문비용, 평균재고유지비는 계산하는 데 필요한 정보이고, 주문량 Q는 한 번에 입고된다.

(2) 총 재고 관련 원가(TC)=재고 주문원가+재고 유지원가

① 재고 주문원가$=\frac{D(\text{수요량})}{Q(\text{1회 주문량})}\times$(1회 재고 주문원가)

② 재고 유지원가=평균 재고량×단위당 재고 유지원가$=\frac{Q}{2}\times C$

③ $EOQ=\sqrt{\frac{2\cdot D\cdot O}{C}}=\sqrt{\frac{2\times\text{총수요량}\times\text{재고 주문원가}}{\text{단위당 재고 유지원가}}}$

43. 유닛로드시스템(Unit Load System)

(1) 물류표준화 체계의 근간이 되며, 물류시스템을 구성하는 각 요소, 즉 수·배송 수단, 하역기기 및 시설 등의 기준척도가 되는 것이다.

(2) 유닛로드시스템이란 복수의 화물을 팔레트나 컨테이너 등을 이용하여 단위화시켜 일괄적으로 하역 및 수송함으로써 물류의 효율성을 높이기 위한 시스템이다.

(3) 유닛로드시스템은 협동일관수송을 가능하게 해주며, 하역작업의 기계화 및 자동화, 화물파손방지, 적재의 신속화, 차량회전율의 향상 등을 가져와 물류비 절감에 크게 기여한다.

(4) 유닛로드시스템의 구축방법은 팔레트를 이용하는 방법과 컨테이너를 이용하는 방법 두 가지가 있다.

44. 일관팔레트화

(1) 팔레트(palelt)란 화물의 수송 및 보관에 있어서 그 하역작업 및 운반작업을 합리화하기 위한 화물 적재판으로서, 팔레트는 물류합리화에 있어서 유닛로드시스템 구축의 중요한 도구이다.

(2) 팔레트화는 개별 화물들을 그 특성에 맞는 적절한 팔레트를 사용하여 단위화시킴으로써 하역작업시 시간당 화물처리능력을 현저하게 개선하여 하역비와 하역시간을 크게 감축시켜줌으로써 전체 물류시스템의 효율성 증진에 크게 기여하는 물류활동이다.

(3) 일관팔레트화란 화물 이동의 출발지점으로부터 최종도착지점까지 팔레트 상에 적재된 화물을 운반, 하역, 수송, 보관하는 물류과정 중 최초에 팔레트에 적재된 화물의 형태를 변형시키지 않고 일관되게 팔레트 화물의 흐름을 만드는 것을 말한다.

(4) 일관팔레트화의 효과는 매우 크지만 기업마다 팔레트의 소유가 달라서 자사팔레트를 회사 밖으로 유출시키면 회수에 상당한 시간과 비용이 들고, 호환성 측면의 제약이 있는 점 등 장애요인의 극복이 필요하다.

45. 팔레트 풀 시스템

(1) 팔레트 풀 시스템의 개념

① 팔레트 풀(Pallet Pool)은 기업의 외부로 유출된 팔레트의 회수에 시간과 경비가 많이 들고, 수요변동 및 분실 등에 대응하여 다량의 팔레트를 준비하는 데 상당한 투자가 필요한 점 등 팔레트화에 따른 문제점을 극복하기 위한 방안으로 도입된 제도이다.

② 기업은 팔레트 풀 시스템을 통해 과다한 투자부담을 경감시킬 수 있으며, 일관팔레트화를 무리 없이 정착시킬 수 있고, 나아가 기업의 물류비 절감에도 기여할 수 있다.

③ 일괄시스템을 통해 원활하고 유연한 운송이 가능하며, 파손, 분실방지 등을 줄이고 상품보호에 도움이 된다. 표준화 및 규격화를 통해 효율성을 높일 수 있다.

(2) 즉시교환방식 시스템

① 주로 유럽각국에서 채용하고 있는 국유 철도를 중심으로 운용되고 있으며, 송화주가 팔레트화된 화물을 국철에 위탁하는 시점에서 동수의 팔레트를 국철에서 인수하여 한쪽의 수화주는 팔레트화된 화물을 인수할 때 동수의 팔레트를 국철에 인도해 주는 방식으로 운영된다.

② 교환방식 풀 시스템의 장점은 팔레트의 즉시 교환사용이 원칙이므로 팔레트의 분실에 대한 위험이나 회수 부담이 없다.

③ 교환방식 풀 시스템의 단점은 팔레트 풀의 사용자가 언제나 교환에 응할 수 있는 팔레트를 준비하지 않으면 안 되고, 또 팔레트의 교환을 충분히 하기 위해서는 정비 상태가 양호한 팔레트를 항상 준비해 놓아야 하는 부담이 있으며, 교환용 팔레트의 보존상태가 불량하거나 품질이 낮은 경우가 있고, 수송기관이 복잡하거나 수송기관의 수가 많을 경우에는 원활하게 진행하기가 어렵다.

(3) 리스 & 렌털 시스템

① 이 방식을 적용하고 있는 대표적인 예는 오스트레일리아(호주)이다. 이 방식에서는 팔레트 풀을 운영하는 기관이 사용자의 요청에 따라 규격화된 팔레트를 사용자의 소재지의 가까운 데포에서 공급해 준다. 팔레트를 공급받은 사용자는 도착지에서 가까이 있는 팔레트 풀 운영기관의 데포에 반납하는 방식으로 운영 된다.

② 렌털방식 풀 시스템 장점으로는 사용자가 교환을 위해 동일한 품질, 동일한 수량의 팔레트를 사전에 준비해 놓을 필요가 없다.

③ 렌털방식 풀 시스템의 단점으로는 팔레트의 인도 및 반환에 따른 렌털료의 계산 등 사무처리가 필요하며, 물동량의 편재에 따라 팔레트 보관량의 균형이 깨어지는 데포가 발생할 수 있다.

(4) 우리나라의 팔레트 풀의 실태

① 한국팔레트 풀 주식회사(KPP)는 T-11형(KS A 2156) 팔레트를 중심으로 팔레트 풀을 운영함으로써 팔레트의 공동이용을 통해 일관팔레트화 체제를 정착시키기 위해서 설립되었다.

② 팔레트 사용수준 향상과 표준 팔레트의 보급 촉진, 팔레트 품질 향상, 팔레트 제조업계의 선진화 등 팔레트 분야의 발전을 도모하여 물류합리화와 물류비 절감에 기여하는 것을 목적으로 하고 있다.

(5) 보관의 10가지 원칙

① **통로대면 보관의 원칙**: 입, 출고를 용이하게 하고 창고내 레이아웃의 기본원칙이다.

② **높이 쌓기의 원칙**: 물품을 고층으로 적재하는 것으로 평적보다 파렛트 등을 이용하여 용적효율을 향상시킨다.

③ **선입선출의 원칙**: Life Cycle의 최소화를 목적으로 하는 원칙이다.

④ **회전대응보관의 원칙**: 물품회전율 빈도수에 따라 구분하는 원칙

이다.

⑤ **동일성 · 유사성의 원칙:** 관리효율, 생산성향상을 목적으로 하는 원칙이다.
⑥ **중량특성(重量特性)의 원칙:** 대형, 중량물은 하층, 소형, 경량물은 상층에 적재하는 원칙이다.
⑦ **형상특성의 원칙:** 표준품은 랙에 보관하고 비표준품은 별도 보관하는 것으로 형상에 따라 보관 방법을 변경하여 형상특성에 맞게 보관한다.
⑧ **위치표시의 원칙:** '단순화 - 소인화 - 효율화'를 기준으로 적재하는 원칙이다.
⑨ **명료성의 원칙:** 식별표시로 신입사원 실수 최소화하기위해 시각적으로 보관품을 용이하게 식별할 수 있도록 보관한다.
⑩ **네트워크 보관의 원칙 (계통적으로 관련화–그룹화):** 물품의 정리와 출고가 용이하도록 관련 품목을 한 장소에 모아서 보관한다.

46. 기업물류의 역할

(1) 물류의 역할 개념

① 물류는 마케팅의 절반을 구성하고 있을 정도로 마케팅의 가장 중요한 요소로 부각되고 있다.
② 오늘날 마케팅의 실현은 종래의 고객조사, 가격정책, 판매망의 조직화, 광고 및 홍보 등에서 물리적인 고객서비스가 요청되고 있어 물류의 역할은 더욱 커지고 있다.

(2) 물류의 원칙

① 3S1L원칙은 신속하게(Speedy), 확실하게(Surely), 안전하게(Safely), 저렴하게(Low)를 3S1L원칙이라 한다.
② 7R's원칙은 적절한 상품(Right commodity)을, 적절한 품질(Right quality)로서, 적절한 양(Right quantity)만큼, 적절한 시기에(Right time), 적절한 장소에(Right place), 적절한 인상(Right impression)을 주면서, 적절한 가격(Right price)으로 거래처에 전달하는 것을 소기의 목적으로 하고 있다. 여기에서 '적절한'이란 '고객이 요구하는 서비스 수준'을 의미한다.

(3) 물류관련지표

① 물류생산성지표란, 물류활동에 대한 투입과 산출의 비율이다.
② 물류서비스지표란, 물류활동의 서비스 요구치에 대한 충족치의 비율이다.
③ 물류이용지표란, 물류시설의 이용가능 능력(용량)에 대한 실적치의 비율이다.
④ 물류업적지표란, 계획치에 대한 실적치의 비율을 말하는데, 예산관리를 중심으로 광범위하게 사용되고 있는 지표이다.

47. 물류 표준화

(1) 물류 표준화의 의의

① 물류표준화의 주요 내용은 기기 및 설비들의 규격 · 치수 · 제원 등이고, 주요 대상은 포장용기, 랙, 트럭적재함 등이다.
② 물류 표준화는 포장 · 하역, 보관 수송 및 정보 등 각각의 물류기능 및 단계에서 사용되는 물동량의 취급단위를 표준화 또는 규격화하고 여기에 이용되는 기기 · 용기 · 설비 등의 강도나 재질 등을 통일시키는 것을 말한다.
③ 물류표준화가 파렛트풀시스템 등의 활성화에 크게 기여하였고, 운송과 보관, 하역, 포장, 정보 등과 같은 물동량의 취급 단위를 표준화 또는 규격화하여서 기준을 정하고 이용하는 것을 말한다.

(2) 물류 표준화의 대상

① 유닛 로드치수
② 롤박스
③ 수송포장
④ 일관수송용 파렛트

(3) 국제적인 표준화 추진 방향

① 국제표준화를 실현하기 위해서는 급속한 변화가 발생하는 국제환경에 대응하여야 한다.
② 선진 국가들의 각종 표준기구나 회의에 적극 참여하여 표준화의 우선순위 영역, 표준화 정책 및 전략 등에 대한 정보를 체계적이고 신속하게 교환하여야 한다.
③ 국제표준화 정책은 정부주도형보다는 민간주도형으로 추진하는 것이 효과적이다.

48. 물류 공동화

(1) 물류 공동화의 의의

① 물류활동에 필요한 노동력, 수송수단, 보관설비, 정보시스템, 도로 등의 물류인프라를 참여기업과 연계하여 하나의 시스템으로 운영하는 것을 물류공동화라고 한다.
② 물류 공동화는 자사의 물류 시스템과 타사의 물류 시스템이 동일지역과 동일업종을 중심으로 공유되는 것을 말한다. 고객의 제품 수주에서부터 판매되기까지의 물류를 주문, 제품의 수집, 운송, 집하(보관), 배송기능으로 분류하여야 한다.
③ 물류 공동화는 물류비용의 절감을 위하여 자사의 물류 시스템을 타사의 물류 시스템과 연계시켜 하나의 시스템으로 운영하는 것을 말한다.
④ 물류 공동화는 수 · 배송의 효율화를 높이고 비용을 절감하기 위해 동일지역이나 동종업종을 중심으로 노동력, 수송수단, 보관설비, 정보시스템 등 물류시설을 2인 이상이 공동으로 설치하고 이용 · 관리하는 것을 말한다.

(2) 물류 공동화의 목적

① 사람, 자금, 시간, 물자 등 물류자원을 최대로 활용함으로써 비용절감이 가능하고, 중복투자 감소가 감소한다.
② 수 · 배송 효율의 향상으로 외부불경제인 대기오염, 소음, 교통체증 등에 대한 문제를 최소화할 수 있다.
③ 인력부족에 대한 대응으로 물류비를 절감하고 고객에 대한 서비스 향상을 도모한다.

49. 물류모듈(Module)

(1) 물류 표준화 체계의 근간이 되며, 물류시스템을 구성하는 각 요소, 즉 수·배송 수단, 하역기기 및 시설 등의 기준척도가 된다.
(2) 물류모듈이란 물류시스템을 구성하는 각종 요소인 화물의 유닛로드 및 이 유닛로드에 대한 하역, 운반기기, 기계트럭, 철도화차, 컨테이너, 선박 등 수송을 위한 장비 및 보관용 기기나 시설 등의 치수나 사양에 관한 기준척도와 대칭 계열을 말한다.

50. 복합운송(Combined transport)

(1) 복합운송이란 어느 한 국가(또는 지역)의 특정지점에서 다른 국가(또는 지역)에 위치해 있는 지정 인도지점까지 복합운송계약에 의거 반드시 2가지 이상의 운송수단을 이용하여 화물을 운송하는 것을 말한다.
(2) 복합운송의 특징은 단일운임의 설정, 운송방식의 다양성, 위험 부담의 분기점 등이 있다. 위험부담의 분기점은 송화인이 물품을 내륙운송인에게 인도하는 시점이 된다.
(3) 복합운송에서 운송방식의 다양성이란 반드시 2가지 이상의 서로 다른 운송방식에 의하여 이행되는 것을 말한다. 트럭과 철도의 결합(piggy-back), 트럭과 항공의 결합(birdy-back), 철도와 선박의 결합(fishy-back) 등이 있다.
(4) 위험부담의 분기점은 송화인이 물품을 내륙운송인에게 인도하는 시점이 된다.복합운송인은 복합운송의 서비스 대가로서 각 운송구간마다 분할된 것이 아닌 전 운송구간이 단일화된 운임(Through Rate)을 설정한다.
(5) 일반적으로 도로중심의 물류수송은 에너지문제, 도로정체, 대기오염을 일으키는 중요한 요인이 된다. 이러한 도로중심의 mode에서 선박과 철도 등 친 환경적 수송시스템 mode로 이동(shift)하는 것을 모달 시프트(modal shift)라고 한다.

51. 물류 아웃소싱(Logistics Outsourcing)

(1) 물류 아웃소싱의 개념

① 기업이 고객 서비스의 향상, 물류비 절감 등 물류활동을 효율화할 수 있도록 물류기능 전체 혹은 일부를 외부의 전문업체에 위탁·대응하는 업무를 말한다.
② 물류업무를 사내에서 분리하여 제3의 전문기업에 위탁할 때 일반적으로 다양한 효과를 기대할 수가 있다.

(2) 물류 아웃소싱의 효과

① 핵심역량사업에 집중할 수 있는 장점이 있는 반면 고객 불만에 대하여 신속하게 대응하기가 쉽지 않다. 물류 공동화와 물류 표준화가 가능하여 물류비 절감과 서비스의 향상이 가능하다.
② 제조업체나 외부 물류업체를 관리하여야 하므로경영역량은 분산되나, 기업의 경쟁우위 확보 및 사회적 비용의 절감과 국가경쟁력 강화에 기여할 수 있다.
③ 제조업체가 물류 아웃소싱을 추구할 때, 그 업체는 전문화의 이점을 살려 고객 욕구의 변화에 대응하여 주력사업에 집중할 수 있고, 물류시설 및 장비를 이중으로 투자하는데 따르는 투자위험의 회피가 가능하고, 핵심역량에 대한 집중력을 강화할 수 있다.

(3) 물류 아웃소싱의 단점

① 물류과정에 대한 통제력의 상실이 된다.
② 물류 전문업체가 제공하는 서비스품질의 불확실성이 있다.
③ 물류비용 산정의 어려움이 있다.

52. 제3자 물류(3PL;Third party Logistics)

(1)제3자 물류의 개념

① 제3자 물류는 화주기업이 고객서비스 향상, 물류비 절감, 물류활동의 효율성 향상 등의 목표를 달성할 수 있도록 물류경로 내의 다른 주체와 일시적이거나 장기적인 관계를 가지고 있는 것을 말한다.
② 제3자 물류는 물류경로 내의 대행자 또는 매개자를 의미하며, 화주와 단일 혹은 복수의 제3자가 일정 기간 동안 일정 비용으로 일정 서비스를 상호 합의하에 수행하는 과정을 말한다.

(2) 제3자 물류(3PL)의 효과

① 운영비용 감소 효과
② 서비스 개선 효과
③ 자본비용의 감소 효과
④ 핵심역량에 대한 집중 효과

53. 제4자 물류(4PL;Forth party Logistics)

(1) 제4자 물류의 개념

① 단순하게 제1자 물류(자가물류), 제2자 물류(자회사물류), 제3자 물류(물류 활동의 외부위탁)의 분류 체계에 근거하여 그 다음 단계로 제4자 물류라고 한다.
② 물류업무 수행능력 및 정보기술, 컨설팅 능력을 보유한 업체가 공급망상의 모든 활동에 대한 계획과 관리를 전담하여, 다수의 물류업체 운영 및 관리를 최적화함으로써 생산자와 유통업체 간에 효율화를 도모하는 데 있다.
③ 제4자 물류 운용모델에는 시너지 플러스(Synergy Plus), 솔루션통합자(SolutionIntegrator), 산업혁신자(Industry Innovator)모델이 있고 제3자 물류업체와 물류 컨설팅업체, IT업체의 결합된 형태이다.

(2) 제4자 물류의 목적

① 모든 영역의 물류서비스를 제공할 수 없었던 기존 전문 물류업체(3PL)의 한계를 극복하고, 공급체인에 대해 탁월하고 지속적인 개선효과를 발휘할 목적에 있다.
② 제4자 물류 이용 시 수입 증대, 운용비용 감소, 운전자본 감소, 고정자본 감소 등의 효과를 볼 수 있다.

(3) 제4자 물류의 특징

① 세계 수준의 전략·기술·경영관리를 제공하며, 제3자 물류업체, 컨설팅업체, IT업체들이 가장조직을 형성하여 한 번의 계약으로 공급체인 전반에 걸친 통합 서비스를 제공한다.

② 원재료의 조달부터 최종 고객으로의 판매에 이르기까지 공급체인상에서 발생하는 모든 물류활동을 하나의 조직이 수행한다.
③ 제4자 물류는 기업간 전자상거래의 확산에 따른 공급체인 효율화를 위한 발전적 대안이라고 볼 수 있다.

54. 물류센터

(1) 물류센터의 개념

① 물류센터는 다품종 대량의 물품을 공급받아 분류, 보관, 유통가공, 정보처리 등을 수행하여 다수의 수요자에게 주문에 대한 구색을 맞추어 서비스 수준을 유지하여 적기에 배송하기 위한 시설이라고 할 수 있다.
② 물류센터는 복수의 공급자와 수요자가 교차하는 배송의 경우, 그것들을 통합하여 계획화하고 효율화를 도모하기 위해서 공급자와 수요자의 중간에 설치하는 시설을 의미한다.
③ 보관은 팔레트 보관구역(Reserve Area)에서 장기간 보관한다. 팔레트 단위로 제품을 보관하며, 피킹구역에서 제품을 보충하기도 한다.

(2) 물류센터의 위치

① 물류센터의 위치(입지)는 화물의 흐름을 잘 고려하여 결정해야 하며, 이를 위해 일반적으로 5가지 중요한 요소(PQRST)를 분석해야 한다. 이들 5가지 요소는 화물(Product or Material), 수량(Quantity), 경로(Route), 서비스와 시간(Service and Time)으로 구분된다.
② 배송시간·배송비용을 절감할 수 있는 상품의 수요가 많은 지역에 있어야 하고, 상품의 대량보관에 중점이 있는 것이 아니고, 효율적인 물류배분에 초점을 맞추어 위치를 선정해야 한다.

(3) 피킹시스템(Picking System)

① 피킹시스템(Picking System)이란 물류센터 내에서 상품을 유형별로 분류하는 작업을 말한다.
② 피킹시스템은 물건의 크기와 수량에 따라 분류할 수도 있고, 고객별로 분류할 수도 있다.
③ 피킹시스템은 먼저 고객별로 물건을 피킹하고 물건의 크기와 동일 제품별로 피킹하는 것이 좋다.

55. 소화물 일관운송

(1)소화물 일관운송의 개념

① 화주로부터 1건 또는 1개 이상의 소형·소량의 화물운송을 의뢰받아 송하주의 문전에서 수하주의 문전으로 화물의 집하, 포장, 운송, 배달에 이르기까지 자기의 책임 하에 제공해주는 편의 위주의 운송체계를 말한다.
② 소화물 일관운송은 일반적으로 특송, 택배서비스, 문전 배달제라는 이름으로 화물운송 및 이에 관련된 일련의 서비스를 신속·정확하게 배달하는 이름으로 사용되고 있다.

(2) 소화물 일관운송의 특징

① 신속성과 안전성 및 경제성을 특징으로 하고 있다.
② 운송인이 화물에 대해 일관적인 책임을 부담한다.
③ 일관책임운송제도로서 포괄적인 운송서비스이다.
④ 소형·소량의 화물에 대한 운송체계이다.
⑤ 화주의 문전에서부터 원하는 장소까지 모든 운송서비스를 제공하는 포괄적인 운송서비스이다.

56. 공급체인망관리(SCM)

(1) 공급체인(Supply Chain)

① 공급체인은 원자재업자로부터 공장, 창고를 거쳐 소비자에게 최종제품을 전달하는 것까지의 모든 활동이며, 원자재 공급업체, 제조업체, 유통업체, 고객 등을 연결한다. 즉 , 공급사슬은 원자재 공급업체, 제조업체, 유통업체, 고객 등을 연결한다.
② SCM은 협력업체(공급)→제조공장(제조)→물류센터(유통)→유통업체(판매)→소비자(고객)의 단계를 거치는 자재 및 제품의 흐름이다. 공급사슬상에서재화 및 자금은 일방향인 반면, 정보는 양방향으로 흐른다.
③ 제조, 물류, 유통업체 등 유통공급망에 참여하는 모든 업체들이 협력을 바탕으로 정보기술(Information Technology)을 활용, 재고를 최적화하고 리드타임을 대폭적으로 감축하는 관리시스템이다.

(2) 공급사슬 구성 요소

① 상위 흐름 공급사슬(Upstream Supply Chain)은 조직의 첫째 상단에 있는 2차 원자재 공급상과 1차 원자재 공급상 간의 공급사슬이다.
② 하위 흐름 공급사슬(Downstream Supply Chain)은 제품을 최종 고객에게 전달하는데 관련된 전 과정을 지칭한다.

(3) 린(Lean)공급사슬

① 린(Lean)의 사전적 의미는 '얇은','마른','(비용을)절감한' 이란 듯을 가지고 있다. 정확하게 자재구매에서부터 생산, 재고관리, 유통에 이르기까지 모든 과정에 손실을 최소화하여 최적화한다는 개념이다.
② 생산 방식은 불규칙한 수요에 맞춰서 생산량을 조절할 수 있는 유연하면서 효율성 높은 생산방식을 뜻합니다. 린공급사슬의 경우 대량생산이 가능한 제품의 형태를 가지고 있어 규모의 경제를 추구하는 것이 필요하다.

(4) 민첩(Agile)공급사슬

① 민첩(Agile)공급사슬은 간편한 구성관리로 즉시 사용한 구조로 되어있으며 산업별 장점들을 시스템에 반영하고, 경쟁사대비 우위의 기술을 보유하고 있으며,지속적인 경쟁력확보의 수단이다.
② 영업과 배송은 적시에 적량을 고객에게 서비스하는 것이 최우선과제라면 생산에서는 생산원가 절감이 우선인 경우가 그렇다. 부서별로 Lean하게 갈 것인지 아니면 Agile해야 되는지를 판단하는 것이 어렵게 되었다.

57. SCM의 성과측정도구

(1) 균형성과 표(BSC;Balanced Score Card)

① 조직의 비전과 경영목표를 각 사업 부문과 개인의 성과측정지표로 전환해 전략적 실행을 최적화하는 경영관리기법으로 하버드 비즈니스 스쿨의 Kaplan 교수와 경영 컨설턴트인 Norton이 공동으로 개발하여 1992년에 최초로 제시했다.

② 주요 성과지표로는 재무, 고객, 내부프로세스, 성장과 학습 등이 있으며 기존의 재무성과 중심의 측정도구의 한계를 극복하기 위해 개발되었다. 재무, 고객, 내부 프로세스, 학습·성장 등 4분야에 대해 측정 지표를 선정해 평가한 뒤 각 지표별로 가중치를 적용해 산출한다.

(2) SCOR 모형

① SCOR는 'Supply Chain Council'에서 개발·보급하고 있는 표준적인 공급망 프로세스 참조 모델(process reference model)이다.

② SCOR는 비즈니스 프로세스의 관점에서 해당 기업의 공급업체로부터 고객에 이르기까지 계획(plan), 공급(source), 생산(make), 인도(deliver), 회수(return)가 이루어지는 공급망을 통합적으로 분석하는 것에 그 기초를 두고 있다.

(3) EVA 법

① EVA는 기업이 영업활동을 통해 얻어 들인 세후 영업이익으로부터 자본비용을 제외한 금액을 말한다. 즉, 투자자본과 비용으로 실제로 얼마의 이익을 얻었는가를 나타낸다. 따라서, 영업을 통해 창출한 부가가치의 순증가분을 따져 볼 수 있다.

② 부가가치 생산성(Value-Added Productivity)은 상품 매출이라는 목표를 달성하기 위해 필요한 비용과 생산성 성과를 측정하는 지표로 기업의 공급사슬 프로세스를 운영하기 위해 자원을 얼마나 효율적으로 관리하는 지표이다.

58. 가치사슬(Value Chain)

(1) 주요활동(primary activity)

① 입고물류(inbound logistics): 내부물류라고도 하며 유입되는 원재료의 입고와 처리를 포함한다.

② 운영(operation): 생산 활동을 말하는 것으로 투입된 원자재를 최종제품 및 서비스로 변환하는 기능을 의미한다.

③ 출고물류(outbound logistics): 외부물류와 같은 말로서 주문처리와 구매자에게 제품을 보내거나 서비스를 제공하는 과정을 말한다.

④ 마케팅 및 판매(marketing & sales): 광고, 판촉, 영업사원의 관리를 포함한다.

⑤ 서비스(service): 제품의 가치유지 및 향상을 위한 서비스 활동이다.

(2) 지원활동(support activity)

① 지원활동은 경영의 기본활동들을 지원하는 기능을 포함한다.

② 지원활동은 기본활동을 보조하기 위하여 '기업하부구조', '인적자원관리', '기술개발', '구매활동' 등을 제공한다.

③ 예를 들어 기업하부구조는 일반관리 및 기획업무, 재무관리, 법적 수속, 회계 등을 의미하는데 이들은 가치사슬을 전반적으로 지원한다.

59. 기업윤리(Business Ethics)

(1) 기업윤리의 정의

① 기업윤리는 기업을 경영하는 상황에서 발생하는 사회적 가치관과 법규를 지키면서 기업에게만 일방적으로 유리하게 돌아가도록 하지 않도록 행동이나 태도의 옳고 그름 및 선과 악을 체계적으로 구분하는 판단 기준이다.

② 기업윤리는 일반적인 윤리의 기본원칙을 기업이라는 특수한 사회적 상황에 적용한 것을 말한다. 즉, 개인의 도덕적 가치관을 윤리에 관련된 기업 활동과 목표에 적용시키는 윤리 또는 기술이라 할 수 있다.

(2) 기업가 정신(entrepreneurship)

① 기업가 정신(entrepreneurship)은 기업의 본질인 이윤추구와 사회적 책임의 수행을 위해 기업가가 마땅히 갖추어야할 자세나 정신으로 새로운 사업을 만드는 것으로 정의할 수 있다.

② 혁신이나 창의성을 바탕으로 위험을 무릅쓰고 새로운 것을 과감하게 추진하는 모험정신으로 표현할 수 있으며, 물류비용의 절감을 위하여 경쟁기업과 전략적 제휴를 맺을 수 있어야 한다.

③ 기업가는 기술, 시장개척, 기업경영에 이르기까지 새로운 방법을 끊임없이 모색해야 하며, 윤리성, 창의성 그리고 모험심을 바탕으로 하여 경쟁기업의 제품과 차별화되고 비교우위에 있는 상품생산 및 판매에 전력해야 한다.

④ 기업가정신을 경영자 정신이라는 것과 같이 사용을 하고 기업가의 시간관리 능력, 열의, 성실성, 지휘능력, 자신감, 계획성, 신속성, 포기하지 않고 끝까지 일을 처리하는 인내력, 목표설정능력, 적절한 모험심, 효율적인 스트레스관리, 정보를 다루는 능력, 새로운 아이디어를 내는 창조성 등이 있어야 한다.

60. 유통관련법규

(1) 유통산업발전법

① 「유통산업발전법」은 유통산업의 효율적인 진흥과 균형적인 발전을 꾀하는 데 목적이 있다.

② 건전한 상거래 질서를 세움으로써 소비자를 보호하고 국민경제의 발전에 이바지함을 목적으로 한다.

③ 유통산업은 농산물·임산물·축산물·수산물(가공 및 조리물을 포함) 및 공산품의 도매·소매 및 이를 영위하기 위한 산업이다.

④ 매장이라 함은 상품의 판매와 이를 지원하는 용역의 제공에 직접 사용되는 장소로 매장에 포함되는 용역의 제공 장소의 범위는 근린생활시설에 해당하는 용도의 시설이 설치되는 장소로 한다.

⑤ 대규모 점포는 하나 또는 2 이상의 연접되어 있는 건물 안에 하나 또는 여러 개로 나누어 설치되는 매장일 것,상시 운영되는 매장일 것,매장면적의 합계가 3천m 이상일 것의 조건을 갖추어야 한다.

(2) 소비자기본법(소비자의 기본적 권리)

① 물품 또는 용역으로 인한 생명 · 신체 또는 재산에 대한 위해로부터 보호받을 권리
② 물품 및 용역을 선택함에 있어서 필요한 지식 및 정보를 제공받을 권리
③ 물품 및 용역을 사용함에 있어서 거래상대방 · 구입 장소 · 가격 및 거래조건 등을 자유로이 선택할 권리
④ 소비생활에 영향을 주는 국가 및 지방자치단체의 정책과 사업자의 사업 활동 등에 대하여 의견을 반영시킬 권리
⑤ 물품 및 용역의 사용 또는 이용으로 인하여 입은 피해에 대하여 신속 · 공정한 절차에 의하여 적절한 보상을 받을 권리
⑥ 합리적인 소비생활을 영위하기 위하여 필요한 교육을 받을 권리
⑦ 소비자 스스로의 권익을 옹호하기 위하여 단체를 조직하고 이를 통하여 활동할 수 있는 권리
⑧ 안전하고 쾌적한 소비생활 환경에서 소비할 권리

(3) 전통시장 및 상점가 육성을 위한 특별법

① 전통시장 및 상점가 육성을 위한 특별법은 전통시장과 상점가의 시설 및 경영의 현대화와 시장 정비를 촉진하여 지역상권의 활성화와 유통산업의 균형 있는 성장을 도모함으로써 국민경제 발전에 이바지함을 목적으로 한다.
② '전통시장'이란 대규모점포로 등록된 시장, 등록시장과 같은 기능을 하고 있으나 대규모점포의 요건은 갖추지 못한 곳으로서 대통령령으로 정하는 기준에 적합하다고 특별자치도지사 · 시장 · 군수 · 구청장이 인정한 곳에 해당하는 장소로서 상업기반시설이 오래되고 낡아 개수 · 보수 또는 정비가 필요하거나 유통기능이 취약하여 경영 개선 및 상거래의 현대화 촉진이 필요한 장소를 말한다.
③ 상점가란 「유통산업발전법」에 따른 상점가를 말하며, 상인조직이란 전통시장 또는 상점가의 점포에서 상시적으로 직접 사업을 하는 상인들로 구성된 법인 · 단체 등으로서 대통령령으로 정하는 것을 말한다.
④ 상권 활성화 구역이란 시장 또는 상점가가 하나 이상 포함된 곳, 국토의 계획 및 이용에 관한 법률」에 따른 상업지역에 해당되는 곳, 해당 구역 안에 대통령령으로 정하는 수 이상의 도매점포 · 소매점포 또는 용역점포가 밀집하여 하나의 상권을 형성하고 있는 곳, 주요 상업 활동이 위축되었거나 위축될 우려가 있다고 판단되는 곳에 해당되는 곳으로서 시장 · 군수 · 구청장이 지정한 구역을 말한다.

(4) 전자상거래 등에서의 소비자보호에 관한 법률

① '전자상거래'란 전자문서 및 전자거래 기본법」에 따른 전자거래의 방법으로 상행위(商行爲)를 하는 것을 말한다.
② '통신판매'란 우편 · 전기통신, 그 밖에 총리령으로 정하는 방법으로 재화 또는 용역(일정한 시설을 이용하거나 용역을 제공받을 수 있는 권리)의 판매에 관한 정보를 제공하고 소비자의 청약을 받아 재화 또는 용역을 판매하는 것을 말한다. 다만, 「방문판매 등에 관한 법률」에 따른 전화권유판매는 통신판매의 범위에서 제외한다.
③ '통신판매업자'란 통신판매를 업(業)으로 하는 자 또는 그와의 약정에 따라 통신판매업무를 수행하는 자를 말한다.
④ '통신판매중개'란 사이버몰(컴퓨터 등과 정보통신설비를 이용하여 재화등을 거래할 수 있도록 설정된 가상의 영업장)의 이용을 허락하거나 그 밖에 총리령으로 정하는 방법으로 거래 당사자 간의 통신판매를 알선하는 행위를 말한다.
⑤ '소비자'란 사업자가 제공하는 재화 등을 소비생활을 위하여 사용(이용)하는 자 및 같은 지위 및 거래조건으로 거래하는 자를 말한다.
⑥ '사업자'란 물품을 제조(가공 또는 포장을 포함) · 수입 · 판매하거나 용역을 제공하는 자를 말한다.

(5) 방문판매 등에 관한 법률

① 방문판매 등에 관한 법률은 방문판매, 전화권유판매, 다단계판매, 후원방문판매, 계속거래 및 사업권유거래 등에 의한 내용을 열거함에 있다.
② '방문판매'란 재화 또는 용역(일정한 시설을 이용하거나 용역을 제공받을 수 있는 권리를 포함)의 판매(위탁 및 중개를 포함)를 업(業)으로 하는 자(판매업자)가 방문을 하는 방법으로 그의 영업소, 대리점, 그 밖에 총리령으로 정하는 영업장소(사업장) 외의 장소에서 소비자에게 권유하여 계약의 청약을 받거나 계약을 체결하여 재화 또는 용역을 판매하는 것을 말한다.
③ '방문판매자'란 방문판매를 업으로 하기 위하여 방문판매조직을 개설하거나 관리 · 운영하는 자(방문판매업자)와 방문판매업자를 대신하여 방문판매업무를 수행하는 자(방문판매원)를 말한다.
④ '전화권유판매'란 전화를 이용하여 소비자에게 권유를 하거나 전화회신을 유도하는 방법으로 재화 등을 판매하는 것을 말한다.
⑤ '전화권유판매자'란 전화권유판매를 업으로 하기 위하여 전화권유판매조직을 개설하거나 관리 · 운영하는 자(전화권유판매업자)와 전화권유판매업자를 대신하여 전화권유판매업무를 수행하는 자(전화권유판매원)를 말한다.
⑥ '다단계판매'란 판매업자에 속한 판매원이 특정인을 해당 판매원의 하위 판매원으로 가입하도록 권유하는 모집방식이 있을 것, 판매원의 가입이 3단계(다른 판매원의 권유를 통하지 아니하고 가입한 판매원을 1단계 판매원으로 함) 이상 단계적으로 이루어질 것. 다만, 판매원의 단계가 2단계 이하라고 하더라도 사실상 3단계 이상으로 관리 · 운영되는 경우로서 대통령령으로 정하는 경우를 포함하거나 판매업자가 판매원에게 후원수당을 지급하는 방식을 가지고 있을 것의 요건을 모두 충족하는 판매조직(다단계판매조직)을 통하여 재화 등을 판매하는 것을 말한다.

(6) 할부거래에 관한 법률

① 할부거래에 관한 법률은 할부계약 및 선불식 할부계약에 의한 거래를 공정하게 함으로써 소비자의 권익을 보호하고 시장의 신뢰도를 높여 국민경제의 건전한 발전에 이바지함을 목적으로 한다.
① 소비자는 계약서를 받은 날부터 7일. 다만, 그 계약서를 받은 날보다 재화 등의 공급이 늦게 이루어진 경우에는 재화 등을 공급받은 날부터 7일의 기간(거래당사자가 그 보다 긴 기간을 약정한 경우에는 그 기간)이내에 할부계약에 관한 청약을 철회할 수 있다.
② 소비자는 계약서를 받지 아니한 경우, 할부거래업자의 주소 등이 적혀 있지 아니한 계약서를 받은 경우, 할부거래업자의 주소

변경 등의 사유로 기간 이내에 청약을 철회할 수 없는 경우에는 그 주소를 안 날 또는 알 수 있었던 날 등 청약을 철회할 수 있는 날부터 7일. 다만, 그 계약서를 받은 날보다 재화 등의 공급이 늦게 이루어진 경우에는 재화 등을 공급받은 날부터 7일의 기간(거래당사자가 그 보다 긴 기간을 약정한 경우에는 그 기간)이내에 할부계약에 관한 청약을 철회할 수 있다.

제2과목 상권분석

1. 상권(Trade Area)

(1) 상권의 개념

① 상권(trade area)이란 한 점포가 고객을 흡인할 수 있는 지역의 한계 범위(geographic area)를 지칭하는 말이다. 점포에 대한 마케팅 전략의 수립에 앞서 기업은 자사 점포의 상권 범위를 어디까지로 할 것인가를 먼저 결정해야 한다.
② 상권은 시장지역 또는 배후지라고도 부르며 점포와 고객을 상행위와 관련하여 흡수할 수 있는 지리적 영역이고, 경쟁자의 출현은 상권을 차단하는 중요한 장애물이며 고객밀도는 상권 내의 인구밀도와 밀접한 관련이 있다.
③ 일반적으로 상권은 계층적 구조로 형성된 것으로 볼 수 있다. 즉, 상권은 지역상권(general trading area), 지구상권(district trading area), 개별점포상권(individual trading area) 등 계층적으로 분류될 수 있다.
④ 지역상권은 점포상권이라고도 하며 1차 상권, 2차 상권, 3차 상권으로 구분된다. 점포와의 거리가 가장 가까운 곳에 1차 상권이 형성되며 가장 많은 고객을 포괄한다.
⑤ 상권(trade area)이란 한 점포뿐만 아니라 점포집단이 고객을 유인할 수 있는 지역적 범위(geographic area)를 의미하며, 상권은 단순한 몇Km권이라고 하는 원형의 형태가 아니라 아메바와 같이 정형화되지 않은 형태로 되는 경우가 일반적이다.
⑥ 지방 중소도시의 경우 지역상권은 지구상권과 거의 일치한다고 볼 수 있다. 지역상권 내의 가장 중심부에 위치한 지구상권은 지역 전체의 소비자들을 흡인한다. 일반적으로 대형점일수록 동일 위치에 출점한 경쟁점포보다 점포 상권이 광범위하다.
⑦ 중소점포의 경우에도 유명 전문점은 동일 위치의 경쟁점포보다 점포 상권의 규모가 크며, 한 점포의 상권은 지역상권, 지구상권, 개별점포 상권을 모두 포함하는 것이지만, 이와 같이 엄격히 구분하지는 않는다.
⑧ 상권이란 하나의 점포 또는 점포들의 집단이 고객을 유인할 수 있는 지역적 범위를 나타내며, 판매수량의 크기에 따라 1차, 2차, 3차 상권으로 구분할 수 있다. 상권의 구매력은 상권 내의 가구소득수준과 가구 수의 함수로 볼 수 있다.

(2) 고객흡인율에 따른 상권

① 점포의 상권은 일반적으로 1차 상권(primary trading area), 2차 상권(secondary trading area), 한계상권(fringe trading area)으로 구성된다. 한계상권을 3차 상권이라고도 한다.
② 1차 상권(primary trading area)은 점포에서 가장 가까운 지역을 포함하며, 점포 전체 이용고객의 60~65%를 흡인하는 지역 범위이다. 1차 상권은 전체 상권 내에서 자사점포 이용 고객들이 가장 밀집되어 있기 때문에 고객 1인당 매출액은 최고라 할 수 있다.
③ 2차 상권(Secondary trading area)은 1차 상권의 외곽에 위치하며, 전체 점포 이용 고객의 20~25%를 흡인하는 지역 범위이다. 2차 상권 내의 고객은 1차 상권의 고객들과 비교할 때 지역적으로 넓게 분산되어 있다.
④ 3차 상권(Third trading area) 또는 한계상권은 2차 상권 외곽을 둘러싼 지역 범위를 말하며, 1차 상권과 2차 상권에 포함되지 않은 나머지 고객들을 흡인하게 된다.

(3) 상권에 관한 일반적인 내용

① 고객의 방문주기가 길거나 혹은 고객구매빈도가 낮은 업종일수록 보다 넓은 상권을 가져야 한다. 상권은 정적이지 않고 마케팅 전략, 가격, 점포 규모, 경쟁 등에 따라 수시로 변한다.
② 점포상권의 규모를 보면 전문품을 취급하는 점포의 상권은 선매품을 취급하는 점포의 상권보다크고, 선매품을 취급하는 점포의 상권은 편의품을 판매하는 점포의 상권보다 크다.
③ 동일지역에 출점한 경쟁 점포들의 경우 소형점보다 대형점이 상권이 크고, 동일한 업종으로 형성된 상권의 규모가 다양한 업종으로 형성된 상권에 비해 크다.
④ 대도시에 인접한 소도시(위성도시)의 경우 소비자들이 대도시에서 주로 구매하기 때문에 상권형성이 어렵지만 건전지, 식료품, 간단한 의약품 등은 위성도시에서도 상권이 형성될 수 있으리라고 추측할 수 있는 품목들이다.
⑤ 상권 내 목적점포는 상품, 상품의 종류, 전시, 가격 혹은 다른 독특한 특징이 고객유인 역할을 하는 점포이며, 상권은 점포의 매출 및 고객이 창출되는 지리적으로 인접한 구역을 말하는데, 두세 개의 구역으로 분리될 수 있다.

(4) 점포수의 정도에 따른 상권

① 과소지역 상권은 해당 지역의 욕구를 만족시키기 위한 특정 제품이나 서비스를 판매하는 점포가 매우 부족한 지역이다.
② 과다지역 상권은 너무나 많은 점포들이 특정 상품이나 서비스를 판매하여 현재 상권 내 경쟁이 치열한 지역으로 수익실현이나 유지에 대한 불확실성이 높다.
③ 과점지역 상권은 특정 상품이나 서비스를 몇몇 점포가 과점하여 판매하지만 경쟁력이 있는 점포는 그 시장에 진입을 하여 이익을 볼 수가 있다.
④ 포화지역 상권은 고객에게 우수한 상품과 서비스를 제공하며, 경쟁 소매업체들이 이익을 많이 남길 수 있도록 해주기 때문에 소매업체들은 이 지역이 매력적이라고 생각한다.
⑤ 점포적정지역은 상권 내부의 소비자 수요에 맞게 적정수준의 점포가 개설되어 있으며, 점포적정지수는 소비자의 지출액과 매장면적과의 관계를 설명하는 지표이다. 점포적정지수의 변화를 보면 신규점포의 출점이 미치는 영향을 예측해볼 수 있다.

2. 상권의 설정 방법

(1) 시장 진입을 위한 범위

① 인구밀도 분포
② 쇼핑몰에 접근하는 교통조건(철도, 도로, 버스노선 등)
③ 경쟁사업지(개별매장, 점포집단)의 위치

(2) 점포상권의 경계선

① 구매빈도가 낮은 업종일수록 점포상권의 경계선이 확대된다.
② 동일 지역에서 비슷한 상품을 판매하는 소매점포들의 밀집현상은 일반적으로 상권의 범위를 확장한다.
③ 동일지역에 출점한 경쟁 점포들의 경우 대형점일수록 상권이 크다.
④ 전문품, 선매품을 취급하는 점포의 상권이 편의품을 취급하는 점포의 상권보다 크다.

(3) 상권의 계층적 구조

① 지역상권(general trading area)
② 지구상권(district trading area)
③ 개별점포상권(individual trading area)

(4) 상권분석의 순서

① 지리적 여건 분석
② 인구통계분석
③ 상권구조분석
④ 경쟁점 분석

3. 상권 설정법

(1)고객리스트를 통한 상권 설정법

① 특정점포의 고객정보를 상권 설정을 위한 샘플로 활용하는 방법을 말한다.
② 앙케이트를 이용한 상권 설정법에 비해 시간과 비용이 많이 든다.

(2) 앙케이트 조사를 통한 상권 설정법

① 점포에 찾아온 고객을 직접 대상으로 하는 방법이다.
② 상권을 설정하기 위해서는 고객에게 직접 물어보고 조사한 뒤 그 결과를 집계 · 분석하여 설정한다.

(3) 실사(實査)에 의한 상권 설정법

① 단순 원형 상권 설정법과는 달리 현장에서 인간이 가진 오감을 활용해 상권을 파악하는 방법이다.
② 점포에 찾아온 고객의 범위를 파악하는 것을 목적으로 한다.

(4) 단순 원형 상권 설정법

① 설정한 상권에서 경합도 및 향도를 산출할 수 있으며 일반적으로 가장 많이 활용되는 상권 설정 방법이다.
② 기본상권을 몇 킬로미터로 할 것인지를 확실히 정해야 하며, 만약 기본상권을 불명확하게 하면 상권 설정의 의미와 목적이 없다.

4. 소매포화지수(IRS;Index of Retail Saturation)

(1) IRS는 특정 시장 내에서 주어진 제품계열에 대한 점포면적당 잠재매출액의 크기를 말하며, 이것은 상권분석에 있어서 중요한 소비자 수요와 경쟁 공급량의 비율을 의미한다.
(2) IRS는 경쟁의 양적인 측면만 고려되고 질적인 측면에 대한 고려가 되고 있지 않고 미래의 신규수요를 반영하지 못하며, 거주자들이 지역시장 밖에서의 쇼핑정도나 수요를 측정하거나 파악하기가 어렵다.
(3) 지역시장의 수요 잠재력을 총체적으로 측정할 수 있는 지표로 많이 이용되는 것이 소매포화지수(IRS;Index of Retail Satu- ration)이다. 한 지역시장의 점포포화(store saturation)란 기존 점포만으로 고객의 욕구를 충족시킬 수 있는 상태를 의미한다.
(4) 소매포화지수(IRS;index of retail saturation)는 지역시장의 수요 잠재력을 총체적으로 측정할 수 있는 지표로 많이 이용되며, 특정 시간 내에서의 특정 제품계열에 대한 점포면적당 잠재 매출액을 의미하는 지수이다.

5. 소매포화지수(IRS;Index of Retail Saturation)의 산식

(1) 소매 수요가 아무리 높다고 하더라도 기존 점포들 간의 경쟁이 매우 치열한 상황이라면 지역시장의 매력도는 낮아진다.
(2) IRS는 한 시장 내의 특정 소매 업태의 단위 매장면적당 잠재수요를 나타내며 신규 개점을 위한 수요 분석시 주로 사용하는 척도이다.
(3) IRS의 값이 적어질수록 점포가 초과 공급되었다는 것을 의미하므로 신규점포에 대한 시장 잠재력은 상대적으로 낮아질 것이다.
(4) IRS의 값이 클수록 시장기회가 커진다. IRS 값은 마케팅 능력의 부족 때문에 다른 지역에서 쇼핑하는 상황을 반영하지 못한다.
(5) IRS의 값이 크면 클수록 공급보다 수요가 상대적으로 많은 것을 의미하며 따라서 신규점포를 개설할 시장기회는 더욱 커진다.

$$\text{IRS} = \frac{\text{수요}}{\text{특정업태의 총매장면적}} = \frac{\text{지역시장의 총가구수} \times \text{가구당 특정업태에 대한 지출비}}{\text{특정업태의 총매장면적}}$$

6. 시장 확장 잠재력(MEP;Market Expantion Potential)

(1) MEP란 지역시장이 미래에 신규 수요를 창출할 수 있는 잠재력을 반영하는 지표이다. 하지만 IRS는 특정 지역시장의 시장 성장 잠재력을 반영하지 못하는 한계점을 지니고 있다.
(2) MEP는 IRS의 단점을 보완하는 지표로서, 구체적으로는 거주자들이 지역시장 외에 다른 시장에서의 쇼핑 지출액을 추정하여 계산이 가능하다. 이 경우 다른 지역의 쇼핑 정도가 높을수록 시장 확장 잠재력은 증가하게 된다.
(3) 마케터는 신규점포가 입지할 지역시장의 매력도를 평가할 때, 기존 점포들에 의한 시장 포화 정도뿐 아니라 시장 성장 잠재력(MEP)을 함께 고려해야 한다.

7. 상권 조사의 절차

(1) 상권에 대한 2차적인 지역정보를 수집해야 한다.
(2) 지역 상권에 대한 상권 지도를 작성한다.
(3) 상권 내의 지역에 대한 관찰조사를 실시한다.
(4) 직접 방문하여 정성조사 및 정량조사를 실시한다.

8. 기존 점포에 대한 상권 분석

(1) 기존 점포의 상권 분석에 대해서는 신규점포의 상권 분석에 비해 상권의 크기와 특성 등을 비교적 정확히 분석할 수 있다.
(2) 기존 점포의 상권은 점포 자료와 기타 다른 목적으로 수행된 조사 자료 등의 기업 내 2차 자료를 이용하여 측정이 가능하다.
(3) 정부의 인구 통계자료, 세무자료, 여러 유통기관 및 연구소에서 발표된 자료들을 각 점포의 필요에 맞게 조정하여 가장 적합하게 사용할 수 있다.
(4) 기존 점포는 신용카드사용 고객과 현금사용 고객의 주소를 이용하여 상권을 비교적 용이하게 추정할 수 있다.
(5) 일반적으로 신용카드 이용 고객의 자료를 중심으로 상권 분석이 이루어질 수 있지만, 보다 정확한 상권 분석이 이루어지기 위해서는 환급 이용 고객의 자료도 함께 분석대상이 되어야 한다.

9. 신규 점포에 대한 상권 분석 방법

(1) 체크리스트(checklist) 방법
(2) 유추법(analog method)
(3) 중심지 이론(central place theory)
(4) 레일리(Reilly)의 소매중력(인력)의 법칙
(5) 허프 모형(Huff Model)

10. 체크리스트(Checklist) 방법

(1) 체크리스트(checklist) 방법은 상권의 규모에 영향을 미치는 다양한 요인들을 수집하여 이들에 대한 목록을 작성하고 각각에 대해 평가를 통해 시장 잠재력과 상권의 구조를 예측해 보는 방법이다.
(2) 평가항목에 대한 이해와 사용이 용이하고 다른 평가방법에 비해 비용이 적게 들며 업종에 따라 체크리스트를 달리 할 수 있는 유연성이 있다.
(3) 체크리스트법은 주관성, 여러 변수, 해석의 다양성, 변수 선정의 문제 등이 단점으로 작용한다.
(4) 상권의 범위에 영향을 미치는 요인들은 매우 많으나 크게 상권 내의 제반 입지의 특성, 상권 고객 특성, 상권 경쟁구조로 나누어진다. 기업은 이들에 대한 정보를 수집하여 상권의 시장 잠재력을 평가한다.

11. 유추법(Analog Method)

(1) 유추법은 하버드 비즈니스 스쿨의 애플바움(W. Apple baum) 교수가 개발한 방법으로 점포형태, 매출, 업태, 지역 여건 등이 유사한 기존점포를 확인하여 신규점포의 예상 매출액을 계산해 내는 방법이다.
(2) 상권 분석 방법 중 자사의 신규점포와 특성이 비슷한 유사점포를 선정하여 그 점포의 상권범위를 추정한 결과를 자사점포의 신규입지에서의 매출액(상권규모)을 측정하는 데 이용하는 방법이다.
(3) 유추법은 자사의 신규점포와 특성이 비슷한 기존의 유사 점포를 선정하여 그 점포의 상하 범위를 추정한 결과 자사점포의 신규 입지에서의 매출액, 즉 상권 규모를 측정하는 데 이용하는 방법이다.
(4) 유추법에 의한 상권 규모의 측정은 CST(Customer Spotting Technique) map의 기법을 이용하여 이루어진다. CST 기법은 자사점포를 이용하는 고객들의 거주지를 지도상에 표시한 후 자사점포를 중심으로 서로 다른 동심원을 그림으로써, 자사점포의 상권 규모를 시각적으로 파악할 수 있는 방법라고 할 수 있다.
(5) 유추법은 CST를 이용하여 자사가 신설하려는 소매점포와 유사한 점포를 택하여 그 점포의 상권을 분석하여 자사 점포의 상권과 예상매출액을 추정하는 방식이다.

12. 중심지 이론(Central Place Theory)

(1) 중심지 이론의 개념

① 중심지 이론은 '소비자들이 유사점포 중의 한 점포를 선택할 때 그 중 가장 가까운 점포를 선택하며', '중심성(centrality)의 크기는 인구규모에 비례한다'고 독일의 크리스탈러(Christaller)에 의해 1933년에 처음으로 제시되었다.
② 중심지 이론에 의하면 한 도시 또는 지역 내에 여러 상업 중심지가 존재할 때 각 상업 중심지로부터 상업 서비스 기능을 제공받을 수 있는 가장 이상적인 배후 상권의 모양은 정육각형이다.
③ 정육각형의 형상을 가진 상권은 유통 서비스 기능의 최대 도달거리(range)와 수익을 실현하는 데 필요한 최소 수요 충족거리(threshold size)가 일치하는 공간 구조이다.
④ 중심지 이론에 의하면 중심지(central place)는 배후 거주 지역에 대해 다양한 상품과 서비스를 제공하고 특정 점포가 취급하는 상품의 구색과 수요를 추정하며 교환의 편의를 도모하기 위해 상업 · 행정기능이 밀집된 장소를 말한다.

(2) 중심지 이론의 가정

① 지표공간은 균질적인 표면(isotropic surface)이고 공간고리를 극복하기 위한 교통수단은 유일하고 수송비용은 거리에 비례한다.
② 인구는 공간상에 균일하게 분포되어 있고 주민의 구매력과 소비패턴은 동일하다.
③ 인간은 합리적 사고로 의사 결정하며 최소비용으로 최대의 이익을 추구하는 경제인(economic man)이다.
④ 일정한 공간범위 안에서 소매활동들이 어떤 형태로 분포하게 될 것인지를 상품구색의 관점에서 예측한다.

(3) 중심지 이론의 구성

① 최소 요구치(the threshold size)
② 재화의 도달범위(the outer range of goods or service)
③ 중심지(the central place)

13. 레일리(Reilly)의 소매중력(인력)의 법칙

(1) 레일리의 소매중력의 법칙에 의하면 두 경쟁 도시(A, B) 그 중간에 위치한 소도시(C)의 거주자들로부터 끌어들일 수 있는 상권 규모는, 그들의 인구에 비례하고 각 도시와 중간(위성)도시 간의 거리의 제곱에 반비례한다는 것이다.
(2) 레일리의 소매중력의 법칙(law of retail gravitation)은 이와 같이 다양한 점포들 간의 밀집이 점포의 매력도를 증가시키는 경향이 있음을 고려하고 있으며, 이웃 도시들 간의 상권 경계를 결정하는 데 주로 이용된다.
(3) 컨버스(Converse)의 레일리수정이론은 두 도시 사이의 분기점(breaking-point)의 정확한 위치를 결정하기 위해 소매중력의 법칙을 수정하였다. 두 도시 사이의 거래가 분기되는 중간지점(분기점, breaking point)의 정확한 위치를 결정하기 위한 분기점공식을 이용한 상권분석방법으로 인접한 두 도시간의 상권경계는 두 도시간의 인구비율에 의해 구할 수 있다는 설명을 했다.

14. 허프 모형(Huff Model)

(1) 허프(David Huff)가 1960년대 초 처음으로 점포의 상권을 추정하기 위한 확률적 모형을 소개했는데, 소비자의 특정 점포에 대한 효용은 점포의 크기에 비례하고 점포까지의 거리에 반비례한다고 가정하였다.
(2) Huff의 이론을 소매 인력이론이라고도 하며, 이후 허프 모형은 이론적 및 실제 적용력 측면에서의 이점 때문에 소매기관 연구자들 및 소매업체들에 의해 상권 분석에 폭넓게 활용되고 있다.
(3) 거주지에서 점포까지의 교통시간을 이용하여 상권을 분석한 모델은 허프의 확률모델이다.
(4) Huff 모델에 의한 신규점포의 예상 매출액 산식은 '특정지역의 잠재수요의 총합×특정지역으로부터 계획지로의 흡인률'로 나타낼 수 있다.
(5) Huff 모델에 있어서 지역별 또는 상품별 잠재수요를 예측하는 방법을 나타내는 산식은 '지역별 인구 또는 세대수×업종별 또는 점포별 지출액'으로 나타낼 수 있다.

15. 신규점 출점순서

(1) 출점방침 결정
(2) 출점지역 설정
(3) 점포 물색
(4) 점포운영계획 수립
(5) 점포 매입 및 인테리어
(6) 개 점

16. 1차 자료(Primary Data)

(1) 1차 자료는 일반적으로 2차 자료를 통한 모든 정보를 취합한 후에 자신에게 맞는 것이 필요하다면 새로이 정보를 얻는 것
(2) 현실조건과 유사한 상황을 인위적으로 만든 후 가상실험을 통한 자료
(3) 질문조사방법의 한 방안으로, 이메일을 활용한 설문지 조사방법을 통해 수집한 자료
(4) 잠재고객들과 직접적인 접촉(대면질문 혹은 서면질문) 없이 단순히 관찰만 하는 방법을 통해 수집한 자료
(5) '실험법', '질문조사방법', '관찰법' 등의 방법을 통해 수집하는 자료

비 교	조사목적	특 징
관찰법 (observation)	탐색 조사	· 현재의 여러 현상을 관찰함으로써 마케팅 조사자가 1차 자료 정보를 수집할 수 있는 것 · 현재에 관련된 자료에 국한된 상황
실험법 (experiment)	인과 조사	· 실제 상황을 조작하여 여러 가지 변수를 통제하면서 그들에게 상이한 처리를 가한 후 그 인과관계를 살핌. · 적절한 통제가 있을 경우에는 확실한 방법
질문조사법 (survey)	기술 조사	· 관련 내용을 목표 시장의 고객에게 그들의 지식, 신념, 선호, 만족 등에 관하여 알기 위하여 또는 그 정도를 측정하기 위하여 질문하여 정보 수집 · 여러 용도로 이용할 수 있어 1차 자료 조사로 가장 많이 이용

17. 입지(立地)

(1) '소매업에서 가장 중요한 것이 입지이고, 다음으로 중요한 것도 입지이며, 그 다음도 입지'라는 격언이 있다. 이처럼 입지는 사업의 성패를 가르는 가장 중요한 요인이다.
(2) 입지는 고객의 동선과 주변 여건에 따라 상급지, 중급지, 하급지로 유동 분류할 수 있다. 입지는 정적이고 공간적 개념인 데 비하여, 입지 선정은 동적이고 공간적 · 시간적인 개념이다.
(3) 점포가 소재하고 있는 위치적인 조건으로 일반적으로 상권의 크기, 교통망, 고객층, 점포의 지세 및 지형과 밀접한 관련을 가지고 있다.
(4) 입지는 사업이 지향하는 목적에 따라 결정되어야 하는데, 일반적으로 크게 원료지향형, 수송지향형, 시장지향형 입지로 구분된다.

18. 소매점의 입지형태

(1)소매 입지조건

① 수익가능성
② 접근성
③ 가시성(可視性)
④ 배후지 및 고객의 양과 질
⑤ 고객의 교통수단 형태
⑥ 지역, 지구제에 따른 토지공간이용에 대한 행정적 규제

(2) 백화점의 입지형태

① 국내 백화점의 입지유형은 도심(입지)형 백화점(중심상업지역)이나 부심권 입지형(지역쇼핑센터) 또는 신도시 입지형과 버스터미널 및 기차역과 연계된 역사 입지형 등으로 나누어 볼 수 있다.

② 중심상업지역에 위치한 도심(입지)형 백화점의 경우 신업태의 출현과 교통체증, 주차공간의 부족 등에 의해 고객들이 구매를 기피하는 경향이 높아지고 있으며, 이러한 문제를 해결하기 위해 많은 백화점들이 도시 외곽으로 입지를 옮기거나 지방에 지점을 개설하는 다점포 경영(multi store operation)전략을 시도하고 있다.

③ 최근의 백화점은 상품의 다양성과 원스톱 쇼핑의 편리성을 뛰어 넘어 소비자에게 차별화되고 고급화된 매장 분위기를 통한 상품체험쇼핑을 제공함으로써 대형할인점 및 신업태와의 경쟁에서 우위를 확보하고자 노력하고 있다.

(3) 식료품점의 입지형태

① 식료품점의 규모는 점포입지와 표적고객의 주거지역 사이의 거리에 비례한다.

② 식료품을 판매하지만 고객 흡인력이 높은 슈퍼스토어에는 노면 독립입지에 입지해도 무방하다.

③ 우유, 빵, 부식 등 일용식료품을 주로 판매하는 소매점은 가능한 한 표적고객의 주거지로부터 가까운 곳에 입지해야 한다.

④ 무, 배추, 과일 등과 같이 부피가 크고 무거운 식료품을 주로 판매하는 소매점은 농산물의 도매시장에 먼 곳에 입지해야 한다.

(4) 쇼핑센터의 내부 입지형태

① 목적구매점포(destination stores)는 쇼핑센터의 핵 점포(anchor stores)에서 가까운 곳보다는 임대료가 낮은 곳에 입지해도 무방하다.

② 충동구매상품이 구색에서 차지하는 비율이 높은 소매점포는 가능한 한 핵점포에 근접한 곳에 입지해야 한다.

③ 표적시장이 겹치는 경쟁점포들과 보완상품을 판매하는 점포들은 서로 근접해서 입지해야 한다.

19. 도심 입지(CBDs)

(1) 도심 입지의 개념

① 도심 입지(CBDs)는 대도시와 중 · 소도시의 전통적인 도심의 상업지역을 말하며 이러한 곳은 다양한 상업 활동으로 인해 많은 사람들을 유인하는 지역이다.

② 중심상업지역은 전통적인 도심 상업지역이며, 계획성보다는 무계획성으로 인하여 밀집되어 있는 것이 일반적이다.

(2) 도심 입지의 특징

① 도심 입지의 상업 활동은 많은 사람들을 유인하고, 그 곳이 대중교통의 중심지이며 도시 어느 곳에서든지 접근성이 가장 높은 지역이다.

② 도심 입지는 최근에 부도심과 외곽도심의 급격한 발달, 중상류층의 거주 지역 이전, 교통체증 등의 원인으로 과거와 같이 고객 흡인력이 없다.

③ 도심 입지는 대체로 중상류층 이상의 사람들이 다니며 오피스타운이 인근지역에 발달해 있고 지가와 임대료가 매우 비싼 지역으로 볼 수 있다.

(3) 부도심 입지의 특징

① 공공시설, 상업시설, 업무시설 등이 입지하여 다양한 기능을 수행하고 있으며, 업종간 연계성도 높은 편이고, 업종간의 집단화도 이루어진다.

② 역세권을 중심으로 부도심이 형성되는 경향도 있으며, 소비자의 입장에서 볼 때, 도심보다 방문주기가 빈번하고 체류하는 시간은 도심에 비해 짧은 편이다.

③ 대도시에서 중심업무지구의 기능을 분산하기 위하여 개발한 또 다른 도심으로 인구 100만을 넘는 대도시로 발전하면 시가지 주변에 도심의 기능을 대신할 수 있는 번화가가 형성된다. 서울의 청량리 · 신촌 · 영등포 등은 부도심의 좋은 예다. 부도심은 학술용어로서 생긴 것이 아니고, 자연발생적으로 생긴 것이다.

20. 상업 입지

(1) 도매업, 소매업, 백화점, 대형 슈퍼마켓, 구멍가게, 보험업, 증권업, 광고업, 대리점 입지 등 상업 활동이 이루어지는 장소와 그 위치를 말한다.

(2) 사회적 · 경제적 성격, 상업 집적 상태, 배후지의 인구와 경제력, 소비자의 생활 상태, 교통편의, 자연적 기후, 장래 개발계획 등을 고려해야 한다.

(3) 입지 조건은 시간의 경과에 따라 변화하기 때문에, 현재의 상황만이 아니라 장래를 예견해서 선정해야 한다.

21. 쇼핑센터(Shopping Center)

(1) Shopping Center의 개념

① 쇼핑센터는 도심 밖의 커뮤니티를 시설로 계획되는 것이 일반적이며, 동일한 개발업자가 계획한 소매업, 음식점업, 서비스업 등의 대규모 집단시설을 말한다.

② 쇼핑센터는 도시 근교의 광대한 토지를 확보하여 드라이브인 극장 등의 시설을 갖추고, 백화점 등 규모가 큰 소매점을 중심으로하여연쇄점, 전문점, 소매점 등을 모아 원스톱쇼핑(one-stop shopping)이 가능하도록 계획적으로 만들어진 대규모 상점이라고 할 수 있다.

③ 쇼핑센터는 국내에서는 번화가의 상점가를 말하는데, 일반 소규모 독립 소매상이 모여 있는 지하도에 형성되어 있는 지하상가, 역을 중심으로 하는 역세권 상가, 용산 전자상가나 밀리오레 및 두산타워 등이 모두 쇼핑센터로 분류된다.

(2) 쇼핑센터의 핵 점포(anchor stores)

① 지역별 쇼핑센터: 하나 혹은 두 개의 (대형) 백화점, 일부 선매품 및 일부 전문품에 중점

② 커뮤니티 쇼핑센터: 양판점 또는 종합 할인점, 편의품 및 일부 선매품에 중점

③ 초광역형 쇼핑센터: 다수의 백화점, 선매품 및 전문품에 중점

22. 쇼핑몰(Shopping-Mall)

(1) 쇼핑몰은 쇼핑센터 내의 모든 입주점을 한 지붕과 건물 내에 수용하고 중앙부에서 공기를 조절함으로써 전천후(全天候)로 쾌적한 구매환경을 제공하는 상점가이다.
(2) 주 통로가 각 점포를 이어주고 광장이나 분수대 같은 조경도 갖고 있으며, 휴식공간과 외부에 넓은 주차장이 완비되어 있는 하나의 소사회로서 입주점들이 연동식으로 된 독립점포를 가지고 있으며, 소규모의 전문점만을 공통의 건물 안에 수용하는 경우도 있다.
(3) 선별된 패션이나 품질이 우수하고 값이 높은 독특한 제품을 판매하는 패션 · 전문센터나 유명상표나 백화점의 이월상표를 상당히 할인하여 할인판매하는 아울렛 센터도 있다.
(4) 키오스크(kiosks)는 쇼핑몰의 공용 구역(common area)에 설치되는 판매 공간으로서 쇼핑몰 내 다른 유형의 다른 점포들에 비해 단위면적당 임대료가 낮고 디스플레이 공간이 넓어 충분한 창의성을 발휘할 수 있다.

23. 스트립 쇼핑센터의 유형

(1) 네이버후드 센터(Neighborhood Center)

① 네이버후드 센터는 말 그대로 '이웃의 가게'라는 뜻의 지역을 말한다.
② 소비자와 가장 가까운 지역에서 소비자들의 일상적인 욕구를 충족시키기 위하여 편리한 쇼핑장소를 제공하도록 설계된 곳을 말한다.

(2) 커뮤니티 센터(Community Center)

① 커뮤니티 센터는 지구 중심에 위치하고 있으며, 네이버후드 센터보다는 좀더 다양한 범위의 일반적인 상품을 제공하고 있다.
② 커뮤니티 센터 내의 주요 소매 업태는 일반적인 슈퍼마켓과 대형 드럭스토어, 할인 백화점 등으로 분류할 수 있다.
③ 커뮤니티 센터 내의 입점업체들은 흔히 의류, 가정용품, 가구, 장난감, 신발, 애완동물용품, 전자 및 스포츠용품을 판매하는 카테고리 전문점이나 할인점이 주를 이루고 있다.

(3) 파워 센터(Power Center)

① 파워 센터는 할인점, 할인 백화점, 창고형 클럽 또는 홈디포 등 카테고리 킬러를 포함하는 일부 대형 점포들로 구성된다.
② 소매업의 업태분류 중 카테고리 킬러, 대형마트를 핵 점포(anchor store)로 유치하는 것이 가장 적절하다.

24. 노면 독립입지(Freestanding Sites)

(1) 노면 독립입지란 여러 업종의 점포가 한곳에 모여 있는 군집 입지와 달리, 전혀 점포가 없는 곳에 독립하여 점포를 운영하는 형태를 말하며, 지리적인 측면에서는 반드시 외곽에 위치를 하는 것은 아니다.
(2) 독립지역은 다른 소매업체들과는 지리적으로 떨어진 지역을 의미하며, 통상적으로 독립지역에 위치한 소매점은 다른 소매업체들과 고객을 공유하지 않는다.
(3) 독립입지는 군집입지의 상반되는 개념으로 점주나 경영자는 신설점포를 기존상권에 입지할 것인가 아니면 스스로 독자적인 상권을 개발할 것인가에 대한 결정의 결과로서 신설점포의 입지를 선정하게 된다.
(4) 노면 독립입지는 다른 소매업체와 연결되지 않은 입지이다. 창고클럽과 하이퍼마켓과 같은 대형 소매업체는 종종 독립입지에 입지한다.
(5) 큰 가시성, 낮은 임대료, 넓은 주차 공간 등을 장점으로 들 수 있다. 하이마켓이나 슈퍼 센터형 대형 할인점이 흔히 독립지역에 위치하는데, 대학교 교내에 위치한 서점 등도 대표적인 독립지역의 예이다.

25. 복합용도 개발(MXDs;Mixed-use Developments)

(1) 복합용도 개발은 주거와 상업, 업무, 문화 등 3가지 이상의 기능들을 상호 밀접하게 연관시켜 편리성과 쾌적성을 제고시킨 건물 또는 건물군의 개발을 말한다.
(2) 복합용도 개발은 하나의 복합건물에 다양한 용도, 즉 쇼핑센터, 오피스타워, 호텔, 주상복합건물, 컨벤션센터 등을 복합적으로 결합시킨 것을 말한다.
(3) 개발업체들은 넓은 보도나 대규모 진열창 등에 세세한 주의를 기울여 특별히 인간적인 느낌이 있어야 한다.
(4) 복합용도 개발은 개발업체들이 공간을 보다 생산적으로 사용할 수 있기 때문에 복합용도개발을 선호한다.
(5) 특정한 지역에 같은 기능을 하는 점포들이 몰려 있기 때문에, 많은 고객들을 점포로 유인할 수 있어 소매업체들에게 인기가 높다.
(6) 오피스 개념의 도심지에 주거기능을 도입함으로써 도넛 현상인 도심 공동화 현상을 어느 정도 방지할 수 있어 도시에 활력소가 된다.
(7) 개발 가능성이 높기 때문에 재개발을 수행함으로써 도심지역의 토지이용 효율성을 높일 수 있다.

26. 백화점(Department Store)

(1) 백화점의 개념

① 백화점(百貨店)은 의류, 가정용품, 장식품 등 다양한 상품을 폭넓게 취급하는 점포, 각종 상품을 부문별로 구성하여 최종 소비자가 일괄 구매할 수 있도록 직영 형태로 운영되는 대규모 점포이다.
② 우리나라의 경우 매장면적이 1,000평(지방의 경우 700평) 이상이고 50% 이상이 직영으로 운영되어야 하고, 통합적인 대규모 소매상으로는 가장 오래된 소매 업태이다.
③ 백화점은 하나의 매장 내에 일괄구매와 비교구매가 가능하도록 선매품을 중심으로 편의품에서 전문품에 이르기까지 다양한 상품구색을 갖추고 대면 판매, 현금 및 신용에 의해 정찰 판매한다.

(2) 백화점의 입지

① 백화점은 3차 산업으로 전형적인 시장 중심형 입지 패턴을 가진 시장지향적 입지로서 입지 형태는 상업입지이다.
② 입지를 구성하는 토지는 정사각형에 가까운 직사각형으로 1변이 주요 도로에 면하고, 다른 1변 또는 2변이 상당한 폭을 가진 도로에 면하는 것이 가장 이상적이라 할 수 있다. 주 도로에서 오는 고객의 교통로와 상품의 입고 및 발송을 위한 교통로를 분리하여야 한다.

③ 백화점 내 매장은 매장 내의 교통체계가 정리되어야 하고, 주통로와 부통로의 유기적 관계가 중요하다. 또한 고객이 상품을 보기 쉽도록 구성해야 하며, 가능하면 장방형으로 하고 벽면을 최대한 사용하여 공간을 활용하여야 한다.

27. 의류패션전문점(Fashion Specialty Stores)

(1) 패션전문점(fashion specialty stores)의 상품구색에서 가장 비중이 높은 상품유형은 선매품이다.
(2) 의류패션 전문점의 입지는 자신들의 고객에게 오락과 즐거움의 기회를 제공하여 많은 사람을 유인하고, 소비자들이 여러 점포를 다니면서 비교구매를 할 수 있도록 배려한다.
(3) 의류패션 전문점의 입지는 오락과 즐거움을 제공할 수 있고, 비교구매가 가능한 중심상업지역 또는 인근 지역의 입지가 좋은 입지이다.
(4) 의류패션 전문점은 백화점보다 더 인기가 있는 곳이라 생각되는 곳에 주로 위치하지만 백화점에서 인기를 끄는 것과 같은 이유로 전문점의 특성과 부합된다.

28. 넬슨(R. L. Nelson)의 입지선정의 8가지 평가방법

(1) 상권의 잠재력: 현재 관할 상권 내에서 취급하는 상품, 점포 또는 상업시설의 수익성 확보가 가능한가에 대한 검토가 이루어져야 한다.

(2) 접근 가능성: 동일한 상권 내의 고객들을 자신의 점포로 유인하는 데 있어서 어떠한 장애요소가 고객들이 접근할 수 있는 가능성을 방해하는지를 살펴보는 것이다.

(3) 성장 가능성: 주변의 인구 증가와 일반 고객들의 소득증가로 인하여 시장 규모나 선택한 사업장과 유통상권이 어느 정도로 성장할 수 있겠는가를 평가하는 방법이다.

(4) 중간 저지성: 경영자가 속한 상권지역 내의 기존 점포나 상권 지역이 고객과 중간에 위치하여 경쟁점포나 기존의 상권으로 접근하려는 고객을 중간에서 저지할 수 있는 가능성을 평가하는 방법이다.

(5) 누적적 흡인력: 동일업종의 집적에 의해 고객을 끌어들일 수 있는 가능성으로 경영자가 속한 상권지역 내에 영업 형태가 비슷하거나 동일한 점포가 집중되어 있어 고객의 흡인력을 극대화할 수 있는 가능성 및 사무실, 학교, 문화시설, 체육시설 등에 인접함으로써 고객의 흡수가 유리한 조건인가를 평가하는 방법이다.

(6) 양립성: 상호보완관계가 있는 점포들이 근접하여 입지함으로써 고객이 흡입될 가능성으로 경영자가 진입할 상권에 상호 보완관계에 있는 점포가 서로 인접해 있어서 고객의 흡인력을 얼마나 높아지게 할 수 있는가의 가능성을 검토하는 방법이다.

(7) 경쟁 회피성: 장래 경쟁점이 신규 입점함으로써 고려대상 점포나 유통단지에 미칠 영향 정도나 경쟁점(경쟁 유통단지)의 입지, 규모, 형태 등을 감안하여 고려대상 점포나 유통단지가 기존점포와의 경쟁에서 우위를 확보할 수 있는 가능성의 정도를 평가하는 방법이다.

(8) 용지 경제성: 경영자가 진입할 상권의 입지 가격이나 비용 등으로 인한 수익성과 생산성의 정도를 검토 평가하여 수익성 및 생산성이 가장 확실하게 보장되는 용지를 선택해야 한다.

29. 새로운 입지의 수요예측방법

(1) 새 입지의 수요예측방법에는 유사성 방식, Huff모델을 이용한 방식, 다중회귀분석 등이 있다.
(2) 가장 폭넓게 사용되는 방법으로 유사성방식이 있으며, 유사성방식의 보다 공식적인 통계적 버전으로서 다중회귀분석방식을 사용한다.
(3) 다중회귀분석방식은 획득 가능한 자료를 가진 점포의 수가 많으면 많을수록 수요예측에 더욱 적합하다.
(4) 다중회귀분석방식은 우선, 성과예측을 위해 점포의 성과 및 설명변수를 찾아낸 다음 회귀방정식을 도출하여 미래의 점포성과를 예측하게 된다.
(5) Huff의 중력모델에서 점포가 가진 경쟁의 매력도는 고객으로부터 점포나 쇼핑센터까지의 거리나 이동시간을 고려한다.

30. 라이프 스타일(Life style)

(1) 상당히 많은 제품들이 고객들의 라이프 스타일에 의해 영향을 받으며, 구매된 상품은 구매자 라이프 스타일을 표현한 것임을 알 수 있다. 많은 기업들이 구매자의 라이프 스타일에 따라 그들의 시장을 세분화하고 있다.
(2) 라이프 스타일에 의한 시장세분화는 심리분석적 세분화기법 중 가장 대표적인 방법이다. 이 방법은 주로 사람들의 활동(Activity), 관심(Interest), 의견(Opinion)을 기준으로 몇 개의 집단으로 구분하는데, 영문표기의 머릿글자를 따서 AIO 분석이라고 한다.
(3) 소매업의 개점을 준비할 때 인구통계 및 라이프스타일의 특성을 고려하는 것은 매우 중요하며, 이는 한 지역의 인구수와 소득이 구매력을 결정짓는 중요한 요건일 수 있다. 해당지역 인구의 라이프스타일 특징은 특정 소매업체가 추구하고 있는 표적시장과 일치해야한다.

◆ 라이프 스타일 세분화를 위한 AIO 변수

활동(Activity)	관심(Interest)	의견(Opinion)
일	가 족	자기 자신
취 미	가 정	사회적 관심사
사회적 사건	직 업	정 치
휴 가	지역사회	사 업
오 락	여가 활동	경 제
클럽 회원 활동	여 행	교 육
지역사회	음 식	상 품
쇼 핑	대중매체	장 래
스포츠	업적 달성	문 화

31. 라이프 스타일(Life style)별 유형구분

(1) 맹목형: 모든일에 주도적이고 매사에 적극적이며 책임감이 강하며, 목적지향적이고 결과를 중요시한다.

(2) 선도형 ; 솔선수범하는 여론 주도형인 선도형은 감정표현에 솔직하고 사교적이며, 이타주의적이고 자발적이다.

(3) 내재형: 자신에 대한 자긍심과 내면적 성취동기가 강하나 일반적으로 어떤 현상의 발생근거나 원인을 자기 자신의 내부에 가지고 있는 유형이다.

(4) 체면형: 대세를 중시하며 동조하는 유형인 체면형은 자기 자신에 대해서도 대체로 만족하며, 예의와 격식을 중요시하는 보수적 합리주의자다.

32. 다점포 경영

(1) 다점포 경영은 규모의 이익과 효율을 고려하여 계획적으로 여러 지역에 출점하는 것을 말한다.
(2) 동일상권 내 복수 및 다수의 점포운영은 고객의 접근성 및 편리성을 높일 수 있을 뿐만 아니라 단수의 점포로는 규모가 지나치게 비대해져 발생할 수 있는 비효율적인 경영을 막을 수 있다.

33. 접근성(Accessibility)

(1) 접근성의 개념

① 접근성(accessibility)은 점포로의 진입과 퇴출의 용이성을 말한다. 대다수의 고객들이 통행 발생지역으로부터 자기가 원하는 특정한 지역이나 장소로 이동하는 데 있어서의 어떠한 장애요인이나 방해 없이 진입과 퇴출이 자유로운 상황을 말한다.
② 접근성은 점포의 입지나 상권을 결정하는 데 있어서 상당히 중요하게 고려되는 요소이다. 이러한 접근성은 거리상태, 통행량, 통행시간, 매력 등에 의하여 결정되며, 이러한 접근가능성이 높을수록 교통량이 증가하는 특징이 있다.
③ 접근성의 평가는 도로의 차선 수, 신호등 수, 혼잡도, 교차로 등도 접근성에 영향을 미친다. 도로 구조나 거리에의 진입과 퇴출, 가시도, 장애물 등을 비교 분석하여 평가하여야 정확한 평가를 할 수가 있다.

(2) 접근성의 거시적 분석

① 거시적 분석은 거래지역 내에서 자신의 점포와 연결되는 주요한 도로 구조나 도로의 상태, 장애물 등의 존재로 인하여 점포로의 접근 가능성이 얼마나 있는가를 분석하는 것을 의미한다.
② 접근성에서 도로 구조를 분석해보면 동일한 상권 내에서 자신의 점포로 연결되는 주도로의 존재 여부를 분석하는 것이다. 주도로에서 자신의 점포로 쉽게 접근할 수 있으면 경쟁력이 있고 매력적인 입지라고 할 수 있다.
③ 접근성 분석에서 도로 상태의 분석은 도로의 차선 수, 신호등의 수, 도로상의 교통 혼잡도, 도로상에 교차로의 존재 유무 및 위치 등에 관한 분석을 의미한다.
④ 접근성에서 장애물은 점포 입지의 자연장애인 산, 강이 있고 인공장애인 조형물, 육교, 철도, 공원 등이 있으며, 통행로가 없는 곳 또는 고속도로, 강의 건너편 지역 등은 점포로 접근하는 것에 불리하게 작용하기 때문에 점포의 입지로는 적당하지 않다.
⑤ 접근성은 동일한 상권 내 거주민들의 소득 격차 역시 장애물로 작용이 될 수 있는데, 소득 격차가 크다는 것은 소비자들의 상품 선호에 영향을 미치기 때문이다.

(3) 접근성의 미시적 분석

① 미시적 분석은 점포 주변에서의 가시도, 교통흐름, 도로여건, 주차장으로의 진입과 퇴출, 쇼핑센터의 접근성, 센터 내 고객의 흐름 등으로 분석할 수 있다.
② 미시적 분석 측면의 내용을 상가에서 찾아보면, 점포가 위치한 층 등에 대한 분석으로 나타날 수 있다.

(4) 공부서류와 그 내용

① 토지대장: 토지의 지번, 지목(사용용도), 면적, 토지등급
② 건축물관리대장: 점포의 면적, 구조, 용도, 연면적, 건폐율, 용적률, 건축연도 등
③ 등기사항전부증명서: 소유자 인적사항, 권리관계, 매매과정, 압류, 저당권 등의 설정내용
④ 토지 이용계획 확인원: 용도지역 · 용도지구 · 용도구역, 토지거래 규제 여부, 도로개설 여부 등

제3과목 유통마케팅

1. 마케팅(Marketing)

(1) 마케팅(Marketing)은 기업의 비즈니스 목표인 시장점유율(Market Share)의 확대와 이에 따른 이익의 증대를 통한 기업 유지 및 성장에 있다.
(2) 마케팅(Marketing)이란 사회적인 지지는 물론 소비자의 요구(Needs)를 지속적으로 만족시켜 나가는 것이다. 결과적으로 마케팅이란 경영전략을 지원하기 위한 여러 활동을 뜻한다.
(3) 마케팅(Marketing)이란 현재 또는 잠재적인 최종 소비자의 필요와 욕구를 충족시킬 수 있는 재화와 서비스를 제공하기 위하여 제품, 가격, 경로, 판매촉진, 물류유통 등의 경영활동을 수행하는 시스템을 말한다.
(4) 마케팅은 시장을 정의하는 활동으로 적극적 의미의 마케팅을 뜻하며, 주로 기업이 어떤 제품시장에서 어떤 고객을 중심으로 어떻게 경쟁사와 차별화할 것인가를 의미하는 활동이다. 마케팅에서는 이를 마케팅 전략, 혹은 STP(Segmentation–Targeting–Positioning) 전략이라고 한다.

2. 전사적 마케팅(total marketing)

(1) 마케팅은 마케팅부서만의 일이 아니다. 연구개발팀, 디자인팀, 생산이나 영업, 관리팀도 모두 마케팅마인드가 필요하다. 마케팅은 제품을 잘 파는 기술을 의미하는 것이 아니라 마케팅은 구조를 만드는 일이므로 기업의 다양한 기능부서별 활동이 마케팅 활동을 중심으로 통합됨을 뜻한다.
(2) 기업이 능률적 효율적으로 기업 목표를 달성하려면 고객 지향적 경영철학 및 사회 지향적 관리 철학만으로 달성할 수 없다. 서로 다른 각 부문 기능 사이에 협조와 조화가 있어야 가능하다. 그러므로 유기체적 경영을 전사적 마케팅(total marketing)이라고도 말할 수 있다. 또한 기업의 내적 기능의 조화와 기업 외적 기능의 조화를 마케팅 시스템이라고 표현한다.
(3) 기업 뿐 아니라 모든 조직체들은 서로가 유기적으로 관계를 맺고 있다. 그러므로 회사의 모든 부서들이 코드가 맞아야지 만약 서로 코드가 맞지 않는다면 그 회사는 비전을 향하여 달려갈 수 없을 것이다.

3. 수직적 · 수평적 마케팅시스템

(1) 수직적 마케팅시스템(VMS;vertical marketing system)

① 수직적 마케팅시스템(VMS;vertical marketing system) 유형은 기업형 VMS, 계약형 VMS, 관리형 VMS로 나누어지고, 계약형 VMS의 대표적인 형태로 도매상 후원의 자발적인 연쇄점 형태와 소매상협동조합, 프랜차이즈시스템을 들 수 있다.
② 전통형 유통경로시스템과 달리 경로구성원 상호간의 연계성을 인식하고 있는 경로선도자에 의해 형성된다.
③ 시스템 내의 힘이 경로구성원 중 어느 누군가에게 집중되는 특성을 가지며 집중된 힘은 경로구성원 간의 기능분업과 갈등의 조정, 관리와 통제를 가능하게 해준다.

(2) 수평적 마케팅시스템(HMS;horizontal marketing system)

① 공생적 마케팅시스템이라고도 하며, 동일한 유통경로 단계상에 있는 2개 이상의 개별기관들이 독자성을 유지하고, 기업이 가지고 있는 자본 · 노하우 · 마케팅 · 자원을 수평적으로 결합하여 시너지 효과를 얻기 위해 통합하는 형태이다.
② 각 기업이 단독으로 효과적인 마케팅 활동을 수행하는 데 필요한 자본, 노하우, 마케팅 자원 등을 보유하고 있지 않을 때 수평적 통합을 통해 시너지 효과를 얻을 수 있게 한다.

4. 효과적인 마케팅 전개과정(P. Kotler 교수 제창)

(1) 전략적 마케팅

① R(Research): 시장기회의 파악
② STP(Segmenting, Targeting, Positioning): 브랜드 자산의 구축

(2) 전술적 마케팅

① 4P: Product, Price, Place, Promotion
② 시장정보 개발과 사용고객의 확보 · 유지 · 육성 및 더 좋은 고객가치의 디자인

(3) 관리적 마케팅

① I(Implementation): 마케팅 기획
② C(Control): 마케팅 성과평가와 통제

5. 데이터베이스 마케팅(Database Marketing)

(1) 데이터베이스 마케팅(Database Marketing)은 고객을 만족시키기 위한 경영의 한 형태로서, 각종 1차 자료와 정보를 수집 · 분석하고 개인에 대해 차별적 정보를 제공하여 고객의 만족을 극대화하는 마케팅 수단을 말한다.
(2) 데이터베이스 마케팅(database marketing)이란 고객과 관련된 다양한 정보들을 수집, 정리한 데이터를 바탕으로 하며, 정보통신기술을 활용하여 고객에 대한 과학적인 정보를 수집 · 정리 · 평가에 활용하고자 하는 마케팅으로서, 특히 개별고객의 구매행태를 파악하는 것이 매우 중요하다.
(3) 데이터베이스 마케팅(database marketing)은 기업이 고객에 대한 여러 가지 다양한 정보를 컴퓨터를 이용하여 Data Base화하고, 구축된 고객 데이터를 바탕으로 고객 개개인과의 지속적이고 장기적인 관계(Relationship) 구축을 위한 마케팅 전략을 수립하고 집행하는 여러 가지 활동이라고 한다.

(4) Data Base 마케팅의 주의사항

① 최근 데이터베이스 마케팅이 확산됨에 따라 개인정보 침해 유출 사고가 자주 발생하고 있는데 개인정보는 생존하고 있는 개인에 관한 정보이다.
② 당해 정보만으로는 특정 개인을 알아볼 수 없는 경우에도 다른 정보와 용이하게 결합하여 알아 볼 수 있다면 개인 정보에 포함된다.
③ 정보통신서비스 제공자들은 개인정보를 수집 · 이용하는 경우에는 원칙적으로 정보주체의 동의를 받아야 한다.
④ 정보통신서비스 제공자는 이용자가 필요한 최소한의 개인정보 이외의 개인정보를 제공하지 아니한다는 이유로 그 서비스의 제공을 거부하여서는 아니 된다.

6. 마케팅 정보시스템(Marketing Information System)

(1) 마케팅 정보시스템의 의의

① 기업이나 사람이나 건강하고 성공적이기 위해서는 자신을 알고 또 나를 둘러싼 환경변화를 빨리 알아내어 이에 대한 적응을 효과적으로 할 수 있어야 한다. 어떤 목적을 위해서 나를 알고 나를 둘러싼 환경을 아는 방법을 조금 격식 있는 용어로 표현하면 정보시스템이라고 한다.
② 정보시스템은 기업이 활동을 하기 위해서 의사결정을 하는 데 필요로 하는 다양한 정보들을 수집 · 분석하고, 이를 보다 효과적으로 활용하도록 체계적으로 도와주는 것을 말한다.
③ 마케팅 정보시스템이라고 하면 기업의 여러 가지 의사 결정 중에서 마케팅과 관련된 의사결정에 필요한 정보를 수집, 분석, 활용하도록 도와주는 정보시스템이라고 할 수 있다.

(2) 마케팅 정보시스템의 특징

① 마케팅 정보시스템은 기본적으로 정형화되거나 자동화되기 힘들다. 많은 마케팅 의사결정은 일상적이거나 정해진 정보나 자료의 흐름에 규칙적으로 의존하기보다는 규칙적이지 않고 특이한 사항에 의하는 경우가 많다.
② 마케팅 정보시스템에서 필요로 하는 자료들은 회사의 여러 부분에서 나오는 내부자료뿐만 아니라 외부자료를 많이 포함하고 있다.
③ 마케팅 정보시스템은 정보의 제공자, 정보의 처리자, 그리고 정보의 이용자가 동일인인 경우가 많다.
④ 마케팅 정보시스템의 자료의 활용 정도가 일반 경영정보시스템보다는 적으나 활용에 있어서 마케팅 정보시스템에 있는 거의 모든 정보를 동시에 사용하는 경우가 많다.

7. 마케팅 믹스(Marketing Mix)

(1) 마케팅 믹스는 목표 시장에서의 기업의 목적을 달성하기 위한 통제 가능한 마케팅 변수를 적절하게 배합하는 것을 말한다.

(2) 마케팅 믹스의 운용은 마케팅 목표를 달성하기 위해서 마케팅믹스의 네 가지 요소인 제품(Product), 유통(Place), 촉진(Promotion), 가격(Price)을 어떻게 통합할 것인가 하는 것이 중요한 문제가 된다.
(3) 네 요소의 통합은 비가격 믹스 요소인 제품, 유통, 그리고 촉진, 의사결정을 수행함에 있어서 긍정적 시너지를 창출하는 것으로부터 시작한다.

8. 제품(Product)

(1) 핵심제품(Core product)

① 핵심제품은 핵심 편익(benefit)이나 서비스를 가리킨다. 이것은 구매자가 진정으로 구매하는 것은 무엇인가의 응답이다.
② 립스틱을 구매하는 숙녀는 그 제품의 화학적 · 물리적 속성이 아니라 '아름다움'에 대한 희망을 구매할 것이며 바로 이러한 아름다움이 핵심제품의 예이다.

(2) 형태상 · 실체(유형) 제품(formal or tangible product)

① 보통 사람들이 일반적으로 상품이라고 하며 눈으로 보고, 손으로도 만져볼 수 있도록 구체적으로 드러난 물리적인 속성 차원의 상품이라고 말할 수 있다.
② 이러한 제품은 물리적인 형태를 가지고 있는 상품을 말한다. 품질과 특성, 상표, 디자인, 포장, 라벨, 브랜드네임(brand name), 품질(quality), 특징(features), 스타일링(styling)이 포함된다.

(3) 확장제품(augmented product)

① 유형제품의 효용 가치를 증가시키는 부가서비스 차원의 상품을 확장제품이라고 말한다.
② 유형상품에 보증, 반품, 배달, 설치, A/S, 사용법 교육, 신용, 상담 등의 서비스를 추가하여 상품의 효용 가치를 증대시키는 것을 말하며, 컴퓨터를 실체적 제품이라 한다면 무료배달, 설치, 보장(warranty), 교육과 서비스유지 시스템이 포함되는 가장 넓은 의미의 제품개념이다.

(4) 판매중심에 의한 상품분류

① 개 념
㉠ 상품의 분류방법은 "패션성 중심", "패션타입에 의한 분류", "판매중심에 의한 분류", "생산양식(장소)에 따른 분류" 등이 있다.
㉡ 판매중심 분류는 현재의 패션경향과 구매 관습 및 고객의 선호 등을 감안하여 상품계획을 세워야 하며 매장의 규모 및 위치 등을 고려하여 분류하는 방법이다.
② 유 형
㉠ 필수상품: 일용상품으로서 안정상품이라고도 한다. 출구 가까운 부분이 효율적이다.
㉡ 주력상품: 선매상품으로서 계절상품이 이에 속한다. 상품량이 많으므로 면적을 차지하는 비율이 가장 크다. 따라서 구석진 곳 등 다소 불편한 곳은 가능한 주력상품이 배치가 되도록 하여 고객을 매장 깊숙히 끌어들인다.
㉢ 준필수상품(보조상품): 편의품으로서 상비상품이라고도하며, 주력상품과 코디네이트가 되도록 배치한다.
㉣ 충동상품(자극상품): 특가품으로서 특이한 디자인 또는 신개발 상품 등을 말하며 코너 진열의 끝부분 또는 통로 중에 특별 코너를 설치하여 고객의 눈을 끌어주도록 한다.

9. 제품 포지셔닝(Positioning) 기법의 분석

(1) 질적 방법

① **관찰법**: 소집단으로 모여진 소비자들이 대체제품의 포지션에 대해 어떻게 느끼는지 관찰한다.
② **목표집단면접법(FGI)**: 목표집단 내의 주요 고객으로부터 경쟁사 서비스에 대한 반응을 경청한다.
③ **질적 방법의 문제**: 소비자 반응에 대한 조사자의 해석에 지나치게 의존하고 소비자 집단으로부터 유용한 반응은 조사자의 효과적인 역할에 의존한다.

(2) 양적 방법

① **설문조사법**: 소비자에게 다양한 제품개념(물리적 속성, 성능상의 특징, 가격의 범위 등)을 제시하고, 그들의 선호도와 구매의도를 파악하여 제품개념을 정립한다.
② **다차원척도법(MDS; multi-dimensional scaling)**: 제품의 특성에 대하여 소비자들이 인지하고 있는 상태를 기하학적인 공간에 표시하는 기법이다. 이 공간 내의 각 차원은 소비자가 구매나 인식할 때 기준으로 삼는 중요한 속성을 의미한다.
③ **컨조인트분석(conjoint analysis)**: 제품 대안들에 대한 소비자의 선호 정도로부터 소비자가 각 속성(attribute)에 부여하는 상대적 중요도(relative importance)와 각 속성 수준의 효용(utility)을 추정하는 분석방법이다. 응답자들에게 여러 속성 수준들의 결합으로 구성되는 제품 프로파일(대안)들을 제시하고 응답자들은 각 프로파일에 대한 그들의 선호정도를 답한다.

10. 제품믹스(Product Mix)

(1) 하나의 기업 혹은 하나의 사업단위(Business Unit)가 생산 및 판매하는 모든 제품들을 일컬어 제품믹스(Product Mix)라고 한다. 제품믹스는 각기 넓이와 길이, 그리고 깊이를 가진다.
(2) 제품믹스의 구조는 제품믹스의 폭(넓이, Width), 제품계열의 길이(Length), 제품계열의 깊이(Depth, Breadth)로 이루어져 있다.
(3) 제품믹스의 넓이란 '기업이 가지고 있는 전체 제품라인 수'를 말하고, 제품믹스의 길이란 '제품믹스 내에 있는 전체 제품의 수'를 말하며, 제품믹스의 깊이란 '특정 제품라인 내에 있는 한 제품이 창출해내는 품목의 수'를 의미한다.
(4) 제품믹스의 구조를 파악하는 것은 기업목표 및 마케팅 목표와 관련하여 기업이 제품전략을 수립 및 실행하는 데 중요한 의미를 갖는다.
(5) 한편 제품믹스의 일관성(consistency)은 다양한 제품계열들이 최종용도, 생산시설, 유통채널, 기타의 측면에서 얼마나 밀접하게 관계되어 있는가 하는 정도를 말한다.

(6) 이들 제품믹스 중에서 유사한 성능 및 용도를 가지거나 유사한 고객층 및 가격대를 가진 상품군들의 집합을 제품계열(Product Line)이라고 한다.

11. 신제품의 가격 정책

(1) 시장 침투 가격 정책(penetration price policy)

① 신제품을 시장에 도입하는 초기에 저가격을 설정함으로서 별다른 판매저항 없이 신속하게 시장에 침투하여 시장을 확보하고자 하는 정책이다.

② 마케터는 시장에 경쟁자가 곧 진입할 것으로 예상될 때와 제품의 수요가 가격에 탄력적일 때 침투 가격 책정을 선택하는데, 대량판매함으로써 원가가 낮아져 가격 인하가 가능해진다.

③ 대중적인 제품이나 수요의 가격탄력성이 높은 제품에 많이 사용된다. 만약 시장 침투 가격 정책을 사용하는 기업이 이미 큰 시장점유율을 확보했다면 경쟁자들은 이 시장에 진입하는 것을 꺼려할 것이다.

(2) 초기 고가격 정책(skimming price policy)

① 상층 흡수 가격 정책(skimming pricing policy)은 신제품을 시장에 도입하는 초기에 먼저 고가격을 설정함으로써 가격에 비교적 둔감한 고소득층을 흡수하고, 그 뒤 차차 가격을 인하시킴으로써 가격에 민감한 저소득층에게 침투하고자 하는 정책이다.

② 스키밍 전략을 수행하려면 조직은 조심스럽게 진행하여야 한다. 반도체 같은 산업에서는 이러한 전략이 널리 수용되지만, 그렇지 않은 산업에서는 높은 가격은 이익을 해치면서 잠재적인 고객을 불쾌하게 만들 것이다.

③ Penetration strategy는 도입 초기 낮은 가격으로 제품을 시장에 내어 놓아 시장을 선점하기 위한 가격전략을 말하고, 투자액을 조기에 회수할 목적이거나 수요의 가격 탄력도가 낮은 제품인 경우에 해당한다.

12. 심리적 가격 결정 기법

(1) 홀·짝수 가격 결정(odd-even pricing)

① 홀·짝수 가격 결정은 소비자가 어떤 가격을 높은 가격 또는 낮은 가격으로 인지하느냐 하는 사실에 기초를 둔다. 1,000원이라는 가격보다 990원에 더 호의적으로 반응하는 경향이 있다.

② 구매빈도가 높은 소매품들의 가격은 흔히 9, 5, 3 같은 홀수로 끝난다. 이 가정은 가격이 홀수 가격보다 낮추어져서 짝수 가격이 되어도 수요는 변함이 없게 된다.

(2) 명성 가격 결정(prestige pricing)

① 전통적인 우하향(右下向) 수요곡선은 소비자들의 수요가 가격이 상승(하락)하면 줄어든다(증가한다)는 가정에 기초하고 있다.

② 소비자들은 디자이너의 의류나 주류, 향수와 같은 제품에 대해서는 항상 이렇게 합리적 방식으로 가격에 반응하지 않는다. 소비자들은 가격을 품질이나 지위의 상징으로 여기므로 명품 같은 경우 가격이 예상되는 범위 아래로 낮추어지면 오히려 수요가 감퇴할 수 있다.

(3) 비선형 가격 결정(nonlinear pricing)

① 고객의 마음 속에 가격은 그리 중요한 평가의 수단이 될 수 없다. 이러한 가격 결정방법을 비선형 가격 결정방법이라고 한다.

② 항공사가 시행하고 있는 단골고객프로그램(frequent flier program)은 기본적으로 비선형 가격 결정방법이라고 말할 수 있다.

(4) 손실 유도 가격 결정(loss leader price policy)

① 특정 품목의 가격을 대폭 인하하여 가격을 결정한다.

② 그 품목의 수익성은 악화되지만 다른 품목의 매출 증대에 의한 기업 전체의 수익성을 확보하기 위한 가격 설정이다.

13. 일반적 가격 결정

(1) 재판매 가격 유지 정책(resale price maintenance policies)

① 제조업자가 도매상 및 소매상과의 계약에 의하여 자기 회사 제품의 도·소매가격을 사전에 설정해 놓고 이 가격으로 자사제품을 재판매하게 하는 전략이다.

② 도·소매상의 손실유인상품(loss leader)으로 이용되는 것을 방지하여, 가격 안정과 명성을 유지하기 위하여 유통업계와 계약을 통해 일정 가격으로 거래되도록 하는 것을 말한다.

(2) 오픈 가격 정책(open price policy)

① 제조회사가 자기 회사 제품의 표준 소매가격을 정하지 않고 유통회사에게 맡긴다.

② 소매업자가 시장 동향을 살펴 독자적으로 가격을 결정하여 판매하도록 하는 정책을 말한다.

(3) 이분 가격 정책(two party price policy)

① 소비자가 재화를 사용하는 데 있어서 1차로 요금인 가입비(first tariff)를 부과하고 소비량에 따라 사용요금(second tariff)을 부과하는 형태를 말한다.

② 이분 가격 정책은 주로 공공요금 성격이 강한 전기·전화·수도요금의 가격결정시 자주 이용되고 있다.

(4) 준거 가격(Reference pricing)

① 구매자가 가격이 비싼지 싼지를 판단하는 데 기준으로 삼는 가격을 말하며, 유보가격(Max)과 최저 수용가격(Min)의 사이에 존재한다.

② 준거 가격은 통합 상품의 가격이 개별상품의 합보다 저렴하다는 것을 강조해주는 역할을 하는데 보다 효과적일 수 있다.

(5) 노획 가격(captive pricing)

① 일단 어떤 제품을 싸게 판 다음 그 상품에 필요한 소모품이나 부품을 비싸게 파는 정책을 말한다.

② 공기청정기나 면도기 혹은 프린터 판매의 경우 본체에 대한 가격은 낮게 책정하고 본체에 부속된 소모품(정기적으로 교체가 필요한)에 대해서는 상대적으로 높은 마진을 부과한다.

(6) 프리미엄 가격(premium pricing)

① 기본 제품에 추가적인 기능이나 옵션을 집어 넣는다.
② 기본 제품보다 훨씬 높은 가격을 부과하는 정책이다.

(7) 묶음 가격(price bundling)

① 두 가지 이상의 제품이나 서비스를 하나의 패키지로 묶어 특별 가격으로 판매하는 정책을 말한다. 패스트푸드점의 감자와 햄버거, 콜라를 한 가격으로 판매를 하는 것을 말한다.
② 묶음 가격은 여러 개의 상품을 묶어서 판매하는 가격정책을 말하며, 보완재의 경우에 많이 실시한다.

(8) 경쟁 대응 가격

① 완전경쟁시장의 형태에 가장 가까운 경우에 적용한다.
② 제품이 차별화가 잘 되어있지 않은 경우나 시장이 포화상태인 경우에 적용을 한다.

(9) 지역별 가격 결정

① 지역별 가격 결정이란 지역별로 분산되어 있는 소비자들에 대해 제품의 가격을 각 지역별로 결정하는 것을 말한다.
② 기업은 분산된 각 지역에 대해 가격을 모두 차별적으로 결정할 것인가 아니면 모든 지역에 관계없이 동일한 가격으로 적용할 것인가, 혹은 지역별로 다르게 제시한 가격으로 인해 원거리의 고객층을 상실할 우려는 얼마나 되는지를 검토하고 가격을 결정해야 한다.

14. 가격 할인과 공제

(1) 현금할인(cash discount): 제품구매 후 일정기간 이내에 판매대금을 신속히 지급하여 주는 구매자에 대한 일정한 비율을 할인해 주는 방법이다.

(2) 수량할인(quantity discount): 일정량 이상을 구매하는 고객에게 가격을 할인해 주는 대량구매업자에 대한 가격할인 방법을 말한다.

(3) 거래할인(trade discount): 판매, 보관, 장부정리 등과 같은 중간상 기능을 수행하는 판매업자에게 제조업자가 가격을 할인해 주는 방법으로 기능할인 또는 중간상할인이라고도 한다.

(4) 계절할인(seasonal discount): 비수기에 제품을 구매하는 고객에게 가격을 할인해 주는 방법을 말한다.

(5) 중고품교환공제(trade-in allowance): 신제품 판매시 구제품을 회수하고, 신형모델을 구입할 때 구형모델을 반환하면 그에 해당하는 만큼 가격을 할인해 주는 방법을 말한다.

(6) 사전매입: 제조업자가 판매촉진제품을 계획된 판매촉진기간 안에 큰 폭으로 할인된 가격으로 판매를 계획하는 경우 필요한 제품과 수량을 미리 구매하여 보관하는 방식을 말한다.

15. 판매 촉진(Sales Promotion)

(1) 판매 촉진의 개념

① 판매 촉진은 최종고객이나 경로상의 다른 고객에 의해 관심, 사용(trial), 구매를 자극하는 촉진활동을 말한다. 이는 소비자, 중간상, 기업 자신의 종업원을 겨냥한 것이다.
② 다른 촉진 수단인 광고, 홍보, 인적 판매 등과 비교하여 판매 촉진은 보통 빠르게 시행되고 더 빠르게 결과를 얻게 된다.
③ 실제로 대부분의 판매 촉진 노력은 즉각적인 결과를 낳도록 설계된다.

(2) 판매 촉진의 수단

① 광고(advertising)란 기업이 확인될 수 있는 광고주가 되어 광고대금을 지불하고 그들의 아이디어나 제품 또는 서비스에 대한 메시지를 비인적(非人的) 매체를 통해 소비자에게 제시하는 모든 활동을 의미한다.
② 인적 판매(personal selling)는 메시지가 사람 대 사람으로 전달된다는 점에서 메시지가 비인적 매체를 통해서 전달되는 광고와는 다르다.
③ 홍보(publicity)란 광고주가 대금을 지불하지도 않으면서도 라디오, 텔레비전 또는 신문과 같은 대량 매체를 통하여 제품이나 서비스 또는 기업체에 관하여 상업적으로 의미 있는 정보를 제공하는 것을 말한다.

(3) 소매 인적 판매(retail personal selling)

① 고관여 제품을 촉진하기에 적합한 수단이다.
② 광고나 판매 촉진과 결합하여 활용하면 더욱 효과적이다.
③ 쌍방향 커뮤니케이션의 성격이 강하다.

(4) 소매상에 의한 촉진활동

① 협동광고(cooperative advertising)
② POP광고(Point Of Purchase advertising)
③ 인적 판매(personal selling)

(5) 협동광고(cooperative advertising)

① 제조업체와 소매업체가 공동으로 수행하는 광고이며 양자의 추구하는 목표가 다르므로 갈등의 원인이 될 수 있다.
② 소매상간의 경쟁이 심해질수록 소매상은 더 많은 협동광고를 원하지만, 제조업체는 이를 기피하려는 경향이 있다.
③ 빈번히 구매되지 않은 선매품(shopping goods)의 경우에 협동광고의 효과가 더욱 크다.

16. 소셜네트워크서비스(SNS) 마케팅

(1) 노이즈 마케팅(noise marketing)

① 노이즈 마케팅은 상품의 홍보를 위해 고의적으로 각종 이슈를 만들어 소비자의 호기심을 불러일으키는 마케팅기법으로 특히 단기간에 최대한 인지도를 높이기 위한 경우에 쓰인다.

② 주로 좋은 내용보다는 자극적이고 좋지 않은 내용의 구설수를 퍼뜨려 소비자의 입에 오르내리게 한다. 비록 부정적인 이미지로 굳혀질 수 있는 위험이 있지만, 반대로 매출은 올라간다는 결과가 있다.

(2) 버즈마케팅(Buzz Marketing)

① 소비자가 상품을 구입하는 과정에서 광고보다는 소문이 더 많은 영향을 미치는 것으로 나타났다. 기사식당은 친절한 서비스와 저렴한 가격으로 택시기사들을 맞는데 최선을 다한다.
② 택시기사들 간에는 소문이 빠르게 확산 된다는 점을 누구보다도 잘 알고 있는 기사식당이 혹시나 있을지도 모를 나쁜 소문을 차단하고 긍정적인 소문을 내도록 유도하기 위한 수단인 것이라고 볼수 있다.

(3) 바이럴 마케팅 (Viral Marketing)

① 고객으로 하여금 업체를 대신해 주변의 다른 사람에게 재화나 서비스를 광고하게 만드는 마케팅 방법으로 어떤 회사나 그 회사의 제품에 관한 홍보를 소비자들의 입을 빌어 전하는 방식을 말한다.
② 입소문(구전, WOM: Word of Mouth), 버즈 마케팅(Buzz Marketing), 네트워크마케팅(Network Marketing), 체험마케팅(Experience Marketing), 그리고 바이럴마케팅(Viral Marketing – viral은 virus의 형용사). 이 모든 마케팅전략은 사실 타겟유저들에게 기업의 메시지를 전달하는 방법상의 유사한 면을 가지고 있다.

(4)다이렉트 마케팅(direct marketing)

① 다이렉트 마케팅은 직접마케팅이라고도 하며 무점포소매업의 일종이다.
② 직접마케팅의 경로들에는 직접우편, 카탈로그, 텔레마케팅, 상호작용적TV, 웹사이트 및 모바일 기기 등 상호작용적 경로를 들 수 있다.

17. 포지셔닝(Positioning)의 유형

(1) 효익 포지셔닝이란 가격과 품질(price–quality)에 의한 포지셔닝으로 제품 가운데는 서비스 · 특징 · 성능 등이 뛰어나다는 이유 하나만으로 경쟁품에 비해 월등히 높은 가격으로 판매되는 것을 말한다.
(2) 이미지 포지셔닝이란 고급성이나 독특성처럼 제품이나 점포가 지니고 있는 추상적인 편익으로 소구하는 방법을 말한다.
(3) 사용상황 포지셔닝이란 제품이나 점포의 적절한 사용상황을 묘사하거나 제시함으로써 소비자에게 부각시키는 방식이다.
(4) 경쟁제품 포지셔닝이란 소비자의 지각 속에 위치하고 있는 경쟁사와 명시적 혹은 묵시적으로 비교하게 하여 자사제품이나 점포를 부각시키는 방법이다.
(5) 품질 및 가격 포지셔닝이란 제품 및 점포를 일전한 품질과 가격수준으로 포지셔닝 하여 최저가격 홈쇼핑이나 고급전문점과 같이 차별적 위치를 확보하는 방식이다.

18. 소비자 행동(Consumer Behavior)

(1) 소비자 행동의 이해

① 소비자들이 제품을 획득하기까지의 과정은 다양하다. 이러한 구매과정(Purchase Process)은 개인에 따라 다르고, 제품의 종류에 따라서도 다르며, 그 소비자의 주변에 있는 환경에 의해서도 달라진다.
② 구매의사 결정과정(Purchase decision making process)은 개인에 따라, 제품에 따라, 환경에 따라 다르게 나타난다. 소비자가 어떤 대상(제품)에 대하여 관심을 가지는 정도를 관여도 혹은 몰입도(involvement level)라고 한다.
③ 특정 대상에 대한 관여의 정도가 높아지면(고관여;high involvement level) 대체로 구매의사 결정시 긴 과정을 거치고, 관여의 정도가 낮으면(저관여;low involvement level) 그 과정은 비교적 짧아진다.

(2) 소비자의 구매 행동

① 소비자의 구매력이 충분하지 않다면 소비자들은 특정 브랜드에 대한 긍정적인 태도를 가지고 있을지라도 구매행동으로 연결되지 않을 수 있다.
② 제품경험의 부족은 행동과 관계되지 않는 태도를 형성하는 데 매우 약하다.
③ 브랜드신념이 소비자의 가치와 연결되지 않는다면 선호하는 태도는 행동으로 연결될 가능성이 낮다.

19. 소비자의 구매 의사결정 과정

(1) 문제의 인식

① 소비자 스스로 갈망하는 욕구를 인식하는 단계로부터 출발한다.
② 마케팅 관리자는 소비자의 문제의식을 일으키고 있는 환경을 분석해야 한다.

(2) 정보 탐색

① 단순 탐색은 소비자의 욕구가 강렬하지 않을 경우의 주의 환기 수준의 정보 탐색 활동을 말한다.
② 적극적 탐색은 소비자의 욕구가 아주 강렬한 경우 적극적 정보 수집 활동을 말한다.
③ 소비자들이 정보를 탐색하고자 할 때 이용하는 정보 원천은 개인적, 상업적, 공공적, 경험적 정보 원천을 이용한다.

(3) 대안의 평가

① 소비자들은 그가 탐색한 정보를 이용하여 최종적인 상표선택에 이르게 된다.
② 소비자는 탐색한 정보를 제품의 특성, 중요성, 상표 이미지, 효용 함수, 구매 과정 등에 입각하여 최종적인 상표 선택을 하게 된다.
③ 일반적으로 기대 가치 모델을 이용하는데, 여기서 기대 가치란 각 대안별로 기대 가치를 구하여 기대 가치가 극대화되는 대안을 선택하는 것을 말한다.

(4) 구매 결정

① 대체안에 대하여 평가가 이루어지고 나면 소비자가 가장 선호하는 것을 구매하려는 구매 의도(purchase intention)가 형성되고 구매 행동을 수반하게 된다.

② 구매 의도와 구매 행동 사이에 개재(介在)하는 요소

㉠ 타인의 태도: 특정 타인과의 관계 및 그의 태도는 소비자의 구매 의도에 영향을 미친다.

㉡ 예상치 못한 상황 요인: 미처 예상치 못한 상황의 발생은 소비자 구매 의도에 영향을 미친다.

(5) 구매 후 행동

① 소비자에게는 구매 후 만족도에 따른 감정이 발생하고, 그에 따라 피드백(feed back)이 이루어지며 사용 또는 처분 과정을 나타낸다.

② 만약 심리적 불만족일 경우에는 인지적 부조화(cognitive dissonance)가 나타나고, 소비자들은 불만족을 제거하기 위해 노력하게 된다.

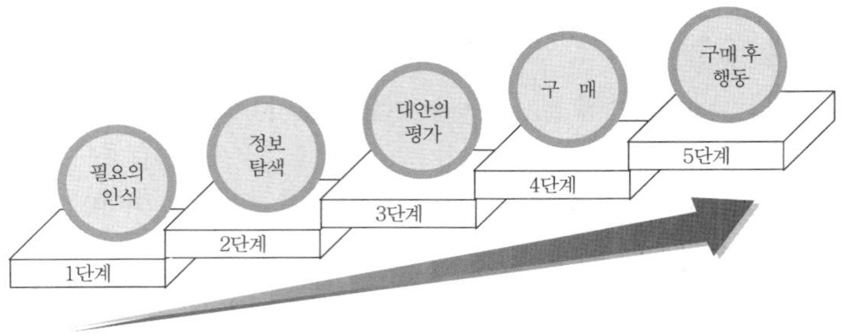

20. 관여도(Involvement)

(1) 관여도를 결정하는 변수

① 소비자의 제품에 대한 관여도의 크기는 절대적인 것이 아니라 상대적인 개념으로서 개인마다 다르고, 제품마다 다르며, 상황에 따라서도 달라진다.

② 소비자의 소득 수준을 제품가격과 함께 고려한 개념으로, 같은 가격대의 제품이라도 소비자의 소득 수준에 따라 관여도가 달라지는 것을 재무적 위험이라고 한다.

③ 관여도는 자아 표현의 중요성(심리적 위험)이나 다른 사람의 부정적 평가(사회적 위험)에도 영향을 받는다.

④ 상황은 같은 제품이라도 본인이 사용하기 위한 경우, 남에게 선물하기 위한 경우에 따라 관여도는 달라질 수 있다.

(2) 관여도의 분류

① 관여도의 크기에 따라서 고관여도와 저관여도로 나눌 수 있다.

② 관여도는 특정 제품군에 대하여 오랜기간 지속적으로 관심을 갖는 지속적 관여도와 선물구매와 같은 어떤 대상에 대해 일시적으로 관심을 갖는 상황적 관여도로 나눌 수 있다.

③ 광고메시지에 대한 관심 동기에 따라 동기가 실용적인 경우의 인지적 관여와 쾌락적 · 상징적인 경우의 감정적 관여로 나눌 수 있다.

(3) 브랜드 충성도와 제품 관여도

① 소비자가 개인적으로 브랜드에 관여되어 있는 정도가 높을수록 그 브랜드에 대한 충성도가 높다.

② 브랜드 충성도(brand loyalty)에 대한 인지적 정의는 몰입과 구매에 대한 관여도를 나타내는 것을 의미한다.

③ 소비자들이 개인적으로 브랜드에 관여되어 있고, 그 구매를 위험한 것으로 인지했을 때 브랜드의 충성도가 가장 높다.

④ 습관적 구매는 저관여 수준 하에서 몰입 없이 한 브랜드를 반복적으로 구매하는 것을 의미한다.

⑤ 브랜드 충성도(brand loyalty)가 강한 고객은 특정 브랜드의 상품을 구매하고자 하는 소비자들이 1차적으로 방문한 유통매장의 진열대에서 원하는 특정 브랜드의 상품이 존재하지 않을 경우 소비자가 대체재품을 구매하지 않고 그 점포를 나가는 것을 조사한다.

21. 브랜드 자산(Brand Equity)

(1) 브랜드 자산의 개념

① 브랜드 자산(brand equity)이란 어떤 브랜드를 가진 제품이 브랜드가 없는 경우에 비하여 그 브랜드가 부착됨으로써 획득하게 되는 차별적 마케팅효과를 말한다.

② 차별적 마케팅효과란 마케팅 노력에 대한 소비자 반응의 차이로서 '브랜드 애호도', '브랜드 인지도', '지각된 품질', '브랜드 연상'에 의해 나타난다.

(2) 브랜드 자산의 원천

① 브랜드 자산은 브랜드 인지도와 브랜드 이미지로 구성되어 있다. 브랜드 이미지가 형성되기 위해서는 먼저 브랜드를 인지시켜야 한다.

② 브랜드 인지도는 브랜드 자산의 필요조건이지 충분조건은 아니다. 인지도가 높다는 것은 강력한 브랜드가 되기 위한 필요조건일 뿐이다.

③ 브랜드 이미지는 유리하고 독특하고 강력해야 한다.

④ 특정 브랜드와 관련된 이미지들은 방사형으로 연결되어 있는데, 이를 브랜드연상(brand associations)이라 한다.

(3) 브랜드 자산의 관리과정

① 자사 브랜드에 대한 인지도 및 이미지를 경쟁브랜드와 비교 분석한다.

② 브랜드에 대한 비전을 수립하는 것이며, 특히 기업브랜드의 경우 브랜드 아이덴티티(BI)가 필요하다.

③ 브랜드 포지셔닝을 하는데 BI 중 한두 가지에 집중해야 한다.

④ 실행과 브랜드 자산의 정기적 측정을 해야 한다.

22. PPM(Product Portfolio Management) 기법

(1) 개발사업

① 사업 초기단계의 영역이며, 빠르게 성장하는 시장을 잡기 위해서는 추가적인 시설투자와 노동력 투입 증대의 필요성 등으로 많은 자금이 요구되는 사업이다.
② 초기에 많은 현금이 들어가기 때문에 현금흐름 측면에서는 마이너스가 된다. 문제아(problem children) 사업이라고도 하며 육성(build) 또는 처분(divest)의 선택에 직면한다.

(2) 성장사업

① 현금유입이 크기는 하지만, 시장성장 속도를 따라가고 경쟁자들의 공격을 방어하기 위해서는 현금유출이 크다. 스타(star) 사업이라고도 하며 적극 육성(build)해야 한다.
② 적극적인 시장전략이 필요한 시점이고 이 시점에서의 성패에 따라 앞으로의 시장에서의 지위를 알 수 있다.

(3) 수익주종사업

① 이 사업은 시장 성장률이 낮으므로 기업은 신규투자를 위한 노력을 할 필요가 없다. 캐쉬 카우(cash cow) 사업이라고도 하며 보존(hold) 또는 수확(harvest)의 특징을 보인다.
② 현금유입은 여전히 크지만 현금유출이 적으므로 순 현금유입은 늘어나게 된다.

(4) 사양사업

① 개(dog) 사업은 현금 투하량에 상관없이 수익성이 낮거나 손실이 발생한다.
② 차라리 시장에서 철수하는 것이 나은 경우가 대부분이다.

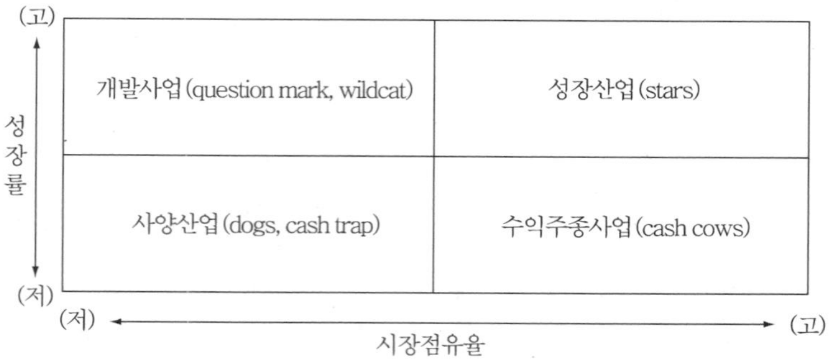

| PPM 격자 |

23. GE 매트릭스

(1) GE 매트릭스의 개념

① 경영자는 사업부 또는 주요 제품을 구분하기 위해 시장매력도와 경쟁적 위치의 두 가지 요인을 고려한 GE 매트릭스를 사용할 수 있다. 각각의 요인은 몇 개의 기준에 따라 등급이 매겨진다.
② 시장매력도는 시장성장률, 시장규모, 시장진입의 어려움 정도, 경쟁자의 수와 유형, 기술적 요구사항, 이익 등 다른 기준의 관점에서 판단되어야 한다.
③ 경쟁적지위는 시장점유율, 사업부의 크기, 차별적 우위의 강도, 연구개발능력, 생산능력, 원가통제, 경영자의 전문성 등을 포함한다.
④ 시장매력도와 경쟁적 위치를 평가하는데 사용되는 기준은 일부 기준이 다른 기준에 비해 더 중요할 수 있기 때문에 상이한 가중치가 부여되고, 각각의 사업부는 이 모든 기준에 대하여 평가되며, 각 요인에 대한 전반적인 점수가 각각의 사업부별로 계산된다.

(2) 맥킨지(Mckinsey) 사업포트폴리오 분석

① 자사의 경쟁능력과 시장매력도를 기준으로 성장을 위한 투자, 선택적 투자, 현금회수 및 처분 등의 자원할당방향을 결정하는데 유용하다.
② 자사의 경쟁능력을 평가하는 요인으로는 성장률, 세분시장별 점유율, 고객충성도, 마진, 유통, 기술력, 특허권, 마케팅 및 유연성 등이 포함된다.
③ 시장매력도를 평가하는 요인으로는 시장규모, 성장률, 고객만족수준, 경쟁정도, 가격수준, 수익성, 기술, 정부규제 및 경제적 트렌드에 대한 민감도 등이 포함된다.

24. 제품 · 시장성장 · 매트릭스(Product Market Growth Matrix)

(1) 경영자가 현 사업단위들의 성과를 향상시킬 수 있는가에 대한 검증 즉 현 사업단위 내에서 추가적 성장기회를 조사하고 평가할 수 있는 유용한 모델로서 활용된다.
(2) 대부분의 기업은 자신의 사명 또는 목표를 성장에 두고 있다. 성장을 추구하는 과정에서 기업은 시장과 제품 모두를 고려해야만 한다. 이 때 기업은 지금 사업을 계속해야 할 것인지 아니면 새로운 사업을 해야 할 것인지를 결정해야 한다.
(3) Ansoff에 의해 처음 제시된 제품 · 시장성장 매트릭스(product market growth matrix)는 이러한 것을 잘 설명해 준다. 아래에서 보듯이 기본적으로 네 개의 제품 · 시장성장 전략이 있다.

분 류		제품(소매서비스)	
		기존	신규
시장	기존	시장침투 (Marketing penetration)	신제품 개발 (product development) (업태개발전략)
시장	신규	시장개발 · 개척 (Market development (다 점포전략)	다각화(diversification) (이업종 진출전략)

| 제품 · 시장성장 매트릭스(product market growth matrix) |

(1) 시장침투(market penetration)

① 기업은 기존의 제품을 기존의 시장에 더 많이 팔려고 시도하는데 이를 위해 광고 또는 인적판매에 보다 많은 자원을 투입한다.
② 예를 들어 롯데제과에서는 흡연이 금지된 곳에서 자사의 껌을 씹도록 유도함으로써 이 전략을 채택할 수 있다.

(2) 시장개발(market development)

① 기업은 기존의 제품을 새로운 시장에 판매할 수 있다.
② 예를 들어 방위산업 규제가 완화되었을 때 McDonnell douglas사는 자신의 헬기를 상업용 시장에 공급하기 위해 많은 자원을 투입하였다.

(3) 제품개발(product development)

① 이 전략은 기업으로 하여금 기존의 시장에 제공할 신제품을 개발할 것을 요구한다.
② 일부 스키리조트들은 모험을 추구하는 극단적인 고객을 위해 위험하고 가파른 슬로프를 설치하였다.

(4) 다각화(diversification)

① 기업은 새로운 시장에 판매하기 위해 신제품을 개발한다.
② 이 전략은 기업의 성공적인 제품이나 안정된 시장에서의 지위에 의존하는 것은 아니다.

25. SWOT

(1) SWOT의 개념

① 마케팅 전략은 기업 내부와 외부에서 끊임없이 변화하는 상황에 맞추어 기업의 마케팅 활동을 지속적으로 재계획하는 작업이다. 따라서 기업에서는 가장 많이 사용하는 방법으로 SOWT 분석 모델을 이용한다.
② 마케팅 전략을 수립하기 위해 가장 먼저 해야 할 일은 현재 경쟁해야 하는 시장을 포함하여 기업의 외부환경을 분석하는 것이며, 다음으로 기업의 내부 자원이나 상대적 강점을 발견하고 이들 자원을 외부환경과 어떻게 결합 시킬것인지를 분석하는 것이다.
③ SWOT 분석은 마케팅 전략 수립시 가장 먼저 활용하는 전략 모델이라고 할 수 있으며, 사업의 목표를 달성하게 위한 방향을 잡아 대처하는 방법 또는 마케팅을 수립한다. 이는 내부적 여건으로 Strengths(강점)과Weakness(약점)이 있고, 외부적 요인으로 Opportunities(기회), Threats(위협)이 있다.

(2) 강점(Strengths)

① 조직의 목표를 달성함에 있어서 효과적으로 사용하거나 보유하고 있거나 동원할 수 있으며, 활용가능한 조직의 모든 자원이나 능력을 말한다.
② 제품조직상의 능률이나 유능한 인적자원, 유리한 시장점유율, 강력한 자금력, 소비자들에 의한 호의적인 이미지 등을 들 수 있다.

(3) 약점(Weakness)

① 조직의 목표를 달성하는데 있어 제한을 하는 한계나 결함을 말하는 것으로 경쟁자와 비교하여 나타나는 약점을 말한다.
② 기업조직상의 낡은 시설이나 적절하지 못한 연구와 개발, 의욕이 없는 경영자와 직원들, 지나친 패배의식, 미래에 대한 막연한 불안감 등을 들 수 있다.

(4) 기회(Opportunities)

① 조직 환경에 있어서 기업의 발전에 바람직한 어떤 상황으로 제품의 수요를 유발하게 하거나 욕구를 변화시키는 어떤 계기를 말한다.
② 새로운 시장 개척 가능성, 강력한 경제성장, 상대적으로 약한 경재기업, 새로이 개발된 신규개발 기술, 출시전에 소비자들의 강력한 관심을 들 수 있다.

(5) 위협(Threats)

① 조직환경에 있어 기업의 발전에 바람직하지 못한 예측하지 못한 급박한 상황들을 말한다.
② 새로운 강력한 경쟁업체의 출현, 자원이 결핍한 상황, 소비자들의 급격한 기호변화, 시장에서의 새로운 규제조치, 대체품의 출현 등을 들 수 있다.
③ 점포 조직구성 및 운영에 있어 유행을 지향하는 소매업체는 고객과의 접촉기회가 많도록 조직을 구성하는 것이 좋다.
④ 중앙집권적 조직구조는 고객 욕구의 지역적 차이가 없을 경우 더욱 효율적이다. 조직 간소화는 조직의 인원은 줄이면서 관리단계의 수도 줄이는 것을 의미한다.
⑤ 내부 종업원이 수행하던 일을 아웃소싱함으로써 비용을 줄일 수 있으나 경쟁우위가 손실될 수 있다.

26. 의사소통과 관찰을 통한 판매정보수집방법

(1) 대인 면접(personal interviews)

① 대인 면접이란 훈련을 받은 조사원이 응답자와 대면 접촉을 통하여 데이터를 수집하는 것을 가리킨다. 대인 면접은 숙달된 조사원이 응답자와 대면 접촉을 하면서 진행하는 것이다.
② 응답자가 질문 내용을 이해하지 못한 경우 자세히 설명해 줄 수 있고, 상품이나 샘플 등을 보여 줄 수 있으며, 응답자로 하여금 긴 설문지에도 응답하게 할 수 있다는 장점을 갖고 있지만, 비용이 많이 들고, 조사를 완료하는데 시간이 오래 걸린다는 단점도 갖고 있다.

(2) 전화 조사(telephone interviews)

① 전화 조사란 조사원이 전화를 통하여 응답자로부터 데이터를 수집하는 것을 가리킨다. 기존에는 조사원이 설문지를 읽어주고 응답자의 답을 설문지에 기재하는 방식이었다.
② 전화 면접은 비용이 비교적 적게 들고, 조사가 빨리 완료되며, 전화번호로부터 응답자를 선정하기 때문에 대표성이 높은 표본을 얻을 수 있다는 장점을 가지고 있지만, 10~15분 이상 조사를 하기 어렵고, 복잡한 질문을 하기 어려우며 무엇을 보여주면서 할 수 없다는 단점을 지니고 있다.

(3) 우편 · 팩스 조사(mail & fax survey)

① 우편이나 팩스를 이용하여 설문지를 보내고, 응답자가 완성한 설문지를 역시 우편이나 팩스로 보내도록 함으로써 데이터를 수집하는 것을 가리킨다. 우편 조사는 조사원의 인건비를 절약할 수 있다는 장점이 있다.
② 우편조사는 응답률이 매우 낮기 때문에 실질적으로는 비용이 적게 들어간다고 할 수 없다. 기업들은 마케팅 조사를 하는 데 우편 조사를 거의 사용하지 않고 있다. 우편 조사가 시간이 오래 걸린다는 단점을 보완할 수 있는 것이 팩스 조사이다.

(4) 인터넷 조사(internet survey)

① 인터넷 홈페이지에 설문지를 만들어 놓고 방문자들로 하여금 설문지에 응답하도록 함으로써 데이터를 수집하는 것을 인터넷 조사라고 한다.
② 인터넷 조사의 장점은 낮은 비용으로 빠른 시간 내에 조사를 마칠 수 있다는 것이지만, 고품질의 인터넷 조사를 하는 데에는 적지 않은 비용이 들어간다.

(5) 관찰(observation)

① 관찰을 통하여 정보를 얻는 방법은 기본적으로 지속적이고 자동적인 조사방법에 많이 사용되는 방법이기는 하나 신제품개발이나 광고제작시 효과조사와 같은 경우에는 사용될 수 있다.
② 아직 출시되지 않은 신제품을 진열해 꾸며 놓은 슈퍼마켓에서 소비자들이 어떤 물건을 선택하는지를 관찰하거나 혹은 특정상권의 유동인구를 측정하기 위하여 실제로 걸어 다니는 사람의 수를 세어서 통행량을 알아보는 것 등이라고 할 수 있다.

(6) 표적 집단 면접법(FGI;Focus Group Interview)

① 동질의 소수 응답자 집단을 대상으로 특정한 주제에 대하여 자유롭게 토론하는 가운데 필요한 정보를 찾아 나가는 방법으로, 가장 많이 사용되는 탐색조사 방법 중의 하나이다.
② FGI는 추후에 계량적 방법으로 검정할 수 있는 가설의 설정, 설문지 구성 시 필요한 정보의 획득, 신상품 아이디어를 물색하거나 신제품의 성공가능성을 파악하고 싶을 경우, 혹은 이미 계량적으로 조사되어 있는 자료를 다시 검증하고자 할 경우에 사용될 수 있다.
③ 일반적으로 표적집단은 6~12명 정도의 비슷한 사회적 · 경제적 수준의 사람들로 구성된다. 진행자는 구성원들이 자유롭게 토론에 참여하도록 유도하고 토론이 조사의 목표에 부합되도록 진행하는 데에 결정적 역할을 한다.

(7) 투사법(projective techniques)

① 투사법은 조사의 목적을 숨기고 조사하는 간접적인 방법으로서 응답자의 내면의 세계에 숨겨진 관심사에 대한 동기, 신념, 태도, 감정 등을 나타내도록 질문하는 비체계적, 간접적인 방법이다.
② 투사법에서 응답자들은 자신의 행동이 아니라 다른 사람의 행동에 대해 해석하도록 요구받고, 그 과정에서 응답자 자신의 동기, 신념, 태도, 감정 등을 표현하게 된다.

(8) 현장순회지도(Coaching By Wandering Around)

① 소매업체들은 고객과의 접촉과 커뮤니케이션을 향상시키기 위해 구매담당자로 하여금 자신들이 매입한 상품을 판매하는 부서(점포)에서 함께 일해 보도록 한다.
② 이런 직접 접촉을 통한 의사소통은 점포와 고객욕구에 대한 생생한 의견을 얻을 수 있다. 뿐만 아니라 구매담당자가 매출패턴의 검토, 프로모션의 기획, 재고관리 그리고 상품의 새로운 출처를 모색하기 위한 시간을 절감시켜 준다.

27. 판매사원 동기부여

(1) 동기부여의 필요성

① 종업원에 대한 업무할당 및 조정방법으로 문서화된 규정에 과도하게 의존할 경우 불필요한 관료적 형식주의를 낳을 수 있다.
② 조직에 있어서 보상이라 함은 일반적으로 조직구성원이 조직에 구성됨으로서 받게 되는 모든 것을 의미하는 말이다.

(2) 외재적 보상(extrinsic rewards)과 내재적 보상(intrinsic rewards)

① 보상에 대한 정의는 학자들마다 다양하다. 포터(L. W. Porter)는 종업원의 직무만족 요인을 설명함에 있어서 외재적 보상과 내재적 보상으로 구분을 하였다.
② 급여, 승진을 위한 전제조건의 하나인 경영(관리)자 연수프로그램 참가기회 제공하거나 매장에서 판매되는 상품에 대한 할인혜택, 현금보너스 혹은 보너스휴가 등은 외재적 보상으로 한다.

(3) 급여제(straight salary plan)

① 급여는 판매원이 근무하는 단위기간 동안의 고정수입을 말하며 판매원의 수입에 안정성과 보장성을 제공해 준다.
② 판매사원에게 소속감뿐만 아니라 수익성 및 안정성측면에서도 더욱 유리한 보상제도는 급여제(straight salary plan)를 적용해야 한다.
③ 급여제의 단점으로는 판매증가에 대한 직접적인 유인이 될 수 없으며, 판매량이나 마진과는 상관없이 고정비용의 성격을 가진다는 것 등이 있다.
④ 급여제는 주로 '신입 판매원이나 특정 사명을 띤 판매원', '신규 영역의 개척', '장기간의 협상이 필요한 기술적 제품의 판매'와 같은 경우에 쓰인다.

(4) 성과급제(straight commission plan)

① 성과급제는 판매증진을 위한 특별한 유인책이 필요할 때, 진열이 이루어진 소매점 내에서의 판매의 경우에 유용하다.
② 판매원들이 총 판매액이나 마진에 대한 일정액을 반대급부로 제공하는 것으로 최근 자신이 근무하는 대형 마트에서 할당된 판매실적에 따라 급여가 결정되는 것을 말한다.
③ 회사가 '재정적으로 취약하고 금전적 보상이 판매량이나 마진과 직접적으로 관련되어 있을 때'나 '판매원 모두가 외근직 판매원들로서 그들의 활동에 대한 직접적인 감동이 거의 불가능 할 때'에 유용하다.

28. 촉진(Promotion)공제

(1) 광고공제(advertising allowances)란 소매기업이 자신의 광고물에 어떤 상품을 광고해주는 대가로 해당 제조기업이 상품 구매가격의 일정 비율을 공제해 주는 것을 말한다.
(2) 판매촉진 캠페인은 우선 판매촉진 목표를 설정하고 판매촉진 도구를 선정하며 소비자판촉도구, 중간상 판촉도구 및 산업재 판촉도구 등에 관한 의사결정을 함으로써 판매촉진 프로그램을 개발하고 실행하는 것을 요구한다.

(3) 인센티브의 규모, 참가조건 및 촉진 패키지를 전달하는 방식, 촉진기간 등에 관한 의사결정을 함으로써 판매촉진 프로그램을 개발하고 실행하는 것을 요구한다. 산업재 판촉도구로는 컨벤션, 트레이드 쇼, 판매 콘테스트 등을 들 수 있다.
(4) 판매촉진 도구를 선정하고, 소비자 판촉도구(쿠폰, 현금 환불, 가격할인 패키지, 프리미엄, 광고용 판촉물, 단골고객에 대한 보상, 구매시점 진열, 콘테스트), 중간상 판촉도구(가격할인, 수당, 무료제품, 지원금)를 이용한다.
(5) 가격촉진수단(할인쿠폰, 리베이트, 보너스 팩, 보상판매 등)은 가격을 인하하는 효과를 갖기 때문에 매출액에 미치는 효과가 매우 빠르고, 눈에 띄게 나타나기에 단기적으로 매출액을 높이는데 효과적이고, 비가격촉진수단(샘플과 무료시용, 사은품, 현상경품, 게임, 콘테스트, 고정고객 우대프로그램)은 매출액에 미치는 효과는 늦지만, 고객의 이미지나 애호도를 높이기에는 효과적이다.

29. 광고와 홍보 및 촉진 활동

(1) 광고(advertising)

① 광고란 기업이 확인될 수 있는 광고주가 되어 광고대금을 지불하고 그들의 아이디어나 제품 또는 서비스에 대한 메시지를 비인적(非人的) 매체를 통해 소비자에게 제시하는 모든 활동을 의미한다.
② 광고는 인적판매에 비해 노출당 경제성이 뛰어나지만 설득효과가 떨어지는 단점이 있지만,광고는 도달범위가 다른 부문보다 넓기 때문에 소매업체의 이미지 형성을 위한매우 효율적인 커뮤니케이션 방법이다. 정보전달형 광고는 고객가치의 전달, 시장에 신제품 소개, 이용 가능한 서비스에 대한 설명이 가능하다.

(2) 홍보(publicity)

① 홍보(弘報)란 광고주가 대금을 지불하지도 않으면서도 라디오, 텔레비전 또는 신문과 같은 대량 매체를 통하여 제품이나 서비스 또는 기업체에 관하여 상업적으로 의미 있는 정보를 제공하는 것을 말한다.
② 뉴스 또는 기사로서 보도하도록 함으로써 수요(需要)를 자극하는 활동을 의미한다. 홍보(publicity)는 광고에 비해 신뢰성을 높일 수 있지만 통제가 어렵다는 한계가 있다.

(3) 광고와 홍보의 비교

① 홍보의 경우 광고와 달리 홍보내용을 전달해 주는 매체에 대한 직접적인 대가지불이 이루어지지 않는다.
② 커뮤니케이션 상대에 대한 설득력 관점에서 보면 광고 내용보다 홍보내용에 대한 고객의 수용성이 더욱 높다.
③ 광고내용은 광고주의 주관적이며 의도적인 커뮤니케이션 내용이 주를 이루는 반면 홍보 내용은 매체전달기관의 객관적이며 공식적인 의견의 성격이 더욱 강하다.

30. 판매촉진 도구의 유형

(1) 프리미엄(premium)

① 프리미엄은 광고의 특별한 형태로서 무료 선물이나 해당 제품을 구매할 수 있는 할인 쿠폰 등을 제공하는 것으로 일정한 기간 동안 어떤 상품을 구입한 사람들에게 다른 상품을 무료 또는 낮은 가격으로 제공하는 것을 말한다.
② 자사의 로고(Logo)가 새겨진 컵 · 펜 · 마우스 패드와 같은 상품의 형태로도 제공되며, 백화점의 화장품 매장에서 화장품을 일정 금액 이상 구입하면 화장품 가방 또는 여행용 가방이나 머플러 등을 함께 지급한다고 진열된 것을 말한다.

(2) 쿠폰(coupons)

① 쿠폰은 소비자가 제품을 구매할 때 즉각적인 가격 절감을 소비자에게 약속하는 하나의 인증이다. 또한 제품사용(product trial)과 재 구매를 고무하기 위해 좋은 방법이며, 제품의 구매량을 증가시키는 경향이 있다.
② 쿠폰이 상환될 수 있는 시간을 단축하고, 소비자가 점내 구매를 더 많이 하도록 제안하는 즉석 쿠폰의 상환은 상당히 호응이 클 것이다.

(3) 리베이트(Rebate)

① 리베이트는 소비자가 구매 후 구매영수증과 같은 증거 서류를 기업에 제시할 경우 해당 제품에 대해 할인하여 금액을 환불해 주는 방법으로, 쿠폰과 그 성격이 비슷하지만 가격할인이 구매시점이 아니라 증거서류의 제시 시점이라는 점에서 다르다.
② 리베이트는 기존에 자사제품을 이용하고 있는 소비자들의 반복구매, 다량구매, 조기구매를 촉진시킬 수 있고 경쟁브랜드의 고객을 흡수할 수 있다는 것과 쿠폰과 같이 가격차별수단으로 사용되어 기업에 이익을 가져다준다는 점에서 장점이라 할 수 있다.

31. 가격과 비가격촉진수단

(1) 가격촉진수단

① 중간상공제: 유통업자가 제조업자를 위해 어떤 일을 해주는 대가로 제조업자가 상품대금의 일부를 공제해 주거나 또는 별도의 현금을 지불하는 것을 말한다.
② 입점공제(slotting allowances): 소매업자가 신상품을 취급해주는 대가로 제조업자가 소매업자에게 일정액수의 현금을 지불하는 것을 말한다.
③ 구매공제(buying allowances): 도소매업자가 일정기간 내에 구매하는 상품에 대하여 구매가격의 일정비율을 공제해 주는 것을 말한다.
④ 광고공제(advertising allowances): 소매업자가 자신의 광고물에 어떤 상품을 중점광고해 주는 대가로 상품구매가격의 일정비율을 공제해 주는 것을 말한다.
⑤ 진열공제 (display allowances): 소매업자가 점포내의 어떤 상품을 일정기간 눈에 잘 띄게 진열해주는 대가로 상품구매가격의 일정비율을 공제해 주는 것을 말한다.
⑥ 기타가격촉진수단: 대금지급 조건완화 리베이트는 흔히 쓰이는 가격판촉 수단의 하나로 유통업자에 대한 대금지급 조건 등을 완화 해주는 것이다.

(2) 비가격촉진수단

① 콘테스트(contests): 중간상 판촉수단으로 일정기간동안 일정수준 이상의 판매실적을 올린 유통업자의 판매원들에게 상을 주는 것을 말한다.
② 인센티브(incentive): 일정기간동안 어떤 상품을 판매하는 판매원이 일정수준이상의 실적을 올리면 수량에 비례하여 일정액수의 보상금을 지급하는 것을 말한다.

32. 광고(Advertising)관련내용

(1) 광고(Advertising)의 도달범위

① 광고의 메시지가 복잡한 경우에는 도달범위(reach)보다는 빈도(frequency)를 높이는 것이 바람직하다.
② 도달률(Reach)은 고객 커뮤니케이션에서 표적시장 내에서 광고 매체에 노출된 실제 고객수를 의미하는 것이다.
③ 도달범위「시청률, 발생부수」(reach)는 주어진 기간 동안 적어도 한번이상 특정 광고에 노출되는 청중의 수 또는 비율을 말한다.
④ 평균도달횟수(Gross Rating Points;GRP)는 "도달범위(reach)×도달횟수(Frequency)"로 나타낼 수 있다.
⑤ 전체 시청자 5천만 명 중 3천만 명이 광고메시지에 한번 이상 노출시 그 매체비클의 도달범위는 60%가 된다. 지역신문에 판촉광고를 냈는데 그날 그 신문을 읽은 독자가 잠재고객 5,000명 중 40%에 해당했다면, 도달률은 2,000명이다.

(2) 인터넷 광고효과 측정 관련 용어들

① 배너(banner)광고: 가장 흔한 형태는 광고인데, 웹페이지의 상하 좌우 또는 중간에서도 볼 수 있다.
② 삽입광고(interstitial): 웹사이트 화면이 바뀌고 있는 동안에 출현하는 온라인 전시광고이 다.
③ 검색관련광고(search-related ads): 네이버나 다음 같은 사이트에 검색엔진 결과와 함께나 타나는 링크와 텍스트를 기반으로 하는 광고를 말한다.
④ 히트(hits): 인터넷 광고의 효과 측정을 위해 제일 먼저 사용된 것으로 인터넷 방문자가 다녀간 인터넷 페이지나 그래픽 총수를 의미한다.
⑤ 페이지 뷰(page view): 웹사이트(web site)가 방문자에게 제공한 페이지의 총 수를 의미한다.
⑥ 노출(exposure): 각 방문자가 배너광고에 접촉한 횟수를 말한다.
⑦ 애드 뷰(Ad view): 배너 파일이 얼마나 공적으로 다운로드 됐는가를 나타내는 횟수를 말한다.
⑧ 클릭률(Click ratio): 사용자가 광고를 방문하는 것을 말한다.

33. 리더십(Leadership)

(1) 리더십의 개념

① 리더십이란 조직 구성원들이 그 조직 목적 달성에 자발적으로 협력하도록 유도하는 작용과 기능을 말하며, 권력에 바탕을 둔 지배는 해당하지 않고 어디까지나 조직 구성원의 자발적인 협력을 자극해 나가는 것을 특징으로 한다.
② 구체적인 내용에는 지도자의 퍼스낼리티(personality) 특징을 활동력, 결단력, 설득력, 책임감, 지적인 능력으로 보고 이를 리더십의 중심이 되게 한다.

(2) 리더십 특성이론

① 리더십(leadership)특성이론은 지도하는 관리자와 관리를받는 입장의 인간 모티베이트가 되는 방법을 논한 것이라 할 수 있다.
② 전 영국 수상인 마가렛대처 여사를 이야기할 때, 자신감 있는, 강철 같은 의지, 과감하고 단호한 리더라고 묘사하고 있다.

34. 디스플레이(Display)

(1) 디스플레이의 효과

① 다른 점포와의 차별화 효과를 얻는다.
② 점포와 상품의 이미지를 높이는 효과를 얻는다.
③ 고객에게 상품을 선택하기 쉬운 매장으로 만드는 효과가 있다.
④ 진열상품에 대한 구매 욕구를 향상시킴으로써 보다 많은 충동구매를 촉진시킨다.

(3) 브랜드파워를 높일 수 있는 디스플레이

① 해당 그룹의 상품배치를 자사 브랜드만으로 가능하도록 제품화하는 것을 풀라인 머천다이징(full-line merchandising)이라 하며 이를 실현하는 것이 중요하다.
② 자사제품이 백화점의 다양한 위치의 매장에 분산 전시되어 있다면 브랜드파워가 발휘되기어렵다. 따라서 자사 제품을 위한 단독코너를 만들고 한곳에서 집중적으로 보여 주면 브랜드에 대한 고객의 구매력이 더욱 향상될 수 있다.
③ POP을 사용하는 것이 바람직하며 이 때 POP의 넓이는 자사브랜드가 진열된 판매대 폭만큼설치하여 자사브랜드와 경쟁브랜드의 경계를 명확하게 해 주는 것이 중요하다.

35. 점포 레이아웃

(1) 점포 레이아웃의 개념

① 점포 레이아웃(store lay-out)이란 매장과 비매장, 통로, 집기(什器), 디스플레이 도구와 진열장, 상품 등과 건물의 고정 시설들이 서로 적절한 관련성을 갖도록 정리 정돈하는 것을 말한다.
② 점포 레이아웃의 전제 조건은 부문별로 상품을 적정하게 할당 및 배치하고, 전체적인 레이아웃을 결정하며, 각 매장에 할당된 공간의 규모를 결정해야 한다.

(2) 점포 레이아웃의 기본원칙

① 점포레이아웃은 소비자의 본능적 행동양식과 업종 및 업태 그리고 점포규모에 따라 적절하게 응용하여 조화를 이루도록 매장레이아웃의 원칙에 유의하여 매장을 배치하여야 한다.
② 매장의 입구 쪽에는 가격단가가 낮은 상품을 안쪽으로 들어갈수록 가격단가가 높은 상품을 배치하는 것이 일반적이다.

③ 상품배치의 다양한 관점과 기준들 중 특히 소비자 관점에서 본 상품 간 관련성을 고려하여 상품을 배치하는 것이 중요하다.
④ 매장의 입구 쪽에는 구매빈도가 높은 상품과 구매시간 단축상품을 배치하고 안쪽부분은 상대적으로 구매빈도가 낮은 상품을 배치한다.

(3) 점포 레이아웃의 버블(Bubble)계획

① 버블계획은 전반적으로 제품을 진열하는 매장 공간, 고객서비스 공간, 창고 등과 같은 점포의 주요 기능공간의 규모와 위치를 간략하게 보여주는 것을 말한다.
② 이러한 계획은 소매상의 전략적 목표를 표현할 수 있어야 한다. 즉, 소매상이 점포에서 강조하고자 하는 부분을 고객의 눈에 잘 보이는 곳에 배치한다.

(4) 점포 레이아웃의 블록(Block)계획

① bubble 계획에서 간략하게 결정된 배치를 점포의 각 구성부문의 실제 규모와 형태까지 세부적으로 결정하며, 고객서비스 공간, 창고 공간, 기능적 공간 각각은 기능적 필요나 크기에 따라 배치한다.
② 블록계획은 거품계획이 완성된 후 실제 매장의 전체 영업면적을 그린 배치도의 작성 계획을 말한다. 따라서 점포를 기본 계획 원칙에 따라 레이아웃을 하기 위해서는 점포의 특징에 따라 몇가지 회전력(回轉力)에 맞추면 된다.

36. 점포 레이아웃 유형

(1) 격자형(Grid type)레이아웃

① 격자형(格子型)은 반복적인 패턴으로 설비나 통로를 사각형으로 배치하는 형태이다. 고객들은 이러한 고정물을 중심으로 위 아래로 매장을 돌아보게 된다.
② 격자형 배치는 기둥이 많고 기둥 간격이 좁은 상황아래에서도 설비비용을 절감할 수 있으며, 통로 폭이 동일하기 때문에 건물 전체 필요 면적이 최소화된다.
③ 고객 대부분이 점포 전체를 구경하기 원하는 경우에는 적당하지만 특정제품을 찾는 경우에는 부적절하다. 이러한 격자형은 할인점, 편의점, 슈퍼마켓에 가장 적합한 형태이다.
④ 어떤 형태의 배치보다도 판매공간을 효율적으로 사용할 수 있고, 셀프서비스 점포에 필요한 일상적이고 계획된 구매행동을 촉진하며, 재고 및 안전관리를 쉽게 할 수 있다.

(2) 자유형(Free-form)레이아웃

① 소매점의 레이아웃(layout) 시, 비품과 통로를 비대칭적으로 배치하는 방법으로 주로 규모가 작은 전문점 매장이나 여러 개의 작은 전문점 매장이 모여 있는 다형점포에서 주로 채택하는 레이아웃 방식이다.
② 자유 유동형은 매장의 판매 공간을 정면의 전체 패턴으로 바꾸지 않고서도 집기를 삽입하거나 제거함으로써 축소하거나 확장할 수 있다. 직선 통로를 없애고 고객이 우회하여 움직이도록 함으로써 상품이 고객들에게 많이 노출된다.
③ 충동구매를 촉진하고 소규모 의류점에 적합한 형태로 디스플레이와 동선을 자유롭게 구성하는 방식으로서 자유형은 격자형에 비해 공간 생산성이 떨어진다는 한계점을 가지고 있다.
④ 진열 쇼 케이스, 진열대, 계산대, 집기 등이 자유롭게 배치되어 고객의 시선을 끄는 배치형태로서 충동구매를 유도하여 매장의 매출을 증가시키는 장점이 있다.
⑤ 고객들이 원하는 제품을 찾기 위해 소비하는 시간이 오래 걸려 전체적인 쇼핑시간은 길어지고, 제품진열공간이 적어 제품 당 판매비용이 많이 소요되는 형태이다.

37. 특수한 진열

(1) 엔드 매대(End cap)진열

① 엔드 매대(end cap)는 통로 맨 끝에 배치된 매대를 말한다. 주로 충동구매상품을 엔드 매대 에 많이 배치하며, 소매점에서는 특별 판촉제품들을 엔드 매대에 배치하는 경우가 많다.
② 신학기, 명절, 발렌타이데이, 계절행사, 행사테마를 제안하는 공간으로 활용하여 관심 상품을 곤돌라에 진열하여 주 판매대인 곤돌라로 고객을 유인한다.
③ 전단, 광고상품, 행사상품 등을 진열하여 판매촉진 수단으로의 활용하여 인지도가 높은 상품을 진열하며, 고객이 점내를 회유하게 유도하는 기능을 한다.

(2) 황금구역(Golden zone)진열

① 오늘날 소비자의 구매 습관 및 구매 동기는 대단히 다이나믹하게 변화하고 있다. 유통매장에서 특정제품이 주목을 받고 판촉효과를 극대화하기 위해서는 소위 "황금구역(golden zone)"에 디스플레이 하는 것이 중요하다.
② 매장진열에서 유효진열범위 중 특히 골든라인(Golden Line)의 부분은 매출기여도가 가장 높을 것으로 예상되는 유효진열범위 내에서 가장 고객의 눈에 띄기 쉽고 또한 손이 닿기 쉬운 높이의 범위를 말한다.
③ 영업전략으로 황금구역에 디스플레이 해야 하는 상품으로는 중점판매상품, 계절상품, 캠페인상품, 광고상품을 들 수 있고, 판매수량 측면이나 매출액 그리고 수익성측면에서 기여도가 높은 상품의 경우 영업전략으로 황금구역에 디스플레이 해야 한다.
④ 황금구역의 진열을 확보하기 위해서는 상품공급기업의 영업사원들 스스로 황금구역진열을 통한 판촉효과를 스스로 인식하는 것이 중요하며, 위치로 눈높이에서 20도 내려간 곳을 중심으로 위 10도, 그 아래 20도 사이를 말하며, 일반적으로 75cm~135cm의 진열공간의 높이 영역을 의미한다.

38. 상품(Goods)

(1) 상품정책

① 상품 및 서비스제공수준에 관한 의사결정을 한다.
② 취급상품에 대한 넓이 및 깊이에 대한 결정을 한다.
③ 취급하고 있는 NB(national brand)를 PB(private brand)로의 전환(대체)결정을 한다.

(2) 상품품질 판단기준 속성

① 어떤 상품의 기능이 소비자의 예상과 일치할 확률에 대한 문제를 신뢰성이라 한다.
② 상품이 소비자가 예상한대로 기능을 효과적으로 발휘하는 기간을 사용기간이라 한다.
③ 상품을 수리해서 정상적으로 작동시킬 수 있는가에 대한 문제는 지속성 및 수선용이성 이라한다.

(3) 위조(僞造)상품

① 상표법에서는 정당한 권원이 없는 제3자가 특허청에 등록된 상표를 그 지정상품과 동일 또는 유사한 상품에 사용하거나, 등록상표와 유사한 상표를 그 지정상품과 동일 또는 유사한 상품에 사용하여 상표권 또는 전용사용권을 침해하는 상품을 위조상품으로 정의하고 있다.
② 부정경쟁방지 및 영업비밀보호에 관한 법률에서는 특허청에 등록되지 않았지만 국내에 널리 인식된 타인의 상표와 동일 또는 유하게 만들어 상품에 사용하여 타인의 상품과 오인혼동을 일으키는 상품을 말한다.
③ 위조상품은 시장이 있는 국가에서 합법적으로 보호하는 트레이드 마크, 저작권, 특허의 라이센스 없이 만들고 판매된 상품이다. 위조상품을 방지하기 위한 트레이드 마크, 저작권,특허는 지적자산의 범주에 포함된다.
④ 위조상품은 타인의 상표와 동일 또는 유하게 만들어 상품에 사용하여 타인의 상품과 오인혼동을 일으키는 상품을 말한다. 소매업체와 공급업체는 위조상품에 대한 손해와 지적재산권 침해로부터 자신을 보호하기 위해 상표등록, 합법적 행동, 상호협상 등의 방안을 강구해야 한다.

39. 상품(商品)의 구색

(1) 상품의 배치

① 상품을 잘 분류하여 진열하면 고객에게 상품의 다양함을 더 쉽게 보여줄 수 있고, 판매원의 도움 없이도 고객 스스로 상품을 비교 선택할 수 있다.
② 구매 행동시작 후 처음 본 상품이 고객의 심리를 결정짓는 경우가 많기 때문에 그날 그 점포의 쇼핑전체에 영향을 미친다.
③ 적절한 상품 분류는 비교적 작은 매장에서도 매장관리의 효율성상승을 위해 중요하게 작용한다.
④ 목적구매는 점포에 대한 집객역할과 함께 고객이 점내를 회유하게 하는 장점을 제공하는 반면 고객이 가격을 염두에 두고 내점함으로써 높은 이익을 취하기 어렵다.
⑤ 매장의 이익을 높이기 위해서는 고객이 충동구매상품으로 쇼핑을 시작하도록 매장배치를 하는 것이 좋다.

(2) 상품연출 구성방법

① 삼각구성은 상품이 통합되어 보이기 쉬운 형태로 조화와 안정감을 주며 상품은 홀수로 하는 것이 요령이다.
② 부채꼴 구성은 고가상품의 진열로서 쇼케이스 내부에 이용하면 좋고 벽면연출에 많이 사용한다.
③ 원형구성은 상하가 대칭이 되어 종합감을 연출하는 것으로 반복 배열함으로써 중앙에 시각적인 초점을 강조한다.

40. 소비재와 산업재

(1) 기업구매자들은 시장 제공물을 획득하기 위해 소요되는 비용 대비 최상이점의 집합(경제적, 기술적, 서비스 및 사회적 이점)을 획득하고자 한다. 즉 산업재구매자의 구매자극요인은 비용에 대해 지각된 이점의 비율이 크면 클수록 더욱 커진다.
(2) 소비재의 종류는 편의품, 전문품, 선매품으로 분류가 되며 이들 중 선매품이란 구매를 하고자 할 경우 상당한 노력을 필요로 하고 대체품이 거의 존재하지 않는 제품을 의미한다.
(3) 산업재구매자는 소비재구매자에 비해 상품에 대한 전문지식이 상대적으로 높으며 또한 산업재구매의 경우 소비재 구매의 경우보다 더욱 계획적, 합리적 구매가 이루어진다.
(4) 산업재구매자는 공급업자의 제공물이 유사한 경우, 어떤 공급업자이든 구매요구조건을 만족시킬 수 있으므로 구매자들은 그들이 받은 개인적인 측면을 중시하게 되며, 경쟁제품이 실질적으로 다른 경우 자신들의 선택에 더욱 책임을 지며 따라서 경제적 요인에 더 많은 주의를 기울인다.

41. 산업(재)용품

(1) 산업용품은 개인적인 욕구를 충족시키는 데 사용되는 것이 아니라 기업의 욕구를 충족시키고 있는 것이다. 즉, 기업과 산업 활동의 수행에 사용하도록 예정된 목적을 갖는 것이 궁극적인 목표이다.
(2) 산업재 시장은 일반 소비재 시장과 몇 가지 측면에서 차이를 보이고 있는데 그 주된 차이점은 시장구조와 수요, 구매단위, 그리고 구매의사 결정과정을 포함한 의사결정 형태에서 나타난다.
(3) 산업재 시장은 일반적으로 소비재 시장보다 수적인 면에 있어서는 적고 구매량은 많은 소비자들로 구성되어 있다.
(4) 산업재 시장에서는 집단화되는 변수를 거시적 변수와 미시적 변수로 나누는 시장 세분화(market segmentation) 요구에서 심리 분석적 요소 측면에서는 가장 적합성이 떨어진다.

42. 도매업 및 도매상 산업분류코드

(1) 도매업에 주로 종사하는 사업체가 상품판매에 관련하여 부수적으로 그 기계 및 장비를 조립 또는 설치하는 경우는 주된 활동에 따라 도매업에 분류된다.
(2) 판매하는 상품에 대한 소유권을 보유하고 있으며 취급하는 상품에 대한 본질적인 변형이 없이 다른 도매업자, 산업체, 상업단체, 기관 및 전문사용자 등과 거래를 하는 형태로 산업공급자 및 이동공급자, 수출업자, 수입업자, 공동구매 조합 및 폐품수집상 등을 들 수 있다.
(3) 자기가 직접 기획한 제품을 직접 제조하지 않고 자기 계정에 의하여 구입한 원재료를 다른 제조업자에게 제공하여 상품을 자기 명의로 제조토록 하고 이를 인수하여 자기 명의와 자기 책임 하에 직접 판매하는 사업체는 제조업으로 분류된다.

(4) 도매상은 소매상에 비해 비교적 넓은 상권을 대상으로 하기 때문에 1회 거래규모가 일반적으로 소매상보다 월등히 크고, 소매상과 달리 상이한 법적 규제와 세법이 적용된다. 도매상은 최종 소비자보다는 주로 재판매 고객과 거래를 하는 경우를 의미한다.

43. 플래노그램(Planogram)

(1) 플래노그램은 진열 공간의 생산성 평가의 수단으로 사용되며 모든 단품이 놓일 위치를 묘사한 다이어그램을 말한다. 소매업체의 이윤 극대화를 위한 진열 우선순위와 최적의 단품 수를 결정할 수 있다.
(2) 편의점과 할인점의 계산대 옆에 계산하면서 쉽게 집어들 수 있는 소액 상품들을 진열해서 고객이 애초에 의도하지 않았던 구매를 유도하여 매출 증대에 기여하고 있다.
(3) 구매에 따른 가격 감각과 쇼핑 시간의 무감각을 의도적으로 조성하고 가상쇼핑환경 하에서 소비자의 반응을 관찰할 수 있다.
(4) 소매점포 내에서 모든 단품이 놓일 위치를 정확하게 묘사한 사진이나 컴퓨터출력물, 또는 예술가들이 묘사한 다이어그램을 가장 잘 표현하고 있다.

44. Delphi Method(델파이 기법)

(1) 델파이 기법(Delphi Method)은 여러 전문가들을 대면회합을 위해 한 장소에 모이게 할 필요 없이 그들의 평가를 이끌어 낼 수 있고, 의사결정과정에서 타인의 영향력을 배제할 수 있다는 장점이 있다.
(2) 그러나 모든 사람들이 응답을 한 것을 요약 · 정리하여 다시 우송하는 과정이 합의에 도달하게 될 때까지 계속되므로 소요되는 시간이 길고 응답자에 대한 통제가 힘들다는 단점이 있다.
(3) 많은 시간을 요하므로 신속한 의사결정을 필요로 하는 경우에는 사용할 수 없지만 의사결정의 범위가 넓거나 장기적인 문제를 해결하는 데 유용한 기법이다.

45. 수요예측 방법

(1) 수요를 예측하는 방법에는 정성적 방법과 정량적 방법으로 분류할 수 있다.
(2) 정성적 방법은 조직 내 · 외의 사람들의 경험이나 견해와 같은 주관적 요소를 사용하는 기법으로서, 시장조사법, 판매원 측정법, 경영자 판단법, 델파이법 등이 있다.
(3) 정량적 · 계량적 방법은 과거의 수요와 관련된 계량적인 자료들을 사용하여 미래의 수요를 예측하는 기법으로, 인과분석법과 시계열분석법이 있다.
(4) 시계열분석법은 최근의 매출 자료에 가중치를 보다 많이 부여하여 미래 기간의 수요를 예측하는 기법으로, 단순이동평균법, 가중이동평균법, 지수평활법이 있다.

46. 광고(Advertising)의 유형

(1) 네거티브 광고(negative advertising): 부정적이거나 금기시 되는 소재를 이용하여 시각적 충격을 주는 광고를 말한다.

(2) 서브리미널 광고(subliminal advertising): 잠재의식에 호소하는 광고로서 TV, 라디오, 영화 등에 인지 불가능한 속도 또는 음량으로 메시지를 보내 구매 활동에 자극을 주려는 광고이다.

(3) 인포머셜(informercial): 정보(information)와 상업(commercial) 의 합성어로 제품이나 점포에 대한 상세한 정보를 제공하여 소비자의 이해를 돕는 광고기법으로, 광고라는 느낌을 최소화하는 방법이다.

(4) 티저광고(teaser advertising): 초기에 일부만 드러내고 호기심을 자극한 후 점차 전체 모습을 구체화시키는 광고로 처음에는 상품명이나 광고주를 알아볼 수 있는 메시지를 피하게 된다.

47. POP(Point Of Purchasing) 광고

(1) POP 광고의 의의

① POP 광고는 소매 마케팅에서 언급한 대로 구매 시점 광고로써 소매상의 점두나 점내를 활용하여 판촉 활동을 수행하는 점내 광고이며, 대량 광고 매체에 대응한 광고 용어라고 할 수 있다.
② POP 광고는 셀프 서비스 판매를 중심으로 한 슈퍼마켓이나 양판점이 출현한 이후 중요하게 취급된 광고이다.

(2) POP 광고의 종류

① POP 광고를 수행하는 장소를 열거하면 윈도 진열, 카운터 진열, 바닥을 이용한 플로어 진열, 벽면을 이용한 벽면 진열, 선반을 사용한 셀프 진열, 천장을 이용한 실링 진열, 점두를 이용한 기동적 진열, 기타 진열 등으로 구분된다.
② POP 광고의 종류로는 간판 · 네온사인 · 옥외 스탠드 · 포스터 · 가트 · 디스플레이 · 프라이스 카드, ID 카드 · 종업원의 의상 등이 있으며, 이는 대개 제조업자나 도매상이 제작하여 소매점에 설치하는 경우가 대부분이다.

48. 리치 미디어 광고(Rich Media Advertisement)

(1) 광고는 문자, 소리 및 그림 등을 이용하여 기업이나 제품을 다양하게 표현하고 연출할 수 있다.
(2) 리치 미디어 광고는 기존 광고와 차별화를 위하여 멀티미디어 효과를 강화하여 다양한 종류의 소구를 하므로 고객에게 흥미를 유발하여 사용자가 다른 정보를 얻기 위해서는 반드시 다른 사이트로 이동할 필요가 없다.
(3) 정적인 화면 대신 동적인 화면을 제공함으로써 사용자의 흥미 유발효과와 메시지 전달효과가 상대적으로 크다.

49. 배너 광고(Banner Advertisement)

(1) 인기 있는 홈페이지의 한쪽에 특정 웹 사이트의 이름이나 내용을 부착하여 홍보하는 그래픽 이미지를 의미한다. 마치 현수막처럼 생겨 배너(banner)란 명칭으로 불리며, 각 방문자가 배너(ban- ner) 광고에 접촉한 횟수를 의미하는 것을 노출(exposure)이라고 한다.
(2) 미리 정해진 규격에 동영상 파일 등을 이용하여 광고를 내고 소정의 광고료를 지불하는 형태이다. 광고효과를 분석하기 위해 배너가 사

용자들에게 보여진 횟수나 일정 기간 동안 배너 그래픽이 다운로드된 횟수를 세어 광고주에게 알려주기도 한다.

(3) 처음에는 사각형 모양에 도메인과 사업내용을 알리는 단순한 형태로 시작했으나, 요즘에는 동영상을 넣거나 홈페이지를 열면 화면에 고정적으로 배치되는 등으로 다양화되고 있다.

(4) 웹 사용사들이 배너광고를 클릭하여 광고주의 사이트로 이동할 필요 없이 그 배너광고 안에서 필요한 상품정보의 검색 및 획득, 광고된 상품의 구매가 이루어지도록 하는 형태의 배너광고를 인터액티브 배너(interactive banner)광고라고 한다.

50. 협동광고(Cooperative Advertisement)

(1) 제조업체와 소매업체가 공동으로 수행하는 협동광고이다.

(2) 양자의 추구하는 목표가 다르므로 갈등의 원인이 될 수 있다.

(3) 상표 애호도가 낮은 제품일수록 협동광고를 선호한다.

(4) 소매상간의 경쟁이 심해질수록 소매상은 더 많은 협동광고를 원하지만, 제조업체는 이를 기피하려는 경향이 있다.

(5) 빈번히 구매되지 않는 선매품(shopping goods)의 경우에 협동광고의 효과가 더욱 크다.

51. 판매시점 정보관리(POS;Point Of Sales) 시스템

(1) POS 시스템의 개념

① POS 자료의 두 가지 유형은 점별 자료(store data)와 고객별 자료(panel data)이다.

② 점별 자료는 점포별로 수집된 판매 제품의 품목명, 수량, 가격, 판촉 등에 관한 자료이고, 고객별 자료는 구매 가정별로 구매한 제품과 관련된 자료이다.

③ POS 시스템에서 체크아웃은 POS 터미널에서 상품에 표시된 심볼이나 문자를 스캐너로 판독시키면 고객에게는 영수증이 즉시 발행되고, 점포에는 여러 가지 정보와 자료가 축적된다.

(2) POS 시스템의 구성기기

① 스캐너(scanner): 포스(POS) 터미널에 접속되어 있는 스캐너는 상품 포장이나 라벨이 인쇄되어 있는 바코드를 읽어서 숫자로 풀이하는 기능을 수행한다.

② 포스 터미널(POS terminal): 점포의 컴퓨터 단말기를 말하며, 금전 등록, 영수증 발행, 신용카드의 자동 판독, 감시 테이프의 작성 등의 기능을 수행한다.

③ 스토어 컨트롤러(store controller): 점포 통제기라고도 하며, 매장 내에 설치된 여러 대의 포스 터미널을 통제하는 기능이 있으며 각종 경영 정보의 수집과 보고서를 발행하는 역할을 수행한다.

(3) POS 시스템의 도입에 따른 소매업체 효과

① 하드 메리트(hard merit)

㉠ 하드 메리트(hard merit)는 POS 시스템 기기를 도입함에 따라 기기 자체의 기능 수행만으로도 모든 기업이 향유할 수 있는 것으로 직접효과라고도 한다.

㉡ 하드 메리트(hard merit)는 고객서비스 향상 면에서 고객의 대기 시간을 단축시킬 수 있다.

㉢ 하드 메리트(hard merit)는 상품의 체크아웃 과정에서 신뢰도를 제고시키며 점포에 대한 신용도를 높일 수 있다.

② 소프트 메리트(soft merit)

㉠ 소프트 메리트(soft merit)는 POS 시스템에서 출력한 자료 활용과정에서 얻게 되는 간접효과 또는 활용효과이다.

㉡ 소프트 메리트(soft merit)는 기기를 도입하는 것 자체만으로 기대할 수 없고 시스템을 도입한 기업의 활용능력에 따라 그 크기가 달라진다.

㉢ 활용효과의 전제조건으로는 '정보활용 수준의 명확화', '타 정보와의 결합 활용', '데이터의 정밀도 유지' 등을 들 수 있다.

52. 모바일 커머스

(1) 모바일 커머스의 의의

① 모바일 커머스란 휴대용 정보 통신 단말기인 휴대폰이나 PDA를 이용한 판매방식의 총칭이다.

② 모바일 커머스는 대부분의 이용가능한 무선 인터넷을 통해 이루어지는 정보, 서비스, 재화에 대한 금전적 거래를 의미한다.

(2) 모바일 커머스의 특징

① 모바일 커머스가 기존의 전자상거래와 가장 크게 다른 점은 이동성과 사용자의 위치 정보를 알고 있어 정보전달이나 기타 통신이 가능하다는 것이다.

② 모바일 커머스는 이용자들이 언제, 어디에 있는가에 대한 정보를 정확히 알고 있기 때문에 일대일 마케팅과 타깃 마케팅을 통한 개인화된 서비스를 실행할 수 있다.

③ 모바일 커머스의 도구인 휴대폰은 유선 인터넷에 비해 기기의 가격이 저렴하여 대체 사이클이 상당히 빠르고, 새로운 기능이나 서비스를 도입하는 데 있어 유리하다.

④ 모바일 커머스는 사용자가 언제나 휴대하고 있으며, 접속되어 있는 상태이기 때문에 사용자에게 푸시(push)형 서비스를 제공하는 데 유리하다. 최근 무선 인터넷이 가능한 단말기를 보유한 가입자가 급속도로 늘어남에 따라 모바일 커머스 사용자 비율도 급성장하고 있다.

53. 구매 관습에 의한 상품분류

(1) 편의품(convenience goods)

① 편의품은 일반적으로 별로 값이 비싸지 않고 최소의 구매 노력으로 구매가 가능한 품목이다.

② 편의품은 수요가 규칙적이고 계속적인 상품이며 상용(on hand)으로 사갈 수 있도록 상품을 보유해야 하고 고객에게 편리한 서비스를 제공해야 하며, 훌륭한 진열을 해야 한다.

③ 편의품의 종류에는 음료수, 밀가루, 설탕, 커피, 빵, 버터, 계란, 육류, 종이 제품, 치약 등의 생활 필수품이 있다.

(2) 선매품(shopping goods)

① 선매품은 편의품보다 일반적으로 많은 주의를 가지고 구매하며 최종 구매 결정은 몇몇 상품을 비교한 후에야 이루어진다.

② 고객이 여러 점포를 돌아다니며 상품의 가격, 특징, 신뢰성, 색채, 디자인 등을 비교하여 선택 구매하는 경향이 있으며, 보통 금액의 지출을 충분히 고려하고, 구매 횟수는 적다.
③ 선매품의 종류에는 내구성 상품인 가구 · 기계 · 자동차 · 텔레비전 · 라디오 · 보석 · 의류 · 신발류 · 선물용품 등이 있다.

(3) 전문품(speciality goods)

① 전문품은 소비자가 상품 구매에 있어 시간과 노력을 아끼지 않는 것으로 가격보다는 상품에 특수한 매력을 갖고 있으며, 구매 결정 요인은 절대적으로 품질을 우선시한다.
② 전문품은 소비자가 상품 구매에 있어 그 상품에 대한 상당한 지식을 보유하고 있으며 상품에 대한 선호도가 강하고, 특히 전문가다운 판매원의 조언과 지도가 판매에 많은 영향을 미친다.
③ 전문품의 종류에는 포도주, 위스키 등 주류와 화장품, 고급 의류나 고급 가구 등의 하이 패션품, 피아노, 스테레오, 시계, 고급 자동차 등이 있다.

54. 기구에 의한 상품분류

(1) 통일 상품명 및 부호 체계(HS)

① HS(Harmonized Commodity Description and Coding System)는 관세, 무역통계 등의 업무를 위한 상품분류체계이다.
② CCC(Customs Cooperation Council;관세협력이사회)가 국제간에 거래되는 모든 물품에 대한 품목 분류를 통일하여 국제 무역을 증진시킬 목적으로 1983년에 제정하였다.

(2) HS와 HSK 제도의 연관성

① 한국 관세 · 통계 통합 품목 분류표(HSK)는 통일 상품명 및 부호 체계(HS) 품목 분류표를 토대로 우리나라 실정에 맞게 세분화한 관세 · 통계 통합 품목 분류표를 말한다.
② CCC가 만든 HS 품목 분류표는 6단위 코드로 구성되어 있으며, 우리나라는 이를 기초로 하여 관세율 및 통계 등의 필요에 의해 10단위 코드로 세분화하여 운영하고 있다.

(3) UNSPSC 상품분류

① 유엔 표준 제품 및 서비스 분류 체계(UNSPSC, United Nations Standard Products and Services Classification)로 전자 상거래 분야에서 가장 많이 쓰이는 상품 분류 방식이다. 전 세계적으로 가장 널리 알려지고 활용되고 있는 전 산업 대상의 전자상거래용 상품분류체계로 UNDP(United Nations Develop- ment Programme)와 D&B(Dun & Bradstreet)가 공동으로 개발하였다.
② 유엔 개발 계획(UNDP)이 개발했으며, 8자리 숫자 분류 코드와 영문 분류 코드로 구성된다. 전자 상거래 시 상품 정보를 검색하거나 상품의 비용 및 통계 분석을 하는 데 중요한 역할을 한다.
③ 우리나라에서는 2001년 전자 상거래 표준화 통합 포럼(ECIF)이 국내 전자 상거래 민간 표준 분류 체계로 이를 확정해 관련 업계에서 활용하도록 권고한 바 있고, 한국유통정보센터가 이를 전담하고 있다.

55. 바이어(Buyer)

(1) 바이어(buyer)의 의의

① 매입 과정에서 공급업자를 선정하고 이들과 매입 조건에 대하여 협상과 결정을 할 수 있는 권한을 가진 사람을 말하며, 구매자라고도 지칭한다.
② 바이어는 대부분의 제품이 차별화나 구색이 많을수록 가격에 대해 민감하게 반응하지 않는다.

(2) 바이어의 교섭 능력

① 바이어의 교섭 능력이 공급자들의 가격과 이윤에 상당한 영향력을 행사한다는 것은 이미 여러 실증 연구에서 증명된 바 있다.
② 바이어의 영향력이 더 큰 기업일수록, 바이어의 구매 금액이 공급자의 매출에서 차지하는 비중이 크면 클수록 바이어의 교섭력은 강화되게 된다. 바이어가 가격에 민감하게 반응할수록 공급하는 기업의 수익률은 낮아진다.
③ 바이어가 공급자의 제품, 가격, 비용 구조에 대해 자세한 정보를 가질수록 바이어의 교섭력은 강력해진다.
④ 바이어가 수직적 통합을 할 수 있는 경우 교섭 능력은 강해지지만, 공급자를 바꾸는 데 많은 전환 비용(switching cost)이 든다면 바이어의 교섭 능력은 약화된다.

56. 벤더(Vender, Vendor)

(1) 벤더(vender, vendor)는 매주(賣主), 행상 등 여러 가지 용어로 불리며, 쉽게 말하면 판매자, 판매업자, 판매업체의 최고 경영자라고 할 수 있고, 법률 용어로는 매주(賣主)라고 불린다.
(2) 벤더(vendor)와 소매상의 관계를 일회성 관계, 기능적 관계, 전략적 관계로 나눌 때 일회성 관계에서의 거래 특성은 교섭(negotiation)으로 나타난다.
(3) 근래에 들어 소매업체의 벤더관리에 공급망관리(SCM) 기법이 도입되고 있다. 이에는 기업 주도형 모델, 시장 포털형 모델, 상호 접촉형 모델 등으로 구분할 수 있다.
(4) 기업 주도형의 경우 사전 등록된 공급업체만 관리가 가능하기 때문에 구매의 유연성이 떨어진다. 시장 포털형 모델은 기업 주도형과 상호 접촉형의 중간 형태라고 할 수 있다.

57. ABC 재고관리 방식

(1) ABC 관리 방법은 기업이 관리하고자 하는 상품의 수가 많아 모든 품목을 동일하게 관리하기가 어려울 때 이용하는 방법으로써, 먼저 어떤 기준에 의해 품목을 그룹화하고 그 그룹에 대해 집중 관리한다.
(2) ABC 관리 방법은 재고관리나 자재관리뿐만 아니라 원가관리, 품질관리에도 이용할 수 있다.
(3) 재고 자산을 각각의 특성에 따라 세 그룹으로 나누어 각기 다른 재고관리 방법을 적용한다.
① A그룹
㉠ 전체 재고량의 10% 정도, 금액 비중은 70% 정도이다.
㉡ 신중하고 집중적인 재고관리를 실시한다.

② B그룹
㉠ 전체 재고량의 20% 정도, 금액 비중은 20% 정도이다.
㉡ 보통 수준의 재고관리를 실시한다.

③ C그룹
㉠ 전체 재고량의 70% 정도, 금액 비중은 10% 정도이다.
㉡ 단순한 재고관리를 실시한다.

58. 투-빈 법(Two-Bin Method)

(1) 나사와 같이 부품의 재고관리에 많이 사용하는 재고관리 기법으로, 두 개의 상자에 부품을 보관하고, 재고사용의 경우 하나의 상자에서 계속 부품을 꺼내어 사용하다가 처음 상자가 바닥날 때까지 사용하고 바닥이 나면 발주를 시켜 바닥난 상자를 채우는 방식이다.
(2) 조달 기간 동안에는 나머지 상자에 남겨져 있는 부품으로 충당하며, 다른 하나의 상자에 남아 있는 부품이 바로 안전 재고라 생각하면 된다.
(3) 발주점법의 변형인 투-빈 시스템은 주로 저가품에 적용되는데, ABC 재고관리 방식의 C그룹에 적용되며, 재고 수준을 계속 조사할 필요가 없다는 장점이 있다.

59. JIT(Just In Time;적기 공급 생산 시스템)

(1) 필요한 상품이 필요한 시기에 즉시 도착하기 때문에 재고의 유지가 필요 없거나 극소량의 재고를 유지함으로써 재고관리 비용을 획기적으로 줄일 수 있는 시스템을 말한다.
(2) 때로는 QR(Quick Response) 시스템과 혼용되어 사용하기도 하며, 필요한 시기, 장소, 정량을 필요한 때에 공급하기 때문에 입하된 상품을 재고로 두지 않고 그대로 사용하는 상품 관리 방식을 말한다.
(3) 다품종 생산관리 시스템으로 무결점 재고 제로의 개념을 실현하기 위해 도입된 방식을 말한다.
(4) 판매되는 시점에서는 완제품을, 완제품이 조립되는 시점에서는 반제품을, 제품을 생산하는 시점에서는 원자재를 조달할 수 있다.

60. 비주얼 머천다이징(VMD)

(1) 비주얼 머천다이징의 개념

① 점포에 있어서는 상품 진열의 시각적인 호소력이 매출에 크게 영향을 준다는 사실을 전제로 하고 있다.
② 상품을 보다 효과적으로 표현하여 구매를 자극한다.
③ 적극적으로 판촉하기 위한 전략적 제반 활동이다.

(2) 비주얼 머천다이징의 구성 요소

① VP(Visual Presentation): 점포의 쇼윈도나 매장 입구에서 유행, 인기, 계절 상품 등을 제안하여 고객이 매장으로 접근하게 하기 위한 진열이다.
② PP(Point of sale Presentation): 매장 내 고객의 시선이 자연스럽게 닿는 벽면, 쇼케이스 그리고 테이블 상단 등을 활용하여 어디에 어떤 상품이 있는가를 알려주는 진열이다.
③ IP(Item Presentation): 상품을 분류, 정리하여 보기 쉽게 진열하여 하나하나 상품에 대해 고객이 구입의지를 결정하도록 하는 진열이다.

(3) 머천다이징(merchandising)의 핵심 업무

① 생산 또는 판매할 상품에 관한 결정
② 상품의 구색 맞추기
③ 점포 구성과 레이아웃
④ 상품의 다양성, 차별성

(4) 시각적 머천다이징(merchandising)

① 시각적 머천다이징의 중요 요소로는 색채, 재질, 선, 형태, 공간 등을 들 수 있다.
② 점포 내 · 외부 디자인도 포함하는 개념이지만 핵심개념은 매장 내 전시(display)를 중심으로 이루어진다.
③ 상품과 판매환경을 시각적으로 연출하고 관리하는 일련의 활동을 말한다.

61. SERVQUAL의 5개 차원: RATER

(1) 신뢰성(Reliability)

① 서비스 품질 평가 10개 차원과 동일한 차원이다.
② 서비스에 대한 신뢰성을 바탕으로 정확하게 업무를 수행하는 능력을 말한다.

(2) 확신성(Assurance)

① 서비스 품질 평가 10개 차원 중 능력 · 예절 · 신빙성 · 안전성으로 구성되어 있다.
② 고객에 대한 직원들의 지식과 예절 및 신빙성과 안전성, 그리고 자신감을 전달하는 능력을 말한다.

(3) 유형성(Tangible)

① 서비스 품질 평가 10개 차원과 동일한 차원이다.
② 눈으로 구분 가능한 설비나 장비, 오토바이, 계산대, 서빙 도구 등 물리적으로 구성되어 있는 외양을 말한다.

(4) 공감성(Empathy)

① 서비스 품질 평가 10개 차원 중 가용성 · 커뮤니케이션 · 고객 이해 등으로 구성되어 있다.
② 서비스를 제공하는 회사가 고객에게 제공하는 개별적인 배려와 관심을 말한다.

(5) 대응성(Responsiveness)

① 서비스 품질 평가 기준의 10개 차원과 동일한 차원이다.
② 고객에 대한 도움은 항상 준비되어 있으며 언제든지 서비스를 제공하겠다는 것을 말한다.

62.서비스의 생산성 측정방법과 속성

(1) 서비스의 생산성 측정방법

① 작업측정법(work measurement methods)에는 스톱 워치법, 워크 샘플링법, 예정 표준 시간법 등이 있다.

② 총합 비교법(aggregate comparative methods)에는 결정적 방법으로 수학적 프로그래밍 기법이 있고, 통계적 기법으로는 회귀분석의 통계 기법이 있다.
③ 품질 플러스법(quality plus techniques)은 서비스의 품질을 이용하여 측정하는 방법을 말한다.
④ 실제 오차 연구법(practive variation studies)은 통계적으로 오차의 범위를 정해 두고 있으며, 실질적으로 투입과 산출에 있어 오차가 얼마나 나는지를 측정하는 방법을 말한다.

(2) 서비스 속성

① 신용속성(credence attributes)은 건강진단이나 증권투자 등 전문적인 서비스를 받은 후 일정 시간 내에는 알 수 없으며, 시간이 지남에 따라 경험 · 인식하게 되는 서비스품질의 속성을 말한다.
② 신용 속성(credence attributes)은 고객이 서비스를 수혜받은 후에도 그 서비스에 대한 가치를 인식하지 못하는 것을 말하는데, 이에는 다시 탐색 속성(search attributes)과 경험 속성(experience attributes)으로 구분된다.
③ 세분시장 내에 유사한 유통서비스를 제공하는 다수의 강력하고 공격적인 경쟁자들이 있는 경우 가격경쟁, 촉진경쟁 등의 결과를 초래하게 될 것이다.
④ 신규 진입기업에 대해 진입장벽이 낮고, 보복능력이 적을수록 기존 유통기업의 입장에서 세분시장의 매력은 작아진다.
⑤ 잠재적인 대체 유통서비스와 관련된 기술이 발전할 경우 해당 세분시장의 수요와 이익은 증대되기 어려울 것이다.
⑥ 고객의 니즈와 디자인 요소들 사이의 연결점을 발견하기 위해 개발된 서비스프로세스 관리기법을 품질기능전개(Quality Function Deployment)라고 한다.

63. 디스플레이(Display)의 기본 원칙

(1) 마케팅의 AIDMA 원칙 적용

① A(Attention): 고객의 주목을 끌게 하는 데 목적이 있다.
② I(Interesting): 고객의 흥미를 유발시킨다.
③ D(Desire): 고객에게 사고 싶다는 욕망을 일으키게 만든다.
④ M(Memory): 고객에게 오랫동안 기억에 남도록 만든다.
⑤ A(Action): 고객이 사도록 하는 행동을 만든다.

(2) 디스플레이의 원칙(AIDCA)

① A(Attention): 일반 사람들의 눈을 끌며 가격은 고객이 잘 알아볼 수 있는 곳에 붙이고, 잘 보이도록 해야 한다.
② I(Interesting): 그 상품의 세일즈 포인트를 강조해서 고객이관심을 갖게 한다.
③ D(Desire): 고객에게 사고 싶다는 욕망을 불러일으키게 한다.
④ C(Confidence): 고객에게 사는 것에 대한 확신을 불러일으킨다.
⑤ A(Action): 고객이 구체적인 구매 행동으로 옮기도록 한다.

(3) 곤돌라진열(Gondola Display)

① 보통의 셀프서비스(self-service)를 채택하고 있는 판매점(販賣店) 등에 있어서는 소비자 자신이 직접 상품을 손쉽게 잡을 수 있어야 하기 때문에 무엇보다도 상품의 '디스플레이(display)'가 중요한 부분을 차지한다.
② 곤돌라(gondola)에 의한 진열은 바로 이러한 효과창출(效果創出)을 위하여 대량의 상품이 고객들에게 충분히 잘 보여짐과 동시에, 움직이는 선반장치를 이용한 진열방식을 말하며, 대량 진열이 가능하고 점포 배치전환에 쉽게 적용할 수 있어 고객이 자유로이 상품을 선택할 수 있게 한다.
③ 고객들로 하여금 보다 풍요(豊饒)함을 직접 느끼게 하면서 상품을 가장 편안하게 집어들 수 있도록 고안된 일종의 입체식(立體式) 진열을 말한다. 이러한 진열에서는 시각적(視覺的)으로 '눈의 높이나 그보다 약간 아래' 부분이 가장 핵심적인 곳으로 꼽히고 있어 매출이익(賣出利益)이 좋은 상품이 진열되고 있다.

64. 고객관리

(1) 고객의 분류

① 일반적으로 고객은 협의의 고객과 광의의 고객, 외부고객과 내부고객으로 으로 분류할 수가 있다.
② 기업에서 사용하는 고객의 개념은 제품과 서비스를 제공받는 최종 소비자를 말하며, 이는 협의의 고객이다.
③ 광의의 고객 개념은 대리점, 거래처 그리고 소비자 등을 포함하는 외부고객(external customer)과 회사 내부업무를 처리하는 내부고객(internal customer)으로 분류할 수 있다.
④ 외부고객(external customer)이란 제품을 생산하는 기업의 종사자가 아닌 사람들로서 제품이나 서비스를 구매하는 사람들을 일컫는 협의의 고객, 즉 우리들이 보통 말하는 고객이다.
⑤ 내부고객(internal customer)은 제품의 생산을 위해 부품을 제공하는 업자나 판매를 담당하는 세일즈맨 등 제품 생산이나 서비스 제공을 위해 관련된 기업 내 모든 종사원들도 고객의 범주에 포함시키는 개념이다.

(2) 고객 그룹 명칭

① 다운시프트(Downshift): 치열한 경쟁에서 벗어나 느긋하고 여유 있는 삶을 추구하는 무리를 말한다.
② 여피(Yuppie): 고등교육을 받고, 도시 근교에 살며, 전문직에 종사하여 고소득을 올리는 일군(一群)의 젊은이들로서 1980년대 젊은 부자를 상징한다. 여피란 젊은(young), 도시화(urban), 전문직(professional)의 세 머리글자를 딴 'YUP'에서 나온 말이다.
③ 슬로비(Slobbie): "천천히 그러나 훌륭하게 일하는 사람(Slower But Better Working People"의 약자로, 빠르게 돌아가는 현대 생활의 속도를 조금 늦춰 넉넉하게 살아가려고 하는 사람들이다. 물질보다는 마음을, 출세보다 자녀를 중시한다.
④ 로하스(Lohas): 건강과 지속 가능함(지속 성장성)을 추구하는 라이프 스타일을 말한다. 개인의 육체적 · 정신적 건강의 조화를 통해 행복한 삶을 추구하는 라이프 스타일이 웰빙이며, 개인뿐만 아니라 사회와 후세의 건강과 행복한 삶을 추구하는 것, 즉 사회적 웰빙이 로하스인 것이다.

(3) 트레이드 오프(trade-off) 분석기법

① 고객서비스의 구성요소들이 파악되고 나면 다음 단계로 고객에게 가장 중요한 요소들을 결정하게 된다. 고객서비스 구성요소의 상대적 중요도는 간단한 설문조사나 고객서비스 서베이를 통해 측정할 수 있다.

② 고객서비스 구성요소간의 상대적 중요도를 발견하는데 유용한 방법의 하나로 이 기법을 들 수 있는데, 이 기법은 고객서비스 요소들을 다르게 결합한 여러 대안에 대한 평가과정에서 자신이 가장 중요하게 생각하는 고객서비스 요소를 얻기 위해 다른 부분을 얼마만큼 포기할 수 있는지를 알 수 있게 한다.

65. 고객 생애 가치

(1) 고객 생애 가치의 개념

① 고객생애가치(LTV: customer lifetime value)는 한 고객이 평균적으로 기업에 기여하는 미래수익의 현재가치를 말한다. 즉, 한 고객이 한 기업의 고객으로 존재하는 전체기간 동안 기업에게 제공할 것으로 추정되는 재무적인 공헌도의 총합계이다.

② 고객 생애 가치는 한 시점에서의 단기적인 가치를 말하는 것이 아니고 고객과 기업 간에 존재하는 관계의 전체가 미치는 가치를 말한다.

③ 현재의 고객과 잠재적인 고객의 고객생애가치를 현재가치로 할인하여 모두 합한 것을 고객자산(customer equity)이라한다.

(2) 고객 생애 가치의 특징

① 고객 생애 가치에서는 고객들의 이탈률이 낮을수록 고객 생애 가치는 증가하며, 이러한 고객 생애 가치는 매출액을 말하는 것이 아니고 이익을 말하는 것이다.

② 고객 생애 가치를 산출함에 있어서 기업은 어떤 고객이 기업에게 이롭고 유리한 고객인가를 파악할 수 있으며, 그 고객과 앞으로 어떤 관계를 가지도록 하는 것이 합리적인가를 파악할 수 있다.

③ 우량 고객의 선정을 위한 양적 기준과 질적 기준을 명확히 선정해야 한다. 우량 고객의 효과적 관리를 위해서는 이들이 느끼는 가치에 따라 보상프로그램을 차별적으로 실시하는 것이 바람직하다.

④ 복수의 다양한 상품을 판매하는 기업의 경우에는 고객별 거래실적에 관한 데이터베이스(Data Base)를 구축하는 것이 중요하다.

(3) LTV 산정시 고려 요소

① 업종 또는 제품의 특성을 명확하게 준비해야 하고 업종이 다르고 제품의 성격이 다르다면 이에 대한 산정방식도 달라져야 된다.

② 대상고객이 누구인가 하는 점이다. 10대 고객인지, 20대 고객인지 고객의 생활방식은 어떠한지에 대한 면밀한 조사가 필요하다.

③ 어느 정도 정확성을 요구하느냐 인데 고객의 가치산정방식은 여러 가지 통계적인 방법이 적용되며, 적용범위도 다르기 때문에 각각의 상황에 따른 신뢰도가 필요하다.

④ 각각의 구성요소별로 별도의 모델을 구축할 것인가 하는 점이다. 주요변수가 달라지면 구축을 위한 모델도 달라져야 한다.

제4과목 유통정보

1. 정보(Information)

(1) 미래의 불확실성을 감소시키고, 개인이나 조직이 의사결정을 하는데 사용되도록 의미 있고 유용한 형태로 처리된 것이며, 인간이 판단하고 의사결정을 내리고 행동할 때 그 방향을 정하도록 도와준다.

(2) 협의의 정보는 관측이나 측정을 통해 수집된 자료(Data)를 문제해결의 수단으로 해석 · 정리한 지식을 말한다.

(3) 정보는 어떤 행동을 취하기 위한 의사결정을 하기 위해 수집한 각종 자료를 처리하는 데이터 상호 관계를 말하고, 어떤 행동을 취하기 위한 의사결정을 하여 수집된 각종 자료를 처리하여 획득하는 것이라 볼 수 있다.

(4) 정보는 관측이나 측정을 통해 수집된 자료를 해석하고 정리한 것으로, 의사결정을 하는 데 사용될 수 있도록 의미가 부여된 유용한 것이며 자료를 가공하여 얻을 수 있는 것이다.

(5) 정보에는 반드시 '생활주체 → 객체 → 소식 → 평가 → 행동선택 → 효용실현' 이라는 사이클(cycle;循環過程)이 있게 마련이며, 이를 '정보 사이클'이라 한다. 그리고 '정보의 효용'은 어떤 특정의 목적을 달성하기 위한 행동선택에 작용하는 유용성이다.

2. 정보와 유사 개념

(1) 자료(Data)

① 데이터란 정보작성을 위하여 필요한 자료를 말하는 것으로, 이는 '아직 특정의 목적에 대하여 평가되지 않은 상태의 단순한 여러 사실'이다.

② 이것을 일정한 프로그램에 따라 컴퓨터가 처리 · 가공함으로써 특정 목적을 달성하는 데 필요한 정보가 생산된다.

③ 데이터는 어떤 현상이 일어난 사건이나 사상을 사실 그대로 기록한 것으로 숫자, 기호, 문자, 음성, 그림, 비디오 등으로 표현된다.

(2) 지식(Knowledge)

① '지식'이란 이와 같은 동종의 정보가 집적되어 일반화된 형태로 정리된 것으로, '어떤 특정 목적의 달성에 유용한 추상화되고 일반화된 정보'라고 할 수 있다.

② '지식'이란 정보가 축적되어 체계화되고, 한층 더 농축된 상태로 원리적 · 통일적으로 조직되어 객관적 타당성을 요구할 수 있는 판단의 체계로서 다양한 종류의 정보가 축적되어 특정 목적에 부합하도록 일반화된다.

(2) 지혜(Wisdom)

① 지혜(智慧/知慧)는 이치를 빨리 깨우치고 사물을 정확하게 처리하는 정신적 능력이다. 지식에 의해서 얻을 수 있는 것이라는 의미에서 발전하여, 지금은 주로 사리를 분별하며 적절히 처리하는 능력을 가리킨다.

② 지혜는 효과적이고 효율적으로 지각과 지식을 적용하므로 원하는 결과를 생성하는 능력이며 많은 사람들이 이해 할 수 있는 근거가 있어야 한다. 그러기 위해서는 자신의 감정을 잘 조절할 수 있어야한다.

③ 지혜는 공공의 이익과 평화를 가져올 수 있어야 진정한 지혜로운 행동이라고 할 수 있다. 비슷한 의미를 가지는 단어로는 '현명함', '슬기로움', '통찰력' 등이 있다. 예전부터 지혜로움은 하나의 덕목으로써 평가 되었다.

3. 정보산업

(1) 정보산업은 정보의 가치 가운데서 특히 정보의 상품적 가치를 부각시켜 모든 정보유통분야에 자본과 경영, 전문 인력과 연구개발 등을 투입하여 이윤추구를 목적으로 하는 산업조직을 말한다.

(2) 산업발전 초기단계에서의 정보처리에 관한 여러 공업의 발달은 정보기기의 여러 기술개발이 선행되어야 가능하였다.

(3) 최근에 이르러서는 이와 반대로 소프트웨어의 혁신적인 기술개발에 따른 정보처리기술의 발전이 정보기기의 발전을 유도하는 현상을 보이고 있다.

(4) 정보산업은 이와 같이 정보의 수집 · 축적 · 처리 · 검색 · 전송 · 이용 등 정보유통의 모든 과정에서 사용될 수 있는 반도체, 각종 컴퓨터 장비, 위성통신을 포함하는 전자통신 및 네트워크 기술 등 핵심적인 첨단자동화 기기들이 포함된다.

(5) 정보 산업체는 정보를 높이고 수익을 증대시키기 위한 개인적 또는 기업적 경제활동을 영위한다. 따라서 현대 정보화 사회에 있어서 정보는 화폐가치가 매개되는 거래의 대상이 되고 있으며, 그 값의 결정은 수요공급의 법칙에 따라 이루어지는 기본적인 경제행위에 따르고 있다.

4. 정보화 사회

(1) 정보화 사회의 개념

① 정보화 사회(情報化社會)는 정보를 가공, 처리, 유통하는 활동이 활발하여 사회 및 경제의 중심이 되는 사회이다.

② 정보화 사회는 정보가 경쟁력의 원천이 되는 사회로, 정보 · 기술(IT)을 통해 가치 있는 정보가 창출 · 활용되고, 대량의 정보처리 능력을 가진 컴퓨터에 의해 주도되는 사회를 말한다.

③ 정보화 사회는 정보의 가치를 일상생활 속에서 쉽게 얻을 수 있고, 인간욕구 충족의 한 방식으로 자리 잡게 된 사회를 말한다.

④ 정보화 사회는 정보가 유력한 자원이 되고 컴퓨터 기술과 전자기술 및 정보 · 통신기술 등의 발달과 함께 정보가 생활의 핵심이 되고, 사회 구성원은 이러한 정보를 이용하여 생활에 적용하는 사회이다.

⑤ 정보화 사회는 정보의 수집 · 처리 · 전달 등의 정보 관련 활동이 모든 생활 영역에서 핵심이 되고 사회 구성원의 욕구를 충족시키는 데 정보가 가장 핵심적인 역할을 수행하는 사회를 의미한다.

(2) 정보화 사회의 특징

① 가장 일반적으로는 '정보화 사회'라는 말이 산업 사회, 농경 사회, 수렵 사회 등과 대비되는 개념으로 사용된다.

② 이때는 사회 발전 단계의 하나로서의 의미가 강하다. 또한, 정보화 사회라는 용어는 유의어가 여럿 있는데, 이들 유의어는 정보에 관련되는 단어를 수반하는 것이 보통이다.

③ 멀티미디어 사회, 디지털 사회, 지식 사회, 정보 네트워크 사회, 글로벌 · 네트워크 사회 등이 그것이다. 이들 용어에서 사회를 시대로 바꾸어 쓰는 경우도 있다.

④ 산업 사회 성립의 계기가 된 일련의 사건들을 산업 혁명이라 하는 것과 같이, 정보화 사회로 진행되는 과정을 정보 혁명이라고 부르기도 한다.

(3) 정보화 사회의 등장 배경

① 산업사회가 성숙해짐에 따라 정보 이용자들의 욕구가 다양해지고 개인적 · 사회적 욕구 변화를 충족시키기 위해 정보 · 통신기술이 발달함에 따라 정보화 사회가 등장하게 되었다.

② 광섬유나 반도체 및 컴퓨터 공학의 발달과 인터넷 등의 발달로 일반인들도 쉽게 정보를 접할 수 있게 되어 정보화 사회가 되었다.

③ 정보화 사회는 필요적인 측면과 기술적인 측면이 서로 통합되어 상승작용을 일으켜 사회전반에 걸쳐 빠른 속도로 일어나고 있다.

④ 근거리 통신망(LAN), 부가가치 통신망(VAN), 유선방송 등의 발달과 특히 인터넷 기술의 발달은 정보를 실시간에 광역적으로 전달할 수 있게 하여, 정보의 전달에 있어서 시간과 위치의 한계를 극복할 수 있게 하였다.

5. 정보화 사회의 문제

(1) 과다한 정보의 홍수

① 정보화 시대의 정보의 형태나 종류가 인간이 충분히 소화해 내지 못할 만큼 방대하고, 무질서와 체계 없이 난립된 상태로 유통되고 있다.

② 지나치게 과다하고 소화되지 못한 정보들은 인간 본연의 가치 창출과 욕구 충족을 실행하지 못하고 정보에 의존하는 수동적인 인간으로 변화시킬 가능성이 높다.

(2) 개인의 사생활 침해

① 전산망의 구축과 관련하여 개인의 정보가 권력기관이나 타인에게 노출되어 불법적으로 사용될 가능성이 매우 높아지고 있다.

② 대다수의 개인 정보들이 자신도 모르게 대내외적으로 영리적 목적이든 다른 목적이든 활용될 수 있는 문제가 발생하여 뜻하지 않는 피해를 발생시킬 수 있다.

(3) 문화지체(Cultural lag) 현상

① 정보화는 다양한 정보의 활용에 있어서 특정한 절차를 거치는 과정이 있다. 이러한 절차는 사회 계층간 및 연령대별 차이가 나타날 수 있으며 정보 · 통신기술의 발달과 함께 변화 속도에 적응하지 못하는 현상으로 부작용이 발생 가능함을 암시하고 있다.

② 뉴미디어를 비롯한 여러 발전된 매체들이 전달해 주는 서구 선진 사회의 정보가 사회 구성원들의 의식을 일깨워 주는 역할을 하는 반면, 이룰 수 없는 지나친 기대의 상승을 가져와 그들을 극도의 좌절 속으로 빠뜨릴 수 있다. 이러한 현상은 '기대상승

에 따른 좌절상승(Rising expectation & Rising frustration)' 으로 표현하였다.

(4) 감시와 통제 사회

① 특정 계층의 정보를 권력층이 가지고 이것이 대다수의 사람들에게 공익적인 목적으로 사용되지 않고 특정 계층의 이익을 위해 활용될 수 있다.
② 정보망 독점에 따른 타인을 감시 · 통제하는 정보 군주제의 형식으로 나타날 수도 있으며, 이것은 국가, 권력기관, 기업, 특정 정보망 관리자 등의 형태로 나타날 수 있다.

(5) 지식의 격차 증가

① 정보의 빈자(Information Poor)와 정보의 부자(Information Rich) 간의 지식의 격차(Knowledge Gap)가 더욱 가속화되어 정보 소외계층의 불평등한 형태가 이루어질 수 있다.
② 정보의 빈부 격차는 나중에 부의 격차(Riches/Wealth Gap)로 발생을 하여 사회적 갈등을 발생시켜 사회문제화 될 수 있다. 따라서 누구나 쉽게 정보에 접근할 수 있는 장치들이 마련되어야 한다.

(6) 전통 문화의 소멸

① 정보화는 지구화, 국제화, 지구촌, 글로벌 등의 형태로 정보가 보다 많은 채널을 통해 유통되고 있다. 이것은 특정 국가들의 우위적 경제력에 의한 문화 전파의 역할을 대신한다고 볼 수 있다.
② 결과적으로 자극적이며 새롭고 다양한 문화의 형태가 정보화 사회 계층에게 직접적인 영향을 행사하게 된다.
③ 정보화는 국제사회에서 각 나라마다 가지고 있는 고유한 가치관과 고유의 전통문화를 사라지게 한다. 또한 외래문화가 전통문화를 잠식하여 국가의 정체성을 바꾸는 형태로 변모할 수 있는 심각한 우려를 발생시키고 있다.

(7) 청소년 문화의 왜곡

① 재미와 흥미 위주의 오락성 상업주의가 판을 치고 여기에 게임중독 현상 및 정신적 문제 등이 청소년에게 심각한 영향을 준다.
② 공동체 의식의 사회 구성원으로서의 역할보다 개인주의 및 소수의 이기주의가 청소년의 성장에 커다란 영향을 주게 되면 성인으로서의 사회적 역할을 수행하지 못하는 정보화 중독 미아가 될 수 있다.
③ 확고한 자기의식이 없는 청소년은 아직 모든 면에서 판단의 기준을 제대로 정립하지 못하고 있는 세대이다. 이러한 정체성의 미확립은 학습의 기회와 함께 불건전성인 상품에 대한 왜곡된 정보들을 쉽게 접할 가능성이 높다.

6. 유통 혁명 시대의 클라우드 서비스(Cloud Service)

(1) 클라우드 컴퓨팅(cloud computing)

① 클라우드 컴퓨팅은 인터넷 기반(cloud)의 컴퓨팅(computing) 기술을 의미하는 것으로 인터넷 상의 유틸리티 데이터 서버에 프로그램을 두고 그때그때 컴퓨터나 휴대폰 등에 불러와서 사용하는 웹에 기반한 소프트웨어 서비스이다.
② 요즘 포털들에서 제공되고 있는 클라우드 서비스는 아직 초기적인 단계의 서비스로써 파일을 업로드 한 뒤 다양한 디바이스에서 볼 수 있는 정도의 서비스로 스토리지(storage)와 뷰어(viewer)정도의 기능을 하는 초기적인 단계의 서비스 이다.

(2) 클라우드 서비스 (cloud service)의 내용

① 클라우드 서비스를 통해 유통사업자들도 유통 · 물류기업 주문정보와 상품정보, 출고, 배송에 필요한 정보통신기술 인프라와 매출정보, 재고정보관리, 정보보안, 정보보안 운송장출력시스템 등 각종 애플리케이션 프로그램을 사용해 경영효율화를 꾀할 수 있다.
② 유통기업에게 모바일 오피스 시스템의 구축은 영업 활동 강화, 유연한 근무환경 제공, 사내 협업 증진을 통한 생산성 향상 등의 효과를 기대하게 한다. 또 실시간 정보를 기반으로 고객 상담 능력이 향상되는 효과도 예상된다.

7. 의사결정(Decision Making) 유형

(1) 전략적 의사결정(strategic decision making)

① 전략적 의사결정은 말로는 쓰이고 있지만 실제적으로는 거의 밝혀지지 않고 있다. 의사결정의 문제는 기업 간 경쟁의 격화나 국제적인 정치 · 경제의 유동화 현상에 따라, 전략적 의사결정의 문제로서 그 비중이 더해졌다.
② 외부정보의 의존도가 매우 높고, 운영적 의사결정에 이용되는 정보보다 정보의 정확성이 상대적으로 낮으며, 전술적 의사결정에 이용되는 정보보다 정보의 사용빈도가 상대적으로 낮다.
③ 최고의사결정권자(top management)에 의해 수행되는 기업자적인 전략적 결정 내용은 '기업의 장기적인 경영의 기본 목표와 기본 목표 달성을 위한 경영 방침 설정', '기업 내 모든 자원의 배분에 대한 기업 전체적인 관점에서의 결정', '기업 목표 설정 및 변경, 확대 계획, 다변화 계획, 신제품 개발 계획, 잠재 제품 시장 개발' 등을 결정한다.

(2) 관리적 의사결정(administrative decision making)

① 관리적 · 전략적 의사결정을 구체화하기 위한 인적 · 물적 자원을 조달하여 최대의 수익성을 올릴 수 있도록 기업의 자원을 배분하기 위한 의사결정으로서, 실무자에 대한 의사결정을 말한다.
② 경영내부의 조정(coordination)에 초점을 두며 최대의 과업능력을 산출하도록 기업의 자원을 조직화하는 문제에 대한 의사결정으로, 조직구조 · 자원의 조달 및 개발에 관한 의사결정을 포함한다.
③ 중간관리자(middle management)에 의한 관리자적 전술적 결정 내용은 '배분된 자원의 능률적 이용', '일상 경영활동을 원활하게 수행할 수 있도록 하는 의사결정', '조직의 구조 변경, 인재 채용, 재무 조직의 적응' 등이다.

(3) 업무적 의사결정(operating decision making)

① 일상적으로 행하는 업무에 관한 의사결정으로서, 의사결정자가 잘 알고 있는 상태에서의 경험과 전례에 따른 의사결정의 정형화된 형태를 말한다.

② 이러한 의사결정의 목적은 기업 자원의 전환 과정에서 능률 또는 수익성을 최대로 하고자 함에 있다.

8. 지식 경영 (Knowledge Management)

(1) 지식 경영의 개념

① 지식경영(knowledge management)이란 기업의 지식 관련 경영활동의 효과성을 극대화하고, 지식자산으로부터 최대의 부가가치를 창출하기 위해 지식을 창출, 갱신, 적용하는 일련의 체계적이고 명시적이며 의도적인 활동이다.

② 지식경영(knowledge management)은 지식을 창출, 저장, 전이, 적용하려고 조직에서 개발한 일련의 비즈니스 프로세스로서 환경에서 학습하고 지식을 비즈니스 프로세스에 통합하는 조직의 능력을 향상 시키는데 초점을 맞추고 있다.

③ 지식경영(knowledge management)은 조직적 차원에서 보유하고 있는 지식은 물론 개개인의 지식을 체계적으로 발굴하여 기업 내부에 축적 및 공유하고, 이러한 지식을 기업의 경쟁력 제고를 위해 활용하는 경영활동을 의미한다. 지식경영은 급진적이고 새로운 개념이 아니다.

④ 지식경영(knowledge management)은 조직 내 구성원들의 지식을 집약하고, 이를 바탕으로 새로운 지식 창출을 유도하며, 조직 내 구성원들을 지식화시켜 기업의 잠재적 경쟁력을 향상시키고, 지식을 XML 데이터 형태로 저장함으로써 비즈니스 간 데이터 교환비용을 절감해준다.

⑤ 지식경영(knowledge management)은 구성원 간의 지식개인화를 강화하여 풀(pull) 솔루션을 통해 가장 빠른 지식유통망을 확보해주며, 기존 시스템의 데이터, 이메일, 파일시스템, 웹 사이트 등 외부지식을 유기적으로 통합하여 기업지식의 기반을 확대해 준다.

(2) 지식 경영의 추구목적

① 지식경영의 목적은 기업이 지식을 습득하고 공유하며, 활용하는 과정속에서 수익과 전략적인 경쟁우위를 확보하는데 있다. 이러한 지식경영의 전 과정을 하나의 프로세스 또는 시스템으로 보고 체계적인 접근을 할 수 있다.

② 지식은 기본적으로 인간의 두뇌에 존재하기에 눈으로 확인하기가 어렵다. 지식이 무형자산이라 불리는 이유가 여기에 있다. 불과 20 년 전만 해도 기업의 핵심 자산은 돈과 설비와 같은 유형 자산이었다. 하지만 더 이상 유형자산만으로는 증가하는 불확실성과 급격하게 변화하는 시장 환경에 대처하기 어렵다.

③ 지식경영시스템은 지식의 검색 및 수정기능이 있어야 하며, 공동의 지식창고를 구축할 수 있는 컴퓨터정보시스템이 필요하다. 지식 디렉토리를 만들어 사용자들이 특정 분야의 전문가를 찾을 수 있도록 해야 하며, 지식오염을 막기 위해 지식경영 책임자나 지식창조 관리자들은 시스템에 확보된 정보가 정확하고 유용한지를 확인하는 관리가 필요하다.

④ 지식경영시스템의 효과로서 시장정보의 축적, 제품/서비스 향상, 지식의 활용성 증대, 그리고 지식의 공유 등을 통해 기업의 경쟁력을 강화할 수 있으며, 지식공유가 활성화됨에 따라 사내 전문가 그룹이 형성되고 관심 분야 토론 등을 통한 새로운 지식의 창조능력이 증대된다. 지식베이스를 중심으로 축적된 지적 자산이 기업의 자산평가에 반영되어야 할 핵심 무형자산이 되며, 학습효과의 향상, 지속적인 지식창조활동 등을 통한 조직의 지식능력을 높일 수 있다.

(3) 노나카의 지식경영

① 지식경영의 세계적인 대가인 노나카 이쿠지로는 지식경영의 새로운 패러다임을 제시했는데 지식의 창조원리는 무엇이며, 지식창조를 극대화하려면 어떻게 해야 하는지는 암묵지와 형식지의 개념으로 설명을 하였다.

② 지식은 언어화 형태화 하기 곤란한 주관적인'암묵지'와 언어 또는 형태로 결정된 객관적인 '형식지' 양자의 상호작용으로 창조되는데, 지식이 만들어져 확대 재생산되는 메커니즘을 SECI 모델로 밝혀내고 있다.

③ 노나카의 SECI 모델은 사회화(Socialization), 외부화(Externalization), 종합화(Combination), 내면화(Internalization)로 구성되어 있다. 그리고 지식은 암묵지와 형식지의 역동적인 상호작용을 통해 창조되고 확대 재생산된다고 주장한다.

9. 바코드(Bar Code)

(1) 바코드는 가느다란 줄과 굵은 줄 2가지 폭을 가지는 백과 흑의 평행 줄로 이루어지는 막대, 여백, 전달 부호줄 및 광학식 문자 인식을 위한 자형(0)으로 구성되어 매체상에 인쇄된 표시를 말한다.

(2) 바코드는 문자나 숫자를 나타내는 검은 바(Bar)와 흰 공간(Space)의 연속으로 바와 스페이스를 특정하게 배열해 이진수 0과 1의 비트로 바뀌게 되고 이들을 조합해 정보로 이용하게 되는데, 이들은 심벌지라고 하는 바코드 언어에 의해 정의된 규칙에 따라 만들어진다.

(3) 바코드는 두께가 서로 다른 검은 막대와 흰 막대의 조합을 통해 숫자 또는 특수기호를 광학적으로 쉽게 판독하기 위해 부호화한 것으로, 이것을 이용하여 정보의 표현과 정보의 수집, 해독이 가능하게 된다.

(4) Bar는 흑색 선으로서 빛을 주사시켰을 때 반사율이 적게 나타나고, 흰 여백(Space)은 백색이므로 반사율이 높게 나타나게 되므로 이 빛의 반사율을 감지하여 부호화된 정보를 판독할 수 있는 것이다.

10. 바코드(Bar Code) 구조

(1) Quiet Zone

① 바코드(Bar Code)를 보면 시작 문자 앞과 끝 문자의 뒤에 여백이 있는데, 이 여백 부분을 말한다.

② 바코드의 시작과 끝을 명확하게 구현하기 위한 필수적인 요소라고 할 수 있다.

③ 바코드 심벌 좌측 공간을 전방 여백, 우측 공간을 후방 여백이라 한다.

(2) Start/Stop Character

① 시작 문자(Start Character)는 심벌의 맨 앞부분에 있는 문자로서 데이터의 입력 방향과 바코드의 종류를 스캐너에 알려주는 기능을 수행한다.
② 멈춤 문자(Stop Character)는 바코드의 심벌이 끝났다는 것을 알려 주어 바코드 스캐너(Scanner) 양쪽 어느 방향에서든지 데이터를 읽을 수 있도록 가능하게 해 준다.

(3) Check Digit

① 검사 문자(check digit)는 메시지가 정확하게 읽혔는지 검사하는 것이다.
② 검사 문자(Check digit)는 정보의 정확성이 요구되는 분야에 이용되고 있다.

(4) Bar/Space

① 바코드는 가장 넓은 바와 가장 좁은 바, 그리고 스페이스로 구성되어 있다.
② 바코드의 가장 좁은 바와 스페이스를 'X'디멘션(dimension)이라고 부른다.
③ 'X'디멘션이 바코드 구조상 가장 최소 단위를 이루는 것으로, 모듈이라 한다.

(5) Symbology

① 각 나라마다 고유의 언어(한글, 영어, 불어 …)가 있듯이 바코드에도 여러 언어가 있는 것을 말한다.
② 동일 Data라 할지라도 Symbology에 따라 Bar와 Space의 조합패턴이 다르게 표현되는데, 이러한 독립된 바와 스페이스의 조합 패턴을 하나의 심벌이라 한다.

| 바코드 구조도 |

11. 2차원 바코드

(1) 다층형 바코드에는 PDF-417, CODE 16K, CODE 49, Coda- block 등이 있다.

| Code 49 | | Code 16K | | PDF-417|

(2) 매트릭스 코드에는 Maxi code, Code 1, Data Matrix, Veri code, Array Tag, Dot code, QR code, Soft Stripe 등이 있다. 특히 QR code는 일본에서 개발된 매트릭스형 2차원 바코드이다.

| Data Matrix(Data code)】 | Maxi code | | QR code |

(3) Data Matrix 코드는 미국에서 개발된 것으로 오류 검출 및 복원 알고리즘에 따라 유형이 구별된다. PDF-417 코드는 가변적인 길이와 높이를 갖는 2차원 심볼로지이다.

12. GS1(Global Standard one)

(1) GS1은 대한민국의 공통 상품 코드로, 우리나라에서 제조되어 판매되는 상품의 고유번호이며, 상품을 다른 상품과 구별해주는 식별기호이다. 예전에는 KAN(Korean Article Number)으로 사용되었다.
(2) 우리나라의 경우 '국제표준 상품코드관리기관'으로부터 국가 번호 코드로 '880'을 부여받았으며, 한국유통물류진흥원에서 이 코드를 관리하고, 국내 유통정보화를 전담하고 있다.
(3) GS1 Korea(대한상공회의소 유통물류진흥원)는 한국을 대표하여 1988년 GS1에 가입하였으며, 국제표준 바코드 시스템의 보급 및 유통정보화를 전담하고 있는 글로벌 기관이다.
(4) GS1 코드는 백화점, 슈퍼마켓, 편의점 등 유통업체에서 최종 소비자에게 판매되는 상품에 사용되는 코드로서, 상품 제조 단계에서 제조업체가 상품 포장에 직접 인쇄하게 된다.

13. 국제거래단품코드(GTIN;Global Trade Item Number)

(1) 국가식별코드(3자리)

① 첫 3자리 숫자는 국가를 식별하는 코드로 대한민국은 항상 880으로 시작되며, 세계 어느 나라에 수출되더라도 우리나라 상품으로 식별된다. 그러나 국가식별코드가 원산지를 나타내는 것은 아니다.
② 1981년까지 GS1에 가입한 국가는 국가식별코드가 2자리이며, 1982년 이후에 가입한 국가는 국가식별코드가 3자리이다.

(2) 제조업체코드(6자리)

① 6자리 제조업체코드는 한국유통물류진흥원에서 제품을 제조하거나 판매하는 업체에 부여한다.
② 업체별로 고유코드가 부여되기 때문에 같은 코드가 중복되어 부여되지 않는다.

(3) 상품품목코드(3자리)

① 제조업체코드 다음의 3자리는 제조업체코드를 부여받은 업체가 자사에서 취급하는 상품에 임의적으로 부여하는 코드이다.
② '000~999'까지 총 1,000품목의 상품에 코드를 부여할 수 있다.

(4) 체크 디지트(1자리)

① 스캐너에 의한 판독 오류를 방지하기 위해 만들어진 코드이다.
② 바코드가 정확하게 구성되어 있는가를 보장해주는 컴퓨터 체크 디지트를 말한다.

14. EPC(Electronic Product Code)

(1) EPC의 특징

① 모든 물품의 개별적 식별이 가능하다.
② RFID 기술과 연계해서 이용할 수 있다.
③ EPC Manager는 업체코드로 이용할 수 있다.

(2) 헤더(Header)

① 헤더는 EPC 코드의 전체 길이, 식별코드 형식 및 필터 값을 정의한다. 헤더는 가변길이 값을 가지는데, 현재 2비트와 8비트 값의 헤더가 정의되어 있다.
② 2비트 헤더는 3개의 값을(01, 10, 11), 8비트 헤더는 63개의 값을 가지며, 헤더는 판독기로 하여금 태그의 길이를 쉽게 판단할 수 있도록 돕는다.

(3) 업체코드(EPC Manager)

① GS1 바코드의 업체코드에 해당하며, 각국 GS1 회원기관이 할당한다.
② 28비트의 용량으로 7개의 숫자(0~9) 및 문자(A~F)를 조합하여 약 2억 6천만 개의 업체 코드를 할당할 수 있다.

(4) 상품코드(Object Class)

① 바코드의 상품 품목 코드에 해당하며, 사용 업체가 할당한다.
② 24비트의 용량으로 6개의 숫자와 문자를 조합하여 약 1천 6백만 개의 상품에 코드를 부여할 수 있다.

(5) 일련번호(Serial Number)

① 동일상품에 부여되는 고유한 식별번호로서, 사용 업체가 할당한다.
② 36비트로 8개의 숫자와 문자를 조합하여 680억 개의 상품에 코드를 부여할 수 있다.

15. RSS(Reduced Space Symbol)

(1) 의료(의약품), 전자, 통신 등과 같은 포장면적이 아주 적은 상품 또는 소매점에서 판매되는 계량형 상품에 부가 데이터를 추가적으로 담기 위해 개발된 바코드 심벌이다.
(2) EAN/UCC에 의해 개발된 RSS는 모두 네 가지이며 업무 성격에 따라 선택하여 사용할 수 있다.
(3) EAN/UCC에 의해 개발된 RSS는 RSS-14, RSS-14 Stacked, RSS-14 Limited, RSS-14 Expanded 4종류가 있다. 네 가지 심벌 모두가 기존 EAN 코드와 마찬가지로 1차원 선형 바코드로 구성되어 있다.

16. GS1-14

(1) GS1-14의 개념

① 업체간 거래 단위인 물류단위(Logistics Unit), 주로 골판지박스에 사용되는 국제표준 물류 바코드로서 생산공장, 물류센터, 유통센터 등의 입·출하 시점에 판독되는 표준 바코드이다.
② GS1-14는 국내뿐만 아니라 전세계 제조업체, 유통업체, 물류업체 모두가 공통적으로 사용할 수 있는 국제표준 물류 바코드이기 때문에 수출·입에 사용되고 있다.

(2) GS1-14의 체계

① 물류식별코드 1자리, 국가식별코드 3자리, 제조업체코드 4자리, 상품품목코드 5자리, 체크 디지트 1자리 등으로 구성되어 있다.

물류 바코드(GS1-14)의 체계					바코드 심벌
L	880	$M_1M_2M_3M_4$	$l_1l_2l_3l_4l_5$	C/D	
물류식별 코드	국가식별 코드	제조업체 코드	상품품목 코드	체크 디지트	
1자리	3자리	4자리	5자리	1자리	

② GS1-14를 바코드로 표시하기 위한 심벌의 명칭은 'ITF-14'로 불리며 ITF(Interleaved Two of Five) 바코드 심벌은 '짝수자리'로 숫자를 표시하는 특징이 있다.
③ 외장 박스용 바코드는 14자리(EAN-14라 함)가 채택되고 있으며, GS1-14는 국제표준이기 때문에 수출·입하는 데 있어 수월하게 사용이 가능하다.

(3) GS1-14의 활용상 장점

① 로케이션 관리의 자동화
② 물류센터 내 실시간 재고파악을 통한 재고관리의 효율화
③ 물류센터 내 검품, 거래처별·제품별 소팅, 로케이션 관리의 자동화
④ 생산에서 배송까지의 제품 이동의 신속·정확화 및 수주에서 납품까지의 리드타임단축 등
⑤ 판매 상황 파악에 따른 생산, 판매 계획 조정 가능
⑥ 물류 단위 중심의 EDI 거래 촉진

17. ITF(Interleaved Two of Five)

(1) 1972년 Computer Identic사에 의해 개발된 코드로서, 여러 가지 2 of 5 코드 중에서 가장 높은 밀도를 갖고 있다.
(2) 표준 물류 바코드를 박스에 인쇄하기 위해 사용되는 것으로써, 단품식별 상품코드로 EAN/UCC-14로 불린다.
(3) 단품은 색상, 사이즈, 크기 단위로 세분화된 형태를 말하며, 표준 바코드는 시스템이 식별할 수 있도록 ITF-14란 바코드 심벌이 사용된다.
(4) 심벌 문자는 5개의 바(Bar)로 데이터를 표시하고, 그 사이의 스페이스는 분리용의 역할만 하는 아주 간단한 구조 Code이다.
(5) 바(Bar)의 폭은 넓은 것과 좁은 것 2가지가 있어 넓은 바는 비트 1, 좁은 바는 비트 0이 된다.

(6) 5개의 바(Bar) 중 2개의 넓은 바를 가지고 있어서 이름이 2 of 5가 되었다.

18. SSCC(수송용기 일련번호)

(1) SSCC의 개념

① 최초 배송인과 최종 수령인 사이에 거래되는 물류단위 중에서 주로 팔레트와 컨테이너 같은 대형 물류단위를 식별하기 위해 개발한 18자리 식별코드이다.
② 소매 상품에 GS1-13을 부여하는 것처럼 각각의 팔레트 또는 컨테이너에 고유한 식별코드를 부여하여 이것을 해체하지 않고 수·배송, 입·출고를 가능하게 할 목적으로 고안되었다.
③ GS1 코드의 경우에는 코드관리기관으로부터 부여받은 국가코드와 업체코드는 그대로 사용하고 포장 용기의 일련번호를 부여한다. 그리고 확장자와 체크 디지트를 덧붙여 18자리를 만든다. 응용식별자 00은 괄호로 묶어 표시한다.
④ 최근 WCO(세계관세기구)에 의해 화물통관코드 UCR(Unique Consignment Reference)로서 SSCC의 채택이 논의되고 있다.

(2) SSCC의 기능

① 배송단위에 대한 식별
② 개별적인 배송단위에 대한 추적, 조회
③ 운송업체의 효율적인 배송
④ 재고관리 시스템을 위한 정확한 입고 정보
⑤ 자동화에 의한 효율적 입고와 배송

19. ISBN(국제 표준 도서 번호)

(1) ISBN 부여 대상자료

① 도서(정부간행물, 교과서, 학습참고서, 만화 등을 포함)
② 팜플렛(앞 뒤 표지를 제외한 5~48 페이지 자료)
③ 복합매체 출판물(Mixed Media Publication)
④ 점자자료(도서 및 오디오테이프)
⑤ 교육용으로 제작된 필름, 비디오테이프, 오디오테이프, 투명도, 슬라이드를 포함한 기타 유사 매체 자료
⑥ 카세트에 녹음된 도서
⑦ 마이크로 컴퓨터 소프트웨어
⑧ 전자출판물[기계가독형테이프(출력가능한자료에 한함), CD-ROM 등]
⑨ 마이크로 형태 자료
⑩ 지도(판매용)

(2) 제외되는 자료

① 일기장, 달력, 광고물과 같은 수명이 짧은 자료
② 선전용 팜플렛
③ 표제지와 본문 없이 인쇄된 화첩, 미술작품, 지도(비판매용), 악보 등 낱장자료
④ 연속간행물(단,1회 간행물인 연감, 연보 등은 도서번호와 연속간행물 번호를 동시에 부여)

20. VAN(Value Added Network)

(1) VAN의 유형

① 직접 연결형: 체인점의 연결 데이터 교환시스템, 도매업이나 제조업이 각각 고정고객선과 연결한 네트워크 시스템
② 공동 이용형 네트워크: 지역 유통 네트워크 및 업계 유통 네트워크 시스템

(2) VAN의 기능

① 기본 통신 기능
㉠ 기본 전송로인 통신위성, 광 파이버
㉡ 통합 디지털망인 회선 교환, 버켓 교환, 고속 디지털 전용선
② 통신 처리 기능
㉠ 통신과정에서 컴퓨터처리를 통해 정보를 정확히 전달하는 기능
㉡ 정보의 식별, 미디어 변환, 스피드 변환, 포맷 교환하는 기능
③ 정보 처리 기능
㉠ 정보의 전달 과정에서 정보를 가공 및 연산하여 새로운 정보 기능을 추가 내지 변경하는 기능
㉡ 통신망을 이용할 수 있는 컴퓨터 시스템

(3) VAN의 서비스

① 전화, 팩스, 텔렉스, 정지 화면
② 컴퓨터 통신, 화면 광관 시스템
③ 전자우편, 음성우편, 텔리 컨퍼런스
④ 데이터 축적, 교환, 상호 접속
⑤ 해외 통신망과의 접속(EDI에 이용 가능)

(4) VAN의 특징

① Value-Added Networks
② Many-to-may Systems
③ Third-party networks

21. EDI(Electronic Data Interchange)

(1) EDI의 정의

① 기업 간 교환되는 서식이나 기업과 행정 관청 사이에서 교환되는 행정 서식을 일정한 형태를 가진 전자메시지로 변환 처리하여 상호 간에 합의한 통신 표준에 따라 컴퓨터와 컴퓨터 간 교환되는 전자 문서 교환 시스템이다.
② EDI는 컴퓨터로 주문서, 주문응답서, 송장, 발송통지서, 인수통지서 등의 상거래 서식을 업체 간에 표준화된 양식에 맞추어 교환하는 정보 전달 방식을 말한다.

(2) EDI의 기대 효과

① 업무 처리 시간의 단축이 가능하게 되었다.
② 거래 상대방과 정보의 공유로 협력 관계가 증진되었다.
③ paperless, 오류 감소, 비용 절감 등 여러 부문에서 효율성이 증진되었다.

④ 생산 요소의 생산성 향상과 사무처리비용, 인건비가 감소되었다.
⑤ 주문 cycle 감소와 재고관리비 감소, 고객의 요구에 효율적 대응이 가능하게 되었다.

22. EDI와 e-Mail

(1) EDI

① EDI의 특징
　㉠ 구조화된 표준양식 사용
　㉡ 공식 거래서류 교환
　㉢ 다량 자료 반복적 교환
　㉣ 가입된 거래상대만 사용
② EDI의 장점
　㉠ 재입력 불필요
　㉡ 표준메시지 변환
　㉢ 독립적인 DB 구축
③ EDI의 단점
　㉠ 비표준화
　㉡ 정보 교환 불가

(2) e-Mail

① e-Mail의 특징
　㉠ 단순한 구조의 일반구문
　㉡ 편지, 안내문 등 비정형적 문서
② e-Mail의 장 · 단점
　㉠ 자유로운 형식의 문서교환이 용이
　㉡ 정보의 즉시 DB화 불가

23. 지능형 에이전트(IA;Intelligent Agent)

(1) IA의 정의

① 지능형 에이전트는 상황에 따라 소프트웨어 에이전트, 소프트봇(softbots), 노우봇(knowbots), 위자드(wizard) 등 다양한 용어로도 지칭되는 기술이다.
② 지능형 에이전트는 사용자를 대신해서 스스로 불필요한 메일을 삭제하거나 고객과의 면담일정을 잡고, 가장 저렴한 항공요금을 찾아 인터넷 사이트를 검색하기도 한다.

(2) IA의 핵심 특성

① **자율성**: 특정 목적에 대해 사람이나 다른 시스템의 간섭 없이 동작하며 자신의 내부 행동과 상태를 자율적으로 제어하는 능력
② **협동성**: 다른 에이전트와 협동해서 목적을 달성하려는 성질(상이한 기능을 수행하는 에이전트들이 협업을 통해 보다 큰 업무를 수행하는 다중 에이전트 시스템의 구축을 가능하게 하는 특성)
③ **정직성**: 정확한 정보를 주고 받으며 이를 그대로 사용자에게 전달하는 성질
④ **이동성**: 특정 목적을 달성하기 위하여 네트워크를 통해서 자유롭게 이동할 수 있는 능력
⑤ **적응성(학습능력)**: 주변 환경이나 특정 목적 등의 변화를 인식하고 그에 적응하기 위한 학습능력
⑥ **사회성(통신능력)**: 다른 에이전트 또는 다양한 시스템 자원과 통신할 수 있는 능력
⑦ **추론능력**: 규칙기반, 지식기반 등을 이용하여 특정 영역의 문제를 해결할 수 있는 능력

24. 트랜잭션(Transaction)

(1) 트랜잭션(Transaction)은 ATM, 데이터베이스 등의 시스템에서 사용되는 쪼갤 수 없다는 업무처리의 단위이다. 영어의 Transaction은 거래를 뜻한다. 예를 들어 돈을 주었는데 물건을 받지 못한다면, 그 거래는 이루어지지 못하고 원상태로 복구되어야 한다.
(2) 이와 같이 쪼갤 수 없는 하나의 처리 행위를 원자적 행위라고 한다. 여기서 쪼갤 수 없다는 말의 의미는 실제로 쪼갤 수 없다기보다는 만일 쪼개질 경우 시스템에 심각한 오류를 초래할 수 있다는 것이다.
(3) 트랜잭션은 실시간 데이터이며 요약의 수준이 낮다. 주로 관계형 데이터베이스 모형을 요구하고 ATM 또는 데이터베이스 등의 시스템에서 제공하는 것이 바로 트랜잭션이다. 따라서 높은 수준의 정규화를 요구할 것이다.

25. 내부 데이터베이스

(1) 내부 데이터베이스의 의의

① 유통 정보를 위한 기업의 내부 데이터베이스는 기업이 주관하는 업무에 관련된 데이터이다.
② 생산 · 조달 · 판매 · 운영 · 물류업무 및 고객 서비스 업무 등과 관련된 데이터베이스를 말한다.

(2) 내부 데이터베이스의 유형

① **조달 물류 관련 데이터**: 원자재, 부자재, 입찰, 외상, 매입 등의 데이터
② **상품 생산 관련 데이터**: 생산 계획, 생산 비용, 생산 공정, 품질관리, 상품 디자인 등의 데이터
③ **판매 물류 관련 데이터**: 재고, 출하, 창고관리, 운송, 하역 등에 관련된 데이터
④ **판매 영업 관련 데이터**: 수요 예측, 판매수당, 주문서, 견적서, 외상매출 등의 데이터
⑤ **고객 서비스 관련 데이터**: 고객 불만처리대장, 고객 성향 고객 서비스 기록 등의 데이터

26. 의사결정 지원 시스템(DSS;Decision Support System)

(1) 컴퓨터를 이용해서 경영자의 비구조적 또는 반구조적인 의사결정을 지원하기 위해 의사결정모형과 자료에 보다 쉽게 접근할 수 있게 해주는 대화식 시스템이다.
(2) 의사결정 지원 시스템은 원어 그 자체로 의사결정을 하는 데 있어서 의사결정을 지원하기 위한 시스템이므로 시스템에서 제시하는 대안이 문제 해결의 답이 아니라 보조적인 지식일 수도 있고 답안을 제시하더라도 문제의 해답이라는 것을 말하는 것이 아니다.

27. 물류 정보 시스템(LIS;Logistics Information System)

(1) 물류 정보의 시스템화

① 물류는 단순한 물리적 행동이 아니고 수주(受注)에서 납품(納品)에 이르기까지 정보의 흐름을 인식하여야 한다. 따라서 정보의 흐름을 효율적으로 운영하기 위해서는 시스템화가 중요한 과제로 등장하게 된다.
② 물류 정보의 시스템화는 특히 소비자의 욕구가 다양화되어 다품종 소량생산의 체제로 전환되고 지속적으로 증가하는 물동량을 적절히 처리하기 위해서 보관작업을 효율화하여 작업의 신속화, 포장작업의 표준화, 수·배송 활동의 경제화 등 물류 활동에서 발생하는 제반 정보를 컴퓨터와 각종 통신시설을 이용하여 신속하고 정확하게 처리하도록 시스템화가 요구되어지고 있다.
③ 물류 정보의 시스템을 구축하기 위해서는 시스템 전체의 기본적인 구성을 명확히 하고 연관된 서브시스템(sub-system) 간의 관계를 확실히 한 다음 우선순위가 높은 서브시스템부터 단계적으로 실시되어야 한다.

(2) 물류 정보 시스템의 특징

① 격지자(隔地者) 간 시스템은 송화주와 수화주가 격지에서 상호 정보를 이동하는 것이다.
② 다수기업 간 시스템은 각종 이질적인 물류 관련업체의 정보 이동으로서, 다른 종류의 네트워크와의 접속과 VAN 서비스의 요구가 전제되어야 하는 시스템이다.
③ 대량정보 처리와 계절 변동은 수주, 피킹, 분류 및 수·배송 등 개별 화물의 연관 정보 처리를 정보의 대량화와 정보의 계절적 변동화에서 살펴야 한다.
④ 현장 밀착형 시스템은 일선현장 담당자의 현장 환경에 적합한 기기 조작 시스템을 말한다.
⑤ 지능형 시스템은 물류 정보와 연결되는 물류기기의 지능화 진전 여부에 관련이 있다.
⑥ 사전 처리형 시스템은 전단계에서 필요 정보를 사전 처리하는 것을 말한다.
⑦ 서비스 수준형 시스템은 최소 비용으로 서비스를 극대화되게 조치하는 시스템이다.

28. 종합물류정보전산망

(1) 육상·해상·항공 등 개별 화물정보망과 무역·통관·금융·보험 등 유관망, 그리고 타 국가기간 전산망 등을 상호 연계하는 시스템을 말한다.
(2) 기존의 물류시스템에 컴퓨터를 이용한 정보시스템을 접목시켜 확대된 시스템으로 물류 관련 업무의 일괄처리 서비스를 제공하는 범국가적 기간망(Infra-VAN)을 구축하는 것을 말한다.
(3) 육상·해상·항공화물 유통 업무에 관한 EDI 시스템을 구축하고, 화물의 수송·보관·하역·입출항 등의 물류 DB를 구축하는 것을 말한다.
(4) 육상과 해상, 항공 등 개별적인 화물관련 정보들을 서로 연계하여 화물의 수송과 입출항 등의 업무를 자동화하는 정보망이다.
(5) 기업은 '언제 어느 곳으로 어떤 화물이 얼마나 오가는지'를 사무실에 앉아서 즉시 확인할 수 있으며 화물의 정체현상 같은 문제도 해결할 수 있다.
(6) 고객은 물류와 관련한 모든 민원을 전국 어느 곳에서나 볼 수 있으며 화물 관련 예약이나 주문은 물론 운송 차량의 위치 등 화물운송 정보들을 파악할 수 있다.
(7) NEIS는 종합물류정보전산망을 구성하는 국가기간망에 속하는 것이다.

29. EOS(Electronic Ordering System)

(1) EOS의 정의

① EOS는 발주자의 컴퓨터에 입력된 주문 자료가 수신자의 컴퓨터로 직접 전송되도록 구축된 주문시스템으로, 전자주문시스템 또는 자동발주시스템이라고 한다.
② 편의점이나 슈퍼마켓 등 체인사업에서 상품을 판매하면 POS데이터를 통하여 자동적으로 중앙본부에 있는 컴퓨터에 입력되는 것을 파악할 수 있다.
③ 상품의 부작용을 컴퓨터가 거래처에 자동으로 주문하여 항상 신속하고 정확하게 해당 점포에 배달해 주는 시스템을 말한다.

(2) EOS의 효과

① 소매점의 EOS 구축목적은 '발주의 시스템화', '품절 예방', '점포재고의 적정화' 등을 예로 들 수 있다.
② 판매에 필요한 물품을 조기에 발주하여 품절을 방지하고 납품일정까지 정리하는 시스템으로 공급망관리를 할 수 있다.
③ 재고관리는 물론 주문처리까지 자동화해서 자원계획과 구입 간소화를 추구할 수 있다.

30. GPS(Global Positioning System)

(1) GPS의 정의

① GPS(Global Positioning System)란 미국 국방부에서 개발한 새로운 위성항법 시스템으로 주 관제국은 미국에 있다.
② 관성항법(慣性航法)과 더불어 어두운 밤에도 목적지로 유도하는 측위(測位)통신망으로서, 그 유도기술의 핵심이 되는 것은 3개의 인공위성을 이용한 GPS이다.
③ 주로 선박이나 차량 위치 추적을 통한 전천후 항해를 지원하고 물류관리에 이용되는 통신망이다.

(2) GPS의 효과

① GPS를 도입하면 자연 재해로부터 사전 대비를 통해 재해를 회피할 수 있고 토지 조성공사에도 작업자가 건설용지를 돌면서 지반 침하와 침하량을 측정하여 리얼 타임으로 신속하게 대응할 수 있다.
② 대도시의 교통 혼잡시에 차량의 행선지 지도와 도로 사정을 파악할 수 있으며 공중에서 온천 탐사도 할 수 있다.
③ 무엇보다도 GPS를 통해 밤·낮으로 운행하는 수송차량 추적 시스템의 완벽한 관리 및 통제를 향상시킬 수 있다.

31. Reverse-Logistics(역물류)

(1) 역로지스틱스는 반품의 가치를 되찾거나 반품의 적절한 처분을 위한 물류활동이다.
(2) 소매상에서 시작하는 역로지스틱스의 주요 대상은 과잉재고품이나 유행이 지난 상품 등이다.
(3) 소비자에서 시작하는 역로지스틱스의 주요 대상은 불량품이다.

32. ECR(Efficient Consumer Response;효율적 고객 대응)

(1) ECR의 정의

① 1990년대 초 미국에서 슈퍼마켓들의 매출신장률 저조의 해결 방안으로 도입되었으며 소비자의 만족에 중점을 두고 공급사슬 효율을 극대화하기 위한 새로운 모델이며, 식품잡화 부문의 SCM이다.
② 제품의 제조 단계에서 도매, 소매에 이르기까지 전과정을 일련의 흐름으로 보아 관련 기업들의 공동참여를 통해 총체적으로 경영 효율을 높이는 방법이다.
③ 전자문서화된 정보교환과 원활한 제품흐름이 시스템 도입의 성공 요건이며 신속 정확한 재고 보충을 가능하게 하고 '공급업체-제조업체-유통업체' 컴퓨터에 의한 자동발주(computer aided ordering)를 기본으로 한다.

(2) ECR의 활용 분야

① 제품 구색: 판매시점상의 재고, 공간 생산성의 최적화
② 제품 보충: 생산에서 판매에 이르는 시간과 비용의 절감
③ 판매 촉진: 소매업자와 소비자를 겨냥한 촉진 활동의 효율성 극대화
④ 신제품: 신제품의 도입과 개발, 상용화 과정에서 나타나는 신제품 출시 효과의 극대화

33. VMI(Vendor Managed Inventory;공급자 재고관리)

(1) VMI의 정의

① 소매업의 점포관리를 소매업체를 대신해서 공급자인 제조업자 도매업자가 하는 것을 말한다.
② 소매업체는 유통업체나 재조업체에 판매와 재고에 관한 정보를 제공해야 하고 치밀하게 자동 보충 발주를 해야만 한다.
③ 제조업체가 이를 토대로 과거 데이터를 분석하고 수요를 예측하며 상품의 적정 납품량을 결정하는 시스템이다.
④ 소매업체에 의한 발주단위 자체를 아예 없애고, 그 재고관리를 제조업체와 도매업체의 손에 맡기는 것을 말한다.

(2) VMI의 효과

① 미래의 상품 수요량 예측을 위한 데이터로 활용되고 제조업체의 생산공장에서 생산량의 조절에 이용된다.
② 제조업체에서 적정 생산과 납품을 하여 기존의 소매업체가 수행하던 것보다 경쟁력을 향상시킬 수 있다.
③ 유통업체에서는 재고관리에 따른 비용 절감 효과를 볼 수 있다.

(3) VMI의 특징

① 점포의 POS 데이터를 납품업자에게 직접 전송한다.
② 점포에서는 발주 업무의 생략이 가능하고 VMI 도입 전에 비해 품절이 감소된다.
③ 납품업자는 VMI에 의해 소비자의 반응을 신속히 평가할 수 없다.

34. RFID(Radio Frequency Identification)

(1) RFID의 개념

① RFID는 자동인식(AIDC) 기술의 한 종류로서 micro-chip을 내장한 Tag에 저장된 데이터를 무선 주파수를 이용하여 비접촉 방식으로 Reading하는 기술을 말한다.
② RFID(Radio Frequency IDentification)는 자동 인식(Automatic Identification) 기술의 하나로써 데이터 입력 장치로 개발된 무선(RF;Radio Frequency)으로 통하는 인식 기술이다.
③ RFID 기술은 궁극적으로 여러 개의 정보를 동시에 판독하거나 수정, 갱신할 수 있는 장점을 가지고 있으며 물류, 보안 분야 등 현재 여러 분야에서 각광받고 있다.

(2)RFID의 특징

① 판독기에서 나오는 무선신호를 통해 상품에 부착된 태그를 식별하여 데이터를 호스트로 전송하는 시스템이다.
② RFID 활용에 있어서 요구되는 시스템 표준은 H/W 및 S/W에 대한 기술표준, Tag의 데이터 Syntax에 관한 활용표준, 사용 가능한 주파수 범위에 대한 규정 등으로 구성된다.

(3) RFID의 물류관리

① 야적장 관리, 우편물 관리, 제품 입·출하 관리, 물류 접수 시 배송 정보를 저장한 Tag를 부착하면 리더기가 장착되어 있는 구역 내에 출입할 때 물품 명세서의 리스트들에는 물건들의 도착과 선적에 관한 사항들이 직접 반영된다.
② 컨베이어 시스템에 리더가 장착되어 있다면 각종 품목들이 리더 근처를 지나가는 동안 자동적으로 물품 명세서에 대한 변동 상황도 즉시 수정 출력될 수 있다.

(4)RFID의 공정관리

① 공정관리는 제조 공정 관리, 재고 관리, 제품 이력 관리 등으로 구분할 수가 있다. 제품에 대한 이력제(traceability)란 생산물 추적관리를 의미하는 것이다.
② 공정별 수행 현황에 대한 정보를 쓰고, 불량에 대한 기록을 통하여 공정 라인상에서 자동으로 불량 공정(수정, 폐기)으로 전달하고 공정관리 자료를 실시간에 얻을 수 있다.
③ 최종 Maker, 작업자, 일자, Order No., Lot No. 등을 저장하여 A/S시에도 활용할 수 있다.

(5)RFID의 구성기기

① 태그(Tag)
㉠ 상품에 부착되며 데이터가 입력되는 IC칩과 안테나로 구성
㉡ 리더와 교신하여 데이터를 무선으로 리더에 전송
㉢ 배터리 내장 유무에 따라 능동형과 수동형으로 구분됨.

② 안테나(Antena)
㉠ 무선주파수를 발사하며 태그로부터 전송된 데이터를 수신하여 리더로 전달함.
㉡ 다양한 형태와 크기로 제작 가능하며 태그의 크기를 결정하는 중요한 요소임.

③ 리더(Reader)
㉠ 주파수 발신을 제어하고 태그로부터 수신된 데이터를 해독함.
㉡ 용도에 따라 고정형, 이동형, 휴대용으로 구분
㉢ 안테나 및 RF회로, 변/복조기, 실시간 신호처리 모듈, 프로토콜 프로세서 등으로 구성

④ 호스트(Host)
㉠ 한 개 또는 다수의 태그로부터 읽어들인 데이터를 처리함.
㉡ 분산되어 있는 다수의 리더 시스템을 관리함.
㉢ 리더로부터 발생하는 대량의 태그 데이터를 처리하기 위해 에이전트 기반의 분산 계층 구조로 되어 있음.

35. RFID와 Barcode

(1) RFID시스템은 바코드에 비해 비용이 높고 스마트카드에 비해서는 메모리 용량이 작은 단점이 있으나, 차세대 핵심기술이 되기 위해서는 다양한 표준화 작업이 선행되어야 한다.
(2) 바코드는 근거리에서 작동해야 하지만 RFID는 무선 신호의 세기에 따라 거리를 자유롭게 조절할 수 있다.
(3) 바코드와 RFID 태그의 가장 큰 차이점은 정보의 판독방법이다. 바코드는 코드를 개별적으로 하나씩 읽어 정보를 수동으로 인식시켜야 하는 것에 비해 태그는 다량의 복수 정보를 동시에 인식하여 읽거나, 입력을 자동화할 수 있다.

36. SCM(Supply Chain Management)

(1) 공급사슬의 개념

① 공급사슬은 원자재업자로부터 공장, 창고를 거쳐 소비자에게 최종제품을 전달하는 것까지의 모든 활동을 말한다.
② 협력업체(공급)→제조공장(제조)→물류센터(유통)→유통업체(판매)→소비자(고객)의 단계를 거치는 자재 및 제품의 흐름이다.
③ 원자재로부터 소비자까지의 각 과정상의 자재, 정보, 지불, 서비스 등의 흐름을 포함한다.

(2) 공급사슬의 구성 요소

① 상위 흐름 공급사슬(Upstream Supply Chain)은 조직의 첫째 상단에 있는 2차 원자재 공급상과 1차 원자재 공급상 간의 공급 사슬이다.
② 내부 공급사슬(Internal Supply Chain)은 입고분을 출고분으로 전환하는 과정에서 조직이 수행하는 과정을 말한다.
③ 하위 흐름 공급사슬(Downstream Supply Chain)은 제품을 최종 고객에게 전달하는 데 관련된 전 과정을 지칭한다.
④ 공급사슬관리는 공급사슬상의 불확실성과 위험을 줄임으로써 재고수위, 주기시간 등에 긍정적 영향을 주고자 한다.

37. 채찍 효과(Bull Whip Effect)

(1) 채찍 효과의 발생 원인

① **수요 예측**: 수요가 발생하면 기업들은 안전재고 목표량과 결부시켜 공급자에게 더 많은 가수요를 발생시킨다.
② **대량 주문**: 상류로 갈수록 주문과정을 보면 일정 기간을 두고 대량 주문이 밀려오는 것을 알 수 있다.
③ **물량 예측**: 소매상들이 만약에 미리 많은 물량을 확보하였다면 상류로 갈수록 수요의 왜곡 현상인 채찍 효과를 초래하게 될 것이다.
④ **공급 부족**: 공급량이 수요량에 미치지 못할 것 같아 소매상이 이러한 주문을 냈는데 주문량의 비율에 따라서 공급량을 할당받기 때문이다.

(2) 채찍 효과의 방지책

① 공급망에 걸쳐 있는 중복 수요의 예측을 가급적 하지 말아야 한다.
② 가급적 대량의 배치 주문을 적당한 규모에 해당하는 것으로 줄인다.
③ 공급 부족 등의 상황이 발생하지 않도록 해야 한다.
④ 공급 경로(supply chain) 간의 강력한 파트너십을 구축해야 한다.

38. 가치사슬(Value Chain)

(1) 주요활동(primary activity)

① **입고물류**(inbound logistics): 내부물류라고도 하며, 유입되는 원재료의 입고와 처리를 포함한다.
② **운영**(operation): 생산 활동을 말하는 것으로 투입된 원자재를 최종제품 및 서비스로 변환하는 기능을 의미한다.
③ **출고물류**(outbound logistics): 외부물류와 같은 말로서 주문처리와 구매자에게 제품을 보내거나 서비스를 제공하는 과정을 말한다.
④ **마케팅 및 판매**(marketing & sales): 활동은 광고, 판촉, 영업사원의 관리를 포함한다.
⑤ **서비스**(service): 제품의 가치유지 및 향상을 위한 서비스 활동이다.

(2) 지원활동(support activity)

① 지원활동은 경영의 기본활동들을 지원하는 기능을 포함한다.
② 지원활동은 기본활동을 보조하기 위하여 '기업하부구조', '인적자원관리', '기술개발', '구매활동' 등을 제공한다.
③ 예를 들어 기업하부구조는 일반관리 및 기획업무, 재무관리, 법적 수속, 회계 등을 의미하는데, 이들은 가치사슬을 전반적으로 지원한다.

39. 균형성과 표(BSC;balanced score card)

(1) 조직의 비전과 경영목표를 각 사업 부문과 개인의 성과측정지표로 전환해 전략적 실행을 최적화하는 경영관리기법이다. 하버드 비즈니스 스쿨의 로버트 카플란(Kaplan)교수와 경영 컨설턴트인 데이비드 노턴(Norton)이 공동으로 개발하여 1992년에 최초로 제시했다.
(2) 주요 성과지표로는 재무, 고객, 내부프로세스, 성장과 학습 등이 있으며 기존의 재무성과 중심의 측정도구의 한계를 극복하기 위해개발이 되었다. 재무, 고객, 내부 프로세스, 학습, 성장 등 4분야에 대해 측정지표를 선정해 평가한 뒤 각 지표별로 가중치를 적용해 산출한다.
(3) 장기적 관점의 고객관계에 대한 평가를 포함하며, 기업의 학습과 성장 역량의 평가를 포함하고, 정성적 성과와 정량적 성과, 단기적 성과와 함께 장기적 성과를 포함하여 공급사슬 프로세스의 성과평가에 활용한다.

40. 크로스 도킹(Cross Docking)

(1) 크로스 도킹은 배달된 상품을 수령하는 즉시 중간 저장 단계가 거의 없거나 전혀 없이 배송지점으로 배송하는 것을 말한다. 즉, 받은 상품을 창고에 저장하지 않고 곧바로 소매점포로 배송하는 물류시스템이다.
(2) 크로스 도킹은 창고나 물류 센터로 입고되는 상품을 보관하는 것이 아니라 즉시 배송할 준비를 하는 물류시스템을 말한다.
(3) 물류 센터에서의 크로스 도킹은 매우 짧은 특징이 있다. 배달된 상품을 수령하는 즉시 중간 저장 단계가 거의 없거나 전혀 없이 배송지점으로 배송하므로, 배송의 동시화가 핵심적인 요인이 된다.

41. CRP(Continuous Replenishment Process)

(1) 끊임없는 상품 보충(CRP)은 유통 공급망 내의 주문량에 기초한 상품의 판매 데이터를 근거로 하여 적절한 양을 항시 보충해 주는 시스템의 일종이다.
(2) Push 방식은 유통 소매점에의 재고 보유의 많고 적음에 상관없이 공급자 입장에서 상품을 무조건 공급하는 방식을 말한다.
(3) Pull 방식은 상품을 소비자의 수요에 근거하여 소매상이 요구할 때에만 공급자가 공급하는 끌어당기기 방식으로 CRP와 거의 일맥상통하다.
(4) CRP는 경로구성원 간의 정보공유에 의해 공급자가 공급시점과 양을 결정하는 방식이며 상품 수요 예측을 기초로 하여 소매점에 공급하는 형태로서, 거래선 간에 상품이 공급되는 모든 지점에 적용이 가능한 방식이다.

42. CPFR

(1) CPFR(Collaborative Planning Forecasting and Replenishment)은 협업설계 예측 및 보충이라고 하며, 유통과 제조업체가 정보교환 협업을 통하여 'One-number' 수요예측과 효율적 공급계획을 달성하기 위한 기업 간 Workflow이다.
(2) CPFR은 소매업자 및 도매업자와 제조업자가 고객서비스를 향상하고 업자들 간에 유통총공급망(SCM)에서의 정보의 흐름을 가속화하여 재고를 감소시키는 경영전략이자 기술이다.
(3) Internet상에서 실시간 공유되는 판매 관련 정보와 소비자 및 시장 관련 정보는 제조업체의 생산관리 스케줄에 신속히 반영되어 공급체인(supply chain)상에서 변화에 대한 적응력이 상당히 높아진다.
(4) CPFR은 판매손실을 회복할 수 있는 서비스 증대와 카테고리 매니지먼트를 향상시키며 수요계획을 확장하여 상품보충을 실현한다.
(5) CPFR은 매출 증가, 조직의 합리화 및 정비 행정 및 운영상의 효율성 제고, 현금 흐름(cash flow) 개선, ROA(return on assets) 향상을 가능하게 하는 효과가 있다.

43. ERP(Enterprise Resource Planning)

(1) 전사적 자원관리(ERP)는 기업의 인적 · 물적 자원을 효율적으로 활용하는 관리 시스템으로서 통합 업무 패키지 또는 기간 업무 시스템으로 불리우며, 기업 경쟁력 강화를 위한 통합정보 시스템 구축을 목적으로 하고 있다.
(2) ERP시스템은 영업, 생산, 구매, 자재, 회계, 인사 등 회사 내 모든 업무를 IT(Information Technology; 정보기술) 자원을 활용하여 동시에 통합 처리하고 정보를 실시간으로 공유하는 것이 가능하다.
(3) 경영 환경의 급격한 변화와 정보 기술의 변화에 대응하기 위해 최신의 정보 기술과 선진 프로세스를 결합하여 기업의 구조 및 업무처리 방식에 혁신을 가져오고 기업의 전체 정보 시스템을 혼합하기 위한 소프트웨어 패키지라고 할 수 있다.
(4) 생산관리의 측면에서는 MRP에서 진화한 기법으로 볼 수 있으나, 초기와는 달리 생산관리보다는 정보 시스템에서의 관점과 전략 경영의 관점에서의 접근이 이루어지고 있다.

44. 버저닝(Versioning)

(1) 버저닝의 개념

① versioning은 동일한 한 제품을 기반으로 다양한 형태의 제품을 출시한다는 의미다.
② 이들 다양한 제품군은 각기 다른 타깃을 겨냥하여 제작된다. 그 제품에 높은 가치를 부여하는 사람에게는 높은 가격에 판매를 하고, 낮은 가치를 부여하는 사람에게는 저가로 판다는 말이다.

(2) 버저닝의 과정

① versioning은 보다 전통적인 정보재 판매에 있어서도 널리 쓰이고 있던 판매 전략이다.
② 책을 예로 든다면, 처음에 출시할 때는 하드커버로 된 조금 더 비싼 가격에 판매되고, 출시 후 시간이 지나고 나서 일반 페이퍼 커버로 교체하면서 가격을 내린다.
③ 그럼 그 책에 대해 높은 가치를 부여하는 사람들은 하드커버로 좀 더 빨리 비싼 가격을 주고 사볼 것이고, 그렇지 않은 사람은 더 기다렸다가 싼 가격에 책을 사볼 것이다.

(3) 정보상품 판매 가격차별화 버저닝

① 시간의 차이에 의한 버저닝
② 처리속도 차이에 의한 버저닝
③ 성능 차이에 의한 버저닝

45. WiBro(Wireless Broadband Internet)

(1) WiBro의 개념

① WiBro란 인터넷 서비스가 무선랜(Wi-Fi)과 같이 무선 환경에서 제공되고, 초고속 인터넷 서비스처럼 광대역 인터넷 접속을 가능하게 한다는 의미에서 'Wireless(Wireless LAN, Wireless Fidelity)와 Broadband(High-speed Broadband Internet)의 합성어인 Wireless Broadband Internet을 줄여 사용하는 말이다.
② WiBro는 그 이름이 뜻하는 대로 언제 어디서나 이동 중에도 다양한 단말기를 이용해서 높은 전송속도로 무선 인터넷 접속이 가능토록 하는 서비스이다.

(2) WiBro의 특징

① 인터넷 접속 서비스는 크게 유선 초고속 인터넷, 이동전화 무선인터넷, 무선랜 초고속 인터넷으로 구분된다. 그런데 유선 초고속 인터넷은 접속 장소의 고정성이, 이동전화 무선인터넷은 늦은 속도와 비싼 사용요금 및 단말기의 한계가, 무선랜 초고속 인터넷은 이용할 수 있는 공간의 제약이 각각 단점으로 작용한다.
② 휴대인터넷 서비스는 WiBro(Wireless Broadband Internet)라고 부르며, 이동통신망의 높은 요금과 초고속 인터넷의 이동성을 보완하여 이동 중에도 끊김 없는 초고속 인터넷 서비스 제공을 목표로 하고 있다.
③ 언제 어디서나 높은 속도로 저렴하게 무선인터넷에 접속할 수 있는 서비스를 제공하며 시속 60km 이상의 이동성과, 약 3km 이내의 셀 반경을 가지고 있으며, 가입자당 전송속도는 1Mbps 이상이다.

46. 모바일 마케팅(Mobile Marketing)

(1) 모바일 마케팅의 개념

① 인터넷 휴대폰으로 대표되는 휴대형 네트워크 도구를 인터넷 마케팅에 활용한다는 것이 바로 모바일 마케팅의 개념이다.
② M-biz란 모바일 비즈니스(Mobile Business)의 줄임말로 무선인터넷, 이동전화 등을 이용한 경제활동 전반을 일컫는다.
③ 모바일 마케팅은 위치기반 상거래(location based commerce)에 대해 적합하다.

(2) 모바일 마케팅의 특징

① 편재성(ubiquity)
② 위치성(localization)
③ 접근성(reach ability)

(3) 모바일 마케팅의 과정

① 휴대폰을 통해 고객에게 기업의 브랜드나 서비스를 홍보하는 것이다.
② 한정된 예산으로 홍보를 하기에 가장 적합한 마케팅 기법이다.
③ 온라인보다 훨씬 정확한 목표 타깃 설정이 가능하고 원하는 시간에 고객에게 정보를 제공할 수 있다.

47. 전자서명(Electronic Signature)

(1) 전자서명의 특징

① 전자서명은 송신자가 작성한 전자문서 자체를 암호화하는 것이 아니므로 제3자가 문서내용을 열람하는 데에는 아무런 장애가 없다.
② 전자서명에 작성자로 기재된 자가 그 전자문서를 작성하였다는 사실과 작성내용이 송·수신과정에서 위조·변조되지 않았다는 사실을 증명하고, 작성자가 그 전자문서 작성 사실을 나중에 부인할 수 없게 하는 역할을 한다.
③ 인터넷뱅킹이나 온라인 주식거래에 필요한 공인인증서는 국가가 지정한 공인인증기관에서 발행하고 공개키를 관리하는 대표적인 전자서명이다.

(2) 전자서명의 단계

① 사용자는 전자서명 키 생성 프로그램을 이용하여 전자서명 생성키와 전자서명 검증키 쌍을 생성한다.
② 전자서명 키는 자신이 가입한 인증기관에서 사용하는 공개 키 알고리즘 중의 하나에 따르거나 특정한 알고리즘에 따라서 사용자가 직접 생성하게 된다.사용자가 보낼 전자문서의 메시지 요약(Message Digest)을 생성한다.
③ 전자서명 생성 프로그램을 통하여 메시지 요약을 송신자의 전자서명 생성 키로 서명하여 전자서명을 생성하고, 생성된 전자서명을 원래의 전자문서에 더하여 수신자에게 전송한다.

48. 해쉬함수(Hash Function)

(1) 해쉬함수의 개념

① 어떤 대상의 이름이 매우 길다고 할 때, 각 대상을 구별하여 부를 수 있도록 짧은 길이의 별명을 붙여주는 것과 같다.
② 각 대상을 구별하기 위해서는 대상의 수가 상당히 크더라도 서로 중복되지 않아야 한다.

(2) 암호적 해쉬함수(Cryptographic Hash Function)

① 조건은 계산된 해쉬 값을 가지고 원래 해쉬함수의 입력 값을 알아낼 수 없다(One-wayness).
② 계산된 해쉬 값은 같은 해쉬 값을 갖는 입력을 찾아낼 수 없다(Weak-colllision free-ness).
③ 같은 해쉬 값을 갖는 입력 쌍을 찾아낼 수 없다(Strong-colllision freeness).
④ 암호화를 위해 대칭키 방식과 공개키 방식 중 하나 이상을 사용하며, 공개키 암호화 방식은 2개의 키를 사용해서 암호화를 한다. 전자인증서는 사용자의 신원을 확인시켜주는 것이다.

(3) 해쉬함수의 특징

① 해쉬함수의 조건으로는 바른 계산과 임의 길이의 입력에 대한 고정된 크기의 해쉬 값 출력 등이 있다.
② 해쉬함수의 용도를 살펴보면 다음과 같다. 우선 정보의 기밀성(Confidentiality)을 무시하고, 즉 정보는 공개하고 그 정보를 누가 변경하지 않았다고 하는 무결성(Integrity)을 보장하고자 할 때 사용된다.

③ 정보를 그 정보의 해쉬 값과 함께 전송하면 수신자는 정보를 해쉬하여 전송되어진 해쉬 값과 비교한다.

49. MRO(Maintenance, Repair and Operations materials)

(1) MRO는 생산에 직접 소요되는 물품은 아니지만 설비와 시설물 유지 보수에 필요한 물품에서부터 사무용품, 청소용품 등 각종 소모성 자재에 이르기까지 원자재를 제외한 기업 생산과 관련된 모든 자재를 포괄한다.
(2) 예를 들면, 복사지, 프린터 토너, 필기구 등 사무용품은 물론이고, 전선케이블 등 전기전자제품과 윤활유, 가스 등 연료류, 볼트 베어링 등 기계부품 등이 포함된다.

50. 디지털 경제법칙

(1) 무어의 법칙(Moore's Law)

① 마이크로 프로세스 전문업체인 인텔을 창립한 고든 무어라는 사람이 주장한 내용이다.
② "마이크로 프로세스 칩의 처리능력은 18~24개월마다 2배로 증가하나 비용은 동일하다", 즉 18~24개월마다 동일한 비용에 두 배 이상의 성과를 거두는 것을 말한다.

(2) 맷칼프의 법칙(Metcalfe's Law)

① 맷칼프는 네트워크 장비 전문제조업체인 3Com의 창업자 출신이기 때문에 네트워크가 갖는 효용에 대해서 관심을 가졌다.
② 일정 숫자 이상의 사람이 해당 네트워크를 이용하면 그 네트워크의 효용은 기하급수적으로 상승한다는 법칙으로, 네트워크 법칙이다.

(3) 서프의 법칙(Cerf's Law)

① 빈센트 서프는 데이터베이스의 전문가로서, DB가 인터넷에 연동되어 있는 경우 각종 자료들을 인터넷을 통하여 여러 가지 정보를 조회하거나 입력할 수가 있다고 하였다.
② 서프의 법칙은 오늘날 인터넷을 활용하고 있는 일반 사용자들에게 그대로 적용을 할 수가 있다.

(4) 단절의 법칙(Law of Disruption)

① 무어의 법칙과 맷칼프의 법칙의 결합, 그리고 서프의 법칙 등이 결합되어 기존의 사회와는 다른 모습의 사회가 대두될 때 이러한 현상을 흔히 단절의 법칙으로 설명할 수가 있다.
② 단절의 법칙을 간략히 말하면, 사회적 · 정치적 · 경제적 변화는 점진적으로 변화하나, 기술의 변화는 기하급수적으로 변한다는 것을 의미한다.

(5) 롱테일법칙(Long Tail theory)

① 아마존의 경우, '흥행성이 없는 책들' 즉 마케팅 대상에서 거의 제외되었던 하위 80% 고객의 매출이 마케팅의 주요 대상이었던 상위 20% 고객의 매출을 추월하는 현상이 일어났다.
② 이와 같이 개별 매출액은 작지만 이들을 모두 합하면 인기상품 못지않은 매출을 올릴 수 있는 틈새상품이 부각되는 현상을 일컬어 크리스 앤더슨은 롱테일 법칙 또는 '역(逆) 파레토법칙'이라고도 한다.

51. 에스크로(Escrow)

(1) 에스크로(escrow)는 전자상거래의 안전성을 높이기 위한 제도를 위해 거래 대금을 제3자에게 맡긴 뒤 물품 배송을 확인하고 판매자에게 지불하는 제도이다. 상품이 구매자에게 도착해 구매 확정 확인을 받으면 비로소 중개 서비스 회사가 판매자에게 대금을 지불하게 된다.
(2) 에스크로 서비스는 전자 상거래가 활성화되면서 소비자의 피해를 최소화하기 위해 도입된 제도로 대부분 오픈 마켓을 운영하는 업체들은 이 제도를 도입, 운영하고 있다. 원칙적으로 모든 현금 결재 거래에 대해서는 에스크로 서비스 적용이 의무화 되어 있다.
(3) 에스크로 서비스는 인터넷 쇼핑몰을 이용한 구매자가 상품을 받아본 뒤 일정조건이 충족될 때까지 에스크로 사업자가 거래대금을 보관하고 있다가 판매자에게 거래대금을 정산해 주는 방식으로 구매자는 구매대금을 최종적으로 지불하기 전에 물품을 먼저 검사할 수 있는 기회를 가질 수 있다.
(4) 익명의 상태에서 거래자 간의 신용만으로 거래가 이루어지는 전자상거래에서 매매행위의 신뢰성을 높여주며, 에스크로 사업자가 구매자와 판매자 간의 거래에 개입함으로써 거래절차가 복잡해지고, 판매자에게는 에스크로 수수료가 부담이 될 수 있다.

52. 사물인터넷(Internet of Things)

(1) Internet of Things 라는 말은 1999년 캐빈 애시톤(Kevin Ashton) 이라는 당시 MIT Auto-ID Center 소장이 제안하였다. 최근에 주목 받고 있는 키워드인 사물인터넷, IoT(Internet of Things) 역시 과거의 사물통신(M2M), 유비쿼터스(Ubiquitous), NFC등의 기존의 기술 개념들로부터 출현해서 현재도 혼용되어 사용 되거나 만물 인터넷(IoE : Internet of Everything) 과 같은 또 다른 용어로도 파생되는 등 그 변화의 속도가 빠르다. 하지만 IoT, 즉 사물인터넷은 분명 기존의 정의된 기술 개념들과는 거리가 있으며 최근에 와서야 그 개념이 널리 받아들여지며 그 가능성이 주목 받고 있다.
(2) 사물 인터넷(Internet of Things, 약어로 IoT)은 각종 사물에 센서와 통신 기능을 내장하여 인터넷에 연결하는 기술을 의미한다. 여기서 사물이란 가전제품, 모바일 장비, 웨어러블 컴퓨터 등 다양한 임베디드 시스템이 된다. 사물 인터넷에 연결되는 사물들은 자신을 구별할 수 있는 유일한 아이피를 가지고 인터넷으로 연결되어야 하며, 외부 환경으로부터의 데이터 취득을 위해 센서를 내장할 수 있다.모든 사물이 해킹의 대상이 될 수 있어 사물 인터넷의 발달과 보안의 발달은 함께 갈 수밖에 없는 구조이다.
(3) 사물인터넷은 컴퓨터 및 네트워크 기술의 발전을 바탕으로 사람 간 연결(Internet of People)을 지원하던 인터넷을 확장해 실세계를 구성하는 모든 개체를 인터넷의 구성원으로 받아들여 정보를 공유하는 것을 일컫는다. 사물인터넷을 측정/공유하는 데이터는 사람, 환경, 가정, 자동차 등 매우 다양한 원천으로부터 나온다.

▶▶▶ 실전모의고사 총10회분

⊙제1과목 : 유통 · 물류 일반

⊙제2과목 : 상권분석

⊙제3과목 : 유통 마케팅

⊙제4과목 : 유통 정보

제 1 회 실전모의고사

정답 및 해설 ➜ P.230

제1과목 유통 · 물류 일반(01~25)

01 조직은 일정한 목적을 달성하기 위해 인간들이 상호 작용을 하는 하나의 구조적 과정(Structured process)이라고 할 수 있다. 다음 중 조직에 대한 일반적인 설명으로 가장 옳지 않은 설명은?

① 조직이란 일정목적 달성을 위해서 필요한 제반활동을 결정, 집합 · 배열하며, 그 같은 활동에 사람들을 배정하고, 적절한 물질적 요소를 준비하며, 각 개인에게 권한을 이양하는 일이다.
② 조직이란 사람들이 목적을 달성하기 위해 가장 효과적으로 협력할 수 있도록 가능한 직무의 성격을 명확히 편성하고, 책임과 권한을 명백히 하여, 이것을 하위자에게 이양하고, 또 상호관계를 설정하는 일이다
③ 조직의 유효성은 경영자가 상황을 어떻게 잘 관리해서 그것을 목표로 하는 바를 보다 많이 성취해 내느냐에 따라 그 수준이 실현될 수 있기 때문에 그것은 투입이 아닌 산출로서 나타나게 된다.
④ 조직에서는 유효성이 중요하지만 유효성만을 강조하다 보면 효율성이 떨어질 수도 있다. 그 결과 인적 · 물적 자원의 낭비를 초래하게 된다. 반대로 효율성이 높은 경우라도 비유효적일 수도 있다.
⑤ 조직에서 톱(top)으로부터의 거리는 직위의 수준 정도를 의미하고 있다. 즉, 직위 간을 연결하는 수직선은 직위의 상호 동등함을 의미하며, 수평선은 상관과 부하관계를 의미하게 된다.

02 다음 중에서 온라인 소매업(무점포 소매업)이 활성화되면서 점포 소매상들이 보이는 변화양상에 대한 설명과 가장 거리가 먼 것은?

① 온라인채널도 병행하는 하이브리드 유통채널을 활용한다.
② 종업원 및 종사원의 전문성 교육 강화를 통해 대고객 서비스를 향상시켜 나가고 있다.
③ 점포 내에서의 분위기 창출 등을 통해 쇼핑의 즐거움을 더욱 중시하고 있다.
④ 고객들과의 커뮤니케이션이 신속하고 다양하게 이루어지는 효과가 있다.
⑤ 온라인 유통채널 도입 초기의 우호적이었던 입장에서 대립적인 입장으로 급격히 변화하고 있다.

03 상호 분업(分業)의 원리로써 참여한다면 보다 사회적 경제성과 능률성을 제고시킬 수 있다는 원칙을 무엇이라 하는가?

① 총 거래수 최소원칙
② 분업의 원칙
③ 변동비 우위의 원칙
④ 집중 준비의 원칙
⑤ 규모의 경제원칙

04 유통기업의 다각화전략은 기업을 둘러싸고 있는 환경의 변화가 격심해짐에 따라 그 필요성이 더욱 증대되고 있다. 다음 중 유통기업의 다각화전략의 동기와 거리가 가장 먼 것은?

① 기업이 보유한 경영자원의 희소성을 극복하고자 하는 욕구
② 기존의 사업을 수행하는 과정에서 발생하는 부산물을 유용하게 활용하고자 하는 욕구
③ 다각화는 개별 사업부문의 경기순환에서 오는 위험을 분산시킬 수 있는 수단이 되기 때문
④ 기존사업의 성장이 둔화되거나 점차 쇠퇴해 감에 따라 새로운 사업분야로 진출할 필요성 대두
⑤ 기업이 다양한 사업 분야에 진출함으로써 기업 경영상의 유연성 제고와 사업의 포트폴리오 추구

05 최근의 유통경로 구성원들의 기능과 역할에 대한 설명으로 가장 옳은 설명은?

① 유통경로구성원들은 다양한 가능을 수행하며, 이 기능들은 제조업체로부터 최종사용자에 이르기 까지 연결된 흐름(flows)으로 실행되게 마련이다.
② 유통경로는 제품이나 서비스를 최종적인 사용을 하게 하거나 소비가 가능하도록 만들어주는 과정에 관여하는 상호 독립적인 조직체들의 집합체이다.
③ 제품 또는 서비스가 최종사용자나 소비자에게 전달되기 까지는 판매, 정보수집, 물류, 금융, 위험부담, 등 활동들이 하나의 단독적인 사건이다.
④ 유통경로 구성원들인 제조업체, 도매상, 소매상 등의 역할은 최종사용자나 소비자의 만족보다는 자신들의 만족을 위해 시스템을 최적화해야 한다.
⑤ 제품이나 서비스의 유통과정에서 발생하는 위험은 유통경로의 구성원의 부담보다는 최종사용자나 소비자의 부담으로 돌리는 것이 타당하다.

06 다음 중 전문양판점으로도 불리며 대중양판점과 전문점의 특징을 혼합 하여 한가지 상품 군을 깊게 취급하여 가격을 낮춘 소매업태를 무엇이라고 하는가?

① 팩토리 아웃렛
② 하이퍼마켓
③ 카테고리킬러
④ 회원제 창고점
⑤ 회원제 창고형 도소매 점포

07 경쟁적 우위 확보를 위한 장기적인 전략적 측면에서 유통경로 설계를 가장 잘못 설명하고 있는 내용은?

① 정부 정책담당자는 매년 김장철의 배추값의 급격한 상승과 하락의 원인에 대처하고자 위해 가급적이면 중간상을 배제하고 직거래를 활송화 시키는 방안을 내놓고 있다.
② 제품 및 서비스의 생산단계와 최종적인 소비단계 사이에 존재하는 물량, 구색, 시간, 공간, 정보, 소유권 등의 격차가 클수록 유통경로는 길어진다고 보았고, 작을수록 경로의 직접성이 높아진다고 보았다.
③ 최종사용자가 적다면, 유통경로의 직접성은 줄어들 것이므로 이 경우 중간상의 개입이 거래접촉의 효율성을 높여줄 가능성이 축소되며, 따라서 유통경로의 길이가 증가하게 된다는 판단을 하게된다.
④ 기업규모가 크고 자금력이 충분하고, 기업의 경영노하우가 많은 기업이라는 판단이 든다면, 유통활동에 강력한 통제가 필요하기에 유통경로의 직접성을 추구하는 것이 유리하다.
⑤ 중간상들을 이용하는데 비용이 너무들거나 중간상들이 수행하는 유통서비스의 수준이 기대한 것에 미치지 못한다면 간접유통경로가 효율적이라 하더라도 직접적인 경로를 선택하는 것이 유일한 대안이 될 수 있다.

08 소매 수명주기 이론(Retail Life Cycle Theory)은 한 소매기관이 출현하여 사라지기까지의 전 과정을 말한다. 이러한 이론에 대한 설명으로 옳지 않은 것은?

① 점포 설비의 비용 회수나 규모의 경제를 실현할 만큼 매출액이 증가하지 못하고, 말기에 가서야 겨우 이익이 조금씩 증가하는 단계를 도입기라 한다.
② 성장기는 소매상의 매출액과 이익률이 급속히 증가하며, 이러한 시기를 급성장기라고도 한다.
③ 성장기에는 벤치마킹, 다운사이징, 리스트럭처링, 리엔지니어링을 위한 새로운 경영기법을 구사하여야 한다.
④ 쇠퇴기에는 혁신적인 신업태의 장점을 도입하거나 창안하지 못하면 그 기업은 쇠퇴할 수밖에 없게 된다.
⑤ 소매수명주기 이론은 새로운 소매형태가 시장에 도입된 이후에 시간이 흘러감에 따라 제품수명주기와 같은 도입기, 성장기, 성숙기, 쇠퇴기를 거치는 현상을 설명하는 것이다.

09 유통점은 크게 두 가지를 기초로 성과를 평가한다. 다음 중 유통점의 성과에 관한 설명으로 가장 적합한 것을 고르시오.

① 상품의 회전율과 상품의 수익률은 상충관계를 갖는다.
② 상품의 고수익률은 전문점보다는 할인점이 우월하고, 회전률은 편의점보다는 백화점이 높다.
③ 소매상의 재무적 능력은 상품의 수익률(margin)과 상품의 회전율(turn over)을 기반으로 결정된다.
④ 상품의 저수익률–고회전율 전략은 비교적 밀집된 상권에 위치하고 비교적 복잡한 조직구조적 특징을 지닌다.
⑤ 상품의 고수익률–저회전율 전략은 비교적 분리된 상권에 위치하고 비교적 단순한 조직구조적 특징을 지닌다.

10 백화점(Department Store)이란 하나의 매장 내에 일괄구매와 비교가 가능하도록 상품 부문별로 구색을 갖추어 진열, 판매하는 대규모 소매업태를 뜻한다. 이러한 백화점(Depart– ment Store)에 대한 설명으로 가장 옳은 것은?

① 각 도시의 번화한 지구에 점포를 설립하고, 판매하는 상품은 가맹본부(加盟本部)에서 일괄적으로 구매를 담당한다.
② 선매품(選賣品)을 중심으로 편의품에서 전문품에 이르기까지 다양한 상품 구색을 갖추고 대면(對面) 판매를 중심으로 한다.
③ 생산자나 도매상으로부터 상품을 저가로 대량 구매하여 초저가로 판매하고, 셀프서비스와 현금정찰제의 고회전주의를 고수하는 특징을 지니고 있다.
④ 강력한 매일저가정책(EDLP)을 추구하며, 주요 특징으로는 비식품류의 취급, 회전이 빠른 상품의 취급, 대량판매, 저가격, 최소한의 고객서비스, 최대한의 경비절감 등을 들 수 있다.
⑤ 주요 특징으로는 비식품류의 취급, 회전이 빠른 상품의 취급, 대량판매, 저가격, 최소한의 고객서비스, 최대한의 경비절감 등을 들 수 있다.

11 하이퍼마켓(HM : Hyper Market)에 대한 설명으로 가장 잘못 된 것은?

① 하이퍼마켓은 대형화된 슈퍼마켓에 할인점을 접목시켜 저가로 판매하는 유통업태이다.
② 하이퍼마켓은 대형슈퍼, 할인점, 창고점의 개념을 조합하여 식품과 비식품 매장을 보통 6:4의 비율로 취급하는 대형 소매업태이다.
③ 주요 특징은 메이커와 백화점의 비인기 상품, 재고품, 하자(瑕疵) 상품 및 이월(移越) 상품 등을 자신의 회사 명의로 대폭적인 할인가격(30~70%)으로 판매한다.
④ 매장 구성은 창고 형태로 운영하며, 소매상과 외식업자를 대상으로 하는 전형적인 유럽형 슈퍼마켓이다.
⑤ 회원제 창고점의 상품진열에서 취약했던 식품비율을 강화하고, 낮은 마진과 높은 회전의 경영을 지향한다.

12 무점포 소매상은 비교적 최근에 도입되고 있는 소매업태이지만 교통난 · 맞벌이 등으로 쇼핑시간의 여유가 없는 소비자들에게 시간을 절약해 주는 효용을 제공해 주며 소매업자 입장에서는 무점포이므로 점포 비용이 절감되며, 입지조건에 관계없이 목표고객에게 접근 가능하고, 고객의 잠재 수요를 자극할 수 있는 이점을 가진다. 이러한 무점포 소매상의 종류로 볼 수 없는 것은?

① 직접판매(Dlirect Selling)
② 자동판매기(Automatic Vending)
③ 카탈로그판매(Catalog Marketing)
④ 카테고리 킬러(Catagory Killer)
⑤ 홈쇼핑(Television Marketing)

13 한정기능 도매상(Limited-service Wholesaler)은 도매상이 제공할 수 있는 여러 가지 기능 중에서, 몇 가지의 도매 기능을 특화하여 수행하는 도매상이다. 이에 해당하지 않는 것은?

① 현금무배달 도매상은 현금으로 거래하며 수송서비스를 제공해 주지 않기 때문에 구매자(소매상)가 직접 운송해 가는 것을 원칙으로 한다.
② 한정상품 도매상은 서로 관련성이 있는 철물이나 가구처럼 어느 정도 연관성이 있는 상위의 제품들을 몇 가지 동시에 취급하는 도매상이다.
③ 직송 도매상은 제품에 대한 소유권을 갖고 제조업자로부터 제품을 취득하여 소매상에게 바로 직송하는 도매상이다.
④ 프랜차이즈 도매상은 소매상들에게 브랜드와 독특한 점포 디자인을 사용할 수 있는 권리를 제공하면서 가맹계약을 체결한 도매상이다.
⑤ 진열장 도매상은 소매상들에게 매출비중이 높지 않으면서 회전율이 높은 캔디, 껌, 건강미용 용품 등을 판매하며 소매 점포까지 직접 트럭배달을 해주면서 소매상을 대신하여 진열대에 진열하거나 재고를 관리해주는 도매상이다.

14 프랜차이즈 시스템은 프랜차이저(franchisor)가 프랜차이지(franchisee)에게 프랜차이저의 상호, 상표, 노하우 및 기타 기업의 운영방식을 사용하여 제품이나 서비스를 판매할 수 있도록 허가하는 것을 말한다. 이러한 프랜차이즈 시스템에 대한 설명으로 잘못된 것은?

① 프랜차이저는 계약의 주체로서 프랜차이지를 모집하여 사업을 수행하는 역할을 하며, 프랜차이지를 선정하여 특정지역마다 사업의 동반자, 대리인으로 영업할 권한을 허용해준다.
② 프랜차이저와 자본을 달리하는 독립사업자인 프랜차이지가 서로 협력하는 형태로서 본부와 가맹점 간에는 계약된 범위 내에서만 서로 통제하거나 특정한 요구를 수행하는 특징이 있다.
③ 프랜차이지는 프랜차이저의 상호 등을 사용하는 권한을 갖기 위해 가입금, 보증금, 로열티 등을 지불하고, 프랜차이저의 경영지도와 지원으로 양자 간의 계속적인 관계가 유지된다.
④ 프랜차이즈의 분권적 시스템은 노동자들의 기업에 대한 극한적인 대립심을 약화시키지만, 프랜차이저는 노동자 집단의 간접적인 대화 창구로 보일 수 있어서 노사분규 등의 위험부담을 증가시킬 수 있다.
⑤ 프랜차이즈 시스템운영에 있어서 프랜차이즈 본부는 프랜차이즈 가맹점뿐만 아니라 직영점을 운영할 수 있으며, 각자의 수를 적절히 조절하거나 각각의 경영성과를 비교하여 경로구조의 조정을 시도하는 것이 법적으로 허용된다.

15 다음의 글 상자에서 QR(quick response)에 대한 옳은 설명만으로 나열된 것을 고르시오.

가. 서로 떨어져있는 기업과 부서간의 물류정보가 실시간으로 전달된다. 나. 시장수요에 신속하게 대응하여 기업경쟁력을 향상시킨다. 다. 공급사슬에서 재고를 쌓이게 하는 요소를 제거한다. 라. 품질을 증가시킬 수 있는 정보를 조기에 획득할 수 있다. 마. QR을 사용함으로써 누적 리드타임이 감소하게 된다. 바. 고객요구에 대한 반응시간을 길게 만드는 요인을 제거한다.

① 가, 다, 라, 마
② 나, 다, 라, 마
③ 가, 다, 라, 바
④ 나, 다, 라, 바
⑤ 나, 다, 마, 바

16 물적 유통의 일반적 개념은 모든 유통경로상에 있어서 제품과 서비스(goods & service)를 정해진 장소에, 정해진 시간에, 정해진 품질로 중간상 및 최종소비자에게 전달되는 것을 말한다. 이러한 물류의 설명으로 잘못된 것은?

① 기업에서 차지하는 비용 중에서 물류비용이 차지하는 비용의 비중이 매우 작을 뿐만 아니라 점점 감소하고 있다.
② 물적 유통(physical distribution, logistics)은 제조업자에서부터 최종소비자에 이르기까지 제품이나 서비스의 흐름을 관리하는 것을 의미한다.
③ 물적 유통은 소비자의 욕구를 충족시키기 위하여 원초지점부터 소비지점까지 원자재, 중간재, 완성재, 그리고 각종 관련 정보를 이동시키는 것과 관련된 흐름과 저장을 효율적이면서 효과적으로 계획, 수행, 통제하는 과정이다.
④ 물적 유통은 유형적이거나 무형적인 모든 재화에 대하여 공급자나 생산자로부터 최종소비자 및 수요자에 이르는 실물의 흐름이다.
⑤ 물류시설은 운용되는 주요기능에 따라 일반적으로 크게 보관센터(ST: stock center), 환적센터(TC: transshipment center), 배송센터(DC: distribution center) 등으로 구분할 수 있다.

17 물류의 판매기능은 촉진에 대한 기능이라고 볼 수 있다. 물류의 원칙에는 3S1L 원칙과 7R's 원칙이 있다. 신속하게(speedy), 확실하게(surely), 안전하게(safely), 싸게(low)의 3S1L 원칙 중 싸게(low) 원칙과 유사한 기능을 가진 7R's 원칙은?

① 좋은 제품(right commodity) ② 적당한 가격(right price)
③ 좋은 품질(right quality) ④ 정량(right quantity)
⑤ 적절한 인상(Right impression)

18 직장생활을 하는 '나뚱뚱'씨는 최근에 살을 빼기 위해 런닝머신을 구입하였다. 그러나 제품에 심각한 하자가 발생하여서 반품이나 환불을 요구할 수 있는 소비자의 기본적인 권리가 있다는 것을 알았고, 권리를 행사할려고 한다. 이런 권리행사에 해당되지 않는 것은?

① 런닝머신을 구입하기 위해 영업사원에게 제품에 대한 카탈로그를 가지고, 내가 근무하는 직장의 커피숍에서 설명을 받을 권리가있다.
② 구입하여 달리기를 하던 중 갑자기 기계가 멈춰서 앞으로 넘어지면서, 부상에 대한 심각한 공포심을 가지게 되어 보호받을 권리가 있다.
③ 기계의 옵션이 다양하여 설명서를 읽고도 이해를 하는 것이 부족하여, 필요한 지식을 제공받기를 원하는 권리가 있다.
④ 동일한 기계를 사용한 소비자들끼리 모여서 기계사용으로 인하여 입은 피해에 대하여 신속·공정한 절차에 따라 적절한 보상을 받을 권리가 있다.
⑤ 소비생활에 영향을 주는 국가나 지방자치단체의 정책과 사업자의 사업활동 등에 대하여 법안을 제출하고, 의견을 반영시킬 권리가 있다.

19 다음 중 물류 공동화 의의에 대한 설명으로 옳지 않은 것은?

① 고객의 제품 수주에서부터 판매되기까지의 물류를 주문, 제품의 수집, 운송, 집하(보관), 배송기능으로 분류하여야 한다. 수집에서 배송까지의 수행주체와 물류기능의 조합에 따라 물류 공동화 방안을 유형화하여야 한다.
② 물류 공동화는 자사의 물류 시스템과 타사의 물류 시스템이 다른 지역과 이종업종을 중심으로 공유되는 것을 말한다.
③ 물류 공동화는 물류비용의 절감을 위하여 자사의 물류 시스템을 타사의 물류 시스템과 연계시켜 하나의 시스템으로 운영하는 것을 말한다.
④ 물류 공동화는 수·배송의 효율화를 높이고 비용을 절감하기 위해 동일지역이나 동종업종을 중심으로 노동력, 수송수단, 보관설비, 정보시스템 등 물류시설을 2인 이상이 공동으로 설치하고 이용·관리하는 것을 말한다.
⑤ 공동으로 행하기 때문에 동일지역에 함께 배송하므로 중복교차를 방지할 수 있고, 소규모의 화물차와 투자로도 합리적인 배송과 수송이 가능하며 개별배달에 비하여 필요한 차량의 숫자를 줄일 수 있다.

20 「유통산업 발전법」은 유통산업의 효율적인 진흥과 균형있는 발전을 꾀하고, 건전한 상거래 질서를 세움으로써 소비자를 보호하고 국민경제발전에 이바지함을 목적으로 한다. 다음 중 이에 대한 용어로서 옳지 않은 것은?

① 매장은 상품의 판매와 이를 지원하는 용역의 제공에 직접 사용되는 장소를 말한다. 이 경우 매장에 포함되는 용역의 제공 장소의 범위는 대통령령으로 정한다.
② 대규모 점포는 하나 이상이 연접되어 있는 건물 안에 하나 또는 여러 개로 나누어 설치되는 매장이며, 일시적으로 운영되는 매장을 포함한다.
③ 전문상가 단지는 같은 업종을 영위하는 여러 도매업자 또는 소매업자가 일정 지역에 점포 및 부대시설 등을 집단으로 설치하여 만든 상가 단지를 말한다.
④ 무점포 판매는 상시 운영되는 매장을 가진 점포를 두지 아니하고 상품을 판매하는 것으로 지식경제부령이 정하는 것을 말한다.
⑤ 공동 집·배송 센터라 함은 여러 유통사업자 또는 제조업자가 공동으로 사용할 수 있도록 집·배송 시설 및 부대업무 시설이 설치되어 있는 지역 및 시설물을 말한다.

21 유통경로 상 경로갈등은 한 경로구성원이 다른 경로구성원의 목표달성 노력을 저해하는 행위를 한다고 생각할 때 발생된다. 하나의 예로서 소비자가격을 책정하려고 할 때 대규모 제조업체는 신속한 시장침투를 위해 저가격을 원하나 소형 소매업자들의 경우 수익성 증대를 위해 고가격을 원할 수 있다. 이 경우 발생하게 되는 경로갈등의 원인 유형을 가장 잘 설명해 주고 있는 것은?

① 힘의 불균형으로 인한 갈등
② 커뮤니케이션의 단절로 인한 갈등
③ 경로구성원의 목표들 간의 양립 불가능성
④ 구성원들간에 현실을 지각하는데 있어서의 차이
⑤ 각 구성원이 수행해야 할 마케팅과업과 과업수행 방법에 대한 의견 불일치

22 상품구성정책에 관한 의사결정에 도움을 줄 수 있는 도구의 하나로서 ABC분석이 있다. 다음 중 ABC분석에 대한 설명과 가장 거리가 먼 것은?

① 매출액의 70%를 차지하는 상위 품목을 A라인, 추가적인 20%를 차지하는 차 상위 품목을 B라인, 나머지 품목을 C라인으로 구분한다.
② ABC분석은 특정성과측정기준에 의해 상품의 등위를 매겨 의사결정에 도움을 주는 방법이며 판매시장에서 상품품목을 대상으로 이루어지며, 구매시장에서 벤더를 대상으로 활용할 경우 그 의미가 없다.

③ 소매업자에게 재고부족은 바로 손실을 의미하기 때문에 재고부족을 피하고 일정한 재고수준을 정해놓고 유지하기 위한 유용한 도구가 바로 ABC분석이다.
④ 제품믹스에서 어떤 상품계열을 포함시키고 제외시킬 것인가 하는 제품계열에 대한 의사결정과정을 통제하기위해 소매업자는 실제성과와 잠재적인 성과에 따라 제품계열을 구분하는 ABC분석을 한다.
⑤ 특정성과측정기준의 상품(군)에 대한 등급(우선순위)을 설정하기 위한 보조수단으로 사용하기에 가장 적합한 방법이다.

23 경로구조는 할당된 유통기능들을 담당하는 경로 구성원들의 집합으로 정의된다. 경로구조에 관한 다음 설명들 중 올바른 설명과 가장 거리가 먼 것은?

① 시장 포괄범위가 커질수록 개개 중간상의 역할은 축소된다.
② 전문품, 고가품일수록 집약적유통을 선택하는 것이 더욱 바람직하다.
③ 고객들의 유통서비스 요구가 세련되고 복잡할수록 유통경로가 길어진다.
④ 유통단계를 축소하더라도 해당 경로구성원이 수행하는 경로기능 자체가 없어지지는 않는다.
⑤ 경로구조가 짧은(short) 직접 경로의 유통은 시장을 유지시키는데 적합하다.

24 다음 중 유통기능의 수행으로 가장 잘못 기술된 것은?

① 여러 공급업자로부터 상품을 구입한 후 재판매하는 기능을 수행 한다.
② 생산시점과 소비시점의 괴리를 연결함으로써 시간 효용을 창조하는 기능을 수행한다.
③ 잠재고객에 대한 판매촉진, 거래협상 및 계약조건의 확정 등의 기능을 수행한다.
④ 유통전략을 통한 경쟁우위는 다른 전략수단들을 통한 경쟁우위와는 달리 상당기간 지속가능 기능을 수행한다.
⑤ 재고유지 및 상품의 진부화 등의 위험을 공급업자에게 전가하여 자신의 이익을 극대화하는 기능을 수행한다.

25 소매업(retail trade, retailing)이란 유통경로 상 유통 말단에 위치하여 최종소비자에게 상품 및 서비스 등의 판매활동을 수행하는 업종으로, 소매상은 소매업을 직접 수행하는 상인을 지칭한다. 이에 대한 설명으로 가장 옳지 않은 것은?

① 미국 AMA에서는 최종소비자에게 판매하는 전체판매액 가운데 비율이 50% 이상인 조직체를 소매상이라 정의하고 있다.
② 소매상의 주된 판매대상은 최종소비자 즉 가계가 되며, 도매상이 상대하는 주된 고객은 최종소비자를 제외한 모든 개인 및 조직이다.
③ 소매활동은 사람 · 우편 · 전화 또는 자동판매기와 같은 판매방법에 따라 수행되기도 하지만, 거리나 소비자의 집에서는 이루어지지는 않는다.
④ 소매업은 소비재 및 서비스를 최종소비자에게 유통시키며 좁은 의미로는 소비재 상품(생활 용품)과 서비스를 최종소비자(일반 가계)에게 유통시키는 상업이다.
⑤ 온라인과 오프라인채널의 소매업은 서로 경쟁 혹은 적대적인 관계라기보다 상호보완적인 관계로 시너지효과가 나올 수 있도록 활용하는 것이 바람직하다.

제2과목 상권 분석(26~45)

26 상권(trade area)이란 한 점포가 고객을 흡인할 수 있는 지역의 한계범위(geographic area)를 지칭하는 말이다. 점포에 대한 마케팅 전략의 수립에 앞서 기업은 자사 점포의 상권 범위를 어디까지로 할 것인가를 먼저 결정해야 한다. 다음 중 상권의 개념에 대한 설명으로 가장 적합하지 않은 것은?

① 일반적으로 상권은 계층적 구조로 형성된 것으로 볼 수 있으며, 지역상권(general trading area), 지구상권(district trading area), 개별점포 상권(individual trading area) 등으로 계층적으로 분류될 수 있다.
② 상권(trade area)이란 한 점포뿐만 아니라 점포집단이 고객을 유인할 수 있는 지역적 범위(geographic area)를 의미하며, 상권은 단순한 원형의 형태가 아니라 아메바와 같이 정형화되지 않은 형태로 되는 경우가 일반적이다.
③ 상권이란 하나의 점포 또는 점포들의 집단이 고객을 유인할 수 있는 지역적 범위를 나타내며, 판매품질에 따라 1차, 2차, 3차 상권 및 영향권으로 구분할 수 있다. 상권의 구매력은 상권 내의 가구소득수준과 가구 수에는 영향이 없다.
④ 중소점포의 경우에도 유명 전문점은 동일 위치의 경쟁점포보다 점포 상권의 규모가 크며, 한 점포의 상권은 지역상권, 지구상권, 개별점포 상권을 모두 포함하는 것이지만, 이와 같이 엄격히 구분하지는 않는다.
⑤ 상권은 시장지역 또는 배후지라고도 부르며 점포와 고객을 상행위와 관련하여 흡수할 수 있는 지리적 영역이고, 경쟁자의 출현은 상권을 차단하는 중요한 장애물이며 고객밀도는 상권 내의 인구밀도와 밀접한 관련이 있다.

27 넬슨(R.L Nelson)이 제시한 입지선정에 있어 8가지 원칙에 대한 설명 중 가장 올바르지 않은 것은?

① 잠재력은 현재 관할 상권 내에서 취급하는 상품, 점포 또는 유통단지의 수익성확보 가능성을 분석하는 것이다.
② 누적 흡인력은 점포, 학교, 문화시설, 행정기관 등이 많이 몰려있어 고객을 끌어들일 수 있는 가능성을 분석하는 것이다.
③ 경쟁회피성은 경쟁점의 입지, 규모, 형태 등을 감안하여 고

려대상 점포가 기존점포와 경쟁에서 우위를 확보할 수 있는 가능성을 분석하는 것이다.
④ 상권접근성은 접근가능성이라고도 하며, 상호 보완관계가 있는 점포가 근접하고 있어 고객이 자기 점포로 흡인될 가능성을 분석하는 것이다.
⑤ 성장가능성은 인구증가, 소득수준 향상으로 시장규모나 자점, 유통단지의 매출액이 성장할 가능성을 분석하는 것이다.

28 도시 · 상업지역 선정 시 고려해야 하는 입지 조건으로서 사회 · 경제적 조건의 내용으로 잘못된 내용은?

① 도심의 일정지구가 발전되면 산업의 종류와 인구 변동의 변화 요인에도 상당한 영향을 준다.
② 예비고객의 구매 습관으로 쇼핑거리, 고객의 쇼핑장소, 기호, 성향 등에 따라 상점의 위치 선택에 상당한 영향을 줄 수 있다.
③ 일정한 지역의 소매점 총 판매량은 그 지역 주민의 구매 능력과 상당한 밀접 관계를 가지고 있는 것을 말하며 이러한 구매능력은 그 지역 주민의 월급 생활지수와 평균 급료나 연금, 재산세 등의 요소를 통해 알 수 있다.
④ 세금을 결정하는 법령과 점포 설치에 대한 인 · 허가와 면허는 점포 위치 선정에 별 영향을 미치지 않는다.
⑤ 시장의 경제적 기반 평가에 적합한 요인으로는 앞으로의 경제 활성화 정도나 경제활동 가능자 중 취업자 비율, 신문, 잡지, 방송 등 미디어매체의 광고 이용가능성 등을 살펴야 한다.

29 다음 중 소매포화지수(Index of Retail Saturation;IRS)에 대한 설명으로 가장 적합하지 않은 지문은?

① IRS는 특정 시장 내에서 주어진 제품계열에 대한 점포면적당 잠재매출액의 크기이고, 신규점포에 대한 시장 잠재력을 측정하는 데 유용하게 사용된다.
② IRS의 값이 적다면 그 지역에 많은 점포가 있거나 매장면적이 큰 업태가 출점을 했고, 그지역의 총가구수가 줄어들었거나 가구수는 동일해도 가구당 지출액이 줄어들었다고 추정할 수 있다.
③ IRS에서는 점포가 비슷한 전통적인 수퍼마켓 등이 적용이 용이하며, 전자제품, 스포츠 용품 또는 가구점등 전문화된 점포에 오히려 더 적용이 쉽다.
④ IRS의 값이 크면 클수록 공급보다 수요가 상대적으로 많은 것을 의미하며 따라서 신규점포를 개설할 시장기회는 더욱 커지는 것을 의미한다.
⑤ IRS의 수요를 측정하기 위해서는 인구수와 가처분 소득을 통한 소매 구매력의 조사. 수요측정지표로 가구 구성원의 연령, 구성원 수, 인구밀도, 유동성이 있다.

30 쇼핑센터는 국내에서는 번화가의 상점가를 말하는데 이에 대한 설명으로 옳지 않은 것은?

① 교외형 쇼핑센터는 지역적인 특색은 비교적 낮은 층수와 대규모 주차시설을 보유하고 있어야 하며, 특정 상권의 사람들을 구매층으로 한다.
② 도심형 쇼핑센터는 지역적으로 주로 도심 중심부에 위치하고 있다. 이러한 지역은 지가가 높으므로 넓은 면적을 차지할 수가 없으며, 저규모의 면적에 고층화를 추구하고 있다.
③ 분산적 근린형은 고객의 구매 관습과 동기는 쇼핑센터의 위치가 가깝고 편리하여 매일 구매하고, 고객의 욕구 분류는 생활 조건의 욕구로서 구입 상품은 주로 실용품이다.
④ 광역 중심형(=거점형) 쇼핑센터에서는 상품 구색과 품질의 양호성 · 다양성 · 신뢰성이 있을 때 단골점포에서 구매하고, 구입 상품은 주로 준고급품과 준유행상품이다.
⑤ 쇼핑센터 내에서의 점포위치는 표적시장이 유사한 점포들이 가까이 위치되어 있는가를 살펴보고 평가하는 것이 좋다.

31 쇼핑센터의 입지 전략으로 중요하게 고려해야 할 사항이 아닌 것은?

① 쇼핑센터의 이용자가 주거지로부터 쇼핑센터까지 이르는데 소요되는 시간과 거리, 이용 교통수단을 고려하여 입지를 선정해야 한다.
② 교외형과 도심형의 쇼핑센터를 확실하게 구분하여, 각각의 특성에 맞게 목표를 설정하고 있어야 한다.
③ 핵점포, 몰, 코트, 전문상가, 사회 · 문화 시설 등 쇼핑센터를 구성하는 시설의 연계 체계를 자세히 고려하여야 하며 고객을 위한 휴식공간, 사회시설, 문화시설의 제공을 고려해야 한다.
④ 미래에는 소득 수준의 향상으로 1가구 1차량 소유가 현재의 상황이므로, 서울 중심지역에 쇼핑센터의 발전을 이룩할 수 있는 입지를 효율적으로 선정해야 한다.
⑤ 쇼핑센터 내에서 특정 점포의 위치를 평가할 때 주차 공간의 크기와 같은 양적 요인도 중요하지만 교통의 상대적인 혼잡도와 같은 질적 요인도 고려하여야 한다.

32 다음 중 노면독립입지(Freestanding Sites)에 적합한 업종으로 가장 어울리지 않는 것은?

① 다른 업체와 비교 우위에 있는 확실한 기술력을 보유하고 있는 전문성이 있는 업종이 적합하다.
② 다른 업체와 비교하여 뛰어난 마케팅력을 보유하고 있으며, 충분히 능력을 발휘할 자신이 있는 업종이 적합하다.
③ 다른 업체와 확실한 비교 우위는 없지만 가급적 고객 스스로 찾아올 수 있도록 할 수 있는 서비스와 시설 규모가 갖춰진 업종이 적합하다.
④ 수많은 종류의 장난감을 판매하는 카테고리 킬러와 같은 목적점포(destination stores)가 적합하다.

⑤ 노면 독립입지의 단점은 다른 점포와의 시너지 효과가 결여되어 있기 때문에 고객을 유인하기 위해 상품, 가격, 판촉 혹은 서비스를 특별하게 제공해야 한다.

33 1976년 위더스푼(Witherspoon)은 복합용도 건축물의 특징을 설명하였다. 그는 소득용도가 3가지 이상의 용도가 한 건물 안에 물리적·기능적으로 복합된 건물을 의미한다. 이에 대한 설명으로 가장 잘못된 것은?

① 호텔, 오피스, 상가, 주거 등 도심 속 인간생활의 기본요소인 주거, 작업, 여가의 각 활동을 동시에 수용할 수 있는 건물을 말한다.
② 용도 면에서 다양한 측면을 강조하여 상호 보완적 상승작용을 유지하면서, 다양한 목적을 가진 이용 대상자의 범위를 증대시키고 비업무 시간대의 활용을 유도한다.
③ 전체 프로젝트의 규모, 형태, 용도, 공정, 구성, 용도들 간의 상대적인 관계, 오픈페이스, 인프라 등의 일관된 계획에 의해 이루어진다.
④ 주거기능의 미흡으로 도심 재개발에 적용될 경우 도심 공동화 현상이 급격히 증가하여 도심을 쇠락시키는데 이바지한다.
⑤ 구성요소들 간의 견고한 물리적 기능의 통합에 의한 고도의 토지 이용을 창출하기 위해 수직적·수평적 동선 체계의 집중적인 연결로서 긴밀하게 통합되어야 한다.

34 패션이란 유행 풍조, 양식을 일컫는 말로, 어느 일정한 시대나 시기에 특정한 사회현상이나 생활양식 등이 일반적으로 받아들여져 널리 퍼지는 과정을 말하며, 주로 의복이나 복식품의 유행을 정의한 것이다. 이에 대한 설명으로 가장 어울리지 않는 것은?

① 의류패션 전문점은 도심 중앙이나 쇼핑몰에 다수가 포진하고 있으므로, 지나가는 통행인들을 유인하기 위하여 항상 좋은 상품을 진열하는 전략을 세우고 실행해야 한다.
② 의류패션 전문점은 백화점보다 더 인기가 있는 곳이라 생각되는 곳에 주로 위치한다. 입지는 주로 중심 상업지역(CBD), 중심 상업지역 인근 쇼핑센터, 의류 전문센터보다는 외곽의 아웃렛 단지가 가장 유리하다.
③ 의류패션 전문점의 위치를 나타내는 상세한 지도를 구입후 핵심상권과 전략상권을 정한후 해당상권별 인구나 세대수, 대형 주거단지 여부 및 상권 내 고객의 소비수준, 주요 교통수단과 주요 공중접객시설을 조사하고 분석해야 한다.
④ 의류패션 전문점은 중심 상업지역(CBD), 중심 상업지역의 인근지역 또는 슈퍼지역 쇼핑센터, 의류·전문센터 등에서 영업성과가 가장 유리하기 때문에, 백화점보다 더 인기 있는 곳이라 생각되는 지역에 위치한다.
⑤ 인구통계변수들 가운데 패션전문점의 입지선정에 대한 영향력으로는 상권 내 가구들의 평균 소득, 상권 내 가구 수와 가구 평균 구성원의 숫자, 상권 내 현재 인구수와 인구수의 증감 여부를 고려해야 한다.

35 슈퍼마켓(Supermarket)은 식료품 위주로 가정용품이나 세탁용품 등의 상품을 셀프서비스 방식으로 최초로 도입해 판매하는 유통업태이다. 슈퍼마켓에 대한 설명으로 잘못된 것은?

① 슈퍼마켓의 운영은 24시간 영업, 연중무휴, 주거지 근처에 위치, 식료품이나 일용잡화를 취급하며, 간혹 독자적으로 개발된 자체 상표로 다양성을 추구한다.
② 슈퍼마켓은 식품이나 일상품과 관련하여 소비자의 욕구를 충족시켜 줄 수 있고, 규모가 적고, 저비용, 저마진, 대량판매, 셀프서비스로 운영되는 점포라고 정의될 수 있다.
③ 최근 들어서 편의점이나 할인점 등과 같은 타 업태와 경쟁, 소비자 욕구의 다양화 등으로 인하여 일상용품에서 벗어나 의류, 농축산물, 수산물 등도 취급한다든지, 영업시간을 확대하는 등 경쟁구조에 적응하려는 노력을 하고 있다.
④ 슈퍼마켓은 도매상 및 제조업자와 직거래를 하고, 구입량을 대량으로 하여 구입원가를 대폭적으로 인하하여 소비자에게 저가격으로 공급하며, 셀프서비스 채택에 따른 인건비 절감을 경영원칙으로 하여 운영되고 있다.
⑤ 슈퍼마켓 연구내용과 일치하지만 선행연구에서 '상품의 질'을 예비조사 결과를 참고하여 '식품의 신선도'로 바꾼 것이다.

36 도심 입지(CBDs)는 대도시와 중·소도시의 전통적인 도심의 상업지역을 말하며 이러한 곳은 다양한 상업활동으로 인해 많은 사람들을 흡인하는 지역이다. 다음 중 도심 입지에 대한 설명으로 가장 잘못된 것은?

① 도심 입지는 대체로 중상류층 이상의 사람들이 다니며 오피스타운이 인근지역에 발달해 있고 지가와 임대료가 매우 비싼 지역으로 볼 수 있다.
② 많은 사람들을 유인하고, 그 곳이 대중교통의 중심지이며 도시 어느 곳에서든지 접근성이 가장 높은 지역이다.
③ 도심 입지는 최근에 부도심과 외곽도심의 급격한 발달, 중상류층의 거주지역 이전, 교통체증 등의 원인으로 과거보다 고객 유인력이 높다.
④ 도심 입지는 점포가 소재하고 있는 위치적인 조건으로, 보통 상권의 크기, 교통망, 고객층, 가게의 지세 및 지형과 밀접한 관련이 있다.
⑤ 중심지역은 도보 통행량도 많고, 대중교통의 중심지역이며, 사람들은 직장에 가기 위해서도 중심상업지역에 가야 한다.

37 다음은 특정지역에 대한 상권 혹은 입지를 분석하는데 영향을 미치는 요소들에 관한 설명내용들이다. 올바르지 않은 내용은?

① 인구가 증가하고 있는 지역이 인구가 하락하는 지역보다 일반적으로 더욱 매력적이다.
② 특정 지역의 고용률은 구매력에 영향을 미칠 수 있으므로, 시장의 고용동향을 지속적으로 분석/파악하는 것이 중요하다.

③ 성공을 결정짓는 중요 요소의 하나로서 특정 지역의 가족의 유형, 가족의 규모, 가족의 구성, 가구당 수입 등에 관한 분석이 필요하다.
④ 입지를 구성하는 토지는 정사각형에 가까운 직사각형으로 1변이 주요 도로에 면하고, 다른 1변 또는 2변이 상당한 폭을 가진 도로에 면하는 것이 가장 이상적이라 할 수 있다.
⑤ 특정지역에 관한 소비자의 라이프스타일분석은, 시장세분화를 위한 중요기준의 하나이지만 상권분석단계에서 고려해야 할 분석요소로 볼 수는 없다.

38 레일리(William J. Reilly)의 소매인력법칙(low of retail gravitation)을 올바르게 설명하고 있지 못한 내용은? (두 경쟁도시 혹은 상업시설 A, B 그리고 이들의 중간에 위치한 소도시 혹은 상업시설 C와의 관계를 가정한 설명)

① 소비자의 특정 도시(상업시설)에 대한 효용(매력도)은 도시(상업시설규모)와 점포까지의 거리에 좌우되며, 특정 상업시설을 선택할 확률은 개별 상업시설들이 가지고 있는 효용(매력도)의 비교에 의해 결정된다.
② A, B도시(상업시설)가 끌어 들일 수 있는 상권범위는 해당 도시(상업시설)의 인구에 비례하고 도시(상업시설) 간의 거리의 제곱에 반비례한다.
③ 소매인력법칙은 개별점포의 상권파악보다는 이웃 도시(상업시설)들 간의 경계를 결정하는 데 주로 이용되는 이론이다.
④ 이론의 핵심내용은 두 경쟁도시 혹은 상업시설(A, B) 사이에 위치한 소도시 혹은 상업시설(C)로부터 A, B 도시(상업시설)가 끌어 들일 수 있는 상권범위 즉 A, B가 중간의 소도시(상업시설) C로부터 각각 자신에게 끌어들이는 매출액을 규정하는 것이다.
⑤ 소비자들은 보다 먼 거리에 위치한 점포가 보다 나은 쇼핑기회를 제공함으로써 여행의 추가 노력을 보상한다면, 기꺼이 먼 거리까지 여행을 하게 될 것이다.

39 소매포화지수(Index of Retail Saturation; IRS)와 시장 확장 잠재력(Market Expantion Potential; MEP)에 대한 설명으로 가장 옳지 않은 것은?

① 지역시장의 수요 잠재력을 총체적으로 측정할 수 있는 지표로 많이 이용되는 것이 소매포화지수(IRS)이다. 한 지역시장의 점포포화(store saturation)란 기존 점포만으로 고객의 욕구를 충족시킬 수 있는 상태를 의미한다.
② IRS의 값이 크면 클수록 공급보다 수요가 상대적으로 많은 것을 의미하며 따라서 신규점포를 개설할 시장기회는 더욱 커지며, 시장의 포화정도가 낮다는 것을 의미한다.
③ MEP 값은 특정 지역시장이 앞으로 얼마나 신규 수요를 창출할 수 있는 가능성이 있는가를 예측할 수 있는 지표이다. MEP값은 타 지역에서의 쇼핑지출액을 근거로 계산되며 이 값이 클수록 타 지역에서 쇼핑을 더 많이 한다는 의미이다.
④ IRS는 MEP의 단점을 보완하는 지표로서, 구체적으로는 거주자들이 지역시장 외에 다른 시장에서의 쇼핑 지출액을 추정하여 계산이 가능하다. 이 경우 다른 지역의 쇼핑 정도가 높을수록 시장 확장 잠재력은 증가하게 된다.
⑤ IRS와 MEP의 점수가 모두 높은 지역시장이 가장 매력적인(Most Attractive)시장이며, IRS와 MEP의 점수가 모두 낮은 지역시장이 가장 비 매력적인(Least Attractive)시장이라고 할 수 있다.

40 지역구분에 따른 상권분석에 대한 설명으로 가장 잘못된 것은?

① 과소지역 상권은 해당 지역의 욕구를 만족시키기 위한 특정 제품이나 서비스를 판매하는 점포가 매우 부족한 지역이라고 말할 수 있다.
② 과다지역 상권은 너무나 많은 점포들이 특정 상품이나 서비스를 판매하여 현재 상권 내 경쟁이 치열한 지역으로 수익 실현이나 유지에 대한 불확실성이 높다.
③ 과점지역 상권은 특정상품이나 서비스를 몇몇 점포가 과점하여 판매하지만 경쟁력이 있는 점포는 그 시장에 진입을 하여 이익을 볼 수가 있는 지역을 말한다.
④ 점포중간지역 상권은 고객에게 우수한 상품과 서비스를 제공하며, 경쟁 소매업체들이 이익을 많이 남길 수 있으므로 소매업체들은 이 지역이 매력적이라고 생각한다.
⑤ 점포적정지역은 상권 내부의 소비자 수요에 맞게 적정수준의 점포가 개설되어 있으며, 점포적정지수는 소비자의 지출액과 매장면적과의 관계를 설명하는 지표이다.

41 CST(Customer Spotting) Map 기법의 유용성에 관한 설명내용이다. 가장 거리가 먼 것은?

① 광고 및 판촉 전략수립에 이용한다.
② 상권의 규모를 파악할 수 있도록 해준다.
③ 점포의 확장계획에 유용하게 활용될 수 있다.
④ 하버드 비즈니스 스쿨의 애플바움(Applebaum)이 제안한 것이다.
⑤ 유사한 기존 점포(상업 집적시설)와의 비교를 통해 예상 매출액을 쉽게 파악할 수 있도록 해준다.

42 인구와 라이프 스타일의 특성을 파악하는 것은 소매업에서 매우 중요시하는 사항으로 인식되고 있다. 다음 중 인구 통계, 라이프 스타일의 특성에 대한 설명으로 옳지 않은 것은?

① 연령별로 인구의 구조가 어떻게 형성되어 있으며 어떠한 계층의 인구가 가장 많은지를 파악하는 것은, 연령별 세분시장의 동향을 파악하는 데 중요한 요인이 되고 있다.

② 과거에 우리나라의 인구 구조는 종형구조였다. 하지만 지금은 피라미드로 바뀌었는데, 이러한 전체적인 인구 구조의 변경사항은 새로운 시장의 탄생과 기존 시장의 쇠퇴를 말한다고 할 수 있다.
③ 베이비 붐 세대는 과거의 세대보다 교육적인 측면에서 많은 교육을 받았고, 또한 이혼율이 증대되고 있으며, 자녀의 수가 적고, 소비의 다양화 경향이 강하다.
④ 결혼의 거부로 인한 비혼자들의 증가, 이혼으로 인한 독신과 노후독신 등 독신자들의 증가는 여행용품, 부엌용품, 인스턴트 식품류, 소형 아파트, 원룸 등의 수요를 증대시키고 있다.
⑤ 인구의 라이프스타일 특징은 특정 소매업체가 추구하고 있는 표적시장과 일치해야 하는데 한 지역의 인구수와 소득이 구매력을 결정짓는 중요한 요 건일 수 있기 때문이다.

43 상권범위분석 방법들 중에서 신규점포 출점시에 사용하는 기술적 조사(descriptive method)방법에 해당하는 것은?

① 허프모형(Huff's model)
② 체크리스트(checklist)방법
③ 거주지 체크방법(spotting technique)
④ 크리스텔러(Christaller)의 중심지이론
⑤ 레일리의 소매중력의 법칙(law of retail gravitation)

44 다음 중 소매점의 경쟁점에 대한 대책으로 가장 적합한 것은?

① 상대적인 경쟁적 지위를 불문하고 자기 점포의 주력상품은 경쟁점의 주력상품과 동일해야 한다.
② 상품을 세분화하여 경쟁점과 상생할 수 있도록 차별성과양립성을 동시에 추구해야 한다.
③ 가격은 상품품질을 반영하는 척도이므로, 저가정책을 기본으로 삼지 않는 한 경쟁점보다 높은 가격대를 설정한다.
④ 경쟁이 격화되는 것을 피하기 위해 경쟁점의 전략변화에 대해서 즉각 대응하지 않는다.
⑤ 상품 분석을 세분화하여 상호 간에 주력상품이 다르다면 이는 양립할 수 있는 업체로 볼 수 있지만, 이를 통하여 소매업의 시너지 효과는 창출할 수 없다.

45 내점객 조사 방법 중 점포에서 역까지 전철과 버스노선별 소요시간 및 요금을 조사하여 상권을 파악하는 방법에 해당하는 것은?

① 2차 자료 이용법　② 타임페어법
③ 판매기록 이용법　④ 고객점표법
⑤ 통계분석법

제3과목 유통 마케팅(46~70)

46 다음 중 점포 환경 관리(Store Environment Management)에 대한 설명으로 잘못 설명된 내용은?

① 배색(配色)은 탁한 색에서 맑은 색, 어두운 색에서 밝은 색 순으로, 옅은 색에서 짙은 색 순으로 배열한다. 명도 차이가 낮은 색끼리의 배색은 경쾌하고 가벼운 느낌을 준다.
② 점포 안은 전체적으로 밝게 하는 것보다 밝은 곳과 어두운 곳을 적절히 조절해 주력상품이 눈에 잘 띄게 해야 한다. 점포 안이 전체적으로 너무 밝게만 보이면 주의가 산만해져 구매의욕이 상실될 수도 있기 때문이다.
③ 쇼윈도 위와 카운터, 물품진열대 위쪽 등에 스포트라이트를 적절히 이용하면 훨씬 매력적인 매장으로 꾸밀 수 있다. 어두운 조명은 고급스러운 분위기를 연출하는 데 효과적이므로, 할인매장의 경우 강한 빛을 사용하면 좋다.
④ 실내장식과 어울리며 상품을 돋보이게 하는 색상으로 배합해야 한다. 색(色)은 상점 무드와 이미지를 창조해 고객의 관심을 고조시킬 수 있어야 하며 진열효과를 극대화시킬 수 있도록 사용한다.
⑤ 청각을 이용해 고객의 관심을 유도하려면 음악을 이용하면 좋고, 선택에 신중해야 한다. 음악에 따라 고객층이 구분되기도 하고 매상에 영향을 미치기도 하기 때문이다.

47 외부의 교육훈련기관이 직원의 교육을 담당하여 현장의 실무를 떠나서 이루어지는 집단교육은 다음 중 어느 것인가?

① 토론회의법　② 코칭법
③ on-the-job training　④ off-the-job training
⑤ 역할 연기(role playing)

48 무점포 소매상은 비교적 최근에 도입되고 있는 소매업태이지만 교통난 · 맞벌이 등으로 쇼핑시간의 여유가 없는 소비자들에게 시간을 절약해 주는 효용을 제공해 주고 있다. 다음 중 방문 판매(Direct Selling)에 대한 설명으로 가장 옳은 것은?

① 가장 오래된 역사를 가진 무점포형 소매업으로 강한 설득력을 보여주어야 소비자가 제품에 대하여 신뢰를 하게 되며, 지명도가 있는 제품이나 이익률이 높아야 적합하다.
② 공급업자가 주로 우편으로 보낸 카탈로그를 통하여 판매하고자 하는 상품 또는 서비스상품은 일반적으로 표준화, 규격화된 제품이 주류를 이루고 있다.
③ 고객들에게 자세하고 다양한 상품정보를 제공하고 그들과 상호관계를 유지할 수 있게 해주며, 인터넷의 web site를 이용한 마케팅으로 소비자에게 직접 다가갈 수 있다.
④ 표적고객에게 제품정보를 제공한 후 제품판매를 유도하거나, 고객이 TV · 라디오 광고나 우편광고를 보고 수신자부담 전화번호(080)를 이용하여 주문하는 소매유형이다.

⑤ 점포를 통해 판매하기 어려운 장소와 시간에 제품을 24시간 기계를 이용하여 24시간 판매가 가능한 소매방식으로 주로 편의품을 취급하지만 점차 취급품목이 확대되고 있다.

49 다음은 카테고리 매니지먼트(CM: category management)에 관한 설명 내용으로 올바르지 않은 것은?

① 소비자에게 구매의 편리성을 제공하기 위해 상품 영역별로 매장을 관리하는 것이다.
② 매장의 상품관리 대상을 상품의 물적 특성을 기초로 한 단품에서 소비자의 요구를 기초로 한 상품카테고리로 변형 확대하여, 매장은 이를 전략적 사업단위로 삼아 생산성을 높이고 효율적으로 매출이나 이익을 올리려는 관리기법이다.
③ 특정제품계열에 대해 상대적으로 깊은 상품구색을 갖추고, 그 제품계열에 대한 풍부한 지식을 갖춘 직원들을 확보하여 고객서비스를 제공해 준다.
④ 1990년대 초부터 빈틈없는 상품플로어를 실현하기 위해 ECR라는 개념이 도입이 되었으며, CM은 ECR의 중심기능으로 수급의 일치를 꾀하는 중요한 역할을 담당하고 있다.
⑤ CM은 매장차별화를 통한 고객유치의 필요성이 높아졌고, 늘어나는 신제품의 출현으로 과학적 방법에 의한 공간 할당 및 제품믹스의 필요성이 높아졌기 때문에 필요하다.

50 카테고리킬러에 해당되는 제품 판매방법을 선택할 때 고려해야 하는 점 중 올바른 것은?

① 다수의 점포시설에서 고객들이 필요로 하는 다양한 상품구색을 갖추기 때문에 주택가 근처에 위치해 있는 것이 좋다.
② 다양한 종류의 제품을 판매할 수 있는 여러업종이 입주해야 하기 때문에 넓은 매장이 필요하여 교외에 위치하게 된다.
③ 다양한 상품군을 갖추고 있어 상품구색은 백화점에 해당되며 운영은 할인점과 같은 형태를 유지하기 때문에 넓은 주차공간을 확보해야 한다.
④ 고객들의 제품에 대한 충성도가 높기 때문에 점포의 위치나 가격은 큰문제가 되지를 않는다.
⑤ 넓은 매장을 갖추어야 하는 점과 고객이 쉽게 접근해야 하는 점을 절충하여 입지를 선택하게 된다.

51 재고관리를 위한 ABC 분석기법에 대한 설명으로 가장 옳지 않은 것은?

① Pareto의 80: 20의 법칙과 관련이 있으며, Juran이 불량품 개선에 유용하다는 것을 밝혀냈고, Dickie가 ABC분석기법을 재고관리에 적용하면서 널리 보급되기 시작하였다.
② ABC분석기법을 사용하고자 할 때에는 통상적으로 재고의 가치를 기준으로 재고를 몇 개의 범주(등급)로 구분하여야 한다.
③ 범주(등급)구분의 기준이 되는 재고가치는 제품의 단가에 일정기간의 사용분을 곱하는 방식에 전적으로 의존하는 결정론적 한계가 있다.
④ 재고가 어떠한 등급(ABC)으로 분류되느냐에 따라 주문방법뿐만 아니라 재주문시점, 주문절차 등도 달라진다.
⑤ ABC 관리 방법은 재고관리나 자재관리뿐만 아니라 원가관리, 품질관리에도 이용할 수 있다.

52 한 여성고객이 관심 있게 전자레인지를 보고 있다. 이때 매장종업원이 이 여성고객과 판매촉진을 위한 대화를 어떻게 시작하는 것이 가장 바람직한지 고르시오.

① 안녕하세요. 제가 고객님께 다른 상품들을 보여 드릴까요?
② 안녕하세요. 혹시 고객님은 이 제품에 대한 구매의사가 있으신지요?
③ 고객님이 원하는 것이 무엇인지요? 빨리 선택하시죠?
④ 고객님이 사지 않으면 다른 사람이 사가니 빨리 구입을 하시죠?
⑤ 안녕하세요. 이 모델이 공식적인 제품평가기관에서 가장 우수한 제품으로 평가되었습니다. 이 제품의 기능에 대하여 자세히 설명 드릴까요?

53 다음 내용은 풀 마케팅 전략(pull marketing strategy)과 푸시 마케팅 전략(push marketing strategy)에 관한 설명들이다. 올바르지 않은 설명내용은?

① 풀 마케팅을 하는 제조업체는 유통가격을 결정하는 데 있어 푸시 브랜드만큼의 주도권을 가질 수 없다.
② 푸시 전략은 비용이 대체로 변동비 성격을 갖는다. 즉 마케팅비용이 판매물량과 거래하는 소매매장의 수와 비례한다.
③ 특화된 (전문)소매업체가 이미 소규모의 특수고객집단을 목표로 하고 있는 경우 푸시전략이 더욱 유리하다.
④ 풀전략의 경우 막대한 광고와 매스마케팅을 위한 고정비용이 유발됨으로 대형브랜드에 더욱 적합하다.
⑤ 잘 알려지지 않은 브랜드의 제품을 손님이 많이 드나드는 유통매장을 통해 고객 앞으로 밀어내는 것을 푸시마케팅(push marketing)이라고 한다.

54 다음 중 NB(National Brand), PB(Private Brand)상품에 대한 설명으로 옳지 않은 것은?

① 전체 판매상품 혹은 매장 진열상품 중에서 PB상품의 구성비가 많을수록 점포이미지에 부정적인 영향을 미칠 수 있다.
② PB제품이란 브랜드로 정착하지 못하거나 브랜드화가 될 가능성이 거의 없는 모방 및 표절제품 등을 의미한다.
③ 소비자들은 일반적으로 NB를 더욱 선호하는 반면, 유통업자들은 PB를 더욱 선호하는 경향이 있다.

④ PB상품은 NB에 비해 상품에 대한 인지도, 품질에 대한 인지도 등은 떨어지나 상대적으로 소비자가 지불하는 가격 면에서 저렴하다.
⑤ NB(national brand)제품과 PB(private brand)제품의 구분은 브랜드 소유권이 누구에게 있느냐에 따라 구분한다.

55 다음의 예시는 유통점경영에서 중요하게 다루어지는 상품정책에 관한 의사결정 내용 중에서 어떤 것과 가장 가까운 것인가?

> • AA유통기업은 소비자 자신, 집, 소비자가 사랑하는 대상물(애완동물, 식물 등)을 가꾸는데 사용하는 제품라인으로 주로 구성된 적정 수준의 제품믹스를 가진다.
> • BB유통기업은 60,000개 이상의 제품을 판매하고, CC유통기업은 100,000~120,000개 품목을, DD유통기업은 전구에서 제트엔진에 이르기까지 250,000개 이상을 판매한다.

① 제품믹스 깊이(depth) ② 제품믹스 길이(length)
③ 제품믹스 넓이(width) ④ 제품믹스 일관성(consistency)
⑤ 제품믹스 구색(assortment)

56 시장에서의 판매 가격에 대한 설명으로 옳지 않은 것은?

① 제조업자 또는 도매업자가 책정한 도·소매가격을 준수하는 경우에는 소매업자가 지켜야 할 판매 가격이 미리 책정되어 있으며, 소매상은 그 가격에 따라 판매함으로써 성립되는 시장 가격을 말한다.
② 소매업자의 임의적인 매가 결정으로 시장가격이 형성되는 경우에는 제조업자가 정가를 결정하여도 그것이 이행되지 않는 것이며, 전문품의 판매에서 흔히 이용되고 있다.
③ 판매업자들이 금융을 위하여 일시적으로 매가를 인하할 경우에는 경영상 자금이 어려워 금융적 타개를 하려 할 경우이다. 가격을 인하하여 염가 판매를 하는 경우이다.
④ 제조업자가 금융 조작을 하기 위해 매가를 인하할 경우에는 일시적인 가격 인하책으로 시장 가격이 형성되는 경우도 있다.
⑤ 가격라인 결정은 특정 상품계열 내에서 사전에 결정된 극소수의 가격대에 해당하는 품목을 취급하는 소매가격전략이다.

57 모바일 커머스란 휴대용 정보 통신 단말기인 휴대폰이나 PDA를 이용한 판매방식의 총칭이다. 모바일 커머스에 대한 설명으로 잘못된 것은?

① 모바일 커머스가 기존의 전자상거래와 가장 크게 다른 점은 이동성과 사용자의 위치 정보를 알고 있어 정보전달이나 기타 통신이 가능하다는 것이다.
② 모바일 커머스는 이용자들이 언제, 어디에 있는가에 대한 정보를 정확히 알고 있기 때문에 일대일 마케팅과 타깃 마케팅을 통한 개인화된 서비스를 실행할 수 있다.
③ 모바일 커머스의 도구인 휴대폰은 유선 인터넷에 비해 기기의 가격이 저렴하여 대체 사이클이 상당히 빠르고, 새로운 기능이나 서비스를 도입하는 데 있어 유리하다.
④ 모바일 커머스는 사용자가 언제나 휴대하고 있으며, 접속되어 있는 상태이기 때문에 사용자에게 풀(pull)형 서비스를 제공하는 데 유리하다.
⑤ 모바일 커머스는 개인화 된 서비스가 가능하고, 휴대폰 보급 및 관련기술의 향상 등으로 최근 모바일 커머스 시장은 점차 확대되는 추세에 있으며, 고객과 상호작용을 통해 판매가 이루어진다.

58 다음의 가격관련 정책과 설명 내용이 서로 올바르게 연결이 되어 있지 않은 것은?

① 시간별 차이, 장소별 차이, 구매량 차이 및 인센티브 차이 등은 가치가격(value pricing) 정책에 속한다.
② 상품 및 서비스를 얻기 위하여 높은 가격을 기꺼이 지불하려는 구매자 층이 없을 경우 및 신상품 및 서비스의 도입직후 강한 잠재경쟁자의 위협에 직면하고 있을 경우 침투가격(penetration pricing) 정책이 적합하다.
③ 고객의 가격민감도를 이용하여 서비스의 수요를 가격으로 조절하는 방법으로 일치가격(syncro-pricing) 정책을 들 수 있다.
④ 고품질이나 품위를 나타내는 상품이나 서비스를 제공하고자 하는 마케터들이 행하는 수요에 기초한 가격책정방식으로 품위가격(prestige pricing) 정책을 들 수 있다.
⑤ 기업은 자사제품의 가격결정시 무엇보다도 경쟁상황을 고려하여 고가로 출시할 것인가, 혹은 저가로 출시할 것인가 기본적인 가격전략 방향을 결정해야 한다.

59 선매품(shopping goods)을 구매 선택 결정에 있어서 신중하기 때문에 장시간 상점에 머무르는 일이 많으므로 점 내의 분위기 등이 구매자에게 커다란 영향을 주고 판매원의 설명, 지도 등의 자문을 구하는 경우가 많은데 이에 대한 설명으로 잘못된 것은?

① 편의품보다 선매품은 일반적으로 많은 주의를 가지고 구매하며 최종 구매 결정은 몇몇 상품을 비교한 후에야 이루어진다. 품질, 스타일의 적합성과 가격 등의 비교의 기준이 되고 상당한 정도의 소비자 취미에 의하여 결정된다.
② 고객이 여러 점포를 돌아다니며 상품의 가격, 특징, 신뢰성, 색채, 디자인 등을 비교하여 선택 구매하는 경향이 있고, 보통 금액의 지출을 충분히 고려하고 구매 횟수는 적다.
③ 구매자는 충분한 노력과 시간을 들여서 비교를 하기 위해 그 상품을 판매한 상점이 집결해 있는 상점가까지 가기를 좋아하며 여러 곳을 돌아다니는 것까지도 감수한다.
④ 소비자가 상품 구매에 있어 그 상품에 대한 상당한 지식을 보유하고 있으며 상품에 대한 선호도가 강하고, 특히 전문가다운 판매원의 조언과 지도가 판매에 많은 영향이 있다.

⑤ 한 유통매장이 특정한 날 매출을 끌어올리기 위해 모바일 메신저 시스템을 이용하여 직접 고객의 핸드폰으로 텍스트 메시지 쿠폰을 발행할 수 있다.

60 다음 중 제품/시장 확장 그리드(product/market expansion grid)에 관한 설명으로 올바른 것은?

① 경영층에서 각각의 SBU(strategic business unit) 분석과 투자결정에 도움을 줄 수 있는 분석적 모델을 제공하기 위한 핵심도구의 하나이다.
② 제품분야에서의 경쟁적우위의 정도, 그리고 시장의 매력성에 따라 각 SBU(strategic business unit)를 분류한다.
③ 경영층은 사업을 성장시키거나 수확 또는 현금을 창출하며 유지하고자 하며 이때 투자를 결정하기 위한 기준으로 상대적 제품점유율과 연간 시장성장률을 이용한다.
④ 기업이 취급하고 있는 사업을 전략적 사업단위로 파악하여 성장/포기 등의 전략결정에 유용하다.
⑤ 경영자가 현 사업단위들의 성과를 향상시킬 수 있는가에 대한 검증 즉 현 사업단위 내에서 추가적 성장기회를 조사하고 평가할 수 있는 유용한 모델로서 활용된다.

61 상품을 판매하기 위해 구체적으로 상품 구역별로 진열대에 진열하는 점내 진열(Interior display)의 구성 요소는 소비자의 구매 심리라는 관점에서 심리적인 프로세스는 어떠한 과정을 거치게 되는가?

① 주의→ 연상(連想)→ 욕망→ 비교→ 확신→ 결정
② 주의→ 연상(連想)→ 비교→ 욕망→ 확신→ 결정
③ 주의→ 연상(連想)→ 확신→ 비교→ 결정→ 욕망
④ 주의→ 연상(連想)→ 비교→ 욕망→ 결정→ 확신
⑤ 주의→ 연상(連想)→ 비교→ 확신→ 욕망→ 결정

62 다음 소매업체의 재무전략과 관련된 내용들 중에서 올 바르지 않는 설명은?

① 자산수익률은 얼마나 많은 이익이 소매업체의 영업성과(순매출액)로부터 발생할 수 있는지를 나타내며 순이익을 순매출액으로 나눈 값이다.
② 유동부채는 유동자산처럼 1년 내에 지불되어야 할 채무를 말하며 외상매입금, 지급어음 및 증식부채(accrued liabilities, 아직 지불하지 않은 세금, 급여, 임대료, 수도광열비 및 기타 미지불채무)가 가장 주된 유동부채이다.
③ 비유동부채는 1년 후에 갚아야 할 채무이다. 재무상태표(대차대조표)의 비유동부채 항목에 기장하는 지급어음은 1년 후에 갚아야 할 채무이며 채권과 부동산의 저당권도 여기에 포함된다.
④ 비유동자산은 현금으로 전환되기 위해 1년 이상 걸리는 자산을 의미한다. 대부분의 비유동자산은 제한된 수명을 가지고 있으므로 자산의 가치는 시간이 지나면서 작아진다. 따라서 자산원가에서 감가상각액을 공제함으로써 비유동자산을 파악할 수 있다.
⑤ 대차대조표상 좌측은 자산이라 하여 현금자금이나 상품의 재고상태, 외상매출금, 수취어음, 예금 및 현금은 차변(좌변)항목들을 표시해 주며 일정시점의 재산 상태를 나타내는 정태적 재무보고서이다.

63 최근 데이터베이스 마케팅이 확산됨에 따라 개인정보 침해 유출 사고가 자주 발생하고 있는데, 다음 중 개인정보에 관한 설명 중 옳지 않은 것은?

① 개인정보는 생존하고 있는 개인에 관한 정보이다.
② 당해 정보만으로는 특정 개인을 알아볼 수 없는 경우에도 다른 정보와 용이하게 결합하여 알아 볼 수 있다면 개인 정보에 포함된다.
③ 정보통신서비스 제공자들은 개인정보를 수집/이용하는 경우에는 원칙적으로 정보주체의 동의를 받아야 한다.
④ 개인정보 침해 유출 사고의 대표적인 예가 포털사이트의 고객정보 유출이다.
⑤ 정보통신서비스 제공자는 개인으로부터 최소한의 필요한 정보 외의 개인정보를 제공받지 못하면, 그 서비스 제공을 거부할 수 있다.

64 상품진열의 유형을 윈도우진열, 점포 내 진열, 구매시점 진열, 판매촉진 진열, 비촉진 진열과 기업이미지 향상진열 및 고객중심 진열로 분류할 수 있다. 다음 중 가장 올바르게 설명된 것은?

① 윈도우 진열은 점포 앞을 지나고 있는 소비자나 점포의 방문고객으로 하여금 주의를 끌게 하여 구매 목적을 가지도록 함은 물론 충동구매와 무계획구매가 발생하도록 하는 역할을 하는 진열유형이다.
② 진열하는 장소에 따라 통로진열, 선반진열, 벽면진열, 기둥진열 등으로 나누어지며, 고객으로 하여금 쉽게 보고 자유롭게 만져보고 비교할 수 있게 하며 연관상품을 쉽게 찾을 수 있도록 하는 진열을 구매시점진열이라고 한다.
③ 고객으로 하여금 주의를 끌고 유인하게 하여 구매의욕과 충동을 가지도록 촉진하는 데 목적이 있는 상품진열의 유형은 기업이미지 향상 진열이다.
④ 기업의 권위유지와 함께 다양한 서비스와 고품질의 서비스, 최신유행의 고급품, 만족한 가격, 공익성 서비스 등을 고객에게 어필하기 위하여 다수 다량의 상품을 진열하는 것을 판매촉진 진열이라고 한다.
⑤ 점내 진열 신뢰감을 갖게 하고 구매하려는 분위기를 조성하는 기능이 있기 때문에 충동구매 상품을 배치하는 것이 유리하다.

65 소비자들은 일상생활에서 많은 구매의사결정을 하게 되는데, 이런한 의사결정에 대한 설명으로 가장적합하지 않은 것은?

① 인간은 자신의 주어진 상황에서 현재의 상황이 부적절하다고 판단하게 되면 적절한 상황이 되도록 수단을 찾게 되는데 이 것을 문제의 인식(problem recognition)단계라고 한다.
② 정보탐색(information search)단계에서 마케팅관리자의 임무로는 '정보 원천의 종류와 각 정보원천의 특성을 분석'하며, '각 정보원천이 소비자에게 미치는 영향을 분석'한다.
③ 대안평가(alternative evaluation)단계에서는 소비자들의 대안평가시의 주요 요소들은 제품의 특성, 중요성, 상표신념, 효용함수 등이 있다. 최적의 대안은 소비자에게 가장 큰 효용을 제공하는 것이다.
④ 정보탐색(information search)단계에서는 소비자는 여러 대안을 평가한 후에 가장 선호하는 브랜드나 제품을 선택하게 되는데 최종구매의 단계에서도 상황적인 요인이나 주변 사람들의 그들 브랜드나 제품에 대한 태도 때문에 최종선택을 미루거나 바꾸는 일이 발생한다.
⑤ 승용차나 고가의 가전제품 등과 같은 고관여 제품을 구매한 경우에 자신의 구매활동에 대한 결과를 평가하게되는 단계가 구매후평가(post-purchase dissonance)단계이며, 이는 구매행위 이후의 제품에 대한 불만족으로 나타나기 쉽다.

66 ABC상사는 검사용 시약을 새로 개발하여 생산 및 판매하고 있다. 이 시약을 개발하는 데 들어간 고정(투자)비는 총 2억 원이다. 이 회사는 이 시약의 판매가격을 5만 원으로 책정하였고, 단위당 생산원가는 3만 원이다. ABC상사는 이 시약을 통해 1억 원의 이익을 목표로 하고 있다. 이 회사의 1인당 인건비는 250만 원 이라면, 이 경우에 목표 판매량은?

① 10,000개　② 15,000개　③ 18,000개
④ 20,000개　⑤ 22,000개

67 최근 마케팅에서 특히 고객과의 관계를 형성하는 방식에서 급격한 변화가 일어나고 있음을 볼 수 있다. 고객관계의 변화양상과 관계형성의 최근 추세내용으로 소위 "수익성 있는 고객관계의 관리"와 관련된 설명내용이다. 가장 거리가 먼 것은?

① 고객생애가치(LTV)란, 한 고객이 한 기업의 고객으로 존재하는 전체기간 동안 기업에게 제공할 것으로 추정되는 재무적인 공헌도의 총합계이다.
② 과거에는 모든 고객을 대상으로 관계를 형성하기 위한 대량마케팅을 실시했으나 최근 들어 이 보다는 수익성이 높은 소수의 고객들을 대상으로 관계를 구축하려고 노력한다. 많은 기업들이 고객수익분석을 통해 손실을 발생시키는 고객을 제거하고 이익에 공헌하는 고객만을 목표로 삼으며, 이를 선별적 관계관리라고 한다.
③ 기업은 고객가치의 창출과 강력한 고객관계의 구축이 혼자만의 노력으로 실현될 수 없음을 인식하고 기업의 다양한 마케팅파트너들과 긴밀한 협력관계를 구축해야 한다. 파트너관계관리란 더 나은 고객가치를 창출하기 위해 기업 내 외부의 파트너들과 긴밀하게 공동작업을 하는 것을 의미한다.
④ 고객 충성이 높은 제품은 시장에서 상대적 가치가 높다고 볼 수 있다. 이는 다른 브랜드보다 선택하는 면이 넓고 크기 때문에 자산과 가치의 평가가 높아진다.
⑤ 많은 기업들이 고객과 깊은 관계를 형성하려 노력할 뿐만 아니라 더 직접적인 접촉방식을 통해 고객관계를 구축하고 있다. 이에 따라 이제 소비자가 직접 점포를 방문할 필요 없이 전화, 우편주문 카탈로그, 키오스크 온라인 등의 마케팅 도구를 이용한 인다이렉트 마케팅이 인기를 끌고 있다.

68 고객지향적 마케팅 전략을 실행함에 있어 네 가지 중요한 단계인 시장 세분화, 표적시장의 선정, 차별화 및 포지셔닝의 단계로 나누어 보는 작업이 필요하다. 우선 가장 좋은 세분시장을 표적으로 삼기 위해서 기업은 첫째 각 세분시장의 크기와 성장률, 구조적 매력도, 회사목표 및 자원과의 적합성을 평가하며 그 다음으로 네 가지 유형의 표적시장 선정전략 혹은 시장 표적화 전략 중 하나를 선정한다. 이와 관련된 설명으로 가장 올바르지 않은 것은?

① 판매자는 거시마케팅을 이용하여 세분 시장 간 차이를 무시하고 넓은 표적시장을 선정할 수 있다. 이는 모든 고객에게 같은 방식으로 같은 제품을 대량으로 생산, 유통, 촉진하는 것을 포함한다.
② 서로 다른 욕구, 특징 혹은 행동을 가진 상이한 고객집단으로 분류하는 것을 시장 세분화라고 하며, 이때 각 고객집단은 서로 다른 제품 혹은 마케팅믹스를 요구할 때만 시장세분화의 의의가 있으며 세분화 된 시장 중 하나 또는 소수의 세분시장에 초점을 맞추는 것을 틈새마케팅 혹은 집중마케팅이라고 한다.
③ 특정 개인과 지역의 기호에 맞도록 제품과 마케팅프로그램을 적응 시키는 활동을 미시마케팅이라고 하며, 이때 미시마케팅은 지역 마케팅과 개인 마케팅을 포함한다.
④ 시장을 세분화하는 단 한 가지 방법은 존재하지 않으므로 마케터는 어떤 것이 시장 세분화 기회를 가장 잘 제공하는가를 파악하기 위해 다양한 변수를 검토해야 하며, 여러 개의 세분시장을 위해 서로 다른 시장 제공물을 개발하는 차별화 마케팅을 채택할 수 있다.
⑤ 시장세분화는 전체 시장을 기업이 제공하는 마케팅믹스에 대하여 유사한 반응을 할 것으로 추정되는 동질적 고객집단으로 나누는 과정으로 지리적 변수, 인구통계적 변수, 행동적 변수, 심리묘사적 변수 등을 기준으로 시장을 구분할 수 있다.

69 일반적으로 상품의 품질에 대한 판매자의 명시적 혹은 묵시적 설명은 그 범위가 다양하고 많은 요소의 영향을 받는다. 다음 중 상품의 품질을 결정하는 판단기준 및 개별 속성에 대한 설명이 올바르지 않은 것은?

① 공정성: 정상적인 또는 긴박한 조건에서 제품에 기대되는 작동수명의 측정치에 관한 문제
② 신뢰성: 어떤 상품의 기능이 소비자의 예상과 일치할 확률에 대한 문제
③ 지속성 및 수선용이성: 상품을 수리해서 정상적으로 작동시킬 수 있는가에 대한 문제
④ 사용기간: 상품이 소비자가 예상한대로 기능을 효과적으로 발휘하는 기간
⑤ 내구성:　물질이 원래의 상태에서 변질되거나 변형됨이 없이 오래 견디는 성질

70 다음의 상품연출 구성방법에 대한 설명으로 올바르지 않은 것은?

① 삼각구성은 상품이 통합되어 보이기 쉬운 형태로 조화와 안정감을 주며 상품은 홀수로 하는 것이 요령이다.
② 직선구성은 상품 하나하나의 특성을 살리면서 리드미컬하게 표현할 수 있는 방법으로 아동복의 연출에 효과적이다.
③ 부채꼴 구성은 고가상품의 진열로서 쇼케이스 내부에 이용하면 좋고 벽면연출에 많이 사용한다.
④ 원형구성은 상하가 대칭이 되어 종합감을 연출하는 것으로 반복 배열함으로써 중앙에 시각적인 초점을 강조한다.
⑤ 적절한 상품 분류는 비교적 작은 매장에서도 매장관리의 효율성상승을 위해 중요하게 작용한다.

제4과목 유통 정보(71~90)

71 다음 중 정보의 개념과 정보화 사회에 대한 설명으로 가장 적합하지 않은 것은?

① 정보(information)는 미래의 불확실성을 감소시키고, 개인이나 조직이 의사결정을 하는데 사용되도록 의미 있고 유용한 형태로 처리된 것이며, 인간이 판단하고 의사결정을 내리고 행동할 때 그 방향을 정하도록 도와준다.
② 정보적시성(Timeliness)은 필요로 하는 시점에 제공될 때 정보로서 가치를 발휘하게 되고, 시기를 놓친 정보는 가치가 없고, 정보의 관련성(Relevancy)은 의사결정자와 관련성이 있는 정보를 제공해야 한다는 것이다.
③ 협의의 정보는 관측이나 측정을 통해 수집된 자료(Data)를 문제해결의 수단으로 해석·정리한 지식을 말하며, 광의의 정보는 우리가 일상생활에서 수집 가능한 모든 자료(Data)들 중에서 목적 달성을 위한 의사결정의 수단으로 사용되는 지식을 말한다.
④ 정보시스템구축에 있어서 경영자들에게 "필요한 정보를 제공하는 것" 못지않게 "필요 없는 정보를 제공하지 않는 것"이 중요한 것은 인간의 정보처리능력을 초과하는 경우에는 정보과부하가 일어나 반응률이 오히려 증가하기 때문이다.
⑤ 정보의 접근성(Accessibility)은 정보의 저장방법에 의해 영향을 받으며, 정보는 공간적으로 쉽게 접근 가능할수록 가치가 증대되고, 인터넷상의 정보는 VAN에 존재하는 정보보다 접근성이 높다.

72 의사결정(Decision Making)이란 가장 바람직한 상태를 달성하기 위하여 하나 또는 그 이상의 대안 중에서 가장 유리하고 실행 가능한 최적대안을 선택하는 의식적 과정이라고 정의할 수 있다. 이에 대한 설명으로 가장 옳지 않은 것은?

① 의사결정을 한다는 것은 의식적으로 사려 깊은 행동이라고 볼 수 있다. 따라서 반사적인 반응이나 무의식적인 행동 역시 의사결정이라고 한다.
② 의사결정은 여러 대안 중에서 하나를 의식적으로 선택하는 것이다. 만약 어떤 문제에 대해서 해결 가능한 대안이 하나만 존재한다면 의사결정은 전혀 필요하지 않게 된다.
③ 의사결정 과정에서 의사결정을 하는 당사자는 현 상황과 좀 더 나은 상황을 인식하고 그 차이를 문제화하여 현 상황을 개선하려는 목적의식이 포함되어 있다.
④ 의사결정이란 의사 소통을 통하여 각 경로 구성원들이 서로 접촉하게 되는데 접촉의 빈도 그리고 지속된 접촉이 의사소통의 양을 결정하고 의사 소통의 양이 적정 수준에 달했을 때 결정하는 행동을 말한다.
⑤ 의사결정이란 가장 바람직한 상태를 달성하기 위하여 하나 또는 그 이상의 대안 중에서 가장 유리하고 실행가능한 최적대안을 선택하는 의식적 과정이라고 정의할 수 있다.

73 메시지가 정확하게 읽혔는지 검사하며, 정보의 정확성이 요구되는 분야에 이용되고 있는 것을 무엇이라 하는가?

① Quiet Zone　② Start/Stop Character
③ Check digit　④ Symbology
⑤ Interpretation Line

74 다음은 CAO(Computer Assisted Ordering)에 대한 설명이다. 가장 올바른 것은?

① CAO는 실제 재고가 소매점포에서 설정한 기준치 이하로 떨어지면 자동으로 보충주문이 발생되는 것을 말한다.
② CAO를 도입하기 위한 기업에서의 가장 중요한 요소는 소비자 만족도 조사자료를 활용하는 것이다.
③ CAO를 통해 소매업체는 보다 신속하게 소비자의 수요에 반응할 수 있으나 운용비용과 재고수준은 증가한다.

④ CAO는 배달된 상품을 수령하는 즉시 중간 저장단계가 거의 없거나 전혀 없이 배송지점으로 배송하는 것을 포함한다.
⑤ CAO를 도입하기 위한 기업에서의 가장 중요한 요소는 공급자 공급 데이터를 활용하는 것이다.

75 유통정보를 위한 기업 내부 데이터는 일상적인 기업 활동을 통해 생성되는 데이터를 말한다. 다음 중 기업 내부 데이터의 유형으로 가장 거리가 먼 것은?

① 조달물류 관련 데이터: 공급자, 조달가격, 보관비용 등
② 생산 관련 데이터: 생산비용, 원부자재 및 완성품 재고 등
③ 경쟁자 관련 데이터: 시장점유율, 비용구조, 신상품정보 등
④ 고객서비스 관련 데이터: 고객서비스 기록, 서비스 수요, 고객 불만족 처리대장 등
⑤ 판매 물류 관련 데이터: 재고, 출하, 창고관리, 운송, 하역 등에 관련된 데이터 등

76 GS1(Global Standard One)국제 표준 바코드에 대한 설명으로 옳지 않은 것은?

① GS1 코드에는 여러 종류가 있다. 가장 대표적으로 GS1- 8, GS1-13, GS1-14, GS1-128 코드 등이 있으며 'GS1-13'이 국제 표준형 코드이다.
② GS1 코드는 북미(미국 · 캐나다) 지역 외 지역에서 사용하는 POS 시스템용 코드로서 UPC 코드와 유사한 코드를 가지고 있는 상위 레벨 코드이다.
③ GS1 코드는 13문자를 포함할 수 있으며 바코드로 표현되는 것은 12자리이고 맨 좌측의 문자는 수치로만 표기되므로 UPC 코드와 동일한 폭을 가지고 있다 할 수 있다.
④ GS1-8은 국가 번호 3문자, 제조업체 번호 1문자, 상품 번호 3문자, 검증 문자 1문자로 구성되어 있다.
⑤ 대한민국은 항상 880으로 시작되며, 세계 어느 나라에 수출되더라도 우리나라 상품으로 식별된다. 그러나 국가식별코드가 원산지를 나타내는 것은 아니다.

77 다음은 비밀키와 공개키 암호화 기술간의 상대적 차이점을 비교한 것이다. 이 중 잘못 설명된 것은?

구분	비밀키 암호화 기술	공개키 암호화 기술
가	암호화 속도가 빠르다.	암호화와 복호화 시 많은 시간이 소요된다.
나	안전성을 위해 키(key)를 자주 바꿔야 한다.	상대적으로 키 변화의 빈도가 적다.
다	네트워크 사용자가 증가함에 따라 관리해야 하는 키의 개수가 증가한다.	네트워크 사용자가 증가하더라도 상대적으로 관리해야 하는 키의 개수는 적다.
라	안전한 키 분배가 용이하다.	상대적으로 키 분배가 어렵다.
마	DES(Data Encryption Standard)	RSA(Rivest Shamir Adleman)

① 가 ② 나 ③ 다 ④ 라 ⑤ 마

78 다음 중 e-비즈니스시대의 유통산업의 특성변화에 대한 설명으로 가장 적절하지 않은 것은?

① 유통업의 기본개념이 상품유통위주에서 정보유통위주로 전환되고 있다.
② 마케팅전략에 있어서 소비자 대상이 특화된 소비자에서 불특정 다수로 전환되고 있다.
③ 시장지배체제가 제조업체 위주에서 유통업체 위주로 전환되고 있다.
④ 경영관리의 핵심이 개별 기업관리 중심에서 통합 공급체인관리 중심으로 전환되고 있다.
⑤ 유통산업의 진보가 기존보다 급격하게 변화될 것으로 예상이 된다.

79 다음 중 크로스 도킹에 관하여 올바르게 설명하고 있는 것은?

① 상품을 소비자수요에 기초하여 유통소매점에 공급하는 방법
② 유통공급망에 종사하는 거래업체들 간에 서로 협력하는 업무 관행
③ 정보시스템이 경영활동을 지원하는데 어떻게 활용되는가를 분석하기 위하여 porter가 제시한 모형
④ 거래업체간 상호 합의된 전자문서표준을 이용하여 사람의 개입을 최소화한 컴퓨터간의 구조화된 데이터를 전송
⑤ 창고나 물류센터로 입고되는 상품을 보관과정을 거치지 않고 곧바로 소매 점포에 배송하는 물류시스템

80 다음 중 CPFR(Collaborative Planning, Forecasting and Replenishment)에 대한 설명으로 옳지 않은 것은?

① 공급자 입장에서는 긴급 주문충족의 횟수는 늘어나고 매출이 증대된다는 이점이 있다.
② 공급사슬 흐름을 개선하기 위해서 공급자와 구매자가 협동해서 계획수립 및 수요예측을 한다.
③ 구매자(유통업자) 입장에서 재고품절로 인한 판매기회를 상실하는 경우가 줄어든다.
④ 협업적 계획수립을 위해서는 공급사슬상의 파트너들이 주문정보에 대한 실시간 접근이 가능해야 한다.
⑤ 현금 흐름(Cash flow)개선, ROA(Return on assets) 향상을 가능하게 하는 효과가 있다.

81 VAN(Value Added Network)은 데이터 통신 처리업체를 매개로 하여 자금을 교환하고, 통신회선에 정보 처리 기능을 결합하여 온라인으로 네트워크화한 시스템이다. 이에 대한 설명으로 옳지 않은 것은?

① VAN(부가가치 통신망)이란 공중 전기통신 사업자로부터 회선을 임차하거나 또는 통신 사업자가 통신회선을 직접 보유한 회선에 컴퓨터를 이용한 네트워크를 구성하여 정보를 축적, 처리, 가공, 변환하여 부가가치를 부여한 음성, 화상 등의 정보를 정보 이용자들에게 제공하기 위한 사업을 말한다.
② 단순한 전송 기능상의 정보의 축적이나 가공, 변환처리 등의 부가가치를 부여한 음성 또는 데이터 정보를 제공해 주는 광범위하고 복합적인 서비스의 집합이라고 할 수 있다.
③ VAN을 이용함으로써 서로 다른 호스트 컴퓨터 간 접속이나 단말기와의 접속 프로토콜 변환을 네트워크 내에서 실시함으로써 호스트 컴퓨터의 부하를 감소시킬 수 있다.
④ VAN은 유통거래, 원격 교육, 원격 행정업무, 원격 의료 서비스, 홈 쇼핑 및 홈 뱅킹 등에 걸쳐 이용할 수 있는 전자통신 방식이며 통신망은 주로 EDI 통신망을 이용한다.
⑤ VAN은 데이터 통신 처리업체를 매개로 하여 자금을 교환하고, 통신회선에 정보 처리 기능을 결합하여 온라인으로 네트워크화한 시스템이다.

82 전자결제(Electronic Settlement)서비스와 거래안전장치(Escrow)서비스의 내용에 대한 설명으로 가장 옳지 않은 것은?

① 전자결제시스템은 결제수단에 따라 신용카드결제시스템, 전자화폐결제시스템, 전자수표결제시스템, 전자자금이체시스템 등으로 구분할 수 있으며 이것들은 현재 전자상거래의 주된 대금결제방식으로 그 통용성이 인정되고 있다.
② 전자화폐는 일반적으로 유통성, 양도가능성, 범용성, 익명성 등 현금의 기능을 갖추고 있을 뿐만 아니라 원격 송금성, 수송상의 비용절감, 금액의 분할 및 통합의 유연성, 전자성 등의 특징을 가지고 있으며 현금의 단점 또한 보완하는 기능을 가지고 있다.
③ SSL(secure sockets layer)은 Internet protocol이 보안면에서 기밀성을 유지하지 못한다는 문제를 극복하기 위해 개발되어 현재 전 세계에서 사용되는 인터넷 상거래 시 요구되는 개인 정보와 크레디트카드 정보의 보안 유지에 가장 많이 사용되고 있다.
④ IC카드형 전자화폐는 화폐 가치이전가능성에 따라 개방형과 폐쇄형으로 나누고, 개방형은 카드상호간 가치이전이 가능하고, 폐쇄형은 불가능 하다. 비자캐시, 몬덱스, 아방트, 프로톤, 덴몬트중 몬덱스는 폐쇄형이고, 나머지는 개방형의 방식을 택하고 있다.
⑤ 전자상거래에서의 에스크로서비스는 쇼핑몰(전자)보증보험과 같은 소비자피해보상보험과는 근본적인 차이가 있다. 즉, 에스크로서비스는 구매자뿐 아니라 판매자가 입을 수 있는 피해도 예방하여 거래의 양 당사자를 모두 보호하는 성격이 강하다.

83 전자상거래에서 시행하고 있는 에스크로(Escrow) 제도에 대한 다음 설명 중에서 옳지 않은 것은?

① 익명의 상태에서 거래자간의 신용만으로 거래가 이루어지는 전자상거래에서 매매행위의 신뢰성을 높여준다.
② 에스크로 사업자가 구매자와 판매자간의 거래에 개입함으로써 거래절차가 복잡해지고, 판매자에게는 에스크로 수수료가 부담이 될 수 있다.
③ 구매자는 구매대금을 최종적으로 지불하기전에 물품을 먼저 검사할 수 있는 기회를 가질 수 있다.
④ 원칙적으로 3만원이상 모든 현금결재거래에 대해서는 에스크로 서비스 적용이 의무화 되어 있다.
⑤ 대부분의 온라인 에스크로서비스는 다음과 같은 인터넷을 통해 회원으로 가입 또는 등록절차를 거친 경우에만 이용할 수 있는 시스템으로 운영된다.

84 다음 중 RFID(Radio Frequency IDentification)의 장점으로 가장 옳지 않은 것은?

① 이동 중에도 인식이 가능하나, 다수의 태그(tag)를 동시에 인식하는 것은 불가능하다.
② Tag는 원하는 시스템이나 환경에 맞게 설계 및 제작이 가능하고 유지 보수가 간편하며, 유지비가 들지 않는다.
③ 직접 접촉하지 않아도 데이터를 인식할 수 있을 뿐만 아니라 한 번에 인식 가능한 데이터 처리량이 바코드에 비해 상대적으로 많다.
④ RFID는 단순히 객체를 자동으로 인식하는 인식수단으로서의 기술임에도 불구하고 유비쿼터스사회의 가장 선도적인 기술로 기대되고 있다.
⑤ RFID 태그(tag)는 읽기전용 태그(tag)와 한번만 입력이 가능하고 변경이 불가능한 태그(tag), 그리고 수회에 걸쳐 데이터 입력과 변경이 가능한 태그(tag)로 구분된다.

85 유통 정보를 위한 기업의 내부 데이터베이스는 기업이 주관하는 업무에 관련된 데이터로서 생산 · 조달 · 판매 · 운영 · 물류업무 및 고객서비스 업무 등과 관련된 데이터베이스를 말한다. 내부 데이터베이스의 유형에 해당하지 않는 것은?

① 조달 물류 관련 데이터: 원자재, 부자재, 입찰, 외상, 매입 등의 데이터
② 상품 생산 관련 데이터: 생산 계획, 생산 비용, 생산 공정, 품질관리, 상품 디자인 등의 데이터
③ 기술 정보: 생산기술, 공정기술, IT기술, 솔루션, 처리기술, 표준기술 등
④ 판매 물류 관련 데이터: 재고, 출하, 창고관리, 운송, 하역 등에 관련된 데이터
⑤ 고객 서비스 관련 데이터: 고객 불만처리대장, 고객 성향, 고객 서비스 기록 등의 데이터

86 ECR(efficient consumer response)에 대한 설명으로 가장 옳은 것은?

① 1980년대 중반에 미국에서 의류업종의 공급사슬상의 협업과 비용 절감을 위해 도입되었다.
② 생산자 사이에 걸쳐있는 유통경로 상의 제약조건 및 재고를 줄임으로써 제품 공급체인의 효율성을 극대화하기 위해 도입되었다.
③ 유통업체의 문제점 중의 하나인 전방구매(forward buying)로 인한 공급사슬의 비효율성 문제를 해결하기 위해 도입되었다.
④ ECR의 도입 효과가 알려지면서 JIT와 QR 등의 공급사슬 시스템이 개발되었다.
⑤ 서비스산업의 공급사슬관리를 위한 모형으로 성과향상을 위해서는 카테고리관리, 활동기반원가처리 등이 필요하다.

87 차량, 선박, 항공에 장착된 GPS 수신기와 그 밖의 위치센서의 정보를 통해 이동체의 현 위치를 실시간에 계산하여 운행자와 중앙관제소에 알려주어 이동체의 위치 및 이동상태를 파악하고, 차량의 최적배치, 실태파악 및 분석, 안내, 통제, 운영 등과 관련한 일련의 작업들을 자동화한 시스템은?

① TRS(Trunked Radio System)
② ITS(Intelligent Transport System)
③ GPS(Global Positioning System)
④ AVLS(Automatic Vehicle Location System)
⑤ GIS-T(Geographical Information System for Transportation)

88 다음은 유통정보가 갖추어야 할 조건(특성)을 설명하고 있다. 가장 올바르지 않은 것은?

① 정보의 적시성: 정보는 필요로 하는 시점에 제공될 때 그 가치를 발휘하게 된다.
② 정보의 정확성: 정보시스템은 그 수행기능에 따라 수집, 처리, 활용의 세 가지 단계로 나누어 볼 수 있는데, 정보의 정확성을 해치는 가장 큰 요인은 수집단계에서 발생하는 오류이다.
③ 정보의 통합성: 개별정보는 관련정보들과 통합될 때 상승효과를 가져온다.
④ 정보의 완전성: 문제해결에 필요한 정보가 완비된 정도를 의미하며 중요한 정보가 충분한 것이 완전한 정보이다.
⑤ 정보의 관련성: 기업이 필요에 의해 습득한 정보가 정확한 정보이어야 기업경영 및 점포운영을 성공적으로 할 수 있다. 부정확한 정보는 활용가치가 현저히 떨어져 정보획득에 의한 목표도달이 효과적으로 이루어질 수 없다.

89 다음 중 e-비즈니스의 발전 단계를 정보기술 응용력과 기업간 또는 기업과 고객간 파트너십 차원에서 살펴볼 때 가장 올바르게 나열한 것은?

> 가. 고객과의 단방향성 커뮤니케이션
> 나. e-마켓플레이스 활성화
> 다. 제품 및 서비스 강화
> 라. 공급망 및 고객관계 강화

① 가-나-다-라
② 가-다-나-라
③ 다-가-나-라
④ 다-가-라-나
⑤ 나-가-다-라

90 다음은 전자상거래를 성공적으로 수행하기 위한 인프라 구축에 관한 내용이다. 가장 적합하지 않은 것은?

① 신속하고 효과적인 물류공급체계가 확보되어야 한다.
② 인터넷상에서 제공되는 상품의 품질 보증장치가 마련되어야 한다.
③ 다양한 상품의 개발과 개별 상품들에 대한 다양한 정보를 제공할 수 있어야 한다.
④ 조세 및 관세의 변화로 정부수입에 영향을 주고 통화 및 지불 제도에 대해 새로운 제도를 도입해야 한다.
⑤ 다양한 기업이 자유롭게 참여할 수 있는 환경 조성뿐만 아니라 수익성 향상을 위한 독점체제 구축이 중요하다.

제 2 회 실전모의고사

정답 및 해설 → P.237

제1과목 유통 · 물류 일반(01~25)

01 다음 중 유통경로(流通經路;distribution channel)가 창출하는 효용성에 대한 설명으로 옳지 않은 것은?

① 넓은 의미의 유통은 화폐 · 선물 · 금 · 은 등의 경제 주체들 사이에서 사회적으로 이전하는 것을 말한다.
② 유통의 본원적인 기능은 상품 및 서비스를 생산자로부터 소비자에게 이동시키는 것이다.
③ 유통(Distribution)은 상업(Commerce)이나 마케팅(Marketing)과 동일한 의미로 사용하고 있다.
④ 유통은 여러 가지의 사회적 기능을 수행하고 있는데, 매매기능, 보관기능, 운송기능 등을 들 수 있다.
⑤ 생산이 재화(형태)를 창출하고 소비가 소유(매매)를 창출하는 의미가 있다면 물류는 생산시점과 소비시점의 시간과 장소적인 괴리를 좁히는 효용을 창출함으로써 양자를 연결시킨다.

02 아래에서 설명하는 (　)에 가장 적합한 용어는 무엇인가?

> (　)이란 온라인, 오프라인, 모바일 등 고객을 둘러싸고 있는 모든 쇼핑채널들을 유기적으로 연결해 고객이 어떤 채널에서든 같은 매장을 이용하는 것처럼 느낄 수 있도록 한 매장의 쇼핑환경을 말한다. 즉, (　)은 각 유통 채널의 특성을 결합시킴으로써 고객이 다양한 경로를 넘나들며 상품을 검색하고 구매할 수 있도록 하는 쇼핑 환경을 말한다.

① 멀티채널(multi channel)
② 융합채널(convergence channel)
③ 옴니채널(omni channel)
④ 통합채널(integration channel)
⑤ 플랫폼채널(platform channel)

03 다음 중 중간상 필요원칙에 해당되지 않는 원칙은?

① 거래수가 결과적으로 단순화 · 통합화되어 실질적인 거래비용이 감소하게 된다.
② 유통경로 상 수행되는 수급조절, 수 · 배송, 보관, 위험부담 및 정보수집 등을 생산자와 유통기관이 상호 분업(分業)의 원리가 필요하다.
③ 소매상은 소량의 적정량만을 보관함으로써 원활한 유통기능을 수행할 수 있다는 원칙도 있다.
④ 유통업체에서는 고정비와 변동비를 구분할 때 고정비(fixed cost)가 차지하는 비중이 변동비(variable cost)보다 크기 때문이다.
⑤ 분업의 원리에 비추어 유통경로에서 다양하게 수행되는 기능들(수급조절 기능, 보관 기능, 위험부담 기능, 정보수집 기능 등)을 제조기업보다 더욱 전문성을 갖춘 유통기업에게 맡김으로써 경제적일 수 있다.

04 다음 중 물류시스템 설계 시 고려해야 하는 고객서비스 구성요소로 "취급품목에 대한 고객수요 중 보유 재고로부터 충족될 수 있는 물량의 비율(퍼센트)"을 의미하는 것은?

① 재고 가용률(stock availability)
② 기술적 지원(technical support)
③ 배송 신뢰도(Delivery reliability)
④ 제한 주문량(order-size constraints)
⑤ 주문 현황 정보(order status information)

05 소셜미디어(Social Media)유통 형태에 대한 설명으로 가장 옳지 않은 것은?

① 급격한 외형성장을 이루게 된 데는 트위터나 카페, 페이스북과 같은 소셜미디어의 힘이 매우 크게 작용을했다.
② 트위터나 싸이월드미니홈피와 같은 SNS뿐만이 아니라 사용자 간에 상호작용과 콘텐츠생성이 일어나는 모든 형태를 포함한다.
③ 소비자의 인맥을 마케팅이나 제품판매에 활용하는 e-커머스 워킹서비스와 주로 결합함으로써 실시간 성과 확산성을 띠는 것이 특징이다.
④ 공급자와 소비자가 다수: 다수 방식이 아닌, 오직 1:1의 구매방식으로 거래를 하게 되고, 소비자의 관심과 참여가 거래의 성사는 물론 가격에까지 영향을 미친다.

⑤ 소비자간의 활발한 커뮤니케이션과 의견교환이 제품의 품질과 A/S와 같은 고객서비스까지 영향력을 행사하게 된다.

06 일정한 범위 내의 상권에서는 정해진 수의 소매점으로 하여금 오로지 자신이 만든 제품만을 취급하게 하며, 일정한 인센티브 제도를 도입하는 시스템에 대한 설명으로 옳지 않은 것은?

① 특정한 지역 내에 소재하고 있는 도매상과 소매상에 대하여 오직 특정기업이 만든 제품만을 취급하게 하는 것을 말한다.
② 특정기업이 소매상이나 도매상에 대한 통제가 가능하고 협조체제가 밀접하여 유통에 대한 비용이 감소하거나 제품에 대한 이미지가 높은 경우에 적용할 수 있다.
③ 제품의 종류에는 대부분 고가품인 고급 자동차 · 귀금속 · 의류 등에 적용이 가능하다.
④ 제품의 특징은 제품이 소비자에게 충분히 노출되어 있고, 제품의 체인화에 어려움이 있는 제품 등에 적용할 수 있다.
⑤ 한 가지 종류의 상품을 구매한 고객에게 다른 종류의 상품구매를 유도하여 매출상승을 추구하는 방식은 시장침투를 증가시키기 위한 방법의 하나이다.

07 최근 많은 기업들이 e-SCM을 도입하여 활용하고 있다. e-SCM 도입의 결과로서 나타나는 현상과 가장 거리가 먼 것은?

① 유통채널 갈등의 해소
② 중간상을 배제한 거래
③ 수직적 가치사슬의 해체
④ 최소한의 핵심자산에 집중
⑤ 유통경로의 다변화로서 소비자의 효용증가

08 한정 서비스형 도매상 중 신용판매가 아닌 현금지불을 조건으로 하는 도매상의 유형에 해당하는 것은?

① 트럭배달 도매상(truck jobber)
② 선반진열 중개인(rack jobber)
③ 현금무배달 도매상(cash and carry wholesaler)
④ 직송 도매상(drop shipper)
⑤ 위탁판매인(commission agent)

09 자연도태설에서 추출한 이론으로, 환경에 적응하는 소매상만이 생존 · 발전하게 된다는 이론은?

① 소매 수명주기 이론(Retail Life Cycle Theory)
② 적응행동 이론(Adaptive Theory)
③ 변증법 이론(Dialectic Theory)
④ 소매업 아코디언 이론(Retail Accordion Theory)
⑤ 진공지대이론(Vacuum Zone Theory)

10 다음 중에서 경로구성원들 중 누가 재고보유에 따른 위험을 감수하느냐에 의해 경로구조가 결정된다고 보는 이론은?

① 효용(utility)이론
② 게임(game)이론
③ 대리(agency)이론
④ 거래비용(transaction cost)이론
⑤ 연기–투기(postponement–speculation)이론

11 유통(소매)업체의 경로지배권 강화현상에 관한 설명으로서 가장 거리가 먼 것은?

① 새롭게 등장한 대형 소매업체들은 특히 소비재시장에서 도매상들의 존재의의를 부정하며 직접적으로 제조업체와 협상할 뿐만 아니라 경로지배력을 강화하고 있다.
② 일반 소비재 시장에서 대형화된 소매업체의 경로리더십은 선매품의 경우보다 전문품의 경우에 더욱 두드러지게 나타나는 현상이다.
③ 다점포 경영이 확대될수록, 유통(소매)상이 체인화 혹은 조직화 될수록 소매상의 경로지배력은 강화된다.
④ 고객 지향적 마케팅을 실행하기 위해서는 고객욕구 파악이 가장 중요하며, 이런 관점에서 유통경로상에서 가장 우위에 서 있는 유통(소매)업체의 협상력이 강화되는 추세이다.
⑤ 유통경로가 직접적일수록 생산자는 자신이 생각했던 제품 사용의 효용이나 다른 제품과의 차별성을 직접 소비자에게 설명할 수 있으므로 마케팅 활동을 효과적으로 할 수 있다.

12 아웃렛점은 팩토리 아웃렛(factory outlet)이라고도 하는데, 주요 특징에 대한 설명으로 옳지 않은 것은?

① 물류센터 주변에 위치
② 창고 형태로 점포 운영
③ 메이커와 백화점의 비인기 상품
④ 파주에 있는 신세계와 롯데가 대표적
⑤ 대폭적인 할인가격(30~70%)으로 판매

13 다음 중 네모안에 설명된 유통기능에 해당하는 것은?

> 이 기능은 주로 도매상과 소매상이 담당한다. 이 기능을 담당하는 유통기관은 구매활동과 판매활동을 통하여 유통기업의 이익을 창출하고 있다. 구매활동은 구매와 관련한 상품의 종류 결정, 수량 결정, 공급업자 결정, 가격 결정 등을포함한다. 판매활동은 예상 고객의 발견, 구매 유도, 판매조건 상담 등이 있으며 유통기관의 판매 증대를 위한 판촉활동도 이에 속한다.

① 물적 유통 기능
② 시간 제공 기능
③ 유통 조성 기능
④ 장소 제공 기능
⑤ 소유권 이전 기능

14

프랜차이즈 시스템은 프랜차이저(franchisor)가 프랜차이지에게 프랜차이저의 상호, 상표, 노하우 및 기타기업의 운영방식을 사용하여 제품이나 서비스를 판매할 수 있도록 허가하는 것을 말한다. 이에 대한 설명으로 옳지 않은 것은?

① 프랜차이저는 계약주체로서 프랜차이지를 모집하여 사업을 수행하는 역할을 하며, 프랜차이지를 선정하여 특정지역마다 사업의 동반자나 대리인으로 영업할 권한을 허용해준다.
② 프랜차이저와 자본을 달리하는 독립사업자인 프랜차이지가 서로 협력하는 형태로 본부와 가맹점 간에 계약된 범위 내에서만 통제하거나 특정한 요구를 수행하는 특징이 있다.
③ 프랜차이저는 프랜차이지의 상호 등을 사용하는 권한을 갖기 위해 가입금, 보증금, 로열티 등을 지불하고, 프랜차이지의 경영지도와 지원으로 양자의 지속적인 관계가 유지된다.
④ 프랜차이저는 본사, 본부, 가맹점주 등으로 부르고, 프랜차이지는 지점 혹은 가맹점이라고 부른다.
⑤ 프랜차이즈 본부의 입장에서 본 장점은 자본조달의 용이성, 구매 및 판매에 있어서 신속한 규모의 경제 달성, 지역적 특수성 고려가능성, 과도한 관리업무의 배제, 낮은 노사문제 발생빈도 등을 들 수 있다.

15

최근 국내 시장을 주도하고 있는 CJ(Olive&young), GS(Watsons)과 같은 업태를 가장 잘 설명하고 있는 것은?

① 아웃렛점(Outlet Store)으로 기존의 유통구조와의 반발을 피하기 위해 주로 도심 외곽에 입지하게 된다.
② 드럭 스토어(Drug Store)로서 화장품이나 건강보조식품을 위주로 판매하는 헬스&뷰티 스토어로 발전하고 있다.
③ 회원제 창고형 도소매점(MWC)으로 일정한 회비를 정기적으로 내는 회원들에게만 30~50%의 할인된 가격으로 정상적인 제품 들을 판매한다.
④ 편의점(Convenience Store)으로 인구밀집지역에 위치해서 24시간 영업을 하며 재고회전이 빠른 식료품과 편의품 등의 한정된 제품계열을 취급한다.
⑤ 할인점(Discount Store)으로 박리다매의 원칙에 입각하여 상품을 일반 상점보다 항상 저렴한 가격으로 판매하는 대규모 점포를 말한다.

16

다음 중 경로커버리지와 관련된 설명내용 중 올바르지 않은 것은?

① 경로커버리지전략을 실행함에 있어 경로설계자는 판매망을 직접 소유하고자 할 경우 막대한 자금이 소요되기 때문에 특히 단기간에 광범위한 시장을 커버하기 위해서는 독립된 중간상을 이용하는 것이 보다 경제적이다.
② 집약적유통은 대체로 일상 생활용품이나 편의품과 같이 자주 구매되거나 중간상에게 요구되는 마케팅기능이 그다지 중요하지 않은 제품이나 서비스에 적합한 전략 형태이다.
③ 선택적유통은 소수의 제한된 유통판매망을 활용하는 전략을 의미함으로 고객이 선택 가능한 지역시장 내에 경쟁제품이 존재하거나 이들 경쟁제품에 대한 정보를 고객이 어느 정도 추구하는 경우에 적합한 전략이다.
④ 각각의 개별경로형태에서 얼마나 많은 수의 경로구성원을 활용할 것인가를 결정하는 것이 경로집약도 결정이다.
⑤ 경로집약도와 관련하여 경로설계자가 선택할 수 있는 경로커버리지 대안으로 크게 집약적유통, 선택적유통, 전속적유통 및 프랜차이즈 유통시스템을 들 수 있다.

17

다음은 KBS 9시뉴스시간의 방송국 기자의 리포트 내용이다. ( )에 들어갈 가장 적합한 용어는 몇 번인가?

> 〈앵커 멘트〉
> 식품을 살 때 가장 중요시하는 건 보통 유통기한이죠?
> 하지만 유통기한이 다는 아니라고 합니다.
> 유통기한 지나지 않았도 적정 온도 등에서 보관을 잘 해야 피해를 막을 수 있습니다.
> 이유통 기자의 보도입니다.
> 〈이유통기자 리포트〉
> 우유같은 제품을 고를 때면, 으레 진열대 안쪽으로 손을 넣게 됩니다.
> 최대한 유통 기한이 많이 남은 신선한 걸 원하는 겁니다.
> 이런 노력에도 지난 3년간 유통기한이 지난 식품을 먹고 복통 등 피해를 봤다는 신고가 360여 건에 이른다고 소비자원은 밝혔습니다.
> 〈유통전문가 인터뷰〉 "안전이 우려되고 냉장보관온도도 매우 우려가 되는 식품들에 대해서는 '이 기간이 지나면 바로 버리세요'라는 정보를 줄 수 있는 기한 제도로 가고..."
> 따라서 유통기한보다 보관 상태, 여부를 살펴야 한다는 겁니다.
> 〈이유통기자 리포트〉
> 실제로 소비자원 시험결과 우유는 유통기한 뒤 최고 50일, 식빵 20일, 치즈는 70일까지도 먹을 수 있는 것으로 나타난 바 있습니다. 때문에 ( ) 대신 ( )을 표시하는 방안이 검토되고 있습니다.

① 유통기간-유통기한 ② 소비기간-유통기한
③ 유통기간-소비기간 ④ 유통기한-소비기한
⑤ 소비기간-소비기한

18

현재 유통산업발전법에 열거되어있는 '유통관리사'에 대한 설명으로 가장 옳지 않은 것은?

① 유통관리사가 되려는 사람은 산업통상자원부장관이 실시하는 유통관리사 자격시험에 합격하여야 한다.
② 산업통상자원부장관 또는 지방자치단체의 장은 유통관리사를 고용한 유통사업자 및 유통사업자단체에 대하여 다른 유통사업자나 사업자단체보다 우선 자금 등을 지원할 수 있다
③ 매장면적의 합계가 3천제곱미터 이상의 대규모점포를 운영하는 업체는 2013년 이후에 유통관리사자격증을 보유한자를 정규직 종업원의 10%이상으로 고용하고 있어야 한다.

④ 유통산업분야에서 3년 이상 근무한 자로서 유통연수기관이 실시하는 유통연수과정을 40시간 이상 수료한 후 2년 이내에 2급시험에 응시하는 경우에는 10점 가산한다.
⑤ 필기시험의 합격기준은 1과목당 100점을 만점으로 하여 각 과목별성적이 40점 이상, 전과목 평균성적이 60점 이상으로 하며, 면접시험의 합격기준은 100점을 만점으로 하여 60점 이상으로 한다.

19 다음 중 제 2자 물류에 대한 설명으로 맞는 것은?

① 사내에 물류 조직을 구축해서 운영하는 형태
② 자회사를 통해서 물류 서비스를 제공하는 형태
③ 외부 물류 업체에게 물류 서비스를 아웃소싱한 형태
④ 전략적 제휴업체와의 협업을 통해서 물류 서비스를 제공하는 형태
⑤ 정보기술, 컨설팅 능력을 보유한 업체가 공급망상에 대한 계획과 관리를 하는 형태

20 다음 중 '유통기업의 경영혁신 사례'로 보기 가장 어려운 내용은?

① 오프라인시장에서 고객들의 호응을 기반으로 오프라인 시장과 카탈로그 시장에 진출하고자 하는 전략을 실행하고 있다.
② 기존시장으로부터의 종속성을 탈피하기 위하여 새로운 시장개척을 통한 시장 다변화정책을 실행하고 있다.
③ 생산자브랜드제품으로부터 발생하는 마케팅정책면에서의 한계를 극복하기 위해 자체적으로 자사의 유통업자 브랜드를 개발하였다.
④ 점포유통업만을 고집하던 유통업체가 무점포유통업으로의 진출, 즉 전자상거래와 홈쇼핑을 통한 판매를 새롭게 개척하여 유통경로를 다양화하였다.
⑤ 계절적으로 수요증가가 예상되어 계절특수품에 대한 선구매량을 확대하여 고객의 구매편의를 향상하였다.

21 상품 믹스에 따라 유통업태의 변화를 설명하는 이론인 소매업 아코디언 이론(Retail Accordion Theory)에 대한 설명으로 적합하지 않은 것은?

① 소매업체들이 다양한 제품을 취급하는 종합점포유형에서 몇몇 종류의 전문제품에 집중하는 전문 업체유형으로 변했다가 다시 다양한 제품을 취급하는 종합점포로 전환하는 형식으로 발달한다는 이론이다.
② 상품구색이 넓은 종합점 소매상에서 상품구색이 좁은 전문점소매상으로, 다시 반복하여 되풀이하는 것으로 아코디언처럼 제품구색이 늘었다 줄었다 하는 과정을 되풀이하는 이론이다.
③ 일단 목표시장(소매업계)에서 받아들여지면 이 새로운 소매기관은 고급화 과정에 접어든다. 차별화를 위해 세련된 설비와 서비스를 더해가고, 고가격, 고비용, 높은 서비스의 소매점으로 전환된다.
④ 유통기관이 취급하는 상품계열의 성격, 즉 광협(廣狹)에 따라 설명하려는 이론으로 종합상품계열을 가진 유통기관은 보다 전문화된, 즉 한정된 상품계열을 가지는 기관으로 대체된다고 보았다.
⑤ 소매업태의 변화는 가격이나 마진이 아니라 상품의 변화에 따르고 다양한 상품계열을 취급하는 소매업태에서 전문적이고 한정적인 상품계열을 취급하는 소매업태로 시간의 흐름에 따라 다시 다양한 상품계열을 추구하게 되는 현상이 반복적 나타난다.

22 다음 중 상품기획 성과 분석 중에서 ABC분석에 대한 설명내용으로 가장 거리가 먼 것은?

① 공헌이익은 총이익에서 판매된 제품원가와 기타 변동비를 공제한 값이다.
② 상품별 적정 재고수준을 파악하기 위하여 상품에 대한 등위를 매기는 방법이다.
③ ABC분석의 첫 단계는 한 가지 또는 몇 가지 기준을 사용하여 단품의 순위를 정하는 것이며, 이 때 가장 중요한 성과측정기준의 하나로 공헌이익을 들 수 있다.
④ 기업이 관리하고자 하는 상품의 수가 많아 모든 품목을 동일하게 관리하기가 어려울 때 이용하는 방법이다.
⑤ ABC분석의 다음 단계는 상품을 구분하여 취급하기 위한 분류기준, 즉 수익 또는 판매량 차원의 수준을 결정하는 것이다.

23 각 유통점포에서 판매하는 상품들이 동일하지 않은 경우를 많이 볼 수 있다. 어떤 점포에서는 브랜드를 내세우기도하고, 어떤 점포에서는 식료품의 맛을 강조하기도 하며, 어떤 점포에서는 파격적인 가격을 제시하기도 한다. 이러한 현상은 식료품유통시장이 어떠한 형태를 띠고 있기 때문인가?

① 독 점　　② 완전경쟁
③ 과 점　　④ 독점적 경쟁
⑤ 불완전경쟁

24 소비자 기본법에서 규정하는 사업자의 책무사항으로 옳지 않은 것은?

① 사업자는 스스로의 권익을 증진하기 위하여 필요한 지식과 정보를 습득하도록 노력하여야 한다.
② 사업자는 물품 등을 공급함에 있어서 소비자의 합리적인 선택이나 이익을 침해할 우려가 있는 거래조건이나 거래방법을 사용하여서는 아니 된다.
③ 사업자는 소비자에게 물품 등에 대한 정보를 성실하고 정확하게 제공하여야 한다.
④ 사업자는 소비자의 개인정보가 분실 · 도난 · 누출 · 변조 또는 훼손되지 아니하도록 그 개인정보를 성실하게 취급하여야 한다.

⑤ 사업자는 물품 등의 하자로 인한 소비자의 불만이나 피해를 해결하거나 보상하여야 하며, 채무불이행 등으로 인한 소비자의 손해를 배상하여야 한다.

25 도매업은 소매업 외의 모든 매매업을 말하며, 지칭하는 용어로는 넓은 의미와 좁은 의미의 도매업으로 구분되어 지고, 도매업을 수행하는 상인을 도매상이라고 한다. 다음중 도매상의 종류에 대한 설명으로 옳지 않은 것은?

① 현금거래 도매상(cash and carry wholesaler)은 재고회전이 빠른 한정된 계열의 제품만을 소규모 소매상에게 현금지불을 조건으로 판매를 하며 배달은 하지 않는 도매상이다.
② 직송 도매상(drop shipper)은 상품에 대한 소유권을 갖지만 직접 재고를 유지하지 않는 도매상으로 주로 석탄, 목재, 중장비 등을 취급하는 도매상이다.
③ 우편주문 도매상(mail-order wholesaler)은 우편을 통하여 카탈로그와 제품주문서 등을 발송하여 주문을 접수하여 제품을 배달해 주는 도매상이다.
④ 진열장 도매상(rack jobber)은 소매상들에게 매출비중이 높지 않으면서 회전율이 높은 캔디, 껌, 건강미용 용품 등을 판매하며 소매 점포까지 직접 트럭배달을 해주면서 소매상을 대신하여 진열대에 진열하거나 재고를 관리해주는 도매상이다.
⑤ 트럭 도매상(truck jobber)은 진열해 준 제품이라도 판매가 된 제품에 대해서만 값을 치르고, 팔리지 않은 제품은 반품도 할 수 있기 때문에 소매상이 제품진부화로 인해 감당해야 할 위험도 최소화시켜 준다.

제2과목 상권 분석(26~45)

26 한 번 설정된 상권은 고정적인 것이 아니라 변화를 한다. 소비패턴·생활패턴 변화 및 실버계층 증가의 변화에 의해서도 상권이 변화하고, 한 세대와 한 세대 간의 변화, 신세대 내에서의 변화, 사회구조의 변화 등에 의해서도 상권이 변화하며, 라이프 사이클의 변화, 새로운 소비층의 변화, 계층 간의 소비 변화 등으로 상권이 변화된다. 다음 중 상권변화 분석에 대한 설명으로 가장 옳지 않은 것은?

① 상권변화 분석의 방법으로 대형점은 유추법에 의한 분석을, 중소형점은 실지조사법을 많이 이용한다. 상권 변화 분석의 요령은 현지 상황의 정확한 파악과 주민의 성향을 알아야 한다.
② 상권이 변화한다는 것은 기존의 상가 및 점포 사이에 새로운 상가나 점포가 들어서거나 소비자들의 위치가 변화하는 것이다. 고정 인구와 유동 인구의 변화와 지역 주민들의 직업 형태에 의해서도 상권이 변화된다.
③ 상권의 변화 요인은 대형할인점, 백화점, 지하철의 등장, 버스터미널 및 정류장의 형성 은 포함이 되지만, 관공서·대규모 회사의 등장 및 이전 등은 변화와 관련이 없는 요인이다.
④ 해당상권 내의 경쟁점포들에 대한 소비자의 지출패턴이나 소비자의 쇼핑여행패턴을 반영함으로써 특정점포의 매출액과 상관규모들보다 정확하게 예측할 수 있는 상권분석 이론이다.
⑤ 고객 내점가능성의 척도 즉 유동인구가 상권 내로 진입하는 초입 또는 메인라인에서부터 도보 또는 차량으로 고객들이 점포에 수월하게 진입이 가능한지를 보는 것을 접근성의 법칙이라 한다.

27 소매입지 선정절차에 대한 설명으로 잘못된 내용은?

① 거시적인 입지 분석으로 주민과 기존 소매점 특징과 관련하여 대체적인 상권을 평가한다.
② 정해진 상권에 어떠한 유형의 입지에 출점할 경우가 유리한지를 결정해야 한다.
③ 입지가 단독 입지인가 집합 입지인가를 결정해야 하는데, 특정의 출점입지를 선정하는 데에는 단독 입지로 결정한다.
④ 입지가 선정되었다면, 선정된 입지 유형 내에 출점할 부지를 선택한다.
⑤ 지대가 조금 높은 상권은 그 곳에서만 상권이 형성되어 외부로부터의 흡인력이 떨어진다.

28 다음 중 상권(trade area)의 변화 내용에 대한 설명으로 가장 옳지 않은 것은?

① 한번 설정된 상권은 변동적인 것이 아니라 소비패턴이나 생활패턴의 변화 및 실버계층 증가의 변화에 의해서도 상권이 변화하지 않으므로 상권은 불변이라고 할 수 있다.
② 세대간의 변화, 신세대 내에서의 변화, 사회구조의 변화 등에 의해서도 상권이 변화하며, 라이프 사이클의 변화, 새로운 소비층의 변화, 계층 간의 소비 변화 등으로 상권이 변화된다.
③ 상권변화 분석의 방법으로 대형점은 유추법에 의한 분석을, 중소형점은 실지조사법을 많이 이용하고, 상권 변화 분석의 요령은 현지 상황의 정확한 파악과 주민의 성향을 알아야 한다.
④ 상권변화 요인은 대규모 점포의 출점과 폐점, 이동에 필요한 교통수단의 발전 등이 아주 중요한 요인으로 작용을 하며, 관공서·대규모 회사의 등장 및 이전 등도 포함된다.
⑤ 해당상권 내의 경쟁점포들에 대한 소비자의 지출패턴이나 소비자의 쇼핑여행패턴을 반영함으로써 특정점포의 매출액과 상관규모를 보다 정확하게 예측할 수 있다.

29 쇼핑센터(Shopping Center)는 상업기업의 지리적 집단으로, 특정의 상권에 대해 입지규모 형태 등에 관하여 전체적으로 계획·개발·관리되고 있다. 다음 중 쇼핑센터의 개념에 대한 설명으로 옳지 않은 것은?

① 쇼핑센터는 국내에서는 번화가의 상점가를 말하는데, 일반 소규모 독립 소매상이 모여 있는 지하도에 형성되어 있는 지하상가, 역을 중심으로 하는 역세권 상가, 용산 전자상가나 밀리오레 및 두산타워 등이 모두 쇼핑센터로 분류된다.
② 쇼핑센터는 도심 지역의 소비자들이 교외로 이전하면서 전문적인 개발업자에 의한 지역 상황과 수요 분석을 통해 규모·레이아웃·점포구성·만족 등이 무계획적으로 개발·관리·운영되는 대표적인 집합형 소매점을 말한다.
③ 쇼핑센터는 도심 밖의 커뮤니티를 시설로 계획되는 것이 일반적이며, 동일한 개발업자가 계획한 소매업, 음식점업, 서비스업 등의 대규모 집단시설을 말한다.
④ 쇼핑센터는 도시 근교의 광대한 토지를 확보하여 드라이브인 극장 등의 시설을 갖추고, 백화점 등 규모가 큰 소매점을 중심으로 하여 연쇄점, 전문점, 소매점 등을 모아 원스톱 쇼핑(one-stop shopping)이 가능하도록 계획적으로 만들어진 대규모 상점이라고 할 수 있다.
⑤ 쇼핑센터 내에서의 점포위치는 표적시장이 유사한 점포들이 가까이 위치되어 있는가를 살펴보고 평가하는 것이 좋다.

30 수요 측정방법은 인구수와 가처분 소득을 통한 구매력을 조사하는 것으로, 인구 수는 소매목적상 특정집단의 가구 수를 조사하는 것보다 더 효과적이라 할 수 있다. 시장 매력도 측정에서 수요의 측정에 대한 설명으로 옳지 않은 것은?

① 고소득층을 표적 시장으로 하는 소매업체는 무조건 고소득층의 소득 만을 조사하는 것이 가장 적합하다.
② 소매업자는 인구통계적 특성, 가족 구성원의 수, 사회·경제적 특성인 연간 가구 소득, 주거 유형 등에 따라 나누어진 세부시장들 중에서 선정된 표적 세분시장의 수요를 측정하는 것이 보다 타당하다.
③ 가구 구성원들의 수도 소매업체에 대한 전반적인 수요와 특정 소매업종에 대한 수요에 영향을 미친다.
④ 특정지역의 시장의 잠재력을 총체적으로 측정할 수 있는 지표로 많이 이용되는 것이 소매포화지수(IRS;Index of Retail Saturation)이다.
⑤ 기본적인 수요예측의방법의 하나인 통계해석법은 상권인구/주변취업자 혹은 통행량 등에 대한 매출액/규모 등을 지표로 표현하는 방법이다.

31 다음 중 상권 규정요인으로 가장 잘못된 설명은?

① 상권을 규정하는 가장 중요한 요인은 소비자나 판매자가 감안하게되는 시간과 비용요인이지만, 일반적으로 상권을 규정하는 구성요인은 인구, 시간, 거리요인이다.
② 상품가치를 좌우하는 보존성이 강한 재화일수록 오랜 운송에도 견딜 수 있으므로 상권이 확대되며, 생산비, 운송비, 판매가격 등이 낮을수록 상권은 확장된다.
③ 구매자 측면에서의 상권은 적절한 가격의 재화 및 용역을 합리적으로 구매할 수 있을 것으로 기대되는 지역적 범위이다.
④ 소비자가 직접 이동하는 경우에는 재화의 종류에 따라 소비자가 투자하는 시간과 비용이 바뀌게 되지만 상권의 크기는 불변이다.
⑤ 판매자 측면에서의 상권은 특정 마케팅 단위나 집단이 상품과 서비스를 판매하고 인도함에 있어 비용과 취급규모면에서의 특정 경계에 의해 결정되는 경제적인 범위이다.

32 다음 중 상권(trade area)을 언급한 지문으로 올바른 내용으로만 열거된 것은?

ㄱ. 한 점포가 고객을 흡인할 수 있는 지역의 한계 범위(geographic area)를 지칭하는 말이다.
ㄴ. 지역상권(general trading area), 지구상권(district trading area), 개별점포 상권(individual trading area) 등으로 계층적으로 분류될 수 있다.
ㄷ. 상권은 단순한 원형의 형태로만 구분하는 것이고, 아메바와 같이 정형화되지 않은 형태로 되는 경우는 없다고 본다.
ㄹ. 한 점포뿐만 아니라 점포집단이 고객을 유인할 수 있는 지역적 범위(geographic area)를 의미하기도 한다.
ㅁ. 판매품질에 따라 1차, 2차, 3차 상권 및 영향권으로 구분할 수 있다. 상권의 구매력은 상권 내의 가구소득수준과 가구 수에는 영향이 있다.
ㅂ. 경쟁자의 출현은 상권을 차단하는 중요한 장애물이며 고객밀도는 상권 내의 인구밀도와 밀접한 관련이 있다.

① ㄱ, ㄴ, ㄷ, ㄹ
② ㄴ, ㄷ, ㄹ, ㅁ
③ ㄱ, ㄷ, ㅁ, ㅂ
④ ㄷ, ㄹ, ㅁ, ㅂ
⑤ ㄴ, ㄹ, ㅁ, ㅂ

33 상권 분석의 형태 중 공간 독점형 형태에 해당하지 않는 것은?

① 상권 형태: 일정한 점포로서 독립적으로 영업하는 주택지역이나 지역 전체를 대상으로 하며 관련이 없는 지역은 대상에서 제외한다.
② 공간적 정의: 공간 형태는 다각형이며 등시간성(等時間性)에 따른 주행시간이 중요하다. 주로 1차 상권을 형성한다.
③ 취급 품목: 주로 선매품을 취급하며, 보통 연쇄점이 많고 일반 쇼핑센터로 영업한다. 주택지역의 고객 수준이 매출을 좌우한다.
④ 적용 기법: 시장 지분 모델, 회기 분석 모델, 허프 모델, 아날로그(類推法) 분석 기법 등이다.
⑤ 상권조사와 분석방법: 공간적 독점형 분석에는 완전한 독점형과 부분적 독점형으로 구분하여 분석한다.

34 점포후보지에 대한 상권분석기법 중 규범형 모형(Normative Model)에 관한 설명이다. 올바른 것은?

① Converse의 법칙의 의의는 Huff의 법칙을 발전시켜 대도시와 중소도시간의 매물에 있어서 중소도시에서 소비되는 부문과 외부 대도시로 유출되는 부문의 관계에 대하여 설명하는 법칙이다.
② 유사도시 점유율지표이용법은 이전에 도시단위로 행하여졌던 소매인력론을 소매상권의 개별단위(상업시설)로 전환하여 전개한 이론이다.
③ 소매인력법칙은 개별점포의 상권경계보다 이웃 도시들 간의 경계를 결정하는데 주로 이용되는 이론으로 두 경쟁도시(A, B) 사이에 위치한 소도시(C)로부터 A, B 도시가 끌어들일 수 있는 상권범위는 도시간의 거리에 비례하고 해당도시의 인구수의 제곱에 반비례한다고 설명하고 있다.
④ 시뮬레이션을 이용한 측정방법으로서 중심지 이론이나 소매중력의 이론 등을 주로 활용한다.
⑤ Christaller의 중심지 이론은 한 지역내의 생활거주지의 입지 및 거주자 분포, 도시간의 거리관계와 같은 생활공간 구조를 중심지 개념에서 설명하는 이론이다.

35 기술적(서술적) 방법에 의한 상권 분석방법 중 체크리스트(checklist) 방법에 대한 설명으로 잘못된 것은?

① 체크리스트 방법은 상권의 규모에 영향을 미치는 다양한 요인들을 수집하여 이들에 대한 목록을 작성하고 각각에 대해 평가를 통해 시장 잠재력과 상권의 구조를 예측해 보는 방법이다.
② 상권의 범위에 영향을 미치는 요인들은 매우 많으나 크게 상권 내의 제반 입지의 특성, 상권 고객 특성, 상권 경쟁구조로 나누어진다.
③ 하버드 비즈니스 스쿨의 애플바움(Applebaum)이 제안한 것으로 그는 CST(Customer Spotting Technique)지도 또는 CIT를 이용하여 상권을 결정한다고 보았다.
④ 체크리스트법은 단순하여 이해하기 쉬우며, 사용하기도 간편하고 비용도 상대적으로 적게 소요된다.
⑤ 단일점포의 입지를 결정하는데 활용하는 방법이고 상권의 범위에 영향을 미치는 요인들은 매우 많으나 크게 상권 내의 제반 입지의 특성, 상권 고객 특성, 상권 경쟁구조로 나누어진다.

36 레일리(Reilly)의 소매중력(인력)의 법칙에 대한 내용으로 옳지 않은 것은?

① 레일리의 소매중력의 법칙에 의하면 두 경쟁 도시(A, B)의 중간에 위치한 소도시(C)의 거주자들로부터 끌어들일 수 있는 상권 규모는, 그들의 인구제곱에 비례하고 각 도시와 중간(위성)도시 간의 거리에 비례한다.
② 신규점포를 분석하는 크리스탈러가 제안한 중심지 이론 최단거리 가설(Nearest-center hypothesis)에 의하면, 소비자는 유사 점포들 중 한 점포를 선택할 때 그 중 가장 가까운 점포를 선택한다는 원칙에 입각한 내용이다.
③ 소비자들은 보다 먼 거리에 위치한 점포가 보다 나은 쇼핑기회를 제공함으로써 여행의 추가 노력을 보상한다면, 기꺼이 먼 거리까지 여행을 하게 될 것이다.
④ 원거리에 위치한 점포의 상품가격과 교통비를 합한 총 가격이 다른 점포를 이용할 경우의 구입비용보다 싸다면 소비자는 보다 싼 가격의 상품을 구매하기 위해 기꺼이 먼 거리까지 여행할 수 있다는 것이다.
⑤ 다양한 점포들 간의 밀집이 점포의 매력도를 증가시키는 경향이 있음을 고려하고 있으며, 이웃 도시들 간의 상권 경계를 결정하는 데 주로 이용된다.

37 상권분석에서 필요로 하는 예상매출액에 대한 추정의 오차를 줄이기 위해 매출액추정의 다양한 방식이 활용된다. 다음 중 매출액 추정을 위한 방식이 올바르게 표현되지 않은 것은?

① 객단가를 기초로 산출하는 방식으로 매출액＝고객수×객단가 혹은 매출액＝내점객수×매출율×평균단가×구입개수
② 종업원 1인당 매출액을 기초로 산출하는 방식으로 매출액＝종업원 1인당 매출액×종업원수
③ 상품회전율을 중심으로 산출하는 방식으로 매출액＝재고금액×상품회전율
④ 평당 년간 매출액을 기초로 산출하는 방식으로 매출액＝평당 연간판매액×내점객수
⑤ 신규점포의 예상매출액 산식은=특정지역의 잠재수요의 총합×특정지역으로부터 계획지로의 흡인율

38 도매업의 경우에도 입지의 결정은 매우 중요하며, 생산구조와 소비구조의 특징에 따라 입지유형이 달라진다. 다음 중 다수의 소량분산 생산구조이며 소비구조 또한 소수에 의한 대량집중 소비구조일 때의 입지 요건을 가장 잘 설명한 것은?

① 수집기능 수행과 분산기능 수행에 대한 의사결정과정에서 우선순위에 차이가 없이 동등하다.
② 대량 집중 소비구조임으로 분산 기능의 수행이 용이한 곳에 입지를 선정한다.
③ 분산기능의 수행보다는 수집 기능의 효율적 수행을 위한 입지선정이 중요하다.
④ 수집 기능과 분산 기능 모두 동일하게 중요하지만 실제적 의사결정과정에서는 중계기능을 수행하기 쉬운 곳이 보다 우선한다.
⑤ 수집은 단순하지만, 분산을 담당하는 전문적인 상인들을 따로 모집해야 하는 어려움이 있다.

39 글 상자안의 내용을 HuffH형으로 설명할 때 가장 올바르지 않은 것을 고르시오.

> 윤희 동네에는 비슷한 제품을 판매하고 있는 세 개의 상점이 있다. '가', '나', '다' 상점은 각각의 규모가 2,700m^2, 6,400m^2, 12,500m^2이고 거리는 윤희 집에서 3km, 4km, 5km 떨어져 있다. 모수는 1(규모),3(거리)을 따른다. 상품 구색의 수는 규모에 비례한다.

① '가', '나', '다'의 상점의 이용가능성은 거리와 규모를 고려할 때 '가', '다', '나' 상점 순으로 선호된다.
② 모수가 선택확률과 비례하는 경우 양수의 형태로 모형에 적용하고, 반비례하는 경우에는 음수의 형태로 모형에 적용한다.
③ '가', '나', '다' 각 상점에서 판매하는 제품이 전문품일 가능성은 매우 낮다.
④ 규모의 모수가 1이기 때문에 실제 계산에는 거리의 모수만 고려해도 되며, 윤희는 규모보다는 거리를 더 중요하게 생각한다는 의미이다.
⑤ Huff 모형을 사용하여 윤희의 선택을 예측하게 되면 거리와 규모만을 고려하기 때문에 실제 윤희의 선택과는 차이가 있을 수 있다.

40 전체의 소매업이 모든 소비자를 대상으로 하는 것은 아니기 때문에, 인구 및 라이프 스타일 변수 분석의 초점은 표적고객들의 특징을 파악하는 것으로 나타날 수 있다. 다음 중 라이프스타일의 특성에 대한 설명으로 잘못된 것은?

① 인구 통계와 라이프스타일의 특성은 소득문제, 가족문제, 교육문제 등 인구의 특색을 나타낼 수 있는 모든 변수들을 인구학적인 특징에 포함할 수 있다.
② 인구와 라이프스타일의 특성을 파악하는 것은 소매업에서 매우 중요시하는 사항으로 인식되고 있다.
③ 총 인구의 증가는 개인의 소득 증가와 함께 유통업의 계속적인 발전 가능성을 의미한다.
④ 맞벌이 부부는 시간의 제약을 받기 때문에 인터넷을 통한 각종 상품 구매 등으로 인하여 무점포 소매업에 비해 유점포 소매업의 발전을 수반하게 될 것이다.
⑤ 다양한 생활양식 · 행동양식 · 사고양식 등 생활의 모든 측면의 문화적 · 심리적 차이를 전체적인 형태로 나타낸 말이 라이프스타일이다.

41 새로운 입지의 수요예측 방법들에 대한 설명내용이다. 올바르지 않은 설명은?

① 가장 폭넓게 사용되는 수요예측방법으로 유사성방식이 있으며, 유사성방식의 보다 공식적인 통계적 버전으로서 다중회귀분석방식을 사용한다.
② 유사성방식 및 Huff 모델을 이용한 방식은 획득 가능한 자료를 가진 점포의 수가 많으면 많을수록 더욱 적합하다.
③ 다중회귀분석방식은 우선 성과예측을 위해 점포의 성과 및 설명변수를 찾아낸 다음 회귀방정식을 도출하여 미래의 점포성과를 예측하게 된다.
④ Huff의 중력모델에서는 점포가 가진 경쟁의 매력도 및 고객으로부터 점포나 쇼핑센터까지의 거리나 이동시간을 고려한다.
⑤ 다중회귀분석방식은 획득 가능한 자료를 가진 점포의 수가 많으면 많을수록 수요예측에 더욱 적합하다.

42 신규점포의 매출예측방법의 하나인 시장점유율법(Market Share Approach)과 관련된 설명내용들이다. 올바르지 않은 내용은?

① 시장점유율은 시장의 총 잠재 매출액 중에서 점포가 차지하는 매출 비율이며 점포의 가구당 판매액/가구당 잠재판매액의 수식으로 표현된다.
② 시장점유율법에서 사용하는 매출추정방법을 통해 상권 외부의 소비자 유입 및 상권내 소비자의 점포 선호성향을 파악할 수 있다는 점이 특히 장점으로 부각되고 있다.
③ 상권별 시장점유율 자료인 시장점유율법에서 고려할 사항은 상권내 인구수와 1인당소비액 또는 가구당 소비액을 계산하는 것이다.
④ 총시장잠재력은 상권의 시장잠재력의 척도인 1인당 소비액(지출액)과 상권 내 인구수를 곱한 값이다.
⑤ 슈퍼마켓 연구의 내용과 일치하며, 다른 점은 선행연구에서 '상품의 질'을 예비조사결과를 참고하여 '식품의 신선도'로 바꾼 것이다.

43 하버드 비즈니스 스쿨의 애플바움(W. Apple baum)교수의 유추법에 대한 설명으로 가장 옳지 않은 것은?

① 자사의 신규점포와 특성이 비슷한 기존의 유사 점포를 선정하여 매출액, 통행량, 구매력 비율, 객단가 등을 조사하여 상업계획지구의 수요를 확정하는 방법이다.
② 각 지역에서의 1인당 매출액을 구하며, 예상 상권내의 각 지역의 인구수에 유사점포의 1인당 매출액을 곱하여 신규점포의 예상매출액을 구한다.
③ 유통업자가 기존의 점포 근처에 신규점포를 개점하려고 한다면, 신규점포가 기존 점포의 고객을 어느 정도 잠식할 것인지를 고려해야 한다.
④ 유추점포가 가지고 있는 흡인력을 조사한 후 대체입지의 예상매출과 상권을 추정하여 기대효과가 가장 높은 곳을 선정한다.
⑤ 신규점포의 상권 분석 뿐만 아니라 기존 점포의 상권 분석에도 적용될 수 있으며, 쇼핑패턴을 반영하여 적용하기 쉽다는 특징이 있다.

44 입지 유형과 접근성 분석에서 목적형 입지에 대한 설명으로 가장 적합한 것은?

① 지역 주민이 주로 이용하는 식당 등의 생활형 점포는 주차시설이 있으며, 주차요금은 거의 무료여야 한다.
② 생활형 입지의 큰 특징은 지역 주민들이 도보로 접근하여도 쉽게 도달할 수 있는 곳에 출점을 하여야 하는 것이다.
③ 야외의 테마파크나 대규모 놀이시설은 고객들이 일부러 찾아오기 때문에 주도로에서 점포로의 접근이 좋아야 한다.
④ 통상적으로 대부분의 고객들이 대중교통을 이용하기 때문에 점포의 위치는 대중교통 시설물과 연계되어 있는 것이 상황적으로 적합하다.
⑤ 일상적인 거리에서 통행하는 유동인구에 의해서 그 점포의 매출이 커다란 영향을 받고,입지 유형 중 거리에서 통행하는 유동인구에 의해 영업이 좌우되는 입지를 말한다.

45 상권분석을 위한 다양한 방법 (도구)들은 신규점포에 대한 상권분석방법과 기존점포에 대한 상권분석방법으로 분류될 수 있다. 다음 중 특히 기존점포의 상권분석을 위하여 주로 활용되는 방법에 관하여 가장 올바르게 설명한 것은?

① 점포 내부 자료와 각종 2차 자료를 이용하여 측정 할 수 있다.
② 규범적 측정방법으로서 중심지 이론이나 소매중력의 이론 등을 주로 활용한다.
③ 서술적 측정방법으로서 체크리스트법, 유추법등이 활용된다.
④ 시뮬레이션을 이용한 측정방법으로서 레일리모델 및 허프모델 등을 들 수 있다.
⑤ 소비자가 특정 소매점에서 구매할 확률을 결정하는 확률적 점포 선택 모형에는 MNL 모형도 있다.

제3과목 유통 마케팅(46~70)

46 마케팅(Marketing)의 기능에 대한 설명으로 어울리지 않는 것은?

① 마케팅(Marketing)이란 현재 또는 잠재적인 최종 소비자의 필요와 욕구를 충족시킬 수 있는 재화와 서비스를 제공하기 위하여 제품, 가격, 경로, 판매촉진, 물류유통 등의 경영활동을 수행하는 시스템을 말한다.
② 전통적인 마케팅은 재화나 용역이 생산자로부터 소비자·사용자에게로의 흐름을 지시하는 기업 활동을 수행하는 것으로 고압적 마케팅이었다.
③ 전통적 마케팅은 조직의 목적을 달성하기 위한 기업 활동을 수행하는 것으로서 소비자의 욕구 충족과 장기적 복지 증진에 기여함으로써 그 대가로서 이익을 추구한다.
④ 현대적 마케팅은 소비자 지향적 활동으로서 소비자 만족을 추구하고, 소비자의 욕구를 확인하며, 욕구를 충족시켜 줄 수 있는 제품을 생산하여 판매하는 형식으로서, 저압적 마케팅·구매자 중심의 시장·순환적 마케팅을 지향한다.
⑤ 마케팅은 시장을 정의하는 활동으로 적극적 의미의 마케팅을 뜻하며, 주로 기업이 어떤 제품시장에서 어떤 고객을 중심으로 어떻게 경쟁사와 차별화할 것인가를 의미하는 활동이다.

47 위조 상품에 대한 설명과 가장 거리가 먼 내용은?

① 위조상품은 시장이 있는 국가에서 합법적으로 보호하는 트레이드 마크, 저작권, 특허의 라이센스 없이 만들고 판매된 상품이다.
② 타인의 상표와 동일 또는 유하게 만들어 상품에 사용하여 타인의 상품과 오인 혼동을 일으키는 상품을 말한다.
③ 소매업체와 공급업체는 위조상품에 대한 손해와 지적재산권 침해로부터 자신을 보호하기 위해 상표등록, 합법적 행동, 상호협상 등의 방안을 강구해야 한다.
④ 위조상품을 방지하기 위한 트레이드 마크, 저작권, 특허는 지적자산의 범주에 포함된다.
⑤ 위조상품의 위협에 노출되는 이유는 상품단가가 높고, 복제와 수송이 어려우며, 소비자의 욕구가 높기 때문이다.

48 취업준비중인 대학생인 A는 최근 자신의 메일주소로 매일발송되는 취업에 대한 홍보성 광고글 때문에 골치 아파하고 있다. 이런 내용에 대한 가장 적합한 지문은?

① 발신자는 대가를 지불하지도 않으면서 비인적 수단을 이용하여 소비자에 촉진을 하고 있는 것이다.
② 발신자는 대가를 지불하면서 인적 수단을 이용하여 소비자에 촉진을 하고 있는 것이다.
③ 발신자는 대가를 지불하지도 않으면서 인적수단을 이용하여 소비자에 촉진을 하고 있는 것이다.
④ 발신자는 대가를 지불하면서 비인적 수단을 이용하여 소비자에 촉진을 하고 있는 것이다.
⑤ 발신자는 대가를 지불하는 촉진수단이 지불하지 않는 것보다는 고객이 더 신뢰를 보일것이라 판단한다.

49 강제적 로열티(compulsive loyalty)에 대한 설명으로 가장 옳은 것은?

① 고객들의 인지적 또는 금전적 전환비용이 낮을 때 발생한다.
② 다수의 경쟁자가 존재하며 경쟁이 심화된 산업에서 발생한다.
③ 고객이 서비스에 불만족하면 다른 서비스로의 전환을 위해 적극적인 탐색 행동을 보인다.
④ 독점적인 기업의 서비스에서 나타나는 로열티 유형이다.
⑤ 패밀리 레스토랑이나 커피전문점처럼 경쟁이 심한 서비스에서 볼 수 있는 로열티 형태이다.

50 다음은 산업재 구매행동에 영향을 미치는 중요 요인에 관한 내용이다. 가장 올바르지 않은 것은?

① 대인적 요인으로 연령, 소득, 교육, 직위, 개성 및 위험에 대한 태도 등을 들 수 있다.
② 환경적 요인으로 경제적 발전, 공급조건, 기술변화, 경쟁적 발전 및 문화와 관습을 들 수 있다.
③ 개인적 요인으로 권위, 지위, 감정이입 및 설득을 들 수 있다.
④ 조직적 요인으로 일상적인 의사결정으로 이루어지는 단순 재구매, 철저한 조사가 요구되는 신규구매와 이들의 중간단계인 수정구매의 경우를 들 수 있다.
⑤ 의사결정자는 최종 구매자를 선택하고 승인할 수 있는 공식적 혹은 비공식적 권한을 가진다.

51 다음 중 물류원가 계산방식으로 재무회계방식과 관리회계방식의 특징을 가장 올바르게 설명한 것은?

① 관리회계방식은 개략적인 물류비 총액 계산에 있어서 별도의 물류비 분류, 계산절차등이 불필요하다.
② 재무회계방식은 상세한 물류비의 파악이 곤란하기 때문에 구체적인 업무평가나 개선목표의 달성에 한계가 있다.
③ 재무회계방식은 현행 재무제표의 계정과목으로 파악하기 때문에, 물류활동의 개선안과 개선항목을 관리회계방식에 비해 명확하게 파악할 수 있다.
④ 관리회계방식은 기업 활동의 손익상태와 재무 상태를 중심으로 회계제도의 범주에서 물류활동에 소비된 비용항목을 대상으로 1회계기간의 물류비 총액을 추정한다.
⑤ 물류원가계산 방식에는 재무제표를 이용한 관리회계방식과 물류원가계산제도에 의한 재무회계 방식이 있다.

52 다음 내용은 상품분류에 있어서 편의품과 업태분류에 있어서 편의점에 관한 설명이다. 옳지 않은 것은?

① 편의품을 주로 취급하는 유통상은 주거지에서 가까운 위치에 매장을 입지하는 것이중요하다.
② 편의품에 대한 구매성향을 분석해 보면 일반적으로 잦은 구매가 이루어지며, 또한 매번 구매 시 비교와 검토가 이루어지지 않고 단순한 구매결정이 이루어진다.
③ 편의점은 소비자의 다양한 욕구들 중 특히 시간과 노력을 절약하여 구매하려는 소비자의 욕구를 중요시 하고 있다.
④ 편의점은 공간적, 시간적인 측면에서의 편의를 제공할 뿐만 아니라 가격 측면에서의 편의성 확보 즉 저렴성을 확보하는 것이 중요하다.
⑤ 편의점은 일반적으로 좋은 위치에 입지하여 장시간 영업을 하며 한정된 수의 품목을 취급하는 소매상이다.

53 조직업무의 계획 · 실행 · 평가 및 피드백작업에 있어서 적용되어야 하는 직무의 3면 등가원칙에 대한 설명으로 가장 거리가 먼 것은?

① 업무진행과정에 있어서 책임/권한/의무의 3개 부문이 균형을 맞추어 실행되어야 한다는 원칙이다.
② 직권남용이란, 주어진 권리/권한을 지나치게 사용하고 그에 상응하는 의무를 다하지 않는 경우를 의미한다.
③ 주어진 의무에 상응한 권한이 주어지지 않은 경우 발생하는 것이 소위 "의무정체"이다
④ 의무란, 주로 일정한 행위가 실행되도록 요청하는 것으로서 여기서는 책임과 권한에 대한 실행을 요청하는 것을 의미한다.
⑤ 조직의 업무수행에는 권한, 책임, 의무가 서로 등가의 관계를 갖고 있음을 의미한다.

54 일반적으로 소비재시장에서의 도매상을 둘러싼 환경이 매우 열악한 반면, 산업재 유통업자(industrial distributor) 역할의 중요성은 더욱 확대될 가능성이 높다. 다음 중 이러한 경향을 설명할 수 있는 이유/원인으로 보기 가장 어려운 것은?

① 원가상승으로 유통업자에게 물류기능을 맡기려는 제조업자가 늘어나고 있다.
② 상품들이 표준화됨에 따라 상표명의 중요성이 퇴색되고, 그 결과 유통업자에 의한 고객통제력이 강화되고 있다.
③ 유통업자들에 의한 조립 및 가공생산을 통해 고객들에 대한 부가가치서비스가 보다 증대되고 있다.
④ 대량일괄주문 경향이 늘어남으로써 유통업자(도매상 및 소매상)의 파워가 강화되고 있음을 볼 수 있다.
⑤ 산업재 유통업자들은 유통하는 산업재를 반드시 도매상이나 대리점을 경유할 필요는 없다.

55 재고관리효율성을 높이기 위해 중요하게 사용되는 수요예측 방법 중 소위 "지수평활법(exponential smoothing)"에 대한 설명으로 가장 적합한 것은?

① 주요 경기 지표들을 기준으로 수요를 예측하는 기법이다.
② 과거 같은 기간의 수요 추세를 미래로 확대하는 기법이다.
③ 경쟁 유통업체들의 주문량의 평균값을 계산하여 이를 근거로 수요를 예측한다.
④ 적합한 평활 상수를 사용함으로써 과거의 데이터를 유지할 필요성을 갖는다.
⑤ 최근의 매출자료에 가중치를 보다 많이 부여하여 미래기간의 수요를 예측한다.

56 어느 소매점은 지난 한 해 동안 2억 7천만 원의 순매출 실적을 기록했다. 이 소매점의 지난 해 총자산은 9천만 원, 취득원가로 계산한 연평균 재고액은 3억 6천만 원, 매출원가는 1억 8천만 원이었다. 이 소매점의 지난 해 재고총이익률(GMROI;Gross Margin Return on Inventory Investment)은?

① 25.0% ② 50.0% ③ 100.0%
④ 250.0% ⑤ 500.0%

57 일상생활에서 가격은 상품 1단위를 구입할 때 지불하는 화폐의 수량으로 표시하는 것이 보통이다. 다음 중에서 수요에 기초한 심리적 가격결정 기법의 유형에 속하지 않은 것은?

① 홀 · 짝수 가격 책정(odd-even pricing)은 소비자가 어떤 가격을 높은 가격 또는 낮은 가격으로 인지하느냐 하는 사실에 기초를 둔다.
② 명성가격 책정(prestige pricing)에서 소비자들은 가격을 품질이나 지위의 상징으로 여기므로 명품 같은 경우 가격이 예상되는 범위 아래로 낮추어지면 오히려 수요가 감퇴할 수 있다.
③ 비선형가격설정(nonlinear pricing)뜨내기 고객을 단골고객으로 바꿀 수 있으며, 소비자 잉여의 상당부분을 회사의 이익으로 전환할 수 있으며, 고객의 마음속에는 가격은 그리 중요한 평가의 수단이 될 수 없다.
④ 손실 유도 가격 결정(loss leader price policy)이란 특정 품목의 가격을 대폭 인하하여 가격을 결정하면 그 품목의 수익성은 악화된다.
⑤ 상층흡수가격정책(skimming pricing policy)은 가격에 비교적 둔감한 고소득층을 흡수하고, 그 뒤 차차 가격을 인하시킴으로써 가격에 민감한 저소득층에게 침투하고자 하는 정책이다.

58 판매촉진수단에 관한 다음의 설명 중 가장 적합하지 않은 것은?

① 신제품을 소개하거나 기존제품에 새로운 자극을 만들어 내는데 매우 효과적인 반면 비용 또한 많이 드는 방법으로 샘플링을 들 수 있다.
② 한 유통매장이 특정한 날 매출을 끌어올리기 위해 모바일 메신저 시스템을 이용하여 직접 고객의 핸드폰으로 텍스트 메시지 쿠폰을 발행할 수 있다.
③ 광고공제(advertising allowances)란, 소매기업이 자신의 광고물에 어떤 상품을 광고해주는 대가로 해당 제조기업이 상품 구매가격의 일정 비율을 공제해 주는 것을 말한다.
④ 현금 환불(cash refunds) 혹은 리베이트(rebates)는 제품의 정상가격에서 할인을 제공하는 것이며 고객이 구매하는 장소에서 곧 바로 가격할인이 제공된다는 장점이 있다.
⑤ 소비자의 구매 및 자사제품을 취급하는 거래점의 효율성을 자극하기 위하여 비(非)일상적으로 수행되는 상품전시 · 진열 · 전람회 등과 같은 활동을 의미한다.

59 영업사원에 대한 보상(compensation plan)과 관련된 아래의 내용 중에서 옳지 않은 것은?

① 보상제도는 영업사원으로 하여금 자사의 마케팅 목표에 부응하는 활동을 하도록 동기를 부여하는 핵심수단의 하나이다.
② 시장점유율을 높이는 것이 목표라면 보상계획은 성과급의 비율을 높이거나 신규 거래처 확보에 대한 보너스를 강화하여야 한다.
③ 마케팅목표를 수익성 향상에 초점을 맞춘다면 종업원 보상계획은 기본급방식이 성과급방식보다 유리하며, 기존 고객의 만족도향상에 주력하도록 하여야 한다.
④ 성과급제도는 영업사원에게 소속감뿐만 아니라 수익성 및 안정성측면에서도 더욱 유리한 보상제도이다.
⑤ 급여는 판매원이 근무하는 단위기간 동안의 고정수입을 말하며 판매원의 수입에 안정성과 보장성을 제공해 준다.

60 점포레이아웃은 소비자의 본능적 행동양식과 업종 및 업태 그리고 점포규모에 따라 적절하게 응용하여 조화를 이루도록 하여야 하지만 다음과 같은 매장레이아웃의 원칙에 유의하여 매장을 배치하여야 한다. 다음 중 매장 레이아웃 원칙과 가장 거리가 먼 것은?

① 단위상품의 규격과 매장면적비가 균형을 이루도록 상품부문별로 매장면적을 할애한다.
② 매장의 입구 쪽에는 구매빈도가 높은 상품과 구매시간 단축 상품을 배치하고 안쪽부분은 상대적으로 구매빈도가 낮은 상품을 배치한다.
③ 상품배치의 다양한 관점/기준들 중 특히 소비자 관점에서 본 상품 간 관련성을 고려하여 상품을 배치하는 것이 중요하다.
④ 매장의 입구 쪽에는 가격단가가 낮은 상품을 안쪽으로 들어갈수록 가격단가가 높은 상품을 배치하는 것이 일반적이다.
⑤ 근린형 소형 점포 같은 소형 소매상의 경우에는 전통적인 방식에 따라 점주 자신이 점포의 계획과 시설 및 리뉴얼이 가능하다.

61 고관여 제품에 대한 광고 전략과 저관여 제품에 대한 광고전략의 특성들을 설명한 것 중, 가장 올바르지 않은 내용은?

① 고관여 제품의 광고는 폭넓은 정보 캠페인에 집중하는 것이 중요한데 반해, 저관여 제품의 경우는 몇가지 중요한 요점에 집중하는 것이 중요하다.
② 고관여 소비자는 구매 전에 상품 및 브랜드에 대한 평가를 하는 반면, 저관여 소비자의 경우 우선적으로 구매하며 브랜드에 대한 평가를 한다면 구매 후에 평가한다.
③ 동기가 전혀 부여되지 않은 소비자의 경우 메시지를 전달하는데 TV가 보다 효과적이며, 동기가 부여된 소비자의 경우 인쇄광고가 더욱 효과적이다.

④ 저관여 제품만의 광고전략은 반복되는 단문메시지를 사용하여 수동적인 학습효과를 향상시키고 브랜드 친숙도를 높여야 한다.
⑤ 고관여 제품들의 경우 저관여 제품들에 비해 실질적인 브랜드차이가 상대적으로 적은 제품들이므로 차별화의 중요 수단인 광고를 통하여 경쟁사의 제품과 차별성을 갖게 하는 것이 더욱 중요하다.

62 다음 중 매장과 점포 레이아웃(Lay out)에 대한 설명으로 올바르지 않은 것은?

① 점포레이아웃은 소비자의 본능적 행동양식과 업종 및 업태 그리고 점포규모에 따라 적절하게 응용하여 조화를 이루도록 매장레이아웃의 원칙에 유의하여 매장을 배치하여야 한다.
② 점포레이아웃은 소비자의 본능적 행동양식과 업종 및 업태 그리고 점포규모에 따라 적절하게 응용하여 매장의 입구 쪽에는 가격단가가 높은 상품을 안쪽으로 들어갈수록 가격단가가 낮은 상품을 배치하는 것이 일반적이다.
③ 점포의 고객 서비스에 대한 이미지가 나쁘다면 이를 바꾸기 위하여 고객서비스 데스크를 눈에 잘 보이는 곳에 배치하거나 패션지향적인 이미지를 주고 싶다면 패션부문을 점포 내에 가장 좋은 위치에 배치하는 것이 좋다.
④ 격자형(Grid type)레이아웃은 반복적인 패턴으로 설비나 통로를 사각형으로 배치하는 형태로써 기둥이 많고 기둥 간격이 좁은 상황아래에서도 설비비용을 절감할 수 있으며, 통로 폭이 동일하기 때문에 건물 전체 필요 면적이 최소화된다.
⑤ 자유형(Freeform)레이아웃은 소매점의 레이아웃(layout)시, 비품과 통로를 비대칭적으로 배치하는 방법으로 주로 규모가 작은 전문점 매장이나 여러 개의 작은 전문점 매장이 모여 있는 다형점포에서 주로 채택하는 레이아웃 방식이다.

63 최근 유통업계에서는 업종의 개념보다는 '업태개념'에 입각한 유통업의 분류가 점차 중시되고 있다. 업태개념에 따라 유통업의 분류가 중요하게 인식되는 이유나 배경으로 거리가 가장 먼 것은?

① 업태(type of operation)란 판매방법이나 점포의 운영형태의 차이를 기준으로 한 분류이다.
② 소비자 욕구의 다양화로 이에 대응하고자 하는 유통기업이 상품의 판매방법, 가격 그리고 제공하는 서비스 등을 다른 기업과 차별화하고자 하는 경향이 증가하고 있기 때문이다.
③ 유통기업은 다양한 상품을 취급하기보다 자신의 지위나 영향력을 높이고 상품의 차별화 및 구매에서 규모의 경제를 통한 이익을 추구하기 위해 특정 상품에 집중하는 경향이 강하기 때문이다.
④ 최근 소매기업은 제조업자의 판매 대리기관으로서의 역할을 수행하기 보다는 독자적이고 모험적으로 사업을 전개하고자 하는 성향이 강해지고 있기 때문이다.
⑤ 점포가 취급하는 상품의 물리적 특성을 강조하여 판매하는 방식에서 탈피하여 소비자의 편익이나 가치를 중시하는 경영방식이 기업의 성과에 있어 중요한 영향을 미친다는 인식이 확산되고 있기 때문이다.

64 마케팅 커뮤니케이션 수단들에 대한 아래의 설명 중에서 가장 옳지 않은 것은?

① 광고는 인적판매에 비해 노출당 경제성이 뛰어나지만 설득효과가 떨어지는 단점이 있다.
② 인적판매는 광고에 비해 메시지를 상황에 따라 조절 할 수 있다.
③ 홍보(publicity)는 광고에 비해 신뢰성을 높일 수 있지만 통제가 어렵다는 한계가 있다.
④ 좁은 의미의 판매촉진활동은 광고에 비해 비용이 많이 소요되지만 실질적인 혜택을 줌으로써 브랜드 이미지를 향상시키는 데는 더욱 효과적이다.
⑤ 광고공제(advertising allowances)란, 소매기업이 자신의 광고물에 어떤 상품을 광고해주는 대가로 해당 제조기업이 상품 구매가격의 일정 비율을 공제해 주는 것을 말한다.

65 서비스 품질에 대한 고객의 평가에 관한 다음의 기술들 가운데 지금까지의 연구 결과와 가장 일치하지 않는 것은?

① 고객은 기대한 품질과 인지된 품질을 비교하여 서비스 품질을 평가한다.
② 고객은 특별한 사건이나 순간을 중심으로 서비스 품질을 평가한다.
③ 고객의 서비스 품질 평가는 유형성, 신뢰성, 응답성, 확신성(assurance), 공감성 등 다섯 가지 차원을 중심으로 측정할 수 있다.
④ 고객이 서비스를 평가할 경우 서비스 품질 투자는 재무적으로 측정될 수 없다.
⑤ 서비스는 서비스특징상 고객 개인들 마다 다르게 평가를 하는 이질성이 있다.

66 유통기업의 다각화전략은 기업을 둘러싸고 있는 환경의 변화가 격심해짐에 따라 그 필요성이 더욱 증대되고 있다. 다음 중 유통기업의 다각화전략의 동기와 거리가 가장 먼 것은?

① 기존의 사업을 수행하는 과정에서 발생하는 부산물을 유용하게 활용하고자 하는 욕구
② 기존사업의 성장이 둔화되거나 점차 쇠퇴해 감에 따라 새로운 사업분야로 진출할 필요성 대두
③ 기업이 다양한 사업 분야에 진출함으로써 기업 경영상의 유연성 제고와 사업의 포트폴리오 추구

④ 기업이 보유한 경영자원의 희소성을 극복하고자 하는 욕구
⑤ 다각화는 개별 사업부문의 경기순환에서 오는 위험을 분산시킬 수 있는 수단이 되기 때문

67 Aspinwall 제품특성을 5가지 기준으로 분류한 적색품, 오랜지색품, 황색품 에 대한 설명으로 가장 옳지 않은 것은?

① 적색품(red goods)은 대체율은 높고, 나머지 특성들이 낮은 제품으로 보았다.
② 오렌지색품(orange goods)은 5가지 특성 모두에서 중간정도인 제품으로 보았다.
③ 황색품(yellow goods)은 대체율은 낮고, 다른 특성값은 모두 높은 제품으로 보았다.
④ 유통경로를 이용한다면 적색품의 제품은 대중유통경로 및 촉진을 사용하는 것이 더 적합하다.
⑤ 황색품은 긴 경로와 대중매체를 통한 촉진, 황색품은 짧은 경로와 폐쇄회로형 매체를 활용한 촉진이 적합하다고 한다.

68 점포의 조명과 조도 및 색채 중 조명의 역할에 대한 설명으로 옳지 않은 것은?

① 일반적으로 점포의 주체적 수행 기능은 판촉이므로 조명(照明)의 중요한 기능은 진열된 상품을 부각시켜 고객을 유인함으로써 효과적으로 매출액을 증대시키는 역할이다.
② 점포의 점두(店頭) 밝기는 통행객의 주의도를 높이며, 쇼 윈도의 조명은 고객의 관심을 유인하여 매력감을 증대시키는 역할을 한다.
③ 점포의 점내(店內)에서는 조도(照度)를 통해 상품의 인상도를 높이는 동시에 가격표나 쇼카드를 명시하여 구매에 대한 흥미를 야기하는 역할을 수행한다.
④ 가격의 역할은 점내에 고객 유인, 상품에 대한 고객 유인, 상품 선택의 유인이 주요한 내용이다.
⑤ 색채가 주는 상징이나 느낌이 일부 문화나 지역에 따라서 다소 상이할 수도 있지만, 색체마케팅에서 각각의 색상이 주는 느낌은 일반적으로 상당한 공통점을 가지고 있다. 노랑은 "희망, 광명, 유쾌, 명랑, 경박" 등의 연상을 일으키는 색체라 할 수 있다.

69 윈도 진열(Window display)은 점포에 대한 고객의 흡인력(吸引力)을 창조하고 점포 품격을 향상시키는 것이 주 목적이기 때문에 특선품 구역이라 할 수 있다. 다음 중 윈도 진열에 해당하는 것은?

① 보행객 및 아이 쇼핑(eye-shopping) 고객을 점포 내로 끌어들여 고객별로 그 점포의 수준과 성격을 파악하게 하는 역할을 수행한다.
② 윈도 진열은 보통 보행객뿐만 아니라 아이 쇼핑 고객에 대하여 그 점포의 판매 상품과 제공 서비스가 훌륭하다는 신뢰감을 갖게 하고 구매하려는 분위기를 조성하는 기능이 있기 때문에 충동구매 상품을 배치하는 것이 유리하다.
③ 윈도 진열은 매력 있는 진열, 신뢰감을 갖는 진열, 빈틈없는 진열이라는 세 가지 요인을 충분하게 고려하여야 한다. 따라서 특선품 구역으로 간주할 수 있다.
④ 상품을 판매하기 위해 구체적으로 상품 구역별로 진열대에 진열하는 점내 진열의 구성 요소는 소비자의 구매 심리라는 관점에서 심리적인 프로세스는 '주의→연상(連想)→욕망→비교→확신→결정' 과정을 거치게 된다.
⑤ 매장진열에서 유효진열범위 중 특히 골든라인(Golden Line)의 부분은 매출기여도가 가장 높을 것으로 예상되는 유효진열범위 내에서 가장 고객의 눈에 띄기 쉽고 또한 손이 닿기 쉬운 높이의 범위를 말한다.

70 온라인 마케팅에 관한 설명 중 가장 올바르지 않은 내용은?

① 온라인 마케팅의 4가지 주요 영역은 기업-소비자간, 기업간, 소비자 간, 소비자-기업 간 온라인 마케팅으로 나누어진다.
② 디스플레이광고 (배너광고), 키워드광고, 바이럴마케팅, 뉴미디어 분야등이 온라인마케팅의 한 형태이다.
③ 다이렉트 마케팅의 주요 형태로 인적판매, 다이렉트 메일 마케팅, 카탈로그 마케팅, 전화 마케팅, 직접반응 텔레비젼 마케팅, 온라인 마케팅 등을 들 수 있으며 이들 중 가장 빠르게 성장하는 형태로 온라인 마케팅을 들 수 있다.
④ 온라인 마케터는 구전 마케팅의 인터넷 버전인 바이럴 마케팅을 이용한다. 바이럴 마케팅은 웹사이트 구축, 전자메일 메시지, 다른 마케팅 이벤트를 포함하는데 매우 전염성이 강해서 고객으로 하여금 친구에게 이것을 전해주길 원하게 만든다.
⑤ 인터넷은 전통적인 오프라인 기업에게 지금까지 존재하지 않던 새로운 온라인 시장에서의 기회 새로운 종류의 마케터를 탄생시켰으나, 순수한 온라인 기업 즉, 닷컴이라는 기업들의 탄생은 온라인 마케팅에서 그 의미와 역할이 중요하게 작용하지 않고 있다.

제4과목 유통 정보(71~90)

71 정보(information)와 유사한 개념으로 설명되어지는 것 중에서 자료나 지식이 있는데 이중 차원이 가장 낮은 개념에 속하는 것으로 가장 옳은 설명은?

① 어떤 현상이 일어난 사건이나 사상을 사실 그대로 기록한 것으로 숫자, 기호, 문자, 음성, 그림, 비디오 등으로 표현되며, 이는 '아직 특정의 목적에 대하여 평가되지 않은 상태의 단순한 여러 사실'이다.

② 교육, 학습, 숙련 등을 통해 사람이 재활용할 수 있는 정보와 기술 등을 포괄하는 많은 의미를 내포하는 광범위한 용어로, 동종의 정보가 집적되어 일반화된 형태로 정리된 것으로, '어떤 특정목적의 달성에 유용한 추상화되고 일반화된 정보'라고 할 수 있다.
③ 개인이나 조직이 의사결정을 하는데 사용되도록 의미 있고 유용한 형태로 처리된 것으로 넓은 뜻으로는 어떤 사물(事物)에 관하여 명료한 의식을 지니는 것으로서, 알려진 사물의 뜻이 되기도 하고, 사물에 관한 개개의 단편적인 사실적·경험적 인식의 뜻이다.
④ 정보가 축적되어 체계화되고, 한층 더 농축된 상태로 원리적, 통일적으로 조직되어 객관적 타당성을 요구할 수 있는 판단의 체계로서 다양한 종류의 정보가 축적되어 특정 목적에 부합하도록 일반화된다.
⑤ 모든 이치를 빨리 깨우치고 사물을 정확하게 처리하는 정신적 능력이다. 지식에 의해서 얻을 수 있는 것이라는 의미에서 발전하여, 지금은 주로 사리를 분별하며 적절히 처리하는 능력을 가리킨다.

72 e-비즈니스가 고객서비스 수준을 높이는데 기여하는 이유와 가장 거리가 먼 것은?

① 컴퓨터 네트워크 접속을 통해 24시간 어느 장소에서나 접근이 가능하다.
② 중간 유통채널이 없이 고객에게 직접 판매가 가능하여 비용절감으로 가격경쟁력을 높일 수 있다.
③ 대규모의 시설이나 재고를 많이 보유함으로서 고객에게 다양한 제품을 선택할 수 있는 기회를 제공할 수 있다.
④ 고객의 개인 정보나 과거의 구매패턴 등을 파악하여 고객의 취향에 맞는 제품을 추천하는 등 맞춤 서비스를 제공할 수 있다.
⑤ 웹사이트의 활용으로 신제품의 시장진입을 촉진시킬 수 있다.

73 바코드(Bar Code)는 1916년 샌더스(C. Sanders)가 그의 자급식 식품점(self-service food store)에서 처음 실시함으로써 일반인들에게 소개되었다. 바코드(Bar Code)에 대한 설명으로 옳지 않은 것은?

① 바코드(Bar Code)는 인쇄된 숫자 등의 Data를 컴퓨터에 자동으로 입력시키는 방법의 하나로 창안되었다.
② 바(Bar)는 흑색선으로 빛을 주사시켰을 때 반사율이 적게 나타나며, 흰 여백(Space)은 백색이므로 반사율이 높게 나타나게 되므로 이 빛의 반사율을 감지하여 부호화된 정보를 판독할 수 있다.
③ 바코드(Bar Code)는 스캐너(Scanner)라고 불리는 장치를 이용하여 상품의 제조업체, 품명 또는 가격을 정확하고 간단하게 읽어들일 수 있도록 고안된 것이다.
④ 바코드는 두께가 서로 동일한 검은 막대와 흰 막대의 조합을 통해 숫자 또는 특수기호를 광학적으로 쉽게 판독하기 위해 부호화한 것으로 이것을 이용하여 정보의 표현과 정보의 수집, 해독이 가능하게 된다.
⑤ 2차원 바코드의 종류중 Data Matrix 코드는 미국의 International Data Matrix사가 개발하였으며 오류 검출 및 복원 알고리즘에 따라 유형이 구별된다.

74 현재 "갑"기업은 RFID(radio frequency identification) 기술을 이용한 수산물이력추적시스템을 도입하려고 하나 RFID 태그의 높은 가격 문제와 낮은 인식률 문제로 도입을 주저하고 있다. 이는 어떤 점에서 시스템의 개발타당성에 문제가 있는 것인지 가장 올바르게 짝지워진 것은?

① 가격문제-기술적 타당성, 인식률문제-운영적 타당성
② 가격문제-경제적 타당성, 인식률문제-개발일정 타당성
③ 가격문제-경제적 타당성, 인식률문제-기술적 타당성
④ 가격문제-기술적 타당성, 인식률문제-법적 타당성
⑤ 가격문제-경제적 타당성, 인식률문제-활용적 타당성

75 다음 중 ITF(Interleaved Two of Five) 코드에 대한 설명으로 잘못된 것은?

① 1972년 Computer ldentic사에 의해 개발된 코드로서 여러 가지 2 of 5 코드 중에서 가장 높은 밀도를 갖고 있다.
② 표준 물류 바코드를 박스에 인쇄하기 위해 사용되는 것으로써 단품식별 상품코드로 GS1-13으로 불린다.
③ 단품은 색상, 사이즈, 크기 단위로 세분화된 형태를 말하며, 표준 바코드는 시스템이 식별할 수 있도록 ITF-14라는 바코드 심벌이 사용된다.
④ 심벌 문자는 5개의 바(Bar)로 데이터를 표시하고, 그 사이의 스페이스는 분리용의 역할만 하는 아주 간단한 구조 Code이다.
⑤ 5개의 바(Bar) 중 2개의 넓은 바를 가지고 있어서 이름이 2 of 5가 되었고, 1개 숫자 표시에 이용되는 바는 2개의 넓은 바와 3개의 좁은 바로 구성된다.

76 다음 중 SCM의 응용형태에 대한 설명으로 가장 부적절한 것은?

① EOS는 발주자가 주문자료를 수주자의 컴퓨터로 전송함으로서 주문이 이루어진다.
② CAO는 POS와 EOS를 결합해서 수요에 즉각적으로 대응하기 위한 방식이다.
③ Cross Docking은 상품이 중간물류센터에 재고로 머무르지 않고 소매점포로 곧바로 이동하게 하는 방식이다.
④ CRP는 주문업체가 POS를 통한 실제 판매량을 계산해서 예측 수요량과 재고 등을 토대로 상품보충 여부를 결정한다.
⑤ 끊임없는 상품 보충(CRP)은 소비자의 수요에 근거해서 제조업체 또는 공급업체가 유통업체의 재고를 자동보충해주는 방식이다.

77 전자결제시스템에 관한 설명으로, 가장 올바르지 않은 것은?

① 네트워크에 의한 안전한 상거래를 지원하기 위한 전자결제 시스템은 결제수단에 따라 신용카드결제시스템, 전자화폐 결제시스템, 전자수표결제시스템, 전자자금이체시스템 등으로 구분할 수 있으며 이것들은 현재 전자상거래의 주된 대금결제방식으로 그 통용성이 인정되고 있다.
② 전자결제시스템의 요건으로 안전하게 대금지불을 할 수 있도록 다양하고도 보다 안전한 결제시스템이 제공되어야 하며, 거래당사자가 서로 정당한 상대인지를 확인할 수 있는 기반이 조성되어야 하며, 전자화폐의 불법변조 및 위조방지, 사용자 프라이버시와 익명성 보장, 소액 결제지원 및 경제적인 처리비용을 들 수 있다.
③ 전자화폐는 일반적으로 유통성, 양도가능성, 범용성, 익명성 등 현금의 기능을 갖추고 있을 뿐만 아니라 원격송금성, 수송상의 비용절감, 금액의 분할 및 통합의 유연성, 전자성 등의 특징을 가지고 있으며 현금의 단점 또한 보완하는 기능을 가지고 있다.
④ 신용카드결제시스템은 신용카드 정보의 전송유형에 따라 네트워크형과 카드형으로 구분할 수 있으며 대표적인 이용수단으로는 네트워크형의 경우 VISA Cash, 카드형으로는 Cyber Cash, E-Cash, First Virtual 시스템을 들 수 있다.
⑤ 인터넷 상거래를 통해서 상품을 구입하고 대금을 결제할 때 사용하고 쇼핑몰과 계약된 은행이나 카드사의 온라인 결제를 통해서 대금을 지불하는 시스템이다.

78 다음은 의사결정(Decision Making)에 대한 다양한 설명의 내용이다. 이에 대한 설명으로 옳지 않은 것은?

① 의사결정이란 가장 바람직한 상태를 달성하기 위하여 하나 또는 그 이상의 대안 중에서 가장 유리하고 실행가능한 최적대안을 선택하는 의식적 과정이라고 정의할 수 있다.
② 기업은 기업의 목표설정과 목표달성을 위해 선택 가능한 여러 대안 가운데서 하나를 합리적으로 선택하고 결정하는 개인, 조직, 단체, 기업의 제반 활동 및 행동을 말한다.
③ 의사결정이란 의사 소통을 통하여 각 경로 구성원들이 서로 접촉하게 되는데 접촉의 빈도 그리고 지속된 접촉이 의사소통의 양을 결정하고 의사 소통의 양이 적정 수준에 달했을 때 결정하는 행동을 말한다.
④ 의사결정을 한다는 것은 의식적으로 사려 깊은 다양한 행동이라고 볼 수 있다. 또한 반사적인 반응이나 무의식적인 행동, 반응행동, 습관 역시 의사결정이라고 할 수 있다.
⑤ 합리적 의사결정 모형에서 인간은 합리적인 의사결정자라는 가정에 바탕을 두는 모형으로서 경영학자들에 의해 가장 옹호되는 의사결정 모형이다.

79 다음은 고객서비스에 대한 e-비즈니스의 영향에 관하여 서술한 내용 중, 가장 옳지 않은 것은?

① e-비즈니스는 전통적 소매점에 비해 제품에 대한 선택의 폭을 넓혀 줄 수 있는 장점을 가지고 있다. 기존의 소매점에서 e-비즈니스와 동일한 선택을 가능하게 하려면 대규모의 재고를 유지할 수 있는 대규모의 장소를 필요로 한다.
② e-비즈니스는 공급사슬을 통하여 고객의 요구에 대한 정보가 전달되기 때문에 보다 정확한 예측과 속도를 더욱 빠르게 할 수 있다. 즉 향상된 예측과 보다 정확한 고객요구의 관점은 수요와 공급을 더욱 잘 조절할 수 있게 해 준다. 즉 제품에 대한 가용성을 향상시킨다.
③ e-비즈니스를 사용하는 회사는 물리적 경로를 사용하는 회사보다 더욱 신속하게 신제품을 출시 할 수 있다. 사례로 Dell사는 전통적인 경로를 이용하는 경쟁사보다 빨리 신제품을 출시하고 있다.
④ e-비즈니스는 구매절차를 자동화하게 하여 주문비용감소뿐만 아니라 업무처리속도를 증가시킨다. 예로써 과거의 구매자료를 활용하여 현재의 구매속도를 증가시킨다.
⑤ 고객에 대한 대응시간측면에서 보면 다운로드 할 수 없는 유형(실제)제품을 판매할 때에도 고객욕구를 충족시키는데 온라인 구매가 시간적인 이득을 줄 수 있다. 따라서 짧은 대응시간을 요구하는 고객에게도 알맞다.

80 다음 중 UNSPSC에 관한 설명이 아닌 것은?

① 8자리 숫자 분류 코드와 영문 분류 코드로 구성
② 세그먼트-패밀리-클래스-커모디티 등 4단계로 구성된 12자리 코드
③ UNSPSC는 The United Nations Standard Products &Services Code의 약자
④ 전 세계적으로 가장 널리 알려지고 활용되고 있는 전 산업대상의 전자상거래용 상품분류체계
⑤ UNDP(United Nations Development Programme)와 D&B(Dun & Bradstreet)가 공동으로 개발

81 다음 중 ECR(efficient consumer response)에 대한 설명으로 옳지 않은 것은?

① 전자문서화 된 정보교환과 원활한 제품흐름이 시스템 도입의 성공 요건이다.
② 공급업체-제조업체-유통업체 컴퓨터에 의한 자동발주(computer aided ordering)를 기본으로 한다.
③ 식품산업에 적용하기 위한 SCM의 변형이라 할 수 있다.
④ 유통사슬상의 전체 재고는 증가하나 소비자는 다양한 상품의 구매가 가능하다는 장점이 있다.
⑤ 소비자의 만족에 중점을 두고 공급사슬 효율을 극대화하기 위한 새로운 모델이다.

82 다음 중 식료품점에서 유통정보시스템을 구축하려고 할 경우에 대한 설명으로 옳지 않은 것은?

① 식품 이력제의 도입을 추진한다.
② 고객 수요 분석을 토대로 주문량을 결정한다.
③ 신선도유지를 높여 고객에 대한 서비스를 증가시킨다.
④ 식품 수명을 주요 관리요소로 선정해서 시스템을 구축한다.
⑤ 소스마킹 방식을 도입해서 납품업체에서 바코드를 부착해서 납품토록 한다.

83 다음 중 인터넷을 이용한 시장조사과정에 대한 설명으로 옳은 것은?

① 오프라인 시장조사과정과 달리 조사계획, 목표 시장설정 등의 단계를 생략할 수 있다.
② 소비자 집단에 대한 대표성 있는 표본의 확보가 용이하며, 자료의 품질도 우수하다.
③ 응답 자료의 전송상 보안문제로 인하여 온라인 응답률이 낮아지는 경향이 있다.
④ 설문응답자들의 참여율 저조로 오프라인 조사보다 비용이 과다하게 소요된다.
⑤ 다른 오프라인조사보다 신뢰성이나 정확성이 월등히 높다고 할 수 있다.

84 유통정보시스템을 활용 목적에 따라 거래자료처리시스템, 지식 업무시스템, 정보보고시스템, 의사결정지원시스템 및 중역정보시스템으로 구분하기도 한다. 다음 중 '의사결정지원용 정보시스템'을 구축할 때의 고려사항과 가장 거리가 먼 것은?

① 유통과정상의 문제를 쉽게 해결할 수 있는 다양한 의사결정 모형을 제공해야 한다.
② 주기적으로 레포트가 자동으로 생성되도록 함으로서 유통경영관리자의 노력을 줄여주어야 한다.
③ 유통경영관리자들의 행동특성을 반영한 의사결정 방법과 과정이 구현되어야 한다.
④ 사용자 인터페이스 기능의 설계 시 정보시스템과 유통경영관리자간의 상호작용이 용이하도록 하는 방안이 고려되어야 한다.
⑤ 유통계획, 관리, 거래처리 등에 필요한 데이터를 처리하여 유통관련 의사결정에 필요한 정보를 제공하는 정보 시스템이다.

85 다음 박스 안의 괄호 안에 들어갈 적절한 용어가 순서대로 연결된 것은?

> 공급망관리(SCM)는 적용되는 산업별로 그 표현을 달리하고 있다. 즉, 의류부문에서는 ( ), 식품부문에서는 ( ), 의약품부문에서는 ( ), 신선식품부문에서는 ( ) 등으로 불리고 있다.

① QR-ECR-EHCR-EFR
② QR-ECR-EFR-EHCR
③ QR-EHCR-ECR-EFR
④ QR-EFR-EHCR-ECR
⑤ QR-EFR-ECR-EHCR

86 유통정보시스템 도입에 의한 경로활동의 통합은 경로성과에 긍정적인 영향을 미치고 있다. 다음 중 유통정보시스템 도입의 긍정적 영향으로 가장 거리가 먼 것은?

① 유통정보시스템에 의한 공급자와 수요자간의 연계는 공급자로 하여금 수요자의 요구사항을 더욱 정확하게 파악할 수 있게 해준다.
② 주문으로부터 배달까지의 시간을 대폭 축소시킬 수 있어 재고관리의 효율을 높일 수 있다.
③ 주문, 선적, 수취의 정확성을 꾀할 수 있다.
④ 기업 간에 직접 전자연계를 통해 거래함으로써 과거에 비해 내부결재를 위한 서류작성이 증가하고 있다.
⑤ 유통 과정에 관련된 다양한 정보 수집에 의해 의사결정권자가 목표달성을 효율적으로 수행하는 데 도움을 줄 수 있다.

87 채찍 효과(Bull Whip effect)의 의의에 대한 설명으로 잘못 설명된 것은?

① 공급사슬의 구성은 공급자, 생산자, 도매상, 소매상, 소비자의 연결 단계로 볼 수 있다.
② 공급자로 갈수록 상류(upstream)이고 소비자 쪽으로 갈수록 하류(downstream)라고 한다.
③ 공급사슬에서 최종 소비자로부터 멀어지는 정보는 정보가 지연되거나 왜곡되어 수요와 재고의 불안정이 확대되는 현상을 말한다.
④ 정보의 왜곡 현상으로 공급망 전체로는 재고가 많게 되지만 고객에 대한 서비스 수준은 향상되어지며, 생산능력 계획의 오류, 수송상의 비효율, 생산계획의 난맥 등과 같은 악영향이 발생될 것이다.
⑤ 채찍 효과 방지책으로 공급체인 전반에 걸쳐 수요정보를 중앙집중화 하고, 공급체인 상의 업체들과 전략적 파트너십을 형성한다.

88 SSCC(Serial Shipping Container Code) 코드에 대한 설명으로 잘못된 것은?

① SSCC는 거래선 간에 수송 용기의 가변 정보를 전달하기 위해 사용되는 식별 코드이다.
② SSCC는 응용 식별자(AI)를 사용하여 수송 용기에 다양한 일련번호를 부여하는 방식으로 사용된다.
③ 일련 번호는 EDI로 전송된 선적 통지·적하 목록을 통해 전송일자, 측정단위 등 수송되어온 수송 용기의 가변 정보를 식별하는 데 사용된다.
④ 바코드로 표시된 SSCC가 판독될 때 해당 일련 번호가 EDI를 통해 전송받은 정보를 담고 있는 응용 데이터베이스에 접속하여 식별 코드로 작용한다.
⑤ 최초 배송인과 최종 수령인 사이에 거래되는 물류단위 중에서 주로 팔레트와 컨테이너 같은 대형 물류단위를 식별하기 위해 개발한 18자리 식별코드이다.

89 지속적 보충 프로그램(continuous replenishment program)에 대한 설명으로 가장 옳지 않은 것은?

① 소비자의 수요에 근거해서 제조업체 또는 공급업체가 유통업체의 재고를 자동보충해주는 방식이다.
② 제조업체 또는 공급업체가 유통업체의 POS 자료를 근거로 해서 상품보충을 한다.
③ 유통업체는 재고보충을 위해 VMI(vendor managed inventory) 기법을 이용한다.
④ 유통업체는 이를 통해서 푸쉬(push) 방식으로 재고보충을 할 수 있게 된다.
⑤ 주문량에 근거한 상품의 판매 데이터를 근거로 하여 적절한 양을 항시 보충해 주는 시스템의 일종이다.

90 CPFR(Collaborative Planning Forecasting and Replenishment)은 협업설계 예측 및 보충이라고 하며, 유통과 제조업체가 정보교환 협업을 통하여 'One-number' 수요예측과 효율적 공급계획을 달성하기 위한 기업 간 Workflow이다. CPFR의 목적에 대한 내용이 잘못된 것은?

① CPFR의 기본적인 목적은 카테고리 관리원칙(category management principle)에 근거한 거래 파트너 간에 특정 시장을 목표로 한 사업계획을 공동으로 수립하는 것이다.
② 경영 환경의 급격한 변화와 정보 기술의 변화에 대응하기 위해 최신의 정보 기술과 선진 프로세스를 결합하여 기업의 구조 및 업무처리 방식에 혁신을 가져오고 기업의 전체 정보 시스템을 혼합하기 위한 소프트웨어 패키지라고 할 수 있다.
③ CPFR을 이용하면 사전에 목표가 정해지게 되기 때문에 출하계획 등이 자동적으로 전환되게 되므로 기존의 일상적인 발주업무에서 탈피할 수 있다.
④ CPFR 시스템은 판촉이 시행되어야할 시점과 공급제약 요소 등 목표달성에 중요한 정보를 포착하여 전체 공급 체인으로부터 상당량의 재고를 제거하고, 불필요한 잡무를 사라지게 한다.
⑤ 모든 참여자들은 그들이 원할 때 적정한 원자재 및 완제품을 가질 수 있도록 계획 수립 및 수요예측을 하고자 하는 기법이다.

제 3 회 실전모의고사

정답 및 해설 → P.242

제1과목 유통 · 물류 일반(01~25)

01 다음은 프랜차이즈 유통시스템에 관한 설명내용이다. 가장 거리가 먼 내용은?

① 프랜차이즈 시스템운영에 있어서 프랜차이즈 본부는 프랜차이즈 가맹점뿐만 아니라 직영점을 운영할 수 있으며, 각자의 수를 적절히 조절하거나 각각의 경영성과를 비교하여 경로구조의 조정을 시도하는 것이 법적으로 허용된다.
② 잠재 가맹점의 입장에서 프랜차이즈 시스템을 선호하는 이유로는 사업개시부터 효과적인 경영의 가능, 독립사업가로서의 만족감, 실패위험의 감소, 사업경험이 부족할 경우 본부의 경영노하우 활용 등을 들 수 있다.
③ 프랜차이즈 본부의 입장에서 본 장점은 자본조달의 용이성, 구매 및 판매에 있어서 신속한 규모의 경제 달성, 지역적 특수성 고려가능성, 과도한 관리업무의 배제, 낮은 노사문제 발생빈도 등을 들 수 있다.
④ 프랜차이즈 가맹관리본부입장에서의 장점으로는 높은 수익성, 높은 통제수준의 달성, 점포관리자에 대한 융통성 부여, 전략선택의 탄력성, 피드백용이, 시장조사 등 전반적인 서비스체계의 효율화, 낮은 법적문제 발생 등을 들 수 있다.
⑤ 프랜차이즈시스템 성장 배경으로 인지도가 높은 전문품에 대한 수요가 증가하고 있고, 제조업중심 경제가 서비스중심 경제로 옮겨가는 추세이며, 프랜차이징은 유망한 수출사업이 되고 있다.

02 다음 중 유통경로(Channels of distribution)에 대한 설명으로 가장 적합하지 않은 것은?

① 유통경로의 길이(length)는 생산자와 구매자 사이에 개입하는 중간상 수준(level)의 수를 의미한다.
② 다양한 경로가 아니라 단일의 유형이 존재하고, 사회와 국가의 사회적 또는 문화적 특성을 반영하므로 일률적이다.
③ 유통경로 내의 특정 구성원은 후방구성원이나 전방구성원이 누구냐에 따라, 이들에게 제공되는 정보의 수준과 양이 다르다.
④ 유통경로의 기능은 교환촉진기능, 제품구색의 불일치 완화기능, 거래의 표준화기능, 소비자와 메이커 간의 연결기능, 고객에 대한 서비스 기능 등이 있다.
⑤ 제품이나 서비스는 다양한 경로를 거쳐 최종고객에게 전달되거나 소비되고 있는데, 어떤 상품을 최종구매자가 쉽게 구입할 수 있도록 만들어 주는 과정이다.

03 일반적으로 말하는 제3자 물류(Third party Logistics)에 대한 설명으로 가장 적절한 것은?

① 물류단계에서 항상 제3자가 개입되는 상황을 말한다.
② 물류사업자가 하주기업으로부터 받은 물류계약을 제3자에게 위임하는 것을 말한다.
③ 물류사업자가 하주기업과 전략적인 제휴와 장기계약을 체결하고 물류기능을 대행처리하는 것을 말한다.
④ 물류사업자가 하주기업으로부터 위임받은 물류에 대한 모든 계약을 제3의 물류사업자에게 다시 위임하는 물류시스템을 말한다.
⑤ 물류 운용모델에는 시너지 플러스(Synergy Plus), 솔루션 통합자(Solution Integrator), 산업혁신자(Industry Innovator) 모델이 있고 제3자 물류업체와 물류 컨설팅업체, IT업체의 결합된 형태이다.

04 최근 오프라인 유통업체에 있어서 온라인 유통채널의 추가도입이 확장되고 있는 추세이다. 이를 계기로 기존의 오프라인 채널과 새로이 도입되는 온라인 채널간의 갈등이 가시화되고 있으며 이러한 갈등을 최소화하기 위해 사용할 수 있는 통합적 채널관리전략과 가장 거리가 먼 것은?

① 채널기능의 차별화 ② 기대가치의 차별화
③ 고객가치의 차별화 ④ 표적시장의 차별화
⑤ 판매가격의 차별화

05 다음 중 도매상의 유형을 소비재 도매상과 산업재 도매상으로 분류할 수 있다. 이들에 관한 다음 설명 중 가장 올바른 것은?

① 소비재 도매상이 생존과 관련하여 위협적으로 생각하는 현상 중 하나로 제조업체의 전방통합 노력에 의한 흡수합병 현상을 들 수 있다
② 산업재 유통업자가 상품정책분야에서 경쟁우위 확보를 위해 핵심적으로 사용하는 방식은 상품의 넓이와 깊이를 확대하는 것이다.
③ 소비재 유통업자들 뿐만 아니라 산업재 유통업자들 또한 전통적 매출증가 방식으로 쿠폰이나 광고와 같은 판촉행사를 가장 선호한다.
④ 소비재구매자는 산업재구매자에 비해 상품에 대한 전문지식이 상대적으로 높으며 또한 산업재구매의 경우 소비재구매의 경우보다 더욱 계획적, 합리적 구매가 이루어진다.

⑤ 산업재 유통업자는 상인도매상의 특수한 형태로 다른 제조업체를 대상으로 상품을 판매하는 중간상의 형태이다.

06 다음 중 소비용품의 범주별 일반적인 유통경로 목표로서 가장 옳지 않은 것은?

① 편의품 중 필수상품은 최대의 노출을 필요로 하기 때문에 낮은 비용으로 광범위하게 유통하는 것이 목표이다.
② 편의품 중 긴급상품은 사용이 있을법한 시간과 장소에서 사용이 가능하도록 해야 한다.
③ 미탐색품은 제품에 대한 주의를 환기시키고, 유사제품이 탐색되고 있는 장소에서 사용이 가능하도록 해야 한다.
④ 전문품은 주요 쇼핑지역에 있어서 유사한 다른 선매품 가까이에 노출해야만 한다.
⑤ 많은 소비자들이 내구용품 구매시 선매품–선매점형의 쇼핑행동을 보이게 되면 선택적경로커버리지 전략을 강화하는 것이 더욱 바람직하다.

07 물류는 국내는 물론 국제적인 측면도 충분하게 고려해야 한다. 국제물류환경에서 물류관리자는 통제가능요인과 통제불능요인으로 구분하고 적용해야 한다. 다음 중 통제가능요인과 거리가 가장 먼 것은?

① 각국시장의 경쟁상태
② 고객에 대한 물류서비스
③ 재고관리
④ 창고관리
⑤ 종사자(종업원)관리

08 유형점포는 영업을 영위하는 아주 중요한 장소이지만, 최근에는 경제환경의 발달에 따라 무점포업태의 증가현상이 뚜렷하게 나타나고 있다. 무점포업태의 유형에 해당하는 설명으로 가장 잘못된 것은?

① 조카의 학습을 지원하는 학습지 선생님은 매주 하루 30분씩 영어를 가르치고,자료를 놓고 간다.
② 인터넷 멀티미디어 방송(IPTV)을 통해서 최근 유행하는 아웃도어를 신발과 함께 구입을 하였다.
③ 전철역을 타고가다가 스마트폰을 이용하여 신규발매된 유료어학용 어플을 다운받아 공부를 한다.
④ 퇴근길에 결혼기념일을 축하하기 위해 제과점에서 케이크를 사고, 근처 꽃집에서 장미꽃 한다발을 구입한다.
⑤ 아주 친한 친구의 권유로 건강보조식품을 판매하는 다단계업체에 들어가서 하위판매자로서 영업을 한다.

09 다음 중 고객충성도 프로그램의 구축방법에 대한 내용으로 옳지 않은 것은?

① 점포의 관리자는 고객과의 마찰이 생기는 경우 장래를 위하여 고객의 요구를 전부 수용한다.
② 고객을 수준별로 구분하여 각 수준에 맞는 고객의 설정과 다양한 인센티브를 제공한다.
③ 단골고객 우대프로그램을 개발하여 서비스를 제공한다.
④ 대량생산되는 상품이 아닌 자신의 점포에서만 구매가 가능한 고유 브랜드를 개발하여 고객충성도를 강화한다.
⑤ 고객충성도를 높이는 것은 결국 고정고객을 많이 확보하는 것과 관련이 있다.

10 유통업계는 물류비 절감을 위한 방안으로 물류기능을 외부에 맡겨 처리하는 아웃소싱을 보다 적극적으로 활용한다. 다음 중 아웃소싱의 도입으로 발생할 수 있는 장단점으로 보기 가장 어려운 것은?

① 아웃소싱을 통해 창고, 대지 및 기계 등을 처분하거나 임대함으로써 투자비용을 회수하고 물류전문업체에게는 사용한 실적만큼의 비용을 지출하여 비용이 획기적으로 절감된다.
② 제조업체가 보유한 한정된 차량운행에서 오는 불편함을 해소할 수 있을 뿐만 아니라, JIT배송이 가능해질 수 있으므로 고객에 대한 배송서비스를 대폭 강화할 수 있다.
③ 소량다빈도 배송과 발주단위의 다양화 요구 등도 물류전문업체의 노하우를 통해 해결할 수 있으므로 이러한 요구를 해오는 고객층에 대한 틈새시장공략 또한 가능해진다.
④ 고정투자비가 줄어들어 경영자원을 효율적으로 배분할 수 있는 반면 변동비의 급격한 증가로 자금흐름이 악화되어 단기적으로는 기업경쟁력이 떨어지게 된다.
⑤ 물류시설 및 장비를 이중으로 투자하는 데 따르는 투자위험의 회피가 가능하고, 자기 본래사업에 대한 핵심역량에 대한 집중력을 강화할 수 있다.

11 재고관리를 위한 ABC 분석기법에 대한 설명으로 가장 옳지 않은 것은?

① ABC분석기법은 Pareto의 80: 20의 법칙과 관련이 있으며, Juran이 불량품 개선에 유용하다는 것을 밝혀냈고, Dickie가 ABC분석기법을 재고관리에 적용하면서 널리 보급되기 시작하였다.
② ABC분석기법을 사용하고자 할 때에는 통상적으로 재고의 가치를 기준으로 재고를 몇 개의 범주(등급)로 구분하여야 한다.
③ 범주(등급)구분의 기준이 되는 재고가치는 제품의 단가에 일정기간의 사용분을 곱하는 방식에 전적으로 의존하는 결정론적 한계가 있다.
④ 재고가 어떠한 등급(ABC)으로 분류되느냐에 따라 주문방법뿐만 아니라 재주문시점, 주문절차 등도 달라진다.
⑤ ABC 관리 방법은 재고관리나 자재관리뿐만 아니라 원가관리, 품질관리에도 이용할 수 있다.

12 유통경로 당사자들이 선택하는 유통경로의 구조를 결정하는 전략이나 이론으로 가장 적합한 설명은?

① 고객들의 유통서비스 요구가 세련되고 복잡할수록, 고객이 원하는 1회 구매량이 적다거나 부수적 서비스를 많이 원할수록 유통경로의 길이는 길어진다.
② 유통경로에 대한 통제수준이 높다면 유통경로에 대한 수평적 통합의 정도가 강화되고 이러한 경우에는 기업에 의하여 지배받게 된다.
③ 연기투기이론에서 투기가 연기를 지배한다면 유통경로에는 많은 중간상들이 이득을 노리고 진입을 할 것이므로 유통경로는 짧아진다.
④ 선택적유통경로는 전속적유통경로에 비하여 제품에 대한 노출이 확대되며, 개방적 유통경로에 비하여는 소매상의 수가 많기 때문에 유통비용이 절감된다.
⑤ 생산자의 수는 적고, 공급자의 시장진입과 탈퇴에는 제한이 있으며, 지역적으로 집중적인 생산이 된다면 유통비용 측면에 있어서는 장기적으로 안정적이다.

13 다음의 수직적마케팅시스템(VMS, vertical marketing system)에 대한 설명 중 기업형 VMS(vertical marketing system)에 관한 설명으로 가장 올바른 것은?

① 독립적인 경로 구성원들이 자신의 목적만을 추구함으로써 발생하는 갈등을 제거하려는 강력한 경로구성원들에 의해 발생한 것이 수직적 마케팅 시스템이며, 이 중 기업형의 VMS에 관한 구체적인 예로서 소매상조합 및 도매상 중심의 체인형태를 들 수 있다.
② 독자적으로 달성할 수 있는 것보다 많은 경제성이나 판매효과를 달성하기 위해 생산과 유통의 상이한 단계에 있는 독립된 기업들이 계약을 기초로 하여 형성된 시스템을 의미한다.
③ 경로구성원이 다른 구성원들에게 비공식적으로 영향을 미쳐 생산이나 유통활동을 조정하는 형태로 수직적 마케팅 시스템 유형 중 경로 구성원활동에 대한 통제정도가 가장 낮다.
④ 코카콜라가 시장의 음료판매회사에게 원액을 공급하고 음료판매회사는 이것으로 탄산음료로 만들고, 병에 담아 각 지역시장의 소매상에 판매하는 형태가 이 유형에 포함된다.
⑤ 하나의 소유권 하에서 생산과 유통의 연속적(수직적)인 단계를 결합시킨 수직적 마케팅 시스템의 형태를 의미한다.

14 다음 중 소매점 차원에서 수송비용과 재고유지비용의 관계를 바르게 나타낸 것은?

① 재고유지비용이 감소하면 수송비용은 증가한다.
② 재고유지비용이 감소하면 수송비용도 감소한다.
③ 재고유지비용이 감소해도 수송비용은 동일하다.
④ 재고유지비용이 불변하면 수송비용은 증가한다.
⑤ 재고유지비용의 감소는 수송비용에는 영향 없다.

15 다음 중 침투가격(penetration pricing)전략이 적용되는 경우에 대한 설명으로 가장 적절하지 못한 것은?

① 단기간 내에 시장점유율과 매출액 증대를 이루고자 하는 경우
② 시장수요에 대한 가격탄력성이 크게 작용하지 않는 경우
③ 대량판매를 통하여 높은 이익을 올릴 수 있다고 판단되는 경우
④ 시장에서 규모의 경제가 작용하여 대규모의 이익이 발생할 것으로 예상되는 경우
⑤ 신상품 및 서비스의 도입 직후 강한 잠재경쟁자의 위협에 직면하고 있을 경우

16 백화점들의 일반적인 경영방식과 달리 우리나라의 대형마트들은 직매입을 주로 하고 있다. 직매입과 관련된 아래의 내용 중에서 옳지 않은 것은?

① 직매입은 가격인하를 위한 원동력이 될 수 있다.
② 직매입은 판매도 직접하고, 재고관리도 직접하는 것이다.
③ 적절한 매입시 상품의 독창성, 수익성을 확보하기 위한 최선의 방법이다.
④ 대형마트들이 직매입할 수 있는 이유는 다점포경영에 의한 구매력이 뒷받침되기 때문이다.
⑤ 직매입의 경우에는 거래당사자간의 긴밀한 협력수준이 많이 요구되지 않는 장점을 제공한다.

17 다음 중 한정서비스 도매상에 대한 설명으로 옳은 것은?

① 거래되는 제품에 대한 소유권은 당사자들에게는 없으며 단순히 거래를 촉진하는 기능만 존재한다.
② 한정서비스 도매상의 형태로는 트럭 도매상, 현금무배달 도매상, 직송 도매상, 선반 도매상 등이 있다.
③ 한정서비스 도매상은 독립적인 도매상이 아니며 제조업자나 생산업자에 의해 직접 소유·운영된다.
④ 유통경로 상에서 물적 소유, 촉진, 협상, 위험부담, 지불 등 거의 모든 유통활동을 수행한다.
⑤ 소매 점포까지 직접 트럭배달을 해주면서 소매상을 대신하여 진열대에 진열하거나 재고를 관리해주는 활동을 한다.

18 SCM(Supply Chain Management)은 공급자로부터 최종 소비자에게 상품이 도달되는 모든 과정으로서 공급사슬관리라고 하며, 제품, 정보, 재정의 흐름을 통합하고 관리하는 것을 말한다. 이에 대한 성과측정도구로서 가장 잘 못 설명되어지고 있는 것은?

① SCOR는 비즈니스 프로세스의 관점에서 해당 기업의 공급업체로부터 고객에 이르기까지 계획(plan), 공급(source), 생산(make), 인도(deliver), 회수(return)가 이루어지는 공급망 을 통합적으로 분석한다는 데 그 기초를 두고 있다.

② SCOR에서는 공급망 성과측정을 위해 공급망의 신뢰성(reliability), 유연성(flexibility) 대응성(responsiveness), 비용(cost), 자산(asset) 등 크게 5가지 분야의 성과측정 분야를 제시하고 있다.
③ EVA는 기업이 영업활동을 통해 얻어 들인 세후 영업이익으로부터 자본비용을 제외한 금액을 말한다. 즉, 투자자본과 비용으로 실제로 얼마의 이익을 얻었는가를 나타낸다. 따라서, 영업을 통해 창출한 부가가치의 순증가분을 따져 볼 수 있다.
④ BSC는 비재무적 성과까지 고려하고 성과를 만들어낸 동인(動因)을 찾아내 관리하는 것이 특징이며 이런 점에서 재무적 성과에 치우친 EVA(경제적 부가가치), ROI(투자수익률) 등의 한계를 극복할 수 있다.
⑤ BSC 주요 성과지표로는 공급망관리, EVA(경제적 부가가치), 포괄손익계산서, 재무상태표, 성장과 학습 등이 있으며 기존의 비재무성과 중심의 측정도구의 한계를 극복하기 위해 개발되었다.

19 다음 중 최적주문량에 대한 올바른 설명이 아닌 것은?

① 경제적 주문량(EOQ)을 이용한 재고관리의 문제점은 전체 주문 사이클에 걸쳐서 볼 때 매일 실제 필요한 양보다 더 많은 재고를 유지해야 한다는 것이다.
② 경제적 주문량은 단순한 공식을 통해 간단하게 계산이 가능함으로 제조업자나 대형도매상 뿐만 아니라 소규모 도/소매업자들에게도 유용하게 활용된다.
③ 최적주문량은 경제적 주문량공식을 사용하여 구할 수 있다. 경제적 주문량은 연간수요량, 주문비, 평균재고 유지비 및 재고품의 단위당 가치(가격)를 통해 구한다.
④ 최적주문량은 재고유지비, 주문비, 재고부족비 등을 함께 고려하여 결정되며 도표상 각 비용항목을 합한 총재고비용이 최소가 되는 점이 바로 최적주문량이 된다.
⑤ 최적주문량에 영향을 미치는 요소로서 재고유지비항목에는 이자비용, 창고비용, 취급비용, 보험, 세금 및 제품의 진부화 등이 핵심내용이다.

20 유통업체가 자기상표(PB;private brand)의 도입을 지속적으로 확장하고자 하는 원인을 설명한 내용들이다. 가장 거리가 먼 것은?

① 상품의 브랜드이미지(가치)지향고객그룹보다 상품의 기능적인 품질 대비 가격측면에서 합리적인 상품을 선호하는 고객그룹의 확보가 용이하다.
② NB(national brand)생산업체와의 협상에서 대체재의 존재를 통해 보다 유리한 고지를 점령할 수 있다.
③ 자사매장의 단독적인 상표(품)공급을 통해 점포에 대한 고객애호도(충성도)를 높여 단골고객확보 및 유지에 유리하다.
④ 다양한 매장(업태)에서 구매가 가능한 NB제품보다 독점적인 PB브랜드에 대하여 강력한 충성도를 가진 고객그룹에 대한 고객관리를 더욱 강화하기 위한 수단으로 사용된다.
⑤ PB(private brand)제품은 유통업자브랜드로 유통업자가 자신의 제품임을 확인할 수 있는 상품명(칭)이나 기호 혹은 기업명(칭)이나 기호 등으로 표시된다.

21 제품이나 서비스는 다양한 경로를 거쳐 최종고객에게 전달되거나 소비되고 있는데, 이런 과정을 유통경로(Distribution channel)라 한다. 다음 중 유통경로 상 중간상의 수를 결정하는 설명에 대한 내용으로 다른 하나는?

① 많은 소매상들로 하여금 자사제품을 취급하도록 함으로써 포괄되는 시장의 범위를 최대화하려는 전략이다.
② 중간상들에게 독점판매권과 함께 높은 이익을 제공함으로써 이들의 적극적인 판매노력을 기대할 수 있다.
③ 대량판매를 발생시키지만, 중간상들은 한 상품군의 전체 매출액에만 관심이 있으므로 소비자들이 상품군 내에서 어떤 상표를 구매하는지에 대해서는 별로 상관하지 않는다.
④ 소비자가 특정 점포 및 브랜드에 대한 애호도가 낮은 경우에 선호되며, 제품에 대한 인지도를 신속하게 높일 수 있다.
⑤ 경쟁이 치열해지기 때문에 새로운 중간상은 제조업체가 희망하는 가격보다 저가로 제품을 판매할 가능성이 커져 제품 판매를 위한 동기부여가 감소할 수 있다.

22 다음 중 네모 안에 설명된 유통기능에 해당하는 것은?

> 이 기능은 주로 도매상과 소매상이 담당한다. 이 기능을 담당하는 유통기관은 구매활동과 판매활동을 통하여 유통기업의 이익을 창출하고 있다. 구매활동은 구매와 관련한 상품의 종류 결정, 수량 결정, 공급업자 결정, 가격 결정 등을 포함한다. 판매활동은 예상 고객의 발견, 구매 유도, 판매조건 상담 등이 있으며 유통기관의 판매 증대를 위한 판촉활동도 이에 속한다.

① 물적 유통 기능
② 소유권 이전 기능
③ 유통 조성 기능
④ 장소 제공 기능
⑤ 시간 제공 기능

23 다음 중 상품재고자산에 관한 기술로서 가장 타당하지 않은 것은?

① 기업보유 재고자산의 종류는 기업의 특성에 따라 다르다.
② 재고자산 가운데 회계기간 중에 판매된 부분이 매출원가를 구성한다.
③ 회계기간 중에 매입한 재고자산의 취득가격 합계가 그 기간의 상품매입액이다.
④ 회계기간의 말일(기말 혹은 결산일)에 남아 있는 재고자산이 기말상품 재고액이다.
⑤ 소매업체의 특정 회계기간의 재고자산은 그 기간 중에 판매를 위해 매입한 상품 중 재고로 남은 상품을 의미한다.

24 다음 중 임금체계에 대한 설명으로 옳지 않은 것은?

① 직무급은 종업원이 맡은 직무의 상대적 가치에 따라 임금을 결정하는 방식이다.
② 연봉제란 개인의 능력발휘와 기여도(업적평가결과)에 따라 차등적인 임금을 결정하는 방식이다.
③ 직무성과급이란 기본급이 직무급이고, 고과승급과 인센티브를 운영하는 임금체계이다.
④ 직능급은 종업원이 수행하는 직무의 난이도를 기준으로 임금을 결정하는 방식이다.
⑤ 연공급이란 임금을 종업원의 근속년수를 기준으로 차별화하여 결정하는 제도이다.

25 현대의 산업에서 유통경로의 중요성은 상당하다. 다음은 유통경로에 대한 다양한 이론 중에서 가장 옳지 않은 것은?

① 유통경로에서 제공되는 서비스나 아이디어는 소비자나 중간상뿐만 아니라 상품 생산자들에게도 중요하며, 유통경로의 구성원들은 재화를 수송운반, 저장하며 정보수집 및 쌍방향으로 정보를 교환한다.
② 유통경로는 대표적인 마케팅 믹스(4P) 중 하나이다. 제품이나 서비스자체의 흐름을 중심으로 이해하는 것은 물류라 하고, 유통경로에 참여하여 일정한 역할을 하는 기관을 중심으로 고찰하는 것을 일반적인 유통이라 한다.
③ 유통경로는 하나의 경로가 아니라 다양한 유형이 존재하고, 사회와 국가의 사회적 또는 문화적 특성을 반영하므로 일률적이지 않다. 각 나라의 상황에 따라 특수한 형태들이 존재하고 있다.
④ 유통경로의 기능은 유통의 기본적인 기능을 바탕으로 하여 교환촉진기능, 제품구색의 불일치 완화기능, 거래의 표준화기능, 소비자와 메이커 간의 연결기능, 고객에 대한 서비스기능 등으로 나눌 수 있다.
⑤ 서비스는 눈에 보이지 않기 때문에 유형적인 재화와 달리 무형적인 특징을 지니며, 서비스를 생산하는 자와 제공하는 자가 동일성을 갖는다. 일반적으로 유통경로의 길이가 길고 복잡하다.

제2과목 상권 분석(26~45)

26 소매포화지수(Index of Retail Saturation;IRS)는 기존 시장의 수요와 공급을 반영하는 현재의 시장 매력성을 평가하는 지표로서 활용을 하고 있다. 다음 중 소매포화지수의 설명으로 가장 적절하지 않은 지문은?

① IRS에서는 점포가 비슷한 전통적인 수퍼마켓 등은 적용이 용이하나 스포츠 용품 또는 가구점등 전문화된 점포에 적용이 어렵다.
② 지역시장의 총 가구 수=250가구, 특정업태의 총 매장면적=100m^2, 가구당 특정업태에 대한 지출=15만원이라면 IRS=375,000원이 된다.
③ IRS에서 지역시장에서 특정업태의 수요 잠재력을 측정할 수 있다는 것은 해당지역의 잠재적인 판매규모를 잘 예측해야 적정한 수준의 매장규모를 선택할 수 있기 때문이다.
④ IRS값은 거주자들이 지역시장 밖에서의 쇼핑정도나 수요를 측정, 파악하기 어렵고, 경쟁의 질적인 측면만 고려되고 양적인 측면에 대한 고려가 되고 있지 않다.
⑤ IRS는에서 수요를 측정하기 위해서는 인구수와 가처분 소득을 통한 소매 구매력의 조사. 수요측정지표로 가구구성원의 연령, 구성원 수, 인구밀도, 유동성 등이 있다.

27 다음 중 입지선정 절차를 나열한 것 중 가장 옳은 것은?

> A. 지역주민과 기존 유통업체의 관련 사항을 고려한 상권평가
> B. 정해진 상권 내에서 입지출점의 유형결정
> C. 특정지역에 출점입지 선정

① A-B-C ② A-C-B
③ B-A-C ④ C-B-A
⑤ B-C-A

28 다음 중 상권분석(trade area analysis)과 조사에 대한 설명으로 가장 적절한 설명이 아닌 것은?

① 상권 분석은 상권 전체의 가치에 많은 영향을 주는 요인을 파악하는 것을 말한다. 상권과 입지 조건 분석을 동시에 묶어 상권 분석이라 한다.
② 상권은 소매업 성공의 중요 요인으로 부적절한 입지는 매출에 지대한 영향을 미치기 때문에 상권분석은 자사점포의 수요예측과 마케팅 전략의 수립을 위한 필수적 단계이다.
③ 점포의 위치에 대해 고객이 얼마나 쉽게 기억하고 있는가를 평가하는 것을 인지성의 법칙 이라하고, 특정 입지에 다양한 업종이 입점하기 쉬운 정도가 높으면 높을수록 좋은 입지라고 볼 수 있는 것을 입지성의 법칙이라고 한다.
④ 시장조사는 기본적으로 직접조사인 1차 조사와 간접조사인 2차 조사로 구분이 되며, 다른 목적에 의해 수집된 자료는 2차 조사의 내용이고, 자신의 목적에 맞게 필요에 의한 조사는 1차 조사의 내용이다.
⑤ 1차 조사 자료에는 고객의 과거거래 시점이나 구매한 상품, 구매간격 등을 이용하여 구축한 고객생애가치 자료도 이러한 자료에 포함되며, 통계청, 국책연구소, 민간경제연구소, 경제신문사 등의 기관이 수집, 배포 하는 자료가 대표적이다.

29 소매점이 동일한 상권에 복수의 점포를 출점하고자 하는 경우 특징에 대한 기술들 가운데 가장 옳지 않은 것은?

① 물류센터, 광고 등의 공동 활동을 통해 시너지 효과를 획득할 수 있다.
② 동일상권 내에 복수 및 다수의 점포운영은 고객의 접근성 및 편리성을 보다 높일 수 있을 뿐만 아니라, 단수의 점포로는 규모가 지나치게 비대해져서 발생할 수 있는 비효율적인 경영을 막을 수 있다.
③ 같은 회사의 점포들 사이의 경쟁을 유발하여 각 점포 경영의 성과를 더욱 촉진할 수 있다.
④ 소비자들은 동일한 상호를 가지 업체이지만 서비스 경쟁에서 얻는 소비자 만족효과가 있다.
⑤ 동일상권 내 점포별 차별화 특히 가격차별화 및 서비스 차별화를 통해 다양한 소비자계층간의 다양한 욕구를 더욱 잘 충족시키기 위한 점포확장 전략으로 주로 사용된다.

30 다음 중 복합용도개발(MXDs;mixed-use developments) 지역의 설명으로 볼 수 없는 것은?

① 공간 활용률이 다른 유형의 입지에 비해 상당히 높다.
② 다양한 목적을 가진 고객들을 유인하여 비업무 시간대의 활용도가 상당히 높다.
③ 복합용도개발의 좋은 예는 도시변두리 지역의 신개발지역에서 찾아볼 수 있다.
④ 개발업체들은 공간을 효율적으로 사용하기 때문에 복합용도개발을 좋아한다.
⑤ 주거, 업무, 여가 등 다수의 용도가 물리적, 기능적으로 복합된 건물을 말하며, 상권을 조성하기 위한 단순한 개발방법이 아닌 상권과 함께 생활에 필요한 여러 편의시설을 복합적으로 개발하기 위한 방법이다.

31 신규점포의 매출액 및 상권범위를 예측하고 점포성과와 소매환경변수 간의 관계를 평가하는데 있어 Luce 모형에 대한 설명 중 잘못된 것은?

① Luce 모형은 점포성과(매출액)와 소매환경변수간의 관계를 확률적인 관계로 가정하여 분석하는 확률적 모형에 속한다.
② Luce 모형은 특정점포의 효용이나 매력도가 높을수록 그 점포가 선택될 확률이 높아진다고 가정한다.
③ 확률적 모형은 거리만 고려하는 소매중력법칙보다 많은 정보를 반영하여 상권의 범위를 예측할 수 있다.
④ 점포를 선택할 확률은 거리에 의해 영향을 받기 때문에 거리에 대한 모수는 (+)값을 가지게 된다.
⑤ 소비자가 특정한 점포를 선택할 확률은 그가 고려하는 점포대안들의 개별효용의 총합에 대한 특정한 점포의 효용의 비율에 의해 결정된다.

32 상업지의 입지조건 중 사회 · 경제적 조건에 해당하지 않는 것은?

① 인구밀도가 높고 지역면적이 크며 고객의 소득수준이 높은 곳이 좋은 배후지의 조건이다.
② 획지는 가급적 가로와 면한 쪽이 길수록 유리하며, 지반은 가로보다 높지 않아야 한다.
③ 상업지의 입지는 교통수단이 발달한 곳이 고객을 흡인하기에 좋다.
④ 상업지역 경쟁자들의 풍부한 자금력과 창의력은 상업활동의 수익성을 좌우한다.
⑤ 점포의 입지 조건으로서 연령대별 인구 분포, 고객의 교통수단과 접근성을 고려해야 한다.

33 다음 중 노면 독립입지의 장점이라고 보기 힘든 것은?

① 높은 가시성
② 낮은 임대료
③ 확장의 용이성
④ 다른 점포와의 시너지효과
⑤ 직접 경쟁업체의 부재 또는 상대적으로 약한 직접경쟁의 정도

34 입지선정 및 상권분석을 위한 정보자료는 우선 1차 자료와 2차 자료로 분류가 된다. 다음 중 1차 자료에 관한 설명내용 혹은 수집방법과 가장 관계가 먼 것은?

① 현실조건과 유사한 상황을 인위적으로 만든 후 가상실험을 통한 자료수집 방법
② 질문조사방법중 하나로 이메일을 활용한 설문지 조사방법
③ 잠재고객들과 직접적인 접촉(대면질문 혹은 서면질문) 없이 단순히 관찰만 하는 방법
④ 2차 자료를 먼저 이용하여 조사목적을 설정한 후 수집하는 방법
⑤ 비용이 상대적으로 많이 소요되는 2차 자료에 앞서 이미 존재하는 자료를 1차 자료로 분류

35 상권분석(trade area analysis)에서 기존점포와 신규점포에 대한 분석방법에 대한 내용으로 가장 적합한 설명이 아닌 것은?

① 기존 점포의 상권은 점포 자료와 기타 다른 목적으로 수행된 조사 자료 등의 기업 내 2차 자료를 이용하여 측정이 가능하다.
② 다양한 점포들 간의 밀집이 점포의 매력도를 증가시키는 경향이 있음을 고려하고 있으며, 이웃 도시들 간의 상권 경계를 결정하는 데 주로 이용된다.
③ 신규점포의 상권 분석에 대해서는 기존점포의 상권 분석에 비해 상권의 크기와 특성 등을 기존 자료를 이용하여 비교적 정확히 분석할 수 있다.

④ 승용차를 이용하는 고객에 대하여 차량번호판으로 자동차 소유자의 주소를 확인할 수 있어 상권범위를 파악할 수 있는 차량조사법이 있다.
⑤ 체크리스트는 상권의 규모에 영향을 미치는 요인들을 수집하여 이들에 대한 목록을 작성하고 각각에 대한 평가를 통해 시장 잠재력과 상권의 구조를 예측해 보는 방법이다.

36 상권분석에 대한 설명으로 가장 거리가 먼 것은?

① 배후상권고객이란 목표상권의 지역경계 내에 거주하는 고객들을 지칭하며 상대적으로 도심지역의 점포보다는 외곽지대의 점포에서 매출기여도가 높다.
② 상권분석을 위해서는 배후상권고객뿐 아니라 점포주변에 근무하는 직장인이나 학생들과 같은 직장(학생)고객들도 분석의 대상에 포함시켜야 한다.
③ 유동고객에 대해서도 분석이 필요하며, 유동고객이란 기타의 목적을 가지고 점포주변을 왕래하는 거주민과 비거주민 모두를 의미한다.
④ 어느 한 상권에 속한 고객의 특성은 배후상권고객, 직장(학생)고객, 유동고객에 포함되지 않는 다른 고객유형을 찾아 분석해야 정확하게 찾을 수 있다.
⑤ 상권은 소매업 성공의 중요 요인으로 부적절한 입지는 매출에 지대한 영향을 미치기 때문에 상권분석은 자사점포의 수요예측과 마케팅 전략의 수립을 위한 필수적 단계이다.

37 입지유형과 접근성에 대한 여러 설명으로 가장 옳지 않은 것은?

① 목적형 입지의 경우에는 대부분의 고객들이 대중교통을 이용하므로 점포의 위치는 대중교통시설물과 연계되어 있어야 한다.
② 역사적으로 유명한 점포나, 고객의 충성도가 좋은 점포의 경우는 가시도가 별로 중요하지 않으나, 사람의 왕래가 잦은 지역에 있는 점포의 경우에는 가시도가 매우 중요하다.
③ 생활형 입지의 경우에는 지역주민이 주로 이용하는 식당이므로 주차시설도 있고 도보객의 접근성이 좋은 지역에 출점하여야 한다.
④ 적응형 입지의 경우에는 도보자의 접근성이 먼저 고려되어야 하므로 도보자가 접근하기 쉬운 출입구, 계단, 가시성이 좋아야 한다.
⑤ 수요자는 재화와 서비스를 공급받기 위해 이동하며, 이동범위에 한계가 있으며 이동비용에도 제약을 받는다.

38 다음 중 상권의 범위를 설정할 때 고객의 지지율에 의한 상권의 설명으로 옳지 않은 것은?

① 1차상권은 소매업 매출액 또는 고객수의 60~65%를 점하는 고객이 거주하는 범위를 말한다.
② 2차상권은 소매업 매출액 또는 고객수의 30% 이상을 점하는 지역이다.
③ 3차상권은 소매업 매출액 또는 고객수의 5% 미만을 흡인하고 있는 지역을 말한다.
④ 한계상권은 1, 2차상권 이외의 지역을 말하며 시간당 유동인구가 5천명 이상이 되는 지역을 말한다.
⑤ 상권은 소매업 성공의 중요 요인으로 부적절한 입지는 매출에 지대한 영향을 미치기 때문에 상권분석은 자사점포의 수요예측과 마케팅 전략의 수립을 위한 필수적 단계이다.

39 상권에 영향을 주는 지문에 대한 설명으로 가장 적합하지 않은 것은?

① 판매자 측면에서의 상권은 특정 마케팅 단위나 집단이 상품과 서비스를 판매하고 인도함에 있어 비용과 취급규모면에서의 특정 경계에 의해 결정되는 경제적인 범위이다.
② 점포상권의 규모는 전문품을 취급하는 점포의 상권은 선매품을 취급하는 점포의 상권보다 적고, 선매품을 취급하는 점포의 상권은 편의품을 판매하는 점포의 상권보다 적다.
③ 주요고속도로나 철도가 남북으로 길게 놓여있을 경우에는 상권도 남북으로 긴 타원의 형태가 되고, 상권 내의 기생점포만으로는 고객이동을 발생시키지 못한다는 특징이 있다.
④ 상권 내 목적점포는 상품, 상품의 종류, 전시, 가격 혹은 다른 독특한 특징이 고객유인 역할을 하는 점포이며, 상권은 점포의 매출 및 고객이 창출되는 지리적으로 인접한 구역이다.
⑤ 상권의 구매력은 상권 내의 가구소득수준과 가구 수의 함수이며, 기초자료 요소로는 고객 스포팅(customer spotting), 지리정보시스템 분석자료, 구매력 지수 등을 참고해야 한다.

40 레일리의 수정법칙인 컨버스(Converse)법칙의 내용으로 가장 잘못된 설명은?

① 두 도시(A, B) 사이의 거래가 분기되는 중간지점인 분기점(breaking point)의 정확한 위치를 결정하기 위한 인접한 두 도시간의 상권경계는 두 도시간의 인구비율에 의해 구할 수 있다.
② A도시의 인구는 900백만명이고, B도시의 인구는 100만명이며, 두 도시간의 거리가 80km라고 한다면 각각의 거리를 구하는 분기점을 구하기 위해서는 중요한 자료가 빠져있어 추가적인 자료가 요구된다.
③ 전 문항의 내용을 토대로 계산을 한다면, A도시의 무차별점은 60km이고 B도시의 무차별점은 20km가 되며, 이는 A도시의 상권의 규모가 B도시 상권규모 보다 두배 이상 크다고 말할 수 있다.
④ 전 문항의 내용을 토대로 상권규모를 비교한다면, B도시의 상권규모는 A도시의 상권규모에 비율적으로 25%에 해당한다고 말할 수도 있다.
⑤ 인구수와 거리를 근거로 상권을 구분했기 때문에 실제로는 상권을 정확하게 구분하기 어려운 점이 있지만, 편의품보다는 선매품과 전문품에 적용에는 유리한 모델이다.

41 다음 중 기존의 구멍가게, 식료품 가게의 현대형으로써 제한된 종류와 구색의 상품을 취급하며 상품을 신속히 살 수 있는 곳은?

① 할인점 ② 편의점
③ 전문점 ④ 하이퍼 마켓
⑤ 백화점

42 다음 중 상권의 변화에 관한 설명으로 옳지 않은 것은?

① 성장기 지역에서는 토지에 대한 투기현상이 나타나므로 지가가 상승하며, 주로 젊고 높은 교육을 받은 주민들이 거주한다.
② 생활패턴의 변화, 실버계층의 수의 증가 및 소비패턴의 변화에 따라서는 상권도 달라진다.
③ 주부의 의식변화, 여가생활의 변화, 개인시간의 변화에 상관없이 상권은 달라지지 않는다.
④ 성수기 지역에서는 지역개발이 완료되어 부동산 가격이나 기능이 최고가 되며, 상권도 안정적이다.
⑤ 대형할인점, 백화점, 지하철의 등장, 버스터미널 및 정류장의 형성 및 이전, 관공서 · 대규모 회사의 등장 및 이전 등이 변화 요인이다.

43 다음 중 경쟁점 분석에 대한 설명으로 옳지 않은 것은?

① 경쟁업체의 동향을 계속 파악해 나가면서 단점은 개선하고, 장점은 더욱 살리면서 경쟁에 효과적으로 대처해 나가야 한다.
② 1차, 2차상권 내의 경쟁업체를 중점적으로 분석해야 한다.
③ 현재 그 상권에서 영업을 하고 있지 않으면 앞으로 영업을 한다고 해도 조사대상에서 제외해야 한다.
④ 경쟁구조 분석의 경우, 상권의 계층적 구조에 입각하여 경쟁업체를 분석하는 것이 필요하다.
⑤ 경쟁점을 정의하고 그 경쟁점보다 비교 우위를 점할 수 있는 차별화를 충분히 모색해야 한다.

44 현웅이는 서울시(인구 1,000만 명)와 인천시(인구 250만 명) 사이에 있는 부천시에 살고 있다. 현웅이가 살고 있는 집은 서울시에서 24km, 인천시에서는 12km 떨어진 곳에 위치해 있다. Converse의 수정소매인력법칙(레일리 법칙)을 적용하여 현웅이의 쇼핑행동을 설명하는 경우 가장 올바른 것은?(서울시와 인천시 인구는 계산편의를 위해 사용된 가상수치 임)

① 현웅이는 인천시보다는 서울시에서 쇼핑을 많이 할 것이라고 볼 수 있다.
② 현웅이는 서울시의 인구와 인천시의 인구를 비교하여 더 많은 인구를 가진 도시를 쇼핑대상으로 선택하게 된다.
③ 현웅이는 서울시와 인천시까지의 이동거리를 계산하여 더 짧은 이동거리를 가지고 있는 도시를 선택하게 된다.
④ 현웅이가 서울로 쇼핑을 하러가는 이유는 그곳의 매장면적이 크고, 거리가 멀기 때문이다.
⑤ 현웅이의 집은 인구와 거리를 고려할 때 각 도시를 무차별적으로 선택할 수 있는 경계지역에 있다.

45 누적유인의 원리(the principle of cumulative attraction)와 관계가 가장 적은 상품유형은?

① 편의품 ② 선매품
③ 전문품 ④ 목적구매품
⑤ 비 탐색품

제3과목 유통 마케팅(46~70)

46 다음은 판매촉진 캠페인이 개발되어 실행되는 과정에 대한 설명이다. 가장 올바르지 않은 내용은?

① 판매촉진 캠페인은 우선 판매촉진 목표를 설정하고 판매촉진 도구를 선정하며 소비자 판촉도구, 중간상 판촉도구 및 산업재 판촉도구 등에 관한 의사결정을 함으로써 판매촉진 프로그램을 개발하고 실행하는 것을 요구한다.
② 인센티브의 규모, 참가조건 및 촉진 패키지를 전달하는 방식, 촉진기간 등에 관한 의사결정을 함으로써 판매촉진 프로그램을 개발하고 실행하는 것을 요구한다.
③ 산업재 판촉도구로는 컨벤션, 트레이드 쇼, 판매 콘테스트 등을 들 수 있다.
④ 중간상 판촉도구의 종류에는 쿠폰, 현금 환불, 가격할인 패키지, 프리미엄, 광고용 판촉물, 단골고객에 대한 보상, 구매시점 진열 콘테스트 등을 들 수 있다.
⑤ 소비자 판촉도구는 프리미엄, 광고용 판촉물, 단골고객에 대한 보상, 구매시점 진열, 콘테스트 등을 들 수 있다.

47 라벨(Label)은 소비자에게 제품에 관한 정보를 제공를 제공하는 표식이라고 할 수 있다. 이에 대한 설명으로 옳지 않은 것은?

① 소비자는 라벨의 품질에서 제품품질을 연상하는 경향이 있으므로, 정확하고 공정하며 이해하기 쉽게 라벨을 부착해야 한다.
② 라벨을 인쇄하는 방법에는 소비자에게 동일성의 의미를 전달하는 것에 중점을 두어야 하기에 단일의 방법만 있다.
③ 라벨은 제품을 구매한 소비자에게 제품의 보관, 유지, 처리, 수선 등의 방법을 쉽게 이해할 수 있게 해준다.
④ 라벨은 기업과 구매자 및 소비자 사이의 정보교환을 통해 원재료와 함량 및 원산지, 제조업자, 유통업자를 알려준다.
⑤ 라벨은 제품의 사용법도 설명을 하고, 발생할 수 있는 제품의 오용이나 남용에 대해 경고를 할 수 있는 기능이 있다.

48 다음 중 유통업체 브랜드 자산(brand equity)의 개념과 거리가 먼 것은?

① 브랜드 인지도 ② 지각된 품질
③ 브랜드 연상이미지 ④ 브랜드 포트폴리오
⑤ 충성도 높은 고객

49 상권이 발달한 도심에는 비슷한 식료품을 취급하는 대형마트를 비롯하여 중소형 소매점까지 매우 다양한 업태의 유통점이 많지만, 내면적으로 자세히 관찰하면 각 유통점에서 판매하는 상품들이 동일하지 않은 경우를 많이 볼 수 있다. 어떤 점포에서는 브랜드를 내세우기도 하고, 어떤 점포에서는 식료품의 맛을 강조하기도 하며, 어떤 점포에서는 파격적인 가격을 제시하기도 한다. 이러한 현상은 식료품유통시장이 어떠한 형태를 띠고 있기 때문인가?

① 완전경쟁 ② 불완전경쟁
③ 과점 ④ 독점
⑤ 독점적 경쟁

50 다음은 신상품의 전략적 포지셔닝을 돕는 지각도 작성방법 두 가지 중 요인분석(Factor analysis)에 대한 설명내용이다. 가장 올바르지 않은 것은?

① 요인분석이란, 상품의 속성을 측정하기 힘든 경우(향수의 유혹 같은) 고객들이 속성을 표현하기 어려울 때 유용하게 사용되며, 속성평가가 이루어 지지 않으므로 고객편익을 정확하고 완전히 규정할 수 있는 신상품 개발관리자의 능력에 크게 의존한다.
② 요인분석의 주요 단점으로는 고객니즈(혹은 속성)가 사전에 잘 규정되어 있어야 한다는 것이다. 즉 요인분석은 사전에 규정된 고객니즈의 범위 내에서만 구조를 확인할 수 있지 그것을 넘어서는 지각차원을 발견하는 것은 불가능하다.
③ 요인분석의 기본가정은 직관적으로 설득력이 있고 실증적으로도 설득력 있는 결과를 보여주며 사용하기 간단하여 실제로도 많이 사용된다. 또한 고객분류자료를 군집분석하는 방법과 상호보완적인 관계에 있다.
④ 요인분석을 사용하려면 고객들로부터 얻은 상품속성평가를 요인분석함으로써 지각의 구조를 파악하고, 경영자의 판단과 분석규칙을 적절하게 혼합하여 적정한 차원의 수를 선택하여야 한다. 또한 요인점수를 사용하여 기존 상품들과 신상품 컨셉트의 위치를 추정하며 잠재적 기회를 파악하기 위하여 지각도 상의 빈 공간을 살펴보고 컨셉트의 개선방안을 찾기 위하여 컨셉트의 약점과 강점을 파악해야 한다.
⑤ 요인분석은 수많은 변수들을 적은 수의 몇 가지 요인으로 묶어줌으로써 그 내용을 단순화하는 것이 그 목적이다.

51 가구진열의 경우, 실제 사용가정에서 배치했을 때 어떻게 보일지를 조합(상호보완)되는 품목들과 함께 진열하여 미리 고객들에게 보여주는 매장 진열방식에 가장 가까운 것은?

④ 수직적 진열
③ 수평적 진열
⑤ 곤돌라 진열
② 스타일/품목별 진열
⑤ 아이디어 지향적 진열

52 다음 박스 안의 내용에 가장 알맞은 유통조사기법은?

> 이 분석의 목표는 고객 개개인이 개별 서비스속성의 각 수준에 대하여 얼마만큼의 선호도를 부여하는지를 추정하고자 하는 것이다. 여기서 개별속성의 각 수준에 부여되는 선호도를 부분가치라고 부르는데 이 부분가치들을 합산함으로써 개별 고객이 여러 개의 대안들 중 어느 것을 가장 선호하게 될 지를 예측하는 것이다. 어떤 소매점포이든 몇 개의 중요한 서비스 기능(속성)들을 가지고 있으며 각 기능(속성)은 다시 몇 개의 수준이나 값들을 가질 수 있다고 보는 데서 출발하며, 인간의 선호도나 효용의 평가는 개인간의 차이가매우 크다는 가정 하에서 이루어지므로 이 분석은 개인차원에서 수행된다.

① 컨 조인트 분석 ② 다차원 척도법
③ 요인분석 ④ 군집분석
⑤ 설문조사법

53 다음은 유통 업태별 상품구성정책에 관한 의사결정요소로서 상품의 깊이와 넓이에 관한 의사결정요소를 설명한 내용이다. 올바르지 않은 것은?

① 백화점과 대형마트를 상품의 넓이측면에서 비교할 경우 음식료품에 있어서는 대형마트가 섬유 및 의류에 있어서는 백화점이 더욱 넓은 상품정책을 추구하고 있다.
② 상품의 깊이 보다 넓이에 있어서 전문화 한 업태를 전문점이라고 한다.
③ 백화점과 대형마트를 상품의 깊이측면에서 비교할 경우, 백화점이 대형마트에 비해 상품의 깊이가 더욱 깊다.
④ 유(형)점포와 무(형)점포의 비교에서는 상품의 깊이나 넓이측면의 확장가능성으로 보면 무점포업태가 비용측면에서 더욱 유리하다.
⑤ 상품의 넓이와 깊이에 대한 의사결정은 표적구매자들의 기대를 일치시키면서 동시에 다른 소매상과 차별화할 수 있어야 한다.

54 다음 중 종업원의 동기부여 및 관리에 관한 내용으로 가장 거리가 먼 것은?

① 종업원의 업무성과는 목표를 달성하면 보상을 받게 될 것이라고 판단/기대 될 때 향상되며, 종업원이 경영자나 회사로부터 받는 보상의 종류로 금전적 보상, 승진 및 타인으로부터의 인정 등이 있다.
② 매장 경영(관리)자에게 종업원 정책과 관련한 가장 중요한 과제 중의 하나는 종업원들이 자신들의 잠재력을 능동적으로 최대한 발휘할 수 있도록 시스템을 갖추고 개별 종업원들에게 다양한 보상수단을 통해 동기를 극대화시켜 나가는 것이다.
③ 종업원에게 보다 높은 동기부여 및 업무능률 향상을 위한 보상수단의 형태로 내재적 보상과 외재적 보상이 있다. 여기서 외재적 보상이란 노동부의 고용촉진장려금과 같은 정부기관이나 단체로부터 받는 지원금을 의미한다.
④ 종업원의 동기향상 및 실제 업무성과는 종업원 스스로 자신의 노력을 통해 관리자가 세운 목표를 달성할 수 있다는 긍정적인 사고와 기간 내 달성 가능한 목표라 판단될 때 더욱 향상된다.
⑤ 종업원에 대한 성과급에 대한 지나친 강조는 종업원들로 하여금 고객의 중요성을 간과하게 만들 가능성이 있다.

55 소매유통업체 경영에 있어서 상품기획성과분석은 매우 중요한 요소 중 하나이다. 이와 관련된 설명내용으로 올바르지 않은 것은?

① 지속적인 상품기획 계획절차의 부분으로서 단품, 공급업체, 제품계열, 제품부문을 언제 추가하고 제거할 것인가에 대한 의사결정과 직접적으로 관련된다.
② 다중속성모델(multiple attribute model)은 수요상황에 알맞게 상품을 더 매입할 것인지 혹은 감산을 할 것인지를 파악하기 위해, 계획된 매출과 실제매출을 비교하는 방법을 의미한다.
③ ABC분석은 단품에서 상품부문에 이르기까지 상품카테고리의 어떠한 수준에서도 적용이 가능하며 주로 사용되는 성과측정기준으로 공헌이익(contribution margin)이 사용되며 이는 순매출에서 판매한 제품원가와 기타 변동비를 제한 것을 의미한다.
④ ABC분석은 재고수준에 대한 의사결정을 돕기 위하여 상품에 대한 등위를 매기는 방법이다.
⑤ 수익성 지표는 기업의 경영 정책과 의사결정의 결과로 나타난 경영 성과를 나타내는 지표이다.

56 백화점의 다양한 업무활동에 대한 설명 중 시장조사방법의 하나인 '시장관찰' 내용에 가장 가까운 것은?

① 판매원이 고객에게 국내에서 생산된 브랜드신발 이외에 제3국에서 생산된 상품을 제공하고 있다.
② 매장판매원이 생일선물로 꽃병을 찾는 고객에게 판매를 촉진하기 위한 컨설팅을 하고 있다.
③ 관련 상품부문 관리자가 가구유통업자에게 고객들의 문의가 많았던 실내장식을 위한 전통가구분야의 판매기회(가능성)에 관한 정보를 전달한다.
④ 부문별 상품관리자가 고객에게 제공되어야 할 상품에 대한 의사결정과정에서 고객의 구매력에 알맞도록 고려하고 이에 알맞은 상품선택에 초점을 맞춘 구매를 추진하고 있다.
⑤ 한 기업이 다른 기업에게 로열티를 지불하고 자사가 소유한 제조공법, 상표, 특허권 등을 사용 허가하도록 하는 계약적 활동을 말한다.

57 소비자들은 자신들이 이미 선택 구매한 브랜드에 유리하도록 자신들의 태도를 변화시킴으로써 그들이 내린 의사결정에 대한 정당성을 강화하려는 경향이 있다고 한다. 이러한 경향을 가장 잘 설명하고 있는 것은?

① 인지 부조화
② 수동적 학습
③ 기대 불일치
④ 합리적 행동
⑤ 이기적 편견

58 제조업자가 중간상 판매촉진(trade promotion)을 하는 주요목적에 대한 설명으로 가장 옳지 않은 것은?

① 중간상 판매촉진은 자사제품을 경쟁사의 제품보다 더 많이 취급하도록 소매상에게 확신을 심어주기 위함에 있다.
② 제조업자의 재고관리를 중간상과 함께분담하여 관리하고, 과거에 우리제품을 판매노력을 보상하는 차원에서 중간상에 촉진정책을 한다.
③ 소비자대상의 광고나 판매촉진을 지원함으로써 자사제품을 취급하는 중간상들의 판매노력을 경쟁시키기 위함에 있다.
④ 제조업자가 자사의 제품을 대규모로 취급하거나 일정량 이상의 제품을 구입하는 중간상에게는 특정한 상품을 무료로 제공하는 것도 제외된다.
⑤ 소매상이 자사제품을 진열하게 하거나 한정된 진열공간을 더 많이 확보함으로써 자사제품의 판매에 역점을 두도록 권장함에 있다.

59 수직적 마케팅 시스템(VMS)의 개념이나 유형에 대한 설명으로 가장 잘못된 지문은?

① 경로구성원들이 거래처선택, 거래관계유지에 있어서 경로구성원 상호 간의 연계성을 중요하게 인식한 전문적인 경로선도자에 의해 형성된 시스템이다.
② 마케팅활동에 있어서 단기간에 규모의 경제를 달성할 수 있으며, 개별 경로기관보다는 경로시스템 전체의 효율성을 중시하는 시스템이다.

③ 기업형VMS는 하나의 소유권 하에서 전후방 통합의 정도나 통제의 정도가 가장 강한 형태에 해당하는 특징이 있다.
④ 관리형 VMS은 다른 구성원들에게 영향을 미쳐 생산이나 유통활동을 조정하는 형태로 경로 구성원들의 활동에 대한 통제정도가 가장 높다.
⑤ 계약형VMS의 대표적인 형태로 도매상후원의 자발적인 연쇄점형태와 소매상협동조합, 프랜차이즈시스템을 들 수 있고 가장 대표적인 형태는 프랜차이즈시스템이다.

60 CRM(Customer Relationship Management)에 관한 다음 설명 중 가장 올바르지 않은 것은?

① CRM은 각 고객의 세부적인 정보를 관리하고 또한 고객 충성심을 극대화하려는 목적으로 고객의 접촉점 모두를 신중하게 관리하는 과정이다
② CRM의 핵심내용 중 하나로 고객동요(customer churn), 즉 높은 고객이탈율을 막는 것을 들 수 있다. 이를 위해 기업은 우선 고객유지율을 정의하고 측정해야 하며, 고객감소의 여러 원인을 구분하여 보다 잘 관리할 수 있도록 함으로써 고객상실률 감소를 위해 노력한다.
③ 기업은 고객이탈율을 줄이기 위해 소요되는 비용과 상실된 고객으로부터 발생하는 고객평생가치에 의한 상실된 이익을 비교해야 한다. 고객이탈율을 줄이기 위해 소요되는 비용이 상실되는 이익보다 적다면, 고객을 유지하기 위해 사용되는 자금을 회수해야 한다.
④ CRM의 핵심내용 중 하나는 고객을 유치하고 유지하는 과정이며, (예상)잠재고객을 첫 번째 고객으로 그리고 반복고객, 단골고객, 더 나아가 회원, 옹호자 및 동반자단계로 변환시켜나가기 위해 마케팅을 실행하는 것이다.
⑤ CRM이란 '신규 고객 확보, 기존 고객 유지 및 고객 수익성 증대를 위하여, 지속적인 커뮤니케이션을 통해 고객 행동을 이해하고, 영향을 주기 위한 광범위한 접근'으로 정의하고 있다.

61 제품믹스의 가격 결정 방법에 대한 설명으로 가장 옳지 않은 것은?

① 제품라인 가격결정법 : 제품계열 간 동일 수준 제품들의 묶음을 개별 품목으로 구매하는 것보다 낮은 가격으로 제시하는 방법
② 선택사양 가격결정법 : 주력제품에다 선택제품, 사양 및 서비스를 붙여서 제시하는 가격결정 방법
③ 종속제품 가격결정법 : 주요제품과 함께 사용해야 하는 종속제품에 대한 가격을 결정하는 방법
④ 이분가격결정법 : 고정된 요금과 추가적 서비스 사용에 대한 가격으로 나누어 가격을 결정하는 방법
⑤ 부산물 가격결정법 : 주요제품의 가격이 보다 경쟁적 우위를 차지할 수 있도록 부산물의 가격을 결정하는 방법

62 아래의 사례에서 ( ) 안에 알맞은 용어는?

> 고객 커뮤니케이션에서 표적시장 내에서 광고 매체에 노출된 실제 고객 수를 의미하는 것으로, 예를 들어, 지역신문에 판촉광고를 냈는데 그 날 그 신문을 읽은 독자가 잠재고객 5,000명 중 40%에 해당했다면, ( )는(은) 2,000명이다.

① CPM(천명당비용) ② Reach(도달률)
③ Coverage(포괄범위) ④ Frequency(빈도)
⑤ Click ratio(클릭률)

63 다음 보기의 설명내용과 가장 가까운 점포 레이아웃은?

> 충동구매를 촉진하고 소규모 의류점에 적합한 형태로 디스플레이와 동선을 자유롭게 구성하는 방식

① Grid 레이아웃 ② Free-form 레이아웃
③ Loop 레이아웃 ④ Boutique 레이아웃
⑤ Lattice 레이아웃

64 판매촉진을 위한 다양한 도구 및 수단들에 대한 다음 설명 중 올바르지 않은 것은?

① 쿠폰 : 소비자들이 어떤 특정상품을 구매할 때 절약할 수 있도록 해주는 하나의 징표
② 프리미엄 : 특정제품의 구매를 촉진시키기 위해 저비용 혹은 무료로 제공되는 추가상품
③ 샘플 : 상품에 대한 대가를 지불하지 않고 제공되는 시제품
④ 리베이트(rebate): 공급선으로부터 연속적으로 대량 구매를 하는 경우 구매 대금의 일부를 할인하여 현금으로 되돌려 받는 경우
⑤ 프라이스 팩 (price packs) : 상품을 구매하는 시점이 아니라 구매 후에 가격을 인하시켜 환불해 주는 제도

65 다음 중 현재의 고객과 잠재적인 고객의 고객생애가치를 현재가치로 할인하여 모두 합한 것을 일컫는 말은?

① 고객자산(customer equity)
② 고객가치(customer value)
③ 고객점유율(customer share)
④ 고객만족(customer satisfaction)
⑤ 고객 획득(customer acquisition)

66 점포 진열(Store Display)에 대한 설명으로 가장 옳지 않은 내용은?

① 상품진열 방법의 가장 흔한 방식은 스타일과 품목별 진열방식이고, 적재진열은 많은 상품들을 진열하기에 용이하다.
② 수직적 진열방식은 벽과 높은 곤돌라를 이용하여, 고객들은 신문을 보듯이 왼쪽에서 오른쪽으로, 위에서 아래로 상품을 훑어보면서 고르게 된다.
③ 점내에 판매대를 설치하거나 배치하는 것과 조명의 색깔과 밝기 조절에 따라 상품을 배열하고 고객의 구매욕구를 자극 시킬만한 의도를 가지고 있다.
④ 진열은 얼마만큼 기술적으로 하느냐에 따라 하늘과 땅 차이라고 할수 있는데, 판매 때문이라고 할 수 있을 정도로 중요한 위치에 다가섰다.
⑤ 상품이 형태가 싸고 빈약하다면 훌륭한 시설 아래 잘 전시되어 있다고 해도, 고객들의 눈에 저가품으로 보여 고객의 마음을 사로잡을 수 없다.

67 다음은 상품의 매입시스템 및 재고관리에 관한 설명내용들이다. 올바르지 않은 것은?

① 한 번에 많은 양을 구매하면 주문비용과 처리비용은 줄어드는 반면 재고보유비용은 증대된다.
② 주문하는 소매상에서는 상품의 품질, 수량, 시기, 가격 등 네 가지 요인을 영업 활동과 관련시켜 최적의 구매선을 선정해야만 한다.
③ 주문전략의 수익성을 높이기 위해 소매유통업체는 각 공급업체와 사전에 구체화된 일정계획을 수립하며 이러한 일정계획은 재고보유비용과 재고구입 및 처리비용간의 상쇄관계, 그리고 수요의 변동을 고려하는 것이 중요하다.
④ 주문점(order point)이란, 다음 주문량이 도달하기 이전에 재고수량이 가용수량을 유지하지 못하거나 또는 품절이 발생하는 수준에 도달한 때를 의미한다.
⑤ 재고관리보고서는 판매속도, 가용재고 주문량, 재고회전, 판매수요예측, 그리고 각 단품의 주문량 등에 대한 정보를 담고 있으며, 일반적으로 유행성상품의 수요예측은 지속성 상품의 수요예측에 비해 더욱 간단하고 기계적이다.

68 유통매장에서 특정제품이 주목을 받고 판촉효과를 극대화하기 위해서는 소위 "황금구역(golden zone)"에 디스플레이 하는 것이 중요하다. 이와 관련한 설명내용으로 가장 거리가 먼 것은?

① 영업전략적으로 황금구역에 디스플레이 해야 하는 상품으로는 중점판매상품, 계절상품, 캠페인상품, 광고상품을 들 수 있다.
② 상품의 물리적 특성측면을 기준으로 볼 때 황금구역에 진열하기 쉬운 상품군에는 부피가 있어서 보기 좋으며 진열하기 쉽고, 무게가 많이 나가며 컬러풀한 상품, 혹은 세트상품을 들 수 있다.
③ 판매수량 측면이나 매출액 그리고 수익성측면에서 기여도가 높은 상품의 경우 영업전략적으로 황금구역에 디스플레이 해야 한다.
④ 황금구역의 진열을 확보하기 위해서는 상품공급기업의 영업사원들 스스로 황금구역진열을 통한 판촉효과를 스스로 인식하는 것이 중요하며, 일반적으로 75cm~135cm의 진열공간의 높이 영역을 의미한다.
⑤ 매출기여도가 가장 높을 것으로 예상되는 유효진열범위 내에서 가장 고객의 눈에 띄기 쉽고 또한 손이 닿기 쉬운 높이의 범위를 말한다.

69 유통기업이 상품구매과정에서 대안으로 선택할 수 있는 소위 집중전략과 분산전략에 관한 설명으로 올바르지 못한 내용은?

① 집중전략은 소매유통업체가 상품구매에 있어서 하나 혹은 소수의 제조(공급)업체와 집중적으로 거래하는 것이다.
② 집중전략은 수량할인에 의해 상품가격을 낮출 수 있는 반면, 주문에서 보관까지 운영비가 증가하는 단점이 있다.
③ 유통업체가 가능한 한 다수의 제조(공급)업체와 거래를 진행함으로써 구매위험을 분산시키는 것은 분산전략의 효과이다.
④ 집중전략의 경우보다 분산전략을 선택하면 상품의 다양성을 더욱 증가시킬 수 있는 장점이 있다.
⑤ 집중전략을 실시하는 상품의 특징은 공산품과 같은 경우이고, 농산품은 분산전략이 유리한 특징이 있다.

70 다음은 총 마진수익률(GMROI)의 기능/역할에 대한 설명이다. 올바르지 않은 것은?

① 협소한 유통매장의 진열대에서 제거 또는 추가돼야 할 상품에 대한 의사결정의 기준(척도)을 제공한다.
② 각 척도의 구성요소를 분석함으로써 문제가 되는 상품계열의 수익성을 향상시키기 위한 머천다이징전략을 강구할 수 있다.
③ 장기적 수익성보다 단기적수익성을 측정하는 단점이 있으나 상품재고에 대한 재무적 투자를 정확히 반영하는 장점을 지니고 있다.
④ 수익성척도를 활용하는 소매업자들은 상품공급업자들로 하여금 더 많은 마케팅 기능을 수행하도록 압력을 행사할 수 있다.
⑤ 유통업체에서 카테고리관리를 할 때, 카테고리별 재무목표를 설정하기 위하여 이익, 매출, 회전율을 결합하여 판단하여야 한다.

제4과목 유통 정보(71~90)

71 다음 중 정보의 특성에 대한 설명으로 옳지 않은 것은?

① 정확성: 정보는 데이터의 의미가 명확하고 편견이나 왜곡이 없어야 한다.
② 경제성: 필요한 정보를 얻기 위한 비용과 정보의 이용에 따른 가치창출 사이에는 경제성이 있어야 한다.
③ 신뢰성: 신뢰할 수 있는 정보는 그 원천자료와 자료의 수집 방법과 연관이 있다.
④ 관련성: 중요도가 높은 자료가 포함되어 있을 때 완전한 정보가 된다.
⑤ 적시성: 정보는 필요로 하는 시점에 제공될 때 그 가치를 발휘하게 된다. 시기를 놓친 정보는 가치가 없다.

72 정보기술이 유통경로기능에 직접적으로 미친 영향과 거리가 먼 것은?

① 최적의 제품구색을 갖추는 데 도움 제공
② 유통기업의 투자 자유화 폭을 확대시킴.
③ 신속하고 저렴한 수송방법을 가능하게 함.
④ 생산자 거리와 소비자 거리를 좁혀주는 기능제공
⑤ 도소매상의 구매계획에 도움을 주어 재고량을 감소시킴.

73 2차원 바코드에 대한 설명으로 거리가 먼 것은?

① Maxicode는 UPS사에서 개발된 것으로 스택형 코드이다.
② PDF-417 코드는 가변적인 길이와 높이를 갖는 2차원 심볼로지이다.
③ 다층형 바코드(Stacked Bar Code)의 열안에는 1개 이상의 데이터 문자를 포함한다.
④ QR 코드는 일본에서 개발된 것으로 물류관리나 공장자동화에 적합하도록 고안되었다.
⑤ Data Matrix 코드는 미국에서 개발된 것으로 오류 검출및 복원 알고리즘에 따라 유형이 구별된다.

74 유통경영을 위한 의사결정지원시스템 중 보고 및 조회시스템에 관한 설명이 아닌 것은?

① 특이사항 보고는 과거의 실적 자료에 기초하여 기업 활동의 성과를 계량화하여 사전에 설정된 적정치와 비교한다.
② 지도표시 시스템은 지식기반형 시스템으로 전문가의 지식을 입력정보로 의사결정을 행한다.
③ 조회시스템은 인쇄형태의 보고서 작성과 배포과정의 시간과 비용을 절감하게 한다.
④ 기업내부의 사안에 대해 조사 조회할 수 있는 기능을 제공한다.
⑤ 의사결정이 이루어지는 동안에 발생 가능한 환경의 변화를 반영할 수 있도록 유연하게 설계되어야 한다.

75 다음 중 2차원 바코드의 특징이 아닌 것은?

① 데이터의 갱신이 가능
② 1차원 바코드에 비해 대용량의 데이터를 포함
③ 좁은 영역에 많은 데이터를 고밀도로 표현 가능
④ 오염 및 훼손시 오류 검출 및 복원이 가능
⑤ 한국어를 포함 모든 외국어, 지문, 그래픽 정보를 표현 가능

76 골판지 박스 등 외장박스에 상품코드를 인쇄하기 위한 표준물류 바코드에 대한 설명으로 올바르지 않은 것은?

① 박스단위의 식별에 이용되는 표준 바코드 체계로서 체크 디지트로 마지막 한자리를 할당하고 있다.
② 제조업체와 상품품목에 관한 정보를 표시하기 위해서 10자리가 할당되어 있다.
③ 물류단위의 식별에 활용되고, 전체 14자리 코드체계 중에서 첫 자리는 물류식별 코드가 표시된다.
④ 포장박스를 개봉하지 않고도 직접 내용물의 개별포장이 무엇인지를 자동적으로 판독하여 식별하기 위해 개발된 것이다.
⑤ 생산에서 배송까지의 제품이동의 신속·정확화 및 수주에서 납품까지의 리드타임을 단축할 수 있다.

77 다음은 SCM(supply chain management)에 관한 올바른 설명으로 가장 거리가 먼 것은?

① 제조, 물류, 유통업체 등 유통공급망에 참여하는 모든 업체들이 협력을 바탕으로 정보기술(Information Technology)을 활용, 재고를 최적화하고 리드타임을 대폭적으로 감축하는 관리시스템
② 소비자의 수요를 효과적으로 충족시켜주기 위해서 신제품 출시, 판촉, 머천다이징 그리고 상품보충 등의 부문에서 원재료 공급업체, 제조업체, 도소매업체 등이 서로 협력하는 경영관리시스템 구축활동
③ 경영자원의 효과적 이용이라는 관점에서 기업 전체를 통합적으로 관리하고 경영의 효율성을 높이기 위한 수단으로 활용하는 경영관리시스템
④ 의류부문에서는 QR, 식품부문에서는 ECR, 의약품부문에서는 EHCR, 신선식품부문에서는 EFR 등으로 다양한 산업영역으로 응용 및 확장되고 있는 관리시스템
⑤ 상위 흐름 공급사슬(Upstream Supply Chain)은 조직의 첫째 상단에 있는 2차 원자재 공급상과 1차 원자재 공급상 간의 공급사슬

78 바코드의 구성요소 중에서 자료의 입력방식과 바코드의 종류를 알려주는 부분은 아래의 어느 것에 해당하는가?

① 여백(quiet zone)
② X 디멘션(dimension)
③ 심벌로지(Symbology)
④ 스톱 캐릭터(stop character)
⑤ 스타트 캐릭터(start character)

79 다음 중 아래에서 설명하는 내용으로 옳은 것은?

> 전기통신사업자로부터 회선을 임차하거나 통신사업자가 통신회선을 직접 보유한 회선에 정보를 축적, 가공, 변환하여 부가가치를 부여한 음성, 화상 등의 정보를 이용자들에게 제공하기 위하여 구축한 통신망이다.

① EDI ② VAN ③ CALS ④ POS ⑤ LAN

80 다음은 SCOR(Supply Chain Council& Supply Chain Operation Reference) 모형에 대한 설명이다. 올바르지 않은 것은?

① 공습사슬관리의 성과측정을 위해 개발된 모형이다.
② 계획, 조달, 제조, 인도, 반환 등의 5가지 기본 프로세스를 가지고 있다.
③ 조직 내외부의 관점에서 성과를 측정할 수 있다.
④ 재무적 측면만을 강조한다는 단점이 있으나 현금 입출력 흐름을 정확히 분석할 수 있다는 장점이 있다.
⑤ 기업의 회계자료를 바탕으로 한 자산성과를 중심으로 국내기업의 공급망 성과를 분석하고 있다.

81 다음은 정보시스템에 대한 설명이다. 이 중 가장 올바르지 않은 내용은?

① 정보 시스템은 의사결정을 지원해주는 포괄적인 개념을 가진 시스템이다.
② 하드웨어, 소프트웨어, 데이터베이스, 네트워크, 운영요원 및 절차 등으로 구성된다.
③ 조직에 필요한 정보제공이나 업무처리를 수행하도록 정보기술을 응용해 놓은 실체이다.
④ 의사결정을 위해 필요로 하는 자에게 유용하고도 시의 적절한 산출결과를 제공해야 한다.
⑤ 조직 내에 유용한 정보를 제공함으로써 일상적인 업무관리 및 분석만을 지원하는 하위시스템이다.

82 다음 박스 안의 유통정보시스템 설계를 위한 5단계의 순서가 가장 올바른 것은?

단 계	설계 내용
가	의사결정이 이루어지는 각 수준(제도, 도매, 소매)의 확인
나	유통정보를 제공하는 방법과 시스템 운영환경의 확인 및 설계
다	의사결정을 내리기 위해 필요한 정보(매장, 재고, 인력)를 확인
라	경로시스템에 있어서 핵심 의사결정 영역의 확인
마	유통정보를 보완할 수 있는 각종 정보화 프로그램(POS, SCM, ECR 등) 확인

① 라→다→나→가→마
② 라→가→다→나→마
③ 라→가→나→다→마
④ 라→다→가→나→마
⑤ 라→다→가→나→마

83 다음은 정보시스템을 활용하여 물류활동에 대한 의사결정을 지원하는 물류의사결정지원시스템(LDSS: Logistics Decision Support System)에 대한 설명이다. 이 중 물류의사결정지원시스템이 필요한 배경이라 보기 어려운 것은?

① 조직의 확대로 의사결정의 즉시성이 요구되기 때문이다.
② 사내정보는 질과 양면에서 편재하는 경향이 약하기 때문이다.
③ 물류는 고객서비스와 기업의 비용측면을 항상 고려해야 하기 때문이다.
④ 정보량이 증대하여 양질의 정보를 선택하고 판단하는 일이 어렵게 되었기 때문이다.
⑤ 정보가 복잡하게 뒤섞이고 산재해 있기 때문에 이를 체계화하고 공유할 필요성이 있기 때문이다.

84 EAN 로케이션 코드에 대한 설명으로 가장 옳지 않은 것은?

① 거래업체의 식별에 이용되는 코드체계이다.
② 체크 디지트는 바코드의 오류를 검증하는 코드이다.
③ 관련 기관의 성격 및 물리적 위치에 관계없이 식별이 가능하다.
④ 거래업체의 상세 정보를 얻기 위한 키(key) 개념으로도 활용이 가능하다.
⑤ 한국유통정보센터에서 제정, 보급하는 코드 체계로서 국가식별번호가 없다는 점이 특징이다.

85 정보화사회에서 끊임없이 증가하는 다량의 데이터로부터 유용한 정보 및 지식을 추출하기 위해서는 아래와 같은 기술의 발달이 필연적이다. 이에 해당되지 않은 것은?

① 대용량 데이터 수집
② 강력한 멀티 프로세서 컴퓨터
③ 데이터 마이닝 및 알고리즘
④ 데이터 시각화 기술
⑤ 적합한 데이터를 수집

86 다음 중 많은 자료 중에서 쉽게 필요한 정보를 찾아주는 분석기법은?

① Data Warehousing　② Data Mining
③ Database　④ Data Mart
⑤ Data Warehouse

87 생필품의 공급사슬관리에 대한 설명으로 가장 옳은 것은?

① 상품 회전율이 높은 것이 특징이다.
② 비교적 높은 가격대의 제품을 대상으로 한다.
③ 선택적, 전속적유통경로를 이용하는 특징이 있다.
④ 생산업체에서는 생산리드타임을 길게 가지려고 한다.
⑤ 유통업체에서는 재고량을 많이 확보하기 위해 노력한다.

88 다음은 유통정보혁명(distribution information revolution)시대에서 아래 내용의 괄호에 들어갈 가장 적합한 내용을 고르시오.

> 회사원 L씨는 얼마 전 스마트폰을 화장실에 빠뜨렸다. 억지로 스마트폰을 꺼내기는 했는데, 서비스 센터에 가져가보니 데이터가 모두 유실됐다는 설명을 들었다. 휴대전화에 저장된 지인들과 사업 파트너들의 연락처가 모두 날아간 것이다. 더군다나 최근 L씨가 재미를 붙인 모바일 쇼핑 기록도 사라져 눈앞이 캄캄해졌다.
> L씨와 같은 소비자를 위한 대안으로 바로 (　)가 부상하고 있다. 기기가 아닌 웹 공간에 콘텐츠를 저장하는 (　)를 이용하면 L씨는 휴대전화 데이터가 유실돼도 다시 복구할 수 있다. 소비자들이 모바일 기기를 통해 쇼핑은 물론 쇼핑에 필요한 각종 정보를 제공받을 수 있고, 결제까지 한 번에 끝낼 수 있어 유통가에 하나의 혁명으로 받아들여진다. 이런 서비스를 통해 유통사업자들도 유통 · 물류기업 주문정보와 상품정보, 출고, 배송에 필요한 정보통신기술 인프라와 매출정보, 재고정보관리, 정보보안, 정보보안 운송장출력시스템 등 각종 애플리케이션 프로그램을 사용해 경영효율화를 꾀할 수 있다.

① Cloud Service　② CRM Service
③ After Service　④ Before Service
⑤ Ming Service

89 다음 중 무선주파수 식별법(RFID)에 대한 내용으로 옳지 않은 것은?

① 판독기에서 나오는 무선신호를 통해 상표에 부착된 태그(tag)를 식별하여 데이터를 호스트로 전송하는 시스템이다.
② 습기, 먼지, 열 등의 열악한 환경에서도 판독이 가능하다.
③ 태그(tag)의 데이터 변경과 추가가 어렵고 일시에 대량의 태그 판독은 할 수 없다.
④ 판독기 또는 리더기는 태그(tag)에 읽기와 쓰기가 가능하도록 하는 장치이다.
⑤ 자동인식(AIDC) 기술의 한 종류로서 micro-chip을 내장한 Tag에 저장된 데이터를 무선 주파수를 이용하여 비접촉 방식으로 Reading하는 기술을 말한다.

90 다음 중 현재 거래주체에 의한 비즈니스 모델 중 거래 규모가 가장 큰 전자상거래 분야는?

① B2G　② C2C　③ B2C
④ G2C　⑤ B2B

제 4 회 실전모의고사

정답 및 해설 → P.247

제1과목 유통 · 물류 일반(01~25)

01 일반적인 윤리의 기본원칙을 기업이라는 특수한 사회적 상황에 적용한 것을 기업윤리라 한다. 다음 유통기업윤리의 일반적인 설명 중에서 가장 적합하지 않은 것은?

① 선정적인 광고는 소비자의 성적인 감성을 유발시켜 광고효과를 달성하려는 방법으로 소비자의 성적본능과 감각을 자극함으로써 소비자의 주의와 시선을 집중시키는 효과는 있지만 상품의 개념에 상당한 혼란을 가져와 비윤리적이다.
② 비교 광고는 확인 될 수 있는 객관적 자료를 근거로 제시를 해야 하고, 근거가 확실한 경우에도 일부자료로 전체를 비교하는 표현을 하거나 경쟁상품을 비방하는 표현을 하는 것은 비윤리적인 행위이다.
③ 침투전략은 특별한 원가차이도 없이 같은 제품을 소비자들에게 상이한 가격으로 판매하는 행위라든지 고객을 저가로 유인한 뒤 고가품목을 구매하게 하려는 행위이지만 소비자에 실질적 이득을 줌으로 비윤리적 행위라 할 수 없다.
④ 경쟁업체와의 수평적 가격단합, 제조업자와 중간상 간의 수직적 가격담합, 그리고 경쟁업체를 시장에서 몰아내기 위해 가격을 내리는 약탈적 가격전략은 비윤리적이다. 소비자를 기만하는 가격전술은 비윤리적이다.
⑤ 가격은 구매자의 선택에 있어 중요한 결정요인으로 교환가치를 화폐로 나타낸 것이다. 기업의 가격결정과 가격경쟁은 윤리적 평가가 가장 어려운 문제이며, 다른 마케팅믹스분야와 달리 수익을 창출하는 것으로 강한 법적 규제를 받고 있다.

02 최근 유통경로에서 중시되고 있는 소비자환경에 대한 설명으로 가장 잘못 설명된 항목은?

① 현대의 소비자들은 점점 더 작고, 간단한 것에 관심을 기울이고 있기 때문에 현재의 소비성은 간단한 방법과 편리함을 선호하는 방향으로 발전하고 있다.
② 가정에서 사용하는 생활용품도 세대별로 구입하는 것으로 보아 자신만의 가치창조를 추구하는 경향이 높아지고 있다.
③ 경제성장과 산업의 발달로 인하여 소득수준이 향상되고 소비자들은 고급화 · 다양화된 상품과 서비스를 요구하고 문화, 교육, 오락, 여가활동에 대한 관심을 증가시키게 되었다.
④ 그린(green)제품 개발 등 자연친화성의 강화와 함께 소비자에게 편리성, 경제적 이득을 제공할 수 있도록 대응하는 전략이 필요하다.
⑤ 주부들의 취업으로 인하여 소득 수준이 향상되었고, 가정용기기의 발달, 출산자녀 수의 증가 등으로 가사노동이 증가되고 있다.

03 국내에는 유통관련된 다양한 기관들이 한국유통산업의 발전에 공헌하고 있다. 이런기관의 업무에 대한 설명으로 가장 옳지 않은 것은?

① 산업통상자원부는 통상교섭 및 통상교섭에 관한 총괄 · 조정, 외국인 투자, 산업기술 연구개발정책 및 에너지 · 지하자원에 관한 사무를 관장하는 대한민국의 중앙행정기관이다.
② 대한상공회의소를 중심으로 전국도시에 상공회의소가 세워져 있으며, 상공회의소법을 기반으로 상공회의소가 세워지며 일정 조건을 충족한 기업은 단체에 가입을 해야 한다.
③ 한국유통관리사협회는 유통관리사 자격증을 취득한 자격사들의 모임단체로 한국유통과 관련된 교육과 정책에 대한 건의를 수행하고, 유통관련 교육을 진행하고 있다.
④ 한국산업인력공단은 국가자격 정보와 자격증과 확인서 발급에서부터 자격취득자 정보를 전달하며, 유통관리사자격증도 이곳에서 시행을 하고 있다.
⑤ 유통물류진흥원(GS1)은 상품 및 거래처의 식별과 거래정보의 교환을 위한 국제표준 식별코드, 바코드, 전자문서의 개발 및 보급,관리를 전담하고 있는 표준기구이다.

04 유통업계는 물류비 절감을 위한 방안으로 물류기능을 외부에 맡겨 처리하는 아웃소싱을 보다 적극적으로 활용한다. 다음 중 아웃소싱의 도입으로 발생할 수 있는 장단점으로 보기 가장 어려운 것은?

① 아웃소싱을 통해 창고, 대지 및 기계 등을 처분하거나 임대함으로써 투자비용을 회수하고 물류전문업체에게는 사용한 실적만큼의 비용만을 지출함으로써 비용이 획기적으로 절감된다.
② 제조업체가 보유한 한정된 차량운행에서 오는 불편함을 해소할 수 있을 뿐만 아니라, JIT배송이 가능해질 수 있으므로 고객에 대한 배송서비스를 대폭 강화할 수 있다.
③ 소량다빈도 배송과 발주단위의 다양화 요구 등도 물류전문업체의 노하우를 통해 해결할 수 있으므로 이러한 요구를 해오는 고객층에 대한 틈새시장공략 또한 가능해진다.
④ 물류시설 및 장비를 이중으로 투자하는 데 따르는 투자위험의 회피가 가능하고, 핵심역량에 대한 집중력을 강화할 수 있다.
⑤ 고정투자비가 줄어들어 경영자원을 효율적으로 배분할 수 있는 반면 변동비의 급격한 증가로 자금흐름이 악화되어 단기적으로는 기업경쟁력이 떨어지게 된다.

05 다음 중 유통매장에서 브랜드파워를 높일 수 있는 디스플레이방법에 관한 설명으로 가장 거리가 먼 것은?

① 제품이 아무리 싸고 빈약하다고 해도 훌륭한 시설 아래 잘 전시되어 있으면 고객들의 눈에 고급품으로 보여 고객의 마음을 사로잡을 수 있도록 하는 것이 궁극적인 디스플레이의 목적이다.
② 해당그룹의 상품배치를 자사 브랜드만으로 가능하도록 제품화 하는것을 풀라인 머천다이징 (full-line merchandising)이라 하며 이를 실현하는 것이 중요하다.
③ POP을 사용하는 것이 바람직하며 이 때 POP의 넓이는 자사브랜드가 진열된 판매대 폭만큼 설치하여 자사브랜드와 경쟁브랜드의 경계를 명확하게 해 주는 것이 중요하다.
④ 자사제품이 백화점의 다양한 위치의 매장에 분산 전시되어 있다면 브랜드파워가 발휘되기 어렵다. 따라서 자사 제품을 위한 단독코너를 만들고 한곳에서 집중적으로 보여 주면 브랜드에 대한 고객의 구매력이 더욱 향상될 수 있다.
⑤ 브랜드파워강화를 위해 의류 매장 내 화장품 코너같이 전혀 다른 종류의 제품을 디스플레이 해놓고 고객들의 새로운 욕구를 자극하는 방법을 업 머천다이징(up merchandising)이라고 한다.

06 다음 중 서비스 유통경로에 대한 설명으로 옳지 않은 것은?

① 서비스는 눈에 보이지 않기 때문에 유형적인 재화와 달리 무형적인 특징을 지니며, 서비스를 생산하는 자와 제공하는 자가 이질성을 갖는다.
② 병원 의사들의 치료 행위나 학원에서의 강의 등의 서비스는 생산과 동시에 소비되는 특징을 갖는다.
③ 서비스는 무형성을 가지고 있으므로 재화나 상품과 같이 창고에 보관하거나 운송한다는 개념이 적용될 수 없는 것이 일반적이지만, 고속철도 같이 운송 그 자체를 서비스로 하는 분야에서는 유통개념이 적용된다.
④ 고객이 이용할 수 있는 구색 또는 제품의 다양성이 많아질수록 유통경로가 고객에게 제공하는 서비스의 성과가 높아지지만 유통비용도 같이 높아지는데, 이는 구색이 다양하고 많아질수록 재고가 많아지기 때문이다.
⑤ 서비스는 소멸성으로 인하여 재고관리가 어렵기 때문에 수요관리가 적합하게 이루어져야 한다.

07 카플란(Kaplan)과 노튼(Norton)이 제시한 균형성과표 (BSC : Balanced ScoreCard)의 4가지 관점으로 옳지 않은 것은?

① 재무적 관점
② 생산적 관점
③ 내부 프로세스 관점
④ 학습 및 성장 관점
⑤ 고객관점

08 소매업(retail trade, retailing)이란 상품과 서비스의 유통 말단에 위치하여 최종소비자에게 상품 및 서비스 등 주로 종합생활자의 생활용품 판매활동을 수행하는 업종으로, 소매상은 이 같은 소매업을 직접 수행하는 상인을 지칭한다. 이에 대한 설명으로 옳지 않은 것은?

① 롯데백화점　② GS25
③ 가락동 농수산물시장　④ 변호사
⑤ 파주 프리미엄 아울렛

09 유통업체의 원가절감을 목적으로 하는 아웃소싱 전략(Outsourcing Strategy)에 대한 설명으로 옳지 않은 것은?

① 아웃소싱은 자신이 수행하는 다양한 활동 중 전략적으로 중요하면서도 가장 잘 할 수 있는 분야나 핵심역량에 모든 자원을 집중시키는 전략이라 할 수 있다.
② 아웃소싱은 흔히 외주, 하청, 업무대행, 분산화, 컨설팅, 인재파견과 비슷한 개념으로 쓰이 고 있으며 이들은 모두 광의의 아웃소싱의 한 형태라고 볼 수 있다.
③ 아웃소싱과는 개념적이 차이점이 존재하며 업무의 운영과 설계, 기획을 놓고 보면 아웃소싱은 수탁자가 스스로 업무를 설계하여 운영까지 맡는 등 자율성이 있다.
④ 핵심역량에 내부자원을 집중시킴으로써 생산성을 높이고, 단순하고 반복적이며, 정형화된 업무는 외부에 맡김으로써 불필요한 자원 낭비를 막을 수 있다.
⑤ 외부의 전문능력을 활용하여 생상성증가는 높지만, 내부인력으로 불가능한 업무를 수행할 수는 없으며, 업무의 정확성과 신속성을 내부보다는 낮아지게 된다.

10 진공지대론(Vacuum Zone Theory)에 대한 설명으로 옳은 것은?

① 서비스의 양이 부가됨에 따라 상품가격이 높아짐과 동시에 소비자의 선호도도 증가하나, 어느 정도의 한계점에 도달하면 높은 가격에 대한 고객의 평가는 낮아지고 자연히 선호도도 떨어진다는 것이다.
② 소매 변천 원인을 환경적 변수에서 찾고 있는데 소매기관을 둘러싸고 있는 환경변화에 가장 효율적으로 적응할 수 있는 소매상만이 살아남아 번창한다는 자연도태설에서 추출한 이론으로, 환경에 적응하는 소매상만이 생존·발전하게 된다는 이론이다.
③ 한 소매기관이 출현하여 사라지기까지의 전 과정을 말한다. 최근에는 소비자의 욕구 다양화와 경쟁의 심화로 인해 수명주기가 점차 짧아지고 있다.
④ 소매상은 시장진입 초기에 저가격, 저마진, 저서비스의 가격소구 방식으로 소매시장에 진입하여 기존의 고가격, 고마진, 높은 서비스의 다른 소비업태와 경쟁한다는 이론이다.
⑤ 소매업태가 발전해 나가는 모습이 마치 변증법의 正(thesis), 反(antithesis), 合(synthesis)의 논리에 따라 변화가 이루어짐을 설명하려는 것이다.

11 소매 수명주기 이론(Retail Life Cycle Theory)에 대한 설명으로 잘못된 것은?

① 한 소매기관이 출현하여 사라지기까지의 전 과정을 말하는데, 최근에는 소비자의 욕구 다양화와 경쟁의 심화로 인해 수명주기가 점차 짧아지고 있다.
② 소매상은 여러 단계(도입기→성장기→성숙기→쇠퇴기)를 거쳐 발전할 수 있다는 이론이다.
③ 성장기는 소매상의 매출액과 이익률이 급속히 증가하며, 이러한 시기를 급성장기라고도 한다.
④ 성숙기기간 중에는 최대의 이익률을 달성하지만 말기로 갈수록 이익의 증가보다 비용 압박이 커져 매출액은 계속 증가하지만 이익률은 답보 상태에 들어간다.
⑤ 성숙기의 상품은 치열한 경쟁으로 인해 이익이나 매출은 급신장하지 않으나 지속적으로 소비자들이 찾는 상품이므로 상품믹스에 포함시켜야 한다.

12 유통기업이 보유하고 있는 능력과 자원을 새로운 업태 혹은 다른 업종의 사업에 투자함으로써 기존의 자원과 능력을 확장/발전시키고자 하는 성장전략을 다각화(diversification)전략 이라고 한다. 다각화전략에 대한 판단기준으로 제시되고 있는 다음의 설명들 중 올바르지 않은 것은?

① 유통경영정보시스템을 동일 기업 내의 여러 사업체가 공동으로 활용하거나 축적된 유통경영노하우 및 관리시스템 등의 기능을 서로 보완하여 활용하는 경우에도 상승효과(synergy effect)가 발생한다.
② 시너지효과와 경험/학습 효과(experience/learning effect)는 다각화보다는 유통기업이 가지고 있는 기존의 패러다임을 그대로 유지하면서 집중적인 성장을 추구하고자 할 때 특히 유용한 개념이다.
③ 유통기업이 새로운 지식과 행동패턴을 축적하거나 변화시킴으로써 전혀 새로운 조직의 기업을 형성하고자 할 때 사용하는 개념이 조직 학습(organizational learning)이다.
④ 다각화를 시도하는 이유는 기업들의 성장에 대한 욕구를 충족시키기 거나, 기존의 사업을 수행하는 과정에서 발생하는 부산물을 유용하게 활용하고자 하는 욕구 때문이다.
⑤ 점포유통업을 통해 성공한 유통기업이 소비자의 구매행태 변화에 따라 전자상거래를 위해 쇼핑몰을 구축하는 것은 환경변화에 따라 변화된 소비자욕구 및 쇼핑스타일에 반응하는 비관련 다각화의 전형적인 사례로 볼 수 있다.

13 다음 중 유통업체가 물류활동을 직접 수행하지 않고 아웃소싱 할 경우 해당유통업체가 직면할 수 있는 문제점을 가장 잘 서술한 것은?

① 물류시설 및 장비를 이중으로 투자하는 데 따르는 투자위험의 회피가 가능하고, 핵심역량에 대한 집중력을 강화할 수 있다.
② 제조업체나 외부 물류업체를 관리하여야 함으로 경영역량은 분산되나 핵심역량사업에 집중 할 수 있는 장점이 있다.
③ 핵심역량사업에 집중할 수 있는 장점이 있는 반면 고객 불만에 대하여 신속하게 대응하기가 쉽지 않다.
④ 해당 유통업체는 제 3자 물류와 관련된 추가적인 자격증이나 인력 및 시설을 확보하여야 한다.
⑤ 물류업무의 아웃소싱은 유통기업 자체물류부문에 있어서 규모의 경제를 달성할 수 없음으로 물류비용은 급격히 증대된다.

14 급격하게 변화하는 기업외부환경 즉 글로벌화, 정보 통신기술의 급격한 발달, 시장의 분열화 등에 대해 기업들은 다양한 적응도구들을 개발하고 있다. 다음 중 이러한 도구 혹은 개념에 대한 설명으로 거리가 먼 것은?

① 리엔지니어링: 팀에서 고객가치를 추구하는 과정을 관리하도록 위임하고, 또한 기능 부서들 간의 장벽을 무너뜨리려고 시도하는 것
② 벤치마킹: 기업의 성과를 향상시키기 위해 " 최상의 혹은 가장 모범적인 기업/조직"을 연구하는 것
③ 권한 위양화: 많은 아이디어를 창출하고 또한 보다 창의력을 발휘하도록 종업원들을 고무하고 권한과 책임을 하부로 위임하는 것
④ 세계화: 글로벌 시장에서 가장 수익을 많이 창출하는 사업과 고객을 결정하고 여기에 포커스를 맞추는 것
⑤ 다운사이징: 조직을 야위게 만드는 기법을 말하는 것으로, 슬림화를 통해 능률의 증진을 추구하는 것

15 유통산업발전법 규정에 의한 정한 대규모점포 등에 대한 영업시간의 제한에 대한 설명으로 옳지 않은 것은?

① 대통령은 건전한 유통질서 확립, 근로자의 건강권 및 대규모점포등과 중소유통업의 상생발전을 위하여 필요하다고 인정하는 경우에 정할 수 있다.
② 대규모점포 중 '대형마트로 등록된 대규모점포'와 준 대규모점포에 대하여 영업시간 제한을 명하거나 의무휴업일을 지정하여 의무휴업을 명할 수 있다.
③ 대형마트로 등록된 대규모점포와 준 대규모점포에 대하여 영업시간 제한은 시장 · 군수 · 구청장은 오전 0시부터 오전 10시까지의 범위에서 영업시간을 제한할 수 있다.
④ 대형마트로 등록된 대규모점포와 준 대규모점포에 대하여 의무휴업일 지정은 시장 · 군수 · 구청장은 매월 1일 이상 2일 이내의 범위에서 의무 휴업일을 지정할 수 있다.
⑤ 대규모점포와 준 대규모점포에 대하여 영업시간 제한 및 의무휴업일 지정에 필요한 사항은 해당 지방자치단체의 조례로 정한다.

16 유통기업은 인적서비스를 중심으로 고객과 접촉하므로 서비스를 실행함에 있어 리더십이 중요하다. 다음 중 리더십(Leader ship)이론에 대한 설명으로 가장 옳지 않은 것은?

① 리더십의 특성이론은 리더의 특성보다는 실제행동 측면에 관심을 두어서 리더가 나타내는 반복적인 행동패턴을 일컫는 리더십의 유형을 찾아내는 것이다.
② 자기경영 리더십은 '나는 어떤 일이든 해 낼 수 있다'고 확신하는 자기 자신에 대한 믿음, 즉 자신감에서 비롯되며 자신을 관리하는 능력과 같다.
③ 카리스마적 리더십은 리더의 특출한 성격과 능력에 의하여 추종자들이 특별히 강한 헌신과 리더와의 일체화를 이끌어 내는 리더십이다.
④ 리더십의 구체적인 내용에는 지도자의 퍼스낼리티(personality) 특징을 활동력, 결단력, 설득력, 책임감, 지적인 능력으로 보고 이를 리더십의 중심이 되게 한다.
⑤ 조직구성원들이 목적달성에 자발적 협력하도록 유도하는 작용과 기능을 말하며, 어디까지나 조직 구성원의 자발적인 협력을 자극해 나가는 특징으로 볼 수 있다.

17 메이커와 백화점의 비인기상품, 재고품, 하자상품 및 이월상품 등을 자사 명의로 대폭적인 할인가격(30~70%)으로 판매하는 초저가 판매형 소형 할인업태는?

① 아웃렛 ② 하이퍼마켓
③ 할인점 ④ 중앙 양판점
⑤ 편의점

18 기업윤리(Business Ethics)의 필요성에 대한 설명으로 옳지 않은 것은?

① 자본주의 발달과 경제영역의 확대로 경쟁이 치열해질수록 기업윤리가 더욱 필요하고 유통업에 종사하는 유통기구들도 유통윤리를 준수해야만 한다.
② 기업의 본질적 기능 면에서 이윤추구라는 경제적 기능만을 인정할 경우, 기업윤리의 개입 여지는 크게 줄어든다.
③ 산업화 초기와 달리 현대 산업사회에서는 단지 기업의 경제적 기능만을 집중적으로 부각시킴으로 인정될 수 있다.
④ 새로운 사회 속에서 기업의 본질적 목적과 기능 역할, 즉 사회적 책임론을 기업윤리강령 속에서 재조명해 볼 필요가 있다.
⑤ 기업윤리는 기업의 사회적 책임(corporate social responsibility)이라고 정의할 수도 있다.

19 물류 표준화의 필요성에 대한 설명으로 옳지 않은 것은?

① 물류 표준화는 물동량의 이동과 흐름의 증대에 대비하여 물류의 일관성 및 경제성 확보의 수단으로 기준이 필요하게 되었다.
② 물류 표준화는 자사의 물류시스템과 타사의 물류시스템이 동일 업종과 동일 지역을 중심으로 공유되는 것을 말한다.
③ 국내 물류 표준화를 국제 표준화에 연계하기 위하여 국가에 의한 표준화가 설정됨으로써 기업 규격의 선도적인 역할의 필요성이 대두되었다.
④ 각종 물류활동에 필요한 포장, 무게, 규격, 하역, 수송, 보관 등을 표준화함으로써 물류활동의 효율성이 향상된다.
⑤ 물류표준화가 파렛트풀시스템 등의 활성화에 크게 기여하였고, 운송과 보관, 하역, 포장, 정보 등과 같은 물동량의 취급 단위를 표준화 또는 규격화하여서 기준을 정하고 이용하는 것을 말한다.

20 다음은 집약적 혹은 집중적 유통(intensive distribution)의 장점을 설명한 내용으로 가장 거리가 먼 것은?

① 집중적 유통경로 전략은 희망하는 소매점이면 누구나 자사의 상품을 취급할 수 있도록 하는 것이다.
② 소비자들의 충동구매를 증가시킬 수 있으므로 매출수량 및 매출액 상승효과가 발생할 수 있다.
③ 소비자가 특정 점포 및 브랜드에 대한 애호도가 낮은 경우에 선호되며, 제품에 대한 인지도를 신속하게 높일 수 있는 장점이 있다.
④ 소비자의 구매 편의성을 증대시키기 위해 가능 한 한 많은 유통점포들이 자사제품을 취급하게 하는 전략이다.
⑤ 제조업체는 다른 유통형태에 비해 유통경로 구성원에 대한 통제가 용이하여 자사의 마케팅 전략 및 정책을 일관되게 실행할 수 있다.

21 수직적 마케팅 시스템(vertical marketing system; VMS)을 경로 구성원의 통합화된 정도가낮은 수준에서 높은 수준의 순서로 나타낸 것으로 가장 적절한 것은?

① 계약형 VMS 〈 기업형 VMS 〈 관리형 VMS
② 기업형 VMS 〈 계약형 VMS 〈 관리형 VMS
③ 계약형 VMS 〈 관리형 VMS 〈 기업형 VMS
④ 관리형 VMS 〈 계약형 VMS 〈 기업형 VMS
⑤ 기업형 VMS 〈 관리형 VMS 〈 계약형 VMS

22 기업은 비관련 사업분야로의 다각화 전략을 추구하다가 다시금 자신의 주력사업 분야로의 회귀하는 양상을 보이고 있다. 기업이 다각화 전략(Diversification Strategy)을 추진하는 이유에 대한 설명으로 가장 옳지 않은 것은 ?

① 유통기업이 보유하고 있는 능력과 자원을 새로운 업태 혹은 다른 업종의 사업에 투자함으로써 기존의 자원과 능력을 확장 또는 발전시키고자 하는 성장전략을 말한다.

② 동일 기업 내의 여러 사업체가 공동으로 활용하거나 축적된 유통경영노하우 및 관리시스템 등의 기능을 서로 보완하여 활용하는 경우에도 상승효과(synergy effect)가 발생한다.
③ 개별 사업부문의 경기순환에서 오는 위험을 분산시킬 수 있는 수단이 되기 때문이며, 기존사업의 성장이 둔화되거나 점차 쇠퇴해 감에 따라 새로운 사업분야로 진출할 필요성 대두되기 때문이다.
④ 기술 또는 브랜드와 같은 많은 무형의 경영자원을 확보하고 있는 경우, 이런 무형의 자원을 활용할 수 있는 비관련사업으로 다각화를 하는 것이 범위의 경제성을 활용하기 위해서는 수익률을 증대시킨다.
⑤ 복합기업의 출현을 촉진시키게 되는데, 복합기업화 되면 시장지배력 증가에 도움이 되기 때문이며, 기업이 다양한 사업 분야에 진출함으로써 기업 경영상의 유연성 제고와 사업의 포트폴리오를 추구하기 때문이다.

23 유통경로의 길이를 결정하는 상황에 대한 설명으로 잘 못된 것은?

① 경로구성원들이 경로활동 수행을 가능한 한 제조업자에게 연기하려고 한다면 경로길이는 짧아진다.
② 경로구성원들이 제조업자 대신 투기적 성향이 강한 경우에는 경로활동을 적극적으로 수행하게 되어 경로의 길이가 길어지는 경향이 있다.
③ 소비재의 경우에는 산업재와 달리 개별소비자의 지역적 분산, 소량의 빈번한 구매 등의 특성을 가지며 소비자는 가능한 한 최소의 재고를 유지하려고 하므로 긴 유통경로를 띄게 된다.
④ 유통경로의 길이의 결정에 있어서 거래비용이론에서는 내부화 비용이 시장거래비용보다 높아지면 유통경로의 길이를 가능한 짧게 설계하여 내부화 비용을 낮추는 것이 유리하다고 한다.
⑤ 중간상이 제조업자 보다 마케팅기능을 저렴하게 수행 할 수 있다면, 제조업자는 원가우위가 있는 제조부분만을 수행하고 나머지 마케팅기능들은 중간상에게 위임함으로서 유통경로의 길이는 길어지게 된다.

24 다음 중 재고관리와 관련된 설명으로 가장 올바르지 않는 내용은?

① 재고를 유지하기 위해서는 많은 비용이 필요하므로, 경영자들에게 재고감소에 대한 많은 노력이 요구되고 있다.
② 물류활동은 일반적으로 재고, 수송, 주문처리, 포장 및 하역 등으로 나누어지며 물류관리자는 각 물류활동과 관련된 일상적인 의사결정을 내린다.
③ 주문량과 비용과의 관계에서 단위당 주문비와 재고유지비는 주문량의 증가와 함께 상승하는 반면 재고부족비는 주문량의 증가와 함께 하락하는 것이 일반적이다.
④ 최적 재주문량에 대한 결정은 재고유지비, 주문비 및 재고부족비를 함께 고려하여 결정하며 각각의 비용항목들을 합한 총재고비용이 최소가 되는 점이 최적주문량이 된다.
⑤ 재고관리자는 고객의 수요에 대처하여 최소의 재고비용으로 적정량의 재고를 유지하는 것이 중요하다. 여기서 재고비용은 크게 재고유지비용, 재고주문비용 및 재고부족(out-of-stock)비용으로 구성된다.

25 제조업자가 유통경로를 수직적으로 통합할 경우, 제조업자와 유통업자는 다양한 이점을 누릴 수 있다. 다음 중 유통경로의 수직적 통합을 통해 얻을 수 있는 혜택으로 가장 올바르지 않은 것은?

① 상품의 적기적량을 공급하거나 확보할 수 있다.
② 생산과 유통활동을 조정함으로써 유통경로의 효율성을 높일 수 있다.
③ 제조업자가 제품의 품질 및 고객유지 등을 통제할 수 있어 일관된 서비스 제공이 가능하다.
④ 개별구성원에게 독립적인 결정권이 있기 때문에 자율적 동기부여에 의해 유연성을 높일 수 있다.
⑤ 불확실한 상황 하에서 수직적 통합은 거래 상대방에 대해 높은 수준의 통제력을 발휘할 수 있고 기회주의적인 행동을 방지할 수 있다.

제2과목 상권 분석(26~45)

26 다음은 소매입지(立地) 일반에 대한 설명이다. 이에 대한 설명으로 가장 잘못된 내용은?

① 입지는 상급지, 중급지, 하급지로 유동 고객의 동선과 주변 여건에 따라 분류할 수 있다.
② 입지는 동적이고 공간적 개념인 데 비하여, 입지 선정은 정적이고 공간적 · 시간적인 개념이다.
③ 입지는 점포가 소재하고 있는 위치적인 조건으로 일반적으로 상권의 크기, 교통망, 고객층, 점포의 지세 및 지형과 밀접한 관련을 가지고 있다.
④ 입지는 사업이 지향하는 목적에 따라 결정되어야 하는데, 일반적으로 크게 원료지향형, 수송지향형, 시장지향형 입지로 구분된다.
⑤ 입지 선정시 업종과의 부합성을 반드시 검토하여야 하는데, 일반적으로 좋은 입지라고 보는 곳도 업종과 부합되지 않으면 나쁜 입지가 된다.

27 해당지역의 잠재적인 판매규모를 잘 예측해야 적정한 수준의 매장규모를 선택할 수 있다. 다음중 지역시장에서 특정업태의 수요잠재력을 측정할 수 있는 소매포화지수(IRS)에 대해 잘못 설명한 것은?

① 소매포화지수값이 클수록 시장의 포화정도가 높아 시장의 매력도는 낮아진다.

② 지역시장의 수요는 총가구수와 가구당 특정업태에 대한 지출 금액을 곱해서 계산한다.
③ 소매포화지수는 한 시장지역 내에서 특정 소매업태의 단위면적당 잠재수요를 나타내는 수치이다.
④ 지역시장의 점포포화란 기존의 점포만으로 고객의 욕구를 충분히 충족시킬 수 있는 상태를 의미한다.
⑤ IRS는 점포가 비슷한 전통적인 슈퍼마켓 등은 적용이 가능하지만, 스포츠 용품 또는 가구점 등 전문화된 점포에 적용이 불가능하다.

28 노면 독립입지(Freestanding Sites)란 여러 업종의 점포가 한곳에 모여 있는 군집 입지와 달리, 전혀 점포가 없는 곳에 독립하여 점포를 운영하는 형태를 말한다. 이러한 노면 독립입지에 대한 가장 원론적인 설명으로 옳지 않은 것은?

① 독립지역은 다른 소매업체들과는 지리적으로 떨어진 지역을 의미하며, 통상적으로 독립지역에 위치한 소매점은 다른 소매업체들과 다양한 고객을 공유한다.
② 독립입지는 군집입지의 상반되는 개념으로 점주나 경영자는 신설점포를 기존상권에 입지할 것인가 아니면 스스로 독자적인 상권을 개발할 것인가에 대한 결정의 결과로서 신설점포의 입지를 선정하게 된다.
③ 개인이 창업을 하려면 자신에게 적합한 업종을 선정하고, 그 업종에 맞는 상권을 설정하고 입지를 선택하여야 한다.
④ 창업자가 상권을 설정할 때 독자적으로 스스로 개발할 것인가, 아니면 기존 상권을 선택할 것인가의 의사결정에 부딪히게 된다.
⑤ 노면 독립입지의 장점은 넓은 주차공간, 영업시간, 제품에 대한 규제의 완화, 고객을 위한 큰 편의성 등이 있다. 다른 소매업체들과 지리적으로 떨어진 지역을 의미한다.

29 백화점의 입지적 특징에 대한 설명내용이다. 가장 거리가 먼 것은?

① 백화점은 전통적인 중심상업지역에서 독자적으로 유동인구를 창출함으로써 고객흡인력을 가진 중요한 핵심선도업태로서의 역할을 하고 있다.
② 백화점은 전통적인 도심지 중심상업지역 뿐만 아니라 신생부도심지 중심상업지역에서도 목적점포로서의 역할을 하고 있는 핵심업태의 하나이다.
③ 쇼핑센터에는 다양하고 많은 고객(층)을 유인하기 위해 목적점포의 형태로 백화점 입점을 중요시 한다.
④ 백화점 입지선정에서는 규모면에서 대형화를 추구하므로 사람들의 접근성을 최대한 높여야 하고, 지하철, 철도역, 터미널 등 대중교통이 집결하는 곳이 좋은 입지가 된다.
⑤ 백화점을 위한 최적의 입지로는 교통진입의 편리성 및 주차공간확보가 용이한 노면독립입지를 꼽을 수 있다.

30 허프(David Huff)의 확률적 모형에 의한 상권분석방법으로 가장 옳지 않은 것은?

① 확률적 모형을 처음으로 소개한 허프모형이 가장 대표적인 방법으로 소비자의 특정 점포에 대한 효용은 점포의 크기에 비례하고 점포까지의 거리에 반비례한다고 가정하였다.
② 각 점포의 효용을 합한 값과 각 개별 점포의 효용 값을 비교하여 구매확률을 계산하게 되므로 점포선택에 대한 합리성을 확보할 수 있다.
③ 상품의 성격에 따라 Huff모형에 사용하는 모수의 크기를 변화시키는 것이 필요하다. 편의품과 선매품의 경우에는 점포크기의 모수가 거리차이의 모수보다 더 중요하다.
④ 예상매출액을 계산하고자 할 때 '그 지역의 인구수', '일인당 식료품 지출비', '전체시장을 나눈 소규모 고객집단지역 거주자의 신규점포에서의 쇼핑확률'이 필요하다.
⑤ 실제 소비자의 점포선택행동을 이용하는 반면 규범적인 모형에서는 효용함수의 모수(a, b)값이 사전에 결정된다는 차이가 있다.

31 상권분석에서 필요로 하는 예상매출액에 대한 추정의 오차를 줄이기 위해 매출액추정의 다양한방식이 활용된다. 다음 중 매출액 추정을 위한 방식이 올바르게 표현되지 않은 것은?

① 객단가를 기초로 산출하는 방식으로 매출액=고객수×객단가 혹은 매출액=내점객수×매출율×평균단가×구입개수
② 종업원 1인당 매출액을 기초로 산출하는 방식으로 매출액=종업원 1인당 매출액×종업원수
③ 상품회전율을 중심으로 산출하는 방식으로 매출액=재고금액×상품회전율
④ 평당 연간 매출액을 기초로 산출하는 방식으로 매출액=평당 연간판매액×내점객수
⑤ 신규점포의 예상매출액 산식은=특정지역의 잠재수요의 총합×특정지역으로부터 계획지로의 흡인율

32 독립입지에 적합한 업종은 특정 입지 안에 직접 경쟁하는 점포가 비교적 적은 것이다. 다음 설명 중 가장 적합하지 않은 것은?

① 통행인들에 대하여 가급적 가시성이 높은 영업이나 위치에 있어야 한다.
② 점포 경영자가 점포의 간판, 영업시간, 상품구색에 대해 결정권을 가지고 있는 영업이어야 한다.
③ 다른 업체와 비교 우위에 있는 확실한 기술력을 보유하고 있는 전문성이 있는 업종이 적합하다.
④ 다른 업체와 비교하여 뛰어난 마케팅력을 보유하고 있으며, 충분히 능력을 발휘할 자신이 있는 업종이 적합하다.
⑤ 노면 독립입지의 단점은 다른 점포와의 시너지 효과가 결여되어 있기 때문에 고객을 유인하기 위해 상품, 가격, 판촉 혹은 서비스를 특별하게 제공해야 한다.

33 다음 중 복합용도 개발(MXD) 지역에 대한 설명으로 옳지 않은 것은?

① 1972년 Gurney Breckenfeld가 처음으로 '복합용도 개발'이라는 용어를 사용하였다.
② 단위개발 프로젝트에 비해 관련 전문분야 외의 협력이 필요하다. 또한 구성요소들 간의 견고한 물리적 기능의 통합에 의한 고도의 토지 이용을 창출하기 위해 수직적 · 수평적 동선 체계의 집중적인 연결로서 긴밀하게 통합되어야 한다.
③ 주거와 상업, 업무, 문화 등 2가지 이상의 기능들을 상호 밀접하게 연관시켜 편리성과 쾌적성을 제고시킨 건물 또는 건물군의 개발을 말한다.
④ 쇼핑센터, 오피스타워, 호텔, 주상복합건물 등 하나의 복합건물에 다양한 기능을 결합시킨 것을 복합용도 개발이라 한다.
⑤ 상권을 조성하기 위한 단순한 개발방법이 아닌 상권과 함께 생활에 필요한 여러 편의시설을 복합적으로 개발하기 위한 방법이다.

34 백화점(Department store)은 통합적인 대규모 소매상으로는 가장 오래된 소매업태이다. 이러한 백화점의 입지에 대한 설명으로 적합하지 않은 것은?

① 백화점은 2차산업으로 전형적인 시장 중심형 입지 패턴을 가진 시장지향적 입지로서 입지 형태는 공업입지이다.
② 입지를 구성하는 토지는 정사각형에 가까운 직사각형으로 1변이 주요 도로에 면하고, 다른 1변 또는 2변이 상당한 폭을 가진 도로에 면하는 것이 가장 이상적이라 할 수 있다.
③ 주도로에서 오는 고객의 교통로와 상품의 입고 및 발송을 위한 교통로를 분리하여야 한다.
④ 백화점 내 매장은 매장 내의 교통체계가 정리되어야 하고, 주통로와 부통로의 유기적 관계가 중요하다. 또한 고객이 상품을 보기 쉽도록 구성해야 하며, 가능하면 장방형으로 하고 벽면을 최대한 사용하여 공간을 활용하여야 한다.
⑤ 국내 백화점의 경우 신업태의 출현과 교통체증, 주차공간의 부족 등으로 주로 도심지에 위치한 백화점에서의 구매를 기피하는 경향이 점차 발생하여 백화점 또한 도시 외곽의 부도심지로 입지를 옮기거나 지방에 지점을 여러 개 두는 다점포영업을 시도하고 있다.

35 다음 중 SPA(Speciality retailer's store of Private label Apparel; 제조소매업)의 개념에 대한 설명으로 옳지 않은 것은?

① SPA는 1986년에 미국 청바지 회사인 갭이 도입한 개념으로, 전문점(Speciality retailer)과 자사 상표(Private label), 그리고 의류(Apparel)라는 합성어로 '제조 직매형 전문점'이라 한다.
② SPA기업은 의류제조업자가 브랜드 제품의 기획과 생산 및 소매활동을 각각의 분업화로 시스템화하여 전개하는 기업을 의미하기도 한다.
③ 패션전문점의 확산과 함께 합리적인 가격의 중요성이 대두되면서 직영 또는 반직영 체제인 SPA유통망 형태의 점포가 점차 확산되고 있다.
④ 최근 가두매장의 대형화로 의류업체나 요식업 등이 종전의 프랜차이즈 시스템에서 직접 경영하는 직영점 형태로 변화를 시도하고 있다.
⑤ SPA는 기획에서부터 판매에 이르기까지 하나로 연결되어 있기 때문에, 이곳에서는 이미 판매하여 소비자들에게 검증된 상품만을 만들어 판매가 이루어진다.

36 편의점(CVS;Convenience Store)은 고객에게 다양한 편의성을 제공하고 있다. 이러한 편의점의 설명으로 잘못된 것은?

① 고객에게 편의를 제공하는 공간으로, 모든 업종의 상품을 편의성이라는 이름 아래서 통합 판매하는 유통업태이다.
② 편의점은 일반적으로 좋은 위치에 입지하여 장시간 영업을 하며 한정된 수의 품목을 취급하는 소매상으로, 1960년대와 1970년대 미국에서 급속히 발전한 업태이다.
③ 편의점의 운영은 24시간 영업, 연중무휴, 주거지 근처에 위치, 식료품이나 일용잡화를 취급하며, 간혹 독자적으로 개발된 자체 상표로 다양성을 추구한다.
④ 편의점의 상품구색의 편의성이 우위를 잃어버리거나 소홀히 할 경우에도 여전히 편의점이며 다른 업태에 비해 강한 경쟁력을 보유하고 있다.
⑤ 편의점은 소비자들의 접근이 용이한 주택가에 위치해서 24시간 영업하며 주로 생활필수품을 취급하는 소매점의 한 형태이다.

37 생활용품 전문점은 주로 일상적인 가정생활에서 사용하는 다기 · 다양한 상품들로서 무수히 많은 종류로 나눌 수 있다. 이러한 업종별 입지 위치에 대한 설명으로 가장 옳지 않은 것은?

① 액세서리 전문점의 위치는 주로 10대 후반에서 20대 후반의 연령대에서 여성들이 주 고객이므로, 여학교나 번화하고 유동인구가 많고, 접근성이 용이한 지역으로 입지를 선정하는 것이 중요하다.
② 가방 전문점의 위치는 대부분의 수요층이 특정되어 있으므로 중 · 고등학교나 대학교 인접지역과 유동인구가 많은 환승지역이나 대로변에 입지하는 것이 적합하다.
③ 문구점의 위치는 문구를 사용하는 계층이 특정되어 있기 때문에, 학교 앞이나 사무실이 밀집된 지역에 입지를 선정한다.
④ 고깃집의 위치는 주로 가족들이나 단체로 오는 손님들을 대상으로 하기 때문에, 일반음식점과 마찬가지로 좁은 지역에 입지하는 것이 유리하며 주차시설은 중요하지 않다.
⑤ 편의품은 소비자가 구매하고자 하는 제품은 상표에 대한 충성도가 거의 없는 일반적 제품이 많아 가격과 서비스품질이 상대적으로 뛰어난 점포를 찾아 이용하는 경우도 있지만 가까운 거리에 있는 점포도 많이 이용한다.

38 다음 중 입지(location)에 대한 설명으로 가장 옳지 않은 것은?

① 소매업에서 가장 중요한 것이 입지이고, 다음으로 중요한 것도 입지이며, 그 다음도 입지라는 격언이 있듯이 입지는 사업의 성패를 가르는 가장 중요한 요인이라고 볼수 있다.
② 입지는 정적이고 공간적인 개념인 데 비하여, 입지 선정은 동적이고 공간적 · 시간적인 개념이며, 고객의 동선과 주변 여건에 따라 상급지, 중급지, 하급지로 분류할 수 있다.
③ 입지를 선정하고 영업을 시작하는 전략은 장기적이고 고정적인 성격을 가지고 있으며, 소매업에서 가장 성공적인 도심 입지는 그 지역에 많은 거주민들이 거주하는 지역이다.
④ 한 시기의 좋았던 장소라도 시간이 흐름에 따라 나빠질 수 있고, 나빴던 장소도 상황이나 시간의 흐름에 따라 다시 좋아질 수 있지만, 입지의 효용은 고정적인 것이 특징이다.
⑤ 입지선택에 대한 의사결정에 있어서 가장 중요한 판단 기준은 투입비용과 성과와의 관계를 비교분석하여 가장 경제적 · 효율적인 대안을 찾아내는 것이다.

39 다음에 나열된 점포들 중에서 목적점포(destination stores)에 해당하는 점포들을 모두 골라 놓은 것은?

가. 특정 상권 안에서 일반적인 가격으로 식품을 판매하는 대형 할인점
나. 특정 상권 안에서 뚱뚱한 사람들에게 맞는 청바지를 파는 유일한 점포
다. 수많은 종류의 컴퓨터 부품을 판매하는 카테고리 킬러

① 가 ② 나, 다
③ 가, 나, ④ 가, 다
⑤ 가, 나, 다

40 하버드 비즈니스 스쿨의 애플바움(W. Apple baum)교수가 개발한 유추법에 대한 설명으로 가장 올바르지 않은 것은?

① 유추법은 소비자와의 면접이나 실사를 통하여 유사점포의 상권범위를 추정한 결과를 이용하여 신규점포의 예상매출액을 추정한다.
② 어떠한 대상을 선택했는지에 따라 결과가 다르게 나올 수 있기 때문에 결과의 활용이 제한될 수 있다.
③ 분석하고자 하는 점포와 특성이 유사한 점포를 선정하여 분석함으로써 분석의 용이성을 높인다.
④ 다른 점포에서 얻은 정보를 이용하여 신규점포에 대한 예측과 벤치마킹 자료로도 활용할 수 있다.
⑤ 대상 지역의 질적 자료보다는 양적자료를 사용하도록 유도함으로써 결과의 객관성을 유지할 수 있다.

41 일반적으로 소비자가 특정 소매점포에서 구매할 가능성은 점포의 매장면적이 커질수록 높아지고(비례), 점포까지의 거리가 멀수록 낮아진다고 한다(반비례). 형준이 사는 지역에는 A, B, C 세 개의 쇼핑센터가 있다. 형준이네 집에서 A, B, C쇼핑센터까지는 각각 1km, 2km, 2km 떨어져 있고, 쇼핑센터의 매장면적은 각각 1,000m², 2,000m², 4,000m²이다. Huff의 모형을 고려한다면 형준이 10,000원의 금액을 소비한다고 할 때 다음 설명 중 가장 올바른 것은? (단, 면적과 거리의 모수는 절대값으로 각 1의 값을 가진다)

① B쇼핑센터에서의 지출금액은 10,000원의 1/5가 된다.
② 각 쇼핑센터 중 C쇼핑센터에서의 지출금액이 가장 크다.
③ A쇼핑센터에서의 지출금액과 C쇼핑센터에서의 지출금액은 동일하다.
④ A쇼핑센터에서의 지출금액은 B쇼핑센터에서의 지출금액보다 두 배 크다.
⑤ B쇼핑센터에서의 지출금액과 C쇼핑센터에서의 지출금액은 서로 무차별적이다.

42 미국 UCLA대학 경제학교수인 HUFF박사가 1963년 제창한 Huff 모형은 점포선택과 상권의 크기를 예측할 때 많이 사용되어온 방법이다. 다음 Huff 모형을 설명한 내용 중 올바르지 않은 것은?

① 소비자가 이용하고자 하는 점포의 선택은 점포의 크기와 거리에 의해 결정된다.
② 여러 점포를 선택할 수 있는 상황에서 특정 점포를 선택할 가능성을 계산한다.
③ 점포의 크기와 거리에 대한 고객 민감도(중요도)를 반영할 수 있다.
④ 점포의 위치가 가깝거나 점포의 규모가 소규모인 경우에 고객이 항상 선호하게 된다.
⑤ 거주지에서 점포까지의 교통시간을 이용하여 상권을 분석한 모델은 허프의 확률모델이다.

43 다음 중 중심상업지역(central business districts)의 설명으로 옳은 것은?

① 중심상업지역은 대도시를 제외한 중소도시의 도심상업지역을 말한다.
② 복잡한 상업 활동으로 인해 도심입지 지역은 많은 사람을 유인하기 곤란하다.
③ 중심상업지역은 도보 통행량도 많고, 대중교통의 중심지역이며, 사람들은 직장에 가기 위해서도 중심상업지역에 가야 한다.
④ 소매업체에게 가장 성공적인 중심상업지역은 그 지역에 많은 주민이 거주하기 보다는 주민이 적게 거주하더라도 안락한 지역이 유리하다.
⑤ 중심 상업지역은 일반적으로 계획성에 의하여 조성되므로 보다 체계적인 입지구조를 가지게 된다.

44 입지는 정적이고 공간적 개념이지만, 입지 선정은 동적이고 공간적 · 시간적 개념이다. 다음 중 입지선정의 중요성으로 옳지 않은 것은?

① 입지 선정의 과정은 입지 주체가 더 유리한 이용을 하려는 입지 경쟁과정이다.
② 입지 선정이 잘못되면 경영관리상 노력의 낭비를 가져와 사업의 실패를 초래하게 되므로, 입지는 사업의 성패를 결정하는 중요한 변수로 작용하게 되었다.
③ 입지 선정에는 입지 조사를 해야 하는데, 도시 입지와 자연환경 조사, 토지이용 조사, 인구 및 가구 조사, 도시 내부구조 조사, 도시권역 조사, 도시기능 조사 등의 입지를 조사하여야 한다.
④ 점포의 입지 조건을 분석하여 입지의 좋고 나쁨을 가려야 한다. 동일한 상권 내에서도 장소가 좋으면 상권의 범위가 좁고, 장소가 나쁘면 상권의 범위가 넓다는 특징이 있다.
⑤ 입지 위치에 따라서는 엄청난 매출과 이익이 보장되므로, 점포의 위치는 사업 성공의 여부를 결정짓는 중요한 요인이 되고 있다.

45 용도별 입지 이론에서 구매 관행에 따른 분류에 대한 설명으로 옳지 않은 것은?

① 편의품점은 일반인들이 언제 어디서든 시간과 장소에 제약없이 쉽게 구매할 수 있는 생활필수품을 판매하는 점포로, 주로 저차원 중심지에 입지한다.
② 편의품점은 보통 도보로 10분에서 20분 내에 도착할 수 있는 곳에 입지해야 하며, 주로 통행이 많은 길목에 위치하거나, 주택가에 위치하는 것이 유리하다.
③ 선매품점은 고객이 상품의 가격, 스타일 등 여러 상품과 비교하여 최종 구매를 결정하는 상품을 말한다.
④ 전문품점에서 파는 상품은 성격상 집심성 · 집재성 점포에 속하고, 위치는 중차원 또는 고차원 중심지에 입지한다.
⑤ 편의품점은 소비자들의 접근이 용이한 주택가에 위치해서 24시간 영업하며 주로 생활필수품을 취급하는 소매점의 한 형태이다.

제3과목 유통 마케팅(46~70)

46 고객과의 접촉정도와 고객화(customization)그리고 노동집약 형태에 의해 분류되는 서비스 매트릭스에 대한 다음의 설명 중에서 옳은 항목만으로 구성된 것은?

A. 서비스공장(service factory)은 고객과의 접촉정도와 노동집약도의 정도가 모두 낮은 서비스 조직으로 항공사, 호텔 등이 포함된다.
B. 서비스 숍(service shop)은 고객화 정도가 높고, 노동집약도는 낮은 서비스 조직으로 서비스공급의 스케쥴링(scheduling), 비수기와 성수기의 수요관리 등에 의사결정의 중점을 두어야 한다.
C. 전문서비스(professional service)는 고객화의 정도와 노동집약도가 모두 높은 서비스 조직으로 병원, 자동차 수리소 등이 포함된다.
D. 노동집약도가 높은 서비스 조직에서는 인력자원에 대한 교육, 훈련과 종업원 복지 등에 대한 의사결정의 중점을 두어야 한다.
E. 고객과의 접촉 및 고객화 정도가 높은 서비스 조직에서는 마케팅, 서비스표준화, 서비스시설 등에 의사결정의 중점을 두어야 한다.

① A, B, D ② B, C, E ③ A, B, E
④ A, C, D ⑤ C, D, E

47 다음은 고객서비스 욕구의 파악과 주요 고객서비스 요소의 결정과 관련된 설명이다. 아래 설명내용에 가장 적합한 것은?

고객서비스의 구성요소들이 파악되고 나면 다음 단계로 고객에게 가장 중요한 요소들을 결정하게 된다. 고객서비스 구성요소의 상대적 중요도는 간단한 설문조사나 고객서비스 서베이를 통해 측정할 수 있다.
고객서비스 구성요소간의 상대적 중요도를 발견하는데 유용한 방법의 하나로 이 기법을 들 수 있는데, 이 기법은 고객서비스 요소들을 다르게 결합한 여러 대안에 대한 평가과정에서 자신이 가장 중요하게 생각하는 고객서비스 요소를 얻기 위해 다른 부분을 얼마만큼 포기할 수 있는지를 알 수 있게 한다.

① 체크리스트방법
② 효율적 소비자반응시스템
③ 거래비용이론을 이용한 분석기법
④ 기능분석(Function Analysis)기법
⑤ 트레이드 오프(trade-off) 분석기법

48 엔드 매대(end cap)에 대한 아래의 설명 중에서 가장 옳지 않은 것은?

① 통로 맨 끝에 배치된 매대를 말한다.
② 주로 충동구매상품을 엔드 매대에 많이 배치한다.
③ 소매점에서는 특별 판촉제품들을 엔드 매대에 배치하는 경우가 많다.
④ 고객의 관심을 끌기 위해 설치하는 특선품 구역(feature area)으로 간주된다.
⑤ 대개 엔드 매대에 배치된 상품은 매출이 떨어지므로 벤더들은 자신의 상품이 이곳에 배치되는 것을 꺼린다.

49 점포관리자가 종업원의 생산성을 향상시키기 위하여 사용할 수 있는 방법의 하나로 "종업원들에게 적절한 보상을 해주는 것"을 들 수 있다. 종업원들이 직장으로부터 받을 수 있는 보상은 두 가지 종류 즉 외재적 보상(extrinsic rewards)과 내재적 보상(intrinsic rewards)으로 나누어진다. 다음 중 내재적 보상에 해당하는 것은?

① 대리에서 과장으로 승진
② 현금보너스 혹은 보너스휴가
③ 매장에서 판매되는 상품에 대한 할인혜택
④ 직무의 확장이나 다양화로 발생할 수 있는 직무충실화
⑤ 승진을 위한 전제조건의 하나인 경영(관리)자 연수프로그램 참가기회 제공

50 다음 중 손익분기점분석(the break-even point analysis)에 관한 설명으로 가장 거리가 먼 내용은?

① 손익분기점분석은 손익분기점을 파악하기 위해 비용 및 매출액 수준과 이익 사이의 관계를 분석하는 기법으로 총수익과 총비용이 일치하게 되는 판매수량 혹은 매출액을 의미한다.
② 경영자가 손익분기점분석을 통해 어떤 특정가격과 원가구조하에서 기업이 얼마를 판매해야만 손익이 분기되는가를 예측하는 방법 또는 판매액이 손익분기가 되는데 얼마나 시간이 소요되는가의 관점에서 예측할 수 있다.
③ 손익분기점분석은 유동자산에 대한 투자의 적정성을 파악하는 기법으로서 금융권에서 기업대출을 위한 신용도(위험도)를 심사(평가)할 경우 판단기준을 제공해 주는 분석도구의 하나이다.
④ 손익분기점분석은 기본적으로 단기적이고 정태적인 분석수단이라는 한계를 가지고 있음에도 불구하고 동태적인 분석을 위한 기초자료로서의 중요성을 간과할 수 없다.
⑤ 특정가격과 원가구조 하에서 기업이 얼마나 판매해야만 손익이 분기되는가를 예측하는 방법 또는 판매액이 손익분기가 되는데 얼마나 시간이 소요되는가의 관점에서 예측할 수 있다.

51 기업이 미래의 바람직한 매출액과 현재의 매출액사이의 갭을 줄여나가거나, 궁극적으로 기업목표를 보다 최적으로 달성하기 위한 전략과 관련된 설명이다. 올바르지 않은 것은?

① 기업이 현 사업 내에서 성장할 수 있는 추가적 기회를 확인하고 실천하고자 노력하는 것을 집중적 성장(기회)라고 한다.
② 기업이 현사업과 관련되는 사업을 시작하거나 획득할 수 있는 기회를 확인하는 것을 통합적 성장(기회)라고 한다.
③ 현재의 사업분야와는 전혀 관계가 없는 다른 사업분야에서 좋은 기회를 발견하고 확인할 수 있을 때 다각화 성장(기회)라고 하며, 이는 3가지 형태, 즉 집중적 다각화 전략, 수평적 다각화 전략 및 복합적 다각화 전략으로 세분화된다.
④ 그 사업이 속한 산업 내에서 후방이나 전방 또는 수평적으로 통합함으로써 사업의 판매와 수익을 증가시킬 수 있는 기회를 집중적 성장(기회)라고 한다.
⑤ 후방 통합은 제조 과정의 후방에게 도움을 주는 원재료 공급업체나 기타의 사업 부문으로 확장하는 것을 말한다.

52 소비자의 구매동기를 크게 '부정적인 상태를 제거하려는 동기' 와 '긍정적인 상태를 추구하려는 동기' 로 구분할 경우, '부정적인 상태를 제거하려는 동기'에 해당되지 않는 것은?

① 현재 사용하고 있는 제품(브랜드)의 문제점으로 인해 보다 나은 것을 사용하고자 하는 욕구
② 현재 사용하는 제품(브랜드)이 소비되어 고갈되지 않도록 추가 구매하여 재고를 유지
③ 당면한 문제를 해결해 줄 수 있는 제품(브랜드)의 탐색
④ 해당 제품(브랜드)을 구매하고 사용함으로써 자긍심을 느끼고 싶은 욕구
⑤ 미래에 발생할 문제를 피하는데 도움이 되는 제품 (브랜드)의 탐색

53 다음 중 점포의 내부환경(environment)중 오감(五感)적 요소에대한 설명으로 가장 옳지 않은 것은?

① 고객을 위해 조성한 물리적 환경과 구매 분위기에 따라 만들어지는 심리적 효과를 위한 것으로 구매자의 시각, 청각, 후각, 미각, 촉각(감각반응)에 호소하는 것이다.
② 조명과 함께 음악이나 사진, 미술품 등의 소품들도 점포 분위기를 좌우하는 중요한 요소이며, 고객이 점포 내를 두루두루 살펴볼 수 있도록 레이아웃을 잡아야 한다.
③ 청각을 이용해 고객의 관심을 유도하려면 음악을 이용하고, 음악에 따라 고객층이 구분되고 매출에 영향이 있기에 점포에서 다루는 상품 및 고객의 취향에 알맞아야 한다.
④ 시각적으로는 좋은 냄새로 구매를 촉진시키는 경우를 말하며, 음식 향수 꽃을 이용하거나, 그 점포만의 독특함을 가지고 고객이 입점할 때마다 향을 뿌리는 방법이 있다.
⑤ 촉각은 고객이 만져 보거나 집어드는 단계로 거의 판매단계에 도달한 경우이므로, 매장에서는 고객이 만져보거나, 판매원은 고객이 상품과 접촉하도록 유도해야 한다.

54 서비스업체들의 포지셔닝 전략과 그에 따른 내용으로 옳지 않은 것은?

① 서비스용도 : A헬스클럽은 다이어트 여성 고객을 대상으로 '여성 전용 다이어트 전문클럽'으로 포지셔닝함
② 신뢰성 : B택배업체는 '반드시 24시간이내 배달'로 포지셔닝함
③ 확신성 : C대학병원은 '우리 병원에 여러분의 건강을 맡기십시요'라고 포지셔닝함
④ 서비스 속성 : D커피는 '이탈리안 커피하면 D커피'라고 포지셔닝함
⑤ 서비스 경쟁자 : E피자는 '정통 수제 화덕 피자 레스토랑'이라고 포지셔닝함

55 판매촉진수단에 관한 다음의 설명 중 가장 적합하지 않은 것은?

① 신제품을 소개하거나 기존제품에 새로운 자극을 만들어 내는데 매우 효과적인 반면 비용 또한 많이 드는 방법으로 샘플링을 들 수 있다.
② 한 유통매장이 특정한 날 매출을 끌어올리기 위해 모바일 메신저 시스템을 이용하여 직접 고객의 핸드폰으로 텍스트 메시지 쿠폰을 발행할 수 있다.
③ 광고공제(advertising allowances)란, 소매기업이 자신의 광고물에 어떤 상품을 광고해주는 대가로 해당 제조기업이 상품 구매가격의 일정 비율을 공제해 주는 것을 말한다.
④ 현금 환불(cash refunds) 혹은 리베이트(rebates)는 제품의 정상가격에서 할인을 제공하는 것이며 고객이 구매하는 장소에서 곧 바로 가격할인이 제공된다는 장점이 있다.
⑤ 홍보는 광고주가 대금을 지불하면서 라디오, 언론 매체를 통하여 제품이나 서비스 또는 기업체에 관하여 상업적으로 의미 있는 정보를 제공하는 것을 말한다.

56 다음 중 산업의 경쟁적 구조에 대한 상황별 설명이 옳지 않은 것은?

① 완전경쟁은 판매자들과 구매자들이 다수이고, 동종의 상품들이 많고, 시장활동에 최소한의 제약이 있을 때를 말한다.
② 독점은 하나의 판매자가 해당시장의 전체를 지배하는 것이다.
③ 과점은 매우 높은 상품 차별화가 이루어지며, 시장에 있는 기업의수가 비교적 많기 때문에 경쟁행동은 상호의존성이 눈에 띌 정도로 현저한 것이 특징이다.
④ 독점적경쟁은 여러 기업들이 경쟁자의 상품과 몇 가지 면에서 차별화된 상품을 파는 것이다. 상품들은 독자적인 외양, 상표, 포장방법 등으로 차별화 되어진다.
⑤ 불완전경쟁은 완전경쟁도 독점도 아닌 상태로 생산물의 차별화를 수반하는 독점적 경쟁의 경우와 과점의 경우가 있다. 현실의 경제계는 대부분 불완전경쟁의 상태에 있다.

57 점포 레이아웃(store layout)에 대한 설명으로 가장 옳은 것은?

① 매장과 비매장, 통로, 집기(什器), 디스플레이 도구와 진열장, 상품 등과 건물의 고정 시설들이 서로 적절한 관련성을 갖도록 정리 정돈하는 것을 말한다.
② 주로 규모가 작은 전문점 매장이나 여러 개의 작은 전문점 매장이 모여 있는 다형점포에서 채택하는 레이아웃 방식이 격자형(grid−type)배치이다.
③ 전반적으로 제품을 진열하는 매장 공간, 고객서비스 공간, 창고 등과 같은 점포의 주요 기능공간의 규모와 위치를 간략하게 보여주는 것을 블록(block)계획이라 말한다.
④ 구성부문의 실제 규모와 형태까지 세부적으로 결정하며, 고객서비스 공간, 창고 공간, 기능적 공간의 기능적 필요나 크기에 따라 배치하는 것을 버블(bubble)계획이라 한다.
⑤ 기둥이 많고 기둥 간격이 좁은상황 아래에서도 설비비용을 절감할 수 있으며, 통로폭이 동일하기 때문에 건물전체 필요 면적이 최소화되는 것이 자유형(free−form)배치이다.

58 성공적인 광고컨셉에서 주의해야 할 사항으로 올바르지 않은 내용은?

① 표적고객에 알맞는 광고수단(매체)을 선택하여 광고를 실시함으로써 비용을 최대한 줄일 수 있다.
② 가격차별화정책에 알맞은 광고커뮤니케이션을 위한 전제조건으로 시장세분화와 목표고객그룹선정은 필수적이다.
③ 비교광고를 통해 경쟁제품에 대한 부정적인 인식을 강하게 만들어야 한다.
④ 광고에이전트를 활용하는 것은 효율성 측면 즉 투입비용대비 성과 면에서 유리할 수 있다.
⑤ 효과적인 광고를 하기 위해서는 대중에 대한 지식은 물론 매체의 요령있는 사용에 바탕을 두고 광고를 제작 · 게재해야 한다.

59 가격결정과 관련된 설명내용이다. 올바르지 않은 것은?

① 고객의 제품가치 지각은 가격의 상한선을 결정에 한하며 만약 제품의 가격이 고객이 평가하는 제품가치보다 더 높게 책정되면 그 제품은 구매가 이루어 지지 않을 것이다.
② 가치에 기반한 가격결정(value based pricing)에서는 판매자의 원가보다 구매자의 가치지각을 더욱 중요시 한다.
③ 가치기반가격결정 중 하나로 우수한 가치를 반영한 가격결정(good value pricing)을 들 수 있으며 이는 적정수준의 가격에서 좋은 품질과 서비스를 잘 결합시켜 제공하는 것이다.
④ 가치기반가격결정의 또 다른 하나로 부가가치 가격결정(value added pricing)을 들 수 있으며 이러한 가격전략의 대표적인 사례가 EDLP(everyday low pricing)이다.
⑤ 고객의 가치에 기초하여 가격을 결정하는 것으로 구매자의 가치기반을 중심으로 고객중심에서 출발을 하는 것이다.

60 서비스업종의 매출액을 추정하기 위한 아래의 공식에서 (a)에 적합한 것은?

> 매출액 = 좌석 수×좌석점유율×(a)×객 단가×영업일수

① 내점율 ② 실구매율 ③ 회전율
④ 매출실현율 ⑤ 수익율

61 매매교섭과정에 있어서 협상자들은 다양한 전술을 사용한다. 다음 중 전통적인 매매교섭 전술내용과 가장 거리가 먼 것은?

① 상대방이 우리 움직임을 예상 못하게 하며, 전술의 극적인 변화로 상대방을 놀라게 하여 상대방의 균형을 깨뜨려야 한다.
② 상대방과 신뢰할 수 있도록 합의하고, 거래조건에 서명하게 될 때에는 결정권이 없다고 해야 한다.
③ 시작할 때에는 우선 조건을 크게 제시하고 많은 요구를 해야 한다.
④ 같은 시간에 협상한다는 사실을 모든 경쟁자들이 알 수 없게 하며 공개적으로 경쟁을 붙이는 것은 최대한 피한다.
⑤ 상대방과의 거래는 기본적으로 신뢰를 바탕으로 하기 때문에 비용적인 것 이외의 것도 고려해야한다.

62 품질수준이 비슷한 티셔츠 중에서 어느 특정 브랜드는 몇 배 이상의 비싼 가격을 책정함에도 불구하고 성공적으로 판매가 되고 있는 현상을 볼 수 있다. 이와 같은 가격결정방법을 "수요중심 가격결정방법"이라고 한다. 이 경우 소비자의 가격탄력성에 영향을 미치는 어떤 효과를 주로 활용한 사례로 볼 수 있는가?

① 상황효과(situation effect)
② 수요 효과(demand effect)
③ 편익/가격 효과(benefits/price effect)
④ 대체 인식 효과(substitute awareness effect)
⑤ 난이한 비교 효과(difficult comparison effect)

63 소비용품은 편의품(convenience goods), 선매품(shopping goods), 전문품(speciality goods)으로 구분을 하는데 이러한 구분에 대한 설명으로 가장 옳지 않은 것은?

① 편의품은 값이 비싸지 않고 최소의 구매 노력으로 구매가 가능한 품목으로 자기 집 근처이거나 매일 출퇴근할 때의 길목, 자주다니는 길가의 상점은 구매하기에 편리한 장소가 되는 것이다.
② 소매상의 입장에서는 편의품은 수요가 규칙적이고 계속적인 상품이며 상용(on hand)으로 사 갈 수 있도록 상품을 보유해야 하고 고객에게 편리한 서비스를 제공해야 하며, 훌륭한 진열을 해야 한다.
③ 선매품은 고객이 여러 점포를 돌아다니며 상품의 가격, 특징, 신뢰성, 색채, 디자인 등을 비교하여 선택 구매하는 경향이 있고, 보통 금액의 지출을 충분히 고려하고 구매횟수는 적은 편이다.
④ 선매품은 구매자는 충분한 노력과 시간을 들여서 비교를 하기 위해 그 상품을 판매한 상점이 집결해 있는 상점가에까지 가기를 좋아하며 여러 곳을 돌아다니는 것까지도 감수한다.
⑤ 전문품은 소비자가 상품 구매에 있어 그 상품에 대한 상당한 지식을 보유하고 있으며 상품에 대한 선호도가 강하고, 특히 전문가다운 판매원의 조언과 지도가 판매에 많은 영향이 있다.

64 고객이 상품을 선택하는 데 도움을 줄 수 있는 POP광고에 대한 설명으로 가장 옳지 않은 것은?

① 고객의 시선을 순간적으로 멈추게 할 수 있어야 하며, 더 나아가 충동구매 욕구를 자극하고 구매가 실행될 수 있도록 유도하여야 하고, 상품이나 점포에 대한 홍보 역할을 수행한다.
② 대면서비스 판매를 중심으로 한 판매 방식이 채용되어 주로 슈퍼마켓, 양판점, 할인점에 대한 지원 활동의 일환으로서 제조업자나 도매상이 자신의 대량 광고를 판매시점에 접목시킬 목적으로 작성하여 소매점에 배포하기 시작하였다.
③ 문학적인 표현보다는 단적으로 상품의 특징을 꼬집어서 표현하는 짧은 말로서 충동구매로 유도하는 데 도움이 되어야 하며, 고객에 자극적이면서도 신선한 표현이 환영 받는다.
④ 문장은 될 수 있는 대로 옆(가로)으로 쓰는 것이 효과적이며, 윤곽을 뚜렷이 해줌으로써 지면이 정리되는 경우가 일반적이지만, 지나치게 뚜렷하면 역효과를 내며, 반드시 윤곽을 그려야 하는 것은 아니다.
⑤ 글씨 쓰기나 글자의 배치로서 글자를 잘 쓰고 못 쓰는 것은 호소력에 큰 영향이 있는데, 잘 쓰여진 글자는 읽기 쉽고, 이해하기 쉬우며, 아울러 상품의 품격마저도 향상시키는 역할을 하지만, 서툰 글씨는 상품의 품격을 저하시킨다

65 다양한 상품을 취급하고 있는 특정 매장의 경영자가 월 매출총액을 파악하고자 한다. 다음에 주어진 항목 중 월 매출액을 파악하는 것과 가장 관련이 없는 것은?

① 품목별 매출수량 ② 품목별 가격과 수량의 곱
③ 품목별 판매가격 ④ 품목별 매출액
⑤ 품목별 고객 1인당 구매액

66 다음은 마케팅 발전단계의 흐름을 "저조 – 양호 – 탁월함"의 관점에서 정리한 내용들이다. 발전단계를 올바르게 표현하지 못한 것은?

① 계층적 – 네트워크 – 팀워크

② 기능 지향적- 과정 지향적- 결과 지향적
③ 판매상 탐색 - 판매상 지원 - 판매업자와 동반자
④ 경쟁사 벤치마킹 - 경쟁사를 앞지름 - 경쟁사에 대응
⑤ 주주이해 추구적 - 이해관계자 추구적 - 사회지향 추구적

67 공급업체와 유통업체가 장기적 협력관계를 구축하려고 할 경우, 공급업체가 유통업체를 평가하는 기준을 모두 고르면?

> ㉠ 경제성 : 유통업체의 판매액, 비용, 수익성 등
> ㉡ 통제성 : 공급업체의 상품에 대한 유통업체의 마케팅 전략을 조정할 수 있는 정도
> ㉢ 적응성 : 환경변화에 적응하여 유통업체와의 관계를 유연하게 조정할 수 있는 정도

① ㉠
② ㉠, ㉡
③ ㉠, ㉢
④ ㉡, ㉢
⑤ ㉠, ㉡, ㉢

68 마케팅 컨트롤은 전체적인 내용이 복잡하므로 마케팅 환경감사, 마케팅 전략감사, 마케팅 조직감사, 마케팅 시스템감사, 마케팅 생산성 감사 및 마케팅 기능감사로 분류하여 실행하는 것이 바람직하다. 다음 중 마케팅 기능적(정책적) 감사내용과 가장 거리가 먼 것은?

① 자사와 경쟁사의 제품품질, 특성, 스타일, 상표명 등에 대한 구매자들의 태도와 그들의 지식정도는?
② 제품별, 시장별, 지역별 및 유통경로별 수익성을 정기적으로 분석하고 있는가?
③ 판매촉진예산은 적정하며, 견본, 쿠폰, 전시, 판매시연과 같은 판매촉진도구가 효과적으로 사용되고 있는가?
④ 유통경로 구성원, 즉 유통업자, 제조업체의 대리인 등은 어느 정도 효율적인가?
⑤ 제품, 가격, 유통, 판촉, 판매원들에 관한 항목을 조사하는 것이 마케팅 기능 감사인가?

69 유통업체에서는 제품에 대한 전략으로서 제품포트폴리오 전략(PPM 또는 BCG)기법을 이용하여 분석하고 전략을 개발하는 경우가 많다. 다음 중 PPM(또는 BCG) 매트릭스(matrix)에 대한 설명으로 가장 바르지 않은 것은?

① 기업이 취급하고 있는 사업을 전략적 사업단위로 파악하여 성장/포기 등의 전략결정에 유용하다.
② BCG 매트릭스는 해당제품의 시장성장률과 상대적 시장 점유율을 토대로 작성하게 된다.
③ BCG 매트릭스에서 별(star)에 해당하는 제품은 지속적인 투자전략을 구사할 것을 의미한다.
④ BCG 매트릭스에서 의문부호(question mark)에 해당하는 제품은 미래성장성의 불확실한 제품을 의미하며 우선적으로 관망 혹은 포기하는 전략을 선택하는 것이 최적이다.
⑤ BCG 매트릭스에서는 기업이 취급하고 있는 사업을 전략적 사업단위로 파악하여 성장/포기 등의 전략결정에 유용하다.

70 다음 중에서 시장세분화에 대한 설명으로 가장 거리가 먼 것은?

① 시장을 특정 기준에 따라 분류한 후 이들 중 하나 혹은 몇몇 시장을 표적으로 삼아 공략하기 위한 작업과정의 일부분을 의미한다.
② 고객의 욕구와 선호 면에서 동질성과 이질성이라는 개념들을 사용하여 고객그룹을 분류한 후 차별화된 구매집단을 발견하고 규명하는 작업이다.
③ 마케팅의 다양한 의사결정 내용 중 특히 정책적 의사결정의 핵심내용인 4P를 구성하는 중요 요소의 하나이다.
④ 마케팅 관점에서 보면 개별세분시장에 알 맞는 제품과 마케팅 프로그램을 개발, 실행할 수 있을 경우에만 시장 세분화의 의의가 존재한다.
⑤ 전체 시장을 기업이 제공하는 마케팅 믹스에 대하여 유사한 반응을 할 것으로 추정되는 동질적 고객집단으로 나누는 과정이다.

제4과목 유통 정보(71~90)

71 다음 중 물류정보시스템에 관한 다음 설명 중 적절하지 않은 것은?

① GIS(geographic information system)는 무선통신을 이용하여 이동체의 위치 및 상태를 실시간으로 파악 또는 관리하는 시스템이다.
② TRS(trunked radio system)는 중계국에 할당된 다수의 주파수채널을 사용자들이 공유하며 사용하는 무선통신 서비스이다.
③ LBS(location based service)는 GPS칩을 내장한 휴대폰이나 PDA단말기 이동체의 위치를 무선통신으로 위치확인 서버에 제공하면 모든 이동체의 현황을 실시간으로 검색하는데 사용될 수 있다.
④ ITS(intelligent transport system)는 도로와 차량 등 기존 교통의 구성요소에 첨단의 전자, 정보, 통신기술을 적용시켜 교통시설을 효율적으로 운영하고 통행자에 유용한 정보를 제공한다.
⑤ AVLS(Automatic Vehicle Location System)는 이동체의 위치 및 이동상태를 파악하고, 차량의 최적배치, 실태파악 및 분석, 안내, 통제, 운영 등과 관련한 일련의 작업들을 자동화한 시스템이다.

72 다음은 정보화 사회의 등장 배경의 내용이다. 이에 대한 설명으로 잘못된 것은?

① 산업사회가 성숙해지고 정보이용자들의 욕구가 다양해지고 개인적 · 사회적 욕구 변화를 충족시키기 위해 정보 · 통신 기술이 발달함에 따라 정보화 사회가 등장하게 되었다.
② 광섬유나 반도체 및 컴퓨터 공학의 발달과 인터넷 등의 발달로 일반인들도 쉽게 정보를 접할 수 있게 되어 정보화 사회가 되었다.
③ 정보화 사회는 필요적인 측면과 기술적인 측면이 각자 분리되어 제어작용을 일으켜 사회전반에 걸쳐 빠른 속도로 일어나고 있다.
④ 근거리 통신망(LAN), 부가가치 통신망(VAN), 유선방송 등의 발달과 특히 인터넷 기술의 발달은 정보를 실시간에 광역적으로 전달할 수 있게 하여, 정보의 전달에 있어서 시간과 위치의 한계를 극복할 수 있게 하였다.
⑤ 정보화 사회는 지식 집약적이고 다품종 소량생산 체제로 변화와 분권화된 조직 및 참여적 민주주의 강화 및 기업 간 협력관계의 중요성이 증대된다.

73 의사결정 오류 중 사람들은 성공은 내 탓, 실패는 남의 탓으로 돌리는 경향이 많다. 이에 해당하는 내용은?

① 최근성 오류(Recency bias)
② 정당화 추구 오류(Search for supportive evidence bias)
③ 문제에 대한 과소 평가 오류(Underestimating uncer tainty bias)
④ 실패의 외부 귀인 오류(Attribution of success and failure bias)
⑤ 문제에 대한 과소 평가 오류(Underestimating uncertainty bias)

74 정형적 의사결정(programmed decision making)을 하는 상황의 내용으로 옳은 것은?

① 의사결정의 절차 및 과정의 규칙화가 용이하고, 자주 되풀이 되며, 구조가 비교적 명확히 되어 있는 의사결정으로 프로그램화가 가능하다.
② 새롭고 독특한 결정으로서 사전에 설정된 행동 대안이 없는 비구조화된 상황에서 이루어진다.
③ 의사결정자의 창의성이 반영되어야 하는데, 이는 의사결정의 경험이 없고, 전례가 또한 없으며, 참고할만한 모델 역시 부족하기 때문이다.
④ 정형적 결정이 비정형적 결정에 우선하는 그레샴 법칙이 적용될 가능성이 높다.
⑤ 비 반복적이고 프로그램화가 불가능하다. 예컨대 백화점 의류매장의 규모 확장이나 백화점 PB상품의 개발 및 신규백화점 출점과 같은 것 등을 들 수 있다.

75 창고나 물류센터로 입고되는 상품을 보관하지 아니하고 곧바로 소매점포에 배송하는 물류시스템으로 보관과 피킹작업을 제거함으로써 물류비용을 상당히 절감할 수 있는 물류시스템은?

① Cross Docking
② Co-Managed Inventory
③ Computer Assisted Ordering
④ Customer Relationship Management
⑤ Continuous Replenishment Program

76 의사결정이란 가장 바람직한 상태를 달성하기 위하여 하나 또는 그 이상의 대안 중에서 가장 유리하고 실행 가능한 최적대안을 선택하는 의식적 과정이라고 정의할 수 있다. 다음 중 의사결정(Decision Making)에 대한 설명으로 가장 옳지 않은 것은?

① 의사결정이란 의사소통을 통하여 각 경로 구성원들이 서로 접촉하게 되는데 접촉의 빈도 그리고 지속된 접촉이 의사소통의 양을 결정하고 의사소통의 양이 적정 수준에 달했을 때 결정하는 행동을 말한다.
② 의사결정을 한다는 것은 의식적으로 사려 깊은 행동이라고 볼 수 있다. 따라서 반사적인 반응이나 무의식적인 행동은 반응행동이나 습관이나 의사결정이라고 한다.
③ 의사결정은 여러 대안 중에서 어떤 문제에 대해서 해결 가능한 대안이 하나만 존재한다면 의사결정은 전혀 필요하지 않게 된다. 하지만 현실 세계에서는 대부분이 불확실 상황 아래에서 다수의 대안을 선택하는 것이다.
④ 정형적 의사결정은 의사결정의 절차 및 과정의 규칙화가 용이하고, 자주 되풀이 되며, 구조가 비교적 명확히 되어 있는 의사결정으로 프로그램화가 가능하다. 예컨대 백화점 식품매장의 1일 식품주문량 결정과 같은 것을 들 수 있다.
⑤ 비정형적 의사결정은 의사결정자가 문제인식을 개인의 경험 · 판단 · 능력 · 직관에 의해 영향을 받는 문제 해결법으로 비 반복적이고 프로그램화가 불가능하다. 예컨대 백화점 의류매장의 규모 확장이나 백화점 PB상품의 개발 및 신규 백화점 출점과 같은 것 등을 들 수 있다.

77 단축형(GS1-8) 바코드에 대한 설명으로 옳지 않은 것은?

① GS1-8: GS1-13 심벌을 인쇄하기에 충분하지 않은 포장 면적을 갖는 작은 상품의 경우에만 적용된다.
② 국가번호 3자리: 국가번호는 표준형, 단축형 모두 '880' 3자리로 구성된다.
③ 제조업체 코드 3자리: 단축형의 경우에는 코드가 3자리로 구성된다.
④ 상품품목 코드 5자리: 단축형의 경우는 상품 코드가 적기 때문에 업체에서 '0~9'까지 10가지 단품에 부여할 수 있다.
⑤ 체크 디지트 1 자리: 단축형, 표준형 모두 체크 디지트는 1자리이다.

78 다음 중 표준 물류 바코드(GS1-14)에 대한 설명으로 옳지 않은 것은?

① 물류 단위(박스) 식별에 활용되는 표준 물류 바코드는 'GS1-14'로 불리고, 14자리 코드(숫자)로 구성되며 GS1-13이라고도 불린다.
② GS1-14는 국내뿐만 아니라 전세계 제조업체, 유통업체, 물류업체 모두가 공통적으로 사용할 수 있는 국제 표준 물류 바코드이기 때문에 수출입에 사용되고 있다.
③ GS1-14는 골판지 박스 등 외장 박스(집합포장 상품)에 상품 코드를 인쇄하기 위해 개발된 바코드로서 바코드 심볼 자체와 표시되는 상품 코드 번호를 함께 부를 경우에 사용한다.
④ GS1-14는 포장 박스를 개봉하지 않고도 직접 내용물의 개별 포장이 무엇인지를 자동적으로 판독하여 식별하기 위해 개발된 시스템이다. 이때 상품코드는 표준물류 바코드(GS1-14)라 부르며, 바코드는 ITF 바코드 심벌이라 부른다.
⑤ 주로 골판지박스에 사용되는 국제표준 물류바코드로서 생산공장, 물류센터, 유통센터 등의 입 · 출하 시점에 판독되는 표준바코드이다.

79 SSL(Secure Socket Layer)와 SET(Secure Electronic Transaction) 간의 상대적 차이점을 비교 설명한 것으로 가장 옳지 않은 것은?

	내 용	SSL	SET
①	비 용	고비용	저비용
②	사용 편리성	간편함.	다소 어려움.
③	안정성	다소 낮음.	높 음.
④	조작 가능성	상점 단독 가능	다자간의 협력 필요
⑤	특징	세션 계층에서 작동	정보의 비밀 보장

80 다음 EDI(Electronic Data Interchange)의 의의에 대한 설명 중 활용 용도에 대한 내용으로서 옳지 않은 것은?

① 선적요청서(S/R), 주문서(P/D), 상업송장(C/I) 등 기업간 교환되는 서식
② 수출입허가서(E/L 및 I/L), 수출입 신고서(E/D 및 I/D), 수출입허장(E/P 및 I/P)
③ 상호 간에 합의한 통신 표준에 따라 컴퓨터와 컴퓨터 간에 교환되는 전자문서 교환 시스템
④ 회선의 확장 · 변경 및 오퍼레이션 등의 운용관리를 EDI 에게 맡김으로써 얻어지는 부하와 비용의 경감이 가능
⑤ EDI란 통신회선을 통해 표준적인 규약을 이용하여 컴퓨터 간에 데이터를 상호 교환하는 방식.

81 다음 중 전자상거래의 기대효과로 가장 거리가 먼 것은?

① 지리적으로 거리를 초월한 새로운 시장진입이 용이하다.
② 구매자의 의사와 상관없는 일방적인 마케팅활동이 용이하다.
③ 시간적으로 고객들의 선택의 폭을 넓혀주어 서비스를 증대시킬 수 있다.
④ 개방된 시장에서 공급업체간 경쟁이 확대되어 구매자의 비용이 절감된다.
⑤ 비즈니스 과정이 상호 연동되어 시간지연이 제거되고, 상거래가 신속히 이루어진다.

82 SCM(공급사슬관리)시스템의 성과측정으로 옳지 않은 것은?

① 균형성과표를 이용하면, 고객, 내부 비즈니스, 학습, 재무 등의 측면에서 성과를 측정할 수 있다.
② 균형성과표가 개발된 후, 경제적 부가가치 기법이 개발되어 재무 부문의 성과 측정은 객관성이 보다 증가되었다.
③ 성과 측정을 하는 이유는 보다 나은 공급사슬을 설계하고, 잘못된 부분의 성과를 개선하기 위해서이다.
④ SCOR(Supply Chain Council& Supply Chain Operation Reference) 모형이 도입되어 보다 체계적 성과 측정이 가능해지고 있다.
⑤ EVA는 기업이 영업활동을 통해 얻어 들인 세후 영업이익으로부터 자본비용을 제외한 금액을 말한다.

83 ECR(Efficient Customer Response)활용의 직접적인 이점은?

① 소비자 충성도 향상
② 브랜드 이미지 제고
③ 매장의 상품구색 최적화
④ 소비자에 대한 이해의 폭 증진
⑤ 생산에서 판매에 이르는 시간과 비용의 증가

84 다음 중 채찍 효과(Bull Whip effect)의 의의에 대한 설명으로 옳지 않은 것은?

① 공급사슬의 구성은 공급자, 생산자, 도매상, 소매상, 소비자의 연결 단계로 볼 수 있다.
② 공급자로 갈수록 하류(downstream)이고 소비자쪽으로 갈수록 상류(upstream)라고 한다.
③ 공급사슬에서 최종 소비자로부터 멀어지는 정보는 정보가 지연되거나 왜곡되어 수요와 재고의 불안정이 확대되는 현상을 말한다.
④ 이러한 정보의 왜곡 현상으로 공급망 전체로는 재고가 많게 되고 고객에 대한 서비스 수준도 떨어지며 생산능력 계획의 오류, 수송상의 비효율, 생산계획의 난맥 등과 같은 악영향이 발생될 것이다.
⑤ SCM상에서 발생하는 채찍효과(Bull whip Effect)의 대처방안으로는 공급체인 전반에 걸쳐 수요정보를 중앙집중화 한다.

85 e-Logistics의 도입에 따르는 물류업무의 변화에 속하지 않는 것은?

① 3PL의 등장
② 물류업무의 전문화
③ 고객서비스의 증가
④ 물류정보의 통합화(가상 SCM의 구현)
⑤ 인포 미디어리(Info mediary)의 등장

86 카테고리 관리(Category management)설명으로 옳지 않은 것은?

① 광의의 카테고리 관리는 유통업체들과 거래 파트너 공급업체들이 함께 모여 소비자 중심의 카테고리 계획을 세워서 관리하는 쌍방향 비즈니스 프로세스를 말한다.
② 카테고리 관리란 소비자의 가치를 창출하기 위해 유통업체와 공급업체가 비즈니스 결과를 향상시킬 수 있도록 카테고리를 전략적 비즈니스 단위로 관리하는 프로세스들 이다.
③ 전체 카테고리 결과를 탈피하고, 개별적인 브랜드 관리체계 가치를 높일 수 있도록 설정된 정책과정을 말한다.
④ 유통업체에 있어서 새로이 부각되는 기업 조직 구조로써, 공급업체 수익 구조의 재편을 설명하는 데 유익하다.
⑤ CPFR의 기본적인 목적은 카테고리 관리원칙(category management principle)에 근거한 거래 파트너 간에 특정 시장을 목표로 한 사업계획을 공동으로 수립하는 것이다.

87 CRP(Continuous Replenishment process)의 설명으로 잘못된 것은?

① 끊임없는 상품 보충(CRP)은 유통 공급망 내의 주문량에 근거한 상품의 판매 데이터를 근거로 하여 적절한 양을 항시 보충해 주는 시스템의 일종이다.
② push 방식은 유통 소매점에 재고 보유의 많고 적음에 상관없이 공급자 입장에서 상품을 무조건 공급하는 방식을 말한다.
③ push 방식은 상품을 소비자의 수요에 근거하여 소매상이 요구할 때에만 공급자가 공급하는 끌어당기기 방식으로 CRP와 거의 일맥상통하다.
④ CRP는 상품 수요를 예측을 기초로 하여 소매점에 공급하는 형태로서 거래선 간에 상품이 공급되는 모든 지점에 적용이 가능한 방식이다.
⑤ 제조업체 또는 공급업체가 유통업체의 POS 자료를 근거로 해서 상품보충을 하며, 유통업체는 재고보충을 위해 VMI(vendor managed inventory) 기법을 이용한다.

88 ECR(Efficient Consumer Response)에 대한 설명으로 옳은 것은?

① JIT의 영향을 받아서 개발된 이후에 QR 시스템에 영향을 주었다.
② 1990년대 영국과 일본의 슈퍼마켓에서 공급사슬의 전방구매와 전매등의 문제를 해결하기위한 노력의 결과로서 처음 등장하게 되었다.
③ 영국과 일본에서 시작된 ECR 활동이 미국 및 우리나라에도 보급되어 고객가치창조를 위해서 유통업체를 중심으로 도입이 활성화 되고 있다.
④ 식품산업에 적용하기 위한 SCM의 변형이라 할 수 있는 신선식품부분의 SCM이다.
⑤ 식품산업의 공급사슬관리를 위한 모형으로 성과향상을 위해서는 카테고리관리, 활동기반원가처리 등이 필요하다.

89 RFID(Radio Frequency Identification)의 설명으로 잘못된 것은?

① RFID는 자동인식(AIDC)기술의 한 종류로서 micro-chip을 내장한 Tag에 저장된 데이터를 무선 주파수를 이용하여 비접촉 방식으로 Reading하는 기술을 말한다.
② 전자 TAG(반도체칩)를 사물에 부착하여, 사물이 주위 상황을 인지하고 기존 IT 시스템과 실시간으로 정보를 교환하고 처리할 수 있는 EDI기술을 말한다.
③ RFID는 자동 인식(Automatic Identification)기술의 하나로써 데이터 입력 장치로 개발된 무선(RF:Radio Frequency)으로 통하는 인식 기술이다.
④ Tag 안에 물체의 ID를 담아 놓고, Reader와 Antenna를 이용해 Tag를 부착한 동물, 사물, 사람 등을 판독, 관리, 추적할 수 있는 기술이다.
⑤ 미들웨어, 객체정보서버, 객체이력서버, RFID 검색서비스 등이 RFID 서비스 네트워크를 구성하고 있다.

90 유비쿼터스(Ubiquitous)에 대한 설명으로 잘못된 것은?

① 라틴어로 '언제 어디서나 있는'을 뜻하는 말로 사용자가 컴퓨터나 네트워크를 의식하지 않는 상태에서 장소에 구애받지 않고 네트워크에 접속할 수 있는 환경을 의미한다.
② 유비쿼터스 네트워크를 구축하는 데 있어서는 정보 기술(IT)의 특별한 도움이 없이도 가능한데, 이는 컨버전스 기술의 일반화, 광대역화, IT 기기의 저가격화 등이 없이는 모든 기기에 통신 능력을 부여하는 것이 어렵기 때문이다.
③ 유비쿼터스 시대가 열리게 되면 자동차, 가정, 실외 등의 다양한 공간에서의 IT 활용이 늘어나고 네트워크에 연결되는 컴퓨터 사용자의 수도 늘어나는 등 IT산업의 규모와 범위는 더욱 커지게 될 전망이다.
④ 유비쿼터스 네트워크를 위해서는 모든 전자기기에 컴퓨팅과 통신 기능이 부가되어야 하고, 또 이를 위해서는 각 전자기기가 고유한 주소를 가져야 하며, 유선 혹은 무선을 통해 광대역 네트워크에 접속될 수 있어야 한다. 이 같은 문제는 최근 관심을 끌고 있는 IPv6기술이나 홈네트워크 기술 등이 해결해 줄 것으로 기대된다.
⑤ 유비쿼터스 네트워크를 구축하기 위해서는 정보 기술(IT)의 고도화가 전제되어야 한다. 컨버전스 기술의 일반화, 광대역화, IT 기기의 저가격화 등이 없이는 모든 기기에 통신 능력을 부여하는 것이 어렵기 때문이다

제 5 회 실전모의고사

정답 및 해설 → P.252

제1과목 유통 · 물류 일반(01~25)

01 최근 소매업 변화현상의 하나로 소매업(태)의 양극화 현상이 확대되고 있음을 들 수 있다. 이러한 소매업(태) 양극화 현상과 관련된 아래의 설명내용 중 가장 거리가 먼 것은?

① 카테고리킬러의 성장도 유통산업에서는 하이터치(high-touch)의 좋은 예이다.
② 인간의 심성은 궁극적으로 하이테크(high-tech)보다는 하이터치(high-touch)를 추구한다.
③ 전문점 체인의 성장을 들 수 있는데 대표적인 하이터치(high-touch)형 소매업의 성장이다.
④ 고급 레스토랑이나 패션샵 등은 앞으로 더욱 하이터치(high-touch)형 사업전략을 강화하여야할 것이다.
⑤ 할인점, 홈센터 등 초대형 점포의 성장이 두드러지는데 전형적인 하이테크(high-tech)형 소매업의 성장이다.

02 다음 중 중간도매상인(merchant intermediaries)과 중간대리인(agent intermediaries)을 구분하게 해주는 가장 중요한 기준이 되는 것은?

① 정보제공기능　　② 컨설팅기능
③ 저장 및 배달기능　　④ 경로파워의 유무
⑤ 소유권 이전의 유무

03 다음 중 유통경로 길이의 선택조건 중 짧은 유통경로를 선택해야 하는 경우로 가장 옳지 않은 것은?

① 제품특성: 표준화가 되지 않은 제품 및 기술적으로 복잡한 전문품
② 수요특성: 구매단위가 크고, 구매빈도수는 낮은 제품
③ 공급특성: 생산자 수가 많고, 지역적으로 분산생산
④ 유통비용구조: 유통비용 측면에 있어서는 장기적으로 불안정
⑤ 진입특성: 공급자의 시장 진입과 탈퇴에 장벽이 있음

04 유통경로에서 대형 유통업체들이 경로파워를 얻게 된 일반적인 배경으로 옳지 않은 것은?

① 유통업체들이 대형화, 다점포화 경쟁을 벌이면서 구매력을 확보하여 영향력이 증가하였다.
② 가격이 전략적 무기가 됨에 따라, 유통업체들이 규모의 경제를 추구하게 되었다.
③ 많은 소비용품 시장이 성숙기에 들어섬에 따라, 제조업자들이 유통업체에게 이전보다 많고 다양한 판매촉진을 경쟁적으로 제공하였다.
④ 유통정보기술의 발달로 인해 재고관리, 배송, 주문 등에서 기술혁신을 이뤄 효율적 경영이 가능해지고 가격경쟁력이 생겼다.
⑤ 제조업체가 소비자와의 풍부한 거래 데이터를 축적 · 활용하여, 유통업체와 적극적으로 공유하기 시작하였다.

05 유통업체의 인적자원를 확보하고 활용을 위한 각각의 단계에 대한 설명으로 가장 옳지 않은 것은?

① 모집(recruitment)은 조직이 필요로 하는 조직 구성원을 모집하기 위해서 사용되며, 인력선발 도구의 신뢰성은 피평가자에 대한 측정결과의 정확성을 의미한다.
② 배치(placement)는 직무 내용이 무엇이고 그 직무를 수행하는데 직무수행자가 갖추어야 할 요건이 무엇인지를 알 수 있게 해야 한다.
③ 경력계획(career planning)은 경력개발 계획의 실효를 거두기 위해서는 여러 가지 직무들을 수행하는데 필요한 요건과 각 직무들이 계층별로 어떻게 연결되어 있는가를 알아야 할 필요가 있다.
④ 직무분석(job analysis)은 직무의 내용과 그것을 수행하는 방법을 설정하거나 직무 또는 현재 수행되고 있는 직무의 내용과 방법을 파악해야 하고, 직무에서 수행되어야 할 내용을 파악하여야 한다.
⑤ 직무지도 및 진로상담(job guidance and counseling)은 특정 직무에 포함되어 있는 과업, 행동, 의무, 관계, 책임 등과 아울러 특정한 직무를 효과적으로 수행한다.

06 유통경로 이론 중 연기-투기(postponement-speculation)이론의 가장 일반적인 형태는?

① 전속적유통경로에 비하여 제품에 대한 노출이 확대되며, 개방적 유통경로에 비하여는 소매상의 수가 적기 때문에 유통비용이 절감된다.
② 업무를 수행하는 데 소요되는 마케팅비용 또는 유통비용을 가장 적게 필요로 하는 유통경로기관이 해당 업무를 수행하는 방향으로 유통경로의 구조가 결정된다고 설명하는 것이 유통경로구조이론이다.

③ 이러한 유통경로를 선택하는 제품에는 의류·가구 및 가전제품 등으로 한정되어 있다.
④ 유통경로에서 연기가 투기를 지배한다면 제조업자가 직접 소비자에게 상품을 전달할 것이므로 유통경로는 짧아진다.
⑤ 대형화된 소매업체의 경로리더십은 선매품의 경우보다 전문품의 경우에 더욱 두드러지게 나타나는 현상이다.

07 최근 들어 공급체인관리(SCM)가 중요하게 인식되고 있다. 다음 중 그 이유가 아닌 것은?

① 글로벌소싱의 확대로 공급체인상의 리드타임이 길어졌기 때문이다.
② 제조업체 내부적으로만 재고를 효율적으로 관리하는 데에 한계가 발생하였기 때문이다.
③ 고객 요구가 다양해져 공급체인의 효율이 상승되었기 때문이다.
④ 기업간의 경쟁이 치열해짐에 따라 비용 및 납기경쟁력이 중요해졌기 때문이다.
⑤ 시간과 비용을 최소로 들여 수주에서 고객 납품까지 모든 활동을 효율적으로 실행하고자 하기 때문이다.

08 다음 중 재무관리(Financial management)에 대한 설명으로 가장 잘못된 것은?

① 일반적으로 투자자들은 동일한 금액이라도 미래의 현금보다는 지금의 현금을 선호하는 경향이 강하며, 미래의 현금흐름을 현재의 화폐가치로 할인한 가치를 현재가치(present value)라 한다.
② 자본예산 의사결정(capital budgeting)에서 고려하고 있는 신사업투자를 자본예산에 포함시킬 것인지 판단하는 결정으로 사업의 미래수익성이 충분하면 채택하고, 충분하지 않으면 기각하는 것을 말한다.
③ 투자규모, 투자수명, 현금흐름양상이 서로 다른 상호배타적인 투자안을 내부수익률법으로 평가하는 경우 반드시 두 투자안의 IRR(internal rate of return)곡선이 상호 교차하는지 여부를 검토해야한다.
④ 옵션(option)은 이미 존재하는 자산의 가격에 따라 가치가 변하는 조건부 청구권으로 기초자산을 살 수 있는 권리와 팔수 있는 권리로 구분할 수 있으며, 옵션에서 기초자산을 거래할 수 있도록 미리 정해진 기간을 옵션의 만기라 한다.
⑤ 선물거래는 거래 내용과 조건을 표준화하여 시장성을 높인 선도거래라고 할 수 있으며, 표준화된 상품과 거래조건을 가지고 조직화된 시장에서 거래가 이루어지는 선도거래를 선물거래, 단순히 줄여서 선물(futures)라고 한다.

09 제조업자가 유통경로를 수직적으로 통합할 경우, 제조업자와 유통업자는 다양한 이점을 누릴 수 있다. 다음 중 유통경로의 수직적 통합을 통해 얻을 수 있는 혜택으로 가장 올바르지 않은 것은?

① 장기계약과 장기거래관계의 형성이 직접적인 소유에 비해 보다 많은 이익을 제공하는지에 대한 신중한 검토가 이루어진 후 수직적 통합에 대한 의사결정이 이루어져야 한다.
② 많은 경우 수직적 통합전략은 생산이나 유통단계의 범위를 좁히기 때문에 독립된 공급자나 고객과 경쟁적으로 거래할 수 없다는 위험을 내포하고 있다.
③ 수직적 통합은 거래비용의 감소와 공급확보를 가져온다.
④ 유통경로에 대한 통제수준이 낮을수록 수직적 통합의 정도가 약하다.
⑤ 활발한 정보흐름을 가져다주는 반면 기회주의적 행동 양식의 상승을 가져다준다.

10 소매수레바퀴이론(the wheel of retailing hypothesis)의 특징에 대한 설명으로 가장 거리가 먼 것은?

① 소매가격의 혁신은 오로지 저비용구조에 바탕을 둔 저가격을 기반으로 새로운 시장에 침투한다.
② 새로이 진출하려는 소매 업태는 도입초기에 점포서비스의 고도화와 물리적 설비부분의 차별화를 통해 시장에 진입한다.
③ 일단 목표시장(소매업계)에서 받아들여지면 이 새로운 소매기관은 고급화 과정에 접어든다.
④ 시장진입에 성공한 신업태의 고급화는 또 다시 새로운 소매업태의 혁신적인 등장을 불러일으킨다.
⑤ 최초 저가격, 저마진 형태의 점포운영방법으로 시장에 진입한 이후 경쟁을 위해 점차 고가격, 고마진 형태의 점포운영방법으로 변화하면서 다른 업체의 저가격, 저마진 형태의 시장진출을 용이하게 하는 현상을 말한다.

11 다음 중 고객이 TV나 라디오 광고 및 우편광고를 보고 수신자 부담 전화번호를 이용하여 주문을 하는 무점포 소매업태는?

① 통신우편판매(Direct Mail)
② 온라인마케팅(On-line Marketing)
③ 텔레비전마케팅(Television marketing)
④ 텔레마케팅(Telemarketing)
⑤ 카탈로그판매(Catalog Marketing)

12 다음 중 물류원가 계산방식으로 재무회계방식과 관리회계방식의 특징을 가장 올바르게 설명한 것은?

① 재무회계방식은 상세한 물류비의 파악이 곤란하기 때문에 구체적인 업무평가나 개선목표의 달성에 한계가 있다.
② 관리회계방식은 개략적인 물류비 총액 계산에 있어서 별도의 물류비 분류, 계산절차 등이 불필요하다.

③ 재무회계방식은 현행 재무제표의 계정과목으로 파악하기 때문에, 물류활동의 개선안과 개선항목을 관리회계방식에 비해 명확하게 파악할 수 있다.
④ 관리회계방식은 기업 활동의 손익상태와 재무상태를 중심으로 회계제도의 범주에서 물류활동에 소비된 비용항목을 대상으로 1회계기간의 물류비 총액을 추정한다.
⑤ 물류원가계산 방식에는 재무제표를 이용한 관리회계방식과 물류원가계산제도에 의한 재무회계 방식이 있다.

13

재고보유 이유와 이에 대응하는 재고유형을 옳게 연결한 것은?

재고보유 이유	재고유형
A. 공급 · 수요 시기, 조달기간의 불확실성에 대비한 재고	a. 수송재고
B. 로트단위의 조달에 따른 재고	b. 순환주기재고
C. 판촉활동, 계절성 등에 대비한 재고	c. 안전재고
D. 공장, 물류센터, 유통점포 입지와 운송수단에 따른 재고	d. 예상재고

① A-a, B-b, C-c, D-d
② A-b, B-d, C-c, D-a
③ A-c, B-b, C-d, D-a
④ A-d, B-c, C-b, D-a
⑤ A-d, B-a, C-b, D- c

14

다음 중 3PL(Third Party Logistics)에 대한 내용으로 옳지 않은 것은?

① 3PL이란 화주기업이 물류서비스의 향상, 물류비용절감, 물류활동 효율향상 등을 목적으로 물류활동 일부나 전부를 제3의 업체에게 위탁하는 것이다.
② 3PL에 물류를 위탁하는 회사는 물류를 위탁함으로써 그 회사 본연의 사업에 집중할 수 있다.
③ 3PL 제공자들은 물류정보기술과 장비를 보유하기 때문에 고객의 필요성에 빠르게 부응할 수 있다.
④ 물류가 회사의 핵심경쟁력의 하나인 경우라면 모든 물류활동을 3PL에 위탁하는 것이 좋다.
⑤ 3PL을 사용할 경우 특정한 기능의 아웃소싱에서 오는 통제 상실이 발생할 수 있다.

15

유통경로는 대표적인 마케팅믹스(Mix)인 4P 중의 하나이다. 다음 중 이러한 유통(Place)에 대한 설명으로 옳지 않은 것은?

① 유통경로는 어떤 상품을 최종구매자가 쉽게 구입할 수 있도록 만들어 주는 과정으로 정의된다.
② 유통거래로 생기는 비용이 줄어드는 이유 중의 하나는 중간상이 존재하기 때문이라고 설명될 수 있다.
③ 유통의 존재이유는 생산자와 소비자 사이에 시간, 장소, 형태상의 불일치가 있기 때문이다.
④ 제품이나 서비스 자체의 흐름을 중심으로 이해하는 것을 일반적인 유통이라 한다.
⑤ 유통경로가 직접적일수록 생산자는 자신이 생각했던 제품사용의 효용이나 다른 제품과의 차별성을 직접 소비자에게 설명할 수 있으므로 마케팅 활동을 효과적으로 할 수 있다.

16

유통업체에서 매입은 이익과 직접관련이 있어 상당한 관리를 요한다. 다음 중 매입관리에서 말하는 매입에 대한 설명으로 가장 옳지 않은 것은?

① 매입은 경제 주체가 본래의 적합한 기능을 수행하기 위하여 일정한 시기에 필요로 하는 지정된 물자 또는 용역을 그에 상당하는 일정한 대가를 지불하고 다른 경제 주체로부터 획득하는 경제 행위를 말한다.
② 쌍방매입은 두개 이상의 공급업체로부터 물건을 공급받을 때 가장 적합한 거래처를 선정하기 위한 공급을 받는 소매업체의 선택의 방법으로 소매업체가 잘 팔리지 않은 다른 공급업체의 상품을 일시에 해결할 수도 있는 방법이다.
③ 직매입은 일반적으로 점포가 상품을 매입하는 가장 근원적인 방법으로서, 다른 방법에 비하여 위험은 증가하지만 적절한 매입시 상품의 독창성, 수익성을 확보하기 위한 최선의 방법을 말한다.
④ 위탁매입은 소매업자는 일정 기간 동안 제품을 진열하여 최종 소비자에게 제품을 판매한 후 사전에 결정된 일정비율의 커미션을 받고 남은 제품은 공급업자에게 반품하게 되는 방법을 말한다.
⑤ 약정구매는 소매업자가 납품받은 상품에 대한 소유권을 보유하되 일정 기간 동안에 팔리지 않은 상품은 다시 납품업자에게 반품하거나 혹은 다 팔린 후에 대금을 지급하는 권리를 보유하는 조건으로 구매하는 방식이다.

17

일관팔레트화란 팔레트를 사용하여 복수단위의 화물을 한 단위의 화물로 전환하여 하역시 화물의 취급빈도와 하역시간을 낮춤으로써 물류작업의 효율성을 증진시키는 것을 말한다. 다음 중 일관 팔레트화 추진의 선결과제에 대한 설명으로 옳지 않은 것은?

① 팔레트단위로 유닛로드화할 경우 적재효율성의 감소 및 적재된 화물의 붕괴가 발생할 수 있으므로 이를 방지하기 위한 포장 모듈화가 선행되어야 한다.
② 일관팔레트화에 의한 경제적 편익은 크지만 관련대상이 많고 이해득실이 불분명한 점이 많으므로 상호협의하여 비용분담과 이익분배에 대한 규정수립이 필요하다.
③ 적재된 화물이 이동 중 붕괴되는 것을 방지하기 위한 방안과 팔레트상의 화물이 수송하역 작업 도중 붕괴되지 않도록 쌓는 방식개선, 띠두르기, 스트레치 필름(stretch film) 포장법, 수축포장법 등 붕괴방지 기술개발이 필요하다.

④ 일관팔레트화를 추진하기 위해서는 반드시 1,160mm×1,160mm의 일관수송용 표준팔레트를 사용해야 한다.
⑤ 일관팔레트화의 효과는 매우 크지만 기업마다 팔레트의 소유가 달라서 자사팔레트를 회사 밖으로 유출시키면 회수에 상당한 시간과 비용이 들고, 호환성 측면의 제약이 있는 점 등 장애요인의 극복이 필요하다.

18 소매상은 소비자가 원하는 상품구색을 제공한다. 다음 중 24시간 연중무휴 영업을 하며 재고회전이 빠른 한정된 제품계열을 취급하는 소매 업태는?

① Specialty store
② Convenience store
③ Category Killer
④ General Merchandising store
⑤ Super Supermarket

19 다음 중 팔레트 풀 시스템(PPS; pallet pool system)의 개념에 대한 설명으로 거리가 먼 것은?

① 팔레트 풀 시스템은 팔레트의 규격과 척도 등을 표준화하고 상호 교환성이 있도록 한 후, 이를 서로 풀로 연결하여 사용함으로써 각 기업의 물류 합리화를 달성하여 물류비를 절감하려는 제도이다.
② 자사팔레트를 사용할 경우 팔레트 소요량, 공장 물동량, 하치장 물동량, 거래처 물동량, 납품 및 회수에 따른 물동량이 발생하여 실생산 소요량의 2배 이상이 필요하다.
③ 리스 렌탈 방식은 즉시 교환방식으로서 유럽 각국의 국영철도에서 송화주가 국철에 팔레트 로드 형태로 수송하면 국철에서는 이와 동수의 공 팔레트를 주어 상계하며, 수하인은 인수한 팔레트와 동수의 팔레트를 국철에 인도하는 방식이다.
④ 기업은 팔레트 풀 시스템을 통해 과다한 투자부담을 경감시킬 수 있으며, 일관팔레트화를 무리 없이 정착시킬 수 있고, 나아가 기업의 물류비 절감에도 기여할 수 있다.
⑤ 팔레트 랙(Pallet Rack)은 주로 팔레트에 쌓아 올린 물품의 보관에 이용하는 랙으로 가장 광범위하게 사용되며 랙의 이동설치 및 단수조정이 자유로운 조립식 구조로 되어 있고 랙 시스템의 가장 기초를 이루는 랙이다.

20 다음은 순물류와 역물류에 대한 비교 설명이다. 이 중 잘못된 항목은?

① 물류계획의 수립 및 실행, 순물류(Forward Logistics): 용이함. 역물류(Reverse Logistics): 어려움.
② 상품과 포장의 품질, 순물류(Forward Logistics): 상이함. 역물류(Reverse Logistics): 동일함.
③ 속도의 투명성, 순물류(Forward Logistics): 속도의 중요성 인지. 역물류(Reverse Logistics): 상품처리의 중요성 인지
④ 비용의 투명성, 순물류(Forward Logistics): 투명성이 높음. 역물류(Reverse Logistics): 투명성이 낮음.
⑤ 제품수명주기 관리, 순물류(Forward Logistics): 가능. 역물류(Reverse Logistics): 어려움

21 최근 우리사회는 50~60년대에 태어나 경제 성장을 주도했던 베이비부머들의 은퇴가 본격화하고 있으며, 이들이 가장 선호하는 것은 프랜차이즈(franchise)유통 창업이라고 한다. 다음 중 프랜차이즈시스템에 대한 설명으로 가장 거리가 먼 것은?

① 프랜차이즈시스템은 본부의 투자위험을 줄일 수 있을 뿐만 아니라 자본투자를 한 가맹점들이 직접 점포를 소유하거나 운영하기 때문에 적극적으로 영업활동을 하도록 하는 특징이 있다.
② 프랜차이지(franchisee)가 프랜차이저(franchisor)에게 프랜차이저의 상호, 상표, 노하우 및 기타기업의 운영방식을 사용하여 제품이나 서비스를 판매할 수 있도록 허가하는 것을 프랜차이즈 시스템이라 말한다.
③ 프랜차이즈 본부의 입장에서 본 장점은 자본조달의 용이성, 구매 및 판매에 있어서 신속한 규모의 경제 달성, 지역적 특수성 고려가능성, 과도한 관리업무의 배제, 낮은 노사문제 발생빈도 등을 들 수 있다.
④ 가맹점은 본부가 일괄적인 광고 등의 판촉 활동을 해주므로, 개별점포가 홀로 판촉활동을 하는 경우보다 효과적인 판매 촉진 활동이 가능하며, 공동 집중구매를 통해 원재료를 공급해 주기 때문에, 품질과 가격면에서 우월한 공급을 받을 수 있다.
⑤ 프랜차이즈 시스템은 자본이 풍부하지 않은 프랜차이즈본부가 자본에 대한 직접 투자 없이 가맹점을 통하여 사업을 확장할 수 있는 시스템이며, 완전히 통합된 수직적인 체인에 비해 가맹점으로 분산된 대안을 제공해 줌으로써 경제적 집중을 감소시킨다.

22 다음은 조직구조의 형태에 대한 설명으로 가장 옳지 않은?

① 제품별영업조직(product sales force structure)은 제품을 시장특성에 따라 대응함으로써 소비자의 만족을 증대시킬 수 있다.
② 기능별조직은 환경이 비교적 안정적일 때 조직 관리의 효율성을 높일 수 있으며, 각 기능별로 규모의 경제를 얻을 수 있다.
③ 사업별조직은 제품, 고객, 지역, 프로젝트 등을 기준으로 종업원들의 직무를 집단화하여 조직을 몇 개의 부서로 구분하는 것을 말한다.
④ 매트릭스 조직구조(matrix structure)는 담당자가 기능부서에 소속되고 동시에 제품 또는 시장별로 배치되어 다른 조직구조에 비하여 개인의 역할갈등이 최소화 된다.

⑤ 특정한 계획이나 긴급을 요구하는 문제 처리에 있어 프로젝트팀(project team)이라든가 태스크 포스(task force)라 불리는 임시적 조직이 있다.

23 유통경로는 일반적으로 생산 단계에서 산출된 재화(財貨)가 최종의 소비자에게 전달되기까지의 과정을 유통경로(流通經路: distribution channel)라고 하며, 다음 중 유통경로에 대한 설명으로 가장 거리가 먼 것은?

① 유통경로는 일단 구축되면 이를 변경하기가 용일하지 않으므로 다른 마케팅믹스 요소에 비해 보다 신중한 관리가 필요하다.
② 유통경로내의 중간상은 제품의 구매와 판매에 필요한 정보탐색의 노력을 감소시켜, 제조업자의 기대와 소비자 간의 차이를 조정해 준다.
③ 유통경로내의 중간상은 제조업자와 소비자 사이에 구매와 판매를 보다 용이하게 해주고, 교환과정에 있어 거래비용 및 거래 횟수를 감소시켜 주 있다.
④ 유통경로 내의 중간상은 제조업체로부터 공급받은 제품을 그대로 소비자에게 전달하는 단순한 역할을 수행하기도 하지만 제품이 지닌 가치에 새로운 가치를 추구하는 역할을 수행하는 경우가 더 많다.
⑤ 유통경로는 고객이 제품이나 서비스를 사용 또는 소비하는 과정에서 참여하는 독립적인 조직들의 집합체로서, 경로구성원은 자신의 활동을 수행함에 있어 다른 경로구성원에 영향을 주거나 받지 않아 효율성이 높다.

24 유통경로 상에서 활동하는 구성원들이 수행하는 다양한 기능에 관한 설명 중 가장 거리가 먼 것은?

① 유통업의 존재이유를 유통업의 기능에 초점을 맞추어 연구한 학자들의 모임을 기능학파라고 한다.
② 주문 및 지불기능은 생산자와 소비자사이에서 발생하는 다양한 기능들 중 기능방향으로 볼 때 상품의 흐름과 반대로 이동함으로써 후방기능이라고 한다.
③ 유통경로설계에 있어서 가장 중요한 것은 핵심유통의 기능을 누가(제조업체, 소비자 및 유통업자)담당하는 것이 가장 효율적인가를 파악하여, 이에 따라 최적의 유통경로를 설계하는 것이다.
④ 생산자와 소비자사이에서 발생하는 다양한 유통기능들을 설명함에 있어서 전방기능에 속하는 것을 물적 소유(제품을 실제로 운반하고 보관하는)기능, 상품 소유권 및 촉진기능을 들 수 있다.
⑤ 소비자 물가를 안정화 시키고 소비자 지불가격을 보다 낮추기 위한 최적의 방법은 중간상이 존재하는 간접유통구조로부터 중간상이 배제되는 직접유통구조로의 변화이다. 이 경우 중간상이 수행하던 기능은 사라지게 된다.

25 다음 은 인터넷 시대의 유통업의 대응전략이다. 이에 대한 설명으로 가장 올바르지 않은 것은?

① 직접 판매에서 벗어나 주로 판매자와 구매자간의 중개역할에 초점을 맞추는 정보 중개형 유통업을 수행한다.
② 온라인을 통해서 주문한 상품을 오프라인 매장에서 입수하거나 반품할 수 있게 하여 온라인과 오프라인의 장점을 통합적으로 활용한다.
③ 세분시장별 차별화의 원칙을 인터넷이라는 새로운 유통채널에 대하여 적용할 수 없으므로 온라인은 주문 및 배달을 오프라인은 고객관계 관리를 담당한다.
④ 기존 오프라인 유통업의 경우 온라인에서는 제공하기 어려운 레저나 엔터테인먼트 기능을 소매업과 결합시킴으로써 온라인 소매와 본질적으로 차별화 한다.
⑤ 온라인에서는 제품정보의 제공, 잠재고객의 확보, 고객정보 분석 및 사후관리에 초점을 맞춰 온라인으로 하여금 오프라인 사업을 지원하는 역할을 하게 한다.

제2과목 상권 분석(26~45)

26 독일의 학자 크리스탈러(Christaller)에의해 처음으로 제시된 중심지이론은 '소비자들이 유사점포 중의 한 점포를 선택할 때 그 중 가장 가까운 점포를 선택하며', '중심성(centrality)의 크기는 인구규모에 비례 한다'고 되어있다. 다음 중 중심지 이론에 대한 설명으로 가장 어색한 것은?

① 중심지 이론에 의하면 중심지(central place)는 배후 거주지역에 대해 다양한 상품과 서비스를 제공하고 특정 점포가 취급하는 상품의 구색과 수요를 추정하며 교환의 편의를 도모하기 위해 상업 · 행정기능이 밀집된 장소를 말한다.
② 중심지 이론에서 제시된 상업 중심지의 이상적 입지와 이들 간의 분포관계를 이해하기 위해 중심지 기능의 최대 도달거리, 최소수요 충족거리, 육각형 형태의 배후지 모양 등의 주요 개념을 이해해야 한다.
③ 중심지기능의 가격과 그것을 확보하기 위한 이동에 드는 교통비가 최대 도달점을 결정할 것이다. 이론적으로 최소요치가 최대도달점보다는 커야 상업적인 중심지가 존재가 가능하게 된다.
④ 중심지로서 유지되기 위한 최소한의 수요 또는 그 수요를 발생시키는 상권 범위를 최소 요구치 라고 하며, 이러한 최소 요구치는 중심지 기능을 수행하는 데 고객을 제공해 주는 배후지의 범위를 의미한다.
⑤ 중심지 이론에 의하면 한 도시 또는 지역 내에 하나의 중심지가 아니라 여러 상업 중심지가 존재할 때 각 상업 중심지로부터 상업 서비스 기능을 제공받을 수 있는 가장 이상적인 배후 상권의 모양은 정육각형이다.

27 UCLA대학 경제학교수인 HUFF박사의 이론을 이용한 풀이 지문으로 가장 옳은 것은?

> 우리 동네에는 A, B, C 상점이 있고, 'A'상점은 규모가 6,400m^{2}이고 거리는 우리 집에서 4km 떨어져 있으며,'B'상점은 규모가 12,500m^{2}이고 거리는 우리 집에서 5km 떨어져 있고, C' 상점은 규모가 100,000m^{2}이고 거리는 우리 집에서 10km 떨어져 있다.

① 일반적으로 점포크기에 대해 소비자가 느끼는 민감도와 점포까지의 거리에 대해 소비자가 느끼는 민감도는 서로 반대되는 성격을 갖게 되어 역수로 표현되기도 한다.
② 소비자가 고려하는 점포크기에 대해 소비자가 느끼는 민감도는 1, 점포까지의 거리에 대해 소비자가 느끼는 민감도 1을 이용하면 A,B,C 순서로 상점을 이용할 가능성이 있다.
③ 소비자가 고려하는 점포크기에 대해 소비자가 느끼는 민감도는 1, 점포까지의 거리에 대해 소비자가 느끼는 민감도 2을 이용하면 B,C,A 순서로 상점을 이용할 가능성이 있다.
④ 소비자가 고려하는 점포크기에 대해 소비자가 느끼는 민감도는 1, 점포까지의 거리에 대해 소비자가 느끼는 민감도 3을 이용하면 C,B,A 상점을 상점을 이용할 가능성이 있다.
⑤ 소비자가 고려하는 점포크기에 대해 소비자가 느끼는 민감도는 1, 점포까지의 거리에 대해 소비자가 느끼는 민감도 3을 이용하면 C상점을 이용할 확률은 67.7%가 된다.

28 Reilly의 소매인력법칙에 대한 설명 중 가장 올바른 것은?

① 소비자가 이동할 수 있는 거리는 상권을 형성하는 주된 개념이 된다. Reilly는 소비자가 물리적으로 이동할 수 있는 최대 거리의 범위가 최대 상권의 범위임을 증명하였다.
② 소비자가 고려하는 점포로 유추할 수 있는 상권의 주된 요소를 거리의 차이와 상점의 규모, 소비자의 효용, 점포의 시장점유율 등으로 보고 이를 모형에 적용하였다.
③ 이동하고자 하는 점포까지의 거리를 최소수요충족거리와 최대도달거리로 구분하여 소비자가 이동하고자 하는 거리의 개념을 보다 구체화시켜 사용하였다.
④ Reilly가 제시한 이론은 편의품, 선매품, 전문품 등의 상품유형별 차이를 고려하지 않아 실제 상황에 적용할 때에는 이에 대한 고려가 필요하다.
⑤ 소비자들은 보다 가까운 거리에 위치한 점포가 보다 나은 쇼핑 기회를 제공함으로써 여행의 추가 노력을 보상하지 않아도, 기꺼이 먼 거리까지 여행을 하게 될 것이다.

29 상권분석시 활용하는 소매포화지수(index of retail saturation;IRS)와 시장성장잠재력지수(market expansion potential;MEP)에 대한 설명 중 가장 옳지 않은 것은?

① IRS 값은 특정업태가 가지는 시장에서의 단위면적당 잠재수요로서 클수록 신규점포개설에 유리하다.
② 점포가 비슷한 전통적인 수퍼마켓 등은 적용이 용이하나 스포츠 용품 또는 가구점등 전문화된 점포에 적용이 어렵다.
③ MEP 값은 특정 지역시장이 앞으로 얼마나 신규 수요를 창출할 수 있는 가능성이 있는가를 예측할 수 있는 지표이다.
④ MEP 값은 타지역에서의 쇼핑지출액을 근거로 계산되며 이 값이 클수록 타 지역에서 쇼핑을 더 많이 한다는 의미이다.
⑤ IRS 값을 활용하면 지역 내에 새로운 주거단지가 추가되어 인구가 증가되었을 때의 수요변화량을 예측할 수 있다.

30 특정 입지를 매력적으로 만드는 누적요인의 원리에 대한 설명으로 옳지 않은 것은?

① 유사하고 상호보완적인 점포들이 함께 모여 있는 것이 독립적으로 있는 것보다 더 큰 유인력을 가진다는 원리다.
② 골동품, 자동차 대리점, 신발 및 의류점 등이 서로 인접해 있을 때 경영성과가 좋은 것은 이 때문이다.
③ 누적유인의 원리는 보완상품을 판매하는 점포에게는 적용되지 않는다.
④ 서로 직접 경쟁하는 점포들에게도 적용된다.
⑤ 상호보완적인 점포들이 함께 무리지어 있는 것이 독립적으로 있는 것보다 더 큰 유인력을 갖는다는 주장이다.

31 소매집적이란 다양한 크기의 동종 또는 이종 소매업종과 소매업태가 서로 관련성을 가지고 한 장소에 모인 집단소매시스템을 의미한다. 이렇게 집중화(집단화)됨으로써 얻을 수 있는 효과를 바르게 나열한 것은?

> ㉠ 매장 면적의 증대효과
> ㉡ 고객흡입력 증가
> ㉢ 공간적 인접성 확보
> ㉣ 구매자의 집중력 확보
> ㉤ 점포 내 취급상품의 다양성 증가
> ㉥ 선매품 취급 증가

① ㉠, ㉡, ㉢, ㉣ ② ㉠, ㉢, ㉤, ㉥
③ ㉡, ㉢, ㉤, ㉥ ④ ㉠, ㉡, ㉤, ㉥
⑤ ㉡, ㉢, ㉣, ㉤

32 유추법을 적용하는 Customer Spotting Map기법의 유용성에 관한 설명으로 거리가 가장 먼 것은?

① 선정된 목표고객그룹의 고객특성을 명확하게 파악할 수 있게 해 준다.
② 커뮤니케이션 정책에 있어서 특히 광고 및 판매촉진전략 수립에 유용하게 이용된다.

③ 고객을 세분화한 후 목표고객그룹을 선정하기 위해 주로 사용되는 기법이다.
④ 기존 점포의 확장을 계획하고자 할 때 유용하게 활용될 수 있는 기법이다.
⑤ 자사점포의 신규 입지에서의 매출액, 즉 상권 규모를 측정하는 데 이용하는 방법이다.

33 '두 경쟁 도시(A, B) 그 중간에 위치한 소도시(C)의 거주자들로부터 끌어들일 수 있는 상권 규모는, 그들의 인구에 비례하고 각 도시와 중간(위성)도시 간의 거리 제곱에 반비례한다'는 레일리(Reilly)의 소매중력(인력)의 법칙에 대한 설명으로 가장 잘못된 항목은?

① 레일리의 소매중력의 법칙(law of retail gravitation)은 이와 같이 다양한 점포들 간의 밀집이 점포의 매력도를 증가시키는 경향이 있음을 고려하고 있으며, 이웃 도시들 간의 상권 경계를 결정하는 데 주로 이용된다.
② 원거리에 위치한 점포의 상품가격과 교통비를 합한 총 가격이 다른 점포를 이용할 경우의 구입비용보다 싸다면 소비자는 보다 싼 가격의 상품을 구매하기 위해 기꺼이 먼 거리까지 여행할 수 있다는 것이다.
③ 두 경쟁도시 혹은 상업시설(A, B) 사이에 위치한 소도시 혹은 상업시설(C)로부터 A, B 도시(상업시설)가 끌어들일 수 있는 상권범위 즉, A, B 가 중간의 소도시(상업시설) C로부터 각각 자신에게 끌어들이는 매출액을 규정하는 것이다.
④ C에 존재하는 A, B 도시 사이의 상권한계점을 구하기 위해서는 A, B 각 도시가 인접도시 C에서 흡인하는 소매판매액의 비를 1로 두면 된다. C에서 A, B까지의 거리의 합은 다른 도시와의 인구비율과 함께 인접도시 C의 상권경계를 형성하는 기준으로 작용하게 된다.
⑤ 인간은 합리적 사고로 의사 결정하며 최소비용으로 최대의 이익을 추구하는 경제인(economic man)이다. 지표공간은 균질적인 표면(isotropic surface)이고 공간 고리를 극복하기 위한 교통수단은 유일하고 수송비용은 거리에 비례한다.

34 규범적 모형에 의한 레일리(William J. Reilly)의 소매중력의 법칙(low of retail gravitation)을 설명한 내용으로 가장 거리가 먼 것은? (단, A와 B는 두 경쟁도시 혹은 상업시설을 나타내며, 이들의 중간에 위치한 소도시 혹은 상업시설 C가 있다고 가정한다)

① 소비자의 특정 도시(상업시설)에 대한 효용(매력도)은 도시(상업시설규모)와 점포까지의 거리에 좌우되며, 특정 상업시설을 선택할 확률은 개별상업시설들이 가지고 있는 효용(매력도)의 비교에 의해 결정된다.
② 레일리 이론의 핵심내용은 두 경쟁도시 혹은 상업시설(A, B) 사이에 위치한 소도시 혹은 상업시설(C)로부터 A, B 도시(상업시설)가 끌어들일 수 있는 상권범위, 즉 A, B 가 중간의 소도시(상업시설) C로부터 각각 자신에게 끌어들이는 매출액을 규정하는 것이다.
③ 레일리의 소매중력의 법칙은 개별점포의 상권파악보다는 이웃 도시(상업시설)들 간의 경계를 결정하는 데 주로 이용되는 이론이다.
④ A, B 도시(상업시설)가 끌어들일 수 있는 상권범위는 해당 도시(상업시설)의 인구에 비례하고 도시(상업시설)간의 거리의 제곱에 반비례한다.
⑤ 소매중력법칙은 두 경쟁도시 사이에 위치한 소도시로부터 두 경쟁도시가 끌어들일 수 있는 상권범위를 규정하는 것이다.

35 거주지에서 점포까지의 교통시간을 이용하여 상권을 분석한 Huff 모델에 의한 신규점포의 예상 매출액은?

① 특정지역의 잠재수요의 총합×특정지역으로부터 계획지로의 흡인율
② 지역별 인구 또는 세대 수×업종(상품)별 또는 점포별 지출액
③ 업종(상품)별 또는 점포별 지출액×특정지역의 소비자가 특정지역의 상업시설에서 구매할 확률
④ 특정지역의 소비자가 특정지역의 상업시설에서 구매할 확률×특정지역의 소비자 수
⑤ 특정지역의 소비자가 특정지역의 상업시설에서 구매할 확률 X 특정지역의 소비자 수

36 다음은 소매포화지수(index of retail saturation;IRS)에 관한 설명내용이다. 올바르지 않은 것은?

① 지역시장이 미래에 신규수요를 창출할 수 있는 잠재력을 반영하는 지표로서 거주자들이 지역시장 이외에서의 쇼핑의 정도를 파악할 수 있다.
② 한 시장지역 내에서 특정소매업태 또는 집적소매시설의 단위 면적당 잠재수요를 두고 소매포화지수라고 한다.
③ 소매포화지수는 신규점포에 대한 시장 잠재력을 측정하는 데 유용하게 사용된다.
④ 경쟁의 양만 계산하고 질은 고려하고 있지 못할 뿐만 아니라 미래신규수요를 반영하지못하는 한계성을 안고 있다.
⑤ 소매 수요가 아무리 높다고 하더라도 기존 점포들 간의 경쟁이 매우 치열한 상황이라면 지역시장의 매력도는 낮아진다.

37 도시의 내부구조를 토지이용측면에서 고찰하려는 목적에서 발전한 토지 이용입지이론에 대한 설명 중 올바르지 않은 것은?

① 토지이용은 지리적 제반여건이나 경제발전의 수준, 사회적 변화, 기술진보등 자연적, 사회 경제적, 문화적 조건에 의해 변화하고 있다.
② 도시의 토지이용유형은 현재 공간 수요의 필요성을 반영하기 보다는 오랜 시간을 통해 누적된 공간 수요의 필요성을 반영한다고 본다.

③ 도시적 기능이 집중하려는 현상인 구심력에는 흡인력, 기능적 편의성, 기능적 인력, 기능상 특권, 인간적 교환관계 등의 요인이 있다고 하였다.
④ C. Colby과 E. Hoover는 도심의 입지적 이점 중 배후지로부터의 근접용이성이 높을수록 입지경쟁을 통해 고밀도 토지이용을 유발한다고 본다.
⑤ 고밀도 토지이용에 의한 높은 임대료를 부담하지 못하게 되면 해당 기능은 점차 도심의 중심부 방향으로 이동하게 된다.

38 소매포화지수(IRS, index of retail saturation)에 관한 설명이다. 올바르지 않은 것은?

① 미래의 신규수요를 반영하지 못하나 경쟁의 양 뿐만 아니라 질적인 측면까지도 고려할 수 있다.
② 점포가 비슷한 전통적인 수퍼마켓 등은 적용이 용이하나 스포츠 용품 또는 가구점등 전문화된 점포에 적용이 어렵다.
③ 소매포화지수(IRS)는 한 시장지역 내에서 특정소매업태 또는 집적소매시설의 단위 면적당 잠재수요를 의미한다.
④ 소매포화지수(IRS)의 값이 클수록 공급보다 수요가 상대적으로 많은 즉 시장의 포화정도가 낮다는 것을 의미한다.
⑤ 소매 수요가 아무리 높다고 하더라도 기존 점포들 간의 경쟁이 매우 치열한 상황이라면 지역시장의 매력도는 낮아진다.

39 상권분석을 통해 고객수요와 발전가능성이 충분하다는 판단이 섰다면 상권 내 가장 적합한 입지선정이 뒤따라야 한다. 좋은 입지에는 기본적인 조건이 필요하다. 다음 설명내용을 순서대로 올바르게 나열한 것은?

> 가) 고객 내점가능성의 척도 즉 유동인구가 상권 내로 진입하는 초입 또는 메인라인에서부터 도보 또는 차량으로 고객들이 점포에 수월하게 진입이 가능한지를 보는 것
> 나) 점포가 시각적으로 눈에 잘 뛰느냐? 즉 도보고객 뿐만 아니라 차량고객들에게 시각적으로 얼마나 잘 띄느냐에 따라 내 점고객수는 현저하게 차이가 나는 것
> 다) 점포의 위치에 대해 고객이 얼마나 쉽게 기억하고 있는가?
> 라) 특정 입지에 다양한 업종이 입점하기 쉬운 정도가 높으면 높을수록 좋은 입지라고 볼 수 있다.

가) 나) 다) 라)
① 접근성의 법칙-가시성의 법칙-인지성의 법칙-입지성의 법칙
② 접근성의 법칙-입지성의 법칙-가시성의 법칙-인지성의 법칙
③ 접근성의 법칙-가시성의 법칙-입지성의 법칙-인지성의 법칙
④ 접근성의 법칙-입지성의 법칙-인지성의 법칙-가시성의 법칙
⑤ 접근성의 법칙-인지성의 법칙-가시성의 법칙-입지성의 법칙

40 유통시장 전면 개방에 대한 대응책으로 기존 백화점들은 유통망의 경쟁력 강화와 경쟁 우위를 확보하기 위해 지방도시의 기존 중소 업체를 인수하거나 수도권 및 도심지역으로 신규점포를 출점하고 있다. 이로 인해 동종업종간의 경쟁악화가 하나의 문제점으로 부각되고 있다. 이에 대한 가장 밀접한 소매점포의 전략은?

① 다각화 전략 ② 광역형 입지전략
③ 다점포화 경영전략 ④ 사업 확장전략
⑤ 전방통합전략

41 도심 입지(CDB: Central Business District)는 대도시와 중 · 소도시의 전통적인 도심 상업지역을 말하며 이러한 곳은 다양한 상업 활동으로 인해 많은 사람들을 유인하는 지역이다. 다음 중 도심입지에 대한 설명으로 가장 옳지 않은 것은?

① 고급 백화점, 고급 전문점 등이 입지하고 있는 전통적인 상업 집적지로, 도심 번화가(CBDs)형은 다양한 분야에 걸쳐 고객 흡입력을 지닌다.
② 도심 입지는 대체로 중상류층 이상의 사람들이 다니며 오피스타운이 인근지역에 발달해 있고 지가와 임대료가 매우 비싼 지역으로 볼 수 있다.
③ 도심 입지는 최근에 부도심과 외곽도심의 급격한 발달, 중상류층의 거주 지역 이전, 교통체증 등의 원인으로 과거와 같이 고객 흡인력이 없다.
④ 도심 입지의 상업 활동은 많은 사람들을 유인하고, 그 곳이 대중교통의 중심지이며 도시 어느 곳에서든지 접근성이 가장 높은 지역이다.
⑤ 도심입지는 지역의 핵심적인 상업시설을 가지고 있으며, 입지를 조성할 때 무계획성보다는 계획성으로 인하여 조성되어 있는 것이 일반적이다.

42 다음은 한 유통기업이 특정 상권 내에서 다점포전략을 추구하는 경우에 대한 설명이다. 가장 거리가 먼 것은?

① 다점포경영의 발생요인은 유통업계의 대형화와 집중화 현상, 소비자행동의 변화 및 정보기술 발달 등의 환경적 변화에서 비롯된다.
② 유통기업이 특정 상권에 다점포전략을 사용하는 것은 자사 점포들 사이에 경쟁을 유발하여 전체적 성과를 높임과 동시에 경쟁점포의 출점에 대한 장벽을 구축하기 위한 목적이다.
③ 동일한 상권 안에 새로운 점포를 출점하는 전략은 내부경쟁을 통해 성과가 나쁜 자사(自社) 점포의 성과를 개선하는 효과를 가져올 수 있다.
④ 특정 상권 내에서 다점포경영은 점포들 간의 경쟁을 촉진하고, 자사 점포들의 개별 이익을 보장하지 못하는 단점을 지닌다.
⑤ 유통기업이 특정 상권에 다점포전략을 사용할 경우 경쟁점포가 출점할 수 있는 입지를 미리 선점할 수 있고, 고객충성도 향상과 불량고객의 퇴출에 기여한다.

43 상권 매력도를 평가할 때 평가요인이 되는 지역외 구매(out shopping)에 대한 내용으로 옳지 않은 것은?

① 지역외 구매란 해당지역에 거주하는 소비자들이 상권 외부 지역에서 구매하는 현상을 말한다.
② 해당 지역에서의 가구당(혹은 1인당) 예상지출액과 실제지출액의 차이를 유발한다.
③ 시장성장잠재력지수(MEP : market expansion index)가 높으면 지역외구매 현상이 많아 신규수요창출 가능성이 크다고 본다.
④ 해당지역과 타지역간 소매점의 마케팅능력 차이는 반영되지 않는다.
⑤ 교통수단의 발달은 소비자의 이동가능성을 높여 지역외구매 현상을 촉진한다.

44 시장의 매력도를 측정하기 위한 시장의 경제적 기반 평가에 적합한 요인으로 가장 올바르게 묶인 것은?

> ㉠ 앞으로의 경제활성화 정도
> ㉡ 현금 사용자의 거래당 평균 구매액
> ㉢ 경제활동 가능자 중 취업자 비율
> ㉣ 무작위로 선택한 1개 점포의 고객 이용 횟수
> ㉤ 신문, 잡지, 방송 등 미디어매체의 광고 이용가능성

① ㄴ, ㄷ, ㄹ　② ㄷ, ㄹ, ㅁ
③ ㄱ, ㄴ, ㄷ　④ ㄴ, ㄷ, ㅁ
⑤ ㄱ, ㄷ, ㅁ

45 다음 중 Central Business District에 대한 설명으로 가장 옳지 않은 것은?

① 도심 입지는 대도시와 중 · 소도시의 전통적인 도심 상업지역을 말하며 이러한 곳은 다양한 상업 활동으로 인해 많은 사람들을 유인하는 지역이다.
② 도심 입지를 조성할 때 계획성보다는 무계획성으로 인하여 조성되어 있는 것이 일반적이며 이는 오랜 기간동안 자연적으로 인구의 증가에 따라 성장했기 때문이다.
③ 도심 입지는 대체로 중상류층 이상의 사람들이 다니며 고급 백화점, 고급 전문점 등이 입지하고 있는 전통적인 상업 집적지로, 다양한 분야에 걸쳐 고객 흡입력을 지닌다.
④ 인근지역이 발달해 있고 지가와 임대료가 매우 비싼 지역이며, 부도심과 외곽도심의 급격한 발달, 중상류층의 거주지역 이전, 교통체증 원인으로 과거보다 더 많은 고객 흡인력을 가진다.
⑤ 도심 입지의 상업 활동은 많은 사람들을 그 지역에 유인하고, 그 곳이 대중교통의 중심지이며 도시 어느 곳에서든지 접근성이 가장 높은 지역이다.

제3과목 유통 마케팅(46~70)

46 다음은 기업이 신제품을 개발할 때 고려할 수 있는 브랜드 전략(Brand strategy)에 관하여 기술한 것이다. 가장 적절하지 않은 것은?

① 하향 확장(downward line extension)의 경우 기존 브랜드의 고급 이미지를 희석시켜 브랜드자산을 약화시키는 희석효과(dilution effect)를 초래할 수 있다.
② 기존의 브랜드자산이 크다고 판단되는 경우 기존의 제품범주에 속하는 신제품에 그 브랜드명을 그대로 사용하는 것을 계열확장 혹은 라인확장(line extension)이라 한다.
③ 같은 브랜드의 상품이 서로 다른 유통경로로 판매될 경우 경로간의 갈등(channel conflict)을 일으킬 위험이 있다.
④ 기존 브랜드와 다른 제품범주에 속하는 신제품에 기존 브랜드를 사용하는 것을 브랜드확장(brand extension) 혹은 카테고리확장(category extension)이라 하며, 우리가 '신상품'이라고 부르는 것의 대부분이 이 전략이 적용된 것이다.
⑤ 기존의 제품범주에 속하는 신제품에 완전히 새로운 브랜드를 사용하는 것을 다 상표전략(multi-brand strategy)이라 한다.

47 전략적경영(strategic management) 및 전략적 인적자원관리(strategic human resource management)에 관한 다음의 설명 중 적절하지 않은 항목만으로 구성된 것은?

> 가. 전략적 인적자원관리는 경영전략과 인적자원관리를 통합하여 상호 연계시키는 인적자원관리 활동 및 체계이다.
> 나. 전략적 경영의 수준은 의사결정의 수준과 범위에 따라 기업수준의 전략(corporate strategy),사업수준의 전략(business strategy), 기능수준의 전략(functional strategy)으로 나눌 수 있다.
> 다. 후방통합(backward integration)은 공급업자의 사업을 인수하거나 공급업자가 공급하던 제품이나 서비스를 직접생산, 공급 하는 방식의 전략으로 수평적 통합(horizontal integration)전략의 하나이다.
> 라. 전략적 인적자원관리는 전통적인 인사관리(personnel management)와 달리 기업의 경영전략과 인적자원관 시스템간의 적합성(fitness)을 강조한다.
> 마. 전략적 인적자원관리는 경쟁우위의 원천으로 인적자원(human resource)보다 물적자원(physical resource)을 중시한다.

① 가, 다　② 나, 마　③ 다, 마
④ 라, 마　⑤ 나, 라

48 기업경영전략 및 마케팅전략계획에 관한 설명과 가장 거리가 먼 내용은?

① 전략계획에서는 중장기적인 성과향상을 위한 자원의 효율적인 투입계획이 단기적 성과향상을 위한 자원의 효율적인 투입계획보다 우선한다.
② 전략계획을 구성하는 핵심내용으로는 기업의 목표, 기업의 외부환경분석, 기업의 내부환경분석을 들 수 있다.
③ 효과적인 전략계획은 끊임없이 다이내믹하게 변화하는 경쟁시장에서 지속적인 경쟁우위확보를 위한 유용한 도구이다.
④ 마케팅 관리자는 적절한 활동을 선정하고 실행하는 것을 확실히 하기 위해 중요한 분야에 대해 전략적 계획수립을 최우선시 해야 한다.
⑤ 기업의 내부환경분석은 기업문화, 리더십, 핵심역량 및 경영자원에 대한 분석에서부터 경쟁자, 고객 그리고 공급업자에 대한 분석을 의미한다.

49 SERVQUAL의 5개 차원에 대한 설명으로 가장 옳게 설명되어진 것은?

① 신뢰성(reliability)은 약속한 서비스를 믿을 수 있고, 정확하게 업무를 수행하는 능력으로 서비스수행의 철저함, 정확한 기록, 약속 엄수 등이 있다.
② 유형성(tangible)은 고객에 대한 직원들의 지식과 예절 및 신빙성과 안전성 그리고 자신감을 전달하는 능력, 지식, 기업평판, 고객의 재산과 시간에 대한 배려 등이 있다.
③ 대응성(responsiveness)은 서비스를 평가하기 위한 외형적인 단서로 눈으로 구분가능한 설비나 장비, 오토바이, 계산대, 서빙도구 등 물리적으로 구성되어 있는 외양을 말한다.
④ 확신성(assurance)은 접근용이성, 원활한 의사소통, 고객에 대한 충분한 이해, 서비스를 제공하는 회사가 고객에게 제공하는 개별적인 배려와 관심을 말한다.
⑤ 공감성(empathy)은 반응성이라고도 하며, 고객에 대한 도움은 항상 준비되어 있으며 언제든지 서비스를 제공하고, 서비스의 적시성, 고객의 문의나 요구에 대한 즉시 응답 등이 있다.

50 상품포장의 기능은 크게 상품기능, 의사전달기능, 가격기능 등으로 분류된다. 다음 중 포장의 상품기능과 가장 거리가 먼 것은?

① 특정 상품을 다른 상품과 식별할 수 있게 하는 기능
② 상품의 내용물을 다양한 위험으로부터 보호하는 기능
③ 소비자가 상품을 편리하게 운반하고 사용하게 하는 기능
④ 상품 내용물 즉 일정한 수량을 정해진 단위에 알맞도록 적재하는 기능
⑤ 기업들은 포장을 할 때에 정부의 환경정책과 소비자의 안전을 고려하는 기능

51 보스턴컨설팅그룹(BCG)에서 개발한 사업 포트폴리오 모델을 중심으로 전략을 수립할 때 각 사업의 특성과 전략방향이 제대로 짝지워져 있다고 보기 어려운 것은?

① 문제아(problem children)사업 – 육성(build) 또는 처분(divest)
② 캐쉬 카우(cash cow) 사업 – 보존(hold) 또는 수확(harvest)
③ 스타(star) 사업 – 육성(build)
④ 개(dog) 사업 – 육성 또는 보존
⑤ 캐쉬 카우(cash cow) 사업 – 현금유입(cash follow)

52 수명주기(product life cycle)에 의한 상품분류 중 성장기 상품에 속하지 않은 것은?

① 상품의 판매 추세가 급상승하고 높은 가격에도 수요는 지속적으로 증가하므로 제조업자나 소매점에서는 높은 수준의 매출과 이익을 확보할 수가 있다.
② 마케팅목표는 시장점유율 확대, 가격정책은 시장침투가격, 유통정책은 집중적유통, 촉진정책은 다양한 소비자들에게 인지도를 강화하는데 초점을 두어야 한다.
③ 소매점으로서는 이익률이 높은 기간이므로 대량판매와 품절에 의한 기회 손실이 발생하지 않도록 매입과 상품관리에 충분한 배려를 해야 한다.
④ 유통망을 광범위하게 사용하는 전술을 적극적으로 펼쳐나가야 하며, 마케팅 믹스전략은 제품 확장, 서비스 품질강화와 시장점유율 최대화를 추구해야 한다.
⑤ 신규 수요보다도 대체수요에 중점을 두어야 하며, 상품은 치열한 경쟁으로 인해 이익이나 매출은 급신장하지 않지만 소비자들이 찾는 상품이므로 상품믹스에 포함한다.

53 다음 중 리드타임(lead time)에 관하여 가장 올바르게 설명하고 있는 것은?

① 상품결손에 대한 인식시점과 실제 주문이 이루어지는 시점까지의 걸리는 시간
② 상품에 대한 소멸시점으로부터 주문한 수량이 매장에 도착할 때까지 걸리는 시간
③ 상품에 대한 주문실행시점으로부터 주문한 상품이 점포에 도착하여 진열이 완료되기까지의 시간
④ 상품주문의 서류를 공급업체가 받은 시점부터 공급명령서를 지시한 시점까지의 시간
⑤ 보충되어야 할 재고의 필요성에 대한 인식시점과 주문 후 상품이 점포에 도착하는 시점사이의 시간

54 다음은 다이렉트 마케팅(direct marketing)과 관련된 설명내용이다. 올바르지 않은 것은?

① 직접마케팅관리자는 거의 모든 세분시장에 알맞도록 메시지를 맞춤화하고 개인화하며, 관계를 구축할 수 있을 뿐만 아니라 적절한 시기에 대부분의 관심 있는 고객들에게 접근하며, 대안적 매체와 메시지들을 쉽게 검증할 수 있고 결과를 쉽게 측정할 수 있다.
② 직접마케팅의 경로들에는 직접우편, 카탈로그, 텔레마케팅, 상호작용적TV, 웹사이트 및 모바일 기기 등 상호작용적 경로를 들 수 있다.
③ 직접마케팅은 중간유통상의 개입 없이 직접적인 경로를 통하여 고객에게 제품 및 서비스를 전달하는 활동을 의미하므로 판매인력을 통한 인적판매 및 현장방문판매의 경우는 제외된다.
④ 직접마케팅에서는 직접 마케트들이 펼치는 캠페인의 반응 측정치를 보다 정확하고 신속하게 파악 할 수 있으며, 캠페인의 효과성 및 수익성에 대한 신속한 평가와 이를 활용한 의사결정이 더욱 용이하다.
⑤ 직접마케팅은 다른 마케팅에 비해서 고객과의 대면 접촉을 하는 것이 힘들기 때문에 서비스제공이나 제품설명에 한계를 가지고 있다.

55 매장진열에서 등장하는 유효진열범위 중 특히 골든라인(Golden Line)의 부분에 대한 설명으로 옳지 않은 것은?

① 매출기여도가 가장 높을 것으로 예상되는 위치
② NB(national brand)제품이 집중적으로 진열된 장소
③ 눈높이에서 20도 내려간 곳을 중심으로 위 10도 그 아래 20도 사이
④ 유효진열범위 내에서 가장 고객의 눈에 띄기 쉽고 또한 손이 닿기 쉬운 높이의 범위
⑤ 디스플레이 해야 하는 상품으로는 중점판매상품, 계절상품, 캠페인상품, 광고상품

56 다음 중 고객별 수익기여도 분석에 관한 설명으로 가장 올바르지 않은 것은?

① RFM(Recency Frequency Monetary)분석은 최근성, 구매빈도 및 구매량을 이용하여 고객의 로열티를 측정하는 방법이다.
② HPM(고객실적 평가법) 은 고객이 지금까지 기업의 수익성에 어느 정도 기여해 왔는지를 측정하는 방법이다.
③ LTV(고객생애가치)는 고객이 향후 예측되는 수익이 어느 정도인지를 측정하는 방법이다.
④ MOT(고객접점)고객과 기업이 접촉하여 그 제공된 서비스에 대해 느낌을 갖는 15초간의 진실의 순간을 말한다.
⑤ HPM(고객실적 평가법)방법은 우량고객이 될 가능성이 있는 고객이 누구인지를 명확하게 측정할 수 있는 반면, RFM 분석기법은 이익기여도에 대한 산정기준이 불분명한 단점이 있다.

57 다음 안에서 설명하는 (　　)내용으로 가장 옳은 것은?

> 대학생 이혜빈(22)씨는 지난달 30일 미국 온라인 쇼핑몰에서 '바나나리퍼블릭'의 스웨터를 샀다. 국내 백화점에도 같은 상품이 있지만 (　　　)때 해외에서 직구매하면 절반 이상 싸다. 김씨는 "기본 40% 할인에 추가 25%를 받아 40달러(약 4만2000원)에 샀는데 한국에선 15만원 정도 한다"며 "연말까지 헤드폰 등 AV기기도 구매할 생각"이라고 말했다. 추수감사절(11월 넷째 목요일)부터 크리스마스까지인 미국의 연말 쇼핑 시즌이 시작되면서 '해외직구족'이 늘고 있다.

① 블랙프라이데이 (Black Friday)
② 사이버먼데이(Cyber Monday)
③ 크리스마스데이(Christmas day)
④ 빅세일데이(Bigsales day)
⑤ 바겐세일데이(Bargainsale day)

58 다음은 마케팅전략의 수립과정에서 마케팅 전략개발의 내용에 대한 설명이다. (　) 안에 알맞은 단어를 가장 바르게 나열한 것은?

> 마케팅 전략의 수립과정에서 (　　)은(는) 전체 시장을 기업이 제공하는 마케팅 믹스에 대하여 유사한 반응을 할 것으로 추정되는 동질적 고객집단으로 나누는 과정이다.
> (　　)은(는) 여러 개의 세분시장들 중에서 경쟁제품보다 고객의 욕구를 더 잘 충족시킬 수 있는 세분시장을 선정하는 것이다.
> (　　) 은(는) 소비자의 마음속에 경쟁상표와 비교하여 경쟁우위를 제공하는 위치에 자사상표를 구축하려는 노력을 말한다.

① 시장세분화(market segmentation) - 제품포지셔닝(product positioning) - 타켓시장선택(selection of target market)
② 시장세분화(market segmentation) - 타켓시장선택(selection of target market) - 제품포지셔닝(product positioning)
③ 제품포지셔닝(product positioning) - 타켓시장선택(selection of target market)-시장세분화(market segmentation)
④ 제품포지셔닝(product positioning) - 시장세분화(market segmentation) - 타켓시장선택(selection of target market)
⑤ 타켓시장선택(selection of target market) - 시장세분화(market segmentation) - 제품포지셔닝(product positioning)

59 업태별 쇼핑행태를 분석한 내용으로부터 몇몇 특징을 요약해보았다. 최근 사장환경에 발생하는 현상에 대한 설명으로 올바르지 않은 것은?

① TV홈쇼핑을 제외한 온라인 쇼핑업태의 경우 오프라인 업태에서 쇼핑의 사각지대인 오전이나 새벽시간대(0~9시) 구입은 현저하게 저조하다.
② 인터넷쇼핑몰과 오픈마켓에서는 가전, 전자, 통신기기가 가장 많이 판매된 반면, TV홈쇼핑과 카탈로그쇼핑에서는 패션관련상품 비중이 가장 높다.
③ 편의점의 경우 21~30세 객이 가장 많은 반면, 백화점, 할인점 및 슈퍼마켓에서는 30~40대 고객비중이 가장 높다.
④ 상품부문별 매출구성비를 살펴보면 업태에 따라 차이가 있다. 슈퍼마켓은 생식품, 할인점은 가공식품, 백화점은 의류부문이 가장 높은 비중을 차지하고 있다.
⑤ 고객들의 편리성 추구함이 높아짐에 따라 고객들은 물건을 구입하여 직접 가져가기 보다는 배달을 원한다.

60 소매업체와 공급업체간의 전략적 파트너십 유지와 관련된 다음의 내용 중 잘못된 것은?

① 전략적 파트너십을 성공적으로 유지하기 위해서는 개방적인 의사소통을 하여야 한다.
② 공동목표는 설령 기대한 이익이 실현되지 않더라도 파트너십을 지속시키는 데 도움을 준다.
③ 관계에 대한 가시적 투자가 전제되어야 관계가 더 지속적으로 발전할 수 있다.
④ 전략적 파트너십에서는 거래윤리나 관계규범보다 계약법이 보다 중요한 거래지침이 된다.
⑤ 상대방에 대한 신뢰를 바탕으로 의사결정에 있어 일관성을 더욱 높일 수 있다.

61 유통업체에서 카테고리관리를 할 때, 카테고리별 재무목표를 설정하기 위하여 이익, 매출, 회전률을 결합하여 판단하여야 한다. 이와 같은 목적으로 사용하기 가장 적합한 재무비율은 어느 것인가?

① GMROI ② GMROS
③ EVA ④ ROA
⑤ ROI

62 다음 중 서비스 품질평가 모델 중 SERVQUAL 모형에 대한 설명이 바르지 않은 것은?

① 서비스 품질 평가의 요소를 10개 혹은 5개를 조사함으로써 서비스 품질평가를 한다.
② 서비스 기업의 접근 용이성, 원활한 의사소통, 고객에 대한 충분한 이해 등은 "공감성 차원"으로 분류한다.
③ SERVQUAL은 동일한 서비스를 제공받는다 하더라도 고객의 주관에 따라 달라질 수 있다.
④ SERVQUAL의 설문지는 체계적으로 구조화되어 있기 때문에 업종의 구분 없이 그대로 적용할 수 있다.
⑤ SERVQUAL은 서비스 품질의 핵심적인 요소로서 서비스 품질 평가에 많이 이용된다.

63 지속성 상품의 매입에 있어 주문점을 파악할 필요가 있다. 주문점(order point)이란 다음 주문수량이 도달하기 이전에 재고량이 가용수준을 유지하지 못하면 품절이 발생하는 수준에 도달한 때를 말한다. 주기적 주문시스템에서 아래와 같이 재고관련 지수가 주어지는 경우 주문점은 몇 단위인가?

• 일일 수요: 5단위 • 도달시간: 14일
• 재고점검주기: 7일 • 안전재고: 30단위

① 105단위 ② 120단위
③ 135단위 ④ 145단위
⑤ 180단위

64 백화점의 다양한 업무활동에 대한 설명 중 시장조사방법의 하나인 '시장관찰' 내용에 가장 가까운 것은?

① 한 기업이 다른 기업에게 로열티를 지불하고 자사가 소유한 제조공법, 상표, 특허권 등을 사용 허가하도록 하는 계약적 활동을 말한다.
② 판매원이 고객에게 국내에서 생산된 브랜드신발 이외에 제3국에서 생산된 상품을 제공하고 있다.
③ 매장판매원이 생일선물로 꽃병을 찾는 고객에게 판매를 촉진하기 위한 컨설팅을 하고 있다.
④ 관련 상품부문 관리자가 가구유통업자에게 고객들의 문의가 많았던 실내장식을 위한 전통가구분야의 판매기회(가능성)에 관한 정보를 전달한다.
⑤ 부문별 상품관리자가 고객에게 제공되어야 할 상품에 대한 의사결정과정에서 특히 고객의 구매력에 알맞도록 고려하고 이에 알맞은 상품선택에 초점을 맞춘 상품구매를 추진하고 있다.

65 서비스업에 대한 준거가격은 제품에 대한 준거가격에 비해 소비자가 정확하게 파악하기 더욱 어렵다. 이러한 현상이 발생하는 이유들에 대해 올바르게 설명하고 있지 못한 것은?

① 서비스 상품의 경우 고객의 개인적인 욕구의 차이가 적기 때문이다.
② 서비스 가격은 판매가격과 상품원가를 잘 파악하여 책정하여야 한다.

③ 서비스가 완료되기 전까지는 소비자가 서비스가 어느 정도 행해지게 될지에 대해서 알지 못하기 때문이다.
④ 고객이 가격비교를 위해 수집해야 할 정보가 너무 많으며 비교가 가능하도록 유사한 서비스를 진열하는 경우도 거의 없기 때문이다.
⑤ 서비스는 무형이고, 서비스기업은 그들이 제공하는 서비스를 다양하게 형상화 할 수 있으므로 이에 따라 가격구조가 복잡할 수 있기 때문이다.

66 다음 중 점포기획자가 상품진열의 효과를 높이기 위해 가장 중요하게 고려하여야 할 것은?

① 상품의 가격
② 상품의 포장
③ 상품의 유통경로
④ 상품의 잠재적 이윤
⑤ 상품과 점포이미지의 일관성

67 일정기간 동안 기업실체의 경영성과를 나타내는 회계보고서인 포괄손익계산서에 대한 설명으로 옳지 않은 것은?

① 포괄주의 관점의 손익계산서는 일정 기간 동안 소유주와의 자본거래를 제외한 모든 원천에서 순자산이 증가하거나 감소한 정도와 그 내역에 대한 정보를 제공한다.
② 일정기간의 포괄이익과 그 구성요소인 수익과 비용 등에 대한 정보를 제공하여야 하며, 정보이용자는 일정 기간 동안의 기업실체의 경영성과를 파악할 수 있다.
③ 일정시점 현재 기업실체가 보유하고 있는 경제적 자원인 자산과 경제적 의무인 부채, 그리고 자본에 대한 정보를 제공하는 정태적인 회계보고서이다.
④ 제공되는 정보의 유용성을 높이기 위해 포괄이익의 수익성 정도 및 그 변동 요인이 적절히 파악될 수 있도록 영업활동대 재무활동의 항목이 구분 표시되어야 한다.
⑤ 해당 회계기간을 표시하기 위하여 항상 회계기간 시작부터 끝까지 하는 기간이 표시되고, 일정기간의 영업성적을 파악하기에 동태적인 재무제표에 속한다.

68 무점포소매업에 관한 설명 중 가장 올바르지 않은 것은?

① 모바일 커머스 거래는 이용자의 이동성과 위치정보를 정확히 알 수 있으므로 이용자의 원투원 마케팅과 타겟 마케팅이 가능하다.
② 아웃바운드 텔레마케팅은 불평고객의 문제해결, 제품소개, 서비스의 예약이나 접수 등을 통해 고객에게 가치를 제공하는 기법이다.
③ 인터넷 쇼핑몰은 정보제공에 의한 판매가 이루어지는 형태로 유통경로가 짧고 단순하며 쌍방향 마케팅이 가능하다.
④ 카탈로그 판매는 지속적인 고객 데이터베이스 관리를 통해 통신판매를 선호하는 계층과 그들이 선호하는 제품들을 대상으로 하는 카탈로그 개발이 중요하다.
⑤ TV 홈쇼핑은 매체를 활용하여 가상점포를 운영하는 것으로, 점포소매상을 이용하기 어려운 중소 제조업체가 비교적 저렴한 비용으로 접근할 수 있는 유통경로이다.

69 유통기업 경영자가 신상품도입을 추진하기 전에 검토해보아야 할 내용에 관한 설명이다. 신상품으로 '샌드위치'에 대한 판매를 시작하기 전 소위 '수익을 창출하기 위해서 얼마나 많은 수량의 샌드위치를 판매해야 하는지'를 파악한 후 '판매목표를 달성할 수 있는지'에 대한 검토를 바탕으로 의사결정을 하여야 한다. 이를 파악하기 위한 도구에 관한 설명내용으로 가장 거리가 먼 것은?

① 여러 판매수준에서의 수익성을 파악하기 위하여 사용되는 프로세스이다.
② 총고정비를 제품단위당 가격에서 제품단위당 변동비를 제한 금액으로 나눈 값을 의미한다.
③ 판매로부터 발생하는 수익과 투입되는 모든 비용이 동일하게 되는 점을 의미한다.
④ 고정비를 구성하는 비용항목들에는 공장이나 창고를 소유 또는 임대하는데 지불되는비용과 보험료, 제품생산에 사용되는 원자재비용이 포함된다.
⑤ 샌드위치점포의 임대료는 고정비개념에 해당하기에 공헌이익에서 차감을 하는 방식을 이용한다.

70 기업경영전략 및 마케팅전략계획에 관한 설명과 가장 거리가 먼 내용은?

① 전략계획에서는 중장기적인 성과향상을 위한 자원의 효율적인 투입계획이 단기적 성과향상을 위한 자원의 효율적인 투입계획보다 우선한다.
② 공동의 비전(shared vision)은 이에 관한 수련은 조직 구성원들이 공동으로 추구하는 목표와 원칙에 관한 공감대를 형성하는 것이다..
③ 효과적인 전략계획은 끊임없이 다이내믹하게 변화하는 경쟁시장에서 지속적인 경쟁우위확보를 위한 유용한 도구이다.
④ 기업의 내부환경분석은 기업문화, 리더십, 핵심역량 및 경영자원에 대한 분석에서부터 경쟁자, 고객 그리고 공급업자에 대한 분석을 의미한다.
⑤ 집단적 학습(team learning)은 이에 관한 수련은 집단구성원들이 진정한 대화와 집단적인 사고의 과정을 통해 개인적 능력의 합계를 능가하는 지혜와 능력을 구축할 수 있게 하는 것이다.

제4과목 유통 정보(71~90)

71 다음 중 B2B 전자상거래에 관한 설명으로 옳지 않은 것은?

① B2B 거래는 구매자와 판매자간에 직접 이루어 질 수도 있고, 온라인 중개상을 통해 이루어 질 수도 있다.
② 전략적 제휴관계를 통해 판매자의 협조를 확보함으로서 경쟁우위를 달성할 있다.
③ 직접적 생산자원뿐만 아니라 간접적 생산자원도 온라인상에서 구매함으로서 많은 거래비용을 줄일 수 있다.
④ 수직적 시장을 통해서 다양한 이업종의 원(반)자재를 쉽게 구매할 수 있다.
⑤ B2C의 경우, B2B에 비해 불특정 다수의 고객을 대상으로 배송이 이루어진다.

72 다음 중 EDI 방식과 E-mail 방식에 의한 정보교환의 특성에 대한 설명으로 부적절한 것은?

① EDI는 수신자가 정보를 재입력할 필요성이 없다는 장점이 있다.
② E-mail은 자유로운 형식으로 정보를 전달할 수 있다는 장점이 있다.
③ E-mail은 구조화된 표준양식을 이용하거나 단순한 일반 편지를 이용한다.
④ EDI는 다량 자료의 반복적 교환이나 가입된 거래상대자에게의 공식서류 전달을 위해 이용된다.
⑤ EDI란 통신회선을 통해 표준적인 규약을 이용하여 컴퓨터 간에 데이터를 상호 교환하는 방식을 말한다.

73 온라인 업체의 배송 네트워크 설계에 대한 설명으로 옳은 것은?

① 중앙 집중화된 배송시설은 재고관리의 효율성을 높이며, 고객에 대한 대응성도 증가시킨다.
② 배송시설을 분산하게 되면 규모의 경제를 달성할 수 있게 됨으로써 입고 수송비용이 현저히 줄어들 수 있다.
③ 역 공급사슬에 대한 고려를 통해서 원재료 조달의 편의성을 제고 시킬 수 있어야 한다.
④ 배송시설을 분산시키면 기업입장에서는 고객서비스 증가와 비용감소라는 이점이 있다.
⑤ 배송시설을 분산시켜서 고객과의 거리를 단축시키면 배송서비스에 대한 만족도를 제고 시킬 수 있다.

74 다음 중 ECR(Efficient Consumer Response)에 대한 설명으로 옳은 것은?

① JIT의 영향을 받아서 개발된 이후에 QR 시스템에 영향을 주었다.
② 1990년대 영국과 일본의 슈퍼마켓에서 공급사슬의 전방구매와 전매 등의 문제를 해결하기 위한 노력의 결과로서 처음 등장하게 되었다.
③ 유통업체와 제조업체가 고객에게 보다 저렴한 가격으로 상품을 제공하고 고객 만족도를 높이기 위하여 공급체인을 Push방식으로 변화시키며 POS시스템 도입을 통하여 제품을 자동 보충하는 전략이다.
④ 영국과 일본에서 시작된 ECR 활동이 미국 및 우리나라에도 보급되어 고객가치창조를 위해서 유통업체를 중심으로 한 도입이 활성화되고 있다.
⑤ 전자문서화 된 정보교환과 원활한 제품흐름이 시스템 도입의 성공 요건이며, 식품산업에 적용하기 위한 SCM의 변형이라 할 수 있는 식품잡화 부문의 SCM이다.

75 다음 중 사이버 물류 비즈니스의 문제점 중에서 물류업계의 특성에 기인한 문제점으로 가장 거리가 먼 것은?

① 중개 사이트가 제공하는 서비스에 대한 인지도가 낮다.
② 화주와 포워드에게 기존거래 관행에 대한 고정 관념이 남아 있다.
③ 휴대폰, PDA, 무선 스캐너 등의 통신망의 의존도가 절대적이다.
④ 보안과 신용 문제로 인해서 사이버 물류시스템의 이용을 꺼리는 경향이 있다.
⑤ 화물 중개 사이트에서 제공하는 화주나 운송사에 대한 정보가 불충분한 경향이 있다.

76 다음 은 유통산업에서 RFID를 활용하였을 때의 기대효과를 설명한 것이다. 옳지 않은 것은?

① 고객점유율, 또는 고객의 지출 점유율(wallet share) 제고
② 재고절감: 상품 재고수준의 실시간 파악으로 판매량에 따른 최소 재고수준 유지
③ 입출고 리드타임 절감 및 검수정확도 향상: 입출고 상품 대량 판독과 무검수, 무검품의 실현에 따른 리드타임의 획기적 절감
④ 상품손실절감: 상품 수량 및 위치를 실시간 파악함으로써 도난 등 상품 손실 예방
⑤ 정보유지성: 자유로운 태그 데이터 변경, 일시에 대량의 데이터 판독 가능, 열악한 환경하에서도 판독 가능

77 다음 중 유통분야 인력과 정보기술 분야의 인력간의 의사소통 협상에 대한 설명으로 거리가 먼 것은 ?

① 각 분야별로 자신들 만의 경험 및 전문용어를 이용해서 상호의사 소통을 시도함으로써 상대분야 인력들이 이해를 못하는 현상이 발생한다.
② 유통분야 경영자는 정보기술에 대한 이해를 위한 관련 잡지를 읽는 것이 바람직하다.
③ 명령체계를 명확히 한 다음에 두 분야 간의 일 방향 의사소통 구조를 갖는 것이 바람직하다.
④ 두 분야의 원활한 의사소통을 위해 시스템분석자는 의사소통기술에 능통해야 한다.
⑤ 두 분야의 의사결정 담당자들은 의사결정시 역지사지의 생각을 가지는 것이 바람직하다.

78 디지털제품의 생산 및 유통과정에 적용될 수 있는 법칙으로 가장 맞는 것은?

① 수확체감의 법칙 ② 공급체감의 법칙
③ 수확체증의 법칙 ④ 공급체증의 법칙
⑤ 효용체감의 법칙

79 다음 중 회사 내 구매 관련 부서간의 납품정보를 공유하기 위해 인터넷 기술을 이용해서 구축한 폐쇄망은 무엇인가?

① Intranet ② Extranet
③ Internet ④ POS
⑤ Firewall

80 ISBN 부여 대상자료에서 제외되는 자료는?

① 선전용 팸플릿
② 카세트에 녹음된 도서
③ 마이크로 컴퓨터 소프트웨어
④ 점자자료(도서 및 오디오테이프)
⑤ 교육용으로 제작된 필름, 비디오테이프 등

81 다음 중 공급체인의 효율성을 높이기 위하여 이용하는 정보기술과 가장 거리가 먼 것은?

① POS(Point of Sale)
② DW(Data Warehouse)
③ CA(Certificate Authority)
④ CM(Category Management)
⑤ EDI(Electronic Data Interchange)

82 위치기반 상거래(location based commerce)에 대한 설명으로 부적절한 것은?

① 특정 위치에 있는 개인들을 대상으로 상거래를 추구하는 모바일 커머스의 일종이다.
② 위치기반 상거래 기술을 이용하면 위급상황에 대한 알림 서비스사업이 가능해진다.
③ 지리적 내용정보와 위치적 내용정보가 결합되어 특정 서비스를 제공한다.
④ 미국방성에서 제공하는 인공위성이 없으면 서비스가 불가능하다는 단점이 있다.
⑤ 위치기반 상거래 기술을 이용하면 위급상황에 대한 알림 서비스사업이 가능하며, 지리적 내용정보와 위치적 내용정보가 결합되어 특정 서비스를 제공한다.

83 다음 중 EDI(전자 문서 교환)의 사용에 따르는 기대효과로 적합하지 않은 것은?

① 주문 사이클 증가
② 사무인력의 생산성 향상
③ 무역업 분야에서 비용감소효과
④ 거래 상대방과 정보공유로 협력관계 촉진
⑤ 서류 없는 업무환경으로 오류감소 및 비용 절감

84 다음 중 전자상거래 업체에 적용되는 물류관리에 대한 설명으로 옳은 것은?

① B2B의 경우, 주로 소포장단위의 배송 대상물들이 대량으로 배송되는 경향이 있다.
② B2B의 경우, 소포형태의 배송이 많으며 특정 지역을 중심으로 배송처가 집중되는 경향을 보인다.
③ B2C의 경우, B2B에 비해 불특정 다수의 고객을 대상으로 배송이 이루어진다.
④ 공급사슬상의 배송에 대한 책임범위가 오프라인 상거래에 비해서 좁다.
⑤ B2C 거래는 구매자와 판매자간에 직접 이루어 질 수도 있고, 온라인 중개상을 통해 이루어 질 수도 있다.

85 의사결정에 필요한 정보의 제공시, '필요한 정보를 제공하는 것 못지 않게 불필요한 정보를 제공하지 않는 것도 중요하다'는 것은 정보의 특성 중에서 어떤 특성을 뜻하는 것인가?

① 정보 과부하 ② 정보 적시성
③ 정보 형태성 ④ 정보 객관화
⑤ 정보 관련성

86 다음 중 온라인 광고에 대한 아래의 설명 중에서 옳지 않은 것은?

① 삽입광고(interstitials)는 웹사이트 화면이 바뀌고 있는 동안에 출현하는 온라인 전시광고이다.
② 가장 흔한 형태는 배너(banner)광고인데, 웹페이지의 상하좌우 또는 중간에서도 볼 수 있다.
③ 리치미디어(rich media)란 현재 보고 있는 창 앞에 갑자기 나타나는 새로운 창에 있는 온라인광고이다.
④ 구글이나 야후같은 사이트에 검색엔진 결과와 함께 나타나는 링크와 텍스트를 기반으로 하는 광고를 검색관련광고(search-related ads)라고 한다.
⑤ 인터렉티비티형 배너광고(혹은 상호작용형 배너광고)는 웹 사용자들이 배너광고를 클릭하는 것을 말한다.

87 다음 중 공급체인이벤트관리(SCEM: Supply Chain Event Management)는 물류정보를 실시간으로 획득하여 고객과 공유하고, 이 정보를 바탕으로 발생할 수 있는 문제를 미리 예상하여 협력함으로써 공급체인 계획과 공급체인 실행의 효과성 및 효율성을 제고하는 시스템이다. 다음 중 SCEM의 도입 배경으로 보기 어려운 것은?

① 온라인 및 오프라인의 연계성 증대
② 고객의 다양한 요구사항에 대한 대응력 부족
③ 주문 이후의 고객서비스 및 사후관리 서비스의 문제점 대두
④ 관련기업 간 수작업 업무의 증가로 인한 유연성 부족 및 고정비용 증대
⑤ 전체공급망에 걸쳐있는 물적 유통기구들의 협력을 통한 고객서비스의 증대

88 국내 MRO(Maintenance, Repair & Operating Supplies) 전자상거래 시장에서 성공하기 위한 요건에 대한 설명으로 가장 거리가 먼 것은?

① 사무용품에서부터 공장용품에 이르기까지 다양한 MRO자재가 거래되므로 표준적인 전자카탈로그와 상품 DB를 구축하여 토탈서비스를 제공할 수 있어야 한다.
② MRO사업자들은 공급업체들이 구매자에게 신뢰성 있는 제품정보를 제공하고 양질의 제품을 납기내에 납품할 수 있도록 철저한 공급업체의 관리가 필요하다.
③ MRO Marketplace에서 비계획적인 구매행태를 보이는 기업들에 대해 신속하게 대응할 수 있는 관리체계가 구축되어 있어야 한다.
④ 인터넷의 확산을 기반으로 하는 전자상거래가 효율적인 MRO 구매를 위한 강력한 도구로 떠오르면서, 다수의 기업들이 이를 적극적으로 도입하고 있다.
⑤ 참여 기업들의 시스템 다양성은 MRO 구매의 효율성을 저해할 수 있으므로, 공급기업들과 구매기업들의 시스템이 MRO Marketplace에 적합하도록 시스템 개선을 유도해야 한다.

89 일반적으로 어떤 회사가 전자조달을 하기 위해서 내부 시장(internal marketplace)을 도입하였다. 내부 시장의 도입에 대한 설명으로 옳지 않은 것은?

① 사전에 승인된 공급자들만이 내부시장에 참여할 수 있다.
② 내부시장의 도입전보다 구매 단가가 낮아지는 경향이 있다.
③ 단일 물품에 대해서 여러 개의 카탈로그를 제공함으로써 다양한 구매 욕구를 충족할 수 있다.
④ 납품되는 물품의 가격은 내부시장에 참여하기 전에 협의되어 결정된다.
⑤ 상품의 폭의 확대가 그다지 넓지 못하다는 특징이 있다.

90 RFID(Radio Frequency IDentification) 시스템 체계에서 제품의 구체적 정보를 저장하고 있는 서버는 무엇인가?

① ONS 서버　② PML 서버
③ DNS 서버　④ Savant서버
⑤ FTP 서버

제 6 회 실전모의고사

정답 및 해설 → P.257

제1과목 유통 · 물류 일반(01~25)

01 제3자물류(3PL)에 관한 설명으로 바르지 않은 것은?

① 제3자물류는 기업들은 생존을 위하여 구조 조정을 다각적으로 실시하면서, 기존 조직에 흡수되어 있던 물류부문이 독립 · 분리되어 하나의 전문분야가 되었다.
② 제3자란 물류채널 내의 다른 주체와 일시적이거나 장기적인 관계를 가지고 있는 물류채널 내의 대행자 또는 매개자를 의미하며, 화주와 단일 혹은 복수의 제3자간의 일정기간 동안 일정비용으로 일정서비스를 상호합의 하에 수행하는 과정을 제3자물류 혹은 계약물류라고 한다.
③ 제3자물류는 물류관리에서 공급사슬내 관련주체간(제조업체와 유통업체) 전략적 제휴라는 형태로 나타난 것이 QR 또는 ECR이라면, 제조업체나 유통업체 등의 화주와 물류서비스 전문제공업체간의 전략적 제휴형태로 나타난 것이다.
④ 제3자물류를 실행함으로써 물류관련 자산비용의 부담이 줄어들 수 있으므로 비용절감, 전문물류서비스의 활용을 통한 고객서비스 향상, 핵심사업분야 집중을 통한 기업경쟁력 향상 등의 기대에서 출발한다.
⑤ 제3자물류는 기업이 사내에서 수행하던 물류기능을 전문업체에 위탁하여 아웃소싱한다는 의미로 사용되기 시작했으며, 이러한 물류아웃소싱을 위한 업체선정에 있어서 화주기업과 특수관계가 있는 물류기업에게 위탁하는 물류형태를 제3자물류라고 부른다

02 유통경로상에서 중간상은 불필요한 개입으로 상품가격만 높이고 있다는 비판을 받기도 하지만, 중간상의 필요성 즉 존재가치는 다양한 측면에서 인정되고 있다. 다음 중간상의 존재가치에 대한 설명으로 올바르지 않은 것은?

① 중간상의 참여는 생산자와 소비 자간의 직접거래에 비해 거래수 및 거래비용을 낮추는 효과가 있다. 이를 두고 총거래수 최(감)소의 원칙이라고 한다.
② 분업의 원리에 비추어 유통경로에서 다양하게 수행되는 기능들(수급조절 기능, 보관 기능, 위험부담 기능, 정보수집 기능 등)을 제조기업보다 더욱 전문성을 갖춘 유통기업에게 맡김으로써 경제적일 수 있다.
③ 고정비 우위의 원리 즉 제조업체의 경우 생산량이 증가할수록 변동비의 비중이 고정비보다 상대적으로 높은 반면 유통업체의 경우 제조업에 비해 고정비가 높아 제조와 유통의 통합보다는 중간상에게 유통기능을 분담시키는 것이 비용면에서 더욱 유리하다.
④ 유통경로상에 가능하면 많은 수의 도매상을 개입시킴으로써 각 경로 구성원에 의해 보관되는 제품의 수량이 감소될 수 있다는 원리를 집중준비의 원리라고 한다.
⑤ 변동비 우위의 원칙은 제조분야와 유통분야를 통합하여 대규모화하기 보다는 제조업자와 유통기관이 적당히 역할을 분담한다면 비용면에서 훨씬 유리하다는 원칙이다.

03 판매단가가 8,000원인 목욕용품을 만드는 회사가 있다. 이 회사의 감가상각비 및 임차료 등의 총고정비가 20,000,000원, 재료비, 노무비 등의 변동비가 3,000원이고 판매량은 10,000개이다. 이 목욕용품의 공헌이익률은 얼마인가?

① 3/8 ② 5/8 ③ 1/4 ④ 3/4 ⑤ 2/4

04 다음 중 사내물류의 흐름을 올바르게 나타낸 것은?

① 보관→생산공정→원재료 공급→수송→거래처납품
② 원재료 공급→수송→보관→생산공정→거래처납품
③ 원재료 공급→생산공정→수송→보관→거래처납품
④ 생산공정→수송→보관→원재료 공급→거래처납품
⑤ 생산공정→보관→수송→원재료 공급→거래처납품

05 다음은 관리회계방식과 재무회계방식의 특성을 비교한 것이다. 틀린 것은?

① 관리회계방식(일반기준/일반모델)의 기본적인 관점은 물류활동에 투입되는 인력, 자금, 시설 등의 계획 및 통제에 유용한 회계정보의 작성이며, 재무회계방식(일반기준/일반모델)의 기본적인 관점은 기업활동의 손익상태(손익계산서)와 재무상태(대차대조표)를 중심으로 물류활동에 소비된 비목을 대상으로 1회계 기간의 물류비 총액산정이다.
② 관리회계방식(일반기준/일반모델)의 계산방식은 물류활동의 관리 및 의사결정에 필요한 회계정보의 입수를 위해 영역별, 기능별, 관리목적별로 구분하여 발생비용을 집계하는

것이며, 재무회계방식(일반기준/일반모델)의 계산방식은 재무회계의 발생형태별 비용항목 중 물류활동에 소비된 비용을 항목별 배분기준을 근거로 해당 회계기간의 물류비를 추산하는 것이다.

③ 관리회계방식(일반기준/일반모델)의 장점은 전담조직이나 전문지식이 미흡해도 계산이 가능하다는 점이며, 재무회계방식(일반기준/일반모델)의 장점은 물류활동의 개선안과 개선항목을 보다 명확하게 파악이 가능하다는 점이다.

④ 관리회계방식(일반기준/일반모델)의 단점은 정보시스템구축이 전제조건이 되어야 한다는 점이다. 재무회계방식(일반기준/일반모델)의 단점은 물류비 절감효과의 측정한계가 있다는 점이다.

⑤ 물류비를 정확하게 파악하기 위해서는 우선 물류원가계산이 이루어져야 하는데, 물류원가계산 방식에는 재무제표를 이용한 재무회계방식과 물류원가계산제도에 의한 관리회계방식이 있다.

06 다음 중 물류 시스템의 직접적인 구성요소로 가장 거리가 먼 것은?

① 판매 촉진 ② 고객 서비스
③ 고객 주문 사이클 ④ 수요 예측
⑤ 기업의 비용절감

07 활동기준원가(ABC) 기법에 대한 설명 중 가장 부적절한 것은?

① 간접비용을 실제 투입된 활동량에 따라 생산원가에 배분하는 기법이다.
② 전통적인 원가계산시스템이 간접비용을 제품원가에 정확하게 반영시키지 못함으로써 야기될 수 있는 원가 왜곡 등의 단점을 보완한 기법이다.
③ 정확한 판매원가 파악하는데 가장 유용하게 사용되고 있다.
④ 활동기준경영(ABM;Activity Based Management)을 가능하게 하여 기업성장을 지원한다.
⑤ 제품원가와 제조 활동과의 인과 관계를 잘 파악할 수 있는 활동을 기준으로 제조 간접비를 배부하므로 정확한 원가계산이 가능해진다.

08 다음 중 환경물류(Green Logistics)흐름에 대한 설명으로 가장 적합하지 않은 것은?

① 제품의 설계부터 구매, 생산, 유통, 판매의 단계는 제외하고, 상품을 폐기하거나 재사용에 이르는 물류의 단계에만 환경 친화적인 요소를 고려하는 흐름이다.
② 지구온난화, 에너지보존, 쓰레기재사용 등의 환경문제는 물류활동에도 큰 영향을 주고, 환경의 유해요소들을 제거하거나 최소화할 수 있는 물류활동이다.
③ 제품생산을 위한 설계단계에서부터 판매되어 소비자 사용에 이르기까지, 필요한 물류의 제 활동들이 저비용 · 고효율로 달성되도록 환경적 유해요인을 최소화하는 것을 말한다.
④ 기업에서 제품을 설계 및 생산 단계부터 환경 친화적인 재료 및 부품을 사용하여야 하며, 제품을 사용한 후 철저한 분리 및 회수시스템을 적용하여야 한다.
⑤ 자원의 재사용 및 재활용률 향상을 위해 자원 순환형 물류체계를 구축할 수 있도록 생산기업과 소비자 간에 협력체제가 형성되는 유기체적인 사회시스템이 중요하다

09 유통경로의 설계 및 관리에 관한 다음의 설명 중 옳은 것으로만 구성된 것은?

a. 시장을 보다 더 넓게 개척하기 위해 많은 경로 구성원을 활용하는 것을 전속적 유통이라 한다.
b. 중간상이 제조기업에 대해 일체감을 갖고 있거나 갖게 되기를 바라기 때문에 발생하는 파워를 준거적 파워라 한다.
c. 유통경로 갈등의 원인 중 소위 지각 불일치(perceptual differences)란, 동일한 사실/사안을 놓고도 경로구성원들 간에 서로 인식을 다르게 함으로써 발생하는 갈등의 원인을 말한다.
d. 오랜 관습 또는 공식계약에 의해 상대방에게 행동을 준수하도록 정당하게 요구할 수 있는 권한을 합법력이라 한다.
e. 산업재를 생산하는 제조기업은 가능한 한 유통전문기업에 유통기능을 맡기는 것이 더욱 효과적이며 효율적이다.

① a, b, c ② b, c, d
③ c, d, e ④ a, c, e
⑤ b, c, e

10 유통기업의 재고관리에 대한 설명으로 가장 어울리지 않은 것은?

① 최적주문량이 결정은 경제적 주문량(EOQ)에 의해 측정되며, 주문비용, 연간수요량, 평균재고유지비, 재고품의 단위당 원가 등의 변수를 활용하여 계산된다.
② 회계기간 중에 매입한 재고자산의 취득가격 합계가 그 기간의 상품매입액이며, 재고자산 가운데 회계기간 중에 판매된 부분이 매출원가를 구성한다.
③ 기업에서 재고관리활동은 기업이 보유하고 있는 각종 제품, 반제품, 원재료, 상품, 공구, 사무용품 등의 재화를 합리적, 경제적으로 유지하기 위한 활동이다.
④ 최적주문량은 재고유지비, 주문비, 재고부족비 등을 함께 고려하여 결정되며 도표상 각 비용항목을 합한 총재고비용이 최소가 되는 점이 바로 최적주문량이 된다
⑤ 경제적 주문량(EOQ)에서 최적주문량이 1000개였다면 총수요량은 1백만개, 재고유지비는 단위당 10원, 주문비는 단위당 10원이었을 것이라고 유추할 수 있다.

11 경영전략적 의사결정 요소의 하나인 인수 및 합병(M&A)과 관련한 설명으로 올바르지 않은 것은?

① 한 기업 혹은 투자단체가 대상회사의 이사회와 협상을 통해서 사들이는 것을 인수(acquisition)라고 한다.
② 인수(acquisition) 및 합병(merger)의 주된 이유로는 전략적인 목표달성 즉 기업의 규모가 크고 작음에 상관없이 비용절감을 통한 전사적 효율성 향상, 중복업무 부문제거, 구매력 향상, 시장점유율 향상, 경쟁 감소 등을 들 수 있다.
③ 2개 이상의 회사가 결합해 하나의 회사로 결합하는 것을 합병(merger)이라 한다.
④ 인수 및 합병(M&A)에서 전혀 다른 두 기업이 위험성을 줄이기 위해 선택하는 전략은 수평적 합병에 가장 가깝다.
⑤ 합병의 유형에는 수평적 및 수직적 그리고 복합합병이 있으며 원자재공급업체, 배급회사 등을 합병하는 것을 수평적 합병이라 한다.

12 다음은 중장기적인 거래관계에서 신뢰가 형성되기 위한 전제조건으로 가장 적합하지 않은 것은?

① 거래 당사자 간 심리적 공감대형성과 유대감의 강화
② 거래당사자간 시너지효과를 발생하기 위한 공동의 전략개발
③ 거래 당사자간 지속적인 거래경험을 통한 부정적인 요소의 감소
④ 거래실행이 제로섬게임관계보다는 거래 당사자 모두에게 경제적인 윈윈관계의 형성
⑤ 거래 발생 시점에서 거래 당사자 간 단기상황변화에 따른 개별적인 기회주의적 행동의 실현

13 경영혁신(BPR; Business Process Reengineering)의 구축 순서가 올바르게 나열되어 있는 항목은?

① 사업의 비전과 업무목표의 설정→혁신대상 프로세스의 선정→현재 프로세스의 이해와 분석→필요한 정보기술의 확인/획득→프로세스 모델의 설계 및 구축→결과의 측정 및 평가
② 혁신대상 프로세스의 선정→현재 프로세스의 이해와 분석→필요한 정보기술의 확인/획득→프로세스 모델의 설계 및 구축→결과의 측정 및 평가→사업의 비전과 업무목표의 설정
③ 현재 프로세스의 이해와 분석→필요한 정보기술의 확인/획득→프로세스 모델의 설계 및 구축→결과의 측정 및 평가→사업의 비전과 업무목표의 설정→혁신대상 프로세스의 선정
④ 필요한 정보기술의 확인/획득→프로세스 모델의 설계 및 구축→결과의 측정 및 평가→사업의 비전과 업무목표의 설정→혁신대상 프로세스의 선정→현재 프로세스의 이해와 분석
⑤ 필요한 정보기술의 확인/획득→현재 프로세스의 이해와 분석→프로세스 모델의 설계 및 구축→결과의 측정 및 평가→혁신대상 프로세스의 선정→사업의 비전과 업무목표의 설정

14 다음은 한 소매점의 2019년도 결산 결과이다. 이 소매점은 거의 매일 발주를 하고 있어 이 기간 중 재고량이 일정 비율로 증가하는 경향이 있다고 할 때 이 소매점의 평균재고일수를 계산하시오. (단, 소수점 첫째자리 수에서 반올림)

· 매출액 1,000백만 원	· 기초재고액 30백만 원
· 매입액 500백만 원	· 기말재고액 40백만 원
· 판매관리비 250백만 원	

① 20 ② 22 ③ 24 ④ 29 ⑤ 31

15 아래의 설명은 소매업태의 변천과정 이론 중에서 어떤 이론에 해당하는가?

> 새로운 소매상은 초기에 저가격, 저마진, 저서비스의 점포운영방식으로 시장에 진입한다. 신규 소매시장에서 성공한 이후 동일 유형의 소매점들 사이에 경쟁이 격화되면 경쟁우위를 확보를 위해 보다 세련된 설비와 서비스를 추가함으로써 고비용, 고가격, 고서비스의 소매점으로 전환된다. 새로운 소매상이 출현하면 이러한 과정이 반복적으로 일어난다.

① 진공지대이론(Vacuum Zone Theory)
② 소매 아코디온 이론 (Retail Accordian Theory)
③ 변증법적 이론 (The Dialectic Process Theory)
④ 소매 라이프사이클이론 (Retail Life Cycle Theory)
⑤ 소매차륜이론 (The Wheel of Retailing Hypothesis)

16 재고회전율(turnover ratio of inventory)이란 연간 매출액을 평균재고로 나눈 것으로 재고상품에 대한 판매효율, 즉 생산한 상품이나 구입한 상품이 얼마나 팔리는지를 표시한 비율을 말한다. 다음 중 재고회전율의 비율이 높을수록 나타나는 현상으로 보기 어려운 것은?

① 자본 수익률이 낮아진다.
② 매입채무가 감소된다.
③ 재고손실을 막을 수 있다.
④ 보험료, 보관료 등이 절약된다.
⑤ 자산의 회전율이 높아진다.

17 유통경로 구성원 간에 발생하는 갈등에 대한 설명으로 가장 올바르지 않은 것은?

① 어떤 현상에 대해 서로 다르게 인식하여 발생하는 갈등의 유형을 정보 불일치(differing information)라 한다.
② 경로갈등은 유통시스템을 비효율적으로 만들기도 하지만, 적절한 수준의 갈등은 건설적인 경로성과를 가져다주기도 한다.
③ 유통경로를 수직적으로 통합함으로써 유통경로 구성원간의 목표의 불일치를 해소하거나 사전에 방지할 수 있다.

④ 경로구성원 간 상권의 범위 결정과 그 상권 내에서의 역할에 대한 견해 차이가 발생하는 경우를 영역 불일치(domain dissensus)라 한다.
⑤ 유통경로 구성원 간 목표 불일치(goal divergence)는 제조업체의 입장에서 유통점 내 좋은 위치에 진열하고 싶어하지만, 유통점의 입장에서는 판매에 도움이 되는 다른 제품을 그 위치에 두고자 하는 경우가 이에 해당한다.

18 다음 중 목표에 의한 관리(MBO)에서 목표를 수립할 때 주의할 점으로 가장 옳지 않은 것은?

① 능력범위 이내라면 목표의 난이도는 약간 어려운 것이 좋다.
② 피드백은 업무가 완성된 후에 한꺼번에 하는 것이 효과적이다.
③ 목표설정 과정에서 당사자가 함께 참여할수록 좋다.
④ 목표는 기간, 범위 등이 구체적으로 정해져야 효과적 이다.
⑤ 일방적으로 지시한 것보다 업무담당자가 동의한 목표가 좋다.

19 80/20 Rule(Pareto Law 또는 ABC Rule)에 의거할 때, 20%의 핵심고객에게 20%의 핵심제품을 판매함으로써 얻을 수 있는 최대 매출비중은?

① 4% ② 16% ③ 40% ④ 64% ⑤ 80%

20 2월 초 실제재고(actual BOM stock)가 1,000개, 2월 중 실제추가재고(monthly additions to stock)가 100개, 2월 중 주문량(on order)이 200개, 2월 중 계획된 매출(planned monthly sales)이 150개, 2월 중 계획된 재고감소(planned monthly reductions)가 50개, 2월 말 계획된 재고(planned EOM stock)가 1,200개일 때 2월의 Open-to-buy는 얼마인가?

① 100개 ② 150개 ③ 200개 ④ 250개 ⑤300개

21 거래 비용(Transaction Cost)은 어떠한 재화 또는 서비스 등을 거래하는 데 수반되는 비용이다. 이에 대한 설명으로 가장 적합하지 않은 것은?

① 코즈(Coase)의 관점에서는 기업이 존재하는 이유는 시장을 통해 시장을 통한 거래비용이 기업조직을 통한 경제활동비용에 비하여 훨씬 더 낮기에 내부조직이 생겨난다는 것이다.
② 가치의 가격뿐 아니라 거래 전에 필요한 정보수집단계, 협상단계, 계약이 준수하는 데 필요한 비용, 처음 계약의 불완전으로 인한 비용 등 전체적인 면에서의 비용을 모두 포함한다.
③ 거래비용이론은 유통경로시스템 구성원들 간의 기회주의적 행동경향을 기본적인 가정으로 하고 있으며, 거래비용으로 인하여 시장실패의 가능성을 초래할 수 있음을 주장하고 있다.
④ 거래비용이론에서 설명하고 있는 소위 수직적 계열화가 발생하는 이유는 유통시장에 소수의 거래자만이 참가하고 있을 경우나 자산의 특수성 또는 거래특유자산이 존재하는 경우, 경로구성원들 간에 기회주의적인 행동이 발생할 수 있기 때문이다.
⑤ 거래비용이론에 의하면 거래 특유적 자산이 이전될 경우 교환파트너의 기회주의적 행동에 의한 피해 가능성이 높아져, 철저한 감시체계나 타율적 제재 등 권위통제메커니즘을 통한 보호 장치의 필요성을 증가시킴으로써 수직적 통합의 가능성을 높인다.

22 다음은 어느 소매 업태에 대한 신문사설이다. 이 업태에 대한 조직구조의 형태에 대한 설명으로 가장 옳은 것은?

> 서울시가 대형마트 의무휴업 규정을 위반하고 영업을 강행하고 있는 코스트코를 압박하기 위해 전가의 보도인 불법행위 단속 카드를 꺼내들었다. 지난 10일 코스트코 매장 3곳을 대상으로 식품·소방 등 담당 공무원들이 집중적으로 들어가, 주정차 금지구역 위반·위생상태 불량·유도등 미설치 등 모두 41건의 불법행위를 적발했다는 것이다. 서울시는 오는 14일에는 인원을 더 늘려 2차 단속에 들어갈 예정이고 그래도 코스트코가 계속 의무휴업을 어긴다면 단속 횟수를 더 늘린다는 방침이다.
> 사건의 발단은 대형마트와 기업형 슈퍼마켓(SSM)에 대한 월 2회 의무휴업 조치에서 시작됐다. 대형마트들은 영업제한 집행정지 가처분 신청을 법원에 냈고, 법원은 절차상 문제로 영업규제 처분을 취소하라며 대형마트 손을 들어줬다. 서울시와 코스트코 간 갈등은 여기서 불거졌다. 소송에 참여한 대형마트가 영업을 재개하자 코스트코는 "법률은 영향을 받는 유사한 당사자에게 동일하게 적용돼야 한다"며 휴일영업을 강행했다. 하지만 서울시는 코스트코의 경우 소송에 참여하지 않았기 때문에 의무휴업을 지켜야 한다는 입장이다. (한국경제 사설)

① 전문점(Specialty Store)
② 할인점(Discount Store)
③ 백화점(Department Store)
④ 양판점(General Merchandising store)
⑤ 회원제 창고형 도소매점(Membership Wholesale Club)

23 소매경영에서 공급업체에 대한 평가시 사용하는 ABC분석에 대한 다음 내용 중 가장 옳지 않은 것은?

① 소매업체들이 기여도가 높은 상품 관리에 집중해야 한다는 관점하에 활용된다.
② 품절이 되어서는 안 되는 상품과 간헐적인 품절을 허용해도 관계없는 상품을 판단할수 있게 한다.

③ 매출비중은 높으나, 수익성이 좋지 않은 상품은 서서히 취급상품에서 제외토록 하는것이 바람직하다.
④ 소매업체 매출의 80%는 대략 상위 20%의 상품에 의해 창출되므로 이들 제품에만 집중하는 것이 바람직하다.
⑤ 한 가지 또는 몇 가지 기준을 사용하여 단품의 순위를 정하는 것이며, 이 때 가장 중요한 성과 측정기준의 하나로 공헌이익을 들 수 있다.

24 다음 중 무점포 소매업에 관한 설명 중 가장 올바르지 않은 것은?

① 모바일 커머스 거래는 이용자의 이동성과 위치정보를 정확히 알 수 있으므로 이용자의 one to one 마케팅과 타겟 마케팅이 가능하다.
② 아웃바운드 텔레마케팅은 불평고객의 문제해결, 제품소개, 서비스의 예약이나 접수 등을 통해 고객에게 가치를 제공하는 기법이다.
③ 인터넷 쇼핑몰은 정보제공에 의한 판매가 이루어지는 형태로 유통경로가 짧고 단순하며 쌍방향 마케팅이 가능하다.
④ 카탈로그 판매는 지속적인 고객 데이터베이스 관리를 통해 통신판매를 선호하는 계층과 그들이 선호하는 제품들을 대상으로 하는 카탈로그 개발이 중요하다.
⑤ TV 홈쇼핑은 매체를 활용하여 가상점포를 운영하는 것으로, 점포소매상을 이용하기 어려운 중소 제조업체가 비교적 저렴한 비용으로 접근할 수 있는 유통경로이다.

25 통신판매에 관한 아래의 설명 중에서 가장 옳지 않은 것은?

① 통신판매의 가장 큰 특징은 카탈로그(전자카탈로그 포함)를 보고 상품을 선택하는 등 상품의 실물은 전혀 보지 않은 채 성립되는 상거래의 유형이기 때문에 카탈로그의 상품설명이 소비자의 주목을 받을 수 있는 상품이어야 한다.
② 통신판매는 측정 가능한 반응(소비자들로부터의 문의나 주문)을 얻거나 거래를 성사시키기 위해 한 가지 혹은 그 이상의 광고(커뮤니케이션) 매체를 사용하는 쌍방향 의사소통의 마케팅시스템을 말한다.
③ 통신판매는 사용되는 커뮤니케이션수단에 따라 점포소매업과 무점포소매업으로 나누어지며 무점포소매업은 다시 통신(우편)판매, 텔레마케팅, TV홈쇼핑, 전자상거래 등으로 나누어진다.
④ 통신(우편)판매에서의 성공의 관건은 표적고객의 선정과 고객리스트수집, 그리고 적합한 상품의 선정이 중요하다.
⑤ 통신 판매는 거대한 국토와 발달한 우편제도, 표준화된 생산과 소비의 조건을 갖추고 있었던 미국에서부터 시작되었다.

제2과목 상권 분석(26~45)

26 '소매업에서 가장 중요한 것이 입지이고, 다음으로 중요한 것도 입지이며, 그 다음도 입지' 라는 격언이 있다. 다음 중 입지 대안을 확인하고 평가하기 위한 기준에 대한 설명 중 가장 잘못된 것은?

① 유사업종의 밀집성은 유사하고 상호보완적인 점포들이 무리지어 있다면 고객을 유인하기에 용이하다는 설명이다. 다만 너무 많은 점포가 밀집되어 있으면 오히려 고객유인을 저해하는 요인이 된다.
② 입지의 경제성은 점포의 입지를 결정할 때, 점포의 생산성과 성장잠재성을 고려하여 초기의 투입비용과 비교한 후 일정수준의 경제성이 확보되어야 점포입지가 용이하다는 설명이다.
③ 보충가능성의 원칙은 유사하거나 상호보완적인 제품, 또는 관계를 가지고 있는 점포가 인접해 있으면 고객을 공유할 가능성이 높아져 고객을 유인할 수 있다는 점을 설명하는 개념이다.
④ 목적형 입지는 주로 특정한 테마에 따라 고객이 유입되므로 차량을 이용한 접근이나 주차장 등의 시설물 이용에 불편이 없어야 한다.
⑤ 접근가능성의 원칙은 고객이 점포를 방문하기에 용이한 물리적 특성만을 설명하는 개념이다. 고객이 심리적으로 느끼는 접근의 불편함은 객관화의 어려움으로 평가에서 제외된다.

27 상권의 규모를 측정하기 위하여 CST(Customer Spotting) Map 기법을 이용하는 방법은?

① 원단위법
② 통계분석법
③ 유추법
④ 허프모형
⑤ 라일리의 소매인력법칙

28 다음은 상권의 종류에 관한 설명이다. ( )에 들어갈 용어를 순서대로 올바르게 나열한 것은?

> ㉠ ( )은 점포상권이라고도 하며 1차 상권, 2차 상권, 3차 상권으로 구분된다.
> ㉡ 점포와의 거리가 가장 가까운 곳에 ( )이 형성된다.
> ㉢ 3차 상권은 ( )이라고도 한다.
> ㉣ ( )은 가장 많은 고객을 포괄한다.

① ㉠ 지구상권, ㉡ 지역상권, ㉢ 역세권, ㉣ 중심지상권
② ㉠ 지구상권, ㉡ 1차 상권, ㉢ 주변상권, ㉣ 중심지상권
③ ㉠ 지역상권, ㉡ 1차 상권, ㉢ 한계상권, ㉣ 1차 상권
④ ㉠ 지역상권, ㉡ 1차 상권, ㉢ 한계상권, ㉣ 중심지상권
⑤ ㉠ 지역상권, ㉡ 1차 상권, ㉢ 중심지상권, ㉣ 한계상권

29 다음은 상권분석 방법에 관한 설명이다. (　　)에 들어갈 용어를 순서대로 올바르게 나열한 것은?

> ㉠ (　)은 상권의 규모에 영향을 미치는 요인들을 점검하여 상권을 측정한다.
> ㉡ (　)은 유사점포의 상권범위를 추정한 결과로 신규점포의 예상매출액을 측정한다.
> ㉢ (　)은 버스, 전철 등 공공교통별 소요시간과 비용을 조사해서 상권을 파악한다.

① ㉠ 요소평가법, ㉡ 유추법, ㉢ 교통수요확인법
② ㉠ 요소평가법, ㉡ 유추법, ㉢ 타임페어법
③ ㉠ 체크리스트법, ㉡ 유추법, ㉢ 교통수요확인법
④ ㉠ 체크리스트법, ㉡ 유추법, ㉢ 타임페어법
⑤ ㉠ 체크리스트법, ㉡ 타임페어법, ㉢ 유추법

30 다음은 한국식 쇼핑센터(Shopping Center)에 대한 일반적인 설명으로 가장 적합하지 않은 설명을 고르시오.

① 쇼핑센터는 도심 지역의 소비자들이 교외로 이전하면서 전문적인 개발업자에 의한 지역 상황과 수요 분석을 통해 규모·레이아웃·점포구성·만족 등이 계획적으로 개발·관리·운영되는 대표적인 집합형 소매점을 말한다.
② 쇼핑센터는 상업기업의 지리적 집단으로, 특정의 상권에 대해 입지규모 형태 등에 관하여 전체적으로 계획·개발·관리되고 있다. 이는 계획적·집합적인 소매상점의 지리적 집합체로서 계획적인 것만을 지칭한다.
③ 쇼핑센터는 점포 유형과 상품구색의 다양성, 쇼핑과 오락의 결합으로 고객흡인력이 높다. 영업시간, 입주점포들의 외관 등에서 동질성을 유지할 수 있으며 입점업체의 구성을 전체적 관점에서 계획하고 통제할 수 있다.
④ 쇼핑센터는 도시 근교의 광대한 토지를 확보하여 드라이브인 극장 등의 시설을 갖추고, 백화점 등 규모가 큰 소매점을 중심으로 하여 연쇄점, 전문점, 소매점 등을 모아 원스톱 쇼핑(one-stop shopping)이 가능하도록 계획적으로 만들어진 대규모 상점이라고 할 수 있다.
⑤ 커뮤니티 쇼핑센터(Community Shopping Center)는 스트립 쇼핑센터의 유형으로 가장 크고, 입점 업체들은 흔히 의류, 가정용품, 가구, 장난감, 신발, 애완동물용품, 전자 및 스포츠용품을 판매하는 카테고리 전문점이나 할인점이 주를 이루고 있다.

31 상권측정을 위해 '상권실사'를 하는 것과 관련된 아래의 내용 중에서 가장 옳지 않은 것은?

① 기존 점포의 고객을 잘 관찰하여 교통수단별 내점비율을 파악하는 것이 중요하다.
② 점포에 내점하는 고객의 범위를 파악하는 것이 목적이므로 교외점포에서 도보고객을 반드시 조사할 필요는 없다.
③ 항상 지도를 휴대하여 어느 지역에서 고객이 유입되는지에 관심을 가져야 한다.
④ 주로 자동차를 이용하는 고객이 많아지므로 도보에 의한 상권실사 보다는 실제 자동차주행에 의한 실사가 더욱 현실적이고 바람직하다.
⑤ 상권 설정 시 해당 지역을 직접 돌아다니면서 자신의 경험적 감각을 활용한 상권파악방법으로 실사 상권설정법이 있다.

32 소매업의 성공은 특히 입지조건 및 선택에 영향을 받는다. 소매 업태별 입지 전략에 관한 다음 설명 중 틀린 것은?

① 전통적 백화점은 한국의 경우 중심상업지역에 주로 위치하나, 최근에는 실내쇼핑몰 및 쇼핑센터가 새로운 입지로서 등장하고 있는 추세이다.
② 카테고리킬러는 아웃렛 센터보다 파워센터나 독립입지를 선호한다.
③ 생활용품할인점의 경우 서민층 주거지역이, 의류전문점의 경우 중산층 주거지역이 적합하다.
④ 회원제 도소매클럽은 일반적으로 독립입지를 선호한다.
⑤ 대규모 아파트 단지들은 주변에 근린생활시설과 같은 편익시설이 갖추어지지 않았기 때문에 주거와 상가를 동시에 공급할 수밖에 없는 상황에서 건설되었다

33 예상 신규점포의 수요를 예측하여 입지를 확정하기 위해 다양한 분석방법을 보완적으로 활용한다. 이러한 분석방법의 활용에 관한 다음 설명 중 옳지 않은 것은?

① 유추법은 소비자와의 면접이나 실사를 통하여 유사점포의 상권범위를 추정한 결과를 이용하여 신규점포의 예상매출액을 추정한다.
② 유추법은 현재의 상권은 고객 스포팅 자료를 기초로 조사한다.
③ Huff의 중력모델은 고객이 특정점포를 선택할 확률을 파악하기 위해 활용한다.
④ 출점점포가 많은 소매업체일수록 다중회귀분석보다 유추법이 더 효율적이다.
⑤ 다중회귀분석방식은 우선, 성과예측을 위해 점포의 성과 및 설명변수를 찾아낸 다음 회귀방정식을 도출하여 미래의 점포성과를 예측하게 된다.

34 최근 권리금에 대한 사회적 관심이 높아지고 있다. 권리금에 대한 아래의 내용 중에서 옳은 것은?

① 임차인과 임대인 사이에 약정이 없어도 법률적인 반환을 보장받을 수 있다.
② 임대차 계약기간동안의 사업수익으로 충분히 충당될 수 있는 정도여야 적당하다고 볼 수 있다.

③ 신축건물에도 바닥 권리금이라는 것이 있는데, 이는 주변상권의 강점을 반영하는 것이므로 높아도 무방하다.
④ 권리금은 일종의 영업권이며 이는 모든 법률로 보호받을 수 있는 근거가 된다.
⑤ 법률적으로 권리금은 법률상의 용어이고 회계학적으로도 권리금이라는 용어로 부르고 있다.

35 소매점업태나 업종의 입지에 대한 내용을 설명한 것으로 가장 적합하지 않은 설명은?

① 백화점 입지의 선정은 주요산업, 유동인구, 대중교통 연계성 등 장기적인 발전을 고려하여 선정해야 하며, 규모면에서 대형화를 추구하기 때문에 상권 내 소비자의 경제력 및 소비형태의 예측을 근거로 적정한 입지를 선정해야 한다.
② 의류 패션 전문점의 입지를 주변 상권과의 관계를 고려해야 하는 이유는, 특히 의류점의 경우 선매품으로 고객이 여러 점포를 다니면서 가격이나 디자인, 색감이나 품질 등을 비교하여 구매하는 특성을 지녔기 때문이다.
③ 패션잡화점의 최적 입지는 상호대체적인 상품을 판매하는 다양한 점포들이 모여 있는 곳을 우선적으로 선택하고, 패션상품을 판매하고 유동인구가 적으며, 유동인구의 상당수가 젊은 세대들이 찾는 지역이 입지로서 가장 적합한 장소이다.
④ 식료품점의 입지는 위치 측면에서는 상점가의 위치, 주차장소, 시간대별 · 요일별로 변화 가능성, 도로의 폭, 비탈이나 경사진 면, 상가의 좌우에 편성되어 있는 건물 등의 요소 등을 면밀히 고려해야 한다.
⑤ 생활용품 중 주방기구나 생활용품, 인테리어 소품등 대단위 아파트 밀집지역, 주택가 밀집지역 등 주거지 인접지역으로 출점하여야 하며, 주변에 대형 할인점 등과 취급하는 품목이 다수 겹치게 되면 인근에 대형 유통센터가 없는 지역에 입지해야 한다.

36 다음 중 업종형태와 상권과의 관계에 대한 아래의 내용 중에서 가장 옳지 않은 것은?

① 동일 업종이라 하더라도 점포의 규모나 품목의 구성에 따라 상권의 범위가 달라진다.
② 선매품을 취급하는 소매점포는 보다 상위의 소매 중심지나 상점가에 입지하여 넓은범위의 상권을 가져야 한다.
③ 전문품을 취급하는 점포는 고객이 지역적으로 밀집되어 있으므로 상권의 밀도는 높고 범위는 좁은 특성을 갖고 있다.
④ 생필품의 경우 소비자의 구매거리가 짧고 편리한 장소에서 구매하려 하므로 이런 상품을 취급하는 업태는 주택지에 근접한 입지를 취하는 것이 좋다.
⑤ 동일지역에 출점한 경쟁 점포들의 경우 대형점일수록 상권이 크며, 동일한 업종으로 형성된 상권의 규모가 다양한 업종으로 형성된 상권에 비해 크다.

37 상권은 상거래의 세력이 미치는 범위이다. 점포상권의 경계선을 정할 때는 여러 요소들을 고려해야 한다. 점포상권을 결정하는 요소에 대한 다음 설명 중 적절하지 않은 것은?

① 구매빈도가 높은 업종에 비해 낮은 업종일수록 점포상권의 경계선이 확대된다.
② 동일지역에서 비슷한 상품을 판매하는 소매점포들의 밀집현상은 일반적으로 상권의 범위를 확장한다.
③ 동일지역에 출점한 경쟁 점포들의 경우 소형점들보다는 대형점일수록 상권이 크다.
④ 편의품을 취급하는 점포의 상권이 전문품을 취급하는 점포의 상권보다 크다.
⑤ 독점은 하나의 판매자가 해당시장의 전체를 지배하는 것이다.

38 점포의 신규 출점에 관한 아래의 작업진행프로세스 중에서 가장 적합한 것은?

① 출점방침 결정→사업계획(수익성 및 자금조달계획) 수립→점포 물색→출점지역 결정→점포매입/건설→개점
② 출점방침 결정→사업계획(수익성 및 자금조달계획) 수립→출점지역 결정→점포 물색→점포매입/건설→개점
③ 출점방침 결정→점포 물색→출점지역 결정→사업계획(수익성 및 자금조달계획) 수립→점포매입/건설→개점
④ 출점방침 결정→점포 물색→사업계획(수익성 및 자금조달계획) 수립→ 출점지역 결정→점포매입/건설→개점
⑤ 출점방침 결정→출점지역 결정→점포 물색→사업계획(수익성 및 자금조달계획) 수립→점포매입/건설→개점

39 A도시의 i존에 거주하는 주민이 선택대안으로 검토하는 쇼핑시설은 다음과 같다. i존에서 거주하는 주민들이 c쇼핑센터에서 지출할 것으로 예상되는 월간 의류구매액을 Huff모델을 적용하여 계산한 것 중 가장 맞는 것은? (단, i 존의 인구는 1,000가구이고, 해당상품은 의류이며, 가구당 월평균 의류비 지출은 120,000원이다. 모수값은 점포규모에 비례하고, 거리의 제곱에 반비례한다)

쇼핑센터명	쇼핑센터 규모	거 리
a 쇼핑센터	250,000평방미터	5km
b 쇼핑센터	90,000평방미터	3km
c 쇼핑센터	360,000평방미터	6km

① 15,000천 원　　② 20,000천 원
③ 30,000천 원　　④ 40,000천 원
⑤ 60,000천 원

40 다음 중 입지(立地)의 일반적인 설명으로 가장 적합하지 않은 설명을 고르시오.

① 입지는 점포가 소재하고 있는 위치적인 조건으로, 보통 상권의 크기, 교통망, 고객층, 가게의 지세 및 지형과 밀접한 관련이 있으며, 특성에 따라 도심, 부심, 역세권, 주택가, 아파트단지, 대학가 등으로 세분화된다.
② 개별유통업자로서 적정입지선정에 있어서 중요하게 생각해야 할 판단기준으로는 교통의 연결성 및 편리성, 매장(사용)비용 즉 전세 혹은 월세비용, 고객방문 횟수 · 빈(번)도 등을 고려해야 한다.
③ 물류의 중요성이 부각되면서 2차 산업을 중심으로 교통 중심지에 입지하는 경향이 뚜렷해지고 있으며, 입지는 사업이 지향하는 목적에 따라, 원료지향형, 수송지향형, 시장지향형 입지로 구분된다.
④ 집을 지을 때는 남향으로 집의 구조를 형성하는 것을 원칙으로 지형의 모양을 보면 남향은 트이고 경사도 완만하며, 배수도 잘 되고 땅이 건조하기 때문에 위생적이며 환경이 좋아 주거지로는 가장 적합한 주거입지이다.
⑤ 시장 입지에서의 생산은 작물 · 가축 등의 재배 · 사육에 의거한 유기적 생산이며, 기상 · 토양 · 지형 등에 의하여 영향을 받고, 수송이나 저장 등이 중요하게 작용하므로, 소비지와 생산지와의 거리가 중요한 입지 조건으로 작용한다.

41 상권분석에서 쓰이는 중심지 이론에 대한 설명으로 옳지 않은 것은?

① 유통서비스 기능의 최대도달거리와 수익을 실현하는 데 필요한 최소수요충족거리가 일치하는 상권구조를 예측한다.
② 중심지를 기준으로 할 때 비용과 수요 모두 거리에 비례하여 증가하는 구조를 가지게 된다.
③ 중심지는 배후 거주지역에 대해 다양한 상품과 서비스를 제공하며 교환의 편의를 제공하는 장소를 의미한다.
④ 한 지역내에 인구분포와 자연조건이 일정한 여러 상업 중심지가 존재할 때 각 상업중심지에서 상업서비스 기능을 제공받을 수 있는 가장 이상적인 배후상권의 모양은 정육각형이다.
⑤ 중심지 이론에 의하면 일정한 공간범위 안에서 소매활동들이 어떤 형태로 분포하게 될 것인지를 상품구색의 관점에서 예측이 가능하다는 이론이다.

42 복합용도 개발(MXD)은 단위개발 프로젝트에 비해 관련 전문분야 외의 협력이 필요하다. 또한 구성요소들 간의 견고한 물리적 기능의 통합에 의한 고도의 토지 이용을 창출하기 위해 수직적 · 수평적 동선체계의 집중적인 연결로서 긴밀하게 통합되어야 한다. 다음 중 복합용도 개발의 필요성이 아닌 것은?

① 도심지 발전에 있어서 복합기능의 수용에 따라 상업기능전용의 증가현상을 억제함으로써 도시의 균형 잡힌 발전을 도모할 수 있다.
② 도심지 주변의 주상복합건물을 건설할 경우 이 지역이 도소매업, 광고업, 인쇄업 등 서비스 기능 위주의 전이 지역으로 변화하는 것을 촉진시킬 수 있다.
③ 젊은 독신자나 젊은 부부처럼 도시 내 · 외에서 살고자 하는 사람들에게 양질의 주택을 공급할 수 있으며, 이로 인해 도심공동화 현상을 방지할 수 있다.
④ 차량통행량이 감소됨에 따라 대기오염요인의 감소와 에너지 절감 효과를 얻을 수 있다.
⑤ 도심지 내 주거생활에 필요한 근린생활시설, 각종 생활 편의시설의 설치가 가능해 도심지 활성화의 수단으로 활용되기도 한다

43 미국의 경우에는 이미 쇼핑몰들이 다양한 유형의 소매입지들과의 경쟁에 직면하고 있다. 쇼핑몰 경영자들은 쇼핑몰의 경쟁력을 향상시키기 위해 다양한 시도를 하고 있다. 다음 중 이러한 시도의 하나인 '몰 구조조정(demalling)'을 가장 올바르게 설명한 것은?

① 기존의 쇼핑몰을 파워 센터나 아웃렛 센터 등 업태가 다른 새로운 유형의 쇼핑공간으로 개조하는 활동
② 전체 쇼핑몰에 대해 매장 수와 규모를 축소하고, 매출이 낮은 쇼핑몰 내부의 점포를 통합/합병하는 활동
③ 매출이 낮은 쇼핑몰에 대해 건물이나 점포를 철거하고 주거지역, 행정시설 등 쇼핑몰과는 관련이 없는 용도로 변경하여 개발하는 활동
④ 백화점의 일정공간을 고객들을 위한 휴식공간으로 새롭게 개발하여 고객들의 흥미를 유발하는 오락 활동
⑤ 작은 점포나 공동용도의 구역을 없애거나 조정하여 쇼핑공간이나 유희시설을 넓히는 등 쇼핑몰의 공간구성을 개선하는 활동

44 소매업에서 입지선정 및 입지의 접근성과 관련된 설명으로 올바르지 않은 내용은?

① 허프 모델(Huff Model)이 나타내고 있는 바와 같이 경쟁점포와의 상호관계에서 고객흡인력은 유통매장의 규모에 반비례하고 시간/거리에는 비례한다.
② 주차시설의 양과 질은 쇼핑센터(쇼핑몰) 및 주차시설을 개별적으로 갖춘 단독매장들에 대한 접근성을 평가하기 위한 중요한 요인의 하나이다.
③ 혼잡도는 사람들이 밀집되어 복잡한 정도뿐만 아니라 자동차가 밀집되어 복잡한 정도를 모두 내포하고 있는 개념이다.
④ 일정수준을 넘어가는 매장 내 혼잡도는 쇼핑속도를 떨어뜨리고 고객불만을 야기하여 매출하락으로 연결될 수 있는 반면, 적정수준의 혼잡도는 오히려 고객에게 쇼핑의 즐거움을 더해 주기도 한다.
⑤ 접근성의 평가는 도로 구조나 거리에의 진입과 퇴출, 가시도, 장애물 등을 비교 분석하여 평가하여야 정확한 평가를 할 수가 있다.

45

신규점포의 매출예측방법의 하나인 시장점유율법(Market Share Approach)과 관련된 설명내용들이다. 올바르지 않은 내용은?

① 시장점유율은 시장의 총 잠재 매출액 중에서 점포가 차지하는 매출 비율이며 점포의 가구당 판매액 / 가구당 잠재판매액 의 수식으로 표현된다.
② 시장점유율법에서 사용하는 매출추정방법을 통해 상권 외부의 소비자 유입 및 상권 내 소비자의 점포선호성향을 파악할 수 있다는 점이 특히 장점으로 부각되고 있다.
③ 상권별 시장점유율 자료인 시장점유율법에서 고려할 사항은 상권내 인구수와 1인당 소비액 또는 가구당 소비액을 계산하는 것이다.
④ 총시장잠재력은 상권의 시장잠재력의 척도인 1인당 소비액(지출액)과 상권 내 인구수를 곱한 값이다.
⑤ 슈퍼마켓 연구의 내용과 일치하며, 다른 점은 선행연구에서 '상품의 질'을 예비조사 결과를 참고하여 '식품의 신선도'로 바꾼 것이다.

제3과목 유통 마케팅(46~70)

46

유통기업이 사업단위 전략을 수립할 때, BCG 매트릭스 기법을 활용하는 경우가 많다. 다음 중 BCG 매트릭스 기법에 관한 설명으로 가장 적합한 것은?

① 현재 자사가 속한 시장에서 자사의 시장점유율이 60%라는 사실만으로 현재 시장에서 상대적 시장점유율이 150%이라는 것을 알 수 있다.
② 시장성장률은 시장환경을 고려하여 기회와 위협의 화폐적 가치를 환산한 후, 기회를 위협으로 나눈 수치로 시장성장률의 높고 낮음을 평가한다.
③ 별(star)에 해당하는 영역에서는 현금젖소(cash cow) 영역이나 물음표(question mark) 영역으로 자금을 이동하는 투자확대전략이 바람직하다.
④ 개(dog)에 해당하는 영역은 현금유입이 크기는 하지만, 시장성장 속도를 따라가고 경쟁자들의 공격을 방어하기 위해서는 현금유출이 크다.
⑤ BCG 매트릭스는 제품시장에서 경험곡선효과를 지나치게 강조하고 있는 반면에 기술혁신은 간과되는 단점을 지니고 있다.

47

고객관계관리(CRM ; Customer Relationship Management)에 대한 설명으로 가장 적합하지 않은 것은?

① 신규고객의 유지로부터 시작하는 고객관계를 고객 전생에 걸쳐 유지함으로써 장기적으로 고객의 수익성을 극대화하는 것이 중요한 목적이다.
② 고객충성도를 극대화하기위해 개별고객의 구체적 정보를 관리하고 고객과의 접촉점을 세심하게 관리하는 과정. 고객획득, 유지, 육성 모두를 다룬다.
③ 신규고객확보, 기존고객유지 및 고객수익성 증대를 위하여, 지속적인 커뮤니케이션을 통해 고객행동을 이해하고, 영향을 주기 위한 광범위한 접근으로 정의하고 있다.
④ 기존고객을 유지하는 것보다는 신규고객을 유치하고 관리하는 것이 효율적인것은 신규고객보다 기존고객을 유지하는데 필요한 비용의 5~10배에 달한다고 알려져 있다.
⑤ 고객에 대한 매우 구체적인 정보를 바탕으로 개개인에게 적합하고 차별적인 제품 및 서비스를 제공하여 고객계를 유지하고 일대일 커뮤니케이션을 가능하게 해준다.

48

광고(Advertising)의 내용은 상품의 판매촉진과 깊은 관계가 있고, 이런 광고에 대한 설명으로 가장 적절한 것은?

① 메시지가 복잡한 경우에는 빈도(frequency)보다는 도달범위(reach)를 높이는 것이 바람직하다.
② 광고의 노출빈도가 어느 수준을 넘어서면 광고효과가 떨어지는 현상을 광고의 이월효과(carryover effect)라고 한다.
③ 광고에서 유머소구(humor appeal)의 효과는 주의를 끄는데 효과적이며, 고객에게 많은 신뢰를 증가시킨다.
④ 인포머셜(informercial)이란 부정적이거나 금기시 되는 소재를 이용하여 시각적 충격을 주는 광고를 말한다.
⑤ 평균도달횟수(Gross Rating Points;GRP)는 도달범위(reach)에 빈도(frequency)를 곱한 것이다.

49

다음 중 동기부여 이론에 관한 설명으로 가장 적절하지 않은 것은?

① 앨더퍼(Alderfer)의 ERG이론에서는 인간의 욕구를 존재욕구, 관계욕구, 성장욕구로 구분하고 있으며, 충족-진행의 원리와 좌절-퇴행의 원리를 제시하고 있다.
② 핵크만(Hackman)과 올드햄(Oldham)의 직무특성이론에 의하면 성장욕구수준이 높은 사람은 직무정체성이 높은 직무를 수행할 때 동기부여수준이 높아진다.
③ 매슬로우(Maslow)의 가장 높은 욕구단계는 자아실현과 관련된 욕구이다. 자아실현은 자신의 기술이나 능력 그리고 잠재력을 최대한으로 활용하고자 하는 욕구를 말한다.
④ 허쯔버그(Herzberg)의 이요인이론(two factor theory)에 의하면 급여, 성취감, 다른 사람들의 인정, 승진, 일 그 자체, 성장·발전같은 위생요인이 충족되면 만족도가 증가된다.
⑤ 맥그리거(Douglas McGregors)는 인간의 본성에 대한 두가지 서로 다른 견해를 제기하였다. 부정적인 관점을 X이론(X theory)이라 하고 긍정적인 관점을 Y이론(Y theory)이라 한다.

50 시각적 머천다이징에 대한 아래의 설명 중 가장 거리가 먼 것은?

① 상품과 판매환경을 시각적으로 연출하고 관리하는 일련의 활동을 말한다.
② 시각적 머천다이징의 중요 요소로는 색채, 재질, 선, 형태, 공간 등을 들 수 있다.
③ 점포 내외부 디자인도 포함하는 개념이지만 핵심개념은 매장 내 전시(display)를 중심으로 이루어진다.
④ 상품을 보다 효과적으로 표현하여 구매를 자극하고, 적극적으로 판촉하기 위한 전략적 제반 활동이다.
⑤ 기획의도나 인테리어와의 전체적 조화 등을 최우선적으로 고려하여야 하므로 상품의 포장형태, 상품의 잠재적 이윤에 대한 고려는 중요하지 않다.

51 다음 중 괄호 안에 가장 적합한 용어는?

비 가격적인 방법으로 소비자에게 혜택을 주는 판매촉진활동의 하나로서, 말 그대로 무엇인가 가치 있는 것을 추가적으로 소비자들에게 제공하는 활동을 (　　)(이)라고 한다.

① 쿠폰(coupon)　② 컨테스트(contest)
③ 시연(demonstration)　④ 프리미엄(premium)
⑤ 리베이트(rebate)

52 마케팅관리자는 상표(브랜드)결정 분야에서 상표(브랜드) 전략과 상표(브랜드)정책에 관한 의사결정을 해야 한다. 소위 '복수상표(브랜드) 전략'에 관해 가장 올바르게 설명하고 있는 것은?

① 기존 상표의 포지션을 마케팅 환경변화 및 잠재고객의 기호나 욕구에 알맞게 변화시키는 전략
② 본질적으로 동일한 상품에 대해 두 개 이상의 상이한 상표(브랜드)를 설정하여 별도의 품목으로 차별화하는 전략
③ 이미 시장에서 성공을 거둔 기존상품의 상표(브랜드)명을 신상품이나 개선된 상품에 활용하는 전략
④ 제품의 특성과 품질이 상이한 상품임에도 불구하고 소비자들이 이미 긍정적으로 평가하는 기존 상표(브랜드)에 대한 기대를 이용하기 위해 사용되는 동일 상표(브랜드) 전략
⑤ 제조업자에 의해 결정되었으나 최근에 이르러 백화점, 할인점, 기타 유통업체들이 개발하는 브랜드전략

53 무점포 소매업의 일종인 텔레마케팅의 효과에 대한 아래의 설명 중 옳지 않은 것은?

① 인적판매보다는 판매비용이 절감되는 효과가 있다.
② 광고와는 달리 고객반응을 직접 파악하고 신속히 대응할 수 있다.
③ 고객 DB를 바탕으로 고객별로 차별화된 접근과 대응이 가능하다.
④ 대면이 아닌 전화매체를 이용한 마케팅이므로 기업의 이미지를 저하시키는 마케팅수단이 될 가능성이 많다.
⑤ 제품의 구입은 물론이고 정보의 취득, 금융업무의 처리, 서비스 예약 등에 이르기까지 전화를 이용한 다양한 편익이 제공되고 있다.

54 다음은 시장커버리지 정책(market coverage policies)에 있어서 영역제한(territorial restrictions)과 관련된 설명이다. 올바르게 설명하고 있지 못한 내용은?

① 제조업체가 독점사업자인 경우에 영역제한을 통해 브랜드내 경쟁을 감소시키는 것은 제조업체에 별다른 의미가 없다.
② 제조업체는 영역제한을 통해 제조업체수준에서의 경쟁은 감소시킬 수 있으나 특정 상권에서의 중간상간의 경쟁은 보다 강화하게 된다.
③ 유통업체가 특정제조업체의 제품만을 배타적으로 취급하면 이에 대한 인센티브로 해당 제조업체는 유통업체에 영역제한을 통해 상권을 보장해 줄 가능성이 높으나 이 경우는 독점규제의 대상이 될 가능성이 높다.
④ 제조업체간 경쟁이 치열할수록 제조업체는 영역제한을 통해 브랜드 내 경쟁을 감소시킬 수 있으며 이를 통해 제조업체간 가격경쟁을 피할 수 있다.
⑤ 영역제한은 유통경로상 상이한 수준에서 이루어지는 수직적 제한과 동일수준에서 이루어지는 수평적 제한으로 구분된다.

55 소매업체브랜드의 가치에 부정적 영향을 미치는 경우가 아닌 것은?

① 자사직영 할인매장을 지나치게 확대할 때
② 급속히 상이한 제품범주로 브랜드를 확장시킬 때
③ 소매업체브랜드에 대한 자유반품정책을 강화할 때
④ 한꺼번에 많은 양을 판매하기위해 대량할인정책을 추구할 때
⑤ 자산적 가치가 높은 소매업체브랜드를 경쟁소매업체의 점포에 진출시킬 때

56 상품구성정책에 관한 의사결정에 도움을 줄 수 있는 도구의 하나로서 ABC분석이 있다. 다음 중 ABC분석에 대한 설명과 가장 거리가 먼 것은?

① 매출액의 70%를 차지하는 상위 품목을 A라인, 추가적인 20%를 차지하는 차 상위 품목을 B라인, 나머지 품목을 C라인으로 구분한다.
② ABC분석은 특정성과측정기준에 의해 상품의 등위를 매겨 의사결정에 도움을 주는 방법이며 판매시장에서 상품품목을 대상으로 이루어지며, 구매시장에서 벤더를 대상으로 활용할 경우 그 의미가 없다.

③ 소매업자에게 재고부족은 바로 손실을 의미하기 때문에 재고부족을 피하고 일정한 재고수준을 정해놓고 유지하기 위한 유용한 도구가 바로 ABC분석이다.
④ 제품믹스에서 어떤 상품계열을 포함시키고 제외시킬 것인가 하는 제품계열에 대한 의사결정과정을 통제하기위해 소매업자는 실제성과와 잠재적인 성과에 따라 제품계열을 구분하는 ABC분석을 한다.
⑤ 특정성과측정기준에 의해 상품(군)에 대한 등급(우선순위)를 설정하여 기 위한 보조수단으로 사용하기에 가장 적합한 방법이다.

57 다음은 물류경영에 있어서 아웃소싱(outsourcing)전략과 관련된 설명 내용들이다. 올바르지 않은 것은?

① 물류전문업체의 첨단 정보시스템을 이용함으로써 시스템 추가개발에 소요되는 인력과 비용을 절감할 수 있다.
② 제조업체가 보유하고 있는 한정된 차량운행에서 오는 불편함을 물류전문업체의 전 차량을 이용하는 정시배송으로 개선하여 배송서비스를 대폭 강화할 수 있다.
③ 창고, 대지 및 물류장비 등을 처분 혹은 임대를 통해 투자비용을 회수하는 한편, 물류전문업체에게 사용한 내용만큼의 비용만 지불하므로 전체적으로 비용 절감의 효과를 기대할 수 있다.
④ 시장에서 소수의 거래관계가 존재하고 특정고객을 위한 기업특유의 투자가 필요한 경우 시장을 통한 거래관계, 즉 아웃소싱은 더욱 유리하다.
⑤ 제조업체가 보유한 한정된 차량운행에서 오는 불편함을 해소할 수 있을 뿐만 아니라, JIT배송이 가능해질 수 있으므로 고객에 대한 배송서비스를 대폭 강화할 수 있다.

58 서비스품질의 갭 모형(quality gap model)에 대한 유형과 gap발생원인으로 가장 잘못 설명되어진 것은?

① Gap 1: 고객의 기대와 경영자 인식간의 차이-기업에서 제공되는 서비스에 대한 인식 면에서 기업경영자와 고객과의 불일치에서 발생하는 차이
② Gap 2: 실행 가능한 수준과 실제 제공된 서비스와의 차이-종업원의 피로, 사기 저하 등 전달체계에서의 부작용에서 발생하는 차이
③ Gap 3: 경영자 인식과 실행 가능한 서비스 수준과의 차이-기술적 어려움, 비현실적 구상 등으로 인해 현실적으로 적용이 불가능한 서비스 내용에서 발생하는 차이
④ Gap 4: 제공된 서비스와 홍보된 서비스의 차이-과장된 광고 등에 의한 지각의 차이에서 발생하는 차이
⑤ Gap 5: 기대된 서비스와 지각된 서비스와의 차이- Gap1, Gap2 중 한 가지라도 존재하면 발생하는 차이

59 다음 내용은 풀마케팅 전략(pull marketing strategy)과 푸시마케팅 전략(push marketing strategy)에 관한 설명들이다. 가장 옳지 않은 내용은?

① 제조업체의 현장 마케팅지원에 대한 요구수준은 풀 채널전략에서보다 푸시 채널전략에서 상대적으로 더욱 높다.
② 유통업체의 마진율은 풀 채널전략의 경우가 푸시 채널전략의 경우보다 상대적으로 높다.
③ 풀 채널전략은 큰 도매가격할인과 프로모션비용이라는 변동비를 유발하기 때문에 소규모 브랜드보다 대형 브랜드에 더욱 적합하다.
④ 커뮤니케이션의 용이성 측면에서 보면 푸시 채널전략은 니치(틈새)마켓보다 오히려 매스마켓에 더욱 적합한 전략이다.
⑤ 제조업체가 자사신규제품에 대한 시장을 창출하는 것을 소매유통업체에게 주로 의존하는 것은 풀 전략에 가깝다.

60 다음 중 판매촉진(sales promotion) 수단 중 잘못 기술된 것은?

① 광고(advertising)란 기업이 확인될 수 있는 광고주가 되어 광고대금을 지불하고 그들의 아이디어나 제품 또는 서비스에 대한 메시지를 비인적(非人的) 매체를 통해 소비자에게 제시하는 모든 활동을 의미한다.
② 인적 판매(personal selling)는 메시지가 사람 대 사람으로 전달된다는 점에서 메시지가 비인적 매체를 통해서 전달되는 광고와는 다르다.
③ 광고는 메시지를 작성하고 목표시장에 전달하는 데 필요한 일련의 과정을 의미한다는 점에서 메시지 자체를 가리키는 광고물(advertisement)과 같다.
④ 홍보(publicity)란 광고주가 대금을 지불하지 않으면서도 라디오, 텔레비전 또는 신문과 같은 대량매체를 통하여 제품이나 서비스 또는 기업체에 관하여 상업적으로 의미 있는 정보를 제공하는 것을 말한다.
⑤ 구전(word of mouth)은 고객들이 보다 개인적 관계를 느낄 수 있는 중소기업에 특히 효과적이며, 정규적으로 최신화 된 온라인 일지 또는 일기인 블로그는 구전을 위한 중요한 출구가 되고 있다.

61 유통경로정책과 관련된 다음 설명 내용 중 가장 올바르지 않은 것은?

① 브랜드내 경쟁은 동일한 브랜드를 취급하는 도매상 혹은 소매상간의 경쟁을 의미하며 브랜드간 경쟁은 동종 상품의 상이한 브랜드간 경쟁을 의미한다.
② 브랜드내 경쟁을 촉진함으로써 가격은 상승하며 중간상에게 돌아가는 매출총이익은 증가한다.
③ 브랜드간 경쟁은 가격경쟁을 유발하여 가격을 인하하는 효과가 있다.

④ 고객커버리지 제한에 대한 사법부의 독점규제도 시장커버리지 제한의 경우와 유사하게 적용된다. 즉 고객커비리지 제한정책은 경쟁을 상당히 감소시키는 효과를 보일 때불법적인 것으로 간주된다.
⑤ 시장 커버리지 정책이나 고객커버리지 정책은 브랜드내 경쟁과 직접적으로 관련을 맺고 있으며 이들 정책은 해당정책이 없을 때에 비해 가격상승을 유발하는 간접적 효과를 지니고 있다.

62 다음 표는 ABC분석을 이용한 상품관리를 나타내고 있다. 빈칸 ㉠-㉡-㉢에 적합한 상품관리 의사결정이 모두 맞는 것은?

매출액/총이익		총 이익에 대한 기여		
		A	B	C
총 매출에 대한 기여	A	㉠		
	B		준인기상품	㉡
	C	㉢	계속 취급상품	
	Z		사양상품	

① ㉠ 인기/고수익상품-㉡ 인기/저수익상품-㉢ 사양상품
② ㉠ 인기/고수익상품-㉡ 인기/저수익상품-㉢ 기본/고수익상품
③ ㉠ 인기/고수익상품-㉡ 취급/철수 검토상품-㉢ 사양상품
④ ㉠ 인기/고수익상품-㉡ 취급/철수 검토상품-㉢ 기본/고수익상품
⑤ ㉠ 인기/고수익상품-㉡ 사양상품-㉢ 기본/고수익상품

63 다음 중 재고관리와 관련된 설명으로 가장 올바르지 않는 내용은?

① 재고를 유지하기 위해서는 많은 비용이 필요하므로, 경영자들에게 재고감소에 대한 많은 노력이 요구되고 있다.
② 최적 재주문량에 대한 결정은 재고유지비, 주문비 및 재고부족비를 함께 고려하여 결정하며 각각의 비용항목들을 합한 총재고비용이 최소가 되는 점이 최적주문량이 된다.
③ 물류활동은 일반적으로 재고, 수송, 주문처리, 포장 및 하역 등으로 나누어지며 물류관리자는 각 물류활동과 관련된 일상적인 의사결정을 내린다.
④ 재고관리자는 고객의 수요에 대처하여 최소의 재고비용으로 적정량의 재고를 유지하는 것이 중요하다. 여기서 재고비용은 크게 재고유지비용, 재고주문비용 및 재고부족(out-of-stock)비용으로 구성된다.
⑤ 주문량과 비용과의 관계에서 단위당 주문비와 재고유지비는 주문량의 증가와 함께 상승하는 반면 재고부족비는 주문량의 증가와 함께 하락하는 것이 일반적이다.

64 포장은 재료를 기준으로 3가지로 구분할 수 있다. 이에 해당하지 않은 것은?

① 기초포장(primary package)
② 2차포장(secondary package)
③ 운송포장(shipping package)
④ 진열포장(display package)
⑤ 속 포장(interior package)

65 다음 중 고객(customer)에 대한 설명으로 가장 옳지 않은 것은?

① 고객이라는 용어는 顧(돌아볼 고), 客(손 객)이라는 한자로서 의미상으로는 접대하는 사람이나 기업의 입장에서 볼 때 다시 보았으면, 또 와주었으면 하는 사람을 말한다.
② 고객은 구매하는 브랜드에 대해 상당한 호감을 가지고 있고 나아가 브랜드로 출시된 다른제품에 대해서도 호의적인 태도를 가질 가능성이 아주 높다.
③ 고객은 제품을 구매하는 당사자이기 때문에 제품구매 결정에 있어서 기업이 제공하는 서비스의 질이나 품질 등을 면밀히 검토하여 최종구매를 결정하게 된다.
④ 우리는 고객에게 대항할 수도 없으며 고객은 우리에게 가르침을 주고 있다는 개념이 도출되며 고객과 논쟁할 수 있는 위치에 있다고 생각하면 안 된다.
⑤ 충성기간은 길지만 수익성이 별로 없는 고객의 나비집단은 수익성을 향상하기 위한 노력에도 불구하고 수익성이 향상되지 않는다면 거래를 포기해야 한다.

66 기업 및 소비자 모두의 관점에서 상품의 포장화(packaging)는 다양한 목적을 성취해야 한다. 포장화의 목적과 가장 거리가 먼 것은?

① 서구에서 푸른색은 차갑고 평온하며, 빨간색은 능동적이며 활동적인 것을 의미한다.
② 노란색은 위생적이며 연약하고, 파스텔색상은 여성적이며 검정색은 남성적이다.
③ 기능적으로 구조적인 디자인은 매우 중요하며 이러한 기능적 고려사항은 포장의 크기, 형태, 재료, 색상, 의미 및 도형들과 관련된 의사결정내용들이다.
④ 식품에 대한 포장화 혁신사례로 재봉합할 수 있고, 온도를 유지하며 또한 사용하기 편리한 포장화를 들 수 있다.
⑤ 포장은 물품을 수송, 보관함에 있어서 가치 또는 상태를 보존하기 위해서 적절한 재료, 용기 등을 물품에 가하는 기술 또는 상태를 의미한다.

67 유통경로정책과 관련된 다음 설명 내용 중 가장 올바르지 않은 것은?

① 시장 커버리지 정책이나 고객커버리지 정책은 브랜드내 경쟁과 직접적으로 관련을 맺고 있으며 이들 정책은 해당정책

이 없을 때에 비해 가격상승을 유발하는 간접적효과를 지니고 있다.
② 브랜드내 경쟁을 촉진함으로써 가격은 상승하며 중간상에게 돌아가는 매출총이익은 증가한다.
③ 브랜드간 경쟁은 가격경쟁을 유발하여 가격을 인하하는 효과가 있다.
④ 고객커버리지 제한에 대한 사법부의 독점규제도 시장커버리지 제한의 경우와 유사하게 적용된다. 즉 고객커버리지 제한정책은 경쟁을 상당히 감소시키는 효과를 보일 때 불법적인 것으로 간주된다.
⑤ 브랜드내 경쟁은 동일한 브랜드를 취급하는 도매상 혹은 소매상간의 경쟁을 의미하며 브랜드간 경쟁은 동종 상품의 상이한 브랜드간 경쟁을 의미한다.

68 다음 중 POP광고물 작성 시 고려해야 할 사항과 가장 거리가 먼 것은?

① 고객이 점포에서 상품을 선택하는 데 도움을 줄 수 있어야 한다.
② 매장의 이미지를 향상시키는 역할을 할 수 있도록 매장의 특성을 고려해야 한다.
③ 고객에게 정보를 제공해 주고, 매장의 분위기를 반영하며, 홍보 역할을 수행한다.
④ POP광고의 효과성을 높이기 위해서는 소비자 감성에 대한 호소내용보다 이성적 설득내용을 더욱 많이 사용해야 한다.
⑤ POP광고내용은 고객의 시선을 순간적으로 멈추게 할 수 있어야 하며 더 나아가 충동구매 욕구를 자극하고 구매가 실행될 수 있도록 유도하여야 한다.

69 다음 중 모바일커머스에 대한 설명 중 옳지 않은 것은?

① 모바일 커머스는 개인화 된 서비스가 가능하다.
② 고객과 상호작용을 통해 판매가 이루어진다.
③ 모바일 커머스란 휴대용 정보 통신 단말기인 휴대폰이나 PDA를 이용한 판매방식의 총칭이다.
④ 휴대폰 보급 및 관련기술의 향상 등으로 최근 모바일 커머스 시장은 점차 확대되는 추세에 있다.
⑤ 모바일 커머스는 이용자가 휴대폰을 휴대/접속되어 있는 상태이므로, 특히 Pull형 서비스 제공에 유리하다.

70 다음은 경영학 및 경제학과 관련한 설명내용들이다. 가장 거리가 먼 내용은?

① 경영학적인 관점에서 시장분석을 할 경우 수요와 공급에 영향을 미치는 중요한 요소로서 가격뿐만 아니라 제품품질, 시장의 발달단계, 소비자의 문화적인, 심리적인 요소 등이 있다.
② 거시경제학의 주요연구대상으로는 성장이론, 무역이론, 화폐이론, 경기순환이론 등을 들 수 있다.
③ 경영학적인 관점에서의 시장분석에서는 가격은 단지 여러가지 중요한 영향요소의 하나일 뿐이다.
④ 거시경제학에서는 가격이 수요와 공급에 어떻게 영향을 미치는가 혹은 수요와 공급이 가격에 어떻게 영향을 미치는가에 대하여 분석하는 것이다.
⑤ 경영학은 국민 경제와 기업의 발전, 즉 효율적이고 수익성의 향상을 위한 계획이나 조직 체계의 개선책에 관한 연구와 실천에 경영학이 직접 관여한다고 볼 수 있다.

제4과목 유통 정보(71~90)

71 다음 중 의사결정(Decision Making)의 오류에 대한 설명으로 가장 옳은 것은?

① 과거 정보보다 최근에 주어진 정보에 더 큰 비중을 두고 의사결정을 내리는 경우로서 경영자는 과거로부터 축적되어온 정보보다 최근의 정보에 현혹되는 오류를 범할 수도 있는 것을 정당화 추구 오류(Search for supportive evidence bias)라 한다.
② 경영자는 선택된 대안을 실행하면서 '무언가 잘못되어 가고 있다'라는 느낌을 받을 수가 있다. 잘못된 대안을 선택하고 실행을 되돌리지 못하는 경우를 정당화 추구 오류를 문제에 대한 과소평가 오류(Underestimating uncertainty bias)라 한다.
③ 경영자의 지나친 낙관주의, 경영자의 자신과 기업 역량에 대한 자신감이 과도한 경우, 새로운 정보를 받아들이지 않으려는 보수성이 강한 경영자 같은 오류의 복합 요인이 원인인 것을 동일시 오류(Illusory correlations bias)라 한다.
④ 경영자는 단기적으로 손해가 발생하더라도 장기적인 이익이 되는 방향으로 의사결정을 선택해야만 정당하고, 올바른 선택을 하고도 부정적인 결과에 민감한 나머지 섣부른 판단을 하는 경우가 많은 오류를 언어나 문맥의 표현 차이 오류(Poor framing bias)라 한다.
⑤ 사람들은 '성공은 내 탓, 실패는 남의 탓' 으로 돌리는데 경영자들도 성공은 자신의 탓으로, 실패는 외부적인 환경 요인으로 돌리는 경우가 일반적이다. 이와 같은 내용을 실패의 외부 귀인 오류(Attribution of success and failure bias)이라 한다.

72 e-비즈니스가 고객서비스에 미친 영향에 관한 설명내용이다. 이 중 가장 올바르지 않은 내용은?

① 인터넷상거래에 의한 반품절차는 소매점에서 구매한 제품에 비해 상대적으로 어렵다.
② e-비즈니스는 전통적 소매에 비해 적은 양의 재고운영을 가능하게 하며, 수요가 많고 다양성이 낮은 제품은 재고통

합의 효과가 높으나, 수요가 적고 다양성이 높은 제품에서는 재고통합의 효과가 낮다.
③ e-비즈니스는 구매절차를 자동화하게 하여 주문비용감소뿐만 아니라 업무처리속도를 증가시킨다. 예로써 과거의 구매자료를 활용하여 현재의 구매속도를 증가시킨다.
④ 인터넷은 각 고객으로 하여금 개인화된 구매경험을 가지게 하는 기회를 제공한다. 즉, 인터넷을 통하여 고객이 보다 손쉽게 고객요구에 부응하는 제품을 선정하도록 도와줄 수 있다.
⑤ 소비자는 쇼핑 사이트에 접속하여 상품에 대한 정보를 얻어 구매상품을 결정하고 판매자에게 자신의 선택 품목 · 수량, 배달 장소, 대금 지불 방법 등에 관한 정보를 전달하게 된다.

73 다음은 인터넷에서 보안을 유지하기 위해 사용하는 암호화 방식 중 비대칭키 암호방식에 대한 설명이다. 옳지 않은 것은?

① 비밀키는 메시지의 복호화에 이용되는 키이다.
② 메시지의 암호화는 수신자의 공개키를 이용한다.
③ 암호화 및 복호화에 사용되는 키가 서로 다르다.
④ DES, RSA 등은 주요 비대칭키 암호화 알고리즘이다.
⑤ 키 관리 측면에서 각 개인이 2개의 키만을 가지면 된다.

74 다음 중 물류정보의 특성으로 거리가 비교적 먼 것은?

① 정보의 절대량은 많으나 다양 하지는 않다.
② 화물의 흐름과 정보흐름의 동시성이 요구된다.
③ 기업 내 영업 생산 등 다른 부문과의 연관성이 크다.
④ 정보의 발생원, 처리부문, 전달대상이 넓게 분산되어 있다.
⑤ 일상적인 상황과 폭주하는 상황에 있어서 정보량의 차이가 크다.

75 고객 데이터를 분석해서 고객관계관리를 하고자 한다. 이때 이용할 수 있는 정보 처리 및 관리 기술과 거리가 먼 것은?

① 멀티플렉싱(multiplexing)
② 데이터 마트(Data Mart)
③ 데이터 마이닝(data mining)
④ OLAP(on-line analytic process)
⑤ 데이터 웨어하우스(DW: Data Warehouse)

76 다음 중 온라인 구매의사 결정과정에 대한 설명으로 올바르지 않은 것은?

① 제품 브로커링(brokering)이란 욕구 충족이 가능한 구매물품 대안들 중에서 물품을 선택하는 것을 의미한다.
② 온라인 광고의 배경은 소비자가 욕구에 대한 인식이 선행되고 욕구 충족에 관련된 정보 검색이 이루어진다는 점이다.
③ 온라인 광고는 구매단계의 의사결정을 지원하기 위해서 유명 사이트에 주로 게시한다.
④ 이메일을 이용해서 구매 후 다양한 서비스 기능을 구현 또는 제공할 수 있다.
⑤ 여러 가지 사실들이 구매자의 의사 결정 과정에 영향을 미친다.

77 전자화폐는 일반적으로 유통성, 양도가능성, 범용성, 익명성 등 현금의 기능을 갖추고 있으며 현실의 화폐형식을 그대로 모방하여 실제 사용법과 특성을 같게 만든 것으로, 선불카드, 직불카드, 디지털 현금을 응용하는 시스템이다. 다음 중 전자수표 지불 시스템은 어느 것인가?

① Net Cheque
② E-cash
③ SET
④ Mondex
⑤ Proton

78 GPS(Global Positioning System)에 대한 설명으로 옳지 않은 것은?

① 자동항법장치에도 응용되어 자동차나 선박의 운항에도 이용된다.
② 무선 정보제공 시스템으로서 인공위성을 활용하는 정보기술 분야이다.
③ 국내에서는 무궁화 위성을 통해서 한반도 내의 모든 GPS 서비스가 가능하다.
④ GPS 시스템에 따라서 위치 파악의 정확도에 차이가 있어서 업무에 따라서 시스템의 정밀도 수준을 결정해야 한다.
⑤ 토지 조성공사에도 작업자가 건설용지를 돌면서 지반 침하와 침하량을 측정하여 리얼 타임으로 신속하게 대응할 수 있다.

79 발주는 기업에 있어 상당히 중요한 위치를 차지하고 있다. 발주가 늦어지면 재고가 소멸되어 판매에 악영향을 미치고, 그 만큼 고객의 신뢰가 추락을 할 수 있는 것이다. 다음은 발주와 관련된 다양한 시스템의 설명으로 가장 옳지 않은 내용은?

① EOS는 발주자의 컴퓨터에 입력된 주문 자료가 수신자의 컴퓨터로 직접 전송되도록 구축된 주문시스템으로 전자주문시스템 또는 자동발주시스템이고, 소매점의 EOS 구축목적은 '발주의 시스템화', '품절예방', '점포재고의 적정화' 등을 예로 들 수 있다.
② CAO는 POS를 통해 얻어지는 상품흐름에 대한 정보와 계절적인 요인에 의해 소비자 수요에 영향을 미치는 외부요인에 대한 정보를 컴퓨터를 이용하여 통합 · 분석해서 주문서를 작성하는 시스템을 말한다.
③ Cross Docking은 배달된 상품을 중간저장소인 물류센터에 일정기간 저장을 한 후에 소비자들의 원함에 따라 즉시 배송지점으로 배송하는 것을 말한다. 즉, 받은 상품을 창고에

저장한 후 소비자의 주문에 따라서 소매점포로 배송하는 물류시스템이다.

④ CRP는 소비자의 수요에 근거해서 제조업체 또는 공급업체가 유통업체의 재고를 자동보충해주는 방식으로 제조업체 또는 공급업체가 유통업체의 POS 자료를 근거로 해서 상품보충을 하며, 유통업체는 재고보충을 위해 VMI기법을 이용한다.

⑤ CPFR은 소매업자 및 도매업자와 제조업자가 고객서비스를 향상하고 업자들 간에 유통총공급망(SCM)에서의 정보의 흐름을 가속화하여 재고를 감소시키는 경영전략이자 기술이다.

80 유통정보시스템은 유통과정과 연관된 다양한 정보의 수집에 의해 의사결정권자가 목표달성을 효율적으로 수행하는 데 도움을 줄 수 있도록 하는 시스템이다. 다음 중 유통정보시스템 구축을 위한 데이터 및 내부데이터(internal data)와 외부데이터(external data)에 대한 설명으로 가장 잘못된 것은?

① DB는 정보의 Data상 중복을 최소화하고, 조직의 목적달성, 무결성, 보안성 등을 고려하며 동시에 많은 사용자가 동일 데이터에 접근하더라도 이를 보장할 수 있는 디지털 정보 활용에 가장 중요한 인프라이다.

② 기업의 업무 수행과 관련 있는 모든 자료들을 기업의 목적 수행에 다양하게 이용하기 위하여 발생되는 데이터들을 통합적으로 보관·저장하는 시스템으로 기업의 정리된 데이터들을 조합·가공함으로써 정보를 생산할 수 있도록 조직화된 자료들의 집합을 말한다.

③ 데이터베이스의 유형에는 동일 데이터의 중복을 최소화하는 통합 데이터(integrated data),조직 목적 달성에 필수적인 데이터 집합인 운영 데이터(operational data),컴퓨터가 접근할 수 있는 저장 매체에 저장된 데이터의 집합인 저장 데이터(stored data)가 있다.

④ 내부 데이터베이스의 유형으로는 조달 물류 관련 데이터에는 원자재, 부자재, 입찰, 공급자, 조달가격, 보관비용 등이 있으며, 외부 데이터베이스의 유형인 고객 서비스 관련 데이터에는 고객 불만처리대장, 고객 성향, 고객 서비스 기록의 데이터 등이 있다.

⑤ 외부 데이터베이스에는 유통기업을 중심으로 비즈니스와 관련된 여러 연구기관 및 기업환경과 관련된 데이터로서 협력업체, 경영정보, 서비스 제공정보, 연구결과, 시장분석, 소비자분석, 정치·경제 환경 분석, 사회문화 정보 등으로 광범위하다.

81 온라인 거래에서 발생되는 신뢰에 대한 설명으로 옳지 않은 것은?

① 대면 접촉이 없기 때문에 오프라인에서 보다 신뢰 수준이 낮을 가능성이 높다.

② 보안 메커니즘들이 개발되어 신뢰 수준을 높이는 역할을 하고 있다.

③ 판매자는 최근 발생한 정보나 회사의 수정 정보를 항시 업데이트(갱신)함으로써 신뢰를 제고시켜야 한다.

④ 오프라인상의 높은 브랜드 인지도가 온라인 거래에 대한 신뢰에는 별 영향을 미치지 못한다.

⑤ 온라인 업체의 배송 네트워크 설계는 배송시설을 분산시켜서 고객과의 거리를 단축시키면 배송 서비스에 대한 만족도를 제고시킬 수 있다.

82 다음 중 대용량의 데이터베이스로부터 데이터를 분석하는 기법인 데이터 마이닝 과정을 예를 들어 설명한 것으로 가장 옳지 않은 것은?

① 연관성 – 시리얼을 구입한 고객의 70%가 우유를 구입한다.

② 군집 – 배낭을 구입한 고객은 얼마 후 코펠을 구입한다.

③ 분류 – 부도가 나는 고객의 특징은 수입에 비하여 카드 사용 비용이 높다.

④ 상관관계 – 날씨가 더울수록 에어컨의 판매량이 많다.

⑤ 추세 – 새로운 특정상품 판매량의 시계열 경향이 있다.

83 다음 중 유통정보 시스템에 관한 설명과 영문자 약자의 조합으로 가장 적절하지 못한 것은?

용어설명	영문약자
가. 슈퍼마켓 등의 계산대에 설치되어 있는 POS 단말에서 제품에 인쇄되어 있는 바코드를 읽어냄과 동시에 점포 내에 설치된 컴퓨터에서 가격정보 등을 대조함으로 정산처리를 한다.	a. PLU(Price Look up)
나. 수발주작업을 정확하고 효율적으로 수행할 목적으로 만들어져 온라인상의 수발주가 가능한 시스템이다.	b. EDI(Electronic Data Interchange)
다. 네트워크 내에 전송되는 데이터의 축적 및 데이터 포맷 변화 등을 제공하는 통신서비스사업이다.	c. ECR(Efficient Consumer Response)
라. 통신회선을 통해 상거래를 위한 데이터를 컴퓨터 간에 교환하는 시스템이다. 이때 당사자 간에 필요로 하는 규정은 표준적 규정을 사용한다.	d. VAN(Value AddedNetwork)
라. 제조업체 또는 공급업체가 유통업체의 POS 자료를 근거로 해서 상품보충을 하며, 유통업체는 재고보충을위해 VMI(vendor managed inventory) 기법을 이용한다.	e. CRP(Continuous Replenishment process)

① 가–a ② 나–c ③ 다–d ④ 라–b ⑤ 라 – e

84 다음 중 EDI 표준과 관련된 설명으로 가장 옳지 않은 것은?

① EDI의 데이터 표준이란 자료항목의 syntax와 semantic에 대한 규칙을 말한다.
② EDI 표준이란 사용자 간의 전자문서의 내용, 구조, 통신방법 등에 관한 표준규칙만을 말한다.
③ 최근 보안성 문제로 인해 인터넷보다는 부가가치 통신망을 이용한 EDI 표준에 대한 관심이 높아지고 있다.
④ EDI란 통신회선을 통해 표준적인 규약을 이용하여 컴퓨터 간에 데이터를 상호교환하는 방식을 말한다.
⑤ EDI 도입은 서류없는 거래(documentless trade)가 가능하게 되어 사무처리 비용, 인건비 및 재고관리 등에 소요되는 운영비를 절감시킬 수 있다.

85 최근 스마트폰이 인기를 끌면서, 유통업체들은 이를 활용하여 다양한 사업을 벌이고 있다. 아래 신문기사는 스마트폰의 어떤 기능을 주로 활용하여 사업을 벌이고 있는지 설명하고 있는가?

> 미국의 마케팅 회사인 주가라(Zugara)는 최근 이 기술을 이용, 온라인 쇼핑몰을 만들었다. 옷을 사고 싶은 소비자가 집에서 쇼핑몰에 접속한 뒤 웹카메라를 켜고 마음에 드는 제품을 선택하면 가상으로 다양한 색상과 디자인을 적용해 가며 옷을 입어볼 수 있다.

① 위젯(Widget)
② 가상현실
③ 증강현실
④ 앱스토어
⑤ 애플리케이션

86 다음 중 VAN과 CALS에 대한 설명과 거리가 먼 것은?

① 인터넷과 CALS를 접목하면 보안 측면에서 효율적이다
② 유통VAN을 통해 경쟁업체 판매정보까지 파악할 수 있다
③ 전자상거래가 부상하면서 CALS가 EC에 흡수되는 경향을 보이고 있다
④ CALS란 정보시스템을 이용한 통합 판매 · 물류 · 생산 시스템이라고도 한다.
⑤ CALS는 초기에 미 국방부에서 군수물자를 효율적으로 관리할 목적으로 개발되었다

87 다음 중 전자화폐와 전자지불 시스템의 요건으로 적합하지 않은 것은?

① 상호인증: 거래상대방의 신분을 확인할 수 있도록 하는 기능
② 기밀성: 거래내용이 제 3자에게 노출되지 않도록 하는 기능
③ 무결성: 송신자와 수신자가 합법적인 사용자임을 증명하는 기능
④ 부인방지: 이미 성립된 거래에 대한 부당한 번복을 방지하는 기능
⑤ 범용성: 누구든지 시용에 제한이 없이 사용이 가능하다는 기능

88 다음 〈보기〉의 설명에 적합한 용어는?

> 기업간 정보시스템을 통합 및 연동시키는 개념으로 기업과 기업, 기업과 e-Marketplace, e-Marketplace와 e-Marketplace 등 기업간 전자상거래에서 발생하는 비즈니스 프로세스를 효과적으로 지원하기 위해 전산시스템과 문서 포맷, 애플리케이션을 서로 통합, 연계하는 것

① B2C(Business to Consumer)
② e-Logistics
③ BI(Business Intelligence)
④ B2Bi(Business to Business Integration)
⑤ B2B2C(Business to Business to Consumer)

89 다음 표는 수주 데이터의 입력방법별 비교를 나타내고 있다. 빈칸 (1), (2), (3)에 적합한 평가를 순서대로 바르게 나타낸 것은?

구 분	처리속도	도입 및 유지 비용	자료관리의 일관성	자료관리의 정확성
수기(手記) 입력	느 림	저	취 약	(1)
전화주문 후 입력	보 통	보 통	양 호	(2)
EDI	아주 빠름	도입: 고 유지: 저	매우 우수	(3)

① 낮음-낮음-높음
② 낮음-높음-높음
③ 낮음-보통-높음
④ 낮음-높음-낮음
⑤ 낮음-높음-보통

90 다음 중 RFID에 관한 설명 중 옳지 않은 것은?

① 정보를 읽거나 쓰기위한 반도체칩을 내장하고 정보의 전송을 위해 안테나를 사용하는 무선주파수 시스템
② 장소나 시간에 관계없이 컴퓨터 네트워크에 접속을 통하여 필요한 서비스를 제공받는 것
③ 국내에서는 모바일 RFID 포럼을 중심으로 온라인상의 콘텐츠나 서비스의 위치를 찾는데 필요한 정보 제공을 위한모바일 RFID 표준을 추진
④ 미들웨어, 객체정보서버, 객체이력서버, RFID 검색서비스 등이 RFID 서비스 네트워크를 구성
⑤ 직접 접촉을 하지 않아도 자료를 인식할 수 있으며 인식 방향에 관계없이 ID 및 정보 인식이 가능

제 7 회 실전모의고사

정답 및 해설 → P.263

제1과목 유통 · 물류 일반(01~25)

01 산업환경분석 모델 중에서 STEP 모델에 대한 설명으로 가장 거리가 먼 것은?

① 추가적으로 정책/규제환경 분석은 법적 규제, 정책 개정, 무역규제 완화, 규제 철폐 등을 포함한다.
② 기술적 환경에는 정보기술, 기술발전 가능성, 새로운 제품 혁신, 대체기술 개발가능성 등을 포함하여 분석한다.
③ 거시경제적 환경에서 분석해야하는 변수로는 GDP성장률, 물가상승률, 이자율/환율, 에너지가격 동향등이 있다.
④ STEP분석은 사회문화적 환경- 기술적 환경- 거시경제적 환경 – 경쟁가격환경의 순서에 따라 분석하는 기법이다.
⑤ 사회문화적 환경을 구성하는 요소로는 인구증가율 추이, 소비자 라이프스타일 변화, 환경에 대한 사회적 인식변화, 여성의 사회적 진출 등이 있다.

02 사업포트폴리오 분석에 대한 설명으로 올바른 것을 고르시오.

a. BCG매트릭스는 시장성장률과 절대적 시장점유율을 두 축으로 총 4개의 사업영역으로 분류한다.
b. BCG매트릭스의 자금젖소영역에서는 현상유지 또는 수확전략을 취한다.
c. BCG매트릭스의 문제아영역은 시장성장률은 낮지만 절대적 시장점유율이 높은 전략사업단위를 지칭한다.
d. BCG매트릭스가 시장점유율을 사업단위의 경쟁적 지표로 취한 것은 경험곡선효과 때문이다.
e. GE & Mckinsey의 사업매력도-사업강점분석은 BCG매트릭스보다 각 차원별로 여러 구성요인을 반영하여 사업영역을 9개로 구분한다.

① a, b, e ② a, c, d ③ b, d, e
④ b, c, d ⑤ c, d, e

03 소매상이 소비자에게 제공하는 기능에 대한 설명 중 올바르지 않은 것은?

① 소매상은 여러 공급업체로부터 제품과 서비스를 제공받아 다양한 상품구색을 갖춤으로써 고객이 선택할 수 있는 폭을 넓혀준다.
② 소매상은 광고, 판매원, 매장 내 진열 등을 통하여 고객에게 제품과 관련된 정보를 제공해 준다.
③ 소매상은 신용판매나 할부판매와 같은 방법을 통하여 고객의 금융부담을 덜어주는 기능을 수행한다.
④ 소매상에서 주로 시행하는 판매후 서비스 기능은 고객과 전문 서비스업체와 직접 연결해 주는 것을 의미한다.
⑤ 소비자의 욕구에 충족시킬 수 있도록 다양한 상품의 구색과 신속하게 대응할 수 있도록 적정량의 재고 확보, 유지가 필요하다.

04 물류비 예산 편성 절차로 옳은 것은?

가. 물류환경 조건 파악　　나. 장기 물류계획 설정
다. 물류예산 편성 시달　　라. 물류비 예산안 작성
마. 물류비 심의 · 조정 · 확정

① 가→나→다→라→마 ② 나→다→라→마→가
③ 다→라→마→가→나 ④ 라→마→가→나→다
⑤ 마→가→나→다→라

05 다음 중 프랜차이즈에 대한 다음 설명 중 가장 거리가 먼 것은?

① 법적계약에 의해 프랜차이즈 본부는 가맹점에게 제품 및 서비스를 판매하는 것은 가능하지만, 추가 수익을 올리기 위한 설비의 임대 및 판매는 금지되어 있다.
② 프랜차이즈 본부가 계약을 통해 가맹점에게 일정기간 동안 자신들의 상표, 상호, 기업운영방식 등의 사용권한을 부여하고, 가맹점은 이에 대한 대가로 본부에 초기 가입비와 매출액에 대한 일정비율 또는 일정금액의 로얄티를 지불한다.
③ 프랜차이즈 본부의 입장에서는 과도한 자본을 투자하지 않고 가맹점과 위험을 분담함으로써 보다 빠르게 시장을 확대할 수 있는 장점을 가진다.
④ 프랜차이즈 조직의 형태는 제조업자–소매상프랜차이즈, 제조업자–도매상프랜차이즈, 도매상–소매상프랜차이즈 및 서비스회사–소매상프랜차이즈로 구분된다.
⑤ 프랜차이지는 프랜차이저의 상호 등을 사용하는 권한을 갖기 위해 가입금, 보증금, 로열티 등을 지불하고, 프랜차이저의 경영지도와 지원으로 양자 간의 계속적인 관계가 유지된다.

06 일반적으로 물류비는 기업의 활동에 따라 다양하게 분류할 수 있다. 다음은 기업의 어떠한 물류비용을 설명하고 있는 것인가?

> 생산된 완제품 또는 매입한 상품을 창고에 보관하는 활동에서부터 그 이후의 모든 물류활동에 따른 비용을 말하며, 넓은 의미로 본 이 비용에는 반품물류활동과 공용기, 파렛트 등의 회수물류활동 및 파손 또는 진부화된 제품, 포장용기 등의 폐기물류활동에 따른 비용까지를 모두 포함하기도 한다.

① 생산물류비　② 구매(조달)물류비
③ 사내물류비　④ 회수물류비
⑤ 판매물류비

07 다음 ( )의 내용을 순서대로 올바르게 나열한 것은?

> 자산은 재무상태표(대차대조표) 작성일로부터 1년을 기준으로 ( )과 ( )으로 구분한다. ( )은 1년 이내에 현금화 할 수 있는 자산을 의미하며 다시 ( )과 ( )으로 분류한다.

① 유동자산–비유동자산–유동자산–투자자산–당좌자산
② 유형자산–무형자산–유형자산–투자자산–당좌자산
③ 유동자산–당좌자산–비유동자산–유동자산–재고자산
④ 유형자산–무형자산–유형자산–당좌자산–재고자산
⑤ 유동자산–비유동자산–유동자산–당좌자산–재고자산

08 프랜차이저(franchisor)가 프랜차이지(franchisee)에게 프랜차이저의 상호, 상표, 노하우 및 기타기업의 운영방식을 사용하여 제품이나 서비스를 판매할 수 있도록 허가하는 것을 프랜차이즈 시스템이라 말한다. 프랜차이즈시스템에 관한 설명으로 가장 옳지 않은 것은?

① 프랜차이지는 프랜차이저의 상호 등을 사용하는 권한을 갖기 위해 가입금, 보증금, 로열티 등을 지불하고, 프랜차이저의 경영지도와 지원으로 양자 간의 계속적인 관계가 유지된다.
② 유통경로상 모든 구성원 즉 제조업자에서부터 서비스전문업체, 도매상 및 소매상 등 어떤 경로 구성원도 프랜차이즈 본부의 역할을 할 수 있다.
③ 유형을 나누어 보면 제조업자–소매상프랜차이즈, 제조업자–도매상프랜차이즈, 도매상–소매상프랜차이즈 및 서비스회사–소매상프랜차이즈로 크게 나눌 수 있다.
④ 본부의 투자위험을 줄일 수 있을 뿐만 아니라 자본투자를 한 가맹점들이 직접 점포를 소유/운영하기 때문에 적극적으로 영업활동을 하도록 하는 장점이 있다.
⑤ 프랜차이즈시스템은 전통적 유통경로나 관리형 VMS(vertical marketing system), 자발적연쇄점 및 소매상 협동조합보다 유연성이 뛰어난 장점을 가지고 있다.

09 다음은 가치사슬 전반에 걸쳐 있는 정보의 흐름을 관리하는 정보시스템을 도입하여 성공한 사례를 발췌한 내용이다. 해당기업이 경쟁력을 확보하기 위해 선택한 정보시스템으로 가장 적절한 것은?

> 월마트와 P&G는 경쟁우위를 달성하기 위해 전략적 제휴와 동시에 정보기술을 도입하여 성공적인 결과를 낳고 있다. 월마트 고객이 P&G 제품을 구매하면, 이 시스템은 P&G 공장으로 정보를 보내고, P&G는 제품 재고를 조정한다. 이 시스템은 또한 월마트 유통센터에서 P&G의 재고가 일정수준 이하가 되면 자동으로 발주를 하도록 되어있다.
> P&G는 이러한 실시간 정보를 이용하여 창고의 재고를 낮추면서 월마트의 요구사항을 효과적으로 충족시켜, 시스템을 통해 시간을 절약하고 재고를 줄이며 주문처리 비용의 부담을 줄일 수 있었고, 월마트도 제품을 할인된 가격으로 납품받을 수 있게 되었다.

① 공급사슬관리(Supply Chain Management)
② 고객관계관리(Customer Relationship Management)
③ 전사적 자원계획(Enterprise Resource Planning)
④ 비즈니스 인텔리전스(Business Intelligence)
⑤ 의사결정지원시스템(Decision Support System)

10 우리나라 무점포 소매상의 현황에 대한 설명으로 가장 옳지 않은 것은?

① 우편판매는 여러 강점이 있지만, 인터넷 쇼핑몰 등에 밀려 매출이 감소하고 있다.
② 최근 스마트폰의 발달로 다양한 상거래 모형이 발달되고 있으며, 소셜커머스가 빠르게 성장하고 있다.
③ 방문판매는 무점포 소매상 중에서 가장 오래된 형태로 화장품 및 학습지 시장에서 지속되고 있다.
④ 텔레비전 홈쇼핑업체의 경쟁은 매우 치열하며, PB 강화 ,서비스 상품 등의 개발에 주력하고 있다.
⑤ 텔레마케팅에서 인바운드콜이 아웃바운드콜에 비해 거래성사율이 높고, 보다 마케팅 지향적이다.

11 경로 커버리지 전략을 선택하는 데 있어 마케터는 점포에서의 고객쇼핑(구매)행동, 기업의 경로통제행동의 욕구, 점포의 포화 정도와 같은 요인들을 고려해야 한다. 이들에 관한 설명으로 올바르지 않은 것은?

① 경로관리에서 핵심적인 관점 가운데 하나는 얼마나 많은 수의 점포를 특정지역에 설립해야 하고, 경로 흐름에서 어떤 유형의 경로 구성원이 필요한지를 결정하여 이를 통해 실재 고객과 잠재고객의 욕구를 실현하는 것이다.
② 중저가 립스틱을 저가매장이나 편의점에서 구매하려는 소비자 집단과 랑콤립스틱을 고급백화점이나 명품관에서 구매하려는 소비자집단의 구매행동은 동일하지 않으므로 어떤 소비자 집단을 표적시장으로 선택할 것인지에 따라 이에 알맞은 경로커버리지 전략을 선택해야 한다.
③ 기업이 표적시장 내에 지나치게 적은 수의 점포를 가진다면 높은 매출액 및 시장점유율의 성장을 달성하는 것은 어려운 반면, 너무 많은 점포들이 존재한다면 동일한 고객을 상대로 점포간 과당경쟁이 일어나게 된다.

④ 많은 소비자들이 내구용품 구매시 선매품–선매점형의 쇼핑 행동을 보이게 되면 그 동안 해오던 전속적 경로커버리지 전략을 포기하고 집중적 경로커버리지 전략을 도입하는 것이 더욱 바람직하다.
⑤ 집중적 유통경로전략을 채택한 제조업체는 전속적유통경로 전략을 택한 경우보다 제품의 판매과정에 대한 통제를 더욱 강화할 수 있을 뿐만 아니라, 마케팅노력을 통해 유통과정에 더 많은 개입을 할 수 있는 장점이 있다.

12 온라인 소매업에 대한 다음의 내용 중에서 올바르게 기술된 것은?

① 텔레마케팅과 카탈로그마케팅은 대체관계에 가까우며 보완관계로는 볼 수 없다.
② 카탈로그 마케팅은 최근 스스로 직접판매를 위한 매장을 오픈하고 있는 추세이다. 따라서 온라인 유통보다 오프라인 유통에 더욱 가깝다고 볼 수 있다.
③ TV 홈쇼핑은 단순히 카탈로그 마케팅과 텔레마케팅을 결합한 효과가 있다.
④ 텔레마케팅은 유명인이나 인기연예인을 동원함으로써 설득력이 오프라인 매장에서보다 높다는 장점을 보유하고 있다.
⑤ 통신판매는 커뮤니케이션수단에 따라 점포소매업과 무점포소매업으로 나누어지며 무점포소매업은 다시 통신(우편)판매, 텔레마케팅, TV홈쇼핑, 전자상거래 등으로 나누어 진다.

13 소매기업의 수익성을 증대시키고 고효율, 저비용구조를 정착시키기 위해서는 효과적인 인적 자원 활용이 필요하다. 업무 발생빈도와 업무의 복잡성을 중심으로 다음과 같이 업무를 분류하였을 때, 각 셀(cell)에 적합한 인적 자원의 성격을 올바르게 나열한 것은?

구 분		업무의 복잡성	
		높다.	낮다.
업무의 발생빈도	반복적	㉠	㉡
	비반복적	㉢	㉣

① ㉠ 정규직 사원, ㉡ 파트타임 사원, ㉢ 계약직 사원, ㉣ 아르바이트 사원
② ㉠ 정규직 사원, ㉡ 계약직 사원, ㉢ 계약직 사원, ㉣ 아르바이트 사원
③ ㉠ 정규직 사원, ㉡ 계약직 사원, ㉢ 아르바이트사원, ㉣ 파트타임 사원
④ ㉠ 정규직 사원, ㉡ 파트타임 사원, ㉢ 아르바이트 사원, ㉣ 계약직 사원
⑤ ㉠ 계약직 사원, ㉡ 파트타임 사원, ㉢ 아르바이트 사원, ㉣ 정규직 사원

14 다음 중 물류센터와 관련항목에 대한 설명으로 가장 옳지 않은 것은?

① 내륙ICD은 공단과 항만 사이를 연결하여 화물유통을 원할히 하기 위한 대규모 물류기지를 말하며, 규모의 경제효과인 대규모의 화물을 수송함에 따라 수송효율의 향상과 항만지역이 교통 혼잡을 회피할 수 있어 수송비를 절감할 수 있다.
② 스톡포인트(SP)는 재고품의 보관거점으로, 앞으로 있을 수도 있는 예상수요의 보관거점으로 물품보관에 주력하는 보관창고라고 할 수 있으며, 정태적 의미에서 유통창고를 말하며, 배송센터와 비교된다.
③ 일관팔레트화(Pallet)란 화물 이동의 출발지점으로부터 최종도착지점까지 적재된 화물을 운반, 하역, 수송, 보관하는 물류과정 중 최초에 팔레트에 적재된 화물의 형태를 변형시키지 않고 일관되게 화물의 흐름을 만드는 것을 말한다.
④ 적층랙은 보관공간이 크고 작음에 맞춰 레이아웃을 자유자재로 변경할 수 있어 효율적이며, 공간이용이 뛰어나 2-3단의 적재가 신속하게 되므로 작업 효율이 높고, 앞면이 개방형이므로 적재상태로 물품의 출납이 가능한 랙이다.
⑤ 물류시스템은 크게 수배송 경로에 해당하는 연결선(link)과 이러한 연결선들 간의 접점이 이루어지는 장소인 연결점(node)으로 구성되어 있는데, 바로 이 연결점에 해당하는 장소 및 시설이 물류거점 또는 물류단지에 해당한다.

15 경로커버리지 유형 중 배타적 유통(exclusive channel)에 대한 설명으로 가장 옳지 않은 것은?

① 극히 소수의 소매점포에서만 자사 제품을 취급하도록 하는 것이다.
② 브랜드 충성도가 매우 높은 제품을 생산하는 제조업체에 의해 채택되는 경향을 보인다.
③ 제조업체는 소매점포에 대한 통제력을 강화시킴으로써 자사 브랜드 이미지를 자사전략에 맞게 유지할 수 있다.
④ 주류제조업체 영업사원들이 중소슈퍼, 식당, 주점 등에게 혹은 제약업체의 영업사원이 약국을 대상으로 영업하는 형태가 해당된다.
⑤ 소비자들은 브랜드 충성도가 높은 브랜드를 구매하기 위해 기꺼이 많은 노력을 기울이기 때문에 적은 점포수를 가지고도 운영이 가능하다.

16 다음 중 전략적 물류기법에 대한 설명으로 가장 옳지 않은 지문은?

① 물류 아웃소싱은 핵심역량사업에 집중할 수 있는 장점이 있는 반면 고객 불만에 대하여 신속하게 대응하기가 쉽지 않고, 물류 공동화와 물류 표준화가 가능하여 물류비 절감과 서비스의 향상이 가능하다.
② 제1자 물류는 화주기업이 고객서비스향상, 물류비절감, 물류활동의 효율성 향상 등의 목표를 달성할 수 있도록 물류경로 내의 다른 주체와 일시적이거나 장기적인 관계를 가지고 있는 것을 말한다.
③ 현대자동차입장에서 자신이 만든 자동차를 자회사인 현대글로비스를 이용하여 운반하는 업무를 맡긴다면 업무의 다양한 효과를 얻을 수도 있지만, 독점적인 내용이라하여 비난을 받기도 하는데 이런경우를 2자물류라 한다.

④ 제조업체가 제3자 물류(3PL)를 이용하는 전략적 동기는 아웃소싱(outsourcing), 부가가치물류(value added logistics), 물류제휴(logistics alliance)효과 등을 기대하기 때문이다.
⑤ 제4자 물류는 세계 수준의 전략·기술·경영관리를 제공하며, 제3자 물류업체, 컨설팅업체, IT업체들이 가상조직을 형성하여 한 번의 계약으로 공급체인 전반에 걸친 통합 서비스를 제공한다.

17 주로 파렛트에 쌓아 올린 물품의 보관에 이용하는 랙으로 가장 광범위하게 사용되며 범용성이 있는 형태로서 화물의 종류가 여러 가지라도 유연하게 보관을 할 수 있는 랙은?

① 하이 랙(High Rack)
② 파렛트 랙(Pallet Rack)
③ 슬라이딩 랙(Sliding Rack)
④ 유동 랙(Flow-through Rack)
⑤ 드라이브 인 랙(Drive-in Rack)

18 다음 ㉠~㉤에 들어갈 말들이 바르게 제시된 것을 고르시오.

> ㉠은(는) 가장 최근에 취득한 재고자산의 원가를 ㉡의 계산에 포함시킴으로써 현행수익에 현행원가를 대응시키는 방법이다. 따라서 물가 ㉢ 기간 중에 이 방법을 적용하면 ㉣을(를) 적용했을 때의 ㉤을(를) 어느 정도 제거할 수 있다.

① ㉠ 후입선출법-㉡ 구입원가-㉢ 하강-㉣ 선입선출법-㉤ 판매이익
② ㉠ 후입선출법-㉡ 매출원가-㉢ 상승-㉣ 선입선출법-㉤ 재고이익
③ ㉠ 선입선출법-㉡ 구입원가-㉢ 하강-㉣ 후입선출법-㉤ 판매이익
④ ㉠ 선입선출법-㉡ 매출원가-㉢ 상승-㉣ 후입선출법-㉤ 재고이익
⑤ ㉠ 선입선출법-㉡ 매출원가-㉢ 하강-㉣ 후입선출법-㉤ 재고이익

19 다음은 B회사의 물류량과 가격에 관한 사항이다. 물류비 예산과 실적과의 차이 합계는 얼마인가?

> · 실제 물류량 600개　　· 예산 물류량 400개
> · 실제 가격 1,200원/개　　· 예산 가격 1,000원/개

① 120,000원　③ 430,000원　③ 210,000원
④ 320,000원　⑤ 360,000원

20 물류시스템 설계의 기본원리에 대한 설명으로 적절하지 못한 것은?

① 상품의 직송화를 도입하면 수송비용이 증가한다는 단점이 있으나, 고객 서비스 수준은 상승한다는 장점이 있다.
② 재고보유 비율을 높이면 재고유지비용과 수송비용이 모두 증가한다.
③ 정보시스템 투자가 증가하면 일반적으로 정보비용은 증가하나 재고나 수송비용은 하락한다.
④ 전체적인 관점의 통합된 시스템 속에서 물류관련비용을 파악하는 것이 효과적인 물류시스템구축 및 관리를 위해 중요하다.
⑤ 재고유지비용과 수송비용이 최소가 되는 것이 기업입장에서는 최적선택이 된다.

21 옵션(option)은 파생 상품의 일종이며, 미리 결정된 기간 안에 특정 상품을 정해진 가격으로 사고 팔 수 있는 권리를 말한다. 이에 대한 설명으로 가장 옳지 않은 것은?

① 옵션은 이미 존재하는 자산의 가격에 따라 가치가 변하는 조건부 청구권으로 옵션도 기초자산을 살 수 있는 권리와 팔수 있는 권리로 구분할 수 있다.
② 옵션의 레버리지기능은 주식이나 채권 투자에 비하여 적은 금액을 투자하여 큰 효과를 볼 수 있는 기능으로 보험 또는 헤지 기능, 신 금융상품 창조기능 등이 있다.
③ 옵션(call option)은 행사가격으로 주식을 살 수 있는 권리이므로 만기일에 주식의 가격이 높을수록 옵션소유자에게 유리하다.
④ 콜옵션(call option)소유자는 주식가격이 낮을수록 유리하다. 그 이유는 시장에서 싸게 거래되는 주식을 콜 옵션의 행사를 통해 비싸게 팔 수 있기 때문이다.
⑤ 만기일에 주식가격이 행사가격보다 높다면 풋옵션(put option)소유자는 옵션을 행사하지 않을 것이며 이때 옵션 가치는 (0)이 된다.

22 다음은 어떤 가설에 대한 비판인가?

> 저관여 상품을 구매할 때 소비자는 한꺼번에 많은 품목을 동시에 구매하기를 원하기 때문에 슈퍼마켓이나 대형마트의 품목수는 증가하는 반면, 고관여 상품으로 구매할 때는 특정 상품의 다양한 모델의 동시 비교를 원하기 때문에 카테고리킬러와 같은 좁고 깊은 상품구색을 갖춘 소매업태가 발전하게 된다. 그러나 이 가설은 저관여상품 소매업태의 발전과정을 구분하지 못한 결정적인 한계를 지니고 있다.

① 소매업 수레바퀴가설
② 소매수명주기가설
③ 소매아코디언이론
④ 소매업 변증법가설
⑤ 소매업 자연도태가설

23 집권화(Centralization)는 조직의 어느 한 곳에 의사결정이 집중되는 정도를 나타낸다. 다음 중 모두 중앙집권적인 소매조직에 대한 내용으로만 된 항목은?

> 가. 소매의사결정 권한이 본사의 관리자에게 위임되어 있다.
> 나. 경상비가 줄어드는 장점이 있다.
> 다. 공급업체로부터 저가에 제품을 공급받을 수 있다.
> 라. 지역시장의 취향에 맞는 상품조정 능력이 탁월하다.
> 마. 지역적 경쟁대응능력이 뛰어나다.
> 바. 규모의 경제를 실현할 가능성이 높다.
> 사. 고객에게 언제 어디서나 동일한 일체감을 줄 수 있으므로 신뢰성을 높일 수 있다.

① 가, 나　② 가, 나, 다
③ 가, 나, 다, 라　④ 가, 나, 다, 바, 사
⑤ 가, 다, 라, 마, 바, 사

24 직무 분석(Job Analysis)이란 직무에 포함되는 일의 성질이나 직무를 수행하기 위해서 종업원에게 요구되는 적성에 대한 정보를 수집·분석하는 것을 말한다. 다음 중 직무에 대한 설명으로 가장 옳지 않은 것은?

① 직무 분석(job analysis)은 직무에 관련된 정보들과 아울러 직무를 수행할 사람들이 갖추어야 할 요건을 체계적으로 수집하고 정리하는 과정이다.
② 직무에 관련된 정보를 체계적으로 수집하고, 분석하고, 정리하는 과정이라 할 수 있다. 따라서 직무분석을 인적자원관리의 기초 또는 인프라스트럭처(infrastructure)라고 한다.
③ 직무의 성격, 내용, 이행 방법 등과 직무의 능률적인 수행을 위하여 직무에서 기대되는 결과 등을 간략하게 정리해 놓은 문서를 직무 명세서(Job specification)라 한다.
④ 조직시민행동(organizational citizenship behavior)은 직무 기술서(Job description)에 공식적으로 부과되어 있지는 않지만 조직의 효과에 기여하는 활동이다.
⑤ 직무 명세서(Job specification)는 직무를 만족스럽게 수행하는 데 필요한 종업원의 행동, 기능, 능력, 지식 ,자격증 등을 일정한 형식에 맞게 기술한 문서를 말한다.

25 소비자 기본법에서 규정하는 사업자의 책무 사항으로 옳지 않은 것은?

① 사업자는 스스로의 권익을 증진하기 위하여 필요한 지식과 정보를 습득하도록 노력하여야 한다.
② 사업자는 물품 등을 공급함에 있어서 소비자의 합리 적인 선택이나 이익을 침해할 우려가 있는 거래조건 이나 거래방법을 사용하여서는 아니 된다.
③ 사업자는 소비자에게 물품 등에 대한 정보를 성실하고 정확하게 제공하여야 한다.
④ 사업자는 소비자의 개인정보가 분실·도난·누출·변조 또는 훼손되지 아니하도록 그 개인정보를 성실하게 취급하여야 한다.
⑤ 사업자는 물품 등의 하자로 인한 소비자의 불만이나 피해를 해결하거나 보상하여야 하며, 채무불이행 등으로 인한 소비자의 손해를 배상하여야 한다.

제2과목 상권 분석(26~45)

26 복합용도개발(Mixed-use Developments;MXDs)의 특징을 설명한 아래의 내용 중에서 가장 옳지 않은 것은?

① 단순한 개발방법이 아닌 상권과 함께 생활에 필요한 여러 편의시설을 복합적으로 개발하기 위한 방법이다.
② 주거, 업무, 여가 등 다수의 용도가 물리적, 기능적으로 복합된 건물을 말한다.
③ 도심지내 주거생활에 필요한 근린생활시설, 각종 생활 편의시설의 설치가 가능해 도심지 활성화의 수단으로 활용되기도 한다.
④ 도심지역 내에 주거기능이 도입됨으로써 도넛 현상인 공동화 현상을 감소시킬 수 있다.
⑤ 쇼핑몰의 형태로 구성되기 때문에 쇼핑몰에 입점 가능한 다양한 업태를 모두 포함하는 점포 위주로 건물 내부가 구성된다.

27 여러 업종의 점포가 한곳에 모여 있는 군집 입지와 달리, 전혀 점포가 없는 곳에 독립하여 점포를 운영하는 형태를 말한다. 다음 중 노면독립입지에 대한 설명으로 가장 어울리지 않은 것은?

① 노면 독립입지란 여러 업종의 점포가 한곳에 모여 있는 군집 입지와 달리, 전혀 점포가 없는 곳에 독립하여 점포를 운영하는 형태로서 지리적으로 떨어진 지역을 의미하며, 통상적으로 독립지역에 위치한 소매점은 다른 소매업체들과 고객을 공유하지 않는다.
② 주거, 업무, 여가 등 다수의 용도가 물리적, 기능적으로 복합된 건물을 말하며, 상권을 조성하기 위한 단순한 개발방법이 아닌 상권과 함께 생활에 필요한 여러 편의시설을 복합적으로 개발하기 위한 방법이다.
③ 독립입지는 군집입지의 상반되는 개념으로 중심시가지 보다 토지 및 건물의 가격이 싸고, 대형점포를 개설할 경우 소비자의 일괄구매(one-stop shopping)를 가능하게 하며, 비교구매를 원하는 소비자에게는 그다지 매력적이지 않다.
④ 다른 업체와 비교 우위에 있는 확실한 기술력을 보유하고 있는 전문성이 있는 업종이나 다른 업체와 비교하여 뛰어난 마케팅능력을 보유하고 있으며, 충분히 능력을 발휘할 자신이 있는 업종이 적합하다.
⑤ 뚱뚱한 사람들에게 맞는 청바지를 파는 유일한 점포와 특정 상권 안에서 가장 낮은 가격으로 식품을 판매하는 대형 슈퍼마켓과 수많은 종류의 장난감을 판매하는 카테고리 킬러와 같은 목적점포(destination stores)가 적합하다.

28 다음 중 넬슨(R. L. Nelson)이 선정한 입지선정의 평가방법에 대한 내용으로 가장 옳지 않은 것은?

① 경영자가 진입할 상권의 입지 가격이나 비용 등으로 인한 수익성과 생산성의 정도를 검토 평가하여 수익성 및 생산성이 가장 확실하게 보장되는 용지를 선택해야 하는 것이 성장 가능성이다.
② 장래 경쟁점이 신규 입점함으로써 고려대상 점포나 유통단지에 미칠 영향 정도나 고려대상 점포가 기존점포와의 경쟁에서 우위를 확보할 수 있는 가능성의 정도를 평가하는 방법이 경쟁 회피성이다.
③ 동일한 상권 내의 고객들을 자신의 점포로 유인하는 데 있어서 어떠한 장애요소가 고객들이 접근할 수 있는 가능성을 방해하는지를 살펴보는 것이 접근 가능성이다.
④ 상호보완관계가 있는 점포들이 근접하여 입지함으로써 고객이 흡입될 가능성으로 경영자가 진입할 상권에 고객의 흡인력을 얼마나 높아지게 할 수 있는가의 가능성을 검토하는 방법이 양립성이다.
⑤ 경영자가 속한 상권지역 내의 기존점포나 상권지역이 고객과 중간에 위치하여 경쟁점포나 기존의 상권으로 접근하려는 고객을 중간에서 저지할 수 있는 가능성을 평가하는 방법이 중간 저지성이다.

29 우리 동네에는 가, 나, 다 상점이 있다. '가'상점은 규모가 6,400m^2이고 거리는 우리 집에서 4km 떨어져 있다. '나'상점은 규모가 12,500m^2이고 거리는 우리 집에서 5km 떨어져 있다. '다' 상점은 규모가 100,000m^2이고 거리는 우리 집에서 10km 떨어져 있다고 할 때 Huff 모형을 이용하여 우리 집에서 '가'상점과 '나'상점을 이용할 가능성을 계산해 보시오. 소비자가 고려하는 규모 모수는 1, 거리모수는 3으로 이용하시오.

① $\frac{1}{3}$ ② $\frac{5}{12}$ ③ $\frac{2}{3}$ ④ $\frac{5}{6}$ ⑤ $\frac{3}{3}$

30 다음은 소매점포의 상권규모를 결정하는 요인들이다. 다음 중 개별점포의 상권 규모가 커지는 요인들로 구성된 것은? (단, ceteris paribus 가정을 적용)

> 가. 점포의 규모가 큰 경우
> 나. 동종 소매점포의 밀집도가 높은 경우
> 다. 인구밀도가 높은 배후지에 입점한 경우
> 라. 전문품 보다는 선매품을 취급하는 경우
> 마. 점포의 인지도가 높은 경우

① 가-나-다 ② 가-나-마
③ 가-다-라 ④ 가-라-마
⑤ 가-다-마

31 다음은 소매점 창업이나 경영시 고려하여야 할 도로 형태에 관한 설명들이다. 옳지 않은 것은?

① 로프(loop) 형태의 도로는 곳곳에 커브가 많아 소매업 경영에 좋은 조건은 아니다.
② 뱀(serpentine) 형태의 도로는 기본적으로 굴곡이 많은 도로이며, 산과 언덕의 경사가 많아 소매업 경영에 좋은 조건은 아니다.
③ 여러 갈래의 도로가 서로 평행(parallel)한 형태로 놓여있는 도로는 소매업 경영에 좋은 조건이 아니다.
④ 큰 도로를 중심에 두고서 양쪽 옆으로 생선가시처럼 수업이 갈라지는 생선가시(fishbone)형 도로는 소매업 경영에 좋은 조건이 아니다.
⑤ 모든 도로가 특정지역으로 이어져 있는 별(stellar)형 도로는 소매업 경영에 좋은 도로 형태이다. 이는 사방에서 오는 고객의 접근성이 유리하고, 고객을 한 곳으로 모을수 있는 형태이기 때문이다.

32 다음 중 상권분석 방법을 가장 올바르게 설명하고 있는 것은?

① 기술적 방법은 상권의 규모와 특정입지에 대한 여러 요인들을 여러 혁신기법들을 이용하여 분석하는 방법이다.
② 확률적 방법은 상권의 규모와 특정입지를 결정하기 위해 여러 요인들의 확률을 계산하여 상권규모를 계산하는 조사하는 것으로 Huff모형이 대표적이다.
③ 규범적인 방법은 지역시장 내에서 가장 많은 고객을 끌어들일 수 있는 이상적인 점포입지를 설명하는 방법으로 초기상권 모형의 주류를 이루었다.
④ 확률적 방법의 토대를 마련해 준 Luce교수의 선택적 공리이론은 이후 규범적 모형이 발달 할 수 있는 토대를 제공해 주었다.
⑤ 체크리스트와 같은 방법은 이상적인 입지 요인을 기준으로 현실의 입지를 평가할 수 있는 방법으로 규범적 모형의 체계를 따르고 있다.

33 다음 중 노면 독립입지(freestanding sites)와 관련된 설명으로서 가장 거리가 먼 것은?

① 노면 독립입지에서 독자적 상권개발을 하기 위해서는 고객층을 새로 형성하기 위한 공격적 마케팅전략보다는 기존에 형성되어 있는 환경에의 적응이 필요하다.
② 노면 독립입지의 장점은 넓은 주차공간, 영업시간, 제품에 대한 규제의 완화, 고객을 위한 큰 편의성 등이 있다.
③ 다른 소매업체들과 지리적으로 떨어진 지역을 의미한다.
④ 노면 독립입지의 단점은 다른 점포와의 시너지 효과가 결여되어 있기 때문에 고객을 유인하기 위해 상품, 가격, 판촉 혹은 서비스를 특별하게 제공해야 한다.
⑤ 노면독립입지는 다른 소매업체와 연결되지 않은 입지이다.

34 다음 중 다양한 상권의 유형을 상권별 개념과 특징으로 설명한 것이다. 옳지 않은 것은?

① 부도심상권은 간선도로의 결절점이나 역세권을 중심으로 형성되는 경우가 많으나, 도시전체의 소비자를 유인하지는 못한다.
② 역세권상권은 지하철이나 철도역을 중심으로 형성되며 지상과 지하 부지를 입체적으로 연계하여 고밀도 개발이 이루어지는 경우가 많다.
③ 근린상권은 점포인근 거주자들을 주요고객으로 하는 생활밀착형 업종의 점포들이 입지하는 경향이 있다.
④ 도심상권은 중심업무지구(CBD)를 포함하며 상권의 범위가 넓고 소비자들의 체류시간이 긴 편이다.
⑤ 아파트상권은 고정고객의 비중이 높아 안정적인 수요확보가 가능하고 외부고객을 유치해 상대적으로 상권 확대가능성이 높다.

35 소비자 행동변화가 소매상권의 범위에 영향을 미친다. 소비자의 소비행동 변화와 관련된 아래의 설명내용 중에서 옳지 않은 것은?

① 소득의 증가는 여타 취미활동 등에 대한 기회가 늘어나게 되어 소비자의 소매점 선택을 위한 공간행동의 범위를 좁히게 된다.
② 자동차의 보급이 높아질수록 일괄구매(one-stop shopping)의 가능성을 높이게 된다.
③ 총소득에서 차지하는 비율로 보면 소득의 증가로 인해 식품 등 기초적 상품에 대한 수요 감소와 취미상품 등에 대한 수요증가를 가져온다.
④ 자동차보급률 증가에 따라 차량접근성이 소매점 선택에 있어서 그 중요성이 강화되고 있다.
⑤ 교통상태나 운송수단이 발달되어 있으면 소비자들이 그 점포에 접근하기가 쉽고, 따라서 매출이 증대될 가능성이 높고 이러한 결과로서 이익이 발생하게 된다.

36 편의점 A에서 상품을 구매하는 고객수가 8,000명이며, 평균 객단가가 2,300원일 때 편의점 A의 월 매출액을 구하시오.

① 18,400,000원　② 23,000,000원
③ 36,800,000원　④ 80,000,000원
⑤ 96,000,000원

37 소매업에서의 입지의 중요성은 상당하다. 따라서 각 업태나 업종은 입지선정에 상당한 중점을 두고 있는 데, 아래 문항에서 각 업태나 업종의 입지에 대한 내용을 설명한 것으로 가장 옳지 않은 것은?

① 백화점은 규모면에서 대형화를 추구하기 때문에 상권 내 소비자의 경제력 및 소비형태의 예측을 근거로 적정한 입지를 선정해야 한다. 백화점 입지의 선정은 주요산업, 유동인구, 대중교통 연계성 등 장기적인 발전을 고려하여 선정해야 한다.
② 의류패션 전문점의 입지는 자신들의 고객에게 오락과 즐거움의 기회를 제공하여 많은 사람을 유인하고, 소비자들이 여러 점포를 다니면서 비교구매가 가능한 중심 상업지역(CBD), 중심 상업지역 인근 쇼핑센터보다 노면독립지역이 입지로서는 가장 유리하다.
③ 식료품점의 입지는 점포의 취급품의 종류와 품질에 대한 소비자의 구매만족도, 예상된 고객의 시간대별 통행량, 통행인들의 속성 및 분포 상황, 경쟁점포와 기타 상점들, 일반적인 주거 밀집지역, 아파트 또는 주거 밀집지역에 있는 상가나 쇼핑센터가 적당한 위치이다.
④ 생활용품 중 주방기구나 생활용품, 인테리어 소품등 대단위 아파트 밀집지역, 주택가 밀집지역 등 주거지 인접지역으로 출점하여야 하며, 도로변이나 재래시장 근처, 통행량이 많은 곳이나 슈퍼마켓 근처에 입지를 선택하는 것이 유리하다.
⑤ 패션잡화점의 최적 입지는 상호보완적인 상품을 제공하는 다양한 점포들이 모여 있는 곳으로 다양한 상품을 판매하고 유통인구가 많이 있으며, 주로 젊은 세대들이 자주 찾는 지역이 입지로는 가장 적합한 장소이다.

38 A점포는 거리 4km와 매장면적이 50,000m^2, B점포는 거리 6km와 매장면적이 70,000m^2, C점포는 거리 3km와 매장면적이 40,000m^2일 때 허프 모델을 이용하여 소비자가 A점포로 갈 확률을 구한다면 그 확률은 얼마인가? (매장면적모수는 1, 거리모수는 2라고 하자)

① 57.5%　② 32.8%
③ 38.4%　④ 66%
⑤ 86%

39 다음 내용들 가운데 소매점이 동일한 상권 안에 복수의 점포를 출점하는 경우에 얻을 수 있는 효과만을 모두 골라 놓은 것은?

> ㉠ 물류, 광고 등의 공동 활동에서 규모의 경제를 누릴 수 있다.
> ㉡ 점포 신설에 따른 한계이익이 한계비용을 초과하는 범위 안에서는 회사 전체적인 입장에서 더 큰 이익을 얻을 수 있다.
> ㉢ 같은 회사의 점포들 사이에 불필요한 경쟁을 유발하여 개별 점포의 성과는 악화된다.
> ㉣ 전체적인 최적규모 달성에 초점을 맞추기 때문에 개별점포들을 적정규모로 운영하기는 어렵다.

① ㉠　② ㉠, ㉡
③ ㉠, ㉢　④ ㉠, ㉡, ㉢
⑤ ㉠, ㉡, ㉢, ㉣

40 다음 중 소매상권에 대한 아래의 내용 중에서 가장 옳은 것은?

① 상권은 정적이지 않고 마케팅 전략, 가격, 점포 규모, 경쟁 등에 따라 수시로 변한다.
② 상권의 규모는 상권내 소비자의 숫자와는 관련이 있으나 구입 빈도와는 별 관련이 없다.
③ 상권의 규모는 동일한 유형의 점포 밀도에는 영향받지 않는다.
④ 상권 내 인구밀도가 증가하면 동일한 유형의 점포밀도는 감소한다.
⑤ 상권은 시장지역 또는 배후지라고도 부르며 점포와 고객을 상행위와 관련하여 흡수할 수 있는 지리적 영역이다.

41 고객 흡인력을 창출하는 점포의 접근성(accessibility)에 대한 설명으로 가장 옳지 않은 것은?

① 고객들이 통행 발생지역으로부터 자기가 원하는 특정한 지역이나 장소로 이동하는 데 있어서의 어떠한 장애요인이나 방해 없이 진입과 퇴출이 자유로운 상황을 말한다.
② 점포의 접근성은 거리상태, 통행량, 통행시간, 매력 등에 의하여 결정되며, 접근가능성이 높을수록 점포주변의 교통량이 증가하는 특징이 있다.
③ 접근성의 장애물로는 산, 강, 인조 조형물, 철로, 공원 등의 존재유무를 의미하며, 지역내 소득의 격차는 점포입지를 선정하는데 접근성에 대한 장애물로 작용할 수 없다.
④ 자신의 점포와 연결되는 주요한 도로 구조나 도로의 상태, 장애물 등의 존재로 인하여 점포로의 접근 가능성이 얼마나 있는가를 분석하는 것이 접근성 분석이다.
⑤ 접근성에서 적정 주차공간을 추정할 때는 일별, 주별, 계절별로 주차차량을 조사하여 추정해야 하며, 시점에 관계없이 평균을 산출하여 추정하면 불확실하다.

42 아래의 글상자 안에서 상권(trade area)에 대한 올바른 설명을 모두 고른 것은?

가. 상권이란 한 점포 또는 점포집단이 고객을 유인할 수 있는 지역적 범위를 말한다.
나. 상권은 계층적 구조로 형성된 것으로 볼 수 있는데, 상권계층은 지역상권, 지구상권, 개별점포상권 등으로 분류한다.
다. 판매자 측면의 상권은 특정 판매자 또는 판매자 집단이 상품과 서비스를 판매 또는 인도함에 있어서 비용과 취급규모면에서 경제성이 확보되는 지역 범위를 말한다.
라. 구매자 측면의 상권은 적절한 가격의 재화 및 서비스를 합리적으로 발견할 수 있을 것으로 기대되는 지역범위를 말한다.

① 가 ② 가, 나 ③ 가, 다
④ 가, 나, 다 ⑤ 가, 나, 다, 라

43 다음 상권분석에서 수학적 기법은 규범적 모형과 확률적 모형으로 구분할 수 있다. 다음 중에서 상권분석의 확률적 모형에 해당하는 것은?

① Reilly의 소매인력모형
② Christaller의 중심지모형
③ Apple baum교수의 유추법
④ MNL(Multinominal logit)모형
⑤ CST(Consumer Spotting Technique)모형

44 다음 중 넬슨(R. L. Nelson)이 선정한 입지선정의 평가방법에 대한 내용으로 가장 적합하게 연결된 내용을 고르시오.

가. 경영자가 속한 상권지역 내의 기존 점포나 상권 지역이 고객과 중간에 위치하여 경쟁점포나 기존의 상권으로 접근하려는 고객을 중간에서 저지할 수 있는 가능성을 평가하는 방법이다.
나. 장래 경쟁점이 신규 입점함으로써 고려대상 점포나 유통단지에 미칠 영향 정도나 경쟁점의 입지, 규모, 형태 등을 감안하여 고려대상 점포나 유통단지가 기존점포와의 경쟁에서 우위를 확보할 수 있는 가능성의 정도를 평가하는 방법이다.
다. 동일한 상권 내의 고객들을 자신의 점포로 유인하는 데 있어서 어떠한 장애요소가 고객들이 접근할 수 있는 가능성을 방해하는지를 살펴보는 것이다.
라. 주변의 인구 증가와 일반 고객들의 소득증가로 인하여 시장 규모나 선택한 사업장과 유통상권이 어느 정도로 성장할 수 있겠는가를 평가하는 방법이다.
마. 상호보완관계가 있는 점포들이 근접하여 입지함으로써 고객이 흡입될 가능성으로 경영자가 진입할 상권에 상호 보완관계에 있는 점포가 서로 인접해 있어서 고객의 흡인력을 얼마나 높아지게 할 수 있는가의 가능성을 검토하는 방법이다.

① 가-중간 저지성 ② 나-성장 가능성
③ 다-경쟁 회피성 ④ 라-양립성
⑤ 마-접근 가능성

45 상권의 수요와 시장 잠재력 측정(예측)에 관한 설명이다. 올바르게 설명된 것은?

① 신규점포에 대한 상권분석방법으로 주로 사용되고 있는 것으로 우선 점포 내부 자료로서 신용카드 고객 주소, 마일리지 고객주소 등과 다음으로 2차 자료 수집내용으로 차량조사법 및 소비자 조사법을 들 수 있다.
② 유추법(Analog Method)에 의한 상권규모의 측정을 위해서 우선적으로 상권의 규모에 영향을 미치는 요인에 대한 수집평가를 통해 시장잠재력을 유추하기 위한 체크리스트를 작성해야 한다.

③ 기본적인 수요예측의방법의 하나인 통계해석법은 상권인구/주변취업자 혹은 통행량 등에 대한 매출액/규모 등을 지표로 표현하는 방법이다. 즉 예측하려는 시설의 원단위를 미리 알고 있는 경우 또한 간단히 계산하고 싶은 경우에 활용할 수 있는 방법이다.
④ 수요 잠재력 측정을 위해 주로 사용되는 소위 소매포화지수(index of retail saturation, IRS)는 한 시장지역 내에서 특정소매업태 또는 집적소매시설의 단위 면적당 잠재수요를 나타낸다.
⑤ 수요 측정방법은 인구 수와 가처분 소득을 통한 구매력을 조사하는 것으로, 가구 수는 소매목적상 특정집단의 인구수를 조사하는 것보다 더 효과적이라 할 수 있다.

제3과목 유통 마케팅(46~70)

46 경로 커버리지 전략을 선택하는 데 있어 마케터는 점포에서의 고객쇼핑(구매)행동, 기업의 경로통제행동의 욕구, 점포의 포화 정도와 같은 요인들을 고려해야 한다. 이들에 관한 설명으로 올바르지 않은 것은?

① 기업이 표적시장 내에 지나치게 적은 수의 점포를 가진다면 높은 매출액 및 시장점유율의 성장을 달성하는 것은 어려운 반면, 너무 많은 점포들이 존재한다면 동일한 고객을 상대로 점포 간 과당경쟁이 일어나게 된다.
② 중저가 립스틱을 저가매장이나 편의점에서 구매하려는 소비자 집단과 랑콤립스틱을 고급백화점이나 명품관에서 구매하려는 소비자집단의 구매행동은 동일하지 않으므로 어떤 소비자 집단을 표적시장으로 선택할 것인지에 따라 이에 알맞은 경로커버리지 전략을 선택해야 한다.
③ 집중적 유통경로전략을 채택한 제조업체는 전속적유통경로전략을 택한 경우보다 제품의 판매과정에 대한 통제를 더욱 강화할 수 있을 뿐만 아니라, 마케팅노력을 통해 유통과정에 더 많은 개입을 할 수 있는 장점이 있다.
④ 많은 소비자들이 내구용품 구매시 선매품-선매점형의 쇼핑행동을 보이게 되면 그 동안 해오던 전속적 경로커버리지 전략을 포기하고 집중적 경로커버리지 전략을 도입하는 것이 더욱 바람직하다.
⑤ 경로관리에서 핵심적인 관점 가운데 하나는 얼마나 많은 수의 점포를 특정지역에 설립해야 하고, 경로 흐름에서 어떤 유형의 경로 구성원이 필요한지를 결정하여 이를 통해 실재고객과 잠재고객의 욕구를 실현하는 것이다.

47 다음 중 상품구색의 개념이 가장 잘못 설명된 것은?

① 전문성-구색이라고도 하며, 특정 카테고리 내에서 단품의 수를 말한다.
② 가용성-특정 단품의 수요에 대해 충족되는 비율을 나타내는 것을 말한다.
③ 다양성-한 점포 내 또는 부문 내에서 취급하는 상품 카테고리 종류의 수를 말한다.
④ 카테고리-고객들이 대체할 수 없다고 생각하는 상품품목들을 모아 놓은 것을 말한다.
⑤ 희소성- 인간의 욕구와 필요에 비해 자원이 한정되어 있는 것을 의미하므로, 환경, 문화, 사람들의 기호에 따라 차이가 있을 수 있다.

48 소매업체들의 경영 및 영업성과에 대한 측정을 위해 소위 "전략적 수익모델"을 활용할 수 있다. 전략적 수익모델에서 활용되는 항목이 다음과 같을 때, 재고회전율을 구하시오.

• 총비용 : 120,000	• 순매출액 : 600,000
• 순이익 : 250,000	• 평균상품재고액 : 100,000

① 2 ② 4 ③ 6 ④ 8 ⑤ 10

49 광고목표는 주요 목적에 따라 정보 전달형, 설득형 및 상기형으로 구분될 수 있다. 다음의 내용이 서로 가장 올바르게 연결된 것은?

① 정보전달형 광고: 고객가치의 전달, 시장에 신제품 소개, 이용 가능한 서비스에 대한 설명
② 설득형 광고: 고객관계 유지, 소비자에게 제품을 구매할 수 있는 장소에 대하여 상기시킴, 비수요기에 소비자가 브랜드를 인지하도록 함.
③ 상기형 광고: 고객에게 가까운 미래에 자사 제품이 필요할지 모른다고 상기 시켜 줌, 브랜드 및 기업이미지 구축, 제품속성에 관한 소비자 지각의 변화
④ 설득형 광고: 소비자가 구매 권유 전화를 받도록 유도, 제품 기능에 대한 설명, 그릇된 인상을 바로 잡음.
⑤ 인터넷 광고: 오프라인의 경우와 마찬가지로 보는 사람의 마음에 상품 이미지를 창출하여 매출액 증가만을 우선적인 목표로 삼고 있다.

50 제조업체와 유통업체가 공동으로 광고하는 협동광고(cooperative advertising)에 대한 아래의 설명 중에서 옳지 않은 것은?

① 협동광고는 일반적으로 편의품에서 효과가 더욱 높다. 따라서 주로 편의품에서 실행되고 있다.
② 가격이 높은 고가의 제품에서도 광고효과가 크다.
③ 선택적 경로정책을 수행하는 제품의 광고에서 주로 이루어지며 그 효과도 크다.
④ 빈번히 구매되지 않는 제품에서 주로 이루어지고 그 효과 또한 크다.
⑤ 소매상 간의 경쟁이 심해질수록 소매상은 더 많은 협동 광고를 원한다.

51 다음은 시장점유율의 다양한 정의와 관계에 대하여 설명한 내용들이다. 가장 올바르지 않은 것은?

① 시장점유율은 산정하는 방식에 따라 전체시장점유율(overall market share), 현존(혹은 제공되는) 시장점유율(served market share) 그리고 상대적 시장점유율(relativemarket share) 등으로 나누어진다.
② 특정 기업에 대한 현존(혹은 제공되는) 시장점유율(served market share)은 항상 전체적인 시장점유율(overall market share)보다 작다.
③ 특정 기업의 상대적 시장점유율이 증가하고 있다는 것은 그 기업이 선도 경쟁사의 시장을 획득하고 있다는 것을 의미한다.
④ 상대적 시장점유율(relative market share)의 경우 100% 이상인 경우가 발생할 수 있으며 이러한 경우 시장선도자를 의미한다.
⑤ 소매업체의 시장점유율을 나타낼 때에는 카테고리 점유율이라는 표현을 사용하기도 한다.

52 소매경영에서 공급업체에 대한 평가시 사용하는 ABC분석에 대한 다음 내용 중 가장 옳지 않은 것은?

① 품절이 되어서는 안 되는 상품과 간헐적인 품절을 허용해도 관계없는 상품을 판단할 수 있게 한다.
② 매출비중은 높으나, 수익성이 좋지 않은 상품은 서서히 취급상품에서 제외토록 하는 것이 바람직하다.
③ 소매업체 매출의 80%는 대략 상위 20%의 상품에 의해 창출되므로 이들 제품에만 집중하는 것이 바람직하다.
④ 소매업체들이 기여도가 높은 상품 관리에 집중해야 한다는 관점 하에 활용된다.
⑤ 한 가지 또는 몇 가지 기준을 사용하여 단품의 순위를 정하는 것이며, 이 때 가장 중요한 성과 측정기준의 하나로 공헌이익을 들 수 있다.

53 다음의 가격정책(price policy) 중에서 설명이 잘못된 것은?

① 노획가격(captive pricing)정책이란 소매점포에서 취급하는 특정제품의 가격을 원가 이하로 싸게 판매한다고 광고하여 고객을 유인한 뒤 다른 취급상품의 매출을 높이려고 할 때 사용하는 정책이다.
② 묶음가격(price bundling)정책이란 두 가지 이상의 제품이나 서비스를 하나의 패키지로 묶어 특별가격으로 판매하는 정책을 말한다.
③ 이분가격(tow part pricing)정책이란 고정요금과 추가 사용에 따른 별도 요금으로 나누어 가격을 책정하는 정책이다.
④ 프리미엄 가격(premium pricing)정책이란 기본 제품에다 추가적인 기능이나 옵션을 집어넣고는 기본 제품보다 훨씬 높은 가격을 부과하는 정책이다.
⑤ 원가중심가격결정(cost-oriented pricing)방법에는 원가가산법, 손익분기 가격결정법, 목표이익 가격결정법이 있고, 부가가치 가격결정법에는 생산량을 중심으로 가격을 결정한다.

54 다음 중 델파이기법(Delphi Method)마케팅 조사방법에 해당하는 것으로 가장 옳은 것은?

① 제품대안들에 대한 소비자의 선호 정도로부터 소비자가 각 속성(attribute)에 부여하는 상대적 중요도와 각 속성수준의 효용(utility)을 추정하는 분석방법이다
② 전문가들은 패널로 참석하게 되고, 진행자는 예측치를 수집하여 평균과 예측치의 분포를 계산하여 전문가들에게 제공하고 이를 고려하여 다시 예측을 하도록 하는 방법이다.
③ 응답자들에게 여러 속성수준들의 결합으로 구성되는 제품 프로파일(대안)들을 제시하고 응답자들은 각 프로파일에 대한 그들의 선호정도를 답한다.
④ 전체 모집단에 대해 구매량을 중심으로 빈번히 구매하는 사람(heavy users)과 가끔 구매하는 사람(light users)으로 분류하고, 표본을 추출방식이다.
⑤ 인간의 선호도나 효용의 평가는 개인 간의 차이가 매우 크다는 가정 하에서 이루어지므로 이 분석은 개인차원에서 수행된다.

55 점포공간계획은 많은 고객들이 점포 내에서 효율적으로 이동할 수 있는 여유 있는 동선(動線)을 확보해야 한다. 다음의 내용 중 옳지 않은 것은?

① 임대료 지불능력 기본법이란 매장을 지역별로 구분한 후 분할된 지역별 임대료를 먼저 결정하고, 정해진 임대료에 대한 지불능력에 따라 상품군을 배치하는 방법이다.
② 카메라, 컴퓨터 같은 전문품은 번잡한 주통로에서 벗어난 곳에 배치하여도 고객의 관여도가 높기 때문에 고객 스스로 찾아가게 된다.
③ 보완재를 인접한 지역에 배치하면 추가적인 구매 발생 가능성이 높아진다.
④ 임대료와 관련한 소위 4-3-2-1법은 주 상품에서 임대료의 40%, 다음의 주된 상품에서 30%를 배분하는 식으로 임대료를 책정하는 방법이다.
⑤ 점포의 출입구 및 통로의 디자인은 고객을 유인하고 고객동선을 관리하여 매출을 일으키는 데 매우 중요한 기능을 한다.

56 구색(assortment)은 상품 브랜드의 폭과 깊이를 의미한다. 구색에 관한 다음의 설명 중 옳지 않은 것은?

① 모든 상품은 상품카테고리(category), 상품그룹(group), 상품 클래스(class)의 순서로 구분할 수 있다.

② 구색의 다양성(variety)이란 상품 클래스(class)가 얼마나 많으냐를 말한다.
③ 구색의 깊이(depth)란 얼마나 많은 상품 카테고리를 보유하고 있느냐를 의미한다.
④ 구색의 넓이(width)란 각 상품그룹(group)에 속하는 브랜드의 수를 의미한다.
⑤ 상품 구성의 넓이는 브랜드나 스타일 및 품목의 수의 다양성을 의미하며 상품의 깊이는 한 기업이 현재 취급하고 있는 상품계열의 종류가 많고 적은 정도를 나타내 주는 상대적인 개념이다.

57 점포의 출입구 및 통로의 디자인은 고객을 유인하고 고객 동선을 관리하여 매출을 일으키는 데 매우 중요한 기능을 한다. 출입구 및 통로의 디자인과 관련된 아래의 내용 중에서 가장 올바른 것은?

① 대부분의 사람은 점포로 들어설 때 왼쪽으로 45도 정도 회전하므로 통로는 왼쪽으로 원을 만들 듯이 설계되어야한다.
② 통로는 일반적인 점포바닥과 동일한 소재로 구성하는 것이 좋다.
③ 통로의 형태는 최대한 곡선으로 하여 고객의 불편을 감수하더라도 고객이 머무르는 시간을 최대한 늘려야 한다.
④ 고객의 발걸음을 멈추거나 강제 순환시킬 수 있는 요소들을 적정하게 배치하는 것이 좋다.
⑤ 후문을 이용하는 고객들이 더 많이 있으므로 후문을 정문보다 더 편리하게 설계한다.

58 다음은 제조업체와 소매유통업체 사이의 두 가지 극단적인 관계 즉 풀 마케팅 전략(pull marketing strategy)과 푸시 마케팅 전략(push marketing strategy)에 관한 설명이다. 올바른 설명내용은?

① 잘 알려지지 않은 브랜드의 제품을 손님이 많이 드나드는 유통매장을 통해 고객 앞으로 밀어내는 것을 푸시마케팅(push marketing)이라고 한다.
② 유통업체의 마진율은 풀 채널 전략이 푸시 채널 전략의 경우보다 상대적으로 높다.
③ 제조업체의 경제성측면에서 보면 푸시 채널 전략은 소규모 브랜드보다 대형브랜드에 더욱 적합하다.
④ 푸시채널전략에서는 제조업체의 현장 마케팅지원에 대한 요구수준이 상대적으로 높다.
⑤ 소비자가 제품의 브랜드 명성을 보고 판매매장으로 찾아오도록 소비자 등을 미는 것을 푸시 마케팅(push marketing)이라고 한다.

59 판매촉진과 관련하여 기업에서 실행하는 다양한 사례 중 up-selling과 가장 거리가 먼 것은?

① 5.0Mega화소를 찾는 고객에게 약간 비싼 7.0Mega 화소 디지털 카메라를 권유하면서 기능성을 강조한다.
② 예금상품을 원하는 고객에게 보험 상품을 동시에 권유한다.
③ 일반적인 연회비가 없는 신용카드발급을 원하는 고객에게 연회비가 있으나 포인트 적립율은 높은 신용카드를 적극 추천한다.
④ 소형차를 이미 구매하여 이용하는 기존 고객에게 중형차에 대한 정보를 제공한다.
⑤ 모니터와 본체가 분리된 컴퓨터를 구매한 고객에게 본체가 내장된 비싼 제품을 소개한다.

60 다음 중 구매자(바이어)의 교섭력이 커지는 원인을 설명하는 내용과 가장 거리가 먼 것은?

① 대규모 매입을 할 경우
② 후방 통합의 가능성이 높은 경우
③ 소수의 공급자와 다수의 구매자가 존재하는 경우
④ 공급자와 제품에 대한 정확하고 자세한 정보를 확보할 경우
⑤ 공급자를 바꾸는 데 낮은 전환 비용(switching cost)이 드는 경우

61 다음 중 마케팅에서 "고객"의 개발과정을 순차적으로 설명한 내용으로 올바르지 않은 것은?

① 고객개발과정의 시발점에 '가정할 수 있는 고객들(suspects)'은 제품이나 서비스를 구매할 가능성이 있는 사람을 의미하고, 이들로부터 가장 가능성이 있는 예상잠재고객(prospects)를 결정한다.
② 기업은 예상잠재고객이 '첫번째 구매고객'으로 전환되기를 희망하며 그 후 '반복고객'으로, 기업이 특별하게 인식하고 다루어야 하는 '단골고객'으로 전환되기를 추구(희망)한다.
③ 기업은 일반적으로 '단골고객'을 회원고객 그리고 '옹호자'로, '옹호자'를 '동반자'로 변환해 나가는 고객개발과정을 추구(희망)한다.
④ 고객개발과정의 최종단계는 회원에 가입한 고객들에게 이점을 제공하는 회원프로그램을 활용함으로써 '회원고객'으로 변환시켜 지속적인 고객관리를 해 나가는 것이다.
⑤ 기업에서 사용하는 고객의 개념은 제품과 서비스를 제공받는 최종 소비자를 말하며, 이는 협의의 고객이다.

62 다음 중 상품진열 시 고려해야 할 핵심고려내용(원칙)과 가장 거리가 먼 것은?

① Action ② Interest
③ Design ④ Memory
⑤ Attention

63 다음은 현재 미국에서 활발하게 활용되고 있는 소셜네트워크서비스(SNS) 마케팅과 관련된 설명내용이다. 가장 올바르지 않은 것은?

① 소셜네트워크서비스의 특성상 기업체가 고객과의 직접적인 대화방식이 아니라, 기존고객과 신규고객간 실시간 소통을 통해 보다 신뢰도가 높은 정보제공이 주된 목적이며 이메일과 다르게 대화체로 글을 쓰는 친근감을 형성하고 기업이미지를 젊고 빠른 이미지로 변화할 수 있는 장점이 있다.
② 이메일은 일반적으로 이메일을 보낸 사람과 받는 사람만이 볼 수 있지만 소셜네트워크를 이용하면 모든 사람이 공유할 수 있으므로 고객과의 소통을 보다 효율적으로 할 수 있다.
③ 기존의 홈페이지는 가입 후에 사용이 가능하였으나 소셜네트워크서비스 사용자는 소셜네트워크 서비스의 가입으로 여러 업체의 접근이 효과적으로 용이한 장점이 있다.
④ 중소기업의 경우 웹페이지를 만들기 위해 도메인을 등록하지 않아도 소셜네트워크 서비스를 이용하여 홈페이지를 만드는 것이 가능하다.
⑤ 뛰어난 마케팅 효과를 들 수 있는데 실시간 서비스, 정보의 파급력 등 SNS 서비스 특성 자체로 인해 기존의 온라인 마케팅이나 광고 보다 높은 효과를 보인다.

64 다음 중 편의품을 판매하는 점포에 대한 설명 중 가장 적합한 것은?

① 소비자는 진열된 상품 중에서 가장 목적에 적합한 제품을 구매하게 되므로 품질, 가격, 스타일, 유행 등의 여러 요소들을 비교하게 된다. 따라서 여러 상품에 대한 구색을 맞출 수 있는 곳이 유리하다.
② 소비자는 복수의 점포를 둘러보고 여러 제품들을 비교 검토한 후에 제품을 구매하게 되므로 일정 범위에 걸쳐 유사하거나 같은 업종의 점포가 조밀하게 모여 있을수록 좋은 입지이다.
③ 가까운 곳에 상주하고 있는 소비자도 있지만 원거리에 거주하는 소비자도 있고, 이들이 이동하여 제품을 구매하는 경우가 많기 때문에 주차장이 있거나 다양한 대중교통수단을 활용할 수 있는 곳이어야 한다.
④ 소비자가 구매하고자 하는 제품은 상표에 대한 충성도가 거의 없는 일반적 제품이 많아 가격과 서비스품질이 상대적으로 뛰어난 점포를 찾아 이용하는 경우도 있지만 가까운 거리에 있는 점포도 많이 이용한다.
⑤ 편의품을 취급하는 소매점포는 보다 상위의 소매 중심지나 상점가에 입지하여 넓은 범위의 상권을 가져야 한다.

65 동기부여 이론에 관한 다음 설명 중 가장 적절하지 않은 것은?

① 허쯔버그(Herzberg)의 동기요인이 있어야 종업원들은 작업에 만족을 느끼고 좋은 성과를 낼 수 있다. 동기요인의 예로는 성취감, 보람, 자신의 책임감, 다른 사람들의 인정, 직위 승진, 일 그자체, 성장·발전의 가능성 등이 있다.
② 기대이론(Expectancy Theory)에 의하면, 개인이 특정한 성과를 달성했을 때 최종적인 보상을 받을 수 있는 가능성에 대한 주관적 믿음을 기대(expectancy)라고 하며, 이는 '0'부터 '10'까지의 값을 가진다.
③ 공정성 이론(Equity Theory)에 의하면, 과다보상을 받았다고 인식할 경우에도 비교대상이 되는 사람을 변경하거나 다른 사람의 투입과 산출을 다르게 해석하려고 노력할 수 있다.
④ 핵크만(Hackman)과 올드햄(Oldham)의 직무특성이론(Job Characteristics Theory)에 의하면, 직무의 자율성이 '0'의 값을 가지면 잠재적 동기지수(MPS: Motivating Potential Score)는 '0'의 값을 가진다.
⑤ 목표설정이론(Goal Setting Theory)에 의하면, 목표의 특성과 종류뿐만 아니라 상황적 요인에 따라서도 성과가 달라질 수 있다.

66 다음 박스 안의 설명과 가장 관계가 깊은 것은?

> 소매 기업들은 종업원들에게 업무에 대한 책임의식과 기업전략과 일치하는 행동지침을 심어준다. 가령, A업체는 고객서비스를 강조하고, B업체는 비용을 줄여 저가로 상품을 공급하는데 초점을 맞춘다. 이는 종업원의 활동에 대해 보수나 상사에 의한 지시 또는 문서화된 회사방침보다 더 큰 영향력을 행사한다.

① 윤리경영(ethics management)
② 멘토경영(mentor management)
③ 진실의 순간(moment of truth)
④ 조직문화(organization culture)
⑤ 기업가정신(entrepreneurship)

67 경영자들은 여러 다양한 경쟁사의 장/단점과 관련하여 자사의 강/약점을 밝히기 위해 소위 "고객가치분석"을 빈번히 실행한다. 다음은 고객가치분석의 내용을 서술한 것으로서 분석단계의 순서가 가장 올바른 것은?

> 가. 시간이 지남에 따라 고객가치를 조사한다.
> 나. 상이한 속성 및 이점의 정량적 중요성을 평가한다.
> 다. 고객이 가치가 있다고 인식하는 중요한 속성과 이점을 확인한다.
> 라. 특별한 세분시장의 고객들이 개별속성과 이점기준에서 특별한 주요 경쟁사에 대해 당기업의 성과를 어떻게 등급평가 하는 가를 검사한다.
> 마. 등급화된 중요도에 대해 상이한 고객가치를 기준으로 당기업과 경쟁사의 성과를 평가한다.

① 가-나-다-라-마
② 가-나-마-라-다
③ 다-나-마-라-가

④ 다-가-나-라-마
⑤ 나-다-마-라-가

68 다음은 상업포장과 공업포장에 대한 비교 설명이다. 다음 중 가장 알맞은 내용은?

① 상업포장의 경우 판촉을 고려하지만 절대적인 것은 아니고, 공업포장의 경우 판촉이 중요하다.
② 상업포장은 물류활동이고, 공업포장은 상류활동이다. 즉, 상업포장은 물류수단이고 공업포장은 판촉수단의 하나이다.
③ 상업포장은 보호를 전제로 항상 최저비용을 추구하지만, 공업포장은 매출신장을 위해 비용상승도 감수한다.
④ 상업포장은 구매자 또는 소비자와 직접 접촉한다는 것을 염두에 두어야 하는 반면, 공업포장은 상품보호가 가장 중요하므로 최우선으로 하여야 한다.
⑤ 상업포장과 공업포장 모두 선적과 보관, 전시할 때의 용이성, 그리고 다른 환경적인 요구사항들을 충족시켜야 한다.

69 고객관계관리의 세부내용에 관한 다음 설명 중 올바른 것만을 모아 놓은 것을 고르시오.

㉠ 최적고객획득을 위하여 가장 가치 있는 고객을 확인하며, 자사의 제품과 서비스에 대한 고객의 지갑에서 점유율을 계산한다.
㉡ 교차판매의 한 예로서, 은행이 여러 가지 금융상품을 판매하고 있는 경우, 기존의 적금상품고객이 새롭게 신규펀드를 추가로 구매토록 하는 것을 들 수 있으며 이를 적극 활용해야 한다.
㉢ 과거 구매 고객은 휴면고객으로 고객관계관리의 대상에서 제외된다.
㉣ 현재 및 미래의 고가치 고객을 확인하기 위해 고객 수익과 비용을 계산한다.
㉤ 경쟁사가 현재 제공하고 있는 제품 및 서비스 그리고 미래에 제공할 제품과 서비스가 무엇인지 조사하며 또한 자사가 제공해야 할 제품과 서비스가 무엇인지 파악한다.

① ㉠, ㉡, ㉢, ㉣
② ㉠, ㉡, ㉢, ㉤
③ ㉠, ㉡, ㉣, ㉤
④ ㉡, ㉢, ㉣, ㉤
⑤ ㉠, ㉢, ㉣, ㉤

70 고객본위의 접객기술로 가장 올바르지 않은 것은?

① 언제든지 고객을 맞이할 수 있는 준비와 마음가짐이 되어 있어야 하며 쾌적한 매장공간을 유지 및 보존해야한다.
② 고객에 대한 어프로치의 비결은 고객이 구입하고 싶어하는 상품의 특성 즉, 고객의 취미와 가치관을 재빨리 알아내는 데 있다.
③ 고객이 어떠한 특성을 가진 상품을 원하는가를 이해하고 그 패턴을 합치한 몇 개의 상품을 갖추어서 제시하는 것이 좋다.
④ 판매원이 갖는 우위성을 보여주기 위해 고객에게 전문적인 용어로 제품의 상세한 기능까지 꼼꼼하게 설명하는 것이 좋다.
⑤ 고객이 상품의 선택을 자유롭게 할 수 있는 고객공간을 확보할 필요가 있으며 고객의 시야를 차단해서는 안 된다.

제4과목 유통 정보(71~90)

71 지식경영(knowledge management)은 지식을 창출, 저장, 전이, 적용하려고 조직에서 개발한 일련의 비즈니스 프로세스로서 환경에서 학습하고 지식을 비즈니스 프로세스에 통합하는 조직의 능력을 향상 시키는데 초점을 맞추고 있다. 다음 지식경영에 대한 설명으로 가장 적절하지 않은 것은?

① 지식경영은 지식을 획득하고 획득된 지식을 활용하여 새로운 부가가치를 창출하는 모든 경영활동으로 보유된 지식의 활용이나 새로운 지식의 창출을 통해 수익을 올리거나 미래에 수익을 올릴 수 있는 역량을 구축하는 모든 활동들을 말한다.
② 지식사회라는 새로운 패러다임의 출현은 오늘날 기업의 본질이 지식을 창조하고 모으고 공유하고 활용하는 것으로써 기업의 관점에서 지식경영(Knowledge Management)은 부가 요소가 아닌 생존 요소로 간주되고 있다.
③ 창조적 지식은 기업이 지속적으로 성장·발전하고 차별적인 경쟁우위를 확보하는 원천이 되고 있으며, 지식은 기업의 핵심역량이 되며 생존과 변화에 대한 적응· 경쟁 능력을 결정한다.
④ 다른 경쟁사보다 빠르게 학습을 할 수 있는 능력이야말로 21세기 성정과 발전의 가장 중요한 원천이지만, 학습조직이 그 구체적인 방법론을 제시하지 못하고, 학습조직에 대한 이해부족과 가시적인 결과만을 기대했던 점이 오히려 부정적인 원인이 되었다.
⑤ 노나카 이쿠지로 SECI 모델은 사회화(Socialization), 외부화(Externalization), 종합화(Combination), 내면화(Internalization)로 구성되어 있으며, 지식은 암묵지와 형식지에 관련 없이 창조되고 확대 재생산된다고 주장한다.

72 다음 중 EPC(Electronic Product Code)코드에 대한 설명으로 옳지 않은 것은?

① EPC코드는 GS1 표준바코드와 마찬가지로 상품을 식별하는 코드이다.
② EPC코드는 동일 품목의 개별상품까지 원거리에서 식별할 수 있다는 것이다.

③ EPC코드는 기존 바코드를 사용할 수 있도록 고안되어 있으며 국가코드, 업체코드, 상품코드, 체크디지트로 구성되어 있다.
④ EPC코드는 위조품 방지, 유효기간 관리, 재고 관리 및 상품 추적 등 공급체인에서 다양한 효과를 누릴 수 있다.
⑤ EPC 인포메이션 서버는 공급망에 연결된 거래자들 간의 데이터 교환에 필요한 인터페이스를 제공한다.

73 최초 배송인과 최종 수령인 사이에 거래되는 물류단위 중에서 주로 팔레트와 컨테이너 같은 대형 물류단위를 식별하기 위해 개발한 18자리 식별코드는?

① SSCC ② GS1-14 ③ RSS
④ ISBN ⑤ Electronic Product Code

74 다음에 설명하고 있는 내용에 해당하는 것은?

> 데이터통신, 팩시밀리통신, 영상정보 등의 다양한 비음성계 통신들을 경제적으로 디지털신호로 변화시켜 종합적인 서비스를 제공하는 통신망

① KLNET ② KTLET
③ VAN ④ ISDN
⑤ LAN

75 다음 중 국제적으로 사용되고 있는 EAN/UCC시스템에 대한 설명으로 옳지 않은 것은?

① EAN/UCC시스템의 기본원리와 설계는 사용자가 EAN/UCC 식별데이터를 자동적으로 처리할 수 있도록 체계화되어 있다.
② UCC시스템은 미국에서 1970년대 중반부터 상적 거래에서 바코드로 사용되었으나, 최근에는 UCC가 상적 거래에서 많은 문제점이 발견되자 이를 대체하기 위해 12자리의 상품 식별코드로 구성된 EAN시스템이 개발되어 사용되고 있다.
③ EAN/UCC시스템은 상품 등의 고유식별코드 기능뿐만 아니라 바코드 내에 날짜, 일련번호, 그리고 배치번호와 같은 부가적인 정보들을 표현할 수 있다.
④ EAN/UCC시스템은 유일한 코드를 사용하여 전 세계적으로 제품, 서비스, 자산 그리고 위치(로케이션)를 식별할 수 있는 방안을 제공한다.
⑤ UCC와 ECCC가 EAN International 회원기관으로 가입하였으며, GS1이라는 새 명칭으로 탈바꿈함으로써 상품코드, 전자문서 및 다양한 공급체인 기반기술표준의 개발과 관리의 단일화가 이루어지게 되었다.

76 정보기술의 도입에 따른 유통관리자의 업무 변동에 대한 설명으로 옳은 것은?

① 정보부분에서의 추가적인 인력의 증가
② 복잡한 의사결정에 대한 정보기술 지원 감소
③ 일상적 업무에 관한 의사결정의 수동화 증가
④ 많은 의사결정에 대한 전문지식 요구의 증가
⑤ 관리자간의 권한 재분배 및 하위 조직으로의 권한 이양 발생

77 기업의 의사결정은 전략적 의사결정, 관리적 의사결정, 일상적 의사결정 등으로 구분하기도 한다. 다음 중 전략적 의사결정에 해당하는 것은?

① A 할인점이 여름철에 한시적으로 영업시간을 1시간 연장하도록 하였다.
② B 할인점의 청과부문에서 오늘 하루만 오후 7시부터 수박을 투매하도록 하였다.
③ C 할인점의 식품부문은 1년 간 가락동 농수산물 시장에서 상품을 구입하기로 하였다.
④ D 할인점은 2020년에는 시장점유율을 전년 대비 20% 포인트 증가 달성하는 목표를 설정하였다.
⑤ E 기업의 장기적인 경영의 기본 목표와 기본 목표 달성을 위한 경영 방침을 설정', '기업 내 모든 자원의 배분을 기업 전체적인 관점에서 결정'하는 것을 말한다.

78 다음 표는 여러 가지 자동인식 시스템을 비교한 것이다. (1)~(4) 각각의 설명에 해당하는 인식시스템을 순서대로 나열한 것은?

구 분	(1)	(2)	(3)	(4)
데이터 저장력 (bytes)	1~100	1~100	16~64k	16~64k
데이터 훼손 우려	매우 높음.	매우 높음.	가 능	불가능
비 용	매우 저렴	중 간	저 렴	중 간
인식속도	낮 음.	낮 음.	낮 음.	매우 높음.
최대인식거리	0~50cm	1cm	직접접촉	0~5m

① 바코드 – OCR – Smart Card – RFID
② 바코드 – OCR – 음성인식 – RFID
③ 바코드 – 지문 – SMmart Card – RFID
④ 바코드 – 지문 – 음성인식 – RFID
⑤ 바코드 – OCR – AIDC – RFID

79 바코드(Bar Code)는 다양한 폭을 가진 Bar(검은 막대)와 Space(흰 막대)의 배열 패턴으로 정보를 표현하는 부호 또는 부호체계라 한다. 바코드에 대한 설명으로 가장 잘못된 것은?

① 바코드(Bar Code)는 두께가 서로 다른 검은 막대와 흰 막대의 조합을 통해 숫자 또는 특수기호를 광학적으로 쉽게 판독하기 위해 부호화한 것으로 이것을 이용하여 정보의 표현과 정보의 수집, 해독이 가능하게 된다.
② 바코드(Bar Code)는 문자나 숫자를 나타내는 검은 바와 흰 공간의 연속으로 바와 스페이스를 특정하게 배열해 이진수 0과 1의 비트로 바뀌게 되고 이들을 조합해 정보로 이용하게 되는데 이들은 심벌지라고 하는 바코드 언어에 의해 정의된 규칙에 의해 만들어진다.
③ 바코드(Bar Code)가 사용되기 이전에는 OCR(Optical Character Recognition) 또는 MSR(Magnetic Stripe Reader)에 의한 패턴인식법이나 자기판독장치에 의해서 알파벳이나 숫자를 식별하는 방법을 사용했다.
④ 바코드(Bar Code) 인쇄 색상으로 검은색 바에 흰색바탕 체계는 판독의 가능성이 높다는 점에 특징을 두고 있다. 바코드 스캐너는 어두운바와 밝은바(공간)의 색상을 대조하여 바코드를 판독하기에 검은 색, 군청색, 진한녹색, 진한 갈색 바에 백색, 군청색, 녹색, 적색바탕이 가능하다.
⑤ 바코드(Bar Code)는 스캐너(Scanner) 또는 리더(Reader)라고 불리는 장치를 이용하여 상품의 제조업체, 품명 또는 가격을 정확하고, 간단하고 쉽게 읽어들일 수 있도록 고안된 것이다.

80 다음 중 빈번하게 발생하는 의사결정의 오류에 관한 설명으로 가장 옳지 않은 것은?

① 최근성오류–과거 정보보다 최근에 주어진 정보에 더 큰 비중을 두고 의사결정을 내리는 경향
② 정당화 추구오류–자신이 알고 있는 사항의 정확성에 대해 과신하는 경향
③ 문제 과소평가오류–친숙하거나 유리한 사건의 확률은 과대평가하고, 부정적인 사건발생의 확률에 대해서는 과소평가하는 경향
④ 동일시오류–과거의 성공에 취해 현재 상황보다는 과거 상황의 연장선상에서 의사결정을 하는 경향
⑤ 실패의 외부 귀인 오류–경영자들도 성공은 자신의 탓으로, 실패는 외부적인 환경 요인으로 돌리는 경향

81 공급사슬(체인)에서 일어나는 일정치 않은 주문의 변화로 인해 부정확하고 왜곡된 정보가 발생하고 이로 인해 거대한 비효율성, 불필요하고 낭비적인 재고 등이 발생한다는 내용과 가장 관계가 깊은 것은?

① 채찍효과(bullwhip effect)
② BSP(business system planning)
③ 협업 상거래(collaborative commerce)
④ 공동 재고관리(Co–Managed Inventory;CMI)
⑤ 내부비즈니스(조직)상거래[Intrabusiness(intraorganizational) commerce]

82 다음 중 정보에 대한 설명으로 거리가 먼 것은?

① 정보는 시간적 측면에서 유용해야 한다.
② 정보는 제공되는 형태적 측면에서 정보이용자에게 적합 해야한다.
③ 정보의 정확성을 해치는 가장 큰 요인은 수집단계에서 발생하는 오류이다.
④ 정보는 활용되기 전에 의사결정과의 적합성 여부를 품절차원에서 검토되어져야 한다.
⑤ 정보의 형태성이란 정보는 무형성으로 인해 독자적으로 존재하지 못하고 다른 매개체의 도움을 받아서 존재할 수 있다는 속성이다.

83 m–Commerce(Mobile Commerce)는 기존의 전자상거래에 비해 다음과 같은 차별화 된 특성을 갖게 된다. 가장 옳지 않은 것은?

① 이용자의 위치를 상거래에 활용하는 위치기반 서비스가 가능하다.
② 사용되는 인터페이스의 속성상 개인전용 단말기라는 성격을 갖는다.
③ 이동통신이 갖는 이동성(mobility)과 휴대성(portability)이라는 특성을 지니고 있다.
④ 기존의 유선 전자상거래에 비해 풍부한 응용프로그램과 빠른 처리속도를 제공한다.
⑤ M–커머스의 핵심 중의 하나로 즉시성, 편의성, 개인성, 위치 인지성 등의 특징이 있다.

84 정보는 어떤 행동을 취하기 위한 의사결정을 하여 수집된 각종 자료를 처리하여 획득하는 것이라 볼 수 있다. 다음 중 정보에 대한 설명으로 옳지 않은 것은?

① 정보란 개인이나 조직이 의사결정을 하는데 사용되도록 의미 있고 유용한 형태로 처리된 자료들이다.
② 정보란 각각의 자료들이 지니고 있는 본래의 가치만을 지니는 사실들의 집합체이다.

③ 정보란 미래의 불확실성을 감축시키는 모든 것을 의미하며, 이를 위해 자료들을 체계적으로 수집, 분리, 보관, 전달, 보고하기 위한 시스템을 전제로 하는 것이다.
④ 정보는 종류가 너무 다양하여 일률적으로 규정하기 어렵고, 취급하는 관점에 따라 상이하게 규정하고 있다.
⑤ 정보는 인간이 판단하고 의사결정을 내리고 행동할 때 그 방향을 정하도록 도와준다.

85 다음 중 EDI(Electronic Data Interchange)에 대한 설명 중 가장 적절하지 않은 것은?

① EDI 관련 표준화 기관으로는 EPC Global이 있다.
② 거래업체 간에 상호 합의에 의해 표준화된 문서를 전자적으로 교환하는 시스템이다.
③ 수신자는 수신자료의 재입력을 최소화함으로써 자료입력 오류를 줄일 수 있다.
④ EDI 도입으로 인한 전략적 이점으로는 거래상대방과의 업무절차 개선, 경영혁신 등이 있다.
⑤ EDI는 국내 유통거래, 원격 교육, 원격 행정업무, 원격 의료 서비스, 홈 쇼핑 및 홈뱅킹 등 다향하게 이용한다.

86 다음은 소매업체의 물류전략에 관한 설명이다. (　　)에 들어갈 적절한 용어를 순서대로 올바르게 나열한 것은?

> 비용감소를 중시하는 (　)과 달리 (　)은 소비자수요에 신속히 대응하는 것을 더 중시한다.
> (　) 활용의 경우 화주와 물류사업자 간 관계가 거래기반 관계에서 전략적 제휴관계로 전환된다.
> (　)은 지속적으로 판매되는 상품을 판매하는 업체에 유리하다.
> (　)하에서는 상품주문이 점포차원의 수요 자료를 기반으로 이루어진다.

① QR, ECR, 아웃소싱, 푸쉬전략, 풀전략
② ECR, QR, 아웃소싱, 풀전략, 푸쉬전략
③ QR, ECR, 제3자물류, 푸쉬전략, 풀전략
④ ECR, QR, 제3자물류, 푸쉬전략, 풀전략
⑤ QR, ECR, 아웃소싱, 풀전략, 푸쉬전략

87 다음 공급사슬에 대한 설명으로 가장 적절하지 않은 것은 무엇인가?

① 공급사슬의 하류는 원재료 공급업체와 그 공급업체들로 구성된다.
② 공급사슬은 원자재 공급업체, 제조업체, 유통업체, 고객 등을 연결한다.
③ 공급사슬상에서재화 및 자금은 일방향인 반면, 정보는 양방향으로 흐른다.
④ 내부 공급사슬은 입고분을 출고분으로 전환하는 과정에서 조직이 수행하는 과정을 말한다.
⑤ 공급사슬은 원자재 획득, 원자재를 반자재 및 완성재로 변환하고 유통시키는 역할을 수행하는 네트워크이다.

88 POS(Point of Sale)는 판매시점 정보관리 시스템으로써, 무슨 상품이 언제, 어디에서, 얼마나 팔렸는지를 파악할 수 있도록 상품이 판매되는 시점에 판매 정보를 수집하여 관리하는 시스템을 지칭하는 말이다. 다음 중 POS에 대한 설명으로 가장 적합하지 않은 것은?

① POS 시스템은 물품을 판매한 바로 그 시점에 판매정보가 중앙 컴퓨터로 전달되어 각종 사무 처리는 물론 경영분석까지도 이루어지는 시스템으로, 전자식 금전등록기, 정찰 판독 장치, 크레디트 카드 자동 판별 장치의 3가지기기를 컴퓨터에 연동시켜 상품 데이터를 관리한다.
② POS시스템은 종래의 직접 손으로 입력하는 key in 방식이 아닌 광학적 방법인 바코드를 이용하여 자동판독방식의 레지스터에 의해 단품별로 수집된 판매정보와 매입, 배송 등의 활동에서 발생하는 각종 정보를 컴퓨터로 처리하여 각 부분이 유용하게 활용할 수 있는 정보로 전달한다.
③ POS시스템은 POS 터미널과 스토어 컨트롤러, 호스트 컴퓨터 등으로 구성되어 있으며, 상품코드 자동판독장치인 바코드리더가 부착돼 있다. 외식업, 유통업, 서비스업 등 각종 분야에서 활용되며 실시간으로 매출을 등록하고, 등록된 매출 자료의 자동 정산 및 집계를 가능하게 해준다.
④ 최근에 소매업의 경영이 계속 혁신적으로 발전하면서 급속한 업무 변화에 적응하기 위해서 POS 시스템은 POS 워크스테이션으로 전환되고 있다. 즉, POS 단말기와 PC가 결합하여 매출 등록뿐 아니라 매장에서 이루어지는 발주 업무, 고객관리 업무 및 재고 관리 업무 같은 것을 현장에서 직접 처리하고 있다는 점이다.
⑤ POS 데이터를 통해 가공되는 정보가 제공하는 이익(merit)은 단순이익(hard merit)과 활용이익(soft merit)으로 구분하고, soft merit는 POS 시스템 기기를 도입함에 따라 기기 자체의 기능 수행만으로도 모든 기업이 향유할 수 있는 이익이고, hard merit는 시스템을 도입한 기업의 활용능력에 따라 그 크기가 달라진다.

89 다음 문장의 ( ) 안에 들어갈 가장 알맞은 용어는?

> ( )은(는) 서버와 클라이언트 사이에 존재하는 어플리케이션들을 집합적으로 일컬어 부르고 있으며, 이는 각기 다른 시스템 아키텍쳐들과 통신 프로토콜 또는 하드웨어 아키텍쳐들 간의 커뮤니케이션을 용이하게 해주는 전형적인 도구들이다.

① 미들웨어(Middle Ware)
② 시스템 소프트웨어(S/W)
③ 응용 소프트웨어(S/W)
④ 데이터베이스(Database)
⑤ 집중식 컴퓨팅(centralized computing)

90 다음 박스 안 문장의 괄호 안에 들어갈 가장 알맞은 용어는?

> ( )은(는) 데이터 웨어하우스를 축소한 소규모 버전을 통해 데이터 웨어하우스 구축의 높은 비용 대비 낮은 비용으로 창출할 수 있으며, 주로 전략적 사업단위나 부서를 위해 설계된 작은 웨어하우스이다.

① 데이터 마트
② 데이터 마이닝
③ 데이터 큐브
④ 데이터 무결성
⑤ 데이터 웨어하우스

☞ 명품 유통관리사 문제집에 대한 질문이나 상담을 원하시는 수험생 분들은 네이버, 다음 카페의 '유통관리사를 찾는 사람들' 에서 문의를 하시면됩니다.

제 8 회 실전모의고사

정답 및 해설 → P.268

제1과목 유통 · 물류 일반(01~25)

01 고객서비스의 주요 구성요소에는 거래 전 요소, 거래 중 요소, 거래 후 요소가 있다. 가장 올바르지 않은 것은?

① 거래 전 고객서비스 요소는 물적 유통과 직접적인 관련이 없지만 대고객 서비스 관점에서 상당히 중요한 역할을 한다.
② 거래 전 고객서비스 요소에는 주문 시스템의 정확성, 발주의 편리성 등을 들 수 있다.
③ 거래 중 고객서비스 요소는 물적 유통기능을 수행하는데 직접적으로 관련이 있는 고객서비스 변수로서, 예를 들어 상품 및 배달의 신뢰성 등을 말한다.
④ 거래 후 고객서비스 요소는 사용 중인 제품에 대한 지원과 관련된 고객서비스 변수를 말한다.
⑤ 거래 후 고객서비스 요소에는 제품 보증, 부품 및 수선 서비스, 고객 불만처리 절차 등이 있다.

02 물류센터의 입지(위치)는 화물의 흐름을 잘 고려하여 결정해야 하며, 이를 위해 일반적으로 5가지 중요한 요소(PQRST)를 분석해야 한다. 다음 중 이 다섯 가지 요소와 가장 거리가 먼 것은?

① Product　② Quality
③ Route　④ Service
⑤ Time

03 무점포 소매상의 종류와 그에 대한 설명 중 가장 올바르지 않은 것은?

① 무점포소매상은 크게 방문판매, 다이렉트마케팅, 자동판매기 등으로 구분할 수 있다.
② 우편판매는 각종 제조업체나 백화점을 포함하는 점포형 도소매상들에 의해 기존의 판매방식을 보완하는 수단으로 사용되기도 한다.
③ 텔레마케팅의 경우 텔레마케터가 적극적으로 고객반응을 창출한다는 점에서 우편판매와 차이가 있다.
④ 다단계 판매방식의 경우 소비자에게 상품이 인도되기까지 회사 및 디스트리뷰터와 다수의 경로 구성원들이 개입된다.
⑤ 자동판매기의 경우 편의성을 추구하려는 소비자의 욕구를 잘 이용한 것이라 볼 수 있다.

04 유통기업의 재고관리에 대한 설명으로 가장 어울리지 않은 것은?

① 최적주문량이 결정은 경제적 주문량(EOQ)에 의해 측정되며, 주문비용, 연간수요량, 평균재고유지비, 재고품의 단위당 원가 등의 변수를 활용하여 계산된다.
② 회계기간 중에 매입한 재고자산의 취득가격 합계가 그 기간의 상품 매입액이며, 재고자산 가운데 회계기간 중에 판매된 부분이 매출원가를 구성한다.
③ 기업에서 재고관리활동은 기업이 보유하고 있는 각종 제품, 반제품, 원재료, 상품, 공구, 사무용품 등 의 재화를 합리적, 경제적으로 유지하기 위한 활동이다.
④ 최적주문량은 재고유지비, 주문비, 재고부족비 등을 함께 고려하여 결정되며 도표상 각 비용항목을 합한 총재고비용이 최소가 되는 점이 바로 최적주문량이 된다
⑤ 경제적 주문량(EOQ)에서 최적주문량이 1000개였다면 총수요량은 1백만개, 재고유지비는 단위당 10원, 주문비는 단위당 10원이었을 것이라고 유추할 수 있다.

05 다음 중 제3자 물류(Third Party Logistics)의 설명으로 가장 적절한 것은?

① 공급체인을 3등분하고 각각을 전문 물류사업자에게 배분하는 것이다.
② 물류사업자가 하주기업으로부터 받은 물류계약을 제3자에게 위임하는 것이다.
③ 물류사업자가 하주기업으로부터 받은 물류계약을 제3자와 공동으로 대행처리하는 것이다.
④ 물류사업자가 하주기업과 전략적 제휴와 장기계약을 체결하고 물류기능을 대행처리하는 것이다.
⑤ 화주기업과 특수관계가 있는 물류기업에게 위탁하는 물류형태를 제3자물류라고 부른다.

06 유통경로상에서 중간상은 불필요한 개입으로 상품가격만 높이고 있다는 비판을 받기도 하지만, 중간상의 필요성 즉 존재가치는 다양한 측면에서 인정되고 있다. 다음 중간상의 존재가치에 대한 설명으로 올바르지 않은 것은?

① 중간상의 참여는 생산자와 소비 자간의 직접거래에 비해 거래수 및 거래비용을 낮추는 효과가 있다. 이를 두고 총거래수 최(감)소의 원칙이라고 한다.

② 분업의 원리에 비추어 유통경로에서 다양하게 수행되는 기능들(수급조절 기능, 보관 기능, 위험부담 기능, 정보수집 기능 등)을 제조기업보다 더욱 전문성을 갖춘 유통기업에게 맡김으로써 경제적일 수 있다.
③ 변동비 우위의 원칙은 제조분야와 유통분야를 통합하여 대규모화하기 보다는 제조업자와 유통기관이 적당히 역할을 분담한다면 비용면에서 훨씬 유리하다는 원칙이다.
④ 유통경로상에 가능하면 많은 수의 도매상을 개입시킴으로써 각 경로 구성원에 의해 보관되는 제품의 수량이 감소될 수 있다는 원리를 집중준비의 원리라고 한다.
⑤ 고정비 우위의 원리 즉 제조업체의 경우 생산량이 증가할수록 변동비의 비중이 고정비보다 상대적으로 높은 반면 유통업체의 경우 제조업에 비해 고정비가 높아 제조와 유통의 통합보다는 중간상에게 유통기능을 분담시키는 것이 비용면에서 더욱 유리하다.

07 다음 중 물류 시스템 설계의 기본원리에 대한 설명으로 가장 옳지 않은 것은?

① 상품의 직송화를 도입하면 비용은 하락하고 서비스 수준은 상승한다.
② 정보 시스템 투자가 증가하면 정보비용은 증가하나 재고나 배송비용은 하락한다.
③ 재고 보유 비율을 높이면 재고 유지비용과 수송비용이 모두 증가한다.
④ 창고의 수를 늘리면 수송비는 감소하지만, 재고비와 주문처리비는 증가한다.
⑤ 물적 유통은 원초지점부터 소비지점까지 원자재, 중간재, 완성재, 그리고 각종 관련 정보를 소비자의 욕구를 충족시키기 위하여 이동시키는 것이다.

08 온라인과 오프라인 유통채널 간의 갈등을 최소화하기 위한 통합적 채널관리 전략과 가장 거리가 먼 것은?

① 오프라인에 투입된 인력을 부가가치가 높은 업무에 집중시키고 주문접수와 같이 비교적 단순한 업무는 인터넷을 적극 활용한다.
② 전통적인 시장세분화에 활용되는 세분시장별 차별화원칙을 인터넷에서도 적용시킨다.
③ 온라인와 오프라인 유통채널에 따라 고객가치에 있어 차별화된 제품을 제공한다.
④ 유통채널 간의 시너지 효과를 높이기 위해 동일한 고객을 목표로 할 때 효과가 가장 높다.
⑤ 유통채널 간의 갈등을 최소화하기 위해 때로는 주문가능지역을 제한한다.

09 물류의 기능과 목적을 설명하고 있는 것으로 가장 옳지 않은 것은?

① 물류의 기능은 장소적 조정, 시간적 조정, 수량적 조정, 품질적 조정, 가격적 조정 등의 기능을 갖고 있다.
② 물류의 원칙 중 3S1L은 "신속하게(Speedy), 저렴하게(Low), 안전하게(Safely), 확실하게(Surely)"를 의미한다.
③ 물류의 목표는 "필요한 물품을, 필요한 장소에, 필요한 시간에, 적절한 가격으로 전달하는 것"이라고 할 수 있고, 물류의 목적은 기업의 이윤극대화 뿐이다.
④ 7R 원칙은 고객이 요구하는 상품을, 고객이 요구하는 상품의 품질로 유지하며, 고객이 요구하는 정량을, 고객이 요구하는 시기에, 고객이 요구하는 장소에, 고객에게 좋은 인상의 상품 상태로, 가격결정기구에 의해 적정한 가격으로 고객에게 전달하는 것을 말한다.
⑤ 물류 조직, 시간, 시설, 기관, 공정, 정보통신, 노무 및 재고관리 등을 주어진 네트워크하에서 상품이 지속적 · 안정적으로 흐르도록 물류관리의 효율성을 향상시켜야 한다.

10 다음 그림은 「창고 수의 증가에 따른 비용과 서비스 수준의 관계」를 보여주고 있다. 아래의 설명 중 맞지 않는 것은?

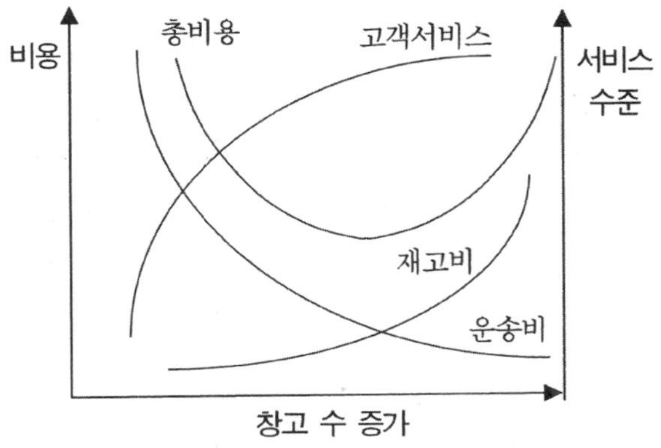

① 창고의 수가 증가할수록 고객서비스는 증가한다.
② 창고의 수가 증가할수록 재고비는 증가한다.
③ 창고의 수가 증가할수록 운송비는 감소한다.
④ 창고의 수가 증가할수록 총비용도 증가한다.
⑤ 창고의 수가 증가할수록 총운송비용은 감소한다.

11 다음은 제품수명주기에 따른 고객서비스 전략에 대한 설명이다. 이 중 가장 적절하지 않은 설명은?

① 도입기에는 높은 재고 가용도와 물류서비스 시스템의 유연성이 확보되어야 한다.
② 성장기에 들어서면 비용과 서비스 간의 상충관계를 본격적으로 고려하기 시작하여야 한다.
③ 쇠퇴기에는 비용 최소화보다는 위험 최소화가 보다 중요한 물류시스템 운영 목표가 된다.

④ 도입기에는 비용절감을 위해 물량을 통합할 수 있는 가능성이 크다.
⑤ 성숙기의 상품은 치열한 경쟁으로 인해 이익이나 매출은 급신장하지 않으나 지속적으로 소비자들이 찾는 상품이므로 상품믹스에 포함시켜야 한다.

12 다음의 물류관련 비용 자료를 이용하여 자가 물류비와 위탁 물류비를 산출하면 각각 얼마인가?

㉠ 노무비 800만 원	㉡ 전기료 15만 원
㉢ 지급운임 70만 원	㉣ 이자 15만 원
㉤ 재료비 1,200만 원	㉥ 지불포장비 5만 원
㉦ 수수료 20만 원	

① 2,035만 원 / 90만 원
② 2,015만 원 / 1,100만 원
③ 2,030만 원 / 95만 원
④ 2,020만 원 / 1,050만 원
⑤ 2,090만 원/ 35만 원

13 업태 간 가지고 있는 특성들에 대한 비교 설명이다. 다음 설명 중 옳지 않은 것은?

① 백화점경영과 할인점 경영에 있어서 비용분석을 해 보면 백화점경영에서 인건비가 차지하는 비중이 월등히 높다.
② (상시)가격할인추구 업태는 비용측면에서 상대적으로 낮은 점포건축 및 −개설비용 그리고 인건비가 차지하는 비중이 낮아 비용측면의 우위를 가지고 있다.
③ 할인점은 출구에서 한꺼번에 지불하게 하는 시스템(checkout)을 채택하여 인건비의 절약을 실현하고 있는 반면 백화점의 경우는 상대적으로 인건비가 많이 소요되는 카테고리별로 여러 곳에 지불장소가 존재하는 시스템을 채택하고 있다.
④ 경쟁우위확보를 위한 전략으로 입지적 측면에서 현격하게 우위를 점하고 있는 백화점은 할인점형 업태에 비해 더욱 비용우위정책을 지향하는 것이 중요하다.
⑤ 백화점의 품목구성은 계열마다 충실한 품목으로 구성이 되어있으며, 할인점은 기능적인 품목으로 구성이 되어있다.

14 다음은 우리나라 소매업태들의 특징에 대한 설명으로 옳지 않은 것은?

① 다른 업태들에 대해 편의점의 경쟁우위인 장소효용과 24시간 구매가 가능한 시간상의 편리성 등이 편의점에서 판매하는 상품의 높은 가격을 상쇄한다.
② 전문점은 취급하는 제품계열이 한정되어있으나 해당 제품계열 내에서는 매우 다양한 품목들을 취급하며 할인점이나 대형마트보다 높은 인적 서비스 수준을 제공한다.
③ 동네슈퍼(Pom&Mom)는 식료품, 세탁용품, 가전용품 들을 중점적으로 취급하는 소매점으로, 마진이 낮지만 회전율이 높은 상품을 중심으로 소량 취급하고 지역 주민친화적 서비스를 특징으로 하는 소매점이다.
④ 슈퍼슈퍼마켓(SSM)은 대체로 대형유통업체의 소속인 경우가 많고, 규모면에서는 3,000m^2 이상이며, 가공식품위주의 상품으로 주로 취급하면서 마진율과 회전율이 대형마크에 비해 높은 특징을 지닌다.
⑤ 대형마트는 저렴한 가격, 잘 알려진 브랜드, 셀프서비스 등의 특징을 지닌다. 또한 여러 다양한 제품군들을 취급하지만, 각 제품군내에서는 상품회전율이 높은 품목을 중심으로 취급한다.

15 상품구성의 넓이와 깊이에 대한 설명 내용들이다. 가장 거리가 먼 것은?

① 소매상이 고객에게 제공하는 상품 구성의 넓이와 깊이는 개별 유통업태 및 유통상의 마케팅전략에 따라 상이하다.
② 상품 구성에 있어서 전문점은 상품의 넓이보다 깊이에 더욱 강점을 두고 있는 반면 일반 잡화점은 상품의 깊이 보다 넓이에 더욱 중점을 두고 상품구성정책을 실행한다.
③ 상품의 넓이와 깊이에 대한 의사결정은 상품 구성정책의 핵심적 의사결정요소로 표적구매자들의 기대와 일치시키면서 동시에 다른 소매상과 차별화할 수 있어야 한다.
④ 상품 구성의 넓이는 특정 상품의 종류 내에서 브랜드나 스타일 및 품목의 수의 다양성을 의미하며 상품의 깊이는 한 기업이 현재 취급하고 있는 상품계열의 종류가 많고 적은 정도를 나타내 주는 상대적인 개념이다.
⑤ 소매상이 어떤 상품을 구매하여 소비자에게 판매할 것인가에 대한 계획이며 상품의 넓이와 깊이에 관계된 의사결정내용들을 포함한다.

16 다음 중 유통 경로 윤리(Distributor Path Ethics)에 대한 설명으로 가장 적합하지 않은 것은?

① 유통경로와 관련되는 윤리는 상품구색관리, 구매와 거래윤리, 사적권리 및 정보침해, 유통기한 관리 등이 있다.
② 유통경로에 관계되는 비윤리적 문제는 유통질서를 문란시키고, 유통업체에 대한 불신을 초래하여 결국은 유통업계나 생산업자, 소비자에게 불리한 결과를 가져온다.
③ 사회적으로 가장 문제가 되고 있는 가격할인방식은 실질적으로는 가격할인이 없는데 마치 가격할인을 한 것처럼 표시하는 경우를 말한다.
④ 기업마다 치열한 광고 및 판매촉진 활동을 전개하는 과정에서 소비자들의 사적정보 유출문제와 사생활 보호문제가 마케팅의 윤리적 문제로 대두되고 있다.

⑤ 수입식품류에도 통일된 유통기한 표시방법이 마련되지 않아 국내 수입회사마다 암호에 가까운 표시를 하고 있는 실정이므로 표시가 생략되어도 된다.

17 물류관리 업무 추진에 있어서 애로사항은 물적 흐름과 정보의 흐름이 정보 왜곡현상으로 수요 또는 재고의 변동폭이 커지는 것이다. 이러한 현상으로 공급 체인관계(SCM;Supply Chain Management)에 있어서 채찍효과(Bullwhip Effect)가 발생한다. 이를 제거 내지 감소시키기 위한 방안으로 가장 거리가 먼 것은?

① 공급체인 전반에 걸쳐 수요에 대한 정보를 집중화하고 공급상의 제반 문제를 분석하여 대응전략을 수립 실천해 나간다.
② 공급자재고관리(VMI;Vender Managed Inventory) 등 공급체인 간의 협력과 통합되는 전략적 관계를 구축한다.
③ 창고관리시스템(WMS;Warehouse Management System) 구축을 위한 정보시스템 예산확보와 각 공급체인의 개별적인 고유의사 결정 능력을 높여 나간다.
④ 최종소비자-영업 관리자-생산관리자와의 시차 없는 정보공유와 수요 변동 폭을 감소시킬 수 있는 생산영업 전략을 수립한다.
⑤ MRP는 컴퓨터를 이용하여 최종제품의 생산계획에 따라 그에 필요한 부품 소요량의 흐름을 종합적으로 관리하는 시스템이 필요하다.

18 다음 중 소매상이 소비자에게 제공하는 기능과 가장 거리가 먼 것은?

① 소매상은 소비자에게 시장 확대, 재고유지, 주문처리 등의 기능을 제공한다.
② 소매상은 소비자에게 A/S나 제품의 배달, 설치, 사용방법의 교육 등과 같은 서비스를 제공한다.
③ 소매상은 소매광고, 판매원서비스, 점포디스플레이 등을 통해 고객에게 제품과 관련된 정보를 제공한다.
④ 소매상은 제조업체 대신 소비자와의 거래에서 발생하는 제비용을 부담하거나 고객에게 신용판매나 할부판매 기능을 수행한다.
⑤ 소매상은 여러 공급업자들로부터 제품과 서비스를 제공받아 다양한 상품구색을 갖춤으로써 소비자들에게 제품선택의 폭을 넓혀준다.

19 유통점의 전략이나 성과에 영향을 미치는 상품의 탄력성에 대한 설명으로 올바른 것은?

① 소득이 증가함에 따라 수요량도 증가하면 수요의 소득탄력성은 0보다 작다.
② 상품A의 가격이 상승하여 상품B의 판매량이 증가하는 경우, 교차탄력성은 0보다 크므로 상품A와 B는 보완관계이다.
③ 상품이 열등재인 경우에는 그 상품의 수요곡선은 음(-)의 기울기를 갖는다.
④ 수용의 가격탄력성이 탄력적인 경우, 가격이 상승하면 총매출액은 감소하고 가격이 하락 하면 총매출액은 증가한다.
⑤ 수요곡선이 선형인 경우에는 수요곡선 상의 위치와 관계없이 가격탄력성은 같지만, 수요곡선이 비선형인 경우에는 수요곡선상의 위치에 따라 가격탄력성이 달라진다.

20 다음 중 채찍 효과(Bullwhip effect)설계 및 관리에 관한 다음의 설명 중 옳은 것으로만 구성된 것은?

> a. 공급사슬의 구성은 공급자, 생산자, 도매상, 소매상, 소비자의 연결 단계로 볼 수 있다.
> b. 공급자로 갈수록 상류(upstream)이고 소비자 쪽으로 갈수록 하류(downstream)라고 한다.
> c. 수요가 발생하면 기업들은 안전재고 목표량과 결부시켜 공급자에게 더 많은 가수요를 발생시킨다.
> d. 소매상들이 만약에 미리 많은 물량을 확보하였다면 하류로 갈수록 수요의 왜곡 현상인 채찍 효과를 초래하게 될 것이다.
> e. 수요가 공급을 초과하고 있는 경우 소매상이 낸 가수요가 오히려 채찍 효과를 감소시키는 요인이 되고 있다.

① a, b, c ② b, c, d ③ c, d, e
④ a, c, e ⑤ b, d, e

21 현행 유통산업발전법 및 동법 시행령에서 규정한 매장, 대규모점포, 준대규모점포, 체인사업 등에 대한 설명으로 가장 올바른 것은?

① 매장은 상품의 판매와 이를 지원하는 용역의 제공에 직접 사용되는 장소를 말하며, 바닥 면적이 1천 제곱미터 이상인 슈퍼마켓과 일용품등의 소매점을 포함한다.
② 매장 면적의 합계가 2천 제곱미터 이상이고 상시 운영되는 매장은 모두 대규모 점포에 해당한다.
③ 대규모점포를 경영하는 회사 또는 그 계열회사가 직영하는 점포 중에서 상호출자제한기업집단의 계열회사가 직영하는 점포는 준대규모점포라 한다.
④ 같은 업종의 여러 소매점포를 직영하거나 같은 업종의 여러 소매점포에 대하여 계속적으로 경영을 지도하고 상품원재료 또는 용역을 공급하는 사업을 체인사업이라한다.
⑤ 2천 제곱미터 이내의 가로 또는 지하도에 30 이상의 점포(도매점포는 제외) 또는 용역점포가 밀집하여 있는 지구를 상점가라 한다.

22 마이클포터(Michael Porter)의 5가지 경쟁유발요인(Five Forces Theory of Industry Structure)은 개별기업의 전략에 영향을 미치는 요소를 크게 다섯 가지로 분류하고 있다. 포터(Porter)의 산업구조분석 모형을 근거로 할 때, 해당 산업에서의 수익률이 가장 높은 경우는?

	진입장벽	공급자의 교섭력	구매자의 교섭력	대체재의 위협
①	낮음	낮음	높음	낮음
②	낮음	높음	높음	높음
③	낮음	낮음	낮음	낮음
④	높음	높음	높음	높음
⑤	높음	낮음	낮음	낮음

23 다음 중 조직 구조와 관련된 기술로서 가장 적합하지 않은 것은?

① 기능별 조직은 각 기능별로 규모의 경제를 얻을 수 있다.
② 매트릭스 조직은 많은 종류의 제품을 생산하는 대규모 조직에서 효율적이다.
③ 기능별 조직은 환경이 비교적 안정적일 때 조직관리의 효율성을 높일 수 있다.
④ 제품 조직은 제품을 시장특성에 따라 대응함으로써 소비자의 만족을 증대시킬 수 있다.
⑤ 라인조직은 각 조직구성원이 한 사람의 직속상관의 지휘/명령에 따라 활동하고, 상위자에 대해서만 책임을지는 형태이다.

24 상품특성상 일반적으로 가장 복잡하고 긴 유통경로를 거치는 내용으로 옳은 것은?

① 편의점을 통한 생활필수품의 판매
② 방문 판매원을 통한 화장품의 판매
③ 재래식 소매시장에서의 농산물 판매
④ 인터넷 쇼핑몰을 통한 휴대폰의 판매
⑤ 하이마트에서 판매하는 전자제품의 판매

25 다음 중 자본예산에 관한 설명으로 가장 적절하지 않은 것은?

① 상호배타적인 투자안의 경우 투자규모 또는 현금흐름의 형태가 크게 다를 때 순현재가치법과 내부수익률법이 서로 다른 결론을 제시할 수 있다.
② 투자규모, 투자수명, 현금흐름양상이 서로 다른 상호배타적인 투자안을 내부수익률법으로 평가하는 경우 반드시 두 투자안의 NPV 곡선이 상호 교차하는지 여부를 검토해야한다.
③ 투자에 필요한 자금조달에 제약이 있는 경우 이 제약조건 하에서 최적의 투자조합을 선택하는 의사결정을 자본할당(credit rationing)이라 하는데 이 경우 수익성지수법을 사용하면 항상 최적의 투자안 조합을 결정할 수 있다.
④ 두 개의 NPV 곡선이 교차하는 지점의 할인율을 Fisher 수익률이라고 한다.
⑤ 투자안의 경제성을 분석할 때 감가상각의 방법에 따라서 투자안의 현금흐름이 달라져서 투자안 평가에 영향을 미칠 수 있다.

제2과목 상권 분석(26~45)

26 다음 중 신규점포에 대한 상권분석방법 중 확률적 모형에 대한 설명으로 가장 옳지 않은 것은?

① 확률적 모형에서는 특정지역내의 다수의 점포 중에서 소비자가 특정점포를 쇼핑장소로 선택할 확률을 계산하는 것이므로 충성도가 높은 소비자의 점포선택이라도 확정적인 것이 아니라 확률적인 가능성을 가지고 있다는 것으로 가정하였다.
② 허프(David Huff)가 1960년대 초 처음으로 점포의 상권을 추정하기 위한 확률적 모형을 소개했는데 소비자의 특정 점포에 대한 효용은 점포의 크기에 비례하고 점포까지의 거리에 반비례한다고 가정하였다.
③ Huff모델에 의한 지역별 또는 상품별 잠재수요를 예측하는 방법은 '특정지역의 잠재수요의 총합×특정지역으로부터 계획지로의 흡인율'로 나타내고, 신규점포의 예상매출액 산식은 '지역별 인구 또는 세대수×업종별 또는 점포별 지출액'으로 나타낸다.
④ MNL 모형은 상권 내 소비자들의 각 점포에 대한 개별적인 쇼핑 여행에 대한 관측 자료를 이용하여 각 점포에 대한 선택확률의 예측은 물론, 각 점포의 시장점유율 및 상권의 크기를 추정한 모델이다.
⑤ Luce의 선택공리에 따르면 소비자가 특정 점포를 선택할 가능성은 소비자가 해당점포에 대해 인지하는 접근 가능성, 매력 등 소비자 행동적 요소로 형성된 상대적 효용에 따라 결정된다고 보았다.

27 다음 중 입지선정과 관련된 설명으로 가장 바르지 않은 것은?

① 입지의 경제성은 권리금, 임대료, 부지비용 등 입지의 코스트를 생산성과 관련하여 분석한다.
② 입지선정 평가작업에 있어서 접근성, 현재 및 미래의 수익성에 대한 평가작업 이외에도 시장규모의 확장가능성, 자신이 속한 유통단지의 매출액 성장가능성 및 자사매장의 매출액이 성장할 가능성에 대한 예측이 중요하다.
③ 입지란, 특정 상품이나 서비스를 구매할 의사가 있는 고객을 포함하고 있는 지역을 의미하며 입지선정 시 고려요인으로 특정지역 내 표적시장의 규모, 인구성장, 소득분포 및 규모와 안정성 및 경쟁수준 등을 들 수 있다.
④ 경쟁 회피는 경쟁점과의 경쟁상황을 고려하는 것으로 경쟁점포의 입지, 성격, 규모, 형태를 감안한 입지를 선택하여 매출액을 예측한다.
⑤ 입지 선정이 잘못되면 경영 관리상 노력의 낭비를 가져와 사업의 실패를 초래하게 되므로, 입지는 사업의 성패를 결정하는 중요한 변수로 작용하게 되었다.

28 소매점 상권의 질(quality)을 평가할 때에는 통행인들의 특성을 잘 살펴보아야 한다. 다음 중 상권의 질(quality)에 관한 설명으로 가장 올바른 것을 고르시오.

① 목적의식이 분명한 사람들이 많이 유입되는 상권의 질은 좋다고 평가할 수 있다.
② 산업도로에 유입되는 차량이 많을수록 상권의 질은 좋다고 평가할 수 있다.
③ 관광목적으로 유입되는 사람들이 많은 경우에 상권의 질은 좋다고 평가할 수 있다.
④ 비즈니스 목적으로 유입되는 사람들의 통행량이 많을수록 상권의 질은 좋다고 평가할 수 있다.
⑤ 특별한 목적을 가지고 있지 않는 사람들이 많이 유입되는 상권의 질은 나쁘다고 평가할 수 있다.

29 다음 그림은 신규점포 개설시에 신규점포의 시장 잠재력을 측정하는 IRS와 MEP의 매트릭스이다. A~D까지의 각 영역에 대한 시장 매력도를 평가한 설명으로 적합하지 않은 것은?

시장확장 잠재력(MEP)

소매포화지수(IRS)	저 (MEP)	고 (MEP)
저	A	B
고	C	D

① A영역은 IRS와 MEP가 모두 낮은 지역으로 검토 대상이 되지 않는다.
② B영역은 IRS가 낮고, MEP가 높으므로 향후에 유망한 지역으로 적절한 시기에 개발한다.
③ C영역은 IRS가 높고, MEP는 낮은 지역으로 당장 점포를 개설할 수 있는 지역이다.
④ D영역은 IRS와 MEP가 높은 지역으로 부지 가격만 적정하다면 아주 좋은 지역이다.
⑤ MEP는 IRS의 단점을 보완하는 지표로서, 구체적으로는 거주자들이 지역시장 외에 다른 시장에서의 쇼핑 지출액을 추정하여 계산이 가능하다.

30 다음은 1차 상권, 2차 상권 및 3차 상권(제3차 지대, 한계 상권)에 관한 설명이다. 올바르지 않은 내용은?

① 일반적으로 점포 매출액에 대한 기여도, 즉 중요도를 기준으로 1차, 2차 및 3차 상권으로 구분한다.
② 점포의 유형을 구분하는 방법의 하나로 목적점포와 기생점포를 들 수 있으며, 고객이동 및 고객유인을 핵심적으로 이끌어 내는 점포를 목적점포라고 한다.
③ 상권에 대한 실제적인 경계는 점포의 접근성, 자연적 및 인공적인 장애, 점포의 유형 등에 의해 결정된다.
④ 비슷한 상품을 판매하는 매장들이 한 곳에 모여 있게 되면 일반적으로 경쟁이 심화되어 상권의 범위가 축소되고 수익률 저하뿐만 아니라 보다 적은 고객방문 수로 인해 개별상점에 부정적인 영향만을 미치게 된다.
⑤ 상권의 크기는 소비자와의 물리적 거리와 밀접한 관련이 있고, 상권의 크기는 주택가에 입지할수록 좁아지고, 주변에 점포가 많으면 넓어지며, 상권 간에도 계층성이 존재한다.

31 고객이 점포로 얼마나 내점하는가를 조사하는 내점객조사의 방법으로 가장 타당하지 않은 설명은?

① 방문자에 대하여 조사원이 질문지상의 일정한 항목을 기초로 고객에게 직접 청취조사하고, 표본수는 점포 규모와 방문자 수에 따라 차이가 발생할 수 있다.
② 내점객 조사에 대응하는 점포 규모와 방문자 수는 절대적인 숫자보다는 보통 점포 방문객 수의 15~20% 정도가 가장 타당한 비율이라 할 것이다.
③ 조사대상자 직업은 초 · 중 · 고학생, 학원생, 직장인, 대학생 등으로 하고 직업의 구별은 자기점포의 목표 고객층과의 관련성을 고려하여 세심하게 파악해야만 한다.
④ 고객점표법은 애플바움(W.Applebaum)이 내점객을 조사하기 위해서 개발한 방법으로고객점표도에는 대상점포에서 쇼핑을 하는 고객들의 지리적 분포가 나타난다.
⑤ 점두조사법은 점포에서 역까지의 전철과 버스노선별 소요시간 및 요금을 조사하여 상권을 파악하고, 소비자들의 이용도가 높은 교통수단일수록 조사 방법에 유리하다.

32 백화점은 의식주에 대한 다양한 상품 및 서비스를 판매하는 각 부문별로 전문화된 대규모 소매점을 말한다. 이에 대한 특징을 설명한 것 중 가장 올바른 것은?

① 다양한 상품구색이 필요하지만 편의품, 선매품, 전문품, 고급품 중 하나에 집중하여 제품을 구성하게 된다.
② 대규모 경영이기 때문에 규모의 경제가 중요하게 되어 점차 도심지역과 떨어진 곳에서 넓은 부지를 확보하여 운영하기 시작하였다.
③ 최근의 소비자의 성향에 맞게 자동차의 접근가능성이 높고 대중교통을 쉽게 활용할 수 있는 교통이 편리한 지역을 선호하게 된다.
④ 다양한 서비스와 제품을 구성함으로써 항상 상품구색에 있어 전문점을 뛰어넘는 만족을 제공해줄 수 있다.
⑤ 중심상업지역에 위치한 도심(입지)형 백화점의 경우 신업태의 출현과 교통체증, 주차공간의 부족 등에 의해 고객들이 구매를 기피하는 경향이 높아지고 있다.

33 편의점은 소비자들의 접근이 용이한 주택가에 위치해서 24시간 영업하며 주로 생활필수품을 취급하는 소매점의 한 형태이다. 편의점이 제공하는 편의성을 잘못 연결한 것은?

① 장소적 편의성-다른 소매상과 달리 주택 인근에 위치해 있는 경우가 많아 이용하기에 편리하다.
② 시간의 편의성-영업시간이 제한적으로 정해져있는 경우보다 24시간 동안 영업하는 경우가 많아 이용하기에 편리하다.
③ 구색의 편의성-생활에서 사용할 수 있는 모든 종류의 제품을 다 취급하기 때문에 다른 업태의 점포보다 많은 구색을 갖추고 있다.
④ 수량조절의 편의성-생산 또는 배송수량과는 다르게 형성되는 구매수량을 조절하여 소비자가 필요한 만큼만 구매할 수 있도록 한다.
⑤ 심리적 편의성-소비자들은 편의점에 일반상점이나 규모가 큰 점포보다 심리적으로 편하게 들어가 물건을 구입할 수 있다.

34 다음은 상권 및 상권설정과 관련된 용어들에 대한 설명이다. 올바르지 않은 것은?

① 특정 점포의 상권을 분석하기 위해서는 1차 자료 및 2차 자료의 수집을 필요로 하며, 이때 1차 자료라 함은 다른 목적으로 수행된 조사자료나 정부의 인구통계자료, 세무자료, 여러 유통연구소의 발표자료 등을 의미한다.
② 상세권이란 어느 특정 상업집단(시장 혹은 상점가)의 상업세력이 미치는 범위를 말한다.
③ 상권설정이란 상점으로부터 고객을 흡인하게 되는 지리적 영역인 상권의 범위가 어느 정도인지를 파악하는 것을 말한다.
④ 상권분석은 일반적으로 기존점포에 대한 상권분석과 신규점포에 대한 상권분석으로 분리하여 행하며 기존점포의 상권분석이 신규점포에 대한 상권분석보다 상권의 크기와 특성 등에 대해 보다 상세하며 정확하게 분석될 수 있다.
⑤ 상권(trade area)이란 한 점포뿐만 아니라 점포집단이 고객을 유인할 수 있는 지역적 범위(geographic area)를 의미하며, 상권은 단순한 몇 Km권이라고 하는 원형의 형태가 아니라 아메바와 같이 정형화되지 않은 형태로 되는 경우가 일반적이다.

35 상권분석과 관련된 주요이론들에 대한 아래의 설명 중에서 옳지 않은 것은?

① Christaller의 중심지이론은 소비자들이 가장 가까운 중심지에서만 중심지 상품을 구매한다고 가정하고 있다. 또한 지역간 인구와 구매력이 균등하다고 보고 이론을 설명하고 있다.
② Reilly의 소매인력이론에서는 다양한 점포간의 점포밀집 정도가 점포의 매력도를 증가시킬 수 있어 점포가 밀집될 수 있는 유인요소인 인구는 소비자에게 중요한 기준이 된다고 보았다.
③ Luce의 선택공리에 따르면 소비자가 특정 점포를 선택할 가능성은 소비자가 해당점포에 대해 인지하는 접근 가능성, 매력 등 소비자행동적 요소로 형성된 상대적 효용에 따라 결정된다고 보았다.
④ Apple baum의 유추법에 의하면 소비자와의 면접이나 실사를 통하여 유사점포의 상권범위를 추정한 결과를 이용하여 신규점포의 예상매출액을 추정한다.
⑤ Huff의 확률모형은 점포규모와 점포까지의 거리와 같은 양적요소와 교통활용, 편의성과 같은 질적에 의해 소비자의 효용이 변화한다는 사실을 모형에 포함시켜 특정점포에 따른 선택확률을 계산한다.

36 다음은 어떠한 품목을 주로 취급하는 소매업의 입지형태를 설명한 것인지 가장 적합한 것을 고르시오.

(가) 넓은 상권을 필요로 한다.
(나) 고객은 제품을 기준으로 점포를 선택한다.
(다) 유동인구가 많은 지역이 유리하다.
(라) 소득수준, 소비동향에 영향을 받는다.
(마) 인접 상점에 대한 영향력이 높은 편이다.

① 편의품　② 선매품
③ 전문품　④ 할인품
⑤ 특가품

37 네모상자 안에 나열된 입지들 가운데 패션잡화점의 입지로서 적합한 것들만을 모두 골라 놓은 문항은?

가. 여러 층으로 구성된 매장에서 고객의 주된 출입구가 있는 층
나. 쇼핑몰 내부입지에서 핵 점포(anchor store)의 통로/출입구 근처의 입지
다. 상호보완적인 상품을 판매하는 다양한 점포들이 함께 모여 있는 입지
라. 경쟁자로부터 멀리 떨어져서 독점적 지위를 확보할 수 있는 입지
마. 패션잡화점은 전문점이기 때문에 가급적 임대료가 비싼 입지를 선정

① 가, 다
② 가, 나
③ 가, 나, 다
④ 가, 나, 다, 라
⑤ 가, 나, 다, 라, 마

38 Huff모델에 의한 신규점포의 예상매출액 산출방식은?

① 특정지역의 잠재수요의 총합×특정지역으로부터 계획지로의 흡인율
② 지역별 인구 또는 세대수×업종/상품별 또는 점포별 매출액×특정지역의 잠재수요의 총합
③ 업종/상품별 또는 점포별 매출액× 특정지역의 소비자가 특정지역의 상업시설에서 구매할 확률
④ 특정지역의 소비자가 특정지역의 상업시설에서 구매할 확률×특정지역에서의 실질 구매 소비자 수
⑤ 지역별 인구 또는 세대수×업종별 또는 점포별 지출액

39 다음 중 노면 독립입지(Freestanding Sites)에 대한 설명으로 가장 옳지 않은 것은?

① 여러 업종의 점포가 한곳에 모여 있는 군집 입지와 달리, 전혀 점포가 없거나 소수인 지역에 독립하여 점포를 운영하는 형태를 말한다.
② 다른 소매업체들과 고객을 공유하지 않으며, 동종업태의 다른 점포와 경쟁을 하지 않으므로 점포경영에 상당한 유연성을 가질 수 있다.
③ 군집입지와는 반대로 작용되는 개념으로 중심시가지 보다 토지 및 건물가격이 싸고, 대형점포를 개설할 경우 소비자의 일괄구매가 가능하다.
④ 비교구매를 원하는 소비자에게는 가장 매력적이므로 특정 상권 안에서 영업을 수행하는 카테고리 킬러와 같은 목적점포가 적합하지 않다.
⑤ 다른 업체와 비교 우위에 있는 확실한 기술력을 보유하고 있는 전문성이 있는 업종이나 뛰어난 마케팅능력을 보유하거나 능력을 발휘할 자신이 있는 업종이 적합하다.

40 넬슨(R. L. Nelson)은 입지선정의 평가를 위하여 자신이 제작한 체크리스트에 의거하여, 입지의 잠재력, 접근가능성, 성장가능성, 중간저지성, 누적적흡인력, 양립성, 경쟁회피성, 경제성 등의 항목을 분석하여 입지의 적정성을 개략적으로 살펴볼 수 있도록 하였다. 이들에 대한 개별 설명 내용 중 "상호보완 관계가 있는 인접 점포들의 점포 흡인 가능성"이란 무엇을 말하고 있는가?

① 양립성
② 입지의 경제성
③ 누적적 흡인력
④ 경쟁 회피성
⑤ 성장 가능성

41 의류패션전문점에 대한 설명으로 옳지 않은 것은?

① 의류패션 전문점은 경영성과, 즉 매출액 및 수익측면에서우위에 있는 독립입지를 선호하는 경향이 강하다.
② 의류패션 전문점의 강력한 경쟁업태의 하나로 백화점이있으며, 백화점의 인근지역 혹은 백화점내부에 입점하여 상호시너지효과를 획득하고자 하는 경향이 있다.
③ 의류패션 전문점은 중심상업지역, 중심상업지역 인근, (슈퍼)지역 쇼핑센터 등 대부분의 쇼핑센터, 의류/전문 센터, 테마/페스티벌 센터에서 영업성과가 좋다.
④ 지속적인 경쟁력 우위의 확보를 위한 전략적방안의 하나로 의류패션 전문점 또는 체인화사업과 자사상표 패션상품의 개발을 강화할 수 있다.
⑤ 의류 패션 전문점의 입지는 자신들의 고객에게 오락과 즐거움의 기회를 제공하여 많은 사람을 유인하고, 소비자들이 여러 점포를 다니면서 비교구매를 할 수 있도록 배려한다.

42 쇼핑센터(Shopping Center)에 대한 일반적인 설명으로 가장 적합하지 않은 설명을 고르시오.

① 전통적 형태의 범위적인 규모의 쇼핑센터 유형분류는 근린형, 커뮤니티형, 지역형, 수퍼지역형 혹은 광역형으로 분류한다.
② 도심형 쇼핑센터지역은 대부분 지가가 높지만 가급적이면 넓은 면적을 추구하며, 대규모의 면적에 고층화를 추구하고, 지역적으로 주로 도심 중심부에 위치하고 있다.
③ 교외형 쇼핑센터는 지역적인 특색은 비교적 낮은 층수와 대규모 주차시설을 보유하고 있어야 하며, 특정 주변상권의 사람들을 구매층으로 해야한다.
④ 지역쇼핑센터는 원스톱쇼핑을 가능하게 해주며 또한 식당 및 오락시설 등이 공존함으로써 매력적이고, 임대료와 상가점포의 수익률 모두 높은 것이 특징이다.
⑤ 쇼핑센터의 입지평가에 있어서 접근성은 중요한데, 독립점포의 입지평가에서와 마찬가지로 쇼핑몰이나 쇼핑센터의 입지평가에 있어서도 접근성은 중요하다.

43 다음의 자료를 이용하여 지역시장의 수요 잠재력을 총체적으로 측정할 수 있는 소매포화지수(IRS)와 그 설명이 올바르지 않은 것은?

> 1. 지역시장의 총가구수 = 100가구
> 2. 특정 품목판매점들의 예상 매출액 = 5천만원
> 3. 특정 품목 판매점들의 매장 총합계면적 = 1,000m^2
> 4. 가구당 특정 품목에 대한 지출금액 = 30만원

① 가구 수와 매장면적 등을 고려한 소매포화지수를 계산하면 30,000원이 계산되며, 이 금액은 가구당 지출금액의 크기에 따라 바뀐다.

② 이 지역은 소매포화지수가 예상매출액보다 작기 때문에 포하가 되지않은 지역으로 새로운 점포가 입점될 수 있다.
③ 특정점포가 입점했을 때 소매포화 지수는 지금보다 더 커질 수 있으며, 이는 가구당 지출금액과 밀접한 관련이 있기 때문이다.
④ 이 시장은 소매포화지수가 상대적으로 높기 때문에 시장 확장잠재력도 좋으면 시장매력도가 매우 높은 시장이 된다.
⑤ 소매포화 지수만을 보고 시장 확장잠재력을 예측할 수 없다. 따라서 시장 확장잠재력은 향후 발생할 수요를 예측함으로서 계산할 수 있다.

44 CST(Customer Spotting) Map 기법의 유용성에 관한 설명내용이다. 가장 거리가 먼 것은?

① 상권의 규모를 파악할 수 있도록 해준다.
② 경쟁정도를 측정하고 파악할 수 있도록 해준다.
③ 점포의 확장계획에 유용하게 활용될 수 있다.
④ 커뮤니케이션 정책에 있어서 특히 광고 및 판매촉진전략수립에 유용하게 이용된다.
⑤ 유사한 기존점포(상업 집적시설)와의 비교를 통해 예상매출액을 쉽게 파악할 수 있도록 해준다.

45 상권(Trade Area)이란 한 점포가 고객을 흡인할 수 있는 지역의 한계범위(geographic area)를 지칭하는 말이다. 다음 중 이런 상권에 대한 설명으로 가장 옳지 않은 것은?

① 중소도시의 경우 지역상권은 지구상권은 차이가 분명하다. 즉, 지역상권 내의 가장 중심부에 위치한 지구상권은 지역 전체의 소비자들을 흡인한다. 일반적으로 대형점일수록 동일 위치에 출점한 경쟁점포보다 점포 상권이 축소된다.
② 상권은 계층적 구조로 형성된 것으로 볼 수 있다. 즉, 상권은 지역상권(general trading area), 지구상권(district trading area), 개별점포 상권(individual trading area) 등으로 계층적으로 분류될 수 있다.
③ 상권이란 하나의 점포 또는 점포들의 집단이 고객을 유인할 수 있는 지역적 범위를 나타내며, 판매수량의 크기에 따라 1차, 2차, 3차 상권으로 구분할 수 있다. 상권의 구매력은 상권 내의 가구소득수준과 가구 수의 함수로 볼 수 있다.
④ 중소점포의 경우에도 유명 전문점은 동일 위치의 경쟁점포보다 점포 상권의 규모가 크며, 한 점포의 상권은 지역상권, 지구상권, 개별점포 상권을 모두 포함하는 것이지만, 이와 같이 엄격히 구분하지는 않는다.
⑤ 상권은 시장지역 또는 배후지라고도 부르며 점포와 고객을 상행위와 관련하여 흡수할 수 있는 지리적 영역이고, 경쟁자의 출현은 상권을 차단하는 중요한 장애물이며 고객밀도는 상권 내의 인구밀도와 밀접한 관련이 있다.

제3과목 유통 마케팅(46~70)

46 다음 중 재무제표의 작성과 표시를 위한 개념체계에 대한 설명으로 옳지 않은 것은? 단, 보고기간(회계기간)은 매년 1월 1일부터 12월 31일까지이며, 기업은 주권상장법인으로서 한국채택국제회계기준(K-IFRS)을 계속적으로 적용하여 오고 있다고 가정한다.

① 어떤 항목이 재무제표 요소에 부합하는 본질적 성격을 가지고 있으나 인식기준을 충족하지 못하는 경우에도 해당 항목은 주석, 설명자료 또는 부속명세서에 공시될 수 있다.
② 지출이 발생하였으나 당해 회계기간 후에는 관련된 경제적 효익이 기업에 유입될 가능성이 높지 않다고 판단되는 경우에도 재무상태표에 자산으로 인식할 수 있다.
③ 경제적효익이 여러 회계기간에 걸쳐 발생할 것으로 기대되고 수익과의 관련성이 단지 포괄적으로 또는 간접적으로만 결정될 수 있는 경우 비용은 체계적이고 합리적인 배분절차를 기준으로 포괄손익계산서에 인식된다.
④ 미래경제적효익이 기대되지 않는 지출이거나, 미래경제적효익이 기대되더라도 재무상태표에 자산으로 인식되기 위한 조건을 원래 충족하지 못하거나 더 이상 충족하지 못하는 부분은 즉시 포괄손익계산서에 비용으로 인식되어야 한다.
⑤ 제품보증에 따라 부채가 발생하는 경우와 같이 자산의 인식을 수반하지 않는 부채가 발생하는 경우에는 포괄손익계산서에 비용을 동시에 인식한다.

47 서비스는 이질성(heterogeneity)이라는 특징을 갖고 있다. 서비스 이질성을 극복하기 위해서는 어떤 마케팅활동이 요구되는가?

① 서비스제공을 단계적으로 분석/파악하여 단계별 최적의 물리적 환경을 강조한다.
② 고객예약 시스템을 활용하여 대기시간을 제거함으로써, 서비스수요와 공급을 동시화한다.
③ 지역적 차별성을 극복하기 위하여 서비스 제공시스템을 지역별로 개별화 한다.
④ 서비스는 일시적으로 제공되는 편익으로서 생산하여 그 성과를 저장하거나 다시 판매할 수 있다.
⑤ 서비스제공과정을 표준화하고 매스마케팅보다는 고객화(customization)를 강조하는 활동을 수행한다.

48 고객관계관리(CRM; Customer Relationship Management)는 우리제품을 구매해 준 고객들에 대한 정보를 컴퓨터의 데이터베이스(Data Base)에 저장해 놓고, 고객 자료를 분석해서 고객 한 사람 한 사람에게 가장 적합한 제품과 서비스를 제공하고자 하는 정보시스템이라고 할 수 있다. 이에 대한 설명으로 적합하지 않은 것은?

① CRM이란 '신규 고객 확보, 기존 고객 유지 및 고객 수익성 증대를 위하여, 지속적인 커뮤니케이션을 통해 고객 행동을 이해하고, 영향을 주기 위한 광범위한 접근'으로 정의하고 있다.
② CRM은 단순히 시장 점유율(market share)의 성장만을 추구하는 것이 아니라 고객의 마음 속에 얼마나 깊이 자리잡고 있는가를 나타내는 마음 점유율(mind share)을 확보하려는 도구를 지칭한다.
③ CRM의 핵심내용 중 하나는 고객을 유치하고 유지하는 과정이며, 잠재고객을 첫 번째 고객으로 그리고 반복고객, 단골고객, 더 나아가 회원, 옹호자 및 동반자단계로 변환시켜 나가기 위해 마케팅을 실행하는 것이다.
④ CRM의 주된 목적은 고객에 대한 상세한 지식을 토대로 그들과의 장기적 관계를 구축하고 애호도를 제고시킴으로써 고객의 생애 가치(life time value)를 극대화하는 것이다.
⑤ 기업이 기존고객을 유지하는 것보다는 신규고객을 확보하고 관리하는 것이 더 효율적이다. 따라서 CRM은 비용측면에서 기존고객유지보다는 신규고객의 유치에 더 중점을 두고 있다.

49 다음은 카테고리 메니지먼트(category management)에 관한 설명들이다. 올바르지 않은 것은?

① 매장의 상품관리대상을 물적 특성에 기초한 단품에서 소비자의 요구에 기초한 상품카테고리로 확대
② 상품카테고리를 전략적 사업단위로 삼아 매장의 생산성을 체크하고 효율적으로 매출이나 수익성 향상을 추구하는 관리기법
③ 소매업체와 제조업체가 데이터를 공유하고 서로 협조하여 소비자 관점에서 성과를 높일 수 있는 매장을 구성하는 과정
④ CRM의 심장이라고 할 수 있는 중심기능으로 수급의 매칭을 꾀하는 중요한 역할을 담당하고 있다.
⑤ 효율적인 머천다이징을 도모하면서 불필요한 과정을 제거할 필요성이 높아졌기 때문에 필요하다.

50 다음 중 브랜드의 고유한 특성이 다른 하나는?

① 지펠(zipel) ② 이 플러스(e–plus)
③ 디오스(dios) ④ 아디다스(adidas)
⑤ 샤넬(chanel)

51 다음은 시장커버리지 정책(market coverage policies)에 있어서 영역제한(territorial restrictions)과 관련된 설명이다. 올바르게 설명하고 있지 못한 것은?

① 특정제조업체가 오프라인 중간유통상으로 하여금 자사 취급제품에 대한 인터넷판매를 금지하는 행위 또한 영역제한(territorial restrictions)의 범주에 포함된다.
② 유통업체가 제조업체보다 우위의 시장정보를 가지고 있는 경우(information asymmetry)에 제조업체가 영역제한을 하지 않는 경우보다 하는 경우 브랜드 내 경쟁이 약화되며 따라서 시장조건에 적합한 가격을 제시할 수 있게 된다.
③ 유통업체의 영역제한 위반사실을 찾아내기 어려운 경우 제조업체는 영역제한을 사전에 활용할 가능성이 높다.
④ 유통업체가 제조업체와의 거래에 (특유)투자가 많을수록 유통업체의 기회주의적 성향은 감소하며 결과적으로 제조업체가 유통업체에 대해 영역제한을 강제할 수 있는 능력은 강화된다.
⑤ 영역 제한은 미국에서 불공정행위로 간주하고 있는데, 미국 사법부는 특히 수평적 제한에 당연위법을 적용하고 수직적 제한에 "합리성의 원칙(rule of reason)"을 적용하여 위법 여부를 판단하고 있다.

52 '고객'이라는 용어는 顧(돌아볼 고), 客(손 객), 접대하는 사람이나 기업의 입장에서 볼 때 다시 보았으면, 또 와주었으면 하는 사람을 말한다. 다음 중 고객(customer)에 대한 설명으로 옳지 않은 것은?

① 광의의 고객 개념은 대리점, 거래처 그리고 소비자 등을 포함하는 외부고객(external customer)과 회사 내부업무를 처리하는 내부고객(internal customer)으로 분류할 수 있다.
② 내부고객(internal customer)은 제품의 생산을 위해 부품을 제공하는 업자나 판매를 담당하는 세일즈맨 등 제품 생산이나 서비스 제공을 위해 관련된 기업 내 모든 종사원들도 고객의 범주에 포함시키는 개념이다.
③ 고객그룹 중 여피(Yuppie)는 고등교육을 받고, 도시 근교에 살며, 전문직에 종사하여 고소득을 올리는 일군(一群)의 젊은이들로서 1980년대 젊은 부자를 상징한다. 여피란 젊은(young), 도시화(urban), 전문직(professional)의 세 머리글자를 딴 'YUP'에서 나온 말이다.
④ 개인의 육체적 · 정신적 건강의 조화를 통해 행복한 삶을 추구하는 라이프스타일이 웰빙이며, 개인뿐만 아니라 사회와 후세의 건강과 행복한 삶을 추구하는 것, 즉 사회적 웰빙이 다운시프트(Downshift)인 것이다.
⑤ 나비집단이란 수익성은 높지만, 충성유지 기간이 짧은 고객을 뜻한다. 기업의 제공물과 고객욕구간의 적합성이 높지만 나비처럼 짧은 기간동안 자사의 제공물을 즐기다가 다른 기업으로 옮긴다.

53 온라인 판매 기능을 전담할 독립조직을 설립함으로서 얻을 수 있는 장점에 대한 설명과 가장 가까운 것은?

① 광고, 가격결정 등이 자유로우며, 내부 경로갈등을 예방할 수 있다.

② 조직 운영비용이 적게 소요되며, 실패위험도 줄어든다.
③ 온라인 조직의 독립으로 오프라인 조직의 자금조달이 원활해진다.
④ 온라인 조직의 독자 브랜드화는 온라인 고객의 충성도를 제고시킬 수 있는 방안 중 하나이다.
⑤ 고객과의 거리를 단축시키면 배송 서비스에 대한 만족도를 제고시킬 수 있다.

54 다음은 무엇에 관한 설명인가?

> 고객이 원하는 상품을 검색할 경우, 보완 목록을 제시해 고객의 구매를 유도하는 기능이다. 예를 들면, 고객이 카메라 구입을 위해 검색한 경우 관련 렌즈를 추천하는 것이다.

① Up-selling
② Promotion
③ Cross-selling
④ Direct marketing.
⑤ Telemarketing

55 다음 중 매출자료 분석에 활용되는 ABC 분석기법에 대한 설명으로 부적절 한 것은?

① 상품의 진열대 관리를 위해서 필요한 분석기법이다.
② POS 시스템에서 나온 자료가 분석에 중요하게 활용된다.
③ 재고주문이나 재고관리에 적절히 활용할 수 있는 분석기법이다.
④ 상품명을 기준으로 가나다순으로 분석함으로 ABC 분석이라고 한다.
⑤ 매출(수익)기여도가 적은 상품으로 인한 매장의 사장화(dead space)를 예방할 수 있다.

56 다음 중 관세, 무역통계 등의 업무를 위한 상품분류체계는 무엇인가?

① HS
② KAN
③ EAN-13
④ GS1
⑤ ISO

57 다음 중 소매점에서 POS 시스템의 운영에 필요한 기본 코드가 아닌 것은?

① 상품 코드
② 거래처 코드
③ 원재료 코드
④ 종업원 코드
⑤ 경쟁점 코드

58 가격에 관한 다양한 의사결정방법 중 소비자의 심리를 고려하는 것과 가장 관련이 없는 가격결정방법은?

① 지대가격(zone pricing)
② 단수가격(odd pricing)
③ 명성가격(prestige pricing)
④ 관습가격(customary pricing)
⑤ 비선형가격설정(nonlinear pricing)

59 유통기업이 취급하는 기존상품은 매출실적에 따라 핵심, 보완, 전시 및 촉진상품군으로 분류할 수 있다. 다음 중 전시상품군에 관한 설명과 가장 거리가 먼 것은?

① 점포이미지를 창출함으로써 소비자를 점포로 흡입하기 위해 구매하는 품목
② 품목의 구성 비율은 60%로 높으나 매출액에서 차지하는 비중은 약 30% 정도에 머무르는 품목
③ 최고급 상품, 특수 재질의 상품, 시장에 새롭게 출시된 아이디어 상품이 이에 속한다.
④ 유통기업의 매출 증대와 이익수준 향상에 핵심적으로 기여하는 품목
⑤ 상품보관에 중점을 두기보다는 고객들의 반응에 중점을 두는 측면에 강한 품목

60 다음 박스 안의 내용은 산업재 구매의사결정 과정의 절차들이다. 신규 구매상황에 직면한 구매자가 거치게 되는 일반적인 구매 프로세스를 가장 올바르게 표현한 것은?

1. 문제인식	2. 전반적인 필요성 기술/묘사
3. 제품명세서	4. 공급자 탐색
5. 공급자 선택	6. 공급계획서 요청
7. 주문명세서	8. 성과평가

① 1-2-4-6-3-5-7-8
② 1-2-4-3-7-6-5-8
③ 1-2-3-4-7-6-5-8
④ 1-3-2-4-6-5-7-8
⑤ 1-2-3-4-6-5-7-8

61 다음과 가장 관계가 깊은 것은?

> 소매업체들은 고객과의 접촉과 커뮤니케이션을 향상시키기 위해 구매담당자로 하여금 자신들이 매입한 상품을 판매하는 부서(점포)에서 함께 일해 보도록 한다.
> 이런 직접 접촉을 통한 의사소통은 점포와 고객욕구에 대한 생생한 의견을 얻을 수 있다. 뿐만 아니라 구매담당자가 매출패턴의 검토, 프로모션의 기획, 재고관리, 그리고 상품의 새로운 출처를 모색하기 위한 시간을 절감시켜 준다.

① 현장순회지도(Coaching By Wandering Around)
② 총합 비교법(Aggregate Comparative Methods)
③ 목표설정에 의한 관리(Management By Objectives)
④ 고객관계관리(Customer Relationship Management)
⑤ 고객 활성화 전략(Customer Activation Strategy)

62 다음은 우리나라 산업분류코드에 소개되고 있는 "도매업" 및 "도매상"에 관한 설명이다. 가장 올바르지 않은 것은?

① 판매하는 상품에 대한 소유권을 보유하고 있으며 취급하는 상품에 대한 본질적인 변형이 없이 다른 도매업자, 산업체, 상업단체, 기관 및 전문사용자 등과 거래를 하는 형태로 산업공급자 및 이동공급자, 수출업자, 수입업자, 공동구매조합 및 폐품수집상 등을 들 수 있다.
② 판매상품에 대한 소유권을 보유하고 있지 않고 수수료 또는 계약에 의하여 상품을 판매 또는 구매를 중개하는 상품중개인, 수탁 및 판매대리인, 대리수집상 및 무역중개인, 농산물 공동판매조합 등이 도매상의 대표적인 형태를 띠고 있다
③ 도매업에 주로 종사하는 사업체가 상품판매에 관련하여 부수적으로 그 기계 및 장비를 조립 또는 설치하는 경우는 주된 활동에 따라 도매업에 분류된다.
④ 자기가 직접 기획한 제품을 직접 제조하지 않고 자기 계정에 의하여 구입한 원재료를 다른 제조업자에게 제공하여 상품을 자기 명의로 제조토록 하고 이를 인수하여 자기 명의와 자기 책임하에 직접 판매하는 사업체는 제조업으로 분류된다.
⑤ 도매업은 상품을 대량으로 매입하거나 수집하여 다수의 소매상에게 소량으로 분산하여 판매하는 업태로, 거래수량 및 매매단위의 원칙에서 비교적 규모가 큰 유통업태를 지칭한다.

63 유통매장에서 브랜드파워를 높일 수 있는 디스플레이 방법에 관한 설명으로 가장 거리가 먼 것은?

① 매장에서 디스플레이를 하는경우 해당 그룹의 상품배치를 자사 브랜드만으로 가능하도록 제품화 하는 것을 풀라인 머천다이징(full-line merchandising)이라 하며 이를 실현하는 것이 중요하다.
② 자사제품이 백화점의 다양한 위치의 매장에 분산 전시되어 있다면 브랜드파워가 발휘되기 어렵다. 따라서 자사 제품을 위한 단독코너를 만들고 한곳에서 집중적으로 보여 주면 브랜드에 대한 고객의 구매력이 더욱 향상될 수 있다.
③ POP을 사용하는 것이 바람직하며 이 때 POP의 넓이는 자사브랜드가 진열된 판매대 폭만큼 설치하여 자사브랜드와 경쟁브랜드의 경계를 명확하게 해 주는 것이 중요하다.
④ 브랜드파워강화를 위해 의류 매장 내 화장품 코너같이 전혀 다른 종류의 제품을 디스플레이 해놓고 고객들의 새로운 욕구를 자극하는 방법을 업 머천다이징(up merchandising)이라고 한다.
⑤ 제품이 아무리 싸고 빈약하다고 해도 훌륭한 시설 아래 잘 전시되어 있으면 고객들의 눈에 고급품으로 보여 고객의 마음을 사로잡을 수 있도록 하는 것이 궁극적인 디스플레이의 목적이다.

64 다음은 유통매장에서 구매심리를 이용한 디스플레이과정을 설명한 것이다. 그 순서가 올바르게 표현된 것은?

① 주목을 끄는 디스플레이→기억에 남는 디스플레이→욕구를 불러일으키는 디스플레이→확신을 주는 디스플레이→구매행동을 일으키는 디스플레이
② 흥미를 끄는 디스플레이→기억에 남는 디스플레이→욕구를 불러일으키는 디스플레이→확신을 주는 디스플레이→구매행동을 일으키는 디스플레이
③ 주목을 끄는 디스플레이→흥미가 생기는 디스플레이→욕구를 불러일으키는 디스플레이→확신을 주는 디스플레이→구매행동을 일으키는 디스플레이
④ 흥미를 끄는 디스플레이→기억에 남는 디스플레이→욕구를 불러일으키는 디스플레이→확신을 주는 디스플레이→구매행동을 일으키는 디스플레이
⑤ 욕구를 불러일으키는 디스플레이→주목을 끄는 디스플레이→흥미가 생기는 디스플레이→확신을 주는 디스플레이→구매행동을 일으키는 디스플레이

65 자유재와 구분되는 경제재는 형태의 유무에 따라 다시 유형재와 무형재로 분류한다. 특히 '서비스'상품이라 불리기도 하는 무형재화는 유형 재화와 다른 다양한 특성을 내포하고 있으며 이 특성에 알맞은 마케팅전략이 개발되어 있다. 다음 중 서비스의 특성에 대한 설명으로 올바르지 않은 것은?

① 서비스는 이질성을 지니고 있어 유형 제품과 달리 특히 표준화와 품질관리가 매우 어렵다.
② 서비스는 무형성이 강하므로 판매촉진을 위한 유형적 단서를 제공하는 것이 필요하다.
③ 서비스는 소멸성으로 인하여 재고관리가 어렵기 때문에 수요관리가 적합하게 이루어져야 한다.
④ 서비스는 비분리성은 수요와 공급을 맞추기가 어려우며 서비스는 반품될 수 없다.

⑤ 서비스는 소비자가 생산과정에 직접 참여할 수 있으므로 판매 후 고객관리의 필요성이 존재하지 않는다.

66 다음은 회전율(turnover ratio)에 대한 설명이다. 올바르지 않은 것은?

① 자산회전율은 대차대조표의 자산측면에서 전체적인 성과척도를 나타내며 순매출액을 총자산으로 나눈 값으로 표현된다.
② 상품재고회전율이란 특정기간(보통 1년) 동안 점포 내에서 재고가 평균적으로 얼마나 여러 번 순환되는가 하는 것이며 일반적으로 재고회전율이 클수록 좋다.
③ 고정자산은 상품처럼 신속하게 회전되지 않아 자산회전율은 경영자들이 자신들의 자산을 얼마나 효율적으로 사용하는가를 평가하고 비교하기 위해 사용될 수 없다.
④ 상품재고회전율은 상품구성과 관련된 정책적 의사결정에 영향을 미치는 가장 중요한 요소(판단기준) 중의 하나이며 평균상품재고액의 변화 없이 매출액이 향상되면 상품회전율이 증가하는 것이 당연하다.
⑤ 회전율이 높은 상품은 빠른 회전율을 보이기 때문에 회전율에 따른 이익을 보기도 한다.

67 다음은 마케팅정책수단의 하나로 구전(word of mouth)과 관련된 설명 내용이다. 올바르지 않은 것은?

① 구전은 고객들이 보다 개인적 관계를 느낄 수 있는 중소기업에 특히 효과적이 될 수 있다.
② 마케팅에서 구전의 두가지 특별한 형태로 소문마케팅(buzz marketing)과 바이러스성 마케팅(viral marketing)을 들 수 있으며, 소문마케팅은 또 다른 형태의 구전 또는 온라인 구전으로서 소비자들로 하여금 온라인을 통해 다른 사람에게 오디오, 비디오 또는 문서로 된 정보 또는 기업이 개발한 제품이나 서비스를 전달하도록 고무하는 것이다.
③ 성공적인 바이러스성 캠페인은 "웹사이트, 블로그, 휴대폰, 메시지 보드, 그리고 실세계의 애드버테인먼트(advertainment;advertisement+entertainment)를 통해 살고 있는 습관적이며 자신에 의해 전파되는 광고"로 특징화된다.
④ 정규적으로 최신화 된 온라인 일지 또는 일기인 블로그는 구전을 위한 중요한 출구가 되고 있다.
⑤ 판매촉진에서도 구전은 광고보다 고객에게 많은 신뢰를 준다.

68 다음 중 고객관계관리(CRM; Customer Relationship Management)에 대한 설명으로 가장 올바르지 못한 것은?

① CRM은 경쟁자보다 탁월한 고객가치와 고객만족을 제공함으로써 수익성 있는 고객관계를 구축/유지하는 전반적인 과정이다. 또한 지속적인 고객관계구축을 결정하는 핵심은 가장 높이 지각된 고객가치를 제공하며 탁월한 고객만족을 창출하는 것이다.
② 기쁨을 경험한 고객은 반복구매를 할 뿐만 아니라 고객전도사가 되어 주위 사람들에게 긍정적 사용경험을 전파하게 되는 효과가 있다. 이러한 효과를 보기위해 현명한 기업은 제공할 수 있는 것만을 약속하고, 나아가 약속한 것보다도 더 많은 것을 제공함으로써 고객을 감동시키고자 한다.
③ 지각된 고객가치는 고객이 한 기업의 시장제공물에서 얻게 될 모든 편익과 이를 위해 고객이 지불해야 할 모든 비용간의 차이를 경쟁사의 제공물과 비교평가한 것이다. 반면 고객만족은 구매자가 상품구매시점의 감정상태에 따라 주관적으로 판단하는 부분으로 공식화의 어려움 및 측정이 불가능한 단점이 있다.
④ 고객변화프로세스는 일반적으로 다음과 같이 진행된다. 즉 불특정다수(suspect)→잠재고객(prospect)→고객(customer)→단골고객(client)→충성고객(advocate)으로 변화하며, CRM은 특히 고객관계강화에 중점을 두고 있으므로 불특정다수를 상대로 하는 것은 CRM의 주관심대상이 아니다.
⑤ CRM의 주된 목적은 고객에 대한 상세한 지식을 토대로 그들과의 장기적 관계를 구축하고 애호도를 제고시킴으로써 고객의 생애 가치(life time value)를 극대화하는 것이다.

69 다음 글 상자 안의 설명내용을 가장 잘 표현한 것은?

최근 인터넷의 발달과 더불어 중요한 마케팅도구로 사용되고 있으며, 상품의 홍보를 위해 고의적으로 각종 이슈를 만들어 소비자의 호기심을 불러일으키는 마케팅기법을 의미한다. 특히 단기간에 최대한 인지도를 높이기 위한 경우에 주로 활용되며, 또한 좋은 내용보다는 자극적이고 좋지 않은 내용의 구설수를 퍼뜨려 소비자의 입에 오르내리게 한다. 부정적인 이미지로 굳혀질 수 있는 위험도 있지만, 반대로 매출은 올라간다는 조사결과가 있다. 이미지와는 별개로 머릿속에 인식되어 구매로 이어지는 경우가 많은 것이다.

① 노이즈 마케팅　　② 블로그 마케팅
③ 트위터 마케팅　　④ 카페 마케팅
⑤ 페이스북 마케팅

70 다음 중 소매점포믹스에 대한 올바른 설명과 가장 거리가 먼 것은?

① 소매점포의 입지는 상권을 평가한 후, 소비자의 접근가능성, 교통량, 상권인구의 규모와 분포 등을 분석한 후 선정하는 것이 바람직하다.
② 소매점포의 머천다이징은 상품을 개발하고 확보하며, 관리하는 과정을 의미하는데, 성공적인 머천다이징을 위해서는 업종의 개념에 집착하기 보다는 업태의 개념을 수용할 수 있어야 한다.

③ 소매점이 추구하는 쌍두마차로서 마진율과 회전율은 공존이 불가능한 상충관계이다. 따라서 점포의 목표 및 전략에 따라 마진율 또는 회전율 중 어느 한 가지를 선택할 수밖에 없다.
④ 소매시장 내의 경쟁이 격화되고 소매시장의 환경이 급변하는 최근의 추세에 따라 소매점은 안정적인 상품공급을 확보하기 위해 도매상이나 제조업체와 긴밀한 관계를 유지하여야 한다.
⑤ 매장의 공간 평가에서 다층의 경우 각 층이 구역으로 구분되어 있다면 수직 이동시설, 출입구, 주요 통로에 가장 가까이 있는 구역이 평균 가치를 지닌 구역보다 2~3배의 가치를 지니게 된다.

제4과목 유통 정보(71~90)

71 다음 중 현재 제조업 및 유통업체에서 사용하는 바코드에 관한 국제표준을 제공하는 기관을 지칭하는 것은 무엇인가?

① ISO ② GS1
③ CSCMP ④ SMBA
⑤ ITF

72 다음 중 RFID 기술의 한계점으로 볼 수 없는 것은?

① 태그의 가격이 고가이다.
② 태그의 인식률이 완전하지 못하다.
③ 인프라스트럭처 구축비용이 고가이다.
④ 가시선이 확보되어야 판독이 가능하다.
⑤ 태그를 유지하는데 높은 비용이 들지 않는다.

73 다음 중 EDI 방식과 E-mail 방식에 의한 정보교환의 특성에 대한 설명으로 부적절한 것은?

① E-mail은 자유로운 형식으로 정보를 전달할 수 있다는 장점이 있다.
② EDI는 수신자가 정보를 재입력할 필요성이 없다는 장점이 있다.
③ E-mail은 구조화된 표준양식을 이용하거나 단순한 일반편지를 이용한다.
④ EDI는 다량 자료의 반복적 교환이나 가입된 거래상대자에게의 공식서류 전달을 위해 이용된다.
⑤ EDI 방식과 E-mail 방식모두 회선은 VAN통신망을 이용하여 회선유지비용이 들어간다.

74 다음 중 공개키 암호화 기술에 대한 설명으로 가장 옳지 않은 것은?

① 암호화 및 복호화 속도가 빠르다.
② 비대칭키 암호화 기술이라고도 한다.
③ 암호화키와 복호화키가 일치하지 않는다.
④ 송수신자가 비밀키를 공유할 필요가 없다.
⑤ RSA(Rivest Shamir Adleman) 공개 키 암호 방식으로 잘 알려져 있다

75 효율적인 유통정보시스템을 구축하기 위해서는 유통경로상에서 정보를 주고받는 커뮤니케이션과정이 단계적으로 이루어져야 한다. 따라서 정보가 갖추어야 할 특성을 감안하여 유통정보시스템은 보기에 제시된 단계들을 밟아 체계적으로 구축될 수 있다. 다음 중 유통정보시스템의 개발단계가 순서대로 가장 바르게 연결된 것은?

> 가. 각 경로 기능수행에 필요한 마케팅정보 결정
> 나. 주요 경로 기능의 결정 및 기능수행자의 결정
> 다. 정보 수집자와 사용자 및 전달방법의 결정
> 라. 잡음 요소의 규명 및 이의 제거방안 결정

① 가-나-다-라 ② 나-가-라-다
③ 나-가-다-라 ④ 다-가-나-라
⑤ 다-나-가-라

76 국내에서 사용되는 유통, 물류, 서적에서 사용되는 바코드(Bar Code)에 대한 일반적인 설명으로 가장 옳지 않은 것은?

① 최대규격은 표준규격의 200%까지, 최소치에서의 세로 길이는 18cm까지 사용하도록 권장된다. 높이를 축소한 경우 스캐너가 레이저가 바코드와 수직인 경우만 판독가능하다.
② 바코드의 최소치는 표준규격의 80%를 기준으로 하지만 경우에 따라서는 그 이하로의 축소도 인쇄도 가능하나 계산대(POS)에서 판독 불가능한 경우를 대비해야 한다.
③ GS1-14의 체계로서 물류 식별 코드 1자리, 국별 식별 코드 3자리, 제조업체 코드 6자리, 상품 품목 코드 3자리, 체크디지트 1자리 등으로 구성되는 것은 맞는 것이다.
④ ISBN 부여 대상 자료를 보면 고등학교 교과서, 수험서, 문학도서, 카세트에 녹음된 도서, 선전용 팸플릿, 일기장, 달력 등 다양하게 있다.
⑤ QR code는 일본에서 개발되었으며, Data Matrix code는 미국에서 개발된, 흑백 격자무늬 패턴으로 정보를 나타내는 매트릭스 형식의 이차원 바코드이다.

77 다음 중 오프라인 카탈로그에 비해 전자 카탈로그의 장점에 관한 설명으로 가장 거리가 먼 것은?

① 오프라인 카탈로그에 비해 상품정보에 대한 내용변경이 용이하고 신속하다.
② 오프라인 카탈로그에 비해 상품 탐색이 편리하며 시간을 줄일 수 있다.
③ 오프라인 카탈로그에 비해 고객화(custermizing)가 용이하다.
④ 오프라인 카탈로그에 비해 초기 개발비용이 상대적으로 매우 저렴하다.
⑤ 오프라인 카탈로그에 비해 동영상으로 표시할 수 있으며 상품별로 개별화된 카탈로그를 제작할 수도 있다

78 다음 중 바람직한 정보의 특성에 대한 설명으로 가장 거리가 먼 것은?

① 정보는 많을수록 좋다.
② 필요로 하는 시점에 제공되어야 한다.
③ 올바른 의사결정을 위해 정확해야 한다.
④ 관련정보들과 통합(또는 결합)될 때 가치가 증가하여야 한다.
⑤ 정보는 활용되기 전에 의사결정과의 적합성 여부가 품절차원에서 검토되어야 한다.

79 다음 중 Data Warehouse, Data Warehousing, Data Mining, Data Mart에 대한 일반적인 설명으로 가장 잘못된 내용은?

① Data Warehouse는 사용자의 의사결정을 지원하기 위해 기업이 축적한 많은 데이터를 사용자 관점에서 주제별로 통합하여 운영시스템과 사용자 사이의 별도의 장소에 저장해 놓은 데이터베이스로 이해할 수 있다.
② Data Warehousing은 데이터웨어하우스에 있는 데이터들로부터 적합한 의사결정을 위한 데이터를 구축하고 활용하는 일련의 과정으로, 전사적인 아키텍쳐상에서 의사결정을 지원하기 위한 환경을 구축하자는 사상이다.
③ Data Mining은 데이터 속에 숨어 있는 정보를 추출하여 연관 규칙(Association Rule), 신경망(Neural network) 등을 이용하여 분석하며, 유통 정보 분석에 많이 이용된다. 대량의 실제 데이터로부터 잠재되어 드러나지 않은 유용한 정보를 찾아내는 것이다.
④ Data Mart는 데이터웨어하우스를 축소한 소규모 버전을 통해 데이터 웨어하우스 구축의 높은 비용 대비 낮은 비용으로 창출할 수 있으며, 주로 전략적 사업단위나 부서를 위해 설계된 작은 규모의 데이터웨어하우스이다.
⑤ Data Warehouse내의 데이터는 일단 적재(loading)가 완료되면 일괄처리 작업에 의한 갱신이외에는 DB에 삽입(insert)이나 삭제(delete)등의 변경이 수행되지 않는다는 데이터의 장기 지속성을 말하는 것은 주제 지향성(Subject-Oriented)을 말하는 것이다.

80 유통경영을 위한 의사결정에 관한 비교설명이다. 아래 빈칸 (가)~(라)를 예문 (1)~(4)에 맞는 내용으로 가장 올바르게 나타낸 것은?

구분	전문가의 판단	의사결정지원시스템의 활용
강점	(가)	(나)
약점	(다)	(라)
이상적인 조건	의사결정지원시스템은 경영관리자의 전문가적 경험과 컴퓨터를 기반으로 하는 일관성 있는 직관력을 적절히 조화시킬 수 있도록 개발되어야 함	

(1) 유연성과 주관적 판단을 통해 문제에 관한 통찰력을 가짐
(2) 피로와 감정의 기복에 따른 지나친 자신감, 일관성의 상실 등에 의해 편향된 의사결정을 내릴 가능성
(3) 사회적 요구, 규율 등에 영향 받지 않고 정황의 근거를 고려하지 않는 일관성 있는 평가
(4) 모델 설계자가 정해놓은 사실, 미리 설정된 문제만을 고려하는 경직성을 가짐

① 가-(1), 나-(2), 다-(3), 라-(4)
② 가-(1), 나-(4), 다-(3), 라-(2)
③ 가-(1), 나-(3), 다-(4), 라-(2)
④ 가-(1), 나-(4), 다-(2), 라-(4)
⑤ 가-(1), 나-(3), 다-(2), 라-(4)

81 경영자가 의사결정을 하기 위해서는 우선적으로 자료(data), 정보(information) 및 지식(knowledge)의 내용을 구별할 필요가 있다. 다음 중에서 특히 "정보"에 대한 설명내용과 가장 거리가 먼 것은?

① 정보는 미래의 불확실성을 감소시킨다.
② 다양한 종류의 정보가 축적되어 특정 목적에 부합하도록 일반화된다.
③ 개인이나 조직이 의사결정을 하는데 사용되도록 의미 있고 유용한 형태로 처리된 것이다.
④ 인간이 판단하고 의사결정을 내리고 행동할 때 그 방향을 정하도록 도와준다.
⑤ 관측이나 측정을 통해 수집된 자료를 해석하고 정리한 것이다.

82 다음 중 EDI와 VAN에 관한 다음 설명 중 거리가 먼 것은?

① VAN은 통신회선에 정보처리 기능을 결합하여 온라인으로 네트워크화한 시스템이다.
② 다른 EDI 프로토콜을 사용하는 기업 간에는 통합적 EDI실행이 극히 제한된다.
③ VAN은 데이터통신 처리업체를 이용하여 정보 전송기능, 정보 축적기능, 정보 가공기능, 정보 변환기능 등을 집합한 시스템이다.

④ EDI는 선적요청서(S/R), 주문서(P/D), 상업송장(C/I) 등 기업 간 교환되는 서식이나 수출입허가서(E/L 및 I/L)등에 사용된다.
⑤ EDI는 제조, 유통, 고객에 이르는 다양한 조직 간의 정보교환활동 전반을 전자화 하여 상호 정보 교환을 원활하게하기 위한 시스템이다.

83 다음 중 물류산업에 RFID를 도입할 경우 발생할 수 있는 장/단점에 대한 설명으로, 가장 올바르지 않은 것은?

① 이동 과정을 실시간으로 추적할 수 있는 Traceability 확보의 장점이 제공되는 반면 경쟁사 제품의 재고파악과 같은 스파이 목적으로도 악용될 수 있는 단점이 있다.
② 창고문을 통과하는 패키징 된 물품을 포장 해체 없이 그 내용물에 대한 파악이 가능하므로 입출고 및 환적 시간 단축에 기여하지만 포장 해체없이 개수(수량)에 대한 파악이 현재의 기술로는 불가능한 일부 불편함이 존재한다.
③ RFID 기술을 활용한 전자 봉인(Electronic Sealing)을 이용하여 화물의 도난 및 손실 예방할 수 있는 반면 이 물품을 휴대하고 있는 사람들을 추적할 수 있게 됨으로써 개인뿐만 아니라 기업과 정부에 중대한 위협이 될 수도 있다.
④ 위조된 의약품을 추적할 수 있으며 또한 테러리즘과 싸울 수 있을 뿐만 아니라 RFID기술 확산을 통해 비용을 절감하고 더욱 효율적인 비즈니스를 실현할 수 있다.
⑤ Tag의 가격이 고가이며, 태그의 인식률이 완전하지 못하며, 인프라스트럭처 구축비용이 고가이다.

84 다음 아래 네모안의 설명이 의미하는 것은?

> ⊙ 상품의 식별과 상품정보의 교류를 위한 국제표준 상품코드를 관리하고 보급을 전담하는 기관으로서 세계 100개국이 넘는 국가가 가입한 국제기구
> ⊙ 1972년 1월 미국에서는 공통식료품코드위원회(Universal Grocery Product Code Council, UGPCC)가 설립되어 미국과 캐나다 지역에 12자리의 상품 바코드(Universal Product Code)를 보급하기 시작

① GS1　② UNEDIFACT
③ UCC　④ CSCMP
⑤ UPC

85 다음은 전자상거래와 관련된 설명내용들이다. 거리가 가장 먼 것은?

① 전자상거래는 거래대상지역이 광범위하고, 유통채널이 필요 없으며, 고객의 수요파악이 더욱 용이하다.
② 허브사이트(hub site)는 각각 독자적 영역을 구축한 전문사이트들이 모여 하나의 사이트를 만 들고 그 사이트 내에서 다양한 내용을 제공하는 것을 말한다.
③ 포털사이트를 구성하는 4가지 핵심요소는 컨텐츠(contents), 커뮤니티(community), 커머스(commerce), 커넥션(connection) 등이다.
④ 포털사이트는 인터넷 사용자가 필요로 하는 대부분의 서비스를 원스톱으로 제공하는 것을 말한다.
⑤ e-마켓플레이스는 공급자 측면에서는 시장 정보를 확보하고 온라인 협력을 위하여 공급업자와 구매자 간의 관계를 향상시킬 수 있다.

86 통합물류시스템의 하나로 각광을 받는 ECR과 QR을 비교한 아래의 내용 중에서 옳지 않은 것은?

① ECR은 식품잡화류에, QR은 의류상품류에 적합하다.
② ECR은 자동발주 연속보충 시스템이고, QR은 타이밍에 맞는 보충이 중요한 상품에 적합하다.
③ ECR은 진열된 상태에서의 상품납입(FRM)방식이 적합하고, QR은 크로스도킹 방식의 상품납입이 적합하다.
④ ECR은 가격이 저렴한 상품에, QR은 가격이 비싼 상품에 적합하다.
⑤ ECR은 회전율이 높은 상품에, QR은 회전율이 낮은 상품에 적합하다.

87 e – CRM, e-SCM, e-Logistics, e-procurement 등 앞에 e 가 붙는 이유는 거래의 공간이 오프라인이 아니라 온라인이라는 특징을 암묵적으로 설명해 주는 것이라 할 수 있다. 다음 설명 중에서 가장 잘못된 항목을 고르시오.

① e-Procurement은 인터넷을 활용한 단일 통합 채널을 통해서 고객과 접촉하며, 지역적 및 시간적 한계를 극복할 수 있는 고객 관리방법으로서 음성, 동영상, FAQ 등 다양한 기술을 이용해서 고객 응대를 할 수 있다.
② e-SCM을 한마디로 말하면 전자상거래를 포함한 e-Busienss 환경 아래에서의 디지털 기술을 활용하여 공급자 , 유통 채널 , 소매업체 , 그리고 고객 등과 관련된 물자, 정보 ,자금 등의 흐름을 신속하고 효율적으로 관리하는 것을 의미한다.
③ e-Logistics는 정보통신 기술을 기반으로 하여 물류 서비스 제공업체가 다양한 부가가치 물류 서비스를 온라인상에서 구현하여 공급체인관리 개념 아래에서 화주 기업의 물류 프로세스를 효율적으로 지원하는 활동이다.
④ e-Auction은 구매의 편리성과 접근성, 가격 결정에 있어서 소비자가 참여할 수 있다는 능동성, 시 · 공간의 비제약성, 소액, 저가 상품에 대한 경매가 다양하게 이루어지고 있으며 이러한 점들이 소비자들의 관심을 끌어 모으는 계기가 된다.
⑤ e-CRM은 과거 오프라인 시장이 주요 무대였을 때에는, 다양한 정보를 수집하고 저장하는 것에 막대한 비용이 소요되었지만, 온라인 시장에서는 상대적으로 저렴한 비용을 이용하여 다양한 정보를 수집하고 저장하는 것이 가능하다.

88 최근 많은 기업들이 e-SCM을 도입하여 활용하고 있다. e-SCM 도입의 결과로서 나타나는 현상과 가장 거리가 먼 것은?

① 유통채널 갈등의 해소
② 중간상을 배제한 거래
③ 수직적 가치사슬의 해체
④ 최소한의 핵심자산에 집중
⑤ 유통경로의 다변화로서 소비자의 효용증가

89 다음 중 전자카탈로그에 대한 설명으로 가장 옳은 것은?

① 최근 많은 상품의 등록을 위해서 전자카탈로그의 동적 기능이 많이 줄어들고 있는 추세이다.
② 고객의 선호도나 요구에 맞춘 맞춤식 전자카탈로그가 제공되기도 한다.
③ 보안상의 이유로 주문처리 기능을 제외시킴으로서 소비자의 쇼핑편의성이 낮아지고 있다.
④ 추가비용이 많이 들지만 가격변동 정보의 신속한 반영이 가능하다.
⑤ 전자카탈로그는 종이카탈로그에 비하여 상품 정보의 신속한 변경이 어렵다는 단점이 있다.

90 전자상거래에서는 전통적인 제조업 마케팅정책의 의사결정요소인 4P를 근거로 한 소위"4A"를 개발하여 마케팅 믹스를 위한 의사결정요소로 활용한다. 전자상거래가 성공적이기 위해서는 4P정책 뿐만 아니라 4A정책 또한 중요하다. 다음 중 4A의 요소에 속하지 않는 것은?

① 방법(any way)
② 시간(any time)
③ 제품(any product)
④ 장소(any where)
⑤ 고객(any customer)

제 9 회 실전모의고사

정답 및 해설 → P.273

제1과목 유통 · 물류 일반(01~25)

01 다음 「상법」에서 규정한 대리상(代理商)에 대한 설명으로서 잘못된 것은?

① 일정한 상인을 위하여 상업사용인이 아니면서 상시 그 영업 부류에 속하는 거래의 대리 또는 중개를 영업으로 하는 자를 대리상이라 한다.
② 대리상이 거래의 대리 또는 중개를 한 때에는 지체 없이 본인에게 그 통지를 발송하여야 한다.
③ 대리상은 계약의 종료 후에도 계약과 관련하여 알게 된 본인의 영업상의 비밀을 준수하여야 한다.
④ 대리상의 활동으로 본인이 새로운 고객을 획득하거나 영업상의 거래가 현저하게 증가하고 이로 인하여 계약의 종료 후에도 본인이 이익을 얻고 있는 경우에는 대리상은 본인에 대하여 상당한 보상을 청구할 수 있다.
⑤ 당사자가 계약의 존속기간을 약정하지 아니한 때에는 각 당사자는 3월전에 예고하고 계약을 해지할 수 있다.

02 다음 중 소매업 수레바퀴 가설(The Wheel of Retailing Hypothesis)에 대한 설명 중 옳지 않은 것은?

① 맥나이어(McNair)는 소매업태가 일정한 주기를 두고 순환적으로 변화한다고 주장하였다.
② 혁신적 소매상은 시장진입 초기에 저가격, 저마진, 저서비스의 가격소구 방식으로 소매시장에 진입하여 기존의 고가격, 고마진, 높은 서비스의 다른 소비업태와 경쟁한다.
③ 비용 개념만을 중심으로 설명하기 때문에 백화점과 같은 고급 점포나 자동판매기 같은 고마진 및 고가격을 추구하는 새로운 소매상에 대하여는 충분히 설명할 수 없다.
④ 소매 변천 원인을 환경적 변수에서 찾고 있는데 소매기관을 둘러싸고 있는 환경변화(소비자의 구매행동, 구매욕망, 과학기술, 환경 등)에 가장 효율적으로 적응할 수 있는 소매상만이 살아남아 번창한다.
⑤ 수레바퀴가설에 부합하는 업태는 TV홈쇼핑, 회원제 창고형 소매점, 인터넷 전자상거래, 카테고리킬러형 전문점 등이 있다.

03 다음은 유통경로 시스템의 기능에 대한 설명이다. 이 중 긍정적인 역할과 거리가 먼 것은?

① 유통경로 구성원들이 수행하는 유통기능은 그들이 작용을 하는 기능에 따라 크게 전방기능흐름, 후방기능흐름, 양방기능흐름 3가지로 분류를 할 수가 있다.
② 후방기능흐름은 수송 · 보관과 같은 물적 소유권이나 촉진과 같은 기능들은 생산자로부터 최종 소비자의 방향으로 흐르는 것을 말한다.
③ 후방기능흐름은 주문이나 대금결제와 같이 최종 소비자로부터 소매상, 도매상, 생산자의 방향으로 흐르게 된다.
④ 양방기능흐름은 거래를 협상하거나 금융 · 위험부담과 같은 기능들을 말한다.
⑤ 전방기능 흐름은 수송 · 보관과 같은 물적 소유권이나 촉진과 같은 기능들은 생산자로부터 최종 소비자의 방향으로 흐르는 것을 말한다.

04 다음은 어떠한 시스템에 대한 설명이다. 무엇에 대한 설명인가?

> 배달된 상품을 수령하는 즉시 중간 저장 단계가 거의 없거나 전혀 없이 배송지점으로 배송하는 것을 말하고, 배송장소에서는 물류단위에 따른 상품의 납품관리만을 담당한다. 물류센터가 재고를 저장하기 위한 장소라기보다는 재고를 조정하기 위한 장소로 이용된다.

① Cross Docking
② QR(Quick Response)
③ On-Line Marketplace
④ BSP(business system planning)
⑤ ERP(Enterprise Resource Planning)

05 다음은 유통경로에 대한 설명이다. 바른 설명을 모두 고른 것은?

> ㉠ 유통경로의 구성원들은 재화를 수송운반, 저장하며 정보수집 및 쌍방향으로 정보를 교환한다.
> ㉡ 중간상들은 생산자가 생산한 제품의 구색을 소비자가 원하는 구색으로 전환시켜주는 기능을 한다.
> ㉢ 유통경로의 길이(length)는 생산자와 구매자 사이에 개입하는 중간상 수준(level)의 수를 의미한다.
> ㉣ 유통경로에서 제공되는 서비스나 아이디어는 소비자나 중간상뿐만 아니라 상품 생산자들에게도 중요하다.
> ㉤ 유통경로 과정 중 도매상 · 중간상 등의 동일한 단계에서 발생하는 갈등을 수직적 갈등이라 말하며, 이러한 갈등은 자신들이 추구하는 목적이 서로 상이하기 때문에 발생하게 된다.

① ㉠
② ㉠, ㉡
③ ㉠, ㉡, ㉢
④ ㉠, ㉡, ㉢, ㉣
⑤ ㉠, ㉡, ㉢, ㉣, ㉤

06 상품구색 측면에서 소매업체들이 다양한 제품을 취급하는 종합점포 유형에서 몇몇 종류의 전문제품에 집중하는 전문 업체 유형으로 변경했다가 다시 종합점포로 전환하는 형식으로 발달하는, 즉 수축과 확장을 반복하면서 업태의 발달과정이 전개되고 있다고 설명하는 소매업 발달이론은?

① 변증법 이론(Dialectic Theory)
② 소매업 아코디언 이론(Retail Accordion Theory)
③ 진공지대론(Vacuum Zone Theory)
④ 소매 수명주기 이론(Retail Life Cycle Theory)
⑤ 소매업 수레바퀴 가설(The Wheel of Retailing Hypothesis)

07 기업윤리는 기업의 사회적 책임(corporate social responsibility) 이라고 정의할 수도 있다. 기업의 사회적 책임이란 기업이 사회제도, 사회의 구성원으로서 기부행위나 사회 지원 활동을 통해 사회에 기여한다는 개념과 기업이 마땅히 지켜야 하는 도덕적 기준을 의미한다. 나머지 넷과 다른 하나는?

① 자본주의 발달과 경제영역의 확대로 경쟁이 치열해질수록 기업윤리가 더욱 필요하고 유통업에 종사하는 유통기구들도 유통윤리를 준수해야만 한다.
② 기업의 본질적 기능 면에서 이윤추구라는 경제적 기능만을 인정할 경우, 기업윤리의 개입 여지는 크게 줄어든다.
③ 새로운 사회 속에서 기업의 본질적 목적과 기능 역할, 즉 사회적 책임론을 기업윤리강령 속에서 재조명해 볼 필요가 나타나고 있다.
④ 윤리성, 창의성, 그리고 모험심을 바탕으로 하여 경쟁기업의 제품과 유사한 상품을 연구하여 생산 및 판매에 전력해야 한다.
⑤ 기업가는 혁신이나 창의성을 바탕으로 위험을 무릅쓰고 기술, 시장개척, 기업경영에 이르기까지 새로운 방법을 끊임없이 모색해야 한다.

08 소매상이 원하는 점포의 형태 및 전략적 방향은 두 가지 중요한 재무적 목표인 마진(Margin)과 회전율(Turnover)에 대한 결정으로부터 영향을 받는다. 고마진(Margin)과 고회전율(Turnover)을 추구하는 소매업태는?

① 편의점(CVS;Convenience Store)
② 할인점(DS;Discount Store)
③ 전문점(Specialty Store)
④ 백화점(Department Store)
⑤ 카테고리 킬러(CK;Catagory Killer)

09 다음 중 무점포 소매업태인 텔레마케팅(Telemarketing)에 대한 설명으로 옳지 않은 것은?

① 텔레마케팅(telemarketing)은 텔레커뮤니케이션(telecommunication)과 마케팅(marketing)을 합성한 용어로 고객과의 1: 1 커뮤니케이션을 통하여 고객 유지, 고객만족 향상, 신규고객 확보를 실현하는데 사용되는 마케팅수단이다.
② 텔레마케팅은 고객의 특성, 욕구, 행동 등을 체계적으로 분석한 고객정보를 바탕으로 전화, 인터넷 등의 정보수단을 이용하여 판촉활동, 고객상담, 주문 및 예약접수 등의 마케팅활동을 수행하는데, 이러한 텔레마케팅 업무를 수행하는 사람을 텔레마케터(telemarketer)라고 한다.
③ 아웃바운드 텔레마케팅(out-bound telemarketing)은 고객이 외부에서 기업으로 전화를 거는 경우를 말하며, 이는 고객의 능동적인 참여를 전제로 하고 있다. 인바운드 텔레마케팅(in-bound telemarketing)은 기업이 고객이나 잠재고객에게 전화를 걸어 적극적으로 마케팅활동을 실행하는 것을 말한다.
④ 텔레마케팅은 다양한 관점에서 분류할 수 있다. 일반적으로 전화를 거는 주체가 누구냐에 따라 인바운드 텔레마케팅(in-bound telemarketing)과 아웃바운드 텔레마케팅(out-bound telemarketing)으로 구분된다.
⑤ 자동화된 텔레마케팅 시스템은 자동다이얼 장치에 의해 자동으로 특정고객의 전화번호를 돌린 후 제품정보를 들려주고 그 제품에 관심이 있는 고객으로 하여금 주문을 할 수 있도록 하는 장치이다.

10 다음 중 제조기업과 소비자 사이에 존재하는 중간상(소매상 또는 도매상)에 대한 설명으로 가장 올바른 것은?

① 공산품을 생산하는 제조업자가 직접 판매점을 운영한다면, 그 판매점은 고객에게 다양한 구색 수준을 충족시킬 수 있는 제품공급을 제약받게 된다.
② 중간상이 제조기업과 소비자 사이에서 소유, 장소, 시간상의 효용창출을 추구할수록 소비자들에게는 다양한 구색의 수준을 제공받을 기회가 적어진다.
③ 인간이 소비하는 모든 상품들을 생산 및 제조하는 기업들이 다양한 욕구를 가진 소비자들과 직접 접촉하여 판매할 경우, 전체적으로 경제적 효율성이 높아지는 효과가 있다.
④ 구매자와 판매자는 거래량, 거래형태, 지불의 시기 등에 대해 명목적이든 암묵적이든 합의된 규범이 존재하는 경우, 유통관련 비용을 증가시킴과 동시에 교환시스템의 발전을 저해하게 된다.

⑤ 중간 도매상인(merchant intermediaries)과 중간 대리인(agent intermediaries)을 구분하게 해주는 가장 중요한 기준은 규모의 기준으로 구분한다.

11 일반적으로 상품을 유형적 재화와 무형적 서비스로 구분하는 경우, 서비스에 대한 유통경로를 나머지 네 가지와 다르게 설정할 수 있는 것은?

① 유통기업에 대한 컨설팅
② 축구장 관람권 판매
③ 의사의 진료 행위
④ 세무사의 세무자문행위
⑤ 변호사의 변호행위

12 상류(商流)는 생산자와 생산자, 생산자와 판매자, 도매상과 소매상, 생산자와 소비자 및 판매자와 소비자 사이에 상거래 계약이 성립된 후 상품 대금을 지불하고 상품의 소유권을 이전하는 단계를 총칭한다. 물류(物流)는 일반적으로 상거래가 성립된 후 그 물품인도의 이행기간 중에 생산자로부터 소비자에게 물품을 인도함으로써 시간적 · 공간적 효용을 창출하는 경제활동이다. 상류와 물류의 분류에 따른 장점을 기술한 것으로 옳지 않은 것은?

① 사내(社內) 거점이나 공동단지를 막론하고 물류 거점은 모두 물류활동을 용이하게 수행하게 할 수 있는 규모를 갖추고 있지만 하역의 기계화, 창고의 자동화, 공동 수 · 배송 등 물류합리화를 강력히 추진하는 데는 한계가 있다.
② 수송경로가 단축됨으로써 공장에서 물류 거점으로의 수송단계에서는 지금까지 여러 지점 및 영업소를 경유하게 된 단계를 통합할 수 있고 또한 대형차량을 이용할 수 있기 때문에 운임을 할인받을 수 있다.
③ 물류 거점과 고객 간의 배송단계에서도 많은 지점 및 영업소의 수주(受注)를 통합할 수 있으므로, 배송차량의 적재율 향상과 효율적인 운송경로를 통합할 수 있다.
④ 재고단계에서 볼 때 재고의 집약과 재고관리의 철저 등으로 인하여 물류거점에서부터 재고의 편재 및 과부족이 해소된다.
⑤ 물적 유통은 구체적으로는 수송, 포장, 보관, 하역 및 통신의 여러 가지 활동을 포함하며, 상거래에 있어서는 유형적인 물자를 운송하므로 재화의 공간적 · 시간적인 한계를 극복하게 해준다.

13 프랜차이즈 시스템은 프랜차이저(franchisor)가 프랜차이지(franchisee)에게 프랜차이저의 상호, 상표, 노하우 및 기타 기업의 운영방식을 사용하여 제품이나 서비스를 판매할 수 있도록 허가하는 것을 말한다. 이에 대한 설명으로 잘못된 것은?

① 프랜차이지는 프랜차이저의 상호 등을 사용하는 권한을 갖기 위해 가입금, 보증금, 로열티 등을 지불하고, 프랜차이저의 경영지도와 지원으로 양자 간의 계속적인 관계가 유지된다.
② 프랜차이저와 자본을 달리하는 독립사업자인 프랜차이지가 서로 협력하는 형태로서 본부와 가맹점 간에는 계약된 범위 내에서만 서로 통제하거나 특정한 요구를 수행하는 특징이 있다.
③ 패키지비용(Franchise Package Fee)은 프랜차이저가 프랜차이지로부터 여러 가지 시설 및 물품을 구매하는 조건으로 프랜차이징을 하는 경우에 발생하는 비용이다.
④ 프랜차이저는 계약의 주체로서 프랜차이지를 모집하여 사업을 수행하는 역할을 하며, 프랜차이지를 선정하여 특정지역마다 사업의 동반자 혹은 대리인으로 영업할 권한을 허용해준다.
⑤ 프랜차이즈 시스템운영에 있어서 프랜차이즈 본부는 프랜차이즈 가맹점뿐만 아니라 직영점을 운영할 수 있으며, 각자의 수를 적절히 조절하거나 각각의 경영성과를 비교하여 경로구조의 조정을 시도하는 것이 법적으로 허용된다.

14 어떤 특정제품에 충성도가 높은 소비자가 '치약이나 비누'와 같은 생활 필수상품을 구매하고자 특정소매매장을 방문할 때, 매장의 진열대에서 이 상품들이 품절되었을 경우 소비자의 반응으로 보기 가장 적합한 것은?

① 다른 매장을 방문하여 다른 제품을 구매한다.
② 구매를 일시적으로 연기한다.
③ 유사한 상품으로 대체하여 구매한다.
④ 기다렸다가 그 상품에 대한 구매를 한다.
⑤ 인터넷상에서 다른 유사상품을 구매한다.

15 일반적으로 소비재시장에서의 도매상을 둘러싼 환경이 매우 열악한 반면, 산업재 유통업자(industrial distributor) 역할의 중요성은 더욱 확대될 가능성이 높다. 다음 중 이러한 경향을 설명할 수 있는 이유/원인으로 보기 가장 어려운 것은?

① 원가상승으로 유통업자에게 물류기능을 맡기려는 제조업자가 늘어나고 있다.
② 상품들이 표준화됨에 따라 상표명의 중요성이 퇴색되고, 그 결과 유통업자에 의한 고객통제력이 강화되고 있다.
③ 유통업자들에 의한 조립 및 가공생산을 통해 고객들에 대한 부가가치서비스가 보다 증대되고 있다.
④ 산업재 유통업자들은 유통하는 산업재를 반드시 도매상이나 대리점을 경유할 필요는 없다.
⑤ 대량일괄주문 경향이 늘어남으로써 유통업자(도매상 및 소매상)의 파워가 강화되고 있음을 볼 수 있다.

16 유통(소매)업체의 경로지배권 강화현상에 관한 설명으로서 가장거리가 먼 것은?

① 새롭게 등장한 대형 소매업체들은 특히 소비재시장에서 도매상들의 존재의의를 부정하며 직접적으로 제조업체와 협상할 뿐만 아니라 경로지배력을 강화하고 있다.
② 일반 소비재 시장에서 대형화된 소매업체의 경로리더십은 선매품의 경우보다 전문품의 경우에 더욱 두드러지게 나타나는 현상이다.
③ 다점포 경영이 확대될수록, 유통(소매)상이 체인화 혹은 조직화 될수록 소매상의 경로지배력은 강화된다.
④ 고객 지향적 마케팅을 실행하기 위해서는 고객욕구 파악이 가장 중요하며, 이러한 관점에서 유통경로상에서 가장 우위에 서 있는 유통(소매)업체의 협상력은 더욱 강화되는 추세이다.
⑤ 유통경로가 직접적일수록 생산자는 자신이 생각했던 제품사용의 효용이나 다른 제품과의 차별성을 직접 소비자에게 설명할 수 있으므로 마케팅 활동을 효과적으로 할 수 있다.

17 모든 소매업체들은 지속적인 성장을 추구하고자 한다. 다음은 유통업의 성장을 위하여 이론적으로 선택 가능한 성장 방안 모델들을 설명한 내용들 이다. 가장 올바르지 않은 것은?

① 다각화전략은 현재 전념하고 있지 않은 세분시장에 새로운 소매업태를 제공하는 것으로 관련 혹은 비관련 다각화방법과 수직적통합의 방법이 활용된다.
② 수평적통합의 대표적인 사례로 소매업체가 도매업체 또는 제조업체에 투자, 인수 및 합병하는 경우를 들 수 있다.
③ 해당소매업체가 기존의 (소매)업태를 활용하여 자신의 표적시장 내에서 신규고객을 창출하거나 혹은 기존고객들의 충성도를 높이기 위하여 마케팅을 더욱 강화하고자 하는 전략을 시장침투전략이라고 한다.
④ 한 가지 종류의 상품을 구매한 고객에게 다른 종류의 상품구매를 유도하여 매출상승을 추구하는 방식은 시장침투를 증가시키기 위한 방법의 하나이다.
⑤ 기존의 제품범주내에서 새로운 형태, 컬러, 사이즈 및 원료 그리고 새로운 향 등을 가진 신제품에 기존 브랜드명을 함께 사용하는 경우를 라인확장이라고 한다.

18 물류비 비목별 계산과정이 옳게 나열되어 있는 것은?

① 물류비 계산의 보고 → 물류비 계산 니즈의 명확화 →물류비 자료의 식별과 입수 → 물류비 배부 기준의 선정 → 물류비 배부와 집계
② 물류비 배부 기준의 선정 → 물류비 배부와 집계 → 물류비 계산의 보고 → 물류비 계산 니즈의 명확화 → 물류비 자료의 식별과 입수
③ 물류비 배부와 집계 → 물류비 계산의 보고 → 물류비계산 니즈의 명확화 → 물류비 자료의 식별과 입수 →물류비 배부 기준의 선정
④ 물류비 자료의 식별과 입수 →물류비 계산 니즈의 명확화 → 물류비 배부 기준의 선정→ 물류비 배부와 집계 → 물류비 계산의 보고
⑤ 물류비 계산 니즈의 명확화 → 물류비 자료의 식별과 입수 → 물류비 배부 기준의 선정→ 물류비 배부와 집계 → 물류비 계산의 보고

19 주식에 관한 다음 설명 중 올바르지 않은 것은?

① 주금액의 법정 최저한은 5,000원 이상으로 하고 균일하여야 하는데, 이는 1주당 주금액의 최저한과 액면 주식임을 규정한 것이다.
② 주식은 주식회사의 사원인 주주가 회사에 대하여 가지고 있는 지분으로써 자본(물적요소)의 구성분자 및 주주(인적요소)의 법적 지위를 나타낸다.
③ 이익배당에 관한 우선주에 대하여는 정관으로 최저배당률을 정하여야 하고, 무액면 주식은 자본에 대한 비율로 표시된다.
④ 주식회사의 자본은 상법에 다른 규정이 있는 경우를 제외하고는 발행주식의 액면 총액(자본=1주 금액×발행주식 총수)으로 한다.
⑤ 회사의 설립시에 발행하는 주식의 총수는 회사가 발행할 주식의 총수의 4분의 1 이상이어야 한다.

20 회사의 합병은 2개 이상의 회사가 법정절차에 의하여 하나의 회사로 합동하는 것으로서 단체법상의 특별한 계약을 말한다(인격합일설). 다음 회사의 합병에 관한 설명 중 올바르지 않은 것은?

① 합병은 피합병회사의 권리와 의무가 포괄적으로 합병 후의 회사로 이전하므로 청산을 필요로 하지 아니한다.
② 주식회사가 합병하는 경우에는 신설회사나 존속회사는 소멸회사의 주주에게 주식을 발행하는 것이 원칙이나 예외적으로 무증자 합병을 할 수도 있다.
③ 주식회사나 유한회사가 합병 당사회사가 되거나 합병 후의 회사가 되는 경우는 일정한 제한이 있듯이 합병은 자유가 아니다.
④ 주식회사와 유한 회사가 합병하는 경우에는 존속회사 또는 신설회사가 주식회사이면 법원의 인가가 필요하다.
⑤ 합병의 중요한 이유로 한편으로는 성장, 제품 라인의 확장, 신규시장의 신속한 진출, 기술 및 신경영 기술의 확보가 있으며, 또 다른 한편으로는 비용절감, 사업단위매각, 직원정리해고, 재무구조개편을 통한 주주가치의 극대화 등의 재무적 구조조정을 들 수 있다.

21 컨테이너 터미널(Container terminal)은 화물유통의 중추인 해상과 육상 운송을 연결하는 접속점의 역할을 담당하는 곳이다. 이에 대한 설명으로 가장 옳지 않은 것은?

① 컨테이너를 신속하고 효율적으로 컨테이너선에 선적하거나 양륙하고, 트럭과 기차와의 컨테이너 화물의 이동, 컨테이너의 장치, 공 컨테이너의 집적, 컨테이너 및 그 관련 기기의 정비 및 수리 등의 업무를 수행하고 있다.
② 컨테이너 터미널은 내륙 터미널과 항만 터미널이 있으며, 컨테이너운송이 활성화되기 위해서는 컨테이너전용선의 활용, 항만에서의 하역작업, 그리고 내륙운송수단과의 연계과정 등이 컨테이너운송에 적합하여야 한다.
③ 에이프론(apron)은 안벽에 접한 야드 부분에 일정한 폭으로 나란히 뻗어있는 공간으로서 컨테이너의 적재와 양륙작업을 위하여 임시로 하치하거나 크레인이 통과주행을 할 수 있도록 레일을 설치한 곳을 말한다.
④ 야드트랙터(yard tractor)는 야드 내에서 작업용 컨테이너 운반트럭으로 일반 컨테이너 트럭과 동일하다. 컨테이너 야드(CY)내에서 트레일러를 견인 이동한다. CY내에서 트레일러를 이동하는 견인차량인 이것을 통상 Head라고도 부른다.
⑤ 마샬링야드(marshalling yard)는 컨테이너선에 직접 선적하거나 양륙하기 위하여 컨테이너를 정열시켜 놓은 넓은 공간으로 에이프론과 인접하여 설치하는 경우가 많고, 일시적으로 정열 해 두는 컨테이너 터미널의 주요 시설이다.

22 인사 고과란 기업 내 각 종업원에 대한 인사정보 자료를 수집, 분석, 평가하는 과정으로서, 인사 평점 또는 근무 평점이라고 한다. 다음 중 인사 고과상의 오류에 대한 설명으로 가장 거리가 먼 것은?

① 현혹 효과(halo effect)는 한 분야에 있어서의 어떤 사람에 대한 호의적인 또는 비호의적인 인상을 말하는데, 이는 다른 분야에 있어서의 그 사람에 대한 평가에 영향을 주는 경향을 말한다.
② 상동적 태도(Stereotyping)는 그 사람이 속한 집단을 지각하고 이를 바탕으로 그 사람을 판단하는 지각과정을 일컫는 말로서 한 가지 범주에 따라 판단하는 오류이다.
③ 관대화 경향(leniency tendency)오류는 특정의 피평가자의 인상이나 요소를 감안하여 실제 능력이나 실적보다도 더 높게 평가하고 그 피평가자에게 후한 점수를 주는 평가자의 오류를 의미한다.
④ 후광 효과의 예로 미국인은 개인주의이고 물질적이며, 한국인은 매우 부지런하며, 흑인은 운동에 소질이 있으며, 이탈리아인은 정열적이라는 것 등이 있다.
⑤ 사람들은 자신의 성공은 능력이나 노력과 같은 내재적 요인으로 귀인하고 실패에 대해서는 운이나 다른 동료 탓이라고 귀인 하는 경향을 귀인의 이기적 편견(self-serving bias)이라고 한다.

23 다음 아래 항목은 방문판매 등에 관한 법률에 열거된 내용들 이다. 현행법에 열거된 사항 중에서 가장 잘못 설명하고 있는 내용은?

① 방문판매자란 방문판매를 업으로 하기 위하여 방문판매조직을 개설하거나 관리 · 운영하는 자(방문판매업자)와 방문판매업자를 대신하여 방문판매업무를 수행하는 자(방문판매원)를 말한다.
② 전화권유판매자란 전화권유판매를 업으로 하기 위하여 전화권유판매조직을 개설하거나 관리 · 운영하는 자(전화권유판매업자)와 전화권유판매업자를 대신하여 전화권유판매업무를 수행하는 자(전화권유판매원)를 말한다.
③ 다단계판매란 판매업자에 속한 판매원이 특정인을 해당 판매원의 하위 판매원으로 가입하도록 권유하는 모집방식이 있을 것, 판매원의 가입이 3단계(다른 판매원의 권유를 통하지 아니하고 가입한 판매원을 1단계 판매원으로 함) 이상 단계적으로 이루어져야 한다.
④ 다단계판매자란 다단계판매를 업으로 하기 위하여 다단계판매조직을 개설하거나 관리 · 운영하는 자(다단계판매업자)와 다단계판매조직에 판매원으로 가입한 자(다단계판매원)를 말한다.
⑤ 계속거래란 3개월 이상에 걸쳐 계속적으로 또는 부정기적으로 재화 등을 공급하는 계약으로서 중도에 해지할 경우 대금 환급의 제한 또는 위약금에 관한 약정이 있는 거래를 말한다.

24 균형성과표(balanced scorecard: BSC)에 관한 다음의 설명 중 가장 타당하지 않은 것은?

① 균형성과표는 재무적인 성과지표를 중심으로 하는 전통적인 성과측정제도의 문제점을 보완할 수 있는 성과측정시스템으로 인식되고 있다.
② 균형성과표는 조직의 비전과 전략을 성과지표로 구체화함으로써 조직의 전략수행을 지원한다.
③ 균형성과표의 다양한 성과지표 간의 인과관계를 통하여 조직의 전략목표 달성과정을 제시하는 성과지표의 체계를 전략지도(strategy map)라고 한다.
④ 균형성과표는 일반적으로 재무관점, 고객관점, 내부프로세스관점, 학습과 성장관점의 다양한 성과지표에 의하여 조직의 성과를 측정하고자 한다.
⑤ 균형성과표는 조직의 수익성을 최종적인 목표로 설정하기 때문에 4가지 관점의 성과지표 중에서 학습과 성장관점의 성과지표를 가장 중시한다.

25 다음 중 제품별 영업조직(product sales force structure)의 장점이라고 보기 어려운 것은?

① 고객의 선택에 집중할 수 있으므로 서비스가 증가한다.
② 다양한 제품계열을 가지고 있는 기업의 경우에 적합하다.
③ 제한된 영업지역을 순방하므로 상대적으로 영업비용을 줄일 수 있는 장점이 있다.
④ 특정 제품(군)에 대한 집중영업으로 인해 제품에 대한 지식과 전문성이 강화된다.
⑤ 소비재 기업보다는 산업재를 취급하는 기업일수록 이런 형태의 조직이 더욱 유리하다.

제2과목 상권 분석(26~45)

26 주변에 인접한 점포가 없는 큰길가에 위치한 자유입지를 '노면 독립(점포)입지'라 한다. '노면 독립(점포) 점포입지'에 관한 아래의 내용 중에서 옳지 않은 것은?

① 중심시가지 보다 토지 및 건물의 가격이 싸다.
② 대형점포를 개설할 경우 소비자의 일괄구매(one-stop shopping)를 가능하게 한다.
③ 고객에게 노출이 잘 되므로 개점 초기에 소비자를 점포 내로 유인하기가 쉽다.
④ 비교구매를 원하는 소비자에게는 매력적이지 않다.
⑤ 독립지역은 다른 소매업체들과는 지리적으로 먼 지역을 의미한다.

27 점포입지를 분석할 때, 입지에 더욱 의존하는 타입과 상권의 규모에 더욱 의존하는 타입으로 분류할 수 있다. 다음의 여러 업종 중에서 입지보다 상권에 더욱 의존하는 타입에 가장 적합한 것은?

① 택배업　　② 의류업
③ 식료품업　　④ 음식업
⑤ 잡화점

28 다음 중 백화점의 입지 선정에 대한 설명으로서 옳지 않은 것은?

① 백화점은 규모면에서대형화를 추구하기 때문에 상권 내 소비자의 경제력 및 소비형태의 예측을 근거로 적정한 입지를 선정해야 한다.
② 국내 백화점의 경우 신업태의 출현과 교통체증, 주차공간의 부족 등으로 주로 도심지에 위치한 백화점에서의 구매를 기피하는 경향이 점차 발생하여 백화점 또한 도시 외곽의 부도심지로 입지를 옮기거나 지방에 지점을 여러 개 두는 다점포영업을 시도하고 있다.
③ 백화점은 시내 중심부에 주로 위치함으로 대중교통을 통한 접근성이 가장 뛰어난 업태의 하나이다. 이에 반해 시내 중심부 교통의 혼잡성을 높일 수 있음으로 자가용을 이용한 고객주차의 편리성은 가능한 한 억제하는 것이 바람직하다.
④ 백화점 입지의 선정은 주요산업, 유동인구, 대중교통 연계성 등 장기적인 발전을 고려하여 선정해야 한다.
⑤ 백화점은 규모면에서 대형화를 추구하고 소비자들이 쉽게 접근할 수 있어야 하기 때문에 도시 발전방향에 따라 장기적인 예측을 근거로 적정한 입지를 선정해야 한다.

29 상권분석(trade area analysis)에서는 기존점포와 신규점포에 대한 분석방법이 상당히 중요하다고 하는데, 그 이유는 자료의 유무에 따르기 때문이다. 다음 중 신규점포의 상권분석에 대한 내용으로 가장 적합한 설명이 아닌 것은?

① 체크리스트(checklist)방법은 단일점포의 입지를 결정하는데 활용하는 방법이고 상권의 범위에 영향을 미치는 요인들은 매우 많으나 크게 상권 내의 제반 입지의 특성, 상권 고객 특성, 상권 경쟁구조로 나누어진다.
② 마일리지(mileage)를 통하여 고객의 주소를 확인할 수 있으며 상권범위를 결정하는 데 유용하게 사용할 수 있을 뿐만 아니라 고객의 특성 및 개개인의 니즈를 파악할 수 있어 마케팅전략수립에 유효적절하게 활용할 수 있는 마일리지 고객주소활용법이 있다.
③ 유추법(analog method)은 전체 상권을 단위거리에 따라 소규모지역으로 나누고, 각 지역에서의 1인당 매출액을 구하며, 예상 상권내의 각 지역의 인구수에 유사점포의 1인당 매출액을 곱하여 신규점포의 예상매출액을 구한다.
④ 중심지 이론에 의하면 중심지(central place)는 배후 거주지역에 대해 다양한 상품과 서비스를 제공하고 특정 점포가 취급하는 상품의 구색과 수요를 추정하며 교환의 편의를 도모하기 위해 상업·행정기능이 밀집된 장소를 말한다.
⑤ 레일리의 소매중력의 법칙(law of retail gravitation)은 이와 같이 다양한 점포들 간의 밀집이 점포의 매력도를 증가시키는 경향이 있음을 고려하고 있으며, 이웃 도시들 간의 상권 경계를 결정하는데 주로 이용된다.

30 레일리(Reilly)의 소매중력(인력)의 법칙에 대한 설명으로 가장 적합하지 않은 것은?

① 두 경쟁 도시(A, B) 그 중간에 위치한 소도시(C)의 거주자들로부터 끌어들일 수 있는 상권 규모는, 그들의 인구에 비례하고 각 도시와 중간(위성)도시 간의 거리 제곱에 반비례한다.
② 다양한 점포들 간의 밀집된 상황이 점포의 매력도를 더욱 증가시키는 경향이 있음을 고려하고 있으며, 개별 점포의 상권보다는 이웃 도시들 간의 상권 경계를 결정하는데 주로 이용된다.

③ 다양한 점포간의 점포밀집 정도가 점포의 매력도를 증가시킬 수 있어 점포가 밀집될 수 있는 유인요소인 인구는 소비자에게 중요한 기준이 된다고 보았다.
④ 소비자는 낮은 상품가격 외에도 보다 질 좋은 상품, 보다 많은 상품 구색, 보다 좋은 이미지를 가진 점포를 애호하기 때문에, 먼 거리의 점포를 언제든지 선택할 수 있다.
⑤ 레일리는 편의품, 선매품, 전문품 등의 상품유형별 차이를 고려할 필요가 없다고 보았으므로 편의품을 구입하러 가는 것이나 선매품 및 전문품을 구입하러 가는 것이 차별없이 동일 하다고 보았다.

31 다음 중 글상자 안에 기술된 사항들 가운데 쇼핑센터가 소매입지로서 가지는 상대적 장점을 모두 포함하고 있는 것은?

> 가. 점포 유형과 상품구색의 다양성, 쇼핑과 오락의 결합으로 고객흡인력이 높다.
> 나. 영업시간, 입주점포들의 외관 등에서 동질성을 유지할 수 있다.
> 다. 입점업체의 구성을 전체적 관점에서 계획하고 통제할 수 있다.
> 라. 대규모 주거단지 인근에 위치하여 안정적인 고객 확보가 가능하다.
> 마. 도심형 쇼핑센터지역은 대부분 지가가 높으므로 넓은 면적을 차지할 수가 있다.

① 가
② 가, 나
③ 가, 나, 다
④ 가, 나, 다, 라
⑤ 가, 나, 다, 라, 마

32 두 도시 사이의 거래가 분기되는 중간지점(분기점, breaking point)의 정확한 위치를 결정하기 위한 분기점공식을 이용한 상권분석방법은? (여기에서 분기점은 두 도시에 상대적으로 흡인되는 구매력정도가 같은 지점이 된다)

① 허프모델
② 컨버스의 법칙
③ 수정 허프모델
④ 레일리의 소매인력법칙
⑤ 크리스텔러의 중심지모델

33 상권을 분석하는 방법은 다양하게 존재한다. 다음 중 상권분석과 관련된 주요이론에 대한 설명으로 옳지 않은 것은?

① Christaller의 중심지이론은 소비자들이 유사점포 중의 한 점포를 선택할 때 그 중 가장 가까운 점포를 선택한다고 보고 있다.
② Reilly의 소매중력이론에서는 다양한 점포간의 점포밀집이 점포의 매력도를 증가시킨다고 한다.
③ Huff의 소매인력이론은 도시간의 상권경계를 확률적 접근으로 설명하고 있다.
④ Luce의 확률적 점포선택모델에서는 소비자의 특정 점포에의 접근가능성과 매력을 평가한다는 소비자행동적 요소를 포함시켜서 설명하고 있다.
⑤ Applebaum의 유추법은 자사의 신규점포와 특성이 비슷한 기존의 유사 점포를 선정하여 그 점포의 상하 범위를 추정한 결과 자사점포의 신규 입지에서의 매출액, 즉 상권 규모를 측정하는 데 이용하는 방법으로 점포의 확장계획에 유용하게 활용될 수 있다.

34 많은 연구자들이 특정지역시장 내에서 가장 많은 고객을 끌어 들일 수 있는 이상적인 점포입지를 결정하기 위한 규범적모형을 개발하였으며 이러한 규범적모형들 중 상업중심지의 이상적 입지와 이들 간의 분포관계를 이해하기 위해 중심지기능의 '최대 도달거리' 와 '최소수요 충족거리' 라는 중요개념을 이용한 사람은?

① 라일리(W. Reiley)
② 애플바움(W. Applebaum)
③ 컨버스(P. Converse)
④ 크리스텔러(W. Christaller)
⑤ 데이비드 허프(David Huff)

35 상권(trade area)이란 한 점포가 고객을 흡인할 수 있는 지역의 한계범위(geographic area)를 지칭하는 말이다. 다음 중 상권에 관한 다음 설명 중 올바르지 않은 내용은?

① 소매업은 입지선정 전에 상권에 대한 적합성(규모)에 대한 평가를 통해 상권가능 후보지를 평가한 후 이들 중에서 가장 유리한 입지를 선택하게 된다.
② 상권(trade area)이란 한 점포뿐만 아니라 점포집단이 고객을 유인할 수 있는 지역적 범위(geographic area)를 의미한다.
③ 판매자 측면의 상권, 구매자 측면의 상권, 판매량측면의 상권으로 나누어 정의할 수 있으며 소위 1차상권, 2차상권, 3차상권 및 영향권으로 구분하는 것은 판매자 측면의 상권을 구분한 것이다.
④ 상권은 단순한 00Km권이라고 하는 원형의 형태가 아니라 아메바와 같이 정형화되지 않은 형태로 되는 경우가 일반적이다.
⑤ 상권은 지역상권(general trading area), 지구상권(district trading area), 개별점포 상권(individual trading area) 등으로 계층적으로 분류될 수 있다.

36 소매점의 상권범위나 상권형태와 관련한 일반적 현상을 설명한 것으로 옳지 않은 것은?

① 동일한 위치에서 입지조건의 변화가 없고 점포의 전략적 변화가 없어도 상권의 범위는 유동적으로 변화하기 마련이다.
② 점포의 규모가 비슷하더라도 업종이나 업태에 따라 점포들의 상권범위는 차이를 보인다.
③ 상권의 형태는 점포를 중심으로 일정거리 이내를 포함하는 원형으로만 나타난다.
④ 점포면적과 상품구색이 유사할 때에도 판촉활동이나 광고활동의 차이에 따라 점포들 간의 상권범위가 달라진다.
⑤ 동일한 지역시장에 입지한 경우에도 점포의 규모에 따라 개별점포들 간의 상권범위에는 차이가 있다.

37 다음 중 권리금에 관한 설명으로 가장 올바른 것은?

① 임대차계약이 종료되더라도 임대인은 원칙적으로 권리금 반환에 대한 의무를 지지 않는다.
② 권리금은 전적으로 거래상의 관행에 의하여 발생한 것으로서 민법 이외의 기타 법률에 의거한 것이다.
③ 권리금은 전적으로 거래상의 관행에 의하여 발생한 것으로서 민법에 의거한 것이다.
④ 주로 대도시의 토지 또는 건물(특히 점포)의 임대차에 부수하여 그 부동산이 가지는 특수한 장소적 대가로서 임대인이 임차인에게 지급하는 금전을 의미한다.
⑤ 권리금이라는 것이 법적으로 보호받는 돈이기 때문에 임대차 계약시 권리양도 계약서를 작성해야 '사기' 같은 장난을 당하지 않는다

38 백화점(百貨店)은 통합적인 대규모 소매상으로는 가장 오래된 소매업태이다. 다음 중 백화점의 입지선정 및 백화점 경영에 관한 설명으로 옳지 않은 것은?

① 백화점은 하나의 매장 내에 일괄구매와 비교구매가 가능하도록 선매품을 중심으로 편의품에서 전문품에 이르기까지 다양한 상품 구색을 갖추고 대면판매, 현금 및 신용에 의해 정찰판매한다.
② 중심상업지역에 위치한 도심(입지)형 백화점의 경우 신업태의 출현과 교통체증, 주차공간의 부족 등에 의해 고객들이 구매를 기피하는 경향이 높아지고 있으며 이러한 문제를 해결하기 위해 많은 백화점들이 도시외곽으로 입지를 옮기거나 지방에 지점을 개설하는 다점포경영(multi store operation)전략을 시도하고 있다.
③ 각 백화점은 입지의 지리적·환경적 요인을 분석하여 소비자의 흡인을 높일 뿐만 아니라, 고객 모집력이 높은 층을 고려한 MD 개편, 문화·레저산업과의 연계 등 차별화된 마케팅전략이 요구된다.
④ 중심상업지역에 위치한 도심(입지)형 백화점의 경우 신업태의 출현과 교통체증, 주차공간의 부족 등에 의해 고객들이 구매를 기피하는 경향이 높아지고 있으며, 많은 백화점들이 도시외곽으로 입지를 옮기거나 지방에 지점을 개설하는 다점포경영전략은 이에 해당하지 않는다.
⑤ 우리나라의 경우 매장면적이 1,000평(지방의 경우 700평) 이상이고 50% 이상이 직영으로 운영되어야 하며, 통합적인 대규모 소매상으로는 가장 오래된 소매업태이다.

39 Christaller의 중심지이론에 대한 아래의 기본적인 설명 중에서 그 내용이 가장 옳지 않은 것은?

① 최소수요 충족거리란 상업중심지의 정상이윤 확보에 필요한 최소한의 수요를 발생시키는 상권범위를 말한다.
② 지역에 중심지가 한 곳이 존재한다면 가장 이상적인 상권의 형상은 원형이 된다.
③ 최소수요 충족거리가 상업중심지의 최대 도달거리보다 클 때 해당 지역 내에 상업시설이 입지할 수 있다.
④ 상권범위가 최소수요 충족거리보다 크게 되면 중심지의 상업시설은 초과이윤을 얻게 된다.
⑤ 중심지 이론에 의하면 일정한 공간범위 안에서 소매활동들이 어떤 형태로 분포하게 될 것인지를 상품구색의 관점에서 예측이 가능하다는 이론이다.

40 지역시장의 수요 잠재력을 총체적으로 측정할 수 있는 지표로 많이 이용되는 것이 소매 포화지수(IRS;Index of Retail Saturation)이다. 다음의 자료를 이용하여 소매포화지수를 계산한 결과 값은?

1. 지역시장의 총 가구 수=100가구
2. 특정업태의 총 매장면적=330.58m^2(100평)
3. 가구당 특정업태에 대한 지출=10만 원
4. 수요=1,000만 원

① 50,000원　② 100,000원
③ 150,000원　④ 500,000원
⑤ 10,000,000원

41 Christaller의 중심지이론에서 말하는 중심지기능의 최대도달거리(the range of goods and services)란 무엇을 말하는가?

① 중심지에서 제공되는 상업기능이 배후지역 거주자에게 제공될 수 있는 한계거리
② 소비심리를 자극할 수 있는 마케팅활동이 영향을 미칠 수 있는 최대 거리
③ 정육각형으로 구성된 상위 중심지와 하위 중심지 사이의 거리
④ 상업중심지의 정상이윤 확보에 필요한 최소한의 고객이 확보된 배후지까지의 거리

⑤ 재화나 서비스의 최대 도달점은 최소 요구치보다 적어야 상업적인 중심지가 존재 가능

42 소비자 행동변화가 소매상권의 범위에 영향을 미친다. 소비자의 소비행동 변화와 관련된 아래의 설명내용 중에서 옳지 않은 것은?

① 자동차보급률 증가에 따라 차량접근성이 소매점 선택에 있어서 그 중요성이 강화되고 있다.
② 자동차의 보급이 높아질수록 일괄구매(one-stop shopping)의 가능성을 높이게 된다.
③ 소득의 증가는 여타 취미활동 등에 대한 기회가 늘어나게 되어 소비자의 소매점 선택을 위한 공간행동의 범위를 좁히게 된다.
④ 총소득에서 차지하는 비율로 보면 소득의 증가로 인해 식품 등 기초적 상품에 대한 수요 감소와 취미상품 등에 대한 수요증가를 가져온다.
⑤ 교통상태나 운송수단이 발달되어 있으면 소비자들이 그 점포에 접근하기가 쉽고, 따라서 매출이 증대될 가능성이 높고 이러한 결과로서 이익이 발생하게 된다.

43 다음 박스 안의 내용은 아래의 상권 및 입지분석방법 중에서 어느 것에 대한 설명인가?

> 소매점포의 매출액을 예측하는데 가장 간단한 방법 중의 하나로, 어떤 구역에 있어서 한 소매점의 매출액 점유율은 그 지역 전체의 소매매장면적에 대한 해당 점포의 매장면적의 비율에 직접적으로 비례할 것이라는 가정 하에서 수행된다.

① 근접구역법
② 유사점포법
③ 소매재고법
④ 체크리스트법
⑤ 점포공간매출액비율법

44 아파트 단지 상가에 대한 아래의 설명 중에서 가장 거리가 먼 것은?

① 단지별 연계성이 떨어지기 때문에 단지 내 인구가 유효인구가 되며, 더 이상의 수요창출을 기대하기는 어렵다.
② 가능하면 이질적인 업종들이 결합하여 서로 경쟁을 피하도록 하여야 한다.
③ 단독주택지 안의 아파트단지의 경우 단지 내 상가의 매력도가 떨어진다.
④ 중소평형 아파트단지 상가보다는 대형평형 아파트단지 상가의 매력도가 상대적으로 더욱 높다.
⑤ 대규모 아파트 단지들은 주변에 근린생활시설과 같은 편익시설이 갖추어지지 않았기 때문에 주거와 상가를 동시에 공급할 수밖에 없는 상황에서 건설되었다

45 새로운 입지의 수요예측방법들에 대한 설명내용이다. 올바르지 않은 설명은?

① 새 입지의 수요예측방법에는 유사성 방식, Huff모델을 이용한 방식, 다중회귀분석 등이 있다.
② 유사성방식 및 Huff모델을 이용한 방식은 획득 가능한 자료를 가진 점포의 수가 많으면 많을 수록 더욱 적합하다.
③ 다중회귀분석방식은 우선, 성과예측을 위해 점포의 성과 및 설명변수를 찾아낸 다음 회귀방정식을 도출하여 미래의 점포성과를 예측하게 된다.
④ Huff의 중력모델에서 점포가 가진 경쟁의 매력도는 고객으로부터 점포나 쇼핑센터까지의 거리나 이동시간을 고려한다.
⑤ 다중회귀분석방식은 획득 가능한 자료를 가진 점포의 수가 많으면 많을수록 수요예측에 더욱 적합하다.

제3과목 유통 마케팅(46~70)

46 다음은 브랜드개발전략과 관련된 설명내용이다. 올바르지 않은 것은?

① 기업은 브랜드 개발과 관련하여 4가지 선택대안을 고려할 수 있는데, 이는 라인확장, 브랜드확장, 복수브랜드 및 신규브랜드를 의미하는 것이다.
② 기존의 제품범주내에서 새로운 형태, 컬러, 사이즈 및 원료 그리고 새로운 향 등을 가진 신제품에 기존 브랜드명을 함께 사용하는 경우를 라인확장이라고 한다.
③ 동일 제품범주에서 여러개의 브랜드제품을 도입하는 경우가 종종 있는데 이 경우 브랜드확장이라고 한다.
④ 기존 브랜드명의 파워가 점차 약해진다고 판단될 경우 새로운 브랜드명을 도입, 개발하는 것을 신규브랜드 도입이라고 한다.
⑤ 전통적으로 제품의 브랜드는 제조업자에 의해 결정되었으나 최근에 이르러 백화점, 할인점, 기타 유통업체들이 자체 브랜드를 개발하고 있다.

47 매장의 효율성을 높이고 업무처리능력을 향상시키기 위한 매장(점포)의 배치 및 구성과 관련된 다음 내용 중 가장 올바르지 않은 것은?

① 상품의 접수공간은 점포의 후방에 배치하고, 대형점의 경우는 지하나 트럭의 접근이 용이한 곳에 배치한다.
② 접수한 상품을 검품하고 가격표 및 기타 표시를 붙이는 마킹작업 등을 위한 공간은 접수상품과의 혼돈을 막기 위해 가급적 접수공간과 떨어진 곳이어야 한다.

③ 상품보관 장소와 매장과의 거리가 멀면 비용이 증대되므로 상품보관 장소는 가급적 매장에서 가까워야 한다.
④ 선물포장 및 수리 등과 같은 서비스 공간은 가급적 매장 가까이에 있어야 한다.
⑤ 매장의 공간 평가에서는 단층점포의 경우 개방된 전면이 가장 가치가 높다.

48 마케팅 조사 (marketing research)에서 표본선정에 관한 설명으로 가장 적절하지 않은 것은?

① 표본추출과정은 모집단의 설정→표본프레임의 결정→표본추출방법의 결정→표본크기의 결정→표본추출의 순서로 이루어진다.
② 마케팅 조사에서 표본의 크기가 커질수록 조사비용과 조사시간이 증가하며, 표본오류 또한 증가한다.
③ 비표본오류(non-sampling error)에는 조사현장의 오류, 자료기록 및 처리의 오류, 불포함 오류, 무응답 오류가 있다.
④ 층화표본추출(stratified sampling)은 확률표본추출이며, 모집단을 서로 상이한 소집단들로 나누고 이들 각 소집단들로부터 표본을 무작위로 추출하는 방법이다.
⑤ 표본프레임(sample frame)이란 모집단에 포함된 조사대상자들의 명단이 수록된 목록을 의미한다.

49 서비스(SERVICE)와 품질(QUALITY)을 합하여 서비스 품질의 측정 도구인 SERVQUAL이 나오게 되었다. SERVQUAL은 똑같은 서비스를 제공받는다 하더라도 고객의 주관에 따라 달라질 수 있다고 하였는데 이를 설명한 것으로 가장 옳지 않은 것은 ?

① PZB(Parasuraman, Zeithaml and Berry)등은 자신들이 분류한 서비스 품질의 10가지 차원을 5가지로 통합하여 제시한 Gap모델은 유통업에서 제공되는 서비스의 품질을 분석하는 이론적 모델이라 할 수 있다.
② SERVQUAL의 개발은 표적집단 면접에 의해 탐색적 고객 연구와 이에 대한 실증적이고 정량적인 연구를 통해 고객의 서비스 품질 지각을 측정할 수 있는 도구가 되었다.
③ 고객이 서비스품질을 판단하는 5개차원에는 신뢰성(reliability), 대응성(responsiveness), 확신성(assurance), 공감성(empathy), 무형성(invisible) 등이 있다.
④ 서비스품질의 갭 모형(quality gap model)을 근거로 고객만족을 조사하기 위한 효과적인 도구로서 기대한 서비스(expected service)와 인지된 서비스(perceived service)의 차이를 측정한다.
⑤ 서비스 품질(service quality)이 우수하다거나 훌륭하다는 것은 고객이 서비스로부터 기대하는 바를 충족시켜 주거나 기대 이상의 서비스를 제공받음에 따라서 나타나게 된다.

50 경로관리자는 점포에서의 고객의 구매행동을 이해하여, 적합한 경로커버리지 전략을 선택하여야 한다. 다음 중 다양한 유형의 점포에서 취급하는 상품유형별 고객의 구매행동에 따른 경로커버리지 전략을 올바르게 설명한 것은?

① 전문품을 편의점에서 취급하는 경우, 고객은 특정상표에 대한 선호는 없지만 가격과 서비스 면에서 경쟁점포들을 비교한 후 보다 유리한 곳을 선택하므로 집중적 유통경로커버리지전략을 사용하여야 한다.
② 전문품을 선매점에서 취급하는 경우, 소비자는 가장 선호하는 상표를 구매하지만 그 상표를 취급하는 점포들 중 가격과 서비스 면에서 보다 유리한 곳을 선택하므로 집중적 유통경로커버리지전략을 사용하여야 한다.
③ 전문품을 전문점에서 취급하는 경우, 소비자는 특정 점포와 상표에 대한 애호도가 높기 때문에 집중적 유통경로커버리지전략을 사용하여야 한다.
④ 편의품을 전문점에서 취급하는 경우, 소비자는 어떤 상표를 구매하더라도 상관없지만 특정점포에 대한 애호도가 높기 때문에 선택적유통경로커버리지전략을 사용하여야 한다.
⑤ 편의품을 선매점에서 취급하는 경우, 소비자는 어떤 상표를 구매하더라도 상관없지만 상표를 취급하는 점포들 중 가격과 서비스 면에서 보다 유리한 곳을 선택하므로 선택적유통경로커버리지전략을 사용하여야 한다.

51 STP(Segmentation, Targeting, and Positioning)에 관한 설명으로 가장 적절하지 않은 것은?

① 포지셔닝전략 수립을 위해서는 자사와 경쟁사 제품들이 시장의 어디에 위치되어 있는지를 파악하는 일이 필요하다.
② 집중적(concentrated) 마케팅 전략은 각 세분시장의 차이를 무시하고 단일(혹은 소수의) 제품으로 전체시장에 접근하는 것이다.
③ 시장의 적정 규모 및 성장가능성, 구조적 매력성, 자사 목표와의 적합성 및 자원은 세분시장 평가에 고려되는 기준이다.
④ 시장세분화 기준변수를 크게 고객행동변수와 고객특성변수(인구통계적 변수 및 심리분석적 변수)로 구분하였을 때, 추구편익(혜택)은 고객행동변수로 분류된다.
⑤ 시장세분화를 마케팅 전략에 유용하게 사용하려면 세분시장은 측정가능성, 접근가능성, 규모적정성, 세분시장 내 동질성과 세분시장간 이질성과 같은 요건을 갖추고 있어야 한다.

52 다음 중 매장과 점포 레이아웃(Lay out)에 대한 설명으로 올바르지 않은 것은?

① 점포레이아웃은 소비자의 본능적 행동양식과 업종 및 업태 그리고 점포규모에 따라 적절하게 응용하여 조화를 이루도록 매장레이아웃의 원칙에 유의하여 매장을 배치하여야 한다.

② 점포레이아웃은 소비자의 본능적 행동양식과 업종 및 업태 그리고 점포규모에 따라 적절하게 응용하여 매장의 입구 쪽에는 가격단가가 높은 상품을 안쪽으로 들어갈수록 가격단가가 낮은 상품을 배치하는 것이 일반적이다.
③ 점포의 고객 서비스에 대한 이미지가 나쁘다면 이를 바꾸기 위하여 고객서비스 데스크를 눈에 잘 보이는 곳에 배치하거나 패션지향적인 이미지를 주고 싶다면 패션부문을 점포 내에 가장 좋은 위치에 배치하는 것이 좋다.
④ 격자형레이아웃은 반복적인 패턴으로 설비나 통로를 사각형으로 배치하는 형태로써 기둥이 많고 기둥 간격이 좁은 상황아래에서도 설비비용을 절감할 수 있으며, 통로 폭이 동일하기 때문에 건물 전체 필요 면적이 최소화된다.
⑤ 자유형(Freeform)레이아웃은 소매점의 레이아웃(layout)시, 비품과 통로를 비대칭적으로 배치하는 방법으로 주로 규모가 작은 전문점 매장이나 여러 개의 작은 전문점 매장이 모여 있는 다형점포에서 주로 채택하는 레이아웃 방식이다.

53 유통마케팅의 상품전략개발을 위한 도구의 하나로서 제품포트폴리오 전략기법을 들 수 있다. 다음 중 특히 BCG 매트릭스(matrix)에 대한 설명으로 올바르지 않은 것은?

① 기업이 취급하고 있는 사업을 전략적 사업단위로 파악하여 성장/포기 등의 전략결정에 유용하다.
② BCG 매트릭스는 해당제품의 시장성장률과 상대적 시장점유율을 토대로 작성하게 된다.
③ BCG 매트릭스에서 별(star)에 해당하는 제품은 지속적인 투자전략을 구사할 것을 의미한다.
④ 1970년대 초반 보스턴 컨설팅 그룹(Boston Consulting Group)이 개발한 모델로 BCG 매트릭스에서는 전략사업단위(SBU)가 분석대상이 된다.
⑤ BCG 매트릭스에서 의문부호(question mark)에 해당하는 제품은 미래성장성의 불확실한 제품을 의미하며 이로 인해 우선적으로 관망 혹은 포기하는 전략을 선택하는 것이 최적이다.

54 다음 중 머천다이징(MD; merchandising)에 관한 설명으로 가장 올바른 것은?

① 가격중심의 머천다이징에는 촉진전략 및 서비스 향상과 관련된 내용도 포함된다.
② 넓은 의미에서 머천다이징이란 매장에서의 판매활동 전반에 대한 관리활동, 즉 상품화, 전시, 판매, 배송, 애프터서비스, 재고관리 및 고객관리를 말한다.
③ 가구점의 경우 동일한 가구점이라도 한 점포는 침실전문, 다른 점포는 주방전문으로 상품을 판매하는 것은 혼합식 머천다이징의 전형적인 예이다.
④ 자전거점이 자전거 관련 레저의류나 레저용품으로 상품의 구성을 확대해가는 방식을 계획적 머천다이징이라 한다.
⑤ 머천다이징과 밀접한 관계가 있는 '상품관리(Merchandise Management)'는 적정한 상품판매(Products Sales)가 전제되어야 한다.

55 마케팅관리자는 지속적인 의사결정과정에 직면해 있다. 명확하고 실천 가능한 목표설정과 실행수단들에 대한 선택(의사결정)을 위해서는 양과 질이 잘 조화된 정보가 매우 중요하며 이러한 정보는 일반적으로 조사 자료의 원천에 따라 두 가지 형태로 구분된다. 이와 관련된 다음 설명 중 올바른 것은?

① 조사자가 필요로 하는 자료가 없거나 기존 자료가 너무 시간적으로 맞지 않고 부정확, 불완전하거나 신뢰할 수 없을 경우 조사자는 2차 자료를 수집한다.
② 이미 다른 목적을 위해 조사, 수집된 자료를 1차 자료라고 하며 따라서 대개의 마케팅 조사계획프로젝트는 2차 자료수집과 관련된다.
③ 조사자는 항상 비용이 수반되는 2차 자료를 수집하지 않고도 문제를 부분적으로나 전체적으로 해결할 수 있는지 알기 위해 1차 자료를 수집한다.
④ 조사자는 1차 자료, 2차 자료 또는 두 자료 모두를 수집할 수 있으며 1차 자료의 조사방법으로 관찰조사, 표적집단조사, 질문조사, 행동자료 및 실험이 있다.
⑤ 도서관의 참고 도서실이나 전문잡지에서 정보를 찾는 것은 2차 자료를 수집하는 이며, 기존에 조사되었던 자료들을 찾는 일이다.

56 일상생활에서 가격은 상품 1단위를 구입할 때 지불하는 화폐의 수량으로 표시하는 것이 보통이다. 다음 중에서 수요에 기초한 심리적 가격결정 기법의 유형에 속하지 않은 것은?

① 홀·짝수 가격 책정(odd-even pricing)은 소비자가 어떤 가격을 높은 가격 또는 낮은 가격으로 인지하느냐 하는 사실에 기초를 둔다.
② 명성가격 책정(prestige pricing)에서 소비자들은 가격을 품질이나 지위의 상징으로 여기므로 명품 같은 경우 가격이 예상되는 범위 아래로 낮추어지면 오히려 수요가 감퇴할 수 있다.
③ 비선형가격설정(nonlinear pricing)뜨내기 고객을 단골고객으로 바꿀 수 있으며, 소비자 잉여의 상당부분을 회사의 이익으로 전환할 수 있으며, 고객의 마음속에는 가격은 그리 중요한 평가의 수단이 될 수 없다.
④ 손실 유도 가격 결정(loss leader price policy)이란 특정품목의 가격을 대폭 인하하여 가격을 결정하면 그 품목의 수익성은 악화된다.
⑤ 상층흡수가격정책(skimming pricing policy)은 가격에 비교적 둔감한 고소득층을 흡수하고, 그 뒤 차차 가격을 인하시킴으로써 가격에 민감한 저소득층에게 침투하고자 하는 정책이다.

57 소비자의 구매의사 결정과정(Purchase decision making process)은 개인에 따라, 제품에 따라, 환경에 따라 다르게 나타난다. 구매의사결정 과정에서 '구매 후 과정'에 대한 설명으로 가장 적절하지 않은 것은?

① 불만족한 소비자는 재 구매의도의 감소뿐만 아니라 다양한 불평행동을 보이며, 소비자들은 자신의 불평행동으로부터 기대되는 이익과 비용을 고려하여 불평행동유형을 결정한다.
② 귀인이론(attribution theory)은 구매 후 소비자가 불만족 원인의 추적 과정을 이해하는 데 도움이 되며, 원인이 일시적이고, 기업이 통제 불가능한 것이었고, 기업의 잘못으로 일어났다고 소비자가 생각할수록 더 불만족할 가능성이 높다.
③ 제품처분(product disposal)은 소비자들의 처분과 관련된 의사결정이 향후의 제품구매의사결정에 영향을 주기 때문에 중요하며, 나아가 제품처분 관련 행동은 자원 재활용 측면에서도 중요하다.
④ 구매 후 부조화(post-purchase dissonance)는 소비자가 구매 이후 느낄 수 있는 심리적 불편함을 말하며, 구매결정을 취소할 수 없을 때 발생할 가능성이 높다.
⑤ 기대불일치모형(expectancy dis confirmation model)에 의하면, 만족과 불만족은 소비자가 제품사용 후에 내린 평가가 기대 이상이냐 혹은 기대 미만이냐에 따라서 결정된다.

58 상품(Goods)은 욕구를 충족하는 기능과 함께 교환의 수단으로도 사용되는 유용성을 역시 내포하고 있다. 이런 상품의 설명으로 가장 잘못된 것을 하나만 고르시오.

① '유통'에서 '상품'은 상거래 목적의 상업적 의미로 사용되고 있으며, '제품'은 제조공장 등의 '생산메이커'에서 주로 사용하는 차이점이 있으나 일반적으로 혼용하여 사용되고 있다.
② 상품이란 경제학의 입장에서 보면 욕망 대상인 노동 생산물이 교환 관계에 놓일 경우에 비로소 나타나는 형태로 볼 수 있으며 상품은 인간의 물질적 욕망을 만족시킬 수 있는 실질적 가치를 지니고 있다.
③ 위조상품은 시장이 있는 국가에서 합법적으로 보호하는 트레이드 마크, 저작권, 특허의 라이센스 없이 만들고 판매된 상품이다.
④ 상품기획 성과분석은 단품, 공급업체, 제품계열에 대한 평가를 모두 포함하며, 상품의 재고결정을 위하여 상품에 대한 등위를 매기는 방법으로 ABC분석을 들 수 있다.
⑤ convenience goods, shopping goods, speciality goods의 구분은 산업재분류로 이러한 구분은 소비자의 구매행동 즉 소비자가 구매의사결정을 위해 투입하는 비용과 노력의 정도인 구매관습에 의한 구분이다.

59 마케팅 믹스의 운용은 마케팅목표를 달성하기 위해서 마케팅 믹스의 네가지 요소인 제품(Product), 유통(Place), 촉진(Promotion), 가격(Price)을 어떻게 통합할 것인가 하는 것이 중요한 문제가 된다. 마케팅 믹스(Marketing Mix)에 대한 설명으로 옳지 않은 것은?

① 코틀러(P. kotler)는 제품의 개념을 3가지 수준인 핵심제품(Core product), 형태상/실체적제품(formal or tang- ible product), 확장제품(augmented product)으로 구분하였다.
② 이익지향 가격 결정목표는 시장점유율(market share) 이나 매출극대화(Sales maximization)에 기초하고 있으며, 효과적인 마케팅관리자는 이 가격결정목표에 익숙해야 한다.
③ 수직적 마케팅 시스템(VMS;vertical marketing system) 유형은 기업형 VMS, 계약형 VMS 및 관리형 VMS로 나누어지고, 계약형 VMS의 대표적인 형태로 도매상후원의 자발적인 연쇄점 형태와 소매상협동조합, 프랜차이즈시스템을 들 수 있다.
④ 쿠폰은 소비자가 제품을 구매할 때 즉각적인 가격 절감을 소비자에게 약속하는 하나의 인증이다. 또한 제품사용(product trial)과 재구매를 고무하기 위해 좋은 방법이며, 제품의 구매량을 증가시키는 경향이 있다.
⑤ 텔레마케팅의 효과는 인적판매보다는 판매비용이 절감되는 효과가 있으며, 광고와는 달리 고객반응을 직접 파악하고 신속히 대응할 수 있다.

60 다음 중 CRM(customer relationship management; 고객관계관리), DBM(database marketing), DM(direct marketing)에 관한 설명 중 가장 옳지 않은 것은?

① CRM은 고객의 욕구를 이해하고 이를 충족시키기 위하여 마케팅 믹스를 포함한 여러 마케팅 수단을 적절히 활용함으로써 고객 만족을 극대화하고, 나아가 이를 토대로 시장에서의 경쟁력을 확보한다는 본질적인 면에서 대중 마케팅과 동일하다.
② CRM은 고객 개개인을 대상으로 하는 일대일 마케팅을 추구한다. 따라서 고객의 인구 통계적 특성, 과거 구매 패턴, 판매 촉진에 대한 민감성 등과 같은 상세한 고객 지식을 토대로 고객 개개인의 독특한 상황을 알아내고 고객 개개인에게 특화된 제품과 서비스를 제공하는 것을 목적으로 한다.
③ CRM의 운영적 단계에서는 Data Warehouse나 Data Mart에 해당하는 것으로서 개별고객 및 고객그룹의 특성에 따라 효과적인 유통경로 등의 최적의 서비스를 제공하고 우수고객에 대한 서비스상품을 선정하여 제공하고 상품의 Cross-Selling, Up-Selling 기회를 활용하며 고객접촉 후 평가 및 기록을 하는 작업프로세스를 의미한다.
④ CRM에서는 쌍방향적이면서도 개인적인 커뮤니케이션이 필수적인 요소가 된다. 이는 고객과의 관계를 지속시키기 위하여 고객들에게 많은 정보를 제공해 주어야 할 뿐만 아니라 동시에 개별 고객들로부터 많은 정보를 얻어야 하기 때문이다.

⑤ CRM은 경쟁자보다 탁월한 고객가치와 고객만족을 제공함으로써 수익성 있는 고객관계를 구축/유지하는 전반적인 과정이다. 또한 지속적인 고객관계구축을 결정하는 핵심은 가장 높이 지각된 고객가치를 제공하며 탁월한 고객만족을 창출하는 것이다.

61 CRM(Customer Relationship Management; 고객관계관리), 고객변화프로세스가 일반적으로 다음과 같이 진행된다고 할 때 옳게 설명한 것은?

① 불특정다수(suspect)→고객(customer)→잠재고객(prospect)→단골고객(client)→충성고객(advocate)
② 불특정다수(suspect)→단골고객(client)→고객(customer)→잠재고객(prospect)→충성고객(advocate)
③ 잠재고객(prospect)→불특정다수(suspect)→고객(customer)→단골고객(client)→충성고객(advocate)
④ 불특정다수(suspect)→잠재고객(prospect)→고객(customer)→단골고객(client)→충성고객(advocate)
⑤ 고객(customer)불특정다수(suspect)→잠재고객(prospect)→단골고객(client)→충성고객(advocate)

62 다음은 소비자 심리와 가격결정에 관련된 설명내용이다. 가장 거리가 먼 것은?

① 마케팅관리자들은 합리적인 소비자들의 경우 과거의 구매경험, 공식적 및 비공식적인 커뮤니케이션, 구매시점이나 온라인을 통한 지식으로 가격을 해석함으로써 가격정보를 능동적으로 처리한다고 인식한다.
② 수요를 예측할 때 첫 번째로 중요한 단계는 구매자의 가격감수성에 영향을 주는 요인들을 이해하는 것이다. 고객들이 가격에 민감하지 않는 경우로 1)대체품이나 경쟁사가 많이 존재할 때, 2)고객들이 저가격을 미리 알고 있지 않는 경우, 3)고객들이 그들의 구매습관을 변경하는 데 빠른 경우, 4)고객이 고가격이 정당하다고 생각하는 경우 등을 들 수 있다.
③ 소비자들은 제품구매를 검토하는 경우 준거가격을 이용하는데 준거가격이란 관찰된 가격과 비교할 소비자들이 기억하는 내적인 판단기준가격 또는 통보된 일상적인 소매가격과 같은 외적인 준거의 틀이 되는 가격을 의미한다.
④ 다양한 유형의 준거가격(정가, 지급된 마지막 가격, 경쟁사 가격, 기대되는 미래가격 및 통상적인 할인가격 등)이 존재하며 판매업자는 일반적으로 준거가격을 나타내려고 시도한다. 예를 들어 판매업자는 자사 제품이 동일한 범주에 속해 있다는 것을 암시하기 위해 경쟁사의 높은 가격을 제시하거나, 제조업자가 제시한 높은 가격을 언급함으로써 그 제품이 원래 고가격이었다는 것을 지적하고자 한다.
⑤ 어떤 상품의 가격을 결정할 때 고려하는 주요 요인으로 고객(Customer), 자사의 원가와 목표(company), 경쟁사의 원가와 가격(competitor)의 세 가지가 있다.

63 풀 서비스를 해 오던 대형매장을 소유한 소매업체가 매장의 일부분을 셀프서비스를 하는 판매형식의 도입으로 변형을 계획하고 있다. 경영자가 이와 같은 변화에 대한 결정을 하고자 할 경우 경영자의 사고를 가장 잘 대변하고 있는 내용은?

① 직접자신이 구매를 하는 변화를 통해 계산절차를 간소화 할 수 있기 때문이다.
② 이와 같은 판매유형의 도입을 통해 고객과의 커뮤니케이션을 강화할 수 있기 때문이다.
③ 매장에서 근무하는 종업원의 수를 상당부분 줄일 수 있기 때문에 셀프를 선택한다.
④ 컨설팅이 집중적으로 필요한 상품에 대한 판매를 더욱 높일 수 있기 때문이다.
⑤ 소득수준에 상관없이 물건구매 고객의 제품구매의 선택폭을 넓혀주기 때문이다.

64 섬/의류제품을 취급하는 섬/의류전문유통업체가 새로운 지점의 추가 개설을 계획하고 있다. 당신이 이러한 준비과정에서 도움을 주고자 한다. 새로운 지점을 개설하고자 하는 곳이 쇼핑센터이기 때문에 당신은 쇼핑센터의 특성에 대하여 파악해야 한다. 다음 중 쇼핑센터의 특성을 가장 잘 표현해 주고 있는 것은?

① 쇼핑센터에서는 주로 도심 외곽에 입지를 하게 되며, 가격적으로 저가격 지향적인 상품이 제공되고 있다.
② 쇼핑센터에 입점해 있는 모든 매장들은 서로간의 상호자본투자와 자본결합을 통해 상호 종속되어 있는 관계이다.
③ 쇼핑센터의 공간적인 집중화로 쇼핑센터에 입점해 있는 모든 소매상 및 서비스제공업자는 공동광고를 실행한다.
④ 하나의 쇼핑센터에는 유통매장 및 서비스제공업자들의 공간적인 집중화만 존재할 뿐 서로 독립적으로 활동하는 곳이다.
⑤ 쇼핑센터는 기본적으로 고가의 제품을 판매하므로 소득이 높은 중산층이상만이 이용하는 곳이다.

65 풀 서비스(Full service) 전략을 실행 해 오던 대형매장 소유 소매업체가 매장 중 일부를 셀프서비스(Self service)판매형식의 도입으로 변형을 계획하고 있다. 경영자가 이와 같은 변화에 대한 결정을 하고자 할 경우 경영자의 사고를 가장 잘 대변하고 있는 내용은?

① 이러한 변화를 통해 서비스를 증가하고, 고객에 대한 계산절차를 간소화 할 수 있기 때문에
② 이와 같은 판매유형의 도입을 통해 고객과의 커뮤니케이션을 강화할 수 있기 때문에

③ 매장에서 고객과 대면 판매를 할 수 있는 종업원의 수를 줄일 수 있기 때문에
④ 컨설팅이 집중적으로 필요한 상품에 대한 판매를 더욱 높일 수 있기 때문에
⑤ 고객의 제품구매의 선택폭을 넓혀주고, 제품에 대한 다양한 정보를 제공해 주기 때문에

66 제조기업이나 서비스기업이 실행하는 가격전략에 대한 설명으로 옳은 것은?

① 학생들에게 신문구독료를 할인하는 것은 간접적 가격할인이다.
② 기본요금과 주행요금으로 구성된 택시요금은 전형적인 이중요율이다.
③ 프린터는 싸게 팔고, 잉크 카트리지는 비싸게 파는 것은 부산물 가격결정이다.
④ 패스트푸드점에서 햄버거와 음료 등을 세트로 묶어서 싸게 파는 것은 수량할인이다.
⑤ 심야영화를 2편 묶어서 싸게 제공하는 것은 전형적인 구매자에 따른 가격차별이다.

67 다음 중 소위 "소셜네트워크서비스(SNS; Social Networking Service) 마케팅"과 가장 거리가 먼 것은?

① 노이즈 마케팅 ② 트위터 마케팅
③ 카카오톡 마케팅 ④ 페이스북 마케팅
⑤ 블로그 마케팅

68 제품 수명주기이론은 소매업체의 성장전략에도 적용될 수 있는데, 다음 중 소매상의 수명주기이론에 있어서 단계별 특징과 전략에 대한 설명으로 가장 올바르게 기술된 것을 고르시오.

① 도입기에는 자사의 인지도 증가와 판매량을 확대하기 위한 저가격정책이 유일한 수단이다.
② 성장기에는 충성고객의 확보와 취급 상품계열의 확대를 통해 시장점유율을 높이는 것이 강조된다.
③ 성숙기에는 시장 내에서 경쟁자가 많아지므로, 경쟁우위를 높이기 위해 서비스 확대와 같은 마케팅 비용을 늘려 시장점유율을 확대하는 것이 가장 중요하다.
④ 쇠퇴기에 접어들면서 점차 시장에서 자사의 지위가 낮아지므로 기존의 촉진비용을 확대하는 전략이 필요하다.
⑤ 성장기는 점포설비의 비용 회수나 규모의 경제를 실현할 만큼 매출액이 증가하지 못하고, 말기에 가서야 겨우 이익이 조금씩 증가하는 단계이다.

69 다음 중 유통업체 브랜드 자산(brand equity)의 개념과 거리가 먼 것은?

① 지각된 품질 ② 브랜드 인지도
③ 충성도 높은 고객 ④ 브랜드 연상이미지
⑤ 브랜드 포트폴리오

70 POP광고는 소매점의 점포 입구나 점포 내에서 직접, 간접으로 판매촉진을 위하여 행하는 광고표시물의 일체를 말하는데 이에 대한 설명으로 가장 거리가 먼 항목은?

① POP광고는 구매시점에 광고를 하는 것으로 고객이 상품을 선택하는 데 도움을 줄 수 있어야 하고, 매장의 이미지를 향상시키는 역할을 할 수 있도록 매장의 특성을 고려해야 한다.
② POP광고는 소매상의 점두나 점내를 활용하여 판촉 활동을 수행하는 점내 광고로서, 대량 광고 매체에 가장 적합한 광고 용어이다.
③ POP광고는 고객의 시선을 순간적으로 멈추게 할 수 있어야 하며 더 나아가 충동구매 욕구를 자극하고 구매가 실행될 수 있도록 유도하여야 하며, 고객에게 정보를 제공해 주고, 매장의 분위기를 반영하며, 홍보 역할을 수행한다.
④ 상품가격, 품질, 사용법 등에 관한 메시지로서 상품내용의 이해나 상품의 장려 등은 상품설명을 위해 메시지 전달을 위한 POP광고이다.
⑤ 입점 고객유도를 위한 POP광고는 점포에 들어온 고객에게 어디에서 무엇을 팔고 있는가를 신속하고 알기 쉽게 전하는 것은 구매율을 높이기 위해 중요한 일이다.

제4과목 유통 정보(71~90)

71 다음은 물류정보시스템에서 사용하는 통합적 정보시스템에 관한 설명이다. 가장 거리가 먼 내용은?

① 물류정보시스템을 통한 정보의 공유가 가능해짐으로써 구매계획과 생산계획을 조절할 수 있도록 정보시스템을 통합적으로 운용하는 것을 의미한다.
② 각 하위시스템이 각종 지원(컴퓨터설비, 데이터베이스, 정보네트워크, 분석도구 등)을 이용할 수 있도록 설계되어야 한다.
③ 서로 밀접하게 관련된 활동들을 통합하여 수행하는 것이 필요하다.
④ 정보시스템 내 특정 하위시스템의 자료를 상위시스템이 아닌 다른 하위시스템에서는 공동으로 사용할 수 없도록 설계되는 것이 중요하다.
⑤ 모든 분산된 자료를 공통된 지역에 보관함으로써 공통의 데이터베이스를 구축할 수 있어야 한다.

72 다음 중 QR(Quick Response)의 도입을 통해 얻을 수 있는 효과를 모두 골라 놓은 것은?

㉠ 상품의 품절 방지
㉡ 재고회전율 감소
㉢ 고객정보의 효율적 활용
㉣ 소비자 기호에 부응
㉤ 신속한 물류서비스 실현
㉥ 광고와 판매촉진 효과

① ㉠, ㉡, ㉢
② ㉠, ㉢, ㉣
③ ㉡, ㉢, ㉣, ㉥
④ ㉠, ㉢, ㉣, ㉤
⑤ ㉠, ㉡, ㉢, ㉣, ㉥

73 다음 중 아래의 보기내용과 가장 관련이 깊은 것은?

중복수요예측(multiple forecasting), 일괄주문처리(order batching), 가격변동(price fluctuation), 결품예방경쟁(shortage gaming)

① 지렛대 효과(leverage effect)
② 채찍 효과(bullwhip effect)
③ 풍선 효과(balloon effect)
④ 거품 효과(bubble effect)
⑤ 베블랜 효과(veblen effect)

74 다음은 카테고리 매니지먼트(CM, category management)에 관한 설명 내용으로 올바르지 않은 것은?

① 소비자에게 구매의 편리성을 제공하기 위해 상품 영역별로 매장을 관리하는 것이다.
② 매장의 상품관리 대상을 상품의 물적 특성을 기초로 한 단품에서 소비자의 요구를 기초로 한 상품카테고리로 변형확대한 것으로써, 매장은 이를 전략적 사업단위로 삼아 생산성을 높이고 효율적으로 매출이나 이익을 올리려는 관리기법이다.
③ 특정제품계열에 대해 상대적으로 깊은 상품구색을 갖추고, 그 제품계열에 대한 풍부한 지식을 갖춘 직원들을 확보하여 고객서비스를 제공해 준다.
④ 1990년대 초부터 빈틈없는 상품플로어를 실현하기 위해 ECR 라는 개념이 도입이 되었으며, CM은 바로 ECR의 중심기능으로 수급의 일치를 꾀하는 중요한 역할을 담당하고 있다.
⑤ CM은 매장차별화를 통한 고객유치의 필요성이 높아졌고, 늘어나는 신제품의 출현으로 과학적 방법에 의한 공간 할당 및 제품믹스의 필요성이 높아졌기 때문에 필요하다.

75 물류경영에서 활용되고 있는 cross-docking에 관한 설명이다. 가장 적합하지 않은 것은?

① cross-docking을 활용하기 위해서는 사전출하정보가 필요하다.
② 효율적이고 즉각적인 소비자 대응을 위해 개발된 물류시스템이다.
③ 중간 집하단계에서 불필요한 중간재고를 제거하고 배송리드타임을 단축할 수 있다.
④ 공급업체가 각 점포에 필요한 수량만큼 사전에 포장하여 물류 센터에 상품을 전달하는 시스템이다.
⑤ 물류센터의 중심기능을 보관이 아닌 분류로 전환하고자 하는 것으로, 입고 도크에서 출고 도크로 직출하는 작업을 의미한다.

76 다음 중 모바일 지불결제시스템에 대한 설명으로 가장 옳지 않은 것은?

① 소프트웨어 방식은 구매자가 구매의사결정 이후, 개인 휴대폰의 전화번호를 입력하여 전송하는 방법을 말한다.
② 온라인과 오프라인 상에서 구매한 대금을 휴대폰 사용요금에 포함시키는 방법이다.
③ 최근 소액 컨텐츠 결제 시장규모가 커짐에 따라 모바일 지불결제시스템은 하드웨어 방식 채택이 증가하고 있다.
④ 휴대폰은 기본적으로 카드 판독기나 PC 등과 같은 장치에 대한 의존성이 낮기 때문에 지불 수단으로써 유리한 장점을 가지고 있다.
⑤ 정보 서비스 기능을 내장한 휴대전화로 물품/서비스의 구입, 금융거래를 하는 것이 이에 해당 된다.

77 다음 중 소규모 전자상거래업체가 3자 물류 업체를 활용함으로써 얻을 수 있는 전략적 이점으로 가장 부적절한 것은?

① 핵심역량을 판매에 집중할 수 있다.
② 기업운영에 유연성을 가질 수 있다.
③ 저비용으로 물류 생산성을 높일 수 있다.
④ 물류서비스에 대한 만족도를 높일 수 있다.
⑤ 물류활동에 대한 통제권을 강화시킬 수 있다.

⑤ 코리안넷(Koreannet)은 표준바코드(GS1-13, GS1-8, GS1-14)가 부착된 상품의 상세정보를 표준화 시켜 데이터베이스에 등록하고, 이를 제조, 물류, 유통업체가 인터넷 및 EDI를 통해 실시간으로 활용할 수 있도록 지원하는 전자카탈로그서비스이다.

78 다음은 EAN과 ITF를 비교한 것이다. 빈칸에 가장 알맞는 것은?

구분	EAN	ITF
코드 자리수	표준 13자리, 단축 8자리	(　　　)
사용처	소비자 구매단위 (낱개 포장)	기업간 거래단위 (집합 포장)
응용분야	POS시스템	재고관리, 입출고관리 등

① 11자리　② 13자리　③ 14자리
④ 15자리　⑤ 16자리

79 바코드(Bar Code)에 대한 다음 설명 중 옳은 것은?

① 제조업체 코드는 제조업체가 자율적으로 임의로 선정한다.
② 우리나라는 UPC의 36번째 회원국으로 KAN시스템을 쓰고 있다
③ 바코드를 인쇄하는 방식에는 source marking과 in-store marking이 있다
④ 현재 바코드 시스템은 미국에서 사용되었던 UPC코드의 한 종류이다.
⑤ 국가식별코드는 국가를 식별하기 위한 숫자로 우리나라의 코드는 550이다

80 바코드(Bar Code)는 두께가 서로 다른 검은 막대와 흰 공란(Space)의 조합을 통해 숫자 또는 특수기호를 광학적으로 쉽게 판독하기 위해 부호화한 체계이다. 다음 중 바코드에 대한 설명으로 가장 적합하지 않은 것은?

① 바코드(Bar Code)는 데이터를 로직 처리하기 쉬운 2진 코드로 부호화하여 문자나 숫자를 나타내는 검은 막대와 흰 공간의 연속을 바와 스페이스를 특정하게 배열해 이진수 0(영)과 1(일)의 비트로 바꾸고 이들의 조합으로 나타나게 된다.
② 바코드(Bar Code)의 구조에서 검사문자(check digit)는 메시지가 정확하게 읽혔는지 검사하는 것으로 정보의 정확성이 요구되는 분야에 이용되고 있으며, Quiet Zone은 바코드의 시작 문자 앞과 끝 문자의 뒤에 여백이 있는데 이 여백 부분을 말한다.
③ Global Trade Item Number는 표준상품식별코드, 상품품목코드라 불리 우고 있으며 상품을 식별하기위해 사용되는 번호체계로 상품식별코드에는 아무런 의미도 담겨있지 않으며 상품에 대한 정보는 데이터베이스에서 검색이 된다.
④ 바코드(Bar Code)의 Bar는 흑색 선으로서 빛을 주사시켰을 때 반사율이 높게 나타나며 흰 여백(Space)은 백색이므로 반사율이 낮게 나타나게 되므로 이 빛의 반사율을 감지하여 부호화된 정보를 판독할 수 있는 것이다.

81 다음 중 데이터마이닝에 대한 설명으로 거리가 먼 것은?

① 유통 정보 분석에 많이 이용
② 데이터베이스 구축 전에 적용
③ 실행 가능한 유용한 정보를 도출
④ 데이터 속에 숨어 있는 정보를 추출
⑤ 인공신경망, 귀납규칙 등을 이용하여 분석

82 물류 정보 시스템(LIS ; Logistics Information System)이란 물류 관리의 주요 단계별 요인인 포장, 하역, 보관 및 운송 각 기능 사이를 유기적으로 연결시켜 전체적인 물류관리를 효율적으로 수행하는 정보 시스템을 말한다. 이런 물류정보시스템에 대한 설명으로 가장 잘못된 것은?

① 물류 정보시스템은 생산과 소비 사이에서 물(物)의 인격적·편의적 간격을 경제적이고 효율적으로 극복하기 위한 가장 효과적인 방법을 선택하기 위해서는 다양한 정보를 전달하고 처리하는 일이 필요하게 되었다.
② 물류 정보시스템은 생산에서 소비에 이르는 각 단계에 필요불가결한 물류 활동을 구성하고 있는 운송, 보관, 하역, 포장 등의 전체 물류기능을 유기적으로 결합하여 전체적인 물류 관리를 효율적으로 수행할 수 있도록 해주는 정보시스템을 의미한다.
③ 물류 정보시스템은 핵심인 일관 운송체제는 화물의 집화, 배송, 수송, 보관 및 하역 등 각 하위 시스템을 포함하는 복합적 개념으로, 효율적 운영을 위해서는 이를 전체적으로 관리할 수 있는 물류 정보시스템 확립의 필요성이 대두하게 되었다.
④ 물류정보전달이 신속하고, 정확해짐에 따라 기업 간 물류활동에 대해 나타나고 있는 요구사항에 대한 내용으로는 '수·발주 단위의 소량화', '결품률 저하', '수주에서 납품까지 시간의 단축화'를 예로 들 수 있다.
⑤ 물류는 단순한 물리적 행동이 아니고 수주(受注)에서 납품(納品)에 이르기까지 정보의 흐름을 인식하여야 한다. 따라서 정보의 흐름을 효율적으로 운영하기 위해서는 시스템화가 중요한 과제로 등장하게 된다.

83 오늘날 많은 사람들과 기업들이 인터넷이라는 가상공간 속에서 전자상거래가 이루어지는 속성상 여러 요인들에 의해 소비자 피해 및 분쟁들이 발생할 수 있다. 이러한 문제들 중 아래의 프라이버시보호와 전자문서의 위조 및 변조 등 정보의 보안문제를 해결하기 위한 방안과 가장 거리가 먼 것은?

① 기밀성 ② 무결성
③ 부인봉쇄 ④ 수용성
⑤ 암호화

84 전자상거래(EC;Electronic Commerce)시장이란 생산자(producers)·중개인(intermediaries)·소비자(consumers)가 디지털 통신망을 이용하여 상호 거래하는 시장으로 실물시장(physical market)과 대비되는 가상시장(virtual market)을 의미한다. 이러한 전자상거래 시장에 대한 설명으로 가장 부적합한 설명은?

① 구조화된 전자상거래란 좁은 의미의 전자상거래를 지칭하는 말로서, 표준화된 거래 형식과 데이터 교환 방식에 따라 조직적이고 체계적으로 이루어지는 거래를 의미하며, 구조화된 전자거래로는 EDI, EC, CALS, E-mail 등이 있다.
② B2B는 현재 거래주체에 의한 비즈니스 모델 중 거래 규모가 가장 큰 전자상거래 분야로서 거래주체인 기업과 기업이 각종 물품을 판매하는 방식이다. B2B 거래는 구매자와 판매자간에 직접 이루어 질 수도 있고, 온라인 중개상을 통해 이루어 질 수도 있다.
③ B2C에서는 판매하는 상품의 성격에 따라 제품을 거래하는 사업과 서비스를 제공하는 사업으로 구분할 수 있고, 제품을 거래하는 사업은 다시 물리적 제품의 취급과 디지털 제품의 취급으로 나누어진다.
④ B2B2E는 기업 간 거래와 기업과 종업원 간 거래를 결합한 것으로 종업원들이 필요한 제품들을 생산하는 기업들을 모아서 수수료를 받고 입점시킨 뒤 종원업들을 대상으로 필요한 제품이나 서비스를 제공하는 형태이다.
⑤ 전자상거래 B2Bi는 기업과 기업, 기업과 e-Marketplace, e-Marketplace와 e-Marketplace 등 기업 간 전자상거래에서 발생하는 비즈니스 프로세스를 효과적으로 지원하기 위해 전산시스템과 문서 포맷, 애플리케이션을 서로 통합, 연계하는 것이다.

85 다음 중 RFID시스템의 구성요소로 가장 거리가 먼 것은?

① USN ② IC Chip
③ Tag ④ Reader
⑤ Frequency

86 다음 중 디지털 경제법칙인 맷칼프의 법칙(Metcalfe's Law)에 대한 내용인 것은?

① 법칙을 간략히 말하면 사회적·정치적·경제적 변화는 점진적으로 변화하나 기술의 변화는 기하급수적으로 변한다는 것을 의미한다.
② 일정 숫자 이상의 사람이 해당 네트워크를 이용하면 그 네트워크의 효용은 기하급수적으로 상승한다는 법칙으로, 네트워크 법칙이라고도 한다.
③ 데이터베이스의 전문가로서 DB가 인터넷에 연동되어 있는 경우 각종자료들을 인터넷을 통하여 여러 가지 정보를 조회하거나 입력을 할 수 있다고 하였다.
④ 광섬유를 통한 Digital Data의 전송속도는 12개월마다 3배로 증가한다.
⑤ 지질학적인 용어로서 "지각변동 등의 이유로 지층 사이에 큰 틈이나 협곡이 생겨 서로 단절되어 있다."

87 전략적 실행을 최적화하는 경영관리기법으로 하버드 비즈니스 스쿨의 Kaplan 교수와 경영 컨설턴트인 Norton이 공동으로 개발하여 1992년에 최초로 제시한 균형성과 표(BSC ; Balanced Score Card)에 대한 설명으로 옳은 것은?

① 비즈니스 프로세스의 관점에서 해당 기업의 공급업체로부터 고객에 이르기까지 계획(plan), 공급(source), 생산(make), 인도(deliver), 회수(return)가 이루어지는 공급망을 통합적으로 분석한다는 데 그 기초를 두고 있다.
② 주요 성과지표로는 재무, 고객, 내부프로세스, 성장과 학습 등이 있으며 기존의 재무성과 중심의 측정도구의 한계를 극복하기 위해 개발되었으며, 4분야에 대해 측정 지표를 선정해 평가한 뒤 각 지표별로 가중치를 적용해 산출한다.
③ 전체적인 공급망 성과측정을 위해 공급망의 신뢰성(reliability), 유연성(flexibility) 대응성(responsiveness), 비용(cost), 자산(asset) 등 크게 5가지 분야의 성과측정 분야를 제시하고 있다.
④ 조직 내외부의 관점에서 성과를 측정할 수 있으며, 공습사슬관리의 성과측정을 위해 개발된 모형이고, 계획, 조달, 제조, 인도, 반환 등의 5가지 기본 프로세스를 가지고 있다.
⑤ 공급망의 통합적 분석을 통해 공급망 상의 상품, 서비스, 정보의 흐름을 개선하며 망 내의 연결부분에서 발생하는 과잉재고와 낭비요인을 절감시킬 수 있는 방법을 도출할 수 있게 한다.

88 에스크로(escrow)는 전자상거래의 안전성을 높이기 위해 거래 대금을 제 3자에게 맡긴 뒤 물품 배송을 확인하고 판매자에게 지불하는 제도이다. 이에 대한 설명으로 잘못된 것은?

① 원래는 법률용어로 특정물을 제3자에게 위탁하고 일정한 조건이 충족된 경우 상대방에게 교부할 것을 약속하는 '조건부 양도 증서'를 의미한다.
② 전자상거래에서의 에스크로서비스는 쇼핑몰(전자)보증보험과 같은 소비자피해보상보험과는 근본적인 차이가 있다. 즉, 에스크로서비스는 구매자만을 보호하는 성격이 강하다.
③ 에스크로서비스는 인터넷 쇼핑몰을 이용한 구매자가 상품을 받아본 뒤 일정조건이 충족될 때까지 에스크로 사업자가 거래대금을 보관하고 있다가 판매자에게 거래대금을 정산해 주는 방식이다.
④ 에스크로서비스는 '에스크로장치'와 '매매보호서비스'라는 명칭이 가장 많이 사용되고 있으며, 기타 거래보호서비스, 거래안전서비스, 매매보호장치, 매매보호시스템, 매매계약이행보장장치, 안전거래시스템, 안전거래서비스, 지불유보시스템(pay hold system), 에스크로서비스 등 다양한 용어로 호칭되고 있다.
⑤ 에스크로 사업자가 구매자와 판매자간의 거래에 개입함으로써 거래절차가 복잡해지고, 판매자에게는 에스크로 수수료가 부담이 될 수 있다.

89 다음 중 SET(Secure Electronic Transaction)와 SSL(Secure Socket Layer) 간의 비교 설명으로 가장 옳지 않은 것은?

① SSL은 정보보안 소켓계층으로 신용카드의 정보도용을 방지하기 위하여 개인정보인 카드번호 등을 암호화 하여 주는 기술이다.
② SET는 인터넷과 같은 개방 네트워크에서 안전한 카드결제를 지원하기 위하여 개발된 전자결제 프로 토콜이다.
③ 사용편리성 측면에서 SSL은 암호 프로토콜이 복잡하여 다소 어려운 반면에, SET는 간편하다.
④ SSL은 사용자 지불정보가 상점에 노출되나 SET는 상점에 지불정보가 노출되지 않는다.
⑤ 조작가능성 측면에서 SSL은 상점 단독으로 가능하나 SET는 다자간의 협력이 필요하다.

90 다음 중 RFID 기술에 대한 설명으로 부적합한 것은?

① 주파수 대역이 높을수록 인식속도가 빠르다.
② 주파수 대역이 낮을수록 태그의 크기가 작다.
③ 주파수 대역이 높을수록 환경에 민감하게 반응한다.
④ 주파수 대역에 따라서 응용분야의 적합성이 다를 수 있다.
⑤ 주파수 대역은 그 에너지의 대부분이 집중되어 있는 어떤 주파수 범위를 말한다.

☞ **명품 유통관리사 문제집에 대한 질문이나 상담을 원하시는 수험생 분들은 네이버, 다음 카페의 '유통관리사를 찾는 사람들' 에서 문의를 하시면됩니다.**

제 10 회 실전모의고사

정답 및 해설 → P.278

제1과목 유통 · 물류 일반(01~25)

01 프랜차이즈 시스템에서 가맹점(franchisee)이 되었을 때의 장점으로 옳지 않은 것은?

① 본부(franchisor)가 개발한 사업상품 및 경영방식으로 인해 쉽게 사업을 시작할 수 있다.
② 지명도가 높은 상표명을 사용하므로 초기부터 소비자의 신뢰 확보가 가능하다.
③ 본부(franchisor)가 일괄적으로 매장의 종업원을 채용하고 관리하므로 노사문제에 대한 우려가 낮다.
④ 본부(franchisor)가 계속적으로 기존 제품을 개선하고 신제품을 개발해주므로 시장여건 변화에 보다 적절히 대응할 수 있다.
⑤ 광고, 신상품개발 등을 본부(franchisor)가 집중하여 관리해주기 때문에 가맹점(franchisee)은 판매 활동에만 전념할 수 있다.

02 다음 중 유닛로드시스템(unit load system)에 대한 설명으로 가장 적합한 것은?

① 적시조달과 리드타임 극소화를 달성하기 위해 궁극적으로 한 단위씩의 수송을 지향하는 물류관리시스템이다.
② 수송수단의 용량을 수송물품의 규격에 따라 차별화시키거나 조정하기 위한 물류관리시스템이다.
③ 물류의 효율화를 도모하기 위해 하나의 수송수단에 동일품목만 일정 단위씩 적재하여 수송하는 물류관리시스템이다.
④ 물류표준화 체계의 근간이 되며, 물류시스템을 구성하는 각 요소, 즉 수 · 배송 수단, 하역기기 및 시설 등의 기준척도가 된다.
⑤ 물품을 일정한 중량이나 크기로 단위화시켜 기계화된 하역작업과 일관된 수송방식으로 물품을 생산지에서 소비지까지 이동시키는 물류관리시스템이다.

03 유통(소매)기업에 대한 물류전략분류의 하나로 풀(pull)전략과 푸쉬(push)전략을 들 수 있다. 풀전략과 푸쉬전략에 관한 다음 설명 중 올바른 것은?

① 풀전략은 과거의 수요와 물류센터의 재고 상태를 근거로 실행이 된다.
② 푸쉬전략은 지속적으로 판매되는 상품을 판매하는 유통업체에 더욱 유리하다.
③ 푸쉬전략에서는 유통점포간 상호 배송의 필요성이 더욱 줄어든다.
④ 정보시스템의 활용증대에 따라 풀전략보다 푸쉬전략의 활용이 더욱 늘고 있다.
⑤ 소비자가 제품의 브랜드 명성을 보고 판매매장으로 찾아오도록 소비자 등을 미는 것을 푸시 마케팅(push marketing)이라고 한다.

04 다음 중 네모안에 설명된 유통기능에 해당하는 것은?

> 이 기능은 주로 도매상과 소매상이 담당한다. 이 기능을 담당하는 유통기관은 구매활동과 판매활동을 통하여 유통기업의 이익을 창출하고 있다. 구매활동은 구매와 관련한 상품의 종류 결정, 수량 결정, 공급업자 결정, 가격 결정 등을 포함한다. 판매활동은 예상 고객의 발견, 구매 유도, 판매조건 상담 등이 있으며 유통기관의 판매 증대를 위한 판촉활동도 이에 속한다.

① 물적 유통 기능　② 소유권 이전 기능
③ 유통 조성 기능　④ 장소 제공 기능
⑤ 시간 제공 기능

05 모든 소매업체들은 지속적인 성장을 추구하고자 한다. 다음은 성장을 위하여 이론적으로 정리된 선택 가능한 성장전략 대안모델들에 관한 설명이다. 올바르지 않은 것은?

① 해당소매업체가 기존의 (소매)업태를 활용하여 자신의 표적시장 내에서 신규고객을 창출하거나 혹은 기존고객들의 충성도를 높이기 위하여 마케팅을 더욱 강화하고자 하는 전략을 시장침투전략이라고 한다.
② 다각화전략의 실행방안의 하나로 한 가지 종류의 상품을 구매한 고객에게 다른 종류의 상품구매를 유도하여 매출상승을 추구하는 방식을 들 수 있다.
③ 다각화전략의 하나인 수직적통합의 예로서 소매업체가 도매업체 또는 제조업체에 투자하는 경우를 들 수 있다.

④ 동일한 표적시장의 고객에게 지금까지와 다른 소매믹스를 가지고 새로운 소매업태를 제공하는 것을 소매업태 개발전략이라 한다.
⑤ 현재의 사업분야와는 전혀 관계가 없는 다른 사업분야에서 좋은 기회를 발견하고 확인할 수 있을 때 다각화 성장(기회)라고 하며, 이는 다시 3가지 형태, 즉 집중적 다각화 전략, 수평적 다각화 전략 및 복합적 다각화 전략으로 세분화된다.

06 아래의 항목 중에서 팔레트 시스템에 대한 설명으로 옳지 않은 것은?

① 여러 품종을 팔레트에 실을 수 있어 효율이 높아진다.
② 파손, 분실방지 등을 줄이고 상품보호에 도움이 된다.
③ 일괄시스템을 통해 원활하고 유연한 운송이 가능하다.
④ 표준화 및 규격화를 통해 효율성을 높일 수 있다.
⑤ 팔레트를 사용하여 물류작업의 효율성을 증진시키는 것을 말한다.

07 유통경로의 설계 및 관리에 관한 다음의 설명 중 옳은 것으로만 구성된 것은?

a. 시장을 보다 더 넓게 개척하기 위해 많은 경로 구성원을 활용하는 것을 전속적 유통이라 한다.
b. 중간상이 제조기업에 대해 일체감을 갖고 있거나 갖게 되기를 바라기 때문에 발생하는 파워를 준거적 파워라 한다.
c. 유통경로 갈등의 원인 중 소위 지각 불일치(perceptual differences)란, 동일한 사실/사안을 놓고도 경로구성원들 간에 서로 인식을 다르게 함으로써 발생하는 갈등의 원인을 말한다.
d. 오랜 관습 또는 공식계약에 의해 상대방에게 행동을 준수하도록 정당하게 요구할 수 있는 권한을 합법력이라 한다.
e. 산업재를 생산하는 제조기업은 가능한 한 유통전문기업에 유통기능을 맡기는 것이 더욱 효과적이며 효율적이다.

① a, b, c ② c, d, e
③ a, c, e ④ b, c, e
⑤ b, c, d

08 다음 내용은 서로 다른 두 매장의 성과를 나타내는 경영결과표이다. 서로 다른 두 매장의 경영결과에 대한 내용을 가장 잘 비교 설명한 것은?

	할인점	전문점
평균재고(천 원)	10,000	10,000
상품 회전율	30	8
총비용/년(천 원)	30,000	30,000
수익성	5%	10%

① 할인점의 낮은 수익성은 전문점과의 비교에서 상대적으로 높은 상품회전율에도 불구하고 결과적으로 보다 적은 수익을 가져다준다.
② 두 매장에서 연간 동일하게 발생하는 총비용은 서로 다른 수익성과 서로 다른 상품회전율에도 불구하고 결과적으로 동일한 수익을 발생하게 해 준다.
③ 경영결과표를 보면 할인점의 평균재고보관비용은 전문점의 평균재고 보관비용보다 더 높다는 것을 말하는 것이다.
④ 수익성이 뛰어난 전문점의 경우 상품회전율이 상대적으로 낮을 지라도 결과적으로 할인점보다 더 높은 수익을 달성하게 해 준다.
⑤ 할인점의 보다 높은 상품회전율은 수익성이 상대적으로 낮은데도 불구하고 결과적으로 더 높은 수익을 가져다준다.

09 다음 중 물류기능을 아웃소싱 하였을 때의 단점이라고 보기 어려운 것은?

① 물류과정에 대한 통제력의 상실
② 고객서비스의 불만 증대
③ 물류비용 산정의 어려움
④ 규모의 경제효과 상실
⑤ 물류 전문업체가 제공하는 서비스품질의 불확실성

10 다음 중 두 사람의 대화와 관련 있는 소매업 변천과정 이론은?

이명품 : 요즘 국내외로 혁신적인 소매업태들이 많이 등장해서 구매하기 참 좋은 거 같아요.
이교수 : 맞아. 그런데 이런 현상이 마치 사람의 인생같지 않니? 모바일 상거래는 국내에 도입된 지 얼마 되지도 않는데 빠르게 확산되고 있어. 복합쇼핑몰은 성장하고 있고, 대형마트나 편의점은 전국적으로 너무 많아진 것 같아. 하지만 전통시장은 매출도 줄고 시장수도 많이 줄어들고 있잖아. 이런점은 소상공인을 생각하는 소비자의 생각이 필요하다고 보이지.
이명품 : 정말 그러네요. 사람이 태어나고 자라서 성숙하고 늙는 것처럼 소매업태도 그런 모습을 보이고 있군요.

① 소매업 변증법적 이론 ② 소매 수레바퀴 이론
③ 소매 진공지대 이론 ④ 소매 수명주기 이론
⑤ 소매 아코디언 이론

11 다음 내용은 상품분류에 있어서 편의품과 업태분류에 있어서 편의점에 관한 설명이다. 옳지 않은 것은?

① 편의품을 주로 취급하는 유통상은 주거지에서 가까운 위치에 매장을 입지하는 것이중요하다.
② 편의품에 대한 구매성향을 분석해 보면 일반적으로 잦은 구매가 이루어지며, 또한 매번 구매 시 비교와 검토가 이루어지지 않고 단순한 구매결정이 이루어진다.
③ 편의점은 소비자의 다양한 욕구들 중 특히 시간과 노력을 절약하여 구매하려는 소비자의 욕구를 중요시 하고 있다.
④ 편의점은 공간적, 시간적인 측면에서의 편의를 제공할 뿐만 아니라 가격 면에서의 편의성 확보 즉 저렴성을 확보하는 것이 중요하다.
⑤ 편의점은 일반적으로 좋은 위치에 입지하여 장시간 영업을 하며 한정된 수의 품목을 취급하는 소매상이다.

12 다음은 상품특성 및 판매심리학과 관련된 내용들이다. 올바르게 설명되고 있지 못한 내용은?

① 목적구매는 점포에 대한 집객역할과 함께 고객이 점내를 회유하게 하는 장점을 제공하는 반면 고객이 가격을 염두에 두고 내점함으로써 높은 이익을 취하기 어렵다.
② 구매 행동시작 후 처음 본 상품이 고객의 심리를 결정짓는 경우가 많기 때문에 그날 그 점포의 쇼핑전체에 영향을 미친다.
③ 매장의 이익을 높이기 위해서는 고객이 충동 구매상품으로 쇼핑을 시작하도록 매장배치를 하는 것이 좋다.
④ 점두에서는 처음으로 고객을 끌어드리는 역할을 하기 때문에 다양한 측면에서 소구를 해야 한다.
⑤ 슈퍼마켓에서는 과일, 드럭스토어에서는 화장품, 할인점에서는 의류 등을 쇼핑시작 지점인 입구에 배치하는 것이 바람직하다.

13 소매수레바퀴이론(the wheel of retailing hypothesis)의 특징에 대한 설명으로 가장 거리가 먼 것은?

① 소매가격의 혁신은 오로지 저비용구조에 바탕을 둔 저 가격을 기반으로 새로운 시장에 침투한다.
② 새로이 진출하려는 소매 업태는 도입초기에 점포서비스의 고도화와 물리적 설비부분의 차별화를 통해 시장에 진입한다.
③ 일단 목표시장(소매업계)에서 받아들여지면 이 새로운 소매기관은 고급화 과정에 접어든다.
④ 시장진입에 성공한 신업태의 고급화는 또 다시 새로운 소매업태의 혁신적인 등장을 불러일으킨다.
⑤ 수레바퀴가설에 부합하는 업태는 TV홈쇼핑, 회원제 창고형 소매점, 인터넷 전자상거래, 카테고리킬러형 전문점 등이 있다.

14 생산자와 소비자사이의 유통경로 형성과정에서 중간 유통 상인을 통하여 간접 유통하는 것보다 직접 판매(유통) 혹은 유통경로의 수직적 통합이 선호되는 상황으로 가장 적합한 것은?

① 제조업체가 유통경로에 대한 통제를 강화 하고자 할 때
② 유통경로 구성원들과의 우호적인 관계를 유지하고자 할 경우
③ 생산자의 1회 생산수량과 소비자의 1회 구매량이 현격하게 차이가 날 경우
④ 생산장소와 소비장소 사이의 현격한 불일치 및 생산시점과 소비시점의 현격한 격차가 존재하는 경우
⑤ 다양한 제조업자 및 다양한 소비자가 필요로 하는 정보탐색을 위한비용, 시간 및 노력을 감소시키고자 할 경우

15 오프라인유통업체에 있어서 최근 온라인유통채널의 추가도입이 확장되고 있는 추세이다. 이를 계기로 기존의 오프라인 채널과 새로이 도입되는 온라인 채널간의 갈등이 가시화되고 있으며 이러한 갈등을 최소화하기 위해 사용할 수 있는 통합적 채널관리전략과 가장 거리가 먼 것은?

① 채널기능의 차별화
② 판매가격의 차별화
③ 고객가치의 차별화
④ 표적시장의 차별화
⑤ 기대가치의 차별화

16 상품유통마케팅에 있어서 정책적 의사결정의 하나인 상품 구성정책에 관한 설명들이다. 상품구성정책의 내용과 가장 거리가 먼 것은?

① 제조업자의 제품생산에 대한 생산품 구성계획과 소비자의 상품구매에 있어서 일괄구매욕구의 사이의 격차를 해소하기 위해 지속적으로 계획, 실행 및 평가하는 과정
② 판매하고자하는 상품의 "넓이"와 "깊이"에 대한 의사결정이 이루어진 후에 판매상품에 대한 매장 내부구성 및 배치계획을 계획하는 과정
③ 개별상품(군)으로 보아 매출 및 수익에 대한 기여도가 현저하게 낮을 지라도 다른 상품(군)과의 결합효과가 존재하는 경우 이 상품(군)에 대한 매장에서의 퇴출여부를 결정하는 것을 포함함
④ 한편으로는 효자상품그룹을 찾아내어 더욱 판매를 촉진하고 또 다른 한편으로는 퇴출해야할 상품그룹을 찾아내어 매장에서의 상품 퇴출에 대한 의사결정을 지속적으로 수행하는 과정
⑤ 소매점이 어떤 상품을 구매하여 소비자에게 판매할 것인가에 대한 계획이며 상품의 넓이와 깊이에 관계된 의사결정내용들을 포함한다.

17 시장커버리지 정책(market coverage policies)에 있어서 영역제한(territorial restrictions)과 관련된 설명이다. 올바르게 설명하고 있지 못한 내용은?

① 특정제조업체가 오프라인 중간유통상으로 하여금 자사 취급제품에 대한 인터넷판매를 금지하는 행위 또한 영역제한(territorial restrictions)의 범주에 포함된다.
② 유통업체가 제조업체보다 우위의 시장정보를 가지고 있는 경우(information asymmetry)에 제조업체가 영역제한을 하지 않는 경우보다 하는 경우 브랜드 내 경쟁이 약화되며 따라서 시장조건에 적합한 가격을 제시할 수 있게 된다.
③ 유통업체의 영역제한 위반사실을 찾아내기 어려운 경우 제조업체는 영역제한을 사전에 활용할 가능성이 높다.
④ 유통업체가 제조업체와의 거래에 (특유)투자가 많을수록 유통업체의 기회주의적 성향은 감소하며 결과적으로 제조업체가 유통업체에 대해 영역제한을 강제할 수 있는 능력은 강화된다.
⑤ 영역제한은 유통경로상 상이한 수준에서 이루어지는 수직적 제한과 동일수준에서 이루어지는 수평적 제한으로 구분된다.

18 다음 중 NB(National Brand), PB(Private Brand)상품에 대한 설명으로 옳지 않은 것은?

① 전체 판매상품 혹은 매장 진열상품 중에서 PB상품의 구성비가 많을수록 점포 이미지에 부정적인 영향을 미칠 수 있다.
② PB제품이란 브랜드로 정착하지 못하거나 브랜드화가 될 가능성이 거의 없는 모방 및 표절제품 등을 의미한다.
③ 소비자들은 일반적으로 NB를 더욱 선호하는 반면, 유통업자들은 PB를 더욱 선호하는 경향이 있다.
④ PB상품은 NB에 비해 상품에 대한 인지도, 품질에 대한 인지도 등은 떨어지나 소비자가 지불하는 가격 면에서 상대적으로 저렴하다
⑤ PB(private brand)제품은 유통업자브랜드로 유통업자가 자신의 제품임을 확인할 수 있는 상품명(칭)이나 기호 혹은 기업명(칭)이나 기호 등으로 표시된다.

19 인터넷소매업에 대한 다음의 설명 중 가장 거리가 먼 것은?

① 온라인과 오프라인 채널은 서로 경쟁 혹은 적대적인 관계라기보다 상호보완적인 관계로 시너지효과가 나올 수 있도록 활용하는 것이 바람직하다.
② 온라인소매업의 경우 카테고리 킬러형보다는 채널지원형을 추구하는 것이 더욱 안전하다.
③ 제품전략과 연계하여 제품과 서비스의 묶음(bundling), 관련제품의 교차판매(cross-selling) 등을 추구하는 것이 바람직하다.
④ 표적고객 및 시장의 특성에 맞추어 온라인과 오프라인 채널을 차별적/차등적으로 적용하는 것이 유용한 전략이 될 수 있다.
⑤ 허브사이트(hub site)는 각각 독자적 영역을 구축한 전문사이트들이 모여 하나의 사이트를 만들고 그 사이트 내에서 다양한 내용을 제공하는 것을 말한다.

20 유통 경로구조의 설계단계에서 경로설계자는 다음의 몇 가지 사항들에 대해 고려해야 한다. 이들 고려사항에 대한 설명 내용 중 올바르지 않은 것은?

① 충분한 제품정보와 다양한 제품구색을 동시에 기대하는 고객을 위해서는 직접경로와 간접경로의 절충형 경로가 최적의 경로구조가 될 수 있다.
② 직접유통경로와 간접유통경로의 선택에 있어서 중요한 결정요인의 하나는 세분시장의 고객이 기대하는 서비스산출이며, 하나의 예로서 제품정보에 대한 서비스기대가 높으면 높을수록 직접 경로선택이 더욱 유리하다.
③ 제품규격이나 용도 등 제품명세에 대한 고객욕구가 다양하고 하나의 제품과 연관된 여러 제품(보완재)들이 공급되어야 할 경우 직접유통경로보다 간접유통경로가 선택될 확률이 더욱 높다.
④ 경로구조는 할당된 유통기능들을 담당하는 경로구성원들의 집합으로 정의된다.
⑤ 1회 구매량(규모)이 크면 클수록 직접유통경로보다 간접유통경로가 선택될 가능성이 더욱 높다

21 할부거래에 관한 법률은 할부계약 및 선불식 할부계약에 의한 거래를 공정하게 함으로써 소비자의 권익을 보호하고 시장의 신뢰도를 높여 국민경제의 건전한 발전에 이바지함을 목적으로 한다. 다음 중 할부계약에서 청약의 철회에 대한 내용으로 옳지 않은 것은?

① 소비자는 계약서를 받은 날부터 7일. 다만, 그 계약서를 받은 날보다 재화 등의 공급이 늦게 이루어진 경우에는 재화 등을 공급받은 날부터 14일의 기간(거래당사자가 그 보다 긴 기간을 약정한 경우에는 그 기간)이내에 할부계약에 관한 청약을 철회할 수 있다.
② 소비자가 계약서를 받지 아니한 경우, 할부거래업자의 주소 등이 적혀 있지 아니한 계약서를 받은 경우, 할부거래업자의 주소 변경 등의 사유로 기간 이내에 청약을 철회할 수 없는 경우에는 그 주소를 안 날 또는 알 수 있었던 날 등 청약을 철회할 수 있는 날부터 7일 이내에 할부계약에 관한 청약을 철회할 수 있다.
③ 소비자는 계약서에 청약의 철회에 관한 사항이 적혀 있지 아니한 경우에는 청약을 철회할 수 있음을 안 날 또는 알 수 있었던 날부터 7일의 기간(거래당사자가 그 보다 긴 기간을 약정한 경우에는 그 기간)이내에 할부계약에 관한 청약을 철회할 수 있다.

④ 소비자는 할부거래업자가 청약의 철회를 방해한 경우에는 그 방해 행위가 종료한 날부터 7일의 기간(거래당사자가 그 보다 긴 기간을 약정한 경우에는 그 기간)이내에 할부계약에 관한 청약을 철회할 수 있다.
⑤ 할부거래업자가 청약의 철회를 승낙하거나 청약을 철회할 수 없는 재화 등에 대하여는 그 사실을 재화 등의 포장이나 그 밖에 소비자가 쉽게 알 수 있는 곳에 분명하게 표시하거나 시용(試用) 상품을 제공하는 등의 방법으로 소비자가 청약을 철회하는 것이 방해받지 아니하도록 조치를 하지 아니한 경우에는 청약을 철회할 수 있다.

22 유통경로의 설계 및 관리에 관한 다음의 설명 중 옳은 것으로만 구성된 것은?

a. 하이브리드 마케팅 시스템(hybrid marketing system)은 유통경로 기능들 중의 일부는 제조기업이 수행하고, 나머지는 유통기업이 수행하는 유통경로를 말한다.
b. 중간상이 제조기업에 대해 일체감을 갖고 있거나 갖게 되기를 바라기 때문에 발생하는 파워를 준거적 파워(referent power)라 한다.
c. 유통경로 갈등의 원인 중 동일한 사실을 놓고도 경로구성원들이 인식을 다르게 하는 경우 발생하는 갈등의 원인을 지각 불일치(perceptual differences)라 한다.
d. 경로 커버리지 전략 중 전속적 유통(exclusive distribution)은 중간상의 푸시(push)보다는 소비자의 풀(pull)에 의해서 팔리는 상품(예컨대 저가의 생활용품)에 적합하다.
e. 유통은 바톤 패스(baton pass)와 유사하다. 즉 제조기업이 유통기업에게 바톤을 넘기듯이 모든 유통기능을 맡기는 것이 적절하다.

① a, b, c ② b, c, d
③ c, d, e ④ a, c, e
⑤ b, d, e

23 물류업무를 사내에서 분리하여 제3의 전문기업에 위탁할 때 일반적으로 다양한 효과를 기대할 수가 있다. 이런 내용을 제 3자 물류(Third party Logistics; 3PL)라 하는데 이에 대한 설명으로 가장 틀린 내용은?

① 물류경로 내의 대행자 또는 매개자를 의미하며, 화주와 단일 혹은 복수의 제3자가 일정 기간 동안 일정 비용으로 일정 서비스를 상호 합의하에 수행하는 과정을 말한다.
② 제조업체가 제3자 물류(3PL)를 이용하는 전략적 동기는 아웃소싱(outsourcing), 부가가치물류(value added logistics), 물류 제휴(logistics alliance)효과 등을 기대하는 것이다.
③ 제3자 물류를 실행함으로써 물류관련 자산비용의 부담이 줄어들 수 있으므로 비용절감, 고객서비스 향상, 핵심사업 분야 집중을 통한 기업경쟁력 향상 등의 기대에서 출발한다.
④ 제3자 물류는 화주기업이 고객서비스향상, 물류비절감, 물류활동의 효율성 향상 등의 목표를 달성할 수 있도록 물류경로 내의 다른 주체와 일시적이거나 장기적인 관계를 가지고 있는 것을 말한다.
⑤ 제3자 물류는 물류업무 수행능력 및 정보기술, 컨설팅 능력을 보유한 업체가 공급망상의 모든 활동에 대한 계획과 관리를 전담하여, 다수의 물류업체 운영 및 관리를 최적화함으로써 생산자와 유통업체 간에 효율화를 도모하는 데 있다.

24 다음 중 ECR과 QR에 대한 설명으로 옳지 않는 것은?

① ECR의 효율적 머천다이징은 상품의 카테고리 관리에서 브랜드관리로 변화시킴으로서 실현한다.
② QR은 POS나EDI 등의 정보기술을 활용하여 발주에서 제품이 조달되는 기간을 단축시켜 소비자가 원하는 상품을 즉시 보충할 수 있게 pull시스템을 사용한다.
③ ECR이 운송비용을 최소화하는 관점에서 운송수단을 선택하는데 비해, QR은 소비자욕구에 신속히 대응하기 위해 비용이 높은 항공편으로 배송하기도 한다.
④ 수요가 예측가능하고 마진이 낮으며 제품유형이 다양하지 않은 기능적 상품의 경우에는 ECR이 QR보다 적절하다.
⑤ 제품이 비교적 혁신적이고 다양하며 유행에 민감하여 수요가 가변적인 상품은 시장에 대한 신속한 대응이 요구되므로 ECR보다 QR이 더 적합하다.

25 전통형 유통경로시스템과 수직적 마케팅 시스템(VMS;vertical marketing system)에 관한설명으로 옳지 않은 것은?

① 계약형VMS의 대표적인 형태로 도매상후원의 자발적인 연쇄점형태와 소매상협동조합을 들 수 있다.
② 수직적 마케팅시스템의 유형은 기업형VMS, 계약형VMS 및 관리형VMS로 나누어지고, 관리형VMS의 한 형태로 프랜차이즈시스템을 들 수 있다.
③ 수직적 마케팅 시스템을 통해 경로 효율과 성과를 높일 수 있도록 경쟁을 줄일 수도 있지만, 이렇게 형성된 수직적 마케팅 시스템 간의 경쟁이 일어날 수 있다.
④ 수직적 마케팅 시스템을 형성하게 되면 제조업자의 경우 도매상의 판매 자료를 공유함으로써 효율적인 재고관리나 신뢰의 발전, 소매수준에서 제품구매에 대한 통제가능, 경로 전반의 조정노력, 개선 등의 이점을 얻을 수 있다.
⑤ 수직적 마케팅시스템은 전통형 유통경로시스템과 달리 경로구성원 상호간의 연계성을 인식하고 있는 경로선도자에 의해 형성된다. 따라서 시스템 내의 힘이 경로구성원 중 어느 누군가에게 집중되는 특성을 가지며 집중된 힘은 경로구성원 간의 기능분업과 갈등의 조정, 관리와 통제를 가능하게 해 준다.

제2과목 상권 분석(26~45)

26 유통/서비스 산업의 지리적 입지와 관련된 주요 특징이라고 보기 어려운 것은?

① 유통서비스산업은 대부분 최종 소비자와 결부된 경제활동으로 개개의 소비가 분산되어 있어, 거시적으로 보면 인구 또는 사업체의 분포와 대응관계가 있다.
② 유통서비스업의 거점은 지리적 거리와 규모 등에 따라 계층선을 갖는다.
③ 수요자가 재화와 서비스를 제공받는 공간으로서의 각종상권 또는 서비스권이 형성된다.
④ 수요자는 재화와 서비스를 공급받기 위해 이동하며, 이동범위에는 한계가 있으나 이동비용에는 제약이 없다.
⑤ 입지선택에 대한 의사결정에 있어서 가장 중요한 판단 기준은 투입비용과 성과와의 관계를 비교분석하여 가장 경제적·효율적인 대안을 찾아내는 것이다.

27 다음 중 오피스빌딩이 밀집되어 있는 상권의 특징에 대한 설명으로 가장 거리가 먼 것은?

① 구매 패턴이 일정하기 때문에 매출액에 대한 예측이 용이하다.
② 직장인을 대상으로 영업하므로 거래행위가 비교적 양호하다.
③ 점심시간 등 하루 중에서 특정시간대에 매출이 집중적으로 발생함으로 상품 및 자금회전이 빠르다.
④ 판매상품의 구색이 거주지형 상권보다는 좁다는 특징이 있다.
⑤ 영업일수(營業日數)가 주거지의 상권에 비해 많으므로 지속적이고 안정적인 매출이 발생한다.

28 다점포경영은 일부 기업들이 추구하고 있는 소매전략으로 동일지역에 여러 점포를 개설하여 총수익을 늘리고자 하는 전략이다. 다음 중 소매업체가 다점포 경영을 할 때의 장점이라고 가장 보기 어려운 것은?

① 촉진 및 유통활동에 있어서 규모의 경제를 실현할 수 있다.
② 수요에 대한 자기 잠식 현상을 사전에 방지함으로써 총수익을 증가시킨다.
③ 해당 상권이 포화되어 경쟁업체에 대해 진입장벽을 형성할 수 있다.
④ 기업의 브랜드 가치를 높이고 사회적 이미지를 강화할 수 있다.
⑤ 유사규모의 소매업태에 비해 시장 변화에 발 빠르게 대응이 가능하다.

29 해당지역의 잠재적인 판매규모를 잘 예측해야 적정한 수준의 매장규모를 선택할 수 있다. 다음 중 지역시장에서 특정업태의 수요잠재력을 측정할 수 있는 소매포화지수(IRS)에 대해 잘못 설명한 것은?

① 소매포화지수값이 클수록 시장의 포화정도가 높아 시장의 매력도는 낮아진다.
② 지역시장의 수요는 총가구수와 가구당 특정업태에 대한 지출 금액을 곱해서 계산한다.
③ 지역시장의 점포포화란 기존의 점포만으로 고객의 욕구를 충분히 충족시킬 수 있는 상태를 의미한다.
④ 소매포화지수는 한 시장지역 내에서 특정 소매업태의 단위면적당 잠재수요를 나타내는 수치이다.
⑤ IRS는 점포가 비슷한 전통적인 수퍼마켓 등은 물론이고, 스포츠 용품 또는 가구점등 전문화된 점포에 적용이 가능하다.

30 A도시의 인구는 20만 명, B도시의 인구는 40만 명, 중간에 위치한 C도시의 인구는 6만 명이다. A도시와 C도시의 거리는 5km, C도시와 B도시의 거리는 10km 인 경우 Reilly의 소매인력이론에 의하면 C도시의 인구 중에서 몇 명이 A도시로 흡수되는가?

① 2만 명　② 3만 명
③ 4만 명　④ 5만 명
⑤ 6만 명

31 다음 중 '소비자가 어느 상업입지에서 구매하는 확률은 그 상업입지의 전체 매장면적에 비례하고 그곳에 도달하는 거리의 제곱에 반비례한다.'는 것을 공식화한 모델은 어느 것인가?

① Reilly의 소매인력법칙
② Converse의 제1법칙
③ Luce 모델
④ 수정 Huff 모델
⑤ MNL 모델

32 다음 중 상권분석 기법에 대한 설명 중 가장 적절한 것은?

① Huff모형은 단순하여 평가항목에 대한 이해와 사용이 용이하며, 사용하기도 간편하고 비용도 다른 평가방법에 비해 적게 든다.
② Reilly의 소매인력법칙은 도시들간의 경계를 결정하기 보다는 개별점포의 상권경계를 결정하는 데 이용되는 이론이다.
③ Converse 제2법칙은 경쟁도시인 A와 B에 대해 어느 도시로 소비자가 상품을 구매하러 갈 것인가에 대한 상권 분기점을 구하는 이론이다.
④ CST기법은 A지역과 B지역보다 작은 C지역의 소비자가 A와 B지역 중에서 어느 도시에서 구매할 것인가를 측정하는 이론이다.

⑤ 중심지 이론(central place theory)은 한 지역 내의 상권 거주자의 입지 및 숫적인 분포, 도시간의 거리관계와 같은 공간구조를 중심지 개념에 의해 설명하는 이론이다.

33 특정 상권에 있어서 총매출액을 알아내기 위한 방법의 하나로 "상권 내 예상 소비지출총액"을 우선적으로 계산해 볼 수 있다. 아래의 (a) 에 가장 적합한 내용은?

> 상권 내 예상소비지출총액
> = (1+평균소비성장율) × (a) × 상권 내 총가구수

① 가구당 평균 가처분소득
② 소매업체당 평균 매출액
③ 가구당 인구수
④ 소매업체당 평균매출수량
⑤ 종업원 1인당 매출액

34 하버드 비즈니스 스쿨의 애플바움(W. Apple baum)교수가 개발한 방법으로 점포형태, 매출, 업태, 지역 여건 등이 유사한 기존점포를 확인하여 신규점포의 예상 매출액을 계산해 내는 유추법에 대한 설명으로 가장 옳지 않은 것은?

① 유추법은 분석담당자의 객관적인 판단이 개입하는 부분이 많기 때문에 자칫 오류를 범할 가능성이 있으며, 유사점포를 여러개 선정하여 결과를 비교하여 신설점포의 경우와 비교하는 방식을 택한다면 한군데의 비교보다 혼란스럽고, 부정확한 결과를 가져온다.
② 유추법은 소비자와의 면접이나 실사를 통하여 유사점포의 상권범위를 추정한 결과를 이용하여 신규점포의 예상매출액을 추정한다. 유추법의 역할은 상권규모, 고객특성, 경쟁정도 등을 파악할 수 있다는 것이다.
③ 상권분석방법 중 자사의 신규점포와 특성이 비슷한 유사점포를 선정하여 그 점포의 상권범위를 추정한 결과를 자사점포의 신규입지에서의 매출액(상권규모)을 추정하는데 이용하는 방법이다.
④ CST 기법은 자사점포를 이용하는 고객들의 거주지를 지도상에 표시한 후 자사점포를 중심으로 서로 다른 동심원을 그림으로써, 자사점포의 상권 규모를 시각적으로 파악할 수 있는 방법이라고 할 수 있다.
⑤ 출점하고자 하는 점포와 환경이나 특성이 비슷한 점포를 선정하여 매출액과 상권규모 등을 추정하고, 어떠한 점포를 유추점포로 결정하는지에 따라 상권추정 및 입지가 달라지는 한계성이 많은 방법이다.

35 두 도시(A, B) 사이의 거래가 분기되는 중간지점(분기점, breaking point)의 정확한 위치를 결정하기 위한 분기점공식을 이용한 상권분석방법으로 인접한 두 도시간의 상권경계는 두 도시간의 인구비율에 의해 구할 수 있다는 컨버스(Converse)법칙의 내용으로 잘 못된 것은?

① A도시의 인구는 80,000명이고, B도시의 이구는 20,000명이며, 두 도시간의 거리가 30km라고 한 다음에 두 도시의 무차별점을 구할 수 있다.
② 전 문항의 내용을 토대로 계산을 한다면, A도시의 무차별점은 10km이고 B도시의 무차별점은 20km가 되며, 이는 B도시의 상권의 규모가 A도시의 2배가 된다고 할 수 있다.
③ 도시 A와 B를 연결하는 직선상에서 A와 B 각 도시의 주 세력권, 즉 A 도시와 B 도시의 상권의 분기점을 구하는 모델이다.
④ 경쟁도시인 A와 B에 대해 어느 도시로 소비자가 상품을 구매하러 갈 것인가에 대한 상권분기점을 찾아내는 일이다. 이것은 주로 선매품과 전문품에 적용되는 모델이다.
⑤ 컨버스의 분기점 공식도 레일리 법칙처럼 인구수와 거리를 근거로 상권을 구분했기 때문에 실제로는 상권을 정확하게 구분하기 어려운 점이 있다.

36 상권분석에 가장 많이 활용되고 있는 허프 모델(Huff model)에 관한 설명으로, 가장 올바르지 않은 것은?

① 미국 UCLA대학 경제학교수인 HUFF박사가 1963년 제창한 모델로 제창되기 전에 도시단위로 행하여 졌던 소매인력론을 소매상권의 개별(상업)단위로 전환하여 전개한 이론이다.
② 소비자의 특정상업시설에 대한 효용(매력도)은 상업시설규모와 점포까지 거리에 좌우된다는 가정하에 진행된다.
③ 상권을 정의하는 라일리법칙 등의 규범적인 접근방법과 확률적 모형의 차이점은 확률적 모형에서는 소비자의 효용함수를 결정하기 위하여 실제 소비자의 점포선택행동을 이용하는 반면 규범적인 모형에서는 효용함수의 모수(a, b)값이 사전에 결정된다는 차이가 있다.
④ 신규점포의 예상매출액에 대한 예측에 널리 사용되는 기법으로 최적상업시설 또는 최적매장면적에 대한 유추가 가능하다.
⑤ 개별점포의 상권경계보다는 이웃 경쟁도시(상권)들간의 상권경계를 결정하는데 즉 어느 도시로 소비자가 상품을 구매하러 갈 것인가에 대한 상권분기점을 찾아내는 데 매우 효과적인 모델이다.

37 상권은 계층적 구조로 형성된 것으로 볼 수 있다. 즉, 상권은 지역상권(general trading area), 지구상권(district trading area), 개별점포상권(individual trading area) 등과 같이 계층적으로 분류될 수 있다. 다음 중 상권의 크기를 순서대로 바르게 나열한 것은?

① 지역상권 〉 개별점포상권 〉 지구상권
② 지역상권 〉 지구상권 〉 개별점포상권
③ 지구상권 〉 지역상권 〉 개별점포상권
④ 역세권 〉 지구상권 〉 지역상권
② 지역상권 〉 지점상권 〉 지구상권

38 다음 중 상권에 대한 인구통계 및 라이프스타일 분석에 대한 설명으로 옳지 않은 것은?

① 소매업의 개점을 준비할 때 인구통계 및 라이프스타일의 특성을 고려하는 것은 매우 중요하다.
② 상권 내 소비자들이 얼마나 많은 돈을 버는가 하는 것은 중요하지 않으며, 정말 중요한 것은 돈을 소비하는 방식이다.
③ 해당지역 인구의 라이프스타일 특징은 특정 소매업체가 추구하고 있는 표적시장과 일치해 한다.
④ 한 지역의 인구수와 소득이 구매력을 결정짓는 중요한 요건일 수 있다.
⑤ 다양한 생활양식 · 행동양식 · 사고양식 등 생활의 모든 측면의 문화적 · 심리적 차이를 전체적인 형태로 나타낸 말이 라이프스타일이다.

39 Reilly의 소매인력법칙에 대한 설명과 가장 거리가 먼 내용은?

① 소매인력법칙은 두 경쟁도시 사이에 위치한 소도시로부터 두 경쟁도시가 끌어들일 수 있는 상권범위를 규정하는 것이다.
② 소매인력법칙은 개별점포의 상권경계보다는 이웃하는 두 도시들간의 경계를 결정하는데 주로 활용되는 이론이다.
③ 특정 도시가 끌어들일 수 있는 상권범위는 해당도시의 인구에 비례하고 도시간의 거리의 제곱에 반비례한다.
④ 두 도시 사이의 거래가 분기되는 분기점은 두 도시에 상대적으로 흡인되는 구매력 정도가 동일한 지점을 나타낸다.
⑤ 개별점포의 상권경계보다 이웃 도시들 간의 상권경계를 결정하는데 주로 이용하고 점포 간 밀집도가 점포의 매력도를 증가시킨다.

40 미국 UCLA대학 경제학교수인 HUFF박사가 1963년 제창한 모델로 제창되기 전에 도시단위로 행하여 졌던 소매인력론을 소매상권의 개별(상업)단위로 전환하여 전개한 이론인 허프(Huff) 법칙에 대한 내용으로 가장 적합하지 않은 것은?

① 허프(Huff) 모형은 특정 지역에 거주하는 소비자가 특정 소매점에서 구매할 확률을 결정하는 것으로 소비자들의 점포 선택과 소매 상권의 크기를 예측하는 데 널리 이용되어 온 확률적 점포 선택 모형들 중 대표적인 모형이다.
② 우리 동네에는 A, B, C 상점이 있고, ‘A’상점은 규모가 6,400m^{2}이고 거리는 우리 집에서 4km 떨어져 있다. ‘B’상점은 규모가 12,500m^{2}이고 거리는 우리 집에서 5km 떨어져 있다. ‘C’ 상점은 규모가 100,000m^{2}이고 거리는 우리 집에서 10km 떨어져 있다는 식으로 문제가 형성된다.
③ 상품의 성격에 따라 Huff모형에 사용하는 모수의 크기를 변화시키는 것이 필요하다. 일반적으로 점포크기에 대한 모수(민감도)와 점포까지의 거리에 대한 모수는 서로 반대되는 성격을 갖게 되어 역수로 표현되기도 한다.
④ 문항2의 내용을 다음 과 같은 조건으로 계산한다고 하면, 소비자가 고려하는 규모 모수(점포크기에 대해 소비자가 느끼는 민감도)는 1, 거리모수(점포까지의 거리에 대해 소비자가 느끼는 민감도)는 3을 이용하여 A상점과 B상점을 이용할 가능성을 계산하면 약 33.3%가 된다.
⑤ 허프(Huff)법칙을 수정한 수정Huff모델의 역할은 상업시설간의 경쟁구조 파악, 최적상업시설 또는 매장면적 유추, 매출액 추정, 상권지도 작성, 상업시설 또는 점포를 방문할 수 있는 고객 수 산정 등이다.

41 ‘소매업에서 가장 중요한 것이 입지이고, 다음으로 중요한 것도 입지이며, 그 다음도 입지’ 라는 격언이 있다. 이처럼 입지는 사업의 성패를 가르는 가장 중요한 요인이다. 다음 중 입지(location)에 대한 설명으로 가장 옳지 않은 것은?

① 입지는 고객의 동선과 주변 여건에 따라 상급지, 중급지, 하급지로 유동 분류할 수 있으며, 입지는 동적이고 공간적 · 시간적인 개념인 데 비하여, 입지 선정은 정적이고 공간적인 개념이다.
② 도심지역에서 입지는 대도시나 소도시의 전통적인 도심 상업지역으로 중심 상업지역이라고도 하며, 소매업에서 가장 성공적인 도심 입지는 그 지역에 많은 주민들이 거주하는 지역이다.
③ 입지 위치에 따라서는 엄청난 매출과 이익이 보장되므로, 점포의 위치는 사업 성공의 여부를 결정짓는 중요한 요인이 되고 있다. 일반적으로 입지를 선정하고 영업을 시작하는 전략은 장기적이고 고정적인 성격을 가지고 있다.
④ 입지의 효용은 영원한 것이 아니다. 한 시기의 좋았던 장소라도 시간이 흐름에 따라 나빠질 수 있고, 나빴던 장소도 상황이나 시간의 흐름에 따라 다시 좋아질 수 있기 때문이다.
⑤ 입지 선정에는 입지 조사를 해야 하는데, 도시 입지와 자연환경 조사, 토지이용 조사, 인구 및 가구 조사, 도시 내부구조 조사, 도시권역 조사, 도시기능 조사 등의 입지를 조사하여야 한다.

42 다음 중 크리스탈러(Christaller)의 중심지 이론에서 전제가 되는 기본 가정과 가장 거리가 먼 것을 고르시오.

① 지표공간은 균질적 표면으로 되어 있고, 한 지역 내 교통수단은 오직 하나이며 운송비는 거리에 비례한다.
② 인구는 공간상에 균일하게 분포되어 있고 주민의 구매력과 소비행태는 동일하다.
③ 인간은 합리적인 사고에 따라 의사결정을 하며 최소의 비용과 최대의 이익을 추구하는 경제인이다.
④ 일정한 공간범위 안에서 소매활동들이 어떤 형태로 분포하게 될 것인지를 상품구색의 관점에서 예측한다.
⑤ 소비자의 특정 상업시설에 대한 효용은 상업시설 규모에 비례하고 점포까지의 거리에 반비례한다.

43 Huff모델을 활용하여 파악할 수 있는 내용에 대한 설명이다. 가장 거리가 먼 내용은?

① 상업시설간 경쟁구조의 파악이 가능하다.
② (각 상품별) 매출액에 대한 추정을 위해 활용된다.
③ 최적상업시설 또는 최적매장면적에 대한 유추가 가능하다.
④ 상품구성정책 즉 상품의 깊이와 넓이에 대한 의사결정에 활용된다.
⑤ "우리점포에 몇 명이나 찾아올까?"에 대한 답을 얻기에 가장 적합한 이론이다.

44 서울시에 거주를 하고 있고, 커피전문점을 하려고 하는 이혜빈씨(임차인)는 우선 주변의 상권을 분석하고, 입지를 선정하여 건물을 임차하려는 마지막 단계에 들어서 있다. 건물주(임대인)와의 계약에 앞서 커피전문점을 영위하려 할 때 상당한 시설비용이 투자해야 한 다는 것을 알았다. 그런데 많은 비용을 지출하고 시설을 다 완비했는데 건물주의 일방적인 계약을 해지하는 것을 방지하기 위해 '상가건물 임대차 보호법'을 읽어가는 순간 잘못된 지문을 알았다. 그 내용은 무엇인가?

① 상가건물 임대차보호법은 상가건물(사업자등록의 대상이 되는 건물)의 임대차(임대차 목적물의 주된 부분을 영업용으로 사용하는 경우를 포함)에 대하여 적용한다.
② 임대기간을 정하지 아니하거나 기간을 1년 미만으로 정한 임대차는 그 기간을 1년으로 본다. 다만, 임차인은 1년 미만으로 정한 기간이 유효함을 주장할 수 있다.
③ 임차인의 계약갱신요구권은 최초의 임대차기간을 포함한 전체 임대차기간이 2년을 초과하지 아니하는 범위에서만 행사할 수 있다.
④ 임차인이 잘못되어 건물이 경매에 넘어 갔을 경우에는 우선변제를 받을 임차인은 보증금과 차임(借賃)이 있는 경우에는 서울특별시는 6천5백만이하인 경우이다.
⑤ 임차인이 전(前)임차인에게 일정한 권리금을 주고 점포를 사용하고 난후에 계약기간 종료의 사유로 인하여 지불한 권리금반환을 임대인에게 청구할 수 없다.

45 업종형태와 상권과의 관계에 대한 아래의 내용 중에서 가장 옳지 않은 것은?

① 선매품을 취급하는 소매점포는 보다 상위의 소매 중심지나 상점가에 입지하여 넓은 범위의 상권을 가져야 한다.
② 생필품의 경우 소비자의 구매거리가 짧고 편리한 장소에서 구매하려 하므로 이런 상품을 취급하는 업태는 주택지에 근접한 입지를 취하는 것이 좋다.
③ 동일지역에 출점한 경쟁 점포들의 경우 대형점일수록 상권이 크며, 동일한 업종으로 형성된 상권의 규모가 다양한 업종으로 형성된 상권에 비해 크다.
④ 동일 업종이라 하더라도 점포의 규모나 품목의 구성에 따라 상권의 범위가 달라진다.
⑤ 전문품을 취급하는 점포의 경우 고객이 지역적으로 밀집되어 있으므로 상권의 밀도는 높고 범위는 좁은 특성을 갖고 있다.

제3과목 유통 마케팅(46~70)

46 점포의 유형과 제품의 유형에 따라 소비자는 서로 다른 구매행동을 하게 된다. 각 상황에 대한 소비자의 구매행동을 가장 올바르게 설명한 것은?

① 가장 가까운 점포로 이동하여 진열된 상품들을 비교하여 구매하는 것은 선매점에서 편의품을 구매하는 고객의 구매행동이다.
② 특정 상표의 제품에 집착하게 되어 여러 점포를 이동하면서 해당 제품을 찾아서 구매하는 것은 전문점에서 편의품을 구매하는 고객의 구매행동이다.
③ 평소 애용하거나 집착하는 특정 점포로 이동하여 점포에 진열된 제품들을 비교하여 구매하는 것은 전문점에서 선매품을 구매하는 고객의 구매행동이다.
④ 평소 애용하거나 집착하는 특정 점포로 이동하여 선호하는 특정 상표의 제품을 구매하는 것은 편의점에서 전문품을 구매하는 고객의 구매행동이다.
⑤ 평소 애용하거나 집착하는 특정 점포로 이동하여 점포에 진열된 제품들을 비교하여 구매하는 것은 전문점에서 편의품을 구매하는 고객의 구매행동이다.

47 서비스란 제품 판매를 위해 제공되거나 판매에 부수적으로 제공되는 행위, 편익, 만족이라고 미국 마케팅협회(AMA)에서 정의하고 있다. 이러한 서비스(SERVICE)의 특성에 대한 설명으로 가장 적합하지 않은 것은?

① 판매되지 않은 서비스는 사라진다는 개념으로 서비스는 일시적으로 제공되는 편익으로서 생산하여 그 성과를 저장하거나 재판매할 수 없는 것을 서비스의 이질성이라 한다.
② 서비스보증이란 아무런 조건을 달지 않아야 하고 고객이 이해하기 쉽고 설명하기 쉬워야 하며 고객이 이용하기 쉬워야 한다.
③ 서비스는 기본적으로 가시적인 실체가 따로 없기 때문에 볼 수도 없고 만질 수도 없으며 이러한 서비스는 쉽게 전시되거나 전달할 수도 없다는 무형성의 특징을 보이고 있다.
④ 비분리성은 대부분의 서비스는 생산과 동시에 소비되는 특징을 가지고 있기 때문에 수요와 공급을 맞추기가 어려우며 서비스는 반품될 수 없다.
⑤ 서비스는 무형이고, 서비스기업은 그들이 제공하는 서비스를 다양하게 형상화할 수 있으므로 이에 따라 가격구조가 복잡할 수 있기 때문에 서비스 준거가격 책정의 어려움이 있다.

48 다음은 점포의 내 · 외부환경(environment)에 대한 설명으로 가장 옳지 않은 것은?

① 조명의 역할은 점내에 고객 유인, 상품에 대한 고객 유인, 상품 선택의 유인이 주요한 내용이다.
② 색(色)은 상점 무드와 이미지를 창조해 고객의 관심을 고조시킬 수 있어야 하며 진열효과를 극대화시킬 수 있도록 사용한다.
③ 점포의 간판은 고객으로 하여금 점포를 발견하고 확인하게 하는 기능뿐만 아니라 점포에 대한 이미지를 심어주는 역할을 하는 것이다.
④ 점포의 출입구는 고객이 출입을 쉽게 할 수 있도록 설계되어져야 하지만, 고객이 출입하는데 있어서 심리적 또는 물리적 부담은 있어야 한다.
⑤ 후각적으로는 좋은 냄새로 구매를 촉진시키는 경우를 말하며, 음식 향수 꽃을 이용하거나, 향을 뿌리는 방법이 있다.

49 (주)명품유통은 분권화된 세 개의 사업부(X, Y, Z)를 운영하고 있다. 이들은 모두 투자 중심점으로 설계 되어 있으며, (주)명품유통의 최저필수익률은 20%이다. 각 사업부와 관련된 정보는 아래와 같을 경우에 투자수익률(ROI)이 높은 사업부 순서대로 옳게 배열한 것은?

	X	Y	Z
자산회전율	4회	6회	5회
영업이익	₩400,000	₩200,000	₩210,000
매출액	₩4,000,000	₩2,000,000	₩3,000,000

① X사업부 〉 Y사업부 〉 Z사업부
② X사업부 〉 Z사업부 〉 Y사업부
③ Z사업부 〉 Y사업부 〉 X사업부
④ Y사업부 〉 Y사업부 〉 Z사업부
⑤ Y사업부 〉 X사업부 〉 Z사업부

50 점포구성(Store Construction)은 잠재고객이 별다른 노력을 기울이지 않더라도 쉽게 찾을 수 있도록 꾸며야 한다. 다음은 점포구성의 내용을 설명한 것인데 가장 어색한 내용은?

① 특정한 목표고객을 대상으로 하는 경우에는 목표고객만이 점포 안으로 들어올 수 있도록 설계되어 있다는 이미지표출에 중점을 둔다.
② 점포에서 상품의 접수공간은 점포의 후방에 배치하고, 대형점의 경우는 지하나 트럭의 접근이 용이한 곳에 배치한다.
③ 점포의 업무처리 능력을 향상시키기 위한 점포 배치 구성 중 선물포장 및 수리 등과 같은 서비스 공간은 가급적 매장 가까이에 있어야 한다.
④ 점포 공간의 생산성을 증진시키기 위해서는 공간을 최대한 적절하게 배치하기 위하여 상품 진열 계획을 수립해야 한다.
⑤ 친근하고 대중적으로 꾸미는 것 보다는 가급적 화려하거나 고급스럽게 꾸미면 고객들의 신뢰가 상승하기에 판매에 가장유리하다.

51 점포 레이아웃(store lay-out)이란 매장과 비매장, 통로, 집기(什器), 디스플레이 도구와 진열장, 상품 등과 건물의 고정 시설들이 서로 적절한 관련성을 갖도록 정리 정돈하는 것을 말한다. 점포 레이아웃에 대한 설명으로 가장 옳지 않은 것은?

① 비품과 통로를 비대칭적으로 배치하는 방법으로 주로 규모가 작은 전문점 매장이나 여러 개의 작은 전문점 매장이 모여 있는 다형점포에서 주로 채택하는 레이아웃 방식이 격자형(grid type)배치이다.
② 점포레이아웃은 소비자의 본능적 행동양식과 업종 및 업태 그리고 점포규모에 따라 적절하게 응용하여 조화를 이루도록 매장레이아웃의 원칙에 유의하여 매장을 배치하여야 한다.
③ 버블(bubble)계획은 전반적으로 제품을 진열하는 매장 공간, 고객서비스 공간, 창고 등과 같은 점포의 주요 기능공간의 규모와 위치를 간략하게 보여주는 것을 말한다.
④ 블록(block)계획점포의 각 구성부문의 실제 규모와 형태까지 세부적으로 결정하며, 고객서비스 공간, 창고 공간, 기능적 공간 각각은 기능적 필요나 크기에 따라 배치한다.
⑤ 격자형(grid type)배치는 기둥이 많고 기둥 간격이 좁은 상황아래에서도 설비비용을 절감할 수 있으며, 통로 폭이 동일하기 때문에 건물 전체 필요 면적이 최소화된다.

52 다음은 CRM과 매스 마케팅(Mass-marketing)을 비교 설명한 것이다. 가장 적합하지 않은 것은?

① 수익 원천에 대한 관점이 CRM은 고객인 반면, 매스 마케팅은 상품(제품이나 서비스)이다.
② CRM은 고객 점유율 제고를 통한 매출 증대를 목표로 하지만, 매스 마케팅은 시장 점유율 제고를 통해 매출 증대를 목표로 한다.

③ 고객에 대한 접근 방법에 있어서 CRM은 고객 한 사람 한 사람을 대상으로 하는 반면, 매스 마케팅은 불특정 다수 고객을 대상으로 한다.
④ 성과평가 측면에서 CRM은 단기적인 실적을 중요시한다면, 매스 마케팅은 장기적인 관점에서 평가한다.
⑤ 경제가 발전하면 발전할수록 매스마케팅보다는 고객 한 사람 한 사람을 대상으로 하는 CRM의 관심이 높아진다.

53 모든 소매업체들은 지속적인 성장을 추구하고자 한다. 다음은 성장을 위하여 이론적으로 정리된 선택 가능한 성장전략 대안 모델들에 관한 설명들이다. 올바르지 않은 것은?

① 해당소매업체가 기존의 (소매)업태를 활용하여 자신의 표적시장 내에서 신규고객을 창출하거나 혹은 기존고객들의 충성도를 높이기 위하여 마케팅을 더욱 강화하고자 하는 전략을 시장침투전략이라고 한다.
② 다각화전략의 실행방안의 하나로 한 가지 종류의 상품을 구매한 고객에게 다른 종류의 상품구매를 유도하여 매출상승을 추구하는 방식을 들 수 있다.
③ 다각화전략의 하나인 수직적통합의 예로서 소매업체가 도매업체 또는 제조업체에 투자하는 경우를 들 수 있다.
④ 동일한 표적시장의 고객에게 지금까지와 다른 소매믹스를 가지고 새로운 소매업태를 제공하는 것을 소매업태 개발전략이라 한다.
⑤ 대형마트같은 대형유통업체들이 SSM이라는 새로운 업태를 창출하여 기존의 사업 이외에 새로운 사업을 통해 다각화(diversification)를 추진하는 것이 대표적인 예이다.

54 물류활동은 마케팅믹스 중의 유통정책의 중요한 부분이지만 동시에 제품정책의 주요 요소이기도 하다. 제품정책의 측면에서 물류서비스는 제품의 수준차원 중에서 어느 차원에 속하는가?

① 핵심제품(core product)
② 기본제품(basic product)
③ 유형제품(tangible product)
④ 선호제품(preference product)
⑤ 확장제품(augmented product)

55 다음 중 수요의 가격탄력성과 관련하여 기업의 총수입(TR)의 변화를 올바르게 설명한 것은? (단, 가격 이외의 다른 조건은 변화가 없다고 가정함)

① 수요의 가격탄력성이 단위탄력적인 경우, 가격이 오르면 총수입은 증가하고 가격이 하락하면 총수입은 감소한다.
② 수요의 가격탄력성이 완전 비탄력적인 경우, 가격이 오르면 총수입은 증가하고 가격이 하락하면 총수입은 감소한다.
③ 수요의 가격탄력성이 낮은 경우 즉 비탄력적인 경우, 가격이 오르면 총수입은 감소하고 가격이 하락하면 총수입은 증가한다.
④ 수요의 가격탄력성이 탄력적인 경우, 가격이 오르면 총수입은 증가하고 가격이 하락하면 총수입은 감소한다.
⑤ 수요의 가격탄력성이 완전 비탄력적인 경우, 가격이 오르면 총수입은 감소하고 가격이 하락하면 총수입은 증가한다.

56 마케팅 시스템의 수직적 통합에 관한 다음 설명 중 옳지 않는 것은?

① 수직적 통합은 경제성과 시장 커버리지를 효과적으로 달성하기 위해 고안된 것이다.
② 기업통합의 예로 일본의 종합상사가 여러 제조회사를 소유하고 있는 것을 들 수 있다.
③ 마케팅 시스템의 수직적 통합형태 중에서 가장 흔한 것이 계약통합의 형태이다.
④ 관리통합, 임의적 조직, 프랜차이즈 시스템 등이 계약통합에 해당된다.
⑤ 구매자와 공급자 간의 거래가 일회성에서 그치는 것이 아니라 반복적일 경우 수직적 통합을 선호하게 된다.

57 다음 중 POS(Point of Sales) 시스템에 대한 설명으로 가장 적합하지 않은 것은?

① 상품의 바코드에 부여된 정보를 토대로 자료를 수집한다.
② 유통업체는 수집된 자료의 분석을 통해 상품구색 관리, 진열 관리 등에 이용할 수 있다.
③ 제조업체는 POS 시스템으로부터 분석된 자료를 통해 생산계획수립을 효과적으로 할 수 있다.
④ POS 시스템의 데이터를 가공하여 얻는 효과(soft merit)로는 업무처리 속도의 증가, 점포의 사무작업의 간소화 등이 있다.
⑤ POS 시스템은 POS 단말기와 단말기에 상품 정보를 오류없이 신속하게 입력하기 위한 식별 방법인 바코드 시스템으로 구성되어 있다.

58 백화점이나 의류매장 등은 주로 곡선형으로 고객동선을 만들어간다. 다음 중 곡선형 보행로를 선택하는 이유 혹은 장점과 가장 가까운 것은?

① 상품도난 및 보안관리가 용이하다.
② 쇼핑에 소요되는 시간을 줄일 수 있다.
③ 충동적인 구매로 연결시키는 것이 가능하다.
④ 보다 편안하고 친근한 분위기를 창출할 수 있다.
⑤ 주로 공간활용면에서 효율성을 높이고자 할 경우 사용된다

59 인적판매(personal selling)란 상품의 판매 또는 구매를 발생시킬 것을 목적으로, 잠재적 혹은 예상고객과의 대화를 통하여 정보를 제시하고 설득하는 인적 의사소통을 말한다. 이에 대한 설명으로 가장 적절하지 않은 것은?

① 인적판매는 광고나 판매촉진 등 다른 촉진수단에 비해 개인적이며 직접적인 접촉을 통해서 많은 양의 정보를 전달할 수 있다는 특징을 가지고 있다.
② 판매원은 개개인의 고객과 이야기할 수 있기 때문에 인적판매는 가장 유연한 커뮤니케이션 방법이다.
③ 인적판매원은 각자 다른 메시지를 전달할 가능성이 있기 때문에 광고에 비해 인적판매에서 소매업체의 통제력 및 일관성이 떨어진다.
④ 인적 판매는 시장상황 및 여건에 따라 보다 유연하고 탄력적인 적용이 가능하며 메시지 노출 횟수 당 커뮤니케이션 비용이 TV광고보다 더욱 낮다.
⑤ 판매원들은 잠재적 고객으로 파악된 고객이나 기업들에게 판매노력을 집중하는 경우가 많은데, 이를 통해 판매노력의 낭비를 최소화할 수 있다.

60 다음의 상품진열/배치 중 셀프서비스 지향적인 판매시스템에서 사용하는 판매촉진과 가장 거리가 먼 것은?

① 매장에서의 상품진열과 배치가 상품그룹에 따라 합리적으로 이루어진다.
② 계산대 주변에 양손으로 간단하게 들고 갈 수 있는 소위 '간편구매상품'을 배치한다.
③ 가능한 한 소량의 상품수량을 진열대에 진열하며 이들 중 일부는 특히 유리진열대를 이용한다.
④ 상품진열대의 특성에 알맞은 진열/정돈을 통해 고객의 흐름(동선)이 가능한 한 모든 상품을 통과하게 한다.
⑤ 상품은 가급적이면 고객의 시선이 집중되거나 선택이 편리한 곳에 진열을 하는 것이 좋다.

61 다음 제품의 관여도(Involvement)와 브랜드(Brand)에 대한 설명으로 가장 어울리지 않은 것은?

① 소비자가 개인적으로 브랜드에 관여되어 있는 정도가 높을수록 그 브랜드에 대한 충성도가 높다. 브랜드 충성도(brand loyalty)에 대한 인지적 정의는 몰입과 구매에 대한 관여도를 나타내는 것을 의미한다.
② 기업은 자사의 브랜드에 대해 배타적 사용권을 확보하고 법률적인 보호를 받기 위해 브랜드를 특허청에 등록할 수 있는데 이를 등록상표라고 한다.
③ 관여도의 크기에 따라서 고관여도와 저 관여도로 나눌 수 있고, 관여도는 특정 제품군에 대하여 오랜 기간 지속적으로 관심을 갖는 지속적 관여도와 선물구매와 같은 어떤 대상에 대해 일시적으로 관심을 갖는 상황적 관여도로 나눌 수 있다.
④ 소비자들은 일반적으로 NB를 더욱 선호하는 반면, 유통업자들은 PB를 더욱 선호하는 경향이 있다. 매장 진열상품 중에서 NB상품의 구성비가 많을수록 점포이미지에 부정적인 영향을 미칠 수 있다.
⑤ 유사 브랜딩(parallel branding)이란 선도 제조업체 브랜드의 상호 자체에 대한 모방이 아니라, 상호나 상품특성을 매우 흡사하게 모방하고 제조업체 브랜드가 아니라는 것을 명확히 하는 유통업체의 브랜딩이다.

62 다음 보스턴 컨설팅 그룹(Boston Consulting Group)이 개발한 모델로 BCG 매트릭스에서는 전략사업단위(SBU)가 분석대상에 대한 설명으로 가장 옳지 않은 것은?

① 사업 초기단계의 영역이며, 빠르게 성장하는 시장을 잡기 위해서는 추가적인 시설투자와 노동력 투입 증대의 필요성 등으로 많은 자금이 요구되는 사업지역을 Question marks라 한다.
② 후발적 제품이라고도 하며, 주로 제품수명 주기상 아직 도입기에 있는 제품이 문제가 된다. 이러한 제품은 높은 성장성이 기대되고 있긴 하지만, 아직 시장 점유율이 낮은 사업지역에 속하는 것을 Wild cats라 한다.
③ 일반적으로 많이 수익을 가져오는 제품이지만, 시장 위치를 계속 유지하거나 시장 위치를 보다 더 개선하기 위하여 재투자가 계속되어야만 하는 제품이 있는 지역으로 이러한 지역은 지속성이 요구되며, Stars 사업지역이라 한다.
④ 시장성장율은 작지만 상대적 시장점유율은 높고, 시장의 성장속도가 느리기 때문에 신규투자를 위한 자금이 많이 필요하지 않고, 시장점유율이 크기 때문에 판매량이 많아 이익을 가져다 줄 수 있는 사업지역을 Dogs라 한다.
⑤ 현금유입은 여전히 크지만 현금유출이 적으므로 순 현금유입은 늘어나게 된다. 여기에 속한 사업지역을 Cash Cows라 하는 이유도 젖소가 우유를 공급하듯 것과 같이 기업에 자금을 공급하기 때문이다.

63 고객에 대한 소매상의 컨설팅(정보전달)기능을 가장 잘 표현해 주고 있는 것은?

① 소매상이 매장에서의 자신의 판매경험을 바탕으로 판매상품구성정책을 개선한다.
② 소매상이 소비자수요의 증가상황에서도 모든 고객의 욕구를 채울 수 있다.
③ 소매상이 수요자에게 기존상품, 새로운 상품 및 시장의 트렌드에 관한 정보를 제공한다.
④ 소매상이 제조업자에게 자신의 판매경험에서 나온 정보들을 근거로 생산방향에 관한 정보를 제시한다.
⑤ 소매상이 제조업체나 도매상등의 공급자의 역할을 수행하는 데 중점을 둘 수 있다.

64 점포의 업무처리 능력을 향상시키기 위한 점포 배치 구성과 관련된 내용 중에서 옳지 않은 것은?

① 상품의 접수공간은 점포의 후방에 배치하고, 대형점의 경우는 지하나 트럭의 접근이 용이한 곳에 배치한다.
② 접수한 상품을 검품하고 가격표 및 기타 표시를 붙이는 마킹작업 등을 위한 공간은 다른 접수상품과의 혼돈을 막기 위해 가급적 접수공간과 떨어진 곳이어야 한다.
③ 상품보관 장소와 매장과의 거리가 멀면 비용이 증대되므로 상품보관 장소는 가급적 매장에서 가까워야 한다.
④ 선물포장 및 수리 등과 같은 서비스 공간은 가급적 매장 가까이에 있어야 한다.
⑤ 점포 배치구성과 디자인은 단순히 점포를 아름답게 꾸미는 것만을 말하는 것은 아니다.

65 다음 아래 네모의 내용이 설명하는 가격결정 기법으로 가장 적합한 내용은?

> 제조업자가 도매상 및 소매상과의 계약에 의하여 자기회사 제품의 도·소매가격을 사전에 설정해 놓고 이 가격으로 자사제품을 판매하게 하는 전략이다.자사제품이 도·소매상의 손실유인상품(loss leader)으로 이용되는 것을 방지하여, 가격안정과 명성을 유지하기 위하여 유통업계와 계약을 통해 일정 가격으로 거래되도록 하는 것을 말한다.

① 묶음가격(price bundling)
② 노획가격(captive pricing)
③ 오픈 가격 정책(open price policy)
④ 이분가격 정책(two party price policy)
⑤ 재판매 가격 유지 정책(resale price maintenance policies)

66 상품기획 성과 분석 중에서 판매과정분석(sell-through method)에 대한 설명으로 가장 올바른 것은?

① 판매하는 재고수준을 결정하기 위하여 상품에 대한 개별 등위를 매기는 방법이다.
② 주로 사용되는 성과측정치로는 매출액, 판매량, 총이익과 순이익 등이 있다.
③ 상품의 입고에서부터 판매시점까지 발생하는 비용분석을 통해 전체 협력업체에 대한 객관적 평가자료를 획득하고자 하는 것이다.
④ 계획매출수량과 실판매수량의 비교분석을 통해 시장수요에 맞추어 필요상품수량을 결정하는 것이다.
⑤ 제조 간접비를 실제 투입된 활동량에 따라 제품원가에 배분하는 계산 방법이다.

67 상품믹스(product mix) 또는 상품포트폴리오(product portfolio)의 특성 중에서 "동일 상품라인내 상품품목(product item)의 수"를 일컫는 말은?

① 상품믹스의 깊이(product mix depth)
② 상품믹스의 넓이(product mix width)
③ 상품믹스의 일관성(product mix consistency)
④ 상품믹스의 길이(product mix length)
⑤ 상품믹스의 계열(product mix line)

68 최근 직장을 다니다가 정년퇴직을 한 A는 새로운 직장을 찾는 대신 자신의 점포를 열어 장사를 하기로 마음을 먹었다. 원래 시골출신인 A의 고향은 사과 생산지로 유명하기에 자신의 고향에서 사과를 가져와 도시에서 팔기로 마음을 먹고 장사를 시작했다. A는 어느 정도의 매출액과 판매량을 이루어야 손익분기점(BEP)이 되는 줄을 몰라 개업을 하기 전에 자신의 점포의 이익분석을 '유통관리사'인 당신에게 의뢰를 했다면 당신이 해 줄 수 있는 판매박스와 매출액은 얼마인가?

> 점포 월 임대료 ₩3,000,000(고정비성격)
> 사과 1박스 ₩70,000판매가격 (한 박스에는 20개 들어 있음)
> 사과 1박스 ₩50,000구입가격 (한 박스에는 20개 들어 있음)
> A가 원하는 자신의 목표이익 ₩3,000,000
> (다른 비용도 있으나 이 정도의 자료만 가져왔음)

	판매박스	매출액
①	300	₩21,000,000
②	400	₩21,000,000
③	450	₩25,000,000
④	500	₩27,000,000
⑤	600	₩31,000,000

69 다음 내용은 유통매장에서의 Team Work를 통한 시너지효과 창출에 관한 설명내용이다. 올바르지 않은 것은?

① 유통매장에서의Team Work란 각자가 주어진 역할을 올바로 수행하면서 동료를 지원하고 도우면서, 도움을 주는 것에 대해 생색을 내지 않는 것이며 팀이 하나가 되어 공동의 목표를 향해 매진하는 것으로 요약할 수 있다.
② 인간은 누구나 자기의 개성이나 욕구에 따라 행동함으로 각 개인에게 일을 맡기면 상호간에 대립과 분쟁이 발생할 수 밖에 없다. 특히 개인의 욕망을 성취하려는 욕구가 크면 클수록 다른 사람과 충돌하는 면 또한 커지게 된다. 따라서 Team Work를 통한 조직 전체의 성과를 높이기 위해서는 개인의 욕구를 조직의 규정을 통해 억제시키고 개인을 조직 전체를 위해 희생시키는 것은 당연한 현실이다.

③ 개인의 이해보다는 팀의 목표를 우선시 하는 조직문화가 형성되어야 하며 유통매장 전체의 이해나 능률을 우선적으로 생각하는 조직원에 의해, 조직원인 개인과 팀이 하나의 단위가 되어 일하는 것이며, 이는 상호간에 혼합물이 아닌 화합물이 되어야 한다는 의미이다.
④ Team work를 다지기 위해서 각 구성원들은 첫째, 조직에서 정한 목표, 방침, 계획 등을 잘 이해(숙지)해야 하며, 둘째 정해진 자기의 직책을 자각하고 업무에 최선을 다 할 뿐만 아니라 타인의 직책을 잘 이해하며 보조해 줄 수 있어야 하며, 셋째, 타인과의 능동적인 협력을 아끼지 말아야 하며 먼저 호의를 베풀고 도움을 줌으로써 상호 신뢰를 쌓아 나가야 한다.
⑤ Team Work를 통한 조직의 발전을 이루기 위해서는 개인의 희생이 전제가 되기보다는 구성원들의 자발적인 협동심을 이끌어내어 개인이 아닌 팀을 위한다는 전체적인 마인드를 심어주는 심리적 결속력이 있어야 효과가 높다.

70 소매점포 경쟁전략의 하나로 복합소매전략 혹은 포트폴리오 리테일링(portfolio retailing)전략에 관한 내용을 설명한 것으로 가장 거리가 먼 것은?

① 한 개 업체가 여러 개의 다양한 소매 업태를 동시에 운영하는 것이다.
② 구성원간의 관계가 느슨하기 때문에 구성원의 진입과 철수가 비교적 자유로운 장점을 내포하고 있다.
③ 세분화 된 목표고객그룹의 소비자들에 적합하도록 특화된 여러 개의 독립적 소매사업을 운영하는 것이다.
④ 재고자산 유동성 측면에서 경쟁적 우위를 얻을 수 있다.
⑤ 일정기간의 매출액을 분석하면 이익과 손실이 같아지기도 한다.

제4과목 유통 정보(71~90)

71 지적재산의 중요성을 설파한 브루킹(Annie Brooking)은 지식관리 프로세스의 연장선에서 지식경영을 설명하고 있다. 즉 지식경영이란 지적재산 관리 프로세스에 포함되는 모든 활동들로 구성되지만, 지식경영에 적용되는 프로세스는 지적재산이나 시장자산에 적용되는 프로세스보다 훨씬 더 복잡하다고 한다. 다음 중 지식경영구성요소에 대한 설명으로 가장 적절하지 않은 것은?

① 지식경영 인프라는 경영 인프라와 기술인 인프라로 구성되어 있으며, 기술 인프라에는 전략, 사람, 조직문화, 조직구조/프로세스 등이 포함되고, 경영 인프라에는 지식생성 기술, 지식저장 기술, 지식검색기술, 지식공유기술 등으로 이루어져 있다.
② 기업전략이란 그 기업이 어떤 제품으로 시장에서 경쟁우위를 가지고 어떻게 승부를 할 것인가를 결정하는 것이다. 기업의 경쟁력 강화를 통한 가치창출을 지향하는 지식경영은 경영전략의 연동 하에 추진되어야 한다.
③ 지식근로자(knowledge worker)란 조직에서 필요한 지식과 정보를 창출하는 연구자, 설계자, 건축가, 과학자, 기술자 등을 포함하며, 높은 교육 수준과 업무를 처리함에 있어 독립적인 판단 능력이 중요하다.
④ 조직에 불신풍조, 회사에 대한 원망, 태만한 작업분위기, 조직변화에 대한 저항 등의 부정적인 문화가 만연하다면 이는 반드시 개선되어야 한다. 특히 지식프로젝트에서 조직문화를 선도적으로 이끌어주는 리더들의 추진의지는 매우 중요한 성공요소가 된다.
⑤ 지식경영의 궁극적인 목적은 새로운 지식을 생성하여 고객의 욕구를 충족시킬 새로운 제품과 서비스를 공급하는 것이다. 새로운 지식창출은 조직 내외부의 지식창고로부터 지식을 습득하고 지속적으로 학습함으로 이루어진다.

72 다음 중 인간의 정보처리과정에 대한 설명으로 거리가 먼 것은?

① 인간은 감각기관으로 부터 입력된 신호를 두뇌가 처리해서 손과 발 등을 통해 반응한다.
② 인간은 정보처리능력 이상으로 정보가 입력되면 정보처리 능력이 저하되기 시작한다.
③ 인간은 정보여과 과정을 통해 자신에게 불필요한 정보를 줄일 수 있는 능력이 있다.
④ 인간은 많은 정보를 원하지만 수용능력의 한계로 모든 것을 분석할 수 있지는 않다.
⑤ 인간은 단기기억능력의 한계를 극복하기위해 전체적인 그림을 저장하기 보다는 개별적인 사실을 중심으로 정보를 기억하는 것이 바람직하다.

73 다음 중 물류정보의 특성으로 적절하지 않은 것은?

① 타부문과의 연관성이 상당히 높다.
② 평상시와 폭주 시 정보량에 차이가 크다.
③ 정보의 원천, 처리부문, 대상이 다양하다.
④ 화물과 정보의 흐름에 시차를 두어야 한다.
⑤ 일상적인 상황과 폭주하는 상황에 있어서 정보량의 차이가 크다.

74 다음 중 최근 카테고리 매니지먼트(CM: Category Management)의 필요성이 점차 커지게 된 배경으로 가장 거리가 먼 것은?

① 매장차별화를 통한 고객유치의 필요성이 높아졌기 때문에
② 늘어나는 신제품의 출현으로 과학적 방법에 의한 공간 할당 및 제품믹스의 필요성이 높아졌기 때문에

③ 유통경로 상에서 경로구성원 사이의 카테고리 경쟁과 갈등이 심화되었기 때문에
④ 효율적인 머천다이징을 도모하면서 불필요한 과정을 제거할 필요성이 높아졌기 때문에
⑤ 매장의 상품관리대상을 물적인 특성에 기초한 단품에서 소비자의 요구에 기초한 상품카테고리로 확대되고 있기 때문에

75 유통점에서 수요 또는 판매를 예측할 때, 데이터베이스에 저장된 정보를 활용하여 분석하는 데는 여러 가지 예측기법이 있다. 다음에 제시된 계량적예측기법 중 인과적 모형방법을 활용하지 않고 기존 자료에 fiting 모형을 적용하는 방법에 속하는 것은?

① 컨조인트분석법　② 회귀분석법
③ 시계열분석법　④ 구매의도분석법
⑤ 목표추구분석법

76 다음은 POS에 활용되는 바코드에 관한 설명이다. 가장 적절하지 않은 것은?

① GS1 바코드는 상품식별코드로써 상품마다 인쇄되어 있다.
② 상품용 바코드의 대한민국의 국가코드는 880이다.
③ 제조업자 코드는 일반적으로 6자리로 구성이 된다.
④ 제조업체에서 GS1 바코드를 인쇄한 라벨을 붙이는 방식을 소스 마킹이라고 한다.
⑤ GS1 바코드는 표준 타입(13자리)에는 국가 코드, 제조업자 코드, 유통업자 코드 및 체크 디지트 등 4가지로 구성되어 있다.

77 다음 중 전자 카탈로그의 목적에 대한 설명으로 가장 부적합한 것은?

① 소비자선택의 폭 증가
② 상품 데이터베이스의 대체
③ 상품에 대한 광고 및 촉진
④ 상품정보 검색의 편의성 향상
⑤ 판매자와 구매자간의 상품 정보 교환

78 GS1(Global Standard No.1)은 상품 및 거래처의 식별과 거래정보의 교환을 위한 국제표준 식별코드, 바코드, 전자문서의 개발 · 보급 · 관리를 전담하고 있는 최고의 민간기구이다. 우리나라도 이 기구에 가입을 하여 국내 유통정보를 담당하고 있는데 GS1에 대한 설명으로 가장 잘못된 것을 고르시오.

① GS1은 상품의 식별과 상품정보의 교류를 위한 국제표준 바코드 시스템의 개발 및 보급을 전담하는 세계 100개국이 넘는 국가가 가입한 최고의 민간기구이다.
② 대한민국은 항상 880으로 시작되며, 세계 어느 나라에 수출되더라도 우리나라 상품으로 식별된다. 그러나 국가식별코드가 원산지를 나타내는 것은 아니다.
③ GS1코드는 백화점, 슈퍼마켓, 편의점 등 유통업체에서 최종 소비자에게 판매되는 상품에 사용되는 코드로서 상품 제조 단계에서 제조업체가 상품 포장에 직접 인쇄하게 된다.
④ 제조업체코드는 대한상공회의소 유통물류진흥원에서 제품을 제조하거나 판매하는 업체에 부여하며, 업체별로 고유코드가 부여되기 때문에 같은 코드가 중복되어 부여되지 않는다.
⑤ GS1-8 단축형의 경우 인쇄하기에 충분하지 않은 포장 면적을 갖는 작은 상품의 경우에 적용되며, 체크 디지트는 1자리, 제조업체 코드는 6자리로 구성된다.

79 다음의 글상자에서 QR(quick response)에 대한 옳은 설명만으로 나열된 것을 고르시오.

> 가. 서로 떨어져있는 기업과 부서간의 물류정보가 실시간으로 전달된다.
> 나. 시장수요에 신속하게 대응하여 기업경쟁력을 향상시킨다.
> 다. 공급사슬에서 재고를 쌓이게 하는 요소를 제거한다.
> 라. 품질을 증가시킬 수 있는 정보를 조기에 획득할 수 있다.
> 마. QR을 사용함으로써 누적 리드타임이 감소하게 된다.
> 바. 고객요구에 대한 반응시간을 길게 만드는 요인을 제거한다.

① 가, 다, 라, 마
② 나, 다, 라, 마
③ 가, 다, 라, 바
④ 나, 다, 마, 바
⑤ 나, 다, 라, 바

80 다음 중 SCM용 솔루션에 대한 설명으로 부적절한 것은?

① 기업 간의 정보교류를 위해서 개발된 것으로 기업간 정보시스템의 특성을 가진다.
② 기업 내의 ERP 시스템과 연동되면 제품의 생산계획 및 판매에도 영향을 미친다.
③ 인터넷상에서 구현되는 경우가 많기 때문에 누구나 시스템의 정보들을 이용할 수 있는 개방형 시스템이다.
④ 조직 내외부의 정보화가 동시에 추진되며 총괄적 의사결정을 지원하기 위해서 계획관리 중심으로 운영된다.
⑤ 원재료의 조달부터 제품을 제조하여 판매를 하는 데까지와 판매 후에는 사후 서비스를 높여 고객을 효율적으로 관리하여야 한다.

81 RFID(Radio Frequency Identification)에 대한 설명으로 옳지 않은 것은?

① 무선주파수를 이용해 상품과 사물에 내장된 정보를 근거리에서 읽어내는 기술이다.
② 물류, 유통, 조달, 군사, 식품, 안전 등 다양한 산업 영역에서 경제적 파급효과를 창출할 수 있는 핵심기술로 각광받고 있다.
③ 판독기에서 나오는 무선신호를 통해 상품에 부착된 태그를 식별하여 데이터를 호스트로 전송하는 시스템이다.
④ 이 기술은 새롭게 창조된 기술이 아니라 2차 세계대전 당시 영국 공군이 적 전투기를 식별하는데 사용되어 현재는 민간에 RFID기술이 도입되어 진화 발전되었다.
⑤ 시스템상 IOS/IEC(International Organization for Standardization) 등 전문위원회를 중심으로 RFID global 표준화가 완성되었으며, 국내에서도 이미 국내표준이 정립된 상태다.

82 다음 중 CPFR(Collaborate Planning, Forecasting Replenishment)에 대한 설명으로 부적절 한 것은?

① 협업적 계획수립을 위해서는 모든 거래 파트너들이 주문정보에 대한 실시간 접근이 가능해야 한다.
② 모든 참여자들은 공통적 하나의 스케줄에 따라서 운영활동을 수행한다.
③ 모든 참여자들은 그들이 원할 때 적정한 원자재 및 완제품을 가질 수 있도록 계획 수립 및 수요예측을 하고자 하는 기법이다.
④ 협업적 계획수립을 위해서는 공급사슬상의 파트너들이 주문정보에 대한 실시간 접근이 가능해야 한다.
⑤ 소매업체들이 협업적 수요 예측을 하는 이유는 품절 예방, 판매상실의 최소화, 재고감축, 긴급배송의 최소화 및 1회 생산량의 최대화 등을 위해서이다.

83 데이터웨어하우스의 기술을 이용해서 판매관리용 정보시스템이 구축된다면 이 시스템이 가질 수 있는 특성으로 거리가 먼 것은?

① 과거 매출액에 대한 자료가 풍부하게 있어서 시계열분석이 가능하다.
② 지역, 고객 등 각 주제별로 관련 자료의 분석이 가능 하다.
③ 데이터마이닝 기법들의 지원이 가능해서 다양한 분석 자료를 얻을 수 있다.
④ 기존의 데이터베이스에서는 추가나 삭제, 변경 등과 같은 갱신 작업이 레코드 단위로 지속적으로 발생하였다.
⑤ 가능하면 모든 유형의 자료를 이용하기 위해서 최신의 객체지향적 데이터베이스를 기반으로 구축되어 이용이 편리하다.

84 다음 중 GLN(Global Location Number)에 대한 설명으로 부적절 한 것은?

① 조직의 성격이나 물리적 위치에 관계없이 개별 조직을 찾을 수 있도록 도와준다.
② GS1 Korea에 가입한 회원의 경우에는 국가식별코드, 업체코드, 로케이션식별코드, 체크디지트 등으로 구성된 13자리 코드체계를 이용한다.
③ 개별조직에 대한 검색트리 형성을 위한 분류코드체계로 볼 수 있다.
④ 관련 데이터베이스에서 조직의 자료를 얻기 위한 키로 활용될 수 있다.
⑤ 국제적으로 업체를 식별하기 위한 글로벌 로케이션 코드로, 물리적, 기능적, 법적 실체를 식별하는 데 사용된다.

85 위치기반 상거래(location based commerce)에 대한 설명으로 부적절 한 것은?

① 특정 위치에 있는 개인들을 대상으로 상거래를 추구하는 모바일 커머스의 일종이다.
② 위치기반 상거래 기술을 이용하면 위급상황에 대한 알림 서비스사업이 가능해진다.
③ 지리적 내용정보와 위치적 내용정보가 결합되어 특정 서비스를 제공한다.
④ 미국방성에서 제공하는 인공위성이 없으면 서비스가 불가능 하다는 단점이 있다.
⑤ 휴대형 네트워크도구를 인터넷 마케팅에 활용한다는 것에 아주 적합하다.

86 전자상거래 업체에 적용되는 물류관리에 대한 설명으로 옳은 것은?

① B2B의 경우, 주로 소포장단위의 배송 대상물들이 대량으로 배송되는 경향이 있다.
② B2B의 경우, 소포형태의 배송이 많으며 특정 지역을 중심으로 배송처가 집중되는 경향을 보인다.
③ 공급사슬상의 배송에 대한 책임범위가 오프라인 상거래에 비해서 좁다.
④ B2B2C는 마케팅 비용에 대비해 수익률이 낮은 B2C에 비해 수익률이 낮다.
⑤ B2C의 경우, B2B에 비해 불특정 다수의 고객을 대상으로 배송이 이루어진다.

87 다음 바코드(Bar Code)에 관한 설명 중 사실과 다른 것은

① 바코드는 두께가 다른 서로다른 검은 바(Bar)와 흰 바(Space)의 조합에 의해 사람이 사용하는 숫자 또는 문자를 기계가 판독할 수 있도록 고안 된 것
② 바코드는 발행기관에 따라 마이너리 코드와 멀티레벨코드로 구분
③ 마이너리 코드는 2진법을 표현하는 바코드 체계로 판독이 쉽고 라벨의 발행이 용이하며, ITF, Code 39 등에 쓰임
④ 멀티레벨 코드는 고밀도의 정보 표현이 가능하며 KAN, Code128등이 쓰임
⑤ 바코드에 의한 정보 입력 방식은 기타 입력 시스템 방식보다 경제적이며 효율적이므로 작업의 높은 생산성과 효율성

88 충성도(loyalty)는 고객이 한 기업의 제품 및 서비스를 잠재적 구매 고객들에게 자발적으로 추천하거나 적극적인 구매 성향을 보이는 것으로 높은 재구매의 정도와 구매한 상표에 대한 애착을 말한다. 따라서 기업은 고객충성도(customer loyalty)프로그램을 개발해야 하는데, 아래 고객충성도 프로그램에 대한 설명으로 가장 옳지 않은 것은?

① 충성도의 지표는 기업이 지속적으로 고객에게 타사보다 우월한 가치를 제공함으로써 그 고객이 해당 기업의 브랜드에 호감이나 충성심을 갖게 되어 지속적인 구매 활동이 유지되는 것으로 고객의 구매 성향과 추천 의도 및 재 구매 의사로 표현된다.
② 우량고객의 선정을 위한 양적기준과 질적기준을 명확히 선정해야 한다. 우량고객의 효과적 관리를 위해서는 이들이 느끼는 가치에 따라 보상프로그램을 차별 없이 실시하는 것이 바람직하다.
③ 고객은 이탈되지 않도록 하고, 고객이 이탈한 경우 그들을 다시 충성고객으로 전환시키는 마케팅 활동을 위해 먼저 고객의 유형을 유지고객과 이탈고객으로 분류하고 그들의 특성을 규명하는 작업이 선행되어야 한다.
④ 최우량 충성도 고객은 기업의 매출 증대에 커다란 영향을 미치며, 구매 빈도가 상당히 높은 몇몇의 고객을 지칭하는 것이다. 기업이 이들을 상대로 하는 개별적이고 현실적인 마케팅 전략이 고객 충성도 프로그램인 것이다.
⑤ 고객의 입장에서 보면 고객자신이 느끼는 가치에서 고객이 지불하는 비용을 뺀 차이가 얼마인가가 선택의 척도가 된다. 고객이 느끼는 가치를 좌우하는 것이 단지 제품의 품질이나 수량만이 아니기 때문에 고객이 느끼는 가치를 높이기가 쉽지 않다.

89 채찍효과(bullwhip effect)의 발생요인에 해당하지 않는 것은?

① 가격변동의 심화
② 실시간 주문처리
③ 리드타임의 증가
④ 과다한 수요예측
⑤ 과다한 주문원인

90 신속대응(QR; Quick Response)시스템은 소비자의 만족을 극대화하기 위해 제조업자와 공급업자 및 운송업자들이 긴밀한 협조관계를 유지하는 것이다. 다음 중 QR시스템에 대한 설명으로 가장 적절하지 않은 것은?

① QR시스템은 상품을 수령하는 데 따른 비용을 줄이고, 업체에서는 즉각적인 고객서비스를 할 수 있어 서비스의 질을 향상시킬 수 있고 업무의 효율성과 소비자의 만족을 극대화시킨다.
② QR시스템은 생산에서 판매에 이르기까지 시장정보를 즉각적으로 수집하여 대응하며 회전율이 높은 상품에 적합한 시스템이며, 구성요소로는 EDI, 인터넷 등 통신시스템, POS 시스템, KAN 코드 등이 있다.
③ QR이 추구하는 목적은 제품개발의 짧은 사이클화를 이룩하여 소비자의 욕구에 신속대응하고, 원자재 조달과 생산 그리고 배송에서의 누적 리드타임을 단축시키기 위하여 미국의 패션의류업계가 수입의류의 급속한 시장잠식에 대한 방어목적으로 개발하였다.
④ QR시스템은 기본적으로 소비되는 제품에서도 필요하지만, 최신 유행의 의류업체에서도 필요하다. 유행성이 강한 상품은 새로운 색상과 스타일이 중요하므로 즉각적으로 대응할 수 있어야 하고, 계절적으로도 민감하므로 빠르게 적응할 수 있어야 한다.
⑤ QR시스템의 도입을 통해 얻을 수 있는 효과의 대표적인 내용으로는 상품의 품절 증가와 재고회전율의 감소, 고객정보의 효율적 활용에 의한 소비자 기호에 부응, 완만한 물류서비스를 실현할 수 있다.

▶▶▶ 실전모의고사 정답 및 해설

◉제1과목 : 유통 · 물류 일반

◉제2과목 : 상권분석

◉제3과목 : 유통 마케팅

◉제4과목 : 유통 정보

제 1 회 정답 및 해설

본문 → P.062

제1과목 유통 · 물류 일반(01~25)

a.n.s.w.e.r

01	⑤	02	⑤	03	②	04	①	05	①
06	③	07	③	08	③	09	③	10	②
11	③	12	④	13	②	14	④	15	⑤
16	①	17	②	18	⑤	19	②	20	②
21	③	22	②	23	②	24	⑤	25	③

01 조직에서 톱(top)으로부터의 거리는 직위의 수준(의사결정) 정도를 의미하고, 직위 간을 연결하는 수평선은 직위의 상호 동등함을 의미하며, 수직선은 상관과 부하관계를 의미하게 된다.

02 온라인 소매업(무점포 소매업)이 활성화되면서 오프라인 소매업(유점포소매상)들의 관계는 크게 변화가 없다. 물론 직접적인 경쟁은 있지만 유통경로를 가지고는 크게 대립을 하지 않는다.

03 분업의 원칙은 유통업에서도 제조업에서와 같이 유통경로상 수행되는 수급조절, 수 · 배송, 보관, 위험부담 및 정보수집 등을 생산자와 유통기관이 상호 분업(分業)의 원리로써 참여한다면 보다 사회적 경제성과 능률성을 제고시킬 수 있다는 원칙이다.

04 기업이 보유한 경영자원의 희소성을 극복하고자 하는 욕구 때문이라면 다각화 보다는 집중화전략이 더 적합할 것이다.

05 유통경로는 제품이나 서비스를 최종적인 사용을 하게 하거나 소비가 가능하도록 만들어주는 과정에 관여하는 상호 의존적인 조직체들의 집합체이다. 제품 또는 서비스가 최종사용자나 소비자에게 전달되기까지는 판매, 정보수집, 물류, 금융, 위험부담, 등 활동들이 하나의 연속적인 과정으로 진행되기 마련이다. 유통경로 구성원들인 제조업체, 도매상, 소매상 등의 역할은 최종사용자나 소비자의 만족을 위해 시스템을 최적화해야 한다. 제품이나 서비스의 유통과정에서 발생하는 위험은 유통경로의 구성원의 부담으로 하는 것이 타당하다.

06 카테고리 킬러(Catagory Killer;CK)는 전문품 할인점(Special Discount Store)이라고도 하는데, 한가지(또는 한정된) 상품군을 깊게 취급하며 할인점보다 훨씬 저렴한 가격으로 판매하는 소매업태를 말한다.

07 최종사용자가 많다면, 유통경로의 직접성은 줄어들 것이므로 이 경우 중간상의 개입이 거래접촉의 효율성을 높여줄 가능성이 확대되며, 따라서 유통경로의 길이가 증가하게 된다는 판단을 하게된다.

08 성숙기에는 시장점유율이 최대로 되지만 조직의 비대화로 인해 통제상 애로점이 발생하고, 새로운 혁신적인 소매 업태가 도입되어 경쟁이 격화됨으로써 이익은 계속 감소하게 된다. 따라서 기존의 소매 업태는 생존을 위한 새로운 혁신적인 조직 도입(예를 들면 벤치마킹, 다운사이징, 리스트럭처링, 리엔지니어링 등)을 위한 새로운 경영기법을 구사하여야 한다.

09 유통점의 성과를 평가하는 가장 중요한 것으로는 소매상의 재무적 능력 평가기준인 상품의 수익률(margin)이 있고, 영업능력을 평가하는 기준인 상품의 회전율(turn over) 두 가지를 기반으로 결정된다.

10 백화점(Department Store)의 특징

1. 백화점이란 하나의 매장 내에 일괄구매와 비교가 가능하도록 상품 부문별로 구색을 갖추어 진열, 판매하는 대규모 소매업태를 뜻한다.
2. 백화점(百貨店)은 통합적인 대규모 소매상으로는 가장 오래된 소매기관이다.
3. 선매품(選賣品)을 중심으로 편의품에서 전문품에 이르기까지 다양한 상품 구색을 갖추고 대면(對面) 판매, 현금 및 신용(크레디트카드)에 의한 정찰(正札) 판매, 그리고 풍부한 인적 · 물적 서비스를 제공함으로써 판매 활동을 전개하는 상품 계열별 · 부문적으로 조직화된 대형 소매상이다.

11 ③의 내용은 아울렛의 설명이다. 아웃렛점(Outlet Store)을 팩토리 아웃렛(factory outlet)이라고도 하는데, 주요 특징은 메이커와 백화점의 비인기 상품, 재고품, 하자(瑕疵) 상품 및 이월(移越) 상품 등을 자신의 회사 명의로 대폭적인 할인가격(30~70%)으로 판매한다. 또한 수십 개 또는 수백 개의 동점점포가 출점하여 쇼핑센터를 이루는 업태로서 재고상품이 집하되는 물류센터 주변에 위치하는 것이 대부분이며, 기존의 유통구조와의 반발을 피하기 위해 주로 도심 외곽에 입지하게 된다.

12 카테고리 킬러(CK;Catagory Killer)는 특정한 상품계열에서 전문점과 같은 상품구색을 갖추고 저렴하게 판매하는 일종의 전문품 할인점 또는 전문 양판점이라 부르고 있다. 주요 특징은 소비자의 라이프스타일 변화에 따라 기존 종합 소매상 취급품목 중 특정 제품 계열에서 전문점과 같은 깊은 상품구색을 갖추고 저렴하게 판매하는 것으로, 대량구매와 대량판매, 그리고 낮은 비용으로 저렴한 상품가격을 제시한다. 카테고리킬러는 유점포의 내용이다.

13 완전기능 도매상(Full-Service Wholesaler)

도매상이 할 수 있는 모든 기능과 서비스를 제공하고, 자사의 창고를 이용하여 저장하면서 보관과 출하시기를 조절하기도 하며, 신용을 제공하거나 주문에 대한 배달서비스까지 수행한다. 또한 자체상표를 사용하고, 재포장이나 마킹과 같은 유통서비스를 추가적으로 수행하기도 한다. 한정상품 도매상은 서로 관련성이 있는 철물이나 가구처럼 어느 정도 연관성이 있는 상위의 제품들을 몇 가지 동시에 취급하는 완전기능 도매상이다.

14 프랜차이즈 시스템은 프랜차이저의 입장에서 볼 때 소자본으로 사업을 신속히 확장할 수 있는 수단으로 작용한다. 적은 규모의 소자본주들이 자체적으로 획득할 수 없는 광고, 구매, 교육훈련 등의 혜택이라는 경제적 이유와 여타의 유인으로 동기를 부여함으로써 소매업을 활성화시킨다. 또한 프랜차이즈의 분권적 시스템은 노동자들의 기업에 대한 극한적인 대립심을 약화시켜 프랜차이저는 노동자 집단의 간접적인 대화창구로 보일 수 있어서 노사분규 등의 위험부담을 줄일 수 있다.

15 가. 서로 떨어져있는 기업과 부서간의 물류정보를 제공하는 시스템이 아니다. 라. 품질을 증가시킬 수 있는 정보를 조기에 획득하는 시스템이 아니다.

16 물류의 중요성 측면으로 볼 때 기업에서 차지하는 비용 중에서 물류비용이 차지하는 비용의 비중이 매우 클 뿐만 아니라 점점 증가하고 있다는 면에서 관리상의 중요성이 증가하고 있다. 물적 유통망 구조가 잘 갖추어진 선진국에서도 물류가 총 생산의 25% 정도가 될 만큼 물류비의 비중이 점점 더 커지고 있다.

17 물류의 기능은 서비스적인 측면과 비용적인 측면에서 바라볼 수가 있다. 신속하게(speedy), 확실하게(surely), 안전하게(safely), 싸게(low)를 3S1L 원칙이라 하며, 물류의 이상적 기준이 되고 있는 물류의 7R's 원칙은, 좋은 제품(right commodity), 적당한 가격(right price), 좋은 품질(right quality), 정량(right quantity), 좋은 인상(right im- pression), 적시에(right time), 적당한 장소(right place)에 물건을 운반함으로써 고객서비스 향상이라는 소기의 목적을 달성할 수 있다는 것이다.

18 소비자기본법에서 소비생활에 영향을 주는 국가나 지방자치단체의 정책과 사업자의 사업활동 등에 대하여 법안을 제출하고, 의견을 반영시킬 권리가 있는 곳은 일반적인 소비자가 하는 권리가 아니라 법안을 제출하는 국회에서 하는 행위이다.

19 물류 공동화를 위한 전제조건으로는 다른 회사와 물류 공동화를 위해서 자사의 물류 시스템을 완전히 개방하여야 하고,표준적인 물류심벌 및 업체 통일전표와 외부와 교환이 가능한 팔레트를 사용해야 한다. 또한 명확하게 서비스 내용을 표준화시켜야 하며, 통일된 회계기준에 근거하여 물류비를 명확하게 산정하고 체계화하여야 한다. 따라서 물류 공동화는 자사의 물류 시스템과 타사의 물류 시스템이 동일지역과 동일업종을 중심으로 공유되는 것을 말한다.

20 대규모 점포는 다음의 요건을 갖춘 매장을 보유한 점포의 집단으로서 대통령령이 정하는 것을 말한다(유통산업발전법 제2조 제3호).
1. 하나 또는 2 이상의 연접되어 있는 건물 안에 하나 또는 여러 개로 나누어 설치되는 매장일 것
2. 상시 운영되는 매장일 것
3. 매장 면적의 합계가 3천 제곱미터 이상일 것

21 유통경로 과정 중 도매상 · 중간상 등의 동일한 단계에서 발생하는 갈등을 수평적 갈등이라 말하며, 이러한 갈등은 자신들이 추구하는 목적이 서로 상이하기 때문에 발생하게 된다. 갈등발생 원인중 가장 기본적인 갈등발생원인은 당사자간의 목표가 일치하지 않아서 갈등이 시작을 한다.

22 ABC 관리 방법은 기업이 관리하고자 하는 상품의 수가 많아 모든 품목을 동일하게 관리하기가 어려울 때 이용하는 방법으로써, 먼저 그 매출액(매출총이익액, 판매수량을 사용하는 경우도 있음)이 큰 순으로 ABC의 3개의 그룹을 나눠서 중점 관리한다.

23 유통경로(channels of distribution)란 하나의 채널시스템으로 상품이 이동하는 통로를 말한다. 집약적 유통(intensive distribution)은 생산업자가 자신의 제품을 가급적 전국적인 소매상에서 판매하는 것을 주요한정책으로 하며, 일종의 개방적 유통경로 정책이다. 이러한 정책은 일상품인 편의품 같은 저가품에 유리한 것이다.

24 재고유지 및 상품의 진부화 등의 위험을 최소화하여 자신의 이익을 극대화하는 기능을 유통기능이라고 할 수 있다.

25 소매활동은 사람 · 우편 · 전화 또는 자동판매기와 같은 판매방법에 따라 수행되기도 하며, 거리나 소비자의 집에서 이루어지는 경우도 있으며, 방문판매가 대표적인 사례이다.

제2과목 상권 분석(26~45)

a.n.s.w.e.r

26	③	27	④	28	④	29	③	30	④
31	④	32	③	33	④	34	②	35	①
36	③	37	⑤	38	①	39	④	40	④
41	⑤	42	②	43	②	44	②	45	②

26 상권이란 판매수량의 크기에 따라 1차, 2차, 3차 상권으로 구분하고, 구매력은 상권 내의 가구소득수준과 가구 수의 함수로 볼 수 있다.

27 입지 선정을 위한 8가지 평가방법(R. L. Nelson)
1. 상권의 잠재력: 창업자가 진입한 상권에서 취급을 요하는 상품이 수익성 확보가 가능한가에 대한 검토가 이루어져야 한다.
2. 접근 가능성: 동일한 상권 내의 고객들을 자신의 점포로 유인하는데 있어서 어떠한 장애요소가 고객들이 접근할 수 있는 가능성을 방해하는지를 살펴보는 것이다.
3. 성장 가능성: 주변의 인구 증가와 일반 고객들의 소득증가로 인하여 시장 규모나 선택한 사업장과 유통상권이 어느 정도로 성장할 수 있겠는가를 평가하는 방법이다.
4. 중간 저지성: 경영자가 속한 상권지역 내의 기존 점포나 상권 지역이 고객과 중간에 위치하여 경쟁점포나 기존의 상권으로 접근하려는 고객을 중간에서 저지할 수 있는 가능성을 평가하는 방법이다.
5. 누적적 흡인력: 경영자가 속한 상권지역 내에 영업 형태가 비슷하거나 동일한 점포가 집중되어 있어 고객의 흡인력을 극대화할 수 있는 가능성 및 사무실, 학교, 문화시설, 체육시설 등에 인접함으로써 고객의 흡수가 유리한 조건인가를 평가하는 방법이다.
6. 양립성: 경영자가 진입할 상권에 상호 보완관계에 있는 점포가 서로 인접해 있어서 고객의 흡인력을 얼마나 높아지게 할 수 있는가의 가능성을 검토하는 방법이다.

7. 경쟁의 회피: 경영자가 진입한 상권에 경쟁점이 입지하여 경쟁점의 규모, 형태 등을 감안하여 예비창업자의 사업장이 기존 점포와 우위를 확보할 수 있는 가능성 및 차후에 새로운 경쟁점이 입점함으로써 창업할 사업장에 미칠 영향력의 정도를 평가하는 방법이다.
8. 용지 경제성: 경영자가 진입할 상권의 입지 가격이나 비용 등으로 인한 수익성과 생산성의 정도를 검토 평가하여 수익성 및 생산성이 가장 확실하게 보장되는 용지를 선택해야 한다.

28 도시 · 상업지역 선정시 고려해야 하는 입지 조건
1. 상업지구의 인구 수: 도시의 인구 수와 그 주변 상업지구의 인구 수는 그 상업지구 소매 점포의 잠재적 고객 수를 결정하는데 중요한 조건이다.
2. 도심지역의 발전: 도심의 일정 지구가 발전되면 산업의 종류와 인구 변동의 변화 요인에 영향을 준다.
3. 예비고객의 구매 습관: 쇼핑거리, 고객의 쇼핑 장소, 기호, 성향 등에 따라 상점의 위치 선택에 상당한 영향을 줄 수 있다.
4. 지역 주민의 구매력: 일정한 지역의 소매점 총 판매량은 그 지역 주민의 구매 능력과 상당한 밀접 관계를 가지고 있다. 이러한 구매 능력은 그 지역 주민의 월급 생활지수와 평균 급료나 연금, 재산세 등의 요소를 통해 알 수 있다.
5. 부의 분산 여부: 구매력과 이윤에 영향을 미치는 또 다른 요소로, 가정의 형태와 종류, 주택의 소유자 비율, 교육수준, 전화대수, 자동차 대수와 종류, 신용카드 보급 및 사용현황 등으로 평가한다.
6. 경쟁의 본질과 강도: 경쟁점의 수나 형태, 면적, 위치는 점포를 세울 도시나 쇼핑센터의 선택에 영향을 미친다.
7. 제반 법령과 제도: 세금을 결정하는 법령과 점포 설치에 대한 인·허가와 면허는 점포 위치 선정에 중요한 영향을 미친다.

29 IRS에서는 점포가 비슷한 전통적인 수퍼마켓 등은 적용이 용이하지만, 스포츠 용품 또는 가구점등 전문화된 점포에는 적용이 어렵다는 한계가 있다.

30 지구 중심형(=커뮤니티형) 쇼핑센터
1. 입지 특성: 상권 및 인구는 반경 약 2~5km로 인구는 6~10만 명 정도이고, 내점 수단은 도보 50%, 자전거 15%, 승용차 20%, 교통기관이 15%이다. 고객층은 뉴패밀리층과 샐러리맨층이며, 통행량은 평일 약 1만 명 선으로, 일요일과 휴일은 고객이 급증하는 특징이 있다.
2. 구매 특성: 구매 관습과 동기는 주 1회, 월 2~4회 정도이다. 상품구색과 품질의 양호성 · 다양성 · 신뢰성이 있을 때 단골점포에서 구매하고, 구입 상품은 주로 준고급품과 준유행상품이다.
3. 상업지의 상업기능: 상업 형태는 지구형 쇼핑센터 · 각종 체인점이고, 편의품점 · 선매품점 · 음식점의 혼합 및 복수화로 구성되어 있으며, 업종 구성은 선매품점 20%, 편의품점 40%, 음식점 30%, 기타 서비스점이 10% 정도이다.

31 우리나라 대형 쇼핑센터의 입지 특성
1. 기존의 입지: 기존에는 대형 쇼핑센터가 거의 없다시피 했었다. 서울 종로 2가에 위치한 화신백화점이 근대적 대형 쇼핑센터의 효시라고 한다. 당시에는 지가나 교통의 혼잡성 등이 높지 않아 이러한 문제점이 잘 발견되지 않았다.
2. 현대의 입지: 도심지역의 지가 상승과 폭발적인 인구 증가로 인하여 비교적 적은 면적에 고층화한 대형 백화점이나 쇼핑센터들이 생기게 되었다. 하지만 도심중심지역에 위치함으로 인하여 교통난이 심각하게 발생하였으며, 이런 결과로 매연의 증가로 인한 환경오염이 심각하게 발생하게 되는 원인이 되었다.
3. 미래의 입지: 소득 수준의 향상으로 1가구 1차량 소유가 현재의 상황이므로, 서울 인근 지역에 쇼핑센터의 발전을 이룩할 수 있는 입지를 효율적으로 선정해야 한다.

32 노면독립입지에 적합한 업종으로는 특정 입지 안에 직접 경쟁하는 점포가 비교적 적어야 하고, 통행인들에 대하여 가급적 가시성이 높은 영업이나 위치에 있어야 한다. 또한 점포 경영자가 점포의 간판, 영업시간, 상품구색에 대해 결정권을 가지고 있는 영업이어야 한다. 대규모 자본을 투자하여 다른 업체와 확실한 비교 우위를 설정하여 고객 스스로 찾아올 수 있도록 할 수 있는 서비스와 시설 규모가 갖춰진 업종이 적합하다.

33 복합용도 개발의 기능
1. 주거기능
㉠ 도심 재개발에 적용될 경우 도심 공동화 현상을 방지하며 도심을 재생시키는 데 이바지한다.
㉡ 정책적인 차원에서 주거기능을 수용하도록 장려한다.
㉢ 다른 기능들에 비해 투자비가 많이 소요되는 반면, 수익성이 낮다.
2. 업무기능
㉠ 업무기능은 다른 기능과 결합되어 상승하는 효과가 있다.
㉡ 복합용도 개발에서 업무기능은 상호 경쟁적이다.
㉢ 특별한 내부 시설의 구비 없이도 건물 내에 수용이 가능하다.
3. 상업기능
㉠ 건물 내에 다른 이용자가 있다.
㉡ 이러한 이용자로 하여 상권이 형성되고 있으므로 유리하다.
4. 호텔기능
㉠ 건물의 이미지를 창조한다.
㉡ 호텔을 이용하는 자들의 야간 이동 인구를 확보하게 된다.
㉢ 경제적 측면에서 가장 수익성이 높은 기능이다.
5. 부가적 기능
㉠ 음식점 등을 판매하는 상점가를 형성할 수 있다.
㉡ 스포츠시설의 입주가 가능하다.
㉢ 오락실 등의 위락시설 등이 존재한다.
㉣ 우체국, 은행 등의 공공시설 등이 있다.
㉤ 극장이나 전시실 같은 문화시설이 있다.

34 의류패션 전문점은 백화점보다 더 인기가 있는 곳이라 생각되는 곳에 주로 위치한다. 입지는 주로 중심 상업지역(CBD), 중심 상업지역 인근 쇼핑센터, 의류 전문센터 등이 가장 유리하다.

35 운영은 24시간 영업, 연중무휴, 주거지 근처에 위치, 식료품이나 일용잡화를 취급하며, 간혹 독자적으로 개발된 자체 상표로 다양성을 추구하는 것은 편의점(CVS;Convenience Store)의 설명이다. 우리나라에서는 1989년 5월에 국내에 개점한 세븐일레븐이 편의점의 시초이며 국내 편의점으로는 GS25, Buy the way, 스파매트로, 진로 베스토아 등이 있으며, 외국 브랜드의 국내 영업 편의점으로는 훼미리마트, 로손, 써클K, 미니스톱, 세븐일레븐, AM · PM 등이 있다.

36 도심 입지는 최근에 부도심과 외곽도심의 급격한 발달, 중상류층의 거주지역 이전, 교통체증 등의 원인으로 과거와 같이 고객유인력이 없다.

37 특정지역에 관한 소비자의 라이프스타일 분석은, 시장세분화를 위한 중요기준이며 상권분석 단계에서 고려해야 할 분석요소로도 보아야 한다.

38 라일리(William J. Reilly)의 소매 인력법칙(low of retail gravitation)에서 두 경쟁도시 혹은 상업시설 A, B 그리고 이들의 중간에 위치한 소 도시 혹은 상업시설 C와의 관계는 A, B도시(상업시설)가 끌어 들일 수 있는 상권범위는 해당 도시(상업시설)의 인구에 비례하고 도시(상업시설) 간의 거리의 제곱에 반비례한다.

39 MEP는 IRS의 단점을 보완하는 지표로서, 거주자들이 지역시장 외에 다른 시장에서의 쇼핑 지출액을 추정하여 계산이 가능하다.

40 포화지역 상권은 고객에게 우수한 상품과 서비스를 제공하며, 경쟁 소매업체들이 이익을 많이 남길 수 있으므로 소매업체들은 이 지역이 매력적이라고 생각한다.

41 유추법은 자사의 신규점포와 특성이 비슷한 기존의 유사 점포를 선정하여 그 점포의 상하 범위를 추정한 결과 자사점포의 신규 입지에서의 매출액, 즉 상권 규모를 측정하는 데 이용하는 방법이다.

42 인구 구조의 변화를 살펴보면 연령별로 인구의 구조가 어떻게 형성되어 있으며 어떠한 계층의 인구가 가장 많은지를 파악하는 것은, 연령별 세분시장의 동향을 파악하는 데 중요한 요인이 되고 있다.과거에 우리나라의 인구 구조는 피라미드 구조였다. 특히 1950~1960년대 한 가구의 5~6명씩의 인구 구조는 피라미드 구조의 전형이었다. 하지만 지금은 종형으로 바뀌었는데, 이러한 전체적인 인구 구조의 변경사항은 새로운 시장의 탄생과 기존 시장의 쇠퇴를 말한다고 할 수 있다.

43 문제의 방법은 모두 신규점포에 대한 분석 방법이고, 기술적(서술적) 방법에 의한 상권 분석은체크리스트(checklist)방법이다.

44 업종이 같다고 하여 모두 경쟁업체가 되는 것은 아니다. 상품 분석을 세분화하여 상호 간에 주력상품이 다르다면 이는 양립할 수 있는 업체로 볼 수 있으며, 이를 통하여 소매업의 시너지 효과를 창출할 수가 있고, 상품을 세분화하여 경쟁점과 상생할 수 있도록 차별성과 양립성을 동시에 추구해야 한다.

45 타임페어법
1. 점포에서 역까지 전철과 버스노선별 소요시간 및 요금을 조사하여 상권을 파악하는 방법이다.
2. 타임페어법은 소비자들의 이용도가 높은 교통수단일수록 조사 방법에 유리하다.

제3과목 유통 마케팅(46~70)

a.n.s.w.e.r

46	①	47	④	48	①	49	③	50	⑤
51	③	52	⑤	53	①	54	②	55	③
56	②	57	④	58	①	59	④	60	⑤
61	①	62	①	63	⑤	64	①	65	④
66	②	67	⑤	68	①	69	①	70	②

46 배색(配色)은 맑은 색에서 탁한 색 순으로 배열하고, 밝은 색에서 어두운 색 순으로 배열하며, 옅은 색에서 짙은 색 순으로 배열한다. 명도 차이가 높은 색끼리의 배색은 경쾌하고 가벼운 느낌을 준다.

47 직장 외 훈련(Off-JT : Off-the-job training)
1. 직장외 교육훈련은 연수원이나 교육원 등과 같은 곳에서 받는 집합교육을 말하며 많은 종업원에게 훈련을 시킬 수 있다.
2. 교육훈련은 교육훈련을 담당하는 전문가 및 전문시스템에 의해서 교육훈련을 실시하기 때문에 훈련효과가 높다.

48 방문 판매사원을 이용한 방문 판매는 가장 오래된 역사를 가진 무점포형 소매업으로 국내의 경우 조선시대에 집집마다 돌아다니며 신변잡화류를 판매하였던 방물장수가 효시이며 봇짐장수와 등짐장수로 구분되는 보부상은 임방을 구성하여 전국 각지의 장시를 돌며 지역 간의 상거래를 수행하던 방문판매 사원이다.

49 유통과 제조가 협력하여 개개의 상품을 관리하는 것이 아니라 상품별 카테고리를 관리하는 경영기법을 말하는 것으로 카테고리 매니지먼트(CM, category management)에서 말하는 카테고리는 구매인식의 단위 (라면, 빵, 사이다 등)를 말하는 것이다.

50 카테고리 킬러(Category Killer ; CK)는 깊이 있는 제품구색, 우수한 고객서비스, 고가격의 점포특성을 가지는 전문점과 차별되며, 어느 정도의 깊이를 가진 다양한 상품군들을 취급하는 할인점 및 양판점과도 차별화되는 점포형태이지만 매장은 할인점과 비슷하다.

51 범주(등급)구분의 기준이 되는 재고가치는 제품의 단가에 일정기간의 사용분을 곱하는 방식과 재고관리를 위한 ABC 분석기법과는 관련이 없다.

52 고객이 관심 있게 전자레인지를 보고 있다면 구매를 할지 안 할지를 아직 결정하지 않은 것이다. 따라서 이 경우 제품의 기능을 설명한다면 고객은 구매에 좀 더 긍정적으로 변하게 될 것이다.

53 제조업체가 유통가격을 결정하는데 있어 푸시(push)가 풀(pull) 브랜드보다 유리한 측면이 있지만 풀 마케팅 전략(pull marketing strategy)을 추구하는 기업이라면 풀이 더 우리하다.

54 유통업자브랜드(distributer's brand)는 유통업자가 자체적으로 제품기획(product planning)을 하고 제조(혹은 위탁제조)하여 브랜드를 결정하는 것을 말하는데, 이는 PB(private brand)라고 불린다. PB제품도 우수하다면 브랜드화가 될 가능성이 아주 높다.

55 상품의 넓이 또는 폭(goods width)은 상품의 종류가 많다는 것을 의미하며 해당제품 내의 다양한 브랜드의 수를 말한다.

56 소매업자의 임의적인 매가 결정으로 시장가격이 형성되는 경우에는 제조업자가 정가를 결정하여도 그것이 이행되지 않는 것이며, 이 경우는 일용품의 판매에서 흔히 이용되고 있다. 상품의 공급량이 일시적으로 수요에 응할 수 없을 경우에는, 공급되는 상품량이 일시적으로 과소 또는 과대하여 그 수요에 적응할 수 없게 될 때이다. 이 경우 일시적으로 비정상적인 시장가격이 형성된다.

57 모바일 커머스란 휴대용 정보 통신 단말기인 휴대폰이나 PDA를 이용한 판매방식의 총칭으로서 대부분의 이용한 무선 인터넷을 통해 이루어지는 정보, 서비스, 재화에 대한 금전적 거래를 의미한다. 모바일 커머스는 사용자가 언제나 휴대하고 있으며, 접속되어 있는 상태이기 때문에 사용자에게 푸시(push)형 서비스를 제공하는 데 유리하다. 최근 무선 인터넷이 가능한 단말기를 보유한 가입자가 급속도로 늘어남에 따라 모바일 커머스 사용자 비율도 급성장하고 있다.

58 가치가격 결정법(value pricing)은 경제 위기를 겪은 후 우리나라 소비자들의 주류 소비행태가 전반적으로 제품의 가격과 품질을 고려한 '가치'를 의사결정 기준으로 삼는 합리적인 소비행태로 변화하고 있는 시장 상황에서 가장 적합한 제품 가격 결정 방법이라고 할 수 있다. 가치에 기반한 가격결정(value based pricing)에서는 판매자의 원가보다 구매자의 가치지각을 더욱 중요시 한다.

59 소비자가 상품 구매에 있어 그 상품에 대한 상당한 지식을 보유하고 있으며 상품에 대한 선호도가 강하고, 특히 전문가다운 판매원의 조언과 지도가 판매에 많은 영향이 있는 제품의 종류에는 포도주, 위스키 등 주류와 화장품, 고급 의류나 고급 가구 등의 하이 패션품, 피아노, 스테레오, 시계, 고급 자동차 등이 있으며 이를 전문품(speciality goods)이라고 한다.

60 기업경영자는 우선적으로 현 사업단위들의 성과를 향상시킬 수 있는 추가적인 기회가 있는지 검토해야 하며 이러한 새로운 집중적 성장 기회를 조사할 수 있는 유용한 도구로서 가장 많이 활용되는 제품/시장 확장 그리드(product/market expansion grid)모형으로 앤소프(Ansoff)에 의해 제시되었다.

61 점내 진열(Interior display)

1. 상품을 판매하기 위해 구체적으로 상품 구역별로 진열대에 진열하는 점내 진열의 구성 요소는 소비자의 구매 심리라는 관점에서 심리적인 프로세스는 '주의 → 연상(連想) → 욕망 → 비교 → 확신 → 결정'의과정을 거치게 된다.
2. 고객이 점내에 진열된 상품을 자유롭게 바라보고 자유롭게 만져보고 연상하면서 상품 가격과 타상품과의 비교를 통해서 구매 결정을 할 수 있도록 진열해야지 단지 상품의 가치를 높이려고 진열을 하는 것은 아니다.

62 자산수익률은 소매업체가 자산에 대한 투자로부터 얼마나 많은 이익이 발생할 수 있는지를 나타내 주는 개념이다. 얼마나 많은 이익이 소매업체의 자산으로부터 발생할 수 있는지를 나타내며 순이익을 총자산(평균자산)으로 나눈 값이다.

63 데이터베이스 마케팅(database marketing)이란 고객과 관련된 다양한 정보들을 수집, 정리한 데이터를 바탕으로 하며 정보통신기술을 활용하여 고객에 대한 과학적인 정보를 수집/정리/평가에 활용하고자 하는 마케팅으로서 특히 개별고객의 구매행태를 파악하는 것이 매우 중요하다. 정보통신서비스 제공자는 이용자가 필요한 최소한의 개인정보 이외의 개인정보를 제공하지 아니한다는 이유로 그 서비스의 제공을 거부하여서는 아니 된다. 이 경우 필요한 최소한의 개인정보는 해당 서비스의 본질적 기능을 수행하기 위하여 반드시 필요한 정보를 말한다.

64 윈도우 진열은 점포에 대한 고객의 흡인력(吸引力)을 창조하고 점포 품격을 향상시키는 것이 주 목적이기 때문에 특선품 구역이라 할 수 있다.

65 구매결정(purchase)단계에서는 소비자는 여러 대안을 평가한 후에 가장 선호하는 브랜드나 제품을 선택하게 되는데 최종구매의 단계에서도 상황적인 요인이나 주변사람들의 그들 브랜드나 제품에 대한 태도 때문에 최종선택을 미루거나 바꾸는 일이 발생한다.

66 목표이익 BEP= $\frac{\text{FC+목표이익}}{\text{UCM}} = \frac{\text{2억+1억}}{50{,}000-30{,}000}$ =15,000개

67 전화, 우편주문 카탈로그, 키오스크 온라인 등의 마케팅 도구를 이용한 것은 다이렉트 마케팅이라 한다.

68 판매자는 미시마케팅을 이용하여 세분 시장 간 차이를 무시하고 넓은 표적시장을 선정할 수 있다.

69 공정성(公正性)은 공평하고 올바른 성질을 말하는 것으로 상품의 품질을 결정하는 판단기준 및 개별 속성측면에서는 상품의 효용을 있는 그대로 설명하는 것이다.

70 직선구성을 한다는 것은 제품의 동질성을 강조하는 것이고, 상품 하나하나의 특성을 살릴 수 없는 내용이다.

제4과목 유통 정보(71~90)

a.n.s.w.e.r

71	④	72	①	73	③	74	①	75	③
76	④	77	④	78	②	79	⑤	80	①
81	④	82	④	83	④	84	①	85	③
86	③	87	④	88	⑤	89	①	90	⑤

71 경영자들에게 "필요한 정보를 제공하는 것" 못지않게 "필요 없는 정보를 제공하지 않는 것"이 중요한 것은 인간의 정보처리능력을 초과하는 경우에는 정보과부하가 일어나게 되어 반응률이 오히려 감소하기 때문이다.

72 의사결정이란 가장 바람직한 상태를 달성하기 위하여 하나 또는 그 이상의 대안 중에서 가장 유리하고 실행 가능한 최적대안을 선택하는 의

식적 과정이라고 정의할 수 있다. 기업은 기업의 목표설정과 목표달성을 위해 선택 가능한 여러 대안 가운데서 하나를 합리적으로 선택하고 결정하는 개인, 조직, 단체, 기업의 제반 활동 및 행동을 말한다.

73 ① Quiet Zone

㉠ 바코드(Bar Code)를 보면 시작 문자 앞과 끝 문자의 뒤에 여백이 있는데 이 여백 부분을 말한다.

㉡ 바코드의 시작과 끝을 명확하게 구현하기 위한 필수적인 요소라고 할 수 있다.

㉢ 바코드 심벌 좌측 공간을 전방 여백, 우측 공간을 후방 여백이라 한다.

② Start/Stop Character

㉠ 시작 문자(Start Character) : 심벌의 맨 앞부분에 있는 문자 로서 데이터의 입력 방향과 바코드의 종류를 스캐너에 알려주는 기능을 수행한다.

㉡ 멈춤 문자(Stop Character) : 바코드의 심벌이 끝났다는 것을 알려 주어 바코드 스캐너(Scanner) 양쪽 어느 방향에서든지 데이터를 읽을 수 있도록 가능하게 해준다.

④ Symbology

㉠ 각 나라마다 고유의 언어(한글, 영어, 불어 등)가 있듯이 바코드에도 여러 언어가 있는 것을 말한다.

㉡ 동일 Data라 할지라도 Symbology에 따라 Bar와 Space의 조합패턴이 다르게 표현되는데 이러한 독립된 바와 스페이스의 조합 패턴을 하나의 심벌이라 한다.

74 CAO(Computer Assisted Ordering)는 유통 소매 점포의 기반 시스템으로 한 자동 발주 시스템으로서 실제 재고가 소매 점포에서 설정한 기준치 이하로 떨어지면 자동으로 보충 주문이 발생되는 것을 말한다

75 경쟁자 관련 데이터는 기업 외부 데이터의 유형에 해당한다.

76 GS1-8

1. 규모가 적은 제품에 바코드를 부착하기 위해 고안된 체계이다.
2. 전체적으로 8자리 수로 표현된다.
3. 국가 번호 3문자, 제조업체 번호 3문자, 상품 번호 1문자, 검증 문자 1문자로 구성되어 있다.

77 비밀키 암호화 기술에서는 상대적으로 키 분배가 어렵지만 공개키 암호화 기술에서는 안전한 키 분배가 용이하다.

78 e-비즈니스시대의 IT산업의 발달로 인해 마케팅전략에 있어서 소비자 대상이 불특정 소비자에서 특화된 소비자로 전환되고 있다.

79 크로스 도킹(Cross Docking)크로스 도킹은 배달된 상품을 수령하는 즉시 중간 저장 단계가 거의 없거나 전혀 없이 배송지점으로 배송하는 것을 말한다. 즉, 받은 상품을 창고에 저장하지 않고 곧바로 소매점포로 배송하는 물류시스템이다.

80 CPFR(Collaborative Planning Forecasting and Replenishment)은 협업설계 예측 및 보충이라고 하며, 유통과 제조업체가 정보교환 협업을 통하여 유통총공급망(SCM)에서의 정보의 흐름을 가속화하여 재고를 감소시키는 경영전략이자 기술이다.

81 EDI의 의의

1. EDI(Electronic Data Interchange)란 선적요청서(S/R), 주문서(P/D), 상업송장(C/I) 등의 기업간에 교환되는 서식이나 수출입허가서(E/L 및 I/L), 수출입 신고서(E/D 및 I/D), 수출입 허장(E/P 및 I/P) 등 기업과 행정관청 사이에서 교환되는 행정서식을 일정한 형태를 가진 전자 메시지를 변환 처리하여 상호간에 합의한 통신 표준에 따라 컴퓨터와 컴퓨터 간에 교환되는 전자문서 교환 시스템을 의미한다.
2. EDI는 국내 유통거래, 원격 교육, 원격 행정업무, 원격 의료 서비스, 홈 쇼핑 및 홈 뱅킹 등 다방면에 걸쳐 이용할 수 있는 전자 통신 방식을 의미하며, 통신망은 주로 VAN 통신망을 이용한다.

82 비자캐시, 몬덱스, 아방트, 프로톤, 덴몬트 중 몬덱스는 개방형이고, 나머지는 폐쇄형의 방식을 채택하고 있다.

83 에스크로(escrow)는 전자상거래의 안전성을 높이기 위한 제도를 위해 거래 대금을 제3자에게 맡긴 뒤 물품 배송을 확인하고 판매자에게 지불하는 제도이다. 상품이 구매자에게 도착해 구매 확정 확인을 받으면 비로소 중개 서비스 회사가 판매자에게 대금을 지불하게 된다. 에스크로 서비스는 전자상거래가 활성화되면서 소비자의 피해를 최소화하기 위해 도입된 제도로 대부분 오픈 마켓을 운영하는 업체들은 이 제도를 도입, 운영하고 있다. 원칙적으로 모든 현금결재거래에 대해서는 에스크로 서비스 적용이 의무화 되어 있다.

84 RFID는 이동 중에도 인식이 가능하며 다수의 태그(tag)를 동시에 인식하는 것이 가능하다.

85 외부 데이터의 유형

1. 기술 정보 : 생산기술, 공정기술, IT기술, 솔루션, 처리기술, 표준기술 등
2. 경제 환경 정보 : 각종 경제지표, 경기 동향, 환율, 증시, 부동산, 무역수지 등
3. 고객 정보 : 상권 분석, 인구 분석 통계, 소비자 심리 조사, 구매 패턴 조사, 수요 조사 등
4. 경쟁사 정보 : 신상품 정보, 시장 점유율, 마케팅 정보, 고객관리 정보 등
5. 사회 문화 정보 : 이혼, 종교, 세대 차이, 문화 관련 정보 등
6. 정치 환경 정보 : 법률 정보, 규제 정보, 기관 정보, 표준 정보, 선거 정보 등

86 ECR(Efficien Consumer Response ; 효율적 고객 대응)은 1990년대 초 미국에서 슈퍼마켓들의 매출신장률 저조의 해결방안으로 도입되었으며 소비자의 만족에 중점을 두고 공급사슬 효율을 극대화하기 위한 새로운 모델이다.

87 차량 위치 추적 시스템 (AVLS : Automatic Vehicle Location System)은 위성 위치 확인 시스템(GPS)과 무선 통신망 및 차량용 단말기를 이용, 차량의 현재 위치와 진행 방향 등 운행 현황을 중앙 관제 센터를 통해 실시간으로 음성과 문자로 운전자에게 전달하는 시스템. 지능형 교통 시스템의 물류 운영 시스템(CVO)의 핵심 분야로 축척별 전자 지도 제공과 GPS 위성의 위치 정보를 보정하는 맵 매칭(Map Matching) 기능을 지원함으로써 정확한 위치 측정이 가능하다. 대중 교통 시스템, 소방 지령 시스템, 물류 차량 통제 시스템, 버스 도착 시간 안내 시스템 등에서 활용된다.

88 정보의 관련성(Relevancy)에서 정보는 의사결정자에게 매우 중요하므로 의사결정자와 관련성이 있는 정보를 제공해야 한다.

89 e-Business 시대는 IT산업의 발달로 인해 마케팅전략에 있어서 소비자 대상이 불특정 소비자에서 특화된 소비자로 전환되고 있다. 유통업의 기본 개념이 상품유통위주에서 정보유통위주로 전환되고 있고, 시장지배체제가 제조업체 위주에서 유통업체 위주로 전환되고 있다. 문제에 발전 단계를 정보기술 응용력과 기업간 또는 기업과 고객간 파트너십 차원에서 살펴볼 때 가장 적합한 순서는 ①의 내용이 된다.

90 전자상거래를 성공적으로 수행하기 위한 인프라 구축으로 다양한 기업이 자유롭게 참여할 수 있는 환경 조성은 중요하지만, 수익성 향상을 위한 독점체제 구축과는 상관이 없다.

제 2 회 실전모의고사

본문 → P.079

제1과목 유통 · 물류 일반(01~25)

a.n.s.w.e.r

01	③	02	③	03	④	04	①	05	④
06	④	07	①	08	③	09	②	10	⑤
11	②	12	②	13	⑤	14	③	15	②
16	⑤	17	④	18	③	19	②	20	⑤
21	③	22	①	23	④	24	①	25	⑤

01 유통(Distribution)은 상업(Commerce)이나 마케팅(Marketing)과는 구분되는 내용이다. 유통의 본원적인 기능은 상품 및 서비스를 생산자로부터 소비자에게 이동시키는 것이다.

02 옴니채널(Omni-Channel)이란 온라인과 오프라인, 모바일 등 모든 쇼핑채널을 유기적으로 결합해 고객이 언제 어디서나 온 · 오프라인 채널을 넘나들며 구매하는 일관된 쇼핑을 경험하도록 하는 것을 일컫는다.

03 변동비 우위의 원칙은 제조업체에서는 고정비와 변동비를 구분할 때 고정비(fixed cost)가 차지하는 비중이 변동비(variable cost)보다 크기 때문에 생산량이 증가할수록 단위당 생산비용이 감소하는 규모의 경제에는 유리하다. 하지만 유통분야에서는 제조업과는 다르게 변동비의 비중이 상대적으로 커서 제조분야와 유통분야를 통합하여 판매하여도 큰 이익을 기대하기 어려우므로, 무조건 제조분야와 유통분야를 통합하여 대규모화하기 보다는 제조업자와 유통기관이 적당히 역할을 분담한다면 비용면에서 훨씬 유리하다는 원칙이다.

04 고객서비스 구성요소는 주문인도시간(Order cycle time),재고 가용률(Stock availability),주문크기의 제약(Order-size constraints), 주문의 편리성(Ordering convenience),배송빈도(Frequency of delivery),배송 신뢰도(Delivery reliability),문서의 품질(Documentation quality), 크레임 처리 절차(Claims procedure),주문의 완전성(Order completeness),기술적 지원(Techical support), 주문현황정보(Order status information)등이 있으며, 문제의 내용은 재고가용률에 대한 설명이다.

05 공급자와 소비자가 1: 1 방식이 아닌, 1: 多의 구매방식으로 거래를 하게 되고, 소비자의 관심과 참여가 거래의 성사는 물론 가격에까지 영향을 미치고 있다.

06 일정한 범위 내의 상권에서는 정해진 수의 소매점으로 하여금 오로지 자신이 만든 제품만을 취급하게 하며, 일정한 인센티브제도를 도입하는 것은 전속적 유통경로의 내용을 설명하고 있는 것이다.

07 e-SCM은 고객 그리고 기업 내부의 다양한 욕구를 만족시키고 업무의 효율성을 극대화하려는 전략적 기법이라고 할 수 있다. e-SCM을 도입한다고 하여 유통경로상의 갈등을 해소한다고 어렵다.

08 한정 서비스형 도매상 중 현금무배달 도매상(cash and carry whole- saler)은 신용판매가 아닌 현금지불을 조건으로 하며, 배달을 하지 않는 대신 싼 가격으로 소매상에게 상품을 공급한다.

09 적응행동 이론(Adaptive Theory)은 소매 변천 원인을 환경적 변수에서 찾고 있는데, 소매기관을 둘러싸고 있는 환경변화(소비자의 구매행동, 구매욕망, 과학기술, 환경 등)에 가장 효율적으로 적응할 수 있는 소매상만이 살아남아 번창한다는 자연도태설에서 추출한 이론으로, 환경에 적응하는 소매상만이 생존 · 발전하게 된다는 이론이다.

10 연기-투기(postponement-speculation)이론으로서 경로구성원들 중 누가 재고보유에 따른 위험을 감수하느냐에 의해 경로구조가 결정된다고 보는 이론으로서 유통경로에서 연기가 투기를 지배한다면 제조업자가 직접 소비자에게 상품을 전달할 것이므로 유통경로는 짧아지고 반대는 길어진다.

11 일반 소비재 시장에서 대형화된 소매업체의 대부분은 대형유통업체를 말하는 것이다. 즉, 백화점은 선매품(選賣品)을 중심으로 편의품에서 전문품에 이르기까지 다양한 상품 구색을 갖추고 대면(對面) 판매하지만 취급품목 대부분이 선매품이 중심을 이루고 있다.

12 창고 형태로 점포를 운영함으로써 DS보다 더 싼 가격으로 판매하며, 안정된 매출 확보를 위하여 회원제 도입, 상자 및 묶음 단위로 판매하는 것을 원칙으로 하는 것은 회원제 도소매점(MWC:Membership Whole- sale Club)의 내용이다.

13 도매상과 소매상은 재화나 서비스(Goods and Service)의 소유권을 이전하기 위한 여러 가지 활동을 하며, 거래처를 결정하고 상품을 선택하며 가격을 정함과 동시에 대금의 지불 방법을 수반하게 된다. 이러한 소유권 이전 기능은 유통의 가장 기본적인 매매 기능이라고 할 수 있다.

14 프랜차이지는 프랜차이저의 상호 등을 사용하는 권한을 갖기 위해 가입금, 보증금, 로열티 등을 지불하고, 프랜차이저의 경영지도와 지원으로 양자 간의 계속적인 관계가 유지된다.

15 최근 급격한 발전을 보이고 있는 드럭 스토어(Drug Store)는, 화장품이나 건강보조식품 위주로 판매하는 헬스&뷰티 스토어로 발전하고 있는 내용이 국내 상황이다.

16 경로집약도(channel intensity)와 관련하여 경로설계자가 선택할 수 있는 경로커버리지 대안으로 크게 집약적 유통, 선택적 유통, 전속적 유통 시스템을 들 수 있다. 프랜차이즈 유통은 해당되지 않는다.

17 최근에는 유통기한 대신 소비기한을 표시하는 방안이 검토되고 있다.

18 매장면적의 합계가 3천제곱미터 이상의 대규모점포를 운영하는 업체는 2013년 이후에 유통관리사자격증을 가진자를 정규직 종업원의 10%이상을 고용하고 있어야 한다는 것은 권고사항이다.

19 제2자 물류(Two party Logistics; 2PL)는 물류업무를 자회사에 맞기는 것을 말한다.

20 계절 특수품에 대한 선(先) 구매량을 확대하는 것은 단순히 미리 구매한다는 것 의미 이외에는 다른 것이 없다.

21 일단 목표시장(소매업계)에서 받아들여지면 이 새로운 소매기관은 고급화 과정에 접어든다. 차별화를 위해 세련된 설비와 서비스를 더해가고, 고가격, 고비용, 높은 서비스의 소매점으로 전환된다는 이론은 소매업 수레바퀴 가설(The Wheel of Retailing Hypothesis)이론의 내용이다.

22 ABC 관리 기법은 20/80의 원칙을 응용하여 재고자산을 각각의 특성에 따라 세 그룹으로 나누어 각기 다른 재고관리 방법을 적용한다.

23 독점적 경쟁(Monopolistic Competition)은 각 공급자의 생산물 사이에 질이나 가격이 차이가 있을 때, 우수한 물품이 어느 정도의 독점력을 가지게 되는 상태의 경쟁을 말한다. 독점적 경쟁시장은 진입과 퇴출이 자유롭고, 다수의 기업이 존재하며, 개별기업들은 대체성이 높지만 차별화된 재화를 생산하는 시장형태이다.

24 사업자는 스스로의 권익을 증진하기 위하여 필요한 지식과 정보를 습득하도록 노력하여야 한다. 는 내용은 소비자기본법의 권리 8가지 중의 하나로 정확하게는 '소비자 스스로의 권익을 옹호하기 위하여 단체를 조직하고 이를 통하여 활동할 수 있는 권리'가 있다.

25 진열해 준 제품이라도 판매가 된 제품에 대해서만 값을 치르고, 팔리지 않은 제품은 반품도 가능한 것은 진열장 도매상(rack jobber)의 내용이다.

제2과목 상권 분석(26~45)

a.n.s.w.e.r

26	③	27	③	28	①	29	②	30	①
31	④	32	⑤	33	④	34	⑤	35	③
36	①	37	④	38	③	39	①	40	④
41	②	42	②	43	①	44	③	45	①

26 상권변화는 기존의 상가 및 점포 사이에 새로운 상가나 점포가 들어서거나 소비자들의 위치가 변화하는 것, 대형할인점, 백화점, 지하철의 등장, 버스터미널 및 정류장의 형성 및 이전, 관공서 · 대규모 회사의 등장에 따른 것이다.

27 그 입지가 단독 입지인가 집합 입지인가를 결정해야 하는데, 특정의 출점입지를 선정하는 데에는 집합 입지로 결정한다.

28 한 번 설정된 상권은 고정적인 것이 아니라 소비패턴 · 생활패턴의 변화 및 실버계층수의 증가나 다양한 변화에 의해서도 상권이 변화를 하기에 상권은 변동적인 특징을 지니고 있다.

29 쇼핑센터는 도심 지역의 소비자들이 교외로 이전하면서 전문적인 개발업자에 의한 지역상황과 수요분석을 통해 규모 · 레이아웃 · 점포구성 · 만족 등이 계획적으로 개발 · 관리 · 운영되는 대표적인 집합형 소매점을 말한다.

30 지역시장의 점포포화(store saturation)란 기존점포만으로 고객의 욕구를 충족시킬 수 있는 상태를 의미한다. 따라서 소매 수요가 아무리 높다고 하더라도 기존 점포들 간의 경쟁이 매우 치열한 상황이라면 지역시장의 매력도는 낮아진다. 소매포화지수는 한 시장 내의 특정 소매업태의 단위 매장면적당 잠재수요를 나타낸다. 고소득층을 표적으로 해도 소득 외 다른요인 조사도 필요하다.

31 소비자가 직접 이동하는 경우에는 재화의 종류에 따라 소비자가 투자하는 시간과 비용이 바뀌게 되어 상권의 크기도 바뀌게 된다.

32 ㄱ, ㄴ, ㄹ, ㅁ, ㅂ는 모두 맞고, ㄷ만 틀린다. 상권은 단순한 원형의 형태로 구분도 하고 분석도 하고, 실무적인 측면에서는 아메바와 같이 정형화되지 않은 형태가 가장 일반적인 내용으로 본다.

33 독점형 형태적용 기법은 시장 프로필 조사, 공백(vacuum)기법, 상권 예측 등의 기법을 이용한다.

34 중심지이론은 '소비자들이 유사점포 중의 한 점포를 선택할 때 그 중 가장 가까운 점포를 선택하며', '중심성(centrality)의 크기는 인구규모에 비례한다'고 독일의 크리스탈러(Christaller)에 의해 1933년에 처음으로 제시되었다.

35 하버드 비즈니스 스쿨의 애플바움(Applebaum)이 제안한 것으로 그는 CST(Customer Spotting Technique)지도 또는 CIT(Customer Interview Technique)를 이용하여 상권을 결정하는 방법은 유추법(analog method)이다. 즉, 새로운 점포가 위치할 지역에 대한 판매 예측에 많이 활용되는 방법들 중 하나가 유추법이다.

36 레일리(Reilly)의 소매중력(인력)의 법칙에 의하면 두 경쟁 도시(A, B)의 중간에 위치한 소도시(C)의 거주자들로부터 끌어들일 수 있는 상권 규모는, 그들의 인구에 비례하고 각 도시와 중간(위성)도시 간의 거리 제곱에 반비례한다.

37 평당 년간 매출액을 기초로 산출하는 방식으로는 평당 연간판매액에 총평수를 곱하여 계산을 한다.

38 도매업이 소량분산생산구조이며 소비구조 또한 소수에 의한 대량집중소비구조라고 가정을 할 경우에는 분산 기능의 수행보다는 수집 기능의 효율적 수행을 위한 입지선정이 중요하다.

39 가. 상점 = $\frac{2,700}{3^2}$ = 300

나. 상점 = $\frac{6,400}{4^2}$ = 400

다. 상점 = $\frac{12,500}{5^2}$ = 500

① '가', '나', '다'의 상점의 이용가능성은 거리와 규모를 고려할 때 '다', '나', '가' 상점 순으로 선호된다.

40 맞벌이 가정은 소득이 상대적으로 여유가 있기 때문에 사치품에 대한 구매 가능성이 높은 반면에 시간은 부족하다. 이들을 대상으로 상품을 판매하려는 소매업체는 편리함과 시간절약을 강조하는 것이 우선조건에 해당한다. 따라서 시간의 제약을 받는 맞벌이 부부는 인터넷을 통한 각종 상품구매 등으로 인하여 무점포 소매업의 발전을 수반하게 될 것이다.

41 허프(Huff) 모형은 특정 지역에 거주하는 소비자가 특정 소매점에서 구매할 확률을 결정하는 것으로 소비자들의 점포 선택과 소매 상권의 크기를 예측하는 데 널리 이용되어 온 확률적 점포 선택 모형들 중 대표적인 모형이다. 허프 모형은 점포의 숫자와는 크게 관련이 없다.

42 시장점유율법(Market Share Approach) 또한 신규점포의 매출 예측 방법이다. 시장점유율은 시장의 총 잠재매출액 중에서 점포가 차지하는 매출비율이며, '시장점유율=점포의 가구당 판매액/가구당 잠재 판매액'의수식으로 표현한다.

43 자사의 신규점포와 특성이 비슷한 기존의 유사 점포를 선정하여 매출액, 통행량, 구매력 비율, 객단가 등을 조사하여 상업계획지구의 수요를 추정하는 방법이다.

44 목적형 입지의 특징: 야외의 테마파크나 대규모 놀이시설은 고객들이 일부러 찾아오기 때문에 주도로에서 점포로의 접근이 좋아야 하며, 주차장이 크고 편리하여야 하므로 그러한 곳에는 주차관리원을 상주시켜야 한다. 예를 들어, 서울랜드나 에버랜드를 생각하면 연관성을 쉽게 찾을 수 있을 것이다. 또한일반 고객들이 이용하기에 편리하도록 주차장은 건물의 앞쪽에 위치하고 있으며, 그 시설을 이용하는 이용객들의 상황을 고려해 보면 거의 하루 일정으로 찾아오기 때문에 시간당 주차요금을 징수하여서는 안 되고, 1회 주차에 3,000원씩의 일반적인 기준을 정하는 것이 합리적이다.

45 기존 점포의 상권 분석에 대해서는 신규점포의 상권 분석에 비해 상권의 크기와 특성 등을 비교적 정확히 분석될 수 있다.기존 점포의 상권은 점포 내부자료 와 기타 다른 목적으로 수행된 조사 자료 등인 기업 내 2차 자료를 이용하여 측정이 가능하다.

제3과목 유통 마케팅(46~70)

a.n.s.w.e.r

46	③	47	⑤	48	②	49	④	50	④
51	②	52	④	53	②	54	④	55	⑤
56	①	57	⑤	58	④	59	④	60	①
61	⑤	62	②	63	③	64	④	65	④
66	④	67	⑤	68	④	69	①	70	⑤

46 전통적 마케팅의 개념에서는 복지라는 용어자체는 나올수 없다.

47 위조상품에 대하여 상표법과 부정경쟁방지 및 영업비밀보호에 관한 법률에서 정의하고 있다.

48 발신자는 대가를 지불하면서 인적 수단을 이용하여 소비자에 촉진을 하고 있는 것이다. 발신자는 대가를 지불하지 않는 촉진수단이 지불하는 것보다는 고객이 더 신뢰를 보일것이라 판단한다.

49 로열티(loyalty)란 특정한 대상에 대한 애착 또는 애정의 감정 상태를 말한다(영어 발음상 다른 단어인 royalty는 왕족이나 사용료라는 의미이니까 혼동하지 말자). 그럼 고객 로열티(customer loyalty)란 무엇일까? 단어 직역만으로 고객이 갖는 애착이라고 할 수도 있지만, 좀 더 구체적으로 풀어 쓴다면, 특정 상품이나 서비스에 대해 지속적으로 구매, 이용하려고 하는 의지 또는 몰입의 정도라고 볼 수 있다.

50 조직적요인으로는 목적, 정책, 절차, 조직 구조, 시스템을 들 수 있다

51 기업회계기준(GAAP)에서 재무회계의 작성목적은 외부정보 이용자들에게 효율적인 정보를 제공하는 것을 목적으로 작성된다. 반면에 내부관리자들은 관리회계 내용을 보고 의사결정을 하게 된다. 관리회계는 비교적 정확하게 물류비 계산을 할 수 있어 관리자의 의사결정에 이용되지만 재무회계는 그렇지 못하는 단점을 가지고 있다.

52 편의점은 공간적, 시간적인 측면에서는 편의를 제공하지만, 가격 면에서의 편의성 확보 즉 저렴성을 확보하는 것은 할인점과 같은 곳이다. 오히려 편의점은 가격이 할인점에 비하여 비싸다는 특징이 있다.

53 어떤 사람이든 직무를 수행할 때 권한과 책임, 의무를 가져야 하는데, 이때 이 세 가지의 그 범위는 같아야 한다는 원칙으로, 즉 직무에는 '책임 = 권한 = 의무'의 등식이 성립되어야 한다는 것을 직무의 3면 등가법칙이라 한다. 직권남용은 권한 외의 행위를 말한다.

54 산업재 유통업자(industrial distributor) 역할의 중요성이 확대될 가능성이 높다는 것은 소비재와 산업재의 특징에서 찾을 수 있다. 산업재는 대부분이 중간재 성격을 가지고 있어 가공품의 성격이 강하다. '대량일괄주문 경향이 늘어남으로써 유통업자(도매상 및 소매상)의 파워가 강화되고 있음을 볼 수 있다'는 내용은 소비재의 특징이다.

55 지수 평활법(Exponential Smoothing)은 가장 최근 데이터에 가장 큰 가중치가 주어지고 시간이 지남에 따라 가중치가 기하학적으로 감

소되는 가중치 이동 평균 예측 기법의 하나. 데이터들이 시간의 지수 함수에 따라 가중치를 가지므로 지수 평활법이라고 한다. 이 기법은 가장 최근의 예측 데이터와 주요 판매 데이터 간의 차이에 적합한 평활 상수를 사용함으로써 과거의 데이터를 유지할 필요성을 갖지 않는다. 이러한 접근 방법은 어떤 추세를 갖지 않거나 계절적인 패턴을 나타내는 데이터 또는 추세와 계절성을 모두 갖는 데이터에 사용될 수 있다

56 GMROI산식 = $\frac{\text{투자수익률}}{\text{평균재고자산}} = \frac{\text{2억7천}-\text{1억8천}=\text{9천}}{\text{3억6천만}} = 25.0\%$

57 상층흡수 가격정책(skimming pricing policy)은 신(新)제품의 가격 책정 이다.

58 현금 환불(cash refunds) 혹은 리베이트(rebates)는 제품의 정상가격에서 할인을 제공하는 것으로 동일하지만, 현금 환불(cash refunds) 고객이 구매하는 장소에서 곧 바로 가격할인이 제공 되지만, 리베이트(rebates)는 일정한 기한 후에 할인이 된다.

59 영업사원에게 소속감뿐만 아니라 수익성 및 안정성측면에서도 더욱 유리한 보상제도는 급여제(straight salary plan)를 적용해야 한다.

60 상품의 분류는 상품의 원천(源泉), 용도, 배급경로의 차이에 따라 먼저 분류를 하며, 이후 점포 레이아웃의 전제 조건은 부문별로 상품을 적정하게 할당 및 배치하고, 전체적인 레이아웃을 결정하며, 각 매장에 할당된 공간의 규모를 결정해야 한다.

61 특정대상에 대한 관여의 정도가 높아지면 (고관여 : high involvement level) 대체로 구매의사 결정시 긴 과정을 거치고, 관여의 정도가 낮으면 (저관여 : low involvement level) 그 과정은 비교적 짧아진다. 고관여 제품들의 경우 저관여 제품들에 비해 실질적인 브랜드차이가 상대적으로 높은 제품들이므로 차별화의 중요 수단인 광고를 통하여 경쟁사의 제품과 차별성을 갖게 하는 것이 더욱 중요하다.

62 점포레이아웃은 소비자의 본능적 행동양식과 업종 및 업태 그리고 점포규모에 따라 적절하게 응용하여 매장의 입구 쪽에는 가격단가가 낮은 상품을 안쪽으로 들어갈수록 가격단가가 높은 상품을 배치하는 것이 일반적이다.

63 특정 상품에 집중하는 경향이 강하다고 할 수 있는 것은 업종(type of Business)이라 할 수 있다.

64 판매촉진(Sales promotion)은 최종고객이나 경로상의 다른 고객에 의해 관심, 사용(trial), 구매를 자극하는 촉진활동을 말한다. 이는 소비자, 중간상, 기업자신의 종업원을 겨냥한 것이다. 다른 촉진 수단인 광고, 홍보, 인적 판매등과 비교하여 판매촉진은 보통 빠르게 시행되고 더 빠르게 결과를 얻게 된다. 실제로 대부분의 판매촉진 노력은 즉각적인 결과를 낳도록 설계되지만 실질적인 혜택과는 거리가 있다.

65 서비스란 제품 판매를 위해 제공되거나 판매에 부수적으로 제공되는 행위, 편익, 만족이라고 미국 마케팅협회(AMA)에서 정의하고 있다. 서비스는 소비자가 요구하는 주관적 효용인 만족이나 편익을 제공하는 것을 말한다. 따라서 서비스 품질 투자는 재무적으로 측정될 수 있다.

66 기업이 보유한 경영자원의 희소성을 극복하고자 하는 욕구 때문이라면 다각화 보다는 집중화전략이 더 적합할 것이다.

67 적색품(red goods)은 긴 경로와 대중매체를 통한 촉진, 황색품은 짧은 경로와 폐쇄회로형 매체를 활용한 촉진이 적합하다고 한다.

68 일반적으로 점포의 점내(店內)에서는 조도(照度)를 통해 상품의 인상도를 높이는 동시에 가격표나 쇼 카드를 명시하여 구매에 대한 흥미를 야기하는 역할을 수행하며, 점내를 따뜻하고 쾌적하게 하여 룸의 분위기를 연출하게 된다. 즉, 조명의 역할은 점내에 고객 유인, 상품에 대한 고객 유인, 상품 선택의 유인이 주요한 내용이다.

69 매력있는 진열, 신뢰감을 갖는 진열, 빈틈없는 진열이라는 세 가지 요인을 충분하게 고려하여야 한다. 따라서 특선품 구역으로 간주할 수 있으며, 통행객과 아이 쇼핑 고객에게 주의를 환기하고 흥미를 갖게 하여 매력과 신뢰감을 줌으로써 소비자들의 시선과 동선을 점내로 유도할 가능성을 부여하기에 중요한 요소는 점두 진열(Store-front display)의 내용이다. 그리고 점내 진열(Interior display)은 상품을 판매하기 위한 구체적 진열이다. 상품 구역별로 진열대에 진열하는 점내 진열의 구성 요소는 소비자의 구매 심리라는 관점에서 심리적인 프로세스는 '주의 → 연상(連想) → 욕망 → 비교 → 확신 → 결정' 과정을 거치게 된다.

70 순수한 온라인 기업 즉, 닷컴이라는 기업들의 탄생은 온라인 마케팅에서 그 의미와 역할이 중요하게 작용하고 있다.

제4과목 유통 정보(71~90)

a.n.s.w.e.r

71	①	72	③	73	④	74	③	75	②
76	④	77	④	78	④	79	⑤	80	②
81	④	82	⑤	83	③	84	②	85	①
86	④	87	④	88	②	89	④	90	②

71 일어난 사건이나 사상을 사실 그대로 기록한 것으로 숫자, 기호, 문자, 음성, 그림, 비디오 등으로 표현하는 것은 자료(Data) 이고, ②③④는 지식, ⑤는 모든 이치를 빨리 깨우치고 사물을 정확하게 처리하는 정신적 능력은 지혜(Wisdom)이다.

72 e-Business는 공급 사슬을 통하여 고객의 요구에 대한 정보가 전달되기 때문에 보다 정확한 예측과 속도를 더욱 빠르게 할 수 있다. 즉 향상된 예측과 보다 정확한 고객요구의 관점은 수요와 공급을 더욱 잘 조절할 수 있게 해 준다. 즉 적정재고를 보유함으로서 제품에 대한 가용성을 향상 시킨다.

73 바코드는 두께가 서로 다른 검은 막대와 흰 막대의 조합을 통해 숫자 또는 특수기호를 광학적으로 쉽게 판독하기 위해 부호화한 것으로, 이것을 이용하여 정보의 표현과 정보의 수집, 해독이 가능하게 된다. 바코드는 컴퓨터 내부 조직의 기본인 0과 1의 비트로 이루어진 하나의 언어로 바의 두께와 스페이스의 폭의 비율에 따라 여러 종류의 코드

체계가 있으며, 이 인쇄된 코드는 바코드 인식 장치에 빛의 반사를 이용해서 데이터를 재생시키며 재생된 데이터를 수집/전송하는 것이다.

74 RFID(radio Frequency IDentification)는 자동 인식(Automatic Identification)기술의 하나로써 데이터 입력 장치로 개발된 무선(RF : Radio Frequency)으로 통하는 인식 기술이다. 이러한 기술을 도입함으로서 전자동 인식 및 확인으로 집계하며 분류, 추적, 발송 등이 가능하여 오류를 줄이고 시간적 낭비를 막아줌으로써 능률과 생산성을 개선한다. 문제의 정답은 ③이 가장 적합하다.

75 ITF 코드는 표준 물류 바코드를 박스에 인쇄하기 위해 사용되는 것으로써 단품식별 상품코드로 GS1/UCC-14로 불린다.

76 CRP(Continuous Replenishment process)는 유통 공급망 내의 주문량에 근거한 상품의 판매 데이터를 근거로 하여 적절한 양을 항시 보충해 주는 시스템의 일종이다. pull 방식은 상품을 소비자의 수요에 근거하여 소매상이 요구할 때에만 공급자가 공급하는 끌어당기기 방식으로 CRP와 거의 일맥상통하다.

77 신용카드결제시스템은 신용카드 정보의 전송유형에 따라 네트워크형과 카드형으로 구분할 수 있으며 대표적인 이용수단으로는 카드형의 경우 VISA Cash, 네트워크형으로는 Cyber Cash, E-Cash, First Virtual 시스템을 들 수 있다.

78 의사결정의 특징을 보면 의사결정을 한다는 것은 의식적으로 사려 깊은 행동이라고 볼 수 있으므로, 반사적인 반응이나 무의식적인 행동은 반응행동이나 습관이라고 하며, 의사결정이라고는 할 수 없다. 따라서 의사결정은 여러 대안 중에서 하나를 의식적으로 선택하는 것이다. 만약 어떤 문제에 대해서 해결 가능한 대안이 하나만 존재한다면 의사결정은 전혀 필요하지 않게 되지만 현실 세계에서는 대부분이 불확실한 상황 이므로 다수의 대안을 선택하는 것이다.

79 e-비즈니스의 고객에 대한 대응시간측면에서 보면 다운로드 할 수 없는 유형(실제)제품을 판매할 때에 시간적으로 고객욕구를 충족시키려면 온라인 구매보다 오프라인 구매가 시간적인 이득을 줄 수 있다.

80 유엔 표준 제품 및 서비스 분류 체계 (UNSPSC, United Nations Standard Products and Services Classification)로 전자 상거래 분야에서 가장 많이 쓰이는 상품 분류 방식이다. 유엔 개발 계획(UNDP)이 개발했으며, 8자리 숫자 분류 코드와 영문 분류 코드로 구성된다. 전자상거래시 상품 정보를 검색하거나 상품의 비용 및 통계 분석을 하는 데 중요한 역할을 한다. 우리나라에서는 2001년 전자 상거래 표준화 통합 포럼(ECIF)이 국내 전자 상거래 민간 표준 분류 체계로 이를 확정해 관련 업계에서 활용하도록 권고한바 있고, 한국유통정보센터가 이를 전담하고 있다.

81 ECR(Efficien Consumer Response : 효율적 고객 대응)는 1990년대초 미국에서 슈퍼마켓들의 매출신장률 저조의 해결방안으로 도입되었으며 소비자의 만족에 중점을 두고 공급사슬 효율을 극대화하기 위한 새로운 모델이며, 식품잡화 부문의 SCM이다. 유통사슬상의 전체 재고는 감소하여 재고에 다른 비용을 감소시킬 수 있다.

82 소스마킹(Source marking)은 상표의 제조업체나 판매원이 자사가 생산 또는 출하하는 상표의 포장이나 용기에 바코드를 인쇄하는 것이다. 소스마킹을 하면 마킹하는 비용이 절감되고, 재고관리를 정확하게 할 수 있다.

83 시장 조사(市場調査)는 마케팅의 1차적인 과정으로써 마케팅 전략수립과 관련한 의사 결정을 지원하기 위한 소비자 관련 정보 수집 방법이다. 제품과 관련한 시장조사는 주로 컨셉개발 조사, 컨셉검증 조사, 시장반응 조사, 분할 조사, 출시전략 조사, 시장진단 조사 등으로 나뉜다. 하지만 시장조사는 응답 자료의 전송상 보안문제로 인하여 온라인 응답률이 낮아지는 경향이 있다.

84 정보는 어떤 행동을 취하기 위한 의사결정을 하기 위해 수집한 각종 자료를 처리하는 데이터 상호 관계를 말하고, 어떤 행동을 취하기 위한 의사결정을 하여 수집된 각종 자료를 처리하여 획득하는 것이라 볼 수 있다. 자동으로 생성되는 정보는 의사결정에 의미가 없다.

85 CM의 산업별 표현 방법

1. 식품 부문(ECR ; Efficient Consumer Response)
2. 의류 부문(QR ; Quick Response)
3. 신선식품 부문(EFR ; Efficient Food Service Response)
4. 의약품 부문(EHCR ; Efficient Healthcare Consumer Response)

86 유통정보시스템 도입으로 기업 간에 EDI 등 직접 전자연계를 통해 거래함으로써 과거에 비해 내부결재를 위한 서류작성이 감소하고 있다.

87 이러한 정보의 왜곡 현상으로 공급망 전체로는 재고가 많게 되고 고객에 대한 서비스 수준도 떨어지며 생산능력 계획의 오류, 수송상의 비효율, 생산계획의 난맥 등과 같은 악영향이 발생될 것이다.

88 SSCC(Serial Shipping Container Code)는 응용 식별자(AI)를 사용하여 수송 용기에 유일한 일련번호를 부여하는 방식으로 사용된다.

89 끊임없는 상품 보충(CRP)은 유통 공급망 내의 주문량에 근거한 상품의 판매 데이터를 근거로 하여 적절한 양을 항시 보충해 주는 시스템의 일종이다. pull 방식은 상품을 소비자의 수요에 근거하여 소매상이 요구할 때에만 공급자가 공급하는 끌어당기기 방식으로 CRP와 거의 일맥상통하다.

90 ERP(Enterprise Resource Planning)는 기업의 인적/물적 자원을 효율적으로 활용하는 관리 시스템으로서 통합 업무 패키지 또는 기간업무 시스템으로 불리며, 기업 경쟁력 강화를 위한 통합정보 시스템 구축을 목적으로 하고 있다. 또ERP 시스템은 영업, 생산, 구매, 자재, 회계, 인사 등 회사 내 모든 업무를 IT(Information Technology ; 정보 기술) 자원을 활용하여 동시에 통합 처리하고 정보를 실시간으로 공유가 가능하다. 경영 환경의 급격한 변화와 정보 기술의 변화에 대응하기 위해 최신의 정보 기술과 선진 프로세스를 결합하여 기업의 구조 및 업무처리 방식에 혁신을 가져오고 기업의 전체 정보 시스템을 혼합하기 위한 소프트웨어 패키지라고 할 수 있다.

제 3 회 정답 및 해설

본문 → P.096

제1과목 유통 · 물류 일반(01~25)

a.n.s.w.e.r

01	④	02	②	03	③	04	⑤	05	⑤
06	④	07	①	08	④	09	①	10	④
11	③	12	①	13	⑤	14	①	15	②
16	⑤	17	②	18	⑤	19	②	20	④
21	②	22	②	23	①	24	④	25	⑤

01 프랜차이즈 본부의 입장에서는 과도한 자본을 투자하지 않고 가맹점과 위험을 분담함으로써 보다 빠르게 시장을 확대할 수 있는 장점을 가진다. 하지만 수익성등이 높다고 할 수는 없다.

02 유통경로는 하나의 경로가 아니라 다양한 유형이 존재하고, 사회와 국가에 존재하는 사회적 또는 문화적 특성을 반영하므로 일률적이지 않다.

03 제3자 물류(Third Party Logistics)는 기업의 물류기능 전부 또는 일부를 아웃소싱하는 것으로써 물류서비스 업체와 하주기업 간의 공통적인 목표인 물류의 효율화를 달성하기 위해 양자가 장기적인 계약 하에 정보를 공유하면서 전략적인 제휴를 맺는 관계라고 정의할 수 있다.

04 오프라인 채널(Off-line channel) 과 온라인 채널(On-line channel) 간의 갈등이 가시화되고 있으며 이러한 갈등을 최소화하기 위해서는 통합적인 채널관리를 해야 하는 데 그 방법 중의 하나가 차별화이다. 이러한 차별화에는 시장, 고객 등을 들 수 있으며 판매 가격차별화는 이러한 전략과는 거리가 멀다.

05 산업용품은 개인적인 욕구를 충족시키는 데 사용되는 것이 아니라 기업의 욕구를 충족시키고 있는 것으로 산업재 유통업자는 상인도매상의 특수한 형태로 또 다른 생산(제조)업체나 기관을 대상으로 상품을 판매하는 중간상의 형태이다.

06 전문품은 제품의 경로는 다소 제한적일 수도 있으나, 전문품으로 인식하지 않고 있는 고객에게 도달하도록 편의품 및 선매품들과 함께 취급해야 한다. 선매품 중 동질적인 선매품은 가격비교가 용이하도록 노출하고, 이질적 선매품은 주요 쇼핑지역에 있어서 유사한 다른 선매품 가까이에 노출시켜야 한다.

07 일반적으로 물류관리는 운송일정계획과 운송경로 등에 의한 수송관리와 고객에 대한 물류서비스, 재고관리, 창고관리 등을 하는데 국제물류환경에서도 동일하게 적용된다. 이러한 상황에서 각 나라마다 독특한 시장환경이 있기 때문에 그러한 곳의 경쟁상태는 물류관리자의 통제 대상이 아니다.

08 퇴근길에 결혼기념일을 축하하기위해 제과점에서 케익을 사고, 근처 꽃집에서 장미꽃 한다발을 구입하는 것은 제과점, 꽃집이라는 유점포를 방문하는 행위이다.

09 고객을 대상으로 조사활동을 전개하고 점포 관리자와 고객 사이의 상호 작용을 증진시킴으로써 서로의 인식 차이를 줄여야 한다. 고객과 점포 관리자 사이의 인식 차이가 생길 경우에는 고객의 기대치에 부응하려는 노력이 필요하다. 하지만 옳고 그름을 분명히 구별해야 하며 고객의 요구를 전부 수용할 필요는 없다.

10 물류아웃소싱은 물류를 전문적으로 하는 업체에 일정금액을 지불하는 것으로 고정투자비가 성격의 비용이 발생한다.

11 범주(등급)구분의 기준이 되는 재고가치는 제품의 단가에 일정기간의 사용분을 곱하는 방식과 재고관리를 위한 ABC 분석기법과는 관련이 없다.

12 ② 유통경로에 대한 통제수준이 높다면 유통경로에 대한 수직적 통합의 정도가 강화되고 이러한 경우에 는 기업에 의하여 지배받게 된다. ③ 연기투기이론에서 투기가 연기를 지배한다면 유통경로에는 많은 중간상들이 이득을 노리고 진입을 할 것이므로 유통경로는 길어진다. ④ 선택적 유통경로는 전속적 유통경로에 비하여 제품에 대한 노출이 확대되며, 개방적 유통경로에 비하여는 소매상의 수가 적기 때문에 유통비용이 절감된다. ⑤ 생산자의 수는 적으며, 공급자의 시장진입과 탈퇴에는 제한이 있고, 지역적으로 집중적인 생산이 되며, 유통비용 측면에 있어서는 장기적으로 불안정하다.

13 수직적 마케팅 시스템(VMS, vertical marketing system) 유형은 기업형VMS, 계약형VMS, 관리형VMS로 나누어지고, 계약형VMS의 대표적인 형태로 도매상후원의 자발적인 연쇄점형태와 소매상협동조합, 프랜차이즈시스템을 들 수 있다. 하나의 소유권 하에서 생산과 유통의 연속적(수직적)인 단계를 결합시킨 수직적 마케팅 시스템의 형태를 의미하는 것이 기업형VMS이다.

14 소매점에서 재고유지비용의 감소는 일정량의 재고 보유량이 감소한 것을 의미한다. 재고 보유량이 적다면 재고조달시 대량으로 재고를 조달하지 못하기 때문에 소량으로 자주 조달할 것이므로 재고를 실어 나르는 수송비용은 증가하게 된다.

15 침투가격(penetration pricing)정책은 신제품의 가격을 낮게 책정하여 초기에 많은 수의 고객을 확보하고 시장 점유율을 확대하여 신속히 시장에 침투하고자 하는 전략이다. 이 정책은 소비자들이 가격에 아주 민감하게 반응하므로 수요에 대한 가격탄력성은 크다.

16 직매입은 일반적으로 상품을 점포가 매입하는 가장 근원적인 방법으로써, 다른 방법에 비하여 위험은 증가하지만 적절한 매입시 상품의 독창성, 수익성을 확보하는 데 최선의 방법을 말한다. 직매입의 경우에는 거래당사자간의 긴밀한 협력수준이 많이 요구된다.

17 한정기능 도매상들은 완전기능 도매상들과는 달리 도매기관들이 그들의 기능 중에서 일부만을 수행하는 도매기관들이다. 이러한 한정기능 도매상들은 현금판매 무배달 도매상, 트럭 도매상, 직송 도매상, 선반 도매상, 우편주문 도매상 등이 있다.

18 주요 성과지표로는 재무, 고객, 내부프로세스, 성장과 학습 등이 있으며 기존의 재무성과 중심의 측정도구의 한계를 극복하기 위해 개발되었다.

19 EOQ(Economic Order Quantity) 모형은 많은 기본가정과 계산의 복잡성 때문에 쉽게 적용을 하는 것이 어렵다.

20 브랜드에 대하여 강력한 충성도를 가진 고객그룹에 대한 고객관리를 더욱 강화하기 위한 수단이라면 PB 브랜보다 NB제품으로 관리를 해야 한다. 고객은 기본적으로 NB제품에 높은 충성도를 보인다.

21 중간상들에게 독점판매권과 함께 높은 이익을 제공함으로써 이들의 적극적인 판매노력을 기대할 수 있는 경로는 전속적(배타적) 유통경로의(Exclusive Distribution)의 내용이다

22 도매상과 소매상은 재화나 서비스(Goods and Service)의 소유권을 이전하기 위한 여러 가지 활동을 하며, 거래처를 결정하고 상품을 선택하며 가격을 정함과 동시에 대금의 지불 방법을 수반하게 된다. 이러한 소유권 이전 기능은 유통의 가장 기본적인 매매 기능이라고 할 수 있다.

23 재고자산이란 정상적인 영업활동과정에서 판매목적으로 보유하고 있는 자산(제품, 상품)과 판매를 목적으로 생산과정에 있는 자산(재공품, 반제품) 및 판매할 자산을 생산하는데 사용되거나 소모될 자산(원재료, 저장품)을 말한다.

24 직능급은 직무수행능력(能力)을 기준으로 하여 각 근로자의 임금을 결정하는 임금체계로 직무에 기초한 임금체계가 아니므로 직무의 표준화를 필요조건으로 하지 않으며, 직무 수행능력이 중심이기 때문에 직무평가가 엄격하게 요구되지 않는다.

25 서비스의 유통경로는 유통경로의 길이가 짧고 단순하다.

제2과목 상권 분석(26~45)

a.n.s.w.e.r

26	④	27	①	28	⑤	29	⑤	30	③
31	④	32	②	33	④	34	⑤	35	③
36	④	37	①	38	④	39	②	40	②
41	②	42	③	43	③	44	⑤	45	①

26 IRS값은 거주자들이 지역시장 밖에서의 쇼핑정도나 수요를 측정, 파악하기 어렵고, 경쟁의 양적인 측면만 고려되고 질적인 측면에 대한 고려가 되고 있지 않다.

27 입지는입지주체가정하는경제활동의장소를말하며, 선정절차는A-B-C의 단계를 거친다.

28 2차 조사 자료에는 고객의 과거거래 시점이나 구매한 상품, 구매간격 등을 이용하여 구축한 고객생애가치 자료도 이러한 자료에 포함되며, 통계청, 국책연구소, 민간경제연구소, 경제신문사 등의 기관이 수집, 배포 하는 자료가 대표적.

29 복수의 점포 출점이란 각 지역의 발전성이나 상권 자체가 갖고 있는 이점 등을 자사의 이익과 연계시키기 위한 수단으로서 각 해당지역에 둘 이상의 지점을 출점케 하는 경영관리를 말한다. 하지만 동일지역에서는 차이가 있는 가격이나 서비스를 제공하기는 어려울 것이다

30 복합용도개발(MXDs;mixed-use developments)은 Gurney Breckenfeld가 처음으로 사용한 용어이고, 주거 · 상업 · 업무 등 3가지 이상의 기능요소들이 상호 밀접한 관계를 갖도록 연계하여 구성하는 복합용도 건축물 또는 건축군을 의미하며 주상복합 건축물 개발방식의 하나로 볼 수 있다.

31 소비자는 점포까지의 거리가 멀어질수록 그 점포에 대한 효용은 감소하기 때문에 모두 x는 負(—)의 값을 가지게 되며, 이 경우 효용과 거리 간의 (—) 관계를 거리 증가에 의한 효용 감소효과라고 한다.

32 상업지의 입지조건으로는 사회 · 경제적 조건과 물리적 조건으로 나눌 수 있다. ① · ③ · ④ · ⑤ 는 사회 · 경제적 조건이고, ②는 물리적 조건에 해당한다.

33 노면 독립입지(Freestanding Sites)란 여러 업종의 점포가 한곳에 모여 있는 군집 입지와 달리, 전혀 점포가 없는 곳에 독립하여 점포를 운영하는 형태를 말한다. 따라서 다른 점포와의 시너지효과는 찾아 볼 수 없다.

34 점포 경영자는 1차 자료(primary data)인 차량 조사법이나 소비자 조사법을 이용하여 상권의 범위를 정할 수 있다. 비용이 상대적으로 많이 소요되는 1차 자료에 앞서 이미 존재하는 자료를 2차 자료로 조사할 내용을 개략적으로 판단을 한다.

35 기존점포의 상권 분석에 대해서는 신규점포의 상권 분석에 비해 상권의 크기와 특성 등을 기존 자료를 이용하여 비교적 정확히 분석할 수 있다.

36 어느 한 상권에 속한 고객의 특성은 배후상권고객, 직장(학생)고객, 유동고객에 포함된 고객유형을 찾아 분석해야 정확하게 찾을 수 있다.

37 대부분의 고객들이 대중교통을 이용하므로 점포의 위치는 대중교통시설물과 연계되어 있어야 하는 것은 목적형 입지가 아니고 적응형 입지에 해당하는 내용이다.

38 한계상권은 3차상권과 같은 말이다. 즉, 한계상권은 1, 2차상권 이외의 곳을 말하며, 상가 상세권은 5% 미만을 흡인하고 있는 지역을 말한다. 유동인구가 시간당 5천명 이상이 되는 지역은 유동인구에 의한 상권의 분류로써 1급상권의 해당지역이다.

39 점포상권의 규모를 보면 전문품을 취급하는 점포의 상권은 선매품을 취급하는 점포의 상권보다 크고, 선매품을 취급하는 점포의 상권은 편의품을 판매하는 점포의 상권보다 크다.

40 A도시의 인구는 900백만명이고, B도시의 인구는 100만명이며, 두 도시간의 거리가 80km라고 한다 면 더 이상의 자료가 없어도 두 도시 경계에 있는 무차별점을 구할 수 있다.

41 편의점이란 연중 무휴로 식료품 및 일용잡화를 판매하는 상점이다. 주로 주거지역에 자리잡은 깨끗한 매장에서 다양한 상품을 진열해 놓고 24시간 영업을 하며, 팩시밀리와 현금지급기 등 손쉽게 이용할 수 있는 편의시설이 구비되어 있다. 소규모이기 때문에 계산대의 대기행렬이 필요 없고 상품선택을 빨리할 수 있다는 장점이 있다. 한국에는 1989년 처음 도입되어 로손, 훼미리마트 등 외국 기술도입업체와 GS 25, 바이더웨이 등의 국내개발업체가 참여하고 있다. 점포당 평균 1,200~ 2,000여 종류의 상품을 본사에서 일괄구입, 각 가맹점에 배송하는 형식을 취하고 있다. 편의점은 구멍가게 형태의 상점에 익숙해 있던 소비자의 변화된 욕구에 부응하여 급속히 보급 · 발전되었다.

42 직접 정보를 이용하여 1차상권과 2차상권을 확정하는 기법이다. 점포에 출입하는 고객들을 무작위로 인터뷰하여 고객들의 거주지나 출발지를 확인하여 이를 격자도면상에 표시하여 점묘도를 완성한다.

43 경쟁 상대에 대한 조사도 입지선정의 과정에서 빼놓을 수 없는 항목이다. 현재 그 상권에서 영업하고 있지 않지만, 앞으로 점포개설을 준비하는 업체도 경쟁업체로 분석해야 한다.

44 레일리(Reilly)의 소매중력(인력)의 법칙은 개별점포의 상권경계보다 이웃 도시들 간의 상권경계를 결정하는데 주로 이용하고 점포 간 밀집도가 점포의 매력도를 증가시킨다.

45 '누적유인의 원리(the principle of cumulative attraction)'는 유사하고 상호보완적인 점포들이 함께 무리지어 있는 것이 독립적으로 있는 것보다 더 큰 유인력을 갖는다는 주장이다. 편의품은 이러한 상품 분류에서 가장 멀다.

제3과목 유통 마케팅(46~70)

a.n.s.w.e.r

46	④	47	②	48	④	49	⑤	50	①
51	⑤	52	①	53	②	54	③	55	②
56	③	57	①	58	④	59	④	60	③
61	①	62	②	63	②	64	⑤	65	①
66	⑤	67	⑤	68	②	69	②	70	③

46 중간상 판촉도구의 종류에는 가격할인, 수당, 무료제품, 지원금등이 있다.

47 인쇄기법에 구분: Rotogravure(Roll to Roll)방식은 대량생산에 유리하고 Sheet Type은 물론 Roll Type의 Label 생산이 가능하며, 일반 백상지와 특히 Metallic Paper 인쇄가 가능하고, Ink의 도포량이 많아 내수성을 높이는 데 효과가 커 시각적으로 매우 중후한 느낌을 갖게 한다. Off-Set(Sheet to Sheet) 방식은 정교한 품질의 Design 제품 적용에 유리하며 다품종 소량의 상표제작에 가능하다.

48 브랜드자산(brand equity)이란 어떤 브랜드를 가진 제품이 브랜드가 없는 경우에 비하여 그 브랜드가 부착됨으로써 획득하게 되는 차별적 마케팅효과를 말한다. 차별적 마케팅효과란 마케팅 노력에 대한 소비자 반응의 차이로서 '브랜드 애호도', '브랜드 인지도', '지각된 품질', '브랜드 연상'에 의해 나타난다. 브랜드 포트폴리오는 효과적이고 강력한 브랜드를 만드는 것에 목표를 두고 있다.

49 독점적 경쟁(Monopolistic Competition)은 각 공급자의 생산물 사이에 질이나 가격이 차이가 있을 때, 우수한 물품이 어느 정도의 독점력을 가지게 되는 상태의 경쟁을 말한다. 독점적 경쟁시장은 진입과 퇴출이 자유롭고, 다수의 기업이 존재하며, 개별기업들은 대체성이 높지만 차별화된 재화를 생산하는 시장형태이다.

50 요인분석은 수집된 많은 변수들을 유사한 항목(공통차원)들끼리 묶어 적은 수의 요인으로 축소시키는 분석방법이다.

51 아이디어 지향적 진열은 제품이 점포의 전체적인 인상을 표현하기 위해 진열되는 경우가 이에 해당한다. 동일한 업자가 만든 제품은 서로 조화를 이루므로 함께 진열하고, 여러 가구를 한 방에 모아 가정에서 전시하면 어떻게 보여 지는지에 대한 정보를 제공하는 특징이 있다.

52 컨조인트분석(conjoint analysis)은 제품대안들에 대한 소비자의 선호 정도로부터 소비자가 각 속성(attribute)에 부여하는 상대적 중요도(relative importance)와 각 속성수준의 효용(utility)을 추정하는 분석방법이다.

53 전문점(Specialty Store)이란 단일품목 중 극히 한정된 품종만을 전문적으로 취급하는 특정품 판매점을 의미한다. 즉 상품의 넓이 보다 깊이에 있어서 전문화 한 업태를 말 한다.

54 조직에 있어서 보상이라 함은 일반적으로 조직구성원이 조직에 구성됨으로서 받게 되는 모든 것을 의미하는 말이다. 보상에 대한 정의는 학자들마다 다양하다. 포터(L. W. Porter)는 종업원의 직무만족 요인을 설명함에 있어서 급여, 승진 등은 외재적 보상으로, 성취감, 인정감, 도전감, 자아실현감 등을 내재적 보상으로 구분하여 경제적 대가 이외의 요소들을 보상의 개념에 포함시켰다.

55 판매추세분석(sell－through analysis)은 고객의 수요에 부응하기 위해 가격인하가 필요한지 또는 상품을 더 구입해야 하는 것인지를 결정하기 위한 실제매출과 매출목표를 비교하는 방법이다.

56 관찰법(observation)은 현재의 여러 현상을 관찰함으로써 마케팅 조사자가 1차 자료 정보를 수집할 수 있는 현재에 관련된 자료에 국한된 상황으로서 고객들의 문의가 많았던 실내장식을 위한 전통가구분야의 판매기회(가능성)에 관한 정보를 전달한다.

57 소비자의 인지 부조화(cognitive dissonance)는 소비자들은 자신들이 이미 선택 구매한 브랜드에 유리하도록 자신들의 태도를 변화시킴으로써 그들이 내린 의사결정에 대한 정당성을 강화하려는 경향이 있다는 것을 말한다.

58 제조업자가 자사의 제품을 대규모로 취급하거나 일정량 이상의 제품을 구입하는 중간상에게는 특정한 상품을 무료로 제공하는 것도 포함된다. 이를 무료상품(free merchandise)이라한다.

59 관리형 VMS은 다른 구성원들에게 영향을 미쳐 생산이나 유통활동을 조정하는 형태로 경로 구성원들의 활동에 대한 통제정도가 가장 낮다.

60 고객이탈율을 줄이기 위해 소요되는 비용이 상실되는 이익보다 적다면, 고객이탈율을 줄이기 위해 지속적으로 비용을 지출해야 한다.

61 제품라인 가격결정법 : 제품라인은 유사기능을 수행하거나, 동일 고객집단에게 판매되거나, 동일 유통 경로를 통해 판매되거나, 또는 비슷한 가격대에서 판매되는 등의 이유로 서로 밀접하게 관련된 제품들의 집합을 말한다.

62 도달범위 「시청률, 발생부수」(Reach)는 주어진 기간 동안 적어도 한 번이상 특정 광고에 노출되는 청중의 수 또는 비율을 말한다.

63 자유형(free－form)은소매점의 레이아웃(layout) 시, 비품과 통로를 비대칭적으로 배치하는 방법으로 주로 규모가 작은 전문점 매장이나 여러 개의 작은 전문점 매장이 모여 있는 다형점포에서 충동구매를 촉진하고 소규모 의류점에 적합한 형태이다.

64 상품을 구매하는 시점이 아니라 구매 후에 가격을 인하시켜 환불해 주는 제도는 리베이트(rebate)이다.

65 고객 생애가치(Customer lifetime value)는 한 고객이 평균적으로 기업에 기여하는 미래수익의 현재가치를 말한다. 이를 다른 말로 고객자산(customer equity)이라고도 한다.

66 상품이 아무리 싸고 빈약하다고 해도 훌륭한 시설 아래 잘 전시되어 있으면 고객들의 눈에 고급품으로 보여 고객의 마음을 사로잡을 수 있다.

67 일반적으로 유행성상품의 수요예측은 언제 유행의 변화가 시작될지 모르기 때문에 수요예측이 어렵고, 지속성상품은 기존의 수요량에 따르기 때문에 수요예측에 더욱 간단하고 기계적이다.

68 황금구역(golden zone)은 학자들마다 이견이 있지만, 소비자가 가장 편하게 물건을 고를 수 있는 지역으로 매출이 높은 구역을 말한다.

69 집중전략을 사용하면 한 곳에서 많은 수량을 주문하므로 수량할인에 의해 상품가격을 낮출 수 있으며, 주문에서 보관까지도 한 번에 운영되기에 운영비를 감소시킬 수 있다.

70 재고투자수익률(GMROI ; Gross Margin Return On Inventory Investment)은 유통업체에서 카테고리관리를 할 때, 카테고리별 재무목표를 설정하기 위하여 장단기 이익, 매출, 회전율을 결합하여 판단하여야 한다.

제4과목 유통 정보(71~90)

a.n.s.w.e.r

71	④	72	②	73	①	74	②	75	①
76	②	77	③	78	⑤	79	②	80	④
81	⑤	82	②	83	②	84	⑤	85	④
86	②	87	①	88	①	89	③	90	⑤

71 관련성은 의사결정자가 정보를 취사선택하는 기준이다. 중요도가 높은 자료가 포함되어 있을 때 완전한 정보가 되는 것은 완전성이다.

72 정보기술(information technology)은 정보화 시스템 구축에 필요한 유형·무형의 모든 기술과 수단을 아우르는 간접적 가치창출에 무게를 두는 기술을 뜻하는 정보통신 용어로 정보통신 산업의 발전과 함께 정보혁명을 주도하는 기술로 부각되었다. 유통기업의 투자 자유화 폭을 확대시키는 것은 정보기술과 관련이 없다.

73 Maxi code, Code 1, Data Matrix, Veri code, Array Tag, Dot code, QR code, Soft Stripe 등의 코드는 매트릭스 코드이다. 매트릭스형 코드에서는 흑백 엘리먼트 존재 여부만 확인하면 되므로 데이터가 엘리먼트 변에 구속되지 않아서 다층형 또는 선형(1D) 심벌로지에 비해서 데이터의 오차 허용도(Tolerance)가 작아도 된다.

74 의사결정이란 가장 바람직한 상태를 달성하기 위하여 하나 또는 그 이상의 대안 중에서 가장 유리하고 실행가능한 최적대안을 선택하는 의식적 과정이라고 정의할 수 있다. 조직내에서 그룹(또는 팀)단위의 문제해결, 그룹간 갈등해결과 조정이 발생할 때, 이를 위해서는 전체 조직상의 배경(전체조직의 목표, 하위목표에대한 공통인식 등)과 조직단위, 조직의 자원 등에 대하여 공통인식을 하는 것이 필요하다. 이를 위해서 조직모형(Oganizational Model) 설정을 지원할 수 있는 지능적인, 지식기반형시스템이 필요하다. 이것은 의사결정지원과는 다른 것이다.

75 데이터(Data)배열에 따른 분류로 2차원 바코드가 있는데 1차원 바코드에 비해 대용량의 데이터를 포함하고, 데이터의 갱신이나 삭제가 불가능 하다.

76 10자리가 할당되어 있는 것은 국제 표준 도서 번호(ISBN ; International Standard Book Number)는 현재 전세계 90여개 국에서 서점정보와 출판물의 판매 정보, 재고 현황을 신속, 정확하게 파악하기 위하여 활용되고 있는 10자리의 숫자로 구성된 번호체계를 의미한다.

77 SCM은 제조, 물류, 유통업체 등 유통 공급망에 참여하는 전 기업들이 협력을 바탕으로 양질의 상품 및 서비스를 소비자에게 전달하고 소비자는 거기에서 극대의 만족과 효용을 얻는 것을 목적으로 한다. 이는 경영관리시스템과는 거리가 멀다.

78 시작 문자(Start Character)는 심벌의 맨 앞부분에 있는 문자로서 데이터의 입력 방향과 바코드의 종류를 스캐너에 알려주는 기능을 수행한다.

79 부가가치 통신망(VAN ; Value Added Network)의 장점은 일괄발주가 가능하므로 납품기한이 단축되고, 유효한 상품전략의 수립이 가능하며 고객에 대한 서비스 향상과 인건비와 재고비용을 절감할 수 있다는 것이다.

80 SCOR에서는 공급망 성과측정을 위해 공급망의 신뢰성(reliability), 유연성(flexibility) 대응성(responsiveness), 비용(cost), 자산(asset) 등 크게 5가지 분야의 성과측정 분야를 제시하고 있다. 그러나 국내 실정상 자료수집의 용이성을 고려해 기업의 회계자료를 바탕으로 한 자산성과를 중심으로 국내기업의 공급망 성과를 분석했다.

81 정보시스템은 의사결정을 지원하는 정보인 상품정보, 경쟁사정보, 시장정보, 고객정보, 서비스정보 등의 다양한 정보를 조직적으로 제공하는 시스템이다.

82 유통정보 시스템은 유통과정과 연관된 다양한 정보의 수집에 의해 의사결정권자가 목표달성을 효율적으로 수행하는 데 도움을 줄 수 있도록 하는 시스템이다. 유통정보시스템 설계를 위한 5단계의 순서가 가장 올바른 것은 ②의 순서이다.

83 의사결정 지원 시스템(DSS ; Decision Support System)은 컴퓨터를 이용해서 경영자의 비구조적 또는 반구조적인 의사결정을 지원하기 위해 의사결정모형과 자료에 보다 쉽게 접근할 수 있게 해주는 대화식 시스템이다. 여기에 물류(Logistics)의사결정을 한다는 것은 정보량이 증대하거나 정보가 복잡하여 의사결정의 즉시성이 요구되기 때문에 의사결정지원시스템을 이용하는 것이다. 사내정보는 질과 양적인 측면에서 관리자의 성향에 따라 편재하는 경향이 강하다.

84 국가 식별번호가 있으며 우리나라는 880을 사용하고 있다.

85 하나의 시각화는 그 데이터 셋에 표현하는 유일한 특성들만을 표현해야만 한다. 일반적인 시각화 도구들을 이용해서 표현하는 것은 제대로된 시각화가 어렵다. 그 데이터만을 위한 고유의 시각화를 만들어 내야만 한다. 다량의 데이터로부터 유용한 정보 및 지식을 추출하기 위해서는 데이터 시각화 기술과는 관련이 없다.

86 데이터 마이닝(Data Mining)은 대량의 실제 데이터로부터 잠재되어 드러나지 않은 유용한 정보를 찾아내는 것으로, 대량의 데이터 사이에 서로 연관이 있는 것을 찾아내 연관관계를 바탕으로 미래를 예측하는 방법이다.

87 생필품공급사슬관리는 ECR처럼 식품이나 잡화부문의 공급사슬이며, 상품 회전율이 높은 것이 특징이다.

88 Cloud Service의 내용의 신문기사를 응용해서 문제화 한 것이다.

89 무선주파수 식별법(RFID ; Radio Frequency IDentification)의 특징은 태그(tag)의 데이터 변경과 추가가 쉽고 일시에 대량의 태그 판독이 가능하며, 습기, 먼지, 열 등의 열악한 환경에서도 판독이 가능하다는 것이다.

90 기업 대 기업(B2B : Business-To-Business)간의 전자상거래는 EDI를 기초로 하여 발전되어 왔으며 엑스트라넷이 활성화되면서 더욱 증가되는 상황이다. 기업 간 전자상거래도 인터넷을 수용하기 시작함에 따라 새로운 전자상거래 유형이 대두되기 시작하고 있는데 현재 거래 주체에 의한 비즈니스 모델 중 거래 규모가 가장 큰 전자상거래 분야이다.

제 4 회 정답 및 해설

본문 → P.111

제1과목 유통 · 물류 일반(01~25)

a.n.s.w.e.r

01	③	02	⑤	03	④	04	⑤	05	⑤
06	①	07	②	08	③	09	⑤	10	①
11	④	12	⑤	13	③	14	④	15	①
16	①	17	①	18	③	19	②	20	⑤
21	④	22	④	23	④	24	③	25	④

01 특별한 원가차이도 없이 같은 제품을 소비자들에게 상이한 가격으로 판매하는 행위라든지 고객을 저가로 유인한 뒤 고가품목을 구매하게 하려는 행위로, 역시 윤리적 기준에 위배된다.

02 주부들의 취업으로 인하여 소득 수준이 향상되었고, 가정용 기기의 발달, 출산자녀 수의 감소가 되고 있으며, 전자기기의 발전으로 인해 주부들의 가사노동은 오히려 감소되고 있다고 보고되어 있다.

03 유통관리사자격증 시행을 하고 있는 기관은 상공회의소 자격사업단의 업무이다.

04 물류아웃소싱은 물류를 전문적으로 하는 업체에 일정금액을 지불하는 것으로 고정투자비가 성격의 비용이 발생한다.

05 브랜드파워강화를 위해 의류 매장 내 화장품 코너같이 전혀 다른 종류의 제품을 디스플레이 해놓고 고객들의 새로운 욕구를 자극하는 방법을 자극적 마케팅(Stimulant Marketing)이라한다.

06 서비스는 눈에 보이지 않기 때문에 유형적인 재화와 달리 무형적인 특징을 지니고 있다. 또한 서비스를 생산하는 자와 제공하는 자가 동일성을 갖는다.

07 주요성과지표로는 재무, 고객, 내부프로세스, 성장과 학습 등이 있으며 기존의 재무성과 중심의 측정도구의 한계를 극복하기 위해 개발되었다. 재무, 고객, 내부 프로세스, 학습 · 성장 등 4분야에 대해 측정지표를 선정해 평가한 뒤 각 지표별로 가중치를 적용해 산출한다.

08 소매업(retail trade, retailing)이란 상품과 서비스의 유통 말단에 위치하여 최종소비자에게 상품 및 서비스 등 주로 종합생활자의 생활용품 판매활동을 수행하는 업종으로, 소매상은 이 같은 소매업을 직접 수행하는 상인을 지칭한다. 일반적으로 롯데백화점, GS25가 소매상에 해당하며, 삼성전자대리점이나 워커힐호텔, 또는 환자를 치료하는 의사 및 변호사 등도 소매상에 포함된다. 미국에서는 전체판매액 가운데 최종소비자에게 판매하는 비율이 50%이상인 조직체를 소매상이라 정의하고 있다.

09 외부의 전문능력을 활용함으로써 내부 인력으로 불가능한 업무를 수행할 수 있으며, 업무의 정확성과 신속성을 기할 수 있게 된다.

10 진공지대론(Vacuum Zone Theory)을 통하여 우리나라 할인점의 선두주자인 이마트가 성공적으로 시장에 진입하였다. 이러한 이론은 서비스의 양이 부가됨에 따라 상품가격이 높아짐과 동시에 소비자의 선호도도 증가하나, 어느 정도의 한계점에 도달하면 높은 가격에 대한 고객의 평가가 낮아지고 자연히 선호도도 떨어진다는 것이다.

11 성장기는 소매상의 매출액과 이익률이 급속히 증가하며, 이러한 시기를 급성장기라고도 하는데, 이 시기에는 기존의 소매상은 심각한 타격을 받아 적절한 대응책을 강구해야 한다. 소매상은 이 기간 중에 최대의 이익률을 달성하지만 말기로 갈수록 이익의 증가보다 비용 압박이 커져 매출액은 계속 증가하지만 이익률은 답보 상태에 들어간다.

12 점포유통업을 통해 성공한 유통기업이 소비자의 구매행태 변화에 따라 전자상거래를 위해 쇼핑몰을 구축하는 것은 환경변화에 따라 변화된 소비자욕구 및 쇼핑스타일에 반응하는 관련 다각화의 전형적인 사례로 볼 수 있다.

13 물류아웃소싱(Logistics Outsourcing)은 기업이 고객 서비스의 향상, 물류비 절감 등 물류활동을 효율화할 수 있도록 물류기능 전체 혹은 일부를 외부의 전문 업체에 위탁 · 대응하는 업무를 말한다. 외부업체에서는 고객의 컴플레인을 본사처럼 적극적으로 대응을 하기는 어려울 것이다.

14 글로벌라이제이션(Globalization), 즉 세계화란 무역 · 자본자유화의 추진으로 재화 · 서비스 · 자본 · 노동 및 아이디어 등의 국제적 이동 증가로 인한 각국 경제의 통합화 현상을 지칭한다. 지역 소비자의 기호에 맞게 제품을 생산 · 공급하는 '다국적(multinational) 기업' 시대는 가고, 생산 분배마케팅 등에서 '규모의 경제(economics of scale)'를 실현한 글로벌 기업들이 활약하는 세상이 올 것'이라고 예측했으며, 이후 '세계화'는 경제 정치 사회 등에서 가장 널리 사용되는 용어가 됐다.

15 제12조의2(대규모점포 등에 대한 영업시간의 제한 등)제 1항 : 시장 · 군수 · 구청장은 건전한 유통질서 확립, 근로자의 건강권 및 대규모점포등과 중소유통업의 상생발전을 위하여 필요하다고 인정하는 경우에 정함

16 리더십의 행동이론은 리더의 특성보다는 실제행동 측면에 관심을 두어서 리더가 나타내는 반복적인 행동패턴을 일컫는 리더십의 유형을 찾아내는 것이다.

17 아웃렛(outlet)의 주요 특징은 메이커와 백화점의 비인기상품 등을 자신의 회사명의로 대폭적 할인가격(30~70%)으로 판매하며 수백 개의 동점포가 입점하여 쇼핑센터를 이루는 업태로서 대부분 접근성 측면을 따져보아 물류창고에 입지를 정한다.

18 기업윤리는 기업의 사회적 책임(corporate social responsibility)이라고 정의할 수도 있다. 기업의 사회적 책임이란 기업이 사회제도, 사회의 구성원으로서 기부행위나 사회 지원 활동을 통해 사회에 기여한다는 개념과 기업이 마땅히 지켜야 하는 도덕적 기준을 의미한다. 산업화 초기와 달리 현대 산업사회에서는 단지 기업의 경제적 기능만을 인정할 수 없다는 특징이 있다.

19 자사의 물류시스템과 타사의 물류시스템이 동일 업종과 동일지역을 중심으로 공유되는 것은 물류 공동화의 내용이다.

20 집중적 유통(intensive distribution)은 다수의 도매상을 활용하는 경로의 길이가 긴(long) 경로구조는 폭넓은 분산된 시장을 획득할 수 있는데 비해, 경로구조가 짧은(short) 직접경로의 유통은 시장을 유지시키는데 적합하다.

21 관리형 VMS 〈 계약형 VMS 〈 기업형 VMS 순으로 통합화가 높다.

22 기술 또는 브랜드와 같은 많은 무형의 경영자원을 확보하고 있는 경우, 이런 무형의 자원을 활용할 수 있는 관련된 사업으로 다각화를 하는 것이 범위의 경제성을 활용하기 위해서는 수익률을 증대시킨다.

23 유통경로의 길이의 결정에 있어서 거래비용이론에서는 내부화 비용이 시장거래비용보다 높아지면 외부의 경로를 이용하는 것이 비용측면에서 유리하기에 외부경로를 그대로 이용한다.

24 주문량과 비용과의 관계에서 단위당 주문비와 재고유지비는 항상 상충관계에 있다.1회 주문량의 증가하면 주문횟수가 적을 것이므로 주문비는 감소하고, 유지비는 증가하게 될 것이다. 반면 재고부족비는 주문량의 증가와 관련이 없다.

25 수직적 통합은 개별구성원에게 독립적인 결정권이 없다. 따라서 자율적 동기부여에 의해 유연성을 낮을 것이다.

제2과목 상권 분석(26~45)

a.n.s.w.e.r

26	②	27	①	28	①	29	⑤	30	③
31	④	32	①	33	③	34	①	35	②
36	④	37	④	38	④	39	②	40	⑤
41	②	42	④	43	③	44	④	45	④

26 입지는 정적이고 공간적 개념인 데 비하여, 입지 선정은 동적이고 공간적 · 시간적인 개념이다.

27 소매포화지수(index of retail saturation;IRS)는 지역시장의 수요잠재력을 총체적으로 측정할 수 있는 지표로 많이 이용되며 특정 시간내에서의 특정 제품계열에 대한 점포면적당 잠재 매출액을 의미하는 지수로서 값이 클수록 시장의 포화정도가 높은 사황이라 시장의 매력도는 높아진다.

28 노면 독립입지(Freestanding Sites)에서 독립지역은 다른 소매업체들과는 지리적으로 떨어진 지역을 의미하며, 통상적으로 독립지역에 위치한 소매점은 다른 소매업체들과 고객을 공유하지 않는다.

29 백화점을 위한 최적의 입지로는 교통진입의 편리성 및 주차 공간 확보가 용이한 지역이 좋기는 하지만, 노면독립입지라기 보다는 도심입지나 군집입지가 적합하다.

30 허프(Huff) 모형은 특정 지역에 거주하는 소비자가 특정 소매점에서 구매할 확률을 결정하는 것으로 소비자들의 점포 선택과 소매 상권의 크기를 예측하는 데 널리 이용되어 온 확률적 점포 선택 모형들 중 대표적인 모형으로, 상품의 성격에 따라 Huff모형에 사용하는 모수의 크기를 변화시키는 것이 필요하다. 전문품의 경우에는 점포크기의 모수가 거리차이의 모수보다 더 중요하다.

31 평당 연간 매출액을 기초로 산출하는 방식으로는 평당 연간판매액에 총평수를 곱하여 계산을 한다.

32 통행인들에 대하여 가급적 가시성이 높은 영업이나 위치에 있어야 한다는 대명제는 분명히 맞지만 다른 내용보다는 설득력이 약하다.

33 복합용도 개발(MXD)은1972년 Gurney Breckenfeld가 처음으로 사용한 용어로, 주거와 상업, 업무, 문화 등 3가지 이상의 기능들을 상호 밀접하게 연관시켜 편리성과 쾌적성을 제고시킨 건물 또는 건물군의 개발을 말한다.

34 백화점은 3차산업으로 전형적인 시장중심형 입지 패턴을 가진 시장지향적 입지로서 입지 형태는 상업입지이다.

35 SPA는 1986년에 미국 청바지 회사인 갭이 도입한 개념으로, 전문점(Speciality retailer)과 자사 상표(Private label), 그리고 의류(Apparel)라는 합성어로 '제조 매형 전문점'이라 한다. SPA기업은 의류제조업자가 브랜드 제품의 기획과 생산 및 소매활동에 이르기까지를 일괄적으로 시스템화하여 전개하는 기업을 의미하기도 한다.

36 편의점은 고객에게 편의를 제공하는 공간이다. 따라서 편의점의 상품 구색의 편의성이 우위를 잃어버리거나 소홀히 할 경우에는 더 이상 편의점이 아니며 예상외로 쉽게 경쟁에서 낙오될 수 있다.

37 고깃집의 위치는 주로 가족들이나 단체로 오는 손님들을 대상으로 하기 때문에, 일반음식점과는 구분되어 넓은 지역에 입지하는 것이 유리하며 주차시설은 필수조건이다.

38 한 시기의 좋았던 장소라도 시간이 흐름에 따라 나빠질 수 있고, 나빴던 장소도 상황이나 시간의 흐름에 따라 다시 좋아질 수 있기 때문에 입지의 효용은 고정적인 것이 아니다.

39 목적점포(destination stores)는 다른 업체와 비교하여 확실한 기술력을 보유하고 있는 업체나 뛰어난 마케팅 능력을 보유하고 있으며 충분히 능력을 발휘할 수 있는 업체들로서, 다른 업체와 확실한 비교우위를 설정하여 고객 스스로 찾아올 수 있도록 할 수 있는 서비스와 시설 규모를 갖춘 업종이 적합하다.

40 유추법은 신규점포의 상권 분석 뿐만 아니라 기존 점포의 상권 분석에도 적용될 수 있으며, 쇼핑패턴을 반영하여 적용하기 쉽고, 조사자의 계량적 경험과 주관적 판단을 함께 필요로 한다. 어느 지역의 대상자료를 조사하기 위해서는 질적자료와 양적자료를 모두 검토한다.

41 A=$\frac{1,000m^2}{1^2}$=1000, B=$\frac{2,000m^2}{2^2}$=1000, C=$\frac{4,000m^2}{2^2}$=2000 의 각 값을 가지게 된다. C쇼핑센터는 전체 지출금액중에서 50%를 차지한다.

42 허프(David Huff)가 1960년대 초 처음으로 점포의 상권을 추정하기 위한 확률적 모형을 소개했는데 소비자의 특정 점포에 대한 효용은 점포의 크기에 비례하고 점포까지의 거리에 반비례한다고 가정하였다.

43 중심상업지역(CBD)은 전통적인 상업 집적지로서 고급 전문점이나 백화점 등이 입지하고 있어 다양한 분야에 걸쳐 고객 흡인력을 지니고 있다. 이 곳은 무계획적으로 조성되었으며, 중심상업지역이기 때문에 상업 활동으로 인해 많은 사람들을 유인하여 지가(地價)가 최대에 이른다.

44 입지의 중요성은 아무리 강조해도 지나치지 않다. 좋은 점포를 구하려면 상권 전체의 특성을 파악해야 되고, 상권 전체의 특성을 파악하고 난 후에 개개 점포의 입지 조건을 분석하여 입지의 좋고 나쁨을 가려야 한다. 동일한 상권 내에서도 장소가 좋으면 상권의 범위가 넓고, 장소가 나쁘면 상권의 범위는 좁다는 특징이 있다.

45 파는 상품이 성격상 집심성 · 집재성 점포에 속하고, 위치가 중차원 또는 고차원 중심지에 입지하는 곳은 선매품점에 해당한다.

제3과목 유통 마케팅(46~70)

a.n.s.w.e.r

46	①	47	⑤	48	⑤	49	④	50	③
51	④	52	④	53	④	54	⑤	55	④
56	③	57	①	58	③	59	④	60	③
61	④	62	③	63	②	64	②	65	⑤
66	④	67	⑤	68	②	69	④	70	③

46 A, B, D가 정답이고, C.전문서비스는 고객화의 정도와 노동집약도가 모두 높은 서비스 조직으로 의사, 변호사, 회계사, 건축사 등이 포함된다. E.고객과의 접촉 및 고객화 정도가 높은 서비스 조직에서는 서비스표준화가 아닌 차별화에 중점을 둔다.

47 트레이드 오프(Trade Off)분석 방식은 상치분석, 상충분석이라고도 하는데 고객서비스의 추진에 있어서 이율배반적인 관계가 발생하는 경우 원가의 비교를 중심으로 분석하는 방법을 말한다.

48 엔드 매대에 배치된 상품은 매출이 높아 벤더들은 자신의 상품이 이곳에 배치되는 것을 환영한다.

49 포터(L. W. Porter)는 종업원의 직무만족 요인을 설명함에 있어서 급여, 승진 등은 외재적 보상으로, 성취감, 인정감, 도전감, 자아실현감 등을 내재적 보상으로 구분하여 경제적 대가 이외의 요소들을 보상의 개념에 포함시켰다.

50 금융권에서 기업대출을 위한 신용도(위험도)를 심사(평가)할 경우 판단기준을 제공해 주는 분석도구는 기본적으로 기업의 재무 상태를 파악할 수 있는 것은 재무제표(financial statement) 이다.

51 기업은 새로운 사업을 추진하여 성장을 추구하는데 새로운 사업을 통한 기업성장은 크게 집중적 성장전략, 다각화 성장전략, 통합적 성장전략의 3가지 방법을 통해 이루어질 수 있다. 기존의 제품으로 새로운 성장의 기회와 사업의 가능성을 찾아 집중적인 성장전략을 추구해야 하며, 이는 시장 침투 전략, 제품 개발 전략, 시장 개발 전략을 통해 가능하다. 그 사업이 속한 산업 내에서 후방이나 전방 또는 수평적으로 통합함으로써 사업의 판매와 수익을 증가시킬 수 있는 기회를 통합적 성장전략이라고 한다.

52 소비자의 구매동기가 '부정적인 상태를 제거하려는 동기' 라면 판매자 입장에서는 긍정적인 측면을 강조하는 전략을 수행하는 것이 좋다. 해당 제품(브랜드)을 구매하고 사용함으로써 자긍심을 느끼고 싶은 욕구는 '긍정적인 상태를 추구하려는 동기' 에 해당한다.

53 후각적으로는 좋은 냄새로 구매를 촉진시키는 경우를 말하며, 음식 향수 꽃을 이용하거나, 그 점포만의 독특함을 가지고 고객이 입점할 때마다 향을 뿌리는 방법이 있다.

54 경쟁자 포지셔닝에서는 경쟁서비스와 비교하여 "우리는 2위입니다"라는 것을 강조하는 포지셔닝이다.

55 리베이트(rebates)는 일정기간이 지난 후 영수증을 가지고 오면 할인을 해주는 기법이다.

56 과점은 다수의 큰 기업의 지배를 받는 시장구조이다. 매우 높은 상품차별화가 이루어지며, 시장에 있는 기업의수가 적기 때문에 경쟁행동은 상호의존성이 눈에 띌 정도로 현저한 것이 특징이다.

57 ② 주로 규모가 작은 전문점 매장이나 여러개의 작은전문점 매장이 모여 있는 다형점포에서 채택하는 레이아웃방식은 자유형(Free-form) 레이아웃. ③ 전반적으로 제품을 진열하는 매장 공간, 고객서비스 공간, 창고 등과 같은 점포의 주요 기능공간의 규모와 위치를 간략하게 보여주는 것을 버블(bubble)계획. ④ 구성부문의 실제 규모와 형태까지 세부적으로 결정하며, 고객서비스 공간, 창고 공간, 기능적 공간 각각은 기능적 필요나 크기에 따라 배치하는 것을 블록(block)계획. ⑤ 기둥이 많고 기둥 간격이 좁은 상황아래에서도 설비비용을 절감할 수 있으며, 통로 폭이 동일하기 때문에 건물 전체 필요 면적이 최소화되는 것이 격자형(grid type)배치.

58 비교광고를 통해 자사제품에 대한 긍정적인 인식을 강하게 만들어야 한다.

59 EDLP(everyday low pricing)전략은 매일저가로 판매를 하겠다는 할인점에서 주로 취급을 하는 가격전략의 하나이다. 이는 고객에게 싼 가격에 많은 판매를 원칙으로 하는 것이므로 가치기반 가격전략과는 거리가 멀다.

60 서비스업종의 매출액은 좌석수에 좌석점유율을 곱해주고, 회전율, 객단가, 영업일수를 곱하면 도출된다.

61 구매자와 판매자의 매매교섭과정에 있어서 당사자들은 다양한 전술을 사용한다. 같은 시간에 협상한다는 사실을 모든 경쟁자들이 알 수 없도록 하거나 공개적으로 경쟁을 붙이는 것은 최대한 피하는 것은 전통적인 측면보다는 조금은 발전된 개념이다.

62 수요중심 가격결정방법은 품질수준이 비슷한 티셔츠 중에서 어느 특정 브랜드는 몇 배 이상의 비싼 가격을 책정함에도 불구하고 성공적으로 판매가 되고 있는 현상을 나타내는 가격 설정방법이다. 이는 소비자 입장에서 편익이 높기에 그 만큼의 가격을 지불하는 효과를 갖는 것이다.

63 선매품은 고객이 여러 점포를 돌아다니며 상품의 가격, 특징, 신뢰성, 색채, 디자인 등을 비교하여 선택 구매하는 경향이 있고, 보통 금액의 지출을 충분히 고려하고 구매 횟수는 적은 편이다.

64 셀프서비스 판매를 중심으로 한 판매 방식이 채용되어 주로 슈퍼마켓, 양판점, 할인점에 대한 지원 활동의 일환으로서 제조업자나 도매상이 자신의 대량 광고를 판매시점에 접목시킬 목적으로 작성하여 소매점에 배포하기 시작하였다.

65 매출액은 한 기업이 일정기간동안 영업을 한 성적이라고 할 수 있다. 매출액은 매출수량에다 판매가격을 곱함으로서 나타낼 수가 있다. 따라서 ①×③ = ④ 이다.

66 마케팅 발전단계의 흐름을 "저조 – 양호 – 탁월함"의 관점에서는 '경쟁사에 대응 –경쟁사 벤치마킹 – 경쟁사를 앞지름' 으로 흐름이 전개된다.

67 공급업체와 유통업체가 장기적 협력관계를 구축하려고 할 경우, 공급업체가 유통업체를 평가하는 기준은 장기적인 관계인가 단기적인 관계인가를 살피고, 상호간의 이익이 되는 방법으로 협력관계를 구축해야 한다. 문제의 내용은 모두 다 평가기준에 해당한다.

68 제품별, 시장별, 지역별 및 유통경로별 수익성을 정기적으로 분석하는 것은 마케팅 생산성 감사이다.

69 의문부호(question mark)인 개발 사업은 사업 초기단계의 영역이며, 빠르게 성장하는 시장을 잡기 위해서는 추가적인 시설투자와 노동력 투입 증대의 필요성 등으로 많은 자금이 요구되는 사업이다.

70 시장세분화(market segmentation)는 전체 시장을 기업이 제공하는 마케팅믹스에 대하여 유사한 반응을 할 것으로 추정되는 동질적 고객집단으로 나누는 과정이다. 정책적 의사결정의 핵심내용인 4P를 구성하는 중요 요소에는 제품(product), 가격(price), 판매촉진(promotion), 유통(place) 등이 있다.

제4과목 유통 정보(71~90)

a.n.s.w.e.r

71	①	72	③	73	④	74	①	75	①
76	②	77	④	78	①	79	①	80	④
81	②	82	②	83	③	84	②	85	⑤
86	③	87	③	88	⑤	89	②	90	②

71 무선통신을 이용하여 이동체의 위치 및 상태를 실시간으로 파악 또는 관리하는 시스템은 GPS(Global Positioning System)이다.

72 정보화 사회는 필요적인 측면과 기술적인 측면이 서로 통합되어 상승작용을 일으켜 사회전반에 걸쳐 빠른 속도로 일어나고 있다.

73 실패의 외부 귀인 오류(Attribution of success and failure bias)에서 보면 사람들은 성공은 내 탓, 실패는 남의 탓으로 돌리는 경향이 많다. 경영자들도 성공은 자신의 탓으로, 실패는 외부적인 환경 요인으로 돌리는 경우가 일반적이다. 즉, 경영자가 문제 해결에 실패한 원인을 운이나 외부 환경 탓으로 돌림으로써 의사결정의 실패가 되풀이되는 악순환이 반복될 가능성이 높아지는 경우를 말한다.

74 새롭고 독특한 결정으로서 사전에 설정된 행동 대안이 없는 비구조화된 상황에서 이루어진다거나, 의사결정자의 창의성이 반영되어야 하는 것, 의사결정의 경험이 없고, 전례가 또한 없으며, 참고할만한 모델 역시 부족하기 때문이다. 정형적 결정은 규칙화가 가능하다.

75 크로스 도킹(Cross Docking)은 배달된 상품을 수령하는 즉시 중간저장 단계가 거의 없거나 전혀 없이 배송지점으로 배송하는 것을 말한다. 즉, 받은 상품을 창고에 저장하지 않고 곧바로 소매점포로 배송하는 물류시스템으로 보관과 피킹 작업을 제거함으로써 물류비용을 상당히 절감할 수 있다.

76 의사결정을 한다는 것은 의식적으로 사려 깊은 행동, 반사적인 반응이나 무의식적인 행동은 반응행동이나 습관이고, 의사결정이라고 하지 않는다.

77 상품 품목 코드는 1자리이다. 단축형의 경우는 상품 코드가 1자리이기 때문에 업체에서 '0~9'까지 10가지 단품에 부여할 수 있다.

78 물류단위(박스) 식별에 활용되는 표준 물류바코드는 'GS1-14'로 불리며, 14자리 코드(숫자)로 구성되나 GS1-13이라고는 하지 않는다.

79 SSL(secure socket layer)은 저비용, SET(Secure Electronic Transation)는 고비용구조이다.

80 VAN의 목적은 회선의 확장및 변경 및 오퍼레이션 등의 운용관리를 VAN에게 맡김으로써 얻어지는 부하와 비용의 경감이다. 또한 VAN을 이용함으로써 서로 다른 호스트 컴퓨터 간 접속이나 단말기와의 접속 프로토콜 변환을 네트워크 내에서 실시함으로써 호스트 컴퓨터의 부하를 감소시킬 수 있다.

81 구매자의 의사와 상관없는 일방적인 마케팅활동이 용이한 마케팅전개 과정은 없다고 보면 된다.

82 균형성과 표(BSC ; Balanced Score Card)는 조직의 비전과 경영목표를 각 사업 부문과 개인의 성과측정지표로 전환해 전략적 실행을 최적화하는 경영관리기법이다.

83 ECR(Efficient Consumer Response)은 1990년대 초 미국에서 슈퍼마켓들의 매출신장률 저조의 해결방안으로 도입하였으며, '공급업체 – 제조업체 – 유통업체' 간의 전략적 협조를 기본으로 하여 신속 정확한 재고보충을 가능하게 하여 매장의 상품구색 최적화를 달성할 수 있다.

84 공급자로 갈수록 상류(upstream)이고, 소비자쪽으로 갈수록 하류(downstream)라고 한다.

85 정보중개상이란 인포미디어리(infomediary)라는 신조어를 우리말로 번역한 것이다. 정보중개업자 또는 원어로 인포미디어리로 사용하기도 한다. 인포미디어리(infomediary)는 정보(information)와 중개상(intermediary)의 합성어인데, 정보를 중개하는 중개상(information intermediary)의 의미 보다는 정보에 기반한 중개상(information-based infomediary)의 의미로 더 많이 사용한다.

86 카테고리 관리는 개별적인 브랜드 관리체계를 탈피하고, 전체 카테고리 결과의 가치를 높일 수 있도록 설정된 정책과 실무의 지원하에 상품 그룹의 구색을 관리하는 체제로 재편하는 과정을 말한다.

87 pull 방식은 상품을 소비자의 수요에 근거하여 소매상이 요구할 때에만 공급자가 공급하는 끌어당기기 방식으로 CRP와 거의 일맥상통하다.

88 ECR(Efficient Consumer Response)은 1990년대 초 미국에서 슈퍼마켓들의 매출신장률 저조의 해결방안으로 도입 하였으며, '공급업체 – 제조업체 – 유통업체'간의 전략적 협조를 기본으로 하여 신속 정확한 재고보충을 가능하게 하였다.(ECR : Efficient Consumer Response)은 SCM의 산업별 표현 방법을 보면 식품부문에 해당한다.

89 RFID 기술은 궁극적으로 여러 개의 정보를 동시에 판독하거나 수정, 갱신할 수 있는 장점을 가지고 있으며 물류, 보안 분야 등 현재 여러 분야에서 각광받고 있다. EDI와는 관계가 없다.

90 유비쿼터스 네트워크를 구축하는 데 있어서는 정보 기술(IT)의 고도화가 전제되어야 한다. 컨버전스 기술의 일반화, 광대역화, IT 기기의 저가격화 등이 없이는 모든 기기에 통신 능력을 부여하는 것이 어렵기 때문이다.

제 5 회 정답 및 해설

본문 ➜ P.127

제1과목 유통 · 물류 일반(01~25)

a.n.s.w.e.r

01	①	02	⑤	03	③	04	⑤	05	④
06	④	07	③	08	③	09	⑤	10	②
11	④	12	①	13	③	14	④	15	④
16	②	17	④	18	②	19	③	20	②
21	②	22	④	23	⑤	24	⑤	25	③

01 소매업 변화현상의 하나로 소매업(태)의 양극화 현상이 확대되고 있다. 카테고리 킬러(Category Killer)와 같은 전문점 체인의 성장을 들 수 있는데 대표적인 하이테크(High-Tech)형 소매업의 성장이다.

02 중간도매상인(merchant intermediaries)과 중간대리인(agent intermediaries)을 구분하게 해주는 가장 중요한 기준은 소유권 이전의 유무이다. 중간도매상인은 자신의 소유로 거래를 하지만, 중간대리인은 자신의 소유가 아닌 양 당사자들의 소유로 하되 거래만을 중개해주는 기능을 수행한다.

03 짧은 유통경로를 선택하는 제품은 다음과 같은 특징을 지니고 있다. 부패성이 있으며, 표준화가 되지 않은 제품 및 기술적으로 복잡한 전문품과 구매단위가 크고 구매빈도수는 낮으며, 비규칙적인 제품 등이다. 이러한 제품을 공급하는 생산자의 수는 적으며, 공급자의 시장진입과 탈퇴에는 제한이 있다. 또한 지역적으로 집중적인 생산이 되며, 유통비용 측면에 있어서는 장기적으로 불안정하다.

04 제조업체가 소비자와의 풍부한 거래 데이터를 축적 · 활용하여, 유통업체와 적극적으로 공유하기 시작하였다는 것은 제조업체의 힘이 더 커짐을 의미하는 것으로 보면 된다.

05 직무설계(job design)는 직무의 내용과 그것을 수행하는 방법을 설정하거나 직무 또는 현재 수행되고 있는 직무의 내용과 방법을 파악해야만 하는데 수행되어야 할 내용을 파악하여야 한다.

06 연기-투기(postponement-speculation)이론은 유통경로에서 연기가 투기를 지배한다면 제조업자가 직접 소비자에게 상품을 전달할 것이므로 유통경로는 짧아지고, 유통경로에서 투기가 연기를 지배한다면 유통경로에는 많은 중간상들이 이득을 노리고 진입을 할 것이므로 유통경로는 길어진다는 이론이다.

07 SCM은 전략적 수준에서부터 전술 및 운영 수준에 이르기까지 전체적인 측면에서 기업의 활동 영역과 운영 범위를 포함한다. SCM은 '공급자와 제조업자의 설비-창고-물류 센터', 그리고 전 유통 경로에 이르는 과정에서 고객 만족에 영향을 미치는 모든 시설을 고려한다.

08 투자규모, 투자수명, 현금흐름양상이 서로 다른 상호배타적인 투자안을 내부수익률법으로 평가하는 경우 반드시 두 투자안의 NPV(net present value)곡선이 상호 교차하는지 여부를 검토해야한다.

09 수직적 통합(vertical combination) 은 제품의 전체적인 공급과정에서 기업이 일정 부분을 통제하는 전략으로 다각화의 한방법이며, 전방통합과 후방통합으로 구분된다. ①,②,③,④은 수직적 통합의 특징을 설명하고 있지만 ⑤는 관련이 없는 내용이다.

10 소매업수레바퀴가설(The Wheel of Retailing Hypothesis)에서 소매상은 시장진입 초기에 저가격, 저마진, 저서비스의 가격소구 방식으로 소매시장에 진입하여 기존의 고가격, 고마진, 높은 서비스의 다른 소비업태와 경쟁한다. 이러한 소매환경의 변화는 새로운 유형의 혁신적인 소매점이 저가격, 저마진, 낮은 서비스로 시장에 진입할 수 있는 여지를 제공하게 되고, 이 새로운 유형의 소매점 역시 위와 동일한 패턴을 따르게 된다는 것이다.

11 텔레마케팅(Telemarketing)은 전화를 이용하여 표적고객에게 제품정보를 제공한 후 제품판매를 유도하거나 고객이 TV · 라디오 광고나 우편광고를 보고 수신자 부담 전화번호를 이용하여 주문을 하는 소매유형을 말한다.

12 기업회계기준(GAAP)에서 재무회계의 작성목적은 외부정보 이용자들에게 효율적인 정보를 제공하는 것을 목적으로 작성된다. 반면에 내부관리자들은 관리회계 내용을 보고 의사결정을 하게 된다. 관리회계는 변동비와 고정비 등으로 구분하여 판매관리비를 계산하기도 하지만, 비교적 정확하게 물류비 계산을 할 수 있어 관리자의 의사결정에 이용되며, 재무회계는 그렇지 못하는 단점을 가지고 있다.

13 재고보유 이유와 이에 대응하는 재고유형을 옳게 연결한 것은 ③이다.

14 제3자 물류(Third party Logistics; 3PL)는 화주기업이 고객서비스향상, 물류비절감, 물류활동의 효율성 향상 등의 목표를 달성할 수 있도록 물류경로내의 다른 주체와 일시적이거나 장기적인 관계를 가지고 있는 것을 말한다. 만약 물류가 회사의 핵심경쟁력의 하나인 경우라면 모든 물류활동을 직접 수행하는 것이 좋다.

15 유통경로(place)는 대표적인 마케팅믹스(4P) 중의 하나이다.이 경우 제품이나 서비스 자체의 흐름을 중심으로 이해하는 것을 일반적으로 물류라고 하며, 유통경로에 참여하여 일정한 역할을 하는 기관을 중심으로 고찰하는 것을 일반적인 유통이라 한다.

16 역매입(buy back)은 두개 이상의 공급업체로부터 물건을 공급받을 때 가장 적합한 거래처를 선정하기 위한 공급을 받는 소매업체의 선택의 방법으로 소매업체가 잘 팔리지 않은 다른 공급업체의 상품을 일시에 해결할 수 있는 방법이다.

17 일관팔레트화의 효과는 매우 크지만 기업마다 팔레트의 소유가 달라서 자사팔레트를 회사 밖으로 유출시키면 회수에 상당한 시간과 비용이 들고, 호환성 측면의 제약이 있는 점 등 장애요인의 극복이 필요하다. 일관팔레트화를 추진하기 위해서는 반드시 '1,100mm×1,100mm'의 일관수송용 표준팔레트를 사용해야 한다.

18 편의점은 가격에 있어서 생필품을 취급하는 다른 소매 업태보다 다소 높은 가격을 유지하지만, 위치상의 효용과 시간상의 편리성이 이를 상쇄하고 있다. 또한 효율적인 점포운영을 위해 초기에 유통정보시스템의 개발과 설치에 많은 고정투자가 필요하지만,체인화를 통한 다점포 전략에 의해 초기 고정투자비를 분산시키고 있다.

19 유럽식방식은 즉시 교환방식으로서 유럽 각국의 국영철도에서 송화주가 국철에 팔레트 로드 형태로 수송하면 국철에서는 이와 동수의 공팔레트를 주어 상계하며, 수하인은 인수한 팔레트와 동수의 팔레트를 국철에 인도하는 방식이다. 교환방식 풀 시스템의 장점은 팔레트의 즉시 교환사용을 원칙으로 하므로 팔레트의 분실에 대한 위험이나 회수 부담이 없다는 것이다.

20 상품과 포장의 품질
1. 순물류(Forward Logistics): 동일함.
2. 역물류(Reverse Logistics): 상이함.

21 물류프랜차이저(franchisor)가 프랜차이지(franchisee)에게 프랜차이저의 상호, 상표, 노하우 및 기타기업의 운영방식을 사용하여 제품이나 서비스를 판매할 수 있도록 허가하는 것을 말한다.

22 매트릭스 조직구조(matrix structure)의 구성원은 적어도 두 개 이상의 공식적인 집단에 속하기 때문에 보고해야 하는 상급자도 둘 이상이 된다. 따라서 개인의 역할 갈등이 발생할 가능성이 높다.

23 고객이 제품이나 서비스를 사용 또는 소비하는 과정에서 참여하는 독립적인 조직들의 집합체이다. 경로구성원중간상들은 자신의 활동을 수행함에 있어 다른 경로구성원에 영향을 주거나 받아 경로커버리지 정책이 필요하다.

24 중간상이 존재하는 간접유통구조로부터 중간상이 배제되는 직접유통구조로의 변화가 된다하여 소비자 물가를 안정화 시키고 소비자 지불가격을 보다 낮추기 위한 최적의 방법이라고 할 수 없다. 중간상이 개입되는 간접유통이나 중간상이 배제되는 직접유통 중 어느 것이 더 좋다고 단정 짓는 것은 위험하다.

25 세분시장별 차별화의 원칙을 인터넷이라는 새로운 유통채널에 대하여 적용할 수 있으며, 주문 및 배달, 고객관계 관리를 담당하는 것은 온라인이나 오프라인 모두 관련이 있다.

제2과목 상권 분석(26~45)

a.n.s.w.e.r

26	③	27	①	28	④	29	⑤	30	③
31	①	32	③	33	⑤	34	①	35	①
36	①	37	⑤	38	①	39	①	40	③
41	⑤	42	⑤	43	④	44	⑤	45	④

26 중심지기능의 가격과 그것을 확보하기 위한 이동에 드는 교통비가 최대 도달점을 결정, 최대도달점이 최소요치보다는 커야 상업적인 중심지가 존재가능하게 된다.

27 일반적으로 점포크기에 대해 소비자가 느끼는 민감도와 점포까지의 거리에 대해 소비자가 느끼는 민감도는 서로 반대되는 성격을 갖게 되어 역수로 표현되기도 한다.

28 레일리의 소매인력의 법칙에 의하면 두 경쟁 도시(A, B) 그 중간에 위치한 소도시(C)의 거주자들로부터 끌어들일 수 있는 상권 규모는, 그들의 인구에 비례하고 각 도시와 중간(위성)도시 간의 거리 제곱에 반비례한다는 것이다.

29 IRS의 값이 크면 클수록 공급보다 수요가 상대적으로 많은 것을 의미하며 따라서 신규점포를 개설할 시장기회는 더욱 커지며, 시장의 포화정도가 낮다는 것을 의미한다.

30 소매업을 입지산업이라고 부를 정도로 입지는 중요한 전략적 결정 요인이다. 위치에 따라서는 엄청난 매출과 이익이 보장되므로, 점포의 위치는 사업 성공의 여부를 결정짓는 중요한 요인이 되고 있다. 누적유인의 원리는 보완상품을 판매하는 점포에게도 적용된다.

31 소매집적(小賣集積, retail cluster)이란 대형 및 중·소형의 동종 및 이종 소매업종과 소매업태가 공통적인 목표하에 서로 관련성을 가지고 한 장소에 모인 집단소매시스템을 말한다. 이러한 이유는 매장 면적의 증대효과나 고객흡입력 증가, 공간적 인접성 확보 및 구매자의 집중력 확보가 가능하기 때문이다.

32 유추법에 의한 상권 규모의 측정은 CST(Customer Spotting Technique) map의 기법을 이용하여 이루어진다. CST 기법은 자사점포를 이용하는 고객들의 거주지를 지도상에 표시한 후 자사점포를 중심으로 서로 다른 동심원을 그림으로써, 자사점포의 상권 규모를 시각적으로 파악할 수 있는 방법라고 할 수 있다.

33 인간은 합리적 사고로 의사 결정하며 최소비용으로 최대의 이익을 추구하는 경제인(economic man)이며, 지표공간은 균질적인 표면(isotropic surface)이고, 교통수단은 유일하고 수송비용은 거리에 비례한다는 내용은 중심지이론의 가정이다.

34 레일리(J. W. Reilly)의 소매인력의 법칙은 두 도시 사이에 존재하는 소비자에 대한 영향력을 인력관계로 설명하고 있다. 영향력의 크기는 중심의 크기와는 비례관계에 있으며, 거리상의 길이와는 반비례한다고 했다. 문제에서 ①이 가장 어울리지 않는다.

35 허프 모델(Huff model)은 소비자들의 점포 선택과 소매 상권의 크기를 예측하는 데 널리 이용되어 온 확률적 점포 선택 모형들 중 대표적인 모형이다. 허프 모델에서 신규점포의 예상매출액 산식은 특정지역의 잠재수요의 총합을 특정지역으로부터 계획지로의 흡인율에 곱해주는 것으로 나타낼 수 있다.

36 지역시장이 미래에 신규수요를 창출할 수 있는 잠재력을 반영하는 지표로서 거주자들이 지역시장 이외에서의 쇼핑의 정도를 파악할 수 있다는 것은 레일리(Reilly)의 소매중력(인력)의 법칙이다.

37 고밀도 토지이용에 의한 높은 임대료를 부담하지 못하게 되면 해당 기능은 점차 도심의 중심부 방향과는 멀어지게 된다.

38 소매포화지수의 단점은미래의 신규수요를 반영하지 못하고, 거주자들이 지역시장 밖에서의 쇼핑정도/수요를 측정/파악하기 어렵고, 경쟁의 양적인 측면만 고려되고 질적인 측면에 대한 고려가 되고 있지 않다. MEP는 IRS의 단점을 보완하는 지표이다.

39 상권은 소매업 성공의 중요 요인으로 부적절한 입지는 매출에 지대한 영향을 미치기 때문에 상권분석은 자사점포의 수요예측과 마케팅 전략의 수립을 위한 필수적 단계이다. 따라서 좋은 입지에는 기본적인 조건이 필요한데 그것에 따른 것은 ①의 내용이 가장 옳다.

40 다점포 경영은 자사의 이익과 상권 자체의 이익을 연결하기 위하여 각 해당지역마다 자사의 지점포를 입지하게 하는 것으로서, 다점포 정책에 의해 만들어진 각 지점들의 영업활동에 관한 경영관리를 의미한다. 하지만 이러한 전략은 동종업종의 경쟁악화로 인해 제살 깎아 먹기라는 비난을 면하기 어렵다.

41 도심입지는 지역의 핵심적인 상업시설을 가지고 있으며, 입지를 조성할 때 계획성보다는 무계획성으로 인하여 밀집되어 있는 것이 일반적이다.

42 다점포전략은 규모의 이익과 효율을 고려하여 계획적으로 여러 지역에 출점하는 것을 말하며, 본점을 통한 대량매입과 각 지점을 통한 대량판매의 동시 실현을 목표로 하는 경영시스템을 의미한다.

43 MEP값은 타지역에서의 쇼핑지출액을 근거로 계산되며 이값이 클수록 타지역에서 쇼핑을 더많이 한다는 의미이며,지역 내 고객의 다른 시장 지출액을 활용하면 우리시장의 잠재력을 확인할 수 있다. 즉, 타지역 쇼핑의 정도가 높을수록 시장확장 잠재력은 커진다. 해당 지역과 타지역간 소매점의 마케팅능력 차이는 반영되어 평가를 한다.

44 시장의 매력도를 측정하기 위한 시장의 경제적 기반 평가에 적합한 요인으로는 앞으로의 경제 활성화 정도나 경제활동 가능자 중 취업자 비율, 신문, 잡지, 방송 등 미디어매체의 광고 이용가능성 등을 살펴야 한다.

45 인근지역이 발달해 있고 지가와 임대료가 매우 비싼 지역이며, 부도심과 외곽도심의 급격한 발달, 중상류층의 거주 지역 이전, 교통체증 등의 원인으로 과거와 같은 고객 흡인력은 없다.

제3과목 유통 마케팅(46~70)

a.n.s.w.e.r

46	④	47	③	48	⑤	49	①	50	①
51	④	52	⑤	53	⑤	54	③	55	②
56	⑤	57	①	58	②	59	①	60	④
61	①	62	④	63	③	64	④	65	①
66	⑤	67	③	68	②	69	④	70	④

46 브랜드 확장(Brand Extension)이란 "높은 브랜드 가치를 갖는 한 브랜드의 이름을 다른 제품군에 속하는 신제품의 이름에 확장하여 사용하는 전략"으로 신상품과는 다름

47 다. 후방통합은 공급업자의 사업을 인수하거나 공급업자가 공급하던 제품이나 서비스를 직접생산, 공급 하는 방식의 전략으로 수평적 통합전략이다.
마. 전략적 인적자원관리는 경쟁우위의 원천으로 물적 자원(physical resource)보다 인적자원(human resource)을 중시한다.

48 경영 전략을 분석함으로써 분석자는 무엇이 이익을 창출하는 원천인지 그리고 기업이 직면한 주요 위험이 무엇인지 이해할 수 있으며, 이후에 이루어진 재무제표 분석은 보다 현실성 있게 할 수 있다. 경쟁자, 고객 그리고 공급업자에 대한 분석은 외부환경이다.

49 신뢰성(reliability)은 약속한 서비스를 믿을 수 있고, 정확하게 업무를 수행하는 능력으로 서비스 수행의 철저함, 정확한 기록, 약속 엄수 등이 있다.

50 포장(package)은 상품의 내용물을 보호하는 기능을 수행하며, 상품의 판매를 촉진하는 역할을 수행하고, 상품은 말없는 판매원으로서 판매를 촉진하는 기능까지 있다. 품질, 성능, 구조, 명성 등을 증명하거나, 해당 상품의 수요를 환기시키며, 고유의 시장을 개척하고 확보하는 일 다른 상품과의 식별이 용이하게 해 주는 역할은 브랜드(brand)의 기능이다.

51 개(dog) 사업은 현금 투하량에 상관없이 수익성이 낮거나 손실이 발생 한다. 따라서 차라리 시장에서 철수하는 것이 나은 경우가 대부분이다.

52 신규 수요보다도 대체수요에 중점을 두어야 하며, 상품은 치열한 경쟁으로 인해 이익이나 매출은 급신장하지 않지만 소비자들이 찾는 상품이므로 상품믹스에 포함하는 것은 성숙기의 내용이다.

53 리드 타임(lead time)은 구매에서 리드 타임은 발주한 후 납품시까지 소요되는 시간을 의미한다. 가장 이상적인 재고는 납품시 과잉 재고와 결품(缺品)이 발생하지 않도록 안전재고를 실현할 수 있는 시간 내에 발주되어야 하는 것이 원칙이다.

54 직접마케팅은 중간유통상의 개입 없이 직접적인 경로를 통하여 고객에게 제품 및 서비스를 전달하는 활동을 의미하므로 판매인력을 통한 인적판매 및 현장방문판매의 경우가 이에 해당한다.

55 골든라인(Golden Line)의 부분은 고객의 시선이 편안한 보통 140Cm~160Cm의 구역으로 쉽게 손을 뻗칠수 있는 구역을 말한다.

56 RFM 분석방법은 우량고객이 될 가능성이 있는 고객을 명확하게 측정을 할 수 있는 반면, 고객실적 평가법은 이익기여도에 대한 산정기준이 불분명하다는 단점이 있다.

57 블랙프라이데이 (Black Friday)는 11월 마지막 목요일인 추수감사절 다음 날로 전통적으로 연중 최대 쇼핑이 이뤄지는 날이다. '검다(black)'는 표현은 상점들이 이날 연중 처음으로 장부에 적자(red ink) 대신 흑자(black ink)를 기재한다는 데서 시작됐다.

58 마케팅 전략은 제품이 시장에 출시되고 고객들에게 인식되는 과정에서 얼마나 효율적으로 고객에게 받아들이도록 하느냐에 따른 경영자나 마케팅 담당자들이 수행하는 의사결정이다. 이러한 마케팅 전략의 수립과정에서 중요한 것은 시장세분화, 목표시장 선정, 제품의 위치를 결정하는 측면에서 살펴보아야 한다.

59 최근 업태별 쇼핑행태는 인터넷쇼핑몰과 오픈마켓에서는 가전, 전자, 통신기기가 가장 많이 판매된 반면, TV홈쇼핑과 카탈로그쇼핑에서는 패션관련 상품 비중이 가장 높으며 온라인 쇼핑업태의 경우 오프라인 업태에서 쇼핑의 사각지대인 오전이나 새벽시간대(0~9시) 구입이 상당량을 차지한다.

60 전략적 파트너십은 두 개 이상의 당사자가 공동의 목적을 위해 서로 나아가는 것을 말한다. 전략적 파트너십에서는 계약법보다 거래윤리나 관계규범이 보다 중요한 거래지침이 된다.

61 재고투자수익률(GMROI : Gross Margin Return On Inventory Investment)은 재고에 대한 투자로 인해 어느 정도의 수익을 올리는지를 묻는 것이다. 이는 유통업체에서 카테고리관리를 할 때, 카테고리별 재무목표를 설정하기 위하여 이익, 매출, 회전률을 결합하여 판단하여야 한다.

62 SERVQUAL은 서비스 품질의 측정 도구로서 서비스 품질이 우수하다거나 훌륭하다는 것은 고객이 서비스로부터 기대하는 바를 충족시켜주거나 기대 이상의 서비스를 제공받음에 따라서 나타난다. 설문지는 업종을 구분하여 적용하여야 한다.

63 5단위 × (14일+7일)+30단위=135단위

64 관찰법(observation)은 현재의 여러 현상을 관찰함으로써 마케팅 조사자가 1차 자료 정보를 수집할 수 있는 현재에 관련된 자료에 국한된 상황으로서 고객들의 문의가 많았던 실내장식을 위한 전통가구분야의 판매기회(가능성)에 관한 정보를 전달한다.

65 준거가격(Reference pricing)은 구매자가 가격이 비싼지 싼지를 판단하는 데 기준으로 삼는 가격을 말하며, 유보가격(Max)과 최저 수용가격(Min)의 사이에 존재 한다. 서비스업에 대한 준거가격은 서비스 상품의 경우 고객의 개인적인 욕구의 차이가 너무 크기 때문에 정확하게 파악하기 더욱 어렵다.

66 점포기획자가 상품진열의 효과를 높이기 위해 우선 고려하여야 할 것으로는 상품과 점포이미지의 일관성을 유지하고 상품의 특징을 부각하는 것이다.

67 일정시점 현재 기업실체가 보유하고 있는 경제적 자원인 자산과 경제적 의무인 부채, 그리고 자본에 대한 정보를 제공하는 정태적인 회계보고서는 재무상태표의 내용이다.

68 불평고객의 문제해결, 제품소개, 서비스의 예약이나 접수 등을 통해 고객에게 가치를 제공하는 기법은 인 바운드텔레마케팅(inbond telemarketing)이라한다.

69 제품생산에 사용되는 원자재비용은 변동비에 해당한다.

70 경영전략을 분석함으로써 분석자는 무엇이 이익을 창출하는 원천인지 그리고 기업이 직면한 주요 위험이 무엇인지 이해할 수 있으며, 이후에 이루어진 재무제표 분석은 보다 현실성 있게 할 수 있다. 경쟁자, 고객 그리고 공급업자에 대한 분석은 외부환경이다.

제4과목 유통 정보(71~90)

a.n.s.w.e.r

71	④	72	③	73	⑤	74	⑤	75	④
76	①	77	③	78	③	79	①	80	①
81	③	82	④	83	①	84	③	85	①
86	③	87	①	88	⑤	89	③	90	②

71 기업 대 기업(B2B : Business to Business)의 전자상거래는 EDI를 기초로 하여 발전되어 왔으며 엑스트라넷이 활성화되면서 더욱 증가되는 추세에 있다. 이러한 비즈니스 유형은 기존의 폐쇄적인 네트워크에 의하지 않고 불특정 다수기업의 참여가 가능한 개방적인 전자시장의 형태로 발전하고 있으므로 수평적인 시장을 통해 구매를 할 수 있다.

72 E-mail은 컴퓨터 통신망을 이용하여 컴퓨터 사용자 간에 편지나 여러 정보를 주고받는 새로운 개인 통신방법으로 비 구조화된 비표준양식을 이용하거나 단순한 일반 편지를 이용한다.

73 온라인 업체의 배송 네트워크(Transmission Network)는 고객 서비스 향상이라는 측면에서 당연하다. 현재 국내의 배송은 전국 최대의 배송네트워크 유통망인 LOGEN 택배(구 KGB)를 많이 이용하고 있고, 우체국 택배등도 이와 같다. 고객과의 거리가 단축되면 단축될수록 고객의 서비스 만족도는 향상을 한다.

74 ECR(Efficient Consumer Response)은 1990년대 초 미국에서 슈퍼마켓들의 매출신장률 저조의 해결방안으로 도입하였으며, '공급업체－제조업체－유통업체'간의 전략적 협조를 기본으로 하여 신속 정확한 재고보충을 가능하게 하였다. ECR(Efficient Consumer Response)은 SCM의 산업별 표현 방법을 볼 때 식품부문에 해당한다.

75 사이버 물류 비즈니스는 물류관리 효율화를 통해서 소비자가 원하는 상품을 소비자가 원하는 저렴한 가격으로 소비자가 필요로 할 때 세계 어느 곳이라 하더라도 경쟁력 있게 공급할 수 있다. 국내 물류업계도 환경변화에 대응하여 선진 물류체계로 점차 탈바꿈하고 있다. 따라서 사이버 물류시스템을 점점 활용하는 기업이 증가하고 있다.

76 RFID(Radio Frequency IDentification)는 자동인식(AIDC)기술의 한 종류로서 micro-chip을 내장한 Tag에 저장된 데이터를 무선 주파수를 이용하여 비접촉 방식으로 Reading하는 기술을 말한다. ①는 CRM의 효과이다.

77 의사소통(意思疏通)은 사람의 의사나 감정의 소통 등을 말하는 것으로 흔히 커뮤니케이션(Human Communication)이라고도 한다. 주로 의사소통은 기업이나 회사 활동은 사람들에게 중요시 여겨지며, 특히 상사와 부하 사이에서는 더더욱 문제된다. 도한 업무분야가 전혀 다른 부문간의 의사소통은 상방향의 의사소통을 갖는 것이 바람직하다.

78 디지털법칙은 일정한 생산요소의 증가는 산출이 급증을 하는 체증의 법칙이 적용된다.

79 인트라넷(Intranet)은 기업이 자사의 정보 보안을 목적으로 원활한 업무 환경을 구성하고자 만들어진 네트워크 형식을 말하며, 회사 내 구매 관련 부서간의 납품정보를 공유하기 위해 인터넷 기술을 이용해서 구축한 폐쇄망이다.

80 ISBN(International Standard Book Number)제도는 출판물 및 문헌정보 유통을 효율화하기 위하여 각종 도서 하나하나에 국제적으로 표준화된 방법으로 고유번호를 부여하여 책의 일정한 위치에 표시하는 제도이다. 선전용 팸플릿은 부여대상이 아니다.

81 인증기관(Certificate Authority)을 보안 적격 여부 및 메시지 암호화를 위한 공개키의 발급과 관리를 담당하는 네트워크상의 기관이다. 공개키 기반 구조의 일부로서 디지털 인증서 신청자에 의해 제공되는 정보를 검증하기 위한 등록 기관(RA)과 함께 보안성 등을 검사하고, 등록 기관에 의해 요구자의 정보가 입증되면 인증기관은 인증서를 발급한다.

82 위치기반 상거래는 모바일 커머스에 적합한 상거래 시스템이다. ④는 GPS(Global Positioning System), 즉 관성항법(慣性航法)과 더불어 어두운 밤에도 목적지에 유도하는 측위(測位)통신망으로서 인공위성을 이용한 GPS이며, 주로 차량 위치 추적을 통한 물류관리에 이용되는 통신망이다.

83 전자문서교환(EDI) 시스템이란 거래업체 간에 상호 합의된 전자문서 표준을 이용하여 인간의 조정을 최소화한 컴퓨터 간의 구조화된 데이터의 전송을 의미하므로 주문 사이클은 오히려 감소가 될 것이다.

84 기업과 기업간 전자상거래(B2B : Business to Business)는 대부분이 특정된 기업고객을 상대로 배송이 이루어진다. 기업과 소비자간 전자상거래(B2C : Business to Customer)는 거래 특성상 불특정 다수를 상대로 거래가 이루어진다.

85 정보의 제공시, '필요한 정보를 제공하는 것 못지않게 불필요한 정보를 제공하지 않는 것도 중요하다'는 것은 정보의 과부하에 대한 내용이다.

86 리치 미디어 광고(rich media advertisement)는 정적인 화면대신 동적인 화면을 제공함으로써 사용자의 흥미유발효과와 메시지 전달효과가 상대적으로 크다.

87 SCM(Supply Chain Management)은 공급자로부터 최종 소비자에게 상품이 도달되는 모든 과정으로서 공급사슬관리라고 하며, 제품, 정보, 재정의 흐름을 통합하고 관리하는 것을 말한다. 온라인 및 오프라인의 연계성 증대하기위해서는 e-SCEM 으로 확장을 해야 한다.

88 MRO는 생산에 직접 소요되는 물품은 아니지만 설비와 시설물 유지보수에 필요한 물품에서부터 사무용품, 청소용품 등 각종 소모성 자재에 이르기까지 원자재를 제외한 기업 생산과 관련된 모든 자재를 포괄한다. 참여 기업들의 시스템 다양성은 MRO 구매의 효율성을 높일 수 있다.

89 내부시장(internal marketplace)은 구매를 하는 회사와 공급을 하는 회사는 특수 관계 자라고 하기에는 무리가 있지만 협력을 바탕으로 맺어진 관계이기에 구매회사의 입장에서는 외부의 다양한 업체를 이용한 구매보다는 다양한 구매를 할 수가 없다.

90 PML(Physical Markup Language) 서버는 Savant가 모아온 정보들, 즉 제품명을 비롯해 현재 상태, 위치 등을 PML 형태로 저장·보관되고 데이터를 제공하는 기능을 수행하는 시스템이다. 특히 사물의 정적인 정보와 RFID 기술을 통해 인식된 이력정보를 저장, 관리하는 기능을 제공 가능하게 된다. 대표적인 PML 서버로 EPC IS (EPC Information Service) 와, PML 서버가 있다.

제6회 정답 및 해설

본문 → P.143

제1과목 유통 · 물류 일반(01~25)

a.n.s.w.e.r

01	⑤	02	③	03	②	04	③	05	③
06	①	07	③	08	①	09	②	10	⑤
11	⑤	12	⑤	13	①	14	④	15	⑤
16	①	17	①	18	②	19	④	20	①
21	①	22	⑤	23	③	24	②	25	③

01 제3자 물류는 화주기업이 고객서비스향상, 물류비절감, 물류활동의 효율성 향상 등의 목표를 달성할 수 있도록 물류경로 내의 다른 주체와 일시적이거나 장기적인 관계를 가지고 있는 것을 말한다.

02 유통분야에서는 제조업과는 다르게 변동비의 비중이 상대적으로 커서 제조분야와 유통분야를 통합하여 판매하여도 큰 이익을 기대하기 어려우므로, 무조건 제조분야와 유통분야를 통합하여 대규모화하기 보다는 제조업자와 유통기관이 적당히 역할을 분담한다면 비용 면에서 훨씬 유리하다는 원칙은 변동비 우위의 원이다.

03 공헌이익률은 (P−V)÷P이다. ∴ (8,000−3,000)÷8,000=5/8

04 사내물류는 회사 내에서 원료를 공급받아 제조를 하는 단계부터 거래처에 납품을 하는 단계까지의 과정을 포괄하는 개념이다.

05 관리회계방식(일반기준/일반모델)의 장점으로 전담조직이나 전문지식이 미흡해도 계산이 가능하다는 것은 일정한 기준에 의하지 않고 기재를 하기 때문이다. 재무회계방식(일반기준/일반모델)의 단점은 물류활동의 개선안과 개선항목을 보다 명확하게 파악이 불가능하다는 데 있다.

06 물류시스템은 크게 물류경로(link: 수배송)와 물류거점(node: 연결점), 물류수단(mode: 차량, 선박, 철도, 비행기 등)으로 구성되어 있고, 고객 서비스, 고객 주문 사이클, 수요 예측은 직접적인 구성요소다. 물류거점은 철도역, 항만, 트럭터미널 등 간접자본으로 정비되어 있는 것이 있다. 판매 촉진은 간접적인 구성요소라고 할 수 있다.

07 활동기준원가(ABC;Activity Based Costing)

1. ABC의 개념
   - ㉠ 제조 간접비를 실제 투입된 활동량에 따라 제품원가에 배분하는 계산 방법이다.
   - ㉡ ABC 방법은 잘못된 제조 간접비의 배분으로 적자 사업이 흑자 사업으로 둔갑하거나 그 반대의 경우를 막기 위해서 계산하는 방법이다.
   - ㉢ 전통적인 원가계산시스템이 간접비용을 제품원가에 정확하게 반영시키지 못함으로써 야기될 수 있는 원가 왜곡 등의 단점을 보완한 기법이다.
2. ABC의 유용성
   - ㉠ ABC에서 제공된 정확한 원가 정보를 이용하면 잘못된 의사결정을 내릴 가능성을 감소시키고, 기업의 각종 의사결정을 개선시킬 수 있다.
   - ㉡ ABC를 통해 작업 준비비용의 감소, 생산계획과 자재 취급의 효율적 운용, 소비자의 제품 수요에 일치시키면서도 그 부품의 수를 줄이는 활동 등을 수행함으로써 효과적인 원가절감이 가능하다.
   - ㉢ 제품 제로를 위해 활동별로 원가가 집계되므로 각 활동별 원가 관리가 가능해지며, 결과적으로 효율적인 원가관리가 가능해진다.
   - ㉣ 제품원가와 제조 활동과의 인과 관계를 잘 파악할 수 있는 활동을 기준으로 제조 간접비를 배부하므로 정확한 원가계산이 가능해진다.
   - ㉤ ABC를 통해 경영 활동들을 통합 혹은 분리시킴으로써 조직의 효율성을 증대시키며, 상품의 등위를 매겨 상품별 품질 허용 여부와 제거 여부를 결정하는 데 활용이 가능하다.

08 제품의 설계부터 구매, 생산, 유통, 판매 후 폐기 및 재사용에 이르는 물류의 전 과정을 통하여 환경 친화적인 요소를 고려하는 흐름이다.

09 시장을 보다 더 넓게 개척하기 위해 많은 경로 구성원을 활용하는 것을 집중적 유통이라 하고, 산업재를 생산하는 제조기업은 가능한 한 산업재 중간상에게 유통기능을 맡기는 것이 더욱 효과적이며 효율적이다.

10 경제적주문량(EOQ)의 최적주문량이 1000개였다면 총수요량은 1백만 개, 재고유지비는 단위당 10원, 주문비는 단위당 5원이었을 것이다고 유추할 수 있다.

11 기업의 인수'합병(Merger & Acquisition: M&A)이란, 실무적인 차원에서 정립된 것이며, 한 기업이 다른 기업을 매입하는 인수(acquisition)와 서로 다른 두 기업이 결합하여 한 기업이 되는 합병(merger)이 결합된 개념으로, 그 의미는 "기업 경영에 관한 지배권의 이전, 혹은 인수를 목적으로 하는 경영행위 또는 경제행위"라고 정의할 수 있다. 원자재공급업체, 배급회사 등을 합병하는 것을 수직적 합병이라 한다.

12 신뢰가 형성되기 위한 전제조건으로는 거래 당사자 모두에게 거래실행이 제로섬게임관계보다는 경제적인 윈윈관계의 형성이 우선되어야 한다. 거래 당사자 간 단기상황변화에 따른 개별적인 기회주의적 행동은 신뢰를 악화하는 계기가 된다.

13 경영혁신(BPR;Business Process Reengineering)을 구축하기 위해서는 일정한 프로세스 과정을 거쳐야 한다. 이러한 프로세스는 '사업의 비전과 업무목표의 설정 → 혁신대상 프로세스의 선정 → 현재 프로세스의 이해와 분석 → 필요한 정보기술의 확인/획득 → 프로세스 모델의 설계 및 구축 → 결과의 측정 및 평가'의 순으로 진행을 한다.

14 평균재고일수는 매출액을 평균재고로 나누어 주면 된다.
$(1,000) \div \{(30+40) \div 2\} = 28.57 \fallingdotseq 29$

15 소매상이 시장에 진입을 하기 위해서는 시장진입 초기에 저가격, 저마진, 저서비스의 가격소구 방식으로 소매시장에 진입하고, 소매가격의 혁신은 오로지 저비용구조에 바탕을 둔 저가격을 기반으로 새로운 시장에 침투한다고 맥나이어(McNair) 교수는 주장하였다. 소매업 수레바퀴 가설(The Wheel of Retailing Hypothesis)이라고도 한다.

16 재고회전율(turnover ratio of inventory)은 재고자산의 회전속도, 즉 재고자산이 일정기간 동안 당좌자산으로 몇 번이나 전환되었는가를 나타낸다. 재고자산이 높을 수록 적은 재고자산으로 효율적인 판매활동을 수행하는 것을 의미한다. 재고자산 회전율의 분자를 매출액으로 구할 수도 있으나 재고자산이 일반적으로 취득원가가 되기 때문에 매출액보다는 매출원가를 이용하는 것이 타당하다. 따라서 ①의 자본수익률과는 관계가 없다.

17 유통경로상 경로갈등은 한 경로구성원이 다른 경로구성원의 목표달성 노력을 저해하는 행위를 한다고 생각할 때 발생된다. 유통경로에서 구성원들 간의 갈등원인으로, 목표의 불일치, 현실인식의 불일치, 영역의 불일치, 커뮤니케이션의 단절 등을 들 수 있다. 어떤 현상에 대해 서로 다르게 인식하여 발생하는 갈등의 유형을 인식 불일치라 한다.

18 목표관리(MBO ; Management By Objectives)는 개인목표와 조직목표 사이에, 상부목표와 하부목표 사이에 일관성이 있도록 하는 관리방식을 말한다. 피드백은 업무가 완성된 후에 목표별로 하는 것이 효과적이다.

19 80/20 Rule(Pareto Law 또는 ABC Rule)은 80%의 이득을 올릴 수 있는 고객은 20%라는 뜻이다. 따라서 80%×80% = 64%로 나타낼 수 있다.

20 매입가능 단위(Open–to–buy)는 계산하는 산식이 다양하고 정답을 도출하는 것도 여러 방법이 있다. 이는 묻는 문제에 따라서 다양하게 정답이 산출되는데, 여기에서는 B/S식으로 차변과 대변의 합계를 나타내는 식으로 풀면 된다.
차변(1,000+100+200+X) = 대변(150+50+1,200), ∴X = 100(개)

21 코즈(Coase)의 관점에서는 기업이 존재하는 이유는 시장을 통해 시장을 통한 거래비용이 기업조직을 통한 경제활동비용에 비하여 훨씬 더 높기에 내부조직이 생겨났다고 보았다.

22 코스트코에 대한 신문사설, 코스트코는 회원제 창고형 도소매점이다.

23 ABC분석기법은 Pareto의 80: 20의 법칙과 관련이 있으며, Juran이 불량품 개선에 유용하다는 것을 밝혀냈고, Dickie가 ABC분석기법을 재고관리에 적용하면서 널리 보급되기 시작하였다. 매출비중은 높으나, 수익성이 좋지 않은 상품이라면 집중적인 관리가 필요하다.

24 불평고객의 문제해결, 제품소개, 서비스의 예약이나 접수 등을 통해 고객에게 가치를 제공하는 기법은 인바운드텔레마케팅(inbond telemarketing)이라한다.

25 점포소매업과 무점포소매업으로 나누어지는 것은 통신판매는 사용되는 커뮤니케이션수단에 따라 구분되는 것이 아니라 유형점포를 가지고 있느냐 무형점포를 가지고 있느냐에 의한 구분이다.

제2과목 상권 분석(26~45)

a.n.s.w.e.r

26	⑤	27	③	28	③	29	④	30	⑤
31	④	32	③	33	④	34	②	35	③
36	③	37	④	38	⑤	39	④	40	⑤
41	②	42	②	43	⑤	44	①	45	②

26 접근성의 평가는 도로 구조나 거리에의 진입과 퇴출, 가시도, 장애물 등을 비교 분석하여 평가하여야 정확한 평가를 할 수가 있다.

27 유추법에 의한 상권 규모의 측정은 CST(Customer Spotting Technique) map의 기법은 이용하여 이루어진다. CST 기법은 자사점포를 이용하는 고객들의 거주지를 지도상에 표시한 후 자사점포를 중심으로 서로 다른 동심원을 그림으로써, 자사점포의 상권 규모를 시각적으로 파악할 수 있는 방법라고 할 수 있다.

28 상권(trade area)이란 한 점포가 고객을 흡인할 수 있는 지역의 한계범위(geographic area)를 지칭하는 말이다. 점포에 대한 마케팅 전략의 수립에 앞서 기업은 자사 점포의 상권 범위를 어디까지로 할 것인가를 먼저 결정해야 한다. 상권은 지역상권(general trading area), 지구상권(district trading area), 개별점포 상권(individual trading area) 등 계층적으로 분류될 수 있다.

29
1. 체크리스트(checklist)법: 상권의 규모에 영향을 미치는 다양한 요인들을 수집하여 이들에 대한 목록을 작성하고, 각각에 대한 평가를 통해 시장 잠재력과 상권의 구조를 예측해 보는 방법이다.
2. 유추법(analog method): 자사의 신규점포와 특성이 비슷한 기존의 유사 점포를 선정하여 그 점포의 상하 범위를 추정한 결과 자사점포의 신규 입지에서의 매출액, 즉 상권 규모를 측정하는 데 이용하는 방법이다.
3. 타임페어법: 점포에서 역까지 전철과 버스노선별 소요시간 및 요금을 조사하여 상권을 파악하는 방법이다.

30 커뮤니티 쇼핑센터(Community Shopping Center)는 지구 중심으로 위치하고 있으며, 네이버후드센터보다는 크고, 파워센터보다는 적음.

31 상권 설정시 해당 지역을 직접 돌아다니면서 자신의 경험적 감각을 활용한 상권파악방법으로 실사 상권설정법이 있다. 자동차를 이용하는 고객이 많아도 실제로 조사를 하기에는 도보를 통한 방법이 가장 적합하다.

32 생활용품점의 입지선택 요소 중 소득 수준 고려
1.생활용품 할인점은 서민생활 밀집주거지역에 위치하는 것이 접근성이 유리하다.
2.백화점이나 대형 할인점은 중산층 이상의 소비수준을 유지하는 곳에 위치하는 것이 좋다.
3. 아이디어나 기능성 상품 판매점, 수입용품 판매점은 중산층 거주지가 적합하다.
4.세대수가 5천세대 이상이거나 그 이상 흡수 가능한 상가 건물 중 업종 구성이 다양하고 유동고객수가 많은 곳이면 어디든지 입점해도 문제가 되지 않는다.

33 유추법은 자사의 신규점포와 특성이 비슷한 기존의 유사점포를 선정하여 그 점포의 상하 범위를 추정한 결과 자사점포의 신규 입지에서의 매출액, 즉 상권 규모를 측정하는 데 이용하는 방법이다. 출점점포가 많은 소매업체일수록 유추법보다 다중회귀분석이 더 효율적이다.

34 법률적으로 권리금은 법률상의 용어이고 회계학적으로는 영업권이라는 용어로 부르고 있다. 법률적인 권리금은 법으로 보호를 받을 수 없기 때문에 양수나 양도시 주의를 요해야 한다. 권리금은 영업시설, 비품 등의 유형물이나 거래처, 신용, 영업상의 노하우 또는 점포의 위치에 따른 영업상의 이점 등 무형적인 재산적 가치라고 할 수 있다.

35 패션잡화점의 최적 입지는 상호보완적인 상품을 판매하는 다양한 점포들이 모여 있는 곳을 우선적으로 선택하고, 패션상품을 판매하고 유동인구가 많이 있으며, 유동인구의 상당수가 젊은 세대들이 찾는 지역이 입지로서 가장 적합한 장소이다.

36 전문품을 취급하는 점포의 경우 고객이 지역적으로 분산되어 있으므로 상권의 밀도는 넓고 범위는 큰 특성을 갖고 있다.

37 상권(trade area)은 한 점포가 고객을 흡인할 수 있는 지역범위(geographic area)를 지칭한다. 이러한 상권의 특성은 점포규모나 인구의 과소에 영향을 받으며, 취급상품이 편의품인지 선매품 및 전문품인지에 따라서도 영향을 받는다. 또한 개성이 강하고 독특한 상품을 취급하는 점포일수록 상권은 크다. 따라서 전문품을 취급하는 점포의 상권이 편의품을 취급하는 점포의 상권보다 크다.

38 특정한 지역에 점포를 신규로 출점을 하기위해서는 우선 출점방침을 결정하고,출점지역을 결정하며, 점포를 물색, 수익성의 판단 및 자금조달계획을 수립한 뒤 점포를 매입하거나 건설하여개점을 하는 것이 일반적인 방법이다.

39

$$\frac{\frac{360,000}{6^2}}{\frac{250,000}{5^2}+\frac{90,000}{3^2}+\frac{360,000}{6^2}}\times 120,000=40,000\text{천 원}$$

40 농업입지에서의 생산은 작물 · 가축 등의 재배 · 사육에 의거한 유기적 생산이며, 기상 · 토양 · 지형 등에 의하여 영향을 받고, 수송이나 저장 등이 중요하게 작용하므로, 소비지와 생산지와의 거리가 중요한 입지 조건으로 작용한다.

41 중심지(the central place) 이론은 독일의 크리스탈러(Christaller)에 의해 1933년에 처음으로 제시되었다. 크리스탈러의 중심지 이론에 의하면 한 도시 또는 지역 내에 여러 상업 중심지가 존재할 때 각 상업 중심지로부터 상업 서비스 기능을 제공받을 수 있는 가장 이상적인 배후 상권의 모양은 정육각형이며, 정육각형의 형상을 가진 상권은 유통서비스 기능의 도달범위(the outer range)와 수익을 실현하는 데 필요한 최소수요 충족 거리(the threshold)가 일치하는 공간 구조이다. 중심지를 기준으로 할 때 비용은 비례적인 증가 수요는 반비례하여 증가하는 구조를 가지게 된다.

42 복합용도 개발은도시 내에서 업무 때문에 또는 기타 사정으로 인하여 도심 중심부에서 살고자 하는 미혼 독신자나 젊은 부부 같은 사람들에게 양질의 주택을 공급할 수 있으며, 이로 인해 도심공동화 현상을 방지할 수 있다.또한 도심지 내에서 반드시 필요한 근린생활시설 및 각종 편의시설의 설치가 가능하게 되어, 도심지가 생동감이 넘치고 다양한 삶의 장소로 변화가 가능하다.

43 몰 구조조정(de-malling)은 전용상점가의 해체를 의미하며, 이는 기존의 대다수의 쇼핑몰들이 보여주는 지루하기 그지없는 동일성이라든가 무미건조함에 소비자들이 흥미를 잃었던 것을 무언가 새로운 것을 찾게 해주는 것을 말한다.

44 허프(David Huff)가 1960년대 초 처음으로 점포의 상권을 추정하기 위한 확률적 모형을 소개했는데 소비자의 특정 점포에 대한 효용은 점포의 크기에 비례하고 점포까지의 거리에 반비례한다고 가정하였다.

45 시장점유율법(Market Share Approach) 또한 신규점포의 매출 예측 방법이다. 시장점유율은 시장의 총 잠재 매출액 중에서 점포가 차지하는 매출 비율이며, '시장점유율 = 점포의 가구당 판매액/가구당 잠재판매액'의 수식으로 표현한다.

제3과목 유통 마케팅(46~70)

a.n.s.w.e.r

46	⑤	47	④	48	⑤	49	④	50	⑤
51	④	52	②	53	④	54	②	55	③
56	②	57	④	58	⑤	59	②	60	③
61	②	62	④	63	⑤	64	④	65	⑤
66	③	67	②	68	④	69	⑤	70	④

46 보스턴 컨설팅 그룹(Boston Consulting Group: BCG)이 기업의 제품개발과 시장전략 수립을 위해 개발한 도표로서 핵심적인 두 요소, 즉 시장성장률과 상대적 시장점유율을 통해 각 사업단위가 포트폴리오에서 차지하는 위치를 파악, 기업의 현금흐름 관점에서 균형 포트폴리오를 수립할 수 있도록 한다.

47 신규고객을 확보하는 것보다는 기존고객을 유지하고 관리하는 것이 효율적인것은 기존고객보다 신규고객을 확보하는데 필요한 비용의 5~10배에 달한다고 알려져 있다.

48 평균도달횟수(Gross Rating Points : GRP)는 「도달범위(reach)×도달횟수(Frequency)」로 나타낼 수 있다.

49 급여, 성취감, 다른 사람들의 인정, 승진, 일 그 자체, 성장·발전은 동기요인이다.

50 머천다이징(merchandising)은 상품화계획이라고도 하며, 마케팅 활동의 하나이다. 이 활동에는 생산 또는 판매할 상품에 관한 결정, 즉 상품의 기능 ·크기 ·디자인 ·포장 등의 제품계획, 그 상품의 생산량 또는 판매량, 생산시기 또는 판매시기, 가격에 관한 결정을 포함한다.

51 프리미엄(premium)은 광고의 특별한 형태로서 무료 선물이나 해당 제품을 구매할 수 있는 할인 쿠폰 등을 제공하는 것을 말하는데 자사의 로고(logo)가 새겨진 컵, 펜, 마우스 패드와 같은 상품의 형태로 지급하는 것을 말한다.

52 브랜드(brand)는 어떤 제품의 독특한 이름, 상징물, 로고(logo) 혹은 이들의 결합을 가리킨다. 복수상표(브랜드) 전략은 두 가지 방향에서 이루어진다. 한 브랜드가 성공하는 경우 이 브랜드를 다른 제품에 적용시키는 수평적인 패밀리 브랜드 전략으로 계열 확장과 브랜드확장이 이에 해당한다.

53 텔레마케팅(tele-marketing)은 많은 기업에서 일반화되어 있는 전화를 통한 소매 기법으로 무점포 소매 방법 중의 하나이며, 마케팅 기법의 활용이 중요해지면서 전화를 통한 시장 활동의 도입이 활발해지고 있다. 대면이 아닌 전화매체를 이용한 마케팅이지만 기업의 이미지를 저하시키는 마케팅수단이 된다고 볼 수 없다.

54 시장 커버리지 정책(market coverage policies)에 있어서 영역제한(territorial restrictions)은 특정지역에 판매를 금지하는 형태라고 할 수 있다. 제조업체는 영역제한을 통해 제조업체수준에서의 경쟁은 증가되고, 특정 상권에서의 중간상간의 경쟁은 보다 강화하게 된다.

55 소매업체브랜드에 대한 자유 반품정책을 약화할 경우에 부정적이다.

56 ABC 관리 방법은 기업이 관리하고자 하는 상품의 수가 많아 모든 품목을 동일하게 관리하기가 어려울 때 이용하는 방법으로써, 먼저 그 매출액(매출총이익액, 판매수량을 사용하는 경우도 있음)이 큰 순으로 ABC의 3개의 그룹을 나눠서 중점 관리한다.

57 물류 아웃소싱(Logistics Outsourcing)은 기업이 고객 서비스의 향상, 물류비 절감 등 물류활동을 효율화할 수 있도록 물류기능 전체 혹은 일부를 외부의 전문 업체에 위탁·대응하는 업무를 말한다. 시장에서 소수의 거래관계가 존재하고 특정고객을 위한 기업특유의 투자가 필요한 경우는 아웃소싱보다는 직접거래가 더욱 유리하다.

58 Gap 5: 기대된 서비스와 지각된 서비스와의 차이로서, Gap 1~5의 한 가지라도 존재하면 발생하는 차이를 말한다.

59 제조업체의 현장 마케팅지원에 대한 요구수준은 푸시마케팅 전략(push marketing strategy)채널보다 풀 마케팅 전략(pull marketing strategy)채널이 상대적으로 더욱 높다.

60 광고(advertising)란 기업이 확인될 수 있는 광고주가 되어 광고대금을 지불하고 그들의 아이디어나 제품 또는 서비스에 대한 메시지를 비인적(非人的) 매체를 통해 소비자에게 제시하는 모든 활동을 의미한다. 광고는 메시지를 작성하고 목표시장에 전달하는 데 필요한 일련의 과정을 의미한다는 점에서 메시지 자체를 가리키는 광고물(advertisement)과 다르다.

61 유통경로정책은 얼마나 많은 수의 점포를 특정지역에 설립해야 하고, 경로 흐름에서 어떤 유형의 경로 구성원이 필요한지를 결정하여 이를 통해 실재고객과 잠재고객의 욕구를 실현하는 것이다. 브랜드 내 경쟁을촉진함으로써 가격은 상승한다하여 중간상에게 돌아가는 매출총이익은 증가한다는 것은 성립되지 않는다.

62 도매상들은 표적소매상 고객들이 원하는 제품구색과 서비스 수준을 파악하고 수익성과 재고비용을 고려하여 효과적인 관리를 위해 ABC 분석기법을 활용한다. 유통상은 수익성이 높은 제품계열에 한정해서 제품구색을 갖추기 위한 수단으로 ABC분류법을 사용하여 상품구색관리를 하고, 유통상이 취급하는 상품을 수익에 대한 기여도에 따라 A, B, C로 분류한 후 분류된 상품의 재고수준을 각기 달리함으로써 재고비용 절감 및 수익성을 향상시킬 수 있는 방법으로 사용한다.

63 주문량과 비용과의 관계에서 단위당 주문비와 재고유지비는 항상 상충관계에 있다. 1회 주문량의 증가하면 주문횟수가 적을 것이므로 주문비는 감소하고, 유지비는 증가하게 될 것이다. 반면 재고부족비는 주문량의 증가와 관련이 없다.

64 포장(Packing)은 물품을 수송, 보관함에 있어서 가치 또는 상태를 보존하기 위해서 적절한 재료, 용기 등을 물품에 가하는 기술 또는 상태를 의미한다. 포장은 재료를 기준으로 기초포장, 2차포장, 운송포장의 3가지로 구분을 한다. 속 포장은 기초포장에 포함된다.

65 충성기간은 길지만 수익성이 별로 없는 고객의 따개비집단은 수익성을 향상하기 위한 노력에도 불구하고 수익성이 향상되지 않는다면 거래를 포기해야 한다.

66 기능적 고려사항은 포장이 하는 구실이나 작용을 말한다. 구조적인 것은 부분이나 요소가 어떤 전체를 짜 이루는 것을 말하는 데 의미 및 도형들은 이에 해당하지 않는다.

67 유통경로정책은 얼마나 많은 수의 점포를 특정지역에 설립해야 하고, 경로 흐름에서 어떤 유형의 경로 구성원이 필요한지를 결정하여 이를 통해 실재고객과 잠재고객의 욕구를 실현하는 것이다. 브랜드 내 경쟁을 촉진함으로써 가격은 상승한다하여 중간상에게 돌아가는 매출총이익은 증가한다는 것은 성립되지 않는다.

68 POP(Point Of Purchasing) 광고는 소매 마케팅에서 언급한대로 구매 시점 광고로써 소매상의 점두나 점내를 활용하여 판촉 활동을 수행하는 점내 광고로서, 대량 광고 매체에 대응한 광고 용어이다. 소비자에 이성적 설득내용을 많이 사용하면 고객들은 충동구매를 최소화 할 것이다.

69 모바일 커머스란 휴대용 정보 통신 단말기인 휴대폰이나 PDA를 이용한 판매방식의 총칭이다.모바일 커머스가 기존의 전자상거래와 가장 크게 다른 점은 이동성과 사용자의 위치 정보를 알고 있어 정보전달이나 기타 통신이 가능하다는 것이다. 모바일 커머스는 이용

자가 휴대폰을 휴대/접속되어 있는 상태이므로, 특히 Push형 서비스 제공에 유리하다.

70 가격이 수요와 공급에 어떻게 영향을 미치는가 혹은 수요와 공급이 가격에 어떻게 영향을 미치는가에 대하여 분석하는 것은 미시경제학적인 측면에서 살피는 것이다.

제4과목 유통 정보(71~90)

a.n.s.w.e.r

71	⑤	72	②	73	④	74	①	75	①
76	③	77	①	78	③	79	③	80	④
81	④	82	②	83	②	84	②	85	③
86	①	87	③	88	④	89	③	90	②

71 올바르게 고치면 다음과 같다.
① 경영자는 과거로부터 축적되어온 정보보다 최근의 정보에 현혹되는 오류는 최근성 오류(Recency bias)이다.
② 잘못된 대안을 선택하고 실행을 되돌리지 못하는 경우의 오류는 정당화 추구 오류(Search for supportive evidence bias)이다.
③ 경영자의 지나친 낙관주의, 경영자의 자신과 기업 역량에 대한 자신감이 과도한 경우 발생하는 오류는 문제에 대한 과소평가 오류(Underestimating uncertainty bias)이다.
④ 경영자는 단기적으로 손해가 발생하더라도 장기적인 이익이 되는 방향으로 의사결정을 선택해야만 정당하다는 오류는 단기적 성과 지향 오류(Preoccupation with the short term bias)이다.
⑤ 경영자가 문제 해결에 실패한 경우에 운이나 외부환경 탓으로 돌린다면 의사결정의 실패가 되풀이되는 악순환이 되풀이될 가능성이 높아지는 경우가 실패의 외부귀인오류(Attribution of success and failure bias)이다.

72 e-비즈니스는 전통적 소매에 비해 적은 양의 재고운영을 가능하게 한다. 수요가 많고 다양성이 낮은 제품은 재고통합의 효과가 낮고, 수요가 적고 다양성이 높은 제품에서는 재고통합의 효과가 높다.

73 DES(Data Encryption Standard)는 대칭키 암호이며, 56비트의 키를 사용한다.

74 정보의 절대량이 많고, 정보의 처리부문, 정보의 원천, 정보대상이 다양하다.

75 CRM(Customer Relationship Management;고객관계관리)는 기업의 마케팅 부서에서 고객을 분류 식별해 내고 고객들마다 선별적인 관계의 형성을 통해 명확한 목표를 가지고 그들을 겨냥한 마케팅 캠페인을 추진할 수 있게 함으로써 고객 만족과 이익의 극대화를 추구하는 시스템이며, DB 마케팅과 밀접한 관련을 맺고 있다. 멀티플렉싱(multiplexing)은 방송파 상에 다중 신호나 정보 스트림을 단일 복합 신호의 형태로 동시에 보내고, 수신측에서 별개의 신호들로 복원하는 것이다.

76 온라인 광고는 정보탐색단계의 의사결정을 지원하기 위해서 관련이 있는 각 사이트에 주로 게시한다.

77 전자수표형(Electronic checks) 지불시스템에서 전자수표는 현실세계에서 사용하고 있는 종이로 된 수표를 그대로 인터넷상에 구현한 것이다. E-cash는 비계좌형 전자화폐이고, SET(Secure Electronic Transation)는 신용카드를 결제하는 데 필수적인 보안기술로서 SET는 암호화된 신용카드의 결제전송을 위한 규약이며, Mondex는 IC 카드상에 가치이전 및 잔고보충이 가능한 선불형 지갑카드이다.

78 GPS(Global Positioning System)란 미국 국방부에서 개발한 새로운 위성항법 시스템으로 주 관제국은 미국에 있다. 무궁화 위성(Koreasat Mugunghwa) KT가 소유하고 운용하는 인공위성. 고정 위성 업무(FSS)와 방송 위성 업무(BSS), 즉 통신·방송 복합 업무용의 국내 위성이다.

79 Cross Docking은 배달된 상품을 수령하는 즉시 중간 저장 단계가 거의 없거나 전혀 없이 배송지점으로 배송하는 것을 말한다. 즉, 받은 상품을 창고에 저장하지 않고 곧바로 소매점포로 배송하는 물류시스템이다.

80 고객 서비스 관련 데이터에는 고객 불만처리대장, 고객 성향, 고객 서비스 기록 등의 데이터 는 내부 데이터베이스의 유형이다.

81 요즘은 오프라인을 경영하며 온라인을 함께 하기 때문에 오프라인 상의 높은 브랜드 인지도가 온라인 거래에 그대로 미쳐 높은 신뢰도를 이룰 수 있다.

82 군집분석(Clustering)은 N개의 개체들을 대상으로 P개의 변수를 측정하였을 때 관측한 P개의 변수 값을 이용하여 N개 개체들 사이의 유사성 또는 비유 사성의 정도를 측정하여 개체들을 가까운 순서대로 군집화 하는 통계적 분석방법이다.

83 ECR(Efficien Consumer Response;효율적 고객 대응) 소비자의 만족에 중점을 두고 공급사슬 효율을 극대화하기 위한 새로운 모델이며, 식품잡화 부문의 SCM이다. 제품의 제조 단계에서 도매, 소매에 이르기까지 전과정을 일련의 흐름으로 보아 관련 기업들의 공동참여를 통해 총체적으로 경영효율을 높이는 방법이다. 나.는 EOS 또는 CAO 시스템을 말한다.

84 EDI는 거래 당사자가 우편이나 우편에 의존하는 종이 서류 대신에 컴퓨터가 읽을 수 있는 서로 합의되고 표준화된 자료인 전자서류를 데이터 통신망을 통해 컴퓨터와 컴퓨터 간 재입력 과정없이 직접 업무에 활용할 수 있도록 하는 새로운 정보 전달 방식이라고 할 수 있다. EDI 표준에 대한 관심이 높아지고 있는 것은 보안성보다는 업무 활용측면이 강하다. EDI 표준이란 사용자 간의 전자문서의 내용, 구조, 통신방법 등에 관한 표준규칙외 형식을 말한다.

85 증강현실(augmented reality)은 사용자가 눈으로 보는 현실세계에 가상 물체를 겹쳐 보여주는 기술이다. 현실세계에 실시간으로 부가정보를 갖는 가상세계를 합쳐 하나의 영상으로 보여주므로 혼합현실(Mixed Reality, MR)이라고도 한다. 현실환경과 가상환경을 융합하는 복합형 가상현실 시스템(hybrid VR system)으로 1990년대 후반부터 미국·일본을 중심으로 연구·개발이 진행되고 있다.

86 VAN은 데이터 통신 처리업체를 매개로 하여 자금을 교환하고, 통신회선에 정보 처리 기능을 결합하여 온라인으로 네트워크화한 시스템이다. CALS란 정보 유통의 혁명을 통해 제조업체의 생산·유통·거래 등 모든 과정을 컴퓨터 망으로 연결하여 자동화·정보화 환경을 구축하고자 하는 첨단 컴퓨터 시스템으로서 인터넷과 CALS를 접목하면 보안 측면에서 상당히 취약할 것이다.

87 전자화폐는 일반적으로 유통성, 양도가능성, 범용성, 익명성 등 현금의 기능을 갖추고 있으며 현실의 화폐형식을 그대로 모방하여 실제 사용법과 특성을 같게 만든 것으로 선불카드, 직불카드·디지털 현금을 응용하는 시스템이다. 무결성의 네트워크 관리 대책은 현재의 인가 수준을 모든 사람에게 유지시키고, 시스템 관리 절차, 관리 항목, 유지 보수 사항을 문서화하며, 정전과 서버 장애, 바이러스 공격과 같은 불시의 재난에 대한 대비책을 세우는 것을 말한다.

88 B2Bi는 각기 다른 기종의 시스템을 사용하는 기업간의 업무 프로세스가 자연스럽게 연계되도록 지원함으로써 여러 기업이 참여하는 B2B e-Marketplace와 각 사의 내부 시스템, 거래에 관여하는 물류, 통관, 결제 등 제3자 서비스 군을 모두 통합하여 협업이 이루어지도록 하는 것이다.

89 자료관리의 정확성은 손으로 쓰는 경우 낮을 수밖에 없는데, 아무래도 수기는 볼펜이나 기타 유사한 것으로 사용하기 때문이다. 전화 주문 후 입력은 보통이라고 할 수 있고, EDI는 높으므로 국내 유통거래, 원격 교육, 원격 행정업무, 원격 의료 서비스, 홈 쇼핑 및 홈 뱅킹 등 다방면에 걸쳐 이용할 수 있다.

90 RFID는 자동인식(AIDC)기술의 한 종류로서 micro-chip을 내장한 Tag에 저장된 데이터를 무선 주파수를 이용하여 비접촉 방식으로 Reading하는 기술을 말한다. RFID 기술은 궁극적으로 여러 개의 정보를 동시에 판독하거나 수정, 갱신할 수 있는 장점을 가지고 있으며 물류, 보안 분야 등 현재 여러 분야에서 각광 받고 있다.

제 7 회 정답 및 해설

본문 → P.159

제1과목 유통 · 물류 일반(01~25)

a.n.s.w.e.r

01	④	02	③	03	④	04	①	05	①
06	⑤	07	⑤	08	⑤	09	①	10	⑤
11	⑤	12	③	13	①	14	④	15	④
16	②	17	②	18	②	19	④	20	②
21	④	22	③	23	④	24	③	25	①

01 STEP모델은 분석대상영역을 크게 사회문화(Socio-cultural)환경, 기술(Technological)환경, 거시경제(macro-Economic)환경, 정책규제(Political Regulatory)등 4개 영역으로 나누어 각 단어의 영문 이니셜만 따서 STEP모델이라 한다.

02 BCG매트릭스는 시장성장률과 시장점유율을 두 축으로 총 4개의 사업영역으로 분류하고, 문제아영역은 시장성장률은 높지만 시장점유율이 낮은 사업단위를 지칭한다.

03 판매 후 서비스 기능은 제조업체가 소비자를 대상으로 실시를 하는 것이 일반적이다. 소비자가 물건 사용 후 고장인 난 경우 제조업체의 고객 서비스 점에 수리를 의뢰하는 것을 생각하면 이해가 빠를 것이다.

04 기업의 경우 제1의 이윤원이 생산, 제2의 이윤원이 판매라고 한다면 제3의 이윤원은 물류라고 할 수 있다. 업종과 상품의 특성에 따라 물류비의 매출액 대비 비중은 다소간 차이가 있지만, 현재 물류비의 비중은 점차로 그 비중이 올라가고 있다. 각 국별로 물류비의 수준을 직접 비교하는 것은 물류활동의 성격과 환경이 다를 뿐 아니라 조사방법, 분류대상 및 분류방법 등 물류 회계제도상의 차이 때문에 큰 의미가 없다. 따라서 물류비의 예산편성절차를 체계적인 방법으로 진행을 해야 한다.

05 법적계약에 의해 프랜차이즈 본부는 가맹점에게 제품 및 서비스를 판매하는 것은 가능하며, 추가 수익을 올리기 위한 설비의 임대 및 판매 역시 가능하게 되어 있다.

06 국토해양부가 고시하고 있는 기업물류비계산에 관한 지침에서 물류비의 기능별 분류에서 판매물류비는 영역별 물류비분류체계에 해당하고, 넓은 의미로 본 이 비용에는 반품물류활동과 공용기, 파렛트 등의 회수물류활동 및 파손 또는 진부화된 제품, 포장용기 등의 폐기물류활동에 따른 비용까지를 모두 포함하기도 한다.

07 대차대조표(B/S)상 자산은 유동성배열의원칙에 의해 나타나게 된다. 작성일로부터 1년을 기준으로 유동자산과 고정자산(비 유동자산)으로 구분한다. 유동자산은 1년 이내에 현금화 할 수 있는 자산을 의미하며 다시 당좌자산과 과 재고자산으로 분류한다.

08 프랜차이즈시스템은 전통적 유통경로보다 유연성이 높지만, 관리형 VMS(vertical marketing system), 자발적 연쇄점 및 소매상 협동조합보다 유연성이 뛰어나다고 할 수 없다.

09 SCM은 '협력업체(공급) →제조공장(제조) →물류센터(유통) →유통업체(판매) →소비자(고객)'의 단계를 거치는 자재 및 제품의 흐름이다. 공급사슬상에서 재화 및 자금은 일방향인 반면, 정보는 양방향으로 흐른다.

10 텔레마케팅(telemarketing)은 일반적으로 전화를 거는 주체가 누구냐에 따라 인바운드 텔레마케팅(In-bound Telemarketing)과 아웃바운드 텔레마케팅(Out-bound Telemarketing)으로 구분된다. 텔레마케팅에서 인바운드콜이 아웃바운드콜에 비해 거래성사율이 높지만, 보다 마케팅 지향적은 아웃바운드 콜이다.

11 전속적 유통경로전략을 채택한 제조업체는 집중적 유통경로전략을 택한 경우보다 제품의 판매과정에 대한 통제를 더욱 강화할 수 있다.

12 TV 홈쇼핑(Television Marketing)이란 TV 광고나 CATV를 통하여 상품을 소개 · 설명하고, 전화로 주문을 받는 첨단 무점포 판매시스템이다. 텔레마케팅(Telemarketing)은 전화를 이용하여 소비자에게 상품에 대한 최신 정보를 제공하면서 구매를 촉구하며, 고객이 TV, 라디오 광고나 우편광고를 보고 수신자 부담 전화번호(080)를 이용하여 주문하는 소매유형이다. 카탈로그 판매(Catalog marketing)에서 통신 판매업자는 제품의 광고를 위해 통신 판매 책자를 만들어 소비자에게 발송하고, 소비자는 구매 의사를 표시하는 판매 방식이다.

13 정규직 사원은 업무의 복잡성은 높고, 업무의 발생빈도는 반복적인 특징을 가지고 있다. 파트타임 사원은 업무의 복잡성은 낮지만 업무의 발생빈도는 반복적인 특징을 가지고 있다. 계약직 사원은 업무의 복잡성은 높지만 업무의 발생빈도는 비 반복적이다. 아르바이트 사원은 업무의 복잡성도 낮으며, 업무의 발생빈도는 비 반복적이다.

14 모빌 랙(Mobile Rack)보관공간이 크고 작음에 맞춰 레이아웃을 자유자재로 변경할 수 있어 효율적이며, 공간이용이 뛰어나 2-3단의 적재가 신속하게 되므로 작업 효율이 높고, 앞면이 개방형이므로 적재상태로 물품의 출납이 가능한 랙이다.

15 주류제조업체 영업사원들이 중소슈퍼, 식당, 주점 등에게 혹은 제약업체의 영업사원이 약국을 대상으로 영업하는 형태는 집약(중)적 또는 개방적 유통(Intensive Distribution)경로이다.

16 제3자 물류는 화주기업이 고객서비스향상, 물류비절감, 물류활동의 효율성 향상 등의 목표를 달성할 수 있도록 물류경로 내의 다른 주체와 일시적이거나 장기적인 관계를 가지고 있는 것을 말한다.

17 팔레트 랙(Pallet Rack)은 범용성이 있는 형태이며 화물의 종류가 여러 가지라도 유연하게 보관할 수 있다. 그러나 통로면적이 보관면적보다 많아져 용적 효율이 떨어지고 안전성이 결여되어 있다. 또 바닥면적 활용률이 낮다.

18 재고자산을 평가하는 방법으로 선입선출법(first-in first-out)과 후입선출법(last-in first-out)이 일반적으로 많이 사용되고 있다. 어느 방법이 좋은 지는 그 기업이 처해 있는 상황에 따라서 평가를 하여야 한다. 일반적으로 법인세 이연효과로는 후입선출법을 많이 사용하고 있다.

19 풀이는 다음과 같다.
1. 물류비 예산차이: (1,200−1,000)×600=120,000(원)
2. 물류비 실적차이: (600−400)×1,000=200,000(원)그러므로, 320,000(원)이 든다.

20 총재고비용(total inventory cost): 총재고비용=주문비용(준비비용)+재고유지비용+재고부족비용으로 구성되며 재고 유지비용, 주문비용 둘 사이의 관계는 서로 상충(trade-off) 관계를 나타내게 된다. 즉, 재고 유지비용이 감소하면 주문비용이 증가하게 된다.

21 싸게 거래되는 주식을 콜 옵션의 행사를 통해 비싸게 팔 수 있는 것은 풋옵션(put option)의 내용이다.

22 소매아코디언이론(Retail Accordion Theory)은 상품구색 측면에서 수축과 확장을 반복하면서 업태의 발달과정이 전개되고 있다고 설명하는 소매업 발달이론으로 상품구색이 넓은 소매상(종합점)에서 상품구색이 좁은 소매상(전문점)으로, 다시 되풀이하는 것으로 아코디언처럼 제품구색이 늘었다 줄었다 하는 과정을 되풀이하는 이론이다.

23 집권화(Centralization)는 조직의 어느 한 곳에 의사결정이 집중되는 정도를 나타낸다. 집권화는 지역적인 집중이 아닌 조직 내에서의 의사결정 권한의 집중을 의미하는 것으로 한 개인·단위·계층, 즉 상위계층으로의 집중을 의미한다. 지역시장의 취향에 맞는 상품조정 능력이 탁월하거나 지역적 경쟁대응능력이 뛰어나다는 것은 분권적인 내용을 의미한다.

24 조직시민행동(organizational citizenship behavior)은 직무 기술서(Job description)에 공식적으로 부과되어 있지는 않지만 조직의 효과에 기여하는 활동을 말한다.

25 소비자는 스스로의 권익을 증진하기 위하여 필요한 지식과 정보를 습득하도록 노력하여야 한다는 것은 소비자책무의 내용이다.

제2과목 상권 분석(26~45)

a.n.s.w.e.r

26	⑤	27	②	28	①	29	③	30	②
31	④	32	③	33	①	34	⑤	35	①
36	①	37	②	38	②	39	②	40	①
41	③	42	⑤	43	④	44	①	45	④

26 복합용도개발(Mixed-use Developments;MXDs)은 주거와 상업, 업무, 문화 등 3가지 이상의 기능들을 상호 밀접하게 연관시켜 편리성과 쾌적성을 제고시킨 건물 또는 건물군의 개발을 말한다.

27 주거, 업무, 여가 등 다수의 용도가 물리적, 기능적으로 복합된 건물을 말하며, 상권을 조성하기 위한 단순한 개발방법은 복합용도개발지역이다.

28 경영자가 진입할 상권의 입지 가격이나 비용 등으로 인한 수익성과 생산성의 정도를 검토 평가하여 수익성 및 생산성이 가장 확실하게 보장되는 용지를 선택해야 하는 것이 용지 경제성이다.

29 가 상점; $\frac{6,400}{4^3}$ =100, 나 상점; $\frac{12,500}{5^2}$ =100 , 다 상점; $\frac{100,000}{10^2}$ =100

$\frac{가+나}{가+나+다} = \frac{200}{300}$

30 ceteris paribus 쎄테리스 파리부스는 영어의 other things being equal인 즉, 다른 모든 조건이 동일하다면의 라틴어 문구이다. 인구밀도가 높은 배후지에 입점한 경우와 상권규모는 차이가 없으며, 상권의 규모를 보면 선매품을 취급하는 점포의 상권과 전문품을 취급하는 점포의 상권은 비교할 수가 없다.

31 도시 전체의 도로 형태 및 도로의 장애 요소를 고려하는 것은 접근성적인 측면이 강하다. 고객이 점포에 오는 데 흡인이 용이하도록 점포의 입구나 건널목 상태, 고객의 주요 유통방향 등을 반드시 확인해야 한다. 특히 큰 도로를 중심에 두고서 양쪽 옆으로 생선가시처럼 수업이 갈라지는 생선가시(fishbone)형 도로는 소매업 경영에 있어 아주 좋은 조건이라 할 수 있다.

32 각항목은 아래와 같다.
① 혁신기법들을 이용하여 분석하는 방법은 확률적 방법이다.
② 확률적 방법은 상권의 규모와 특정입지를 결정하기 위해서가 아니라 소비자의 점포방문확률을 계산하기 위한방법이다.
④ 규범적 모형은 확률적 방법이 발달 할 수 있는 토대를 제공해 주었다.
⑤ 체크리스트와 같은 방법은 서술적 모형의 체계를 따르고 있다.

33 노면 독립입지(freestanding sites)는 단점도 있지만, 장점도 있기에 거기에 맞는 전략을 세워야 하는데 무엇보다 고객층을 새로 형성하기 위한 공격적 마케팅전략이 필요하다.

34 아파트상권은 고정고객의 비중이 높고 안정적인 수요확보가 가능하지만 외부고객을 유치하기는 상대적으로 낮아 상권 확대가능성이 낮다.

35 소득의 증가는 여타 취미활동 등에 대한 기회가 늘어나게 되어 소비자의 소매점 선택을 위한 공간행동의 범위를 넓히게 된다.

36 편의점의 월매출은 8,000명×2,300원=18,400,000원

37 의류패션전문점의 입지는 주로 중심 상업지역(CBD), 중심 상업지역 인근 쇼핑센터, 의류 전문센터 등이 가장 유리함

38 허프 모델의 한 예로, 한 소비자가 상권 내의 세 점포들 중에서 하나의 상품을 구매할 수 있다고 가정하자. 세 점포의 크기와 그 소비자의 집으로부터 점포까지의 거리는 다음과 같다.

점 포	거리(km)	크기(m^2)
A	4	50,000
B	6	70,000
C	3	40,000

만약 소비자가 부여하는 a, b의 값을 임의로 정하면, 그 소비자의 세 점포에 대한 효용은 다음과 같다.

· 점포 A의 효용: $\frac{50,000}{4^2}=3,125$

· 점포 B의 효용: $\frac{70,000}{6^2}=1,944$

· 점포 C의 효용: $\frac{40,000}{3^2}=4,444$

이러한 각 점포에 대한 효용값을 토대로, 이 소비자의 점포 A에서의 구매확률은 다음과 같이 계산된다.

$A=\frac{3,125}{(3,125+1,944+4,444)}=0,328$

39 소매점이 동일한 상권에 복수의 점포를 출점하는 경우 물류센터, 광고 등의 공동 활동을 통해 규모의 경제를 누릴 수 있으며 점포 신설에 따른 한계 이익이 한계 비용을 초과하는 한, 회사 전체로는 더 큰 이익을 얻을 수 있다. 또한 같은 회사의 점포들 사이에 경쟁을 유발하여 각 점포의 성과를 개선할 수 있다.

40 상권(trade area)이란 한 점포가 고객을 흡인할 수 있는 지역의 한계 범위(geographic area)를 지칭하는 말이다. 점포에 대한 마케팅 전략의 수립에 앞서 기업은 자사 점포의 상권 범위를 어디까지로 할 것인가를 먼저 결정해야 한다. 상권은 정적이지 않고 마케팅 전략, 가격, 점포 규모, 경쟁 등에 따라 수시로 변한다.

41 접근성의 장애물로는 산, 강, 인조 조형물, 철로, 공원 등의 존재유무를 의미하며 지역 내 소득의 격차도 점포입지를 선정하는데 접근성에 대한 장애물로 작용할 수 있다.

42 글상자 안에는 설명하고 있는 상권(trade area)에 대한 올바른 설명이다.

43 CST(Consumer Spotting Technique)모형은 기술적(서술적) 방법에 의한 상권분석이고, Christaller의 중심지모형과 Reilly의 소매인력모형은 규범적 모형(normative model)에 의한 상권 분석방법이다.

44 가–중간 저지성

45 소매포화지수(index of retail saturation;IRS)는 지역시장의 수요잠재력을 총체적으로 측정할 수 있는 지표로 많이 이용되며 특정 시간 내에서의 특정 제품계열에 대한 점포면적당 잠재 매출액을 의미하는 지수이다.

제3과목 유통 마케팅(46~70)

a.n.s.w.e.r

46	③	47	④	48	③	49	①	50	①
51	②	52	②	53	①	54	②	55	④
56	④	57	④	58	①	59	②	60	③
61	④	62	③	63	①	64	④	65	②
66	④	67	③	68	④	69	③	70	④

46 전속적 유통경로전략을 채택한 제조업체는 집중적 유통경로전략을 택한 경우보다 제품의 판매과정에 대한 통제를 더욱 강화할 수 있다.

47 카테고리(category)는 동일 성질의 것이 속하는 부분을 가리키던 말로서 범주라고도 하며 같은 특성을 지닌 부류나 범위를 말한다.

48 재고회전율$=\frac{\text{매출액}}{\text{평균재고}}=\frac{600,000}{100,000}=6$회

49 광고(Advertising)는 잠재적인 소비자에게 제품과 서비스에 대한 정보와 구입 방법을 알리기 위한 목적을 가진 한 방향 통신이다. "광고"라는 한자어는 "널리 알리다"라는 뜻을 가지고 있다. 고객가치의 전달, 시장에 신제품 소개, 이용 가능한 서비스에 대한 설명은 정보전달형 광고의 내용이다.

50 협동광고(cooperative advertising)는 제조업체와 소매업체가 공동으로 수행하는 광고이며 양자의 추구하는 목표가 다르므로 갈등의 원인이 될 수 있다. 빈번히 구매되지 않은 선매품(shopping goods)의 경우에협동광고의 효과가 더욱 크다.

51 마케팅(Marketing)은 기업의 비즈니스 목표인 시장점유율(Market Share)의 확대와 이에 따른 이익의 증대를 통한 기업 유지 및 성장에 있다. 특정 기업에 대한 현존(혹은 제공되는) 시장점유율(served marketshare)은 일반적으로 전체적인 시장점유율(overall market share)보다 낮다.

52 ABC분석기법은 Pareto의 80: 20의 법칙과 관련이 있으며, Juran이 불량품 개선에 유용하다는 것을 밝혀냈고, Dickie가 ABC분석기법을 재고관리에 적용하면서 널리 보급되기 시작하였다. 매출비중은 높으나, 수익성이 좋지 않은 상품이라도 관리는 필요하다.

53 노획가격(captive pricing)정책이란 프린터와 프린터 잉크, 카메라와 필름, 컴퓨터와 소프트 웨어 등의 완전 보완재의 경우 주품목의 가격은 저렴하게, 부품목의 가격은 비싸게 책정하여 판매하는 방식이다.

완전보완재의 경우 부품목은 주품목이 없으면 필요가 없으므로, 부품목의 수요가 일어나려면 주품목에 대한 구매가 먼저 있어야 한다. 따라서 주품목의 가격을 저렴하게 책정하여 구매를 유도한다. 일단 주품목을 구입하더라도 부품목이 없으면 무용지물이므로 부품목의 가격은 조금 비싸더라도 소비자들은 구입하게 된다.

54 전문가들은 패널로 참석하게 되고, 진행자는 예측치를 수집하여 평균과 예측치의 분포를 계산하여 전문가들에게 제공하고 이를 고려하여 다시 예측을 하도록 하는 방법이다.

55 점포 레이아웃의 기본 원칙은 고객이 얼마나 많은 제품을 볼 수 있도록 하는가, 점포의 이미지와 같은 점포 특성을 얼마나 잘살릴수 있는가를 평가하여 적절한 레이아웃형태를 결정하는 것을 말한다. 매장 이동의 편리성, 생산성 향상과 공간의 효율적 이용이 가능하도록 레이아웃을 결정해야 한다. 임대료와 관련한 소위 '4-3-2-1법'은 판매되는 비율에 따라 임대료의 40%, 다음의 상품에서 30%를 배분하는 식으로 임대료를 책정하는 방법이다.

56 상품 구색(assortment)은 상품 브랜드의 폭과 깊이를 의미한다. 상품의 길이 또는 폭(width)은 상품의 종류가 많다는 것을 의미하며 해당 제품 내의 브랜드의 수를 말한다. 예를 들어, 슈퍼마켓은 겨자제품 부문에 6~7개의 전국 브랜드와 개별 상표 및 무상표 제품 등 여러 종류의 브랜드를 취급할 수 있다. 상품의 깊이(depth)는 각 브랜드의 평균 재고보유 단위를 말한다.

57 점포 기능상 전방 시설로서 고객의 시선을 끌어들이기에 적합하게 해야 하며, 고객의 발길을 점포로 유도해야 하기 때문에 외관적으로는 점포 자체를 소구(訴求)하는 기능을 가지고 있다. 점포의 출입구 및 통로의 디자인은 고객의 발걸음을 멈추거나 강제 순환시킬 수 있는 요소들을 적정하게 배치하는 것이 좋다.

58 유통업체의 마진율은 푸시 채널 전략이 풀 채널 전략의 경우보다 상대적으로 높고, 제조업체의 경제성측면에서 보면 풀 채널 전략은 소규모 브랜드보다 대형브랜드에 더욱 적합하며, 풀 채널전략에서는 제조업체의 현장 마케팅지원에 대한 요구수준이 상대적으로 높다

59 업셀링(Up-selling)은 격상판매 또는 추가판매라고도 하며 특정한 상품 범주 내에서 상품 구매액을 늘리도록 업그레이드된 상품의 구매를 유도하는 판매활동의 하나로 이익 창출과 더불어 고객의 만족도를 향상시킬 수 있는 방법 중의 하나이다. 즉, 고객의 눈 움직임과 행동, 언행 등을 통하여 고객에게 한걸음 다가가 무엇을 원하는지 재빨리 알아차려 기업의 목표에 이바지하고 고객에게 최상의 서비스를 제공함으로 인해 직원의 능력까지 평가되어지기에 Up-selling은 중요하게 평가되어지고 있다

60 구매자(바이어)의 교섭력이 커지는 원인은 구매자가 소수, 많이 알고 있는 경우, 체계화 된 경우, 후방통합이 높은 경우 등이 있으며, 소수의 공급자와 다수의 구매자가 존재하는 경우는 구매자(바이어)의 교섭력은 약화되고, 공급자(vendor)의 교섭력은 커지게 된다.

61 고객개발과정의 최종단계는 단골 고객 중 우리 제품에 대한 옹호도가 최고로 큰 고객을 말한다.

62 AIDA 모형
1. 인지적 단계(cognitive stage): 주의(attention)
2. 감정적 단계(affective stage): 관심(interest)→욕구(desire)
3. 행동적 단계(action stage): 행동(action) 단계에서 판매촉진행사의 효과가 큼.

63 SNS(Social Network Service: 소셜 네트워크 서비스)는 온라인 인맥구축 서비스이다. 1인 미디어, 1인 커뮤니티, 정보 공유 등을 포괄하는 개념이며, 참가자가 서로에게 친구를 소개하여, 인맥 관계를 넓힐 것을 목적으로 개설된 커뮤니티형 서비스를 지칭한다.

64 편의품점은 일반인들이 언제 어디서든 시간과 장소에 제약 없이 쉽게 구매할 수 있는 생활필수품을 판매하는 점포로, 주로 저차원 중심지에 입지한다.

65 기대이론(Expectancy Theory)에 의하면, 개인이 특정한 성과를 달성했을 때 최종적인 보상을 받을 수 있는 가능성에 대한 주관적 믿음을 기대(expectancy)라고 하며, 이는 '0'부터 '1'까지의 값을 가진다.

66 조직문화(Organization Culture)는 조직 내 구성원들이 공유하고 있는 가치, 신념, 그리고 기본적 가정들의 총합으로, 구성원들의 사고방식과 행동방식에 중요한 영향을 미치는 요소이다. 기업 특유의 문화는 기업의 성장에 적극적인 활력소로 작용하기도 하지만, 반대로 기업발전에 저해요소로 작용하기도 한다.

67 고객가치분석(Customer Value Analysis)은 고객 중에 보다 수익성이 있는 고객, 연계 또는 상승 판매를 유도할 수 있는 고객이 어떤 고객인가에 대해 분석하는 것으로 어떤 고객이 더 큰 가치를 가지고 있으며 잠재가치가 누가 더 높은지를 분석해 마케팅자원을 적절히 배분하는 것으로 고객포트폴리오에 적절한 투자와 서비스를 하려는 것을 말한다.

68 포장은 물품을 수송, 보관함에 있어서 가치 또는 상태를 보존하기 위해서 적절한 재료, 용기 등을 물품에 가하는 기술 또는 상태를 의미한다. 문제의 정답은 ④가 가장 적합하다.

69 CRM의 목적은 신규고객의 유지로부터 시작하는 고객관계를 고객의 전생에에 걸쳐 유지함으로써 장기적으로 고객의 수익성을 극대화하는 것이다. 신규고객과의 첫 거래로부터 다양한 마케팅 활동을 통해 그 관계를 유지 및 강화시켜 평생고객으로 발전시키고자 하는 것으로 과거 구매 고객은 기존고객으로 고객관계관리의 대상이 된다.

70 판매원이 갖는 우위성을 보여주기 위해 고객에게 전문적인 용어로제품의 상세한 기능까지 꼼꼼하게 설명하는 것은 전문품이면 어느 정도 용납이 되지만 대부분의 상품에서는 전문적인 용어보다는 편하고 쉬우며, 친근한 용어를 사용하는 것이 좋다.

제4과목 유통 정보(71~90)

a.n.s.w.e.r

71	⑤	72	③	73	①	74	④	75	②
76	⑤	77	④	78	①	79	④	80	②
81	①	82	⑤	83	④	84	②	85	①
86	④	87	①	88	⑤	89	①	90	①

71 노나카 이쿠지로는 지식은 암묵지와 형식지의 역동적인 상호작용을 통해 창조되고 확대 재생산된다고 주장하고 있다.

72 EPC(Electronic Product Code)코드는 GS1 표준바코드와 마찬가지로 상품을 식별하는 코드이다.

73 수송용기 일련번호(SSCC;Serial Shipping Container Code)는 최초 배송인과 최종 수령인 사이에 거래되는 물류단위 중에서 주로 팔레트와 컨테이너 같은 대형 물류단위를 식별하기 위해 개발한 18자리 식별 코드이다.

74 종합정보통신망(ISDN : Integrated Swiched Digital Network): 현재의 공중전화망에 「end to end 디지 털」 접속 능력을 추가함으로써 발전된 통신망으로 전화, 팩스, 데이터 통신, 비디오 텍스 등의 서비스를 통합하여 제공하며 광케이블을 사용한다.

75 EAN(European Article Number) 표준을 보급해온 EAN인터내셔널과 바코드의 원조격인 UPC(Universial Product Code) 표준을 보급해온 미국 UCC(Uniform Code Council, Inc.)가 하나로 통합됐으며, EAN시스템은 13자리와 8자리를 사용하고 있다.

76 정보기술이 유통 경로 기능에 미치는 영향으로는 일상적 업무에 관한 의사결정의 자동화, 의사결정에 대한 전문지식 요구의 증가, 복잡한 의사결정에 대한 정보기술 지원 증가 폭을 적정 수준에서 유지시킨다. 또한 관리자간의 권한 재분배 및 하위 조직으로의 권한 이양 발생한다.

77 'D 할인점은 2008년에는 시장점유율을 전년 대비 20% 포인트 증가 달성하는 목표를 설정하였다.'는 전략적 의사결정이고, 나머지는 관리적의사결정이다.

78 유통정보시스템에는 다양한 시스템이 존재하고 있다. 문제에서 정답으로 가장 적합한 것은 ①의 내용이다.

79 바코드는 기본적 인쇄 색상으로 검은색 바에 흰색바탕은 판독의 가능성이 높기에, 바코드를 판독하기에 검은 바, 군청색, 진한녹색, 진한 갈색 바에 백색, 노랑, 오렌지 바탕이 가능하다.

80 정당화 추구 오류(Search for supportive evidence bias)는 잘못된 대안을 선택하고 실행을 되돌리지 못하는 경우를 정당화 추구 오류라 한다.

81 채찍효과(bullwhip effect)는 공급사슬(체인)의 상하에서 일어나는 일정치 않은 주문의 변화로 인해 부정확하고 왜곡된 정보가 발생하고 이로 인해 거대한 비효율성, 불필요하고 낭비적인 재고 등이 발생한다는 특징이 있다.

82 정보는 어떤 행동을 취하기 위한 의사결정을 하여 수집된 각종 자료를 처리하여 획득하는 것으로 정보는 인간이 판단하고, 의사결정을 내리고, 행동할 때 방향을 설정하도록 도와주는 역할을 수행한다. 형태성과 무형성은 상반되는 개념이다.

83 모바일 마케팅(Mobile Marketing)은 인터넷 휴대폰으로 대표되는 휴대형 네트워크도구를 인터넷 마케팅에 활용한다는 것이 바로 모바일 마케팅의 개념이다. 이는 Mobile Commerce와 같은 말로 위치를 상거래에 활용하는 위치기반 서비스가 가능하지만 기존의 유선 전자상거래에 비해서는 제한된 응용프로그램과 처리속도가 다소 늦은 특징이 있다.

84 정보에는 반드시 「생활주체 → 객체 → 소식 → 평가 → 행동선택 → 효용실현」이라는 사이클(cycle, 循環過程)이 있게 마련이며, 이를 '정보 사이클'이라 한다. 그리고 '정보의 효용'은 어떤 특정의 목적을 달성하기 위한 행동선택에 작용하는 유용성이다.

85 EPC(Electronic Product Code)코드는 GS1 표준바코드와 마찬가지로 상품을 식별하는 코드이다. 따라서 GS1표준기관과 동일하게 사용한다.

86 소매업체의 물류전략에 대한 다양한 정보시스템에 대해 설명하고 있는 것이다. 가장 적합한 것은 ④의 내용이다.

87 공급자로 갈수록 상류(upstream)이고 소비자 쪽으로 갈수록 하류(downstream)라고 한다.

88 POS 시스템 기기를 도입함에 따라 기기 자체의 기능 수행만으로도 모든 기업이 향유할 수 있는 이익이고, soft merit는 시스템을 도입한 기업의 활용능력에 따라 그 크기가 다르다.

89 미들웨어(Middle Ware) 는 좁은 범위로는 한 기업에 설치된 다양한 하드웨어, 네트워크 프로토콜, 응용 프로그램, 근거리통신망 환경, PC 환경 및 운영체제의 차이를 메워주는 소프트웨어를 말한다. 즉, 복잡한 이기종(異機種) 환경에서 응용 프로그램과 운영환경 간에 원만한 통신을 이룰 수 있게 해주는 소프트웨어이다.

90 데이터 마트(Data Mart)란 데이터의 한 부분으로서 특정 사용자가 관심을 갖는 데이터들을 담은 비교적 작은 규모의 데이터 웨어하우스(Data warehouse)를 말한다. 즉, 한두 개의 특별한 영역에 중점을 둔 데이터 웨어하우스이다.

제 8 회 정답 및 해설

본문 ➜ P.176

제1과목 유통 · 물류 일반(01~25)

a.n.s.w.e.r

01	②	02	②	03	④	04	⑤	05	④
06	⑤	07	③	08	④	09	③	10	④
11	④	12	③	13	④	14	④	15	④
16	⑤	17	③	18	①	19	④	20	①
21	④	22	⑤	23	②	24	③	25	③

01 거래 전 요소로는 명시화된 회사정책, 회사조직, 시스템의 유연성 등이 있다.

02 물류센터는 고객이 원하는 시기에 제품을 제공할 수 있어야 한다. 이는 물류거점의 위치에 따라 물류센터의 기능이 좌우되는데, 재고 관리 등을 고려하여 납기를 지킬 수 있는 장소에 위치해야 하고, 배송시간 · 배송비용을 절감할 수 있는 요인을 고려하여 상품의 수요가 많은 지역에 물류센터의 입지를 선정해야 한다. 물류센터 입지(위치)의 5가지 중요한 요소(PQRST)를 분석하면 Product, Quantity, Route, Service & Time으로 구성되어 있다.

03 무점포 소매상은 직접유통경로를 가지고 있어 유통경로가 짧다는 특징을 보이고 있다. 즉, 소비자에게 상품이 인도되기까지 회사 및 디스트리뷰터와 다수의 경로 구성원들이 개입되지 않는다.

04 경제적주문량(EOQ)의 최적주문량이 1000개였다면 총수요량은 1백만 개, 재고유지비는 단위당 10원, 주문비는 단위당 5원이었을 것이다고 유추할 수 있다.

05 화주기업이 고객 서비스 향상, 물류비 절감, 물류활동의 효율성 향상 등의 목표를 달성할 수 있도록 물류 경로 내의 다른 주체와 일시적이거나 장기적인 관계를 맺고 있는 물류 경로 내의 대행자 또는 매개자를 제3자 물류라고 하며, 화주와 단일 혹은 복수의 제3자가 일정 기간 동안 일정 비용으로 일정 서비스를 상호 합의하에 수행하는 과정을 말한다.

06 유통분야에서는 제조업과는 다르게 변동비의 비중이 상대적으로 커서 제조분야와 유통분야를 통합하여 판매하여도 큰 이익을 기대하기 어려우므로, 무조건 제조분야와 유통분야를 통합하여 대규모화하기 보다는 제조업자와 유통기관이 적당히 역할을 분담한다면 비용면에서 훨씬 유리하다는 원칙은 변동비 우위의 원칙이다.

07 재고와 관련된 비용은 일반적으로 재고발주비용과 유지비용으로 나눌 수 있다. 이 경우 유지비용은 재고 보유과정에서 발생하는 비용으로서 재고 보유비율을 높이면, 재고를 많이 보유하기 때문에 재고 유지비용은 증가할 것이다. 하지만 재고를 많이 보유하고 있으므로 재고를 주문하거나 수송에 따르는 일이 적으므로 주문비용과 수송비용은 감소하게 된다.

08 온라인과오프라인 유통채널 간의 갈등이 발생하는 이유는 추구하는 목적이 다르기 때문에 발생을 하는 것이고, 갈등을 최소화하기 위한 통합적 채널관리 전략으로는 다양한 방법이 있다. 동일한 고객을 목표로 할 때는 고객이 중복되기 때문에 갈등이 발상할 수 있다.

09 물류의 목적을 최소의 비용으로 고객에 대한 서비스를 최대화하는 것으로 보고, 비용과 서비스의 상충관계(trade-off)로 규정하고 있다. 이는 마케팅 개념을 도입하여 비용의 최소화만을 위하기보다는 기업의 마케팅활동의 일부로서 고객의 욕구를 만족시켜 기업의 장기이익을 추구하는 역할로서 인식하고 있다.

10 창고의 수가 증가할수록 처음에는 총비용이 감소를 하다가 일정수준을 지남에 따라 총비용도 증가한다.

11 도입기는 점포 설비의 비용 회수나 규모의 경제를 실현할 만큼 매출액이 증가하지 못하고, 말기에 가서야 겨우 이익이 조금씩 증가하는 단계이다. 따라서 도입기에는 비용절감을 위해 물량을 통합할 수 있는 가능성이 크지 않다.

12 자가 물류비는 재료비, 노무비, 유지비, 일반경비, 특별경비 등이며(노무비 800만 원+재료비 1,200만 원+전기료 15만 원+이자 15만 원 = 2,030만 원), 위탁물류비는 물류업무를 외부에 위탁하는 경우 지불(지급운임 70만 원+수수료 20만 원+지불포장비 5만 원 = 95만원)되는 비용이다.

13 비용우위정책을 지향하는 것은 할인점형 업태에서 더욱 중요하다.

14 슈퍼슈퍼마켓(SSM)은 대체로 대형 유통업체의 소속인 경우가 많지만, 규모면에서는 3,000m^2 이하이며, 가공식품위주의 상품으로 주로 취급하면서 마진율과 회전율이 대형마크에 비해 높지는 않다.

15 상품 구성의 넓이는 한 기업이 현재 취급하고 있는 상품계열의 종류가 많고 적은 정도를 나타내 주며, 상품의 깊이는 특정 상품의 종류 내에서 브랜드나 스타일 및 품목의 수의 다양성을 의미하는 상대적인 개념이다.

16 수입식품류에도 통일된 유통기한 표시방법이 마련되지 않아 국내 수입회사마다 암호에 가까운 표시를 하고 있는 실정이므로 소비자들의 권리를 보호하기 위해 유통기한은 정직하게 표시되어야 한다.

17 채찍효과(Bullwhip Effect)를 막기 위한 방법
1. 공급망에 걸쳐있는 중복 수요의 예측을 가급적 피한다.
2. 가급적 대량의 배치 주문을 줄인다.
3. 공급부족 등의 상황이 없도록 한다.
4. 공급경로(Supply chain) 간의 강력한 파트너십을 구축한다.

개별적인 고유의 시스템을 가지면 협력체계에 한계가 있다.

19 각 항목은 다음과 같다.
① 소득이 증가함에 따라 수요량도 증가하면 수요의 소득탄력성은 0보다 크다.
② 상품A의 가격이 상승하여 상품B의 판매량이 증가하는 경우, 교차탄력성은 0보다 크므로 상품A와 B는 대체관계이다.
③ 상품이 열등재인 경우에는 그 상품의 수요곡선은 음(+)의 기울기를 갖는다.
⑤ 수요곡선이 비선형인 경우에는 수요곡선 상의 위치와 관계없이 가격탄력성은 같지만, 수요곡선이 선형인 경우에는 수요곡선상의 위치에 따라 가격탄력성이 달라진다.

20 d. 소매상들이 만약에 미리 많은 물량을 확보하였다면 상류로 갈수록 수요의 왜곡 현상인 채찍 효과를 초래하게 될 것이다.e. 수요가 공급을 초과하고 있는 경우 소매상이 낸 가수요가 오히려 채찍 효과를 가중시키는 요인이 되고 있다.

21 각 용어를 해설하면 다음과 같다.
1.매장: "매장"이라 함은 상품의 판매와 이를 지원하는 용역의 제공에 직접 사용되는 장소를 말한다. 이 경우 매장에 포함되는 용역의 제공장소의 범위는 제1종 근린생활시설, 제2종 근린생활시설, 문화 및 집회시설, 운동시설, 일반업무시설(오피스텔은 제외)을 말한다.
2. 대규모점포: "대규모점포"라 함은 하나 또는 대통령령이 정하는 2 이상의 연접되어 있는 건물 안에 하나 또는 여러 개로 나누어 설치되는 매장일 것,상시 운영되는 매장일 것, 매장면적의 합계가 3천 제곱미터 이상일 것, 의 요건을 모두 갖춘 매장을 보유한 점포의 집단으로서 대통령령이 정하는 것을 말한다.
3. 준대규모점포: "준대규모점포"란 대규모점포를 경영하는 회사 또는 그 계열회사(「독점규제 및 공정거래에 관한 법률」에 따른 계열회사)가 직영하는 점포,「독점규제 및 공정거래에 관한 법률」에 따른 상호출자제한기업집단의 계열회사가 직영하는 점포, 직영점형 체인사업 및 프랜차이즈형 체인사업의 형태로 운영하는점포로서 대통령령으로 정하는 것을 말한다.
4. 체인사업: "체인사업"이라 함은 같은 업종의 여러 소매점포를 직영(자기가 소유하거나 임차한 매장에서 자기의 책임과 계산아래 직접 매장을 운영하는 것)하거나 같은 업종의 여러 소매점포에 대하여 계속적으로 경영을 지도하고 상품 · 원재료 또는 용역을 공급하는 사업을 말한다.

22 포터의 산업구조 모형에 의하면 산업내 경쟁이 낮을수록, 진입장벽이 높을수록, 공급자의 교섭력이 낮을수록, 구매자의 교섭력이 낮을수록, 대체재의 위협이 낮을수록 해당산업의 수익률이 높아진다.

23 많은 종류의 제품을 생산하는 대규모 조직은 제품별 조직이며, 제품별 조직은 제품을 시장특성에 따라 대응함으로써 소비자의 만족을 증대시킬 수 있다.

24 가장 복잡하고 긴 유통경로는 1차적인 농산품에서 많이 나타난다. 그것은 생산물의 특성상 시장이 한정되어있고 계절적으로는 생산량이 정해져 있는 상태이기 때문이다.

25 투자안의 부분(분할)투자가 가능한 경우에는 수익성지수법을 이용할 수 있지만, 투지안의 부분투자가 불가능한 경우에는 투자후 잔여잔금을 고려해서 순현재가치(NPV)법이나 가중평균수익성지수(WAPI)법을 사용해야 최적의 투자안 조합을 찾을 수 있다.

제2과목 상권 분석(26~45)

a.n.s.w.e.r

26	③	27	③	28	③	29	③	30	④
31	⑤	32	③	33	③	34	①	35	⑤
36	②	37	③	38	①	39	④	40	①
41	①	42	②	43	③	44	⑤	45	①

26 Huff모델에서 신규점포의 예상매출액 산식은 '특정지역의 잠재수요의 총합×특정지역으로부터 계획지로의 흡인율'로 나타내고, 지역별 또는 상품별 잠재수요를 예측하는 방법은 '지역별 인구 또는 세대수×업종별 또는 점포별 지출액'으로 나타낸다.

27 소매업을 입지산업이라고 부를 정도로 입지는 중요한 전략적 결정 요인이다. 위치에 따라서는 엄청난 매출과 이익이 보장되므로, 점포의 위치는 사업 성공의 여부를 결정짓는 중요한 요인이 되고 있다. 이러한 소매입지의 기본적인 조건으로 수익성, 접근가능성, 가시성 등을 우선 고려해야 한다.

28 관광목적으로 유입되는 사람들은 관광이라는 목적이 있지만 특정한 비즈니스적인 이유가 아니므로 많은 구매와 연결을 시킬 수 있기 때문에 이 경우에 상권의 질은 좋다고 평가할 수 있다.

29 C영역은 IRS가 높은 지역이기에 지금은 경기가 좋은 지역이지만, MEP는 낮은 지역이기에 앞으로 성장 예측에 따라 점포를 개설해야 한다.

30 공간균배의 원리에 의한 점포의 분류 중 집재성 점포의 입지조건은 동일상권 내에 동일한 업종이 서로 한곳에 모여 입지하여야 유리하며, 이러한 대상점포로는 은행, 보험회사, 가구점, 중고서점, 전자제품, 기계점 등이 있다.

31 타임페어법은 점포에서 역까지의 전철과 버스노선별 소요시간 및 요금을 조사하여 상권을 파악하고, 소비자들의 이용도가 높은 교통수단일수록 조사 방법에 유리하다.

32 백화점은 규모면에서 대형화를 추구하므로 사람들의 접근성을 최대한 높여야 하고, 지하철, 철도역, 터미널 등 대중교통이 집결하는 곳이 좋은 입지가 된다. 또한 승용차의 접근성이나 주차의 편의성 또한 매우 중요한 입지조건이다.

33 상품구색의 테마가 명확하여 구색의 편의성은 생활에서 사용할 수 있는 간단한 종류를 취급하기 때문에 예측되는 상품 구색을 갖추고 있다.

34 유통에서의 정보는 소비자의 행동이나 습관을 자료(data)에 보관 중인 것이다. 따라서 앞으로의 소비자에 대한 대책이나 관리를 하는 데 매우 중요하게 사용될 수 있으며, 자료의 종류에는 1차 자료와 2차 자료가 있다. 1차 자료는 현재 직면한 문제를 해결하기 위하여 특별히 수집되는 자료를 말하며, 2차 자료는 다른 문제를 해결하기 위하여 이미 수집된 자료, 즉 인구통계자료나 각 협회 등의 자료를 말하고, 다른 목적으로 수행된 조사자료나 정부의 인구통계자료, 세무자료, 여러 유통연구소의 발표자료 등을 의미한다. 이러한 정보수집의 궁극적인 목적은 고객의 행동을 이해하는 데 도움을 얻기 위해서이다.

35 허프 모형(Huff model)의 내용은 소비자의 특정 점포에 대한 효용은 점포의 크기와 점포까지의 거리에 좌우된다. 즉, 소비자의 점포에 대한 효용은 점포의 매장이 크면 클수록 증가하고, 점포까지의 거리는 멀면 멀수록 감소한다고 보았다.

36 선매품(Shopping products)은 여러 가지 다양한 대안을 비교해 가면서 제품을 구매하는 데 있어 수고와 노력을 아끼지 않는다.

37 패션잡화점의 최적입지는 상호보완적인 상품을 제공하는 다양한 점포들이 모여 있는 곳이다. 경쟁자로부터 멀리 떨어져서 독점적 지위를 확보할 수 있는 입지는 노면독립입지의 특성이다.

38 Huff모델에 의한 신규점포의 예상매출액 산식은 '특정지역의 잠재수요의 총합×특정지역으로부터 계획지로의 흡인율'로 나타낼 수 있다.

39 비교구매를 원하는 소비자에게는 그다지 매력적이지 않으므로 특정 상권 안에서 영업을 수행하는 카테고리 킬러와 같은 목적점포가 적합하다.

40 양립성은 경영자가 진입할 상권에 상호 보완관계에 있는 점포가 서로 인접해 있어서 고객의 흡인력을 얼마나 높아지게 할 수 있는가의 가능성을 검토하는 방법이다.

41 의류패션전문점의 입지는 오락과 즐거움을 제공할 수 있고, 비교구매가 가능한 중심상업지역 또는 인근 지역의 입지가 좋은 입지이다. 입지는 주로 중심 상업지역(CBD), 중심 상업지역 인근 쇼핑센터, 의류전문센터 등이 가장 유리하다.

42 도심형 쇼핑센터지역은 대부분 지가가 높으므로 넓은 면적을 차지할 수가 없으며, 소규모의 면적에 고층화를 추구하고, 지역적으로 주로 도심 중심부에 위치하고 있다.

43 소매포화 지수 = $\frac{100가구 \times 30만원}{1,000}$ = 30,000이고, 특정점포가 입점했을 때 소매포화 지분자는 동일하고, 분모는 커지기에 적어진다.

44 유추법에 의한 상권규모의 측정은 CST(Customer Spotting Technique) map의 기법을 이용하여 이루어진다. CST 기법은 자사점포를 이용하는 고객들의 거주지를 지도상에 표시한 후 자사점포를 중심으로 서로 다른 동심원을 그림으로써, 자사점포의 상권 규모를 시각적으로 파악할 수 있는 방법라고 할 수 있다.

45 지방 중소도시의 경우 지역상권은 지구상권과 거의 일치한다고 볼 수 있다. 즉, 지역상권 내의 가장 중심부에 위치한 지구상권은 지역 전체의 소비자들을 흡인한다. 일반적으로 대형점일수록 동일 위치에 출점한 경쟁점포보다 점포 상권이 광범위하다.

제3과목 유통 마케팅(46~70)

a.n.s.w.e.r

46	②	47	⑤	48	⑤	49	③	50	②
51	③	52	④	53	①	54	③	55	④
56	①	57	③	58	①	59	④	60	⑤
61	①	62	②	63	④	64	③	65	⑤
66	③	67	②	68	③	69	①	70	③

46 당해 보고기간 후에는 경제적 효익이 유입될 가능성이 높지 않다고 판단되는 경우에는 포괄손익계산서에 비용으로 인식한다.

47 서비스의 이질성은 개개의 고객마다 서비스는 질을 달리 평가한다. 서비스는 어떠한 표준적인 기준이 설정되어 있지도 않고 설정할 수도 없기 때문이다. 기초영어를 가르치는데 토익 만점자가 느끼기에는 돈을 주고 듣고 싶지 않을 정도이겠지만 영어를 못하는 사람에게는 가장 적절한 서비스가 될 것이다.

48 기업이 신규고객을 확보하는 것보다는 기존고객을 유지하고 관리하는 것이 더 비용 면에서 효율적이다.

49 카테고리 관리(category management) 는 특정 제품군(Category)를 중심으로 유통업체와 제조업체가 협력을 통해 공동의 수요를 창출해 내는 과정을 카테고리 관리라고 한다. 카테고리 관리에서는 유통업체와 제조업체 사이에 존재하는 벽을 제거함으로써, 신제품 도입, 제품 구색, 각종 촉진 전략 등을 최적화하여 궁극적인 소비자 수요를 창출하고자 하는 것이다.

50 '이 플러스(e-plus)'라는 브랜드는 유통업체인 이마트가 제품에 붙인 브랜드(PB)이다. 그 외는 제조업자 브랜드(NB)이다.

51 영역제한(territorial restrictions)은 제조업자나 상품 공급업자가 자기의 상품 또는 용역을 공급하면서 유통업자로 하여금 주어진 지역에서만 판매활동을 하도록 하는 행위이다. 대체로 불공정 거래행위로서 시정 명령 대상이지만, 유통업자에게 일정한 지역을 주된 책임 지역으로 규정하여 적극적인 판매활동을 하도록 하는 것을 의무화하는 것을 말한다.

52 개인의 육체적 · 정신적 건강의 조화를 통해 행복한 삶을 추구하는 라이프스타일이 웰빙이며, 개인뿐만 아니라 사회와 후세의 건강과 행복한 삶을 추구하는 것은 로하스(Lohas)이다.

53 조직(organization)이란 일정한 환경 하에서 특정한 목표를 추구하며, 이를 위해서 일정한 구조를 형성하는 사회적 단위이다. 일정한 목적을 전담할 독립조직을 설립하는 것은 광고, 가격결정 등이 자유롭게 하고 내부 경로갈등을 예방할 수 있기 때문이다.

54 교차판매(Cross-selling)은 우체국 같은 경우 예금을 든 고객에게 보험상품을 판매하는 형식이다.

55 ABC 분석기법은 다양한 곳에서 이용되고 있다. 일반적으로 재고관리에서 이용을 하고 있으면 매출액(이익, 판매량) 등이 큰 순으로 A(매충액등이 70%), B(매출액등이 20%), C(매출액 등이 10%)으로 분석을 한다.

56 HS(Harmonized Commodity Description and Coding System)는 CCC (Customs Cooperation Council, 관세협력이사회)가 국제 간에 거래되는 모든 물품에 대한 품목 분류를 통일하여 국제 무역을 증진시킬 목적으로 1983년에 제정하였다.

57 POS 시스템의 운영에 필요한 기본 코드
㉠ 거래처 코드: 수발주, 대금결제 등에 사용
㉡ 종업원 코드: 종업원 관리에 이용
㉢ 상품 품목 코드: GS1-13은 6,5,4,3자리, GS1-8은 1가지로 바코드에서 이용 원재료코드는 상품이 완성되기 전이다. 즉, 바코드는 완성된 상품에만 붙는다.

58 심리적인 가격에는 명성가격(prestige pricing), 관습가격(customary pricing), 단수가격(odd pricing), 비선형가격설정(nonlinear pricing) 등이 있다. 지대가격(zone pricing)은 특정 상품군의 상한가와 하한가의 폭을 지칭한다.

59 유통기업의 매출 증대와 이익수준 향상에 기여하는 품목은 핵심 상품에 속하는 품목군 이다.

60 산업재의 신규구매상황에 직면한 구매자가 거치게 되는 일반적인 구매 프로세스를 가장 올바르게 표현한 것은 ⑤의 순서이다.

61 현장순회지도(Coaching By Wandering Around)는 판매를 한 곳에서 일정한 기간 동안 판매에 참여를 함으로서 구매자에 대한 커뮤니케이션의 한 방법이다.

62 도매상은 판매상품에 대한 소유권을 보유하고 있다.

63 브랜드파워강화를 위해 의류 매장 내 화장품 코너같이 전혀 다른 종류의 제품을 디스플레이 해놓고 고객들의 새로운 욕구를 자극하는 방법을 자극적 마케팅(Stimulant Marketing)이라한다.

64 주의(attention) → 관심(interest) → 욕망(desire) → 확신(confidence) → 행동(action)

65 서비스도 일종의 최종소비자를 바라보고 생산을 하는 무형재화이다. 최종소비자를 대상으로 하는 것 치고, 고객관리의 필요성이 존재하지 않는 것은 없다.

66 자산회전율은 경영자들이 자신들의 자산을 얼마나 효율적으로 사용하는가를 평가하고 비교하기 위해 사용될 수 있다. 자산에는 유동자산뿐만이 아니라 비 유동자산인 토지나 건물, 기계 등도 포함이 된다.

67 버즈 마케팅(Buzz Marketing), 바이럴 마케팅(Viral Marketing - viral은 virus의 형용사). 이 모든 마케팅전략은 사실 타겟유저들에게 기업의 메시지를 전달하는 방법상의 유사한 면을 가지고 있다. 즉 Mass를 통하지 않고 Human Network상에서 자연스럽게 소문이나고 바이러스처럼 전파가 되어서 홍보가 되고, 구매동기를 불러일으키게 하는 것이므로 온라인 구전으로서 소비자들로 하여금 온라인을 통해 다른 사람에게 오디오, 비디오 또는 문서로 된 정보 또는 기업이 개발한 제품이나 서비스를 전달하도록 고무하는 것과는 다르다

68 고객이 구입한 제품에 만족을 한다는 것은 효용이 증가하는 것이고, 이후에 그 제품을 반복하여 구입을 하는 것이며 재 구매율로서 고객을 평가할 수 있다.

69 노이즈 마케팅은 상품의 홍보를 위해 고의적으로 각종 이슈를 만들어 소비자의 호기심을 불러일으키는 마케팅기법으로 특히 단기간에 최대한 인지도를 높이기 위한 경우에 쓰인다. 주로 좋은 내용보다는 자극적이고 좋지 않은 내용의 구설수를 퍼뜨려 소비자의 입에 오르내리게 한다. 비록 부정적인 이미지로 굳혀질 수 있는 위험이 있지만, 반대로 매출은 올라간다는 결과가 있다. 이미지와는 별개로 노이즈 마케팅으로 인해 머릿속에 인식되어 구매로 이어지는 경우가 많은 것이다. 최근에는 인터넷이 크게 발달함에 따라 노이즈 마케팅의 중요한 도구로 사용되고 있다.

70 소매점이 추구하는 중요한 쌍두마차로서 마진율과 회전율이라 할 수 있다. 마진율과 회전율은 일반적으로 비례관계에 있는 경우가 많다. 즉, 회전율이 높은 상품은 빠른 회전율을 보이기 때문에 회전율에 다른 이익을 보기도 하고, 일부 품목은 회전율은 낮지만 마진율이 높은 상품도 있다.

제4과목 유통 정보(71~90)

a.n.s.w.e.r

71	②	72	④	73	③	74	①	75	③
76	④	77	④	78	①	79	⑤	80	⑤
81	②	82	⑤	83	②	84	①	85	①
86	③	87	①	88	①	89	②	90	⑤

71 GS1(Global Standard one)은 바코드에 관한 국제표준을 제공하는 기관을 지칭하고 대한민국의 공통 상품 코드이며, 우리나라에서 제조되어 판매되는 상품의 고유번호이다.

72 RFID시스템은 Tag의 데이터 변경 및 추가가 자유롭고, 일시에 다량의 Tag 판독이 가능하며, 냉온, 습기, 먼지, 열 등의 열악한 판독환경에서도 판독률이 높다는 장점이 있다.

73 E-mail은 컴퓨터 통신망을 이용하여 컴퓨터 사용자 간에 편지나 여러 정보를 주고받는 새로운 개인 통신방법으로, 비구조화된 비표준양식을 이용하거나 단순한 일반 편지를 이용한다.

74 암호화 속도는 느리지만 키 관리가 쉽고, 대표적으로 RSA가 있다.

75 유통정보시스템의 개발단계가 순서대로 가장 바르게 연결된 것은 ③의 내용이다.

76 선전용 팸플릿, 일기장, 달력은 ISBN 부여 대상이 아니다.

77 e-catalog(전자 카탈로그)는 상표 또는 기업에 대한 광고가 전자적 파일의 형태로 제작되어 인터넷, 홈페이지, 홍보용 CD, 동영상, 플래시 애니메이션 등의 형태로 만들어진 카탈로그이며, 오프라인(종이) 카탈로그에 비해 초기 개발비용이 상대적으로 매우 높다.

78 정보는 핵심을 판단할 수 있도록 가급적 단순해야 하며, 정보가 너무 많고, 복잡하거나 상세하면 불필요한 정보이다.

79 데이터는 일단 적재(loading)가 완료되면 일괄처리 작업에 의한 갱신이외에는 DB에 삽입(insert),이나 삭제(delete)등의 변경이 수행되지 않는다는 데이터의 장기지속성을 말하는 것은 비 휘발성(Non-Volatile)이다.

80 의사결정(Decision Making)이란 가장 바람직한 상태를 달성하기 위하여 하나 또는 그 이상의 대안 중에서 가장 유리하고 실행 가능한 최적대안을 선택하는 의식적 과정이라고 정의할 수 있다. 문제에서 가장 적합한 내용은 ⑤의 내용이다.

81 지식(Knowledge) 이란 이와 같은 동종의 정보가 집적되어 일반화된 형태로 정리된 것으로, '어떤 특정목적의 달성에 유용한 추상화되고 일반화된 정보'라고 할 수 있다. 문제에서 ② 는 지식의 내용이고 나머지는 정보의 내용이다.

82 제조, 유통 관리에 이르는 기업 활동 전반을 전자화하여 생산 · 영업 · 물류 활동 계획에 필요한 정보를 수시로 얻을 수 있을 뿐 아니라 효율적인 정책 개발에 도움을 주는 것은 VAN이다.

83 물류산업의 RFID는 창고문을 통과하는 패키징 된 물품을 포장 해체 없이 그 내용물에 대한 파악이 가능하고, 입 · 출고 및 환적 시간 단축에 기여하며, 포장 해체 없이 개수(수량)에 대한 파악이 가능하여 유리하다..

84 1972년 1월 미국에서는 공통식료품코드위원회(Universal Grocery Product Code Council, UGPCC)가 설립되어 미국과 캐나다 지역에 12자리의 상품 바코드(Universal Product Code, 이하 UPC코드)를 보급하기 시작하였다. UPC코드가 미국과 캐나다에서 성공적으로 정착되자 1977년 유럽지역에서도 UPC 코드를 모델로 하여 12개국이 주축이 된 유럽상품코드기구(European Article Number Association, 이하 EAN)를 설립, 13자리의 EAN코드를 보급하기 시작하였다. 이후 UPC 코드의 초기 관리기관 이었던 UGPCC는 미국지역관리기관인 ECCC(Electronic Code Council of Canada)로 분리되었으며 EAN 기구도 아시아 및 남미, 아프리카 국가의 가입에 따라 EAN International로 개칭하였다. 2003년에는 최종적으로 GS1이라는 명칭으로 사용을 하고 있다.

85 유통경로는 생산자부터 소비자까지의 전 과정을 볼 때 일반적으로 수집과정, 중계과정, 분산과정의 단계로 구분하고 저자상거래는 분산과정에 속한다. 전자상거래는 거래대상지역이 광범위하지만 유통경로는 반드시 필요하다.

86 QR은 ECR에 비해 상대적으로 가격이 높기에 진열된 상태에서의 상품납입(FRM)방식이 적합하고, ECR은 가격적으로 저렴하기에 크로스도킹 방식의 상품납입이 적합하다.

87 e-CRM은 인터넷을 활용한 단일 통합 채널을 통해서 고객과 접촉하며, 지역적 및 시간적 한계를 극복할 수 있는 고객 관리방법으로서 음성, 동영상, FAQ 등 다양한 기술을 이용해서 고객 응대를 할 수 있다.

88 e-SCM은 고객 그리고 기업 내부의 다양한 욕구를 만족시키고 업무의 효율성을 극대화하려는 전략적 기법이라고 할 수 있다. e-SCM을 도입한다고 하여 유통경로상의 갈등을 해소한다고 어렵다.

89 전자카탈로그를 통해 고객에게 상품에 대한 자세한 정보를 제공하며, 고객의 구매를 유도하며, 소매활동을 하는 무점포소매업의 한 형태이다. 전자카탈로그는 제품과 서비스에 대한 하나의 특정 정보에 의존하는 것이 아니라, 개별품목의 여러 가지 특징적 정보들을 이용하여 제품과 서비스를 표현하고, 고객의 선호도나 요구에 맞춘 맞춤식 전자카탈로그가 제공되기도 한다.

90 전자상거래가 성공적이기 위해서는 4P정책뿐만 아니라 4A정책 또한 중요하다. 이러한 4A정책에는 프로모션 전략, 유통 전략, 가격 전략, 제품 전략, 방법 전략, 장소 전략, 시간 전략에 해당하는 방법(any way), 제품(any product), 시간(any time), 장소(any where)가 있다.

제 9 회 정답 및 해설

본문 → P.193

제1과목 유통 · 물류 일반(01~25)

a.n.s.w.e.r

01	⑤	02	④	03	②	04	①	05	④
06	②	07	④	08	①	09	③	10	①
11	②	12	①	13	③	14	④	15	⑤
16	②	17	②	18	⑤	19	①	20	③
21	③	22	④	23	⑤	24	⑤	25	③

01 제92조 (계약의 해지) : 당사자가 계약의 존속기간을 약정하지 아니한 때에는 각당사자는 2월전에 예고하고 계약을 해지할 수 있다.

02 소매 변천 원인을 환경적 변수에서 찾고 있는데 소매기관을 둘러싸고 있는 환경변화(소비자의 구매행동, 구매욕망, 과학기술, 환경 등)에 가장 효율적으로 적응할 수 있는 소매상만이 살아남아 번창한다는 이론은 적응행동 이론(Adaptive Theory)의 내용이다.

03 유통경로 시스템은 표적고객에게 제품이나 서비스가 가장원활하게 도달하도록 경로 내에서 발생할 수 있는 다양한 잡음들을 없애거나 최소화하기 위하여 경로 구성원들이 인식해야 할 다양한 체제를 말한다. 수송 · 보관과 같은 물적 소유권이나 촉진과 같은 기능들은 생산자로부터 최종 소비자의 방향으로 흐르는 것을 말하며, 이를 전방기능흐름이라고 한다.

04 크로스 도킹은 배달된 상품을 수령하는 즉시 중간 저장 단계가 거의 없거나 전혀 없이 배송지점으로 배송하는 것을 말하는 것으로, 창고나 물류 센터로 입고되는 상품을 보관하는 것이 아니라 즉시 배송할 준비를 하는 물류 시스템을 말한다. 물류 센터에서의 크로스 도킹은 매우 짧은 특징이 있어 배달된 상품을 수령하는 즉시 중간 저장 단계가 거의 없거나 전혀 없이 배송지점으로 배송하는 것이므로, 배송의 동시화가 핵심적인 요인이 된다.

05 현대의 경제사회는 상품 및 서비스가 생산자로부터 소비자에게로 이동하는 유통현상에 의해 영위되고 있으며 이를 유통경로라고 한다. ⓜ은 동일한 단계에서 발생하는 갈등을 수평적 갈등이라 한다.

06 소매업 아코디언 이론은 홀랜더(S.C. Hollander) 교수가 주장한 것으로, 소매상의 변천이 제품구색의 변화에 초점을 맞추어 제품구색이 넓은 소매상(종합점)에서 제품구색이 좁은 소매상(전문점)으로, 다시 종합점으로 되풀이하는 것으로 아코디언처럼 제품구색이 늘었다 줄었다 하는 과정을 반복하는 이론이다.

07 윤리성,창의성, 그리고 모험심을 바탕으로 하여 경쟁기업의 제품보다 우수한 상품을 연구하여 생산 및 판매에 전력해야 한다.

08 편의점의 효용
1. 24시간 영업으로 시간적 편리성
2. 근린형으로서 거리상의 편리성
3. 상품 배치의 단순화로 상품 선택의 편리성
4. 상품 구색의 테마가 명확하여 이용에 편리성

09 인바운드 텔레마케팅(in-bound telemarketing)은 고객이 외부에서 기업으로 전화를 거는 경우를 말하며, 이는 고객의 능동적인 참여를 전제로 하고 있다. 아웃바운드 텔레마케팅(out-bound telemarketing)은 기업이 고객이나 잠재고객에게 전화를 걸어 적극적으로 마케팅활동을 실행하는 것을 말한다.

10 일반적으로 중간상은 생산자와 소비자 사이에서 상품을 공급 · 매매하는 것을 업으로 하는 상인으로 고객에게 다양한 구색 수준을 충족시킬 수 있기 위해서는 생산자는 중간상을 이용하는 것이 좋다.

11 서비스에 대한 유통경로를 나머지 세 가지와 다르게 설정할 때 축구장 관람권 판매는 유형적인 재화를 판매하는 경우이고, 나머지는 무형적 서비스를 판매하는 것이다.

12 사내(社內) 거점이나 공동단지를 막론하고 물류 거점은 모두 물류활동을 용이하게 수행하게 할 수 있는 규모를 갖추고 있기 때문에 하역의 기계화, 창고의 자동화, 공동 수 · 배송 등 물류합리화를 강력히 추진할 수 있다.

13 프랜차이즈패키지 비용(Franchise Package Fee)은 프랜차이지가 프랜차이저로부터 여러 가지 시설 및 물품을 구매하는 조건으로 프랜차이징을 하는 경우에 발생하는 비용이다.

14 어떤 특정제품에 충성도가 높은 소비자는 '치약이나 비누'와 같은 생활필수상품이 품절되었으면 기다렸다가 그 상품을 구매할 것이다.

15 산업재 유통업자(industrial distributor) 역할의 중요성이 확대될 가능성이 높다는 것은 소비재와 산업재의 특징에서 찾을 수 있다. 산업재는 대부분이 중간재 성격을 가지고 있어 가공품의 성격이 강하다. '대량일괄주문 경향이 늘어남으로써 유통업자(도매상 및 소매상)의 파워가 강화되고 있음을 볼 수 있다'는 내용은 소비재의 특징이다.

16 일반 소비재 시장에서 대형화된 소매업체의 대부분은 대형유통업체를 말하는 것이다. 즉, 백화점은 선매품(選賣品)을 중심으로 편의품에서 전문품에 이르기까지 다양한 상품 구색을 갖추고 대면(對面) 판매하지만 취급품목 대부분이 선매품이 중심을 이루고 있다.

17 소매업체가 도매업체 또는 제조업체에 투자, 인수 및 합병하는 경우를 들 수 있는 것은 수직적 통합의 방법이다.

18 물류비의 산출단계
① 제1단계: 물류원가를 계산해야 하는 필요성 명시
② 제2단계: 물류비 자료의 식별과 입수
③ 제3단계: 물류비 배부 기준의 선정
④ 제4단계: 원가계산의 대상별 물류비의 배부와 집계
⑤ 제5단계: 물류 원가계산의 보고

19 주금액의 법정 최저한은 100원 이상으로 하고 균일하여야 하는데, 이는 1주당 주금액의 최저한과 액면 주식임을 규정한 것이다. 대한민국의 상법은 액면주식만을 인정하고 있다.

20 회사합병은 원칙적으로 자유이다. 하지만 주식회사나 유한회사가 합병 당사회사가 되거나 합병 후의 회사가 되는 경우는 일정한 제한이 있다. 물적회사(주식 · 유한)와 물적회사 또는 물적회사와 인적회사(합자 · 합명)의 합병 시에는 존속 또는 신설되는 회사는 물적회사이어야 한다. 이는 합병 후의 회사가 인적회사가 되면 사원의 책임이 가중되기 때문이다.

21 에이프론(apron)은 여객의 승강, 화물의 적하, 항공기의 급유 · 계류, 기내식(機內食)의 적재, 출발 전 점검 등을 하기 위해 출발 전 또는 착륙 후 활주로에서 유도되어 온 항공기가 정지하는 장소로서, 격납고 또는 터미널 앞쪽 지면에 항구적으로 포장되어 있는 구역을 말한다.

22 미국인은 개인주의이고 물질적이며, 한국인은 매우 부지런하며, 흑인은 운동에 소질이 있으며, 이탈리아인은 정열적이라는 범주에 의한 오류는 상동적 태도(Stereotyping)의 내용이다.

23 계속거래란 1개월 이상에 걸쳐 계속적으로 또는 부정기적으로 재화 등을 공급하는 계약으로서 중도에 해지할 경우 대금 환급의 제한 또는 위약금에 관한 약정이 있는 거래를 말한다.

24 재무관점, 고객관점, 내부프로세스관점, 학습과 성장관점의 다양한 성과지표에 의하여 조직의 성과를 측정한다.

25 제품별 영업조직은 그 제품에 맞게 조직화 하였기에 상대적으로 높은 영업비용이 소요된다.

제2과목 상권 분석(26~45)

a.n.s.w.e.r

26	③	27	①	28	③	29	②	30	⑤
31	④	32	②	33	③	34	④	35	③
36	③	37	①	38	④	39	③	40	②
41	①	42	③	43	⑤	44	④	45	②

26 노면 독립입지(Freestanding Sites) 다른 소매업체들과는 지리적으로 떨어진 지역을 의미하며, 통상적으로 독립지역에 위치한 소매점은 다른 소매업체들과 고객을 공유하지 않는다. 고객에게 노출이 잘 되기는 하지만 개점 초기에 소비자를 점포 내로 유인하기가 어렵다.

27 의류업, 식료품업, 잡화점, 음식업은 좋은 입지에 위치해야 고객에게 접근성과 높은 가시성을 줄 것이다. 하지만 택배업은 좋은 입지에 있는 것보다도 신속한 이동성을 고려해야 한다.

28 백화점은 시내 중심부에 주로 위치함으로 대중교통을 통한 접근성이 가장 뛰어난 업태의 하나이며, 시내 중심부 교통의 혼잡성을 높일 수 있지만 고객의 접근성으로 고려하여 고객주차의 편리성을 고려하는 것이 바람직하다.

29 마일리지를 통하여 고객의 특성 및 개개인의 니즈를 파악할 수 있어 마케팅전략수립에 활용할 수 있는 마일리지고객주소활용법은 기존점포의 상권분석방법이다.

30 레일리는 편의품, 선매품, 전문품 등의 상품유형별 차이를 고려하지 않아 실제 상황에 적용할 때에는 이에 대한 고려가 필요하다.

31 쇼핑센터(Shopping Center)는 도심 지역의 소비자들이 교외로 이전하면서 전문적인 개발업자에 의한 지역 상황과 수요 분석을 통해 규모 · 레이아웃 · 점포구성 · 만족 등이 계획적으로 개발 · 관리 · 운영되는 대표적인 집합형 소매점을 말한다. 대규모 주거단지 인근에 위치한다면 안정적인 고객 확보가 가능하지만 반드시 대규모 주거단지에 입지를 하지는 않는다. 하지만 이 문제는 ④이 틀렸다고 보기에는 무리가 있다.

32 두 도시 사이의 분기점(breaking-point)의 정확한 위치를 결정하기 위해 소매중력의 법칙을 수정하였다. 거리가 멀어짐에 따라 구매 이동이 줄어드는 현상을 거리-감소함수(distance-decay function)로 파악하여 거리와 구매흡인력 관계를 부(負)의 지수함수관계로 본 것이다.

33 소매인력이론은 레일리(Reilly) 법칙이다. 레일리의 소매인력의 법칙에 의하면 두 경쟁 도시(A, B)가 그 중간에 위치한 소도시(C)의 거주자들로부터 끌어들일 수 있는 상권 규모는, 그들의 인구에 비례하고 각 도시와 중간(위성)도시 간의 거리의 제곱에 반비례한다는 것이다.

34 중심지 이론은 '소비자들이 유사점포 중의 한 점포를 선택할 때 그 중 가장 가까운 점포를 선택하며', '중심성(centrality)의 크기는 인구규모에 비례한다'고 독일의 크리스탈러(Christaller)에 의해 1933년에 처음으로 제시되었다.

35 점포의 상권은 일반적으로 1차 상권(primary trading area), 2차 상권(secondary trading area), 한계상권(fringe trading area)으로 구성된다. 한계상권을 3차 상권이라고도 하는 것은 고객흡인율에 따른 상권분류방법이며, 고객측면에서 구분한 것이다.

36 상권(trade area)이란 한 점포뿐만 아니라 점포집단이 고객을 유인할 수 있는 지역적 범위(geographic area)를 의미하며, 상권은 단순한 00Km권이라고 하는 원형의 형태가 아니라 아메바와 같이 정형화되지 않은 형태로 되는 경우가 일반적이다.

37 권리금은 법적으로 일정한 조건이 되어야 인정이 되는 금액이므로 임대차계약이 종료되더라도 임대인은 원칙적으로 권리금 반환에 대한 의무를 지지 않는다.

38 중심상업지역에 위치한 도심(입지)형 백화점의 경우 신업태의 출현과 교통체증, 주차공간의 부족 등에 의해 고객들이 구매를 기피하는 경향이 높아지고 있으며 이러한 문제를 해결하기 위해 많은 백화점들이 도시외곽으로 입지를 옮기거나 지방에 지점을 개설하는 다점포경영(multi store operation)전략을 시도하고 있다.

39 최소수요 충족거리가 상업중심지의 최대 도달거리보다 클 수는 없다.

40 $IRS = \dfrac{\text{수요}}{\text{특정업태의 총매장면적}}$

$= \dfrac{\text{지역시장의 총가구수} \times \text{가구당 특정업태에 대한 지출비}}{\text{특정업태의 총매장면적}}$

41 재화의 도달범위(the outer range of goods or service)는 중심지 기능이 중심지로부터 미치는 한계점을 의미한다. 최대 도달거리를 내기 위해서는 기본적으로 중심지는 최소 요구치를 확보하고 있어야 한다.

42 소득의 증가는 여타 취미활동 등에 대한 기회가 늘어나게 되어 소비자의 소매점 선택을 위한 공간행동의 범위를 넓히게 된다.

43 일정한 어떤 구역에 있어서 한 소매점의 매출액 점유율은 그 지역 전체의 소매매장면적에 대한 해당 점포의 매장면적의 비율에 직접적으로 비례할 것이라는 가정 하에서 수행하는 것을 점포공간 매출액 비율법 이라한다.

44 판매상품의 언급이 있어야 하는 것이 좀 더 정확한데도, 이 문제는 단순히 '중소평형 아파트단지 상가보다는 대형평형 아파트단지 상가의 매력도가 상대적으로 더욱 높다' 는 잘못된 말로만 틀렸다고 한다.

45 유사성방식은 획득 가능한 자료를 가진 점포의 수가 많으면 많을 수록 더욱 적합하지만 Huff모델을 이용한 방식은 그렇지 않다.

제3과목 유통 마케팅(46~70)

a.n.s.w.e.r

46	③	47	②	48	②	49	③	50	④
51	②	52	②	53	⑤	54	②	55	④
56	⑤	57	②	58	⑤	59	②	60	③
61	④	62	②	63	③	64	④	65	③
66	②	67	①	68	②	69	⑤	70	②

46 패밀리 브랜드는 두 가지 방향에서 이루어진다. 한 브랜드가 성공하는 경우 이 브랜드를 다른 제품에 적용시키는 것이 수평적인 패밀리 브랜드 전략으로 계열 확장과 브랜드확장이 이에 해당한다.

47 점포 공간의 생산성을 증진시키기 위해서는 공간을 최대한 적절하게 배치하기 위하여 배치 및 구성 계획을 수립해야 한다. 접수한 상품을 검품하고 가격표 및 기타 표시를 붙이는 마킹작업 등을 위한 공간은 효율성을 높이기 위해 가급적 접수공간과 가까운 곳에 위치해야 한다.

48 표본의 크기가 커질수록 조사비용과 조사시간이 증가하며, 표본오류는 감소한다.

49 5개차원에는 신뢰성(reliability), 대응성(responsiveness), 확신성(assurance), 공감성(empathy), 유형성(tangible) 등이 있다.

50 편의품의 개념보다는 전문점에서 취급을 하고, 특정점포에 대한 애호도가 높다는 것은 그 점포만을 찾는 다는 의미이므로 선택적 전속적유통경로를 택해야 한다.

51 집중적(concentrated) 마케팅 전략은 하나 또는 그 이상의 제품을 소비자에게 판매하기 위한 방법을 말한다.

52 점포레이아웃은 소비자의 본능적 행동양식과 업종 및 업태 그리고 점포규모에 따라 적절하게 응용하여 매장의 입구 쪽에는 가격단가가 낮은 상품을 안쪽으로 들어갈수록 가격단가가 높은 상품을 배치하는 것이 일반적이다.

53 BCG 매트릭스(matrix)에서 의문부호(question mark)에 해당하는 제품은 사업 초기단계의 영역이며, 빠르게 성장하는 시장을 잡기 위해서는 추가적인 시설투자와 노동력 투입 증대의 필요성 등으로 많은 자금이 요구되는 사업이다.

54 머천다이징(MD;Merchandising)을 우리말로 표현하면 '상품화계획' 이라 부르기도 한다. 머천다이징은 기업의 마케팅 목표를 실현하는데 가장 유익하도록 특정의 상품 또는 서비스를 장소시간, 간격 그리고 수량으로 시장에 내어놓는데 따르는 계획과 감독을 말한다.

55 자료수집이란 연구의 목적을 달성하고자 연구자가 세운 연구문제를 찾으려고 실험장면이나 조사 장면에서 수집하는 것을 뜻한다. 자료 수집의 방법은 조사 연구에 있어서는 질문지에 의한 설문결과, 관찰, 면접들의 유형으로 나누어질 수 있다. 조사자는 1차 자료, 2차 자료 또는 두 자료 모두를 수집할 수 있으며 1차 자료가 2차 자료보다 비용이 더 드는 경향이 있다.

56 상층흡수가격정책(skimming pricing policy)은 신(新)제품의 가격 책정 이다.

57 일반적으로 소비자의 불만족은 기업에 대해서 내적귀인을 하는 경우에 더 크며, 소비자의 입장에서 기업에 대한 내적귀인원인은 기업에 있다.

58 소비용품은 편의품(convenience goods), 선매품(shopping goods), 전문품(speciality goods)으로 구분을 하는데 이러한 구분은 소비자의 구매행동 즉 소비자가 구매의사결정을 위해 투입하는 비용과 노력의 정도인 구매관 습에 의한 구분이다.

59 판매지향(Sales Oriented) 가격결정목표는 시장점유율(market share) 이나 매출극대화(Sales maximization)에 기초하고 있으며, 효과적인 마케팅관리자는 이 가격결정목표에 익숙해야 한다. 많은 기업은 시장점유율의 증가나 유지가 마케팅믹스의 효과성의 한 지표라고 믿는다. 시장점유율이 높을수록 규모의 경제(economic of scale), 시장영향력, 그리고 최고 품질경영에 대한 보상력이 크기 때문에 더 높은 이익을 가져다준다.

60 CRM의 내용은 다음과 같다.

1. CRM은 고객에 대한 매우 구체적인 정보를 바탕으로 개개인에게 적합하고 차별적인 제품 및 서비스를 제공하는 것이다. 이를 통해 고객과의 개인적인 관계를 지속적으로 유지하고 동시에 고객과의 관계를 새롭게 변화시키려는 일련의 경영 활동이라고 한다.
2. CRM은 단순히 고객들의 구매를 유발시키는 것에 그치는 것이 아니라 그들의 마음을 사로잡아 장기적으로 우리 제품 혹은 우리 서비스를 애용하게 만드는 것이 주요한 목적이다.
3. CRM은 단순히 시장 점유율(market share)의 성장만을 추구하는 것이 아니라 고객의 마음 속에 얼마나 깊이 자리잡고 있는가를 나타내는 마음 점유율(mind share)을 확보하려는 도구를 지칭한다.

61 고객변화프로세스는 일반적으로 다음과 같이 진행된다. 즉, 불특정다수(suspect) → 잠재고객(prospect) → 고객(customer) → 단골고객(client) → 충성고객(advocate)으로 변화하며, CRM은 특히 고객관계 강화에 중점을 두고 있으므로 불특정다수를 상대로 하는 것은 CRM의 주 관심대상이 아니다.

62 상층흡수가격정책(skimming pricing policy)은 신제품을 시장에 도입하는 초기에 먼저 고가격을 설정함으로써 가격에 비교적 둔감한 고소득층을 흡수하고, 그 뒤 차차 가격을 인하시킴으로써 가격에 민감한 저소득층에게 침투하고자 하는 정책이다. ②의 예시는 가격에 민감한 경우를 말하고 있는 것이다.

63 고객에게 모든 서비스(full service)를 하기위해서는 많은 인력이 필요하다. 그런데 일부를 고객 스스로 셀프를 한다면 그 만큼의 인력을 감소시킬 수 있다.

64 쇼핑센터(Shopping Center)는 상업기업의 지리적 집단으로, 특정의 상권에 대해 입지규모 형태 등에 관하여 전체적으로 계획·개발·관리되고 있다. 이는 계획적·집합적인 소매상점의 지리적 집합체로서 계획적인 것만을 지칭한다. 즉, 하나의 쇼핑센터에는 유통매장 및 서비스 제공업자들의 공간적인 집중화만 존재할 뿐 서로 독립적으로 활동하는 곳이다.

65 고객에게 모든 서비스(full service)를 하기위해서는 많은 인력이 필요하다. 그런데 일부를 고객 스스로 셀프를 한다면 그 만큼의 인력을 감소시킬 수 있다.

66 이분가격 정책(two party price policy)은 소비자가 재화나 서비스를 사용하는 데 있어서 지불하는 가격의 형태가 2중 구조를 가진다는 개념에서 시작을 하였다. 1차로 요금인 고정비(first tariff)를 부과하고 소비량이나 사용량에 따라 2차로 요금(second tariff)을 부과하는 형태를 말하며, 핸드폰이나 택시요금 등에 적용된다.

67 노이즈 마케팅은 상품의 홍보를 위해 고의적으로 각종 이슈를 만들어 소비자의 호기심을 불러 일으키는 마케팅기법으로 특히 단기간에 최대한 인지도를 높이기 위한 경우에 쓰인다. 주로 좋은 내용보다는 자극적이고 좋지 않은 내용의 구설수를 퍼뜨려 소비자의 입에 오르내리게 한다. 비록 부정적인 이미지로 굳혀질 수 있는 위험이 있지만, 반대로 매출은 올라간다는 결과가 있다. 이미지와는 별개로 노이즈 마케팅으로 인해 머릿속에 인식되어 구매로 이어지는 경우가 많은 것이다. 최근에는 인터넷이 크게 발달함에 따라 노이즈 마케팅의 중요한 도구로 사용되고 있다.

68 성장기 상품은 판매 추세가 급상승하고 높은 가격에도 수요는 지속적으로 증가하므로 메이커, 소매점에서는 높은 수준의 매출과 이익을 확보할 수가 있으므로 충성고객의 확보와 취급 상품계열의 확대를 통해 시장점유율을 높이는 것이 강조된다.

69 브랜드자산(brand equity)이란 어떤 브랜드를 가진 제품이 브랜드가 없는 경우에 비하여 그 브랜드가 부착됨으로써 획득하게 되는 차별적 마케팅효과를 말한다. 차별적 마케팅효과란 마케팅 노력에 대한 소비자 반응의 차이로서 '브랜드 애호도', '브랜드 인지도', '지각된 품질', '브랜드 연상'에 의해 나타난다.

70 POP광고는 소매상의 점두나 점내를 활용하여 판촉 활동을 수행하는 점내 광고로서, 대량 광고 매체에 대응한 광고 용어이다.

제4과목 유통 정보(71~90)

a.n.s.w.e.r

71	④	72	④	73	②	74	③	75	②
76	③	77	⑤	78	③	79	③	80	④
81	②	82	①	83	④	84	①	85	①
86	②	87	②	88	②	89	③	90	②

71 물류 정보시스템(Logistics Information System, LIS)이란 제품의 생산에서 소비에 이르기까지의 물류 활동을 구성하고 있는 운송, 보관, 하역, 포장 등의 전체 물류 기능을 유기적으로 결합하여 전체적인 물류 관리를 효율적으로 수행할 수 있도록 해주는 정보시스템을 의미한다. 통합적 정보시스템이란 정보시스템 내의 특정 하위 시스템의 자료가 다른 하위 시스템에도 사용할 수 있게 설계되는 것이 중요하다.

72 QR(Quick Response)의 도입을 통해 얻을 수 있는 효과의 대표적인 내용으로는 상품의 품절 방지와 재고회전율의 증가, 고객정보의 효율적 활용에 의한 소비자 기호에 부응, 신속한 물류서비스를 실현할 수 있다.

73 채찍 효과(Bull Whip effect)는 공급사슬에서 최종 소비자로부터 멀어지는 정보는 정보가 지연되거나 왜곡되어 수요와 재고의 불안정이 확대되는 현상을 말한다.

74 유통과 제조가 협력하여 개개의 상품을 관리하는 것이 아니라 상품별 카테고리를 관리하는 경영기법을 말하는 것으로 카테고리 매니지먼트(CM, category management)에서 말하는 카테고리는 구매인식의 단위(라면, 빵, 사이다 등)를 말하는 것이다.

75 효율적이고 즉각적인 소비자 대응을 위해 개발된 물류시스템은 신속대응시스템(QR system)이다.

76 모바일 커머스란 휴대용 정보 통신 단말기인 휴대폰이나 PDA를 이용한 판매방식의 총칭이다. 최근 소액 컨텐츠 결제 시장규모가 커짐에 따라 모바일 지불결제시스템은 소프트웨어 방식 채택이 증가하고 있다.

77 제3자 물류는 물류경로 내의 대행자 또는 매개자를 의미하며, 화주와 단일 혹은 복수의 제3자가 일정 기간 동안 일정 비용으로 일정 서비스를 상호 합의하에 수행하는 과정을 말한다. 이런 활동은 공급자 측에서 물류활동에 대한 통제권을 약화시킬 수 있다.

78 ITF(Interleaved Two of Five)은 1972년 Computer ldentic사에 의해 개발된 코드로서 여러 가지 2 of 5 코드 중에서 가장 높은 밀도를 갖고 있다. 5개의 바(Bar) 중 2개의 넓은 바를 가지고 있어서 이름이 2 of 5가 되었으며 심벌 문자는 5개의 바(Bar)로 데이터를 표시하고, 그 사이의 스페이스는 분리용의 역할만 하는 아주 간단한 구조 Code이며 숫자는 14자리이다.

79 바코드(Bar Code)는 가느다란 줄과 굵은 줄 2가지 폭을 가지는 백과 흙의 평행줄로 이루어지는 막대, 여백, 전달 부호줄 및 광학식 문자인식을 위한 자형(0)으로 구성되어 매체상에 인쇄된 표시를 말한다. 바코드 인쇄방식에는 source marking과 in-store marking이 있다.

80 Bar는 흑색 선으로서 빛을 주사시켰을 때 반사율이 적게 나타나며 흰 여백(Space)은 백색이므로 반사율이 높게 나타나게 되므로 이 빛의 반사율을 감지하여 부호화된 정보를 판독할 수 있는 것이다.

81 데이터 마이닝(data mining)은 데이터의 상관관계를 인공 지능 기법을 통해 자동적으로 찾아 주는 과정. 비를 좋아하는 사람에 대한 데이터가 있고 색깔에 대한 선호도와 관계된 데이터가 있다면 이 둘의 관계를 밝혀 내는 기능을 수행한다. 즉 정확히 수치화하기 힘든 데이터 간의 연관을 찾아 내는 역할을 한다. 이는 데이터베이스 구축 후에 적용한다.

82 물류정보는 생산과 소비 사이에서 물(物)의 장소적 · 시간적 간격을 경제적이고 효율적으로 극복하기 위한 가장 효과적인 방법을 선택하기 위해서는 다양한 정보를 전달하고 처리하는 일이 필요하게 되었다.

83 수용성은 폭넓게 받아들인다는 것을 의미한다.

84 E-mail 은 비 구조화된 전자상거래이다.

85 RFID의 구성기기로는 리더와 교신하여 데이터를 무선으로 리더에 전송되는 태그(Tag),무선주파수를 발사하며 태그로부터 전송된 데이터를 수신하여 리더로 전달하는 안테나(Antena), 주파수 발신을 제어하고 태그로부터 수신된 데이터를 해독하는 리더(Reader), 한 개 또는 다수의 태그로부터 읽어 들인 데이터를 처리하는 호스트(Host)로 구성되어있다.

86 맷칼프의 법칙(Metcalfe's Law)

1. 맷칼프는 네트워크 장비 전문제조업체인 3Com의 창업자 출신이기 때문에 네트워크가 갖는 효용에 대해서 관심을 갖게 되었다.
2. 일정 숫자 이상의 사람이 해당 네트워크를 이용하면 그 네트워크의 효용은 기하급수적으로 상승한다는 법칙으로, 네트워크 법칙이라고도 한다.

87 BSC의 주요 성과지표로는 재무, 고객, 내부프로세스, 성장과 학습 등이 있으며 기존의 재무성과 중심의 측정도구의 한계를 극복하기 위해 개발되었으며, 4분야에 대해 측정 지표를 선정해 평가한 뒤 각 지표별로 가중치를 적용해 산출한다.

88 에스크로(escrow)의 개념

1. 전자상거래의 안전성을 높이기 위해 거래 대금을 제3자에게 맡긴 뒤 물품 배송을 확인하고 판매자에게 지불하는 제도이다.
2. 원래는 법률용어로 특정물을 제3자에게 위탁하고 일정한 조건이 충족된 경우 상대방에게 교부할 것을 약속하는 '조건부 양도 증서'를 의미한다.
3. 또 판매자도 후불제를 했을 경우 구매자에게 채권추심을 하는 등의 각종 위험과 비용을 절감하여 안심하고 거래를 진행할 수 있는 장점이 있다. 따라서 구매자와 판매자 양측을 전자상거래상의 피해사고로부터 보호할 수 있다.
4. 에스크로서비스는 인터넷 쇼핑몰을 이용한 구매자가 상품을 받아본 뒤 일정조건이 충족될 때까지 에스크로 사업자가 거래대금을 보관하고 있다가 판매자에게 거래대금을 정산해 주는 방식이다.
5. 전자상거래에서의 에스크로서비스는 쇼핑몰(전자)보증보험과 같은 소비자피해보상보험과는 근본적인 차이가 있다.즉,에스크로서비스는 구매자뿐 아니라 판매자가 입을 수 있는 피해도 예방하여 거래의 양 당사자를 모두 보호하는 성격이 강하다.
6. 에스크로서비스는 '에스크로장치'와 '매매보호서비스'라는 명칭이 가장 많이 사용되고 있으며, 기타 거래보호서비스, 거래안전서비스, 매매보호장치, 매매보호시스템, 매매계약이행보장장치, 안전거래시스템, 안전거래서비스, 지불유보시스템(pay hold system), 에스크로서비스 등 다양한 용어로 호칭되고 있다.

89 사용편리성 측면에서 SET은 암호 프로토콜이 복잡하여 다소 어려운 반면에, SSL는 간편하다.

90 RFID는 자동인식(AIDC) 기술의 한 종류로서 micro-chip을 내장한 Tag에 저장된 데이터를 무선 주파수를 이용하여 비접촉 방식으로 Reading하는 기술을 말한다. 주파수 대역이 낮을수록 태그의 크기가 크다.

제 10 회 정답 및 해설

본문 → P.211

제1과목 유통 · 물류 일반(01~25)

a.n.s.w.e.r

01	③	02	⑤	03	②	04	②	05	②
06	①	07	⑤	08	⑤	09	④	10	④
11	④	12	⑤	13	②	14	①	15	②
16	②	17	③	18	②	19	②	20	⑤
21	①	22	①	23	⑤	24	①	25	②

01 노사문제에 있어서 프랜차이저는 프랜차이지가 각각의 피고용자를 조정하기 때문에, 노사 전문가를 채용하는 문제에 신경을 쓸 필요가 없다는 것은 본부(franchisor)의 장점이 된다.

02 유닛로드시스템(unit load system)이란 복수의 화물을 팔레트나 컨테이너 등을 이용하여 단위화 시켜 일괄적으로 하역 및 수송함으로써 물류의 효율성을 높이기 위한 시스템이다. 유닛로드시스템은 협동일관수송을 가능하게 해주며, 하역작업의 기계화 및 자동화, 화물파손방지, 적재의 신속화, 차량회전율의 향상 등을 가져와 물류비절감에 크게 기여한다.

03 푸쉬(push)전략은 고객을 고려하지 않고, 판매자 측면에 중점을 둔 것으로 지속적으로 판매되는 상품을 판매하는 유통업체에 더욱 유리하다.

04 도매상과 소매상은 재화나 서비스(Goods and Service)의 소유권을 이전하기 위한 여러 가지 활동을 하며, 거래처를 결정하고 상품을 선택하며 가격을 정함과 동시에 대금의 지불 방법을 수반하게 된다. 이러한 소유권 이전 기능은 유통의 가장 기본적인 매매 기능이라고 할 수 있다.

05 한 가지 종류의 상품을 구매한 고객에게 다른 종류의 상품구매를 유도하여 매출상승을 추구하는 방식은 다각화전략이 아니라 교차판매전략(Cross-Selling Strategy)의 내용이다.

06 팔레트 풀 시스템(pps: pallet pool system)은 팔레트의 규격과 척도 등을 표준화하고 상호 교환성이 있도록 한 후, 이를 서로 풀로 연결하여 사용함으로써 각 기업의 물류 합리화를 달성하여 물류비를 절감하려는 제도이다. 팔레트의 효율을 높일려면 단일 품종을 실어야 효율이 높아진다.

07 시장을 보다 더 넓게 개척하기 위해 많은 경로 구성원을 활용하는 것을 집중적 유통이라 하고, 산업재를 생산하는 제조기업은 가능한 한 산업재 중간상에게 유통기능을 맡기는 것이 더욱 효과적이며 효율적이다.

08 할인점의 수익성이 비록 전문점의 수익성보다 낮다고 하더라도 회전율이 높기 때문에 전문점보다 더 많은 수익성을 가져다준다. 간단히 계산을 하더라도 수익이 공통으로 1,000,00이라면,할인점은 5,000(1,000,000×5%)이고, 전문점은10,000(1,000,000×10%)이다. 이를 회전율로 곱하면 할인점은 수익이 150,000(5,000×30)이고, 전문점은 80,000(10,000×8)이다.

09 물류 아웃소싱(Logistics Outsourcing)은 기업이 고객 서비스의 향상, 물류비 절감 등 물류활동을 효율화할 수 있도록 물류기능 전체 혹은 일부를 외부의 전문 업체에 위탁 · 대응하는 업무를 말한다. 물류 아웃소싱을 할 경우에는 원래의 본업에 특화를 하기 때문에 규모의 경제효과가 있을 것이다.

10 소매 수명주기 이론(Retail Life Cycle Theory)에서 소매상은 유통업태가 시간이 지남에 따라 일정한 단계(도입기 → 성장기 → 성숙기 → 쇠퇴기)를 거쳐 발전한다는 이론이다.

11 가격 면에서의 편의성 확보, 즉 저렴성을 확보하는 업태는 할인점이다.

12 상품의 특성이나 판매 심리학은 점포의 집객력을 높이기 위하여 어떠한 상품을 어떠한 식으로 레이아웃을 하는 것이 소비자들의 호응을 얻을 것인가 하는 질문에서부터 시작을 하였다. 업태특성에 따른 제품을 쌓아놓고 고객을 유인하지만 명확히 정해진 품목은 없다.

13 소매업 수레바퀴 가설(The Wheel of Retailing Hypothesis)에서소매상은 시장진입 초기에 저가격, 저마진, 저서비스의 가격소구 방식으로 소매시장에 진입하여 기존의 고가격, 고마진, 높은 서비스의 다른 소비업태와 경쟁한다. 이러한 소매환경의 변화는 새로운 유형의 혁신적인 소매점이 저가격, 저마진, 낮은 서비스로 시장에 진입할 수 있는 여지를 제공하게 되고, 이 새로운 유형의 소매점 역시 위와 동일한 패턴을 따르게 된다는 것이다.

14 유통경로는 개인적인 목표 기업 목표 및 경로전체의 목표를 달성하기 위해 상호작용하는 사람들과 기업들로 이루어진 복잡한 행동 시스템이다. 유통경로는 상호이익을 목적으로 함께 결속된 서로 다른 기업들로 구성되어있다. 수직적시스템은 생산자와 도매상 및 소매상들이 하나의 통일된 시스템으로 행동하는 유통체제이다. 이를 통해 제조업체가 소매상에 대한 통제를 강화 할 수 있다.

15 오프라인채널(Off-line channel) 과 온라인 채널(On-line channel) 간의 갈등이 가시화되고 있으며 이러한 갈등을 최소화하기 위해서는 통합적인 채널관리를 해야 하는 데 그 방법 중의 하나가 차별화이다. 이러한 차별화에는 시장, 고객 등을 들 수 있으며 판매 가격차별화는 이러한 전략과는 거리가 멀다.

17 영역제한(territorial restrictions)은 제조업자나 상품 공급업자가 자기의 상품 또는 용역을 공급하면서 유통업자로 하여금 주어진 지

역에서만 판매활동을 하도록 하는 행위. 대체로 불공정 거래행위로서 시정 명령 대상이지만, 유통업자에게 일정한 지역을 주된 책임지역으로 규정하여 적극적인 판매활동을 하도록 하는 것을 의무화하는 것을 말한다.

18 유통업자브랜드(distributer's brand)는 유통업자가 자체적으로 제품기획(product planning)을 하고 제조(혹은 위탁제조)하여 브랜드를 결정하는 것을 말하는데, 이를 PB(private brand)라고 부른다. PB제품도 우수하다면 브랜드화가 될 가능성이 아주 높다.

19 인터넷소매업은 IT산업과 기술 발전의 영향으로 최근 인터넷의 보급과 사용이 폭발적으로 증가하고 있는 추세에 있다. 인터넷의 도입은 이러한 경제적 구조, 즉 유통 구조의 근본적인 변화를 초래하여 낮은 거래비용을 발생시킨다. 온라인소매업의 경우 채널지원형보다는 카테고리 킬러형을 추구하는 것이 더욱 안전하다.

20 제품이나 서비스는 다양한 경로를 거쳐 최종고객에게 전달되거나 소비되고 있는데, 이 경로를 유통경로(marketing channel 혹은 Distribution channel) 라 한다. 따라서 유통경로란 어떤 상품을 최종구매자가 쉽게 구입 할 수 있도록 만들어 주는 과정으로 정의된다. 1회 구매량(규모)이 크면 클수록 간접유통경로보다 직접유통경로가 선택될 가능성이 더욱 높다.

21 소비자는 계약서를 받은 날부터 7일. 다만, 그 계약서를 받은 날보다 재화 등의 공급이 늦게 이루어진 경우에는 재화 등을 공급받은 날부터 7일의 기간

22 문제의 내용을 살펴보면 다음과 같다.

d. 전속적 유통(exclusive distribution)은 중간상의 푸시(push)보다는 소비자의 풀(pull)에 의해서 팔리는 상품(예컨대 고가의 상품)에 적합하다.

e. 제조기업이 유통기업에게 바톤을 넘기듯이 모든 유통기능을 맡기는 것은 적절하지 않다.

23 물류업무 수행능력 및 정보기술, 컨설팅 능력을 보유한 업체가 공급망상의 모든 활동의 전략은 제 4자 물류의 내용이다.

24 ECR(Efficience Consumer Response; 효율적 고객 대응)은 제품의 제조 단계에서 도매, 소매에 이르기까지 전 과정을 일련의 흐름으로 보아 관련 기업들의 공동참여를 통해 총체적으로 경영 효율을 높이는 방법이다. ECR의 효율적 머천다이징은 상품의브랜드관리에서 카테고리 관리로 변화시킴으로서 실현한다.

25 수직적 마케팅 시스템(VMS; vertical marketing system) 유형은 기업형VMS, 계약형VMS 및 관리형VMS로나누어지고, 계약형VMS의 대표적인 형태로 도매상후원의 자발적인 연쇄점형태와 소매상협동조합, 프랜차이즈시스템을 들 수 있다.

제2과목 상권 분석(26~45)

a.n.s.w.e.r

26	④	27	⑤	28	②	29	①	30	③
31	④	32	⑤	33	①	34	①	35	③
36	⑤	37	②	38	②	39	④	40	④
41	①	42	⑤	43	④	44	③	45	⑤

26 수요자는 재화와 서비스를 공급받기 위해 이동하며, 이동범위에는 한계가 있으나 이동비용에도 제약을 받을 수 밖 에는 없다.

27 오피스빌딩이 밀집되어 있는 상권의 고객은 대부분이 직장인들로 구성이 되어있기 때문에 직장인들의 경기변동에 의해 많은 영향을 받는다. 오히려 주거지 상권이 지속적이고 안정적인 매출이 발생된다.

28 다점포 경영 전략은 동종업종의 경쟁악화로 인해 제살 깎아 먹기라는 비난을 면하기 어렵다. 따라서 총수익을 증가시킨다는 말은 옳지 않다.

29 소매포화지수(index of retail saturation; IRS)는 지역시장의 수요 잠재력을 총체적으로 측정할 수 있는 지표로 많이 이용되며 특정 시간 내에서의 특정 제품계열에 대한 점포면적당 잠재 매출액을 의미하는 지수로서 값이 클수록 시장의 포화정도가 높아 시장의 매력도는 높아진다.

30 공식에 숫자를 대입하면 $\frac{R(A)}{R(B)} = \frac{20\text{만명}}{40\text{만명}} \cdot \frac{10\text{km}^2}{5\text{km}^2} = \frac{2}{1}$
6만 명중 A도시로는 4만명, B도시로는 2만명이 온다.

31 허프모형(Huff model)의 수정모델에서는 소비자가 어느 상점에서 구매하는 확률은 그 상점의 '매장면적에 비례하고 그 곳에 도달하는 거리의 제곱에 반비례'한다고 하였다.

32 중심지(the central place) 이론은 독일의 크리스탈러(Christaller)에 의해 1933년에 처음으로 제시되었다. 크리스탈러의 중심지 이론에 의하면 한 도시 또는 지역 내에 여러 상업 중심지가 존재할 때 각 상업 중심지로부터 상업 서비스 기능을 제공받을 수 있는 가장 이상적인 배후 상권의 모양은 정육각형이며, 정육각형의 형상을 가진 상권은 유통서비스 기능의 도달범위(the outer range)와 수익을 실현하는 데 필요한 최소수요 충족 거리(the threshold)가 일치하는 공간 구조이다.

33 상권 내 소비자의 예상소비 지출총액은 = (1+평균소비성장율) × 상권 내 총가구수 × 가구당 평균 가처분소득으로 평가를 한다.

34 유추법은 유사점포를 여러개 선정하여 결과를 비교하기에 한군데와의 비교보다 상대적으로 효율적이고, 정확하다.

35 A도시의 무차별점은 20km이고 B도시의 무차별점은 10km가 되며, 이는 A도시의 상권의 규모가 B도시의 2배가 된다고 할 수 있다.

36 개별점포의 상권경계보다는 이웃 경쟁도시(상권)들간의 상권경계를 결정하는데 즉 어느 도시로 소비자가 상품을 구매하러 갈 것인가에 대한 상권분기점을 찾아내는 데 매우 효과적인 모델은 레일리(Reilly)의 소매중력(인력)의 모델이다.

37 상권은 포괄하는 범위에 따라 지점상권, 지구상권, 개별점포상권으로 나누어진다. 하나의 지역상권을 서너 개의 지구상권으로 나누고, 다시 하나의 지구상권 내에 몇 개의 개별점포상권으로 구별한다.

38 라이프스타일(ife style)은 개인이나 가족의 가치관 때문에 나타나는 다양한 생활양식·행동양식·사고양식 등 생활의 모든 측면의 문화적·심리적 차이를 전체적인 형태로 나타낸 말로서 최근에는 마케팅과 소비자의 행동 연구 분야에서 관심을 가지게 되었다. 상권 내 소비자들이 얼마나 많은 돈을 버는가는 것은 상당히 중요하며, 돈을 소비하는 방식 역시 중요 하다.

39 레일리의 소매중력의 법칙은 Converse가 개발한 breaking point(분기점, 무차별점) 공식으로 나타낼 수 있으며, 이는 두 도시(A, B) 간의 상권 경계를 계산하는 데 이용된다. 분기점(무차별점) (C)는 두 도시의 상대적인 상업 매력도가 동일한 위치이다.

40 A상점과 B상점을 이용할 가능성을 계산하면 약 66.7%가 된다.

41 입지는 정적이고 공간적 개념인 데 비하여, 입지 선정은 동적이고 공간적·시간적인 개념이다.

42 상업시설 규모에 비례하고 점포까지의 거리에 반비례한다는 법칙은 허프(David Huff)의 법칙이다.

43 허프(Huff) 모형은 특정 지역에 거주하는 소비자가 특정 소매점에서 구매할 확률을 결정하는 것으로 소비자들의 점포 선택과 소매 상권의 크기를 예측하는 데 널리 이용되어 온 확률적 점포 선택 모형들 중 대표적인 모형이다.

44 제 10조(계약갱신 요구 등) 2항 : 임차인의 계약갱신요구권은 최초의 임대차기간을 포함한 전체 임대차기간이 10년을 초과하지 아니하는 범위내에서만 행사할 수 있다.〈개정 2018.10.16〉

45 임차인의 계약갱신요구권은 최초의 임대차기간을 포함한 전체 임대차기간이 5년을 초과하지 아니하는 범위에서만 행사할 수 있다.

제3과목 유통 마케팅(46~70)

a.n.s.w.e.r

46	③	47	①	48	④	49	⑤	50	⑤
51	①	52	④	53	②	54	⑤	55	②
56	④	57	④	58	⑤	59	④	60	③
61	④	62	④	63	③	64	②	65	⑤
66	④	67	①	68	①	69	②	70	②

46 선매품의 특징은 제품을 비교하여 구매를 한다는 특징이 있다.

47 판매되지 않은 서비스는 사라진다는 개념으로 서비스는 일시적으로 제공되는 편익으로서 생산하여 그 성과를 저장하거나 재판매할 수 없는 것을 서비스의 소멸성 이라한다.

48 고객이 출입하는데 있어서 심리적 또는 물리적 부담이 가지 않아야 한다. 출입구는 손님을 맞이하는 얼굴이다.

49 1) 각 사업부의 투자자산 계산 : X사업부: 자산회전율 = 매출÷투자자산=4,000,000÷투자자산=4 ∴ 투자자산=1,000,000, Y사업부; 자산회전율 = 매출÷투자자산=2,000,000÷투자자산=6 ∴ 투자자산=333,333 , Z사업부; 자산회전율 = 매출÷투자자산 = 3,000,000/투자자산=5 ∴ 투자자산=600,000 2) 투자수익률 계산 : X사업부: 투자수익률=영업이익÷투자자산=400,000÷1,000,000=40% Y사업부; 투자수익률=영업이익÷투자자산=200,000÷333,333=60% Z사업부: 투자수익률=영업이익÷투자자산=210,000÷600,000=35% ∴ 투자수익률이 높은 순서는 Y 〉 X 〉 Z 이다.

50 너무 화려하거나 고급스럽게 꾸미면 고객들이 부담 느낄 수 있으므로 개성과 특성을 살리면서도 친근하고 대중적으로 꾸며야 하며 특정한 목표고객을 대상으로 하는 경우에는 목표고객만이 점포 안으로 들어올 수 있도록 설계되어 있다는 이미지표출에 중점을 두고 있다.

51 비품과 통로를 비대칭적으로 배치하는 방법으로 다형점포에서 주로 채택하는 레이아웃 방식은 자유형(Free-form)레이아웃방식이다.

52 성과 평가 측면에서 매스 마케팅(Mass-marketing)은 단기적인 실적을 중요시한다면, CRM은 장기적인 관점에서 평가한다.

53 한 가지 종류의 상품을 구매한 고객에게 다른 종류의 상품구매를 유도하여 매출상승을 추구하는 방식은 다각화전략이 아니라 교차 판매 전략(Cross-Selling Strategy)의 내용이다.

54 확장제품(augmented product)은 유형 제품의 효용 가치를 증가시키는 부가 서비스 차원의 상품을 확장 제품이라고 말한다. 유형 상품에 보증, 반품, 배달, 설치, A/S, 사용법 교육, 신용, 상담 등의 서비스를 추가하여 상품의 효용 가치를 증대시키는 것을 말하며 컴퓨터를 실체적 제품이라 한다면 무료배달, 설치, 보장(warranty), 교육과 서비스 유지 시스템이 포함되는 가장 넓은 의미의 제품개념이다.

55 총수입(TR)은 판매가격(P)×판매량(Q)의 곱으로 나타낼 수가 있다. 수요의 가격탄력성이 완전 비탄력적인 경우라면 수요곡선(D)이 Y축과 평행을 이루는 현상이 된다. 따라서 가격이 오르면 총수입은 증가하고 가격이 하락하면 총수입은 감소하게 된다.

56 수직적 통합은 경제성과 시장 커버리지를 효과적으로 달성하기 위해 고안된 것으로 수직적 마케팅 시스템에는 통합의 정도에 따라 기업형, 관리형, 계약형의 유형으로 나눌 수 있다. 프랜차이즈 시스템 등이 계약통합에 해당이 되겠지만 나머지는 해당 사항이 없다.

57 소프트메리트(soft merit)는 POS 시스템에서 출력한 자료 활용과정에서 얻게 되는 간접효과 또는 활용효과이다. 소프트메리트(soft merit)는 기기를 도입하는 것 자체로만으로는 기대할 수 없고 시스템을 도입한 기업의 활용능력에 따라 그 크기가 달라진다.

58 곡선형으로 고객동선은 마치 연인이나 친구끼리 산책하는 기분을 느끼게도 해준다.

59 인적 판매는 메시지 노출 횟수 당 커뮤니케이션비용이 TV광고보다 더욱 높다.

60 셀프서비스 (Self service)는 고객이 스스로 구입을 하는 수고를 하기에 점포입장에서는 가급적 고객 수고를 최소화 하는 것이 중요하다. 가능한 대량의 상품수량을 진열대에 진열하며 이들 중 불가피한 상품의 일부는 특히 유리진열대를 이용한다.

61 PB상품의 구성비가 많을수록 점포이미지에 부정적인 영향을 미칠 수 있다.

62 제품들은 문제가 많은 제품으로서 보통 제품수명 주기상으로 보면 포화 기나 또는 퇴거기(쇠퇴기)에 속한다.

63 소매상은 여러 공급업체로부터 제품과 서비스를 제공받아 다양한 상품구색을 갖춤으로써 고객이 선택할 수 있는 폭을 넓혀주고, 광고, 판매원, 매장 내 진열 등을 통하여 고객에게 기존상품, 새로운 상품 및 시장의 트렌드에 관한 정보를 제공한다.

64 접수한 상품을 검품하고 가격표 및 기타 표시를 붙이는 마킹작업 등을 위한 공간은 업무처리 능력을 향상시키기 위해서는 가급적 접수공간과 가까운 곳이어야 한다.

65 가격안정과 명성을 유지하기 위하여 유통업계와 계약을 통해 일정 가격으로 거래되도록 하는 것을 말한다.

66 판매추세분석(sell-through analysis)은 고객의 수요에 부응하기 위해 가격인하가 필요한지 또는 상품을 더 구입해야 하는 것인지를 결정하기 위한 실제매출과 매출목표를 비교하는 방법이다.

67 동일한 상품라인내의 상품품목(product item)을 지칭하는 용어는 상품믹스의 깊이(product mix depth)이라고 한다.

68 단위당공헌이익($\frac{70,000}{20}-\frac{50,000}{20}$=1,000), $\frac{6,000,000}{1,000}$=6,000개, $\frac{6,000개}{20개}$=300박스, 6,000×3,500=₩21,000,000

69 Team Work를 통한 조직 전체의 성과를 높이기 위해서는 개인의 욕구를 조직의 규정을 통해 향상시키고 개인과 조직 전체를 위해 발전시키는 과정어 팀워크의 내용이다.

70 포트폴리오(portfolio)란 여러 자산의 모임을 말합니다. 또는 금융기관이나 개인이 보유하는 각종 금융 자산의 명세표를 말하며, 다양한 투자대상에 자금을 분산투자하여 운용하는 일을 말한다. 포트폴리오 리테일링(portfolio retailing)전략은 한 개 업체가 여러 개의 다양한 소매 업태를 동시에 운영함으로 재고자산 유동성 측면에서 경쟁적 우위를 얻을 수 있다.

제4과목 유통 정보(71~90)

a.n.s.w.e.r

71	①	72	⑤	73	④	74	③	75	③
76	⑤	77	②	78	⑤	79	④	80	③
81	⑤	82	⑤	83	④	84	③	85	④
86	⑤	87	②	88	②	89	②	90	⑤

71 경영 인프라에는 전략 , 사람, 조직문화 , 조직구조/프로세스 등이 포함되고, 기술 인프라에는 지식생성 기술, 지식저장 기술, 지식검색기술, 지식공유기술 등으로 이루어져 있다.

72 정보화 사회는 정보가 경쟁력의 원천이 되는 사회로 정보 · 기술(IT)을 통해 가치 있는 정보가 대량의 정보처리능력을 가진 컴퓨터에 의해 주도되는 사회를 말한다. 인간의 단기기억능력을 향상시키기 위해서는 개별적인 측면보다는 전체적인 측면을 고려해야 한다.

73 물류 정보(LI : Logistics Information)는 산에서 소비에 이르는 각 단계에 필요 불가결한 물류 활동을 구성하고 있는 운송, 보관, 하역, 포장 등의 전체 물류 기능을 유기적으로 결합하여 전체적인 물류 관리를 효율적으로 수행할 수 있도록 해주는 정보이다. 화물과 정보의 흐름에 시차를 두어서는 곤란하다.

74 카테고리 매니지먼트(CM, category management)는 매장의 상품관리 대상을 상품의 물적 특성을 기초로 한 단품에서 소비자의 요구를 기초로 한 상품카테고리로 변형 확대한 것으로써, 매장은 이를 전략적 사업단위로 삼아 생산성을 높이고 효율적으로 매출이나 이익을 올리려는 관리기법이다. ③의 유통경로 내용은 지문 자체가 틀리다.

75 시계열(時系列) 분석은 시간의 흐름에 의해 분석하는 것으로 월초와 월말, 기초와 기말을 대비하여 분석하는 것을 말한다. 시계열 분석에는 전년 동기 대비 분석, 전월 대비 분석, 목표 대비 분석 등이 있으며 기존 자료에 fiting 모형을 적용하는데 주로 사용을 한다.

76 KAN 코드(GS 코드)의 표준 타입(13자리)에는 국가 코드, 제조업자 코드, 상품품목코드 및 체크 디지트 등 4가지로 구성되어 있다.

77 e-catalog(전자 카탈로그)는 전자 상거래에서 거래되는 제품, 물품, 상품, 용역, 서비스 등의 품명과 코드, 생산연월일, 규격, 판매자와 구매자간의 상품 정보 교환,상품에 대한 광고 및 촉진, 상품정보 검색의 편의성 향상, 특징 등의 제품속성 정보와 가격, 배송방법, 지급방법 등의 판매에 필요한 정보를 저장하고 있는 목록이다.

78 GS1-8 단축형의 경우 인쇄하기에 충분하지 않은 포장 면적을 갖는 작은 상품의 경우에 적용되며, 체크 디지트는 1자리, 제조업체 코드는 3자리로 구성된다.

79 QR시스템은 소비자의 만족을 극대화하기 위해 제조업자와 공급업자 및 운송업자들이 긴밀한 협조관계를 유지하여 시장수요에 신속하게 대응하여 기업경쟁력을 향상하고, 공급사슬에서 재고를 쌓이게 하는 요소를 제거하기 위해서도 필요한 시스템이다.

80 SCM(Supply Chain Management)은 공급사슬관리라고 하며 제품, 정보, 재정의 흐름에 관한 내용이다.SCM은 제조, 물류, 유통업체 등 유통공급망에 참여하는 전 기업들이 협력을 바탕으로 양질의 상품 및 서비스를 소비자에게 전달하고 소비자는 거기에서 극대의 만족과 효용을 얻는 것을 목적으로 한다. 인터넷에서 구현되는 것으로 e-SCM이 따로 있다.

81 1973년에 마리오 카둘로가 특허를 취득한 장비는 진정한 최초의 RFID라고 할 수 있다. 메모리를 갖추고 전파로 통신하는 RFID의 특징이 있었기 때문이다. 카둘로의 특허는 전파, 음파, 빛까지 통신에 사용하는 아이디어를 포함하고 있었다. 같은 해, 로스 알라모스 국립 박물관에서 스티븐 뎁 등이 제한된 출력의 RFID 기술을 최초로 시연했다. 이 기술이 현재 대부분의 RFID 태그에 쓰이고 있다.

82 CPFR(Collaborative Planning Forecasting and Replenishment)은 협업설계 예측 및 보충이라고 하며, 유통과 재조업체가 정보교환협업을 통하여 'One-number' 수요예측과 효율적 공급계획을 달성하기 위한 기업 간의 Work flow이다. CPFR은 소매업자 및 도매업자와 제조업자가 고객서비스를 향상하고 업자들 간에 유통총공급망(SCM)에서의 정보의 흐름을 가속화하여 재고를 감소시키는 경영전략이자 기술이다.

83 데이터 웨어하우스(DW: Data Warehouse)는 다양한 형태의 데이터베이스 자원을 통합 및 가공하여 의사결정지원을 목적으로 특별히 설계한 주제 중심의 정보저장소이다.데이터 웨어하우스의 특징으로는 주제지향성(Subject-Oriented), 통합성(Integrated), 비휘발성(Non-Volatile), 시계열성(Time Variant)의 특징을 가지고 있다.

84 GLN(Global Location Number)은 국제적으로 업체를 식별하기 위한 글로벌 로케이션 코드로, 물리적, 기능적, 법적 실체를 식별하는데 사용되며, 조직의 성격이나 물리적 위치에 관계없이 개별 조직을 찾을 수 있도록 도와준다.

85 위치기반 상거래는 모바일 커머스에 적합한 상거래 시스템이다. ④ 는 GPS(Global Positioning System)즉, 관성항법(慣性航法)과 더불어 어두운 밤에도 목적지에 유도하는 측위(測位)통신망으로서 인공위성을 이용한 GPS이며 주로 차량 위치 추적을 통한 물류관리에 이용되는 통신망이다.

86 기업과 기업간 전자상거래(B2B: Business to Business)는 대부분이 특정된 기업고객을 상대로 배송이 이루어진다. 기업과 소비자간 전자상거래(B2C: Business to Customer)는 거래 특성상 불특정 다수를 상대로 거래가 이루어진다.

87 바코드(Bar Code)는 가느다란 줄과 굵은 줄 2가지 폭을 가지는 백과 흑의 평행줄로 이루어지는 막대, 여백, 전달 부호줄 및 광학식 문자인식을 위한 자형(0)으로 구성되어 매체상에 인쇄된 표시를 말한다. 바이너리 코드와 멀티레벨 코드는 표현하는 방법에 따라 구분한다.

88 우량 고객의 효과적 관리를 위해서는 이들이 느끼는 가치에 따라 보상 프로그램을 차별적으로 실시하는 것이 바람직하다.

89 채찍 효과(Bull Whip effect)는 공급사슬에서 최종 소비자로부터 멀어지는 정보는 정보가 지연되거나 왜곡되어 수요와 재고의 불안정이 확대되는 현상을 말한다. 실시간 주문처리가 가능 하다면 채직효과의 발생요인이 줄어들 것이다.

90 QR시스템의 도입을 통해 얻을 수 있는 효과는 상품의 품절 방지와 재고회전율의 증가, 고객정보의 효율적 활용에 의한 소비자 기호에 부응, 신속한 물류서비스의 실현 등이 있다.

유통관리사 기출문제

- 2018년 04월 15일
- 2018년 07월 01일
- 2018년 11월 04일

최근 기출문제〈2018. 04. 15. 유통관리사 2급〉

제1과목 **유통 · 물류 일반관리 (01~25)**

01 다음은 유통산업발전법에서 정의한 체인사업의 한 유형 이다. 이에 해당하는 체인사업의 유형은?

> 독자적인 상품 또는 판매 · 경영 기법을 개발한 체인본부가 상호 · 판매방법 · 매장운영 및 광고방법 등을 결정하고, 가맹점으로 하여금 그 결정과 지도에 따라 운영하도록 하는 형태

① 프랜차이즈형 체인사업
② 임의가맹형 체인사업
③ 직영점형 체인사업
④ 조합형 체인사업
⑤ 카르텔형 체인사업

오답풀이 프랜차이즈형체인사업은 독자적인 상품 또는 판매 · 경영기법을 개발한 체인본부가 상호 · 판매방법 · 매장운영 및 광고방법 등을 결정하고 가맹점으로 하여금 그 결정과 지도에 따라 운영하도록 하는 형태의 체인사업을 말한다.

02 매슬로우(A. Maslow)의 욕구단계이론에 따라 하급욕구에서 고급욕구로 올바르게 나열한 것은?

① 생리적 욕구 – 소속 욕구 – 안전 욕구 – 자존 욕구 – 자아실현 욕구
② 생리적 욕구 – 소속 욕구 – 자존 욕구 – 안전 욕구 – 자아실현 욕구
③ 생리적 욕구 – 안전 욕구 – 소속 욕구 – 자존 욕구 – 자아실현 욕구
④ 생리적 욕구 – 안전 욕구 – 자존 욕구 – 소속 욕구 – 자아실현 욕구
⑤ 생리적 욕구 – 자존 욕구 – 소속 욕구 – 안전 욕구 – 자아실현 욕구

오답풀이 Maslow는 소비자들이 특정한 시기에 특정한 욕구에 의해 움직인다는 것을 욕구단계설(욕구계층설)로 주장하였다. 욕구단계이론에 따라 하급욕구에서 고급욕구로 올바르게 나열한 것은' 생리적 욕구 – 안전 욕구 – 소속 욕구 – 자존 욕구 – 자아실현 욕구'의 순서가 된다.

03 유통경로가 일반적으로 창출하는 효용과 예시로 가장 옳지 않은 것은?

① 시간효용 : 편의점은 24시간 영업한다.
② 장소효용 : 소비자의 집 근처에 편의점이 있다.
③ 소유효용 : 제조업자의 제품소유권이 소비자에게 이전된다.
④ 형태효용 : 소비자가 원하는 양을 분할해서 구매가능하다.
⑤ 정보효용 : 소비자에게 유용한 정보를 제공한다.

오답풀이 유통경로가 일반적으로 창출하는 효용에는 정보효용은 정보 자체가 소비자에 대한 효용뿐만이 아니라 생산자에게도 효용을 준다.

04 채찍효과(bullwhip effect)를 줄일 수 있는 방안으로 가장 옳지 않은 것은?

① 각각의 유통주체가 독립적인 수요예측을 통해 정확성과 효율성을 높인다.
② 공급리드타임을 줄일 수 있는 방안을 마련한다.
③ 공급체인에 소속된 각 주체들이 수요정보를 공유한다.
④ 지나치게 잦은 할인행사를 지양한다.
⑤ EDLP(항시저가정책)를 통해 소비자의 수요변동 폭을 줄인다.

오답풀이 채찍효과(Bullwhip Effect)를 줄일 수 있는 방안으로 공급 리드타임을 줄이거나 공급 체인에 소속된 각 주체들이 수요 정보를 공유하며, 지나치게 잦은 할인행사를 지양하면서 EDLP(항시 저가 정책)를 통해 소비자의 수요를 변동시킨다. 각각의 유통주체가 협업하여 수요예측을 통해서 정확성과 효율성을 높인다.

05 유통산업발전법 제24조 1항 유통관리사의 직무에 해당하지 않는 것은?

① 유통경영 · 관리 기법의 향상
② 유통경영 · 관리와 관련한 계획 · 조사 · 연구
③ 유통경영 · 관리와 관련한 허가 · 승인
④ 유통경영 · 관리와 관련한 진단 · 평가
⑤ 유통경영 · 관리와 관련한 상담 · 자문

오답풀이 제24조(유통관리사) ① 유통관리사는 다음 각 호의 직무를 수행한다.
1. 유통경영 · 관리 기법의 향상
2. 유통경영 · 관리와 관련한 계획 · 조사 · 연구
3. 유통경영 · 관리와 관련한 진단 · 평가
4. 유통경영 · 관리와 관련한 상담 · 자문
5. 그 밖에 유통경영 · 관리에 필요한 사항

01 ①	02 ③	03 ⑤	04 ①	05 ③

06 마케팅 믹스 중 환경변화에 대응하거나 조정을 하여야 할 필요가 생겼을 경우, 가장 유연성 있게 대응하기 어려운 요소는?

① 가격 ② 제품 ③ 촉진
④ 유통경로 ⑤ 디자인

목적달성을 위해 사용가능한 의사결정 변수를 마케팅믹스(Marketing Mix)라 하고, 제품(product), 가격(price), 판매촉진(promotion), 유통(place) 등이 있고, 마케팅 믹스는 모두 P로 시작하고 있어 맥카시(Mccarthy)는 이를 4P라고 명명하였다. 가장 유연성 있게 대응하기 어려운 요소는 유통경로가 된다.

07 기업의 외부환경 분석기법으로 활용되는 포터(M. Porter)의 산업구조 분석에서는 산업의 수익률에 영향을 미치는 5대 핵심요인을 제시하고 있는데, 이에 해당되지 않는 것은?

① 산업내의 경쟁 ② 대체재의 위협
③ 공급자의 힘 ④ 구매자의 힘
⑤ 비용구조

마이클포터(Michael Porter)의 5가지 경쟁유발요인(Five Forces Theory of Industry Structure)은 개별기업의 전략에 영향을 미치는 요소를 크게 다섯 가지로 분류하고 있다. 포터의 산업구조 모형에 의하면 산업내 경쟁이 낮을수록, 진입장벽이 높을수록, 공급자의 교섭력이 낮을수록, 구매자의 교섭력이 낮을수록, 대체재의 위협이 낮을수록 해당 산업의 수익률이 높아진다.

08 다음 글 상자 안의 경영성과를 분석하는 여러 활동성 비율들을 계산할 때, 공통적으로 반영하는 요소는?

재고자산 회전율, 매출채권 회전율, 고정자산 회전율, 총자산 회전율

① 재고자산 ② 매출액
③ 영업이익 ④ 자기자본
⑤ 고정자산

자산회전율이란 기업의 자산에 대한 투자의 생산성을 측정하기 위해 사용되며 매출액을 총자산으로 나눈 값처럼 회전율은 항상 분자에는 매출액이 사용된다.

09 온라인쇼핑 환경에 대한 설명으로 가장 옳지 않은 것은?

① 오프라인과 온라인을 넘나드는 O2O 서비스가 증가하고 있다.
② 고객중심으로 채널을 융합하는 옴니채널로의 전환이 확산되고 있다.
③ 방대한 데이터를 바탕으로 개인이 원하는 서비스를 큐레이션하여 제공한다.
④ 온라인 유통업체들은 신성장 전략으로 NB상품의 개발과 같은 제품 차별화에 적극적이다.
⑤ e-커머스는 식료품을 포함한 일상소비재 시장으로 확산되어 가는 추세이다.

NB는 제조업자가 브랜드를 결정하는 것이며, PB는 유통업자가 자체적으로 제품기획(product planning)을 하고 제조(위탁제조)하여 브랜드를 결정하는 것이다.

10 다음 중 집중적 유통경로(intensive distribution channel)에 가장 적합한 것은?

① 식료품, 담배 등을 판매하는 편의점
② 카메라 렌즈를 전문적으로 판매하는 상점
③ 고급 의류 및 보석을 판매하는 상점
④ 특정 브랜드의 전자제품만 판매하는 매장
⑤ 독특한 디자인 가구를 판매하는 가구점

집약(중)적 또는 개방적 유통(Intensive Distribution)경로는 중간상의 수가 많아질수록 경쟁이 치열해지기 때문에 새로운 중간상은 제조업체가 희망하는 가격보다 저가로 제품을 판매할 가능성이 커져 제품판매를 위한 동기부여가 감소할 수 있다. 소비자의 편의성은 높아지지만, 중간상 통제가 어려운 전략 이라할 수 있고, 이런 경로를 이용하는 상품은 주로 청량음료, 비누, 껌 등이다.

11 제조업체에 의해 개발, 생산, 프로모션 등에 관한 활동이 이뤄지고 여러 유통업체에 의해 판매되는 상품을 무엇이라고 하는가?

① 개별상표(Private Brand) 상품
② 전국상표(National Brand) 상품
③ 무상표(Generic Brand) 상품
④ 점포상표(Store Brand) 상품
⑤ 경쟁상표(Fighting Brand) 상품

NB(L)제품과 PB(L)제품의 구분은 브랜드 소유권이 누구에게 있느냐에 따라 구분하며 브랜드사용권, 브랜드신청 및 획득권, 소속상품의 특성을 구성하고 변형할 수 있는 권한이 제조업자에게 있으면 NB, 유통업자에게 있으면 PB라고 할 수 있다.

12 다음 글 상자에서 설명하는 용어는?

◈ 컨테이너를 적재한 트레일러를 철도의 무개화차에 실어 수송하는 방식임.
◈ 정식명칭은 Trailer on Flat Car임.
◈ 화주의 문전에서 기차역까지는 트레일러에 실은 컨테이너를 트랙터로 견인함.

① 버디백(birdy back) ② 피기백(piggy back)
③ 피쉬백(fishy back) ④ 도기백(doggy back)
⑤ 호스백(horse back)

2가지 이상의 서로다른 운송방식에 의하여 이행되며, 트럭과 철도의 결합(piggy-back), 철도와 항공의 결합(birdy-back), 트럭과 선박의 결합(fish back) 등이 있다.

06 ④	07 ⑤	08 ②	09 ④	10 ①	11 ②	12 ②

13

유통경로의 전방흐름기능만으로 올바르게 짝지어진 것은?

① 협상, 소유권, 주문
② 금융, 주문, 시장정보
③ 협상, 금융, 위험부담
④ 촉진, 물리적 보유, 소유권
⑤ 대금지급, 금융, 위험부담

우탁이 풀이 유통경로 구성원들이 수행하는 유통기능은 그들이 작용을 하는 기능에 따라 크게 전방기능흐름, 후방기능흐름, 양방기능흐름의 3가지로 분류할 수가 있다. 전방기능흐름은 수송 · 보관과 같은 물적 소유권이나 촉진과 같은 기능들은 생산자로부터 최종소비자의 방향으로 흐르는 것을 말한다.

14

경로구성원들 중 재고보유에 따른 위험을 누가 감수하는 지에 따라 경로구조가 결정된다는 내용을 담고 있는 이론은?

① 대리이론(Agency theory)
② 정치-경제관점 이론(Political-economy perspective)
③ 게임이론(Game theory)
④ 연기-투기이론(Postponement-speculation perspective)
⑤ 거래비용이론(Transaction cost analysis)

우탁이 풀이 연기–투기(Postponement–speculation)이론은 경로구성원들 중 「누가 재고보유에 따른 위험을 감수하는가?」에 의해 경로구조가 결정된다고 보는 이론이다. 유통경로에서 연기가 투기를 지배한다면 제조업자가 직접 소비자에게 상품을 전달할 것이므로 유통경로는 짧아진다. 유통경로에서 투기가 연기를 지배한다면 유통경로에는 많은 중간상들이 이득을 노리고 진입을 할 것이므로 유통경로는 길어진다.

15

기업이 선택할 수 있는 주요 수송 수단인 철도, 육로(트럭), 해상운송, 항공, 파이프라인을 상대적으로 비교했을 때 가장 옳지 않은 것은?

① 해상수송은 광물이나 곡물을 수송하는데 경제적이다.
② 철도수송은 전체 수송에서 차지하는 비중이 감소하는 추세이나 육로의 정체현상으로 재활성화 될 가능성이 있다.
③ 파이프라인수송은 단위 당 비용, 속도, 이용 편리성 측면에서 상대적으로 우수하다.
④ 항공수송은 신속하지만 단위 거리 당 비용이 가장 높다는 단점이 있다.
⑤ 육상수송은 자체적인 운송뿐만 아니라 선박이나 항공과 결합해서 널리 활용된다.

우탁이 풀이 수송비는 제품의 밀도, 가치, 부패가능성, 충격에의 민감도 등에 영향을 받고, 선적되는 제품양이 많을수록 주어진 거리내의 단위당 운송비는 낮아진다. 재고의 지리적 분산정도가 낮기를 원하는 기업은 소수의 대형배송센터를 건설하고 각 배송센터에서 취급되는 품목들의 수와 양을 확대할 것이다. 파이프라인수송은 단위 당 비용측면에서는 우수하지만 속도나 이용 편리성 측면에서는 한계가 있다.

16

유통 개방정도에 따른 내용으로 옳은 것은?

① 정해진 지역에서 특정 경로구성원만이 활동하는 유통방식은 집중적 유통이다.
② 시장을 더 넓게 개척하기 위해서 많은 경로구성원들을 이용함으로써 시장의 노출을 극대화하는 유통방식은 집중적 유통이다.
③ 슈퍼마켓에서 팔리는 대부분의 소비재는 전속적 유통이다.
④ 유통비용을 낮춤과 동시에 경로구성원의 수가 많을 때보다 구성원들과의 관계를 더 유지할 수 있는 유통방식은 집중적 유통이다.
⑤ 제품과 연관된 배타성과 유일성의 이미지를 더욱 효과적으로 소비자들에게 전달할 수 있는 유통방식은 집중적 유통이다.

우탁이 풀이 집약적유통은 가능한 많은 소매상들로 하여금 자사제품을 취급하도록 함으로써 포괄되는 시장의 범위를 최대화하려는 전략이다. 소비자가 특정점포 및 브랜드에 대한 애호도가 낮은 경우에 선호되며, 제품에 대한 인지도를 신속하게 높일 수 있는 장점이 있다. 소비자의 구매편의성을 증대시키기 위해 가능한 한 많은 유통점포들이 자사제품을 취급하게 하는 전략이다.

17

소매업 변천과정에 관련된 가설에 대한 내용으로 옳은 것은?

① 수레바퀴가설 : 소매상은 유통시장진입 초기에 고가격, 고마진, 고서비스의 점포운영방식으로 진입하여, 경쟁우위 확보를 위해 저가격, 저마진, 저서비스 운영방식으로 전환된다.
② 수레바퀴가설 : 소매기관들이 처음에는 혁신적인 형태에서 출발하여 성장하다가 새로운 개념을 가진 신업태에게 그 자리를 양보하고 사라진다고 주장한다.
③ 수레바퀴가설 : 비가격적인 요인만을 소매업 변천의 주원인으로 보고 있다는 한계점이 있다.
④ 소매수명주기 가설 : 도입기, 성장기, 성숙기, 쇠퇴기로 구분하는데 모바일유통(M-commerce)은 현재 쇠퇴기에 있다고 평가된다.
⑤ 소매아코디언 가설 : 소매상은 제품가격변화에 초점을 맞춘 이론으로, 높은 가격으로 판매하는 업태에서 낮은 가격으로 판매하는 업태로 변화된다는 이론이다.

우탁이 풀이 차륜(車輪)가설이론이라고도 하며, 목표시장(소매업계)진입에 성공하고 나면, 이 새로운 소매기관은 고급화 과정에 접어들게 되고, 차별화를 위해 세련된 설비와 서비스를 더해가며, 고가격, 고비용, 고서비스의 소매점으로 변화를 하게 된다. 시장진입에 성공한 신업태의 고급화는 또 다시 새로운 소매업태의 혁신적인 등장을 불러일으킨다. 이론적 내용은 새롭고 혁신적인 업태로 시작하여 새로운 아이디어를 가진 차세대 소매 업태에 의해 끝나게 된다는 것이다.

18

종업원 인센티브제도에 관한 내용으로 옳지 않은 것은?

① 성과배분제는 물자, 노동의 낭비근절과 더 나은 제품과 서비스 개발을 통해 원가를 절감할 수 있다는 가정에 근거를 둔다.

13 ④ 14 ④ 15 ③ 16 ② 17 ②

② 변동급여제도 중 수수료를 통한 급여는 실적위주보상을 통해 영업활동을 관리하는 유용한 수단이 된다.
③ 주식소유권(stock ownership)은 직원들로 하여금 회사주식을 소유하게 함으로써 회사 소유주의 일부가 되기를 장려하는 방법이다.
④ 기업에서 신제품이 출시되면 업적을 치하하기 위해 감사패, 상품권, 선물 등을 나눠주는 것은 인정포상의 한 형태이다.
⑤ 팀 구성원의 존재가 개인별로 업무를 할 때보다 더욱 강력하고 지속적인 행동을 유발시키는 것은 개인인센티브제도에 속한다.

인센티브(incentives)제도는 인센티브가 주어지는 영업활동에 대한 동기강화에 매우 효과적일 수 있는 반면 그 이외의 다른 업무를 경시하는 경향이 있다. 연봉제와 달리 종업원의 성과를 기준으로 지급되는 보수제도이며, 연봉제의 단점을 보완하고 종업원의 매출성과를 직적 높이고자 할 경우에 사용 된다.

19 재고관리자가 고객의 수요에 대응하여 최소의 재고비용으로 적정량의 재고를 유지하기 위해 경제적 주문량(EOQ)을 계산할 때 직접적으로 필요하지 않은 항목은?

① 주문비　② 연간수요량
③ 연간주문주기　④ 평균재고유지비율
⑤ 재고품의 단위당 가치(가격)

EOQ계산시 연간수요량, 1회 주문비용, 평균재고유지비는 계산하는 데 필요한 정보이고, 주문량 Q는 한 번에 입고되며, 단일 품목에 대해서만 가정하며, 연간주문주기는 해당되지 않는다.

20 창고관리의 기능 중 이동(movement)의 하부활동에 속하지 않는 것은?

① 주문과 선적기록에 대한 상거래 확인하기
② 상품을 보관하기 위해 창고로 이동시키기
③ 안전재고 유지하기
④ 고객의 요구에 맞게 포장하여 출고준비하기
⑤ 상품 선적하기

안전재고(safely stock)는 예측하기 곤란한 불확실성에 대한 위험을 방지하기 위해 수요량이나 수요시기가 불확실한 경우에 대비하는 재고를 말한다.

21 '계약물류'라고도 불리며, 물류 효율화를 위해 기업이 물류전문업체에게 짧게는 1년에서 길게는 5년 이상의 장기계약을 통해 물류기능을 아웃소싱하는 것은?

① 제1자물류　② 제2자물류
③ 제3자물류　④ 제4자물류
⑤ 자회사물류

제3자 물류(Third party Logistics : 3PL)는 화주기업이 고객서비스향상, 물류비절감, 물류활동의 효율성 향상 등의 목표를 달성할 수 있도록 물류경로내의 다른주체와 일시적이거나 장기적인 관계를 가지고 있는 것을 말한다.

22 포장물류의 모듈화가 지체되고 있는 이유로서 옳지 않은 것은?

① 물품형태가 모듈화에 적합하지 않은 것이 많기 때문이다.
② 포장물류 모듈화의 필요성에 대한 인식이 아직은 다른 물류분야에 비하여 낮기 때문이다.
③ 포장의 모듈화를 위해서는 기존의 생산설비 및 물류설비를 변경하여야 하는 문제가 있기 때문이다.
④ 수 배송, 보관, 하역 등에 있어서는 물품의 거래단위가 한 포장단위가 안 되는 소화물인 경우가 많기 때문이다.
⑤ 다품종 대량생산과 경쟁 격화로 인하여 공업포장 중심의 생산지향형 포장으로 가는 경향이 강하기 때문이다.

공업포장은 물류활동이고, 상업포장은 상류활동이다. 즉, 공업포장은 물류수단이고 상업포장은 판촉수단의 하나이다. 공업포장은 보호를 전제로 항상 최저비용을 추구하지만, 상업포장은 매출신장을 위해 비용상승도 감수한다.

23 공급사슬관리(SCM)의 성과측정 방법에 대한 설명으로 가장 옳지 않은 것은?

① SCM수행에 대한 실질적인 성과를 보여 줄 수 있어야 한다.
② 성과측정은 개별 기업의 성과에 초점을 맞춰야 한다.
③ SCM수행과 관련한 상세한 데이터를 보여줄 수 있는 매트릭스가 필요하다.
④ 주문주기 감소, 비용절감, 학습효과 향상은 프로세스 측정에 해당된다.
⑤ 판매 및 수익 증가, 고객만족 증가는 결과 측정에 해당된다.

SCM(Supply Chain Management)은 공급자로부터 최종 소비자에게 상품이 도달되는 모든 과정으로서 공급사슬관리라고 하며, 제품, 정보, 재정의 흐름을 통합하고 관리하는 것을 말한다. 성과측정은 전체적인 물적 기구들의 성과에 초점을 맞춰야 한다.

24 수송과 배송의 효율적 관리에 대한 설명으로 가장 옳지 않은 것은?

① 소화물 수송과 비교하면 대형화물로 만들어 수송하는 경우 단위당 고정비가 절감되어 수송비가 적게 든다.
② 공동 수 배송은 일정지역 내에 있는 기업이 협업함으로써 이루어질 수 있다.
③ 효율적인 수배송을 위해 복화율은 최소로 유지해야 한다.
④ 공동배송이 실시되기 위해서는 물류에 대한 기존의 통제권을 제3자에게 넘겨 줄 수 있는 제조업체의 인식전환이 필요하다.
⑤ 배송계획의 개선에 의해서 배송시간과 주행거리를 최소한으로 통제하며 화물량의 평준화를 가능하게 해야 한다.

18 ⑤	19 ③	20 ③	21 ③	22 ⑤	23 ②	24 ③

오답풀이 복화율은 편도 운송을 한 후 귀로에 복화운송을 어느 정도나 수행했느냐를 나타내는 지표이다. 전체적으로는 영차율에 반영되기는 하지만 귀로공차운행을 최소화하기 위해서는 복화율을 별도로 관리하는 효과적이다. 특히 장거리운송을 하는 차량들은 복화 운송이 절대적으로 필요하다.

25 최근이나 미래의 유통환경 변화에 대한 내용으로 가장 거리가 먼 것은?

① 인구성장 정체로 인해 상품시장의 양적 포화와 공급과잉을 초래하게 될 것이다.
② 노인인구 증가와 구매력을 동반한 노인인구 증가는 건강과 편의성을 추구하는 새로운 수요를 만들 것 이다.
③ 나홀로가구 증가로 인해 소용량제품, 미니가전제품 등 1인가구를 위한 서비스가 등장하고 있다.
④ 소비자가 제품개발과 유통과정에도 참여하는 등 능동적인 소비자가 나타났다.
⑤ 블로거 마케터 등 온라인마케터의 영향력이 커져 프로슈머의 필요성은 점차 사라지고 있다.

오답풀이 미래의 유통환경 변화는 블로거 마케터 등 온라인마케터의 영향력이 커져 프로슈머의 필요성은 오히려 증가하고 있다. 프로슈머(prosumer)란 소비자가 생산 단계에도 직접 참여하는 미래 소비자의 속성을 말한다.

제2과목 상권 분석(26~45)

26 도시는 도심상권, 부도심상권, 지구상권, 주거지 근린상권 등으로 계층화된 상권구조를 가지며, 이들 상권은 서로 다른 카테고리의 상품을 주로 판매한다는 도시 상권구조의 계층화를 설명하는 것과 가장 관련이 있는 이론은?

① Reilly의 소매인력이론
② Converse의 소매인력법칙
③ Huff의 상권분석모델
④ Huff의 수정된 상권분석모델
⑤ Christaller의 중심지이론

오답풀이 중심지 이론(central place theory)은 「소비자들이 유사점포 중의 한점포를 선택할 때 그중 가장가까운 점포를 선택하며」, 「중심성(centrality)의 크기는 인구규모에 비례한다.」고 독일의 크리스탈러(Christaller)에 의해 1933년에 처음으로 제시되었다.

27 쇼핑센터 등 복합상업시설에서는 테넌트믹스(tenant mix) 전략이 중요하다고 하는데 여기서 말하는 테넌트는 무엇인가?

① 앵커스토어　② 자석점포
③ 임차점포　④ 부동산 개발업자
⑤ 상품 공급업자

오답풀이 쇼핑센터의 테넌트 믹스(Tenant mix for shopping center)에서 테넌트(tenant)는 상업시설의 일정한 공간을 임대하는 계약을 체결하고 해당 상업시설에 입점하여 영업하는 임차인(임차점포)을 말한다.

28 입지의 유형을 공간균배의 원리나 이용목적에 의해 구분할 때 (ㄱ)적응형입지와 (ㄴ)집재성입지의 대표적인 특징을 순서대로 올바르게 나열한 것은?

> 가. 지역주민들이 주로 이용함
> 나. 동일 업종끼리 모여 있으면 불리함
> 다. 배후지의 중심지에 위치하는 것이 유리함
> 라. 고객이 특정한 목적을 갖고 방문함
> 마. 점포들이 모여 집적효과를 거둠
> 바. 거리에서 통행하는 유동인구에 의해 영업이 좌우됨

① (ㄱ)가, (ㄴ)다　② (ㄱ)바, (ㄴ)마
③ (ㄱ)가, (ㄴ)마　④ (ㄱ)라, (ㄴ)나
⑤ (ㄱ)바, (ㄴ)다

오답풀이 공간균배의 원리는 상업입지에서 경쟁관계에 있는 점포들끼리 경쟁이 일어난 후 오랜 기간이 지나면 공간을 서로 균등하게 나누어 입지하게 된다는 주장이 있다. 이 주장에 따르면 배후지시장이 좁고 교통비에 대한 수요의 탄력성이 작은 경우에는 점포가 중심부에 입지하고, 배후지 시장이 넓고 교통비에 대한 수요의 탄력성이 크면 점포가 분산해서 입지하는 경향이 나타나게 된다고 본다. 거리에서 통행하는 유동인구에 의해 영업이 좌우되는 것은 적응형입지로 점포들이 모여 집적효과를 거두는 것은 집재성입지로 본다.

29 점포가 위치하게 되는 부지의 위치 및 특성에 대한 일반적 설명으로 옳지 않은 것은?

① 획지는 건축용으로 구획정리를 할 때 한 단위가 되는 땅을 말한다.
② 획지 중에서 두 개 이상의 도로에 접한 경우를 각지라고 한다.
③ 각지는 1면 각지, 2면 각지, 3면 각지 등으로 불리기도 한다.
④ 각지는 일조와 통풍이 양호하고 출입이 편리하며 광고효과가 높다.
⑤ 각지는 상대적으로 소음, 도난, 교통 등의 피해를 받을 가능성이 높다는 단점이 있다.

오답풀이 각지는 1면 각지는 없고, 2면 각지, 3면 각지 등을 각지로 부르고 있다.

30 다양한 상권의 유형들 중에서 아래와 같은 특성을 갖는 상권은 무엇인가?

> ◘ 어느 상권보다도 유동인구가 상대적으로 많음
> ◘ 임대료나 지가의 수준이 타 지역에 비해 높음
> ◘ 지상과 지하의 입체적 개발이 이루어지는 경우가 많음
> ◘ 교통의 결절점 역할을 수행하는 경우가 많음

① 근린상권　② 역세권상권
③ 아파트단지상권　④ 일반주택가상권
⑤ 사무실상권

오답풀이 역세권은 업종 간 경쟁관계가 높지만 소비자들이 많으므로 초보창업자도 유리하다.

25 ⑤	26 ⑤	27 ③	28 ②	29 ③	30 ②

31 소매업태별 입지전략 또는 입지에 따른 여타의 소매전략에 대한 설명으로 가장 옳지 않은 것은?

① 기생형 점포는 목적형 점포의 입지를 고려하지 않고 독립적으로 입지하여야 한다.
② 선매품 소매점은 경합관계에 있는 점포들이 모여 있는 곳에 입지해야 한다.
③ 보완관계보다 경합관계가 더 큰 편의품 소매점들은 서로 떨어져 입지해야 한다.
④ 목적형 점포는 수요가 입지의 영향을 크게 받지 않아 입지선정이 비교적 자유롭다.
⑤ 쇼핑센터에 입지한 소규모 점포들은 앵커스토어와 표적고객이 겹치는 경우가 많다.

상권내의 기생점포만으로는 고객이동을 발생시키지 못하며, 이곳의 상권은 해당지역의 쇼핑센터나 소매지역에서 주도적으로 성장하는 소매업체에 의해 결정된다.

32 소비자들이 유사한 점포들 중에서 점포를 선택할 때는 가장 가까운 점포를 선택한다는 가정을 토대로 하며, 상권경계를 결정할 때 티센다각형(thiessen polygon)을 활용하는 방법은?

① Huff모델　② 입지할당모델
③ 유사점포 법　④ 근접구역 법
⑤ 점포공간매출액비율 법

티센다각형(Thiessen polygon)은 최근접상가 선택가설에 근거하여 상권을 설정하며, 상권에 대한 기술적이고 예측적인 도구로 사용될 수 있다. 시설간 경쟁정도를 쉽게 파악할 수 있으며, 하나의 상권을 하나의 매장에만 독점적으로 할당하는 방법이다.

33 넬슨(R.L.Nelson)의 입지선정 원칙과 그에 관한 설명으로 옳지 않은 것은?

① 누적적 유인력 : 동일업종의 집적에 의한 유인효과
② 성장가능성 : 상업 환경, 주거환경, 소득환경, 교통 환경의 변화 가능성
③ 중간저지성 : 상호 보완되는 점포들이 근접하여 얻게 되는 시너지효과
④ 경제성 : 부지비용, 임대료, 권리금 등의 입지비용 정도
⑤ 상권의 잠재력 : 시장점유율이 확대될 가능성

상호보완관계가 있는 점포들이 근접하여 입지함으로써 고객이 흡입될 가능성으로 경영자가 진입할 상권에 상호보완관계에 있는 점포가 서로 인접해 있어서 고객의 흡인력을 얼마나 높아지게 할 수 있는가의 가능성을 검토하는 방법은 양립성의 내용이 된다.

34 경쟁분석은 입지선정과정을 위한 필수적활동이다. 경쟁점포에 대한 조사, 분석과 관련된 설명으로 가장 옳지 않은 것은?

① 경쟁점포에 대한 방문조사가 경쟁분석의 유일한 방법으로 활용된다.
② 상품구색, 가격, 품질이 유사할수록 경쟁강도가 높은 경쟁점포이다.
③ 경쟁점포 및 경쟁구조를 분석할 때는 상권의 계층적 구조를 고려해야 한다.
④ 직접적인 경쟁점포뿐만 아니라 잠재적인 경쟁점포를 포함하여 조사·분석해야 한다.
⑤ 경쟁분석의 궁극적 목적은 효과적인 경쟁전략의 수립이다.

경쟁점 분석은 상품구성 분석, 가격대 분석, 부문별 상품배치상태 분석 등을 포함하며, 상품구성 분석의 주요 대상은 상품계열구성, 품목구성, 상품구성의 기본정책 등이다. 상품구성은 고객의 구매동기와 구매빈도수, 가격대, 가격대비 품질 등을 중심으로 분석하며, 다양한 방법으로 분석을 한다.

35 점포의 입지조건을 검토할 때 분석해야 할 점포의 건물구조와 관련된 설명으로 옳지 않은 것은?

① 도시형 점포에서는 출입구의 넓이, 층수와 계단, 단차와 장애물 등을 건물구조의 주요요인으로 고려해야 한다.
② 교외형 점포에서는 주차대수, 부지면적, 정면너비, 점포입구, 주차장 입구 수, 장애물 등을 건물구조의 주요요인으로 들 수 있다.
③ 점포의 정면너비는 시계성과 점포출입의 편의성에 크게 영향을 미친다.
④ 일반적으로 점포부지의 형태는 정사각형이 죽은 공간(dead space) 발생이 적어 가장 좋다고 알려져 있다.
⑤ 점포의 형태로 인해 집기나 진열선반을 효율적으로 배치하기 어려운 경우가 있는데 이때 사용하지 못하는 공간을 죽은 공간(dead space)이라 한다.

도시지역은 토지이용의 목적에 따라 주거지역, 상업지역, 공업지역, 녹지지역으로 구분되며, 상업지역은 중심상업지역, 일반상업지역, 근린상업지역, 유통 상업지역으로 세분할 수 있다. 일반적으로 점포부지의 형태는 직사각형이 죽은 공간(dead space) 발생이 적어 가장 좋다고 알려져 있다.

36 소매업이 불균등하게 분포하는 실태를 반영하여 소매업 중심지와 그 곳을 둘러싼 외곽지역으로 구성되는 것을 지수화한 '중심성 지수'에 대한 설명으로 옳지 않은 것은?

① 소매업의 공간적 분포를 설명하는데 도움을 주는 지표이다.
② 어느 지역에서 중심이 되는 공간이 어디인지를 지수로 파악할 수 있다.
③ 그 도시의 소매판매액을 그 도시를 포함한 광역지역의 1인당 소매판매액으로 나눈 값이 상업인구이다.
④ 상업인구보다 거주인구가 많으면 1보다 큰 값을 갖게 된다.
⑤ 중심성지수가 1이면 상업인구와 거주인구가 동일함을 의미한다.

중심성지수(Centrality Index)는 소매업의 공간적 분포를 설명하는데 도움을 주는 지표로써 유·출입지수라고도 한다. 도시의 소매판매액을 1인당 소매구매액으로 나눈 값을 상업인구라 하며, 소매업의 공간적분포를 설명하는 중심성지수는 상업인구를 지역의 거주인구로 나누어 구하며, 해당지역 중에서 중심이 되는 지역이 어딘지를 알기위해 지수를 개발하여 각 지역에 부여한 것을 말한다.

31 ①　32 ④　33 ③　34 ①　35 ④　36 ④

37 서로 떨어져 있는 두 도시 A, B의 거리는 30km이다. 이 때 A시의 인구는 8만명이고 B시의 인구는 A시의 4배라고 하면 도시간의 상권경계는 B시로부터 얼마나 떨어진 곳에 형성되겠는가?(Converse의 상권분기점 분석법을 이용해 계산하라.)

① 6km ② 10km ③ 12km ④ 20km ⑤ 24km

우답풀이 $d(B) = \dfrac{AB}{1+\sqrt{\dfrac{P(A)}{P(B)}}} = \dfrac{30km}{1+\sqrt{\dfrac{8만}{32만}}} = 20km$

38 상권분석에 이용할 수 있는 회귀분석 모형에 관한 설명으로 가장 옳지 않은 것은?

① 소매점포의 성과에 영향을 미치는 요소들을 파악 하는데 도움이 된다.
② 모형에 포함되는 독립변수들은 서로 관련성이 높을수록 좋다.
③ 점포성과에 영향을 미치는 영향변수에는 상권 내 경쟁수준이 포함될 수 있다.
④ 점포성과에 영향을 미치는 영향변수에는 상권 내 소비자들의 특성이 포함될 수 있다.
⑤ 회귀분석에서는 표본의 수가 충분하게 확보되어야 한다.

우답풀이 회귀분석(回歸分析,regression analysis)은 관찰된 연속형 변수들에 대해 독립변수와 종속변수 사이의 상관관계를 나타내는 선형 관계식을 구하는 기법 및 이렇게 얻은 모형의 적합도를 측정하는 분석 방법이다. 회귀분석은 시간에 따라 변화하는 데이터나 어떤 영향, 가설적 실험, 인과 관계의 모델링 등의 통계적 예측에 이용될 수 있으며 모형에 포함되는 독립변수들은 서로 관련성이 높다고 좋은 것은 아니다.

39 「유통산업발전법」에서는 대규모점포 등과 중소유통업의 상생발전을 위하여 필요하다고 인정하는 경우 대형마트 등에 대한 영업시간 제한이나 의무휴업일 지정을 규정 하고 있다. 이에 대한 내용으로 옳지 않은 것은?

① 특별자치시장 · 시장 · 군수 · 구청장 등은 오전 0시부터 오전 10시까지의 범위에서 영업시간을 제한할 수 있다.
② 특별자치시장 · 시장 · 군수 · 구청장 등은 매월 이틀을 의무휴업일로 지정하여야 한다.
③ 동일 상권 내에 전통시장이 존재하지 않는 경우에는 위의 내용이 적용되지 아니한다.
④ 영업시간 제한 및 의무휴업일 지정에 필요한 사항은 해당 지방자치단체의 조례로 정한다.
⑤ 의무휴업일은 공휴일 중에서 지정하되, 이해당사자와 합의를 거쳐 공휴일이 아닌 날을 의무휴업일로 지정할 수 있다.

우답풀이 특별자치시장 · 군수 · 구청장은 건전한 유통질서 확립, 근로자의 건강권 및 대규모점포등과 중소유통업의 상생발전을 위하여 필요하다고 인정하는 경우 대규모점포 중 '대형마트로 등록된 대규모점포 와 준 대규모점포'에 대하여 영업시간 제한을 명하거나 의무휴업 일을 지정하여 의무휴업을 명할 수 있다. 이는 동일 상권 내에 전통시장이 존재하지 않는 경우에는 위의 내용이 적용된다.

40 패션/전문센터(fashion/special center)의 입지로서 가장 적합한 지역은?

① 고속도로 분기점
② 고소득층 거주지 인근의 상업지역
③ 중산층 거주지 인근의 상업지역
④ 지방 중소도시의 중심상업지역
⑤ 할인형 쇼핑몰 인근지역

우답풀이 의류패션 전문점의 입지로는 오락과 즐거움을 제공할 수 있고, 비교구매가 가능한 중심상업지역 또는 인근 지역의 입지, 상권 내 소비자들의 소득수준이 높은 입지가 좋은 입지이며, 백화점보다 더 인기가 있는 곳이라 생각되는 곳에 주로 위치하지만 백화점에서 인기를 끄는 것과 같은 이유로 전문점의 특성과는 부합된다.

41 식당이 많이 몰려있는 곳에 술집이나 커피숍들이 있다든지, 극장가 주위에 식당들이 많이 밀집해 있는 것은 다음 중 어느 입지원칙이 적용된 것이라 할 수 있는가?

① 동반유인 원칙(principle of cumulative attraction)
② 접근가능성의 원칙(principle of accessibility)
③ 보충가능성의 원칙(principle of compatibility)
④ 고객차단원칙(principle of interception)
⑤ 점포밀집원칙(principle of store congestion)

우답풀이 보충가능성의 원칙은 유사하거나 상호보완적인 제품, 또는 관계를 가지고 있는 점포가 인접해 있으면 고객을 공유할 가능성이 높아져 고객을 유인할 수 있다는 점을 설명하는 개념이다. 식당이 많이 몰려있는 곳에 술집이나 커피숍이 모여 있다든지, 극장가 주변에 식당들이 많이 밀집해 있는것 등의 입지원칙이 적용될 수 있다.

42 상권분석의 직접적 필요성에 대한 설명으로 옳지 않은 것은?

① 구체적인 입지계획을 수립하기 위해
② 잠재수요를 파악하기 위해
③ 고객에 대한 이해를 바탕으로 보다 표적화된 구색과 판매 촉진전략을 수립하기 위해
④ 점포의 접근성과 가시성을 높이기 위해
⑤ 기존 점포들과의 차별화 포인트를 찾아내기 위해

우답풀이 상권분석을 통해 고객수요와 발전가능성이 충분하다는 판단이 섰다면 상권 내 가장 적합한 입지선정이 뒤따라야 하며, 좋은 입지에는 기본적인 조건이 필요하다. 소비자의 인구 통계적 · 사회경제적 특성을 파악할 수 있으며, 마케팅 및 촉진활동의 방향을 명확히 할 수 있고, 시장의 구조와 각 브랜드별 점유율을 파악할 수 있다.

43 레일리(Reilly) 법칙을 이용하여, C지점의 구매력이 A도시와 B도시에 흡인되는 비율을 구하면?

> A도시의 인구 : 25만명
> B도시의 인구 : 100만명
> A도시와 B도시 사이에 C지점이 위치해 있음.
> C지점부터 A도시까지의 거리 : 4km
> C지점부터 B도시까지의 거리 : 16km

37 ④	38 ②	39 ③	40 ②	41 ③	42 ④	43 ①

① 4:1　② 1:4　③ 16:1　④ 1:16　⑤ 1:1

레일리(Reilly) 법칙 = $\frac{R(A)}{R(B)} = \frac{P(A)}{P(B)} \times \frac{D(B)^2}{D(A)^2} = \frac{25만명}{100만명} \times \frac{4km^2}{16km^2} = 4:1$

44

"도시 내의 상업 직접시설을 단위로 하여, 상업시설의 규모와 상업시설까지 걸리는 시간거리를 중심으로 각 상업시설을 방문할 확률을 계산하고, 이를 모두 합하여 해당 상업시설의 흡인력을 계산" 한 것과 가장 관련이 깊은 사람은?

① 레일리(Reilly, W. J)
② 컨버스(Converse, P. D.)
③ 허프(Huff, D. L.)
④ 애플바움(Applebaum, W.)
⑤ 크리스텔러(Christaller, W.)

허프(David Huff)가 1960년대 초 처음으로 점포의 상권을 추정하기 위한 확률적 모형을 소개했는데 소비자의 특정점포에 대한 효용은 점포의 크기에 비례하고 점포까지의 거리에 반비례한다고 가정하였다.

45

점포의 매출을 추정하기 위해서는 먼저 상권의 규모와 특성을 조사해야 한다. 다음 중 상권 내 소비자들에 대한 횡단조사를 통해 파악하기가 가장 어려운 상권 특성은?

① 상권의 쇠퇴 또는 팽창　② 세대의 수
③ 세대별 구성원 수　④ 연령별 인구구성
⑤ 가구별 소득분포

라이프사이클의 변화, 새로운 소비층의 변화, 계층간의 소비변화 등으로 상권이 변화되며, 한 사회나 지역의 사회 · 경제 · 문화 · 정보화 시대의 발달로 인해서도 상권이 변화되고, 고정인구와 유동인구의 변화와 지역주민들의 직업형태에 의해서도 상권이 변화된다.

제3과목 유통 마케팅(41~80)

46

다음 글상자에서 설명하고 있는 것은?

> 동일한 성능 · 용도를 가지거나 동일한 고객층이나 가격대를 가진 상품 군

① 상품구색(product assortment)
② 상품품목(product item)
③ 상품계열(product line)
④ 상품믹스(product mix)
⑤ 상품카테고리(product category)

제품믹스 중에서 유사한 성능 및 용도를 가지거나 유사한 고객층 및 가격대를 가진 상품군들의 집합을 제품계열(product line)이라고 한다.

47

브랜드에 대한 설명으로 옳지 않은 것은?

① 기업 브랜드(corporate brand) : 기업명이 브랜드 역할을 하는 것
② 패밀리 브랜드(family brand) : 여러 가지 종류의 상품에 부착되는 브랜드
③ 개별 브랜드(individual brand) : 한 가지 종류의 상품에만 부착되는 브랜드
④ 브랜드 수식어(brand modifier) : 브랜드 뒤에 붙는 수식어
⑤ 자체 브랜드(private brand) : 주문자 제조방식이 아닌 제조 기업이 자체 제조한 상품에 부착한 브랜드

제조업자 브랜드(NB: national brand)와 유통업자 브랜드(PB: private brand)의 구분은 브랜드 소유권이 누구에게 있느냐에 따라 구분하며 브랜드사용권, 브랜드신청 및 획득권, 소속상품의 특성을 구성하고 변형할 수 있는 권한이 제조업자에게 있으면 NB, 유통업자에게 있으면 PB라고 할 수 있다. NB는 제조업자가 브랜드를 결정하는 것이며, PB는 유통업자가 자체적으로 제품기획(product planning)을 하고 제조(위탁제조)하여 브랜드를 결정하는 것이다.

48

많은 구매자와 많은 판매자로 구성된 시장으로, 어떤 구매자나 판매자도 시장가격결정에 큰 영향을 미치지 못하는 경쟁 상태는?

① 완전경쟁　② 독점적 경쟁　③ 과점적 경쟁
④ 완전독점　⑤ 완전과점

완전경쟁(Perfect competition)이란 경제학에서 말하는 이론적인 시장 모형으로, 생산자와 소비자가 시장의 가격 결정에 아무런 영향을 미칠 수 없는 시장을 말한다. 완전경쟁시장은 경제적으로 봤을 때 효율성이 극대화되기 때문에 경제적 잉여가 최대인 상태이지만, 현실적으로는 존재할 수 없는 이론적인 모형이다.

49

유통업체의 서비스 품질을 평가하기 위해 고객의 피드백을 수집하는 여러 방식 중 다음에서 가장 높은 대표성과 신뢰성을 갖춘 것은?

① 서비스 피드백 카드
② 미스터리 쇼핑
③ 개별고객의 자발적인 불평 제기
④ 표적 집단을 활용한 토의
⑤ 1,000명의 표본을 활용한 설문조사

마케팅 조사에서 표본선정과 표본추출방법은 「모집단의 설정 → 표본프레임의 결정 → 표본추출방법의 결정 → 표본크기의 결정 → 표본추출」의 순서로 이루어진다. 표본의 크기가 커질수록 조사비용과 조사시간이 증가하게 되지만 표본오류는 감소하게 되며, 하지만 표본의 크기가 표본의 대표성을 보장해주는 것은 아니다.

50

CRM의 도입 배경에 대한 설명으로 가장 옳은 것은?

① 고객 데이터를 통해서 계산원의 부정을 방지하기 위한 것이다.
② 고객과의 지속적 관계를 발전시켜 고객생애가치를 극대화하려는 것이다.

44 ③　45 ①　46 ③　47 ⑤　48 ①　49 ⑤　50 ②

③ 상품계획 시 철수상품과 신규취급 상품을 결정하는데 도움을 주려는 것이다.
④ 매장의 판촉활동을 평가하는 정보를 제공하여 효율적인 판매촉진을 하려는 것이다.
⑤ 각종 판매정보를 체계적으로 관리하여 상품 회전율을 높이고자 하는 것이다.

우탈풀이 CRM의 목적은 신규고객의 유지로부터 시작하는 고객관계를 고객의 전 생애에 걸쳐 유지함으로써 장기적으로 고객의 수익성을 극대화하는 것이다. 신규고객과의 첫 거래로부터 다양한 마케팅활동을 통해 그 관계를 유지 및 강화시켜 평생고객으로 발전시키고자 하는 것이다.

51 중간상의 협조를 얻기 위한 제조업자의 촉진수단에 해당하지 않는 것은?

① 거래할인 ② 판촉지원금 ③ 쿠폰
④ 기본계약할인 ⑤ 상품지원금

우탈풀이 쿠폰(Coupons)은 소비자가 명시된 제품을 구매할 때 구매자에게 할인을 제공해준다는 증빙서로 즉각적인 가격절감을 소비자에게 약속하는 하나의 인증으로 제품사용(product trial)과 재 구매를 고무하기 위해 좋은 방법이며, 제품의 구매량을 증가시키는 경향이 있다.

52 카테고리 수명주기 단계 중 소매점들이 취급하는 상품 카테고리에 포함되는 품목의 다양성이 가장 높은 단계는?

① 도입기 ② 성숙기 ③ 성장기
④ 쇠퇴기 ⑤ 소멸기

우탈풀이 성숙기의 상품은 치열한 경쟁으로 인해 이익이나 매출은 급신장하지 않으나 지속적으로 소비자들이 찾는 상품이므로 상품믹스에 포함시켜야 한다. 신규수요보다도 대체수요에 중점을 두어야 하며, 한정된 시장에서 메이커 간 및 소매점 간의 경쟁도 격화되며, 유통 집약도를 지속적으로 강화 및 유지하는 것이다.

53 다음 글 상자에서 공통으로 설명하는 용어는?

> ▣ 매장의 개별 상품 및 상품구성을 가장 효과적이고 효율적인 방법으로 소비자에게 제시함으로써 자본과 노동의 생산성을 최대화하려는 활동
> ▣ 적절한 상품준비와 연출을 통해 소비자의 상기구매, 연관구매, 충동구매를 유도하기 위한 활동
> ▣ 소비자의 구매의욕을 불러일으키기 위한 활동

① 윈도우 디스플레이 ② 인스토어 머천다이징
③ 상품화 활동 ④ 상품 구성전략
⑤ 판매촉진 진열

우탈풀이 머천다이징(MD;Merchandising)을 우리말로 표현하면 '상품화계획'이라 부르기도 한다. 기본 틀은 '적정한 상품의 선정과 관리'에 있다고 봐야 할 것이다. 소매업체에서는 '고객들에게 적합한 상품을 기획하여 적합한 장소와 시점, 수량, 가격에 공급하는 것과 관련된 모든 활동'을 지칭하며, 상품구색, 진열, 재고관리, 가격설정 등을 포괄하는 용어이다.

54 소매상의 강점과 약점을 파악하기 위한 분석 요인 중 소매상 내적요인에 해당하지 않는 것은?

① 취급하는 상품의 구색
② 제공하는 대고객 서비스
③ 경영기법과 판매원 능력
④ 소비자의 기대와 욕구
⑤ 조직에 대한 종업원의 태도

우탈풀이 조직과 조직환경에 핵심적인 여건에 관한 자료(시장, 경쟁, 재무자원, 설비능력, 종업원, 재고, 마케팅, 유통시스템, 연구개발, 환경적 구조, 편판 등)를 수집한다. 수집한 자료가 조직의 기회, 위협, 강점, 약점 어느 것을 구성하는지 평가하고, 각 평가된 내용을 기록한다. 소비자의 기대와 욕구는 외적요인에 속한다.

55 비 표본추출오류의 하나인 면접자 오류에 해당하지 않는 것은?

① 응답자 선택 오류 ② 질문 오류
③ 기록 오류 ④ 기만 오류
⑤ 측정 오류

우탈풀이 비표본오류(non–sampling error)는 조사현장의 오류, 자료기록 및 처리의 오류, 불 포함 오류, 무응답 오류가 있으며, 면접자 오류에 해당하는 것에는 응답자 선택 오류, 질문 오류, 기록 오류, 기만 오류 등이 있다.

56 다음 글 상자에서 설명하는 용어는?

> 지역적으로 거래조건이 상이할 때 중간상이 해당 지역에서 촉진활동의 일환으로 저렴하게 거래되는 제품을 구입하여 다른 지역에 있는 도매상이나 소매상에게 재판매하는 것

① 선물구매(forward buying)
② 전매(diversion)
③ 기회주의적 행동
④ 촉진일탈
⑤ 공제전환

우탈풀이 전매(diversion)란 지역적으로 거래조건이 상이할 때 중간상이 해당 지역에서 촉진활동의 일환으로 저렴하게 거래되는 제품을 구입하여 다른 지역에 있는 도매상이나 소매상에게 재판매하는 것을 말한다.

57 다음 글 상자에서 공통으로 설명하는 도매상은?

> ▣ 가장 전형적인 도매상
> ▣ 완전서비스 도매상과 한정서비스 도매상으로 나누어 짐
> ▣ 자신들이 취급하는 상품의 소유권을 보유하며 제조업체 또는 소매상과 관련 없는 독립된 사업체

51 ③	52 ②	53 ②	54 ④	55 ⑤	56 ②	57 ②

① 제조업자 도매상
② 상인도매상
③ 대리인
④ 브로커
⑤ 수수료상인

도매업은 제조업자를 위한 기능과 소매업자를 위한 기능으로 나눌 수 있는데 제조업자를 위한 기능에는 시장 확대, 재고유지, 주문처리, 시장 정보제공, 고객서비스 대행 기능 등이 있다. 도매업은 상품을 대량으로 매입하거나 수집하여 다수의 소매상에게 소량으로 분산하여 판매하는 업태로, 거래수량 및 매매단위의 원칙에서 비교적 규모가 큰 유통 업태를 지칭한다.

58 점포의 내점률과 객단가에 관한 설명으로 옳지 않은 것은?

① 객단가는 매출액을 고객수로 나누어 계산한다.
② 객단가는 고객 1인당 평균구매액을 의미한다.
③ 내점률은 점포 앞을 지나가는 통행객 수 중에서 몇 명이 점포에 들어왔는지를 나타내는 비율이다.
④ 내점률은 내점객수를 점포상권 범위 내에 거주하는 사람들의 수로 나눠 구하기도 한다.
⑤ 내점률은 고객흡인율이라고도 하는데 총매출액에 영향을 미치는 구매객수와 반비례한다.

내점률은 고객흡인율이라고도 하는데 총매출액에 영향을 미치는 구매객수와 정비례한다.

59 점포의 관리에 대한 설명으로 옳지 않은 것은?

① 점포의 상호는 짧은 시간 내에 점포특성을 전달할 수 있어야 하고, 고객의 눈길을 끌면서도 너무 길지 않아야 한다.
② 간판 중에서 돌출간판은 허가를 받아야 하고 기타 부착용 간판은 신고를 해야 한다.
③ 점포의 조명이 전체적으로 너무 밝으면 주의가 산만 해져 구매의욕이 상실될 수 있으므로 적절한 스포트라이트의 활용이 필요하다.
④ 상품진열·저장을 위한 진열장, 캐비넷, 선반 등은 집기에 포함되며, 판매를 보조하는 금전등록기, 손수레 등은 장비에 포함된다.
⑤ 쇼윈도우의 형태를 완전개방형, 반개방형, 완전폐쇄형으로 구분할 때, 고급스러운 분위기에 유리한 것은 완전개방형이다.

쇼윈도우의 형태를 완전개방형, 반개방형, 완전폐쇄형으로 구분할 때, 고급스러운 분위기에 유리한 것은 반개방형이다.

60 다음 글 상자의 명품 홈쇼핑이 실행한 마케팅조사기법은?

> 명품 홈쇼핑은 지속적인 매출감소 원인을 파악하고자, 우량고객 10명을 대상으로 조사를 실행하였다. 훈련받은 사회자의 진행을 통해 고객들은 자유롭게 여러 주제에 대하여 토론하였다. 자사와 경쟁사 홈쇼핑의 상품, 방송, 배송 등에 대해 전반적인 평가를 받았고 또한 고객들이 생각하는 매출개선방안도 제안 받았다.

① 민속학적 조사
② 서베이 조사
③ 실험조사
④ 표적집단 면접조사
⑤ 전문가조사

표적 집단 면접법(FGI : Focus Group Interview)은 동질의 소수 응답자 집단을 대상으로 특정한 주제에 대하여 자유롭게 토론하는 가운데 필요한 정보를 찾아 나가는 방법으로, 일반적인 조사에서 가장 많이 사용되는 탐색조사 방법 중의 하나이다.

61 다음 사례에서 나타난 경로갈등의 원인으로 가장 적합한 것은?

> 피자 프랜차이즈본부 ○○회사는 가맹점 계약시 가맹점 사업자에게 배타적 영업권을 보장하고 있으나, 최근 매출실적이 좋은 10여개 상권에 정당한 사유 없이 기존가맹점 들과의 계약을 무시하면서 직영점을 출점하였다. 이에 따라 직영점이 출점한 지역의 가맹점 사업자들은 본부에 강력히 항의하며 법적으로 공동대응을 하기로 하였다.

① 영역불일치
② 목표불일치
③ 이해불일치
④ 인식불일치
⑤ 수단불일치

경로구성원 간 상권의 범위결정과 그 상권 내에서의 역할에 대한 견해 차이가 발생하는 경우를 영역불일치(domain divergence)라 한다. 경로상 영역불일치에 의한 갈등이 발생하게 되는 원인은 각 중간상이 거래하는 고객이 중복되기 때문이다.

62 영향력 행사방식과 관련된 '힘의 원천'을 연결한 것으로 옳은 것은?

> ㉠ 약속 – 준거력
> ㉡ 위협 – 보상력
> ㉢ 법적제소 – 합법력
> ㉣ 요청 – 준거력, 보상력
> ㉤ 정보교환 – 강압력

① ㉠, ㉡
② ㉠, ㉤
③ ㉡, ㉤
④ ㉢, ㉣
⑤ ㉢, ㉤

◈ 합법력(Legitimate Power) : 오랜 관습 또는 공식계약에 의해 상대방에게 행동을 준수하도록 정당하게 요구할수 있는 능력을 말한다.
◈ 준거력(Reference Power) : 소매상이 어떤 브랜드 상표를 취급하는 것 자체(명품 취급이나 백화점 입점)를 자랑스럽게 생각하는 경우나 특정집단에 일체감을 갖고 있거나 갖게 되기를 바라기 때문에 발생하는 능력을 말한다.

63 유통마케팅 조사에서 2차 자료를 사용하려면 먼저 품질을 평가해야 하는데, 그 품질평가 기준으로서 가장 옳지 않은 것은?

① 회사 정보시스템에 포함된 내부성
② 조사문제 해결시점 기준의 최신성
③ 수집 및 보고과정의 정확성
④ 수집 및 보고과정의 객관성
⑤ 조사 프로젝트와의 적합성

58 ⑤ 59 ⑤ 60 ④ 61 ① 62 ④ 63 ①

무료풀이 2차자료는 손쉽고 저렴하게 획득할 수 있으므로 2차 자료를 효과적으로 획득하여 이용하는 것이 조사의 성공여부에 중요한 변수로 작용하게 된다. 이런 2차 자료는 기존의 정부자료나 조사기관의 간행물, 기업에서 수집한 자료, 다른 조사의 목적으로 수집된 모든 자료로서 조직의 내부 혹은 외부에서 구입을 할 수 있는 자료이다.

64 판매자가 가격을 2% 인상했을 때 수요가 10% 감소한다고 가정할 때, 수요의 가격탄력성은?

① −1.8 ② −5 ③ 0.2 ④ 5 ⑤ −0.2

무료풀이 수요의 가격 탄력성(需要- 價格彈力性, Price Elasticity of Demand)이란 경제학에서 한 재화의 가격변화에 따른 수요의 변화 정도를 나타내는 것이다. 수요의 가격탄력성공식 = (가격변동분/원래가격)/(수요변동분/원래수요) = (2/100)/(1/10) = 2% 증가한다. (단, 가격을 100, 수요는 10이라고 가정하고 대입하면 간단하게 계산이 된다.

65 소매점포의 구성과 배치에 관한 원칙으로 가장 옳지 않은 것은?

① 점포분위기는 표적고객층과 걸맞아야 하고, 그들의 욕구와 조화를 이룰 수 있도록 설계해야 한다.
② 점포의 구성과 배치는 고객의 충동구매를 자극하지 않도록 설계해야 한다.
③ 점포의 내부 디자인은 고객의 구매결정에 도움을 줄 수 있어야 한다.
④ 점포의 물리적 환경은 고급스러움보다 상품과 가격대와의 일관성이 더 중요하다.
⑤ 판매수익이 높고 점포의 분위기를 개선할 수 있는 품목을 점포의 좋은 위치에 배치한다.

무료풀이 점포구성(Store Construction)은 잠재고객이 별다른 노력을 기울이지 않더라도 쉽게 찾을수 있도록 꾸며야 하고, 다양한 계층의 고객을 대상으로 하는 점포는 매장 앞을 지나는 고객이 내부의 분위기를 느낄 수 있도록 설계되어져야 한다.

66 다음 글 상자 안의 소비자 행동에 대응하기 위한 유통기업의 전략으로 가장 옳은 것은?

> ◈ 소비자들은 전통적인 은행 영업점포 외에도 이동식 무인점포, 스마트폰, 편의점 등으로 은행 업무를 보는 공간을 다변화하고 있다.
> ◈ 소비자들은 갑작스런 강추위 때문에 외출을 꺼려하면서 온라인몰에서 상품주문을 대폭 증가하였다.

① 중간상 생략전략
② 제3자 로지스틱스전략
③ 전속적 유통전략
④ 수직적 마케팅시스템 구축전략
⑤ 복수경로 유통전략

무료풀이 유통경로는 제품이나 서비스를 고객이 사용 또는 소비하도록 하기 위해 필요한 것으로 소비자는 개별 소매상으로부터 상품을 구매하는 것이 아니라 공급업자에서 제조업체, 중간상으로 이어지는 하나의 상적시스템에서 제공되는 가치를 구매하는 것이다. 다(多)유통경로전략(multi-channel strategy)은 하나 이상의 유통경로를 통해 고객에 도달하는 것을 말한다.

67 판매촉진(또는 판촉)에 관한 설명으로 가장 옳지 않은 것은?

① 판촉은 시용(trial)이나 구매와 같은 즉각적인 행동을 유발하는 것이 목적이다.
② 판촉과 광고는 상호 대체적이어서 함께 사용하지 않는 것이 원칙이다.
③ 경쟁점포와 차별화하기 어려울수록 판촉의 활용빈도가 높아진다.
④ 푸시(push)전략에는 소비자판촉보다 영업판촉이 적합하다.
⑤ 새로운 고객을 유치하지 못한 판촉으로 인해 판촉실시 이후에 오히려 판매량이 낮아질 수 있다.

무료풀이 촉진활동(promotional activity)이란 예상고객이 될 수 있는 사람에게 적절한 정보를 제공하는 것을 말한다. 예상고객(豫想顧客)을 설득하고 그들에게 영향력을 행사함으로써 그들의 수요욕구를 환기시키고자 하는 모든 활동을 말하며, 판촉과 광고는 상호 보완적이어서 함께 사용하는 것이 좋다.

68 제조업자가 실행하는 촉진전략으로 푸쉬(push)와 풀(pull)전략이 있다. 다음 중 푸시전략의 흐름으로 옳은 것은?

① 제조업자 → 소매상 → 소비자 → 도매상
② 제조업자 → 도매상 → 소매상 → 소비자
③ 소비자 → 소매상 → 도매상 → 제조업자
④ 소비자 → 제조업자 → 도매상 → 소매상
⑤ 도매상 → 소매상 → 제조업자 → 소비자

무료풀이 푸시전략(push)은 촉진의 방향이 생산자로부터 도매, 소매상을 거쳐 소비자쪽으로 상품을 밀어낸다는 의미로 선택이 점포 안에서 주로 이루어지는 경우에 더욱 적합하다.

69 항시최저가격(Every Day Lowest Price)전략에 대한 설명으로 가장 적절한 것은?

① 제품라인 가격결정 전략이다.
② 소매가격 유지정책이다.
③ 고객가치기반 가격결정 전략이다.
④ 원가기반 가격결정 전략이다.
⑤ 경쟁기반 가격결정 전략이다.

무료풀이 EDLP(everyday low pricing)전략은 매일저가로 판매를 하겠다는 할인점에서 주로 취급을 하는 가격전략의 하나이다. 이는 고객에게 싼 가격에 많은 판매를 원칙으로 하는 것이므로 가치기반 가격전략과 는 거리가 멀고, 경쟁기반 가격결정 전략이다.

70 (㉠)과 (㉡)에 들어갈 용어를 올바르게 나열한 것은?

> (㉠)은/는 머천다이징을 시각적으로 표현하는 것으로 개별 상품이 아니라 상품기획 단계의 콘셉트가 표현되는 것을 말하며, (㉡)은/는 마케팅의 목적을 효율적으로 달성할 수 있도록 특정 타겟에 적합한 특정상품이나 서비스를 조합해 계획 · 조정 · 판매하는 모든 활동을 의미한다.

64 ②,④ 65 ② 66 ⑤ 67 ② 68 ② 69 ⑤ 70 ①

① ㉠ VP(visual presentation)
　㉡ VMD(visual merchandising)
② ㉠ PP(point of sale presentation)
　㉡ BI(brand identity)
③ ㉠ IP(item presentation)
　㉡ VMD(visual merchandising)
④ ㉠ VMD(visual merchandising)
　㉡ IP(item presentation)
⑤ ㉠ BI(brand identity)
　㉡ VP(visual presentation)

우답풀이 VP(visual presentation)는 머천다이징을 시각적으로 표현하는 것으로 개별 상품이 아니라 상품기획 단계의 콘셉트가 표현되는 것을 말하며, VMD(visual merchandising)는 마케팅의 목적을 효율적으로 달성할 수 있도록 특정 타겟에 적합한 특정상품이나 서비스를 조합해 계획·조정·판매하는 모든 활동을 의미한다.

제4과목 유통 정보(71~90)

71 글 상자의 ( )안에 들어갈 용어로 옳은 것은?

> 제약조건이론(TOC) 중, ( )은/는 전체 공정의 종속성과 변동성을 관리하는 기법으로 전체공정 중 가장 약한 것을 찾아 능력제약자원으로 두고, 이 부분이 최대한 100% 가동할 수 있도록 공정 속도를 조절하여 흐름을 관리하는 기법이다.

① DBR　② JIT　③ QR
④ 6sigma　⑤ ECR

우답풀이 DBR(Drum-Buffer-Rope)은 공정의 원자재 투입시점만을 지정하여 공정내 종속성과 변동성을 관리하는 기법으로, 전체 프로세스 중 가장 약한 것을 능력제약자원이라 지칭하고, 이 부분이 최대한 100% 가동을 할 수 있도록 공정 속도를 조절하여 흐름을 관리하는 기법이다.

72 데이터베이스 구축과 관련된 용어에 대한 설명으로 가장 옳지 않은 것은?

① RDB – 관계형 데이터를 저장하거나, 수정하고 관리할 수 있게 해 주는 데이터베이스
② NoSQL – Not Only SQL의 약자이며, 비관계형 데이터 저장소로 기존의 전통적인 방식의 관계형 데이터베이스와는 다르게 설계된 데이터베이스
③ RDB – 테이블 스키마가 고정되어 있지 않아 테이블의 확장과 축소가 용이
④ NoSQL – 테이블간 조인(Join)연산을 지원하지 않음
⑤ NoSQL – key-value, Document Key-value, column 기반의 NoSQL이 주로 활용되고 있음

우답풀이 관계형 데이터베이스(RDB : Relational Data Base)는 일련의 정형화된 테이블로 구성된 데이터 항목들의 집합체로서, 그 데이터들은 데이터베이스 테이블을 재구성하지 않더라도 다양한 방법으로 접근하거나 조합될 수 있다. 관계형 데이터베이스는 1970년에 IBM에 의해 제안되었다. 사용자와 관계형 데이터베이스를 연결시켜 주는 표준검색언어를 SQL이라고 하는데, SQL 문장은 관계형 데이터베이스에 있는 데이터를 직접 조회하거나 또는 보고서를 추출하는 데 사용된다. 관계형 데이터베이스는 만들거나 이용하기가 비교적 쉽지만, 무엇보다도 확장이 용이하다는 장점을 가지고 있다. 처음 데이터베이스를 만든 후 관련되는 응용 프로그램들을 변경하지 않고도, 새로운 데이터 항목을 데이터베이스에 추가할 수 있다.

73 디지털 경제시대에 나타나는 특징으로 가장 옳지 않은 것은?

① 생산량을 증가시킴에 따라 필요한 생산요소의 투입량이 점점 적어지는 현상이 나타난다.
② 투입되는 생산요소가 늘어나면 늘어날수록 산출량이 기하급수적으로 증가하는 현상이 나타난다.
③ 시장에 먼저 진출하여 상당규모의 고객을 먼저 확보한 선두기업이 시장을 지배할 가능성이 높아진다.
④ 생산요소의 투입량을 증가시킬 때 그 생산요소의 추가적인 한 단위의 투입이 발생시키는 추가적인 산출량의 크기가 점점 감소되는 현상이 나타난다.
⑤ 생산량이 많아질수록 한계비용이 급감하여 지속적인성장이 가능해진다.

우답풀이 디지털상품(Digital Goods)은 실제로 만져볼 수 없으며, 컴퓨터를 통해서 볼 수 있다. 디지털제품의 생산 및 유통과정에 적용될 수 있는 법칙은 수확체증의 법칙이다. 대표적인 것은 인터넷을 통해 구입하는 MP3 파일, 게임, 인터넷을 통한 주식정보 등이며, 공간의 제약이 줄어 경제 및 경영활동이 글로벌화 되고 있다.

74 물류의 운송 및 보관 활동을 수행함으로써 창출될 수 있는 효용으로 가장 적합한 것은?

① 형태 효용, 장소 효용
② 형태 효용, 시간 효용
③ 시간 효용, 장소 효용
④ 시간 효용, 소유 효용
⑤ 장소 효용, 소유 효용

우답풀이 생산이 형태효용을 창출하고 소비가 소유효용을 창출하는 의미가 있다면 물적유통은 시간효용과 장소효용을 창출함으로써 양자를 연결시킨다.

75 아래 글상자가 뜻하는 SCM 전략으로 가장 옳은 것은? 제조 및 유통업체 사이에서 판매 및 재고데이터 공유를 통하여 수요예측과 주문관리에 이용하고, 효과적인 상품보충과 재고관리를 지원하는 공급망관리를 위한 비즈니스모델이다.

① QR(Quick Response)
② CMI(Co-Managed Inventory)
③ ECR(Efficient Consumer Response)
④ CRP(Continuous Replenishment Program)
⑤ CPFR(Continuous Planning & Forecasting Replenishment)

71 ①　72 ③　73 ④　74 ③　75 ⑤

(풀이) CPFR(Collaborative Planning Forecasting and Replenishment)은 협업설계예측 및 보충이라고 하며, 공급사슬 흐름을 개선하기 위해서 공급자와 구매자가 협동해서 계획수립 및 수요예측을 한다.

76 e-비즈니스를 구성하는 요소를 크게 기반요소와 지원 요소로 구분할 경우, 기술적인 기반요소에 해당하지 않는 것은?

① 네트워크　② 기술표준
③ 공통서비스　④ 멀티미디어 콘텐츠
⑤ 메시지 및 정보전달

(풀이) e-Business 시대는 IT산업의 발달로 인해 마케팅전략에 있어서 소비자 대상이 불특정 소비자에서 특화된 소비자로 전환되고 있다. 전통적 상거래 방식과 비교해볼 때 인터넷을 통하여 생산자와 소비자가 직접 만나게 되므로 상품 전달기능과 정보 전달기능은 대폭 축소된다. 기술적인 기반요소에는 네트워크, 공통서비스, 멀티미디어 콘텐츠, 메시지 및 정보전달 등이 있다.

77 데이터웨어하우스의 특징으로 가장 옳지 않은 것은?

① 주제별로 정리된 데이터베이스
② 다양한 데이터 원천으로부터의 데이터 통합
③ 과거부터 현재에 이르기까지 시계열 데이터
④ 필요에 따라 특정 시점을 기준으로 처리해 놓은 데이터
⑤ 실시간 거래처리가 반영된 최신 데이터

(풀이) W.H.Inmon에 의하면 데이터웨어하우스를 경영자의 의사결정을 지원하는 주제중 심적(subject-oriented) 이고 통합적(integrated)이며, 비휘발성(nonvolatile)이고, 시간에 따라 변화(time-variant)하는 데이터의 집합이라 정의하였다.

78 기업이 CRM의 성과를 추적하고 관리하기 위해 사용할 수 있는 지표를 크게 판매지표, 고객 서비스지표, 마케팅 지표로 구분할 때, 고객 서비스 지표에 해당하는 것은?

① 판매 요청 건수, 유지된 고객 수, 평균 해결시간
② 서비스 요청 건수, 유효한 판매 기회 건수
③ 고객만족도 수준, 고객 유지율
④ 일별 평균 서비스 요청건수, 평균 해결 시간
⑤ 잠재적 고객 수, 신규고객 유치율

(풀이) 고객관계관리(CRM;Customer Relationship Management)는 우리제품을 구매해 준 고객들에 대한 정보를 컴퓨터의 데이터 베이스(Data Base)에 저장해 놓고, 고객 자료를 분석해서 고객 한 사람 한 사람에게 가장 적합한 제품과 서비스를 제공하고자 하는 정보시스템이라고 할 수 있다. 일별 평균 서비스 요청건수, 평균 해결 시간 등은 판매지표, 고객서비스지표, 마케팅 지표로 구분할 때, 고객서비스 지표에 해당한다.

79 기업이 전략정보시스템을 통해 경쟁우위를 차지할 수 있는 정보시스템의 전략적 역할에 대한 설명으로 가장 옳지 않은 것은?

① 신규 업체가 시장에 진입하지 못하도록 진입장벽을 구축해 준다.
② 기업이 공급자와의 네트워크 연결을 통해 공급자의 교섭력을 강화시켜 준다.
③ 구매자에게 차별적인 서비스를 제공하여 업무의존도를 높게 한다.
④ 기업과 구매자 사이의 관계에 전환비용이 발생하도록 만들어준다.
⑤ 내부시스템을 통해서 업무효율성을 높일 수 있다.

(풀이) 전략정보시스템(strategic information system)은 기업의 전략적인 결정에 영향을 미칠수 있는 정보를 제공하는 것을 목적으로 한다. 전략적 활용을 지원하는 것을 말하며, 최종사용자 전산시스템은 최종사용자의 의사결정을 지원하는 시스템이다.

80 전자상거래 보안과 관련한 주요 관점 중 아래 글상자의 (　)안에 들어갈 내용을 순서대로 올바르게 나열한 것은?

> (　가　)은/는 인터넷을 이용해 전송되거나 수신되어, 웹에 표시된 정보가 승인되지 않은 다른 사람에 의해 변형이 없음을 보장하는 것이다.
> (　나　)은/는 메시지나 정보가 볼 수 있는 권한이 있는 사람에게만 보이게 하는 것이다.

① 가 : 인증　나 : 프라이버시
② 가 : 가용성　나 : 기밀성
③ 가 : 부인방지　나 : 인증
④ 가 : 무결성　나 : 기밀성
⑤ 가 : 가용성　나 : 프라이버시

(풀이) 무결성(Integrity) : 데이터가 전송 도중 또는 데이터베이스에 저장되어 있는 동안 악의의 목적으로 위 · 변조되는 것을 방지하는 서비스다.
기밀성(Confidentiality) : 인가받지 않은 자가 부당한 방법으로 정보를 입수한 경우에도 정보의 내용을 알 수 없도록 하는 서비스다.

81 고객로열티(customer loyalty)가 형성된 소비자들의 행동 패턴으로 가장 옳지 않은 것은?

① 로열티가 있는 고객들은 교차 구매 또는 상승 구매제안에 대해 긍정적인 반응을 보인다.
② 충성스러운 고객들은 해당 기업이나 브랜드에 갖는 가격 민감도가 증가하는 경향을 보인다.
③ 로열티가 있는 고객들은 해당 기업의 제품이나 서비스에 대한 반복 구매의 행동을 보이기 시작한다.
④ 충성스러운 고객들은 해당 기업과의 관계를 더욱 폭넓게 확대하고자 하는 잠재적인 의지를 가지고 있다.
⑤ 로열티가 있는 고객들은 칭찬이나 제안과 같은 긍정적인 고객의 소리는 물론이고, 강한 불만의 소리도 제기한다.

(풀이) 일반적으로 브랜드충성도(brand loyalty)가 강한 고객은 특정브랜드의 상품을 구매하고자 1차적으로 방문한 유통매장의 진열대에서 원하는 특정브랜드의 상품이 존재하지 않을 경우에 충성도 강한고객은 다른 대체제품을 구매하지 않고 그 점포를 나가는 것으로 조사되었다. 강제적 로열티(compulsive loyalty)란 독점적인 기업의 서비스에서 나타나는 로열티 유형이다.

76 ②	77 ⑤	78 ④	79 ②	80 ④	81 ②

82 아래 글상자의 내용에 부합되는 용어로 가장 옳은 것은?

> 이전에는 해당업계의 전문가들이나 내부자들에게만 접근을 허용하였던 지식을 대중에게 공유하고, 제품이나 서비스의 새로운 개발 혹은 업그레이드 과정에 전문가뿐만 아니라 비전문가나 외부전문가들의 적극적인 참여를 유도하는 것을 의미한다.

① 롱테일(longtail) 현상
② 집단지성
③ 어텐션(attention)이코노미
④ 크라우드소싱(crowdsourcing)
⑤ 블로그

무답풀이 크라우드소싱(crowdsourcing)은 이전에는 해당업계의 전문가들이나 내부자들에게만 접근을 허용하였던 지식을 대중에게 공유하고, 제품이나 서비스의 새로운 개발 혹은 업그레이드 과정에 전문가뿐만 아니라 비전문가나 외부전문가들의 적극적인 참여를 유도하는 것을 의미한다.

83 인터넷에 대한 설명으로 가장 옳지 않은 것은?

① 인터넷은 '정보의 바다'(sea of information)라고도 불리고 있다.
② 인터넷은 중심이 되는 호스트 컴퓨터를 통해 서비스를 제공하고 있다.
③ 인터넷은 컴퓨터 간의 네트워크 연결로 네트워크 위의 네트워크라고 볼 수 있다.
④ 인터넷은 단일 컴퓨터상에서 이루어졌던 정보처리 업무의 한계를 극복하기 위한 시도에서 출발하였다.
⑤ 인터넷은 전 세계 수많은 컴퓨터들이 TCP/IP(Transmission Control Protocol/Internet Protocol)라는 통신규약으로 연결되어 있는 거대한 컴퓨터 통신망이다.

무답풀이 인터넷은 전 세계 수많은 컴퓨터들이 TCP/IP(Transmission Control Protocol/Internet Protocol) 라는 통신규약으로 연결되어 있는 거대한 컴퓨터 통신망으로 정보를 주고 받는 서비스의 일환이다.

84 RFID에 대한 설명으로 가장 옳지 않은 것은?

① 바코드에 비해 비싼 편이다.
② 용도와 성능에 따라 읽기/쓰기 기능을 구현할 수 있다.
③ 바코드에 비해 많은 정보를 가질 수 있다.
④ 자라(Zara)는 RFID기술을 적용하여 재고관리 혁신을 이룩해 성공적인 선진사례를 보였다.
⑤ 태그는 외부로부터의 자극이나 각종 신호를 감지, 검출하여 전기적 신호로 변환, 출력하는 장치이다.

무답풀이 태그(Tag) : 상품에 부착되며 데이터가 입력되는 IC칩과 안테나로 구성되며, 리더와 교신하여 데이터를 무선으로 리더에 전송하고, 배터리 내장 유무에 따라 능동형과 수동형으로 구분된다. RFID태그 선택 시 사용할 환경조건을 파악하고, 태그를 읽는데 필요한 속도를 파악하며, 판독의 정확도를 최대한 높이려면 부착면 소재와 관계없이 이용할 수 있는 태그제품을 선택하고, 선택한 태그로 원하는 기간동안 데이터를 저장할 수 있는지를 확인하여야 한다.

85 피라미드와 같은 전형적인 조직구조 형태에서는 조직 수준별로 의사결정, 문제해결, 기회포착에 요구되는 정보유형이 각기 다르다. 조직수준과 의사결정 유형, 특성에 대한 설명으로 가장 옳지 않은 것은?

① 전략적 수준은 대부분 비 구조화된 의사결정 문제들이 대부분이다.
② 병가를 낸 직원이 몇 명인가? 는 운영적 수준에서 관리해야 할 정보이다.
③ 효과성에 초점을 둔 핵심성공요인은 운영적 수준에서 고려되어야 할 측정척도이다.
④ 관리적 수준의 대표적인 구성원 유형은 중간 경영자, 매니저, 감독 등이다.
⑤ 운영적 수준의 의사결정은 구조적, 반복적인 특성을 가진다.

무답풀이 업무(운영)적 의사결정(operating decision making)은 운영계층의 의사결정은 대부분 단기적이고, 그날그날의 운영정보를 주로 다룬다. 일상적으로 행하는 업무에 관한 의사결정으로서, 의사결정자가 잘 알고 있는 상태에서 경험과 전례에 따른 의사결정의 정형화된 형태를 말한다. 예를 들면, 오늘 물류창고 관리부서의 직원이 몇 명이 병가를 냈는가? 오늘 어떤 종류의 제품을 몇 개의 창고에서 매장으로 보내야 하는가? 하는 의사결정이다.

86 지식의 분류체계를 사물지, 사실지 및 방법지로 구분할 때, 사실지에 해당하는 것은?

① 나는 컴퓨터를 안다.
② 나는 해킹방법을 안다.
③ 나는 상품의 제조방법을 안다.
④ 나는 컴퓨터를 조립하는 방법을 안다.
⑤ 나는 지구가 자전하고 있다는 것을 안다.

무답풀이 형식지는 손쉽게 서류화 할 수 있는 사실이며, 무엇을 아는 것(know-what)이다. 암묵지는 인간의 두뇌 속에 있으며 상호행위를 통해 표출되어 지며, 가치, 판단 및 직관에 의해서 창출되는 주관적 지식이다. 암묵적 지식을 사회화하는 구체적 방법으로는 직접적 관찰, 실험과 비교, 모방, 작업공유 등이 있다.

87 QR 코드의 설명으로 가장 옳지 않은 것은?

① 바코드와 동일한 양의 자료를 표현하려면 사각형의 모양이라 크기가 더 커야한다.
② 일부분이 손상되어도 바코드에 비해 인식률이 높은 편이다.
③ 바코드에 비해 담고 있는 정보의 양이 크다.
④ 여러 QR코드로 나뉘어 저장된 정보를 1개의 데이터로 연결하는 것이 가능하다.
⑤ 360° 어느 방향에서든지 인식이 가능하다.

무답풀이 QR코드는 네 모서리 중 세 곳에 위치한 위치 검출 패턴을 이용해서 360도 어떤 방향에서든지 데이터를 읽을 수 있다. FrameQR은 코드안에 자유롭게 사용할 수 있는 캔버스 영역을 가진 QR코드이다. 캔버스 부분에 문자나 화상을 넣을 수 있다.

82 ②,④ 83 ② 84 ⑤ 85 ③ 86 ⑤ 87 ①

88 친화적인 모바일 웹사이트를 구축하려할 때 고려해야 할 사항으로 가장 옳지 않은 것은?

① 해상도와 비율을 모바일에 최적화된 이미지로 조정한다.
② 자바 스크립트의 사용을 최대한 많이 한다.
③ 텍스트보다는 직관적인 아이콘이나 동영상을 적절하게 사용한다.
④ 서비스의 주요 정보를 쉽게 찾을 수 있도록 배치한다.
⑤ 지리정보기술을 적절하게 융합하여 활용한다.

오답풀이 미국의 넷스케이프 커뮤니케이션즈사(Netscape Communications)가 개발한 스크립트 언어. 1996년 2월에 발매한 월드 와이드 웹(WWW) 브라우저인 넷스케이프 내비게이터(Netscape Navigator) 2.0에 실장하였다. 웹 브라우저에서 실행하는 스크립트 언어를 기술한다. 언어 규격은 자바의 부분 집합(subset)으로 되어 있다. 하이퍼텍스트 생성 언어(HTML) 문서를 작성하는 수준의 사용자가 사용하는 것을 주안점으로 하여 자바의 언어 규격으로부터 변수의 형(정수형이나 문자열형 등)을 생략하거나 새로운 클래스 정의를 할 수 없도록 하였다

89 지식변환이 일어나는 과정의 사례 중, 지식변환 형태가 다른 것은?

① 공급자와 고객이 함께 직접 체험함으로서 나름의 정보를 모으는 프로세스
② 판매 현장이나 제조현장에서 대화나 관찰을 통해 정보를 모으는 프로세스
③ 스스로 쌓은 경험을 자기 머리속에 체계적으로 저장하는 프로세스
④ 자기 생각이나 신념 지식을 말이나 글로 표현하지 않고, 행동하는 것으로 보여줌으로서 동료나 부하가 나름 체득화하여 공유하는 프로세스
⑤ 아직 말이나 글로 표현되지 않은 자기의 생각, 사고, 이미지, 노하우 등을 글이나 그림과 같은 형태로 변환하여 보여주는 프로세스

오답풀이 자료(Data)란 정보작성을 위하여 필요한 자료를 말하는 것으로, 「아직 특정의 목적에 대하여 평가되지 않은 상태의 단순한 여러 사실」을 말한다. 데이터는 어떤 현상이 일어난 사건이나 사상을 사실 그대로 기록한 것으로 숫자, 기호, 문자, 음성, 그림, 비디오 등으로 표현된다.

90 쿠키(cookie)로부터 파악할 수 있는 정보가 아닌 것은?

① 회원정보
② 사용한 컴퓨터 서버
③ 사용한 컴퓨터 사양
④ 서치(search) 정보
⑤ 상품구매정보

오답풀이 쿠키(Cookie): 인터넷 사용자가 웹사이트(web site)에 접속했을 때 그 방문 기록을 담은 사용자추적 프로그램으로 4KB 밖에 되지 않아 '과자 부스러기처럼 작다'는 뜻에서 쿠키라 불린다. 쿠키(cookie)로부터 파악할 수 있는 정보는 회원정보, 사용한 컴퓨터 서버, 서치(search) 정보, 상품 구매정보 등을 알 수 있다.

88 ②　89 ⑤　90 ③

최근 기출문제〈2018. 07. 01. 유통관리사 2급〉

제1과목 유통 · 물류 일반관리 (01~25)

01 유통 경로상의 갈등에 대한 내용으로 옳지 않은 것은?

① 상호의존적 관계가 높을수록 구성원들 간의 갈등이 발생할 가능성이 높아진다.
② 유통업체의 규모에 따른 힘이 감소하면서 유통경로 내 갈등은 거의 사라진 상태다.
③ 영역(역할)불일치로 인한 갈등은 상권범위 혹은 각 경로구성원이 수행할 역할에 대한 구성원 간의 견해 차이에 의해 발생할 수 있다.
④ 경로구성원들이 상대방의 목표를 존중하지 않고 간섭 할 때는 목표불일치로 인한 갈등이 나타날 수 있다.
⑤ 프랜차이즈에서 가맹점이 본부에 상권보장을 요구할 때 나타나는 갈등은 영역불일치로 인한 경로갈등이다.

우담이 유통경로상 경로갈등은 한 경로구성원이 다른 경로구성원의 목표달성 노력을 저해하는 행위를 한다고 생각할 때 발생된다. 유통경로에서 구성원들 간의 갈등원인으로, 목표의 불일치, 현실인식의 불일치, 영역의 불일치, 커뮤니케이션의 단절 등을 들 수 있으며, 유통업체의 규모에 따른 힘이 제조업체보다 강화가 되고 있고, 갈등이 사라지지는 않는다.

02 공급자주도형재고관리(VMI)에 대한 내용으로 옳지 않은 것은?

① 제조업체나 도매업체가 재고관리를 하던 방식이 소매업에 의한 실시 간 발주에 따른 조달방식으로 발전된 것이다.
② VMI구축으로 소매업체의 발주처리비용이 감소하게 된다.
③ VMI의 효과로 상품리드타임 단축, 재고감소, 품절 감소를 들 수 있다.
④ VMI를 구축하더라도 판매정보에 대한 적절한 분석이 이뤄지지 않으면 이상적인 재고량 유지가 어렵다.
⑤ 소매업체의 실시 간 판매정보를 기반으로 공급자측은 정확한 판매예측과 재고조절, 상품기획이 가능하다.

우담이 공급자 재고관리(Vendor Managed Inventory)란 공급자인 제조업자나 도매업자가 소매업재고관리를 소매업체를 대신해서 하는 것을 말한다. 도입 결과, 머천다이징의 모든 분야에서 파트너 간 협조관계가 강화된다.

03 유통과 관련된 정보기술(IT)의 영향에 대한 설명으로 옳지 않은 것은?

① 유통과 IT가 결합하면서 유통의 경쟁력이 증대되고 있다.
② IT발전 덕분에 소매업체에서 취급하는 최소유지상품 단위(SKU)의 수가 크게 감소하여 효율적인 운영이 실현되고 있다.
③ 소매업의 과학적 상품관리의 필요성이 점차 증대되고 있다.
④ 소매업체와 공급업체는 상품주문, 수배송관리, 재고 관리, 판매현황 등의 정보를 공유할 수 있게 되었다.
⑤ 정보화를 통한 공급사슬 전체의 정보통합이 중요하다.

우담이 IT발전 덕분에 소매업체에서 취급하는 최소유지상품 단위(SKU)의 수가 크게 감소하기 보다는 오히려 증가되고 있다.

04 최근 국내 유통의 변화와 그에 따른 시사점으로 옳지 않은 것은?

① 유통업의 국제화와 정보화가 진전되었고 무점포 판매가 증가하고 있다.
② 제조업체, 도매업체, 소매업체, 소비자의 관계와 역할이 변화됨에 따라 전통적 유통채널이 약화되고 있다.
③ 유통업체의 대형화로 인해 유통업체 영향력이 증가하였다.
④ 소비자들의 다양한 구매패턴에 따라 '어느 점포, 어떤 매장을 이용할 것인가'의 선택이 중요하게 부각되고 있다.
⑤ 제조업자, 도매업자, 소매업자 각각의 역할이 점점 뚜렷하게 구분되고 있다.

우담이 최근 국내 유통의 변화는 전통적인 유통경로의 '제조업자–도매업자–소매업자–최종소비자'의 단계가 모호해 지고 있다.

05 동일업종의 소매점들이 중소기업협동조합을 설립하여 공동구매, 공동판매, 공동시설활용 등 공동사업을 수행하는 체인사업은 무엇인가?

① 조합형 체인사업
② 임의가맹점형 체인사업
③ 프랜차이즈형 체인사업
④ 직영점형 체인사업
⑤ 자발적 체인(Voluntary chain)사업

우담이 조합형체인사업은 동일업종의 소매점들이 중소기업협동조합법 제3조의 규정에 의한 중소기업협동조합을 설립하여 공동구매 · 공동판매 · 공동시설 활용 등 사업을 수행하는 형태의 체인사업을 말한다.

01 ② 02 ① 03 ② 04 ⑤ 05 ①

06 도매상에 관련된 내용으로 옳지 않은 것은?

① 현금거래도매상은 소매상에게 현금거래조건으로 물품을 판매한다.
② 트럭도매상은 주로 한정된 제품을 취급하고, 소매상 고객들에게 직접 제품을 운송한다.
③ 직송도매상은 소매상의 주문을 받으면 해당 상품을 생산자가 직접 그 소매상에게 배송하도록 한다.
④ 소매상들이 진열도매상을 이용하는 주된 이유는 매출 비중이 낮은 품목들에 대해 소매상들이 직접 진열과 주문을 하는 것이 매우 중요하기 때문이다.
⑤ 제조업자 도매상은 독립적인 개인이 운영하는 도매상이 아니라 제조업자가 직접 운영하는 도매상이다.

오답풀이 진열도매상(rack jobber)은 소매상들에게 매출비중이 높지 않으면서 회전율이 높은 캔디, 껌, 건강미용 용품 등을 판매하며 소매 점포까지 직접 트럭배달을 해주면서 소매상을 대신하여 진열대에 진열하거나 재고를 관리해주는 도매상을 말한다. 매출 비중이 낮은 품목들에 대해 소매상들이 직접 진열과 주문을 하는 것이 진열장 도매상이 아니다.

07 아래 글상자는 유통의 어떤 효용에 관한 내용인가?

> 유통이 이루어지지 않는다면 소비자는 생산자를 일일이 방문하여 제품을 구매해야 한다. 이를 대신하여 중간상들은 적절한 곳에 물류센터와 도·소매상을 설치하여 운반의 효율성, 신속성 등을 강화하고 소비자가 편의에 맞는 장소에서 쉽게 제품을 구매할 수 있도록 시스템을 갖춘다.

① 존재효용 ② 형태효용
③ 소유효용 ④ 시간효용
⑤ 장소효용

오답풀이 유통경로가 창출하는 효용성
1. 시간적 효용(time utility):시간의 제약요소가 없다.
2. 장소적 효용(place utility):어디서든지 효용을 얻는다.
3. 소유적 효용(possession utility):리스나 대여를 통해서도 효용을 얻을 수 있다.
4. 형태적 효용(form utility):소비자가 원하는 수준의 적절한 양을 분할하여 분배함으로써 얻게 되는 효용이다.

08 제조업의 수직계열화에 관련된 내용으로 옳지 않은 것은?

① 경로전체를 통합하고자 하는 제조업중심의 수직계열 화는 유통기능의 중복을 최소화하는 효과를 가져 올 수 있다.
② 유통업자가 자기의 정책을 실현하기 위해 대리점제, 리베이트, 재판매가격유지전략 등을 통해 제조업자를 조직화하는 행위이다.
③ 제조업체가 유통과정의 지배를 꾀하는 것을 의미한다.
④ 생산자가 자사제품을 소비자에게 직접 판매하고자 할 때도 활용된다.
⑤ 통신판매, 방문판매, 소매점 직영은 제조업의 수직계열화에 포함된다.

오답풀이 유통업자가 자기의 정책을 실현하기 위해 대리점제, 리베이트, 재판매가격유지전략 등을 통해 제조업자를 조직화하는 행위를 굳이 판단을 한다면 수축보다는 수평적인 특징이라고 보아야한다.

09 SERVQUAL이라는 서비스품질모형의 다섯 가지 구성 차원으로 옳지 않은 것은?

① 유형성 ② 신뢰성 ③ 응답성
④ 확신성 ⑤ 공통성

오답풀이 SERVQUAL은 똑같은 서비스를 제공받는다 하더라도 고객의 주관에 따라 달라질 수 있다. 5개차원에는 신뢰성(reliability), 대응성(responsiveness), 확신성(assurance), 공감성(empathy), 유형성(tangible) 등이 있다.

10 경로파워의 원천의 하나로서, 재판매업자가 공급업자에 대해 일체감을 갖거나 일체감을 갖게 되기를 바라는 정도를 나타내는 것은?

① 강제력(coercive power)
② 보상력(reward power)
③ 합법력(legitimate power)
④ 준거력(referent power)
⑤ 전문력(expert power)

오답풀이 유통경로에서 구성원 간에 발생하는 힘(power)의 유형
① 보상적 힘(Reward Power): 물질적, 심리적, 보호적 보상을 제공할 수 있는 힘을 말한다.
② 정보적 힘(Information Power): 정보를 많이가진 측이 협상에서 유리한 위치를 가진다는 힘을 말한다.
③ 강압적 힘(Coercive Power): 상대방이 말을 듣지 않거나 영향력 행사에 따르지 않을 때 처벌이나 제재를 가할 수 있는 힘을 말한다.
④ 전문적 힘(Expert Power): 상대방이 중요하게 인식하는 우수한 지식이나 경험 혹은 정보의제공 힘을 말한다.
⑤ 준거적 힘(Reference Power): 특정집단에 일체감을 갖고 있거나 갖게 되기를 바라기 때문에 발생하는 힘을 말한다.
⑥ 합법적 힘(Legitimate Power): 오랜 관습 또는 공식계약에 의해 상대방에게 행동을 준수하도록 정당하게 요구할 수 있는 힘을 말한다.

11 아래 글상자에서 설명하는 현대적 리더십은?

> ◈ 리더는 부하들에게 자신의 관심사를 조직발전 속 에서 찾도록 영감을 불러일으킬 수 있게 하고 비전을 제시함
> ◈ 리더는 부하들로부터 존경받고 신뢰를 받음
> ◈ 이 리더십의 구성요소는 이상적 영향, 영감적 동기부여, 지적자극, 개별적 배려임

① 카리스마 리더십 ② 상호거래적 리더십
③ 변혁적 리더십 ④ 민주적 리더십
⑤ 코칭 리더십

오답풀이 변혁적 리더십은 James MacGregor Burns에 의해 처음 제시되었다. 뛰어난 리더십 전문 학자였던 그는 그의 저서 "transformational leadership(2003)"에서 "리더와 구성원들은 서로가 더 높은 수준의 도덕성과 동기로 진보하도록 해야 한다."[1]고 주장했다. 변혁적 리더들은 그들의 가치관과 특성을 통해 조직 구성원들이 그들의 공통된 대목표를 향해갈 수 있도록 구성원들의 지각, 기대, 동기들을 변화하도록 장려할 수 있다. 전통적 접근들과는 다르게 이 리더십은 상호적 교환 관계의 기초하진 않고 변화를 만드는 리더들의 성격이나 기질, 능력에 기초한다.

06 ④	07 ⑤	08 ②	09 ⑤	10 ④	11 ③

12 서로 경쟁하던 슈퍼마켓과 할인점의 복합 형태인 수퍼 센터의 등장을 설명해 줄 수 있는 소매업태 혁신과정 이론으로서 가장 옳은 것은?

① 진공지대이론 ② 변증법적이론
③ 소매차륜이론 ④ 아코디언이론
⑤ 소매수명주기이론

풀이 변증법 이론(Dialectic Theory) : 소매기관의 변증법적이론은 두개의 서로 다른 경쟁적인 소매업태가 하나의 새로운 소매업태로 합쳐지는 소매업태 혁신의 합성이론을 의미한다. 소매업태가 발전해 나가는 모습이 마치 변증법의 正(thesis), 反(antithesis), 合(synthesis)의 논리에 따라 변화가 이루어짐을 설명하려는 것이다.

13 물류환경의 최근 변화에 대한 설명으로 가장 옳지 않은 것은?

① 적정물류 서비스에 대한 고객의 욕구가 점점 증가하고 있다.
② 빠른 배송, 짧은 리드타임 요구 등 시간단축의 중요성이 커지고 있다.
③ 조직들의 통합화보다 개별화의 움직임이 더 커졌다.
④ 아웃소싱을 통한 물류비 절감효과가 커졌다.
⑤ 물류기업 및 물류시장의 경쟁범위가 글로벌화 되었다.

풀이 최근 물류환경의 변화는 조직들의 개별화보다 통합화의 움직임이 더 커졌다고 보는 것이 정확하다.

14 공급사슬관리 상의 채찍효과가 일어나는 원인으로 가장 옳지 않은 것은?

① 가격할인을 통해 일시적으로 수요량이 증가한 것을 인지하지 못하고 주문을 할 때
② 인기가 높은 제품을 판매하기 위해 소매상이 실제 수요보다 과대 주문을 할 때
③ 주문을 할 때 긴 리드타임의 안전재고까지 포함해서 주문할 때
④ 공급 사슬을 통합해서 수요예측을 한 구성원이 담당 할 때
⑤ 공급사슬의 구성원이 증가하여 단계가 늘어날 때

풀이 채찍 효과 발생원인으로 수요예측은 부정확한 수요예측으로 수요가 발생하면 기업들은 안전재고 목표량과 결부시켜 공급자에게 더 많은 가수요를 발생시킨다.

15 아래 글 상자 ( )안에 알맞은 도매상의 유형은?

> ( )은/는 소매상이 아니라 제조업자들을 대상으로 상품을 판매하는 도매상이다. 재고유지, 신용 판매, 배달 등의 다양한 유통 서비스를 제공한다. 주로 제조업체에 필요한 MRO나 OEM 품목을 취급한다.

① 산업재 유통업체
② 전문품 도매상
③ 도매상인
④ 브로커
⑤ 제조업체 도매상

풀이 산업재구매자는 소비재구매자에 비해 상품에 대한 전문지식이 상대적으로 높으며 또한 산업재구매의 경우 소비재구매의 경우보다 더욱 계획적, 합리적 구매가 이루어지며, 소매상이 아니라 제조업자들을 대상으로 상품을 판매하는 도매상이다.

16 경쟁강도를 반영하여 상품가격을 결정하는 방법으로 보기가 가장 어려운 것은?

① 단수가격 결정법 ② 경쟁대응가격 결정법
③ 상시저가 결정법 ④ High/Low 결정법
⑤ 벤치마킹 결정법

풀이 수요에 기초한 심리적 가격결정 기법중 홀·짝수 가격 책정(odd-even pricing)은 소비자가 어떤 가격을 높은 가격 또는 낮은 가격으로 인지하느냐 하는 사실에 기초를 둔다. 1,000원이라는 가격보다 990원에 더 싸게 반응하는 경향을 말하며, 단수가격 결정법이라고 한다.

17 경제적 주문량(EOQ)을 적용하기 위한 전제로 옳지 않은 것은?

① 재고유지비용은 시간의 변화에 관계없이 일정하다.
② 발주 상품의 주문은 다른 상품과 관계가 없다.
③ 발주 비용은 최근의 것일수록 높은 가중치를 가진다.
④ 연간 수요량은 알려져 있다.
⑤ 발주시점과 입고시점 사이의 간격인 리드타임이 알려져 있다.

풀이 EOQ(Economic Order Quantity) 모형의 기본가정
① 주문비용과 단가는 주문량 Q에 관계없이 일정하고, 매번 주문시 주문량이 동일하다.
② 미납주문은 허용되지 않고, 주문기간 중에 수요량, 주문원가, 유지원가, 조달기간(lead time)이 확실하게 알려져 있고 일정하다.
③ 재고단위당 구입원가는 1회당 주문량에 영향을 받지 않으며, 재고부족원가는 없다.
④ EOQ계산시 연간수요량, 1회 주문비용, 평균재고유지비는 계산하는데 필요한 정보이고, 주문량 Q는 한 번에 입고되며, 단일 품목에 대해서만 가정한다.

18 최근 유통업계에서는 모바일 쿠폰을 매장에서 사용하거나 앱(app)을 통해 음식을 배달하는 등의 변화가 일어나고 있다. 이와 같이 온라인과 오프라인을 유기적으로 결합해서 새로운 가치를 창출해내는 서비스를 나타내는 용어로 옳은 것은?

① Brick-and-Mortar ② B2B
③ O2O ④ C2B
⑤ IoT

풀이 최근 주목받는 IT 비즈니스로 O2O 서비스가 있다. O2O는 Online to Offline을 줄여 쓴 것으로 온라인과 오프라인을 연결하는 비즈니스를 O2O 서비스하며, O2O 서비스는 온라인에서 주문 및 결제를 하고 오프라인에서 실제 서비스나 제품을 받을수 있는 서비스로 스마트폰과 태블릿의 대중화로 인해 모바일 인터넷 사용이 활발해 지면서 새로운 비즈니스 모델로 각광받고 있다.

12 ② 13 ③ 14 ④ 15 ① 16 ① 17 ③ 18 ③

19 아래 글 상자 (   )안에 들어갈 조직의 유형을 순서대로 옳게 나타낸 것은?

> (가)은 책임과 권한이 병행되고, 모든 사람들이 한 명의 감독자에게 보고하며, 조직의 상부에서 하부로 전달되는 의사소통의 흐름을 가진 조직을 말한다.
> (나)은 한시적 개별프로젝트에 사람을 임명 하는데 유연성이 있다. 조직 내의 협력과 팀 활동을 촉진시킨다는 장점이 있지만, 비용이 많이 들고 복잡 하다는 단점도 있다.

① 가 : 라인-스태프 조직 나 : 교차기능 자율경영팀
② 가 : 라인 조직 나 : 교차기능 자율경영팀
③ 가 : 라인 조직 나 : 매트릭스 조직
④ 가 : 라인-스태프 조직 나 : 매트릭스 조직
⑤ 가 : 교차기능 자율경영팀 나 : 라인-스태프 조직

우탑풀이 조직(Organization)의 사전적 의미는 기업·학교·노동조합 등 2명 이상의 사람들이 공통목표를 달성하기 위해 통일적인 의지 아래 협동해나가는 행위의 체계라는 의미가 강하다. 위 문제는 라인 조직과 매트릭스 조직의 내용을 말한다.

20 기업이 고려해야 할 사회적 책임은 그 대상에 따라 기업의 유지, 발전에 대한 책임과 이해관계자에 대한 책임으로 나눌 수 있다. 이해관계자에 대한 책임에 해당되지 않는 것은?

① 주주에 대한 책임 ② 종업원에 대한 책임
③ 경쟁사에 대한 책임 ④ 소비자에 대한책임
⑤ 정부에 대한 책임

우탑풀이 경쟁사는 경쟁기업들이 극복을 해야 하는 상대이므로 굳이 경쟁사에 대한 책임을 지는 것은 아니다.

21 공급사슬관리(SCM)가 전통적인 자재관리나 생산관리와 다른 이유로 옳지 않은 것은?

① 공급사슬관리는 전략적 의사결정을 요구하기 때문이다.
② 공급사슬관리는 정보시스템에 대한 새로운 접근방법을 요구하며, 통합이 아닌 인터페이스가 그 초점이 되기 때문이다.
③ 공급사슬관리는 균형을 잡기 위한 메카니즘의 마지막 보루로 이용되는 재고에 대한 새로운 접근 방법을 요구하기 때문이다.
④ 공급사슬관리를 하나의 실체로서 간주하고, 공급사슬 상의 여러 세그먼트에 대한 단편적인 책임을 구매, 생산, 판매, 배송 등과 같은 기능부문에 귀속시키지 않기 때문이다.
⑤ 공급사슬관리에서 공급이란 실질적으로 공급사슬상의 모든 기능의 공유된 목표이며, 전체원가와 시장점유율에 미치는 영향 때문에 전략적 중요성을 가지기 때문이다.

우탑풀이 SCM(Supply Chain Management)은 공급자로부터 최종 소비자에게 상품이 도달되는 모든 과정으로서 공급사슬관리라고 하며, 제품, 정보, 재정의 흐름을 통합하고 관리하는 것을 말한다.

22 신속반응(quick response)시스템의 효과에 대한 설명으로 가장 옳지 않은 것은?

① 소매업자 측면에서는 수익증대와 고객서비스 개선효과를 누릴 수 있다.
② 제조업자 측면에서는 생산 및 수요예측이 용이하고 상품 품절을 방지할 수 있다.
③ 원자재로부터 최종제품에 이르는 리드타임의 단축과 재고 감소가 일어난다.
④ 안전재고가 늘어나 고객서비스가 높아진다.
⑤ 소매업자와 제조업자가 시장변화를 감지할 수 있다.

우탑풀이 신속대응시스템(QR, quick response)은 소비자의 만족을 극대화하기 위해 제조업자와 공급업자 및 운송업자들이 긴밀한 협조관계를 유지하기 위해서도 필요한 시스템이다.

23 경로커버리지 유형 중 전속적 유통(exclusive channel)에 대한 설명으로 가장 옳지 않은 것은?

① 극히 소수의 소매 점포에게만 자사제품을 취급하도록 하는 것이다.
② 브랜드 충성도가 매우 높은 제품을 생산하는 제조업체가 채택하는 경향이 높은 전략이다.
③ 제조업체는 소매 점포에 대한 통제력을 강화함으로써 자사 브랜드이미지를 자사 전략에 맞게 유지할 수 있다.
④ 중소슈퍼, 식당, 주점 등을 대상으로 하는 주류 제조업체나 약국을 대상으로 하는 제약업체의 영업이 대부분 여기에 해당한다.
⑤ 소비자들은 브랜드 충성도가 높은 브랜드를 구매하기 위해 기꺼이 많은 노력을 기울이기 때문에 적은 점포수로도 원활한 유통이 가능하다.

우탑풀이 중소슈퍼, 식당, 주점 등을 대상으로 하는 주류 제조업체나 약국을 대상으로 하는 제약업체의 영업이 대부분은 집약(중)적 또는 개방적 유통(Intensive Distribution)경로를 이용한다.

24 보관 효율화를 위한 기본원칙으로 옳지 않은 것은?

① 유사성의 원칙 : 유사품을 인접하여 보관하는 원칙이다.
② 중량특성의 원칙 : 물품의 중량에 따라 장소의 높고 낮음을 결정하는 원칙이다.
③ 명료성의 원칙 : 시각적으로 보관물품을 용이하게 식별할 수 있도록 보관하는 원칙이다.
④ 통로대면보관의 원칙 : 보관할 물품을 입출고 빈도에 따라 장소를 달리하여 보관하는 원칙이다.
⑤ 위치표시의 원칙 : 보관물품의 장소와 랙 번호 등을 표시함으로써 보관업무 효율화를 기하는 원칙이다.

19 ③	20 ③	21 ②	22 ④	23 ④	24 ④

통로대면 보관의 원칙은 입, 출고를 용이하게 하고 창고내 레이아웃의 기본원칙이며, 네트워크 물품의 정리와 출고가 용이하도록 관련품목을 한 장소에 모아서 보관하는 것은 네트워크 보관의 원칙이라 말한다.

25 소비자기본법[시행 2017.10.31][법률 제15015호, 2017.10.31. ,일부개정]에서는 조정위원회가 분쟁조정을 신청 받은 때에는 신청을 받은 날부터 며칠 이내에 분쟁조정을 마치도록 정하고 있는가?

① 10일　② 14일　③ 15일　④ 21일　⑤ 30일

소비자보호원장은 피해구제신청의 당사자에 대하여 피해보상에 관한 합의를 권고할 수 있다. 피해구제절차 처리기간으로 원장은 피해구제의 신청을 받은 날부터 30일 이내에 합의가 이루어지지 아니하는 때에는 지체 없이 소비자분쟁조정위원회에 분쟁조정을 신청하여야 한다. 피해의 원인규명 등에 상당한 시일이 요구되는 피해구제신청사건으로서 대통령령이 정하는 사건에 대하여는 60일 이내의 범위에서 처리기간을 연장할 수 있다.

제2과목 상권 분석(26~45)

26 좋은 여건의 입지라고 보기가 가장 어려운 것은?

① 지형상 고지대보다는 낮은 저지대 중심지
② 동일 동선에서 출근길 방향보다는 퇴근길 방향에 있는 곳
③ 상대적으로 권리금이 낮거나 없는 곳
④ 대형평형 보다 중소형평형 아파트단지 상가
⑤ 대형사무실보다 5층 이하 사무실이 많은 곳

상대적으로 권리금이 낮거나 없는 곳은 장사가 않되는 곳이라 좋은 입지가 아니다.

27 사람들은 눈앞에 보여도 간선도로를 건너거나 개울을 횡단해야 하는 점포에는 접근하지 않으려는 경향이 있다. 이런 현상에 대한 설명으로 가장 옳은 원칙은?

① 사람이 운집한 곳을 선호하는 인간집합의 원칙
② 득실을 따져 득이 되는 쪽을 선택하는 보증실현의 원칙
③ 위험하거나 잘 모르는 길을 지나지 않으려는 안전추구의 원칙
④ 목적지까지 최단거리로 가려고 하는 최단거리 추구의 원칙
⑤ 자신의 자아이미지에 가장 합당한 공간을 추구하는 자아일치의 원칙

안전추구의 원칙은 고객들은 원칙적으로 보수적인 생각을 가지고 있다는 판단을 하고 새로운 동선에 대한 위험하거나 잘 모르는 길을 지나지 않으려는 경향 등을 예로 들 수 있다.

28 점포의 입지와 관련된 아래 주장 중 가장 옳지 않은 것은?

① 점포의 주된 매출원천은 입지의 상권에 포함되는 고객들이다.
② 다른 조건이 모두 같다면, 구매빈도가 높은 업종일수록 더 큰 상권이 필요하다.
③ 상권 범위는 도로 및 교통기관의 발달 상태에 따라 달라진다.
④ 업종구성이 상권범위에 미치는 영향은 무시할 수 없다.
⑤ 상권의 크기와 함께 인구밀도도 점포의 매출에 영향을 미친다.

다른 조건이 모두 같다면, 구매빈도가 낮은 업종일수록 더 큰 상권이 필요하며 이는 점포상권의 규모를 보면 전문품을 취급하는 점포의 상권은 선매품을 취급하는 점포의 상권보다 크고, 선매품을 취급하는 점포의 상권은 편의품을 판매하는 점포의 상권보다 크다.

29 상권의 계층성을 최초로 주장한 '중심지 이론' 과 관련이 깊은 사람은?

① 컨버스(Converse, P. D.)
② 크리스탈러(Christaller, W.)
③ 라일리(Reilly, W. J.)
④ 허프(Huff, D.)
⑤ 애플바움(Applebaum, W.)

중심지 이론(central place theory)은 「소비자들이 유사점포 중의 한점포를 선택할 때 그중 가장가까운 점포를 선택하며」, 「중심성(centrality)의 크기는 인구규모에 비례한다」고 독일의 크리스탈러(Christaller)에 의해 1933년에 처음으로 제시하였다.

30 서비스업종의 매출액을 추정하기 위한 아래의 공식에서 (　　)에 들어갈 적합한 용어는?

> 매출액 = 좌석수×좌석점유율×(　)×객단가×영업일수

① 실구매율　② 내점률　③ 회전율
④ 내점객수　⑤ 매출실현율

서비스업종의 매출액을 추정하기 위해서는 회전율은 그 서비스가 특정 기간에 몇 번 제공이 되었는지를 판단하는 기준이 된다.

31 회원제도매클럽은 대규모 매장에서 낮은 마진으로 상품을 판매한다. 회원제 도매클럽의 입지로 가장 적합한 곳은?

① 중심상업지역　② 커뮤니티센터
③ 네이버후드센터　④ 패션/전문센터
⑤ 파워센터

파워 센터(Power Center)는 할인점, 할인백화점, 창고형 클럽 또는 홈 디포 등 카테고리킬러를 포함하는 일부 대형점포들로 구성된다.

25 ⑤　26 ③　27 ③　28 ②　29 ②　30 ③　31 ⑤

32 아울렛 몰(outlet mall)에 대한 설명으로 가장 옳은 것은?

① 주로 오래된 공장건물이나 창고에 입지한다.
② 하자상품이나 이월상품을 판매하는 점포들만 입점한다.
③ 스스로 고객을 흡인할 수 있는 규모와 점포구성을 가진다.
④ 비교구매를 돕기 위해 다른 지역쇼핑센터 인근지역에 입지한다.
⑤ 입지특성 때문에 상권의 범위는 소재지 도시를 벗어나지 않는다.

우택 풀이: 아울렛 몰(outlet mall)은 상설할인매장(Factory Outlet)이라고도 하며 메이커와 백화점의 비인기 상품, 재고품, 기획상품, 이월(移越)상품 등을 주로 취급하며, 스스로 고객을 흡인할 수 있는 규모와 점포구성을 가진다.

33 해당 입지의 상권발전에 긍정적인 영향을 미칠 가능성이 가장 높은 것은?

① 도보로 접근하기에 약간 먼 거리에 대형 할인점이 개점한다.
② 도보로 접근하기에 약간 먼 거리에 중심상업지역이 개발된다.
③ 해당 지역의 용도가 전용공업지역으로 바뀐다.
④ 인근에 지하철역이 새로 들어선다.
⑤ 사람들이 걸어 다니던 주변 도로에 새로 마을버스가 통과한다.

우택 풀이: 인근에 지하철역이 새로 들어서며, 많은 사람들이 유입이 되고, 이러한 지역은 해당 입지의 상권발전에 긍정적인 영향을 미친다.

34 도매상의 입지 전략에 대한 설명으로 가장 옳지 않은 것은?

① 영업성과에 대한 입지의 영향은 소매상보다 도매상의 경우가 더 작다.
② 분산도매상은 물류의 편리성을 고려하여 입지를 결정한다.
③ 수집도매상의 영업성과에 대한 입지의 영향은 매우 제한적이다.
④ 도매상은 보통 소매상보다 임대료가 저렴한 지역에 입지한다.
⑤ 도매상은 보통 최종소비자의 접근성을 고려하여 입지를 결정한다.

우택 풀이: 도매상은 최종소비자를 대상으로 하는 영업이 아니기 때문에 입지 · 상권전략은 중심상가지역이 아니어도 영업에 큰 지장이 없다.

35 매장면적 비율법은 상권 내 동일업종의 총 매장면적에서 점포의 매장면적이 차지하는 비율을 이용하여 해당 점포의 매출액을 추정한다. 매장면적비율법의 내용으로 가장 옳지 않은 것은?

① 상권의 총 잠재수요는 해당 업종에 대한 1인당 총지출 액과 상권인구를 곱해서 구한다.
② 상권의 총 예상매출액은 총 잠재수요와 상권인구의 상권 밖에서의 구매비율을 곱해서 구한다.
③ 해당 점포의 매출은 상권의 총 예상매출액과 매장면적 비율을 곱해서 구한다.
④ 경쟁점포에 대한 경쟁력이 약하면 매장면적비율보다 더 작게 매출액비율을 추정한다.
⑤ 유동인구의 효과를 가중하여 매장면적비율에 따른 추정매출액을 조정할 수 있다.

우택 풀이: 일정한 어떤 구역에 있어서 한 소매점의 매출액 점유율은 그 지역 전체의 소매매장면적에 대한 해당점포의 매장면적의 비율에 직접적으로 비례할 것이라는 가정하에서 수행하는 것을 점포공간매출액 비율법 이라 한다.

36 특정 상권의 수요를 추정하려면 경쟁자분석도 실시해야 하는데 가장 용이하게 경쟁자분석을 실시할 수 있는 점포는?

① 상품구색이 독특한 선물가게
② 희귀한 수입 애완동물을 판매하는 소매점
③ 디자이너 브랜드 패션을 판매하는 부티크
④ 지역 거점도시의 도심에 개업한 프랑스요리 전문식당
⑤ 전국에 걸쳐 수많은 점포를 개설한 프랜차이즈 편의점

우택 풀이: 경쟁자분석은 경쟁업체들의 행태, 비용구조, 이익률, 시장점유율, 재무구조에 대한 분석을 말하는데, 경쟁점포의 수, 새로운 참여업체의 수, 시장안정성 등의 공급 측면에서의 분석도 경쟁자분석으로 보아야 한다.

37 동일업종의 선매품 소매점포 들이 서로 인접하여 입지하는 경향을 설명하는 것은?

① 소매중력이론 ② 중심지이론
③ 누적흡인력의 원칙 ④ 경쟁회피성의 원칙
⑤ 양립성의 원칙

우택 풀이: 누적흡인력은 점포, 학교, 문화시설, 행정기관 등이 많이 몰려있어 고객을 끌어들일 수 있는 가능성을 분석하는 것이다.

38 점점포의 경쟁상황을 분석할 때는 경쟁의 다양한 측면을 다루어야 한다. 대도시의 상권을 도심, 부도심, 지역중심, 지구중심 등으로 분류하고 각 수준별 및 수준간 경쟁 관계의 영향을 함께 고려하는 것은?

① 업태간 · 업태내 경쟁구조 분석
② 위계별 경쟁구조 분석
③ 절대위치별 경쟁구조 분석
④ 잠재 경쟁구조 분석
⑤ 경쟁 · 보완관계 분석

우택 풀이: 위계별 경쟁구조 분석은 크기를 기준으로 분석한다고 이해하면 가장 타당하게 설명이 되는데 대도시의 상권을 도심, 부도심, 지역중심, 지구중심 등으로 분류하고 각 수준별 및 수준간 경쟁 관계의 영향을 함께 고려하는 것으로 이해하면 된다.

32 ③	33 ④	34 ⑤	35 ③	36 ⑤	37 ③	38 ②

39 어느 지역의 대체적인 수요를 측정하기 위해 활용하는 구매력지수(BPI : buying power index)를 구할 때 필요한 구성 요소들 중 일반적으로 사용되는 표준공식에서 가장 높은 가중치를 부여받는 변수는?

① 인구관련 변수
② 소득관련 변수
③ 소매매출액관련 변수
④ 소매점면적관련 변수
⑤ 경쟁자관련 변수

구매력지수(BPI : Buying Power Index)는 특정지역 상권의 전반적인 수요를 평가하는 도구로 활용되며, 인구와 소매매출, 유효소득 등에 대해 전체규모와 특정지역의 규모를 이용하여 계산하는 방법이다.

40 상권분석을 통해 고객의 분포상황을 보면 일반적으로 점포에 가까울수록 고객의 밀도가 높고, 점포로부터 멀어 질수록 고객의 밀도가 낮아지는 경향을 설명하는 단어는?

① 거리감소효과 ② 거리증대효과
③ 밀도집중효과 ④ 밀도분산효과
⑤ 고객점표효과

거리감소효과는 거리와 인구밀도는 반비례적인 측면으로 설명이 되어지는데 이는 고객의 분포상황을 보면 일반적으로 점포에 가까울수록 고객의 밀도가 높고, 점포로부터 멀어 질수록 고객의 밀도가 낮아지는 경향을 말한다.

41 상권분석에서 기술적 조사방법인 유추법(analog method)의 진행과정을 설명한 것이다. 일반적인 진행순서로 보아 세 번째 단계에 해당되는 것은?

> 가. 각 지역(zone)에서의 1인당 매출액 추정
> 나. 유사점포(analog store)의 선정
> 다. 출점예상 상권을 소규모지역(zone)으로 구분
> 라. 신규점포의 예상총매출액 추정
> 마. 자사(신규)점포의 입지조건 파악

① 가 ② 나 ③ 다 ④ 라 ⑤ 마

3단계는 전체 상권을 단위거리에 따라 소규모 구역으로 나누고, 각 구역 내에서 유사점포가 벌어들이는 매출액을 그 구역 내의 인구수로 나누어 각 구역 내에서의 1인당 매출액을 구한다. 즉, 유사점포의 단위거리별 매출정보를 분석한다.

42 점포의 입지결정이나 소매마케팅 전략의 수립에 필요한 상권분석 과정에서 다양하게 활용되고 있는 CST(customer spotting technique) map과 상대적으로 관련성이 낮은 것은?

① 점포의 물리적조건 파악 ② 고객점표법
③ 고객특성조사 ④ 유추법
⑤ 상권잠식파악

유추법에 의한 상권규모의 측정은 CST(Customer Spotting Technique) map의 지도를 이용하여 고객들의 거주지를 그림으로 표시함으로써 상권규모를 가시화시키며, 지역 내 점포사이의 경쟁정도를 유추할 수 있다. 점포의 물리적조건 파악은 실제점포를 분석하는 것이지 유추하는 것이 아니다.

43 상권분석이 실행되는 경우는 신규점포개설 상황과 기존점포관리 상황으로 나누어 볼 수 있다. 기존점포의 상권분석 상황에 해당되지 않는 것은?

① 상권 내의 소비자특성과 경쟁상황에 맞는 소매믹스 전략을 도출하는 상황
② 경쟁력이 떨어지는 점포를 포기하고 점포의 이전여부를 분석하는 상황
③ 점포의 경영성과가 좋아 점포면적을 확장하여 매출 확대를 도모하는 상황
④ 점포주변 인구구성이 변화하여 상권범위의 확대와 축소를 확인하려는 상황
⑤ 상권 내에서 생존가능성이 낮다고 인식하여 폐점여부를 분석하는 상황

기존점포의 상권분석에 대해서는 신규점포의 상권분석에 비해 상권의 크기와 특성 등을 비교적 정확히 분석할 수 있는데 이는 기존 자료를 바탕으로 분석하기에 그렇다. 상권 내의 소비자특성과 경쟁상황에 맞는 소매믹스 전략을 도출하는 상황은 분석하는 것은 신규점포개설 상황과 관련이 있다.

44 지역시장의 성장가능성이 높지만 기존점포 간의 경쟁이 치열하여 매출쟁탈을 위한 적극적인 판매노력이 요구 되는 상황은?

① 소매포화지수(IRS)와 시장성장잠재력지수(MEP)가 모두 높은 경우
② 소매포화지수(IRS)는 높지만 시장성장잠재력지수(MEP)가 낮은 경우
③ 소매포화지수(IRS)는 낮지만 시장성장잠재력지수(MEP)가 높은 경우
④ 소매포화지수(IRS)와 시장성장잠재력지수(MEP)가 모두 낮은 경우
⑤ 소매포화지수(IRS)와 시장성장잠재력지수(MEP) 만으로는 알 수 없음

IRS가 낮고, MEP가 높은지역은 현재는 매력이 낮지만 미래에 유망한 지역으로 적절한 시기에 개발을 해야 하고, MEP 점수가 높은 경우는 총수요의 증가가능성이 높다는 것을 나타낸다.

45 자가용차를 소유한 소비자의 증가추세가 상권에 미치는 영향을 설명한 내용으로 옳지 않은 것은?

① 소비자의 이동성을 높여 저밀도의 넓은 영역으로 주택 분산이 가능해지고 인구의 교외화가 진행된다.
② 소비수요가 중심도시로부터 교외로 이동하고 다양한 상업기회가 교외에서 생겨난다.

39 ②	40 ①	41 ③	42 ①	43 ①	44 ③	45 ③

③ 소비자의 지리적 이동거리가 확대되고 이동속도가 빨라지는 동시에 소비자가 감당하는 물류기능은 감소한다.
④ 자가용차 이용은 유류비와 차량 유지비용 발생으로 다목적 쇼핑외출과 같은 새로운 쇼핑패턴을 생성하여 유통시스템에 영향을 미친다.
⑤ 자가용차 이용으로 소비자가 여러 도시를 자유롭게 이동할 수 있어 소매상의 시장범위가 비약적으로 확대 된다.

우택풀이 소비자의 지리적 이동거리가 확대되고 이동속도가 빨라지는 것은 자가용차를 소유한 소비자의 증가추세이므로 가능하며 동시에 소비자가 감당하는 물류기능은 증가하게 된다.

제3과목 유통 마케팅(46~70)

46 매장배치와 관련하여 옳은 설명만을 묶어놓은 것은?

(가) 매장의 전면부는 통행하는 소비자들의 시선을 끌어야 한다.
(나) 매장 전면부의 통로에는 진입고객의 위험성을 줄이기 위해 충동성이 있는 제품들은 진열하지 않는다.
(다) 매장 앞에는 입간판을 놓아서 지나가는 사람들이 볼 수 있도록 한다.
(라) 점포 내에서 가장 잘 팔리는 물건은 점포의 입구 쪽이나 가장 끝 쪽에 진열한다.
(마) 매장 내 배치의 기본 원칙은 고객이 원하는 상품을 신속히 발견하고, 최대한 빠른 시간 내에 매장을 떠날 수 있게 하는 것이다.

① (가), (나), (다) ② (가), (다), (라)
③ (나), (다), (라) ④ (나), (다), (마)
⑤ (다), (라), (마)

우택풀이 (나) 매장 전면부의 통로에는 진입고객의 구매를 늘리기 위해 충동성이 있는 제품들은 진열해야 한다.
(마) 매장 내 배치의 기본 원칙은 고객이 원하는 상품을 신속히 발견하고, 최대한 빠른 시간 구매를 하게 하는 것이다.

47 인적판매에 대한 설명으로 옳지 않은 것은?

① 소비자와 대화를 나누며 상품 관련 정보를 제공하고 설득하여 판매활동을 종결한다.
② 소비자의 질문이나 요구에 대하여 즉각적인 피드백이 가능하다.
③ 소비자마다 다르게 요구하는 사항들을 충족시키기 위해 필요한 방법을 신속하게 제시할 수 있다.
④ 다른 촉진활동에 비해 더 효과적으로 소비자반응을 유도해 낼 수 있다.
⑤ 백화점의 판매원과 같은 주문창출자와 보험판매원과 같은 주문수주자의 두 가지 유형으로 구분된다.

우택풀이 인적판매(personal selling)란 상품의 판매 또는 구매를 발생시킬 것을 목적으로, 잠재적 혹은 예상고객과의 대화를 통하여 정보를 제시하고 설득하는 인적의사소통을 말한다. 유형은 인적판매라는 것의 하나지만 형태는 업종이나 업태마다 다양하게 존재를 한다.

48 소매점 촉진수단으로서의 광고에 대한 설명으로 옳지 않은 것은?

① 유통광고는 소매점이 상권 내에 있는 목표소비자들 에게 직접 수행하는 촉진활동이다.
② 일반적으로 저렴한 상품가격과 구매행동의 즉각성을 강조한다.
③ 유통점의 이미지를 제고함으로써 소비자 방문율을 높이기 위한 이미지광고가 촉진광고에 해당한다.
④ 특정기간 동안 실시되는 바겐세일을 알리는 특매 광고가 촉진광고에 해당한다.
⑤ 상권 내의 다른 점포나 제조업자와 비용을 부담해서 수행하는 협동광고형식을 활용하기도 한다.

우택풀이 광고(Advertising)는 광고내용에 대해 대중이 일정한 방식으로 반응하도록 설득하는 것이 목적이며, 광고는 신문이나 잡지, 텔레비전 같은 대중매체의 가장 중요한 수입원이 되고 있다.

49 매장 내부의 특성과 추구하는 매장 이미지를 모두 옳게 짝지어 놓은 것은?

(가) – 백화점의 의류코너
(나) – 식품매장
(다) – 공산품 매장

① (가)화려한 매장 (나)깨끗한 매장 (다)편리한 매장
② (가)화려한 매장 (나)편리한 매장 (다)깨끗한 매장
③ (가)편리한 매장 (나)화려한 매장 (다)깨끗한 매장
④ (가)편리한 매장 (나)깨끗한 매장 (다)화려한 매장
⑤ (가)깨끗한 매장 (나)화려한 매장 (다)편리한 매장

우택풀이 매장 내부는 판매하는 상품과 진열의 조합이 조화를 이루어야 고객들의 시선을 머물게 하여 판매와 연결이 되게 한다. 백화점의 의류코너는 가급적 화려한 매장이어야 하고, 식품매장은 깨끗하여야 하며, 공산품 매장은 편리하게 레이아웃이 되어 있어야 한다.

50 풀(pull)과 푸시(push) 전략에 대한 설명으로 가장 옳지 않은 것은?

① 풀과 푸시전략은 제조업체들이 이용하는 가장 기본 적인 촉진전략으로 소구대상이 서로 다르다.
② 풀 전략은 제조업체가 최종소비자들을 상대로 촉진 활동을 하여 소비자들로 하여금 중간상에게 자사제품을 요구하도록 하는 것으로, TV광고를 예로 들 수 있다.
③ 푸시 전략에는 가격할인, 수량할인, 인적판매, 협동 광고 등이 있다.

46 ② 47 ⑤ 48 ③ 49 ① 50 ④

④ 산업재의 경우에는 풀 전략, 소비재의 경우에는 푸시전략이 중요하다.
⑤ 많은 제조업체들은 풀 전략과 푸시 전략을 병행해서 사용한다.

오답풀이 풀(pull)과 푸시(push) 전략에 사용되는 재화는 대부분 소비재를 말하는 것이다.

51 중간상이 제조업자를 위해 지역광고를 하거나 판촉을 실시할 경우 이를 지원하기 위해 지급되는 보조금으로, 중간상이 제조업자에게 물품대금을 지불할 때 그 금액만큼 공제하는 가격할인 유형으로 옳은 것은?

① 수량 할인 ② 거래 할인 ③ 현금 할인
④ 상품 지원금 ⑤ 판매촉진 지원금

오답풀이 판매촉진 지원금은 점포 내에 판촉물을 전시하거나 소매점 광고에 자사 상품을 소개하는 경우에 지급하는 형태의 보조금, 신제품을 구매하거나 특별전시하는 경우에 지급되는 보조금 등이 있다.

52 소매점포는 시각적 커뮤니케이션 요소, 조명, 색상, 음악, 향기 등을 종합적으로 이용하여 내점고객의 지각 및 감정 반응을 자극하고 나아가서 구매행동에 영향을 미치려고 노력한다. 이러한 소매점포 관리활동을 나타내는 용어로 옳은 것은?

① 점포 배치 ② 점포 진열
③ 점포내 머천다이징 ④ 점포 분위기 관리
⑤ 감각적 머천다이징

오답풀이 점포구성은 잠재고객이 별다른 노력을 기울이지 않더라도 쉽게 찾을수 있도록 꾸며야 하고, 다양한 계층의 고객을 대상으로 하는 점포는 매장 앞을 지나는 고객이 내부의 분위기를 느낄수 있도록 설계되어져야 하며 이러한 것을 점포 분위기관리라 한다.

53 오프프라이스(off price) 의류점에서 격자형(grid) 점포 배치를 피해야 할 이유로서 가장 옳은 것은?

① 격자형 배치는 비용 효율성이 낮다.
② 격자형 배치는 공간이용의 효율성이 낮다.
③ 격자형 배치는 고객들을 자연스럽게 매장 안으로 유인하지 못한다.
④ 격자형 배치는 고객이 계획에 없던 부문매장(department)을 방문하게 만든다.
⑤ 격자형 배치는 상품진열에 필요한 걸이(fixtures)의 소요량을 대폭 증가시킨다.

오답풀이 격자형(格子型)은 반복적인 패턴으로 설비나 통로를 사각형으로 배치하는 형태로 고객들은 이러한 고정물을 중심으로 위 아래로 매장을 돌아보게 된다. 이러한 배치는 고객들을 자연스럽게 매장 안으로 유인하지 못한다.

54 기술진보가 마케팅에 미치는 영향으로서 가장 타당한 것은?

① 단편화된 다수의 소규모 세분시장들이 소수의 매스마켓으로 통합된다.
② 판매를 위해 산업재 생산자는 더 많은 중간상을 활용 한다.
③ 마케터가 제공하는 정보에 대한 소비자의 의존도가 과거에 비해 감소한다.
④ 마케터가 매스마케팅 기법을 활용하는 비중이 증가한다.
⑤ 마케터가 소비자에게 정보를 제공하기 위한 비용이 증가한다.

오답풀이 기술이 진보되면 마케터가 제공하는 정보에 대한 소비자의 의존도가 과거에 비해 감소하는 것은 다양한 기술발전이 있기에 가능하다.

55 고가격 전략을 수립할 수 있는 경우로서 옳지 않은 것은?

① 최신의 특정상품을 세심한 고객응대를 통해 판매하는 전문점
② 고객의 요구에 맞춘 1:1 고객서비스에 중점을 두는 소매점
③ 품위 있는 점포분위기와 명성을 중요시하는 고객을 타켓으로 하는 소매점
④ 고객 맞춤형 점포입지를 확보하고 맞춤형 영업시간을 운영하는 소매점
⑤ 물적 유통비용의 절감을 통해 규모의 경제를 실현 하고자 하는 소매점

오답풀이 물적 유통비용의 절감을 통해 규모의 경제를 실현 하고자 하는 소매점은 가급적이면 저가격전략을 수립하는 것이 유리하다.

56 소셜미디어 마케팅의 장점으로 옳은 것은?

① 소셜미디어는 표적화 되어 있고 인적(personal)인 속성이 강하다.
② 소셜미디어 캠페인의 성과는 측정이 용이하다.
③ 마케터의 메시지 통제 정도가 강하다.
④ 기업과 제품에 대한 정보를 푸시를 통해 적극적으로 제공한다.
⑤ 소셜미디어 캠페인은 실행이 단순하고 역효과가 없다.

오답풀이 ② 소셜미디어 캠페인의 성과는 측정이 어렵다.
③ 마케터의 메시지 통제 정도가 약하다.
④ 기업과 제품에 대한 정보를 풀을 통해 선별적으로 제공한다.
⑤ 소셜미디어 캠페인은 실행이 단순하지만 역효과가 있다.

57 광고매체를 선정할 때는 도달범위(reach)와 도달빈도(frequency)의 상대적 중요성을 고려해야 한다. 도달 빈도보다 도달범위가 더 중요한 상황으로 옳은 것은?

① 강력한 경쟁자가 있는 경우

51 ⑤	52 ④	53 ③	54 ③	55 ⑤	56 ①	57 ②

② 표적 청중을 명확히 정의하기 어려운 경우
③ 광고 메시지가 복잡한 경우
④ 표적청중이 자사에 대해서 부정적 태도를 갖고 있는 경우
⑤ 구매주기가 짧은 상품을 광고하는 경우

우댕풀이 광고의 평균도달횟수(Gross Rating Points: GRP)는 「도달범위(reach)×도달횟수(빈도)(Frequency)」로 나타낼 수 있다. 도달범위 「시청률, 발생부수, reach」는 주어진 기간 동안 적어도 한번 이상 특정광고에 노출되는 청중의 수 또는 비율을 말하며, 광고 메시지가 복잡한 경우에 적용된다.

58 소매수명주기 중 판매증가율과 이익수준이 모두 높은 단계에 수행해야 하는 소매업자의 전략으로 옳은 것은?

① 성장유지를 위한 높은 투자
② 특정 세분시장에 대한 선별적 투자
③ 소매개념을 정립 및 정착시키는 전략
④ 소매개념을 수정하여 새로운 시장에 진출하는 전략
⑤ 자본지출을 최소화하는 탈출전략

우댕풀이 성장기상품은 판매추세가 급상승하고 높은 가격에도 수요는 지속적으로 증가하므로 메이커, 소매점에서는 높은 수준의 매출과 이익을 확보할 수가 있으며, 성장유지를 위한 높은 투자가 필요한 단계이다.

59 유통산업발전법[2018.1.18시행]상의 대규모점포 등에 대한 영업시간 제한에 관한 내용으로 옳지 않은 것은?

① 특별자치시장, 시장, 군수, 구청장은 건전한 유통질서 확립과 근로자의 건강권 및 대규모점포 등과 중·소 유통업의 상생발전을 위해 필요한 경우 영업시간 제한을 명할 수 있다.
② 여기서 대형마트는 대규모점포에 개설된 점포로서 대형마트의 요건을 갖춘 점포를 포함한다.
③ 대형마트와 준 대규모점포에 대하여 오전 0시부터 오후 10시까지의 범위에서 영업시간을 제한할 수 있다.
④ 영업시간 제한과 의무휴업일 지정에 필요한 사항은 해당 지방자치단체의 조례로 정한다.
⑤ 매월 이틀을 의무휴업일로 지정하여야 하는데 이 경우 의무휴업일은 공휴일 중에서만 지정한다.

우댕풀이 특별자치시장·군수·구청장은 매월 이틀(2일)을 의무휴업일로 지정하여야 한다. 이 경우 의무휴업일은 공휴일 중에서 지정하되, 이해당사자와 합의를 거쳐 공휴일이 아닌 날을 의무휴업일로 지정할 수 있다. 영업시간 제한 및 의무휴업일 지정에 필요한 사항은 해당 지방자치단체의 조례로 정한다. [중복답안 인정]

60 경로구성원 관계에서 작용하는 경로파워의 원천과 그 예들을 옳게 짝지은 것은?

① 보상적 파워 – 경영관리에 대한 조언, 종업원교육
② 강압적 파워 – 마진폭의 인하, 밀어내기, 끼워 팔기
③ 합법적 파워 – 유명상표 취급에 대한 긍지, 상대방의 신뢰
④ 준거적 파워 – 판매지원, 시장정보, 특별할인
⑤ 전문적 파워 – 계약, 상표등록, 특허권, 프랜차이즈 협약

우댕풀이 유통경로에서 구성원 간에 발생하는 힘(power)의 유형
① 보상적 힘(Reward Power): 물질적, 심리적, 보호적 보상을 제공할 수 있는 힘을 말한다.
② 정보적 힘(Information Power): 정보를 많이가진 측이 협상에서 유리한 위치를 가진다는 힘을 말한다.
③ 강압적 힘(Coercive Power): 상대방이 말을 듣지 않거나 영향력 행사에 따르지 않을 때 처벌이나 제재를 가할 수 있는 힘을 말한다.
④ 전문적 힘(Expert Power): 상대방이 중요하게 인식하는 우수한 지식이나 경험 혹은 정보의제공 힘을 말한다.
⑤ 준거적 힘(Reference Power): 특정집단에 일체감을 갖고 있거나 갖게 되기를 바라기 때문에 발생하는 힘을 말한다.
⑥ 합법적 힘(Legitimate Power): 오랜 관습 또는 공식계약에 의해 상대방에게 행동을 준수하도록 정당하게 요구할 수 있는 힘을 말한다.

61 상품의 판매동향을 탐지하거나 상품개발, 수요예측 등을 위하여 실험적으로 운영되는 점포들로 짝지어진 것은?

① 플래그숍, 안테나숍
② 테넌트숍, 파일럿숍
③ 마크넷숍, 플래그숍
④ 파일럿숍, 안테나숍
⑤ 센싱숍, 마그넷숍

우댕풀이 상품의 판매동향을 탐지하는 점포를 파일럿숍이라 하며, 상품개발, 수요예측 등을 위하여 실험적으로 운영되는 점포를 안테나숍이라고 한다.

62 업 셀링(up-selling)과 연관성이 가장 낮은 것은?

① 교차판매
② 격상판매
③ 고부가가치 품목 유도
④ 거래액 증가
⑤ 객 단가 향상

우댕풀이 업 셀링(Up-selling)은 격상판매 또는 추가판매라고도 하며 특정한 상품 범주 내에서 상품 구매액을 늘리도록 업그레이드된 상품의 구매를 유도하는 판매활동의 하나로 이익 창출과 더불어 고객의 만족도를 향상시킬 수 있는 방법 중의 하나이다. 예금상품을 원하는 고객에게 보험상품을 동시에 판매를 시도하는 것은 크로스 셀링(Cross-selling)인 교차판매이다.

63 소매업체들이 해외시장에 진입하는 방식으로서 가장 옳지 않은 것은?

① 아웃소싱 ② 직접투자 ③ 합작투자
④ 전략적 제휴 ⑤ 프랜차이즈

우댕풀이 아웃소싱은 자신이 수행하는 다양한 활동 중 전략적으로 중요하면서도 가장 잘 할 수 있는 분야나 핵심역량에 모든 자원을 집중시키는 전략이라 할 수 있다. 흔히 외주, 하청, 업무대행, 분산화, 컨설팅, 인재파견과 비슷한 개념으로 쓰이고 있으며 이들은 모두 광의의 아웃소싱의 한 형태라고 볼 수 있다.

58 ①	59 ③,⑤	60 ②	61 ④	62 ①	63 ①

64 소매상의 유통전략에 대한 내용으로 옳지 않은 것은?

① 편의점들은 도시락, 커피판매, 자체 브랜드(PB)상품과 택배 · 금융 · 사무 보조 등 생활편의 서비스를 확대한다.
② 대형마트는 항시염가전략과 PB, 무상표 상품을 포함한 고회전 전략을 추구한다.
③ 전문할인점은 의약품이나 화장품, 생활용품 등을 취급하는 복합점포로서 건강/미용 상품에 특화하고 있다.
④ 회원제도매클럽은 일반적으로 일정 회비를 내는 회원들에게 할인된 정상제품을 판매하는 유통업태이었지만 비회원제로 운영하는 경우도 생겼다.
⑤ 매장 자체를 소비자를 위한 놀이터 개념으로 유통과 엔터테인먼트를 결합시킨 리테일먼트전략을 추구 하는 소매점포도 생겼다.

우답풀이 의약품이나 화장품, 생활용품 등을 취급하는 복합점포로서 건강/미용 상품에 특화하고 있는 점포를 드럭스토어(Drug Store)로서 화장품이나 건강보조식품을 위주로 판매하는 헬스 & 뷰티스토어로 발전하고 있다.

65 어느 백화점의 경영현황을 파악하기 위해 2차 자료를 수집하였다. 2차 자료에 해당하지 않는 것은?

① 제품계열별 판매액
② 지점별 주요 제품 재고
③ 직접 조사한 지점별 고객 만족도
④ 고객별 지출액
⑤ 연간성장률

우답풀이 2차자료는 어떤 목적달성에 도움을 줄 수 있는 기존의 모든 자료를 말하며, 이러한 2차 자료에는 정부에서 발표하는 각종 통계자료, 이미 발표된 논문, 신문기사, 각종 기관이나 조사 회사에서 발표되는 결과 등이 포함된다.

66 제조업자의 중간상 촉진과정에서 발생하는 문제점 중 도매상이나 소매상이 판매촉진기간 동안에 판매할 수 있는 수량보다 더 많은 상품을 저렴한 원가로 구매하여 판촉기간 후에 판매함으로써 높은 이익을 얻으려는 것은?

① 전매
② 공제전환
③ 선물구매
④ 촉진일탈
⑤ 기회주의적 행동

우답풀이 선물거래는 거래내용과 조건을 표준화하여 시장성을 높인 선도거래라고 할 수 있으며, 표준화된 상품과 거래조건을 가지고 조직화된 시장에서 거래가 이루어지는 선도거래를 선물거래, 단순히 줄여서 선물(futures)라고 한다. 유통에서는 도매상이나 소매상이 판매촉진기간 동안에 판매할 수 있는 수량보다 더 많은 상품을 저렴한 원가로 구매하여 판촉기간 후에 판매함으로써 높은 이익을 선무구매라 한다.

67 아래 글상자 내용이 설명하는 판매촉진 기법은?

> ◘ 비가격 판매촉진 방법 중 하나
> ◘ 상품의 이미지를 향상시키고 호감을 심어주기 위해 사용
> ◘ 판촉물로 자사의 로고가 새겨진 무료선물이나 상품을 제공

① 견본품 ② 컨테스트 ③ 프리미엄
④ 시연회 ⑤ 쿠폰

우답풀이 프리미엄(premium)은 광고의 특별한 형태로서 무료 선물이나 해당 제품을 구매할 수 있는 할인 쿠폰 등을 제공하는 것을 말하는데 자사의 로고(logo)가 새겨진 컵, 펜, 마우스 패드와 같은 상품의 형태로 지급하는 것을 말한다. 특정제품의 구매를 촉진시키기 위해 저비용 혹은 무료로 제공되는 추가상품이다.

68 아래 글상자가 설명하고 있는 용어는?

> 각 제품 대안들에 대한 선호순위의 분석을 통해 선호도 예측, 시장 점유율 예측이 가능한 분석기법

① 컨조인트분석 ② 다차원적 척도법
③ 군집분석 ④ 비율분석
⑤ 회귀분석

우답풀이 컨 조인트분석(Conjoint Analysis)은 제품대안들에 대한 소비자의 선호 정도로부터 소비자가 각 속성(attribute)에 부여하는 상대적 중요도(relative importance)와 각 속성수준의 효용(utility)을 추정하는 분석방법이다. 응답자들에게 여러 속성수준들의 결합으로 구성되는 제품 프로파일(대안)들을 제시하고 응답자들은 각 프로파일에 대한 그들의 선호정도를 답한다.

69 (가), (나)안에 들어갈 용어로 가장 옳은 것은?

> ◘ 소매점의 목표달성 여부를 판정하는 기준으로는 (가)와 (나)가 사용된다.
> ◘ (가)는 제품의 판매상황을 알려주는 재고회전율과도 관계된다. 재고회전율은(가)를 평균 재고자산액으로 나누어 얻는다.
> ◘ GMROI(Gross Margin Return On inventory Investment)는 (나)와 재고회전율을 동시에 감안한 개념이다.

① 가 : 연간 매출액 나 : 경상이익
② 가 : 매출 총이익 나 : 경상이익
③ 가 : 연간 매출액 나 : 총이익률
④ 가 : 총 영업이익 나 : 연간 매출액
⑤ 가 : 총매출이익률 나 : 순 매출액

우답풀이 소매점의 목표달성 여부를 판정하는 기준으로는 연간 총매출액과 총이익률이 사용된다.

64 ③ 65 ③ 66 ③ 67 ③ 68 ① 69 ③

70 고객관계관리(CRM)에 대한 설명으로 가장 옳지 않은 것은?

① 신규고객의 유치로부터 시작하는 고객관계를 고객 전생에 걸쳐 유지함으로써 장기적으로 고객의 수익성을 극대화하는 것이 중요한 목적이다.
② 고객충성도를 극대화하기 위해 개별고객의 구체적 정보를 관리하고 고객과의 접촉점을 세심하게 관리 하는 과정, 고객획득, 유지, 육성 모두를 다룬다.
③ 신규고객확보, 기존고객유지 및 고객수익성 증대를 위하여, 지속적인 커뮤니케이션을 통해 고객행동을 이해하고 영향을 주기 위한 광범위한 접근으로 정의 하고 있다.
④ 소비자에 대한 정보를 분석하고 장기적인 관계를 통해 이익을 극대화하기 위한 기법으로 전적으로 기업에게만 유익한 마케팅 방법이라는 비판을 받는다.
⑤ 고객에 대한 매우 구체적인 정보를 바탕으로 개개인에게 적합하고 차별적인 제품 및 서비스를 제공하여 고객관계를 유지하고 일대일 커뮤니케이션을 가능하게 해준다.

오답풀이: 고객관계관리(CRM;Customer Relationship Management)는 우리제품을 구매해 준 고객들에 대한 정보를 컴퓨터의 데이터 베이스(Data Base)에 저장해 놓고, 고객 자료를 분석해서 고객 한 사람 한 사람에게 가장 적합한 제품과 서비스를 제공하고자 하는 정보시스템이라고 할 수 있다. 이는 고객을 위한 기업의 소중한 기법이다.

제4과목 유통 정보(71~90)

71 아래 글상자 (　　)안에 공통적으로 들어갈 알맞은 용어는?

> e-커머스가 등장하게 된 주요 원인 중 하나인 (　　)비용은 거래를 위해 구매자·판매자 탐색, 제품정보 수집, 가격협상, 계약서 작성, 제품 운송 등을 하는데 소요되는 제반 비용을 지칭한다. 인터넷 기반 상거래는 인터넷기술의 이용을 통해 (　　)비용을 현저하게 감소시킨다.

① 거래　② 협업　③ 분배　④ 독립　⑤ 기회

오답풀이: 거래비용(Transaction Cost)는 어떠한 재화 또는 서비스 등을 거래하는 데 수반되는 비용이다. 거래비용이론은 유통경로시스템 구성원들간의 기회주의적 행동경향을 기본적인 가정으로 하고 있으며, 거래비용으로 인하여 시장실패의 가능성을 초래할 수 있음을 주장하고 있다.

72 빅데이터 솔루션에서 처리하는 다양한 데이터는 정형, 반정형, 비정형 데이터로 구별해 볼 수 있다. 이들에 대한 설명으로 가장 옳은 것은?

① 정형 데이터는 데이터모델 또는 스키마를 따르며 주로 테이블 형식으로 저장된다.
② 비정형 데이터는 ERP, CRM 시스템과 같은 기업의 정보시스템에서 자주 생성된다.
③ 반정형 데이터는 구조가 정의되어 있지 않은, 일관성이 없는 데이터이다.
④ 비정형 데이터는 계층적이거나 그래프 기반이다.
⑤ 은행거래 송장 및 고객기록정보 등이 반정형 데이터의 유형이다.

오답풀이: 빅 데이터(BIG DATA)는 인터넷, 카카오톡, 페이스북, 트위터 등을 통해 오가는 모든 메시지, 이미지, 그리고 영상 등을 포괄하는 용어로서, 간단하게 말해 이 세상에 존재하는 모든 정보를 의미한다고 볼 수 있다. 기존의 정형화된 데이터뿐만 아니라, 비정형적 데이터까지 포함한 방대한 양의 데이터를 수집하여 다양한 관점에서 신속하게 패턴이나 예측정보를 제공한다.

73 SCOR모델의 성과측정요소에 대한 설명으로 가장 옳지 않은 것은?

① 성과측정항목 중 대표적인 비용은 공급사슬관리비용, 상품판매비용 등이다.
② 내부적 관점은 고객의 측면, 외부적 관점은 기업측면 에서의 성과측정 항목을 지칭한다.
③ 외부적 관점의 성과측정 항목으로는 유연성, 반응성, 신뢰성 등이 있다.
④ 공급사슬의 반응시간, 생산 유연성 등은 외부적 관점 중 유연성 측정항목의 요소이다.
⑤ 공급재고 일수, 현금순환 사이클 타임, 자산 회전 등은 자산에 대한 성과측정 항목의 요소이다.

오답풀이: 균형성과 표(BSC : Balanced Score Card)의 주요성과지표로는 재무, 고객, 내부프로세스, 성장과 학습 등이 있으며 기존의 재무성과 중심의 측정도구의 한계를 극복하기 위해 개발되었다. 재무, 고객, 내부 프로세스, 학습·성장 등 4분야에 대해 측정지표를 선정해 평가한 뒤 각 지표별로 가중치를 적용해 산출한다.

74 아래 글상자 (　　)안에 들어갈 알맞은 용어는?

> 월마트는 점포가 위치한 해당지역의 고객정보를 많이 가지고 있고, 모기약 공급사인 워너램버트사는 자사의 제품정보에 강점을 가지고 있다. 따라서 이들을 이용한 (　　)(으)로 알려진 새로운 프로그램을 도입하여, 월마트의 수요예측 정확성이 크게 향상되었다.

① CPFR　② RossettaNet
③ QR　④ ECR
⑤ CAO

오답풀이: CPFR(Collaborative Planning Forecasting and Replenishment)은 협업설계예측 및 보충이라고 하며, 공급사슬 흐름을 개선하기 위해서 공급자와 구매자가 협동해서 계획수립 및 수요예측을 한다.

75 전자상거래를 위한 웹사이트 시스템을 개발하는 순서로 가장 옳게 나열된 것은?

> 가. 시스템 구축　나. 실행/서비스 제공
> 다. 시스템 설계　라. 시스템 분석
> 마. 테스트

70 ④　71 ①　72 ①　73 ②　74 ①　75 ③

① 가－나－다－라－마
② 다－라－가－나－마
③ 라－다－가－마－나
④ 다－라－마－가－나
⑤ 나－마－라－다－가

전자상거래를 위한 웹사이트 시스템을 개발하는 순서로는 '시스템 분석－시스템 설계－시스템 구축－실행/서비스 제공－테스트' 과정이다.

76 전자상거래 상에서 발생할 수 있는 보안위협과 관련된 설명 중 가장 옳지 않은 것은?

① 자기 자신을 복제하여 다른 파일에 확산시키는 컴퓨터 프로그램을 바이러스라 한다.
② 사용자의 동의 없이 설치되는 프로그램인 애드웨어 자체는 불법이 아니지만 그에 따르는 보안상의 문제가 위험요소가 된다.
③ 스푸핑은 네트워크에 돌아다니는 정보들을 감시하는 일종의 도청 프로그램이다.
④ 파밍은 웹링크가 목적지 주소를 사칭하는 다른 주소의 웹으로 연결해 주는 것이다.
⑤ 핵티비즘은 정치적인 목적을 위한 사이버반달리즘과 정보도용이다.

Spoofing은 IP주소 등 네트워크 통신과 관련된 것들을 속이는 것으로 가짜 웹사이트로 사용자가 방문하도록 하여 고객정보를 유출시키고 허위 거래를 성사시킨다.

77 공개키 암호화 방식의 과정을 가장 옳게 나열한 것은?

> 가. 송신자가 디지털 메시지를 만든다.
> 나. 송신자가 공용디렉토리에서 수신자의 공개키를 얻은 후 메시지에 적용한다.
> 다. 암호화된 메시지가 인터넷상으로 전송된다.
> 라. 수신자 키 적용 후 암호화된 암호문이 생성된다.
> 마. 수신자가 개인키를 사용해 메시지를 복호화 한다.

① 가－다－마－라－나　② 마－라－다－가－나
③ 다－마－라－나－가　④ 가－나－라－다－마
⑤ 가－나－다－라－마

공개키암호방식에는 RSA, 미국 매사추세츠 공과대학(MIT)의 리베스트(R.Rivest), 샤미르(A.Shamir), 아델먼(L. Adelman) 등 3인의 성(姓) 머리글자로서 이들 3인이 공동개발한 RSA법이라는 암호화 알고리듬과 그것을 사용하는 RSA(Rivest Shamir Adleman)공개키 암호방식으로 잘 알려져 있다. 문제의 공개키 암호화 방식의 과정은 '가－나－라－다－마'의 순서가 맞다.

78 커뮤니케이션 측면에서 볼 때, 데이터시각화의 특성에 대한 설명으로 가장 옳지 않은 것은?

① 정보 전달에 있어서 문자보다 이해도가 높다.
② 데이터 이면에 감춰진 의미는 찾아내지 못한다.
③ 많은 데이터를 동시에 차별적으로 보여줄 수 있다.
④ 눈에 보이지 않는 구조나 원리를 시각화함으로써 이해하기 쉽다.
⑤ 인간의 정보 처리능력을 확장시켜 정보를 직관적으로 이해할 수 있게 한다.

데이터시각화 기술은 데이터 이면에 감춰진 의미를 찾아내기 위해서 시각화 기술이 필요하다.

79 데이터시각화 기술은 데이터 이면에 감춰진 의미를 찾아내기 위해서 시각화 기술이 필요하다.

① 방화벽 사용하기
② 윈도우 업데이트하기
③ 브라우저에서 팝업 차단하기
④ 바이러스 백신 소프트웨어 설치하기
⑤ 인터넷 캐시 및 검색 기록 저장하기

컴퓨터를 바이러스로부터 보호하기 위한 방법중 방화벽(Firewall)을 설치하여 보안에 역점을 두었으며, 윈도우 업데이트하기, 브라우저에서 팝업 차단하기, 바이러스 백신 소프트웨어 설치하기에 중점을 두고, 인터넷 캐시 및 검색 기록을 저장하기에는 오히려 바이러스를 조장할 수 있다.

80 아래 글상자가 설명하고 있는 용어는?

> 최근 많은 이슈가 되고 있는 비트코인의 기반기술로, 원장을 금융기관 등 특정기관의 중앙 서버가 아닌 P2P(Peer to Peer : 개인 간) 네트워크에 분산해 참가자가 공동으로 기록하고 관리하는 기술이다.

① 핀테크　② 비콘　③ O2O
④ 블록체인　⑤ IDS

블록체인(block chain)은 관리 대상 데이터를 '블록'이라고 하는 소규모 데이터들이 P2P 방식을 기반으로 생성된 체인 형태의 연결고리 기반 분산 데이터 저장환경에 저장되어 누구라도 임의로 수정할 수 없고 누구나 변경의 결과를 열람할 수 있는 분산 컴퓨팅 기술 기반의 데이터 위변조 방지 기술이다.

81 소매점 입장에서 POS시스템을 도입함으로써 얻을 수 있는 효과로서 가장 옳지 않은 것은?

① 고객의 대기시간이 줄어들어 계산대의 수를 줄일 수 있다.
② 잘 팔리는 제품과 잘 팔리지 않는 제품을 찾아내어 단품관리에 유리하다.
③ 전자주문시스템과 연계하여 신속한 주문이 가능하다.
④ 판매원 교육과 훈련 시간 및 입력 오류가 줄어든다.
⑤ 생산계획을 보다 효과적으로 세울 수 있어 제품 다양화가 가능하다.

76 ③　77 ④　78 ②　79 ⑤　80 ④

오답풀이 POS(Point of Sale)는 판매시점 정보관리시스템으로써, 무슨 상품이, 언제, 어디에서, 얼마나 팔렸는지를 파악할 수 있도록 상품이 판매되는 시점에 판매정보를 수집하여 관리하는 시스템을 지칭하는 말이다. 생산계획을 세울 수 있는 것은 완성품을 만들기 전이므로 POS와는 관련이 없다.

82 바코드와 관련된 설명으로 가장 옳지 않은 것은?

① 국내에서 사용되는 표준형 KAN코드는 13자리로 바와 스페이스로 구성되어 있다.
② 국가식별, 상품품목, 제조업체, 체크디지트 순서로 구성되어 있다.
③ 효과적인 사용을 위해서는 코드번호에 따른 상품정보 등을 미리 등록해 둔다.
④ 주로 제조업자나 중간상에 의해 부착된다.
⑤ 생산시점에 바코드를 인쇄하는 것을 소스마킹이라고 한다.

오답풀이 국내의 GS1코드는 대한민국 국적회사에 의하여 제조되어 판매되는 상품의 고유번호체계도 이 시스템을 따르며, 상품을 다른상품과 구별해 주는 식별기호다. 기존에는 KAN(KOREA Article Number)으로 나타냈었다. 구조는 국가식별코드, 제조업체코드, 상품품목코드, 체크디지트 순서로 구성 되어 있다.

83 디지털 경제 성장 과정에서 나타나는 주요 변화로 가장 옳지 않은 것은?

① 인터넷을 통한 정보전달 속도 증대
② 고객에 대한 서비스의 효율성 증대
③ 인터넷을 통한 콘텐츠 전송 증대
④ 인터넷을 통한 물리적 제품의 소매 거래 감소
⑤ 영업 및 마케팅 비용 감소

오답풀이 디지털경제란 디지털 기술의 혁신적 발전과 더불어 새롭게 창출되는 디지털상품 및 서비스가 전체 경제에서 차지하는 비중이 커지는 경제체제라 할 수 있다. IT산업의 발달로 정보처리 비용이 줄어들고 정보전달에 한계가 없어짐으로써 경제활동의 기본방식도 변화되고 있다. 디지털 경제 시대에서는 정보와 지식이 가장 강력하고 유일한 가치이자 부의 원천이 되고 있으며 인터넷을 통한 물리적 제품의 소매 거래는 증가하고 있다.

84 지식을 크게 암묵지와 형식지로 구분할 경우 이에 대한 설명으로 가장 옳지 않은 것은?

① 철학자 폴라니가 우리는 우리가 말할 수 있는 것 이상의 것을 알 수 있다. 라고 한 말은 암묵지와 더 관련이 깊다.
② 암묵지는 언어나 구조화된 체계를 가지고 존재한다.
③ 제품 사양, 문서, 데이터베이스, 매뉴얼, 화학식 등의 공식, 컴퓨터 프로그램 등의 형태로 표현되는 것은 형식지로 분류된다.
④ 암묵지는 개인, 집단, 조직의 각 차원에서 개인적 경험이나 이미지, 혹은 숙련된 기능, 조직 문화, 풍토 등의 형태로 나타난다.
⑤ 형식지는 서술하기 쉽고 객관적, 논리적인 디지털 지식 등이 포함된다.

오답풀이 형식지(Explicit Knowledge)는 내용을 언어나 부호로 표현 가능한 유형화된 지식으로, 규정집, 매뉴얼, 제품별 운송시 주의사항과 지침, 특허권, 상표, 제품사양, 화학공식, 컴퓨터 프로그램, 사업계획, 시장조사, 고객목록 등으로 문서화되어 있고, 보존이 가능하고, 성문화할 수 있는 것들을 말한다. 언어나 구조화된 체계를 가지고 존재하는 것은 형식지의 내용이다.

85 인스토어 마킹(in store marking)에 대한 설명으로 가장 옳은 것은?

① 제품의 생산 및 포장단계에서 마킹된다.
② 각각의 소매업체에서 나름의 기준으로 자유롭게 설정한 별도의 표준코드체계에 의해 표시된다.
③ 가공식품, 잡화 등 일반적으로 공장에서 제조되는 제품에 붙여진다.
④ 전 세계적으로 공통으로 사용 가능하다.
⑤ 제조업체에서 포장지에 직접 인쇄하기 때문에 인쇄에 따른 추가비용이 거의 없다.

오답풀이 인스토어 마킹(In store marking)은 소매점내에서 바코드 프린터 등의 마킹기기를 이용하여 라벨에 바코드를 인쇄하여 상품에 부착하는 것을 말하며, 각각의 소매점포에서 청과, 생선, 정육 등을 포장하면서 일정한 기준에 의해 라벨러(Labeller)를 이용하여 바코드 라벨을 출력, 이 라벨을 일일이 사람이 직접 상품에 붙이는 것을 말한다.

86 유통 분야의 RFID 도입효과로 가장 옳지 않은 것은?

① 검수 정확도가 향상된다.
② 효과적인 재고관리가 가능하다.
③ 입·출고 리드타임이 늘어난다.
④ 도난 등 상품 손실비용이 절감된다.
⑤ 반품 및 불량품을 추적하고 조회할 수 있다.

오답풀이 RFID 도입 효과로는 전자동인식 및 확인으로 집계하며 분류, 추적, 발송 등이 가능하여 오류를 줄이고 시간적 낭비를 막아줌으로써 능률과 생산성을 개선하며, 입·출고 리드타임이 줄어든다.

87 기업에서 지식경영을 활성화하기 위해 학습조직을 구축 할 때 구비조건으로 가장 옳지 않은 것은?

① 학습결과에 대한 측정이 가능해야 한다.
② 자신의 업무와 지식관리는 별도로 수행되어야 한다.
③ 아이디어 교환을 자극할 수 있도록 조직 내의 장벽을 없애야 한다.
④ 학습 목표를 명확히 하고 학습포럼 등의 프로그램이 활성화되도록 지원해야 한다.
⑤ 자율적인 환경을 만들어 창의력을 개발하고 학습에 도움이 되는 환경을 조성해야 한다.

오답풀이 기업에서 지식경영을 활성화하기 위해 학습조직을 구축 할 때는 자신의 업무와 지식관리는 함께 수행되어야 효율적이다.

81 ⑤	82 ②	83 ④	84 ②	85 ②	86 ③	87 ②

88 데이터마이닝의 분석기법 중 아래의 글상자가 설명하고 있는 기법은?

> n개의 개체들을 대상으로 p개의 변수를 측정하였을 때, 관측한 p개의 변수 값을 이용하여 n개 개체들 사이의 유사성 또는 비유사성의 정도를 측정하여 개체들을 유사성의 정도에 따라 그룹화하는 기법

① OEM분석
② 교차분석
③ RFM 모형
④ 군집분석
⑤ 연관성분석

군집 분석(Clustering)는 N개의 개체들을 대상으로 P개의 변수를 측정하였을 때 관측한 P개의 변수 값을 이용하여 N개 개체들 사이의 유사성 또는 비유사성의 정도를 측정하여 개체들을 가까운 순서대로 군집화 하는 통계적 분석방법이다.

89 시스템이 의사결정자와 외부환경과의 인터페이스를 원활 하게 수행하여 추구하는 목적을 달성하기 위해 지녀야 할 특성으로 가장 옳지 않은 것은?

① 시스템은 반드시 목적을 가지고 있어야 하며, 이를 위해 구성요소간의 상호작용이 원활하게 이루어져야 한다.
② 시스템은 시스템의 조건이나 상황의 변화에 대해 시기적절하게 대응 · 처리할 수 있도록 설정되어야 한다.
③ 시스템은 정해진 궤도나 규정으로부터 이탈되는 사태의 발생을 사전에 감지하여 수정해 나갈 수 있어야 한다.
④ 시스템은 하나 이상의 하위시스템으로 구성되고 이들 시스템간의 상호작용을 통해 목적을 달성할 수 있어야 한다.
⑤ 시스템은 시스템을 구성하는 개별개체가 얻은 결과의 합이 전체로 통합된 개체로서 얻은 결과를 초과하여야 한다.

시스템은 시스템을 구성하는 개별개체가 얻은 결과의 합이 전체로 통합된 개체로서 얻은 결과를 초과하는 것 보다는 일체를 하는 것이 적합하다.

90 CAO(Computer Assistant Ordering)를 성공적으로 운영하기 위해서 필요한 조건으로 가장 옳지 않은 것은?

① 유통업체와 제조업체가 규격화된 표준문서를 사용 하여야 한다.
② 유통업체와 제조업체간 데이터베이스가 다를 때도 EDI와 같은 통합 소프트웨어를 통한 데이터베이스의 변환은 요구되지 않는다.
③ 유통업체와 제조업체간 컴퓨터 소프트웨어나 하드웨어 간 호환성이 결여될 때는 EDI문서를 표준화해야 한다.
④ 제조업체는 유통업체의 구매관리, 상품정보를 참조 하여 상품 보충계획 수립을 파악하고 있어야 한다.
⑤ 유통업체는 제품의 생산과 관련된 정보, 물류관리, 판매 및 재고관리 수준을 파악하고 있어야 한다.

CAO(Computer Assisted Ordering)는 유통 소매점포의 기반시스템을 바탕으로 한 자동발주시스템으로서 실제재고가 소매 점포에서 설정한 기준치 이하로 떨어지면 자동으로 보충주문이 발생되는 것을 말한다. 유통업체와 제조업체간 데이터베이스가 다르다면 EDI와 같은 통합 소프트웨어를 통한 데이터베이스의 변환을 해야 한다.

88 ④ 89 ⑤ 90 ②

최근 기출문제〈2018. 11. 04. 유통관리사 2급〉

제1과목 유통 · 물류 일반관리 (01~25)

01 지속적 상품보충(continuous replenishment)에 대한 내용 설명으로 옳지 않은 것은?

① 지속적 상품보충이란 소비자수요에 기초하여 소매점에 상품을 공급하는 방식이다.
② 지속적 상품보충은 기존에 소매점에 재고가 있음에도 불구하고 상품을 공급하는 방식인 풀(pull) 방식과는 차이가 있다.
③ 포스 데이터(POS data)를 사용하면 지속적 상품보충 프로세스를 더 개선할 수 있다.
④ 지속적 상품보충이 구현되면 배송이 신속하게 되어 소매업체의 재고수준을 낮출 수 있다.
⑤ 전자자료교환(EDI)을 통해 정보를 교환할 수 있다.

끊임없는상품보충(CRP)은 제조업체 또는 공급업체가 유통업체의 POS자료를 근거로 해서 상품보충을 하며, 유통업체는 재고보충을 위해 VMI(vendor managed inventory) 기법을 이용한다. Pull방식은 상품을 소비자의 수요에 근거하여 소매상이 요구할 때에만 공급자가 공급하는 끌어당기기 방식으로 CRP와 거의 일맥상통하다.

02 경쟁우위를 강화하기 위한 종업원에 대한 인적자원관리 활동으로 옳은 것은?

① 고용보장: 회사가 장기적인 안목으로 종업원을 대하고 있음을 알려주는 신호이다.
② 인센티브 제도: 종업원들을 회사의 주주로 만들어 종업원의 이익과 주주의 이익을 일치시켜 준다.
③ 종업원지주제: 다양한 업무를 수행함으로써 보다 흥미 롭게 일할 수 있도록 하는 것이다.
④ 권한강화: 경영성과로 인한 이윤을 직원들에게 배분하는 것으로 더욱 열심히 일하고자 하는 동기를 부여한다.
⑤ 순환근무: 기존의 위계적 통제체제에서 업무활동의 조화를 이룰 수 있는 체계로의 전환을 수반하여 자율성을 증대시키는 것이다.

② 인센티브 제도: 경영성과로 인한 이윤을 직원들에게 배분하는 것으로 더욱 열심히 일하고자 하는 동기를 부여한다.
③ 종업원지주제: 종업원들을 회사의 주주로 만들어 종업원의 이익과 주주의 이익을 일치시켜 준다.
④ 권한강화: 기존의 위계적 통제체제에서 업무활동의 조화를 이룰 수 있는 체계로의 전환을 수반하여 자율성을 증대시키는 것이다.
⑤ 순환근무: 다양한 업무를 수행함으로써 보다 흥미 롭게 일할 수 있도록 하는 것이다.

03 소매업발전이론에 대한 설명이나 한계점으로 옳지 않은 것은?

① 소매수명주기이론: 소매점 유형이 도입기, 성장기, 성숙기, 쇠퇴기 단계를 거친다.
② 아코디언이론: 원스톱 쇼핑이나 전문점을 찾는 다양한 소비자층이 존재한다는 것은 설명하지 못한다.
③ 빅미들(big middle)이론: 최초의 소매업발전이론으로, 과거에는 백화점이 지배적인 대형 중간상이었으나 현재는 온라인 쇼핑몰이 지배적인 이유를 설명한다.
④ 아코디언이론: 저관여제품, 고관여제품의 소매업태를 설명하지 못한다.
⑤ 소매업수레바퀴이론: 편의점의 고가격이나 상품구색, 24시간 영업 등의 비가격적인 요소들은 설명하지 못한다.

빅 미들(Big Middle)'은 세계 유통학 석학인 마이클 레비(Michael Levy)의 저서 〈소매 경영(Retailing Management)〉에 나오는 소매업계 경쟁 이론이다. 이 이론에서 각 소매 업체들은 '혁신'과 '저가격'이라는 무기를 들고 '빅 미들'이라는 이름의 링에 오르는 싸움꾼들이다. 빅 미들에 진입한 소매 업체들은 업태 간 치열한 경쟁 속에서 혁신과 저가격으로 생존(지속 성장)을 도모한다.

04 소매상의 구매관리에서 적정한 공급처를 확보하기 위한 평가 기준으로 가장 옳지 않은 것은?

① 소매상의 목표 달성에 부합되는 적정 품질
② 최적의 가격
③ 적정서비스 수준
④ 역청구 활성화 정도
⑤ 납기의 신뢰성

역청구 활성화 정도는 오히려 공급처와의 관계가 더 불리하다.

05 유통효용의 종류와 내용이 올바르게 나열된 것은?

① 장소효용: 중간상을 통해 제조업자의 소유권을 소비자 에게 이전하는 효용
② 시간효용: 결제시스템을 도입하거나 현금, 신용카드, 계좌이체, 모바일결제 등 다양한 결제수단 적용
③ 시간효용: 중간상이 시즌이 지난 의류를 재고로 보관 후 다음해 시즌에 재판매
④ 소유효용: 운반, 배송을 통한 구매접근성 향상
⑤ 장소효용: 신용, 할부, 임대, 리스판매

시간효용은 소비자에게 시간적인 효용을 주는 것이며, 중간상이 시즌이 지난 의류를 재고로 보관 후 다음해 시즌에 재판매하는 것은 재고보관 기능이다.

01 ② 02 ① 03 ③ 04 ④ 05 ③

06 전통적 경로와 계약형 경로의 특징을 비교한 것으로 옳지 않은 것은?

구분		전통적 경로	계약형 경로
㉠	계약 성격	개별주문에 의한 교섭	개발된 장기적 계약
㉡	경로의사 결정위치	개별구성원	경로조직내 승인된 업체 및 본부
㉢	권한위치	개별구성원에 주로 존재	개별구성원에 배타적으로 존재
㉣	구조화된 분업	존재하지 않음	경로기능의 분업동의
㉤	규모의 경제실현 가능성	낮다	높다

① ㉠ ② ㉡ ③ ㉢ ④ ㉣ ⑤ ㉤

우달 풀이 전통적 경로는 개별구성원에 배타적으로 존재하며 계약형 경로는 개별구성원에 주로 존재한다.

07 물류와 고객서비스에 대한 내용으로 가장 옳지 않은 것은?

① 재고수준이 낮아지면 고객서비스가 좋아지므로 서비스 수준의 향상과 추가재고 보유비용의 관계가 적절한지 고려해야 한다.
② 주문을 받아 물품을 인도할 때까지의 시간을 리드타임 이라고 한다면 리드타임은 수주, 주문처리, 물품준비, 발송, 인도시간으로 구성된다.
③ 리드타임이 길면 구매자는 그 동안의 수요에 대비하기 위해 보유재고를 늘리게 되므로 구매자의 재고비용이 증가한다.
④ 효율적 물류관리를 위해 비용과 서비스의 상충(trade-off) 관계를 분석하고 최상의 물류서비스를 선택할 수 있어야 한다.
⑤ 동등수준의 서비스를 제공할 수 있는 대안이 여럿 있을 때 그 중 비용이 최저인 것을 선택하는 것이 물류관리의 과제 중 하나이다.

우달 풀이 재고수준이 낮아지면 고객서비스가 낮아지므로 서비스 수준을 높이기 위해 추가재고 보유비용의 관계가 적절한지 고려해야 한다.

08 아웃소싱을 제공받는 기업이 얻을 수 있는 효과로 가장 옳지 않은 것은?

① 아웃소싱 파트너 통제가 자회사 통제보다 용이하다.
② 아웃소싱 파트너의 혁신과 신기술 개발의 혜택을 얻을 수 있다.
③ 규모의 경제 효과를 기대할 수 있다.
④ 아웃소싱을 통하여 고정비를 변동비로 전환시킬 수 있다.
⑤ 분업의 원리를 이용하여 아웃소싱 파트너의 특화를 통해 이득을 얻을 수 있다.

우달 풀이 아웃소싱은 외부의 전문업체에 자신의 업무를 맡기는 것으로 아웃소싱 파트너 통제는 자회사 통제보다 불리하다.

09 제품의 단위 당 가격이 4,000원이고, 제품의 단위 당 변동비가 2,000원 일 때, 이 회사의 손익 분기점은 몇 개일 때 인가? (단, 총 고정비는 200만원이다.)

① 100개 ② 500개 ③ 1,000개
④ 5,000개 ⑤ 10,000개

우달 풀이 손익분기점 수량 = 고정비/공헌이익 = 2,000,000/2,000 = 1,000개

10 레버리지 비율에 대한 설명으로 옳은 것을 모두 고르면?

㉠ 레버리지 비율은 총자산/순자본으로 계산된다.
㉡ 레버리지 비율이 높을수록 부채보다는 소유주의 자본의 지원을 더 많이 받았다는 것을 의미한다.
㉢ 레버리지 비율이 높다는 것은 경영이 보수적이고 위험회피적이라는 것을 반영한다.
㉣ 레버리지 비율이 과도하게 높다는 것은 자본을 수익률이 높은 다른 용도로 활용할 기회를 잃고 있다는 것을 의미한다.
㉤ 레버리지 기회는 낮은 이자율로 자본을 차입하여 더 높은 수익을 낼 수 있는 곳에 투자하는 경우에 발생한다.

① ㉠ ② ㉡, ㉢, ㉣ ③ ㉢, ㉣
④ ㉠, ㉤ ⑤ ㉡, ㉢

우달 풀이 ㉡ 레버리지 비율이 높을수록 소유주의 자본보다는 부채의 지원을 더 많이 받았다는 것을 의미한다.
㉢ 레버리지 비율이 높다는 것은 경영이 공격적이고 위험 선호적이라는 것을 반영한다.
㉣ 레버리지 비율이 과도하게 높다는 것은 부채를 수익률이 높은 다른 용도로 적극적으로 활용하고 있다는 것을 의미한다.

11 재무제표와 관련된 각종 회계정보에 대한 설명 중 가장 옳지 않은 것은?

① 재무상태표(구 대차대조표)를 통해 자산 중 자기자본이 얼마인지 확인할 수 있다.
② 포괄손익계산서를 통해 세금을 낸 이후의 순이익도 확인할 수 있다.
③ 일정기간 영업실적이 얼마인지 포괄손익계산서를 통해 알 수 있다.
④ 자본변동표는 일정 시점에서 기업의 자본의 크기와 일정 기간 동안 자본 변동에 관한 정보를 나타낸다.
⑤ 재무제표는 현금주의에 근거하여 작성하기 때문에 기업의 현금가용능력을 정확하게 파악할 수 있다.

우달 풀이 재무상태표(Statement of Financial Position)는 기업의 일정시점의 재무상태를 보고하기 위해서 작성되는 회계보고서로 스톡(stock)개념에 의해 측정된다. 재무제표는 발생주의에 근거하여 작성하기 때문에 기업의 거래발생시점의 능력을 정확하게 파악할 수 있다.

06 ③ 07 ① 08 ① 09 ③ 10 ④ 11 ⑤

12 목표에 의한 관리(MBO) 이론에 대한 설명으로 가장 옳은 것은?

① 종업원은 다른 사람과 보상을 비교하여 노력과 보상 간에 공정성을 유지하려 한다는 이론이다.
② 긍정적 또는 부정적 강화요인들이 사람들을 특정방식으로 행동하게 한다는 이론이다.
③ 높지만 도달 가능한 목표를 제공하는 것이 종업원을 동기 부여할 수 있다는 이론이다.
④ 종업원이 특정 작업에 투여하는 노력의 양은 기대하는 결과물에 따라 달라진다는 이론이다.
⑤ 목표설정 및 수행을 위한 장기계획을 수립할 수 있을 만큼 안정적인 기업에 더 적합한 이론이다.

우편풀이 목표관리(MBO ; Management By Objectives)는 전통적인 충동관리나 상급자위주의 지시적관리가 아니라 공동목표를 설정 및 이행, 평가하는 전 과정에서 아래 사람의 능력을 인정하고 그들과 공동노력을 한다. 개인목표와 조직목표 사이에, 상부목표와 하부목표 사이에 일관성이 있도록 하는 관리방식을 말한다. 표현내용이 서로 다르기는 하지만 모두 MBO는 민주적이고 참여적이며 매우 의도적인 관리 방법임을 보여주고 있다.

13 최고 경영자가 사원에 대해 지켜야 하는 기업윤리에 해당하는 것을 모두 고르면?

㉠ 차별대우 금지	㉡ 회사기밀 유출 금지
㉢ 부당한 반품 금지	㉣ 위험한 노동 강요 금지
㉤ 허위광고 금지	㉥ 자금 횡령 금지

① ㉠, ㉡, ㉥　　② ㉡, ㉥
③ ㉠, ㉣　　④ ㉠, ㉡, ㉣, ㉥
⑤ ㉢, ㉤

우편풀이 기업윤리는 기업을 경영하는 상황에서 발생하는 사회적 가치관과 법규를 지키면서 기업에게만 일방적으로 유리하게 돌아가도록 하지 않도록 행동이나 태도의 옳고 그름 및 선과 악을 체계적으로 구분하는 판단 기준이다. 기업윤리는 일반적인 윤리의 기본원칙을 기업이라는 특수한 사회적 상황에 적용한 것을 말한다. 즉, 개인의 도덕적 가치관을 윤리에 관련된 기업활동과 목표에 적용시키는 윤리 또는 기술이라 할 수 있다.

14 '전자상거래 등에서의 소비자보호에 관한 법률'(법률 제15698호, 2018.6.12., 일부개정)에서 정의한 용어로 옳지 않은 것은?

① "전자상거래"란 전자거래(「전자문서 및 전자거래 기본법」 제2조제5호에 따른 전자거래를 말한다)의 방법으로 상행위(商行爲)를 하는 것을 말한다.
② "통신판매"란 우편 · 전기통신, 그밖에 총리령으로 정하는 방법으로 재화 또는 용역의 판매에 관한 정보를 제공하고 소비자의 청약을 받아 재화 또는 용역을 판매하는 것을 말한다.
③ "통신판매업자"란 통신판매를 업(業)으로 하는 자 또는 그와의 약정에 따라 통신판매업무를 수행하는 자를 말한다.
④ "거래중개"란 사이버몰의 이용을 허락하거나 그 밖에 대통령령으로 정하는 방법으로 거래 당사자 간의 통신판매를 알선하는 행위를 말한다.
⑤ "사업자"란 물품을 제조(가공 또는 포장을 포함) · 수입 · 판매하거나 용역을 제공하는 자를 말한다.

우편풀이 '통신판매중개'란 사이버몰(컴퓨터 등과 정보 통신설비를 이용하여 재화 등을 거래할 수 있도록 설정된 가상의 영업장)의 이용을 허락하거나 그밖에 총리령으로 정하는 방법으로 거래 당사자 간의 통신판매를 알선하는 행위를 말한다.

15 아래 글 상자의 A가맹점에 의하여 발생한 유통경로 갈등의 원인은?

> 전국적인 삼겹살 전문 ㅇㅇ프랜차이즈의 본부는 최근 A가맹점이 매월 매출액을 지속적으로 줄여서 신고하는 것을 발각하였다. 해당 본부는 매출액 기준으로 가맹점에게 로열티를 부과하는 계약을 체결했기 때문에, 심각한 계약위반을 이유로 해당 가맹점과의 가맹계약 해지를 고려하고 있다.

① 역할의 불일치　　② 인식의 불일치
③ 기회주의적 행동　　④ 영역의 불일치
⑤ 목표의 불일치

우편풀이 유통경로상 경로갈등은 한 경로구성원이 다른 경로구성원의 목표달성 노력을 저해하는 행위를 한다고 생각할 때 발생되며, 유통경로에서 구성원들 간의 갈등원인으로, 목표의 불일치, 현실인식의 불일치, 영역의 불일치, 커뮤니케이션의 단절 등을 들 수 있다. 문제는 기회주의적 행동의 내용이 된다.

16 도매상의 제조업체에 대한 기능으로 옳지 않은 것은?

① 시장확대 기능
② 재고유지 기능
③ 제품의 소량분할공급 기능
④ 주문처리 기능
⑤ 시장정보제공 기능

우편풀이 도매상이 소매상의 주문을 대신한다면 주문량의 크기는 대량주문이 될 것이고 이에 따라 주문처리 업무도 보다 체계적이고 일상적인 업무가 되어야 할 것이다. 제품의 소량분할공급 기능은 소매상에 대한 기능이다.

17 유통경로구조의 결정이론과 설명하는 주요 내용의 연결로서 옳지 않은 것은?

① 연기-투기이론: 누가 재고보유에 따른 위험을 감수하는가?
② 기능위양이론: 누가 어떤 기능을 얼마나 효율적으로 수행하는가?
③ 거래비용이론: 기업이 어떻게 유통경로구조의 수평적 통합을 통해 경로구성원들과의 시너지 효과를 창출하는가?
④ 게임이론: 경쟁관계에 있는 구성원들이 어떻게 자신의 이익을 극대화하는가?
⑤ 대리인이론: 의뢰인에게 최선의 성과를 가져다주는 효율적인 계약인가?

12 ⑤　13 ③　14 ④　15 ③　16 ③　17 ③

거래비용(Transaction Cost)은 특정한 재화 또는 서비스 등을 거래하는데 수반 되는 비용으로 시장에 참여하기 위해 드는 비용이라 할 수 있다. 거래비용이란 거 래당사자들 간의 협상, 거래에 필요한 정보의 수집 및 처리, 감시와 통제비용 등 을 의미한다.

18 종업원 훈련과 개발에 관한 내용으로 옳지 않은 것은

① 훈련 · 개발 방법은 전문강사의 지도로 이루어지는 직장내훈련(on the job training: OJT)과 선임자에 의해 이루어지는 직장외훈련(off the job training: Off-JT) 으로 구분된다.
② 강의와 세미나 방식은 종업원들로 하여금 필요한 지식을 습득하게 하고 자신의 개념적, 분석적 능력을 개발하는 기회를 제공한다.
③ 도제훈련방식은 특히 숙련공을 필요로 하는 금속, 인쇄, 건축 같은 업종의 기업에서 하는 훈련방식으로 고도의 기술수준이 필요한 경우에 적합하다.
④ 인턴제도는 수련훈련방식에 포함되는 것으로 졸업을 앞둔 대학생이 직무에 배치되어 배우면서 일하는 프로그램이다.
⑤ 가상훈련장 훈련방식은 실제 작업환경과 비슷한 가상의 작업환경 속에서 직무를 학습하게 하는 훈련을 말한다.

훈련 · 개발 방법은 전문강사의 지도로 이루어지는 직장외훈련(off the job training: Off-JT)과 선임자에 의해 이루어지는 직장 내훈련(on the job training: OJT)으로 구분된다.

19 포장물류의 사회성에 따른 문제점과 고려할 사항으로 옳지 않은 것은?

① 소비자의 요구에 부합하여 과대포장이 되지 않도록 포장의 적정화를 기하여야 한다.
② 적절한 회수 및 폐기 시 환경문제를 고려하여 포장재를 선택하여야 한다.
③ 포장재에 대한 특징, 사용상의 주의, 포장해체에 대한 절차를 정확하게 표기하여야 한다.
④ 포장재료나 용기의 유해성과 위생성 등은 일차적으로 고려하지 않아도 된다.
⑤ 포장재료의 주를 이루는 판지, 플라스틱, 금속 및 목재 등 상당수의 포장재는 자원절약과 효율적인 활용차원에서의 재활용을 고려하여야 한다.

포장(Packing)은 물품을 수송, 보관함에 있어서 가치 또는 상태를 보존하기 위해서 적절한 재 료, 용기 등을 물품에 가하는 기술 또는 상태를 의미한다. 포장재료나 용기의 유해성과 위생성 등은 일차적으로 고려해야 한다.

20 물적 흐름과정에 따라 분류한 영역별 물류비에 해당하지 않는 것은?

① 조달물류비　② 물류정보관리비
③ 판매물류비　④ 역물류비
⑤ 사내물류비

영역별 물류비는 기업경영의 주요영역 중 어느영역에서 발생한 물류비인가를 식별하여 조달 물류비, 사내물류비, 판매물류비 등으로 분류한다. 물류비의 영역별로 조달, 생산, 판매, 반품 및 폐기물류비로 분류할 수 있고, 기능별 물류비는 수송, 보관, 하역, 포장, 유통가공, 정보, 관리비로 분류할 수 있다.

21 조직 내에서 발생할 수 있는 갈등에 대한 대응방식과 관련된 설명으로 옳지 않은 것은?

① 양보: 자신의 이해관계보다는 상대의 요구에 맞춰 갈등해결을 추구한다.
② 타협: 자신의 실익 및 상대와의 관계를 적절히 조화 시키려 한다.
③ 경쟁: 자신의 입장을 고수하기 위해 자신의 능력을 사용한다.
④ 협력: 갈등에 대한 언급 자체를 피한다.
⑤ 회피: 갈등상태에 있는 자신의 목표 달성을 추구하지 않는다.

조직내 갈등이 과도할 경우, 구성원들의 육체적 · 정신적 소모를 초래하고 건강한 조직 문화를 파괴시킬 수 있다. 그러나 갈등이 반드시 부정적 영향만을 초래하는 것은 아니다. 조직 내 어느 정도 갈등은 구성원들에게 긍정적인 긴장감을 줌으로써 생산성이나 창의성을 높이는 긍정적인 효과를 가져 올 수도 있다. 협력은 상호간에 협력을 한다.

22 ABC재고관리방법에 대해 옳게 기술한 것은?

① 정성적 예측기법을 활용한 재고관리방법이다.
② 마케팅 비용에 따른 수요예측을 근거로 경제적 주문량을 결정한다.
③ A그룹에 포함되는 품목은 대체로 수익성이 낮은 품목 이다.
④ C그룹에 포함되는 품목은 단가가 낮아 재고관리가 소홀한 경우가 발생하기도 한다.
⑤ 파레토 법칙과는 상반되는 재고관리방법이다.

ABC분석의 C급 품목에 대하여 효과적인 관리방법의 하나로 인식되고 있으며, Double Bin System 또는 포장법이라고도 불리 우고 있다. 소수의 품목이 전체 매출의 대부분을 차지하고 있기 때문에 그런 소수 품목을 철저히 관리하는 재고관리기법을 ABC 재고관리기법이라고도 한다.

23 재고관리에 대해서 옳게 기술한 것을 모두 고르면?

㉠ 재고에 관한 비용은 재고유지비용, 주문비용, 재고부족비용 등 3가지가 있다.
㉡ 재고품절로 인하여 발생하는 손실을 비용화한 것이 재고유지비용이다.
㉢ 주문비용은 구매나 생산주문을 하는데 직접 소요 되는 비용으로 수송비, 하역비, 검사료 등을 포함 한다.
㉣ 파이프라인 재고는 운반중인 제품이나 공장에서 가공하기 위하여 이동 중에 있는 재공품 성격의 재고를 의미한다.
㉤ 이자비용, 창고사용료, 창고유지관리비는 주문비용에 속하지만, 재고감손비용은 재고유지비용에 포함된다.

18 ①　19 ④　20 ②　21 ④　22 ④　23 ④

① ㉡, ㉢　　② ㉢, ㉣
③ ㉠, ㉡, ㉤　　④ ㉠, ㉢, ㉣
⑤ ㉠, ㉢, ㉤

우덕이 풀이 ㉡ 재고품절로 인하여 발생하는 손실을 비용화한 것이 재고손실비용이다.
㉤ 이자비용, 창고사용료, 창고유지관리비는 주문비용에 속하지만, 재고감손비용은 당기에 발생한 비용은 매출원가나 당기비용화 한다.

24 물류 관리에서 배송 합리화의 방안으로 공동배송을 실시하려고 할 때 유의해야 할 사항과 가장 거리가 먼 것은?

① 제품이나 보관 특성상의 유사성이 있을 때 효과적이다.
② 거리가 인접하여 화물 수집이 용이해야 한다.
③ 대상화물이 공동화에 적합한 특성을 가지고 있어야 한다.
④ 일정 지역 내에 배송하는 화주가 독점적으로 존재해야 한다.
⑤ 참여 기업의 배송조건이 유사해야 한다.

우덕이 풀이 물류공동화는 자사의 물류시스템과 타사의 물류시스템이 동일지역과 동일업종을 중심으로 공유되는 것을 말한다. 고객의 제품 수주에서부터 판매되기까지의 물류를 주문, 제품의 수집, 운송, 집하(보관), 배송 기능으로 분류하여야 한다. 일정 지역 내에 배송하는 화주가 독점적으로 존재하면 공동운송이 될 수 없다.

25 소매상의 분류로 옳은 것을 모두 고르면?

구 분		분류 기준	유 형
㉠	점포 유무	일정한 형태의 점포유무에 따라	점포 소매상, 무점포 소매상
㉡	상품 계열	상품의 다양성 및 구색에 따라	다양성 高/구색 高, 다양성 低/구색 高 등
㉢	소유권	소유 및 운영 주체에 따라	독립소매기관, 체인 등
㉣	사용 전략	마진 및 회전율에 따라	고회전-고마진, 고회전-저마진 등
㉤	서비스 수준	고객에게 제공되는 서비스 수준에 따라	완전서비스, 한정서비스, 셀프서비스 등

① ㉠
② ㉠, ㉡
③ ㉠, ㉡, ㉢
④ ㉠, ㉡, ㉢, ㉣
⑤ ㉠, ㉡, ㉢, ㉣, ㉤

우덕이 풀이 소매상은 유통경로의 맨 뒤에 위치하는 업태로 문제는 ㉠, ㉡, ㉢, ㉣, ㉤의 내용이 모두 맞는 내용이다.

제2과목 상권 분석(26~45)

26 구체적 상권분석 기법 중 하나로 유추법 등에서 활용되는 CST map은 유통기업의 CRM에서 소비자를 공간적으로 분석하는데 이용되기도 하는데 다음 중 이와 관련한 설명으로 적합하지 않은 것은?

① 최근 점점 더 활용도가 높아지고 있는 GIS의 다양한 분석 기능들을 활용하면 2차원 또는 3차원의 공간데이터를 가공하여 상권과 관련한 의사결정에 도움을 줄 수 있다.
② 새롭게 개발하는 신규점포가 기존점포의 상권을 얼마나 잠식할 가능성이 있는가를 분석하여 점포 개설, 점포 이동, 점포 확장계획을 만들 수 있다.
③ 2차 자료인 공공데이터를 활용해 점포 이용자 중 특정 속성을 가진 표적소비자들을 추출하고 그들만을 대상으로 하는 차별적 판촉 전략을 수행할 수 있다.
④ 자사 점포 및 경쟁사의 점포 위치와 각 점포별 상권 범위 분석을 통해 점포들간의 상권잠식 상태와 경쟁 정도를 측정할 수 있다.
⑤ 점포를 이용하고 있는 현재의 소비자나 잠재적 소비자 들의 공간적 위치를 분석하여 상권의 범위를 파악 할 수 있으며, 1차상권, 2차상권 및 한계상권을 구획 할 수 있다.

우덕이 풀이 공공데이터를 활용해 점포 이용자 중 특정 속성을 가진 표적소비자들을 추출하고 그들만을 대상으로 하는 차별적 판촉 전략을 수행할 수 있는데 이는 1차 자료를 활용할 수 있는 것이다.

27 점포의 입지유형을 집심성(集心性), 집재성(集在性), 산재성 (散在性)으로 구분할 때 넬슨의 소매입지 선정원리 중에서 집재성 점포의 기본속성과 연관성이 가장 큰 것은?

① 양립성의 원리
② 경쟁위험 최소화의 원리
③ 경제성의 원리
④ 누적적 흡인력의 원리
⑤ 고객 중간유인의 원리

우덕이 풀이 누적적 흡인력 : 동일업종의 집적에 의해 고객을 끌어들일 수 있는 가능성으로 경영자 가 속한 상권지역 내에 영업형태가 비슷하거나 동일한 점포가 집중되어 있어 고객의 흡인력을 극대화할 수 있는 가능성 및 사무실, 학교, 문화시설, 체육시설 등에 인접함 으로써 고객의 흡수가 유리한 조건인가를 평가하는 방법이다.

28 대표적 상권분석 기법 중 하나인 Huff모형과 관련된 설명으로 옳은 것은?

① 점포선택행동을 확률적분석이 아닌 기술적방법(descriptive method)으로 분석한다.
② Huff모형은 상권내의 매출액을 추정하지만 점포별 점유율은 추정하지 못한다.
③ 소매상권이 공간상에서 연속적이고 타점포 상권과 중복가능함을 인정한다.

24 ④　25 ⑤　26 ③　27 ④　28 ③

④ 소비자 거주지와 점포까지의 거리는 이동시간으로 대체하여 분석할 수 없다.
⑤ Huff모형은 점포이미지 등 다양한 변수를 반영하여 상권을 분석할 수 있다.

우탑풀이
① 점포선택행동을 확률적분석이 아닌 확률적방법 (descriptive method)으로 분석한다.
② Huff모형은 특정지역에 거주하는 소비자가 특정소매점에서 구매할 확률을 결정하는 것으로 소비자들의 점포선택과 소매상권의 크기를 예측하는 데 널리 이용되어 온 확률적 방법이다.
④ 소비자 거주지와 점포까지의 거리는 이동시간으로 대체하여 분석할 수 있다.
⑤ Huff모형은 매장면적과 거리의 변수를 반영하여 상권을 분석할 수 있다.

29

지역상권의 매력도를 평가할 때는 먼저 수요요인과 공급 요인을 고려해야 한다. 이 요인들을 평가하는데 소매포화 지수(IRS: Index of Retail Saturation)와 시장성장잠재력 지수(MEP: Market Expansion Potential)를 활용할 수 있다. 이 두 지수들을 기준으로 평가할 때 그 매력성이 가장 높은 지역상권은?

① IRS가 작고 MEP도 작은 지역상권
② IRS가 작고 MEP는 큰 지역상권
③ IRS가 크고 MEP는 작은 지역상권
④ IRS가 크고 MEP도 큰 지역상권
⑤ IRS의 크기와는 상관없이 MEP가 큰 지역상권

우탑풀이
지역시장매력도는 IRS와 MEP를 함께 사용하여 평가될 수 있는데, 이러한 경우 시장매력도는 네 가지유 형으로 분류하고 있다. 낮은 소매포화지수(IRS)와 낮은 시장확장잠재력(MEP)은 모든 면에서 매력적인 지역이다.

30

점포의 매력도를 평가하는 입지조건의 특성과 그에 대한 설명이 올바르게 연결된 것은?

① 가시성 – 얼마나 그 점포를 쉽게 찾아 올 수 있는가 또는 점포 진입이 수월한가를 의미
② 접근성 – 점포를 찾아오는 고객에게 점포의 위치를 쉽게 설명할 수 있는 설명의 용이도
③ 홍보성 – 점포 전면을 오고 가는 고객들이 그 점포를 쉽게 발견할 수 있는지의 척도
④ 인지성 – 사업 시작 후 고객에게 어떻게 유효하게 점포를 알릴 수 있는가를 의미
⑤ 호환성 – 점포에 입점 가능한 업종의 다양성 정도 즉, 다양한 업종의 성공가능성을 의미

우탑풀이
① 가시성 – 점포를 찾아오는 고객에게 점포의 위치를 쉽게 설명할 수 있는 설명의 용이도
② 접근성 – 얼마나 그 점포를 쉽게 찾아 올 수 있는가 또는 점포 진입이 수월한가를 의미
③ 홍보성 – 사업 시작 후 고객에게 어떻게 유효하게 점포를 알릴 수 있는가를 의미
④ 인지성 – 점포 전면을 오고 가는 고객들이 그 점포를 쉽게 발견할 수 있는지의 척도

31

지리정보시스템(GIS)의 활용으로 과학적 상권분석의 가능성이 높아지고 있는데 이와 관련한 설명으로 적합 하지 않은 것은?

① 컴퓨터를 이용한 지도작성(mapping)체계와 데이터 베이스관리체계(DBMS)의 결합이라고 볼 수 있다.
② GIS는 공간데이터의 수집, 생성, 저장, 검색, 분석, 표현 등 상권분석과 연관된 다양한 기능을 기반으로 한다.
③ 대개 GIS는 하나의 데이터베이스와 결합된 하나의 지도레이어(map layer)만을 활용하므로 강력한 공간정보 표현이 가능하다.
④ 지도레이어는 점, 선, 면을 포함하는 개별 지도형상(map features)으로 주제도를 표현할 수 있다.
⑤ gCRM이란 GIS와 CRM의 결합으로 지리정보시스템(GIS) 기술을 활용한 고객관계관리(CRM) 기술을 가리킨다.

우탑풀이
GIS(Geographic Information System)는 지리적으로 참조 가능한 모든 형태의 정보를 효과적으로 수집, 저장, 갱신, 조정, 분석, 표현할 수 있도록 설계된 컴퓨터의 하드웨어와 소프트웨어 및 지리적 유통 정보자료 그리고 인적자원의 통합체를 말하며, 지표면에 위치한 장소를 설명하는 자료를 모으고, 이를 이용할 수 있게 하는 컴퓨터시스템이라고 할 수 있다. 대개 GIS는 다양한 데이터베이스와 결합된 지도 레이어(map layer)만을 활용하므로 강력한 공간정보 표현이 가능하다.

32

점포의 경영성과에 영향을 미치는 다양한 입지조건에 대한 설명 중에서 일반적으로 타당하다고 볼 수 없는 것은?

① 시장규모에 따라 점포는 적정한 크기가 있어서 면적이 일정 수준을 넘게 되면 규모의 증가에도 불구하고 매출은 증가하지 않는 경향이 있다.
② 주로 대로변에서 발견되는 특정 점포의 건축선 후퇴는 자동차를 이용하는 소비자에게 가시성을 높여 매출에 긍정적 영향을 미친다.
③ 도로에 접하는 점포의 정면너비가 건물 안쪽으로의 깊이보다 큰 장방형 형태의 점포는 가시성 확보에 유리해 바람직하다.
④ 점포의 출입구에 높낮이 차이가 있으면 출입을 방해 하는 장애물로 작용하게 된다.
⑤ 점포의 형태가 직사각형에 가까우면 집기나 진열선반 등을 효율적으로 배치하기 쉽고 이용할 수 없는 공간(dead space)이 발생하지 않는다.

우탑풀이
주로 대로변에서 발견되는 특정 점포의 건축선 후퇴는 오히려 자동차를 이용하는 소비자에게 가시성을 낮추기 때문에 매출에 부정적 영향을 미친다.

33

아래 글상자에 열거된 사항들 가운데 입지 선정을 위한 상권의 경쟁구조 분석의 대상들만을 묶은 것은?

29 ④ 30 ⑤ 31 ③ 33 ①

가. 동일업태 소매점과의 경쟁
나. 다른 업태 소매점과의 경쟁
다. 상권위계가 다른 소매점과의 경쟁
라. 잠재적 경쟁
마. 주변 점포와의 보완관계

① 가, 나, 다, 라, 마　② 가, 나, 다, 라
③ 가, 나, 다, 마　④ 가, 나, 다
⑤ 가, 나

우텁이 풀이 입지선정 평가작업에 있어서 접근성, 현재 및 미래의 수익성에 대한 평가작업 이외 에도 시장규모의 확장가능성, 자신이 속한 유통단지의 매출액 성장가능성 및 자사 매장의 매출액이 성장할 가능성에 대한 예측이 중요하다. 문제는 가, 나, 다, 라, 마의 내용이 맞다.

34 아래 글상자에 출점과 관련된 몇 가지 의사결정 사안들이 제시되어 있다. 다음 중 출점 의사결정 사안을 논리적 과정에 따라 가장 올바르게 배열한 것은?

가. 출점할 점포 결정
나. 머천다이징 결정
다. 점포의 층별 배치 결정
라. 점포의 확보 및 사용과 관련된 행정처리

① 가 → 나 → 다 → 라　② 라 → 가 → 나 → 다
③ 가 → 라 → 다 → 나　④ 나 → 다 → 가 → 라
⑤ 나 → 라 → 가 → 다

우텁이 풀이 소매점 출점형태 중 '부지매입'을 하는 경우에는 자산가치 상승과 영업에 대한 안정, 점포의 내부와 외부, 외관에 대한 계획성 있는 조정 등의 장점은 있지만 초기 투자 비용이 높고 상권변화에 대한 대응이 문제가 되는 형태이다. 올바른 순서로는 '가 → 라 → 다 → 나'의 순서이다.

35 점포와의 거리를 기준으로 상권구성을 구분할 때 1차상권, 2차상권, 3차상권으로 구분한다. 이에 대한 내용으로 옳지 않은 것은?

① 1차상권은 경쟁점포들과의 상권중복도가 낮다.
② 1차상권은 2, 3차 상권이 비해 상대적으로 내점고객의 밀도가 높다.
③ 2차상권은 1차상권에 비해 소비자의 내점빈도가 낮다.
④ 3차상권은 소비수요의 흡인비율이 가장 높은 지역이다.
⑤ 3차상권은 한계상권이라고 부르기도 한다.

우텁이 풀이 3차상권(Third trading area) 또는 한계상권 : 2차상권 외곽을 둘러싼 지역범위를 말하 며, 1차상권과 2차상권에 포함되지 않은 나머지 고객들을 흡인하게 된다. 한계상권 내에 위치한 고객들은 1차상권 및 2차상권과 비교할 때 고객의 수와 이들의 구매빈 도가 적기 때문에 점포매출에서 차지하는 비율은 극히 미미하며, 일반적으로 점포를 이용하는 전체소비자를 빠짐없이 포괄하는 범위까지를 경계로 하는 것은 아니다.

36 상권분석에서 활용하는 조사기법 중에서 조사대상과 조사 장소가 점두조사법과 가장 유사한 것은?

① 가정방문조사법　② 지역할당조사법
③ 고객점표법　④ 내점객조사법
⑤ 편의추출조사법

우텁이 풀이 내점객조사는 방문자에 대하여 조사원이 질문지상의 일정한 항목을 기초로 고객에 게 직접 청취조사를 한다. 이러한 경우에 표본수는 점포규모와 방문자 수에 따라 차 이가 발생할 수 있다.

37 점포개설과정에서 점포의 매매와 임대차 거래 전에 반드시 확인해야 할 공부서류와 그 내용을 위쪽 괄호부터 순서대로 바르게 연결한 것은?

건축물관리대장　( )
등기사항전부증명서　( )
토지이용계획확인원　( )
토지대장　( )

가. 토지의 지번, 지목(사용용도), 면적, 토지등급
나. 소유자 인적사항, 권리관계, 매매과정, 압류, 저당권 등의 설정내용
다. 점포의 면적, 구조, 용도, 연면적, 건폐율, 용적률, 건축연도 등
라. 용도지역 · 용도지구 · 용도구역, 토지거래 규제 여부, 도로개설 여부 등

① 가 – 나 – 라 – 다　② 나 – 가 – 라 – 다
③ 다 – 나 – 가 – 라　④ 다 – 나 – 라 – 가
⑤ 나 – 다 – 가 – 라

우텁이 풀이
▣ 건축물관리대장: 점포의 면적, 구조, 용도, 연면적, 건폐율, 용적률, 건축연도 등
▣ 등기사항전부증명서: 소유자 인적사항, 권리관계, 매매과정, 압류, 저당권 등의 설정내용
▣ 토지 이용계획 확인원: 용도지역 · 용도지구 · 용도구역, 토지거래 규제 여부, 도로개설 여부 등
▣ 토지대장: 토지의 지번, 지목(사용용도), 면적, 토지등급

38 점포임차시 임대차계약을 체결하는 과정에서 확인해야할 환산보증금에 대한 설명으로 옳지 않은 것은?

① 환산보증금은 상가건물임대차보호법에서 규정하고 있다.
② 상가건물임대차보호법은 영세상인을 보호하기 위해 제정된 보호법이다.
③ 환산보증금 기준은 영세상인의 범위를 규정하기 위해 정한 보증금수준을 의미한다.
④ 우선변제를 받을 환산보증금의 기준은 지역별 차등적용에서 전국적으로 표준화된 동일기준으로 변경되었다.
⑤ 경제발전 정도에 따라서 우선변제의 기준액이 변경될 수 있으므로 실제 거래가 일어나는 시기에 해당 법령조항을 확인해야 한다.

34 ③　35 ④　36 ④　37 ④　38 ④

우선변제를 받을 환산보증금의 기준은 지역별 차등적용을 하는데 우선변제를 받을 임차인은 보증금과 변제금은 서울특별시(6천5백만/2천2백만),수 도권정비계획법에 따른 과밀억제권역(서울특별시는 제외, 5천5백만/1천9백만),광 역시(수도권정비계획법에 따른 과밀억제권역에 포함된 지역과 군지역은 제외, 3천8 백만/1천3백만), 그 밖의 지역 (3천만/1천만)금액 이하인 임차인으로 한다.

39 좋은 입지의 선정은 소매점 성공의 핵심요인의 하나이다. 공간균배의 원리는 경쟁관계에 있는 점포들이 서로 공간을 나누어 사용하는 방식에 따라 입지와 점포의 적합성이 달라진다고 주장한다. 다음 중 점포유형별로 적합한 입지에 대한 공간균배원리의 설명에 부합하는 것은?

① 가구점은 도심입지가 유리한 집심성(集心性) 점포이다.
② 백화점은 서로 분산하여 입지하는 것이 유리한 산재성(散在性) 점포이다.
③ 고급의류점은 동일업종 점포들이 국부적 중심지에 집중하는 것이 유리한 산재성(散在性) 점포이다.
④ 대중목욕탕은 동일업종이 함께 모여 있는 입지가 유리한 집재성(集在性) 점포이다.
⑤ 먹자골목이나 약재시장은 집재성 입지의 대표적 사례에 해당한다.

① 가구점은 도심입지가 유리한 집재성(集在性) 점포이다.
② 백화점은 서로 분산하여 입지하는 것이 유리한 집심성(集心性) 점포이다.
③ 고급의류점은 동일업종 점포들이 국부적 중심지에 집중 하는 것이 유리한 집심성(集心性) 점포이다.
④ 대중목욕탕은 동일업종이 함께 모여 있는 입지가 유리한 산재성(散在性) 점포이다.

40 상권들에 대한 점포의 출점 여부와 출점 순서를 결정할 때는 상권의 시장 매력성과 자사 경쟁력을 고려해야 한다. 시장 매력성은 시장의 규모와 성장성, 자사 경쟁력은 경쟁 강도 및 자사 예상매출액 등을 결합하여 추정한다. 점포 출점에 대한 다음의 원칙들 가운데 가장 옳지 않은 것은?

① 경우에 따라 자사 경쟁력보다 시장 매력성을 우선적으로 고려할 수도 있다.
② 경쟁 강도가 낮아도 자사 예상매출액 또한 낮으면 출점하지 않는 것이 바람직하다.
③ 무조건 큰 규모로 개점하여 경쟁력을 강화하기보다 적정 규모로 출점한다.
④ 시장 매력성은 큰 데 예상매출액이 작으면 경쟁력을 개선할 수 있을 때만 출점하는 것이 바람직하다.
⑤ 더 큰 시너지를 얻을 수 있으므로 자사 점포간 상권 잠식은 오히려 유리한 현상이다.

자사 점포간 상권 잠식은 오히려 불리한 현상이며, 시너지효과를 유발할 수 없다.

41 상권과 입지는 혼용되는 경우가 있지만 엄밀하게 보면 기본개념이나 성격 및 평가방법 등의 측면에서 구분할 수 있다. 이러한 구분을 시도하는 경우 그 연결이 적절한 것은?

> 가 – 지점(point)
> 나 – 범위(boundary)
> 다 – 소비자의 분포범위, 유효수요의 크기로 평가
> 라 – 배후인구 및 유동인구, 대지특성, 접근성, 가시성, 시설 등으로 평가
> 마 – 점포의 부지와 점포주변의 위치적 조건
> 바 – 다수 점포의 집단이 존재하는 지역을 의미하기도 함
> 사 – 점포를 경영하기 위해 선택한 장소 또는 그 장소를 결정하는 행위

① 상권 – 나, 다, 사 ② 상권 – 가, 바, 사
③ 상권 – 나, 라, 바 ④ 입지 – 가, 라, 마
⑤ 입지 – 나, 라, 사

상권 – 나, 다, 바, 사, 입지 – 가, 라, 마

42 소매점에서 좋은 입지와 나쁜 입지의 일반적 특성에 대한 아래의 내용 중에서 가장 옳지 않은 것은?

① 출근길보다는 퇴근길 방향에 있는 곳은 좋은 입지이다.
② 주변 가게가 기술 위주 서비스업종이나 저가 상품 위주인 곳은 나쁜 입지이다.
③ 주변에 노점상이 많은 입지는 좋은 입지이다.
④ 버스정류장이나 지하철역을 끼고 있는 입지는 매우 좋은 입지이다.
⑤ 일방(편도)통행 도로변이나 맞은편에 점포가 없는 곳은 좋은 입지이다.

일방(편도)통행 도로변이나 맞은편에 점포가 없는 곳은 나쁜 입지가 된다.

43 고객유도시설을 점포의 유형에 따라 도시형, 교외형, 인스토어형으로 구분할 때 도시형점포의 고객유도시설 이라고 볼 수 없는 것은?

① 지하철역 ② 철도역 ③ 버스정류장
④ 버스터미널 ⑤ 인터체인지

인터체인지 (interchange)는 교통이 혼잡한 곳이나 고속도로 등에서 사고를 방지하고 교통이 지체되지 않도록 도로가 교차하는 부분을 입체적으로 만든 것으로 아이시(IC)라고도 하며 점포의 고객유도시설과는 관련이 없다.

44 유동인구 조사를 통해 유리한 입지조건을 찾는 방안으로 옳지 않은 것은?

39 ⑤	40 ⑤	41 ④	42 ⑤	43 ⑤	44 ②

① 교통시설로부터의 쇼핑동선이나 생활동선을 파악한다.
② 주중 또는 주말 중 조사의 편의성을 감안하여 선택적으로 조사한다.
③ 조사시간은 영업시간대를 고려하여 설정한다.
④ 유동인구의 수보다 인구특성과 이동방향 및 목적 등이 더 중요할 수도 있다.
⑤ 같은 수의 유동인구라면 일반적으로 출근동선보다 퇴근동선에 위치하면 더 유리하다.

오답풀이 유동인구의 동선은 일반적으로 출근동선 보다 퇴근동선을 중시해서 조사하는 것 이 좋고, 조사시간은 출근시간인 8시경과 출근시간 후인 10시, 점심시간인 12시, 오후 2·4시경과 퇴근시간인 6시, 퇴근시간 후인 20시, 22시, 24시, 익일 2시경에 체크하는 것이 일반적인 기준이다.

45 21km의 거리를 두고 떨어져 있는 두 도시 A, B가 있는데 A시의 인구는 3만명이고 B시의 인구는 A시의 4배라고 하면 도시간의 상권경계는 A시로부터 얼마나 떨어진 곳에 형성되겠는가? Converse의 상권분기점 분석법을 이용해 계산하라.

① 5.25km ② 6km ③ 7km
④ 13km ⑤ 14km

오답풀이 $D(A) = \dfrac{AB}{1+\sqrt{\dfrac{P(B)}{P(A)}}} = \dfrac{21km}{1+\sqrt{\dfrac{3만\times 4배}{3만}}} = $ **7km**

제3과목 유통 마케팅(46~70)

46 아래 글상자에서 설명하는 이것은?

> 이것은 점포의 판매공간에서 고객의 시선으로 확인 할 수 있는 상품의 가로 진열수량과 진열위치를 정하는 것을 의미하며, 각 부문 안에서 어떻게 품목 별로 진열 스페이스를 할당할 것인가를 정하는 것을 뜻한다.

① 조닝(zoning) ② 페이싱(facing)
③ 브레이크업(break up) ④ 블랙룸(black room)
⑤ 랙(rack)

오답풀이 페이싱(Facing)진열은 페이스에서 볼 수 있는 상품 재고량에 대한 풍족감을 심어주기 위해 같은 종류의 상품을 측면으로 여러 개씩 연속 진열하는 것이다.

47 유통경로에 참여하는 구성원 간의 관계에서 작용하는 경로파워의 원천을 구분하여 설명할 때, (가)와 (나)에 들어갈 용어가 순서대로 옳게 나열된 것은?

> (가) 마진폭의 인하, 밀어내기, 끼워팔기
> (나) 판매지원, 시장정보, 특별할인, 리베이트

① 보상적 파워, 준거적 파워
② 강압적 파워, 보상적 파워
③ 합법적 파워, 강압적 파워
④ 준거적 파워, 전문적 파워
⑤ 전문적 파워, 합법적 파워

오답풀이 프렌치와 라벤(French & Raven)의 유통경로구성원 간에 발생하는 힘(power)의 유형
① 보상력(Reward Power) : 물질적, 심리적, 보호적 보상을 제공할 수 있는 능력을 말한다.
② 강권(압)력(Coercive Power) : 상대방이 말을 듣지 않거나 영향력 행사에 따르지 않을 때 처벌이나 제재를 가할 수 있는 능력을 말한다.

48 판매촉진의 목표와 판촉수단을 가장 옳게 연결한 것은?

① 시험구매 촉진－견본품 제공
② 재구매 촉진－시제품 제공
③ 연속구입 촉진－시연회
④ 시험구매 촉진－고객멤버십행사
⑤ 재구매 촉진－시식 행사

오답풀이
② 재구매 촉진－시식 행사
③ 연속구입 촉진－고객멤버십행사
④ 시험구매 촉진－시제품 제공
⑤ 재구매 촉진－시연회

49 백화점 운영방식 유형을 거래조건, 재고부담, 소유권 등을 기준으로 구분할 때 설명이 옳지 않은 것은?

① 백화점 내 점포의 소유권이 백화점에 있으면 직영매장 이고, 입점업체에 있으면 임대매장이다.
② 직매입 매장은 백화점이 제조업체나 벤더업체 등 납품 업체로부터 상품을 매입하여 운영하는 매장이다.
③ 특정매입매장을 운영하는 납품업체는 판매가 이루어 지지 않은 상품을 모두 재고로 떠안아야 하며 상품판매는 백화점의 명의로 이루어진다.
④ 임대갑매장은 전형적인 임대차거래에 의한 매장으로 백화점 입점 시 적정액의 임대보증금을 지급하고 임대료로 월 정액의 임대료를 지급하는 매장이다.
⑤ 직매입과 특정매입매장은 직영매장에 해당하고, 임대갑매장과 임대을 매장은 임대매장으로 구분한다.

오답풀이 백화점 내 점포의 소유권이 백화점에 있으면 직영매장 이고, 입점업체에 있으면 입점매장이다. 임대매장은 제 3자에게 빌려주는 것을 말한다.

50 가격전술과 내용이 가장 옳지 않은 것은?

① 유인가격전술: 보다 많은 소비자를 자사점포로 유인하기 위한 가격전술
② 변동가격전술: 가격을 동일하게 제시하는 것이 아니라 소비자와의 흥정을 통해 최종가격을 설정하는 가격전술

45 ③ 46 ② 47 ② 48 ① 49 ① 50 ④

③ 명성가격전술: 상품의 고품질과 높은 명성을 상징적으로 나타내기 위해 고가격을 설정하는 가격전술
④ 묶음가격전술: 상품 단위당 이익을 높이기 위해 상품을 큰 묶음 단위로 제공하는 가격전술
⑤ 가격대전술: 상품계열별로 취급상품들을 몇 종류의 가격대로 묶어 가격을 설정하는 전술

오답풀이 묶음가격(price bundling)은 두 가지 이상의 제품이나 서비스를 하나의 패키지로 묶어 특별가격으로 판매하는 정책으로 패스트푸드점의 감자와 햄버거 콜라를 한 가격으로 판매를 하는 것을 말한다. 묶음가격을 책정할 때는 각 상품의 준거가격 수준을 충분히 고려해야 하며, 소비자는 보다 저렴한 가격으로 다양한 제품이나 서비스를 구매할 수 있다.

51 아래 글상자 (가)와 (나)에 들어갈 용어가 순서대로 옳게 나열된 것은?

> ⊙ 마트에서도 (가) 매대의 매출이 다른 매대에 비해 3-4배 정도 더 높다.
> ⊙ 고객이 점원의 도움 없이 스스로 물건을 고르는 매장이라면 매대는 입구의 (나)에 두는 것이 좋다.

① (가) 중앙(center), (나) 왼쪽
② (가) 중앙(center), (나) 오른쪽
③ (가) 엔드(end), (나) 양쪽
④ (가) 엔드(end), (나) 오른쪽
⑤ (가) 엔드(end), (나) 왼쪽

오답풀이 ◈ 엔드매대(end cap) : 매장의 중앙이나 통로 맨 끝에 배치된 매대를 말하며 주로 충동구매상품을 엔드매대에 많이 배치하며, 소매점에서는 특별 판촉제품들을 엔드 매대에 배치하는 경우가 많다.
◈ 라이트 업(right up)진열 : 좌측보다 우측에 진열되어 있는 상품에 시선이 머물기 쉬우 므로 우측에 고가격, 고이익, 대용량의 상품을 진열한다.

52 마케팅 믹스전략에 대한 설명으로 가장 옳지 않은 것은?

① 소매상의 상품 전략은 표적 시장의 욕구를 충족시키기 위해 상품 믹스를 개발하고 관리하는 것이다.
② 대형 유통업체의 PB(Private Brand)출시는 상품 전략 중에서 상표 전략에 속한다.
③ 가격 전략에서 특정 소매상이 시장 점유율을 증대 시키고자 한다면 고가격전략을, 이익 증대가 목표라면 저가격 전략을 수립한다.
④ 촉진이란 소비자가 특정 소매상이나 상품을 인지하고 구매하도록 유도하는 활동을 말한다.
⑤ 광고와 인적판매, 판촉, 홍보는 대표적인 촉진 방법 이다.

오답풀이 ◈ 침투가격정책(penetration pricing policy)은 신제품을 시장에 도입하는 초기에 저가격을 설정함으로써 별다른 판매저항 없이 신속하게 시장에 침투하여 높은 시 장점유율 확보하고자 하는 대중적인 제품이나 수요의 가격탄력성이 높은 제품에 많이 사용된다.
◈ 상층흡수가격정책(skimming pricing policy)은 신제품을 시장에 도입하는 초기에 먼저 고가격을 설정함으로써 가격에 비교적 둔감한 고소득층을 흡수하고, 그 뒤 차 차 가격을 인하시킴으로써 가격에 민감한 저소득층에게 침투하고자 하는 정책이다.

53 경쟁의 유형에 대한 설명으로 옳게 짝지어진 것을 모두 고르면?

> 가. 수평적 경쟁의 예로 자동차 제조사 간, 배관 공급업자 간, 혹은 슈퍼마켓 간의 경쟁을 들 수 있다.
> 나. 업태 간 경쟁은 동일한 경로 수준에서 다른 형태의 기업 간 경쟁을 의미한다.
> 다. 최근 업태 간 경쟁은 전통적인 매장 위주의 판매점들 사이에서만 발생한다.
> 라. 수직적 경쟁은 소매상과 도매상 간, 도매상과 제조업자 간, 혹은 제조업자와 소매상 간의 경쟁을 의미한다.
> 마. 경로 간 경쟁이란 불완전한 경로 간의 경쟁을 의미한다.

① 가, 나, 다 ② 가, 나, 라
③ 나, 다, 라 ④ 나, 다, 마
⑤ 다, 라, 마

오답풀이 다. 최근 업태 간 경쟁은 전통적인 매장 및 온라인업태들 사이에서도 발생한다.
마. 경로 간 경쟁이란 오프라인과 온라인경로 간의 경쟁을 의미한다.

54 아래 글 상자의 사례에서, 전문 컨설팅업체가 시행한 SWOT분석 내용 중 위협요인으로 잘못 분석한 것은?

> 전국적으로 오프라인 매장 100개를 운영 중인 ○○마트는 경영환경의 급격한 변화에 대응하기 위해서, 전문 컨설팅업체에 환경 분석을 의뢰하였다. 외부환경의 위협요인을 분석한 결과, ㉠ 온라인 쇼핑몰 매출 증가, ㉡ 스마트폰 확산으로 인한 모바일 쇼핑의 증가, ㉢ 고령인구의 증가로 인한 직접 구매 감소, ㉣ 경기침체로 소비위축, ㉤ ○○마트 PB 상품매출 둔화 등이 중요한 요인으로 밝혀졌다.

① ㉠ ② ㉡ ③ ㉢ ④ ㉣ ⑤ ㉤

오답풀이 ○○마트 PB 상품매출은 점점 NB보다 증가하는 경향을 보이고 있으며, 이는 내부적인 요인이 된다.

55 소매업체의 상품구색계획(assortment plan)에 대한 설명으로 가장 옳은 것은?

① 소매업체의 전반적인 재무목표
② 상품 카테고리별 매입 절차 및 조직
③ 상품의 점포별 할당 계획
④ 특정 상품 카테고리에서 취급할 상품 목록
⑤ 특정 상품 카테고리별 성과 통제

오답풀이 상품구색(Goods Assortment)은 소매점이 판매하는 모든 상품의 종류와 조합을 상품구색 또는 상품 구성이라 한 다. 상품구색(assortment)은 상품의 폭(넓이)(goods width)과 상품 깊이(goods depth)로 구분할 수 있으며 이는 특정 상품 카테고리에서 취급할 상품 목록을 말한다.

51 ④ 52 ③ 53 ② 54 ⑤ 55 ④

56 아래 글상자 (가)와 (나)에 들어갈 용어가 순서대로 바르게 나열된 것은?

> 상품수명주기이론의 (가) 단계에서는 시장수요가 증가함에 따라 시장 커버리지를 확대하고 이용가능 성을 높이기 위해 개방 경로 정책을 수립해야 하며, (나) 단계에서는 판매가 안정되고 경쟁이 심화되기 때문에 새로운 시장을 찾거나, 그 상품에 대한 새로운 용도를 개발하거나 사용빈도를 제고하기 위한 다양한 노력을 기울여야 한다.

① (가) 도입기, (나) 쇠퇴기
② (가) 도입기, (나) 성숙기
③ (가) 성장기, (나) 성숙기
④ (가) 성장기, (나) 쇠퇴기
⑤ (가) 성숙기, (나) 쇠퇴기

오답풀이 ◈ 성장기상품은 판매추세가 급상승하고 높은 가격에도 수요는 지속적으로 증가하므로 메이커, 소매점에서는 높은 수준의 매출과 이익을 확보할 수가 있다.
◈ 도입기상품은 방금 발매된 신상품으로 메이커는 소비자를 상대로 해서 대규모의 광고와 샘플을 제공하는 등의 적극적인 판매촉진 활동으로 상품의 존재를 알리고 사 용해 보도록 권유하는 한편, 유통업자에게 적극적인 취급을 요청해야 한다.

57 아래 글상자의 사례에서 나타난 두 소비자의 구매행동을 기술하는 가장 적절한 용어는?

> 결혼을 앞둔 김신랑군과 박색시양은 새로 마련한 신혼살림집 주변의 여러 가구점들을 돌아보며 구입할 가구들을 살펴보았다. 이들은 스마트폰을 통해 제조업체와 가격 정보를 확인한 다음, 결국 구입하기로 마음먹은 가구품목들을 온라인 쇼핑몰에서 구매했다.

① 쇼루밍(showrooming)
② 역 쇼루밍(reverse showrooming)
③ 웹루밍(webrooming)
④ 윈도우 쇼핑(window shopping)
⑤ 오프라인 쇼핑(offline shopping)

오답풀이 쇼루밍(Showrooming)은 옴니채널 소비패턴 속에서 최근 주목 받고 있는 키워드는 바로 '쇼루밍'이다. 쇼루밍 이란 오프라인 매장이 온라인 쇼핑몰의 전시장(showroom)으로 변하는 현상을 말 하는데, 소비자들이 오프라인 매장에서 제품을 살펴보고, 실제 구매는 보다 저렴한 온라인이나 전화, 방문판매 등 다른 유통 경로를 이용하는 것을 말한다.

58 POP(Point of Purchase) 및 그 유형별 활용 방안에 대한 설명으로 가장 옳지 않은 것은?

① POP는 소비자가 구매하는 시점에서 판매를 촉진하는 수단으로서, 소비자에게 보다 직접적인 커뮤니케이션 메시지를 전할 수 있다는 장점이 있다.
② 광고 POP는 소비자를 유인하는 수단이 될 뿐만 아니라 광고를 상기시키는 역할을 한다.
③ 광고 POP물은 사인(sign)물처럼 장기간 사용되기에 강렬한 인상을 줄수록 바람직하다.
④ 판촉 POP의 메시지는 알기 쉽고 명확해야 하며, 디자인도 복잡하지 않아야 한다.
⑤ 상품 POP는 헤드라인, 보디 카피, 그리고 그래픽으로 구성된다.

오답풀이 POP광고는 기업을 PR하는 역할을 하므로 문장을 가로로 쓰고 적당한 여백을 두는 것 이 유리하고, 매스컴광고를 그대로 POP 디스플레이에 이용하기도 하며, 매장내에서 고객의 관심을 끌 수 있는 정보 즉, 상품명, 가격, 소재, 특징 등을 알려준다. 소비자의 수준을 고려하여 이성적설득방법보다 충동구매촉진을 사용하는 것이 효과적이다.

59 서비스업체의 각 포지셔닝 전략 대안에 대한 예시가 옳지 않은 것은?

① 서비스 등급: 우리는 신속하게 고객을 도울 준비가 되어 있습니다.
② 서비스 이용자: 우리는 비즈니스 여행자를 위한 호텔 입니다.
③ 서비스 용도: 우리 헬스클럽은 다이어트 전문입니다.
④ 경쟁자: 우리는 2위 편의점입니다. 1위가 되기 위해 최선을 다합니다.
⑤ 공감성: 고객 한분 한분을 가족처럼 모시겠습니다.

오답풀이 포지셔닝(Positioning)은 소비자의 마음속에 경쟁업자와 차별되는 자기점포의 이미지를 어떻게 창조할 것인 가에 관한 것으로 목표고객에게 가격, 서비스, 품질, 편리성 등을 맞추는 전략이다. 서비스 등급은 P커피는 '이탈리안 커피하면 P커피'라고 포지셔닝유형을 말한다.

60 고객관계관리(CRM: Customer Relationship Management)에 대한 설명으로 가장 옳지 않은 것은?

① 기업의 입장에서 신규고객을 확보하기보다는 기존 고객을 유지하고 관리하는 것이 더 효율적이다.
② 고객 1인으로부터 창출될 수 있는 이익규모는 오래된 고객일수록 높다.
③ CRM의 주된 목적은 고객에 대한 상세한 지식을 토대로 그들과의 장기적 관계를 구축하는 것이다.
④ 고객생애가치(CLV: Customer Lifetime Value)란 한 고객이 고객으로 존재하는 전체 기간 동안 기업에게 제공하는 이익의 합을 의미한다.
⑤ 고객 이탈률이 낮을수록 고객생애가치는 감소한다.

오답풀이 고객관계관리는 우리제품을 구매해준 고객들에 대한 정보를 컴퓨터의 데이터베이스(Data Base)에 저장해 놓고, 고객자료를 분석해서 고객 한 사람 한 사람에게 가 장 적합한 제품과 서비스를 제공하고자 하는 정보시스템이라고 할 수 있다. 고객 이탈률이 높을수록 고객생애가치는 감소한다.

61 셀프서비스 매장의 구성 및 설계에 대한 설명으로 가장 옳지 않은 것은?

56 ③	57 ①	58 ③	59 ①	60 ⑤	61 ④

① 상품은 개방진열을 하는 것이 좋다.
② 상품의 앞면(face)을 고객이 볼 수 있도록 배열한다.
③ 브랜드, 제조자, 가격 등의 정보가 상품 포장에 표시 되어야 한다.
④ 고객이 판매직원을 쉽게 찾을 수 있고 자유롭게 도움을 요청할 수 있도록 해야 한다.
⑤ 고객이 편리하게 상품을 이동할 수 있는 쇼핑카트나 바구니가 비치되어 있어야 한다.

고객이 판매직원을 쉽게 찾을 수 있고 자유롭게 도움을 요청할 수 있도록 해야 하는 것은 백화점이고, 백화점은 선매품(選賣品)을 중심으로 편의품에서 전문품에 이르기까지 다양한 상품구색을 갖추고 대면(對面)판매, 현금 및 신용(크레디트카드)에 의한 정찰 (正札)판매, 그리고 풍부한 인적·물적 서비스를 제공함으로써 판매활동을 전개하는 상품계열별·부문적으로 조직화된 대형소매상이다.

62 상품기획 또는 상품화계획 등으로 불리는 머천다이징(merchandising)과 관련된 설명으로 옳지 않은 것은?

① 머천다이징의 성과를 평가하는 대표적 지표인 재고총 이익률(GMROI)은 평균재고자산 대비 총마진을 의미한다.
② Merchandiser(MD)는 해당 카테고리에 소속되어 있는 소분류, 세분류, SKU(Stock Keeping Unit) 등을 관리한다.
③ SKU는 가장 말단의 상품분류단위로 상품에 대한 추적과 관리가 용이하도록 사용하는 식별관리코드를 의미한다.
④ SKU는 문자와 숫자 등의 기호로 표기되며 구매자나 판매자는 이 코드를 이용하여 특정한 상품을 지정할 수 있다.
⑤ 일반적으로 SKU는 상품의 바코드에 표기되는 상품 단위와 동일한 개념으로 사용되며 보통 유통업체에 의해 정해진다.

품목은 이들 각기의 상품계열내에 포함되는 재고유지단위(SKU: Stock Keeping Unit) 로 불리우며, 상품구성은 「품목구성」의 의미로 설명되어지며, 이른바 「상품구 색」이란 주로 이 품목구성을 말한다. 상품의 바코드에 표기되는 상품 단위와 동일한 개념으로 사용되며 보통 생산업체에 의해 정해진다.

63 수익성이 낮은 고객과의 거래를 축소하려는 도매업체의 고객응대 방식으로서 가장 옳은 것은??

① 품목별 판매촉진 확대
② 독점적인 상품라인의 취급
③ 재고관리시스템 관리의 강화
④ 소량 구매에 대해 주문처리비용 부과
⑤ 소량 구매에 대한 배달비용 인하

수익성이 낮은 고객과의 거래를 축소하려는 도매업체의 고객응대 방식으로서 가장 옳은 것은 품목별 판매촉진 축소, 독점적인 상품라인의 제거, 재고관리시스템 관리의 약화, 소량 구매에 대한 배달비용 인상 등은 거래가 축소될 것이다.

64 아래 글상자에서 설명된 진열방법으로 옳은 것은?

가. 연관되는 상품을 하나의 세트로 진열하는 방식
나. 고객이 상품을 자유롭게 선택할 수 있도록 진열 하는 방식
다. 상품 계열에 속한 상품들을 분류하여 진열하는 방식으로 특히 수퍼마켓이나 대형마트에서 주로 사용
라. 고객층의 상품에 대한 관심과 태도 등을 반영하여 진열하는 방식
마. 계절별, 행사별, 상품별로 적합한 컨셉을 만들어 부문별로 진열하는 방식

① 가 – 조정형 진열(coordinated display)
② 나 – 라이프 스타일형 진열(life-style display)
③ 다 – 개방형 진열(open display)
④ 라 – 주제별형 진열(theme display)
⑤ 마 – 임의적 분류 진열(classification display)

디스플레이(Display)는 점내에 판매대를 설치하거나 배치하는 것과 조명의 색깔과 밝기 조절 에 따라 상품을 배열하고 판매장소 복도에 공간배치 등 고객의 구매욕구를 자극시킬만한 궁극적인 의도를 가지고 조성되는 것이다. 조정형 진열(coordinated display)은 번들묶음으로 연관되는 상품을 하나의 세트로 진열하는 방식을 말한다.

65 고객의 행동에 대처하는 판매자의 적합한 행동으로 보기 어려운 것은?

① 고객이 특정상품을 주시한다. → 재빠른 동작으로 다가가 주시한 상품의 특장점을 설명한다.
② 특정상품을 주목하고 만져본다. → 고객의 시선이나 동작을 주목하고 타이밍 좋게 어프로치 한다.
③ 특정 상품의 가격표를 본다. → 제품을 갖고 싶은 욕망을 보이므로 소비상황 및 구매동기를 상기시켜 준다.
④ 특정상품과 비슷한 다른 상품에 대해 질문한다. → 고객 욕망을 파악하고 셀링 포인트를 강조한다.
⑤ 판매원에게 '이것 주세요' 한다. → 판매가 이루어지는 귀중한 시간이므로 판매가 끝날 때까지 그 분위기를 잘 이끌어간다.

① 고객이 특정상품을 주시한다. → 잠시 기다리다 고객의 시선이 점원에게 향하면 다가가 주시한 상품의 특장점을 설명한다.

66 표본추출 유형에 대한 설명으로 옳지 않은 것은?

① 단순무작위표본추출법에서는 모집단의 모든 원소가 알려져 있고 선택될 확률이 똑같다.
② 층화표본추출방법은 모집단이 상호 배타적인 집단으로 나누어지며, 각 집단에서 무작위표본이 도출되는 방식이다.
③ 편의표본추출방식은 조사자가 가장 얻기 쉬운 모집단 원소를 선정하는 방식이다.
④ 판단표본추출방식은 조사자가 모집단을 상호 배타적인 몇 개의 집단으로 나누고 그 중에서 무작위로 추출 하는 방식이다.
⑤ 할당표본추출방식은 몇 개의 범주 각각에서 사전에 결정된 수만큼의 표본을 추출하는 방식이다.

62 ⑤ 63 ④ 64 ① 65 ① 66 ④

우답풀이 판단표본추출(Judgement/Purposive Sampling)법 : 비확율 표본추출이며, 모집단의 대표성보다는, 면접과정에서 풍부한 정보를 수집하기 위해 제품이나 산업에 대해 많은 정보를 갖고 있는 표본을 선정하고, 향후 경제전망에 대한 면접조사를 위해, 일반인보다 경제부분의 전문가들을 선별하여 면접에 참여하도록 한다.

67 경로 구성원의 성과평가기준과 성과척도의 연결이 옳지 않은 것은?

① 매출성과 – 총이익
② 매출성과 – 판매 할당량
③ 판매 능력 – 전체 판매원 수
④ 재고 유지 – 시장점유율
⑤ 재고 유지 – 평균재고유지율

우답풀이 회전율(turnover ratio)이 높은 상품은 빠른 회전율을 보이기 때문에 회전율에 따 른 이익을 보기도 한다. 자산회전율은 재무상태표의 자산측면에서 전체적인 성과척도를 나타내며 순매출액 을 총자산으로 나눈 값으로 표현된다. 문제에서는 ④ 매출성과 – 시장점유율로 표현이 되어야 한다.

68 신제품 출시 및 브랜드 개발에서 선택할 수 있는 전략과 그에 대한 설명으로 가장 옳지 않은 것은?

① 라인확장(line extention)은 제품범주 내에서 형태, 색상, 사이즈 등을 변형한 신제품에 대해 기존 브랜드명을 함께 사용하는 것이다.
② 브랜드확장(brand extention)은 기존의 브랜드명을 새로운 제품범주의 신제품으로 확장하는 것이다.
③ 복수브랜딩(multi branding)은 다양한 소유 욕구를 가진 소비자들을 위해 동일 제품범주 내에 여러 개의 브랜드제품을 도입하는 것이다.
④ 공동브랜딩(co–branding)은 기존 브랜드명의 파워가 약해졌을 때 기존브랜드와 동일한 브랜드명의 신제품을 도입하는 것이다.
⑤ 신규브랜드는 새로운 브랜드명을 도입하는 것으로 신제품에 사용될 적절한 기존 브랜드명이 없을 때 주로 선택한다.

우답풀이 공동브랜드(Co–brand)는 두개 이상의 기업들이 연합하여 공동으로 사용하기 위하 여 개발된 브랜드를 말한다. 국내의 경우 특히 브랜드 파워가 약한 중소기업들이 조합을 통하거나 기업간 연합형태로 개발하는 경우가 많다.

69 아래 글상자에서 설명하는 소매융합의 결과로 가장 옳은 것은?

> 소매업체들은 빠르게 변화하는 환경 속에서 영업하고 있다. 최근에는 서로 다른 업태의 소매점들이 같은 고객층에게 같은 상품을 같은 가격에 판매하는 소위 소매융합(retail convergence) 현상이 트렌드로 자리 잡아가고 있다.

① 소매업태 간 차별화의 감소
② 소매업태 간 경쟁의 감소
③ 소매업체별 판매의 증가
④ 특정 소매업태 수익률의 상대적 증가
⑤ 소매업체별 광고비의 감소

우답풀이 최근에는 서로 다른 업태의 소매점들이 같은 고객층에게 같은 상품을 같은 가격에 판매하는 소위 소매융합(retail convergence) 현상이 트렌드로 자리 잡아가는데 소매업태간 차별화의 감소라고 말할 수 있다.

70 프랜차이즈 시스템에서 가맹점(franchisee)이 되었을 때의 장점으로 옳지 않은 것은?

① 본부(franchisor)가 개발한 사업 상품 및 경영방식으로 인해 쉽게 사업을 시작할 수 있다.
② 지명도가 높은 상표명을 사용하므로 초기부터 소비자의 신뢰 확보가 가능하다.
③ 본부가 일괄적으로 매장의 종업원을 채용하고 관리 하므로 노사문제에 대한 우려가 낮다.
④ 본부가 계속적으로 기존 제품을 개선하고 신제품을 개발해주므로 시장여건변화에 적절히 대응할 수 있다.
⑤ 본부가 점포개설, 브랜드인지도 제고, 지원시스템 구축 등에 많은 투자를 하기 때문에, 가맹점은 판매 활동에만 전념할 수 있다.

우답풀이 노사문제에 있어서 프랜차이저는 프랜차이지가 각각의 피고용자를 조정하기 때문 에, 노사 전문가를 채용하는 문제에 신경을 쓸 필요가 없다.

제4과목 유통 정보(71~90)

71 아래 글상자의 괄호 안에 공통적으로 들어갈 알맞은 단어는?

> A몰은 PB제품을 가진 대형 유통업체이다. 발주 및 재고정보를 제조업체들과 공유하므로서 적절한 재고 관리를 가능하게 해 주는 (　　)을 구축하였다.
> (　　)(으)로 구축된 A몰의 시스템은 재고정보 등 일부 비즈니스 정보들을 승인된 제조업체, 공급업체, 협력업체, 고객 또는 다른 비즈니스 업체들과 안전 하게 정보를 공유할 수 있도록 지원한다.

① 인트라넷　　② 인터넷
③ 통합프로토콜　　④ 엑스트라넷
⑤ 이더넷

우답풀이 엑스트라넷(Extranet)은 일부 비즈니스 정보나 운영을 제조업체, 공급업체, 협력업 체, 고객 또는 다른 비즈니스 업체들과 안전하게 공유하기 위해 IP와 공중전화망을 사용하는 사설망이다.

72 카플란(Kaplan)과 노튼(Norton)이 제시한 균형성과표에 의한 성과측정 요소로 가장 거리가 먼 것은?

① 학습과 성장 관점
② 내부 비즈니스 프로세스 관점
③ 전사적 자원관리 관점
④ 재무적 관점
⑤ 고객 관점가 클라우드 컴퓨팅 서비스에 속한다.

67 ④　68 ④　69 ①　70 ③　71 ④　72 ③

주요성과지표로는 재무, 고객, 내부프로세스, 성장과 학습 등이 있으며 기존의 재무성과 중심의 측정도구의 한계를 극복하기 위해 개발되었다. 재무, 고객, 내부 프로세스, 학습·성장 등 4분야에 대해 측정지표를 선정해 평가한 뒤 각 지표별로 가중치를 적용해 산출한다.

73 괄호 안에 들어갈 알맞은 단어를 가장 적절하게 나열한 것은?

> ◈ 사용자가 특정한 목적을 달성하기 위해 수집하여 분석한 사실은 (가)라/이라 구분할 수 있다.
> ◈ 사용자에게 특정한 목적이 부여되지 않은 사실이 거나, 가공되지 않은 사실은 (나)라고/이라 구분 할 수 있다.
> ◈ (다)은/는 정황적이고 어떤 행위를 가능하게 하는 실천적인 (가)로/으로 주어진 상황에 대한 많은 경험과 깊은 사려에 기반을 두고 있다.

① 가: 자료, 나: 정보, 다: 시스템
② 가: 자료, 나: 정보, 다: 지식
③ 가: 정보, 나: 자료, 다: 지식
④ 가: 정보, 나: 지식, 다: 자료
⑤ 가: 지식, 나: 자료, 다: 정보

◈정보(Information)란 판단, 선택, 예측, 계획, 설정 등의 행동과 관련하여 의사결정을 수행하는 당 사자에게 유입되는 메시지로서 특정 상황에 있어서 가치를 판단할 수 있는 자료이다.
◈자료(Data)란 정보작성을 위하여 필요한 자료를 말하는 것으로, 「아직 특정의 목적 에 대하여 평가되지 않은 상태의 단순한 여러 사실」을 말한다.
◈지식(Knowledge)은 지식(知識)은 동종의 정보가 집적(集積)되어 일반화된 형태로 정리된 것으로, 「어떤 특정목적의 달성에 유용한 추상화되고 일반화된 정보」라고 할 수 있다.

74 조직을 운영하면서 발생하는 거래 데이터를 신속, 정확 하게 처리하는 거래처리시스템과 관련된 설명 중 가장 거리가 먼 것은?

① 일상적인 업무와 거래를 처리하기에 운영절차가 표준화되어 있다.
② 문제에 대해 효과적인 의사결정을 할 수 있도록 다양한 기능들을 제공한다.
③ 다른 정보시스템에서 필요로 하는 원천 데이터를 제공 한다.
④ 상대적으로 짧은 시간에 많은 양의 데이터를 처리한다.
⑤ 고객과 접점에서 발생하는 데이터를 관리하는 정보 시스템이다.

거래처리시스템(Transaction processing system)은 대부분 실시간으로 처리해야 하기 때문에 비교적 짧은 시간에 많은 양의 자료 를 처리하고, 기업의 운영현황에 관한 정보를 관리하며, 조직의 일상적인 거래처리를 행하고, 문제해결이나 의사결정을 지원하지 않는다.

75 빅데이터 분석 특성에 대한 설명으로 가장 적합하지 않은 것은?

① 정보기술의 발전으로 실시간으로 다량의 데이터를 수집 할 수 있다.
② 빅데이터 분석은 정형 데이터 분석은 가능하지만, 비정형 데이터에 대한 분석은 불가능하다.
③ 빅데이터는 거대한 규모의 디지털 정보량을 확보하고 있다.
④ 빅데이터 분석은 새로운 가치를 창출하기 위한 정보를 제공해 준다.
⑤ 시계열적 특성을 갖고 있는 빅데이터는 추세 분석이 가능하다.

빅 데이터(BIG DATA)는 인터넷, 카카오톡, 페이스북, 트위터 등을 통해 오가는 모든 메시지, 이미지, 그 리고 영상 등을 포괄하는 용어로서, 간단하게 말해 이 세상에 존재하는 모든 정보 를 의미한다고 볼 수 있다. 기존의 정형화된 데이터뿐만 아니라, 비정형적 데이 터까지 포함한 방대한 양의 데이터를 수집하여 다양한 관점에서 신속하게 패턴이 나 예측정보를 제공한다.

76 노나카의 지식전환 프로세스인 'SECI모델'에 대한 설명 으로 가장 옳지 않은 것은?

① 사회화는 암묵지에서 암묵지를 얻는 과정이다.
② 외재화는 암묵지에서 형식지를 얻는 과정이다.
③ 공동화는 형식지에서 형식지를 얻는 과정이다.
④ 내재화는 형식지에서 암묵지를 얻는 과정이다.
⑤ 지식 변환과정은 직선적이 아닌 복합상승작용이 나타 나는 나선형 프로세스로 진행된다.

공동화/사회화(Socialization)는 암묵지간의 변환유형을 의미하며, 지식이전의 당 사자가 장기적으로 함께 접촉하면서 지식을 전수하는 경우에 해당되므로 지식을 함께 창조하기보다는 한쪽에서 다른 쪽으로 지식을 이전하는 측면이 강하다. 도제 제도, OJT, 학습조직 등을 통해 공동화가 이루어 진다. 사회화는 경험을 공유하 고 이에 따라 사고모형이나 기량과 같은 암묵지를 창조해 내는 과정이다.

77 아래 글상자에서 설명하는 e-비즈니스 시스템 내에서 구현해야 할 보안 기능으로 가장 적합한 것은?

> 정보의 송·수신 도중에 데이터가 훼손되거나 데이터에 변화가 생기지 않았는지에 대해 확인을 하는 것이다.

① 인증　② 기밀성　③ 무결성
④ 부인방지　⑤ 전자서명

무결성(Integrity) : 데이터가 전송 도중 또는 데이터베이스에 저장되어 있는 동안 악의의 목적으로 위·변조되는 것을 방지하는 서비스다.

78 e-비즈니스의 특징으로 가장 적합하지 않은 것은?

① 생산자 파워의 증대를 들 수 있다.
② e-비즈니스는 인터넷을 기반으로 한다.
③ 정보 공개를 통한 오픈 경영이 실시된다.
④ 고객 데이터베이스를 기반으로 한 고객 맞춤 서비스가 가능해 진다.
⑤ 모든 업무환경이 인터넷을 통해 이루어지므로 업무 통합 현상이 나타난다.

e-Business는 전자상거래와 인터넷 비즈니스를 포괄하는 개념으로 여기에서 인터 넷 비스니스는 인터넷혁명으로 인해 급속도로 발전된 네트워크 기술을 비즈니스에 활용해 업무의 효율성과 효과성을 높인다는 특징이 있다.

73 ③　74 ②　75 ②　76 ③　77 ③　78 ①

79 아래 글상자에서 설명하는 e-비즈니스 간접 수익창출 방식으로 가장 적합한 것은?

> 네트워크에 의한 수확체증 효과를 얻을 수 있는 가장 빠른 방법으로, 멀티미디어 기술을 이용해 밀접한 관련이 있거나 인지도가 높은 웹사이트에 자사의 광고를 끼워 넣은 형태이다.

① 배너광고 ② 스폰서십
③ 무료메일 제공 ④ 제휴 프로그램
⑤ 프로그램 무상 배포

오답풀이 배너광고(banner advertising)는 인터넷광고 중에서 우리가 가장 많이 접하는 것은 배너(banner)광고로 웹페이지의 맨 위나 맨 아래에 위치하여 정적인 메시지를 전달하는 것이 일반적이나 최근에는 새로운 기술의 발달로 동영상과 애니메이션을 포함하고 고객과의 직접적인 커뮤니케이션도 가능한 형태로 다양화하고 있다.

80 RFID의 특징으로 가장 적합하지 않은 것은?

① 태그는 데이터를 저장하거나 읽어 낼 수 있어야 한다.
② 태그는 인식 방향에 관계없이 ID 및 정보 인식이 가능해야 한다.
③ 태그는 직접 접촉을 하지 않아도 자료를 인식 할 수 있어야 한다.
④ 태그는 바코드에 비해 적은 양의 데이터만을 보내고, 받을 수 있어야 한다.
⑤ 능동형 태그는 수동형 태그에 비해 일반적으로 데이터를 보다 멀리 전송할 수 있다.

오답풀이 RFID시스템은 Tag의 데이터 변경 및 추가가 자유롭고, 일시에 다량의 Tag 판독이 가 능하며, 냉온, 습기, 먼지, 열 등의 열악한 판독환경에서도 판독률이 높은 장점이 있다. 태그는 바코드에 비해 훨씬 많은 양의 데이터만을 보내고, 받을 수 있다.

81 TCP/IP 계층별 프로토콜(protocol)에 관한 설명 중에서 가장 옳지 않은 것은?

① UDP(User Datagram Protocol) : 사용자 데이터를 데이터그램(datagram)의 형태로 전송하기 위한 프로토콜
② ICMP(Internet Control Message Protocol) : IP 데이터그램의 전송중에 생기는 여러 예외사항에 관한 정보를 전송하기 위한 프로토콜
③ IGMP(Internet Group Management Protocol) : 멀티캐스팅(multicasting)을 위한 프로토콜
④ FTP(File Transfer Protocol) : 인터넷에서 원격 컴퓨터와 파일을 송수신할 때 이용되는 프로토콜
⑤ ARP(Address Resolution Protocol) : 하드웨어 주소를 IP 주소(address)로 매핑(mapping)하는 프로토콜 구체적인 상품가치를 창출하는 데 연계시켜야 한다.

오답풀이 전세계의 호스트들의 연결망으로서 TCP/IP에 의하여 연결된 인터네트워크(Inter- network)의 합성어로 전세계의 Computer를 하나로 연결한다는 의미이다. 주소 결정 프로토콜(Address Resolution Protocol, ARP)은 네트워크상에서 IP 주소를 물리적 네트워크 주소로 대응(bind)시키기 위해 사용되는 프로토콜이다.

82 파일의 데이터 계층구조를 순차적으로 나열한 것으로 가장 올바른 것은?

① 바이트(byte) → 비트(bit) → 필드(field) → 레코드(record) → 파일(file)
② 바이트(byte) → 비트(bit) → 레코드(record) → 필드(field) → 파일(file)
③ 바이트(byte) → 필드(field) → 비트(bit) → 레코드(record) → 파일(file)
④ 비트(bit) → 바이트(byte) → 레코드(record) → 필드(field) → 파일(file)
⑤ 비트(bit) → 바이트(byte) → 필드(field) → 레코드(record) → 파일(file)

오답풀이 데이터는 어떤 현상이 일어난 사건이나 사상을 사실 그대로 기록한 것으로 숫자, 기 호, 문자, 음성, 그림, 비디오 등으로 표현된다. 파일의 데이터 계층구조를 순차적으로 나열한 것은 '비트(bit) → 바이트(byte) → 필드(field) → 레코드 (record) → 파일(file)'의 순이다.

83 사물인터넷(IoT) 시대의 특징을 인터넷 시대 및 모바일 시대와 비교하여 설명한 것으로 가장 거리가 먼 것은?

① IoT 시대는 사람과 사람, 사람과 사물, 사물과 사물 간으로 연결범위가 확대되었다.
② 정보가 제공되는 서비스방식이 정보를 끌어당기는 풀(pull)방식에서 푸시(push)방식으로 전환되었다.
③ 정보 제공 방식이 '24시간 서비스(Always-on)' 시대에서 '온디맨드(On-demand)' 방식으로 전환되었다.
④ IoT 시대에서는 단순히 원하는 정보를 얻는 데 그치는 것이 아니라 정보를 조합해 필요한 지혜를 제공해 준다.
⑤ 정보를 얻는 방식이 내가 원하는 무언가를 내가 찾는 것이 아니라, 내가 원하는 무언가를 주변에 있는 것들이 알아서 찾아주는 것이다.

오답풀이 정보 제공 방식이 '온디맨드(On-demand)' 방식 에서 '24시간 서비스(Always-on)' 시대로 전환되었다.

84 e-CRM을 기업에서 성공적으로 도입하기 위해 필요한 발전전략으로 가장 적합하지 않은 것은?

① 다양한 커뮤니케이션 수단을 활용하여 고객 접촉 경로의 다양화가 필요하다.
② 소비자의 트렌드를 분석하기보다는 소비자의 유행을 따라가는 서비스를 구사하여야 한다.
③ 고객의 입장에서 꼭 필요한 콘텐츠 구성이 필요하다.
④ 개인의 특성에 맞게 맞춤 서비스로 타사와의 차별화 전략이 필요하다.
⑤ 커뮤니티, 오락 등 콘텐츠의 다양화를 통한 활성화 전략이 필요하다.

오답풀이 e-CRM은 e-Busienss 경쟁력을 위해 현대 온라인비즈니스에 있어서는 필수불가결한 요소가 되었으며, 웹분석은 e-CRM에서, 특히 웹사이트에서 발생하는 데이터들을 수집 및 저장하는 단계로 소비자의 유행을 분석하기보다는 소비자의 트렌드를 따라가는 서비스를 구사하여야 한다.

79 ①	80 ④	81 ⑤	82 ⑤	83 ③	84 ②

85 암묵지에 관한 설명으로 가장 옳지 않은 것은?

① 전수하기 어려운 지식
② 경험을 통해 체화된 지식
③ 숙련된 기능 또는 노하우(know-how)
④ 논리적 추론 및 계산에서 생기는 인식
⑤ 말 또는 언어로 표현할 수 없는 주관적인 지식

오답풀이 암묵지란 그 내용을 언어나 부호로 표현하기 곤란하고 구성원의 행동과 머리속에 체 화되어 있는 지식을 의미하며, 스킬, 노하우, 행동 판단의 기준, 도제 장인의 솜씨, 조직문화 등 내면적으로 깊숙이 가지고 있고 개개인만이 가지고 있는 지식을 말하며, 경험적, 직관적, 초언어적, 조직문화, 주관적인 지식이다.

86 아래 글상자의 괄호 안에 들어갈 가장 적절한 용어는?

> 위치정보 시스템(GPS)과 ( )기술 기반으로 개발된 '포켓몬 고'는 출시와 동시에 선풍적인 인기를 끌었다. ( )은(는) 우리 주변에 포켓몬이 진짜로 있는 것 같이 합성하여 보여준다.

① 증강현실 ② 머신러닝
③ 모션임팩트 ④ 인공지능
⑤ 딥러닝

오답풀이 증강현실(AR : augmented reality)은 가상현실(VR)의 한 분야로 실제 환경에 가상 사물이나 정보를 합성하여 원래의 환경에 존재하는 사물처럼 보이도록 하는 컴퓨터 그래픽 기법이다.

87 디지털(digital) 기술의 특성으로 가장 올바르지 않은 것은?

① 빛과 같은 속도로 이동하면서 정보를 전달할 수 있는 광속성
② 반복해서 사용해도 정보가 줄어들거나 질이 떨어지지 않는 무한 반복 재현성
③ 정보를 다양한 형태로 가공하고 확대 재생산할 수 있는 용이성
④ 송·수신자가 동시에 서로 정보를 주고받을 수 있는 쌍방향성
⑤ 메트칼프(Metcalfe)의 법칙이 적용되는 수확체감의 법칙성

오답풀이 맷칼프의 법칙(Metcalfe's Law)는 네트워크 장비 전문제조 업체인 3Com의 창업자 출신이기 때문에 네트워 크가 갖는 효용에 대해서 관심을 가졌다. 일정 숫자 이상의 사람이 해당 네트워크를 이용하면 그 네트워크의 효용은 기하급수 적으로 상승한다는 법칙으로 네트워크 법칙이다.

88 물류의 5대 기능에 대한 설명으로 가장 옳지 않은 것은?

① 포장기능은 내용물의 변형, 또는 변질을 막기 위한 본질적인 기능 및 판매 촉진 효과까지 수행한다.
② 하역기능은 물품의 운송과 보관 활동의 전후에 부수 하여 행하는 물품의 반·출입 및 단거리 이동 작업을 의미한다.
③ 보관기능은 물품을 물리적으로 보존하고 관리하는 것이다.
④ 정보처리기능은 정보기술을 활용하여 효율적인 물류 활동을 지원하도록 모든 영역의 정보 흐름을 유기적 으로 적시에 제공함으로써 물류비용 절감 및 고객 서비스 향상을 도모하는 것을 의미한다.
⑤ 수주기능은 일반적으로 지역 간 또는 도시 간의 상품 이동으로서, 지역 거점에서부터 소형 운송수단을 통해 소매점 또는 소형 고객에게 물품을 단거리 이동시키는 활동이다.

오답풀이 물류는 운송, 보관, 포장, 하역 정보기능 등으로 이루 어지며, 각각의 기능을 종합한 시스템으로서 분석, 설계가 필요하다. 지역 간 또는 도시 간의 상품 이동으로서, 지역 거점에서부터 소형 운송수단을 통해 소매점 또는 소형 고객에게 물품을 단거리 이동시키는 활동은 운송기능 이다.

89 POS시스템의 도입으로 얻을 수 있는 국민경제 측면과 소비자에 대한 효과로 가장 옳지 않은 것은?

① 소비자는 신속하고 정확한 정산 및 상품구입으로 쇼핑시간을 절약할 수 있다.
② 품목별 시장규모의 파악으로 중복투자를 회피할 수 있다.
③ 품목별 재고수준은 증가하나 전체 품목의 재고수준은 감소한다.
④ 품절과 과잉재고 등의 조정으로 물가안정을 도모할 수 있다.
⑤ 컴퓨터산업 및 정보산업 발전 등에 효과가 있다.

오답풀이 POS시스템의 도입 효과의 소비자에게 미치는 효과로서 매장의 쾌적화로 신뢰성의 향상과 신속하고 정확한 정 산, 상품 구입시간의 절약과 메뉴가 명기된 영수증으로 신뢰성 높일 수 있다.

90 지식인 또는 지식근로자에게 필요한 자질로 가장 적합 하지 않은 것은?

① 자신의 일하는 방법을 부단히 개선·개발·혁신시켜야 한다.
② 자신이 터득한 노하우를 체계적으로 정리하고 기록해야 한다.
③ 자신의 지식을 다른 사람과 자유롭게 공유할 수 있어야 한다.
④ 희소가치가 있는 지식이나 노하우는 암묵지 형태로 존재시켜야 한다.
⑤ 일하는 방법을 개선·개발·혁신함으로써 얻은 아이디어는 구체적인 상품가치를 창출하는 데 연계시켜야 한다.

오답풀이 지식근로자(knowledge worker)란 조직에서 필요한 지식과 정보를 창출하는 연구자, 설계자, 건축가, 과학자, 기술자 등을 포함하며, 높은 교육수준과 업무를 처리함에 있어 독립적인 판단 능력이 중요하다. 지식근로자가 기업에서 활동할 때 모든 관련정보를 취득하여 표면성의 문제점을 위주로 해결하여야 한다는 식은 가장 지양해야 할 자세에 해당된다. 문제에서 희소가치가 있는 지식이나 노하우는 형식지 형태로 존재시켜야 한다.

85 ④ 86 ① 87 ⑤ 88 ⑤ 89 ③ 90 ④